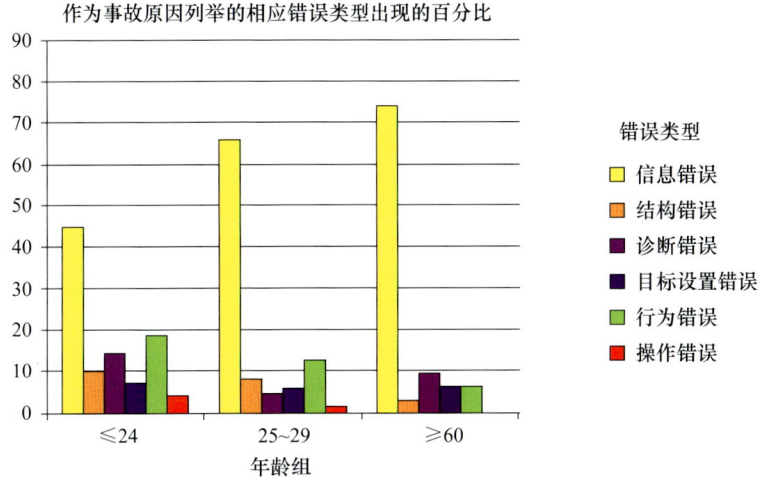

图 3-1 各年龄组错误类型出现的百分比，参见[3.26]

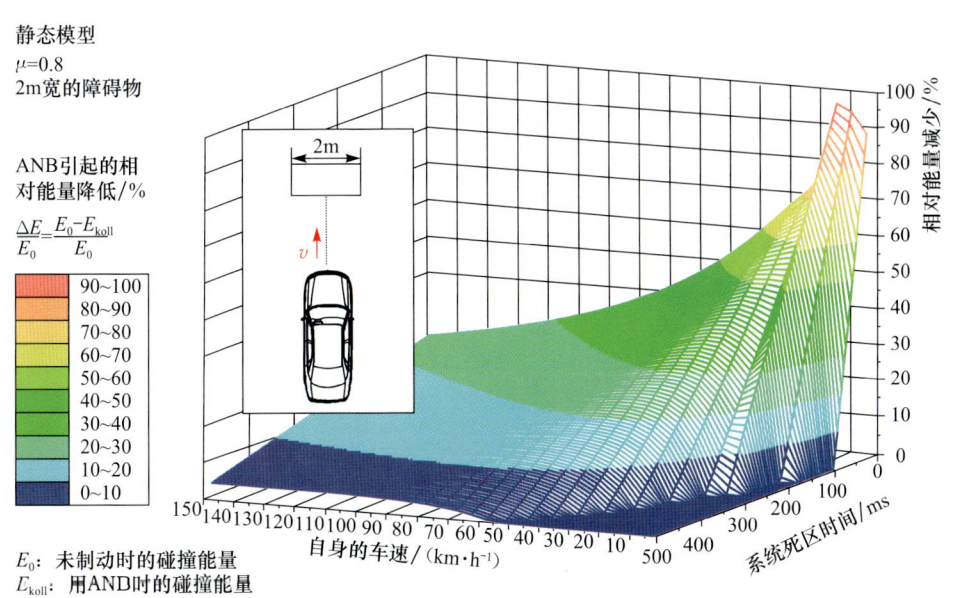

图 5-5 死区时间对自动应急制动相对能量降低的影响[5.17]

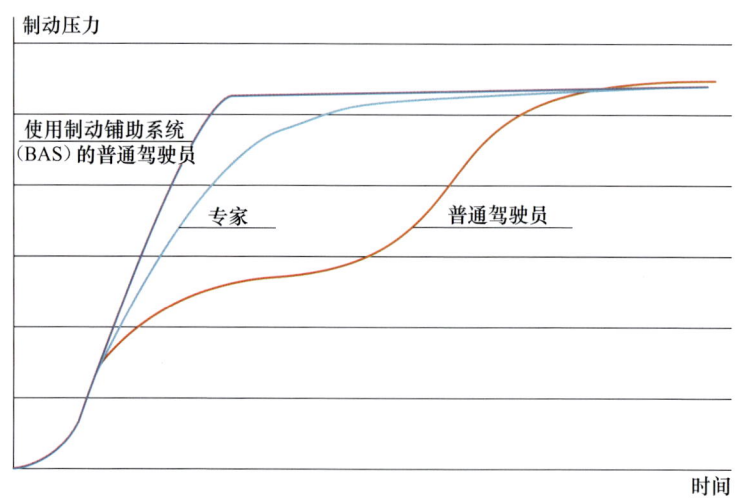

图 6-2　危急情况下的制动行为

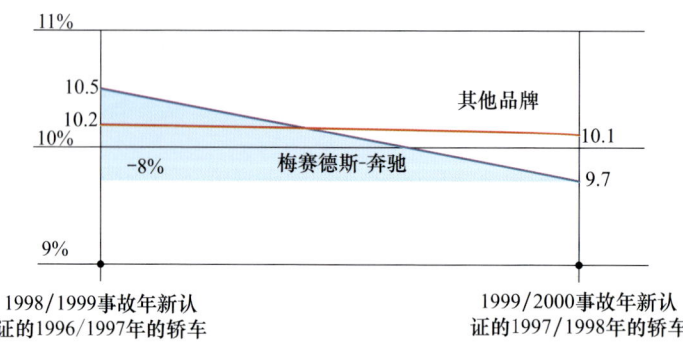

每10 000辆新认证汽车的交通事故发生率：与前行车辆发生碰撞时作为主要肇事者的轿车
来源：梅赛德斯-奔驰对联邦统计局在1998—2003事故年期间事故统计中50%的匿名交通事故抽样分析结果

图 6-3　每 10 000 辆新认证车辆导致的碰撞事故

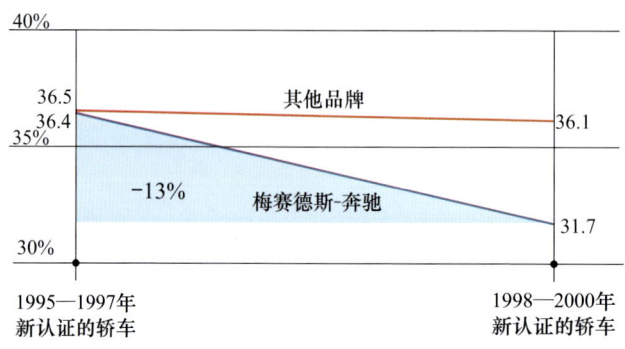

横穿车道时发生的所有交通事故中发生致死和重伤事故的百分比
来源：梅赛德斯-奔驰对联邦统计局在1998—2003事故年期间事故统计中50%的匿名交通事故抽样分析结果

图 6-4　横穿车道时发生的交通事故中发生致死和重伤事故的比例

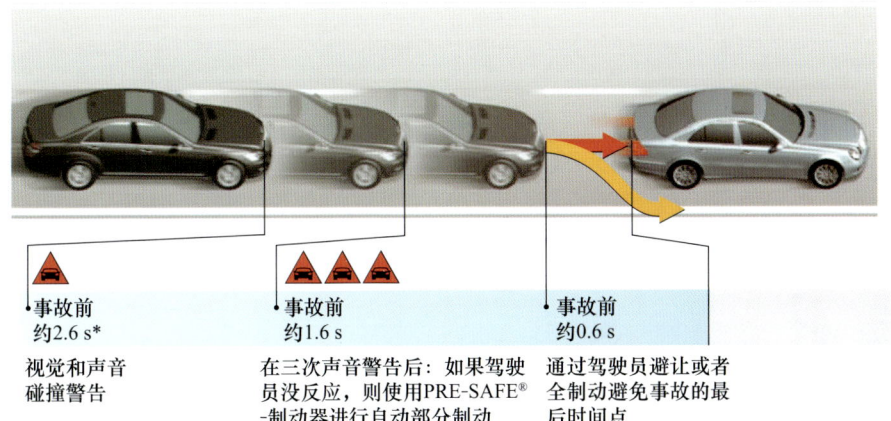

图 6-5 在有追尾事故危险的情况下提供辅助的时间过程

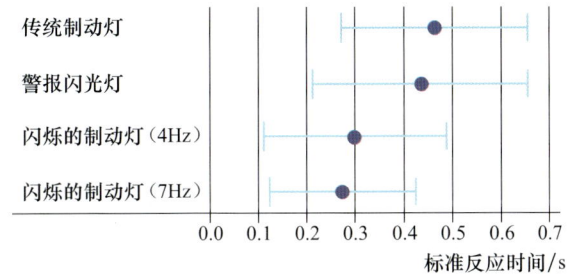

图 6-7 在汽车试验厂内当前车全制动时对不同的信号模式的反应时间(平均值和标准偏差)

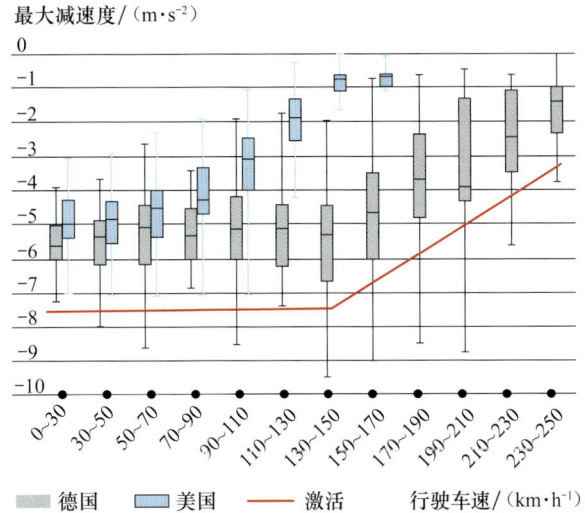

图 6-8 取决于行驶车速的减速范围(数据来自在德国的 48 个被测试者 94 000 km 和在美国的 96 个被测试者 89 000 km 的野外试验,两个试验都采用梅赛德斯－奔驰 220 系列汽车),图示了最小、25 个百分点、平均值、75 个百分点和最大值的情况,在这里未图示偏差值、极限值,线条表示自适应制动灯的触发阈值

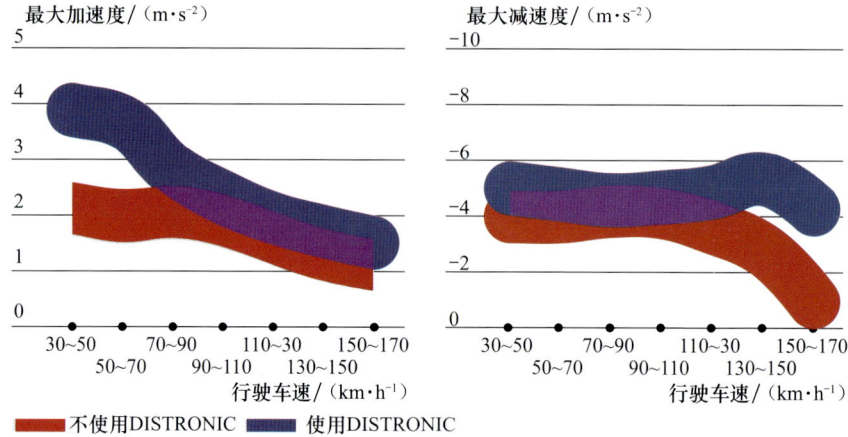

图 6-9 取决于行驶车速和是否使用 ACC 的最大加速度和减速度的范围
（数据来自在德国和美国进行的由 140 名被测试者进行的野外试验）

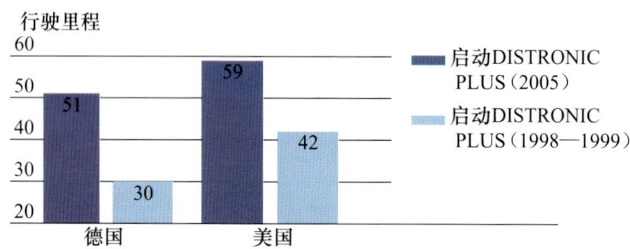

图 6-10 比对在行驶里程上使用的不同的 ACC 系统
（数据来自 140 名被测试者使用 DISTRONIC 和 200 名被测试者使用 DISTRONIC PLUS 的野外试验）

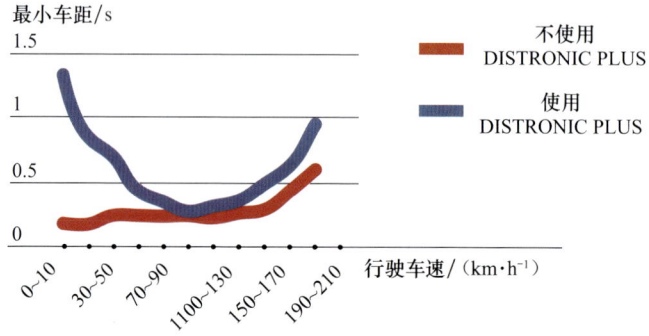

图 6-11 取决于行驶车速和使用 ACC 情况的与前车的最小车距
（数据来自德国使用 60 名被测试者超过 124 000 km 的野外试验）

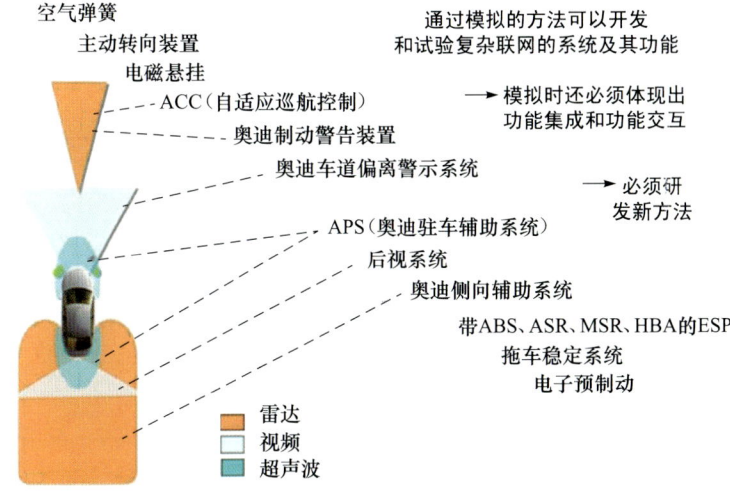

图 8-3 标准行驶系统和驾驶员辅助系统

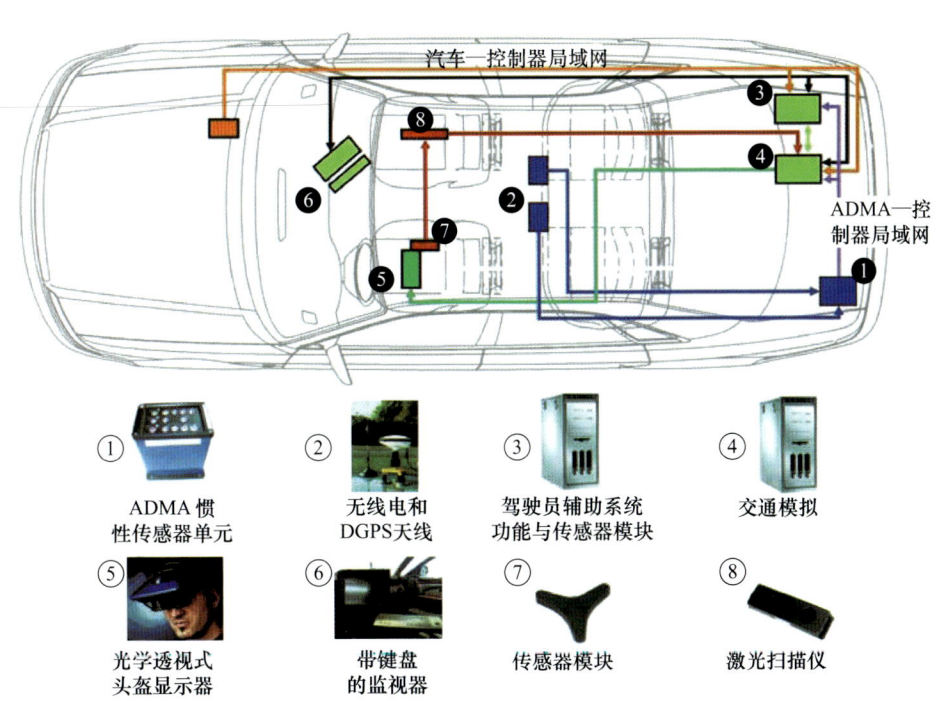

图 8-6 车辆在环模拟测试系统架构

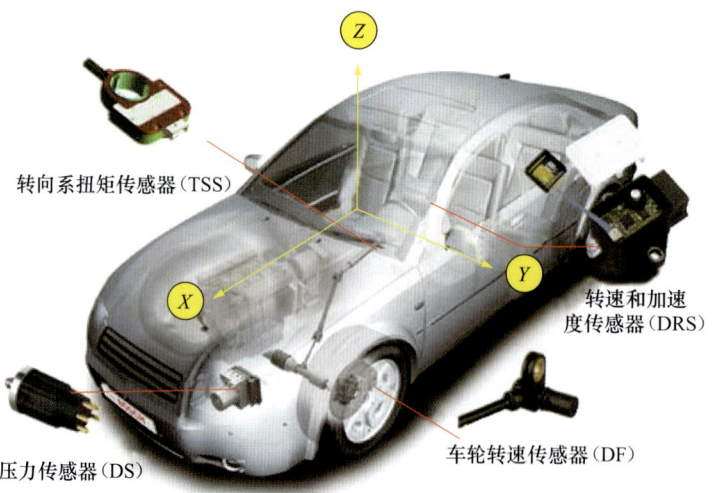

图 10-2　带有传感器的车辆一览图和标准车轴图例

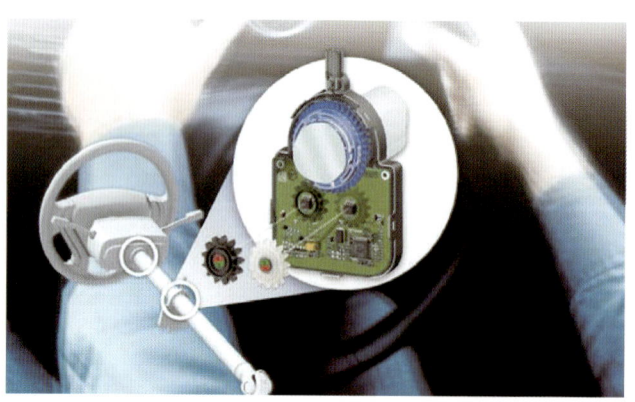

图 10-6　方向盘转角传感器可能的安装位置

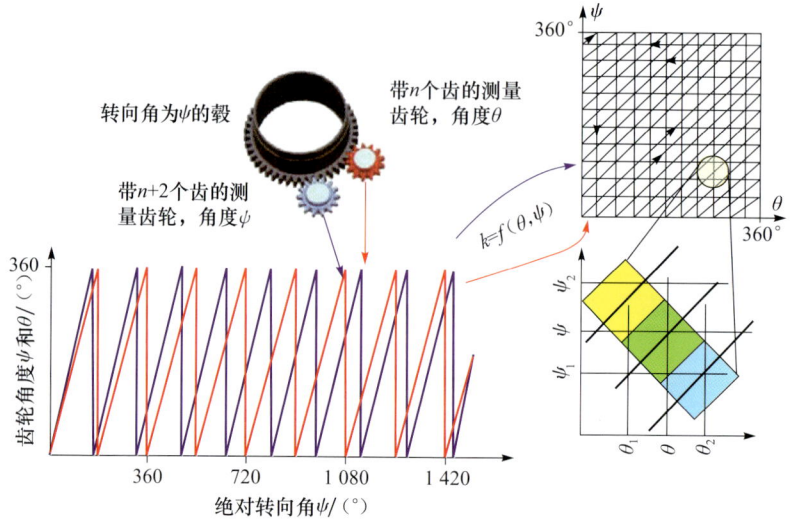

图 10-7　方向盘转角传感器游标原理的基本原理

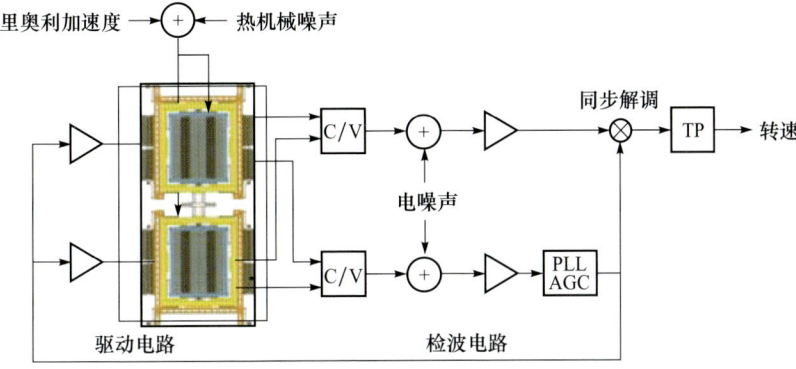

图 10-11　微机械中的转速测量元件方块图,通过干扰参数进行信号分析

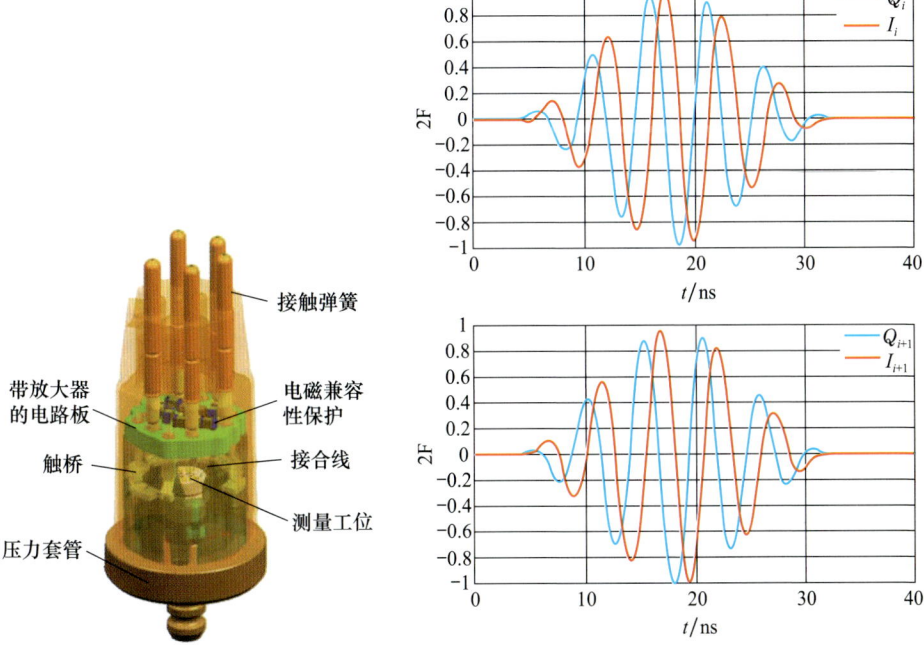

图 10-15　采用压入技术的制动调节系统中压力传感器的典型结构

图 12-6　一个接近的单反射器的两个依次跟随脉冲（上,下）的中频信号（实数部分 I 和虚数部分 Q）（理想状况下）

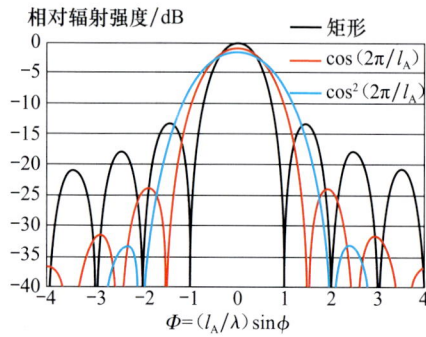

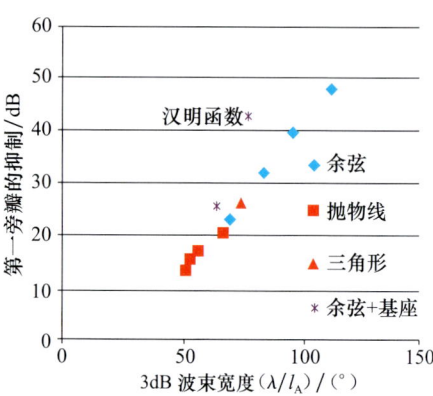

图 12-18 针对一个矩形分配函数和一个简单的以及一个余弦半钟的平方计算出的一维天线特性,进行了总功率标准化。横坐标变量 $\Phi = (l_A/\lambda)\sin\phi$ 是根据孔径宽度与波长之比 $l_A/\lambda$ 标准化的反射角的正弦

图 12-19 旁瓣抑制与主瓣的宽度（在 -3 dB 下,单路）,根据[12.2]

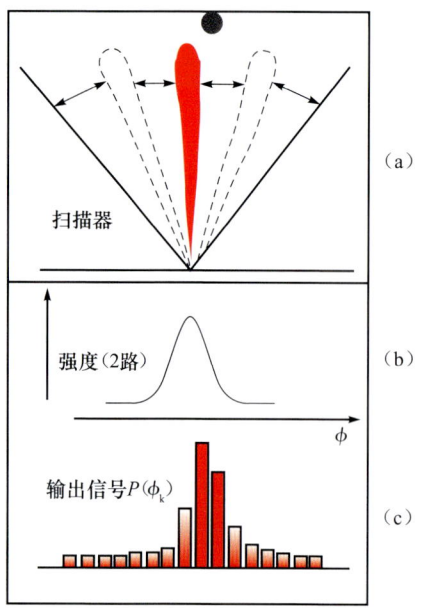

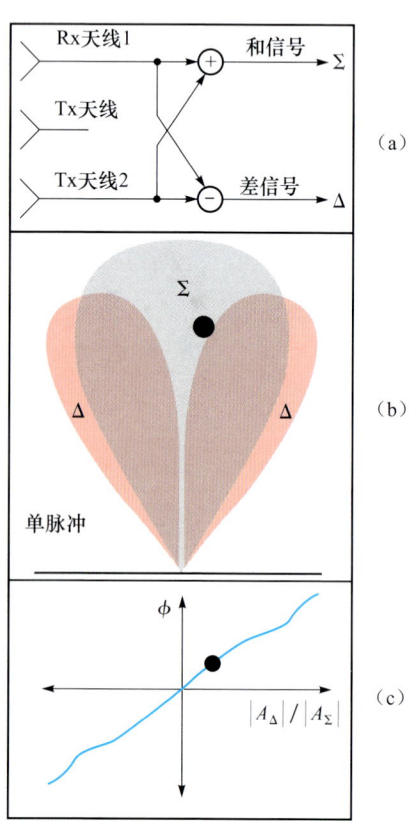

图 12-20 确定角度的扫描器原理
(a)紧密集束的射线扫过整个探测范围并探测到点目标;(b)集束射线的方位角特性;
(c)点目标的结果

图 12-21 用于确定角度的单脉冲原理
(a)和信号和差信号的形成;(b)如此形成的射线的方位角特性;(c)典型的方位角特性曲线与在较小角度时差信号与和信号振幅量的商的对比

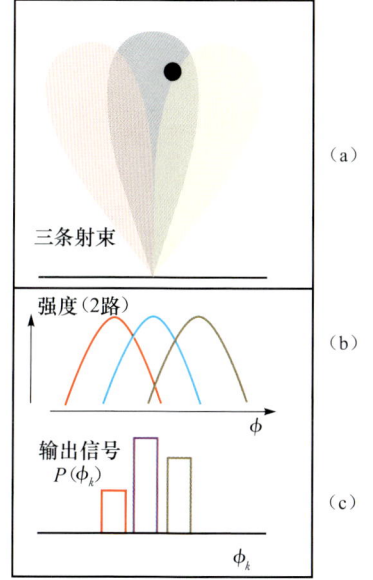

图 12-22　用于确定角度的多波束原理
(a)重叠的波瓣；(b)单个射束的方位角特性；
(c)由一个点反射器反射的单个射束的功率

图 12-23　三波束脉冲多普勒雷达的双路天线示意图，以 Continental ARS 200[12.7]为例

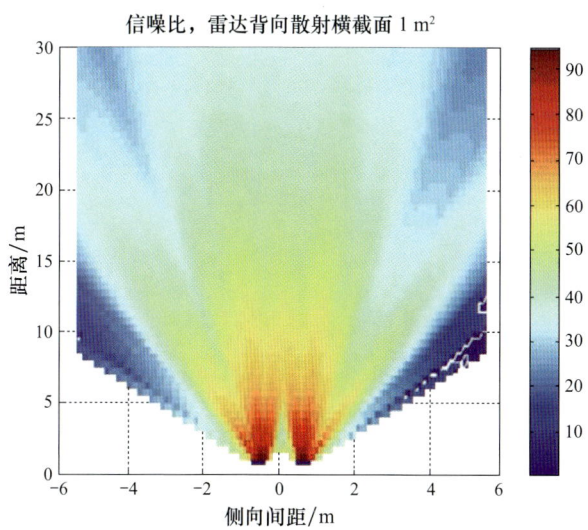

图 12-26　带非对称四波束雷达传感器[12.11]的双雷达布置的探测覆盖面

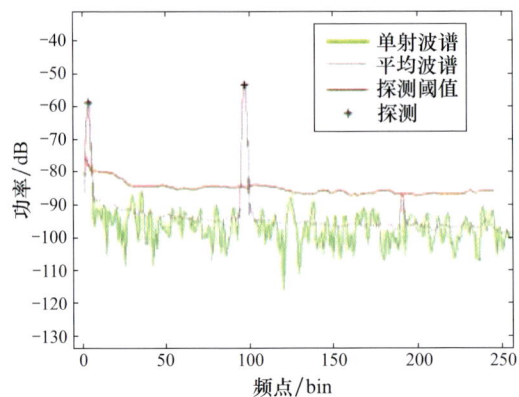

图 12-28　FMCW 测量的波谱示例。除了在约 95 的频率曲线上的实际目标之外,频谱线具有通过目标模拟器的音响信号的近距离回波(第一条线)和目标的高次谐波(在 190 处)(来源:博世)

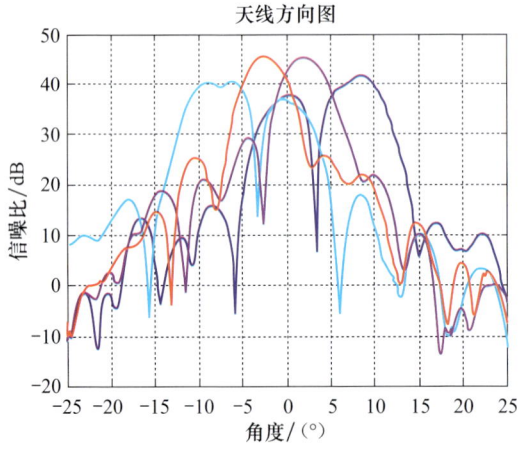

图 12-35　作为唯一传感器使用的 Bosch LRR3 的天线特性[12.12]

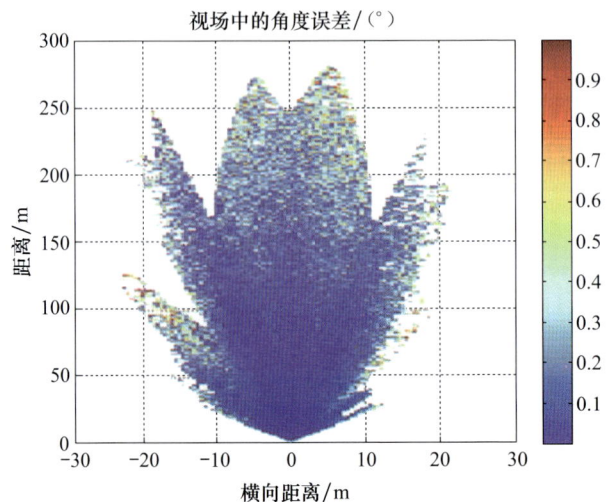

图 12-36　10 m² 雷达横截面点目标的 Bosch LRR3 的探测和角度偏差示意图[12.12]

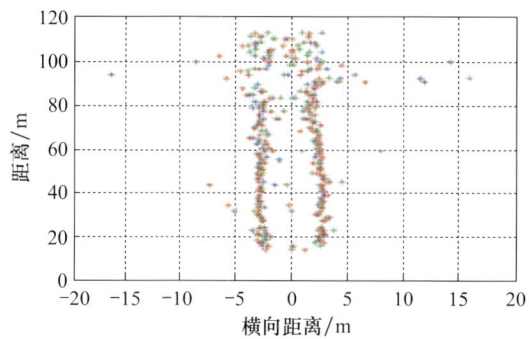

现在图 12-37　在两侧(±3 m)以相同的距离停放的车辆形成的通畅狭窄通道场景中行驶时 BoschLRR3 的角度分离能力[12.12]

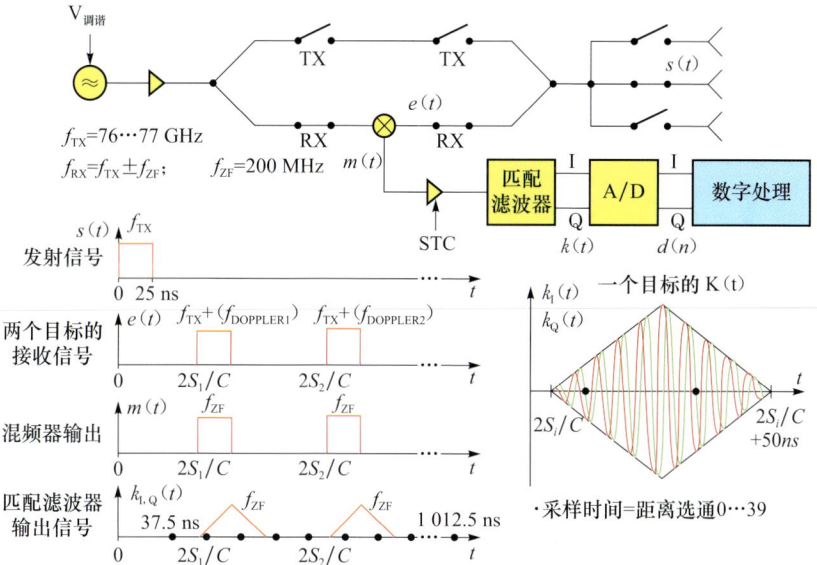

图 12-39　Continental 雷达传感器 ARS 200 的功能原理[12.7]

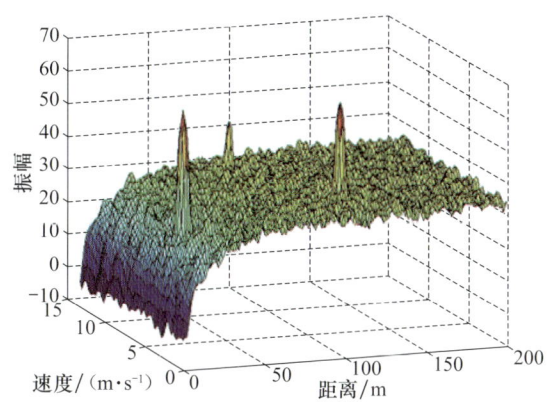

图 12-48　示例场景的 $r \div \dot{r}$ 波谱,由 Delphi 电子扫描雷达(第四代)采集(来源:Delphi)

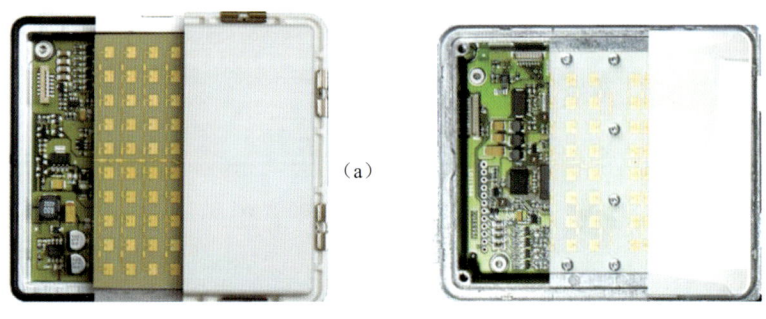

图 12-51 Hella 雷达传感器

(a)24 GHz-ACC 雷达；(b)24 GHz-SWA 雷达(来源：Hella)

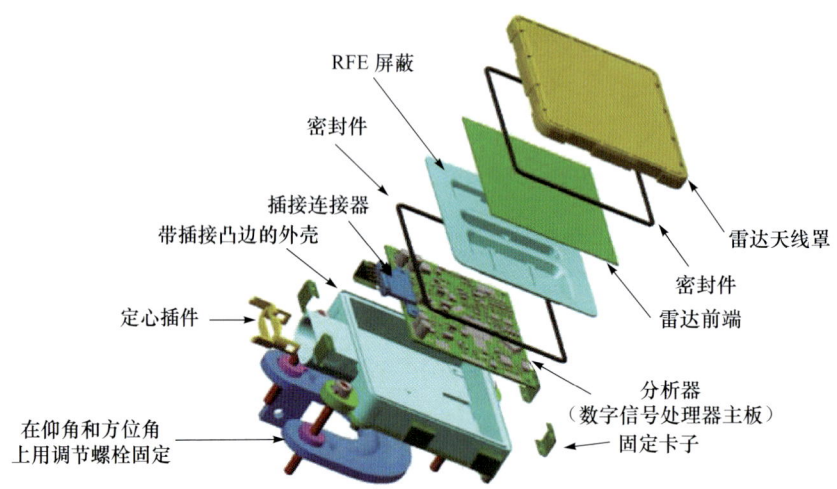

图 12-52 Hella-ACC 雷达的分解图(来源：Hella)

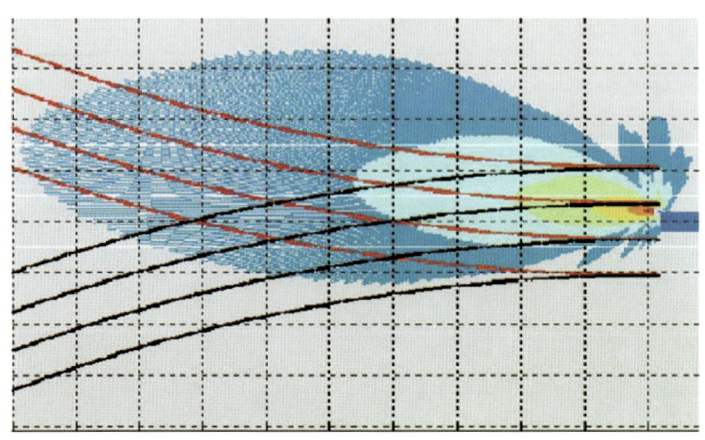

图 12-53 在约 8°的倾斜位置下 Hella-SWA 雷达的辐射(来源：Hella)

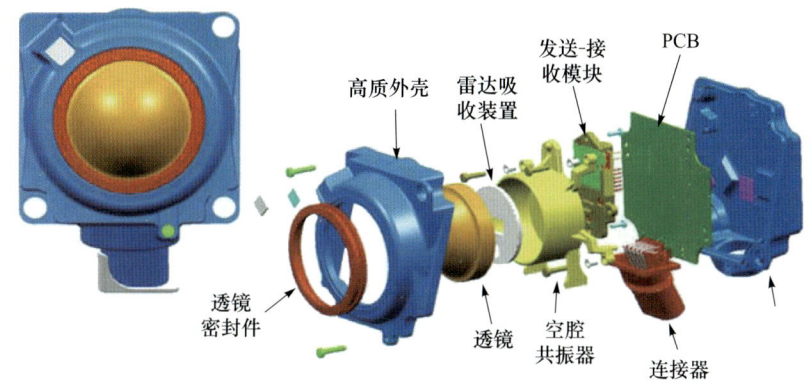

图 12-56　TRW AC 20 的 3D 分解图(来源:TRW)

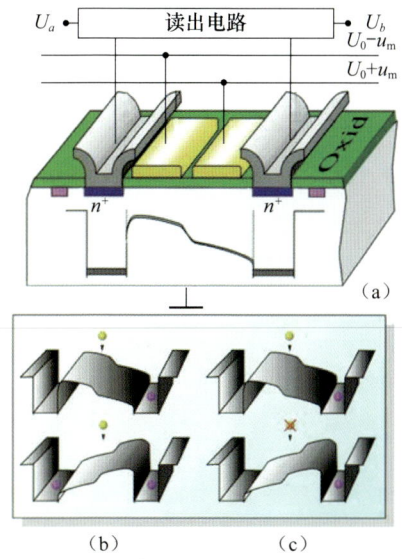

图 14-7　简化的 PMD 横截面和功能原理

(a) PMD 元件的简化示意图;(b) 调制过程结束时,两个读出二极管上的电符量及输出电压大小一样;
(c) 输出电压的变化不一样

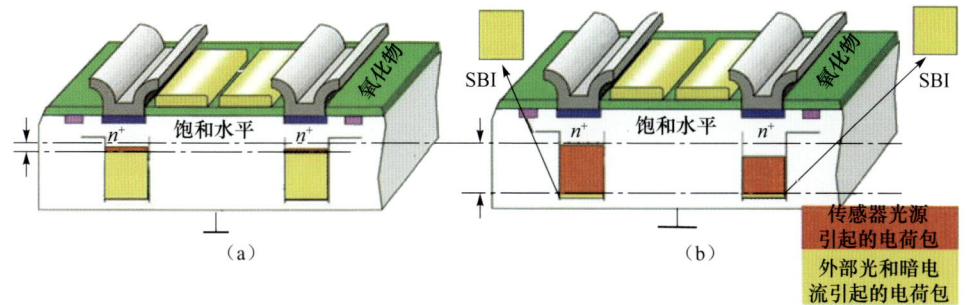

图 14-8　模块化 PMD 摄像机系统的组件。浅色的图块表示外部光线生成的电荷分量,
深色的图块是主动灯光的信号分量。SBI 电路消除了一大部分外部光线－电荷包(b)

(a) 无 SBI 的动态范围;(b) 带 SBI 的动态范围

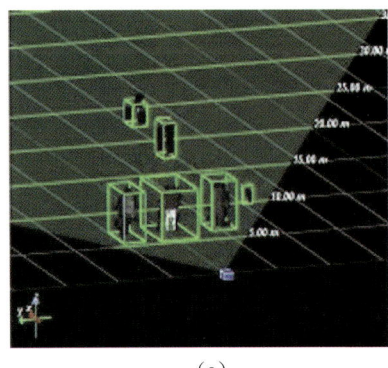 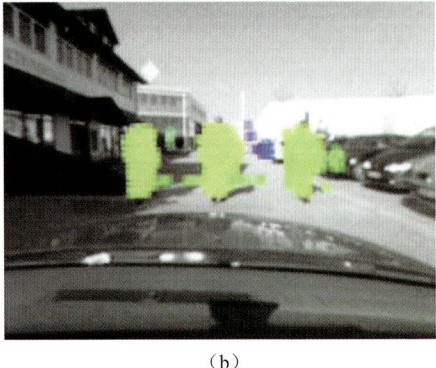

(a) (b)

**图 14-11　解读相关物体的距离图的步骤**
(a) 在虚拟 3D 图像中 PMD 摄像机的距离原始数据和由此得出的物体描述；
(b) 带时间同步观察场景的传统视频图像

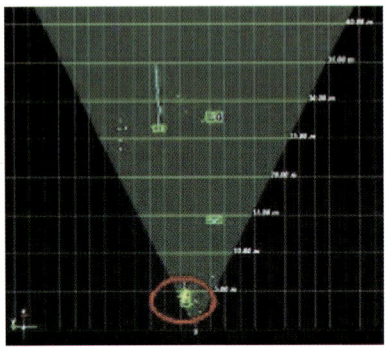 

图 14-12　从轮滑者(圆圈内)进入摄像机的探测范围内开始就将其识别为物体。在右侧的视频图像内，将在 3D 图像内探测到的物体同样标记下来并进行跟踪

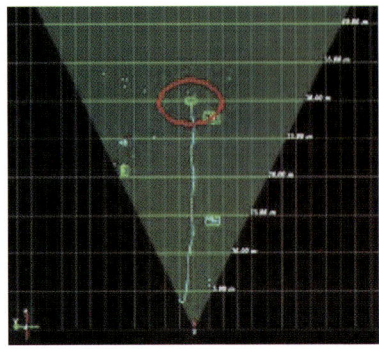 

图 14-13　跟踪轮滑者的位置(圆圈内 3 m 的距离)如图 14-12 内所示，将在 3D 空间内探测到的物体也标记在 2D 摄像机图像内

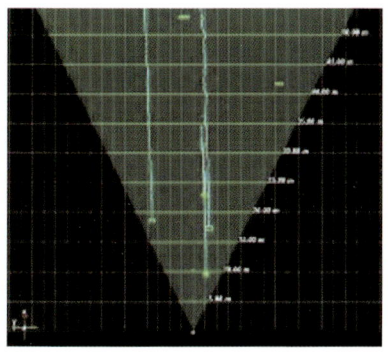

图 14-14　在高速公路上行驶时 PMD 前视摄像机的距离原始数据和物体对准

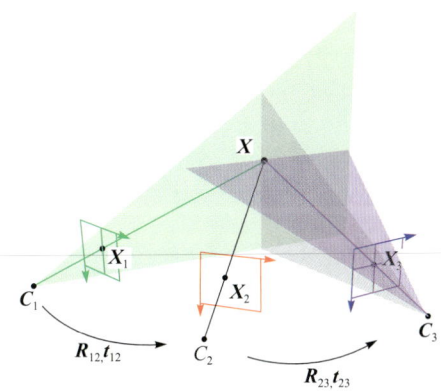

图 15-11　三线条件

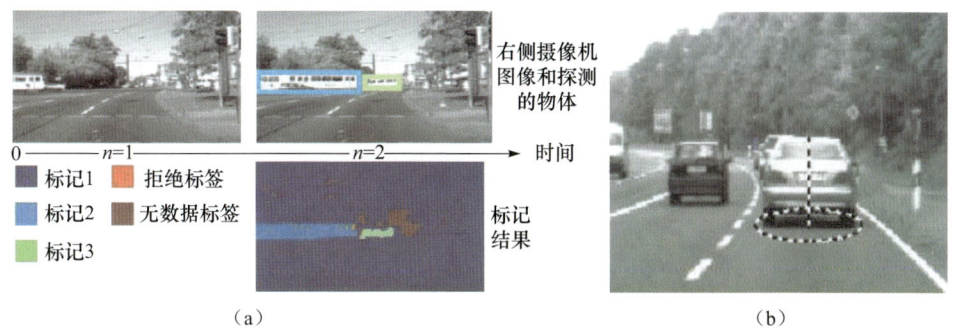

图 15-15　不同的物体探测法的结果

（a）借助不一致和位移的特征[15.1]；（b）借助对称和阴影这两个特征[15.20]

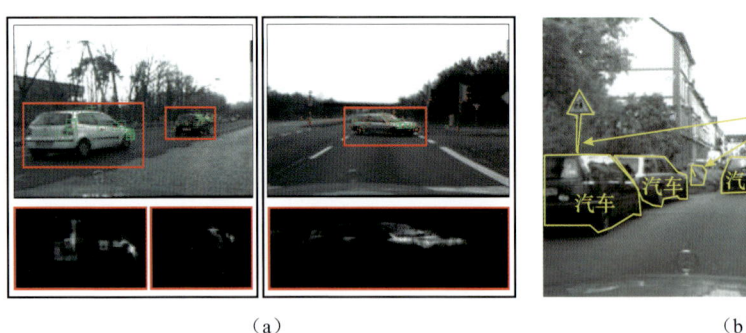

（a） （b）

**图 15-16 不同的物体分类方法的结果**

（a）基于物体特定的形象特征[15.2]；（b）使用一个概率逻辑的知识基础[15.25]

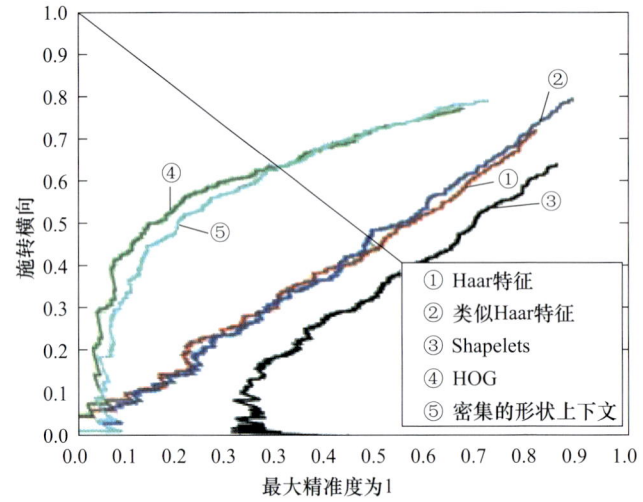

带RBF核的SVM的特征性能

① Haar特征
② 类似Haar特征
③ Shapelets
④ HOG
⑤ 密集的形状上下文

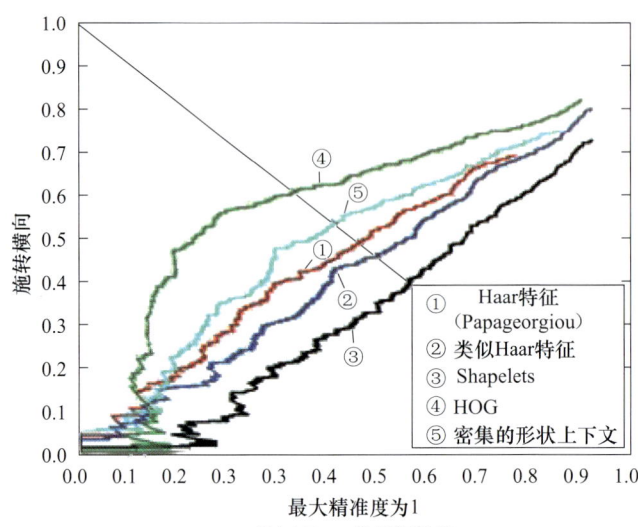

带AdaBoost的特征性能

① Haar特征（Papageorgiou）
② 类似Haar特征
③ Shapelets
④ HOG
⑤ 密集的形状上下文

**图 16-8 用不同的分类器进行特征评估**

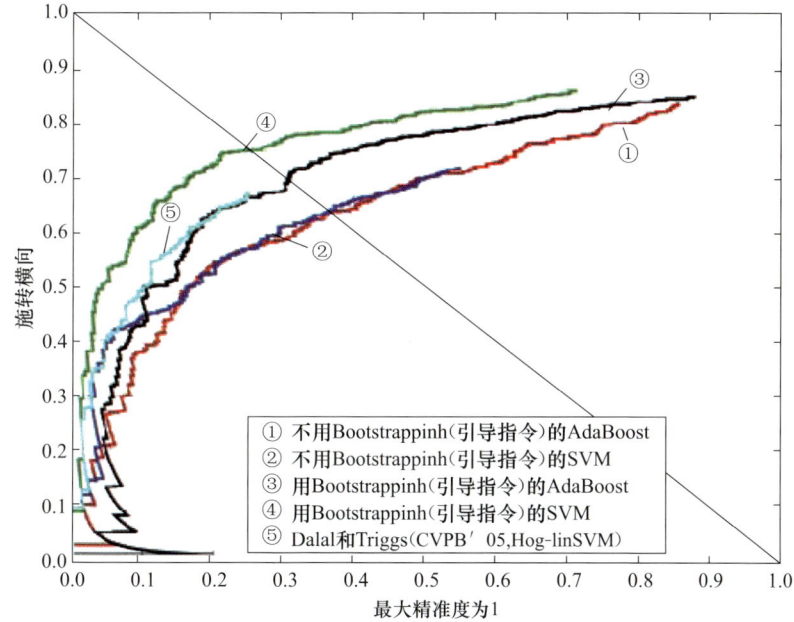

图 16-9 特征组合的性能(Haar 和形状上下文特征)

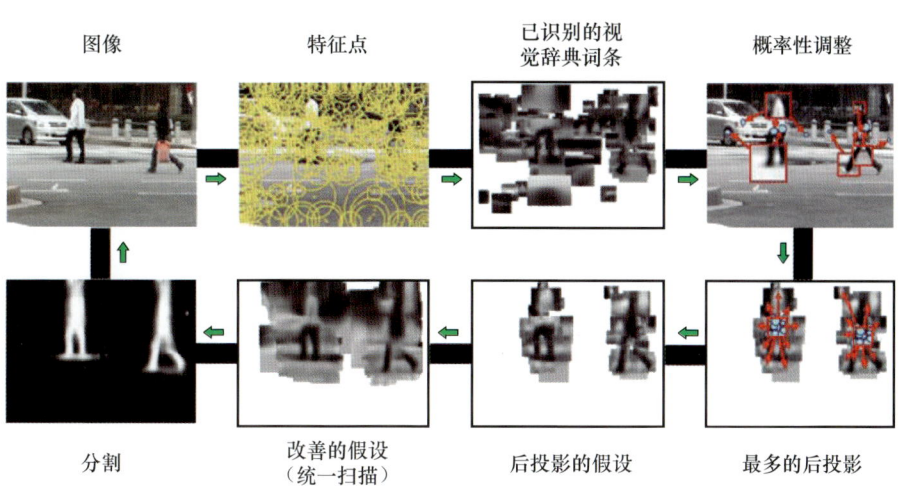

图 16-11 ISM 探测程序概览

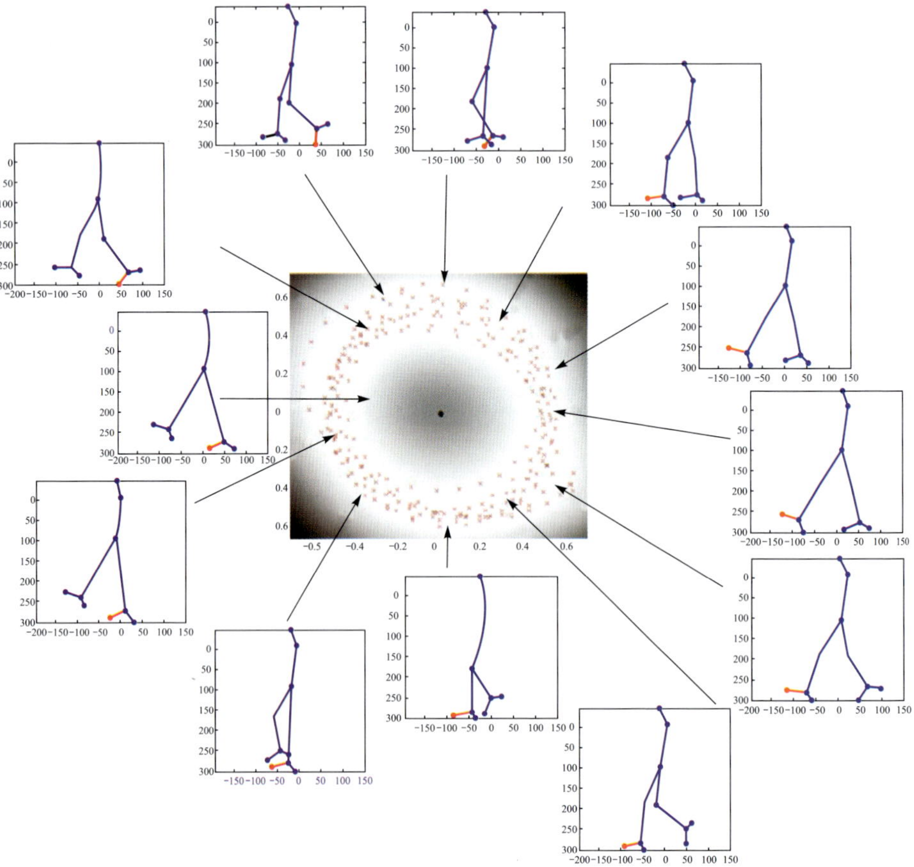

图 16-12　在高斯过程本隐变量模型中人的运动过程

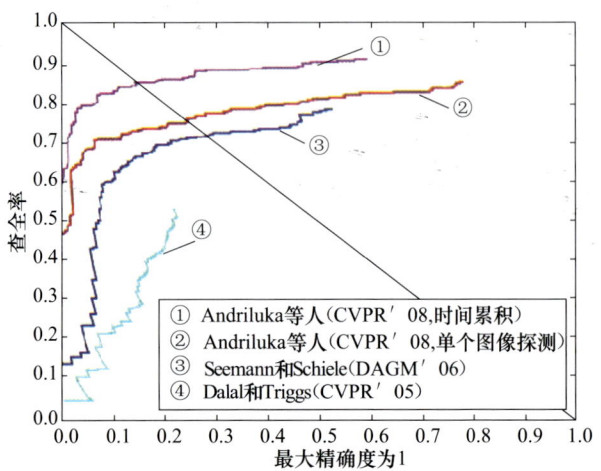

①
②
③
④
① Andriluka等人(CVPR′ 08,时间累积)
② Andriluka等人(CVPR′ 08,单个图像探测)
③ Seemann和Schiele(DAGM′ 06)
④ Dalal和Triggs(CVPR′ 05)
查全率
最大精确度为1


图 16-13　ISM 变型[16.25,16.1]和 HOG[16.4]视频序列数据的性能比较

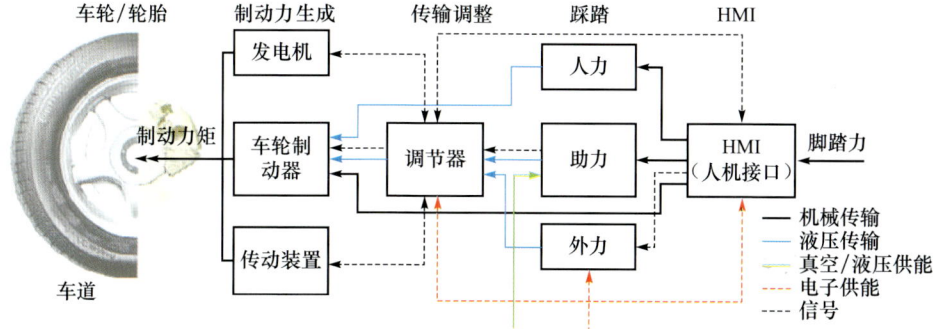

图 18-1 轿车制动系统内可能的作用链

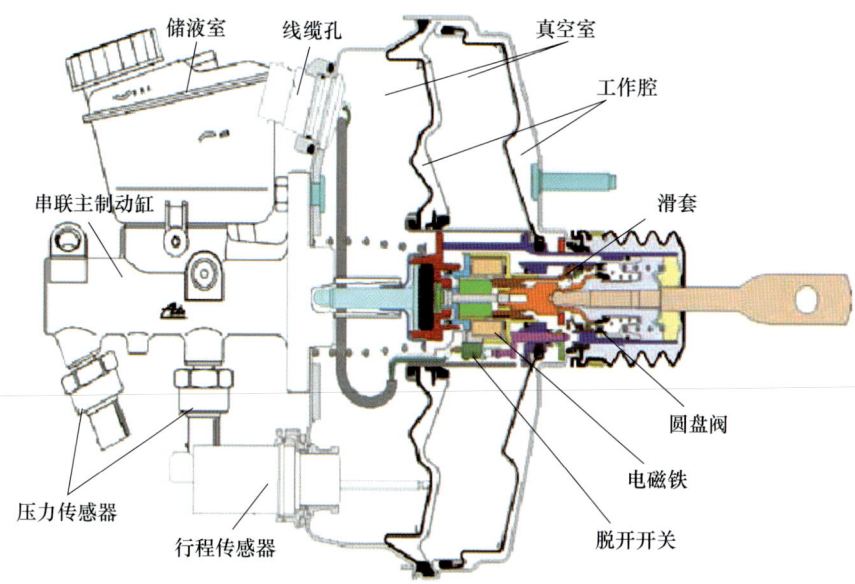

图 18-3 串联结构形式的主动制动装置

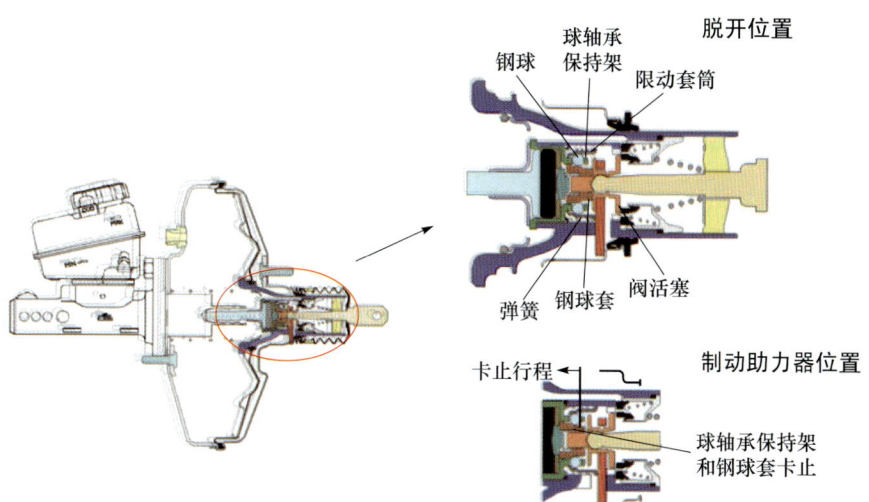

图 18-4 机械制动助力器

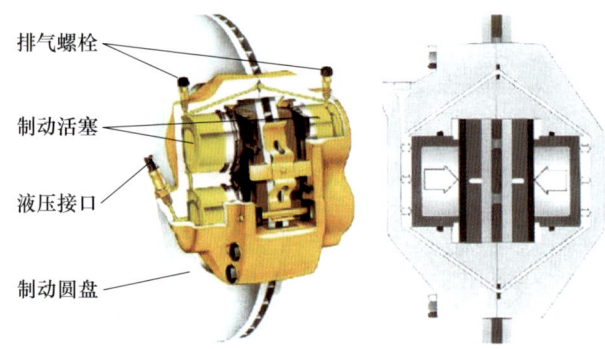

图 18-5 特殊防护车辆用
液压制动力放大器

图 18-6 固定式制动钳

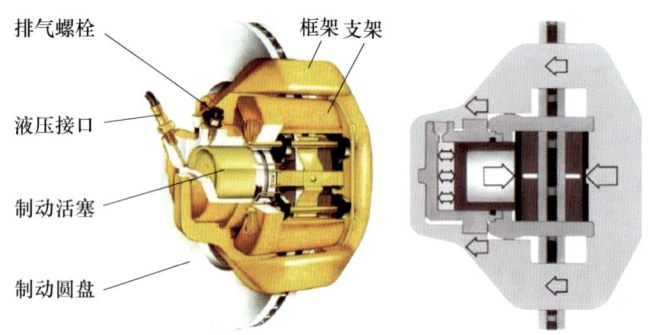

图 18-7 浮式框架制动钳

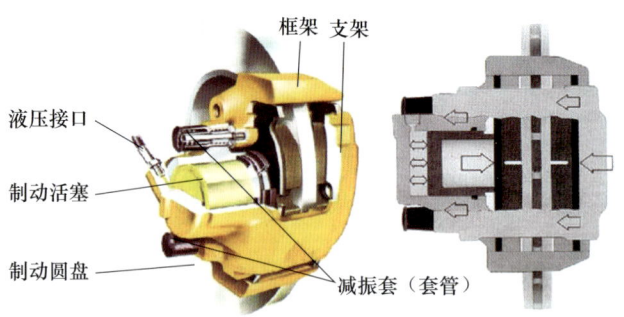

图 18-8 Continental 浮式制动钳

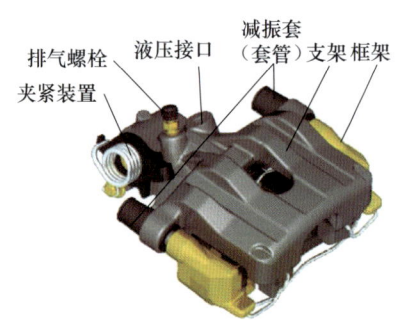

图 18-9 组合浮式制动钳

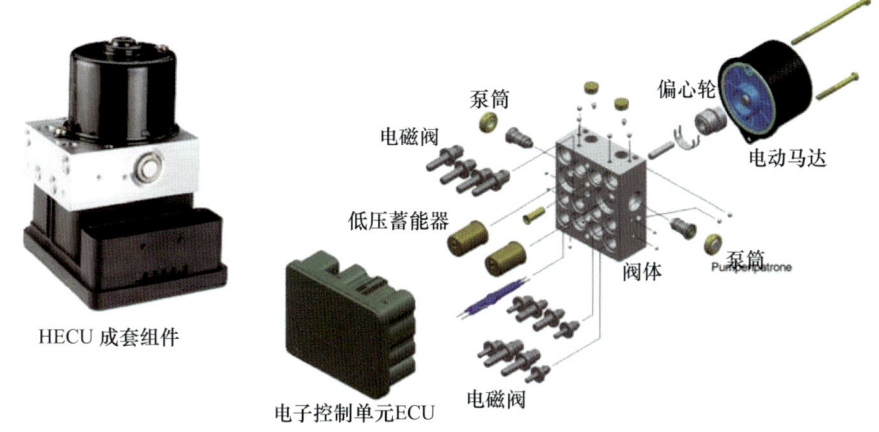

图 18-10　ESC 装置分解图

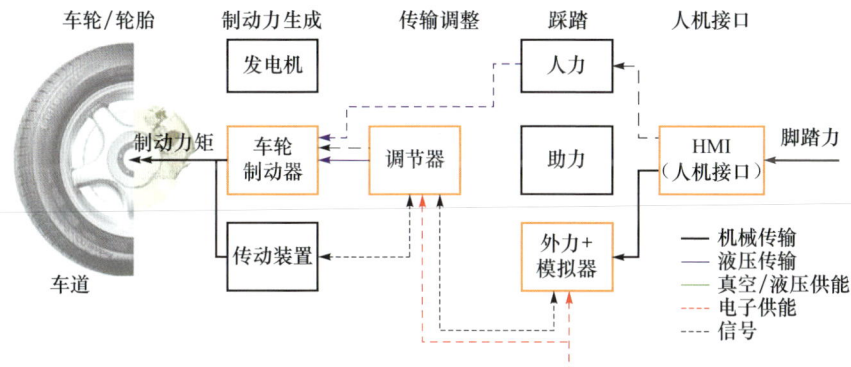

图 18-12　轿车内制动系统的作用链

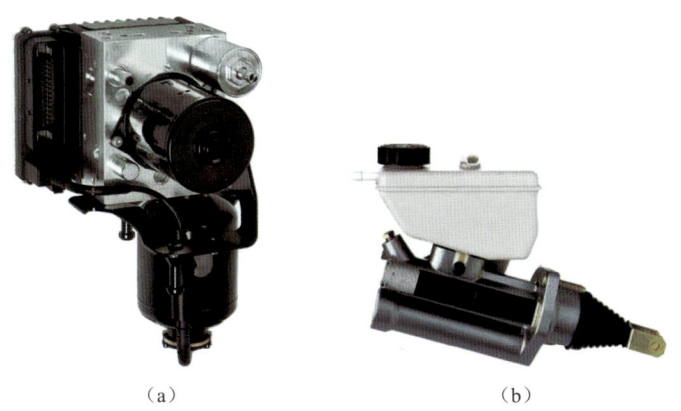

图 18-13　Continental 的 EHB 组件
(a)电动液压调节单元;(b)带踏板特性模拟器的制动操纵机构

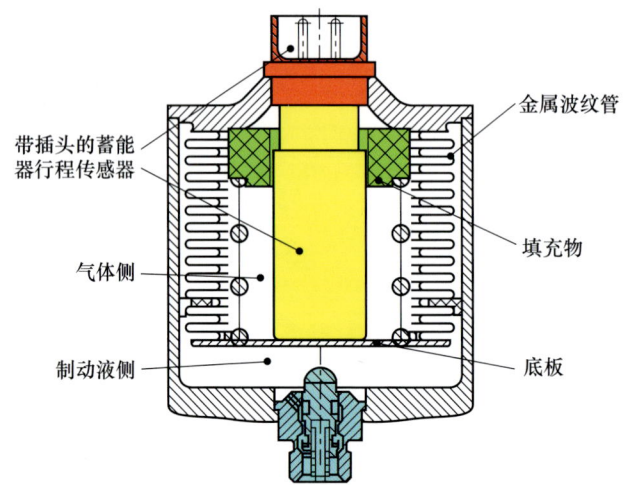

图 18-14 金属波纹管液压蓄能器（设计图）

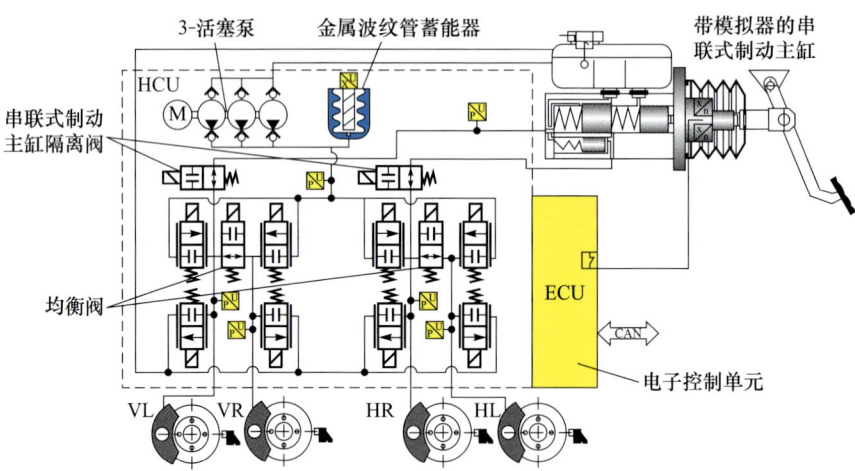

图 18-16 带系统组件示意图的 EHB 电路图

1.带踏板行程传感器和踏板触觉模拟器的操控单元
2.ESP液压电子控制单元
3.电动机、发电机
4.电力电子设备
5.蓄电池
6.转向角传感器
7.传感器组件

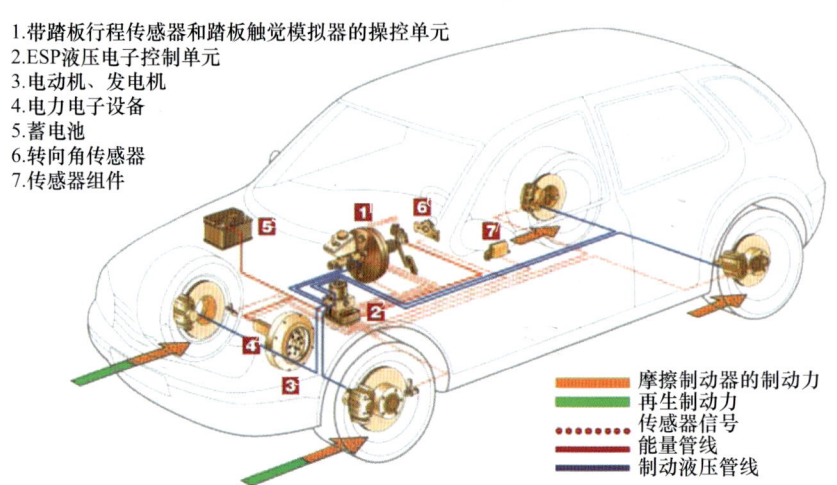

图 18-18 带再生制动系统的混合动力汽车

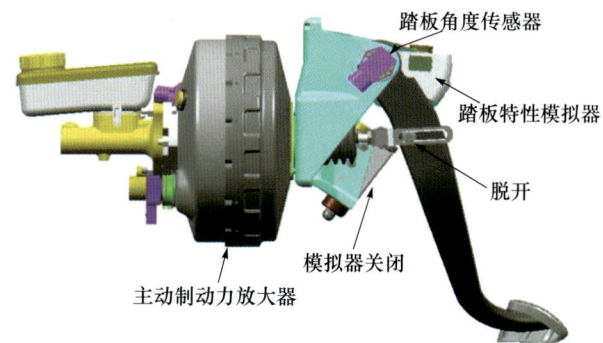

图 18-19 可按情况脱开制动踏板和制动液压装置的再生制动系统的操控单元(人机接口 HMI)

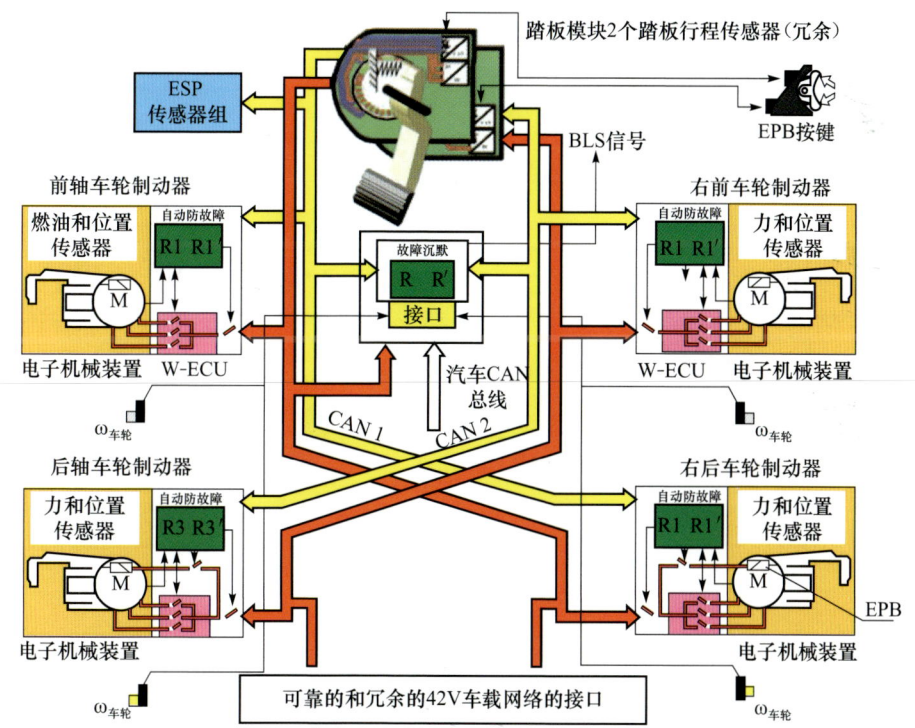

图 19-2 EMB 系统架构

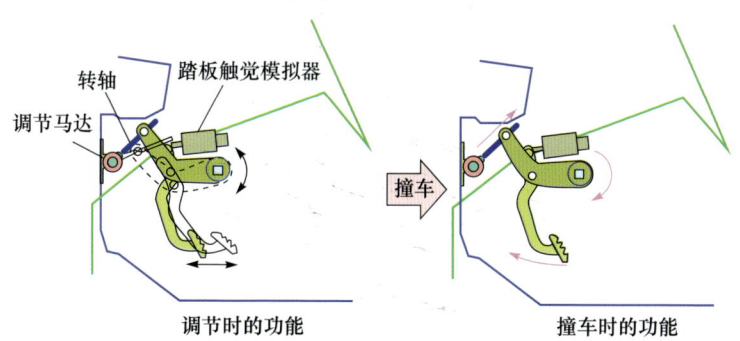

图 19-4 EMB 踏板机构,调节和碰撞功能

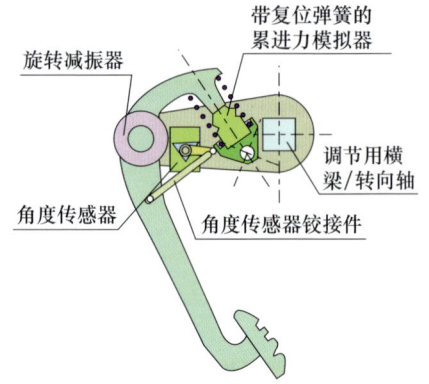

图 19-5　踏板感知模拟器

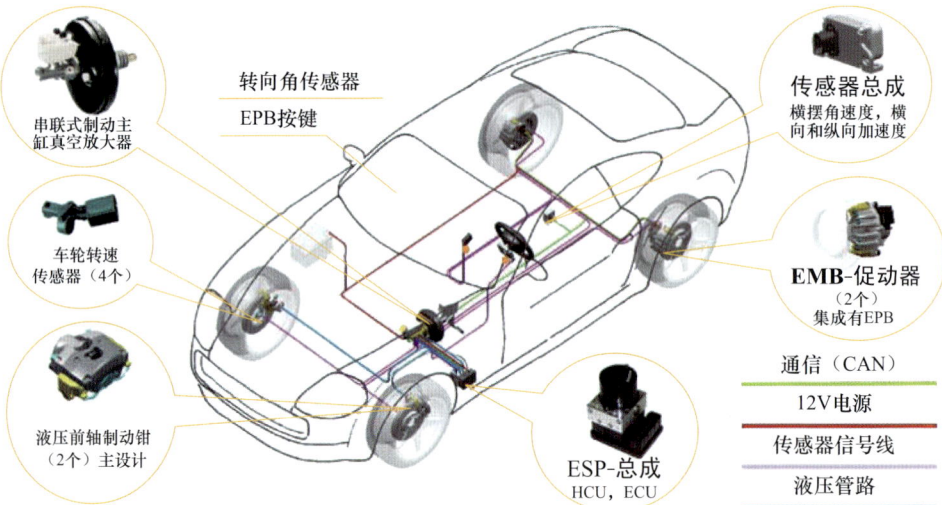

图 19-10　混合制动系统组件

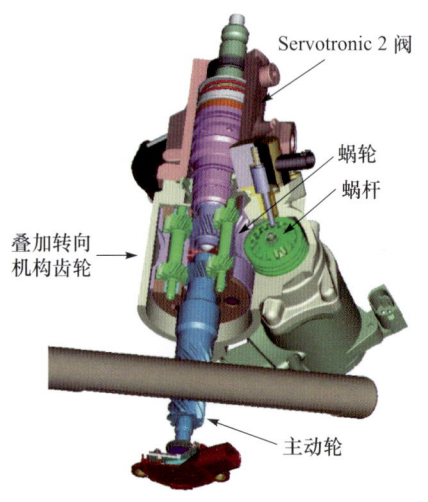

图 20-20　叠加转向执行机构的剖面图

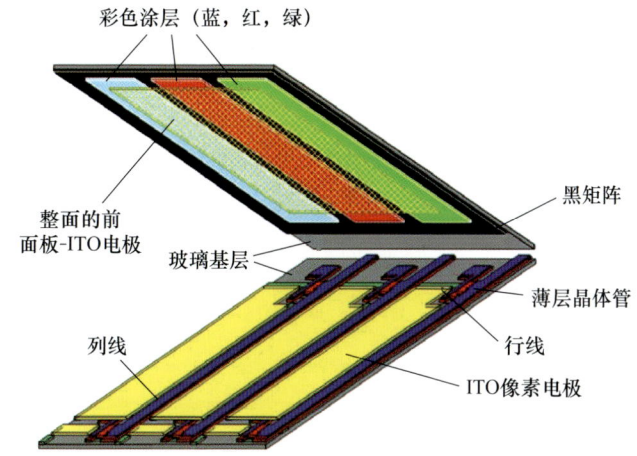

图 23-14　TFT 矩阵

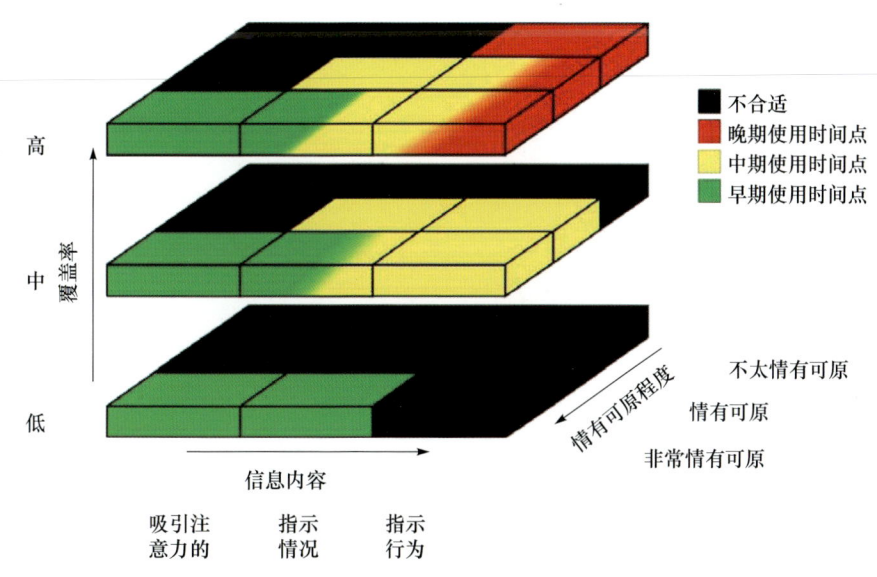

图 24-4　用于评价警报单元使用时间点的兼容性矩阵

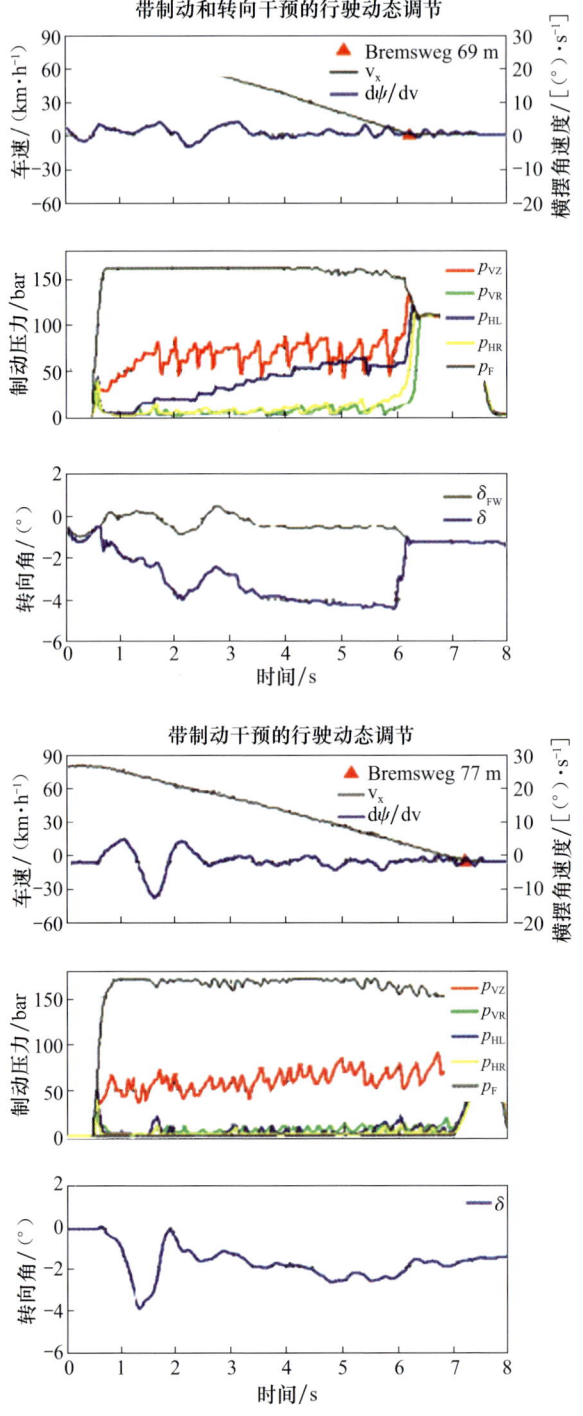

图 26-8 通过横摆力矩补偿的转向角干预在 $\mu$-Split 路面上制动和相对于 ESC 无转向干预在后轴上的组合式制动干预

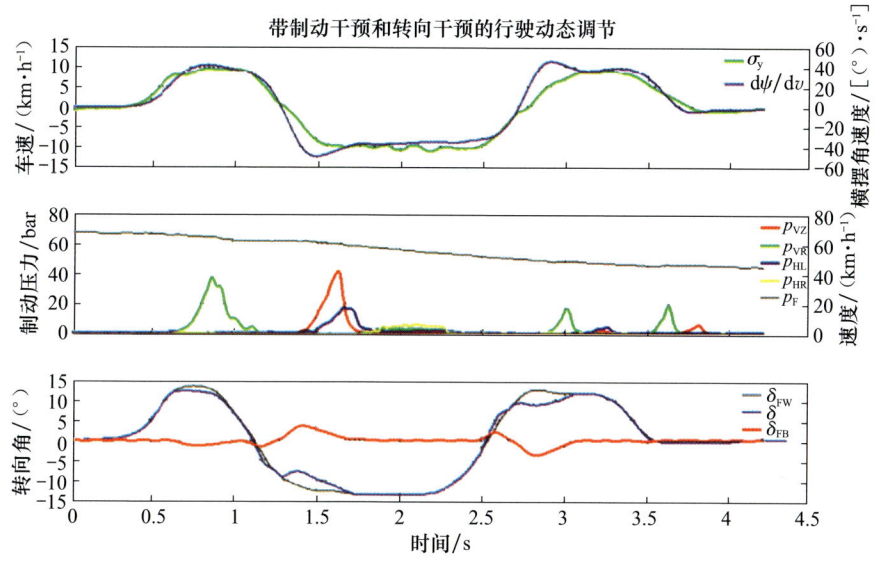

**图 26-9** 通过调节横摆力矩的转向角干预和制动干预组合进行 VDA 换道

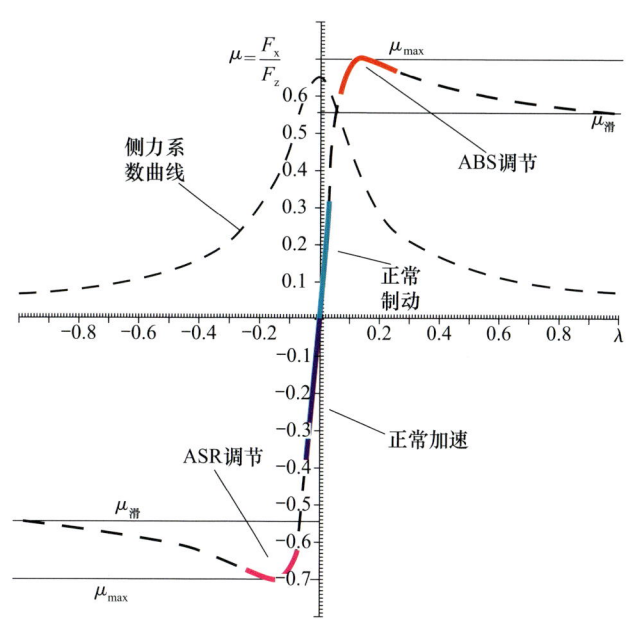

**图 28-1** 稳定功能不同的工作范围内车轮打滑期间的附着示意图

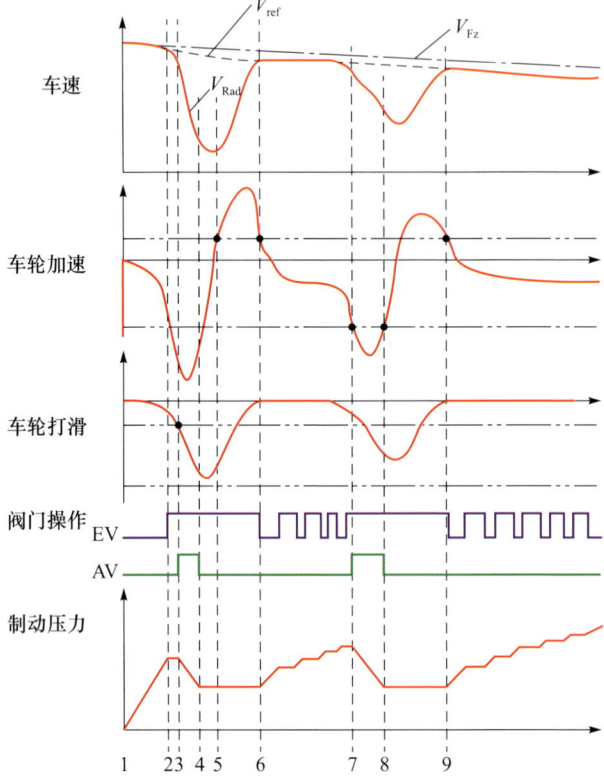

图 28-2 ABS 调节的典型流程

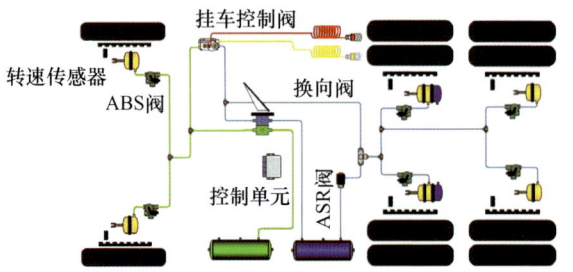

图 28-3 带 ABS 和 ASR 的传统气动行车制动装置的系统结构

| 工作状态 | | | |
|---|---|---|---|
| 未制动 | 无 ABS 干预的制动 | ABS 干预:保持制动压力 | ABS 干预:降低制动压力 |
| 连接部分 1 和 2 无压力。进气和排气薄膜封闭。不促动两个磁铁(I, II) | 接头 1 处的制动压力使进气薄膜打开。通过 II 的上方阀座要求空间(b)内有制动压力。施加在接口 1 上的制动压力打开了进气薄膜。通过 II 的上部阀座制动压力进入腔(b),这样,排气口保持关闭,接头 2 通风 | 通过控制磁铁 I 关闭下方阀座,同时打开上方阀座,这样给腔(a)通风并关闭进气薄膜。同样,通过腔(b)内的压力使排气口保持关闭,由此保持接头 2 上压力的恒定 | 磁铁 II 关闭上方阀座,同时打开下方阀座,腔(b)排气。通过制动气缸压力打升排气薄膜,由此排气口 3 的制动压力下降 |
| 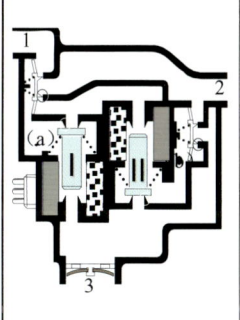 | 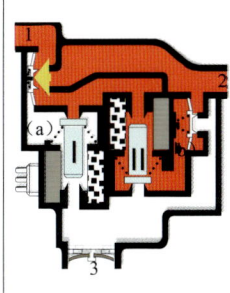 | 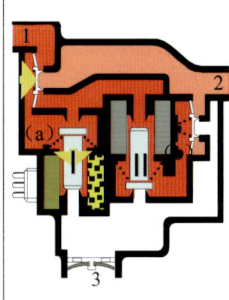 | 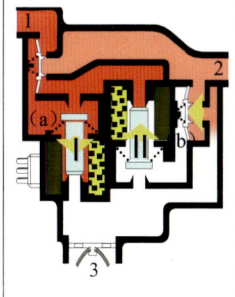 |

图 28-6　压力控制阀的功能

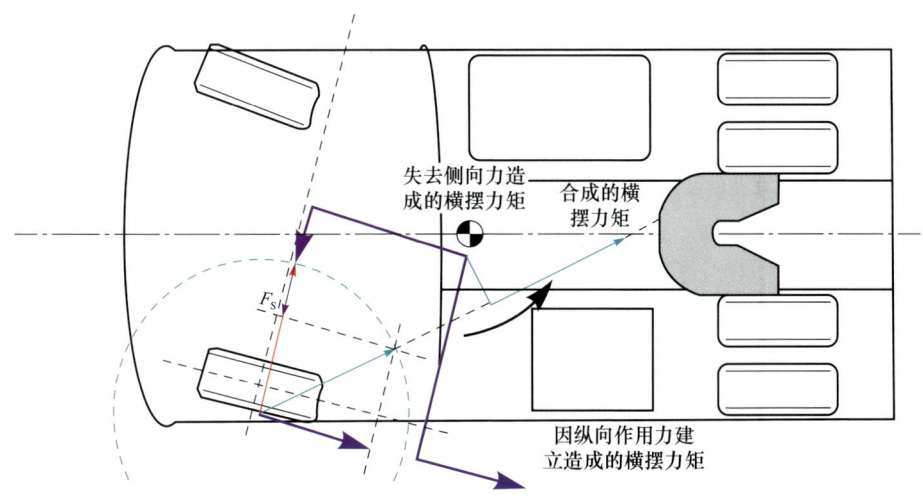

图 28-7　转向不足或过波转向时的稳定性干预

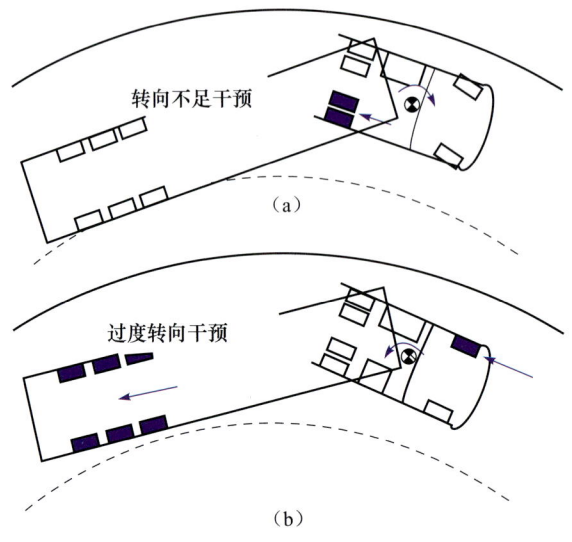

**图 28-7** 转向不足或过波转向时的稳定性干预(续)
(a)在一个车轮上进行制动干预对横摆力矩的影响;(b)和行驶动态调节的干预策略

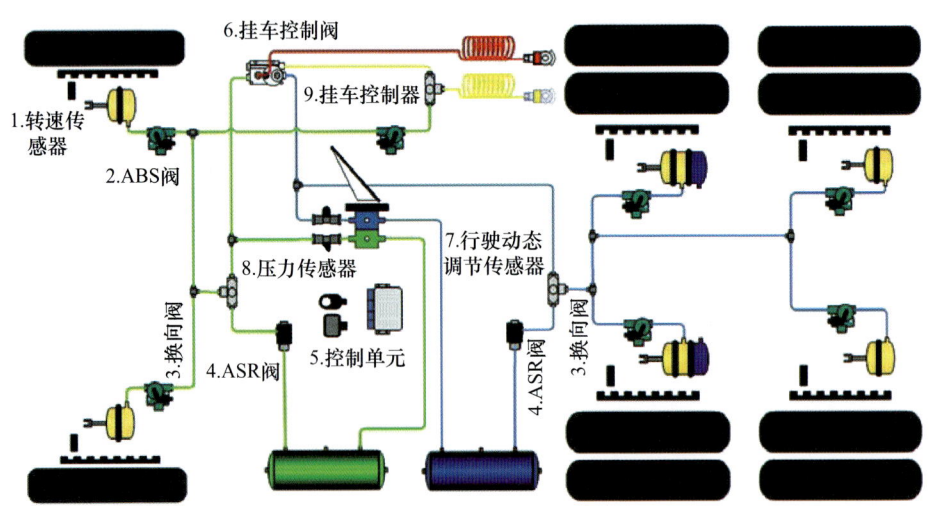

**图 28-9** 带行驶动态调节系统的传统气动行车制动装置的系统结构

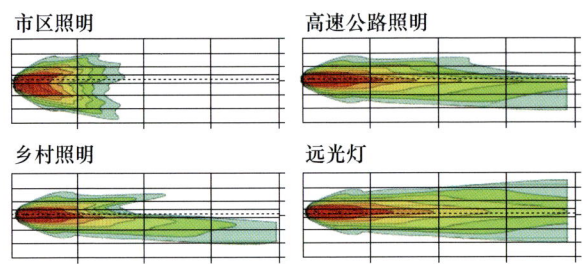

**图 30-10** 行车道上光分布功能的原理俯视图[30.13],(来源:Hella KGaA Hueck&Co.)

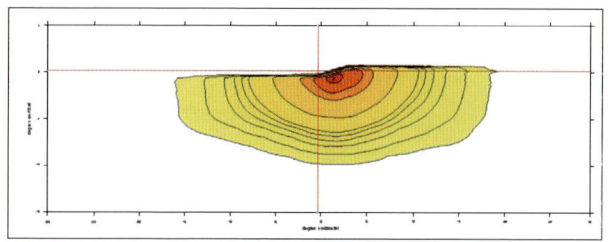

图 30-11 乡村照明在距大灯 25 m 幕布上的光分布[30.14]（来源：Automotive Lighting，汽车照明）

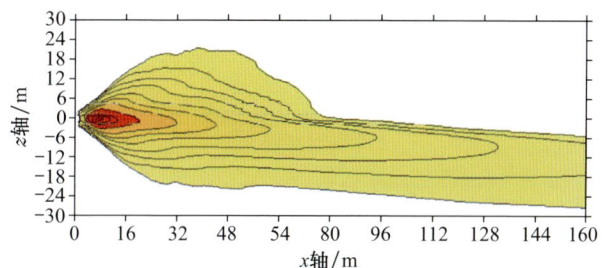

图 30-12 行车道上乡村照明的光分布俯视图[30.14]（来源：Automotive Lighting，汽车照明）

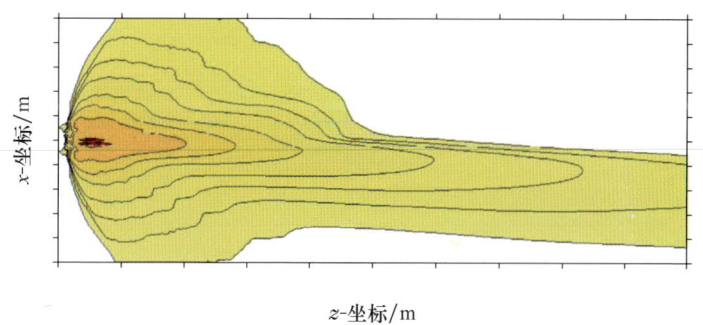

图 30-13 恶劣天气照明灯样机的光分布，根据[30.14]，（来源：Automotive Lighting，汽车照明）

图 30-14 基于氙气灯的转向灯——前灯
（来源：Valeo/法国）

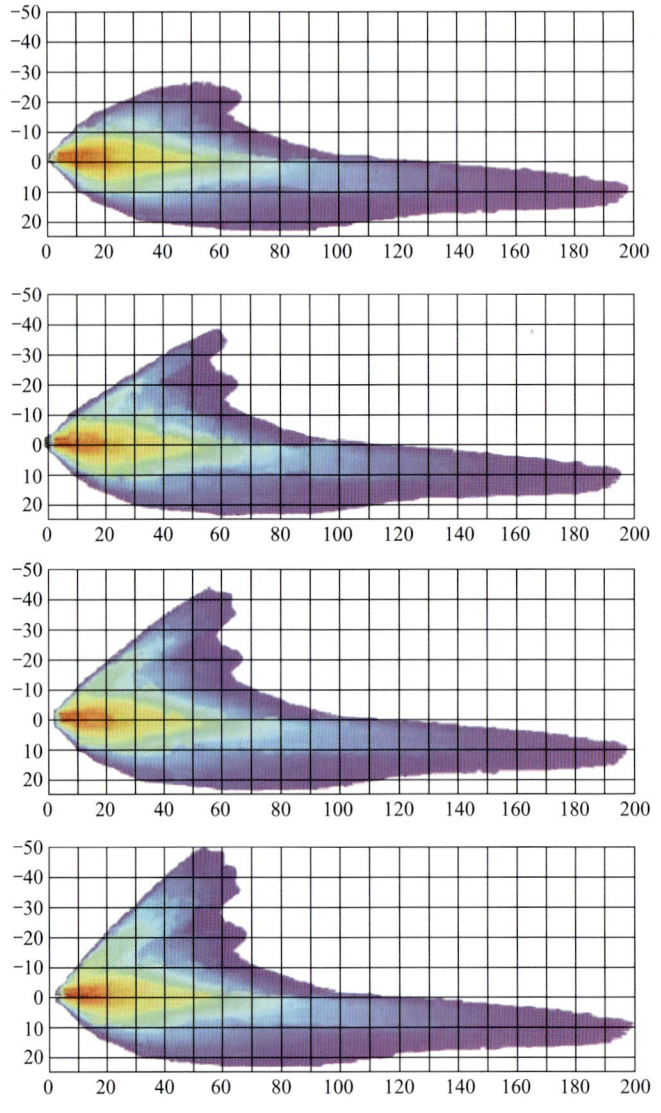

图 30-15 转弯时 3 个 LED 组件依次启动[30.15]（来源：Valeo/法国）

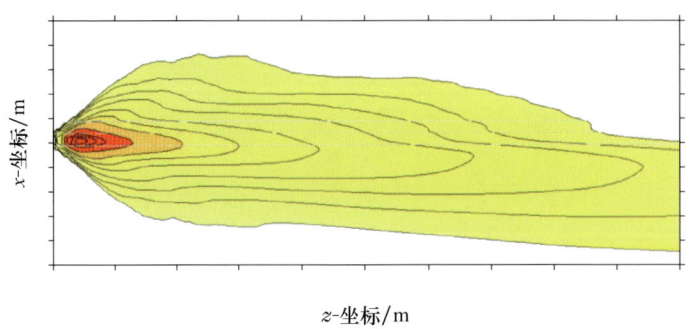

图 30-16 基于 LED 技术的高速公路照明的光分布情况[30.14]（来源：Automotive Lighting，汽车照明）

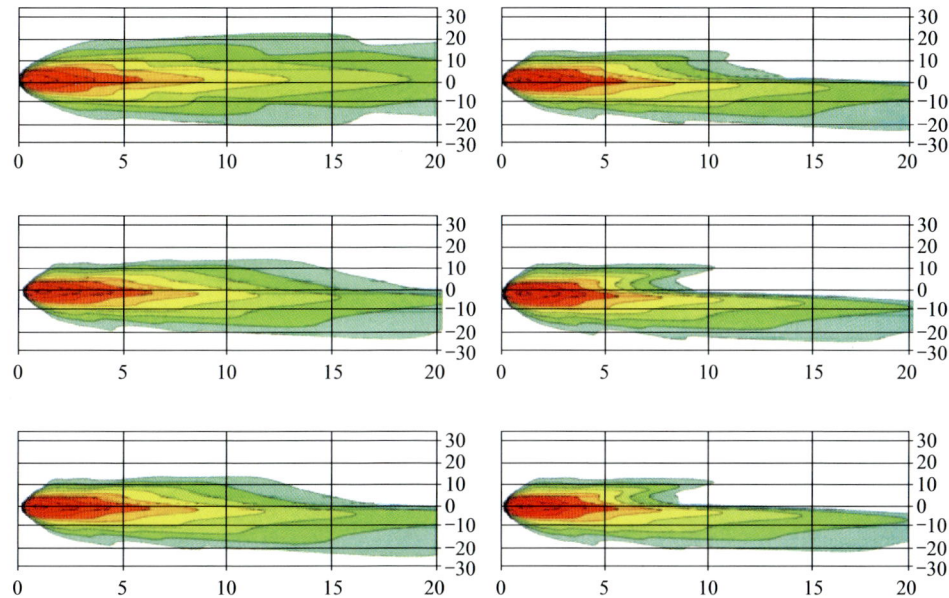

图 30-20 根据可变明暗界限原理,行车道上对面来车的光分布变化,根据[30.13],(来源:Hella KGaA Hueck&Co.)

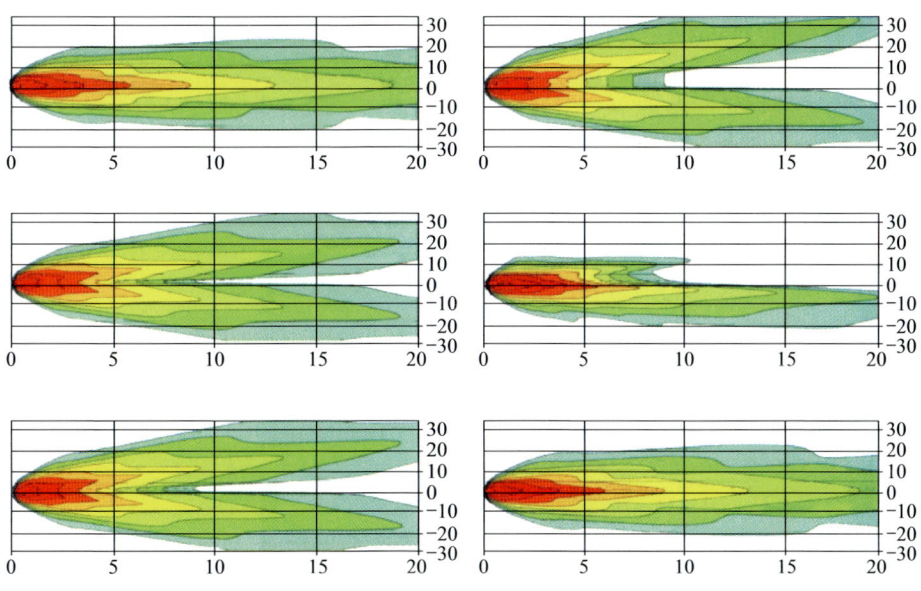

图 30-21 对面来车的无炫目远光灯原理,根据[30.13](来源:Hella KGaA Hueck&Co.)

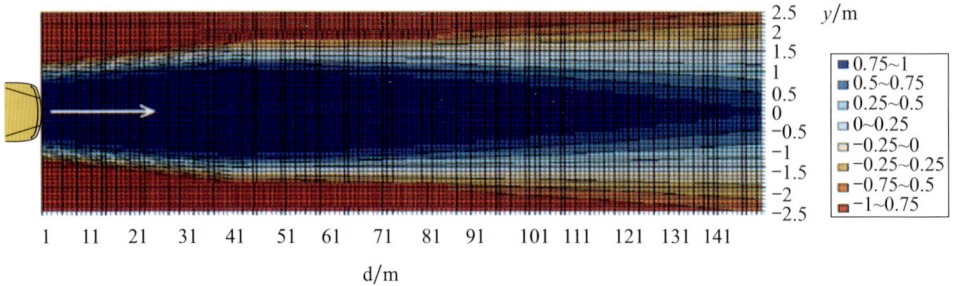

**图 32-24** 用于避免分类错误的不清晰行驶轨迹

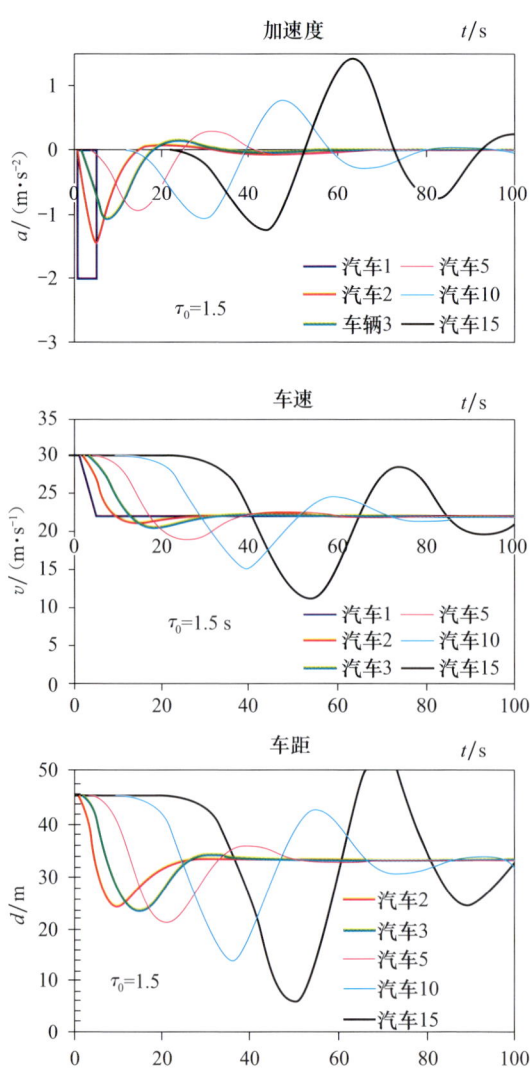

**图 32-29** 由于汽车长龙稳定性导致的车距增大，图示为一个保持 **4 s** 的减速等级为 **2 m/s$^2$** 幅度的情况

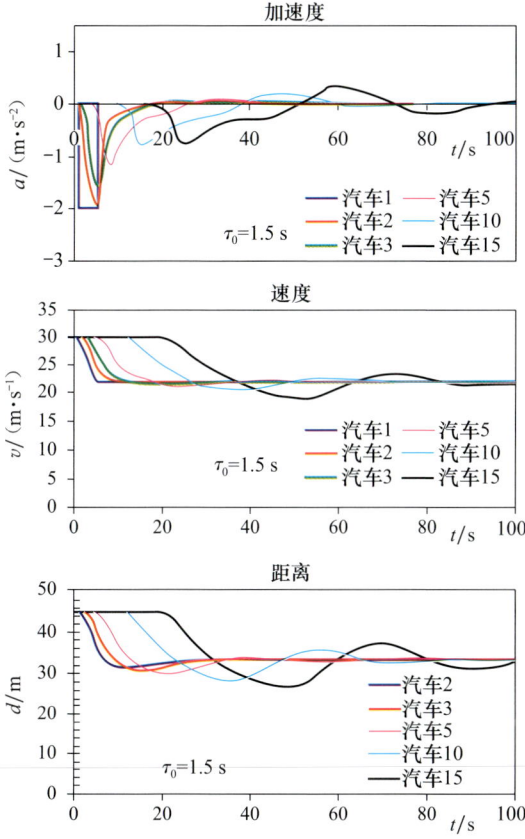

图 32-31 非线性随动调节器的平缓波动，根据图 32-30（参数：$\tau_0 = 1.5$ s，$\tau_d = 5$ s，$\tau_{v1} = 4$ s，$\tau_{v2} = 1.33$ s，$\Delta V_{12} = 1$ m/s(3.6 km/h)），同样的示例参见图 32-29

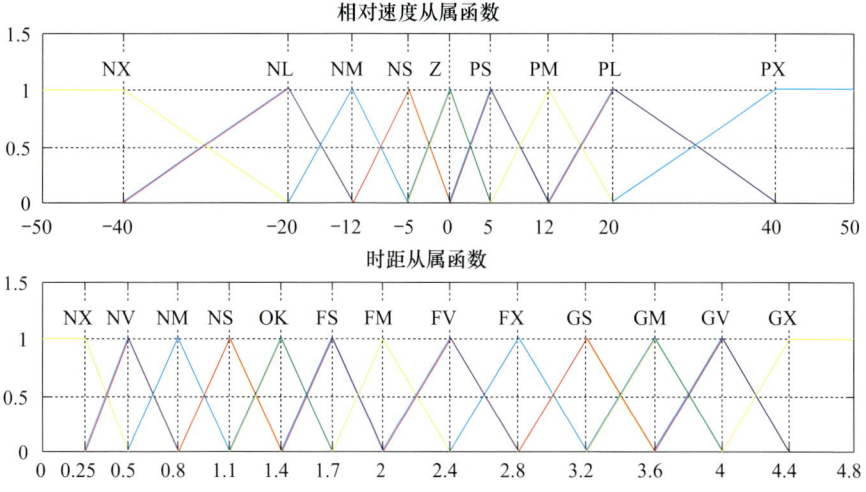

图 32-32 Distronic 巡航控制装置的从属函数

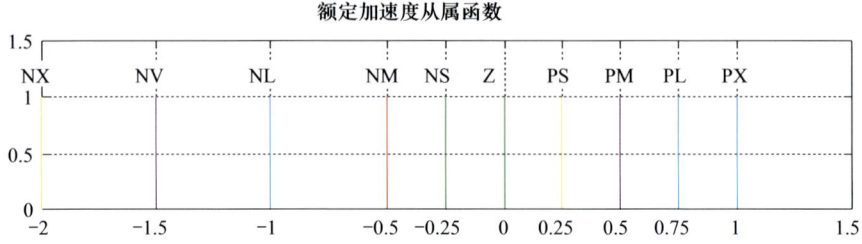

图 32-32 Distronic 巡航控制装置的从属函数(续)

用于额定加速度巡航控制的规则集

|  | 距离 | | | | | | | | | | | |
|---|---|---|---|---|---|---|---|---|---|---|---|---|
|  |  | NX | NV | NM | NS | OK | PS | PM | PV | PX | GS | GM | GV | GV |
| 相对速度 | NX | NX | NX | NX | NX | NV | NV | NV | NL | NL | NM | NS | Z | Z |
| | NL | NX | NX | NX | NV | NL | NL | NM | NS | NS | Z | Z | PM | PM |
| | NM | NX | NX | NV | NL | NM | NM | NS | Z | Z | PS | PS | PM | PL |
| | NS | NX | NV | NL | NM | NS | Z | Z | PS | PS | PM | PM | PL | PX |
| | Z | NV | NL | NM | NS | Z | PS | PS | PM | PM | PL | PL | PX | PX |
| | PS | NL | NM | NS | Z | PS | PM | PM | PL | PL | PX | PX | PX | PX |
| | PM | NM | NS | Z | PS | PL | PX | PX | PX | PX | PX | PX | PX | PX |
| | PL | NS | Z | PS | PM | PX | PX | PX | PX | PX | PX | PX | PX | PX |
| | PX | Z | PS | PM | PX | PX | PX | PX | PX | PX | PX | PX | PX | PX |

图 32-33 Distronic 巡航控制的规则集

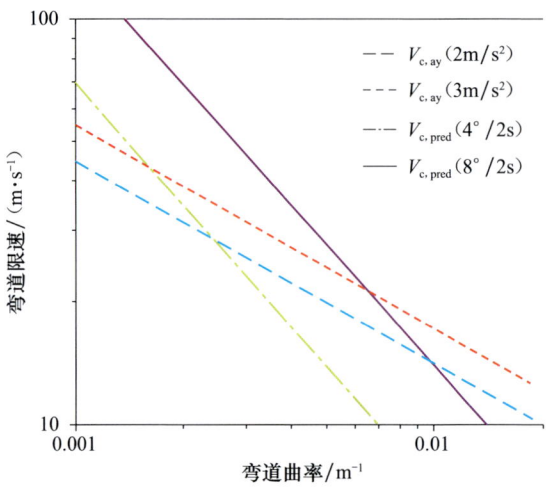

图 32-34 在"只按仪表指示行驶"时,弯道限速与弯道曲率 $K$(通过横向加速度限值得出 $v_{c,ay}$,得出的限速值 $\alpha_{ymax}$,通过最大方位角 $\phi_{max}$ 预测宽度 $\tau_{preview}$ 推导出 $v_{c,p}$)的关系

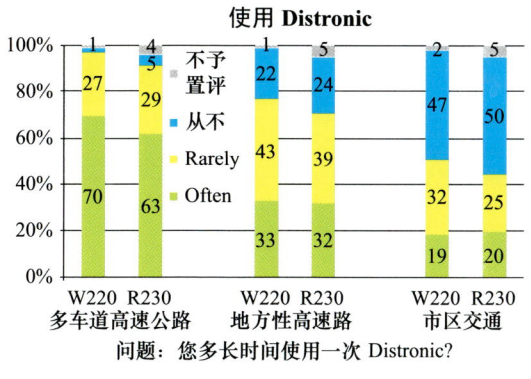
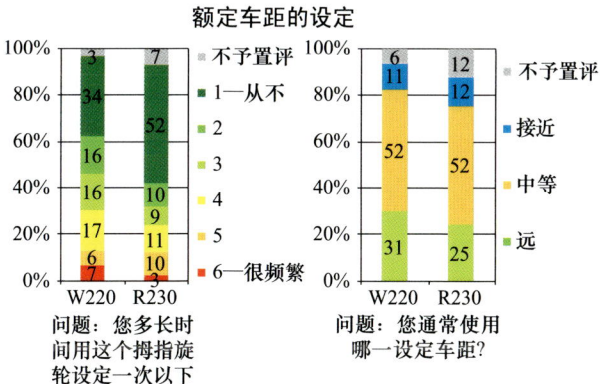

图 32-37 美国使用 ACC 系统的数据，以 Distronic 为例
（来源：梅赛德斯－奔驰市场研究 2005）

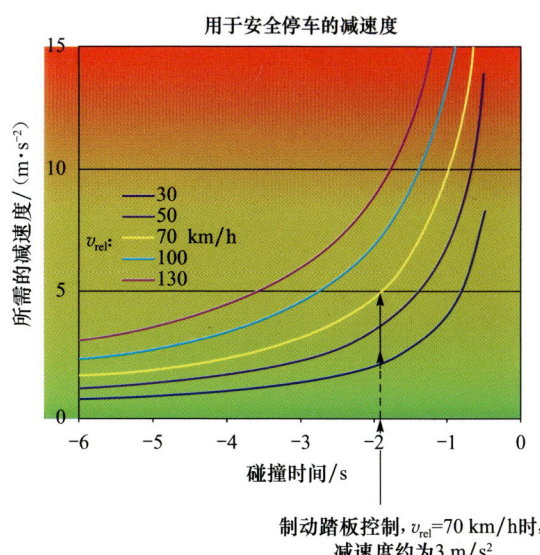

图 33-6 不同输出速度差情况下所需的与碰撞时间相关的平均减速度

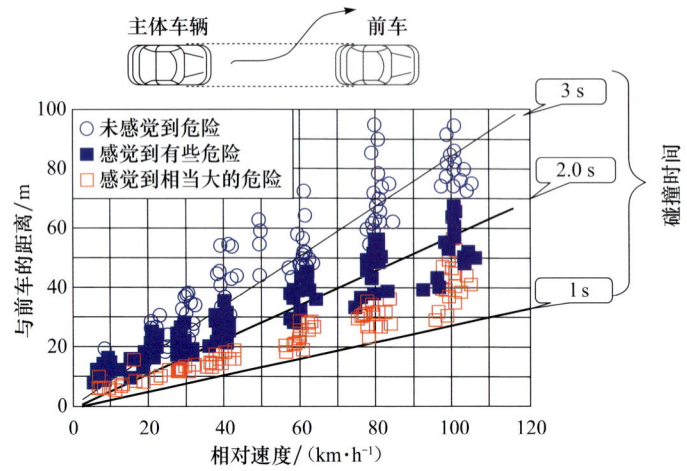

图 33-9 躲避绕行机动的主观评估(来源:Honda[33.16])

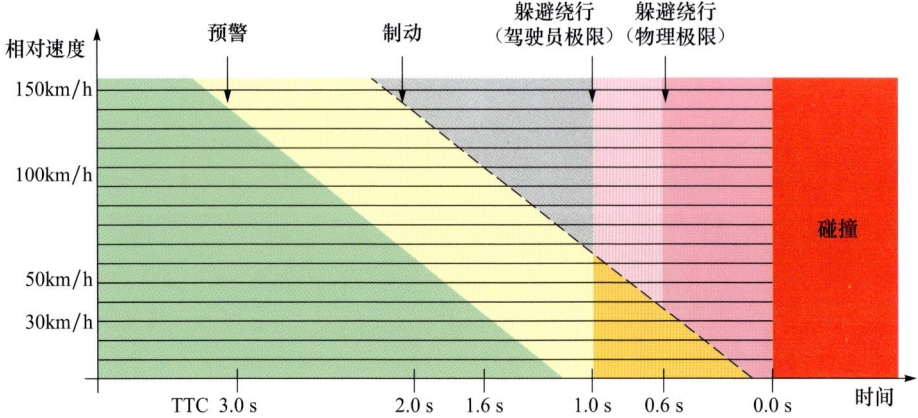

图 33-10 在障碍物和本车未加速运动的情况下预警时间和
干预时间点的图示(TTC = 距离/相对速度)

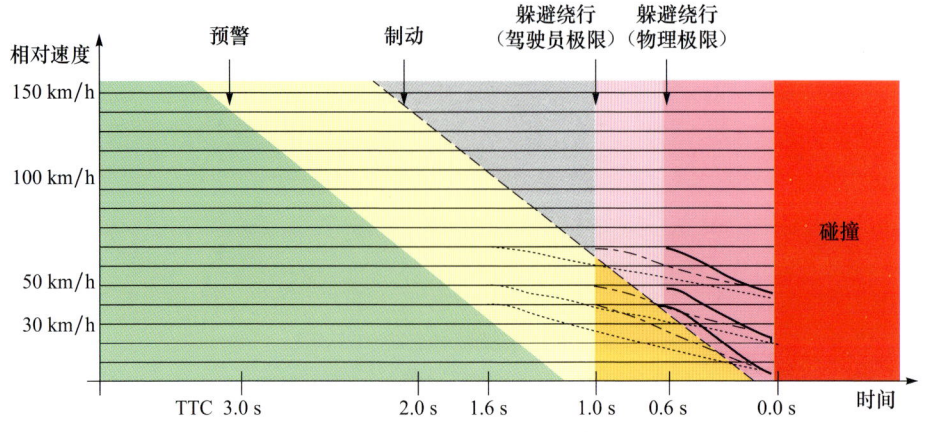

图 33-11 对于三种不同的初始相对速度(40 km/h,50 km/h,70 km/h)
来说具有相同效果($\Delta v_{CM}$ = 5 m/s)的三种干预策略

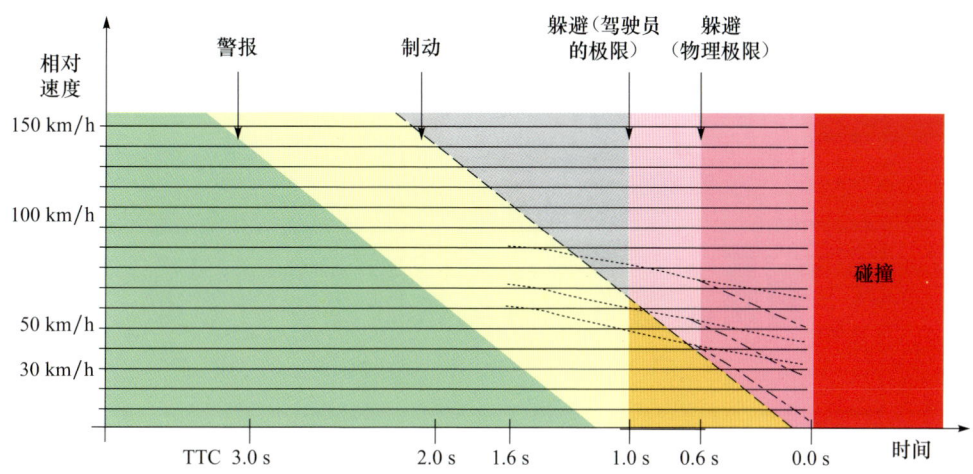

图 33-12 两级干预措施($TTC_1 = 1.6\ s, D_1 = 4\ m/s^2, TTC_2 = 0.6\ s, D_2 = 10\ m/s^2$,损失时间分别为 $0.1\ s$),对于三种不同的初始相对速度($60\ km/h, 70\ km/h, 90\ km/h$)来说,效果为 $\Delta v_{CM} = 9\ m/s(1\ s \times 4\ m/s^2 + 0.5\ s \times 10\ m/s^2)$)

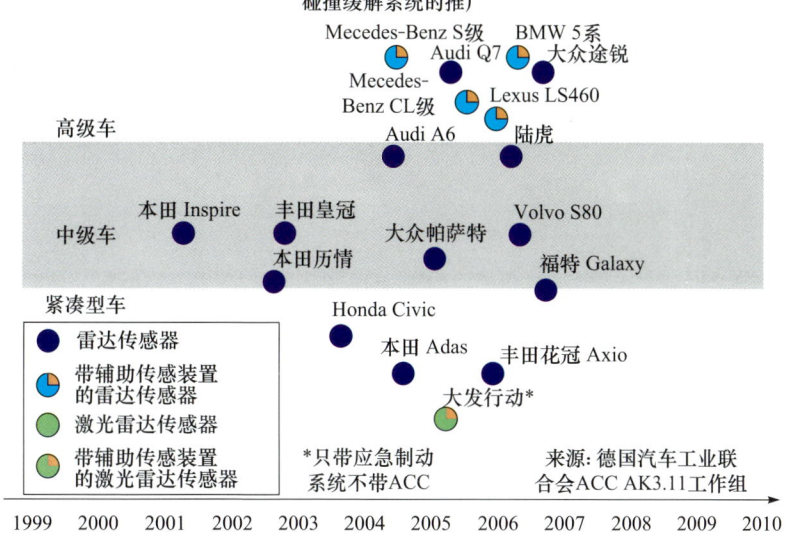

图 33-13 带碰撞缓解系统的市场引入车型概览
(来源:德国汽车工业联合会 ACC AK3.11 工作组)

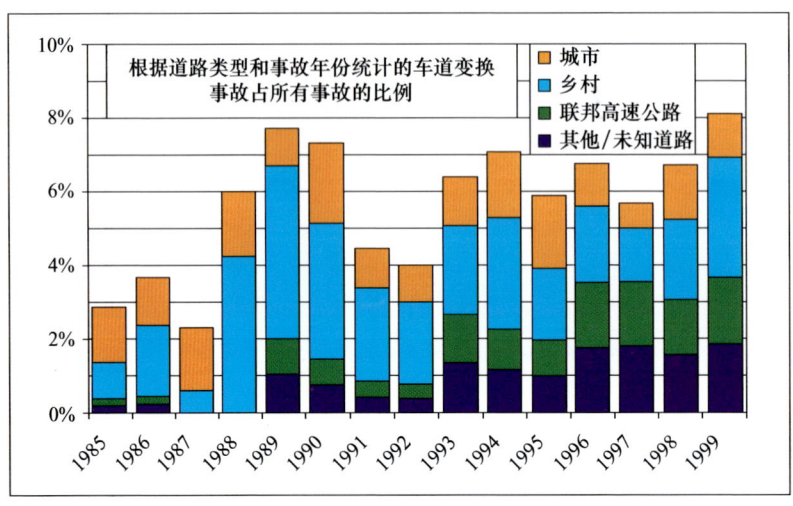

图 36-1 根据道路类型和事故年份统计的德国小轿车变换车道作为主要事故原因占所有事故的百分比[36.1]

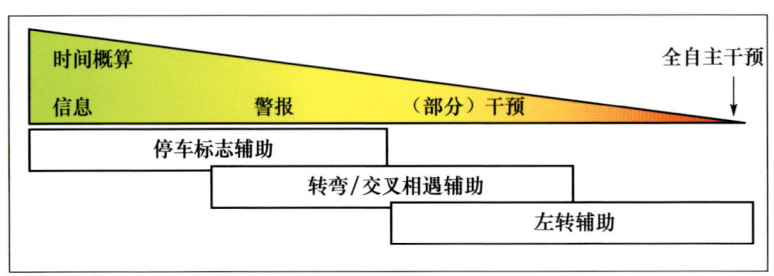

图 37-3 平视显示器中十字路口辅助系统的人机接口解决方案[37.10]

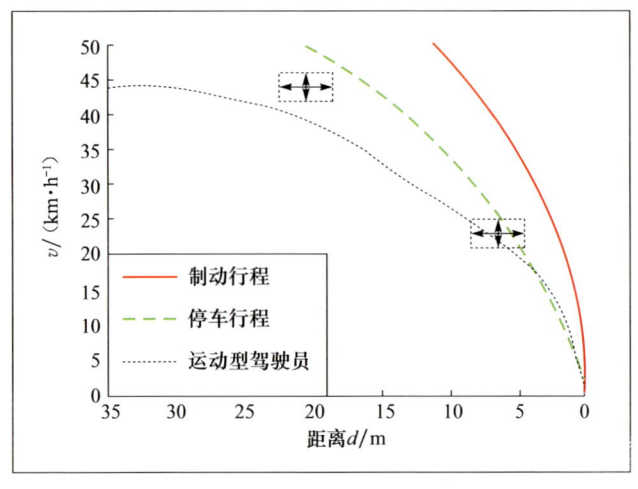

图 37-4 传感器不精确性对拐入或穿过路口辅助的警报阈值的影响

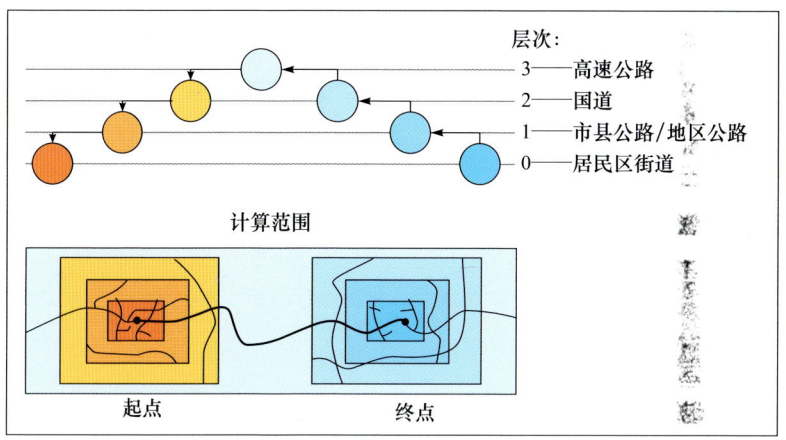

图 39-4　利用数据层次结构计算路径

图 39-6　地图显示示例

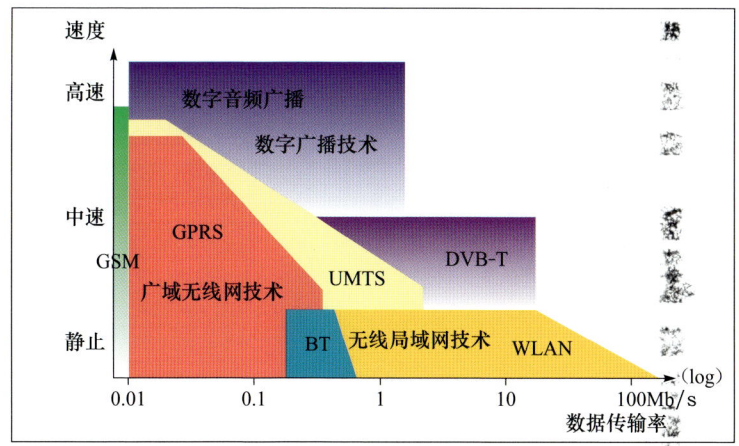

图 39-11　远程通信服务中的数据传输技术

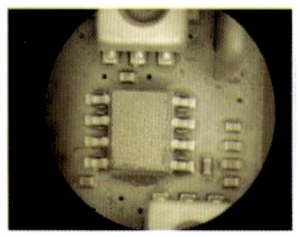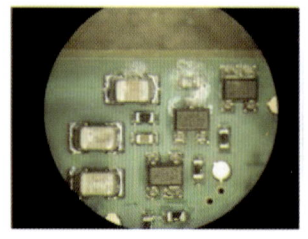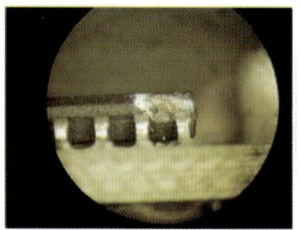

图 39-13　湿热污染的影响

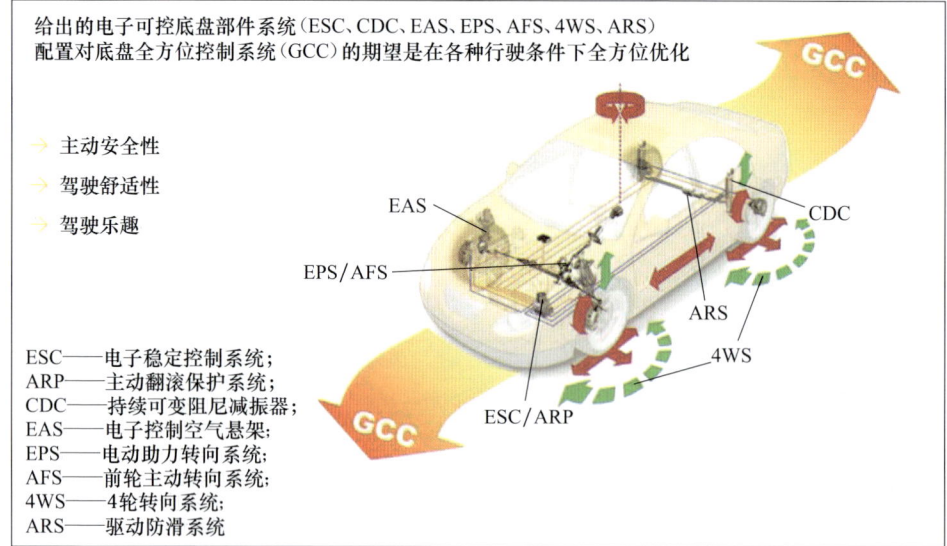

图 40-2　汽车底盘综合控制系统（GCC）研发动因

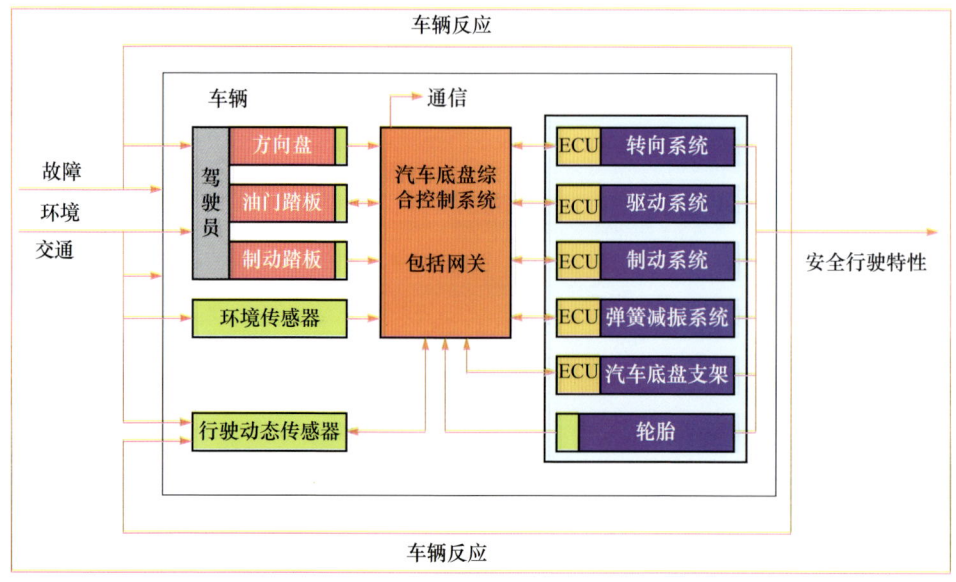

图 40-3　汽车底盘综合控制系统（GCC）效应链

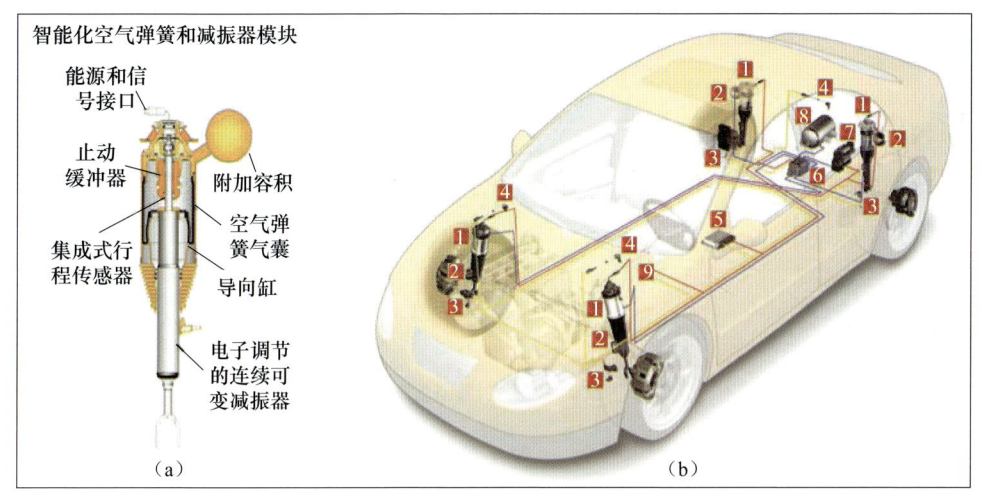

图 40-4 空气弹簧和减振器模块及系统配置
（a）智能化空气弹簧和减振器模块；（b）车辆的系统配置（右）
1—带电子调节减振器的空气弹簧支柱；2—附加容积，可选关闭；3—高度传感器；4—车辆加速度传感器；5—控制单元；6—电磁阀块；7—压缩装置；8—压缩空气储气罐；
9—汽车电网路和操控单元的接口

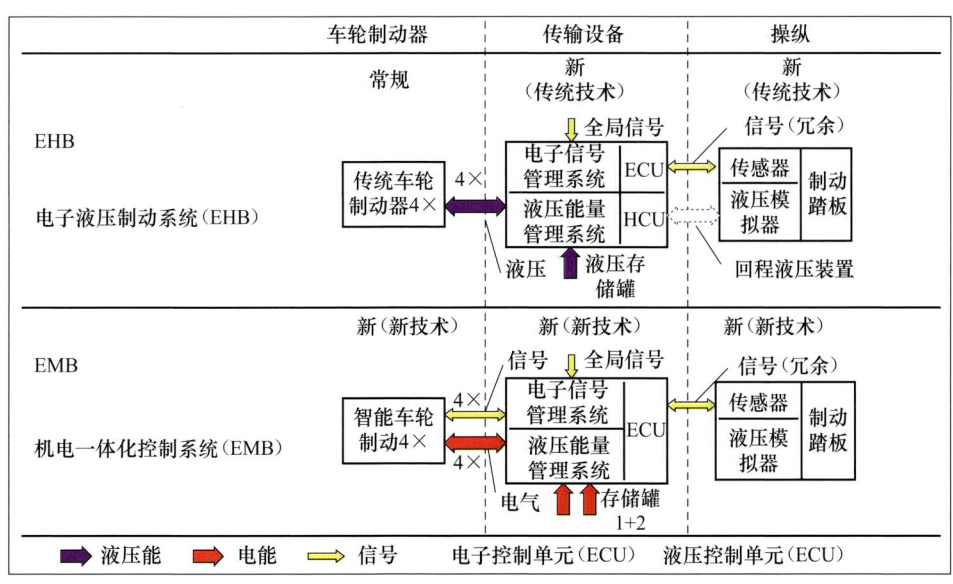

图 40-5 线控助力制动装置（电－液压制动装置（EHB）和机电一体化制动装置（EMB））
的基本配置方案

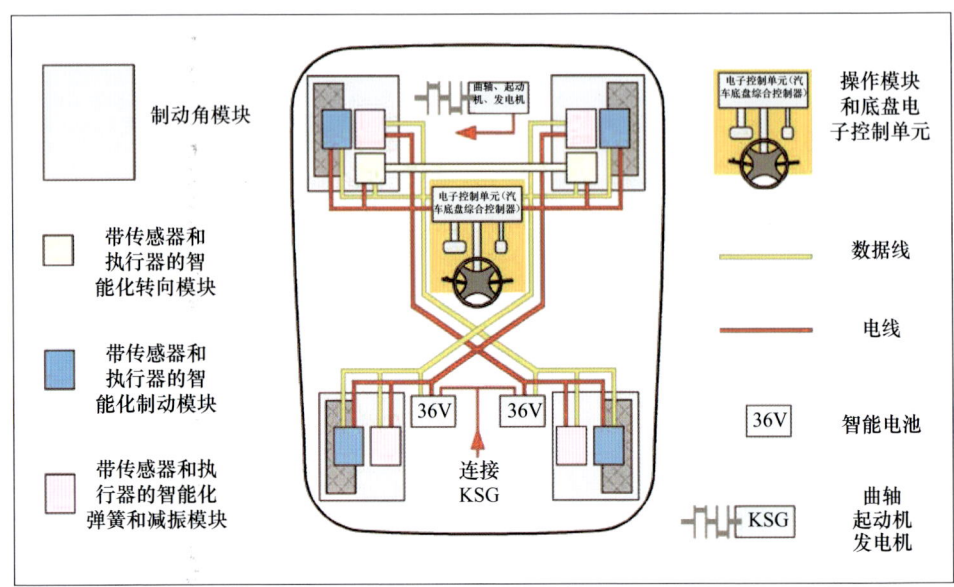

图 40-6 智能化(机电一体化)车辆行驶机构示意图

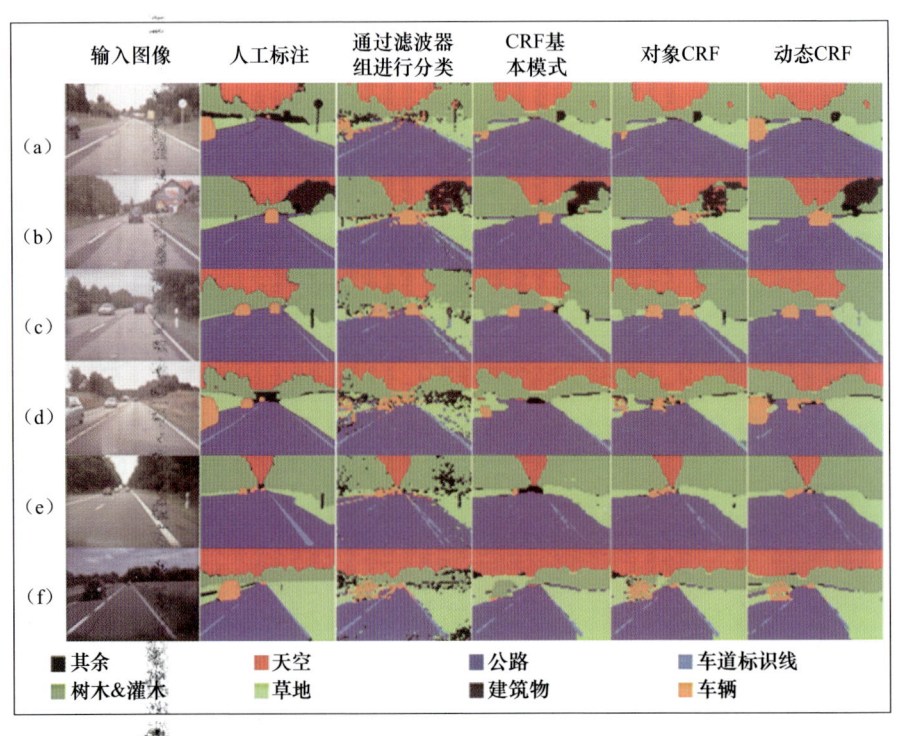

图 41-4 上述模式在国道场景下的场景分割结果示例

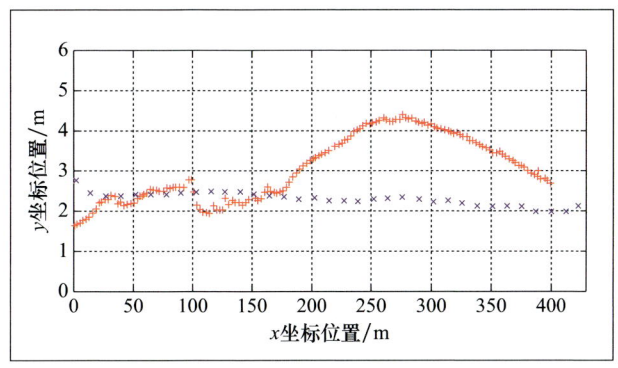

图 41-6　在 140 km/h 的相对速度，$V_A = 0$ 时远处对面来车（+）位置的估测与地面实测数据（$x$）。横向的最大偏移量为 2 m

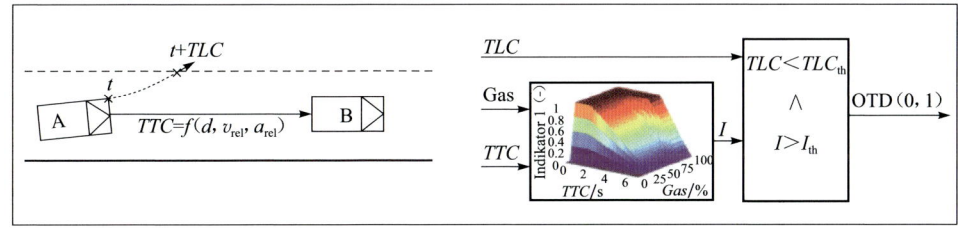

图 41-7　利用纵向和横向动态指标数据进行超车探测

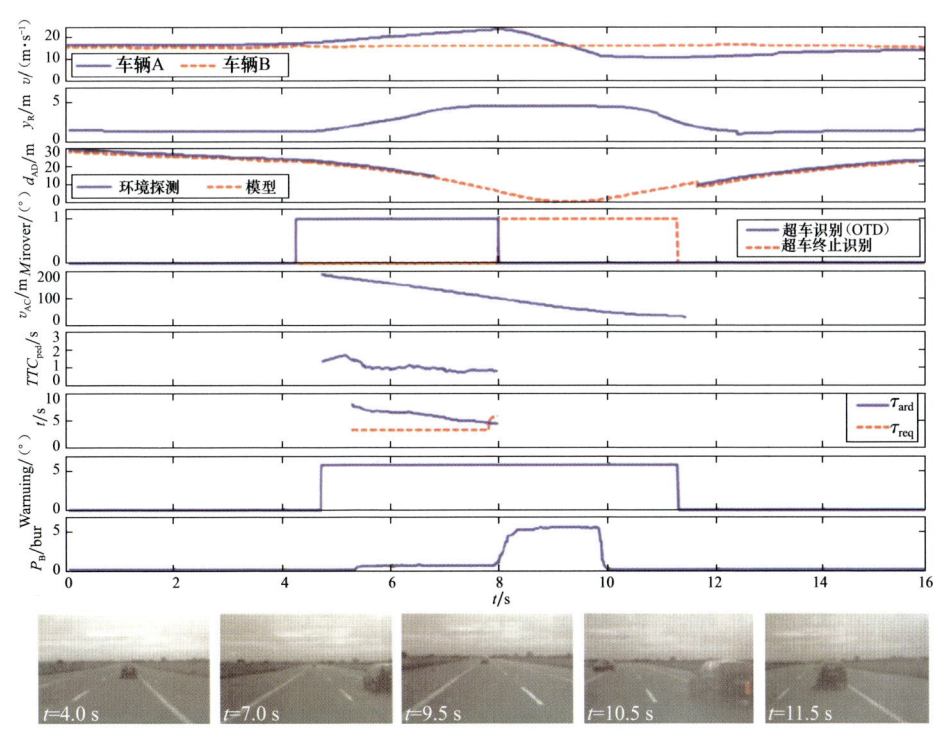

图 41-10　行驶试验的结果：中止危险超车时辅助系统所进行的辅助工作

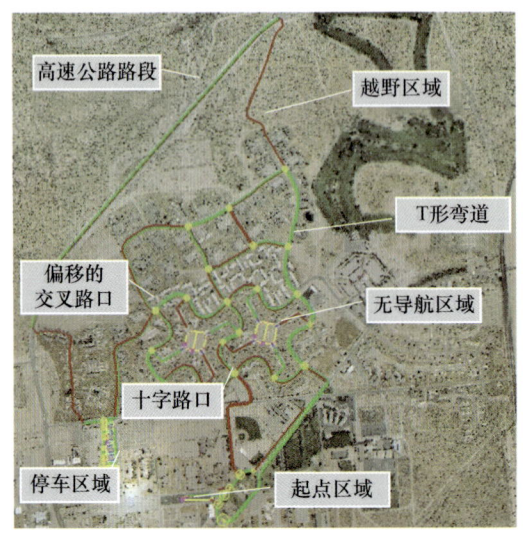

图 43-1 2007 年城市挑战赛决赛举办区域

图 43-3 使用的是与城市挑战赛上一样的传感器原型,其配备有 64 个
单射流回转激光扫描器(左)和 2 个摄像机在其上可单独旋转的
全息摄像技术平台(右)

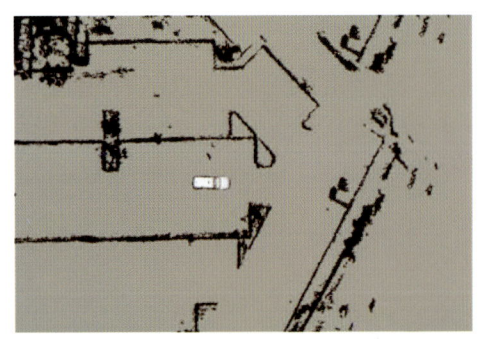 

图 43-6 静态覆盖格栅的示例(左),它是根据激光探测数据绘制的。
右图是同一停车场的航拍照片,详细图片是以路边石来描述的

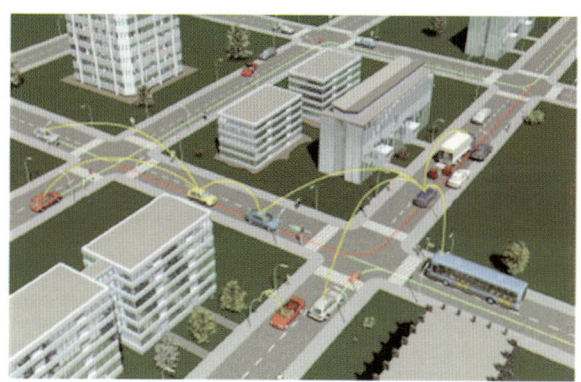

图 44-1 利用 Ad–hoc 网络进行车对车和车对基础设施之间的通信(资料来源:BMW)

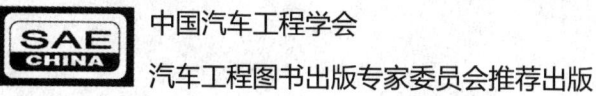 

# 驾驶员辅助系统手册

[德]赫尔曼·温纳（Hermann Winner）
[德]斯蒂芬·哈库里（Stephan Hakuli） 主编
[德]加布里尔·沃尔夫（Gabriele Wolf）

北京永利信息技术有限公司 译
陈 瑶 审

# HANDBUCH
# FAHRERASSISTENZSYSTEME

北京理工大学出版社
BEIJING INSTITUTE OF TECHNOLOGY PRESS

ATZ

版权专有　侵权必究

图书在版编目（CIP）数据

驾驶员辅助系统手册/（德）温纳（Winner, H.），（德）哈库里（Hakuli, S.），（德）沃尔夫（Wolf, G.）主编；北京永利信息技术有限公司译. —北京：北京理工大学出版社，2016.1

ISBN 978-7-5640-9600-7

Ⅰ.①驾…　Ⅱ.①温…②哈…③沃…④北…　Ⅲ.①汽车驾驶-辅助系统-技术手册　Ⅳ.①U471.1-62

中国版本图书馆 CIP 数据核字（2015）第 281521 号

北京市版权局著作权合同登记号　图字：01-2012-6882

Translation from German language edition：
*Handbuch Fahrerassistenzsysteme*
by Hermann Winner, Stephan Hakuli and Gabriele Wolf
Copyright © Vieweg + Teubner Verlag | Springer Fachmedien Wiesbaden GmbH
Springer Fachmedien is part of Springer Science + Business Media
All Rights Reserved

| | |
|---|---|
| 出版发行 | /北京理工大学出版社有限责任公司 |
| 社　　址 | /北京市海淀区中关村南大街5号 |
| 邮　　编 | /100081 |
| 电　　话 | /（010）68914775（总编室） |
|  | （010）82562903（教材售后服务热线） |
|  | （010）68948351（其他图书服务热线） |
| 网　　址 | /http：//www.bitpress.com.cn |
| 经　　销 | /全国各地新华书店 |
| 印　　刷 | /三河市华骏印务包装有限公司 |
| 开　　本 | /787 毫米×1092 毫米　1/16 |
| 印　　张 | /50 |
| 彩　　插 | /24 |
| 字　　数 | /840 千字 |
| 版　　次 | /2016 年 1 月第 1 版　2016 年 1 月第 1 次印刷 |
| 定　　价 | /150.00 元 |

责任编辑/张慧峰
文案编辑/张慧峰
责任校对/孟祥敬
责任印制/王美丽

图书出现印装质量问题，请拨打售后服务热线，本社负责调换

# 译者序

在过去的几十年中，汽车技术经历了快速发展。各国汽车企业都在研发上付出了更多的努力以适应汽车行业快速发展的步伐。在汽车的研发过程中日益涌现了许多新技术，这些新技术在汽车研发中发挥着越来越重要的作用，其中有很多是电子技术和信息技术的课题。虽然这些课题曾发表在不同的出版物中，但是对于一名专业研究人员或一名高校学者来说，这些文献数量庞大，而阅读大量的文献需要花费大量的时间。另外，由于汽车行业所涉及的范围相当大，每个人对某个课题的阅读深度也各不相同。参与汽车研发的人员必须对一些重要基础课题有更加深刻的认识，而目前这种需求要比以前更加迫切。因此，大学课程和工作单位所提供的培训远远无法满足研发的要求。技术的快速变革迫使相关人员不得不随时通过自学方式扩展自己的知识范围。

因此，在这里向读者推荐这本《驾驶员辅助系统手册》。本书以紧凑的内容、便于理解和紧密结合实践的形式，为广大读者提供全面的驾驶员辅助系统的重要知识，并介绍了驾驶员辅助系统在主动安全性和舒适性方面的技术、组件和系统。书中的内容由德国汽车工业和学术界的96位专家共同编写。本书的内容也正是很多读者所关心的新课题，而紧凑的章节内容，即使对于一名非常忙碌的从业人员来说也能够有时间进行阅读。相信本书必然会成为国内汽车制造行业技术人员以及高校汽车相关专业学者了解和掌握驾驶员辅助系统技术以及审视未来相关技术发展所不可或缺的工具书。

《驾驶员辅助系统手册》由德国Vieweg+Teubner出版社出版。本译本为第2次修订版。本书对驾驶员辅助系统的结构和功能进行了详细说明，其中包括大量已经验证的甚至已经成为标准配置的系统，例如ABS、ESP或ACC等碰撞保护、车道变换或者舒适泊车系统。本书对这些系统所需的元器件，例如传感器、促动器、机电一体化系统和操作元器件等，以及驾驶员辅助系统与驾驶员之间的人机接口的人性化设计也都进行了介绍。本书还利用三章篇幅对有关商用车和摩托车的特殊驾驶员辅助系统进行了介绍，从而使本书对车辆驾驶辅助系统的介绍更加全面。本书把车辆作为一个整体系统对车辆驾驶员辅助系统进行讲解。

本书由北京永利信息技术有限公司翻译中心翻译，由资深译审进行审校。在此感谢北京理工大学出版社在翻译这本手册过程中给予的帮助。译、校者虽在译文、专业内容、名词术语等方面进行了反复斟酌，并向专业人员请教，但限于译、校者对新知识的理解程度，本书难免存有不当之处，恳请读者批评指正。

北京永利信息技术有限公司翻译中心

# 德文第 2 版前言

驾驶员辅助系统手册第 1 版于 2009 年 7 月出版,由于本书获得了极大的成功,因此在 2010 年 9 月开始了目前第 2 版的工作。为此检查了第 1 版的内容,修订了几处小错并进行了所需的更新。

谨此感谢所有作者对其文字的严格审阅,并感谢两位共同编者 Stephan Hakuli 先生和工学博士 Gabriele Wolf 女士,这次他们也承担着组织和执行工作。

德国达姆施塔特,2011 年 5 月 　　　自然科学博士 Hermann Winner 教授

# 译文集 2 版前言

# 德文第 1 版前言

  驾驶员辅助系统近年来发展很快，并已成为目前所有级别车型的固定组件。企业和大学的研究和开发致力于现有系统的优化，将通过继续研发为驾驶员提供更多的辅助和支持。很多科学刊物和会议文件都对本著作进行了验证，而迄今为止人们还在徒劳地寻找对当前技术水平进行详细说明的资料和研发这些系统的德语方面的基础资料。虽然有几本有关驾驶员辅助系统的专业书籍，但是这些书籍明显针对某几个专业方向，例如针对如何控制这些系统。根据我 2002 年起在达姆施塔特工业大学汽车技术专业（FZD）中使用的驾驶员辅助系统的讲义（从 2008 年夏季学期开始范围扩大为汽车机电一体化和辅助系统）的内容，对当前的驾驶员辅助系统手册进行了划分。

  由于题目范围较广，有必要由更多的人承担内容方面的工作，因此本书的 44 个章节由来自工业和科学方面的 96 位专家共同编写。我必须首先感谢这些作者，因为没有他们在编写底稿上投入的准备、时间和精力，则无法完成本书。

  还有更多的人参与了本项目，因此我必须在本前言中对他们的贡献做出感谢。

  在此，我要特别感谢两位共同编者 Stephan Hakuli 先生和 Gabriele Wolf 女士，他们承担着与出版社协作直至完成整个底稿的组织和所有执行工作。我要衷心感谢他们出色的项目管理工作和充分的准备以及他们承担的除了作为汽车技术专业的技术人员之外的其他工作。我特别要感谢 Gabriele Wolf 女士，是她鼓励我将长时间计划的项目付诸实施。

  我要感谢 Vieweg + Teubner 出版社为出版本手册所做的精心准备。要特别感谢 Elisabeth Lange 女士在组织方面的通力合作和精心筹划。

  本书由 Susanne 和 Katharina Mitteldorf 进行审校。他们细致认真的检查确保了文字的语言质量，对此我要对他们的通力合作表示衷心的感谢。

  我要感谢 Danijel Pusic 先生的员工在本书设计和分段方面所做的工作。大学生助手 Johannes Götzelmann 先生、Richard Hurst 先生、Hyuliya Rashidova 女士和 Philipp Weick 先生以多种方式对本手册的工作提供了帮助，在此对他们一并表示感谢。

  除了汽车技术专业人员之外，我还要感谢对本书进行审校、专业讨论和其他辅助性工作的所有人员。

德国达姆施塔特，2009 年 5 月     自然科学博士 Hermann Winner 教授

# 编者介绍

(照片：Fischer, Weinheim)

自然科学博士 Hermann Winner 教授1955年生于德国下萨克森州的贝尔森布吕克。1976—1981年在威斯特法伦州明斯特市的威斯特法伦威廉大学学习物理学。随后其作为科学助手就职于明斯特市威斯特法伦威廉大学的应用物理学院，1987年在这里他以金属铁磁体内的畴壁动力学这一论文主题获得博士学位。

1987—1994年，Hermann Winner 就职于位于卡尔斯鲁厄、艾特林根和 Schwieberdingen 的罗伯特博世有限公司的测量和信息技术预开发部门，作为自适应巡航控制项目的量产研发项目经理，负责 PROMETHEUS-Drive-by-Wire（PROMETHEUS 电传线控技术）项目、电动液压制动项目和自适应巡航控制项目，致力于系统研发和应用并最终使系统得以量产。此外，在1993至2001年间，Hermann Winner 还是 ISO/TC204/WG14-Vehicle/Roadway Warning and Control Systems（汽车与道路警报和控制系统）的专家，其中5年作为 FAKRA（汽车标准化委员会）德国汽车辅助视镜小组 AK 1.14 的负责人。

2002年起，Hermann Winner 在达姆施塔特工业大学汽车技术系执教并担任该系系主任，开展了驾驶员辅助系统领域的研究工作。今天，此项技术已成为汽车技术专业的核心部分。在大量以传感技术、紧急制动辅助、紧急避让辅助和转弯辅助与巡航辅助功能评估以及驾驶员辅助系统的系统架构方面为专题的汽车工业和配件行业方面的研究项目中，可以很好地证明该技术。

Stephan Hakuli 在达姆施塔特工业大学学习物理学并于 2005 年获得物理学硕士工程师学位。此后，他作为汽车技术专业的科研人员并从事了两年的专业教学协调工作。在其研究工作中，他从事 Conduct-by-Wire（线控传导）方面的研究，这是一种以机动为基础的驾驶状况的集成驾驶员辅助方案。自 2011 年 9 月起，Stephan Hakuli 担任卡尔斯鲁厄 IPG 汽车有限公司工程服务部门的产品经理。

工学博士 Gabriele Wolf 在达姆施塔特工业大学和艾恩德霍芬工业大学学习经济工程学的机械制造专业。毕业后，她成为汽车技术专业的科研人员，并在 2010 年 7 月获得了博士学位。Gabriele Wolf 作为 Quality & Process Improvement（质量和流程改进）经理就职于位于曼海姆的 Alstom Thermal Power（阿尔斯通热电公司）的涡轮机制造部门。

# 目　　录

引言 ………………………………………………………………… (1)

**A　驾驶员辅助系统开发的基础** ………………………………… (3)

**1　人驾驶汽车的能力** …………………………………………… (4)
 1.1　人的信息处理过程 ………………………………………… (4)
  1.1.1　信息接收 …………………………………………… (5)
  1.1.2　信息处理 …………………………………………… (7)
  1.1.3　信息交付 …………………………………………… (8)
 1.2　驾驶员特性和人的能力极限 ……………………………… (8)
 1.3　在驾驶员 – 汽车 – 环境系统中对驾驶员的要求 ………… (11)
 1.4　评估汽车驾驶任务对人的能力方面的要求 ……………… (13)

**2　驾驶员行为模型** ……………………………………………… (17)
 2.1　1983 年 Rasmussen 提出的针对人的面向目标的行为三层模型 … (17)
 2.2　1982 年 Donges 提出的驾驶任务的三层结构 …………… (18)
 2.3　针对驾驶员任务的引导和稳定层次的控制技术模型方法示例 … (20)
 2.4　时间标准 …………………………………………………… (21)
 2.5　量化道路交通中基于技能、规则和知识的反应行为的新模型方法 ……………………………………………………… (23)
 2.6　驾驶员辅助系统的推论 …………………………………… (24)

**3　驾驶员辅助系统与交通安全** ………………………………… (27)
 3.1　引言 ………………………………………………………… (27)
 3.2　驾驶员辅助系统对交通安全的预期作用 ………………… (28)
 3.3　在评级和法律规定的背景下评价驾驶员辅助系统 ……… (30)
  3.3.1　形式认证规定 ………………………………………… (31)
  3.3.2　消费者组织的要求 …………………………………… (31)
  3.3.3　制造商内部的要求 …………………………………… (32)

3.3.4 Beyond NCAP——未来的 Euro NCAP 评估 ………………… (32)
3.4 自主干预的驾驶员辅助系统的法律限制 ………………………… (33)

# 4 驾驶员辅助系统人机交互用户友好技术的研发 ………………… (39)
4.1 概述 …………………………………………………………… (39)
4.2 研发驾驶员辅助系统的人机交互(HMI)时提出的问题 ……… (39)
 4.2.1 通过驾驶员辅助系统提供支持 ………………………… (39)
 4.2.2 驾驶员辅助系统的优势和局限性 ……………………… (40)
 4.2.3 所需的职能和专业领域 ………………………………… (40)
 4.2.4 研发驾驶员辅助系统时的影响因素 …………………… (40)
 4.2.5 驾驶员、驾驶员辅助系统和汽车之间的交互通道 …… (41)
 4.2.6 由驾驶员辅助系统导致的驾驶员-车辆之间关系的变化
   ……………………………………………………………… (42)
 4.2.7 驾驶员的情境意识 ……………………………………… (42)
 4.2.8 内部模型 ………………………………………………… (42)
 4.2.9 通过驾驶员信息系统和驾驶员辅助系统可减轻负担还是
   增加负担? …………………………………………… (43)
 4.2.10 驾驶员的责任 …………………………………………… (43)
 4.2.11 人和机的优势 …………………………………………… (44)
4.3 驾驶员辅助系统人机交互的系统化开发 ……………………… (44)
 4.3.1 驾驶员辅助系统中人机交互的系统化开发 …………… (44)
 4.3.2 驾驶员的支持需求 ……………………………………… (44)
 4.3.3 研发驾驶员信息系统和驾驶员辅助系统的指导方针 … (45)
 4.3.4 针对驾驶员信息系统的规程——"人机交互原则的欧洲
   声明"(ESoP) …………………………………………… (46)
 4.3.5 驾驶员信息系统和驾驶员辅助系统的设计标准 ……… (46)
 4.3.6 标准的发展 ……………………………………………… (47)
 4.3.7 汽车中人机交互的 ISO 标准 …………………………… (47)
4.4 驾驶员辅助系统设计的评估 …………………………………… (47)
4.5 小结 …………………………………………………………… (49)

# 5 驾驶员辅助系统的设计和测试 …………………………………… (51)
5.1 "驾驶员辅助系统"的定义解释 ………………………………… (51)
5.2 撰写本书的目的 ………………………………………………… (52)

5.3 驾驶员眼中的驾驶员辅助系统 (52)
5.4 驾驶员辅助系统的系统化设计 (53)
5.5 "自动应急制动"的系统化设计 (55)
 5.5.1 面向用户的功能定义 (55)
 5.5.2 系统架构方面 (59)
 5.5.3 驾驶员辅助系统功能测试 (60)
 5.5.4 "合理触发"测试案例——车辆回路测试 (60)
 5.5.5 "错误触发"的错误概率——特洛伊木马 (61)
5.6 小结 (61)

# 6 驾驶员辅助系统的评估方法 (65)

6.1 面向用户进行评估的目标设置 (65)
6.2 对评估方法的要求 (66)
6.3 采用的方法 (67)
 6.3.1 对行驶模拟器的试验 (67)
 6.3.2 汽车试验场上的试验(受控区域) (69)
 6.3.3 在真实道路交通中进行试验(现场试验) (69)
6.4 应用示例 (69)
 6.4.1 在行驶模拟器中评估安全系统 (70)
 6.4.2 在汽车试验场试验中评估安全功能 (75)
 6.4.3 在实际的道路交通试验中评估辅助功能 (76)

# 7 EVITA——评估防碰撞系统的试验方法 (80)

7.1 引言 (80)
7.2 迄今已知的试验方法 (80)
7.3 假目标 EVITA (81)
 7.3.1 目的 (81)
 7.3.2 方案 (81)
 7.3.3 结构 (82)
 7.3.4 试验过程 (82)
 7.3.5 性能参数 (83)
7.4 试验车辆的测量方案 (83)
7.5 危及试验参与者的安全 (84)
7.6 评估方法 (84)

7.6.1 防碰撞系统的效用 ……………………………… (84)
7.6.2 被测试者试验 …………………………………… (84)
7.6.3 评估时间段 ……………………………………… (84)
7.6.4 防碰撞系统的比较 ……………………………… (85)
7.7 评估结果 …………………………………………………… (86)

# 8 借助车辆硬件在环模拟技术评价驾驶员辅助系统 …………… (88)
8.1 目的 ………………………………………………………… (88)
8.2 驾驶员辅助系统的开发 …………………………………… (89)
8.3 Vehicle in the Loop(车辆在环模拟测试) ……………… (90)
8.3.1 交通模拟和可视化 ……………………………… (91)
8.3.2 交通模拟中试验车的定位 ……………………… (91)
8.3.3 借助 Augmented Reality(增强现实)技术与驾驶员相连接
 ……………………………………………………… (92)
8.3.4 传感器模块 ……………………………………… (93)
8.4 车辆在环模拟测试的总体架构 …………………………… (94)
8.5 车辆在环模拟试验的验证 ………………………………… (94)
8.6 展望 ………………………………………………………… (95)

# 9 驾驶员辅助系统对机动车系统架构的影响 ………………………… (97)
9.1 引言 ………………………………………………………… (97)
9.2 系统架构 …………………………………………………… (98)
9.3 驾驶员辅助系统对系统架构的重要影响 ………………… (100)
9.4 装备变型和联网复杂性 …………………………………… (101)
9.5 驾驶员辅助系统功能在控制单元上的划分 ……………… (102)
9.6 联网技术 …………………………………………………… (105)
9.7 小结 ………………………………………………………… (106)

# B 驾驶员辅助系统的传感装置 ……………………………………… (107)

# 10 用于驾驶员辅助系统的行驶动态传感器 ………………………… (108)
10.1 引言 ……………………………………………………… (108)
10.2 一般性选择标准 ………………………………………… (108)
10.2.1 技术层面的要求 ……………………………… (108)

　　　　10.2.2　商业层面 ································································ (112)
　10.3　驾驶员辅助系统的传感器技术参数 ············································· (113)
　　　　10.3.1　传感器及安装地点 ···················································· (113)
　　　　10.3.2　车轮转速传感器 ······················································ (113)
　　　　10.3.3　方向盘转角传感器 ···················································· (117)
　　　　10.3.4　转速传感器和加速度传感器 ············································ (120)
　　　　10.3.5　制动压力传感器 ······················································ (122)

## 11　超声波传感器 ······································································ (127)
　11.1　压电效应 ······································································ (127)
　11.2　压电陶瓷 ······································································ (127)
　　　　11.2.1　材料 ································································ (127)
　　　　11.2.2　制造 ································································ (128)
　　　　11.2.3　电滞现象 ···························································· (129)
　　　　11.2.4　压电常数 ···························································· (129)
　　　　11.2.5　去极化 ······························································ (130)
　11.3　超声波换能器 ·································································· (130)
　　　　11.3.1　等效电路图 ·························································· (131)
　11.4　机动车的超声波传感器 ·························································· (132)
　　　　11.4.1　传感器组件 ·························································· (132)
　11.5　天线和发射形式 ································································ (133)
　　　　11.5.1　模拟 ································································ (134)
　11.6　距离测量 ······································································ (135)
　11.7　支架和固定方案 ································································ (137)
　11.8　功能和可靠性 ·································································· (137)
　11.9　小结 ·········································································· (138)

## 12　雷达传感器 ······································································ (141)
　12.1　传播和反射 ···································································· (142)
　12.2　车距和车速测量 ································································ (145)
　　　　12.2.1　调制和解调的基本原理 ················································ (145)
　　　　12.2.2　多普勒效应 ·························································· (145)
　　　　12.2.3　信号的混合 ·························································· (146)
　　　　12.2.4　脉冲调制 ···························································· (148)
　　　　12.2.5　频率调制 ···························································· (152)

12.3 角度测量 ················································································ (162)
    12.3.1 基于天线理论的预研究 ·········································· (162)
    12.3.2 扫描 ················································································ (163)
    12.3.3 单脉冲 ··········································································· (164)
    12.3.4 多波束 ··········································································· (165)
    12.3.5 双传感器方案 ······························································· (168)
12.4 有效功率的主参数 ··························································· (169)
    12.4.1 距离 ················································································ (169)
    12.4.2 相对速度 ······································································· (169)
    12.4.3 方位角 ··········································································· (169)
    12.4.4 功率和多目标能力 ······················································· (170)
    12.4.5 24 GHz 与 77 GHz 的对比 ········································ (171)
12.5 信号处理和跟踪 ······························································· (171)
12.6 安装和调整 ·········································································· (174)
12.7 电磁兼容性 ·········································································· (176)
12.8 规格示例 ·············································································· (176)
    12.8.1 Bosch LRR2 ································································ (176)
    12.8.2 Bosch LRR3 ································································ (178)
    12.8.3 Continental( A. D. C. ) ARS 200 ···························· (180)
    12.8.4 Continental ARS 300 ··············································· (184)
    12.8.5 Delphi 前视雷达(第三代) ······································ (187)
    12.8.6 Delphi 电子扫描雷达(第四代) ··························· (188)
    12.8.7 Hella 24 GHz 中程雷达 ·········································· (192)
    12.8.8 TRW AC 20 ································································ (195)
12.9 小结 ························································································ (197)

# 13 激光雷达传感器 ········································································ (199)
13.1 功能及原理 ·········································································· (199)
    13.1.1 基本原理 ······································································· (199)
    13.1.2 距离传感器的测量方法 ············································· (199)
    13.1.3 结构 ················································································ (202)
    13.1.4 透射和反射特性 ··························································· (204)
    13.1.5 跟踪法和相应目标的选择 ········································· (206)
13.2 在车内的应用 ······································································ (208)
    13.2.1 激光防护 ······································································· (208)

## 目录

- 13.2.2 朝前的传感器的集成(以 ACC 为例)……………………(209)
- 13.3 附加功能……………………(210)
- 13.4 最新示例……………………(210)
- 13.5 小结……………………(212)

## 14 3D 飞行时间测量法(ToF) ……………………(214)

- 14.1 基本方案的分类和说明……………………(214)
- 14.2 优点和应用……………………(215)
- 14.3 3D 探测的基本方案……………………(215)
  - 14.3.1 形状探测和光学不相干的调制飞行时间测量……………………(217)
  - 14.3.2 PMD 原理……………………(218)
- 14.4 PMD 系统的模块……………………(220)
  - 14.4.1 PMD 成像器:2D 混频器和集成器……………………(220)
  - 14.4.2 照明……………………(222)
  - 14.4.3 再处理(特征提取,物体跟踪)……………………(222)
- 14.5 总系统的有效效率和功率极限……………………(225)

## 15 机器视觉 ……………………(227)

- 15.1 图像传感器……………………(227)
  - 15.1.1 硬件组件和技术……………………(227)
  - 15.1.2 投影成像……………………(228)
  - 15.1.3 图像呈现……………………(230)
- 15.2 图像处理……………………(231)
  - 15.2.1 图像预处理……………………(231)
  - 15.2.2 特征提取……………………(234)
- 15.3 场景几何形状的 3D 重建……………………(238)
  - 15.3.1 立体观测……………………(238)
  - 15.3.2 运动立体视觉……………………(240)
  - 15.3.3 三焦点张量……………………(242)
- 15.4 时间跟踪……………………(242)
  - 15.4.1 贝叶斯滤波器……………………(243)
  - 15.4.2 用卡尔曼滤波器进行时间跟踪……………………(244)
- 15.5 应用示例……………………(244)
  - 15.5.1 行车道识别系统……………………(244)
  - 15.5.2 物体探测……………………(247)

15.6 小结 (251)

# 16 基于摄像头的行人探测 (255)
16.1 要求 (255)
16.2 可能的方法 (256)
16.3 对功能原理的说明 (257)
16.4 对软硬件要求的说明 (266)
16.5 小结 (267)

# 17 环境探测传感器的数据融合 (272)
17.1 传感器数据融合的定义 (273)
 17.1.1 数据融合的目标 (273)
17.2 传感器数据处理的主要组成部分 (274)
 17.2.1 信号处理和特征提取 (274)
 17.2.2 数据关联 (275)
 17.2.3 数据过滤 (277)
 17.2.4 分类 (278)
 17.2.5 状况分析 (278)
17.3 环境传感器传感数据融合的架构模式 (278)
 17.3.1 分布式－集中式－混合式 (279)
 17.3.2 原始数据层－特征层－判断层 (280)
 17.3.3 同步－异步 (281)
 17.3.4 新数据－数据群－外部事件 (281)
 17.3.5 原始数据－过滤后的数据－预测的数据 (282)
 17.3.6 并行－顺序 (282)
17.4 小结 (282)

# C 驾驶员辅助系统执行机构 (285)

# 18 液压轿车制动系统 (286)
18.1 标准架构 (286)
18.2 电动液压制动器（EHB）的架构 (295)
18.3 再生制动系统（RBS）的架构 (305)

# 19 电动机械制动系统 (309)
19.1 电动机械制动系统（EMB） (309)

19.1.1 目的 (309)
19.1.2 系统架构和组件 (309)
19.1.3 制动操纵装置 (311)
19.1.4 中央控制单元 (312)
19.1.5 车轮制动系统执行机构 (313)
19.1.6 传感器 (314)
19.1.7 控制方案 (314)
19.1.8 供电 (314)
19.1.9 通信系统(总线结构) (315)
19.2 混合制动系统 (316)
19.2.1 目的 (316)
19.2.2 系统架构和组件 (316)
19.2.3 调节功能 (317)
19.2.4 后轴执行器 (318)
19.3 电子驻车制动装置(EPB) (318)
19.3.1 目的 (318)
19.3.2 系统架构和组件 (319)
19.3.3 电子控制单元的接口 (323)
19.3.4 EPB 的功能 (323)

## 20 转向调节系统 (326)

20.1 对转向系统的一般性要求 (326)
20.2 转向助力的基本方案 (326)
20.2.1 液压助力转向(HPS) (326)
20.2.2 可设定参数的液压助力转向机 (328)
20.2.3 电动液压助力转向装置(EHPS) (328)
20.2.4 电动机械式助力转向装置(EPS) (328)
20.2.5 电子组件 (331)
20.3 扭矩叠加的解决方案 (332)
20.3.1 液压转向系的附加执行机构 (333)
20.3.2 电动转向系统 (333)
20.4 角度叠加的解决方案 (335)
20.4.1 引言 (335)
20.4.2 功能性 (336)
20.4.3 调节器变型 (337)

20.4.4 宝马5系转向机构上ZFLS执行机构的应用示例 …… (338)
20.4.5 转向柱内集成的奥迪A4 ZFLS执行机构的应用示例 …………………………………………………………… (340)
20.4.6 雷克萨斯(Lexus)应用示例——转向轴固定的同轴转向柱执行机构 ………………………………………………… (343)
20.5 线控转向系统和单轮转向机构 …………………………… (344)
20.5.1 系统设计和组件 …………………………………… (345)
20.5.2 技术,优势和机遇 ………………………………… (347)

## D 驾驶员辅助系统的人机接口 …………………………………… (349)

## 21 人机接口的设计 …………………………………………… (350)
21.1 人机接口的工作模型 ……………………………………… (350)
21.2 接口的基本划分 …………………………………………… (351)
21.2.1 控制元件 …………………………………………… (351)
21.2.2 显示 ………………………………………………… (352)
21.3 设计指导原则和原理 ……………………………………… (353)
21.3.1 设计指导原则 ……………………………………… (353)
21.3.2 设计原则 …………………………………………… (355)
21.4 设计流程 …………………………………………………… (356)
21.5 实践和设计流程 …………………………………………… (359)

## 22 操作单元 …………………………………………………… (361)
22.1 对操作单元的要求 ………………………………………… (361)
22.2 确定操控器官,身体姿态和抓握方式 …………………… (362)
22.3 操作件类型的确定 ………………………………………… (363)
22.4 避免未经授权的和不经意的调节 ………………………… (363)
22.5 规定空间布置 ……………………………………………… (364)
22.6 规定移动方向、移动行程和移动阻力 …………………… (364)
22.7 形状、尺寸、材料和表面的规定 ………………………… (365)
22.8 调节件的标识 ……………………………………………… (366)
22.9 备选操控方案 ……………………………………………… (366)

## 23 驾驶员辅助系统的显示装置 ……………………………… (367)
23.1 对机动车显示装置的要求 ………………………………… (367)

### 23.1.1 交互通道 (367)
### 23.1.2 "实施规程" (368)
## 23.2 目前机动车内采用的显示方案 (368)
### 23.2.1 车内的通信区 (368)
### 23.2.2 组合仪表显示屏 (370)
### 23.2.3 平视显示器(HUD) (371)
### 23.2.4 中控台内的中央显示和操作单元 (373)
### 23.2.5 夜视系统的显示屏 (373)
### 23.2.6 附加显示屏 (374)
## 23.3 机动车的显示装置 (374)
### 23.3.1 机电测量装置 (374)
### 23.3.2 主动和被动段显示器 (375)
### 23.3.3 组合仪表和中控台的图像显示 (378)
## 23.4 未来的机动车显示方案 (379)
### 23.4.1 接触模拟平视显示器 (379)
### 23.4.2 激光投影 (380)

# 24 驾驶员警报单元 (381)
## 24.1 引言 (381)
## 24.2 人进行的信息处理 (381)
## 24.3 人机接口 (382)
## 24.4 对警报单元的要求 (383)
## 24.5 警报单元示例 (384)
### 24.5.1 用于纵向引导的警报单元 (384)
### 24.5.2 横向引导警报单元 (385)
## 24.6 警报单元的预分类 (387)
## 24.7 警告性前部碰撞应对措施的评价标准 (389)
## 24.8 前侧碰撞警报的检验结果 (390)

# E 稳定层面上的驾驶员辅助 (395)

# 25 基于制动器的辅助功能 (396)
## 25.1 引言 (396)
## 25.2 行驶动态基础 (396)
### 25.2.1 静态和非静态车轮特性和行驶特性 (396)

25.2.2 行驶动态的参数 (399)
25.3 ABS、ASR 和 MSR (401)
 25.3.1 控制方案 (401)
25.4 ESP (404)
 25.4.1 要求 (404)
 25.4.2 使用的传感器 (405)
 25.4.3 ESP 的控制方案 (407)
 25.4.4 计算额定值并估计行驶动态参数 (415)
 25.4.5 安全性方案 (420)
25.5 增值功能 (423)
 25.5.1 特殊稳定性支持功能 (423)
 25.5.2 特殊扭矩控制 (427)
 25.5.3 制动和增压辅助 (428)
 25.5.4 停车和速度控制 (433)
 25.5.5 高级驾驶员辅助系统支持 (436)
 25.5.6 监控和信息 (436)
25.6 与基于 EHB 的制动控制系统的差别 (437)
25.7 小结 (438)

## 26 通过制动干预和转向干预进行行驶动态控制 (440)

26.1 引言 (440)
26.2 系统环境和用户要求 (441)
26.3 制动控制和方向控制的方案和工作原理 (442)
26.4 用于转向角干预的功能模块 (444)
26.5 驾驶员转向建议的功能模块 (446)
26.6 未来的研发 (448)

## 27 摩托车的行驶动态控制系统 (450)

27.1 行驶稳定性 (450)
27.2 制动稳定性 (453)
27.3 与行驶动态控制相关的摩托车事故 (455)
27.4 制动调节系统的技术现状 (456)
 27.4.1 液压 ABS 制动装置 (457)
 27.4.2 电动液压联动式制动装置 (458)
27.5 驱动防滑系统的技术现状 (461)

27.6 未来的车辆动态控制·················(463)

## 28 商用车的稳定辅助功能·················(469)

28.1 引言·················(469)

28.2 商用车与轿车在 ABS、ASR 和 MSR 特性方面的比较·················(469)

 28.2.1 商用车的特点·················(469)

 28.2.2 调节目的和调节优先权·················(471)

 28.2.3 系统结构·················(475)

 28.2.4 商用车的特殊功能·················(478)

28.3 与轿车相比商用车行驶动态调节的特点·················(478)

 28.3.1 商用车的特点·················(478)

 28.3.2 控制目的和控制优先权·················(479)

 28.3.3 系统架构·················(482)

 28.3.4 商用车的特殊功能·················(484)

28.4 小结·················(484)

 28.4.1 铰接式列车的行驶动态调节·················(484)

 28.4.2 使用其他的调节器·················(485)

## 29 转向辅助功能·················(487)

29.1 转向传动比·················(487)

29.2 转向力矩辅助·················(488)

29.3 转向角辅助·················(490)

 29.3.1 人体工程学·················(491)

 29.3.2 转向特性·················(492)

29.4 驾驶员无关的转向干预·················(495)

 29.4.1 行驶性能和行驶稳定性·················(495)

 29.4.2 车道引导的辅助功能·················(495)

29.5 驾驶员认可程度·················(496)

29.6 小结·················(496)

## F 基于车道引导和导航层面的驾驶员辅助系统·················(499)

## 30 视觉增强系统·················(500)

30.1 夜间或天气状况不佳时交通事故的发生频率·················(500)

30.2 视觉增强系统的照明技术和车辆技术重要性·················(503)

30.3 目前和未来用于视觉增强的大灯系统 (506)
 30.3.1 基于光源开发的视觉增强系统 (506)
 30.3.2 基于自适应光分布的视觉增强系统 (508)
 30.3.3 基于辅助光分布的视觉加强系统 (514)
30.4 夜视系统 (516)
 30.4.1 机动车内夜视系统的传感装置 (516)
 30.4.2 机动车内夜视系统的显示 (519)
 30.4.3 图像处理 (520)
 30.4.4 系统方法的对比 (521)

# 31 泊车辅助系统 (524)

31.1 泊车辅助系统的分类 (524)
31.2 对泊车辅助系统的要求 (524)
31.3 技术实现 (525)
 31.3.1 信息式泊车辅助系统 (525)
 31.3.2 引导式泊车辅助系统 (526)
 31.3.3 半自动泊车 (528)
31.4 小结 (529)

# 32 自适应巡航控制系统 (532)

32.1 引言 (532)
32.2 ACC 发展回顾 (533)
32.3 要求 (535)
 32.3.1 符合 ISO 15622 的标准 ACC 的功能要求 (535)
 32.3.2 符合 ISO 22179 的 FSRACC 的附加功能要求 (535)
32.4 系统结构 (536)
 32.4.1 梅赛德斯—奔驰 Distronic 示例 (537)
 32.4.2 BMW 全速范围自适应巡航控制(FSR ACC)系统示例 (537)
 32.4.3 功能降级 (539)
32.5 ACC 状态管理和人机界面 (539)
 32.5.1 系统状态和状态转换 (539)
 32.5.2 操控单元及说明示例 (542)
 32.5.3 显示单元实例 (543)
32.6 ACC 的目标物体识别 (545)

32.6.1　对环境传感装置的要求 …………………………………………… (545)
　　32.6.2　测量范围和测量精度 …………………………………………… (546)
32.7　目标选择 ………………………………………………………………… (550)
　　32.7.1　路线曲率的测定 ………………………………………………… (550)
　　32.7.2　路线预测 ………………………………………………………… (552)
　　32.7.3　车辆行驶轨迹 …………………………………………………… (553)
　　32.7.4　目标选择的其他标准 …………………………………………… (555)
　　32.7.5　目标选择限制 …………………………………………………… (556)
32.8　跟随控制 ………………………………………………………………… (557)
　　32.8.1　对跟随控制的基本考虑 ………………………………………… (557)
　　32.8.2　模糊跟随行驶控制器 …………………………………………… (562)
32.9　目标丢失策略和弯道控制 ……………………………………………… (563)
　　32.9.1　行驶接近策略 …………………………………………………… (565)
　　32.9.2　超车辅助 ………………………………………………………… (565)
　　32.9.3　对静止目标的反应 ……………………………………………… (566)
　　32.9.4　停车控制、低速控制的特殊性 ………………………………… (566)
32.10　纵向控制和促动系统 ………………………………………………… (566)
　　32.10.1　促动系统的基本结构和调整 ………………………………… (566)
　　32.10.2　制动 …………………………………………………………… (567)
　　32.10.3　驱动 …………………………………………………………… (569)
32.11　使用和安全理念 ……………………………………………………… (572)
　　32.11.1　功能的可追溯性 ……………………………………………… (572)
　　32.11.2　系统限制 ……………………………………………………… (572)
32.12　安全方案 ……………………………………………………………… (573)
32.13　用户和验收研究 ……………………………………………………… (574)
　　32.13.1　验收 …………………………………………………………… (574)
　　32.13.2　使用 …………………………………………………………… (574)
　　32.13.3　补偿行为 ……………………………………………………… (576)
　　32.13.4　习惯性效应 …………………………………………………… (576)
　　32.13.5　接管控制状况 ………………………………………………… (576)
　　32.13.6　舒适性评估 …………………………………………………… (577)
32.14　小结 …………………………………………………………………… (577)
　　32.14.1　当前发展 ……………………………………………………… (577)
　　32.14.2　功能扩展 ……………………………………………………… (578)

## 33 正面碰撞防护系统 ……………………………………………… (581)
### 33.1 问题阐述 ……………………………………………………… (581)
### 33.2 通过预防辅助进行正面碰撞防护 …………………………… (582)
### 33.3 反应辅助 ……………………………………………………… (582)
### 33.4 应急辅助 ……………………………………………………… (583)
### 33.5 制动辅助 ……………………………………………………… (584)
#### 33.5.1 基本功能 ………………………………………………… (584)
#### 33.5.2 继续开发 ………………………………………………… (587)
### 33.6 预警点和干预点 ……………………………………………… (588)
#### 33.6.1 行驶动态研究 …………………………………………… (588)
#### 33.6.2 前部碰撞应对措施 ……………………………………… (596)
#### 33.6.3 碰撞应对措施的潜在优势 ……………………………… (598)
#### 33.6.4 对环境探测的要求 ……………………………………… (600)
### 33.7 小结 …………………………………………………………… (602)

## 34 车道偏离警报系统 ……………………………………………… (605)
### 34.1 车道识别系统及其应用 ……………………………………… (605)
### 34.2 事故数据一览 ………………………………………………… (605)
### 34.3 车道识别系统 ………………………………………………… (607)
#### 34.3.1 环境影响和限制因素 …………………………………… (608)
#### 34.3.2 国家差异 ………………………………………………… (610)
### 34.4 功能特性 ……………………………………………………… (611)
#### 34.4.1 车道偏离警示系统(LDW) ……………………………… (611)
#### 34.4.2 高级车道偏离警示系统(ALDW) ……………………… (612)
#### 34.4.3 车道保持辅助系统(LKS) ……………………………… (613)
#### 34.4.4 车道偏离修正系统(LDP) ……………………………… (614)
### 34.5 小结 …………………………………………………………… (615)

## 35 车道保持辅助系统 ……………………………………………… (618)
### 35.1 功能概述 ……………………………………………………… (619)
### 35.2 解决方案和技术实现 ………………………………………… (621)
#### 35.2.1 车道识别 ………………………………………………… (621)
#### 35.2.2 控制策略 ………………………………………………… (621)
#### 35.2.3 人机接口 ………………………………………………… (622)

35.2.4　执行机构 ………………………………………………………（623）
　　35.3　系统限制 ………………………………………………………………（624）
　　35.4　小结 ……………………………………………………………………（624）

**36　车道变换辅助系统** …………………………………………………………（628）
　　36.1　目的 ……………………………………………………………………（628）
　　36.2　要求 ……………………………………………………………………（629）
　　36.3　系统功能性的分类 ……………………………………………………（630）
　　　36.3.1　根据环境探测能力进行分类 ……………………………………（630）
　　　36.3.2　系统状态图 ………………………………………………………（631）
　　36.4　解决方法和实施案例 …………………………………………………（632）
　　　36.4.1　沃尔沃（Volvo）的盲点信息系统（BLIS） ……………………（632）
　　　36.4.2　标致的"盲点探测器" ……………………………………………（633）
　　　36.4.3　梅赛德斯－奔驰的"盲点辅助装置" …………………………（633）
　　　36.4.4　"奥迪侧向辅助系统"/VW"侧向辅助系统" …………………（635）
　　　36.4.5　小结 ………………………………………………………………（636）
　　36.5　达到的功能 ……………………………………………………………（637）
　　36.6　继续研发 ………………………………………………………………（638）

**37　路口辅助系统** ………………………………………………………………（640）
　　37.1　在路口发生的交通事故 ………………………………………………（640）
　　37.2　路口辅助系统 …………………………………………………………（641）
　　　37.2.1　停车标志辅助 ……………………………………………………（641）
　　　37.2.2　交通信号灯辅助 …………………………………………………（642）
　　　37.2.3　转弯/交叉相遇辅助 ………………………………………………（643）
　　　37.2.4　左转辅助 …………………………………………………………（645）
　　37.3　情境评估 ………………………………………………………………（646）
　　37.4　适当的警报和干预策略 ………………………………………………（647）
　　37.5　实施过程中的挑战 ……………………………………………………（648）

**38　用于商用车的车道引导辅助系统** …………………………………………（653）
　　38.1　对商用车驾驶员的要求 ………………………………………………（653）
　　38.2　载重车和轿车的实质性差异 …………………………………………（655）
　　38.3　事故情境 ………………………………………………………………（657）
　　38.4　商用车的自适应巡航控制系统（ACC） ……………………………（660）

38.5　商用车的车道偏离警报装置 (664)
38.6　紧急制动系统 (666)
38.7　未来的研发 (667)

## 39　导航和远程通信技术 (671)

39.1　历史 (671)
39.2　车载导航系统 (672)
　　39.2.1　定位 (674)
　　39.2.2　目的地输入 (677)
　　39.2.3　行驶路线搜索 (678)
　　39.2.4　导航 (679)
　　39.2.5　地图显示 (680)
　　39.2.6　动态模块 (682)
　　39.2.7　数据传输和数据抽象化（数据载体） (682)
39.3　非车载导航 (683)
39.4　混合导航 (684)
39.5　辅助功能 (687)
39.6　交通远程通信技术 (687)
　　39.6.1　基于无线电广播的技术 (688)
　　39.6.2　移动通信技术 (689)
　　39.6.3　远程通信基本服务 (691)
　　39.6.4　车-车通信，车-公共设施通信 (692)
　　39.6.5　公路通行收费系统 (693)
　　39.6.6　现代化交通控制 (694)
　　39.6.7　远程通信服务未来的发展趋势 (695)
39.7　对导航系统和远程通信技术提出的要求 (696)
　　39.7.1　消费电子产品（CE）与汽车电子产品（AE） (696)
　　39.7.2　结构 (699)
　　39.7.3　开发过程 (699)

## G　驾驶员辅助系统的未来 (703)

## 40　机电一体化汽车底盘的未来 (704)

40.1　联网的底盘 (704)
40.2　线控制动系统的研发动因 (708)

40.3 小结 ……………………………………………………………………… (709)

# 41 PRORETA 超车防碰撞系统——防止超车碰撞事故的集成解决方案
…………………………………………………………………………… (711)

41.1 引言 ……………………………………………………………………… (711)
41.2 用于测定机动空间的基于视频的总体场景图像分割 …………………… (712)
41.3 雷达信号和视频信号的传感器融合 …………………………………… (713)
41.4 超车过程情境分析 ……………………………………………………… (715)
41.5 报警和主动干预的实现 ………………………………………………… (716)
41.6 行驶试验的结果 ………………………………………………………… (717)
41.7 小结 ……………………………………………………………………… (718)
41.8 结束语 …………………………………………………………………… (718)

# 42 协同自动化 ……………………………………………………………… (720)

42.1 引言和目的 ……………………………………………………………… (720)
42.2 协同自动化控制方面的问题 …………………………………………… (721)
    42.2.1 并行 – 同时辅助 …………………………………………………… (722)
    42.2.2 并行 – 顺序辅助 …………………………………………………… (722)
    42.2.3 连续 – 同时辅助 …………………………………………………… (723)
    42.2.4 连续 – 顺序辅助 …………………………………………………… (724)
    42.2.5 协同车辆驾驶应考虑的人体工程学方面的问题 ………………… (724)
42.3 实施 ……………………………………………………………………… (726)
    42.3.1 线控 ………………………………………………………………… (726)
    42.3.2 H 模式—马喻的实施 ……………………………………………… (727)
42.4 小结 ……………………………………………………………………… (730)

# 43 自动驾驶 ………………………………………………………………… (733)

43.1 2007 城市挑战赛 ………………………………………………………… (733)
    43.1.1 系统结构 …………………………………………………………… (733)
    43.1.2 软件架构 …………………………………………………………… (735)
    43.1.3 信息处理链 ………………………………………………………… (736)
    43.1.4 环境探测 …………………………………………………………… (736)
    43.1.5 动态对象 …………………………………………………………… (737)
    43.1.6 车道识别 …………………………………………………………… (737)
    43.1.7 任务规划和操控规划 ……………………………………………… (737)

43.1.8　车辆控制 ································· (738)
　　43.2　小结 ······································· (738)

# 44　驾驶员辅助系统的发展方向 ·················· (741)
　　44.1　驾驶员辅助系统的集成操作方案 ············ (741)
　　44.2　利用驾驶员辅助系统改进环境平衡 ·········· (742)
　　44.3　通过驾驶员辅助系统提高车辆的机动性能 ···· (743)
　　44.4　主动防撞系统 ······························· (744)
　　44.5　自动驾驶 ··································· (745)
　　　44.5.1　认证的问题范围 ························ (746)
　　　44.5.2　测试困境的解决方法 ···················· (747)
　　　44.5.3　获得公认度量指标的途径 ················ (750)
　　44.6　驾驶员辅助系统的演变 ······················ (750)
　　44.7　小结 ······································· (752)

**词汇表** ··············································· (754)

**作者索引** ············································ (761)

**公司和高校目录** ······································ (764)

# 引 言

驾驶员辅助系统在汽车制造商、供应商和大学研究领域是一个历久弥新的话题,并且在过去几年渐渐引起了公众的关注。市场上可供使用系统的数量和驾驶时辅助驾驶员的功能范围呈不断增长的态势。根据目前最新的研发情况,目前的驾驶员辅助系统大多是与主动安全性有关的系统,也就是说大多是用于避免发生交通事故的系统。但是,实际上该系统的含义可以更为宽泛,因为随着替代手动手摇柄的电起动器的发明,使驾驶更为简便的第一个驾驶员辅助系统诞生了。现在常见的诸如自动转向指示器控制杆回复装置或者同步手动变速器实际上也可以看做是驾驶员辅助系统。

可以按照不同的标准对驾驶员辅助系统进行分类,本书按照 Donges 1982 年提出的三层模型进行了分类(对该模型的详细说明请参见本书 2.2 节)。这种划分决定了在行驶任务的三个层次(稳定性、车道引导和导航)中的哪个层次上启用驾驶员辅助系统。例如,ABS(防抱死系统)和 ESP(车身电子稳定系统)是在稳定性层次上对驾驶员提供辅助的系统并帮助驾驶员控制汽车,ACC(自适应巡航系统)是预防性防碰撞系统,视野改善系统也在车道引导层次上发挥作用,它们辅助驾驶员选择车道并使车辆保持在车道上。现在通过高度开发的导航系统和交通通信系统对导航层次上的任务提供支持,它们的作用并不局限于单个车辆,而是在整个网络中对交通流量产生作用。

所有驾驶员辅助系统的共同点在于它们的辅助目的是为了满足驾驶员的辅助需求。该需求可以是在危险的情况下提供支持或者克服人感官上的限制,例如视野改善系统就是为此而设计的。通过辅助功能达到辅助目的,而辅助功能的实施需要一个相应的传感器和执行机构。根据方案,一个辅助功能可用不同的传感器和执行机构实现,例如所谓的碰撞警报系统,不同的制造商可能使用激光雷达传感器、雷达传感器和(或)视频传感器。辅助需求(驾驶员反应能力有限并有可能精力不集中)和辅助目标(在有可能发生碰撞时及时发出警报)以及功能目标(发现有可能与车辆发生碰撞的障碍物)在此是一致的,并不取决于所选择的传感器类型。

本书不仅对在目前系统中使用的传感器和执行机构,而且也对用这些系统实现的功能进行了全面的说明。所有在本书撰写时在市场上出现的重要系统都包含在本书中,也包括几个还处于研究或开发阶段的系统。为避免本书涉及范围过广,一些非常简单的驾驶员辅助系统,如自动刮水器控制系统或者车灯自动装置未包括在内。同样与行驶任务不直接相关的舒适功能,如自动空调装置也未包括在内。

驾驶员辅助系统面向的对象是驾驶员,辅助系统对其提供支持在本书的 A 部分中;驾驶员辅助系统研发的基础是对人的能力及其在操纵汽车时的行为进行解释,并说明通过研发驾驶员辅助系统应产生哪些效果。在 A 部分中涉及的其他基础是系统的设计、测试和评估以及将系统涵盖到整车架构中。

本书的 B 部分和 C 部分涉及驾驶员辅助系统的传感器和执行机构。B 部分也包含环境采集传感器的数据融合以及机器视觉领域面临的挑战。

基于 A 部分,D 部分主要说明驾驶员辅助系统的人机接口和对适用的人机接口设计要求以及显示技术的要求。

E 部分和 F 部分:稳定性层次上的驾驶员辅助,或者车道引导和导航层次上的驾驶员辅助包含对目前在轿车和载重车领域以及在摩托车上所使用系统的详细说明。这两部分构成了本书的核心。

G 部分:驾驶员辅助系统的前景,描述了驾驶员辅助系统领域内研究和研发的最新成果,并对未来的研发方向做出了大胆的预测。

我们期望所有的读者都喜欢本书,并希望对将其用作参考书的读者或者想借助驾驶员辅助系统这一有吸引力的主题而入门的各位有所助益。

2011 年 5 月于德国达姆斯塔特

教授,自然科学博士　*Hermann Winner*

工学硕士　*Stephan Hakuli*

工学博士　*Gabriele Wolf*

# A 驾驶员辅助系统开发的基础

1 人驾驶汽车的能力 …………………………………………… 4
2 驾驶员行为模型 ……………………………………………… 17
3 驾驶员辅助系统与交通安全 ………………………………… 27
4 驾驶员辅助系统人机交互用户友好技术的研发 …………… 39
5 驾驶员辅助系统的设计和测试 ……………………………… 51
6 驾驶员辅助系统的评估方法 ………………………………… 65
7 EVITA——评估防碰撞系统的试验方法 …………………… 80
8 借助车辆硬件在环模拟技术评价驾驶员辅助系统 ………… 88
9 驾驶员辅助系统对机动车系统架构的影响 ………………… 97

# 1 人驾驶汽车的能力

*Bettina Abendroth, Ralph Bruder*

驾驶汽车的任务包括对主要信息的接收工作以及对信息作出反应。在一般情况下,驾驶员一边不断地处理信息一边驾驶汽车。

相应地,对于驾驶汽车来说,信息处理的过程以及与该过程发生相互作用的驾驶员个性特征的因素很重要。

图 1-1 所示的简单系统模型用于说明驾驶员、汽车和环境之间的联系[1.1]。该模型由驾驶员和车辆这两个元素组成,而受环境因素影响的汽车驾驶任务的输入变量作用于这两个系统元素。此外,前排乘客可能产生干扰变量,例如导致驾驶员注意力不集中。可通过机动性、安全性和舒适性这些系统性能来描述该系统的输出变量。

## 1.1 人的信息处理过程

有许多模型用于说明人如何进行信息处理,这些模型详细说明了下面这个一般性假设:人接收的信号(刺激)转换为人的认知表征,然后转换为人的反应。在工程领域内最知名的模型是连续模型和资源模型。连续模型假设刺激严格按顺序转换为反应,也就是说,只有前面的阶段结束后才能继续运行下一个阶段。资源模型建立在以下假设之上,即用于不同活动的能力是有限的并且必须分配给所有同时执行的任务。多资源理论扩展了该观点,根据该理论,两个任务干扰的范围取决于这两个任务是否需要相同的资源[1.2],因此同时处理视觉的空间图像信息(例如,目的地引导显示)和听觉的语音信息(电话通话、收音机播放的新闻)就可能没有干扰,因为使用的感官通道和工作记忆内的范围都是不同的。但是试验表明,这种无干扰的状态并不总适用。

在这里借助阶段模块和资源模块的组合来说明人的信息处理过程(图 1-1)。这基于信息接收(感知),广义上的信息处理(认知)和信息交付(动作)[1.3]这三个处理阶段。此外,还要考虑到可使用的资源量是有限的。

处理资源会影响信息处理过程的三个处理阶段的有效性且需要投入注意力。这会对有针对性地选择有意识处理的信息产生影响。当信息持续不断的过量供应超出了人的处理能力时,便会造成人在大量信息面前无法全部感知到其感觉接收器的所有信息。

# 1 人驾驶汽车的能力

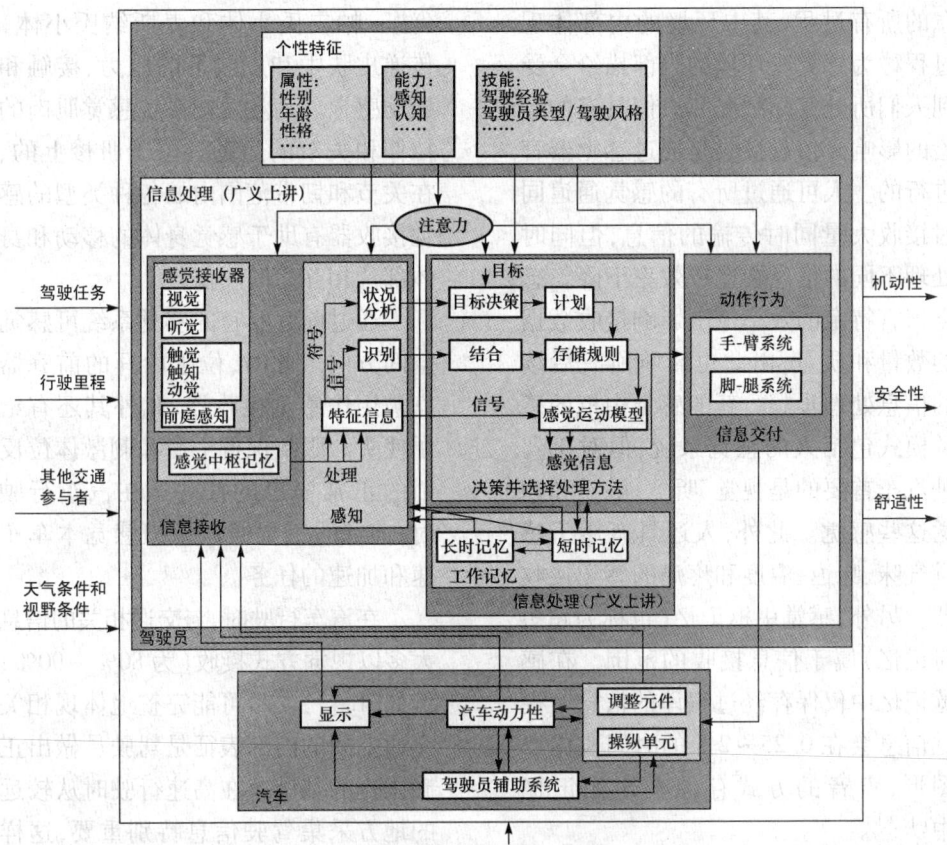

图1-1 驾驶员-汽车-环境系统模型(参见[1.1])

人可将其全部注意力按不同的方式分配给信息处理的三个阶段，用以选择相关的信息来源并继续处理这些信息。对于每种工作活动，人们可以学会一种有利的注意力分配方式，在极端情况下，一个错误的注意力分配方式可能会导致人采取错误的行动。

在理论层面上可将不同的注意力模型按照选择性和强度两个维度进行划分。选择性地投入注意力后便会描述实际情况，人们必须在不同的相互竞争性的信息来源之间做出决策。在注意力分散的框架内，人必须同时感知不同的刺激，而人在进行注意力转换时要从一个刺激离开，随后将注意力投入另一个刺激。注意力的强度与激活水平有关，此时警惕性的下降(相对较小的刺激)和持续注意力(相对较大的刺激)十分重要。

## 1.1.1 信息接收

信息接收包括发现和识别相关信

息的所有过程,其中环境的内部体现过程称为感觉。环境的内部描绘会受到人们所处实际状况和人们具有的经验的影响。信息接收是通过感觉器官进行的。人可通过所有的感觉通道同时接收大量同时传输的信息,但同时处理不同的信息会造成效率下降。感觉器官特定的效率范围影响接收数据的数量和质量,由此也影响所有后续的信息处理步骤。新的感觉中枢的感觉模式包括人的感觉系统,但对于驾驶汽车首要的是视觉、听觉、触觉和动觉这些感觉。此外,人还具有用于感觉气味、味道、温度和疼痛的感觉接收器。另外,感觉中枢记忆(也称为超短时记忆)属于信息接收的范围。在感觉记忆中仅保存经过编译的信息。视觉信息会在0.25~2s的时间段内以图形、声音的方式存储在声像记忆中[1.3]。

在进行视觉信息采集时,眼睛有下列三项基本任务:适应(根据相应的亮度调节眼睛的灵敏度)、调节(调节不同的观看距离)和固定(将眼睛对准观看对象,由此将两个视轴聚集起来)。眼睛用于感觉色彩、物体和移动,感觉空间深度和大小。

在接收听觉信息时,耳朵要完成三个基本功能:适应(提高听域,用于区分开听的过程)、听觉模式识别(用于识别语言和噪声)和听觉空间定向,这通过两耳(双耳)倾听实现。

在触觉信息接收时使用触觉和(或)动觉感知通道。通过触觉感知系统感知皮肤的变形。感觉接收器(法-帕二氏小体和麦斯纳氏小体)传递皮肤中和皮肤下的压力、接触和振动感觉。动觉感知系统感觉肌肉的拉伸和关节的运动。位于肌梭上的、在关节和韧带范围内的各种类型的感觉接收器有助于感觉身体的移动和身体部位相互之间的位置。

通过前庭器官的感觉系统可感觉空间方向。此时,位于内耳的前庭器官被用作感觉接收器,此外其还有给予使头和眼睛保持平衡和刺激体位反射的正常姿态的任务。在汽车行驶时,前庭的感觉通道承担感觉本车车速和加速的任务。

在汽车行驶时,与交通相关的信息大多以视觉方式接收(为80%~90%,例如[1.4])。尽可能完整地体现相关交通空间的内部表征是驾驶员做出正确操作的基础。在高速行驶时从较远的地方采集驾驶信息特别重要,这样就有充足的时间根据这些信息调整汽车的运动。这说明了在驾驶车辆时驾驶员视觉系统的重要性,因为眼睛是人唯一的可有针对性进行定向的远距离感受系统[1.5]。

人们在从事交通相关的任务时,信息接收明显受到眼部运动的限制。驾驶员可接收视觉信息的范围由视域、视区和直接视野确定。物体在视网膜上的成像区可分为中心窝视和周边视觉。对于中心窝视,物体在视网膜窝(中心窝)上成像,仅在不超过2°的孔径角的该范围内可以清晰地查看物体。图像离中心窝越远,物体呈现得越不清晰。在周边视觉范围内可以感觉运动和亮度变化。在文献中可以找到对驾驶汽车时信息接收的中心窝视和周边视觉的角色和作用相关的各种不同的观点。[1.5]假设,中心窝信息接收在高负荷下驾驶汽车时(也就是说在高信息密度并由此对信息处理有较高的要求时)有很大意义。

对于驾驶技术较高和技术一般的司机来说,其可用的视野大小是不同的。技术好的司机可用的视野为9°~10°,技术不佳司机的视野仅有6°~7°[1.6]。可用的视野我们可以理解为围绕着视网膜窝可变的空间上的伸展,该范围说明了在该范围内一个人为某个特定的任务可发现的所需的信息量的多少。

人接收视觉信息的质量受到信号类型和其出现频繁程度的影响。这样[1.7]就分为重要、一般和不重要信号以及不重要和重要辅助信号。至于信息出现的频繁程度,许多作者的试验结果(一览表参见[1.7])表明,单位时间内出现的反应所需的信号越多,观察效果越好。该规则认为每小时内出现120~300个信号会形成一个最佳信号频率。如果大大超出了该信号频率,观察者便会陷入被过度要求的情况,结果是越来越多的信号处于未应答状态。[1.8]从其"途径抑制理论"出发,避免同类型的刺激,因此,通过不同的刺激会达到更好的注意力效果。

## 1.1.2 信息处理

人的感觉接收器接收并处理环境信号(例如行驶路径的特点、其他的交通参与者以及天气和视野条件)以及车辆发出的信号(例如显示器、调整元件和操控单元以及车辆动力),并在广义的信息处理(识别)阶段继续处理。此时应决定,是否要对某个信息进行处理(主动情况)或者不予理睬(消极情况)。该决定主要受驾驶员个性特征的影响。广义的信息处理包括感觉和决定/工作选择这两个层次。这些阶段可解释为三个相互构建在一起的行为层次,根据[1.9]的理论将它们视为基于技能、基于规则和基于知识的层面。在哪个行为层次上实施信息处理取决于要实施任务的类型以及驾驶员个性特征,特别是在目前要求范围内他所拥有的经验。

基于技能的层次归为感觉运动行为,其无须有意识的调节就可表现出自动且规律的和高度集成的行为模式。这可达到较高的处理速度并由此对情境的变化作出迅速和灵活的反应。这是一个自动的过程,几乎不需要投入注意力。基于规则的行为在高要求的认知层面上运行,并在记忆规则的基础上通过简单的决定过程确定。通过来自实践的经验,交流或者阅读行为指导收集这些规则,并将记忆的规则特征与环境特征结合。在不熟悉的新环境下,如果没有规则,行为是基于知识层次的。此时,根据情况分析和个人偏好确定目标,并根据确定的目标从几个备用计划中选择最有效的计划。相对于基于技能层次的方法,基于规则和基于知识层次的方法称为受控的方法,需要给予更多的关注。

在进行信息的认知处理时,记忆起着关键作用。在记忆的帮助下,将感觉印象与学习过的和记忆下来的思考和判断的结构进行比较。传统的三种记忆模式分为感官记忆(超短时记忆)、短时记忆和长时记忆三种。在短时记忆和长时记忆中对信息进行主动处理。在一个持续不断的过程中,长时和短时记忆信息被调出并与感觉器官接收的特征载体进行比较。

一名汽车司机发生交通事故的风险受到对道路交通中风险的个人接受能力以及错误感知的影响。在信息处理过程中,决定过程的一个关键方面是实际情况,即在外部情况不断变化时在考虑到与此相关的风险的情况下期望获得最大的益处。风险这个术语有着多种多样的定义,其通常被解释为不希望发生的事件发生的概率。例如,[1.10]将风险定义为事件不良后果的概率与在某些条件下可能出现该后果的概率之比。但是,这种观点未将风险意识包含在内。因此,[1.11]将风险视为一个负面预期的多维的典型特征,其形成一个有关概率理论的决策流程。

为了说明汽车驾驶员的风险感知,已经开发了大量的模型。最著名的当属[1.12]的"零风险"模型和[1.13]的"风险自我平衡"模型。根据"零风险"模型,人们采取行动时其主观上的风险为零。该模型基于个人的动机,其影响驾驶员行为并根据在道路交通中感受到的风险进行调节。与此相对,"风险自我平衡"理论源自于人在主观风险减少时(例如通过采取技术措施)其行为会朝"有危险"的方向变化,从而重新使得主观估计的风险与采取措施之前个人接受的风险的差异相同[1.13]。

"主观和客观安全性"模型将主观经历的安全性和客观上可测量的这些形式的安全性进行比较[1.14]。[1.15]的危险规避模型来自于以下观点,即一名驾驶员在感知到一个有潜在危险的事件时首先通过衡量所有备选方案的利弊来选择反应动作。

[1.10]将交通环境中潜在危险的相关信息和驾驶员-车辆系统功能的相关信息视为感知风险时的要件,其中驾驶员-汽车系统的功能可避免潜在的危险变成一场事故。

### 1.1.3 信息交付

在信息处理过程的第三阶段,广义层面的信息处理相关的决策转化为行为。这些行为包括驾驶汽车时手-臂系统和脚-腿系统的运动动作。与信息接收和信息处理进行的动作相比,在生理动作方面要完成动作的体力负担要低,并通过汽车内的技术辅助系统(例如助力转向系统),将会使负担进一步降低。

## 1.2 驾驶员特性和人的能力极限

人的能力一般以工作成果和执行工作个体的负担为特征。工作成果和负担受到个体间和个体内差异的影响,即不是所有人在完成相同的工作时都能达到一样好的效果,即便同一个人在不同的时间点完成相同的任务也会出现能力上的差异。这些差异的原因在于人的特性差异以及能力条件的差异。下面我们就汽车行驶相关的人的能力条件以及其对行驶性能和行驶安全性的影响从特性、能力和技能三个方面进行说明。

**特性**

特性可以理解为个体间差异,并且其很大程度上是与时间无关的(或者仅在极小的时间范围内变化的)作用变量。最主要的与汽车行驶相关的特性是性别、年龄和个性特征。

在某些试验中发现,驾驶员行为有性别特殊差异,而在其他的试验中在风险行为以及车速行为方面可能却未证实有差异。此外,还发现男人和女人在感知事故风险方面有差异,即男人认为其驾驶能力比女人更好,同时女人更有可能会低估自己的能力,而男人更倾向高估自己的能力。另外,相对于女性驾驶员来说,男性驾驶员会认为某些行为方式危险系数低且较少有发生事故的危险。

人的能力受感觉中枢的指引处理接收的信息并执行运动动作,而这些会随着其年龄的增长发生变化,并且人体组织随着年龄也在不断发生改变。人的感知能力会明显影响驾驶员的信息处理过程并由此影响驾驶员–车辆–环境这个系统的安全性。但是,由于驾龄长的驾驶员一般有更多的驾驶经验,这至少会部分平衡不断增长的机能上的不足。对于"老年人"这个定义有不同的说法,而人们通常指的是生理年龄或者实龄,因此60岁或者65岁以上的人被视为老年人,而不考虑与年龄相关的机能上的变化和明显的个体间的差异。

驾驶员不同的个性特征也会影响其行为,并且已经发现了驾驶员风险准备和其行驶的车速以及动力啮合装置使用之间的关联。情绪上不稳定的、性格冲动的和缺乏团队精神的驾驶员发生交通事故的风险要高于有调节能力的情绪稳定的驾驶员。此外,作为个性特征的选择性注意力、感知方式以及反应时间也被视为交通事故相关的指标。

**能力**

能力可以理解为可用的、有个体内差异的、取决于时间的短期或者长期变化、涉及生理器官或者所谓的人的基本机能。

所谓才智的智力上的能力尤其会在基于知识的层次上影响一个驾驶员的行为。在文献资料中,才智的定义是有争议的,因此无法统一进行定义。根据一个相对宽泛的定义,才智可理解为那种一般性才智能力的分级结构的总和,这决定了一个人思考过程的水平和质量。借助于这种能力可以针对采取行动的实质特性发现问题情境的关联,从而可以根据特定的目标改变情境。

通过这些特征对信息处理过程的作用,人的认知和感知能力以及反应能力也间接影响汽车驾驶。

随着年龄的增长,感觉接收器的功能变差,这样在总体上会导致信息接收范围受限。

由于衰老过程造成的液体减少,使得眼睛成分发生改变。据此得出的对视觉能力的影响请参见表1-1。

表1-1 随着年龄的增长视觉系统出现的变化(↑增长;↓降低)

| 效果 | 原因或作用变量 |
| --- | --- |
| ↓视力调节宽度 | ↓组织液 |
| ↓静态视力 | 光线条件 |
| ↓动态视力 | ↓视力调节速度 |
|  | ↑感觉细胞的迟钝性 |
| ↑强光灵敏度 | ↑视网膜机能失常 |
|  | ↑适应时间 |
| ↓对比敏感度 |  |
| ↑所需的亮度 | ↑角膜,晶状体和玻璃体浑浊 |
| ↑视野受限 |  |

随着年龄增长,视野受限,这会加重行车时运动视觉的问题,其原因是相关物体的移动主要是通过周边视觉进行观察的。

听力的年龄变化在于听觉域的降低,并且主要在高频区域内。在分辨声音的频率和强度方面的困难以及在复杂的噪声下,例如在较差的感知条件(例如干扰噪声、失真)下识别语言和部分较难识别的方向性听觉也属于听力的年龄变化。

随着年龄的增长,触觉的感觉灵敏度也降低了。

在20~30岁之间平衡感最佳,从40岁开始明显下降,而在60~70岁时降低到一半的程度。

随着年龄的增长,感觉中枢记忆越来越差。声音信号在回声记忆中衰减速度很快,而视觉信号在图像记忆中保存的时间较长。这样在提供与交通相关的信息时,便会导致仅在缩短的时间范围内提供声音信号进行处理,由于影像记忆障碍,也只能在一定的范围内接收视觉刺激。

在各注意力范围内,老年人有效率下降的问题,这会按照累加效应导致总体来说注意力能力较差。因为相对于年轻的交通参与者,由于老年人无法获得全部可能的重要信息,所以老年人必须在环境信息相对较少的基础上做出其行为决策。

总的来说,年老的驾驶员可能主要会在复杂的和新的需要快速反应的情况下出现困难,而其他的困难是在信息接收时的限制。这会导致感觉中枢提供相关信息出现部分延迟,这样就留给老年驾驶员较少的时间用于处理与交通相关的信息并进行相应的行动。

**技能**

技能可以理解为人的工作能力,其受到人的基本机能和工作任务以及工作环境具体的结构状态的限制。驾驶汽车时,驾驶经验和驾驶风格(通过驾驶员选择的汽车尺寸进行分类)或者驾驶员类型(通过观察到的驾驶员的行为方式进行分类)十分重要。

驾驶经验可能对交通事故风险有不同的作用。随着驾驶经验的增长,驾驶技能会更好,风险的识别和估计能力也会增强。驾驶技能的改善应归结于随着行驶里程的增加经历过的各种各样的行驶情况也越来越多，并由此锻炼了行为熟练程度。野外试验表明，无经验的驾驶员在预见、视觉搜索和安全限制方面与有经验的驾驶员没有不同。当随着驾驶经验的增长控制汽车的能力更好时，经验也会导致在其他方面形成缺陷和不佳的习惯，例如不观察后视镜、延迟制动和紧跟前车行驶。在控制汽车的能力上，新手明显不如有经验的驾驶员。新手会表现出较晚加速、不佳的和忽左忽右的转向运动以及延迟换挡。没有经验的驾驶员的转向运动频率也要高于有经验的驾驶员。无经验的驾驶员的观察行为通常无效率，原因是他们频繁地将视线集中在近处。年轻的无经验的驾驶员与有经验的驾驶员相比，他们发现远处交通事故危险的能力要相对较差，但是在发现近处的危险时两个群体没有差别。随着经验的增长，驾驶员学会了借助某些特定的交通系统发现危险的物体和事件。这也符合实际情况，即无经验和有经验驾驶员的视觉注视模式和搜索模式是不同的。在弯道行驶时，不同的车速特性取决于驾驶经验。有经验的驾驶员进入弯道较快并且在弯道内明显比无经验者的速度要慢。

驾驶风格带有驾驶经验和驾驶员个性的烙印，并且据此可判断一个驾驶员的性格。在一些文献资料中所描述的驾驶风格和驾驶员类型具有高度的一致性。

目前，已经确定了不同类型的驾驶风格。在驾驶载货车时驾驶风格可分为"有气无力""忽急忽缓"或者"时慢时快"。借助车速、纵向加速度以及与前车间距这些参数可了解轿车驾驶员的驾驶风格是"偏慢和注重舒适""速度正常，安全意识较高"和"速度快且运动型"。在行为观察的基础上可以发现类似的驾驶员类型，分为"一般的中等水平驾驶员""缺少经验优柔寡断的驾驶员""运动型野心勃勃的驾驶员"和"易发生危险的好斗型驾驶员"。

## 1.3 在驾驶员-汽车-环境系统中对驾驶员的要求

可以根据环境中各种因素共同决定的驾车任务得出对驾驶员的要求。在这里，驾驶员要克服的状况的复杂性处于首要地位。根据行驶路径的特点和其他交通参与者的动态行为可得出情况复杂性。驾驶员如何达到这些要求，一方面取决于其个人的特点，另一方面取决于车辆提供的驾驶员辅助装置（辅助系统）。根据负荷的程度和持续时间，驾驶员在信息处理过程中出现障碍，根据[1.14]所述的交通行为的连续性，这会导致偏离所谓的"正常行为"直至出现危急的交通情况，且还会导致发生交通事故。为了识别这些障碍，下面汇总了驾驶汽车的部分工作以及由此得出的要求。

**驾驶汽车的子任务**

通过子任务来说明汽车驾驶任务在层次细节的不同，部分是为了专门进行解释,也是为了引出驾驶汽车任务的各个方面。下面仅列出通常提到的两种分类。

[1.16]提出了根据完成行驶目的重要性对驾驶员任务进行划分的分类方法。首要的任务包括驾驶员必须做的工作,例如转向和踩油门,这些工作很大程度上受到道路路线、其他交通参与者和环境条件的限制。第二项任务是将信息告知周围(例如打信号灯或者鸣笛)以及根据当前情况作出反应(例如打开刮水器或者打开远光灯)。第三项任务与实际的汽车驾驶无直接关联,其用于创造行驶舒适性,例如调节通风装置以及空调装置或者收音机操控设备。

[1.17]的三层模型说明了处于最高层次上的首要行驶任务的等级以及需要做的工作:

◆ 导航(行驶路线的选择);

◆ 车道引导(规定标准行车道和额定车速);

◆ 稳定驾驶(根据规定的指令参数调节车辆运动)。

该等级也反映了完成相应任务可用的时间上的灵活性以及容许误差。推迟决策或者在导航层面上的误差一般不会导致危急情况出现,但在稳定驾驶层面上可能会出现危急的行驶状况甚至会出现事故。

**汽车驾驶任务相关的要求**

一般情况下对人的行为要求取决于任务。考虑到任务特定情境的工作条件可产生客观上可说明的负荷。要求的持续时间和时间组合以及工作环境的影响属于这里所说的情境因素。

为了确定工作任务的要求,开发了不同的行为分析方法。为了分析汽车驾驶任务的要求,[1.18]为道路交通编制了一个修改版的调查表用于进行工作分析(FAA,[1.19])。该修改版考虑了信息处理和汽车操纵这两方面,主要按信息来源、感觉和感知过程、判断能力以及思考和决策过程进行划分,在信息处理方面给出了32个工作单元,在汽车操纵方面给出了7个工作单元。

根据[1.18]修改版FAA的要求并根据行为评价系统(TBS,[1.20])所需的认知能力推导出对驾驶汽车任务的要求。

下面所列的要求中包含信息来源、感觉和感知过程以及环境范围内的定向能力等方面。为此,将感知到的实际情况采集为信号并进行处理,然后进行假设并予以验证。信号就是刺激,对其要进行区分和识别,在出现某个特定的特征时,行为就有了特定的含义,并提示必须采取特定行动。通过状态诊断推导获得判断能力,以找到适当的措施。为此,要将刺激进行筛选、比对并组合信号特征。决策要求和思考要求一方面包括诊断能力(包含确定可能的变量),另一方面包括预测能力(用于选择符合目的的变量)。另外,应根据处理能力操纵汽车。

**(1) 信息来源、感觉和感知过程**

◆ 汽车内的视觉显示。

例如:仪表(如车速显示)、操纵

元件的调节(如可加热的后窗玻璃)、车载计算机的信息(如车外温度)。

◆ 声音信息。

例如:导航系统的语音提示、紧急任务用车和抢险用车的警报器。

◆ 其他声音信息。

例如:收音机、与前排乘客的谈话或者电话通话。

◆ 其他交通参与者。

例如:汽车、行人。

◆ 行驶路径的特点(道路情况)。

例如:道路的横向和纵向、交叉点、车行道的宽度、车道的数量。

◆ 交通指示牌。

例如:车速限制、行车优先规定、路标。

◆ 车行道表面的特性、天气和视野条件。

例如:潮湿、脏污、雪、薄冰;逆光,下雨、下雪或有雾。

**(2) 判断能力**

◆ 与其他交通参与者或对象的纵向间距或者其他交通参与者或对象之间的纵向间距。

例如:与前行车辆的纵向间距、两辆在相邻车道内行驶的汽车之间的纵向间距以及与行人、自行车和车道上的障碍物的纵向间距。

◆ 其他交通参与者或物体的横向间距或者其他交通参与者或物体之间的横向间距。

例如:与"同高"车辆的横向间距、与位于车道边缘车辆的横向间距。

◆ 本车和其他车辆或者交通参与者的车速。

◆ 由于其他人未遵守车辆先行规定。

例如:小孩儿在道路上跑动、预料到危急的交通情况猛拐入的车辆。

**(3) 决策和思考过程**

◆ 选择适当的方法进行汽车导航。

例如:决定选择哪条行驶路线、在交叉点上决策行驶方向。

◆ 选择适当的方法进行车道引导。

例如:决定要行驶的车速和要遵守的纵向间距、超车策略、选择行驶车道和车道上的横向定位。

**(4) 操纵汽车**

◆ 调节汽车纵向运动以稳定车辆。

例如:踩油门、制动、换挡。

◆ 调节汽车横向运动以使车辆保持稳定。

例如:转向。

◆ 其他功能的操纵元件。

例如:车灯、刮水器、收音机的操纵单元。

## 1.4 评估汽车驾驶任务对人的能力方面的要求

最后,就人的能力对上面所列的要求范围进行评估,目的是说明汽车技术辅助系统的适用范围。

**信息来源、感觉和感知过程**

对驾驶员来说,对完成汽车驾驶任务重要的信息来源的感知十分重要,即驾驶员借助该信息在心中描绘一幅当前环境情况和其车辆的图像,这是其进行决策和采取行动的基础。

由此得出下列要求,即驾驶员必须可感知车内和环境中与驾驶相关的信息。这一方面涉及因使用驾驶员辅助系统新出现的驾驶员信息,另一方面涉及对试图向驾驶员提供环境信息缺乏补偿的系统的需求。

通过感知阈以及所需投入的注意力限制人的感知过程。一方面,每个人的感知阈都不一样(例如,年龄也是一个很大的影响系数),另一方面,其也取决于环境。因为是在差异很大的环境中行车,因此务必注意,车内显示的信息要处于感知阈之上,或者当车外的环境信息在某些特定的情况下无法感知时,要提供技术上的支持(例如,使用夜视系统显示诸如行人之类的相关信息)。在驾驶汽车时视觉、听觉和触觉信息十分重要,这些信息构成了您周围环境的信息。白天和晚间的光照度会在较亮、较炫目和较暗之间变化。同样,声音环境中也存在明显差异,即在车内存在车外噪声进入车内导致的杂音,以及聊天或者大音量的音乐这些情况。车内的触觉信息也应根据可能由汽车或者道路传递的振动而加以调节。在构建车内的视觉信息时要注意特别,在视网膜窝(中央凹)上成像时人只能在不超过2°的孔径角下清晰地看清物体。因此,为了接收车内通过极简单编码信号产生的复杂信息,驾驶员必须将视线从汽车外部环境移开,在驾驶员视线偏离的同时还需参与实际车辆驾驶任务。

驾驶员是否感知到了相关信息,在很大程度上取决于驾驶员是否对这些信息给予了关注。注意力的投入会明显影响驾驶员－车辆－环境的总状况。在这里(例如,车内和环境中相互竞争的信息数量和类型)驾驶员对非行车相关事务的思想和(或)情绪上的关注以及驾驶员的个人经验都会起作用。总的来说,说明驾驶员对其附近物体的注意力效率更佳,"从远处向近处"切换注意力比"从近处向远处"更快且更有效。

**估测工作**

估测工作要求驾驶员估测车距、车速以及潜在的危急情况。

由于估测绝对车距很难,所以驾驶员可以使用不同的信息作为纵向车距的估测参数。通过前车的尺寸、与该车的车速差以及与该车的绝对车距计算出的视角速度,驾驶员可以借此判断如何改变与前车的间距。近年来经常将碰撞时间(Time to Collision,TTC,即在该时间内计算出与前车的绝对间距)和速度差称为驾驶员相应评价参数。据此得出,TTC决定了驾驶员的行为动作[1.21]。

对于视角速度,在行车时人对运动的感知阈值在理想的目视条件下介于 $3 \times 10^{-4} \sim 10 \times 10^{-4} \mathrm{rad/s}$ 之间。但是,在紧跟行驶时,观察的时长也对车距以及车速差的感知阈值有影响[1.22]。随着车速差和观察时长的降低,车距也降低,从该车距开始识别到一个车速差。通常表明,在车速较低时驾驶员趋向于保持一个比所需安全车距更大的车距,但在高车速时车距低于安全车距。

声音信息也可用于估测与其他车辆的距离，但是可能会造成主观的错误估测（例如，将远处声音极小的载重汽车评估为过远、将声音极大的轿车评估为过近）。

驾驶员对潜在危急情况的相应经验会明显影响对危急情况的预估。根据驾驶员经历过的情况或者其长时间记忆的内容中是否存在这些情况，他可借助该情况相关的特征将一个危急情况归为危急并相应地作出反应。

### 决策和思考过程

在完成导航或者车道引导任务时，驾驶员必须在决策和思考过程的基础上选择适合相应情况的操作。如果给驾驶员充分的时间根据外部交通情况作出决策，则效果要比技术系统更佳，其原因在于驾驶员会接触到一个更全面的在某些方面无法精确体现行驶环境的状态，并随着行驶里程的增加，驾驶员会掌握越来越多的如何处理此类情况的经验。

在预料到的情况下，如在近距离行车时，驾驶员的反应时间为 0.7 s 左右，在未预料到的但正常的情况下（例如前车制动）为 1.25 s 左右，在意外情况下最长为 1.5 s[1.23]。情况越危急，驾驶员反应速度应越快。人的迟钝性和反应所需时间根据行驶情况和注意力而变化。在编队行车时驾驶员反应较快并会选择较短的车距。

### 车辆操纵

操纵车辆以完成首要和第二行驶任务对驾驶员来说一般没有什么问题。驾驶员在基于技能的层面上调节车辆的横向和纵向运动，也就是说这是一个几乎不用投入注意力的自动的过程。这样，驾驶员可迅速灵活地对情境的变化作出反应。如果第二行驶任务经常出现并且驾驶员相应地进行了较好的练习，驾驶员同样也可迅速灵活地对情境的变化作出反应。

但是在第三行驶任务的范围内可能会对驾驶员提出过高的要求，特别是当驾驶员很少使用这些功能的情况下，必须在复杂的菜单结构中进行操作或者驾驶员将会面对很少出现的警告提示。

## 参考书目

[1.1] *Abendroth*, *B.*: Gestaltungspotentiale für ein PKW-Abstandsregelsystem unter Berücksichtigung verschiedener Fahrertypen. Ergonomia, Stuttgart, 2001.

[1.2] *Wickerts*, *C. D.*: Engeneering Psychology and Human Performance. Harper-Collins Publishers Inc., New York, 1992.

[1.3] *Luczak*, *H.*: Arbeitswissenschaft. Springer, Berlin u. a., 1998.

[1.4] *Rockwell*, *T.*: Skills, Judgmentand Information Acquisition in Driving. In: T. W. Forbes ( Ed. ): Human Factors in Highway Traffic Safety Research. John Wiley & Sons, 1972.

[1.5] *Cohen*, *A. S.*; *Hirsig*, *R.*: The Role of Foveal Vision in the Process of Information Input. In: Gale, A. G. et al. ( Hrsg. ): Vision in Vehicles-III. Elsevier, Amsterdam u. a., 1991.

[1.6] *Färber*, *B.*: Geteilte Aufmerksamkeit: Grundlagen und Anwendung im motorisierten Straßenverkehr. TÜV

[1.7] Schmidtke, H.: Wachsamkeitsprobleme. In: Schmidtke, H. (Hrsg.): Ergonomie. Hanser, München, Wien, 1993.

[1.8] Galinsky, T.; Warm, J.; Dember, W.; Weiler, E.; Scerbo, M.: Sensory Alternation and Vigilance Performance: The Role of Pathway Inhibition. Human Factors 32(1990)6, S. 717-728.

[1.9] Rasmussen. J.: Skills, Rules, and Knowledge: Signals, Signs, and Symbols, and Other Distinctions in Human Performance Models. IEE Transactions on Systems, Man, and Cybernetics, SMC-13(1983)3, S. 257-266.

[1.10] Brown, I. D.; Groeger. J. A.: Risk Perception and Decision Taking during the Transition between Novice and Experienced Driver Status. Ergonomics 31(1988)4, S. 585-597.

[1.11] Wagenaar, W. A.: Risk Taking and Accident Causation. In: Yates, J. F. (Hrsg.): Risk-Taking Behaviour. John Wiley & Sons, Chichester, 1992.

[1.12] Näätänen, R.; Summala, H.: Road-user behaviour and traffic accidents. North-Holland Publishing, Amsterdam, Oxford, 1976.

[1.13] Wilde, G. J. S.: The Theory of Risk Homeostasis: Implications for Safety and Health. Risk Analysis 2(1982), S. 209-225.

[1.14] Klebelsberg, D. von: Verkehrspsychologie. Springer, Berlin u. a., 1982.

[1.15] Fuller, R.: A Conceptualization of Driving Behaviour as Threat Avoidance. Ergonomics 27(1984)11, S. 1139-1155.

[1.16] Bubb, H.: Fahrerassistenz primärein Beitrag zum Komfort oder für die Sicherheit? VDI-Bericht Nr. 1768. VDI, Düsseldorf, 2003, S. 257-268.

[1.17] Donges, E.: Aspekte der Aktiven Sicherheit bei der Führung von Personenkraftwagen. Automobil-Industrie, 1982, S. 183-190.

[1.18] Fastenmeier, W.: Die Verkehrssituation als Analyseeinheit im Verkehrssystem. In: Fastenmeier (Hrsg.): Autofahrer und Verk-ehrssituation. Neue Wege zur Bewertung von Sicherheit und Zuverlässigkeit moderner Straße-nverkehrssysteme. TÜV Rheinland, Köln, 1995.

[1.19] Frieling, E.; GrafHoyos, C.: Fragebogen zur Arbeitsanalyse-FAA. Huber, Bern u. a., 1978.

[1.20] Hacker, W.; Iwanowa, A.; Richter, P.: Tätigkeitsbewertungssystem-TBS. Handanweisung. Psychodiagnostisches Zentrum, Berlin, 1983.

[1.21] Färber, B.: Abstandswahrnehmung und Bremsverhalten von Kraftfahrern im fließenden Verkehr. Zeitschrift für Verkehrssicherheit 32(1986)1, S. 9-13.

[1.22] Todosiev, E. P.: The Action Point Model of the Driver-Vehicle-System. Ph. D. Dissertation. Ohio State University, 1963.

[1.23] Green, M.: "How Long Does It Take to Stop?" Methodological Analysis of Driver Perception-Brake Times. In: Transportation Human Factors, 2(3) 2000, 195-216.

# 2 驾驶员行为模型

*Edmund Donges*

机动车驾驶员主动参与道路交通是一项复杂的观察和调节任务。在当今的法律法规和技术条件下,为了完成该任务,驾驶员有义不容辞的责任。为了给执行该任务的驾驶员创造最佳的工作条件,必须将根据人的特殊能力和其与生俱来的能力极限设计道路交通系统技术上可构建的组件作为目标,这也全部适用于驾驶员辅助系统。

为了给此类调整创造适当的基础,人们自20世纪后半叶[2.13]开始以驾驶员模型的方式总结有关行车期间驾驶员行为的知识。德语范围内相应的研究先行者是 Fiala[2.8]。相关文字内容请参见[2.12]和[2.11]的示例。下文说明了不同学科中的两种模型方法,它们在过去三十年来获得重视并推动了一系列的后续研究。

## 2.1 1983年Rasmussen提出的针对人的面向目标的行为三层模型

这里首先涉及的是一个源自工程心理学在人类工作方面应用得极普通的面向目标的行为模型,由 Rasmussen 于1983年提出[2.17]。该模型分为对人在工作过程中的感知要求的明显不同的三个类别,其跨度从日常的路线情况到意外情况的挑战直至极少出现的危急故障情况。这个三层结构如图2-1的左侧,它首先是为学习期满的有经验的人员设计的,后来证明也适于描述人的学习行为的不同阶段。

在道路交通中驾驶汽车属于(按字面的本意)以人的目标为中心的感知行为,即在使用提供的感知信息的情况下借助对车辆操纵单元的动作干预将载有乘员或者运输品的车辆从出发地行驶至目的地。

首先,在意外碰到或者要求进行迄今未进行训练的复杂情况下,人们就会在"基于知识的行为"(knowledge-based behaviour)层面上驾驶车辆。这种行为方式的核心特征是在为将来的情况存储最佳备选方案,并通过动作反应实施之前,在现有的或者尚需掌握的知识基础上在思维过程中实施各种不同的处理备选方案并为预期的目标检验它们的可用性。

其次,"基于规则的行为"(rule-based behaviour)层面与上述层面的不同之处在于,其所属的情境条件以前经常出现并且相关人员已经有了一份记忆中的行为模式(规则)目录,可按照主观经验选择最有效的方案。

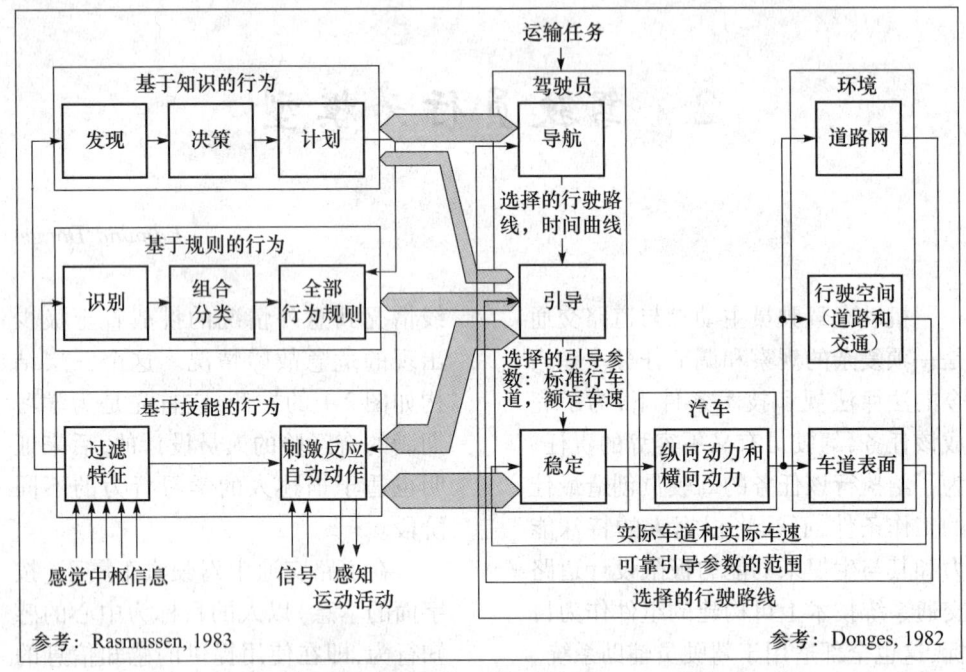

**图 2-1** Rasmussen 提出的针对人的面向目标的行为的三层模型和 Donges 提出的驾驶任务的三层结构

第三个层面称为"基于技能的行为"(skill-based behaviour),其典型特征是反射式的刺激-反应机制,可在一个或长或短的学习过程中掌握并随后按照一个自动的下意识控制的持续不断的过程进行。从时间上来看这种逐渐熟悉的技能是最有效的人类行为模式。它们对于每天重复性的操作过程具有代表性,甚至在一般情况下也为不一定与任务相关的附加工作留有一定的灵活度。

## 2.2 1982 年 Donges 提出的驾驶任务的三层结构

图 2-1 是从心理上推论的有关人的工作过程的一个常见的分类示意图,这是一个从工程师角度推导出来的驾驶任务的三层结构[2.6],参见图 2-1 右侧。

导航任务包括从提供的道路网中选择一条合适的行驶路线以及预估所需的时间。如果目前存在干扰因素的相关信息(例如,发生交通事故、有施工情况或者发生交通堵塞),则可能需要改动路线计划。导航任务要求在一个目前还未知的交通空间内进行有意识的规划,因而这应属于基于知识的行为层面。相反,在一个熟悉的交通空间内可将导航任务视为已完成。导航层面上的典型情况是由驾驶员按照地点的逐点方式或者时间上不连续的方式完成任务,通过监控明显的路线特征遵守行驶路线。

实际的行驶动态过程在引导和稳

定这两个任务层面上进行。行驶空间内自身的移动以及移动的外部物体会引起驾驶员感觉中枢特别是视觉输入信息的状况不断发生改变。该视觉场景和其不断地变化既包含引导参数也包含汽车运动的实际参数。引导任务基本上在于根据前面的交通情况以及计划好的行驶过程计算出有用的引导参数,例如,标准车道和额定车速并预先在控制系统(开路控制系统)中进行干预,以便实现引导参数和实际参数之间缩小差距,创造有利的前提条件。

在稳定层面上,驾驶员通过相应校正的调节干预在闭合环路控制中稳定控制偏差并按照一个驾驶员可接受的程度进行补偿。

对于驾驶员任务的这两个层面,图2-1从控制技术基础或者系统理论基础上以连续数量模型的形式进行了证明,相关实例参见下段内容。

在[2.17]的不同行为分类中引导和稳定这两部分任务究竟占何种比例,取决于相关驾驶员的个人经验和已经经历过的相应交通情况的次数。一个新手驾驶员在最初的驾驶活动中非常明显是在基于知识的行为层面上进行的,只有逐渐随着行驶里程的增长才能形成全面的行为规则并具下意识的技能。

一旦形成相应的经验,那么在日常的驾驶中实际上完全是在基于技能的行为层面上进行的。从新驾驶员发生事故可以看出,一个人学习该过程所需时间大致要7年或者100 000 km的行驶里程[2.1,2.21],驾驶员才会达到出师的状态。

只有意外出现危急的情况才会迫使驾驶员从无干扰的皮层下可处理的交通状况中脱离出来并进入基于规则的或者甚至基于知识行为的高要求层面上。当在头脑中实施操作备选方案后发觉行驶车速和与危险境地的间距没有留下足够的时间时,基于知识行为的层面在道路交通中全部属于危急的和有发生事故危险的类别。相应地在[2.9]中提出要求:"在道路交通中应将有意识操作的需求降到最低!"

之前的考虑显示,驾驶任务的引导层面在确保行驶过程的安全性方面十分重要。因为要在该层面上判断驾驶员选择的引导参数是否在客观上可靠或者不可靠的范围内,并且驾驶员是否可从感觉中枢的输入信息中及时得出所需的结论。对于此任务结构层次来说,人带有前瞻性的(预料性的)出色的感知交通空间的能力,这使其(如在[2.4]中经验证明的一样)也具有预见性的处理能力并由此对系统固有的延迟时间做出补偿。

在稳定层面上,作为控制者的驾驶员和作为受控者的汽车形成了已知的紧密相连的动态系统,其稳定功能由有经验的驾驶员在基于技能的行为层面上实施。

图2-1中通过两个模型方法的三个层次之间灰色的加粗连接箭头说明了之前的考虑。

## 2.3 针对驾驶员任务的引导和稳定层次的控制技术模型方法示例

为了将驾驶员行为复制到汽车驾驶的动态核心过程中,首先开发了控制技术模型,如[2.13,2.8,2.20,2.15]。这些模型方法的特别之处在于不用了解人接收信息、处理信息和传递信息的内部结构就能找到人的输入参数和输出参数之间的因果联系。此种简化的说明从开始就带有局限性,它只能采集可观察这些参数的现象,因此不完整是不可避免的。但是,它产生了重要的首先是数量上的认知,其按照幅度和时间这两个维度描述人的传递特性并明确说明了人的适应能力,但也显现了人能力的局限性。

驾驶员模型的最早方法来自日本[2.13](引自[2.12])并说明了在出现侧风干扰时的转向行为。它包含一个有关复制人能力的原理以用于预瞄车距(preview distance)的形式前瞻性地感知行驶空间。该预测长度的长短导致了驾驶员对标准车道和汽车纵轴之间的横向偏移进行补偿,随后在德语中将该方法定义为"牵引杆模型"。

与其不同,[2.4](简述见[2.5])中的驾驶员模型将驾驶任务的引导和稳定这两个层次划分为两个分模型,即以"前瞻性控制"的形式图示引导层次,将稳定层次图示为"补偿性控制"(闭合环路控制),参见图2-2。

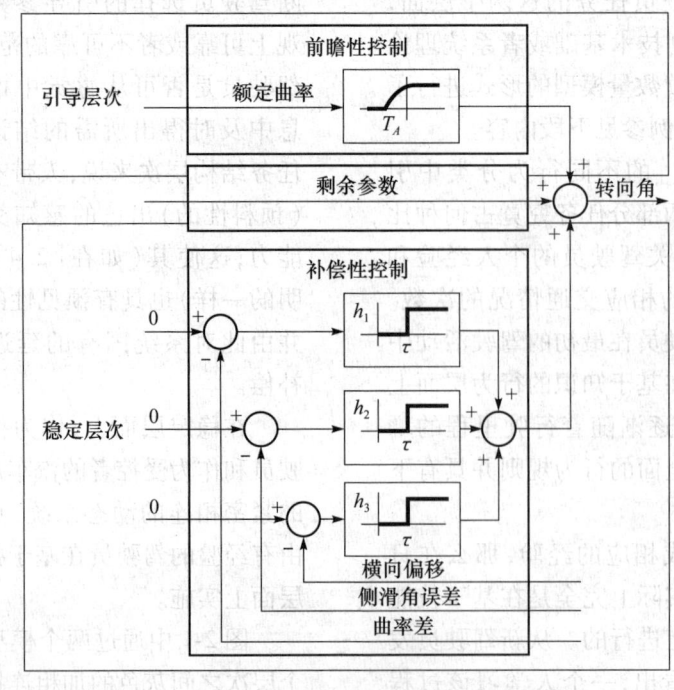

图2-2 驾驶员转向特性的两层模型方块图

此外还有一个"剩余参数"项,其包含两个分模型未再现的驾驶员反应。

该驾驶员模型首先仅说明了行驶任务横向动力的部分,但按照其基本结构也适用于重现纵向动力。该模型试验数据来自于在一条不带其他交通情况的多弯道的环形路线上的模拟器试验。它避开了推论出标准车道和标准车速这个过程,为此在试验说明中它要求测试驾驶员准确沿着道路中间线行驶并保持规定的速度属性。后续的工作(例如[2.16])借助于优化标准为标准车道和额定车速建立建模的基础,优化标准对相应行驶目的驾驶员的目标陈述进行权衡,并通过相应的限制准则避免离开应保持的行驶车道。

"前瞻性控制"分模型的输入参数是一个提前了前瞻性时间的标准行车道(道路中间线)的期望额定曲率,它通过一个放大系数和一个平滑的延迟元件生成相应的转向反应的前瞻性部分。在"补偿性控制"的分模型中通过一个相应的放大系数并行追溯了三个在驾驶员位置测量到的状态参数:曲率差(标准车道和实际车道的曲率差)、侧滑角误差(标准车道和汽车纵轴上的切线之间的角)和与标准车道的横向偏移,从而延迟了相同的驾驶员停止操作时间(闭合环路控制中的反应时间)。

驾驶员可根据静态和动态样本沿着位于前方行驶空间向外的远景视线感知到两个分模型的上述输入参数[2.4]。

根据测量结果确定的模型参数显示出以下特性[2.5]:

在"前瞻性控制"分模型中,动力放大系数实际是汽车动力放大(也称为汽车转向灵敏度)的倒数,原因是在静止情况下行驶车道的标准曲线和实际曲线必须相近。与试验条件无关,转向反应的前瞻性时间的量级为1 s。就上述最早的驾驶员模型方法[2.13]而言,这意味着有一个跟车速成比例增长的预测可见长度。延时元件的时间常数随着车速的增加显著降低,也就是说前瞻性转向反应增加得越快,车速越高。

在"补偿性控制"分模型中,侧滑角误差和车距对补偿性转向反应作用最大,也就是说通过三个反馈的状态参数可将侧滑角误差解释为主调节参数,曲率差可解释为PID调节器的D部分,横向偏移可解释为PID调节器的I部分。曲率差的放大系数指示了行驶车速显著升高的情况下,相应地对补偿性转向角的预先作用也增加了,同时驾驶员死区时间也明显缩短了。较高的行驶车速同样要求驾驶员有较快的反应时间。这也可以借助穿越频率模型[2.14]进行解释,即驾驶员横向动力的稳定性储备随着行驶车速的增加而降低,并且必须通过缩短驾驶员死区时间在闭合环路控制中进行补偿,以维持驾驶员-汽车这个总系统充分的稳定性储备。

## 2.4 时间标准

上面提到的驾驶员时间特性和行

驶车速之间的相互关系是人根据相应的边界条件进行调节的能力方面的一个例子。确定的 1 s 的前瞻性时间平均值和 0.5 s 的驾驶员死区时间是对时间特性的下述观察的依据。

图 2-3 为导航、引导和稳定任务的典型时间范围，其描述了行驶任务三个层次的典型特征。

导航层面上典型的时间范围包括一次总时长为几小时的行驶以及在几分钟范围内提前通知的具体地点的路线变化（例如，通过路标）。目前的导航系统相应地先提前进行第一次通知，随后在接近决定性地点时重复通知并具体告知如何操作。

随后，引导任务的主要部分是在有利的视野情况下视觉感知道路的几何形状和交通情况，推导出引导参数并有预见性地采取调节干预措施。一般情况下，通过负荷变化或者制动操作校正车速比转向的处理时间更长。如果在方向盘上的调节干预典型前瞻性时间在 1 s 的范围内，则必须在明显更早的时间开始相应实际情况的感知行为，特别是在发生意外事件时。也就是说，需要进行认知处理的信息系统或者警告系统应尽量有超过 2～3 s 的前瞻性时间。例如，对新数据的处理必须最迟提前 2 s 发出车道变换决策的报警信号[2.18]。如果无法实现（例如，由于环境传感器的有效范围有限），则只能通过直觉作用的处理建议（例如，主动加速踏板或主动操作方向盘）触觉指示的方式作出一个自发反应。

如上所述，在稳定层面上用于补偿调节差异的典型调节干预是滞后几百毫秒，此时作为基于技能行为参数的闭合控制系统中的驾驶员死区时间呈现出一个下限。这与 ABS、ASR 和 ESP 这些系统中实现的方式是一样的，因此毫秒范围内的周期时间（图 2-3 中的黑色区域）只能通过技术调节系统显示。意料之外事件的反应时间在 2～3 s 的范围内，根据情况的复杂程度也可能会明显超出该时间范

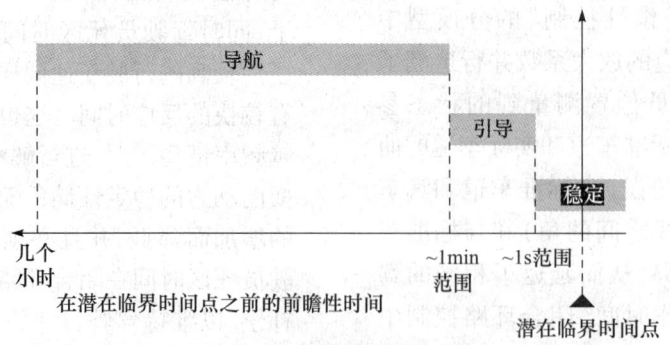

意料之外的事件：　　　　　　　　反应时间 2 s 或 2 s 以上；
　　　　　　　　　　　　　　　　引导层面的时间范围；
毫秒范围内的周期时间（稳定）：仅可通过技术调节系统表示。

图 2-3　导航、引导和稳定任务的典型时间范围

围。对于避免发生交通事故,驾驶员提前做出动作(反应)究竟有多重要,Enke 做出了如下的估测[2.7]:驾驶员提前半秒做出(反应)可能会避免约一半的碰撞事故。似乎只能通过强化前瞻性反应使该量级时间提前量的驾驶员反应提前,这在行驶任务的引导层面上也是适用的。

## 2.5 量化道路交通中基于技能、规则和知识的反应行为的新模型方法

如 2.1 节中所述,Rasmussen 关于人的反应行为的三层结构首先是一个量化模型。在[2.2]中采用了一个新的公认的大胆方案以迎合基于技能、规则和知识反应行为这些定义的量化方法。通过测量技术收集的驾驶特性数据集合推动了该建议,目前为止,其在德语专业文献中少有记录[2.3,2.10,2.19]。

为了说明该方法,以[2.19]中的图 2-4 为例。

该示意图图示了由 12 名类型为"普通"的驾驶员在有弯道的公路和高速公路的公共道路试验路段上进行约两个半小时的行车所采用的横向和纵向加速度的范围。包络线就是第 85 百分位数的线,也就是说在 85% 的行驶时间内,所有的驾驶员都处于该包络线内。包络线自身呈现一个基本圆滑的十字形状。这说明,经试验的这些驾驶员仅能有限地执行转向 – 制动动作或者转向 – 加速动作,他们或者善于转向,或者善于制动或者加速。通过其他驾驶行为集合的测量结果证实了该观点。

现在设想以类似的方式为每个驾驶员生成频繁度分布和特性集合的包络线,并且不仅用于纵向和横向加速度,而且也用于其他相关的有驾驶员行为典型特征的测量参数,如与前面行驶车辆的反向车距和车速差。以这种方式或多或少地说明了个人的经验范围并由此确定相关驾驶员的驾驶能力。

图 2-4 以一个实用的方法规定了:
◆ 基于技能的范围包括一个驾

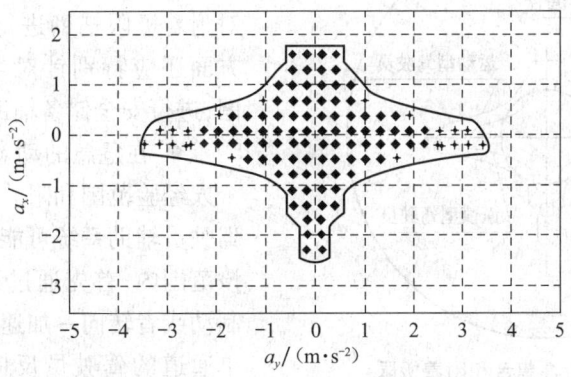

图 2-4 [2.19]中有关"普通"驾驶员类型的 g – g 示意图

驶员纵向和横向加速度第 80 百分位数的包络线；

◆ 基于规则的范围达到第 95 百分位数；

◆ 作为偶然发生事件的超出范围的行驶状态应主要划归基于知识的范围。

（图 2-4 中未示出的第 80 百分位数和第 95 百分位数的数值可理解为任意选择的参考值，应根据经验对其更准确地予以确定。）

对于不同的驾驶员类型，各种经验范围包括谨慎型驾驶员的较小范围直至运动型驾驶员的很大范围的全部驾驶行为，参见图 2-5。即便是个体内的差异也会使驾驶员的驾驶风格根据其精神状态在防御型（在第 80 百分位数的包络线之内）到进攻型（在第 95 百分位数的包络线之内）直至好斗型（超过第 95 百分位数的包络线）这个范围内变化。

迄今已知的测量结果不断说明，在干燥车道上相应的驾驶特性集合在公共道路交通中明显低于附着极限（摩擦圆）。天气情况如道路潮湿、雪或冰会明显降低附着能力，这可能会导致只有很少的谨慎型驾驶员的驾驶特性集合会超出摩擦圆的极限并在该情况下明显增加发生交通事故的风险，参见图 2-5。

借助该图强调下列结果：除了带有明显摩擦圆典型特征的附着能力的物理极限之外，在迄今为止很少关注的交通安全性上有第二个重要的影响因素，即单个驾驶员的驾驶能力的极限，通过驾驶员行为集合的包络线和其百分位数将其量化为相应的经验范围并可用于驾驶员辅助系统。从统计学的观点来看，就交通事故相关性来说，经验范围的此类极限可能比附着极限更具意义，因为如果超出了经验范围极限会使驾驶员整年处于危险之中。

## 2.6 驾驶员辅助系统的推论

使用 Rasmussen 的三层模型及其上述的量化试验需要两个基本认识：

◆ 驾驶员辅助系统应一方面针对附着极限辅助进行安全储备，另一方面还应特别针对驾驶员的经验范围，进行安全储备辅助。

◆ 在危急的动态情况下，驾驶员个人经验范围和附着极限之间有一个驾驶员辅助系统可能的干预范围。在该范围内，首先通过组合式的转向－制动或者转向－加速机动来对主要是单通道的驾驶员反应模式进行补充（转向或制动、转向或加速）。

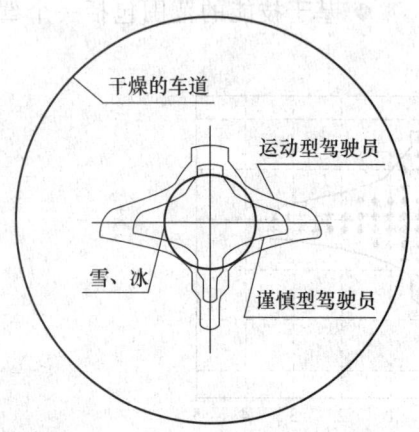

图 2-5 驾驶特性集合和附着极限
（不同的驾驶员类型，变化的附着极限）

带有相应驾驶员模型量化结果的驾驶任务的三层模型证明了未来驾驶员辅助系统很有前途的领域，引导层面的驾驶员辅助系统。在这里其有两个设计标准：

◆ 对于带有信息、警告或者操作建议功能的驾驶员辅助系统来说，在发生意外事件时应至少具有 2 s 的前瞻性时间。

◆ 必须在 0.05 ~ 0.10 s 这个时间范围内做出应答的反应要求只能通过自动干预技术实现，如现在已经通过 ABS、ASR 和 ESP 系统得以实现。

# 参考书目

[2.1] *Anon.*: Unfalldisposition und Fahrpraxis. Automobiltechnische Zeitschrift 78 (1976), S. 129.

[2.2] *Broess. H.-H.; Donges, E.*: Technologien zur aktiven Sicherheit von Personenkraftwagen-"Konsurnierbare" oder echte Verbess-erungen? 2. Tagung "Aktive Sicherheit durch Fahrerassistenz", TU München. Garching bei München, 4.-5. April 2006.

[2.3] *Barrkhardr, M.*: Fahrer, Fahrzeug, Verkehrsfluß und Verkehrssicherheit Folgerungen aus den Bewegungsgesetzen für Fahrzeug, Straße und Fahrer. In: Interfakultative Zusammenarbeit bei der Aufklärung von Verkehrsunfällen. Band XXX der AFO, Köln, 1977.

[2.4] *Dornges. E.*: Experimentelle Untersuchung und regelungstechnische Modellierung des Lenkverhaltens von Kraft-fahrern bei simulierter Straßenfahrt. Diss. TH Darmstadt 1977.

[2.5] *Dunges, E.*: Ein regelungstechnisches Zwei-Ebenen-Modell des menschlichen Lenkverhaltens im Kraftfahrzeug. Zeitschrift für Verkehrssicherheit 24 (1978), S. 98-112.

[2.6] *Ronges. E.*: Aspekte der Aktiven Sicherheit bei der Führung von Personenkraftwagen. Automobil-Industrie 27 (1982), S. 183-190.

[2.7] *Enke, K.*: Possibilities tot improving safety within the driver-vehicle-environment vontrol loop. ESV-Konferenz 1979, Berichtsband, S. 789-802.

[2.8] *Fiala, E.*: Lenken von Kraftfahrzeugen als kybernetische Aufgabe. Automobiltechnische Zeitschrift 68 (1966), S. 156-162.

[2.9] *Förster, H. J.*: Menschliches Verhalten, eine vergessene Ingenieur-Wissenschaft? Abschiedsvorlesung U. Karlsruhe, Januar 1987.

[2.10] *Hackenberg. U; Heißing, B.*: Die fahrdynamischen Leistungen des Fahrer-Fahrzeug-Systems im Straßenverkehr. Automobiltechnische Zeitschrift 84 (1982), S. 341-345.

[2.11] *Johannsen, G.*: Fahrzeugführung und Assistenzsy steme. In: Ingenieurpsychologie. Hrsg. von B. Zimolong und U. Konradt. Enzyklopädie der Psychologie: Wirtschafte-, Organisations- und Arbeitspsychologie-Band 2, Hogrefe Verlag, 2006.

[2.12] *Jürgensnhn, T.*: Hybride Fahrermodelle. Sinzheim, Pro Universitate Verlag, 1997.

[2.13] *Kondo, M.*: Richtungsstabilität (wenn

Steuerbewegungen hinzukommen ), Journal of the Society of Automotive Engineers of Japan ( JSAE) , lidoshagiursu, Vol. 7, No. 5, 6, Tokyo 1953, S. 104-106, 109, 123, 136-140. ( injapanisch, zitiert nach [12] ).

[2.14] *McRuer*, *D. T.*; *Krendel. E. S.*: The Man-Machine System Concept. Proc. IRE 50 (1962), S. 1117-1123.

[2.15] *Mitschke. M.*; *Niemann*, *K.*: Regelkreis Fahrer-Fahrzeug bei Störung durch schiefzichende Bremsen. Automobiltechnische Zeitschrift 76 (1974), S. 67-72.

[2.16] *Prokop*, *G.*: Modeling Human Vehicle Driving by Model Predictive Online Optimization. Vehicle System Dynamits, 2001, Vol. 11, No. I, S. 1-35.

[2.17] *Rasmussen*, *J.*: Skills. Rotes und Knowledge: Signals, Signs and Symbols and other Distinctions in Human Performance Models. IFFF Trans. an Systems, Man and Cybernetics, Vol. SMC 13, No. 3 (1983), S. 257-266.

[2.18] *Wakasugi. T.*: A study an warning timing for lane change decision und systems based an driver's lane change maneuver. ESV-Konferenz 2005, Paper 05-0290.

[2.19] *Wegscheiden*, *M.*; *Prokop*, *G.*: Modellbasierte Komfortbewertung von Fahrer-Assistenzsystemen. VDI-Ber. Nr. 1900, 2005, S. 17-36.

[2.20] *Weir*, *D. H*; *McRuer*, *D. T.*: Dynamics of Driver Steering Control. Automatica 6 (1970), S. 87-98.

[2.21] *Willmes-Lenz*, *G.*: Internationale Erfahrungen mit neuen Ansätzen zur Absenkung des Unfallrisikos junger Fahrer und Fahranfä-nger. Berichte der Bundesanstalt für Straßenw-esen, Heft M 144, 2003.

# 3 驾驶员辅助系统与交通安全

*Christhard Gelau, Tom Michael Gasser, Andre Seeck*

## 3.1 引言

根据一个普遍认可的观点,道路交通中约有95%的事故至少部分是由于"人为失误"的原因造成的。此外,在约75%的道路交通事故中,人为失误是"唯一的原因"[3.1,3.7]。Treat及其同事的一个早期的研究[3.5]经常被引用,该研究在详细分析2258件交通记录后得出一个结论:93%的事故是人为失误造成的(其中34%为环境因素,13%为车辆因素)。尽管有认知的问题,这些问题会带来过于草率的处理,当涉及目的明确的研发方案以及限制交通事故发生的措施时,自然就不会对"人为失误"[3.6]的形成条件进行反思。例如,一个经常与"人为失误"相关的交通事故原因类别的话题是"看了,但是没看到"。据此,交通事故指的是危险的障碍物和汽车完全处于造成交通事故驾驶员的视野内,但是该驾驶员没有看到,因此未在此基础上采取必要的尽量避免交通事故的驾驶操作。从心理学的角度来说,这种现象与视觉注意力的能力局限、视觉扫视的过程选择性和场景相关特征的错误整合有关[3.1]。

从理论的角度来说,当对交通状况的要求超出驾驶员的能力范围时(也就是说任务难度超过了驾驶员的能力),就会有发生交通事故的可能[3.3]。目前在"驾驶员－汽车－环境"这个系统中,人们将交通环境看做是唯一的可做出很大程度改动的常数,并且假定大多数按照有效规定进行的驾车行驶在交通上是安全的。在道路交通中发生的交通事故中,上述"人为失误"的事故原因比例估测似乎是不可信的。因此,现代的驾驶员辅助系统(FAS,或者也包括ADAS,即高级驾驶员辅助系统)研发和实施的目的在于消除对交通状况的要求和对驾驶员能力的要求之间的差异,为此例如通过警告提示向驾驶员提供额外的用于计划和执行可靠驾驶操作的时间上的回旋空间或者通过在行驶动态中进行干预以重新掌握失控的车辆。

因此在本章中首先要对基于事故数据分析所预期的驾驶员辅助系统对交通安全的作用进行讨论。同时,也考虑到了在文献中偶尔提及行为调整(Behavioural Adaptation)这一关键词时可能会有负面影响的担忧。根据评级规范和汽车技术规范对驾驶员辅助系统进行评估从而以心理学标准为基础进行说明。本章节随后在考虑 1968 年有关道路交通的维也纳协定的情况下对独立干预的驾驶员辅助系统作出了一个法律评估。

## 3.2 驾驶员辅助系统对交通安全的预期作用

在评估驾驶员辅助系统对交通安全预期的积极作用时可考虑采用多种途径。最可能的方法是在发生交通事故时直接进行评估,并根据驾驶员辅助系统研发和实施最初设置的目标,询问驾驶员方面先前进行的错误操作及原因。为此需要有尽可能多的(并尽量有代表性的)尽量详细事故记录的抽样。如果借助这些信息可尽量明确地发现事故前的错误操作,便可以在此基础上描述辅助功能,这些功能应适合通过信息、警报或者在驾驶中进行干预来纠正错误或者避免出现严重后果。随后通过相应基本抽样中的事故比例评估相应辅助功能避免事故的能力,根据某个特定事故频繁的共同原因事先推导出事故比例。例如 Vollrath 等人[3.10]在一个由德国联邦道路研究院(BASt)委托的项目中对此类方法进行了跟踪。在这里进行的驾驶员辅助系统避免交通事故能力评估以对不伦瑞克地区发生的 2 813 起事故记录的深入分析为基础。在所有的交通事故中,警方记录的交通肇事者都是轿车驾驶员和年龄在 18 岁或以上的驾驶员。不能在这里就这种取样的多级方式的所有细节进行讨论,

在结果方面应领会到,作者将首要的重点投放在人弯、路口交通事故的辅助需求上并推断出通过相应的警告功能("路口辅助功能",参见第 37 章)可能会避免分析的 26.2% 的严重交通事故。随着对其分析的交通事故整体的观察,作者发现在 70% 的情况下驾驶员辅助系统有避免发生交通事故的潜力。

不要忘记,在此处大致说明的和借助 Vollrath 等人理论[3.10]的研究是一种"后验法",它在分析驾驶员辅助系统对交通安全的作用方面并不是唯一可考虑的选项,此外,也存在着一些方法的局限性[3.9]。首先必须预想到默认的假设,在预设的交通事故中启动相应的辅助功能是否确实避免了交通事故的发生。另一方面其前提是系统传递给驾驶员的信息被驾驶员完全感知到了,并以适当的方式进行了解读后转换为一个符合当时状况的驾驶操作。这种情况无疑证明了一个符合用户的人机接口的设计具有突出的重要作用,此外,还要明确用于评估驾驶员辅助系统作用的此种方法是以何种预先假设为基础的。因此,从方法的角度来看,不应忽略的还包括一定程度上根据经验设置的野外研究的方法和元分析评估,其在提高交通安全性的其他措施方案方面证明是合适的[3.2]。但是,本方法的根本问题在于必要性,可通过提供不同的成熟系统进行评价研究。

本节所述的用于评价驾驶员辅助系统对交通安全作用的"后验法"的

一个方法扩展是对交通事故心理分析进行补充的去粗存精，AARU（Audi Accident Research Unit 奥迪事故研究中心，一家多学科研究机构）和雷根斯堡大学综合诊所从2002年7月起已进行了实质性分析[3.25]。分析的对象是参与的驾驶员对事故之前事件的主观描述，随后根据在调查采访中了解到的操作失误对其进行分类。

图3-1（参见[3.26]）图示了相应分析的典型结果，针对不同失误分类出现频繁程度方面进行了一个年龄组的比对。据此在交通事故之后，对相应警方确定的主要肇事者的307次调查采访进行了一个抽样。显然，所谓的"信息错误"占据了很大比重，也就是说在调查的年龄组中，对于行驶操作来说，没有避免事故所需的信息。对于是否和必须以多大的范围将用于解释该结果的调查信息一并考虑进去，在此处未进行深入讨论。

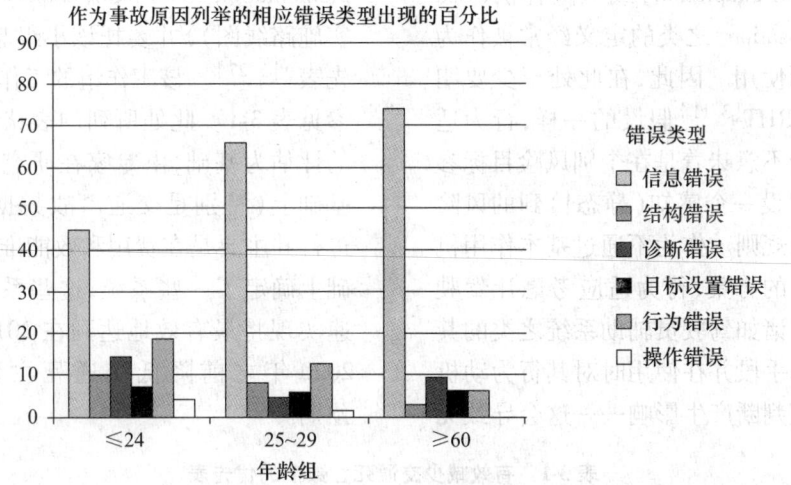

图3-1　各年龄组错误类型出现的百分比，参见[3.26]

在评价驾驶员辅助系统对交通安全的影响时不应忽略的一个最终观点是根本上还需驾驶员方面根据其可用的手段进行行为适应（behavioural adaptation）。在经济合作与发展组织（OECD）[3.4]的相关报告中对这种现象进行了如下定义："Behavioural adaptations are those behaviours which may occur following the introduction of changes to the road-vehicle – user system and which were not intended by, the initiator of this change."（"行为适应是在对道路-车辆-用户系统进行改动之后可能引发的行为，它不是由这一改动的发起人有意引发的。"）在该报告中进行了进一步阐述："Behavioural adaptations occur as road users respond to changes in the road transport system such that their personal needs are achieved as a result, they create a continuum of effects ranging from a positive increase in safety to a decrease in safety."（当道路使用者对公路运输系统的更改做出响应时引发行为适应，从而使驾驶员达到个人需要，这些行为适应对安全性的提高到安全性的降低产生连续的影响。）

Gerald J. S. Wilde[3.11]开发的和代表的风险动态平衡理论（Risk Homeostasis Theory,RHT）是本方案的灵感所在。这会导致诸如行为适应（behavioural adaptation）或风险补偿（risk compensation）之类的定义经常被作为同义词使用。因此，在此处至少要明确：与RHT[3.11]假设的一样，行为适应完全不意味着是在个别风险目标参数上假设一个感知（静态！）到的风险的稳态规则。作为不通过基本作用机制假定的方案，行为适应考虑让驾驶员使用诸如驾驶员辅助系统之类的其他技术手段并在使用时对其行为动机和价值判断产生影响——这会导致无法在整个范围内获得开发者想要达到的效果[3.8]。

针对目前哪种驾驶员辅助系统能为提高交通安全性和达到由欧盟拟定的交通安全性工作的目标（相比2001年，在2010年之前将死亡数字降低50%）做出更大的贡献并可投入实施的问题，也就是说在市场上获得大面积推广，欧盟已经在其eSafety-initiative（eSafety倡议）的框架内成立了一个专家组（eSafety Working Group Implementation Road Map（eSafety工作组实施路线图））并委托该小组起草"优先表"[3.27]。该工作组的工作成果请参见表3-1。此处所列的表格以专家的评估为基础，由专家在研究成果的基础上（特别是交通事故数据分析）进行并主要是在费用和效能准则的基础上确定了一些系统，这些系统的迅速实现将最有效地达到在2010年或2020年之前降低交通死亡数字的预期。

表3-1 有效减少交通死亡数字的优先表

| 汽车自主系统 | 基于基础设施的系统 |
| --- | --- |
| ◆ ESP（电子稳定程序） | ◆ eCall（自动紧急呼救系统） |
| ◆ Blind spot monitoring（盲点监控） | ◆ 扩展环境信息 |
| ◆ Adaptive head lights（自适应转向大灯） | ◆ RTTI（实时旅行和交通信息） |
| ◆ 障碍物警示和碰撞警示系统（Obstacle & collision warning） | ◆ 交通动态管理 |
| | ◆ 本地危险警告（Local danger warning） |
| ◆ 车道偏离警示系统（Lane departure warning） | ◆ 车速报警（Speed alert） |

## 3.3 在评级和法律规定的背景下评价驾驶员辅助系统

新车研发设计任务书中的汽车安全性的要求分为下列三类：

◆ 基于形式认证规定的要求；
◆ 消费者组织的要求；
◆ 制造商内部的要求。

在本节中将对这些要求进行简要说明，最后将对今后可考虑进行的后续研发进行展望。

### 3.3.1 形式认证规定

目前,国际上大部分汽车型号和汽车部件仅根据欧盟指令(由位于布鲁塞尔的欧盟委员会起草[3.12])或者联合国欧洲经济委员会的规定(由位于日内瓦的联合国欧洲经济委员会起草)予以批准[3.13]。

形式认证规定在采用新的驾驶员辅助系统中扮演什么样的角色取决于驾驶员辅助系统的功能是否在形式认证规定的范围内。例如,在照明技术范围内有大量的形式认证需要遵循的要求,这样只有相应地调整认证的边缘条件,才能批准新的车灯系统(无豁免证明)。不能采用其他的驾驶员辅助系统,因为其功能不在形式认证规定的范围内。

为了使与安全性相关的和由形式认证规定的汽车组件和功能相衔接的电子控制辅助系统获得认证,已经在汽车制动装置和转向装置的规定上开辟了一个新的途径。在联合国欧洲经济委员会规定13H(制动装置)的附录8和联合国欧洲经济委员会规定79(转向装置)的附录6中,用普遍性的要求代替了单纯的安全性方面的"性能要求",复杂的电子汽车控制系统应在车型批准的框架内遵守该要求。例如,这样才有可能将汽车制动系统用于ESP、ACC或制动和紧急制动辅助这些驾驶员辅助系统的功能中。

新安全性要求的汽车系统规定的制定和形式认证方面的车用装备特征的描述经常由国家和国际上的协调过程(尤其是与驾驶员辅助系统快速进步的技术发展相比)而拖延。但是,在采用相应的规定后,通过形式认证规定几乎会影响所有新车的安全性水平。

### 3.3.2 消费者组织的要求

立法者通过形式认证要求仅规定了最低必须满足的标准,以便通过一个新车型打开市场。相应地,所有投放市场的新车都必须满足法律上的要求。但是,该认证试验首先根本没有说明获得认证的不同车型(通过满足法律要求获得市场准入)在安全性水平上的差异,这是消费者组织的任务。通过自行的(碰撞)试验应发现许可车型之间不同的安全性水平并作为不同的消费者信息进行公布。借助消费者组织的这个目标设置将明确,在一个消费者保护试验中仅用消费者组织的要求来重复形式认证试验意义不大。此种通过认证的试验车辆的大同小异的结果是获得"通过试验"的评价。相反,经认证的产品在其安全性方面可用的差别通常可通过使用比其认证试验更严格的试验条件和评价标准的方式获得。此外,消费者试验必须能够对产品进行逐步分级,而认证试验仅对产品进行"通过"或"未通过"两种情况的区分。

在欧洲新车安全评鉴标准(Euro NCAP)[3.14]中通过下列方法逐步区分试验结果,即有"性能"上限和下限并在试验结果的基础上借助一个线性插值("滑尺")得出介于这两个界限之间的评价。

### 3.3.3 制造商内部的要求

制造商内部对汽车安全性的要求始终包括汽车销售相应地区的形式认证要求和来自消费者试验范围经选择的要求。此外,许多汽车制造商都有自己的企业内部安全标准,这些标准超出了形式认证和消费者试验的要求,并且其中一部分也涉及汽车安全性相关的广泛的或者其他的方面。其他的制造商内部的要求以其自身对产品责任问题、推测的客户愿望和市场战略或者通过自身的交通事故研究得出的认识为基础。

立法者和消费者组织提出的对汽车安全性的要求以前和现在都是汽车技术领域中许多革新的推动力量。例如,近年来对行人进行保护的许多技术革新都要归功于欧洲法规中相应的新要求。该例子也同样表明,立法者和消费者组织的要求传统上对汽车主动安全性有着很大的作用。在汽车行业和汽车零部件行业的创造力和能力的基础上产生了主动安全性和驾驶员辅助系统范围内的革新,如ESP被证明在实际交通事故发生时能获得极大的安全性,且通过消费信息也使得ESP在几乎所有的汽车级别上以极快的速度开始广泛使用。

然而,将来在主动和集成安全性领域和驾驶员辅助系统领域会出现许多旨在提高道路交通安全性的重大创新,这些创新通常在法律上只做了极有限的规定,并且在消费者保护试验中迄今可能也仅获得了初步测试和评估,且部分仅进行了主观上的测试和评估。这种情况不仅给立法者,也给消费者保护组织提出了一个新的挑战。

### 3.3.4 Beyond NCAP——未来的 Euro NCAP 评估

因为作为法律规定或者消费者保护试验评估基础的相应试验方法和评价标准有利于研发或者甚至推动了研发,因此主动安全性领域内的许多关键创新进入了市场。相比之下,主动和集成安全性领域和驾驶员辅助系统领域的许多安全性系统只借助汽车行业和汽车零部件行业中工程师的创造力和可适应市场需求的愿望而进行研发。许多专家估计,恰恰是在这些领域内,具有进一步提高交通安全性的最大潜力,且该领域是极具活力的。

在这种背景下并且由于 Euro NCAP(欧盟新车认证程序中心)在将来也需要在评估安全性相关的汽车系统方面投入更多的力量,Euro NCAP 在创建新的试验方法和系统评估标准时开发了一个全新的途径,其被归属到主动和集成安全性领域和驾驶员辅助系统领域内[3.15]。Euro NCAP 将该措施改称为"Beyond NCAP"。Beyond NCAP理念中的一个可能的评估方法可对目前的碰撞试验评估方法做出补充并开始使用。Beyond NCAP 评估方法的研发目的在于规定一个灵活、透明和可计算的方法,该方法应可以在投放市场后立即通过汽车安全性评估并对车辆安全性的创新给予肯定。

在目前用于创建新的评估领域的行动中,Euro NCAP不仅详细说明了评估方法,其自身也进行评估(参见图3-2左侧)。汽车制造商"只"提供了一种技术方案,如果该方案在Euro NCAP那里获得了正面评价且评价方法是正确的,那么在实际交通事故发生时,该方案也会显得有用。根据Beyond NCAP的理念,汽车制造商不仅要开发一套新的安全性系统而且还要将其投放市场。另外,制造商还应提供可靠的科学数据,借助这些数据,制造商可证明在实际的交通事故中能获得所预计的益处并建议一种试验方法,并通过该方法可检验新的安全性系统并进行评估。在这种情况下,Euro NCAP仅承担检验所有提供的信息(参见图3-2右侧)和在这个基础上进行一次评级的任务。

借助对现有的Euro NCAP评估方法进行补充的可靠的Beyond NCAP评估方法可更快地评估新的安全系统,并通过颁发一个独立的质量检验章更好地获得市场认可。但是,对于有效的Beyond NCAP方法来说,与Euro NCAP和业界完全信任的且合作的精神是基本的前提条件。

## 3.4 自主干预的驾驶员辅助系统的法律限制

在颁发欧盟形式认证证书时要就是否符合车辆技术规定对车辆进行检验。在欧洲经济委员会规定中,没有针对驾驶员辅助系统的制造规程。汽车技术规定对于在驾驶员辅助系统上应用的一些要求某些技术(例如,电磁兼容性)可直接用于驾驶员辅助系统。此外,半自动的驾驶员辅助系统的认证也是各汽车技术规定的对象。我们以汽车技术规定中驾驶员辅助系统的一条规定ECE-R 79为例,它规定了"批准车辆转向装置的统一条件"。其中,"驾驶员辅助转向装置"的一个变型(其特征是可越权控制)在某些特定的技术前提条

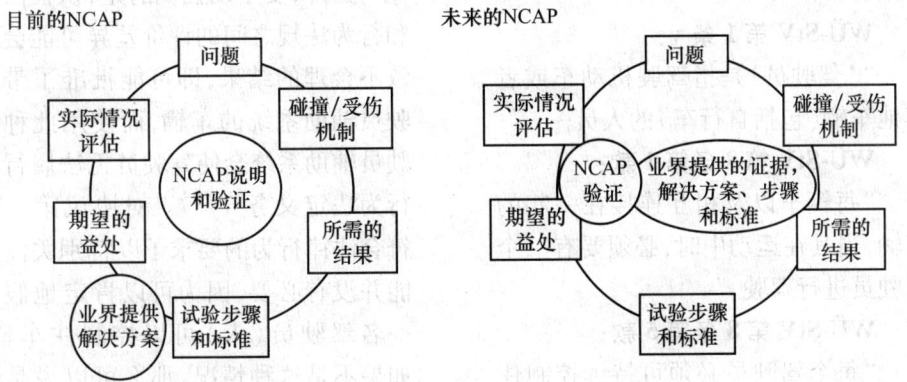

图3-2 目前和未来NCAP评价方法的比较

件下也被评定为合格。但是总体来说应明确,汽车技术规定仅涵盖了部分驾驶员辅助系统。

相反,道路交通是一个总体上由不同的法律标准广泛规定的人的行为范围[3.17]。驾驶员辅助系统显示出与行驶任务的相互关联,这样也根据道路交通规则(StVO)的(合法)要求和道路交通法的其他规定得出了要求。因此必须确保,辅助功能与这些规定不抵触并可使驾驶员履行其行为合法的义务[3.22]。

在这种背景下,1968年出台的《维也纳道路交通协议》(WÜ-StV)具有决定性的意义[3.24]。该国际协议是道路交通法领域内很多国家规定的出发点[3.19]。大多数欧洲成员国,也包括国际上的一些国家都签署了该协议。条约国有义务根据国际条约的规定制定道路交通领域的国家规定[3.20]。遵守协议关系到通过WÜ-StV的第3条第3款批准国际性的跨境交通[3.23,3.17,3.18,3.16]。对于驾驶员辅助系统,下面摘引的协议规定十分重要[3.17]:

**WÜ-StV 第1条 v:**

"'驾驶员'是指驾驶机动车或者其他车辆(包括自行车)的人员……"

**WÜ-StV 第8条第1款:**

"每辆车以及相互连接在一起的车辆,当其在运动中时,必须要有一个驾驶员进行驾驶。"

**WÜ-StV 第8条第5款:**

"每个驾驶员必须可持续控制住其车辆或者驾驭住其性能。"

**WÜ-StV 第13条第1款:**

"在任何情况下,每个车辆驾驶员必须控制住其车辆,认真负责并应始终做好准备以完成所有由其负责的驾驶任务……"

有些人认为,WÜ-StV 的第8条和第13条没有对批准权问题作出规定[3.16,3.23]。该论断以 WÜ-StV 第二章内的第8条和第13条为依据,这两条也包含"交通规则",即针对道路交通中驾驶员行为的法定标准。相对地在协议的第三章对汽车型式结构进行了规定。但第三章并没有包含与驾驶员辅助系统相关的规定,也没有针对第二章行为的法律规定。因此,该法律观点的代表人严格区分开行为规定和认证规定,这提供了正规法律上的和源自逻辑的理由:"操作方式,在这里所说的是操作车辆的法定义务取决于其技术装备。也就是说,只有在有技术装备的情况下,才涉及是否可使用的问题。因此,WÜ-StV 的第8条和第13条不涉及对机动车结构形式的要求[3.16]。"

另外,要予以强调的是,认证法规和行为法规之间的评价差异可能会导致不合理的结果,即可能批准了带驾驶员辅助系统的车辆,而使用此种驾驶员辅助系统会使驾驶员无法履行其行为法定义务[3.18]。对协议第三章符合法律行为的要求予以特别关注可能并没有必要,因为可以肯定地假设一名驾驶员(人)可以控制住车辆。如果不是这种情况,那么可以说是违反 WÜ-StV 的(不违反制造规定,但使用时违反行为法规)。应注意从协议中规定的(最低)制造规定中分离出来的行为法定规定,目的是明确的,即在违反的情况下,可能会损害确保条约国之间无障碍国际交通的条约目的,原因是另一个条约国虽然在国内进行了批准,但可能将国际交通中的相应装备的车辆排除在外了[3.17]。此外,从字面上应这么理解,即无法确保驾驶员全面随时操控性的驾驶员辅助系统会导致违反 WÜ-StV 协议第 8 条第 1 款,出现两个车辆驾驶员和影响行驶的情况,即除了驾驶员之外有一个或多个其他的系统设计者或者系统操纵者[3.21]。如果辅助系统对车速有影响,便会影响对行驶车速的全面操控,并由此违反 WÜ-StV 第 13 条第 1 款的规定。因此,要遵守 WÜ-StV 第 1 条 v 中所述的:操控汽车行驶的是驾驶员而不是某个系统[3.17]。

不用争辩,缔约双方以前根本未将驾驶员辅助系统考虑在内,因为在缔结条约之时人们还根本不知道驾驶员辅助系统。人应控制住车辆并要对车辆发生的所有情况负责这方面的规定(而非其他规定)是决定性的。因为此种规定始终存在,因此没有变化的话不能偏离该规定。

因此,决定性的标准是驾驶员"始终"要控制住车辆。但是,国际法上有约束力的不是协议的德文译本,它仅是(同样)有约束力的条约语言(其他还有法语、英语、俄语、汉语、西班牙语)。如果对有关道路交通的维也纳协议按字面意思进行解释,则表明用"控制"这个词汇的合约文本的德语翻译准确反映了前三种语言的字面意思,从而可作为标准来使用[3.22]。

"控制"意味着自主地支配一个东西或者一个事件的过程[3.18]。这导致每个干预汽车运动的系统在任何时候都不应越权控制,从而使驾驶员具有完全控制车辆的权限。

但是,在驾驶员无法及时控制的情况下进行干预的(允许的)系统也不会进行越权控制。在此,这条规则与驾驶员的意愿是一致的。我们以电子稳定程序为例:出于实际的原因,在干预时无法再进行越权控制。因此,允许系统这样处理,原因在于如果在时间紧迫情况下进行干预在物理上可行,便会对通过转向角表现出来的驾驶员愿望进行干预[3.18]。实际上在这里人也不是例外,而是借助一种特殊的技术配备,它确保执行的规则始终与驾驶员的愿望一致。WÜ-StV 要求:驾驶员可"自主的支配",也称为控制。

有时,例如如果配备有 ABS,则驾驶员不再对车辆具有完全的操控力。但是,实际上该系统进行的只是一种功能优化,将特别有效地实施驾驶员的愿望[3.17]。由此,完全的汽车控制能力不再成为问题,因此不需要评估是否符合 WÜ-StV 原则。类似的情况也发生在符合一般汽车特性的系统上,例如车速限制器就是如此:虽然不可越权控制设置的车速,但是行为要符合一般汽车特性,根据该特性驾驶员可进行准确调节(例如,根据结构形式所限的最高车速),且要符合汽车一般的功率范围。因此,在驾驶员自主的范围内不进行干预[3.18]。

总之,在与车辆驾驶相关的功能中,应避免任何不可越权控制的干预对车辆进行控制,即便短时也不可以。按1968年有关道路交通的维也纳协议的条文,这种干预是不允许的[3.17,3.18,3.21]。因此,完全和随时的可越权控制性属于法律上的框架条件,应在研发驾驶员辅助系统时进行检查,且为了避免投资不当,应务必遵守。

# 参考书目

[3.1] Brown. L D.：Review of the. Looked-but-Failed-to-See' Accident Causation Factor. Road Safety Research Report No. 60, Department for Transport, London, 2005.

[3.2] Elvik. R.；Vaa, T.：The handbook of road safety measures. Amsterdam, Elsevier, 2004.

[3.3] Fuller, R.：Towards a general theory of driver behaveour. Acc. Anal. & Prev., 37, 2005, S. 461-472.

[3.4] OECD：Behavioural adaptations to changes in the road transport System. Paris：OECD, 1990.

[3.5] Treat, J R.：Tri-level study of the causes of traffie accidents；An overvicw of final results. Proceedings of the 21st Annual Conference of the American Association of Automotive Medicine / National Highway Safety Administration/Insurance Institute for Highway Safety, September 15 17, 1977, Illinois, USA.

[3.6] Reason. J.：Human Error. New York, Cambridge University Press, 1990.

[3.7] Salmon, P. M.；Regan, M. A.；Johnston, 1.：Human Error and Road Transport：Phase One-A framework for an error tolerant road transport system. Report Nr. 256, Monash University Accident Research Centre, Victoria, Australia, 2005.

[3.8] Weiler, G.；Schlag, B.：Verhaltensadaptation nach Einführung von Fahrerassistenzsystemen. In：Schlag. B. (Hrsg.)：Verkehrspsychologie：Mobilität-Sicherheit-Fahrerassistenz. Lengerich u. a., Pabst Science Publishers, S. 351-370, 2004.

[3.9] Vaa, T；Gelau, C.；Penttinen, M.：Spyrouponlou, Y：ITS effects an road traffic accidents-State-of-the art. Proceedings of the 13th 1st World Congress, London, October 8-12, 2006, Paper 1368.

[3.10] Vollrath. M.；Briest, S.；Schießl, C.；Drewes, J.；Becker, U.：Ableitung von Anforderungen an Fahrerassistenzsysteme aus Sicht der Verkehrssicherheit. Berichte der Bundesanstalt für Straßenwesen, Heft F 60. Bremerhaven, Wirtschaftsverlag NW, 2006.

[3.11] Wilde, G. J. S.：Risk homeostasis theory and traffic accidents：propositions, deductions and discussion of dissension. Ergonomics, 31, S. 441-468, 1988.

[3.12] 欧盟规程 http://ec. europa. cu/

cnterprise/automotive/index _ de. htm.

[3.13] ECE-规定 http://www.uneue.org/trans/main/welcwp29.htm.

[3.14] http://www.euroncap.com/home.aspx.

[3.15] *Seeck. A.*：Die Zukunft der Fahrzeugsicherheitsbewertung für Typzulassung und Euro NCAP, 6. Internationalen V DI-Tagung Fahrzeugsicherheit 2007-Innovative, Kfz-Insassen-und Partnerschutz, Berlin, 18. -19. Oktober 2007.

[3.16] *Bewerxdorf, C.*：Zur Vereinbarkeit von nicht-übersteuerbaren Fahrerassislenzsyst-emen mit dem Wiener Übereinkommen über den Straßenverkehr vom 8. November 1968 in NZV 2003, S. 266-271.

[3.17] *Albrecht, F.*：Fah rerassistenzsysteme und rechtliche Rahmenbedingungen in VD 2006, S. 143-150.

[3.18] *Alhrecht, F.*：Die rechtlichen Rahmenbedingungen bei der Implementierung von Fahrerassistenzsystemen zur Geschwindigkeitsbeeinflussung in DAR 2005. S. 186-198.

[3.19] *Trüstedt, H.*：Zur Vorgeschichte der neuen Straßenverkehrs-Ordnung. In：ZVS 17(1971), 5. 3-10.

[3.20] *Deutschle. S.*："Wer fährt? -Der Fahrer oder das System?" In：SVR 2005, S. 249-254.

[3.21] *Albrecht, F.*："Fährt der Fahrer oder das System?" Anmerkungen aus rechtlicher Sic-ht. In：SVR 2005, S. 373-376.

[3.22] *Gasse, T M.*：Zusammenfassung des 1. AKTIV-Workshop " rechtliche Rahmenbedingungen " Bergisch Gladbach, 15. März 2007, verfügbar unter：http://www.aktiv-online.org/deutsch/aktuell.html.

[3.23] *Bewersdorf. C.*：Zulassung und Haftung bei Fahrerassistenzsystemen im Straßenv-erkehr. Berlin, Dunekcr & Humhlot, 2005.

[3.24] Gesetz zu den Übereinkommen vom 8. November 1968 über den Straßenverkehr und über Straäenverkehrszeichen, zu den Europäischen Zusatzübereinkommen vom 1. Mai 1971 zu diesen Übereinkommen sowie zum Protokoll vom 1. März 1973 über Straßenmarkierungen v. 21. Sept. 1977 in BGB1. II 1977. S. 809-927.

[3.25] *Hörauf, U.; Buschardt, B.; Donner, E.; Graab, B.; Winkle, T.*：Analyse von Verkehrsunfällen mit FAS Potenzial, Abschätzung am Beispiel eines FAS Lane Departure Wartung. Tagung aktive Sicherheit 2006. TU München, Lehrstuhl für Fahrzeugtechnik.

[3.26] *Gründl, M.*：Fehler und Fehlverhalten als Ursache von Verkehrsunfällen und Konsequenzen für das Unfallvermeidungspotential und die Gestaltung von Fahrerassistenzsyslemen. Inaugural-Dissertation, Universität Regensburg, 2005.

[3.27] *Kulntala, R.; Mäuerer, H.-J.* (eds.)：Final Report and Recommendations of the Implementation Road Map Working Group, eSafety Forum, Brussels, 18 October 2005. http://www.esafetysupport.org/download/working-groups/Final _ Report _ 181

005. pdf.

[3.28] *Kulmala, R.*: How can intelligent vehicle safety systems be implemented. Manus-kript vom 05. 07. 2006. Ini Internet verfügbar unter: http://www.icarsupport.urg/esafety-forum/esafety-working-groups/implementation-road-map/.

# 4 驾驶员辅助系统人机交互用户友好技术的研发

*Winfried König*

## 4.1 概述

通过载重车制造商、供货商和高校的多年研究,对驾驶员信息系统、驾驶员辅助系统及其用户之间的合作有了较全面的了解,但仍不够完善。在一些德国项目和国际项目中,例如 PROMETHEUS、DRIVE、MOTIV、IN-VENT、RESPONSE 和 AKTIV,汽车制造商、供货公司、高校和其他国家和私有研究机构已联合起来,以推进此类系统的研究,后续章节中的一些知识对驾驶员辅助系统的人机交互研发提供了一些帮助。

本章第 1 节应说明人 - 车 - 环境相互作用的原理和适于对驾驶员提供支持的范围。第 2 节涉及几个在所有的驾驶员辅助系统上以不同的形式和强度出现的问题并对这些问题进行的总体考虑。第 3 节说明了研发驾驶员辅助系统和嵌入人机交互询问模块的一个经证明可行的方法。最后一节对已经完成的和计划的驾驶员辅助系统的人机交互进行了评价。

## 4.2 研发驾驶员辅助系统的人机交互(HMI)时提出的问题

驾驶员,带有驾驶员辅助系统的车辆和车辆的周围环境在时间和空间上紧密共同作用。因此,不可单单从技术的角度来构建这些系统,还应该更多地考虑习惯、能力,也包括驾驶员的不足之处。只有这样才能达到改善安全性、舒适性,并最终使用户愿意购买这些系统。

### 4.2.1 通过驾驶员辅助系统提供支持

驾驶员辅助系统可在驾驶车辆的所有层面上提供支持,包括稳定、车道引导、导航和其他工作,并且能承担用户的部分任务。从简单的通知、分析情况、评估,通过评估选择一个动作直至自主执行该动作都是其工作范围。同时必须确保,驾驶员始终可控制住局面。同样应详细说明个别情况下应由谁来负责。如下述章节所述,这类考虑的基础是应遵守《维也纳道路交通协议》[4.1]。

为了研究给驾驶员提供支持的需求和可能性,需要具备在不同的行驶情况下道路交通中驾驶员行为方面的知识。这涉及发生交通事故时的极端情况,但也涉及"正常的"行驶。正常行驶时驾驶员有时也会违反道路交通规则,做很多与驾驶无关的事情,但在大多数情况下都能成功战胜严峻的交通状况。在德国,发生交通事故的过程和驾驶员行为被收集在 LIDAS(German in-depth accident study,德国深度事故研究)[4.2]数据库内,在记录中存有超过 10 000 次的交通事故(版本:2010 年底)。关于"正常行驶"相关知识尚不多;收集此类数据的第一个项目已在美国结束并准备在欧洲实施。

### 4.2.2 驾驶员辅助系统的优势和局限性

在设计一套驾驶员辅助系统时必须确定、量化和说明驾驶员辅助系统相应功能的驾驶员、车辆和环境的相关参数(图 4-1)。必须明确的是驾驶员辅助系统在什么情况下能起什么作用以及其局限性。了解和掌握该局限性是驾驶员"学习"驾驶员辅助系统过程的基本组成部分。

### 4.2.3 所需的职能和专业领域

在专业且潜心开发驾驶员辅助系统的人机交互时,除了要具备工程师的专业知识和方法之外还必须使用社会科学的方法和知识,以适当地考虑驾驶员的需求和特性。因此,证明在一个包含有多学科人员的团队("Human Engineering Team")中进行研发是合适的,在该团队中除了工程师之外至少还应长期配备有心理学家,并必须根据具体情况随时增加其他的专业技术力量。

### 4.2.4 研发驾驶员辅助系统时的影响因素

除了必须系统性且全面地说明驾驶员辅助系统的各个功能之外,还应考虑其他的影响因素,如根据是否预先规定驾驶员仅在停车时或者在行车期间使用该功能,据此对特定的功能进行不同的设计(图 4-2)。在这里应提及转移注意力会导致的危险以及驾驶员和驾驶员辅助系统之间对话中断后的要求。不同用户组能力上的差别也很重要。我们以年老驾驶员生理和认知上的不足,年轻驾驶员对风险情

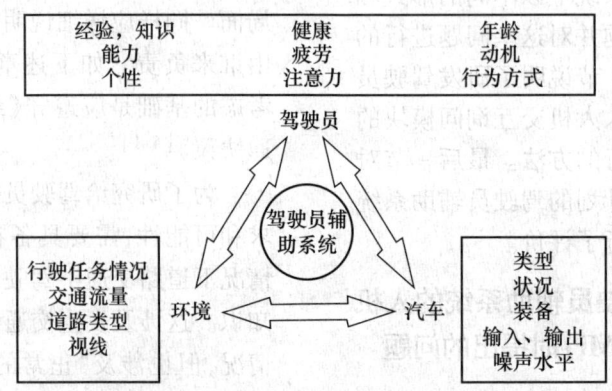

图 4-1 驾驶员、带驾驶员辅助系统的车辆和环境的共同作用

况较低的预估和增大的风险为例。必须考虑国家的和国际的规定、规则和标准,原因是它们对适合使用性提出了最低要求。也需要一个协调性最低限度的要求,这样司机不必花费过多的学习精力就可使用基本功能。相对地,应权衡竞争者通过一个显著的"创新"设计占领市场的意愿。

图4-2 研发驾驶员辅助系统时的影响因素

### 4.2.5 驾驶员、驾驶员辅助系统和汽车之间的交互通道

人主要借助视觉来认识其周边环境。人用视觉器官和其后的高效图像处理系统发现,筛选其他的交通参与者以及其位置、预计的行为、行驶轨迹、行驶车道和道路中的物体并由大脑中的其他结构评估其重要性并决定后续如何处理。道路交通中的设施也是为视觉设计的,如路标告知规则、标记限定行驶车道、转向指示灯指示行驶方向的变化以及制动灯警示前方车辆减速。因此,视觉通道对驾驶员辅助系统也很重要。在光谱可视的范围内,也包括在近红外和远红外的范围内以及在UV(紫外线)范围内,驾驶员辅助系统借助摄像机和图像处理系统获得信息。对于与其他的交通参与者交流,特别是通知和指示危险时,人和驾驶员辅助系统使用声音途径,其中包括通过语音输入系统输入指令以及由驾驶员辅助系统借助语音输出将警告说明和信息告知驾驶员。触觉途径用于通过手脚输入指令,反之驾驶员辅助系统通过踏板、方向盘和"触觉调节器"的反作用力进行反馈。驾驶员和驾驶员辅助系统之间的交互通道如图4-3所示。

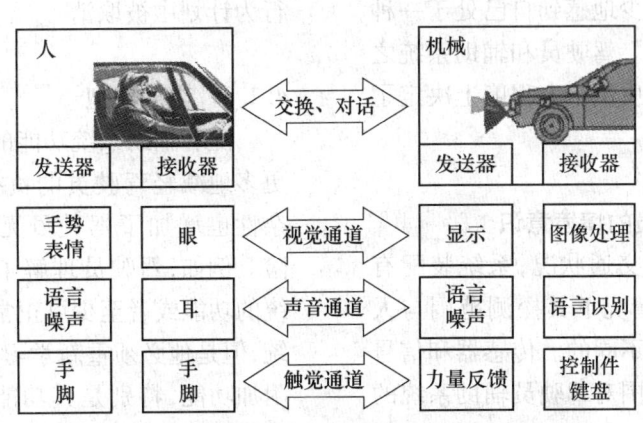

图4-3 驾驶员和驾驶员辅助系统之间的交互通道

### 4.2.6 由驾驶员辅助系统导致的驾驶员-车辆之间关系的变化

如果驾驶员使用一套直接干预行驶的辅助系统(例如,控制部分纵向引导任务功能或者带停走功能的自适应巡航控制系统),这意味着其驾驶汽车的任务发生了根本改变。目前的行车任务可部分交给辅助系统,据此该系统对驾驶员减轻负担的效果也会对交通安全性有正面作用。从现在起,剩余任务调节的比例少,监控的比例多。当驾驶员辅助系统受其功能所限而驾驶员必须在不同的情况下以合适的方式再次接管时,这对驾驶员来说比较难。如果驾驶员长时间不介入操控,有失去对该功能的操控能力的危险。同时,如果驾驶员未持续跟踪对该功能较重要的行驶情况的细节,可能会造成对行驶状况的感知能力变差。

辅助系统呈现一种自主的驾驶行为,这可能与驾驶员自己的驾驶行为不同。这样,根据自动化程度,驾驶员有时会或多或少地感到自己处于一种副驾驶的处境。驾驶员和辅助系统之间共同作用的质量很大程度上决定了系统的验收。

### 4.2.7 驾驶员的情境意识

为了采集交通状况,系统装配有传感器,一般情况下其探测范围与人的视觉器官是不同的。传感器和信号处理系统的范围对驾驶员辅助系统的功能性很重要。如果驾驶员未了解该范围,则对其来说按照制造商的规定使用该系统就会很难。

其他交通参与者的预期行为也很重要,以便据此开发一种在特定交通情况下适合自身行驶行为的策略,其中包括期望其他的交通参与者大多都遵守规则,而有经验的驾驶员也可在发展成为一种冲突的情况之前就可预先料到其他交通参与者不合规定的行为。这种能力可称为"驾驶员的情境意识"(Situation Awareness)。在驾驶汽车时,驾驶员的"情境意识"对于驾驶时还进行其他附加工作的情况尤其重要。有"情境意识"的驾驶员只会在预计交通情况允许时才会进行此类的工作,而他通过短暂的一瞥控制着事情的发展并在情况出现困难时中断工作。问题是在评估状况时应感知正确的提示。情况表明,驾驶员应在进行附加工作期间通过视觉监控首先跟踪在进行附加工作之前评价为重要情况的发展状况,而其他的通常都忽略了。技术系统目前仅能极有限地开发此类的"情境意识",因此在系统适用行为计划中被取消。

### 4.2.8 内部模型

随着辅助系统功能的增多并由此更多地减轻驾驶员的负担,系统的复杂性也增加了驾驶员无法理解的危险。例如,驾驶员理解了车速调节系统的功能或者至少可正常地使用该系统,但是他必须重新学习 ACC 系统的附加功能,特别是其功能限制。这也适用于系统后续开发为一个带停走功能和附加提供横向引导支持的 ACC

系统。务必确保通过产品信息或者其他的手段,如通过一种"演示模式"让驾驶员建立起一种适当的系统"内部模型"。该模型不必在物理上正确地对功能方式进行描绘,但它可完全由来自使用者经验的图像和隐喻组成。该模型包含对其重要的功能、通知和警告和功能界限。特别是对很少使用的功能或者很少出现的通知来说,它们必须有助于驾驶员对其进行了解,并在驾驶员内心建立起系统的内部模型。尤其是无法在实际情况下学习出现危险时应如何采取行动时,驾驶员应该考虑在学习过程中使用模拟器。

### 4.2.9 通过驾驶员信息系统和驾驶员辅助系统可减轻负担还是增加负担?

设计人机系统时的一条基本原则是避免对人提出过高要求或过低要求。应考虑到驾驶员与驾驶员信息系统/驾驶员辅助系统的交互受驾驶员自身心智能力所限。这原则上表现出一种额外的负担,而驾驶员辅助系统减轻负担的效果应超过这种额外的负担。

在多个项目中(例如,SANTOS[4.3],COMUNICAR[4.4]),设计交互系统时尝试使行驶任务和驾驶员可能有的附加工作的总负担不超过一个特定的水平。其中,应包括估计交通复杂性造成的负担、通过附加工作(例如,与副驾驶员谈话)估计驾驶员目前的工作能力。根据某个驾驶员(个性化)个人的工作能力和偏好调节驾驶员辅助系统的行为是更多项目的目标。

如果驾驶员因过多使用驾驶员辅助系统的功能而过于轻松,则会使得驾驶员懈怠。应检查驾驶员是否将减轻的精力用于不相关的工作或是将其注意力从交通状况移开。也应考虑通过有风险的行驶均衡减轻负担并应在开发过程中认真进行试验。

### 4.2.10 驾驶员的责任

按照专业领域内讨论的目前的情况,驾驶员必须承担起驾驶汽车以及使用驾驶员辅助系统的责任。

该要求已包含在1968年11月8日签署的《维也纳道路交通协议》中[4.1]。该协议第二章第8.5条所述如下:每个驾驶员应该随时可控制住其车辆或者驾驭其牲畜;第13.1条:每辆车的驾驶员在任何情况下都应能控制住其车辆以应对将要发生的状况、正确予以处理,并随时准备执行需要其完成的所有机动。在调节车速时他应不断对周边情况加以关注,特别是当地的情况、道路的状态、车辆的条件和负载情况、天气情况和交通密度,以便在其前行视野范围内和接近可预见的障碍物时停住车辆。如果情况需要,驾驶员应减速或在必要时制动车辆,特别是在能见度不佳的情况下。专业界正在对这种干预性驾驶员辅助系统设计要求的效果进行讨论。例如有这种观点:即原则上不允许有驾驶员无法越权控制的系统。这涉及紧急制动系统和限速系统。其他专业人员认为《维也纳道路交通协议》提供了足够的自由空间，且例如紧急制动系统在合理设计的情况下完全可通过批准。由于全球适用，因此更改《维也纳道路交通协议》需要投入更多的努力，并且至少部分意味着驾驶员要将其责任让渡给制造商或者供应商。在这种背景下，设计驾驶员辅助系统时应使驾驶员可随时越权控制。这再次要求在设计上能使驾驶员弄清楚驾驶员辅助系统的当前状态，这样驾驶员便可建立起一个合适的系统"内部模型"并加以维护。

### 4.2.11 人和机的优势

此外，有一种观点认为将人因能力所限不擅长的任务交给驾驶员辅助系统是合适的。这包括重复性工作任务，"简单"但是时间上要求严格的任务，如在夜间和恶劣的天气条件下查看路况、估计距离和车速差并持续保持车距。但是这种任务划分方式会产生一个基本问题，即随着不断完善，驾驶员辅助系统可在越来越多的情况下处理特定的任务，这样驾驶员会越来越少地进行干预，但是在剩余的最危急的情境下驾驶员必须做出干预。

## 4.3 驾驶员辅助系统人机交互的系统化开发

### 4.3.1 驾驶员辅助系统中人机交互的系统化开发

为了以适当的方式考虑用户的需求、能力和极限，在研发驾驶员辅助系统的每个阶段，除了人机交互技术专家进行研发之外，还应考虑采用合适的方法。在一开始集思广益的阶段，用户的需求是考虑的重点。要对系统的功能进行准确的结构化的说明，并且要说明系统可进行工作的各种情况。为了研究使用此类系统可能的效果，我们使用 EU RESPONSE 项目[4.5]中的调查问卷。让具有代表性的用户处于试验室和模拟器的可靠环境中进行试验。在该状况下通常并不是真实的驾驶员辅助系统的人机交互，而是使用一个模拟设备或者一个虚拟的样机。随着系统不断成熟和用户对其效用经验的不断增长，可在汽车试验场并随后在实际的道路交通中进行行驶试验。出于安全性和经济性的考虑，首先由有经验的专业人员驾驶，然后使用经选择的用户组。一旦产品投放市场，便会产生由人机交互专家采集和分析的其他经验值。如果系统需要改动和改进，则所有这些过程步骤都采用迭代的方式。

### 4.3.2 驾驶员的支持需求

合理的且有希望在市场上获得成功的驾驶员辅助系统的设计可根据不同来源的信息系统化地实现。这包括汽车制造商通过其销售机构收集和分析的详细的客户愿望。分析如来自 GIDAS 数据库[4.2]的交通事故数据，直接现场观察或者调查用户组也是常见的获取途径。

为了减少不同用户组和可能发生的状况，规定和选择特定的用户类型和行驶状况是有意义的。例如，一个用户类型可能是"带着小孩的妈妈"，相应的行驶情境是"家用面包车""驶入地下车库"。还要研究相应情况的前后发生顺序，如"在西班牙的酒店全家自驾游度假"也可能会得出一种目前还未发现的对驾驶员辅助系统提供支持的需求。

### 4.3.3 研发驾驶员信息系统和驾驶员辅助系统的指导方针

（1）研发驾驶员辅助系统的指导方针——RESPONSE 的工作守则（CoP）

在欧洲的 RESPONSE 项目中，通过一个由汽车制造商、供应商、政府机构、研究院所和律师事务所组成的小组对制造商、用户和立法者在研发和使用驾驶员辅助系统时的责任进行了调查。结果汇总成一个指导方针，该方针目前在许多制造商的研发过程中使用，或者基于该方针对现有的公司内部的程序进行了补充。驾驶员对系统行为的可控性和越权控制性是其中的主要问题。

（2）系统的区别

在 RESPONSE 中对驾驶员可随时接管控制的信息系统和警告系统及干预系统以及由于设计原因和驾驶员心理活动限制无法接管控制的系统进行了区分。

在项目中着重于一种干预系统，即高级驾驶员辅助系统（ADAS），它体现了驾驶员、系统和汽车环境之间的一种集中且安全苛求的交互方式。对于这些系统，在研发阶段不仅必须考虑技术规格设定以及制造和集成时可能出现的错误，还必须考虑用户在使用或者滥用系统时可预见的错误。

（3）干预系统的可控性

在 RESPONSE 项目中发现，从立法者和用户的角度来看，只应该使用用户可随时控制或凌驾的驾驶员辅助系统。使用这些系统时，必须对个别情况下责任的归属进行详细调查和确定。其中，系统的功能限制、驾驶员对警告和限制的感知以及可能预期的驾驶员行为都很重要。驾驶员辅助系统功能的故障也可能会导致制造商承担责任。评估用户错误使用或者滥用驾驶员辅助系统的风险难度很高。必须了解用户对系统的期望和用户滥用系统的可能性。例如，驾驶员会对驾驶员辅助系统避开障碍物的转向干预进行逆向操作吗？相反，很难知道，由于驾驶员认为在一个危急情况下不采取驾驶员辅助系统行动可能更有效，这时驾驶员是否要凌驾于驾驶员辅助系统之上，或者其行为是否会无意造成意外发生。例如，一个可预见的滥用情况可能是，在车道引导系统对车辆进行横向引导时，驾驶员放松自己在不允许的范围内进行其他的活动。

（4）信息系统中的错误

对于信息系统和警告系统，驾驶车辆完全由驾驶员执行，责任也由驾驶员承担。但是，系统的信息或者警告可能是错误的或者不准确，在这种情况下也要追究制造商或者信息提供商的责任。

### (5) 工作守则的调查问卷

在项目中也开发了一个详细的调查问卷(检查清单A)用于详细说明驾驶员辅助系统。其中有与驾驶员辅助系统应解决的任务相关的、用户组相关的、汽车类型相关的以及驾驶员辅助系统投放市场相关的问题。同样,也要借助准确的问题详细说明传感器、行驶状况、使用中可能的风险、通过系统计划告知用户的信息以及如何维修和保养之类的主题。第二个调查问卷(检查清单B)涉及驾驶员辅助系统对驾驶员和道路交通作用的内容。

### 4.3.4 针对驾驶员信息系统的规程——"人机交互原则的欧洲声明"(ESoP)

在欧洲,随着装备驾驶员信息系统和通信系统车辆的增多,正在寻求一种用于设计驾驶员信息系统的规则。专家委员会已经制定了"人机界面原则的欧洲声明",并于2006年12月22日颁布[4.6]。它适用于这些系统价值链中的所有成员,从软硬件制造商到数据提供商、汽车制造商直至最终用户。如果是可加装的系统,则也要考虑进口商和零售商及他们各自的责任。欧盟希望各国的相应合作伙伴以自愿自律形式约定这些规则。

首先,规程对驾驶员信息系统有限制;但是要说明的是,其中的一些原则也可用在驾驶员辅助系统上。更重要的目的是通过驾驶员信息系统避免驾驶员分神、过度疲劳或者受到干扰。这些规程不应阻碍未来的技术发展;因此这些规程不是根据专门的技术而起草的。相应地,通过解释以及正反两方面的例子来说明其中包含的原则和建议。

在这些规程中介绍了总体开发目标,例如:

◆ 设计系统时,应保证其对驾驶员提供支持且不会诱使驾驶员或其他的交通参与者采取潜在的有危险的行为。

◆ 驾驶员与系统的显示装置和操作元件进行交互期间,驾驶员注意力的分配要与在相应交通状况下所需投入的注意力相匹配。

◆ 系统不会使人分神且不用于向驾驶员提供视频娱乐节目。

◆ 系统未向驾驶员发出指示,系统可能造成该驾驶员或者其他的交通参与者采取了危险行为。

◆ 设计时要保证驾驶员在行车期间同时使用的系统接口与其他系统的接口的统一性和兼容性。

还有其他原则,如要求进行可靠的安装,所有的视觉显示内容都必须清晰可读,而且不会阻挡视线或者阻碍驾驶员行动。此外,对于与显示装置和操作元件的交互、对于系统行为和系统向用户提供的信息以及确定使用都应给予提示信息。它们针对的是销售者、出租车公司、专业司机的雇主以及驾驶员自己。

### 4.3.5 驾驶员信息系统和驾驶员辅助系统的设计标准

CoP和ESoP包含要求和方法,但

不包括具体的数值和测量方法。因此，它们参考了具有单独的驾驶员辅助系统或者整体方案（例如，显示、警告或者对话信息的设计）的现有的或者正在制定中的标准。

标准提出了最低要求，而每个希望提供优势产品的制造商应有超越某个标准要求的想法。标准并不是法律，但对制造商来说其很大程度上是有约束力的规则。如果导致了法律纠纷，则可以将标准看做现有的技术水平。标准不应阻碍技术进步，因此多数情况下其不规定必须如何设计一个特定的系统（设计标准），而是规定一个特定的系统应该具有哪些性能（性能标准）。只要不会由于更换车辆时导致安全风险的增加，就不应阻碍品牌特定的设计。

### 4.3.6 标准的发展

ISO（International Standardisation Organisation，国际标准化组织）开发国际标准，DIN（德国标准化学会）开发德国国家标准。除了 ISO 标准之外，美国有 SAE 标准，日本有 JAMA 标准。一般来说这些国家标准应适应 ISO 标准。

### 4.3.7 汽车中人机交互的 ISO 标准

ISO 工作组 TC22/SCI3/WG8 制定了对车内驾驶员和驾驶员信息系统之间的交互十分重要的标准。标准涉及如何设计驾驶员和系统之间的对话，如何设计声音信息、操作元件和视觉信息。这些标准不仅涉及单个的驾驶员信息系统，还应应用到车内各种不同的系统上。根据情况，其也可以应用于驾驶员与驾驶员辅助系统的交互。

例如，ISO15008 标准[4.7]包含有关借助视觉显示器、装置图示信息的要求。这涉及如观察范围和光照度，在这些条件下驾驶员必须可读取显示内容。要规定良好可读性所需的最低对比度，以及字母数字的最小尺寸，同样也包含防止反射或反光的要求。对于这些要求，只要有意义，还规定了测量方法。其他已生效或者尚在编制中的文件涉及驾驶员与系统对话（ISO15005）[4.8]的管理，如如何设计车内的声音信号（ISO15006）[4.9]以及如何衡量驾驶员的视觉行为（ISO15007）[4.10]。

## 4.4 驾驶员辅助系统设计的评估

**评估方法**

在驾驶员辅助系统研发的不同阶段必须系统化地检查是否遵守了基本原则。随着驾驶员辅助系统的不断成熟和可供使用的人机交互功能的实现，可以使用不同的评估方法。

在确定系统支持需求时就可准备并整理对驾驶员辅助系统的想法并提交用户组进行小组讨论。基本问题在于以易懂的方式进行整理并明确说明驾驶员辅助系统的功能和限制。即使这些都很明确，但是这些潜在用户的表述也只能被看做是指导说明，特别是靠"直觉"使用系统的情况下。对于人机交互专家,如果他们没有积累起相应的"经验",那么全面评价一个系统(如 ACC)也是不可能的。

**评价驾驶员行为的仪器**

如果有驾驶员辅助系统的模拟装置或者原型机,则可以在实验室、行车模拟器中并随后在行车试验中就用户使用系统的情况和可能对行驶行为和驾驶员行为的影响进行研究,其中包括确定和评估具有说服力的(如说明纵向动态和横向动态)行驶动态参数。这些参数可方便地从行驶模拟器中获得,在野外测量(如测量车辆的车道情况)成本过高,并且在野外测量用户的运动行为和视线移动也很困难。视线行为用处特别大,原因是表现出与平常的"扫描"行驶空间不同的方式和过长时间将视线投在汽车内的显示屏上说明了驾驶员视觉上超负荷(如与驾驶员辅助系统的交互造成的)。

根据生理参数可以推导出驾驶员精神或身体上的负担,通过调查表和访谈方法可收集主观意见和"经验"。

图 4-4 为观察驾驶员行为的仪器。

**评估环境**

不能只在实验室中通过用户来调查 FAS,原因是过于简单和抽象,通过这种方式人机交互专家仅能获得部分真实情况。在书桌的显示屏上可能还足以进行导航系统的输入过程的对话试验,但是只在显示屏上进行 ACC 的建模就会缺少重要的行驶动态影响。如果要对在第一个行驶任务上使用信息系统的影响进行研究,则必须使用合适的行驶模拟器。对模拟器的要求取决于试验对象。这样就可能会对图像显示提出特殊要求(如在检验提供视觉支持的驾驶员辅助系统时)。移动模拟的逼真程度也特别重要,例如对于干预车辆横向和纵向引导的驾驶员辅助系统。虽然模拟器有诸如安全性和可再现性的优点,但是也不能

| 观察事项 | 生理指标 | 调查 |
| --- | --- | --- |
| 汽车:动态 | 心跳 | 意见、态度 |
| 纵向动态:如车速、车距 | | |
| 横向动态:如车道位置、横向加速度 | 肌肉紧张程度 | 主观评估 |
| 人:行为 | | |
| 运动机能:如操作活动 | 皮肤导电水平 | 个性特点 |
| 视觉行为:如交通情况、车内情况 | | |

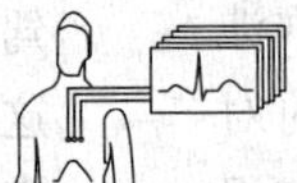

**图 4-4 观察驾驶员行为的仪器**

放弃野外的行驶试验。只有这样才能够呈现真实交通的复杂性。对于某个特定问题的模拟器试验适用性和承载性的原理试验,必须借助野外试验进行"校准"。在试验路段特别是在真实的交通中进行行驶试验时,必须确保用户和其他交通参与者的安全。例如,在公共道路上行驶时伴随一名随车的驾驶教练,他可借助第二套踏板系统在紧急情况下进行干预。诸如确定驾驶员学习曲线和行为变化所需的行驶试验,特别是耐久试验,是一种对于负责任产品开发来说成本高但又是很重要的组成部分。

**方法的应用和可能的误差**

使用这些评估工具需要全面的知识和经验,这可通过相应的学习和常年的试验工作积累起来。这包括开始时选择合适的试验设计,延伸到选择被测试者和试验步骤直至分析和阐释结果。除了在自然科学中进行测量时已知的可能存在的误差之外,在该试验中(如在使用行驶动态和生理指标传感器时)也同样会出现误差,在测量用户的心理过程时有许多其他情况(如对参与某个试验的知识的多寡也会造成被测试者行为的变化)。当试验负责人在场进行观察期间以及其动作(如诱导式提问和提供帮助)都会对被测试者产生影响。在心理测量时,反应经常仅表现出相对于触发刺激的延迟。使用的传感装置可能会阻碍被测试者或使其心情紧张。由于采集信号的功率较低,在诸如车内空间之类的多干扰的环境内很容易造成轻微干扰。对于生理指标信号,不同的试验人员参数的变化明显,甚至同一个人在不同的情况下的表现都不同。在设计和使用调查表和进行调查访问时有其他的误差可能性,不可采用诱导式提问。答案有可能倾向于社会期望或者被测试者相信自己是正确的。也应考虑到被测试者有记忆遗漏的情况,而这种情况可以通过播放试验录像提供帮助。

## 4.5 小结

一套驾驶员辅助系统必须具有透明的系统行为、符合用户期望的系统特性、便于操作和学习的特性以及用户可获知的系统局限性。研发一套驾驶员辅助系统需要来自工程技术和人文科学的专家共同努力。在研发驾驶员辅助系统时应使用适当的测量方法,使用这些方法需要专业知识和经验。随着驾驶员辅助系统越来越多地干预行驶过程,除了舒适性和可接受性之外,使用的安全性变得很重要。我们已经了解许多从人机交互角度出发对驾驶员辅助系统的基本要求,但是对这些要求还未充分地说明并通过测量方法确定下来。在全球的研发项目中对其他的问题也正进行研究,而研究的结果以及野外使用驾驶员辅助系统获得的经验必须形成规则和标准。

# 参 考 书 目

[4.1] Convention an Road Traffic, Vienna, 8. 11. 1968, consolidated version, 5. 11 15, http://www. unece. org/

tmns/conventn/Conv _ road _ traffic _ EN. pdf.

[4.2] 德国深度事故研究(GIDAS), www. gidas. org.

[4.3] *König , W. ; Weiiβ, K. E.* : *Maycer. Ch.* : S. A. N. T. O. S-A Concept for Integrated Driver Assistance, Electronie Systems for Vehicles, Baden Baden,2003 sowie www. santos. web. de. .

[4.4] 带有车内资讯系统平台的轿车 (COMUNICAR) ; www. cordis. europa. eu/data/PROJ_FP5.

[4.5] RESPONSE 3, Code of Practice for the Design and Evaluation of ADAS, V3. 0, 31. 10. 2006; http://prevent-ip. org/en/prevent _ subprojects/horizontal_activities/ responsc_3.

[4.6] Commission Recommendation of 22 December 2006 an safe and efficient in-vehicle in-formation and communication systems: update of the European Statements of Principles an human machine interface, Official Journal of the European Union, 6. 2. 2007, L 32/ 200.

[4.7] 15015008, Road vehicles—Ergonomic aspects of transport information and control systems—Specifications and compliance procedures for in-vehicle visual presentation, ISO TC 22/SC 13/WG8, ISO Central Secretariat. 1211 Geneva 20, Switzerland.

[4.8] ISO15005—Ergonomic aspects of transport information and control systems—Dialogue management principles and compliance procedures, ISO TC 22/SC 13/WG8, ISO Central Secretariat, 1211 Geneva 20, Switzerland.

[4.9] ISO15006, Road vehicles—Ergonomic aspects of transport information and control systems—Ergonomic aspects of in vehicle auditory presentation for transport information and control systems, Specifications and Compliance procedures. ISO TC 22/SC 131 WG8, ISO Central Secretariat, 1211 Geneva 20, Switzerland.

[4.10] ISO15007, Road vehicles—Ergonomic aspects of transport information and control systems-ISO TC 22/SC 13/WG8, ISO Central Secretariat, 1211 Geneva 20, Switzerland.

# 5 驾驶员辅助系统的设计和测试

*Markus Maurer*

## 5.1 "驾驶员辅助系统"的定义解释

按照一般性的语言含义,"驾驶员辅助系统"的定义首先是广泛的,即一位"驾驶员",也可称为"驾驶汽车的某人",获得一个技术系统的"帮助、辅助"[5.6]。其中,系统称为"处于一种全面联系中的对象的总和并通过相互关系与它们的周边环境区分开来"[5.6]。

按照该定义的含义,1983 年在大众巴士车(VW T3)上出现的辅助设备就是驾驶员辅助系统(如自动指示灯复位装置、速度计、电启动器和同步手动变速箱)在驾驶员执行其行使任务时对其提供帮助的技术系统[5.34]。

这些系统说明了研究中的最新关注点,但是没有说明驾驶员辅助系统的开发和发布情况。更确切地说,这是一个从分工的角度出发的定义解释。Kraiss[5.18]区分了人和自动控制装置之间的三种分工形式。分工的串行形式指由人和自动控制装置轮流依次执行不同的任务。相反,分工的并行形式是指人和机同时执行不同的任务。称为"辅助功能"形式的分工是由人和机冗余并行执行相同的任务。

在机动车的辅助系统上,这形成了人和机的平行结构[5.15],即驾驶员和辅助系统通过感觉器官或者传感器采集周围环境中的重要信息。根据采集的状况信息,它们以适当的方式对车辆施加影响。驾驶员和辅助系统通过一个人机接口进行通信。

另外,区分开"传统的驾驶员辅助系统"和"带有机器感知装置的驾驶员辅助系统"有助于领会"机动车中驾驶员辅助系统"的定义。传统的驾驶员辅助系统帮助驾驶员进行简单的测量或者估算。当传统的车轮转速传感器发现车轮即将抱死,防抱死系统便会进行干预。当预计的浮动角即将超过一定的程度时,电子稳定程序便会制动各个车轮。同时,由于所需的摩擦系数的分析已经是设备感知系统的任务,因此电子稳定程序也是介于两种分类之间的一种情况。

在所谓的"高级驾驶员辅助系统"(Advanced Driver Assistance Systems, ADAS)的工作守则中也进行了类似的区分:"相对于传统的驾驶员辅助系统,ADAS 具有用于采集和分析汽车周边环境中的信息的传感器,并根据需要提供支持的行驶任务进行复杂的信号处理[5.5]。"

在假定为"真实"的情况下提供支持的系统称为"带设备感知装置的驾驶员辅助系统"。在车距控制器（Adaptive Cruise Control，ACC，自适应巡航控制，参见第32章）中将雷达反射视为车辆。对于车道偏离警报器（Lane Departure Warning，LDW，参见第34章)，明暗过渡区呈现在其视频图像上，要求车道满足行驶分界线的特定结构。

在机器判读工作中也可发现设备感知方面的特点。根据设备感知技术的最新水平，这会导致与之前不一样的判读方法，但是也会导致错误判读。由于产生的新特性建议对"带有设备感知系统的驾驶员辅助系统"视为特有的系统类别进行讨论。相应地专注于"驾驶员辅助"主题相关的专业会议上"带设备感知系统的驾驶员辅助系统"方面的文章（例如，[5.12]和[5.9]）。

按照Kraiss（参见上述）的人和机并行解决某些任务的定义，在该文件中将"驾驶员辅助系统"理解为冗余并行的系统。在这些支持任务中，技术系统利用设备感知的能力。

## 5.2 撰写本书的目的

本书在驾驶员辅助系统开发和预开发八年经验的基础上撰写而成。通过本书应提高研发人员对驾驶员辅助系统研发阶段和试验方法设计阶段的重视。作者目前还未找到能满足未来在研发驾驶员辅助系统中出现的所有要求的研发流程和试验方法。所说的方法和流程是首选的独立解决方案，在研发工具和试验工具正确配合时它可能有所帮助。

本书不只是将研发流程、研发工具和试验方法的设计交给汽车制造商的批量研发部门和系统合作伙伴，而是将其视为研究小组的挑战。

"可行性研究"价值何在？可行性研究不在于说明如何对一个系统进行试验或者驾驶员是否可以在其界限内操控系统，当可行性回答了核心问题时，才算理解了可行性的含义。

## 5.3 驾驶员眼中的驾驶员辅助系统

与驾驶员辅助系统相关的复杂性和采用设备感知系统使得汽车制造商和其系统合作伙伴承担着高风险。研发组件和其系统需要大量的启动资金和多年的前期投入。复杂的控制单元结构可能会降低产品的可靠性。即便研发团队根据技术科学水平小心地进行研发，也很难验证系统限制或者系统失灵时的可操控性，可在事后由法院评判。

采用驾驶员辅助系统必须给驾驶员、汽车制造商和系统合作伙伴带来实实在在的好处，与此同时也要相对承担所谓的风险。

合理设计的驾驶员辅助系统有这种潜力。在使用"汽车"作为工具时早已忘记，相对于马拉马车，这种自驱动的前进工具也会导致自主程度的下降。惯常的功能，如就像许多马车可以可靠地返家的"回家"功能或者自动保持车道从而让长距离的驾车任务变成一种游山观景的任务,百年来在"汽车"世界中都是无法实现的。

驾驶员辅助系统为"汽车"提供了具有自主能力的装备。我个人对两个研发途径特别关注[5.30]:"自动驾驶"途径通过许多客户相关的功能,如ACC和车道保持支持(Heading Control, HC 或者 Lane Keeping Support, LKS,参见第35章)推动目前仅在研究领域内出现的自主行驶(例如,[5.27]、[5.22]、[5.31]、[5.32]、[5.26])。此时,驾驶员的角色从主动驾驶员过渡为减负的驾驶员最后变为操控者。

相比之下,如果是技术"副驾驶员"方面研发路径的系统,驾驶员始终保持主动驾驶员的角色并仅在需要的情况下才由技术系统进行支持。诸如车道偏离警示系统(LDW)或者碰撞警报系统(例如,奥迪的制动警告装置、梅赛德斯-奔驰的制动辅助系统加强版)之类的系统都属于该类别。在"自主驾驶"研究项目中,大众汽车推出了一个先进的技术副驾驶员系统[5.2],其曾监控过一个驾驶机器人。

长期以来,我感觉还有一种途径也有巨大的潜力,其将车辆看做是工具:在这种情况下对驾驶员-车辆这一整体系统进行优化。LED技术的进步使得未来前车灯的光分布十分灵活。这样就使新的辅助功能成为可能,如仅照射不会使其他交通参与者炫目区域的远光灯或者让驾驶员注意力转移到相关对象上的信号灯[5.1]。

在该类别中也可考虑使用其他的对驾驶员某些不足提供补偿的系统。驾驶员相对于健康人的差距越大,那么对"汽车"工具的要求就越高。因此,在老龄化社会中会开创出一个极具吸引力的销售市场[5.19,5.20]。

## 5.4 驾驶员辅助系统的系统化设计

许多研发和研发工具来自于军事领域。在开发复杂的技术系统时,原本为国防系统研发的所谓V-模型对其有着巨大的影响。V-模型支持不同的有助于结构性研发复杂系统的原则。首先,一种 Top-Down-Design(自上而下的设计)有助于从系统层面的大致要求逐步深入组件层面的详细要求。特别重要的是,V-模型对每个要求都必须详细说明适用的测试案例。根据要求的自上而下(Top-Down)的结构得出测试案例的自下而上(Bottom-Up)的结构,见图5-1。

采用作为研发电子汽车系统中的样本的V-模型已在汽车制造商和系统合作伙伴那里形成了一种非常结构化的研发形式(例如[5.4])。对要求说明得越详细,也就越明白无法对复杂的辅助系统进行全面测试。

"如果在研发计划之初信息尚不完整并因此无法'自上而下'地研发系统",则重要的是要在文献中对使用V-模型情况进行讨论[5.28]。"因此,实际情况将通过递增和迭代的行为方式表现出来,在V-模型的某些

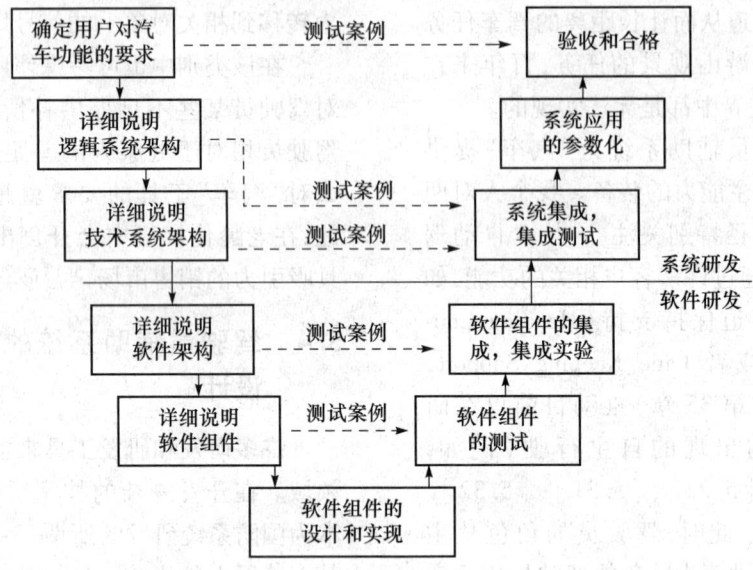

图 5-1　V-模型的基本结构

一种简单的设计模型考虑到这种迭代开发周期的需求，在"自动应急制动"研究项目的框架内开发了该模型[5.24]。以有意简化的方式图示了该方法：图 5-2 显示了包括整个迭代循环的一个整圆。少于半圈规定为一个"捷径"，这再次引向研发过程的出发点。2006 年我们已给出了一个技术形式的记录，但目前未继续跟踪[5.10]。

通过所述的结构得出两个迭代循环：第一个时间上较短的和明显节约资源的循环需要来自不同领域的专业知识。此工作在理论上不需要建造原型机。如果企业内可用的专家和根据需要加入外部的专家在该迭代循环内尽可能发现核心的设计冲突并在可实现的且值得期望的但还不能实现的辅助功能之间进行严格的选择，则该方法将特别有效。

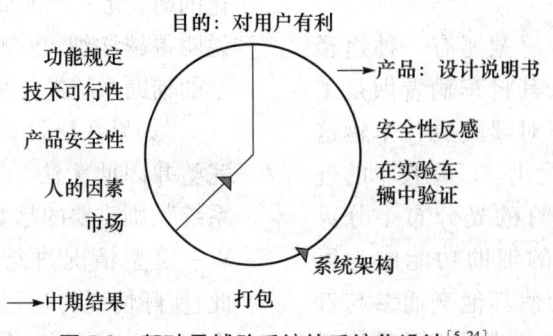

图 5-2　驾驶员辅助系统的系统化设计[5.24]

如果专家确定了一个作为中期结果的功能定义，在该定义中已消除所有在理论讨论中发现的设计冲突或者出现了需要进行试验的未解决问题，才会建造原型系统。

开发流程的出发点始终是驾驶员和其支持需求。听起来感觉是陈词滥调，但是对于那些对汽车感兴趣的读者来说会立即想起之前许多根据驾驶员的（支持）需求而进行开发的事例。Bloch[5.3]公布了一个非常中肯的个人观点。

对于驾驶员的购买决定和因此形成成功的系统销售市场来说，起决定作用的是主观上的需要，而不是客观上可预计获得的收益。一家日本大厂商在推广其最新的顶级豪华车时将产生轰动的驱动系统和驾驶员辅助系统投放市场，这促进了其品牌形象和销售业绩，尽管从专业角度来说，其给驾驶员带来的好处是有争议的。

根据确定的支持需求产生了形成功能特性的想法，其在技术可描述的情况下对驾驶员提供支持。在专家小组中对是否可按照最新的知识水平用可用的技术实现该功能特性进行测试，依据是：未经培训的用户能在任何情况下控制住预计可能出现的功能缺陷和系统失灵吗？对功能和其界限进行用户透明的设计看起来可行吗？有适用的人机界面吗（参见第4章）？该功能对客户而言经济可行吗？其符合制造商的品牌形象吗？借助一个实际事例按照下述内容讨论如何深化各个步骤和设计整个迭代循环。

从方法方面来说，这里所说的方案是方法的再开发，就像在集成产品开发中所述的方法一样（例如，[5.7]）。在一套系统研究和研发流程中，每个阶段都应考虑该方法。即便是在大学内的研究也不应偏离用户的需求，并且在整个产品研发过程中要使用公开可用的知识。

在工业研究和前期研发阶段，所说的方法对相应的制造商来说具有较重要的商业意义。在使用革新性的技术时，正好先在系列研发过程中的设备感知领域内进行微调，原因是通常情况下只有使用临近投放市场的传感器的样品版本才能可靠确定实际的传感器究竟在多大程度上符合当初制订的技术规格以及会具备哪些功能特性。

当然还应实施那些不直接针对某个特定客户利益的自由研究计划和前期研发计划。重要的是，应对这些计划进行相应的解释且这些计划不是由于针对特定的客户利益而制订的。

## 5.5 "自动应急制动"的系统化设计

### 5.5.1 面向用户的功能定义

通过立法机构、汽车制造商、系统合作伙伴和救护事业的努力，多年以来德国每年的交通死亡数字都在下降。但是德国每年超过5 000人的道路交通死亡绝对数也表明要继续提高道路交通的安全性。汽车制造商普遍有个共识：就是只有在增加轿车的重量和油耗的情况下被动安全性的措施才会达到明显的改善效果。主动安全性系统具有巨大的提高乘员安全性的潜力。在对驾驶员辅助系统的情况进行评估的基础上，应可降低交通事故的严重程度或者完全避免交通事故。

对交通事故研究结果进行分析表明，许多驾驶员未充分利用其车辆的减速潜力。图 5-3 图示了对一个交通事故数据库的统计分析结果：对于每个受伤程度 MAIS，有多少驾驶员采取了最大为 $3m/s^2$ 的舒适制动，而更为强烈的制动至少会降低交通事故严重程度（[5.35]，Kopischke[5.17] 引自 [5.24]）。

根据这种确定的辅助需求，为启动方案研发流程规定了第一个功能定义："当从行驶物理学角度无法避免交通事故的发生时，应采取应急制动措施，即用最大减速进行制动干预。这样，还是会继续给予驾驶员自由度，并且只有当驾驶员虽具备不错的驾驶能力但也不能避免碰撞的情况下才会触发干预……"[5.16] 此功能定义也说明，在方案研发阶段之初就要预先知道：从一开始就应限制降低交通事故严重程度的系统，以免在过早触发应急制动系统甚至导致交通事故发生后驾驶员或其家属要求进行产品责任索赔。

通过对可用的雷达、激光雷达和视频传感器进行分类得出，只要设计的场景简单并且天气条件没有达到相应传感器的极限，便可以从原理上简单地体现出功能。在探讨的前提下应研究，通过传统 ACC 系统的雷达传感器是否无法体现出功能。

但是最迟在第一次风险分析时要明确在道路交通中有许多情况，这些情况可能对传感器提出过高的要求。由于加装了系统的车辆要比传统的车辆更安全，因此未触发自动应急制动会被看做认为未达到临界点。

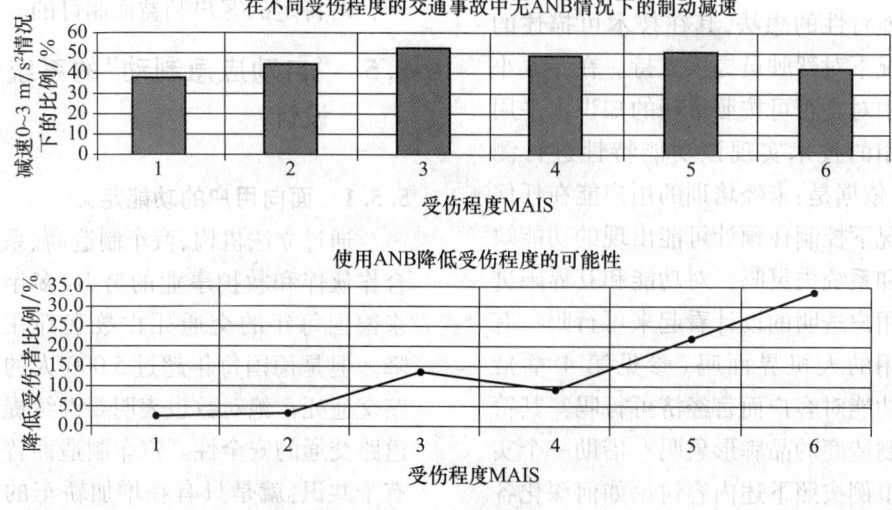

**图 5-3　自动应急制动的理论潜力**[5.17]

## 5 驾驶员辅助系统的设计和测试

如果在未发生上述触发的情况下自动启动了应急制动,则将该情况看做达到了临界点。由于已经知道各个传感器的功能原理,因此专家们明白虽然很少会出现错误触发,但是至少从目前的技术水平来说还不能完全避免。在现代系统中很少出现的"窄道行驶"情况中,雷达专家发现,当两辆车以极相似的车速运动时,它们可能会被信号处理系统解读为一个位于窄道中的虚拟物体。此种"幽灵物体"可能造成不合理的自动应急制动。

产品安全专家的反对意见产生了较大的影响,在出现索赔时法院会对比类似情况,类似情况是,在感知决定性参数时可能要求冗余,因为在 ESP 系统中,重要参数同样是以冗余的方式采集的。

在早期阶段,专家指出所期望的功能限制必须要经过商谈交流,并且制造商要负责将这些客户期望正确实现。感谢 Response 项目将这些专家的专业知识转变为各种辅助工具[5.14,5.5]。

同样,要求系统在其极限情况下至少能自己确定其功能退化并相应地对驾驶员发出警告。

为了验证系统功能正常,要使用数据记录仪或者至少作为有效记录保存在研发存储器内。

因此,对于驾驶员和后续的交通车流来说是否能可靠掌控这种无缘由的自动触发成了核心问题。对该问题进行研究首先需要建造原型机并借此完整地运行外部的迭代循环。结果是明确的:超过 1/3 的驾驶员的反应可以归类为"恐慌、慌乱",另外超过 1/3 的人反应为"害怕、(加上)视野狭窄",不能排除在汽车试验场做出错误反应的试验中出现"惊讶"或者"好奇"之类的反应(参见图 5-4,[5.8])。

这些研究表明,对于驾驶员、后面的交通车流、汽车制造商和系统合作伙伴来说,"自动应急制动"可能出现的错误触发是一个不能过于低估的风险。

除了技术、人体工程学和法律团体之外,在方案阶段就应将产品营销部门包括在内。如果成本较高的技术

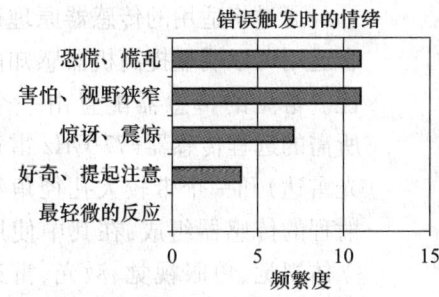

图 5-4 自动应急制动错误触发后的情绪(根据眼神和面部表情)($n=33$)[5.8]

革新不符合品牌策略将怎么办？因此就不给予奖励了吗？上述提及的辅助功能预期的功能缺陷可能会使得产品的竞争力不足。制造商应承担满足客户期望的责任（参见上文）。

根据第一个迭代循环得出下列结论：发现了一个具有较大作用范围的功能特性。研发任务中期望的传感器局限于纵向交通的优势。为此，使用已知的 ACC 传感器在成本上是有利的。但是与其他的安全性系统比较后发现，在这里需要对决定功能的状态参数进行冗余收集。必须在早期阶段就实际实施的人类工程学试验表明，该功能特性无法接受自动应急制动的错误触发。

由于在这种情况下没有发现符合标准的中期结果，因此必须对后续的研发进行彻底的调整。可以通过可能互补的感知原理对长期的研发方向进行调整，以极大地降低错误触发的概率。

短期应通过改变功能达到符合标准的规定。在试验中，错误触发让人感觉印象很深刻（参见上述）。当一个微弱的制动摇晃没有对驾驶员起到指示危险的警示作用时，在错误触发的情况下突然意外降低车速会危及后面交通车辆的安全吗？

根据试验的研究证实了两个期望：警告摇晃是一种有效的警告媒介，使用一套合适的制动系统几乎不会延迟。因此，在第二个迭代中首先开发了一套警告系统，用于如上所述提示驾驶员有危险。当其出现故障时，因为该干预也处于不紧急的情况，因此

将 10 000 km 的一次错误触发确定为错误触发率。

这次的中期结果是很有希望的：通过触觉感觉通道进行警告是非常直接和有效的。因此，预计会给客户带来更多的好处。在使用 ACC 传感器时再次局限了纵向交通的益处，因而在不使用其他传感器硬件的情况下可成本低廉地体现出功能。错误触发被证明是可控的且可接受的。如此规定的功能现在可短期供应到量产汽车中（产品名称：奥迪——"Audi Braking Guard"，奥迪制动卫士；大众——"Front Scan"，前视环境扫描显示系统，2006 年投放市场）。

自动应急制动系统原始功能思想的继续开发需要技术上较复杂的方案。对于根据第一个开发周期已知的功能规定，现在可以对优势进行量化预估。分析参数对于所获得的优势来说是决定性的也是非常重要的。图 5-5 显示的是能源的相对减少与系统死区时间的优势之间的相关性。该图有助于将企业内使用效率更高的制动系统的优势量化；在选择传感器方面其也起到了作用（[5.17] 引自 [5.24]；另请参见第 33 章）。

通过将适用的传感器原理进行组合运用可以明显提高机器感知的稳定性。常见的传感器配置由一个 ACC 所需的远程传感器（77 GHz 雷达或激光雷达）和一个带较大孔径角和较低射程的传感器组成，在其中使用诸如立体视觉、单眼视觉、激光、雷达或光子混成器件（PMD）之类的原理。要求冗余的方式也可通过具有两个远程

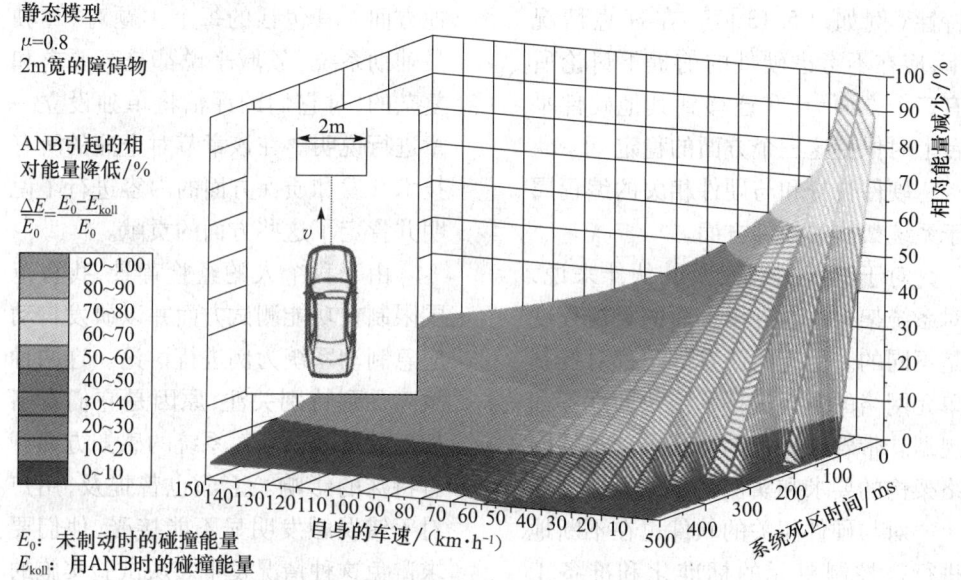

图5-5 死区时间对自动应急制动相对能量降低的影响[5.17]

方案的双雷达方案实现[5.21]。对于所有草拟的解决方案,系统的优势局限在纵向交通上。错误触发的概率降低,但仍处于临界状态。

以第三个迭代为例应更详细地说明功能的原型机、系统架构方面和功能试验。

在汽车的设计方案中结合传感器,这种方式通常被低估。如果没提前结合传感器,如果传感器不用于汽车重要的基本功能而"仅仅"是用于辅助系统,则可能不利于传感器的集成。

### 5.5.2 系统架构方面

多模环境传感器和基于这些传感器的联网辅助功能显著增加了车内计算机网络和与之相连软件的复杂程度。因此,能够掌控系统的复杂程度成了汽车制造商和其伙伴的主要能力。除了在文章主题中所谓的"设计"和"测试"这两方面之外,系统架构和对其的详细规划将是掌控这种复杂性的关键工作。

建议在汽车网络拓扑的计划阶段就对环境传感器进行考虑。在感知环境中合并传感器数据时出现的数据流决定了汽车网络的拓扑结构(参见第9章)。

"系统架构"这个定义包括五个方面:

功能性的系统架构拆分了由总功能和其功能性组件这两方面组成的总系统。它使用来自"系统动态"和"控制技术"这两个领域的表现方式。可通过面向对象的软件开发方法清晰地构建知识表示模型。首先应不考虑技术实现方法而从客户角度描述汽车的特性(例如,[5.13])。在理想情况下,应在不考虑硬件的前提下讨论所有三个方面,且在迁移到其他硬件平台上时保持这三个方面的稳定。

硬件自身和与硬件相关的编程属于系统架构的硬件方面。

对于汽车制造商及其伙伴来说,对系统架构的这五个方面的重视程度是不同的。所有的研发部门都对控制单元网络的拓扑进行了细致的准备和规划。带驾驶员辅助系统机动车的网络架构的要求和实例请参见第9章。

对与硬件相关的软件也在不断地进行跨控制单元的标准化和准备工作。一个与硬件根本无关的系统设计的重要步骤是在汽车实际的研发过程之前从客户角度对汽车的特性进行集中讨论和确定(参见上文,[5.13])。

对于每个制造商来说,结构化系统设计的其他潜力在于:可继续利用前面所述的功能性系统架构的几个方面并对车内的外显表征进行核心规划(例如,[5.23])。

### 5.5.3 驾驶员辅助系统功能测试

今天,在汽车研发的实践中经常不明确地使用"测试或试验"这个概念。它说明了下列不同的测试分类,诸如功能测试、用户的操作安全性测试、用户透明度测试、客户认可试验、电磁兼容性试验、气候试验、汽车音响试验、汽车主动和被动安全性试验以及包括硬件回路试验在内的电气和电子试验,包括软件回路试验在内的硬件完整性试验。这个列表还可包括其他方面。其包括的每个主题对"驾驶员辅助系统"领域来说都是高要求和复杂的,对它们的评估将单独设立一章进行说明。在该章节对企业的所有技术开发和质保方面的内容进行了说明并肯定了这些方面的贡献。

由于我个人的经验背景,我将范围限制在功能测试方面并以研发自动应急制动系统为例进行讨论。这两种故障受到特别关注,原因是它们对诸如驾驶员和公众对系统的感知方面有着特殊的影响。上面也曾提及,用户对于错误触发明显不能接受,他们要求避免这种情况发生。从试验实施的角度来说,这与功能定义是冲突的,因此合理触发试验和研究用户反应的成本较高。

接受上述功能特性的自动应急制动,关键在于观察人认为不合理触发的错误概率是可接受的。到底可接受多大的错误概率在本章内未做回答。航空或医药领域中相似的事件或许可以指明方向[5.11]。

### 5.5.4 "合理触发"测试案例——车辆回路测试

在自动应急制动系统合理触发的测试案例中,对试验有下列要求:进行自动应急制动,同时造成碰撞。此时,不应危及驾驶员和车辆的安全。应将该情况逼真呈现给驾驶员。应尽量再现试验场景来进行试验。使用简单的试验装置或者在行驶模拟器中进行试验无法满足所有标准:在行驶模拟器中进行试验时无法真实充分地感受到危险的场景和车辆反应的动态。与泡沫塑料块发生实际碰撞时,车辆设计者和小型障碍物同样无法足够真实地营造真实的场景。另外,实施这些试验时也无法充分再现同样的场景。

重新进行开发来达到对功能性触发试验的要求,即所谓的汽车在环试验(Vehicle – in – the – Loop, VIL)将在第 8 章中进行详细说明。

### 5.5.5 "错误触发"的错误概率——特洛伊木马

跟所述的正确触发试验一样高要求的是根据经验确保单位时间的错误概率每小时最多为 $10^{-9}$。假设某车的时速仅为每小时 30 公里,得出行驶 300 亿测试公里而不发生任何错误触发的需求。在汽车开发的框架内在经济上无法执行该需求,因此要寻求其他的保障方法。

特洛伊木马("错误触发"的错误概率)建议[5.33]在客户车内对新功能进行测试。客户想使用相同的传感器配置获得一种舒适功能。例如,这可能是 ACC Stop&Go(带有停走功能的自动巡航系统)的功能特征。实现的软件还具有自动应急制动的所有功能,但将不对制动促动器进行干预。将应急制动功能记录到开发的存储器中,如果在客户服务记录中发现了一条开发存储器记录,则可能是由一次随后必须进行查明的交通事故引起的,也可能是由一次错误触发造成的。因此,原则上要有所有的信息,以确定所需的触发错误概率。目前,汽车制造商没有进行积极讨论,因此,作者不知道是否将来一定会使用这种方法。此外,不能排除的是制造商或者系统伙伴已使用该方法,只是没有进行沟通。

有关在系统设计时是否应使用 IEC 61508 标准或者是否要根据最新的工作草案 CD 26262 形成新的草案规定的讨论在这里并未刻意省略。

## 5.6 小结

由于在微电子方面取得了技术进步,现在驾驶员辅助系统已经可以具有机器感知能力。在机器感知中解读的环境传感器的数据可使驾驶员辅助系统感知周围环境中的物体并确定对驾驶员及其车辆的重要性。这种解读能力目前还达不到车内传统传感器或者一个注意力集中的驾驶员的可靠性程度。因此,需要进行新的设计和试验。

机器感知显著增加了机动车内软件和硬件的复杂度。要想长期获得客户、制造商及其伙伴的青睐,则应始终为客户的利益着想。

本章节介绍的驾驶员辅助系统的系统设计过程坚定地以客户的利益为出发点并在设计阶段就对除了技术问题之外的法律、人体工程学和经济问题进行了考虑。建议在所有的研究和开发阶段都使用迭代开发循环。只有事先对预计到的设计冲突进行优化,原型机和试验装置开发中的投入才会获得回报。

# 参考书目

[5.1] *Berlitz, S.*: LED is now, what's next? ISAL 2007 – International Symposium an Automotive Lighting, 25. -26. September 2007, Darmstadt, 2007.

[5.2] *Binfet-Kull, M.; Heitmann, P.; Ameling, C.*: System Safety for an Autonomous Driving Vehicle. In: IEEE Ins. Conf. On Intelligent Vehicles, Stuttgart, 1998.

[5.3] *Bloch, A.*: Tech No. www.auto-motor-und-sport.de, 16/2007.

[5.4] *Breu, A.; Holzmann, M.; Maurer, M.; Nilgers, A.*: Prozess zur Komplexitätsbeherrschung bei der Entwicklung eines Stillstandsmanagements für ein hochvernetztes Fahrerassistenzsystem. Stillstandsmanagement. 8.-9. November 2007, Ha-us der Technik, Essen, 2007.

[5.5] *Donner, E.; Winkte, T.; Walz, R.; Schwarz, J.*: RESPONSE 3-Code of-Practiee für die Entwicklung, Validierung und Markteinführung von Fahrerassistenzsystemen. VDA. Technischer Kongress. 28./29. März 2007, Sindelfingen, 2007.

[5.6] Duden. Das große Wörterbuch der deutschen Sprache, 10 Bde. Duden-Verlag, Mannheim, 1999.

[5.7] *Ehrlenspiel, Klaus*: Integrierte Pro-duktentwicklung. Hinter, München, 2003.

[5.8] *Färber, B.; Maurer. M.*: Nutzer-und Nutzenparameter von Collision Wartung und Collision Mitigation Systemen. In: Maurer, M.; Stiller, C. (Hrsg.): Workshop Fahrerassistenzsysteme FAS2005, Walting, 2005.

[5.9] FAS (2002, 2003, 2005, 2006, 2008): 1-5. Workshop Fahrerassistenzsysteme FAS200X, Walting, Leinsweiler, Walting, Läwenstein, Walting. Konferenzbände hrsg. von Maurer, M. & Stiller, C.; FMRT am Institut für Mess- und Regelungstechnik der Universität Karlsruhe, Engler-Bunte-Ring 21, 76131 Karl-sruhe; www.mrt.uni-karlsruhe.de.

[5.10] *Glaser, H.*: Fahrwerk und Fahrerassistenz-eine ideale Kombination? In: 7. Symposium zum Thema Automatisierungs-, Assistenzsysteme und eingebettete Systeme für Transportmittel. AAST 2006. 21.-23. Februar 2006, Braunschweig, 2006.

[5.11] *Homann, K.*: Wirtschaft und gesellschaftliche Akzeptanz: Fahrerassistenzsysteme auf dem Prüfst-and. In: Maurer, M.; Stiller, C. (Hrsg.): Fahrerassistenzsyst-eme mit maschin-eller Wahrnehmung. Springer, Heidelberg, 2005.

[5.12] IV: 1991-1996: Intelligent Vehicles Symposium; 1997: Intelligent Transportation Systems; 1998-2008: Intelligent Vehicles Conference, IE-EE, Veranstaltungsorte wechselnd in Amerika, Asien und Europa, 1991-2008.

[5.13] *Kohoutek, P.; Dietz, J.: Burggraf, B.*: Entwicklungsziele und Konzeptauslegung des neuen Audi A4. In: ATZ/MTZ extra-Der ne-ue Audi A4, September 2007, Vieweg, Wiesbaden, 2007.

[5.14] *Kopf, M. et al.*: RESPONSE Checklist for theoretical Assessment of Ad-vaneed Driver Assistance Systems:

[5.15] *Kopf, M.*: Was nützt es dem Fahrer, wenn Fahrerinformations-und-assistenzsysteme etwas über ihn wissen? In: Maurer, M., Stiller, C. (Hrsg.): Fahrerassi-stenzsysteme mit maschineller Wahrnehmung. Springer, Heidelberg, 2005.

Methods, Results und Assessment of Appl icability. 1999.

[5.16] *Kopischke S.*: Entwicklung einer Notbremsfunktion mit Rapid Prototyping Methoden. Dissertation, TU Braunschweig, 2000.

[5.17] *Kopischke S.*: Persönliche Kommunikation, Ingolstadt, 2000.

[5.18] *Kraiss, K.-F.*: Benutzergerechte Automatisierung-Grundlagen und Realisierungskonzepte. In: at-Auto-matisierungstechnik 46 Band 10, S. 457-467, Oldenbourg, München, 1998.

[5.19] *Krüger, H.-P.*: Persönliche Kommunikation, Walting, 2005.

[5.20] *Krüger, H.-P.*: Hedonomie-die emotionale Dimension der Fahrerassistenz. Aktive Sicherheit durch Fahrerassistenz, München, 2008.

[5.21] *Lucas, B.*; *Held, R.*; *Duba, G.-P.*; *Maurer, M.*; *Klar, M*; *Freundt, D.*: Frontsensorsystem mit Doppel Long Range Radar. In: Maurer, M., Stiller, C, (Hrsg.): 5. Workshop Fahrerassistenzsysteme FA52008, Walting, April 2008.

[5.22] *Maurer, M.*; *Behringer R.*; *Fü-rst, S.*; *Thomanek, F.*; *Dickmanns E. D.*: A camptet vision System for road vehicle guidance. In: 13th Int. Conference an Pattern Recognition, S. 313-317, Wien, 1996.

[5.23] *Maurer, M.*: Flexible Automatisierung von Straßenfahrzeugen mit Rechnersehen. Fortschritt-Berichte VDI. Reihe 12: Verkehrstechnik/Fahrzeugtechnik. Bd. 443, Ingolstadt, 2000.

[5.24] *Maurer, M.*; *Wörsdörfer, K.-F.*: Unfallschwereminderung dur-ch Fah-rerassistenzsysteme mit masch-ineller Wahrnehmung-Potentiale und Risiken, Unterlagen zum Seminar "Fahrerassistenzsysteme und aktive Sicherheit", Haus der Technik, Essen, 20. November 2002.

[5.25] *Maurer, M.*; *Stiller, C.* (Hrsg.): Fahrerassistenzsysteme mit maschineller Wahrnehmung". Springer, Berlin, 2005.

[5.26] *Maurer, M.*; *Stiller, C.* (Hrsg.): 5. Workshop Fahrerassistenzsysteme FAS 2008, Walting, April 2008.

[5.27] *Pamerleau, D.*; *Jachem, T.*: Rapidly Adapting Machine Vision for Automated Vehicle Steering. IEEE Expert, Bd. 11, Nr. 2: S. 19-27, 1996.

[5.28] *Reif, K.*: Automobilelektronik-Eine Einführung für Ingenieure. ATZ/MTZ-Fachbuch, Vieweg + Teubner Verlag, 2009.

[5.29] *Schäuffele, J.*; *Zurawka, T.*: Automotive Software Engineering. 3. Auflage, ATZ/MTZ-Fachbu-ch, Vieweg, 2006.

[5.30] *Siedersberger, K.-H.*; *von Holt, V.*: Persönliche Kommunikation, Ingolstadt, 2005.

[5.31] *Singh, Sanjiv* (ed.): Journal of Field Robotics, Volume 23, Issue 8, August 2006, Special Issue an the DARPA Grand Challenge (Part 1)

[5.32] *Singh, Sanjiv( ed. )* : Journal of Field Robotics, Volume 23, Issue 9, September 2006, Special Issue an the DARPA Grand Challenge( Part 2 )

[5.33] *Winner, H.* : Patent DE 101 02 771 A1: Einrichtung zum Bereitstellen von Signalen in einem Kraftfahrzeug. Deutsches Patent-und Markenamt, Anmeldetag: 23. 01. 2001. Offenlegungstag: 25. 07. 2002.

[5.34] *Winner, H.* : Fahrerassistenzsysteme. Skript zur Vorlesung, 1. Aufl. , Darmstadt, 2003.

[5.35] *Zobel, R.* : Persönliche Kommunikation, Ingolstadt, 1999.

# 6 驾驶员辅助系统的评估方法

*Jörg Breuer*

## 6.1 面向用户进行评估的目标设置

源自于拉丁语的"assistere"（帮助某人,让某人按指示去做）,"辅助系统"这个名称完全是有用意的并且说明了该技术系统相关的要求和限制。它应在驾车任务的某些部分按照驾驶员的愿望对驾驶员提供支持（信息系统）或者将驾驶员从某些任务中解放出来（舒适系统）。某些辅助系统也可以通过干预帮助驾驶员在危急情况下克服困难实现其愿望。这样,该技术系统不仅提高了舒适性也提高了安全性。但是辅助系统不应也不能替代驾驶员且不能解除驾驶员安全驾驶车辆的责任。

接受程度高的有效系统应以下列设计原则为基础并通过适当的试验进行评估[6.1],参见[6.2]：

**快速适应**

就像一名管理人员和助手首先要经过一个适应阶段才能达到最佳协作效果一样,驾驶员需要一定的时间熟悉新的技术辅助系统以更好地使用该辅助系统。技术的正确思维模型是对其正确使用的基础。尽量缩短这个不可避免的阶段是汽车制造商的任务。仅在特定的危急情况下进行干预的系统当然不需要这种适应阶段。

**符合期望的和一致的系统行为**

辅助系统必须考虑实际存在的辅助需求或者驾驶员的愿望并以期望的方式发挥作用。从驾驶员角度来看的类似情况,系统也必须尽可能始终如此表现。在这里合理的客户期望（不仅仅是从产品责任问题的角度来看）起决定作用。

**简便的"操作",明确的显示方案**

驾驶员必须可迅速启动和关闭系统并随时获得最新状况信息。如果系统行为可进行配置,则根据要进行变化的频繁程度,系统行为也同样要简单和明确。

**仅在确定发现交通事故危险时才干预**

只有在确定发现一定的发生交通事故的概率时,紧急情况下才会触发干预系统。应将错误触发概率降低到最小,与此相联系的是对用于可靠状况分析的传感器和信号处理的较高要求。但是,由于错误触发比不触发的缺点更多,因此在有质疑的情况下系统不应进行干预。

**在实际道路交通中的作用**

辅助系统必须切实改善实际条件

下的便捷性和安全性。为此,必须(也包括在研发的早期阶段)在试验的所有相关情况下客观评价使用情况和系统能力并以人为本地进行优化。

要明确,这里涉及一个仅能在整车环境中进行评价的目标尺度,必须将驾驶员、车辆和环境视为总系统进行考虑。

## 6.2 对评估方法的要求

为了确保可转移性,原则上测量(即将实际情况在抽象坐标系上的反应)必须满足客观性、可靠性和有效性这些主要的质量标准[6.3]:

◆ 客观性:测量应尽量避免受到人在测量过程中产生的影响,这样即使不同的人也会得出一致的结果。

◆ 可靠性:相同条件下的测量必须是可再现的,这不仅涉及数据收集的方法方面,也涉及测量时间的改变,如被测试者(特征波动、个体间的差异)。

◆ 有效性:测量必须以尽量高的程度采集需要对其进行说明的相应特征。

此外,根据[6.4]得出了特别是在野外研究中对下列附加性能标准测量方法的要求:

◆ 合理性:不应将参与数据采集的被测试者置于(主观上)不合理的境况下。

◆ 经济性:测量方法在时间和经济成本方面与采集的数据数值之间应达到一个合理的比例。

◆ 反作用小:测量方法自身只允许对要测量事物具有极小的影响。

此外,尤其必须考虑下列标准:

◆ 安全性:即测量不得损害所有相关人员以及使用的材料(试验车辆、测量技术装备)的完好性。

◆ 数据保护法:在相关人员明确同意后才允许收集所有数据。在出版物中数据不得按名称分类。

**集合**

除了在研发阶段由专家扮演驾驶员定期进行的试验之外还需要利用"普通驾驶员"进行试验,以便获得有效性数据和总体(客户和其他驾驶员组成的用户群)对功能和系统设计的可接受性。试样的大小和组成决定试验结果的说服力和其向目标群的可转移性。在试验问题相关的特殊特征上,抽样应具有代表性,也就是说,特性、能力、技能和需求的频繁程度在不同的集合中应有跟目标群相同的分布。

可接受性与如何满足产品相关的期待和需求有很大关系并必须为购买者的目标群进行评估。为此,应在集合中用合适的表达范围尽量准确地描述相关的特征。相反,在许多安全性相关的问题上更倾向于根据作为汽车驾驶员的能力和技能对技术进行调节。在此,整理该集合时也更偏重于各功能前提条件的规模。

如果还未充分了解相关特征,则可以从用户人群中抽取足够多的随机抽样。但是,由于经济上和时间上的限制,一般情况下要使用根据某个环境而汇总起来的较小的集合(例如,企业员工或者学生)。同时,估计的相关个别特征在所有可能的组合中至少要具有相同的频繁程度,参见方程式(6.1)[6.5]:

$$n \geqslant \sum_{i=1}^{k} n_i \quad (6.1)$$

也要考虑如年龄($n_1$ = 3 个特征:青年、中年、老年)、身材($n_2$ = 3 个特征:瘦小、中等、高大)和使用特殊产品的行驶经验($n_3$ = 2 个特征,有、无)这三个特性的影响,如此得出一个最低数为 3×3×2 = 18 名被测试人。为了推导出统计上可靠的结论,每个组合应覆盖 3~10 名被测试人。规定抽样范围的最基本的输入参数是所收集数据的质量(一般标准)、结果所需的准确度以及允许的误差概率(公式和示例参见[6.5])。

原则上,应区分相依抽样(也包括配对抽样或者"within subject design"(内设计))和独立抽样(非配对抽样或者"between subject design"(被试间设计))。如果比较一个系统设计的不同特征很重要,则采用相依抽样。相反,如果想确定一个设计是否适合某个特定的用户群,则选择独立抽样。为了获得具有统计学意义的结果,原则上独立抽样需要的被测试人要多于相依抽样,原因是在这里除了个体内差异的偏差之外,还有个体间差异的偏差。

原则上对危急情况下被测试人意外的行为仅作一次评价,然后通过推测其他的有类似要求的情况得出提高警惕性和(或)培训的效果,在评估时几乎不对这两方面进行区分。通过选择独立抽样的一个设计或者紧急情况下通过变换变量顺序考虑该实际情况。

鉴于现有的时间和经济方面的限制,在研发驾驶员辅助系统时很难找到有代表性的集合,也包括反映所有相关特征的抽样的总体。在比较不同的系统特征时,一般情况下应小心处理由 30~50 个被测试人组成的集合。

## 6.3 采用的方法

每个试验环境都具有特殊的优缺点,应根据提出的问题和研发步骤选择最合适的环境。应始终通过混合试验,即模拟器试验、试验场试验和真实道路交通试验对创新进行有效优化并确保其正确性。

### 6.3.1 对行驶模拟器的试验

优点:
◆ 对准备评价场景的精确可调节性和较高的可再现性。
◆ 在研发的早期阶段就可使用。
◆ 环境条件(行驶状况)和系统参数较大的变化幅度。
◆ 有效且无危险地呈现危急的情况。

缺点:
◆ 模拟器对身体的人为伤害,如因有限的危险意识和行驶模拟的感知生理限制(图像系统和运动系统)导致驾驶员行为改变。
◆ 使用软硬件的成本,车辆和系

统的场景设计和描述(在研发的早期阶段大多只能用一般性的模型)。

◆ 由于晕动病,被测试人无法工作("模拟器疾病"或者"motion sickness"(晕动病),分析和预防方法请参见[6.6])。

◆ 模拟器的地理位置可能影响集合的汇总。

**动态行驶模拟器的示例**

戴姆勒行驶模拟器[6.7] 1985 年在柏林投入使用。首台模拟器具有一套带液压六足车(6种自由度)的运动系统,这种机构是专门为该模拟器设计的,在当时是世界上移动空间最大的模拟器。球状屋顶有 6 个 CRT 投影仪,这可以在实际的汽车驾驶舱前形成一个 180°×30°大小的视野。为了更好地呈现横向动态,1993 年对移动系统进行了一次改进:将六足车固定在一个横向溜板上,以使液压缸能够移动 ±2.8 m(图6-1)。

2004 年进行了一次改进,将六足促动机构更换为新的低摩擦静压支撑式促动机构。与新的数字调节系统一起可在扩大的频率范围内呈现更佳的运动图像。实时模拟装置由一个基于英特尔的多处理器计算机和 Red-Hawk Linux 实时操作系统组成。在经过改进的控制室内通过一个图形用户接口(GUI)对整个模拟环境包括所有的软件模块进行控制(图6-1)。用一个 PC 计算机集群和商用 CRT 投影仪代替了原有图像系统并且向前的视野扩大到 230°×45°,向后则扩大到 58°×28°。与右侧车外后视镜内的小 LCD 显示屏一起呈现了一种极逼真的情境。2009 年之前包括 2009 年,使用该系统对大量的被测试人进行了测试,由于图像和运动系统很好的协调性,因晕动病引起的故障率降低到 2% 以下[6.8]。

目前,世界上最先进和最动态的行驶模拟器于 2010 年在德国辛德菲根投入使用[6.9]。它基于一个大大扩展了的运动系统,带有一个12.5 m 长的电动驱动的线性轴和一个电动六足车。借助一个转盘,车辆驾驶舱可在 CFK 轻质结构屋顶内转动 90°,这样就可以用线性轴以最大不超过 10 m/s$^2$ 的加速度呈现汽车的横向和纵向运动。带 QXGA 分辨率(2 048×

图6-1 戴姆勒行驶模拟器

1 536像素)的8个LCOS投影仪在屋顶的内侧为驾驶员形成了一个360°的视野。另外,用LCD显示屏代替了汽车驾驶舱外的两个车外后视镜。与使用的图像和交通模拟软件一起可确保全天全面逼真地呈现行驶状态和行驶机动性。

为了在动态模拟器中进行试验的同时也有效准备新的试验,使用2个准备模拟器。它们基于相同的软件和硬件,但是没有运动系统。用不超过6个通道将环境图像投射在汽车驾驶舱周围。在这些模拟器中可以优化场景并按照合适的流程提供。它也适合用于呈现不重要的运动场景的试验,如在对某些操作单元和显示单元的设计进行评估时。

### 6.3.2 汽车试验场上的试验(受控区域)

优点:

◆ 逼真的环境:被测试人在没有视野和汽车动态受限的情况下驾驶一辆真汽车,危险意识方面仅有少许局限性。

◆ 较大的地理灵活性:可在不同的地点进行试验(例如,在目标市场中)。

缺点:

◆ 交通状况方面仅可实现简单的场景。

◆ 车速范围受到限制(可能取决于地面几何形状)。

◆ 在呈现有效的、无危险的、但是驾驶员主观感觉危急的情况时成本较高。

### 6.3.3 在真实道路交通中进行试验(现场试验)

优点:

◆ 可在实际条件下进行试验:

——真实环境。

——可在无其他行驶任务或限制的条件下自由行驶,从而可分析各个辅助功能的使用情况。

◆ 最大的地理灵活性:试验可在任何地点进行。

◆ 具有最高可靠性的保障数据:汽车和辅助系统可在量产状态下在真实条件下进行试验。

缺点:

◆ 因数的系统变化成本极大。

◆ 无法规定每个场景的再现情况。

◆ 只有在开发流程后期可用。

◆ 在采用试生产车辆时对于专用的安全性装置可能有附加成本。

在行驶模拟器阶段首先对安全系统施加影响并随后可在必要情况下借助实际的交通事故数据进行分析时,必须根据可能的附加影响在尽量接近实际的条件下在现场实施试验。例如,只能使用来自现场试验的合适数据将干预系统错误警报率降到最低。此外,实际试验可用于准确分析新系统的使用特性以及可接受性。

### 6.4 应用示例

下面举几个在行驶模拟器、汽车

试验场和实际道路交通中评估辅助功能试验的示例。

### 6.4.1 在行驶模拟器中评估安全系统

可以通过充分利用技术物理上的减速潜力,避免许多追尾交通事故、避免与弱势交通参与者发生碰撞以及降低事故严重程度。从交通事故原因研究中我们知道,其中许多追尾事故可能归因于以下人为因素:

◆ 驾驶员在危急情况下反应虽然很快但是太过于犹豫。

◆ 驾驶员错误估计了交通情况(例如,前车减速)并且反应过迟。

◆ 驾驶员对转向根本没反应。

为了最佳可再现地呈现行驶模拟器的紧急情况,1992 年进行了紧急情况下驾驶员行为相关的大量被测试人试验。一个结果是,大多数试验人虽然很快踩踏,但常常没有全力

踩踏制动踏板。图 6-2 图示了典型的反应:由于大多数汽车驾驶员不习惯最大减速的要求,因此迅速地踩下踏板首先会产生一个较高但对危急情况来说不足的减速效果。当这些驾驶员做了自我调节并被告知踩踏用力不足时,驾驶员会按指示踩踏——但常常踩踏过晚从而无法避免发生交通事故。

这种认识推动了制动辅助系统的发明和研发[6.10]。其根据车速操作制动踏板,当推测有紧急情况时会在几分之一秒内建立起最大的制动作用力。在大量的后续研究中已经确定"正常的"制动踏板踩踏速度,以便规定该辅助功能的触发界限,使其在实际危急的行驶情况下既保持高有效性也不会在运动模式的行车方式下错误触发。

此时,该技术的有效性也可通过分析有代表性的事故数据予以确认:

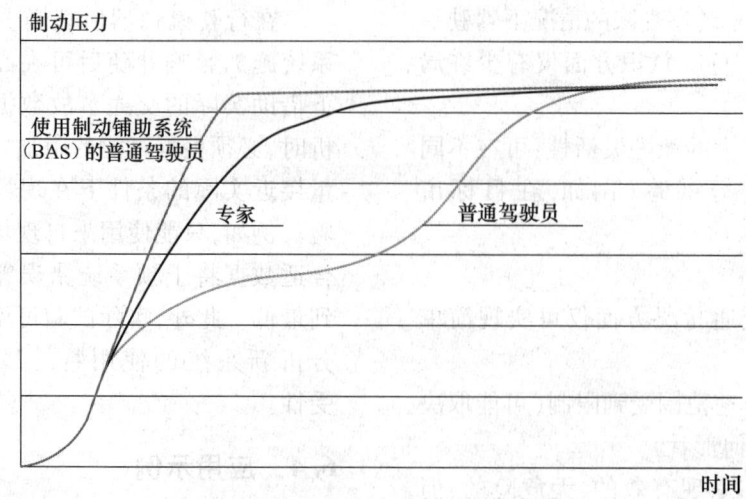

图 6-2 危急情况下的制动行为

# 6 驾驶员辅助系统的评估方法

已经对一个由联邦统计局提供的匿名和有代表性的发生人员伤亡和严重财产损失的所有事故50%的抽样进行分析，以得出使用制动辅助系统(BAS)的作用。其表明，登记的车辆追尾方面的交通事故率数值从批量采用 BAS 以来降低了8%（图6-3）。

另外，这种1996年采用的系统不仅能避免发生追尾事故，而且也可对保护行人做出实际贡献。通过一个在行驶模拟器中使用独立抽样的后续试验得出了该结论。从实际的交通事故中推导出试验场景：分析德国交通事故研究(GIDAS)数据表明，74%与行人的碰撞事故是在车速不超过 50 km/h 的情况下发生的[6.11]。89%与行人的碰撞事故是在直线行驶时发生的。为了验证制动辅助系统避免交通事故的效果，在模拟器中呈现一个典型的场景：55位男女驾驶员以 50 km/h 的车速驾驶车辆经过一个地点，突然发现一个孩子躺在车道上（由于迎面车流很难察觉）。此时有意识地限制了绕道的可能性，以首先采取制动行为。用 C 级(BR 203)轿车行驶，制动辅助系统的可用性已发生变化。有接近65%的未告知试验目的的被测试人触发了制动辅助系统，这导致主要的试验结果：如果制动辅助系统可用，事故发生率为26%，这比不用制动辅助系统(50%)低 32 个百分点。在触发制动辅助系统时更可能避免交通事故。

这种在行驶模拟器中发现的效果也通过实际的交通事故数据获得了证实：梅赛德斯-奔驰轿车在采用制动辅助系统作为量产装备后，在所有的行人交通事故中，严重事故的比例明显回落了13%（图6-4）。有关借助交通事故数据进行其他效果评估的内容请参见[6.12]和[6.13]。

**基于雷达的制动辅助系统**

在 2005 年，作为制动辅助系统的补充，梅赛德斯-奔驰采用了所谓的

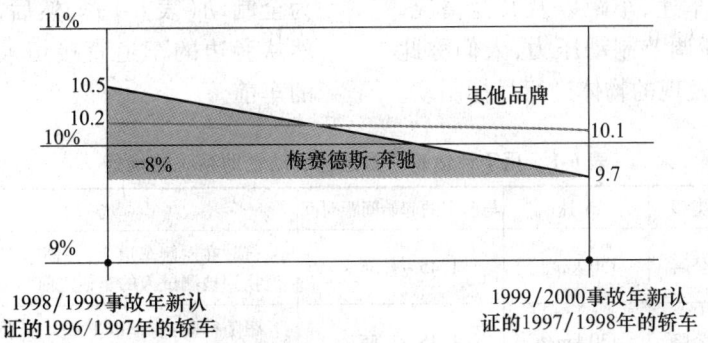

每10 000辆新认证汽车的交通事故发生率：与前行车辆发生碰撞时作为主要肇事者的轿车
来源：梅赛德斯-奔驰对联邦统计局在1998—2003事故年期间事故统计中50%的匿名交通事故抽样分析结果

**图6-3 每10 000 辆新认证车辆导致的碰撞事故**

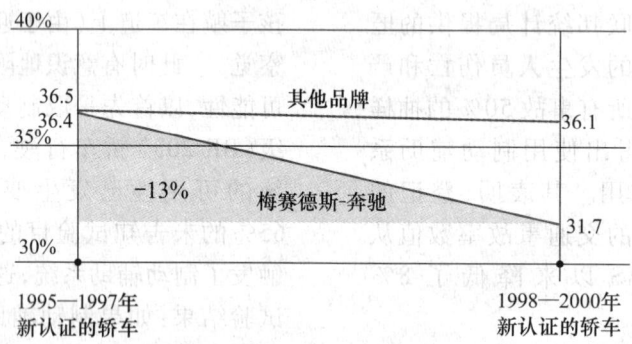

横穿车道时发生的所有交通事故中发生致死和重伤事故的百分比
来源：梅赛德斯-奔驰对联邦统计局在1998—2003事故年期间事故统计中50%的匿名交通事故抽样分析结果

图6-4　横穿车道时发生的交通事故中发生致死和重伤事故的比例

BAS PLUS(制动辅助系统增强版)，它是一种扩展的制动辅助系统，借助基于雷达的车距信息，根据情况增强驾驶员制动效果。如果与前行车辆的车距过低，红色的警告标志便会亮起。如果即将发生追尾事故，除车距警告系统发出声音信号外制动辅助系统增强版还会发出警报音，以提醒汽车驾驶员可能低估了危险情况。此外，当汽车驾驶员未以足够的力量踩踏制动踏板并且有发生碰撞的危险时，可直接使用避免碰撞的制动力辅助系统。此时，根据车速、车距以及其他情况，需要不间断调节制动压力，人们称此行为为：对发现的物体进行目标制动。

考虑到后续的车辆，不提供比在相应情况下所需的更多的制动力。仅在情况需要时，系统才会提高制动力直至全制动。

为了分析效果，在这里使用行驶模拟器是最适合的，在这种情况下应相应地用和不用制动辅助系统增强版再现三个在实际的交通事件中特别频繁出现的交通事故(所有110名被测试人随时可使用传统制动辅助系统)：在两种情况下前车的减速会加剧，从而导致起初无害的减速发展为全制动(表6-1)。然后，一辆车突然从旁边的车道直接切入被测试人的车前。

表6-1　用于评估基于雷达的制动辅助系统的场景

| 编号 | 道路类型 | 车速 | 与前车的起始间距时间 | 场　景 |
|---|---|---|---|---|
| 1 | 高速公路 | 130 km/h | 1.45 ~ 1.55 s | 行驶在左侧车道上，一辆车直接从右侧车道拐到被测试人的车辆之前 |
| 2 | 高速公路 | 130 km/h | 1.45 ~ 1.55 s | 跟随行驶：前车以 $1 \text{ m/s}^2$ 制动 0.7 s，然后将减速度增加到 $8.5 \text{ m/s}^2$ |
| 3 | 国道 | 80 km/h | 1.45 ~ 1.55 s | 跟随行驶：前车以 $1 \text{ m/s}^2$ 制动 1 s，然后减速度增加到 $9.0 \text{ m/s}^2$ |

在所有情况下，有预见性的制动辅助系统增强版都显示出较好的避免事故的效果：突然（与故障车发生碰撞的时间＝2 s）出现障碍物（拐入）的情况导致大多数被测试人触发传统的制动辅助系统并由此在80%的情况下未发生事故。使用制动辅助系统增强版有96%的情况不会发生事故。其他两个让驾驶员较难感知应急制动状况的情况也表明基于雷达的制动辅助系统较大地改善了制动效果。由此，事故发生率从55%或44%降低到仅为19%或6%。通过所有观察的情况得出，比较制动辅助系统（44%）和制动辅助系统增强版（11%），事故发生率降低了75%。除此之外，事故的严重程度也明显降低：即便使用制动辅助系统增强版还是导致了碰撞事故的发生（驾驶员制动反应过晚），但碰撞的严重程度也明显降低了（表6-2）。

从实际情况中了解到，汽车驾驶员在危急时刻并不总是能做出反应（例如，他会分神），作为下一个辅助功能将采取自主部分制动措施。对典型的追尾行驶情况的时间分析表明，当辅助系统发现有潜在发生事故的情况时，便会警示汽车驾驶员，对其提供支持或者在有严重危险时自

主进行干预（图6-5）。自主部分制动系统（PRE-SAFE® – 制动器）在30~180 km/h的车速范围内激活并像制动辅助系统增强版一样在不超过约70 km/h的车速时（也包括接近认为重要的阻挡物体时）会做出制动辅助或者制动激活反应。自主部分制动系统可以以两种方式发挥作用：可让走神的汽车驾驶员再次打起精神并立即做出反应，以避免交通事故的发生。同时，制动辅助系统增强版（立即建立起与行驶情况相对应的制动压力）和ESP®（在快速避让时稳定住车辆）也提供支持。如果无法避免碰撞，则自主部分制动系统有助于降低碰撞车速并由此降低事故后果。

戴姆勒通过一个包括70名男女驾驶员的行驶模拟器试验评估自主部分制动系统的效果。该试验方案特殊的挑战性在于使用部分制动系统是在警告和常规的制动辅助系统或者基于雷达的制动辅助系统增强版等一系列辅助功能之后最后一环启动的系统。因此，被测试人肯定完全走神了，以至于根本未注意到警告信息。通过其他类型的分神（例如，根据时间触发一个附加任务：更换CD光盘或者认知上的附加任务：计算任务）多次较成功进

表6-2 完成与制动辅助相关的操作（110名被测试人）

| 情况 | 事故发生率 | | 碰撞速度 | |
|---|---|---|---|---|
| | 使用制动辅助系统 | 使用制动辅助系统增强版 | 使用制动辅助系统 | 使用制动辅助系统增强版 |
| 1 | 20% | 4% | 30 km/h | 19 km/h |
| 2 | 55% | 19% | 60 km/h | 45 km/h |
| 3 | 44% | 6% | 46 km/h | 26 km/h |

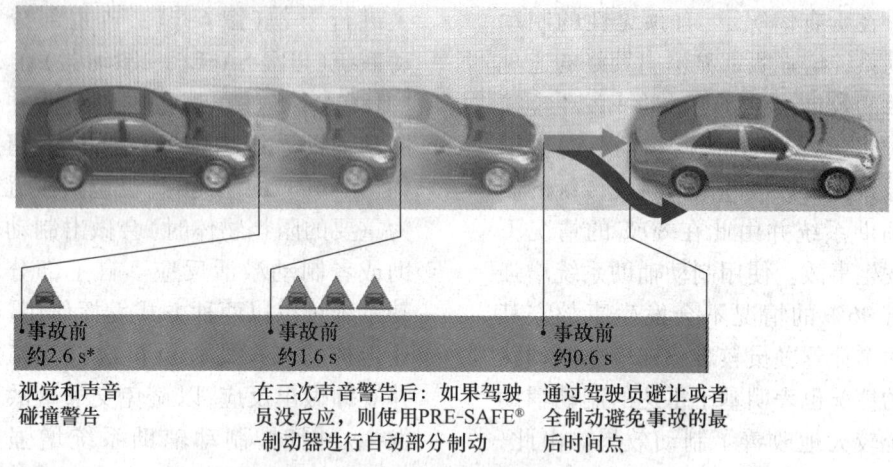

- 事故前约2.6 s*
  视觉和声音碰撞警告
- 事故前约1.6 s
  在三次声音警告后：如果驾驶员没反应，则使用PRE-SAFE®-制动器进行自动部分制动
- 事故前约0.6 s
  通过驾驶员避让或者全制动避免事故的最后时间点

*在不改变相对车速的情况下系统计算的发生碰撞所剩的时间

图 6-5　在有追尾事故危险的情况下提供辅助的时间过程

行试验后，在国道的对向车道上实现了一个简单的事故场景（图 6-6）。在左侧行车道边上停着一辆事故车，路上的行人在观看，警车也停在附近，这种场景下，对向行驶的驾驶员极易出现走神。正在此时，前行的机动车先是轻微制动，随后突然进行全制动。

多数试验人员（53%）对视觉和声音警告迅速作出反应，从而在制动辅助系统增强版的辅助下可以避免事故。17%的试验人员发现在自主部分制动后才作出反应并迅速踩踏制动踏板，借助 PRE-SAFE®制动器和制动辅助系统增强版避免了交通事故。30%的汽车驾驶员受到对向行驶车道上场景的强烈吸引，以致没有及时制动。在这种情况下，自主部分制动系统会明显降低碰撞车速并由此降低事故严重程度：自主部分制动系统会将碰撞车速由平均45 km/h 降低到35 km/h。这意味着降低了40%的碰撞能量并由此明显减少驾驶员和副驾驶员的受伤风险。

图 6-6　国道上的走神场景

## 6 驾驶员辅助系统的评估方法

为了评估在实际交通情况下该系统减轻交通事故的效果，ADAC 在自己的试验中在汽车试验场测量了自主部分制动系统降低的车速并在台车试验中评估了对成员保护的作用。当起始车速为 50 km/h 时，对静止障碍物的自主汽车反应会使碰撞速度平均降低到 37.5 km/h。对乘客保护的效果请参阅[6.14]和[6.15]。

### 6.4.2 在汽车试验场试验中评估安全功能

如上所述，追尾事故的一个原因在于驾驶员过晚识别到前车的全制动。为了更好地发现应急制动情况，并由此缩短驾驶员的反应时间，也可以使用车后的信号模式。作为备选选项，可以打开警报闪光灯并快速闪烁制动灯。为了比对评估这些新方案在试验技术之类的逼真的条件下的效果，应在一个汽车试验场进行试验[6.16]。

40 名被测试人员的任务是以 50 m 的车距跟随一辆前行的车辆行驶。在适应阶段已经对保持车距进行了充分练习。经过多次无危险的行驶机动后，前方行驶车辆内的专家在 80 km/h 的车速下触发了一次制动辅助装置——制动。测距数据传输确定了被测试人员的反应时间（前车驾驶员触发制动灯和被测试人员踩踏制动踏板之间的时间）。除了传统的制动灯外还试验了两个新的信号模式：触发警告闪光灯以及触发快闪制动灯。为了对在试验中收集到的反应时间进行标准化，在试验后为每个被测试人员评定了个人反应能力。一旦前方 40 m 的停止车辆亮起制动灯，后面静止车辆内的被测试人员必须踩踏制动踏板。将五次重复的反应时间取平均值得出个人的反应时间，该时间介于 0.3～0.75 s 之间；最常见的数值为 0.4 s。对这些标准化的反应时间（试验中的反应时间——驻车状态下的平均反应时间）进行评估。

图 6-7 图示了平均值与标准偏差的对比情况。闪烁的制动灯导致比传统的制动灯和警告闪光灯明显更快的反应速度。在观察停车行程时会明显发现早 0.2 s 做出反应的优势：借助于前车的闪烁制动灯，从 80 km/h 的车速开始制动，则制动距离缩短了 4.40 m。

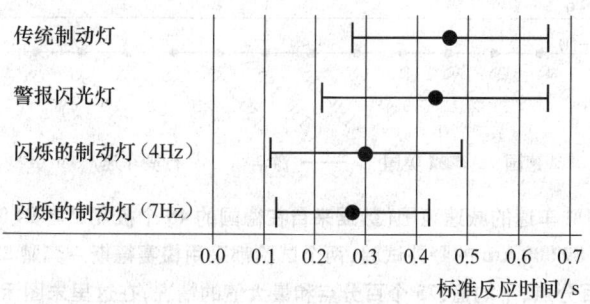

图 6-7 在汽车试验厂内当前车全制动时对不同的信号模式的反应时间（平均值和标准偏差）

基于上述结果,梅赛德斯-奔驰采用了所谓的自适应制动灯,它包括在应急制动时闪烁的制动灯和在应急制动直至停止期间附加自动触发的报警闪光灯。从野外试验中推导出应急制动的标准(图6-8)。在车速低于150 km/h的情况下必须达到7.5 m/s² 以便激活。在车速更高时,采用一个线性下降的激活阈值,以考虑汽车驾驶员随着行驶车速的升高减速能力较弱的实际情况。

### 6.4.3 在实际的道路交通试验中评估辅助功能

借助 ACC,1999 年首次采用了自动制动和加速的辅助系统。由此,一方面具有新的减负舒适性的潜力,另一方面第一次且全球性采用此类的革新也有产品责任的风险。

为了评估梅赛德斯-奔驰车距控制系统(DISTRONIC)对行驶安全性和调节安全性的影响,戴姆勒在1998—1999 年间在德国和美国进行了大量的野外试验。140 名内部被测试者(所有非研发人员)各使用汽车3~7天。总计 15 辆经过特殊装备的车辆行驶了将近 200 000 km 并进行了测量技术记录。受试人的平均行驶里程在德国为 1 960 km,在美国为 927 km。同时不间断记录行驶动态和系统相关的参数。此外,采用事件控制的录像用于更准确地进行状况分析。对使用 DISTRONIC 和不使用该系统的阶段进行比对研究。此时将 DISTRONIC 阶段结束后的 12 s 也计算为使用阶段,以把因使用系统而引发的情况变化视为系统所为。

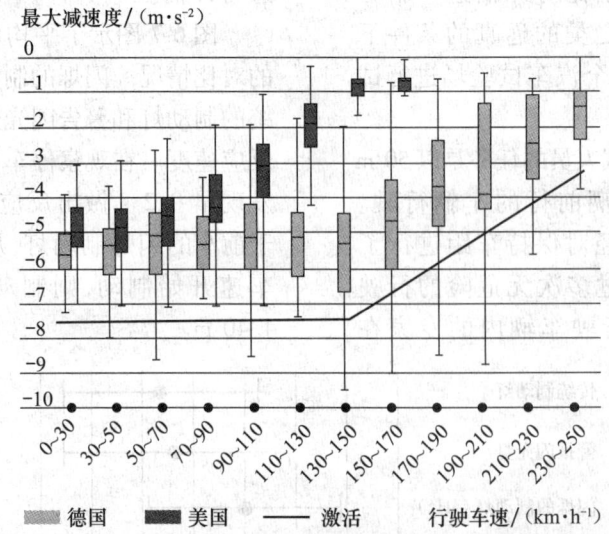

图 6-8 取决于行驶车速的减速范围(数据来自在德国的 48 个被测试者 94 000 km 和在美国的 96 个被测试者 89 000 km 的野外试验,两个试验都采用梅赛德斯-奔驰 220 系列汽车),图示了最小、25 个百分点、平均值、75 个百分点和最大值的情况,在这里未图示偏差值、极限值,线条表示自适应制动灯的触发阈值

# 6 驾驶员辅助系统的评估方法

针对行驶的里程,在美国使用该系统要明显多于德国(42% 比 32%)。可借助试验数据证明,使用 ACC 不会导致潜在危急行驶状况出现的概率增加。相反,启动 DISTRONIC 后呈现出加速度和减速度较低的最大值并由此显示出如不使用此系统时一样的平顺的行车方式的前提条件(图 6-9)。

此外,在激活 DISTRONIC 的情况下行车时,德国的被测试者将车速在 70～110 km/h 的车距平均增加了 29%。在美国,辅助系统使车距平均增加了 13%～25%。

采用附加的近距雷达传感器后可明显扩大 ACC 的功能范围。此后,系统可在 0～200 km/h 的车速范围内对驾驶员提供支持,包括"停停走走"情况。在一系列可比较的试验中,再次通过德国和美国的野外试验对梅赛德斯-奔驰系统"DISTRONIC PLUS"进行了评价。使用超过 200 名被测试者行驶超过 450 000 km 试验里程并做了测量技术的记录。与迄今的系统相比明显更多的使用反映出继续开发的必要性:目前,在德国有 51%、在美国有 59% 的行驶里程在系统激活的情况下行驶(图 6-10)。

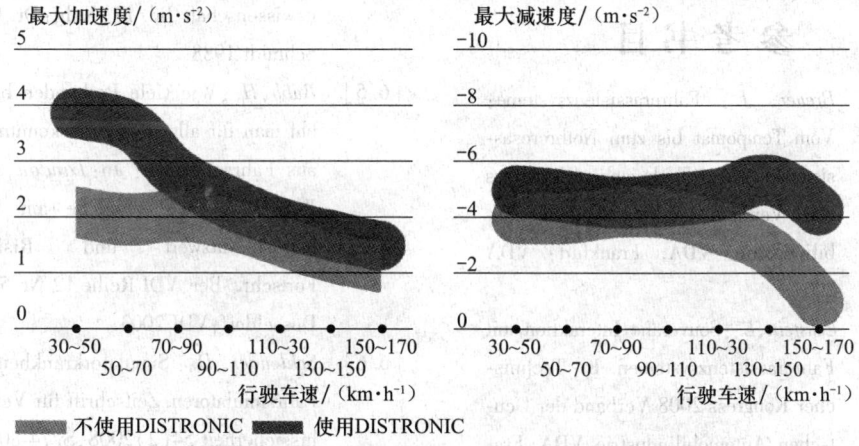

图 6-9 取决于行驶车速和是否使用 ACC 的最大加速度和减速度的范围
(数据来自在德国和美国进行的由 140 名被测试者进行的野外试验)

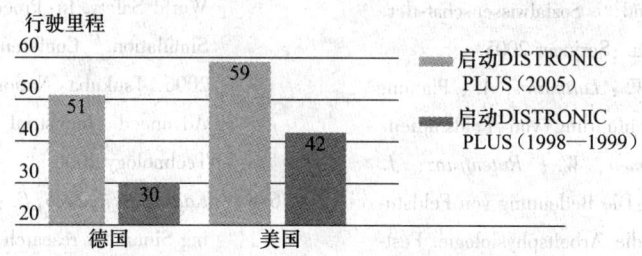

图 6-10 比对在行驶里程上使用的不同的 ACC 系统
(数据来自 140 名被测试者使用 DISTRONIC 和 200 名被测试者使用 DISTRONIC PLUS 的野外试验)

在安全性方面,使用该舒适系统也有益处:在打开系统后所有车速范围内的平均最低车距目前要明显高于不使用系统的数值(图6-11)。

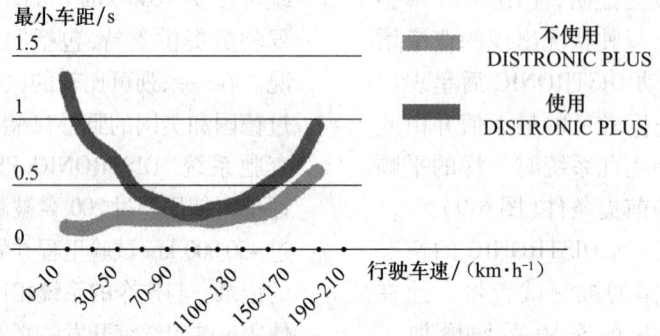

**图6-11** 取决于行驶车速和使用 ACC 情况的与前车的最小车距
(数据来自德国使用 60 名被测试者超过 124 000 km 的野外试验)

# 参考书目

[6.1] *Breuer*, *J.*: Fahrerassislenzsysteme: Vom Tcmpomat bis zum Nothrcrosasistenten. In: ´Technischer Kongress 2007 Verband der Deutschen Automobilindustrie VDA. Frankfurt: VDA 2007.

[6.2] *Eckstein*, *L.*: Souveräne Interaktion mit Fahrerassistenzsystemen. In: Technischer Kongress 2008 Verband der Deutschen Automobilindustrie VDA. Frankfurt: VDA 2008.

[6.3] *Borte*, *J.*: Lehrbuch der Statistik für Human-und Sozialwissenschaf-tler. Berlin u. a.: Springer 2005.

[6.4] *Laurig*, *W.*; *Luttmann*, *A.*: Planung und Durchführung von Feldstudien. In: *Rahmen*, *W.*; *Rutenfranz*, *J.* (Hrsg.): Die Bedeutung von Feldstudien für die Arbeitsphysiologie. Festkolloquium aus Anlaß des 75. Geburtstags von Herbert Scholz, Dortmund 10. Juni 1987. Dokumentation Arbeitswissenschaft Bd. 17, Köln: Dr. Otto Schmidt 1988.

[6.5] *Bubb*, *H.*: Wie viele Probanden braucht man für allgemeine F. rkcnntnisse aus Fahrversuchen? In: *Landau*, *K.*; *Winner*, *H.*: Fahrversuche mit Probanden-Nutzwert und Risiko. Fortschr. -Ber. VDI Reihe 12 Nr. 557. Düsseldorf: VDI 2003.

[6.6] *Schleuder*, *D.*: Simulatorkrankheit in Fahrsimulatoren. Zeitschrift für Verkehrssicherheit 54(2)2008, S. 74-80.

[6.7] *Breuer*, *J.*; *Käding*, *W.*: Contributions of Driving Simulators to Enhance Real World Safety. In: Proceedings Driving Simulation Conference-Asia/Pacific 2006. Tsukuba: National Institute of Advanced Industrial Science and Technology 2006.

[6.8] *Käding*, *W.*; *Zeeb*, *E.*: 25 years driving Simulator research for active safety. In: Proc. International Symposium on Advanced Vehicle Control (AVEC 2010), Loughborough, August 2010.

[6.9] *Zeeb,E.*: Daimler's New Full-Scale, High-dynamic Driving Simulator-A Technical Overview. In: Conference Proc. Driving Simulator Conference Europe, Paris, September 2010.

[6.10] *Kiesewetter,W.*; *Klinkner,W.*; *Reichelt,W.*; *Steiner,M.*: The New Brake Assist of Mercedes-Benz. Active Support in Emergency Braking Situations. In: *Pauwe-lussen, J. P.* (Hrsg.): Vehicle Performance. Tayler & Francis 1999.

[6.11] *Unselt,T.*; *Breuer,J.*; *Eckstein,L.*: Fußgängerschutz durch Bremsassistenz. (Pedestrian Protection via Brake Assistance). In: Proceedings of "Tagung Aktive Sicherheit durch Fahrerassistenzsysteme", Technische Universität München, 11.-12.03.2004.

[6.12] *Page,Y*; *Foret-Bruno,J.-Y.*; *Cuny,S.*: Are expected and observed effectiveness of emergency brake assist in preventing road injury consistent? ESV Paper Number 05-0268.

[6.13] *Kassaagi,M.*; *Bouslimi,W.*; *Val,C*; *Bersac,J-M.*; *Moessinger,M.*; *Page,Y.*: Effectiveness of emergency brake assist in rear-end accident scenarios FISITA F2006D062

[6.14] ADAC: Der Crashbeweis: Die denkende Bremse hilft, motorweit 12 2006, S. 42-43.

[6.15] *Schöneburg, R.*: Potenzialbewertung von präventiven Insassenschutzsystemen. In: Technischer Kongress 2007 Verband der Deutschen Automobilindustrie VDA. Frankfurt: VDA 2007.

[6.16] *Unselt,T.*; *Beier,G.*: Safety Benefits of Advanced Brake Light Design. In: Gesellschaft für Arbeitswissenschaft (GfA), International Society for Occupational Ergonomics and Safety (ISOES), Federation of European Ergonomics Societies (FEES): International Ergonomics Conference. Munich, May 7th-9th, 2003.

# 7 EVITA——评估防碰撞系统的试验方法

*Jens Hoffmann, Hermann Winner*

## 7.1 引言

在研发用于避免交通事故的驾驶员辅助系统时，需要使用合适的试验方法进行评估。对于试验最大的可传递性来说，应呈现逼真的和具有代表性的场景。同样，目前也认为，增加逼真性也会增加成本。使用被测试者在危急情况下提供辅助的驾驶员辅助系统进行试验的方法必须首先对于参与的试验人员来说是安全的，但是也要具备可再现性。由于迄今缺少合适的方法，这对于危急情况下的防碰撞系统试验是一个巨大的挑战。

在研发避免碰撞或者降低碰撞强度的系统时，应由用户对效果和可接受性进行评价。为降低受伤和致死的数字对有效性提出了高要求。可接受性及是否决定购买防碰撞系统取决于用户。

由于制造真实的追尾事故有危险，因此到目前为止试验主要是在行驶模拟器中进行的。借助 EVITA 非预期目标法试验用车介绍在使用被测试者的实际行驶试验中的防碰撞系统的测量和评价方法。这样就有了一个根据防碰撞系统的性能进行评价的方法。

## 7.2 迄今已知的试验方法

下面对在实际行驶中试验防碰撞系统的已知试验方法进行介绍。结合本章中所描述的方法，可以确定利用被测试者进行的前部碰撞应对措施的效果和功能相关的车辆数据。另外，描述了看似危急但实际对试验参与者无威胁的情况。

Kassaagi 等人[7.1]描述了一种通过被测试者进行制动辅助系统（BAS）的试验方法：在牵引车后面有一个轻型、低矮、类似于一个带平板的开放式单轴车的拖车。在跟随行驶时对拖车进行制动（对后车内的被测试者来说很突然）。通过后车内的被测试者的反应会避免一次碰撞。最重要的评价参数是被测试者踩踏踏板的力量。

戴姆勒 - 克莱斯勒[7.2]使用一种用于雷达系统的试验方法，在前车的侧面安装有一个侧面悬臂架。后车在悬臂架后的车道上行驶。当通过制动前车产生一次碰撞危险时，悬臂架会在接近碰撞时向上翻转，使后车可通过。

在德国大陆特维斯公司（Continental - Teves）[7.3]的 APIA 示范器（主被动结合法）上使用相同的方法：

在一个框架上固定有一个作为悬臂架的汽车尾部。该装置借助弹簧预紧力翻转，在临近碰撞时通过一个操作人员触发向上翻。

Bock 等人[7.4]提出了 Augmented Reality（AR，增强现实）试验方法的"汽车硬件在环模拟测试"。在汽车试验场上通过头盔显示器向驾驶员播放相互碰撞场景。为准确确定车辆的位置，试验场上应装备 GPS 发射器。通过一个车内的确定头部位置的系统和其他的处理单元将一副人工生成的图像叠加在真实的场景上呈现给驾驶员。人工生成的图像包含相互碰撞的场景。

Jansson[7.5]提出了一种用前车展现碰撞动态的方法。为此通过一个可吹起的气球表现前车的尾部。

在 Schmitt 等人[7.6]的试验中，用两辆车表现跟随行驶情况并突然进行一次制动。前面行驶的传统轿车由一个受过专业训练的驾驶员驾驶。

Shutko[7.7]提出了一种用于确定载重汽车驾驶员反应时间的方法。在狭窄的位置超车时在一面墙后将一个物体（大桶）滚入载重汽车前的行车道上。要确定的是与桶发生碰撞的次数。

在达姆施塔特工业大学的三个学院与大陆汽车的合作项目 PRORETA（参见[4.1]）中，使用一个从侧面牵引的填充泡沫材料的汽车尾部以及从固定的桶中抛出的空气软管[7.8]，呈现前车突然拐入的动作和试验车为避免碰撞而自主控制干预的变量。

有关试验方法的概述请参见第 5 章、第 8 章和[7.9]。

## 7.3 假目标 EVITA

对于在危急情况下做出干预的驾驶员辅助系统来说，尚未发现一种通用的、简单的、对被测试者无限制的实际行驶试验方法。

在与德国本田研究与开发中心和"Aktiv"研究倡议合作的两个研究项目中开发和评估了防碰撞系统不同的特征。进行研发时采用了一种自上而下的评估方法。

### 7.3.1 目的

研发的目的是找到一个用于评估纵向交通中防碰撞系统的方法和工具。要求列表规定，固定行驶编队中前车的运动参数应可表现出意料之外的制动机动。对于将要开发的试验方法，对被测试者的风险不得高于其他常见的行驶试验方法。开发 EVITA 的另一个目的是通过工具把对被测试者的影响降到最低，因此车尾的外观要尽量与普通轿车一致。除了执行被测试者试验之外，对车尾外观尽量与已知车辆一致的要求也显示出了开发和评估防碰撞系统传感器方案的效用。

### 7.3.2 方案

实现的方案由一辆牵引车、一辆拖车和一辆跟随行驶的车辆组成。在稳定跟随行驶期间，对于坐在试验车内的被测试者，拖车（称为假目标）突然实施制动机动。与被测试者是否会对该机动及时做出反应无关,牵引车会主动离开碰撞范围。图7-1图示了这对组合。

### 7.3.3 结构

在牵引车的尾部有一个带有依靠摩擦力的轿车制动器和一个电动马达。挂车仅通过绞车的钢索与牵引车连接在一起。钢索的另一端固定在拖车前轴的转向节转向机构上。借助一个电动马达的手制动杆以液压的方式操作挂车的盘式制动器。在挂车的后部区域内有梅赛德斯 A 级的原装车尾。在该车尾上固定有一个雷达传感器。在牵引车和挂车内装有计算机,它们通过无线调制解调器连接在一起。一个带4个单轮悬架的管状桁架结构被用作假目标的基本框架。前轴的较大主销后倾角可保证较平顺的直线运动。在防潮的外壳内有一个无散热风扇的计算机和调制解调器、电源和制动器控制装置。车尾的制动灯功能正常。假目标的总质量为200 kg。图7-2图示了假目标组件的一览图。

### 7.3.4 试验过程

在初始状态下,挂车短接在牵引车后面。如果要从安装在挂车尾部的向后测量的雷达按照合适的试验间距探测一辆车(目标对象),则可以在进行试验时启动整个系统。牵引车内操作者发出一个命令会打开钢索绞车的制动器且挂车会施加制动。在该过程内,牵引车会以恒定的车速继续行驶。通过假目标的制动使轿车的钢索松开。在挂车减速期间,车距传感器的处理单元会持续计算碰撞时间(TTC)。TTC 是一个由车距和相对车速构成的标准:

$$\text{TTC} = \frac{d}{v_{\text{rel}}} [\text{TTC}] = s \quad (7.1)$$

其中,$d$ 为与前面行驶对象的车距,单位为 m;$v_{\text{rel}}$ 为相对车速,单位为 m/s。

当 TTC 低于某个规定的数值时,牵引车内的钢索绞车制动器便会关

图7-1 EVITA(由牵引车和假目标组成)

7 EVITA——评估防碰撞系统的试验方法

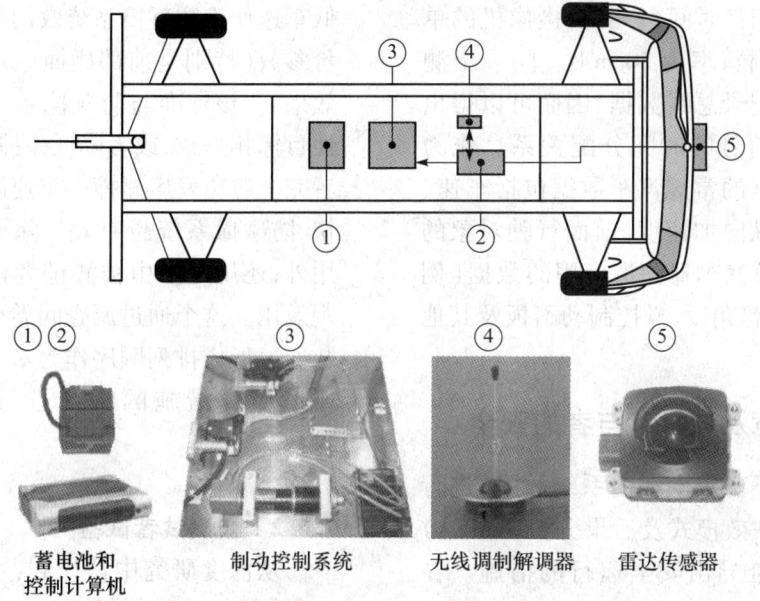

图 7-2 假目标的组件

闭,并且拖车加速到以恒定的初始车速行驶的牵引车的速度。在最大差速时,拖车加速约 1 s。在结束试验后,整个组合制动直至停止。

### 7.3.5 性能参数

表 7-1 列举了 EVITA 的性能参数。

表 7-1 EVITA 性能参数

| 尾随车和 EVITA 之间的最大差速 | 50 km/h |
| --- | --- |
| EVITA 的最大制动减速度 | 9 m/s² |
| 试验结束前的最小 TTC | 0.8 s |
| 标准试验车速(初始车速) | 50~80 km/h |

## 7.4 试验车辆的测量方案

使用选定方法进行有关前部碰撞应对措施效用方面的测量,不依赖于 EVITA 工具。用于确定规定的评价标准的测量方案要完全在装备有防碰撞系统的试验车内实施。一个环境传感器将前方行驶的 EVITA 归类为重要的目标对象。诸如车距、相对车速和相对加速度这些对象参数用于确定 TTC。一名试验陪同人员通过一个操作界面进行前部碰撞应对措施控制方面的调节。

车辆有一个测量技术系统用于组合收集总线数据和摄像机数据。有 3 台摄像机拍摄驾驶员。第一台摄像机位于汽车的前部区域。它与雷达数据相结合可以可靠地说明实际状况。第二台摄像机位于组合仪表处朝向驾驶员的脸部。由此可以将驾驶员的视线进行归类。第三台摄像机对着汽车的踏板系统。这可用于分析驾驶员的脚部运动并测定反应时间(例如,从油门踏板到制动踏板的切换时间）。三台摄像机的单个图像刷新率为 20 m/s。同一个测量系统记录总线数据，因而可以得出图像和信号的时间分配关系。作为总线数据的常规汽车数据包括车速、横向和纵向加速度，前面行驶对象的数据以及汽车驾驶员应用的数据（例如，方向盘角度、操控制动踏板及其他数据）。

## 7.5 危及试验参与者的安全

为了确定潜在的系统故障，进行了系统失效模式及后果分析（FMEA）并由此推导出安全运行的措施。在每次试验实施期间都自动运行安全检查程序。如果识别到故障，系统会转入一个可靠的稳定状态。在 TTC 达到 0.7 s 时，还会附加通过自动触发后部试验车内的应急制动来提高安全级别。为进行试验，设定的由 EVITA 通过一个避免碰撞的动作最低可达的 TTC 为 0.8 s（参见表 7-1）。如果 TTC 小于 0.8 s，则可以肯定 EVITA 有故障。如果采取了所有的措施仍不能避免发生碰撞的话，由于假目标的质量较小，一般不会对试验人员造成危害。

## 7.6 评估方法

通过 EVITA 工具可以制造出危急交通事故情境。下文说明了评估防碰撞系统性能相关的主评估参数。

### 7.6.1 防碰撞系统的效用

考虑将发生碰撞前，自身车辆降低车速作为防碰撞系统效用的客观评价参数（特别是前部碰撞应对措施的效果）。该标准与防碰撞系统的一般性目标相一致，或者降低碰撞车速，或者完全避免发生碰撞。车速降低得越快，防碰撞系统越有效。除了客观效用外，还规定了由被测试者评估的主观效用。这个通过调查问卷获得的参数通过形成排列顺序作为对不同前部碰撞应对措施的特性进行比较的参数。

### 7.6.2 被测试者试验

从深度研究中认识到，在发生追尾事故之前许多驾驶员都处于分神状态[7.10]。因此，在临近 EVITA 制动之前应用一个超过 2 s 的附加任务诱使尾随试验车内的被测试者的视线移开。在被测试者视线移开时，坐在试验车内的操作者解决危急的后车碰撞状况。随后，在达到预先规定的 TTC - 阈值（例如，防碰撞系统报警单元的标准）时，便会向被测试者发出警告。图 7-3 理想化地图示了试验车整个时间内的车速过程。可发现被测试者出现分神和假目标的制动在达到临界阈值时，会向驾驶员发出警告或者进行其他的干预，随后典型的情况是被测试者将视线投向自己车前的情况并开始制动。

### 7.6.3 评估时间段

对于方法的标准化，预先确定了通过组合仪表内的一个附加显示器为被测试者指示与前车车距的 EVITA。

# 7 EVITA——评估防碰撞系统的试验方法

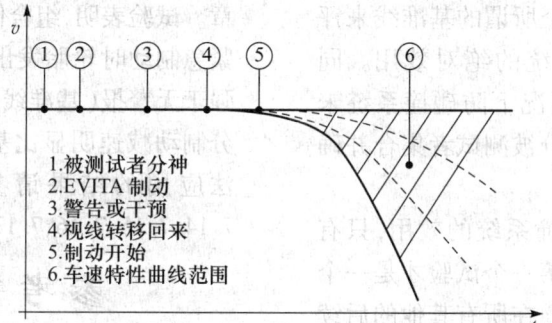

图7-3 作为试验车基于时间的速度特性曲线的理想化试验流程

如果车距过大或过小,便会向驾驶员显示红灯。当车距在20~25 m时,便会亮起绿灯。仅在该情况下才允许通过制动EVITA触发试验。

为评估效用设定了一个评估时间段。该时间段从触发警告或者进行汽车干预的时间点算起,结束于"设计的"未进行制动的试验车辆碰撞到前方行驶的不间断进行制动的假目标之时。该碰撞是"设计的",原因是EVITA会自动避免发生碰撞。根据TTC算法和无被测试者参与的不进行制动的标准试验的触发阈值确定结束时间点。对于用TTC算法的典型警报来说,观察时间为2 s。根据已知的前部碰撞应对措施的警告时间点方面的知识规定报警阈值。这样报警单元可相互之间并与自主制动干预进行比较。

为了确定效用,在评估时间段开始时和结束时测量车速并算出车速差$\Delta v$。图7-4显示了评估时间段。

## 7.6.4 防碰撞系统的比较

统一的评估方法是比较前部碰撞应对措施不同特性的基础。评估时,应考虑不同特性,用相应的不同的被测试者集合进行试验行驶。在评估时间段内所有被测试者平均降低的车速的比较结果反映了各种方案的效用。

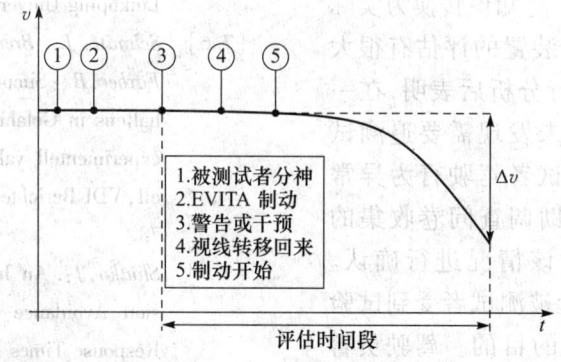

图7-4 作为试验车整个事件内车速流程的理想化的试验过程以及评价时间段和车速差

通过使用一个所谓的基准线来评估一套防碰撞系统的绝对效用。同时,对比在危急情况下防碰撞系统未进行干预的一部分被测试者集合并确定车速差。

为评估防碰撞系统的效用,只有被测试者进行的第一个试验才是一个不受影响的基础。在所有其他的后续试验中,虽然没完全预先告知试验的实际目的,但被测试者已领会到意外紧急情况的试验对象,从而将其看做是有准备的。在开发驾驶员辅助系统的同时由驾驶员评估可接受性也应得到很大的关注[7.11]。第一次紧急情况之后的后续试验适合用于形成其他的认识,诸如如何处置错误警报或者被测试者对防碰撞系统不同方案的评估比较。将通过调查问卷收集被测试者对经历情况的评估以及对驾驶员报警单元的评价。通过对这些调查问卷进行分析可为驾驶员报警单元的设计给出指导建议。

## 7.7 评估结果

已进行了由250名被测试者参加的全面试验。对于将知识转换为实际情况来说,对试验装置的评估有很大意义。对试验进行分析后表明,在一般的跟随行驶时未发现需要追溯试验装置导致被测试者驾驶行为异常的情况。通过借助调查问卷收集的被测试者评价对该情况进行确认。由此,实现了不让被测试者受到试验装置的负面影响的目的。驾驶员警报单元的部分试验结果请参见第24章。试验表明,组合仪表发出的警报和紧急制动时轮胎发出的制动噪声明显强于无警报(基准线)的情况。自主部分制动减速明显比基准线更有效。方法应用的结果请参见[7.12,7.13,7.14,7.15,7.16,7.17,7.18]。

# 参考书目

[7.1] *Kassaagi, M.; Bouslimi, W.; Val, C; Bersac, J. -M.; Moessinger, M.; Page, Y.*: Laboratory of Accidentology, Biomechanics and studies of human behavior, PSA: Effectiveness of Emergency Brake Assist in Rear-End Accident Scenarios, FISITA 2006(F2006D062), S.3,5.

[7.2] Hightechreport, DaimlerChrysler, 1/2005, S. 56f.

[7.3] ATZ System Partners 2003, Continental Teves, S. 30.

[7.4] *Bock, Th.; Maurer, M.; van Meel, F.; Müller, T.*: Vehicle in the Loop. Ein innovativer Ansatz zur Kopplung virtueller mit realer Erprobung, ATZ 01/2008, S. 10ff.

[7.5] *Janssen, J*:. Collision avoidance theory with applications to automotive collision mitigation, Dissertation Nr. 950, Linköping University, Sweden, 2005.

[7.6] *Schmitt, J.; Breu, A.; Maurer, M.; Färber, B.*: Simulation des Bremsverhaltens in Gefahrensituationen mittels experimentell validiertem Fahrermodell, VDI-Berichte Nr. 2015, 2007, S. 78.

[7.7] *Shutko, J*:. An Investigation of Collision Avoidance Warnings on Brake Response Times of Commercial Motor Vehicle Drivers, Master´s thesis, Vir-

ginia-Tech, Blacksburg, 1999.
[7.8] Bender, E. ; Darms. M. ; Schorn, M. ; Stählin, U. ;Isermann, R. ; Winner, H. : Antikollisionssystem PRORETA-Auf dem Weg zum unfallvermeidenden Fahrzeug, ATZ 04/2007.
[7.9] Winner, H; Hoffmann, J. ; Regh, F. : Aktive Sicherheit-Funktionstestverfahren für FKGM, Safety Update, Aschaffenburg, April 2008.
[7.10] NHTSA Report 2001.
[7.11] Bubb, H. : Fahrversuche mit Probanden-Nutzwert und Risiko, Darmstädter Kolloquium Mensch & Fahrzeug, Darmstadt, 2003.
[7.12] Hoffmann, J. : Das Darmstädter Verfahren (EVITA) zum Testen und Bewerten von Frontalkollisionsgegenmaßnahmen. Fortschritt-Berichte, VDI Reihe 12, Nr. 693, Düsseldorf, 2008.
[7.13] Hoffmann, J. ; Winner, H. : EVITA-Die Prüfmethode für Antikollisionssysteme, 5. Workshop Fahrerassistenzsysteme, Walting, April 2008.
[7.14] Hoffmann, J. ; Winner, H. : EVITA-Das Untersuchungswerkz-eug für Gefahrensituationen, 3. Tagung aktive Sicherheit durch Fahrerassistenz, Garching, April 2008.
[7.15] Winner, H. ; Fecher, N. ; Hoffmann, J. ; Regh, F. : Bewertung von Frontalkollisionsgegenm-aßnahmen-Status Quo, Integrated Safety, Hanau, Juli 2008.
[7.16] Fecher, N. ; Fuchs, K. ; Hoffmann, J. ; Abendroth, B. ; Bruder, R. ; Winner, H. : Fahrerverhalten bei aktiver Gefahrenbremsung, Automobiltechnische Zeitsc-hrift, 11/2008.
[7.17] Hoffmann, J. ; Winner, H. : EVITA-The testing method for collision warning and collision avoidance Systems, FISITA 2008, F2008-12-019.
[7.18] Fecher, N. ; Fuchs, K. ; Hoffmann, J. ; Bruder, R. ; Winner, H. : Analysis of the driver behavior in autonomous emergency hazard braking situations, FISITA 2008, F2008-02-030.

# 8 借助车辆硬件在环模拟技术评价驾驶员辅助系统

*Thomas Bock*

借助车辆在环模拟测试,奥迪为驾驶员辅助系统开发了一个测试和模拟环境,其将真实试验车辆的优点、行驶模拟器安全性和可再现性结合在一起(图 8-1)。通过"光学透视式头盔显示器"将行车期间虚拟的来往车流、道路标记或者其他模拟对象逼真地且似乎可接触地呈现给驾驶员。特别是在测试主动驾驶员辅助系统时,在真实试验车内进行交通虚拟的方案开创了新的可能性。

## 8.1 目的

由于不断出现新的管理系统及由这些系统的网络化推动而明显增加的汽车复杂度、各种各样的变型产品以及更高的个性化程度,如果没有模拟支持则无法将它们以希望的质量销售出去。因此,模拟方法的可用性和质量以及其过程整合是一个必要条件。此外,其也成为一个决定性的竞争因素[8.1]。

但是也应明确,虚拟开发不可全面代替硬件,而是应该对硬件起补充性和支持性作用。因此,虚拟以及物理模型和方法的适当补充,集成在生产流程中,是对目前整车特性研发的挑战。"两全其美"成为有效、透明且高质量生产流程的一个根本性的成功因素(参见图 8-2)[8.2]。

图 8-3 图示了行驶系统中有特点的调节功能的部分,已经将其采用到目前的产品中。其中有许多是自适应的,即特性曲线和设置随着行驶状态而变化。由此形成的多种调节的可能性和其对行驶和功能状态的反作用在

图 8-1 车辆在环模拟测试的 Augmented Reality 图

# 8 借助车辆硬件在环模拟技术评价驾驶员辅助系统

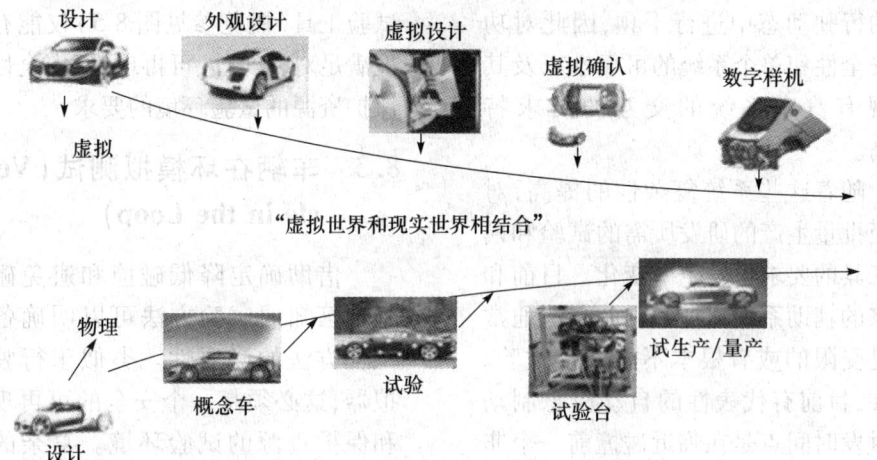

图 8-2 将虚拟和物理试验结合起来作为成功因素[8.2]

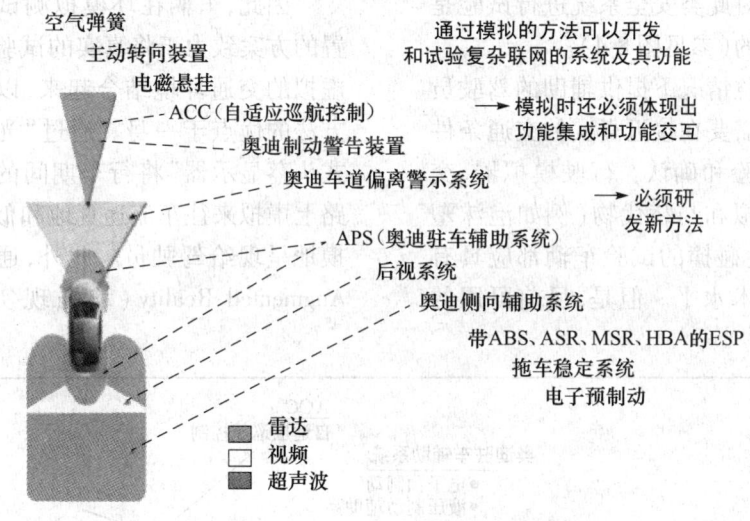

图 8-3 标准行驶系统和驾驶员辅助系统

不采用模拟支持的情况下无法再试验。

## 8.2 驾驶员辅助系统的开发

改善行驶安全性的系统对购买新车是一个重要的决定标准,并成为汽车部门一个越来越重要的销售和盈利来源[8.3]。另外,在被动行驶安全性的传统领域,相对较高的花费仅能达到很小的进步,主动安全性相关的系统具有更为明显的潜力。

最新的研究和研发主题是碰撞避免(Collision Avoidance)或者减轻事故严重程度(Collision Mitigation)的自主干预辅助系统。由于此类系统在部分情况下未经驾驶员明确操作也会在车辆的行驶动态中进行干预，因此对功能安全性和单个系统的可靠性以及其与现有汽车系统的交互的要求特别高。

随着这些系统复杂性的提高，对直至批量生产的研发所需的试验和模拟工具的要求也发生了变化。目前和未来的辅助系统通过确立的方法通常仅是受限的或者根本不能进行试验。例如，目前有代表性的自动应急制动的触发时间点是在临近碰撞前一个非常短的时间段内[8.4]。因此对试验驾驶员来说，以可再现的且更重要的安全方式对此类安全系统进行试验是非常困难的（参见图8-4）。

在危急情况下提供辅助的驾驶员辅助系统需要在接近真实的交通条件下进行试验和确认。行驶模拟器、交通车流模拟和与替代物（例如泡沫塑料块）发生碰撞的试验车辆都应具有最新的技术水平。但是，目前可用的试验工具（概览参见图8-5）仅能有限地满足对真实性、可再现性、安全性和保护资源的试验环境的要求。

## 8.3 车辆在环模拟测试（Vehicle in the Loop）

借助确定降低碰撞和避免碰撞系统已知的试验方法可以明确备选试验方法的必要性。类似于行驶模拟器，这必须是一个安全的可再现的和保护资源的试验环境。复杂的运动系统也只能有限地体现真实的汽车动态[8.5]。

因此，车辆在环模拟测试试验装置的方案致力于将真实的试验车辆与虚拟的交通环境结合起来，以集两种方法的优点于一身。通过"光学透视式头盔显示器"将行车期间的实际道路上虚拟来往车流逼真地和似乎可触摸地呈现给驾驶员。此外，通过使用Augmented Reality（增强现实）技术

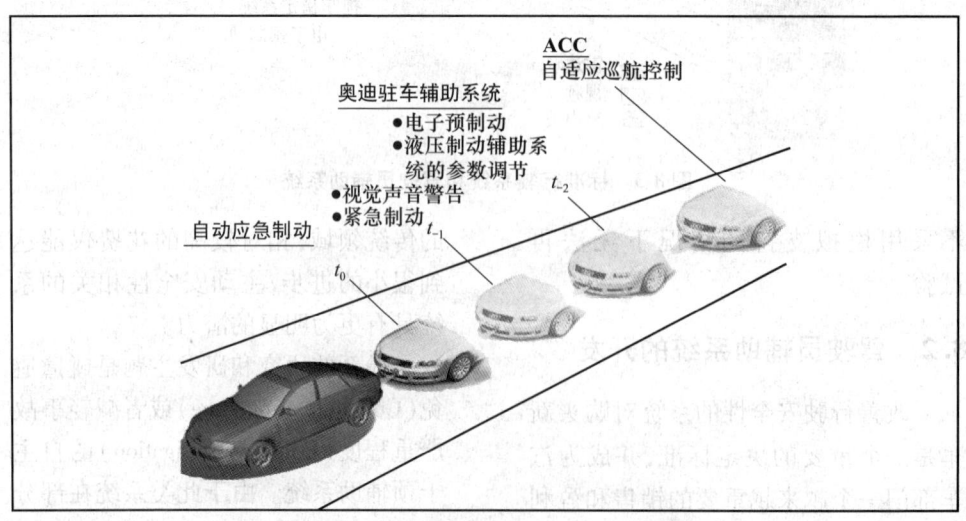

图8-4　ACC - 奥迪驻车辅助系统——自动应急制动

# 8 借助车辆硬件在环模拟技术评价驾驶员辅助系统

图 8-5 车辆在环模拟测试——将模拟器和实际车辆结合起来

让驾驶员可完全看见真实的世界(例如,车道、道路绿植)。因此,车辆在环模拟测试试验装置可直接在车辆内进行驾驶员辅助系统的功能试验,车辆并未在真实的交通中移动,而是停放在空地上或者行驶在试验场的隔离道路上。

借助传感器模块可以就驾驶员辅助系统功能对虚拟来往车流的反应进行试验并由此以真实的但对人和设备无危险的方式进行功能试验。由于前方行驶的是虚拟的车辆,因此可安全和可再现地对系统的误触发进行研究,这样在研发诸如应急制动功能之类的辅助系统时会有特别的优势。

## 8.3.1 交通模拟和可视化

图 8-6 图示了 Vehicle in the Loop(车辆在环模拟测试)试验装置的系统架构[8.6]。

在设计交通模拟时借助不同的触发器可产生可再现的模拟车流的车道变换、制动和加速机动。可以相对于其他的交通参与者(因此也相对于自己的试验车辆)或者通过驶至某个绝对的地点位置触发该机动的触发器。交通模拟也可自主前进,普通驾驶员在纵向和横向动态上的感觉是相同的。

## 8.3.2 交通模拟中试验车的定位

为了在交通模拟中呈现正确的路段,必须对试验路段上的试验车的位置进行准确定位。借助一个带差分全球定位系统(DGPS)连接的惯性传感器平台进行定位。如果可见卫星的数量不足或者用于 DGPS 修正数据的连接试验车的无线电信号中断,便会通过惯性传感器平台继续对试验车进行定位。所有有关汽车位置和行驶状态的信号都记录在自己的 CAN 总线上供模拟使用。

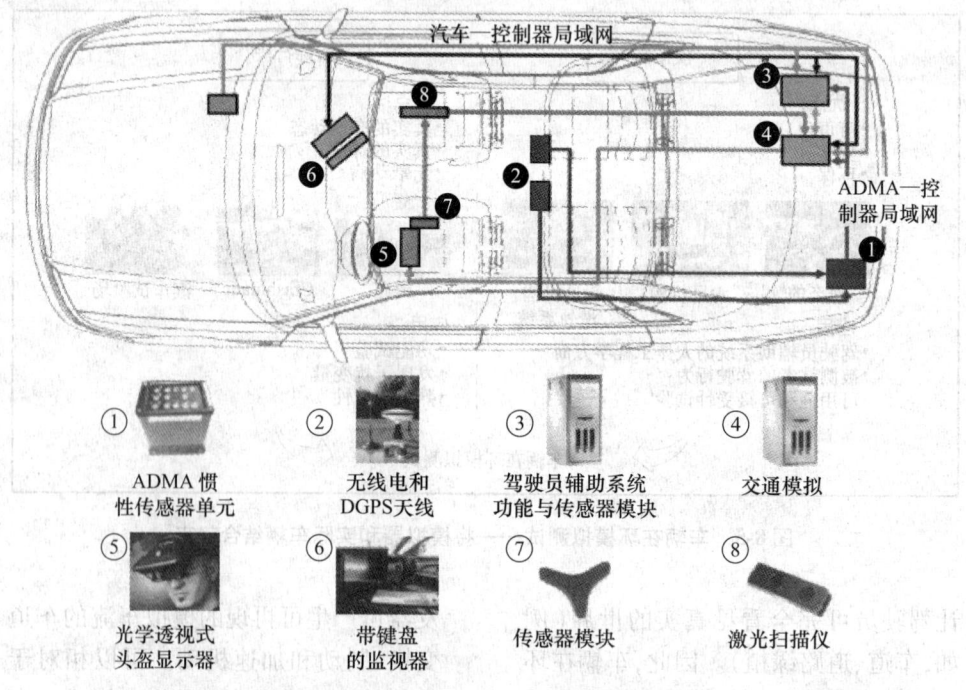

图 8-6 车辆在环模拟测试系统架构

## 8.3.3 借助 Augmented Reality（增强现实）技术与驾驶员相连接

驾驶员无法同时感受到模拟时存在的整个汽车周边环境，这局限于驾驶员个人的视野。相应地，可视化必须限定这种自然视野。视野随着驾驶员的头部位置不断发生变化。只有与驾驶员头部位置相应的交通模拟的部分才允许显示在光学透视式头盔显示器内。图 8-7 为车辆在环模拟测试中的光学透视式头盔显示器和头部追踪器。

车辆在环模拟测试试验装置的质量与这种实际的视野与呈现的模拟交通是否准确一致有很大关系。所需的驾驶员的头部位置和方向通过一个安装在前排乘客车门侧面上方的头部追踪器测定。

模拟时根据头部位置和汽车位置的输入数据（来自头部追踪器和惯性传感器单元）计算出一种从驾驶员角度观看的交通场景的可视化影像。为了让试验车的驾驶员可从空间上解读经可视化的交通场景，将头盔显示器的投影面和投影距离规定为 10 m，原因是从该距离起主要都是单眼深度指示。通过该深度提示也可可靠获得较大距离的来往交通车流的信息。

图 8-8 所示的是车辆在环模拟测试的增强现实显示，其中车辆在环模拟测试试验装置的试验车在试验场的动态测试路面（图 8-8 左侧）或者处理路线（图 8-8 右侧）跟随着一辆虚拟汽车

# 8 借助车辆硬件在环模拟技术评价驾驶员辅助系统

图 8-7 车辆在环模拟测试中的光学透视式头盔显示器和头部追踪器

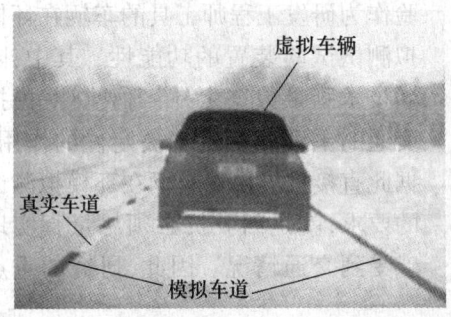 

图 8-8 车辆在环模拟测试试验装置的增强现实显示

行驶。为了获得该图像,在头盔显示器内集成有一个在行车期间跟随拍摄的摄像头。除了虚拟来往车流之外,由于在动态测试路面上没有规定的行驶路线,因此在动态测试路面上还另外显示有虚拟行驶车道,由于驾驶员可在真实的行驶车道上定向,因此在处理路线上不显示虚拟行车道。

## 8.3.4 传感器模块

在研发驾驶员辅助系统时使用基于环境传感器的车辆在环模拟测试试验装置。当然,真实的环境传感器无法探测到虚拟交通环境中的物体。因此,需要用于体现传感器功能的相应传感器模块。为此,第一步要开发一个雷达和视频传感器模块。另外,应在软件模块中通过再现物理相互关系体现真实传感器的特性。按照一个规定的在其中由模拟计算机传输的模拟来往交通位置和状态信息的协议进行通信。由于传感器模块基于交通模拟中的理想的来往交通的位置数据进行工作,因此必须另外统计分析实际传感器的典型干扰变量和测量不可靠性并相应地嵌入传感器模块中。尤其应当确定用于测定不同交通参与者(轿车、载重汽车、摩托车)$x/y$偏差和分离能力的探测范围,并通过数学误差方程建模。

## 8.4 车辆在环模拟测试的总体架构

图8-9总结了车辆在环模拟试验装置的总体架构。运行期间,将试验车辆和驾驶员头部的姿态和位置信息传输给一个交通模拟软件。此外,必须在准备阶段将要行驶道路的准确路线走向保存在路线库内并同时传输给交通模拟软件。交通模拟系统根据位置的输入数据和行驶道路上试验车辆的定向以及虚拟来往车流的位置数据进行计算。根据驾驶员的头部位置和头部定向借助一个"光学透视式头盔显示器"将交通状况可视化。通过作为模拟交通和试验车本身位置数据的输入数据的传感器模块获得驾驶员辅助系统的输入数据。例如,当在模拟的车辆上触发一次自动应急制动时,会在驾驶员-车辆-环境-控制回路中形成一次干预。通过读入新的车辆和驾驶员头部姿态和位置数据关闭车辆在环模拟测试控制回路。

## 8.5 车辆在环模拟试验的验证

借助对36位被测试者的调查检验作为研发工程师工具的车辆在环模拟测试试验装置的功能性。其中,除了技术测量数据之外,驾驶员对模拟交通的主观感受起着决定性的作用。据此直接推导出对车辆在环模拟测试的要求,就是驾驶员必须尽量真实地感受到交通情况。因此,研究的重点

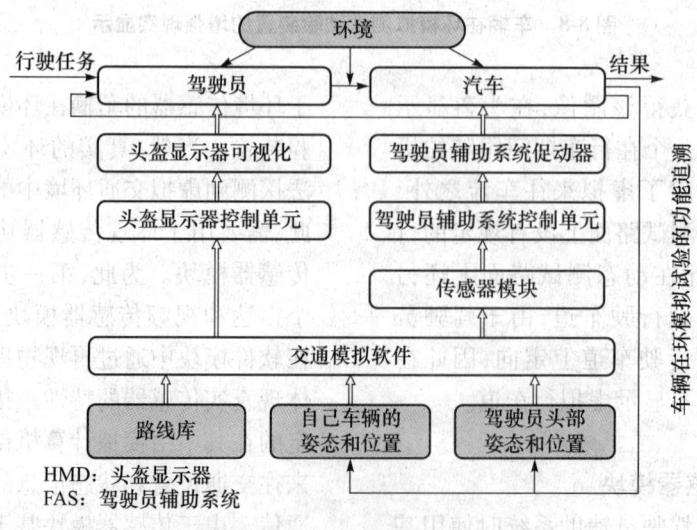

图8-9 车辆在环模拟测试试验装置的功能性架构

在于,在用虚拟的前车进行试验时,被测试者的驾驶行为跟使用真实前车进行试验的行为是否一致。以两个数据源为基础检验该要求。一方面,调查问卷可能会说明驾驶员对虚拟交通的主观感受以及模拟与行驶运动特性相互之间的协调情况;另一方面,在规定的行驶动作上,比对驾驶员对模拟和实际交通的反应会获得一些认知。为此要记录两种行驶方式(真实、模拟交通)的客观数据并相互比对。

研究表明,车辆在环模拟试验装置适合作为今后的开发工具。通过车辆在环模拟试验模拟的虚拟交通和试验中相应的行驶感觉都是非常逼真的。试验人员在进行虚拟前车行驶时表现出与真实试验相类似的驾驶行为。可以想象使用车辆在环模拟试验作为开发工具的情况并且相信其可逼真呈现危急的行驶动态。

要熟悉车辆在环模拟试验系统,15 min 的短时训练就已足够。如果经常使用该系统,使用者会迅速适应安装的测量技术装备和佩戴上头盔显示器。常规模拟器已知的模拟器问题,也称为晕动病,可通过车辆在环模拟测试系统在增强现实模式下避免[8.7]。

## 8.6 展望

虚拟开发技术装备的应用是今天产品开发的一个根本性的成功因素。借此可及早确定汽车特性,这会使在制造第一辆原型车之前就达到一个较高的车辆成熟度。

除了减少开发时间和减少开发环节之外,作为确定工具的虚拟开发方法也深入应用到复杂性越来越高、型号越来越多的项目中。在未来汽车业的研发过程中重要的也包括在研发驾驶员辅助系统时规定一条由软件在环模拟(SIL)、硬件在环模拟(HIL)、车辆在环模拟(VIL)和实际试验组成的通用的且协调的工具链,其单个组件之间相互协调良好,其使用范围相互之间也明确予以划定。通过这种通用的工具链将减少对接口的调整,从而有减少开发时间并降低成本的潜力。

虚拟开发从来没有完全排挤传统开发。另一方面,传统开发已经触及其可行性的边界。因此重要的是应在两种方法中寻找一种有意义的且对企业经济有益的补充方法。

## 参考书目

[8.1] *Bock*, *T.* ; *Maurer*, *M.* ; *van Meel*, *F.* ; *Müller*, *T.* : Vehicle in the Loop-Ein innovativer Ansatz zur Kopplung virtueller mit realer Erprobung, Automobiltechnische Zeits-chrift (ATZ), Ausgabe 01/2008, GWV Fachverlage GmbH, Wiesbaden 2008.

[8.2] *Dick*, *M.* : Einsatz virtueller Techniken in der Audi Produktentwicklung, 11. Automobiltechnische Konferenz-Virtual Vehicle Creation, Stuttgart 2007.

[8.3] *Oertel*, *K.* : Zukunftsmarkt Assistenzsysteme, Automotive Electronics + Systems, Carl Hanser Verlag, Vol. 11/12-2004.

[8.4] *Kopischke*, *S.* : Entwicklung einer Notbremsfunktion mit Rapid Prototyping

Methoden, Dissertation, Technische Universität Carolo Wilhelmina zu Braunschweig 2000.

[8.5] *Bock, T.*; *Siedersberger, K.-H.*; *Zavrel, M.*; *Breu, A.*; *Maurer, M.*: Simulations-und Testumgebung für Fahrerassistenzsysteme-Vehicle in the Loop, Erprobung und Simulation in der Fahrzeugentwicklung-Mess-und Versuchstechnik, VDl-Berichte 1900, 2005.

[8.6] *Bock, T.*; *Maurer, M.*; *Färber G.*: Vehicle in the Loop(VIL)-A new Simulator set-up for testing Advanced Driving Assistance Systems. Driving Simulation Conference, Iowa City, USA 2007.

[8.7] *Bock, T.*: Vehicle in the Loop-Test- und Simulationsumgebung für Fahrerassistenzsysteme. AUDI Dissertationsreihe, Band 10, Cuvillier Verlag, Göttingen 2008.

# 9 驾驶员辅助系统对机动车系统架构的影响

*Günter Reichart, Jürgen Bielefeld*

## 9.1 引言

现代化高配置汽车内系统的复杂性达到了一个很高的水平。在将来只能通过高度联网的和复杂的系统来实现机动车中越来越多的创新。驾驶员辅助系统领域尤其如此。由于使用传感器采集的行驶环境和汽车本地数据的信息及使用了已安装在车内的促动器，因此驾驶员辅助系统简直就是分布式高度联网功能的同义词。传感器可采集信息的范围和质量以及对信息的解读在根本上决定了相应辅助功能的功能范围和复杂性。技术传感装置（例如，雷达或者摄像系统）使用的是与驾驶员相同或类似的信息。但是从长远来看，还不会有可达到人的感知功能及达到在不同的前后关系下解读这些数据的传感装置。但是，在某些方面，技术传感器完全超越了人的感知，如在持续注意力、确定移动物体的速度或者由于在其他波长范围内的灵敏度从而强于人眼这些方面。特别是将传感器信息结合起来，即所谓的传感器数据融合，在减轻驾驶员负担、提高行驶安全性或者战胜危急的行驶情况方面具有巨大的潜力。通过传感器数据融合，对技术传感器采集数据的解读质量明显提高。为此应就诸如原始数据、整理数据或者解读数据的融合层面进行决策并规定相应的车内融合架构（参见第17章）。

在某些情况下，一个基于传感器数据进行干预的技术系统可能会超出驾驶员的判断和反应。在这些情况下，驾驶员辅助系统可自主做出反应并自动驾驶车辆或稳定车辆。但是，一般情况下必须特别小心地权衡，技术系统的自主干预应在何时进行并且可将行驶任务的自动化推动到什么程度。与之相应，驾驶员辅助系统的范围涵盖进行警告的信息系统，主动提供支持但是可接手控制的系统，直至进行干预的不能接手控制的系统。驾驶员辅助系统或者主动执行加速、减速或车辆转向之类的调节过程，或者为驾驶员提供让其自主采用其选择的驾驶参数中的信息和警告提示。随着功能的日益多样化，一个根据情况对功能的竞争性干预进行优先排序的合适的系统管理变得越来越重要。

控制由此造成的不断增加的系统复杂性的关键在于汽车的系统架构。它最终决定了在多大的范围内可采取诸如等级化、模块化和标准化之类的控制复杂性的措施。

在现代汽车(例如,第七代或第五代宝马汽车)中,在全装备状态下有超过60个不同供应商的电子控制单元参与提供整个功能性,参见图9-1。

将软硬件集成为一个可靠的整体系统在今天是一个成本巨大的极高的挑战,通过在现有的系统架构内增加其他的控制单元来增加新功能,但从封装的角度来说几乎不再允许。在较少的高效控制单元上集成功能经常被看做解决之道。虽然网络分布在现有的控制单元网络上绝对是实现新功能的一条较适用途径,但是不能解决复杂性问题。虽然借此减轻了数据联网的复杂性,但是在组件方面却使集成成为另一个绝对不比控制复杂性的增加更轻松的一项工作。在这里,除软件的高复杂性之外,问题都转移到如何控制热平衡、电流消耗、制造技术和封装等方面。用于确保功能可用性的随之而来的问题导致对这些高集成的控制单元和受控促动器可靠性的要求明显增加。对功能安全性不同的要求,基础装备和整个装备之间各种型号的数量以及不佳的成本模块化也给高集成度设置了界限。在此,必须寻找控制复杂性增加的其他合适的方案。

## 9.2 系统架构

机动车的系统架构描述了系统结构的下列方面:

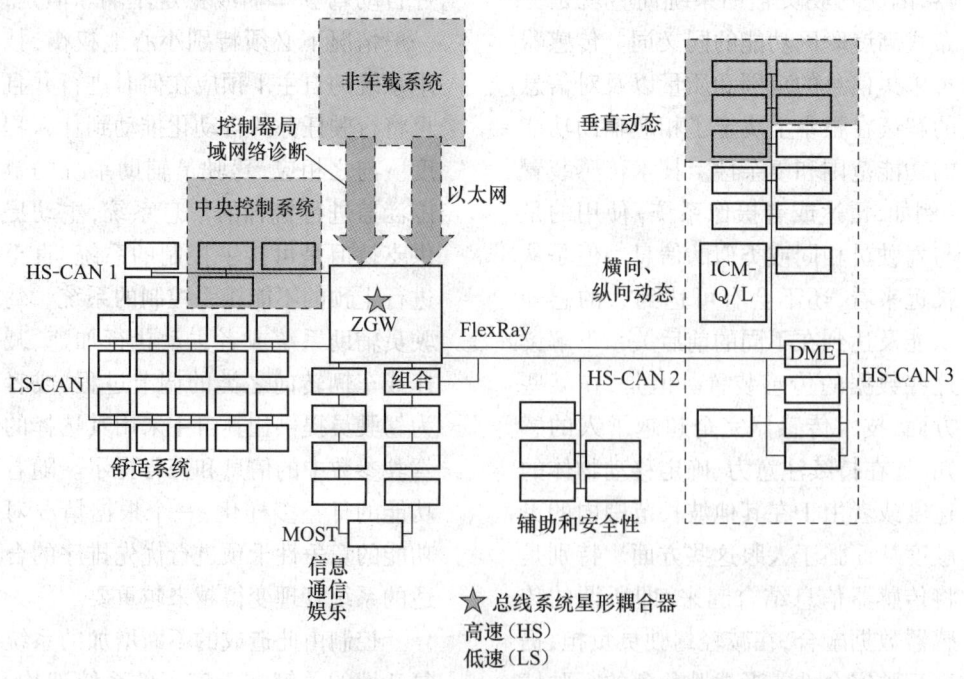

图 9-1　BMW E65 中的系统架构(7 系车型 2001—2008)

- ◆ 在其对系统元件的描述中说明了单个功能之间的功能网络；
- ◆ 系统元件的相互作用和联网；
- ◆ 系统接口；
- ◆ 环境；
- ◆ 系统内的数据流；
- ◆ 数据、软件和硬件架构。

应区分功能性、逻辑性和技术性架构，这些架构描述了功能，其输入值和输出值以及其网络。通过在技术系统组件（大多为控制单元）上体现这些功能形成系统架构。将功能指定给技术组件和将信号指定给信号载波诸如总线或者单个导线的过程称为划分。

一个电子/电气系统架构的硬件系统元件有：
- ◆ 传感器；
- ◆ 促动器；
- ◆ 电子控制单元；
- ◆ 用于数据传输、离散信号和供电的导线（或线缆）的电缆束；
- ◆ 发电机；
- ◆ 蓄电池；
- ◆ 变压器；
- ◆ 保险装置；
- ◆ 电传动装置。

硬件元件也总称为汽车电器网络。与之相关，但要指明的是E/E系统架构包含的比汽车电器网络要多很多。多是必要的，因为在对纯硬件组件进行集成时，如果没有全面理解所有相关的架构组件，则无法完成集成。

必须从多个视角来对系统架构进行设计，这明显超出了满足单纯功能性的要求。因此，必须满足质量和安全性、版本化/配置、物流、安装、维修/保养等方面的要求。在这里除了模块化策略或通用件措施之外还要解决多种多样的目标冲突，部件的可用性、产品寿命方面的技术和成本优化角度的问题，从而达到最佳的折中方案。

对将来系统架构的基本要求是：
- ◆ 产品线内外的规模可伸展性；
- ◆ 可扩展性；
- ◆ 功能安全性、可用性、可靠性、数据安全性；
- ◆ 产品寿命期间的软件更新和升级；
- ◆ 售后服务要求；
- ◆ 车辆状态管理；
- ◆ 稳健有效的能量管理；
- ◆ 良好的可试验性和简单的集成性；
- ◆ ……

系统架构的根本决定因素在于对控制单元功能的分区、选择网关、利用合适的总线技术和其拓扑将控制单元联网等相关的决定。好架构的技巧在于考虑多种多样相互影响所做的决策以及是否达到总体最优水平。

覆盖产品线、获得产品吸引力的能力、功能扩展、满足产品寿命期间新的法律要求，也包括不中断方案进行吸收接纳，在这些方面进行架构前瞻性的设计是一项要求极高的任务。架构对企业处理的基本参数（例如，研发经费、产品成本、产品质量和经济性）有显著影响。

## 9.3 驾驶员辅助系统对系统架构的重要影响

通过熟练有效地使用和连接来自较少传感器的信息，可以体现驾驶员辅助系统多种多样的功能。在设计合理的情况下，可以把一台摄像机同时用作车道保持辅助、远光灯辅助或者交通标志识别的传感器。只有从客户角度来说能够实现一个高质量功能或者对功能可靠性另外做出不充分地保障的情况下，才使用传感器数据融合，如车距控制系统也用于对静止的障碍物作出反应。在表9-1中以一个矩阵分别就类型和质量对不同的传感器技术和从不同传感器获得的信息进行了列举。从中可以推导出原则上将哪些信息相互合并是有意义的。此外，能够看出哪些技术可用于获得有意义的信息（具有一个专用技术所有的优点和缺点）。这样会明显限制驾驶员辅助系统在一个架构内集成的处理空间。例如，目前只能用影像方法识别交通指示牌，除非今后为配备发射器或者应答器来代替交通指示牌。通过图像数据进行图片识别的方法（包括通过视频流中的图像数据）一般情况下不能确保100%的识别可靠性或者分类可靠性。因此，建议使用其他附加的传感器技术，以通过补充数据将交通标志的错误识别实质性地降低到最小或者完全避免。然而，从表9-1可以看出选择余地是很小的。因此在这种情况下提出了一个问题，就是传感器信息融合是否目的明确，是否值得增加成本或者是否必须开辟一条其他的技术途径来验证识别的可信度。在这种情况下，借助导航系统地图数据进行可信度测试被证明是一条目的明确的途径。

对于驾驶员辅助功能可获得的用户利益来说，驾驶员辅助系统功能的操作和显示方案的设计尤其重要。不同功能的显示包括在显示屏上的图像显示、组合仪表、显示屏或平视显示器中的动态或静态符号标志，各种触觉和听觉信息以及它们的组合信息（参见第21章和第23章），此外还有功能性操控。显示实际图像需要用极高的传输带宽传输到显示位置。由于与之相关的时间延迟，只能有限地使用视频压缩技术。由于其他方面的要求，在信息娱乐领域常用的操作和显示方案就显得不够充分了。因此，必须在信息娱乐相应的车载系统中集成专门针对驾驶员辅助系统的操作和显示方案。

表9-1 不同传感器系统和信息来源的结论质量

| 信息 | | 本车传感器 | 远程雷达 | 近程雷达 | 多束激光雷达 | 激光扫描器 | 超声波 | 视频：物体 | 视频：车道 | 视频：交通标志 | 导航数据库 | 其他外部装置 |
|---|---|---|---|---|---|---|---|---|---|---|---|---|
| 本车 | 状态 | ● | | | | | | | | | | |
| | 运动 | ● | | | | | | | | | | |

续表

| 信息 | 传感器 | 本车传感器 | 远程雷达 | 近程雷达 | 多束激雷达 | 激光扫描器 | 超声波 | 视频：物体 | 视频：车道 | 视频：交通标志 | 导航数据库 | 其他外部装置 |
|---|---|---|---|---|---|---|---|---|---|---|---|---|
| 物体 | 前方远处 |  | • |  | • |  | • | − |  |  | − |  |
|  | 前方近处 |  | + | + | + |  | − | • |  |  |  |  |
|  | 后侧 |  | • | • | • |  |  | • |  |  |  |  |
|  | 侧面 |  |  |  | + |  |  |  |  |  |  |  |
|  | 速度 | • | + | + | − | − |  |  |  |  |  | − |
|  | 横向位置 |  | − | • | + | + |  | + |  |  |  |  |
|  | 尺寸 |  |  |  | + |  |  |  |  |  |  |  |
|  | 地点 |  |  |  |  |  |  |  |  | + | − | − |
|  | 类型 |  |  |  |  |  |  |  |  |  |  |  |
|  | 意图 |  |  |  |  |  |  |  |  |  |  | • |
| 道路 | 交通标志 |  |  |  |  |  |  |  |  |  | + |  |
|  | 车道 |  |  |  |  |  |  |  | + |  |  |  |
|  | 标识 |  |  |  |  |  |  |  | • |  |  |  |
|  | 类型 |  |  |  |  |  |  |  |  |  | − | + |
|  | 停车位 |  |  |  |  |  | • |  |  |  |  |  |
|  | 十字路口 |  |  |  |  |  |  |  |  |  | + |  |
| 驾驶员 | 状态 | − |  |  |  |  |  |  |  |  |  |  |
|  | 意图 | − |  |  |  |  |  |  |  |  |  |  |

注：+：较好，•：合格，−：较差（参见[9.1]）。

## 9.4 装备变型和联网复杂性

目前,在多数情况下,相对于特殊装备,提供的驾驶员辅助系统几乎是独立的并且是可组合的。由于创新中品牌渗透还很少,因此这看起来似乎是合理的。此外,在客户将其视为系列装备的情况下,特殊装备具有较高的价格灵活性,因此可更好地截流必然会下降的采购成本。

从上文可以明显看出,只有通过不同范围功能性的稳定联网才能实现驾驶员辅助系统功能,因此还应提供一个降低样车成本的基本结构。例如,必须在车身外部区域预先安装连接摄像机与图像处理控制单元的导线,并应将这些导线放在线缆束中,以确定车身中(大约车厢前壁)导线断裂的位置。此外,在设计系统时还要确定这些导线的电磁兼容性效应。由于其他导线的干扰可能会使摄像机的视频数据受损,良好的系统设计会事先考虑到这一点,否则就会面临只能采取把对总系统的作用降低到最小但不能排除源头的措施。

驾驶员辅助系统从其自身方面提出了对基本结构的要求。雷达、图像和视频数据需要相应的带宽、高效的算法,且相关的数据量要求在E/E架构中具有实时处理的高效计算单元。

如果要将驾驶员辅助系统功能部分或者完全集成在现有的基本架构中，那么这些附加的要求往往是一个较大的障碍。在最坏的情况下应重新设计某些基本结构元件（例如，总线和控制单元），这会导致单个组件成本增加。

另一个阻碍驾驶员辅助系统功能完全集成在 E/E 架构中的障碍是随之增大的复杂性。在实现一个驾驶员辅助系统功能时，通过多个总线和子总线形成完整的通信矩阵往往造成对其他系统不必要的依赖。例如，驾驶员辅助系统功能的控制元件通常通过一个控制单元联合起来，然后通过一个 LIN 总线连接在另一个完全不参与功能的控制单元上，通常一个系列控制单元有多个 LIN 总线。因此，不仅应在系统总线上实现通信，而且也定义了 LIN 信息以及 LIN 程序控制器和 LIN 网关列表。在集成时在不同的位置出现了许多只能归咎于联网问题的故障源。随后，遗憾的是该集成工作变成了一般情况下驾驶员辅助系统所需精密调节工作的负担。

因此，应小心检查在某些情况下放弃网和将传感器以及促动器直接连接在驾驶员辅助系统的中央控制单元上是否更不利，即便这样会造成局部成本增加。在较高程度联网时，集成成本会大幅增加，以获得相同的功能保障程度。

将不同的驾驶员辅助功能绑定在一个系统架构内，一方面必须提供装备范围方面的灵活性，原因是客户通常只选择单个的驾驶员辅助系统并且必须可在架构内形成其单独的组合；另一方面，架构必须支持较高的模块化成本，否则基本范围和只装备很少的型号就会给整体功能性造成沉重负担。

## 9.5 驾驶员辅助系统功能在控制单元上的划分

和其他功能一样，将驾驶员辅助系统功能集成在作为 E/E 系统架构核心计算单元和控制单元的控制器内，在控制器内处理车载网络中所有的基本任务。

驾驶员辅助系统的基本任务包括：
- ◆ 传感器数据过滤和分析；
- ◆ 读入开关和操作元件信号；
- ◆ 计算警告规则、控制算法和调节算法；
- ◆ 计算传感器数据合并；
- ◆ 诊断和校准；
- ◆ 国家特定的编码；
- ◆ 促动器或者显示装置的触发。

通过对这些基本功能的组合分析，在机动车内可处理多种多样的功能，如制动器的促动、发动机功率或者照明功能（如转向灯）。

在目前的机动车内，作为基本架构元件的控制单元承担着上百个功能，几乎每个控制单元的核心中都有一个或者在复杂任务时有多个微控制器。相对于个人电脑中带单独存储器和控制器等元件的微处理器，这个微处理器是作为嵌入式微控制器（Embedded Microcontroller）使用的。嵌入的意思是在同一个硅芯片上除了微处理器之外（目前主要是 16 Bit 和 32 Bit 处理器）还有存储器（RAM 和 ROM）和用于总线通信、促动外围功能、A/D 和 D/A 转换器、PWM 等控制器。一般情况下，这里的程序存储器（ROM）设计为闪存，这样就可以删除存储器内容，然后重新写入。这种功能性允许在研发期间包括在汽车使用期间在软件中更改、更新或者完全更换掉功能。

在机动车内电子装置发展的最初阶段，还根本不能或者仅能很低程度地将控制单元联网。而今天，几乎所有的控制单元都有一个或多个总线接口。

在此可以大致将控制单元分为下列三种基本类型：

◆ 嵌入式电子控制单元 ECU；
◆ 半嵌入式控制单元；
◆ 计算机节点。

嵌入式控制单元的特点是，控制单元的主要任务（传感器分析、算法计算、控制促动器和诊断）都在一个控制器内并且在这里功能主要是自主运行的。与总线通信一起，该配置可满足车内大多数的要求和功能性。但是事实表明，对并列处理计算强度高的计算任务以及控制单元中较高电功率元件的接通/驱动的可用性和安全性评估并不总是没有问题的。在这些情况下，在独立的带或不带自身职能的模块中将取消带相应驱动器的负载开关元件。如果一个控制单元内功能的复杂性较高或者安全功能需要冗余的功能性，则应在一个控制单元内使用多个处理器。

图 9-2 图示了一个典型的嵌入式控制单元。

在控制单元内有一个带处理器内核，一个 SRAM 和一个闪存的嵌入式控制器。有 3 个模拟传感器和 4 个模拟整流器连接在控制单元上，它们根据道路情况和行驶动态或者驾驶员预先选择的基本设置改变减振器中的压力。此外，还有一个高速 CAN 接口（500 kBd）。此种控制单元非常适合用于相对简单的驾驶员辅助应用，如已知的 PDC（停车距离控制）功能，现在几乎完全以 ASIC 的形式集成在这种控制单元中。

在半嵌入式控制单元中几乎没有驱动模块。传感器和促动器大部分作为机电一体化单元，通过子总线与控制单元联网。机电一体化元件一般情况下也承担信号处理以及部分或全部控制促动器的工作并将相关控制器从这些任务中解放出来。由此基于 32 Bit 控制器和较高的存储器需求的控制器（参见图 9-3）可为复杂的驾驶员辅助功能提供高效的计算性能。

在 ACC 控制单元中仅有与要完成功能直接相关的驱动器。在这种情况下为自适应车速控制所需的雷达传感器和雷达的透镜加热装置。与其他组件的系统联网仅通过总线实现。

通常作为车内计算机节点的一个典型功能是复杂的网关。与基于摄像

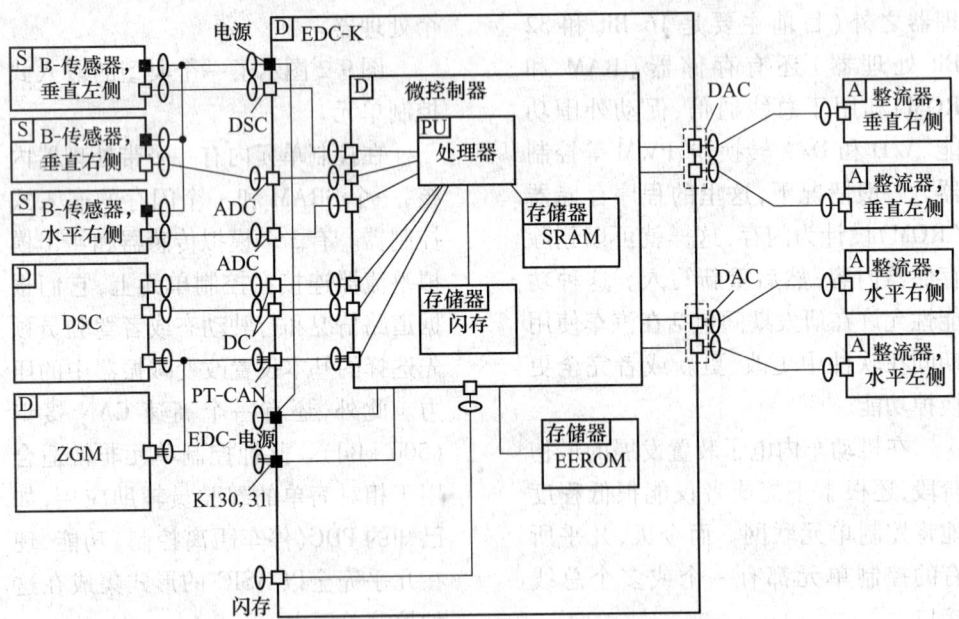

图 9-2 以 EDC – K(持续电子减振器控制)为例的嵌入式 ECU 的技术控制器架构

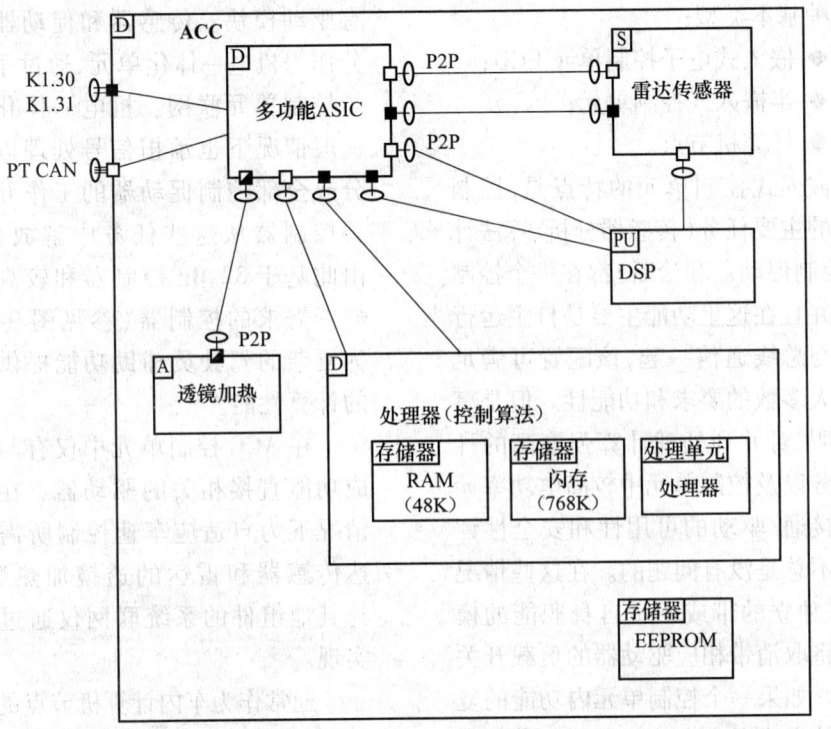

图 9-3 自适应巡航控制单元(ACC)的技术架构(半嵌入式电子控制单元类型)

机的驾驶员辅助功能的传感器数据融合也是一个类似的挑战,原因是在这种情况下雷达和透镜加热装置集成在另一个控制器中。这将会实现计算机节点。为了实现较高等级的驾驶员辅助系统或者全球线控操作系统,在将来会越来越多地接触计算机节点。原因是许多新功能只能在多个控制单元的网络关系中加以实现并由此对可用性和安全性提出了较高的要求,要针对性地建立起控制单元内外的冗余。

图9-4所示的主动转向系统现在已经这么做了。

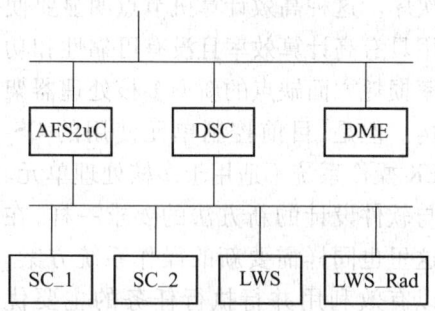

图9-4 带AFS控制单元的主动转向系统简化的技术架构

主动转向系统基于叠合转向的原理,在该系统内通过一个位于转向柱内的带变速箱的电动马达改变转向系统传动比(参见第20章和第29章)。同时,前轮主动转向系统(AFS)控制单元通过系统总线Pt-CAN(500 kBd)与动态稳定性控制系统(DSC)控制单元和数字马达电动装置(DME)控制单元进行密集数据交换。此外,需要双传感装置:两个集成有驶偏传感器和加速传感器的传感器组和两个转向盘转角传感器。由于DSC也需要这

些传感器,因此这些传感器连接在F-CAN(500 kBd)子总线上。由于AFS控制单元基本上只是一个带有双处理器架构的计算机节点,其中一个处理器监控主处理器最重要的计算结果。如果结果不一致,主动转向系统便会回归到可靠状态:转向系统的特性与带固定转向辅助的传统转向系统一样。

使用中央计算机节点的另一个优点在于可为复杂的传感器数据融合提供足够的计算性能。

## 9.6 联网技术

一个系统架构的另一个核心关键要素是联网技术,即总线和相应的传输协议。人们首先根据总线存取法将总线分为确定性的(FlexRay、byteflight、TTP)和仲裁性的(CAN、LIN、MOST)。此外,有些总线系统可打开多个逻辑数据通道,以同步传输大数据量的音频和视频信息(MOST)。

目前,在机动车内使用的核心总线是传动领域、底盘和车身使用的CAN总线,多媒体领域使用的MOST总线和新近在底盘和传动领域使用的FlexRay总线。此外,还有一系列用于本地连接较简单控制单元的子总线。在此,LIN总线特别重要。对机动车内总线的基本要求在后文会总体予以说明。

从驾驶员辅助系统应用角度来看,对总线系统的重要要求如下:

**带宽(数据传输率)**:特别是传输摄像机的视频信号时需要高传输

带宽。

**等待时间**：对于主动干预行驶动态的系统（例如，自动泊车系统或者防碰撞系统），必须仔细考虑可能存在的等待时间；必要时应考虑确定性的总线协议和控制单元的最坏情况下执行时间（worst case execution time）估算。

**信号捷变**：一系列应用（例如，在传感器数据融合时）为了保持功能同步性，需要数据交换有极准确的更新周期。

**传输安全性**：在不采取花费巨大的屏蔽措施的前提下也要在车内多辐射和连接干扰的恶劣环境中确保数据传输足够的稳定性。

**导线长度**：随着总线传输率的增加，对总线连接和总线驱动器物理特性的要求也明显提高了（例如，对阻抗、衰减、串扰等的要求）。因此，必须仔细计算选择的总线连接拓扑的长度并通过模拟和测量进行确认。

## 9.7 小结

通过驾驶员辅助系统的功能来提高安全性和使客户受益的潜力还未完全挖掘出来。传感器技术的再研发和系统架构设计的改进都有助于驾驶员辅助系统功能的完善和扩展。根据学习曲线，这在较低市场份额的车中也会迅猛发展起来。这种进步使得"主动和被动安全性"和"驾驶员辅助系统"之间的系统界限变得不再重要并且开拓了其他的协作方式。

大量的功能和不断实现的与安全性相关的极复杂的功能在将来更多地要使用承担相对复杂的传感器数据融合任务的计算机节点。这些节点在中期也可接管几个驾驶员辅助系统的系统管理的核心部件的工作并用作安全相关功能的冗余路径。当越来越多的功能干预相同的促动器时，这将变得越来越重要。今后必须有一个协调部件根据情况对促动器的要求划分优先次序。这种高效计算机节点明显要使用具有高计算效率且没有可靠性和功率损耗方面缺点的新型多核处理器架构。但是，目前控制单元使用的 OSEK 操作系统不适用于多核处理单元。与软件设计的新方法的要求一样，在这里也同样需要新的操作系统方案，以有效利用并行执行任务的主要优点。以跨公司的方式推动相应的研发工作，且在不久的将来提供合适的解决方案。

# 参考书目

[9.1] *Naab, K.*: Intelligente Sensorik künftiger Fahrerassistenzsysteme. GMM-Fachtagung "Technologien in automobilen Anwendungen", VDE – Kongress 2004.

# B 驾驶员辅助系统的传感装置

- 10 用于驾驶员辅助系统的行驶动态传感器 …………………… 108
- 11 超声波传感器 …………………………………………………… 127
- 12 雷达传感器 ……………………………………………………… 141
- 13 激光雷达传感器 ………………………………………………… 199
- 14 3D 飞行时间测量法(ToF) …………………………………… 214
- 15 机器视觉 ………………………………………………………… 227
- 16 基于摄像头的行人探测 ………………………………………… 255
- 17 环境探测传感器的数据融合 …………………………………… 272

# 10 用于驾驶员辅助系统的行驶动态传感器

*Matthias Mörbe*

## 10.1 引言

在许多领域，对驾驶员辅助系统传感器组件的选择与其功能无关。条件是以在汽车工业内全球采用的符合 VDA 或者 ISO 的标准和系统供应商和汽车制造商在上述两个标准的基础上制订出来的规则为准。

这些标准可以视为目前可达到质量的重要基础。除了对系统和车辆的可用性有实际意义之外，在许多情况下传感器的质量对总系统的安全性也有着根本性的意义。监控传感器信号的成本和效用与此相关。

机动车中的传感器不是目的本身，但是它们提供了驾驶员辅助系统所需的信息。由于该系统的成本是市场可接受度的一个决定性因素，因此必须根据必要性降低传感器的成本和数量。

为一个系统选择传感器分为两个主要方面：

◆ 适用于每个传感器的一般性选择标准；

◆ 所需功能的技术数据。

专业文献和公司内部的文件用于对课题进行深入研究。传感器数据摘自汽车制造商的最新资料。

在此特别感谢帮助完成本书的所有同事。

## 10.2 一般性选择标准

在选择过程中建议在一个矩阵内系统地汇总对传感器的各种要求，即以相同的方式方法针对每个供货方进行汇总。由此会根本性地简化供货产品的可比较性。图 10-1 图示了一个带有技术层面和商业层面的此种选择矩阵的模型，而其内容可以任意进行补充。

应在第一轮选择时就刻意避免对各个因素的权衡，这样才能确保以相同的谨慎程度对待每个标准。如果在最终选择时两种供货产品很类似，则权衡可能会增加更多的透明度。除了简单可衡量的因素之外，当然还有许多所谓的软性因素，其中包括口头协议的可靠性、对保密协议保障的信任、发生质量问题时较短的反应时间以及必要时包括长时间合作的准备。

### 10.2.1 技术层面的要求

对机动车内传感器的要求分为以下四个主要部分：

# 10 用于驾驶员辅助系统的行驶动态传感器

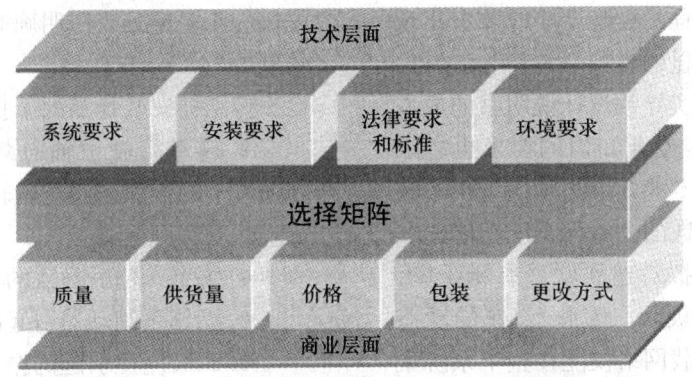

图 10-1 驾驶员辅助系统传感器组件的选择矩阵

◆ 系统要求；
◆ 安装要求和几何形状；
◆ 环境要求；
◆ 法律要求和标准。

由汽车制造商或系统制造商将要求记录在设计说明书中并进行修改。不断地深入进行修改时应检验持续研发的结果，并必须在每次选择组件前重新检查它的可实现性。长时间观察该过程明确表明，不遵守这些更改是造成后续投诉的根本原因。但是，不应只是完成修改，而应对该修改进行分析和评价，还包括功能的相互影响和对其他领域或系统的其他要求。系统地区分这种相互影响的一个非常合适的方法是由丰田研发的 DRBFM（Design Review Based on Failure Mode）法——基于失效模式的设计评审。

**(1) 系统要求**

根据从测量参数转换得来的物理参数将系统要求划分为电接口和系统环境的功能性描述。对于信号转换，一般规定了明确可测量的参数。另外，在与其他要求的前后关系中用公差、分辨率和精度描述了每个参数。由于可测量性在很大程度上决定了作为供货条件组成部分的生产中试验的成本，因此必须明确强调可测量性的重要性。只有在系统中对信号进行再处理后才能描述的参数必须例外处理。

对于很多应用来说，电接口已经形成了标准。应能确保某个供货商的传感器也可由另一个供应商供货。但是，简化这些标准只在很少的情况下有助于更换供货商。原因在于从系统功能中得出的附加条件并不仅仅允许降低电子或机械尺寸规则。对于安全系统来说，还应评价开发流程。根据方法论，实施模拟的程度和制造流程的开发推导出了故障模式及后果分析法（FMEA）和故障树分析法（FTA）的评价基础。

此外，对于该问题的复杂性，区分开静态和动态相互作用是有所助益的。这种复杂性在于在系统的基础开发阶段也可能无意识地对设计说明书中未描述的传感器特性加以考虑。随着系统的演进，传感器也不断发生改变（例如，在应用的技术中），由此可能在开发过程的极晚期阶段才会出现问题以及明显的影响。

这些事实导致设计说明书的成本越来越高,对专业知识的要求也越来越高。这些专业知识必须用于将参数的意义和参数的公差与系统功能建立起联系。模拟对建立联系有所帮助,但是也会有极限。因此,汽车的动态过程以及车载网络仅能在整个系统集合极为有限的范围内进行模拟。只要没有对传感器和汽车电路模型进行相应的细化,就不应用实际的软件和硬件来对是否满足系统要求进行测试。

**(2) 安装要求**

随着行驶动态调节系统装备水平的提高,在机动车设计规定中对传感器的安装提出了越来越多的要求。随着汽车造型的多样化,也使得与之匹配的传感器的安装条件更加多样化。在结构尺寸上可以发现一个统一的趋势,即如果传感器可以设计得越小或者说越匹配,则对汽车设计人员越有利。

通过在汽车生产和售后服务中的运用确定了界限。这特别适用于借助螺栓固定的情况和电连接器的可接近性。

但是,传感器和车辆决定性的相互作用来自于安装地点本身。如果将安装地点看做静态的稳定的范围,则可能在评价传感器是否适用时出现最大的误差。出现的振动不仅在频谱上而且在振幅上和共振增加上都取决于行驶条件的动态。对汽车的操纵也反映出这个特征。一个在重要性上无优先权的不完整列表应明确必须要注意的事项。

传感器安装地点的干扰:

◆ 转弯行驶中轴向载荷和轴承间隙产生的气隙引起车轮转速传感器发生改变;

◆ 关上车门时导致的振动;

◆ 操作手制动器引起的振动;

◆ 调节座位引起的振动;

◆ 高车速下涉水行车导致的冲击;

◆ 冲出赛道上的车道标记线;

◆ 沙石车道上的石击造成的冲击;

◆ 涉水行车时发动机舱内进水;

◆ 汽车安装过程中工具导致的振动和击打;

◆ 不同的行驶机动下导致的车行道不平整;

◆ 车行道表面和轮胎特性;

◆ 由于脚部空间未固定物体导致的碰撞、击打;

◆ 右舵车、左舵车规格;

◆ 其他安装的高功率声音设备;

◆ 将移动电话放在非规定的地点。

可为每个传感器补充该表,每种情况都体现了传感器制造商在其设计中深思熟虑的经验。由于不能在任何情况下都产生和接合激励能,因此仅能有限地进行人工试验。此外,汽车的老化也会引起变化,针对单个干扰因素的老化过程有些是无法避免的。

除了所谓的多种多样的安装地点边界条件之外,要列举研发过程中车辆的变化。在系统做出决策并由此传感器也做出决策时,一般情况下仅有一辆以之前的模型为基础的模拟原型车。但是,对于传感器的可靠运行来说,量产规格的车身或者车轴的特性特别重要。影响因素列表应说明在进行安装地点评价时应注意的事项。

用于评价安装地点的因素：
◆ 钢板厚度；
◆ 卷边、凹陷、冲压件或（冲弯件）的应力区；
◆ 其他固定件或者加装件的尺寸,如底座；
◆ 缺口；
◆ 地毯和隔音材料；
◆ 轴距和扩展变量；
◆ 两门车、四门车、多用途车规格；
◆ 自动变速箱/手动变速箱规格；
◆ 右舵车、左舵车规格；
◆ 车轮轴承选择；
◆ 车轴悬挂系统；
◆ 底盘的弹簧、减振器校准；
◆ 发动机型号。

对汽车制造商在多个平台上使用相同部件设计的传感器应用情况也要予以特别重视。在这种情况下,传感器的用户有责任确定是否适合用在未经评估的安装地点上。

安装地点多方面的因素会造成传感器在车内的应用成本提高。在选择矩阵中还应考虑相关成本。

**(3) 法律要求和标准**

技术层面上的这些要求分为从系统中引申出来的对功能的要求和对使用材料的要求。

将来要按照 ISO 26262 中的安全标准对系统进行分级。因此,同样向处于作用链中的传感器提出了涉及技术和研发过程的要求。作为 ISO 26262,该标准专门针对机动车进行了调整。

通过多次使用不同系统的传感器信号也可能会更改安全要求。例如,如果方向盘转角传感器或者转速传感器不仅由 ESP 系统使用,而且也由叠合转向系统或者后轴转向系统使用,那么对这些传感器信号的安全性要求便会提高。这可能会导致,必须在传感器冗余的情况下对全部信号进行处理。如果未对转向系实施 100% 的装备计划,则汽车的结构系列需要一个无冗余的、简化的且具成本优势的变型。

在"环保设计"的总概念下,加大限制或者完全禁止将具有风险潜力的材料用在机动车技术装备中。组件制造商及其供应商必须在其材料数据单中确定组件中包括哪些材料、数量有多少。如果随后供货的产品中包括材料数据单中列出的材料,则在进行处理时辅助材料也要遵守该规定。

是否分配或者减少了不再批准使用的材料以使他们在供应产品中的含量低于指示极限并不重要。由于每年都对标准进行更改,因此在将产品投入使用之前必须检查其是否符合新的法律规定。供应商有证明无有害物质的责任。对于旧车备用件方面有特殊规定。

检查是否满足法律规定和标准的要求不仅需要跨系统的整车知识,还需要在应用的制造原件和组件生产过程方面具备深入的知识。

材料数据单必须是传感器组件每批供货的不可分割的一部分。通过复杂的程序测定数据并共同协商选定供应商。

**(4)环境要求**

可以理解为机动车运行时所有气候要求和动态要求。

ISO 标准 16750 和汽车制造商在其设计说明书中说明了在安装地点处传感器可以承受哪些负荷。目的是在整个系统的使用时间和使用寿命期间确保无故障的运行状态。在进行设计说明书的试验中以及转换到一个电路时,组件选择和机电设计都对研发者提出了最高的要求。在所有的条件下满足每个参数的要求在经济上是不可行的并且从技术上来说也是无意义的。研发者必须在实际运行车辆的考虑下设置每个参数,这也包括所有安装地点的相互影响和环境条件。

例如,对于车轮转速传感器来说,最高温度适用。由于极端的制动温度会产生的数值,甚至停车时在后加热阶段该数值也会升高。当随后驶过可能添加了除冰盐的污水时可能会产生温度冲击。如果未在试验室试验中试验该条件,就会未完全覆盖一些边缘条件。传感器头安装在一个轴梁上并相应地做了防制动盘辐射热的保护措施。轴梁的质量较大加上其热容量使得温度仅缓慢地发生变化。在两个方向上都是如此。在驶过污水时是否完全浸没传感器头取决于传感器在车轴上的安装状况。最后还有这种情况频繁程度的问题:有多少车辆会在这些条件下运行以及这种极端制动的频繁程度如何?由于只需要说明这些关系的复杂性即可,因此在本例中有意放弃了数字细节。

特殊情况包括盖板缺失、线缆和插头连接损坏、螺栓的拧紧力矩不符合规定、备用件的规格不对以及应用在汽车运动中。

### 10.2.2 商业层面

在供货协议中,根据技术文件和成套图纸得出在技术层面上是否满足对功能的所有要求。

偏差应记录在偏差列表中。一般情况下,为一个结构系列,一定的数量或者一个时间段规定偏差。

该层面上的主题包括:
- ◆ 质量;
- ◆ 供货数量;
- ◆ 国际供货;
- ◆ 陆续供货;
- ◆ 包装;
- ◆ 更改方式。

设计和选择的技术从根本上决定了在该层面上约定的合同内容。随着用户的采购,开发者必须发现特殊的边界条件并进行确定。

## 10.3 驾驶员辅助系统的传感器技术参数

### 10.3.1 传感器及安装地点

系统中信号的主要功能将沿着行驶方向的主轴标记为 x，横向标记为 y，竖轴标记为 z，这在国际上是统一规定的。这样传感器的标签和参数的定义就不会引起不同标准的判断。

**(1) 车轮转速传感器**

对所有的行驶动态系统来说，车轮运动就是一些参数，用这些参数可以确定车轮转速、车轮加速度和车轮方向，并据此确定摩擦系数或者车轮打滑并计算车速。车轮运动的动态是在所有符合规定车道上调节车辆减速度和行驶稳定性的最重要的参数。

**(2) 方向盘转角传感器**

在调节车辆稳定性方面，作为驾驶员意愿的输入信息，方向盘角度是所有的行驶动态测量值都涉及的测量参数并要经过验证，而不测量车轮的转向角。

**(3) 转速信号传感器**

沿着所有三个空间轴测量车轮转动，以确定车体的动态。对 ESP 系统来说，将测量围绕着 z 轴的运动，翻车识别为围绕着 x 轴的滚动运动，底盘调节为围绕着 y 轴的俯仰运动。

**(4) 加速度传感器**

沿 x 轴的传感器用于采集加速度和减速度数据，也可采集静态下坡力。沿 y 轴的加速传感器测量转弯行驶中的径向加速度并用于静态测量车道坡度。沿 z 轴的加速度传感器用于在底盘调节系统中采集车身运动数据。

**(5) 制动压力传感器**

为了测定驾驶员希望施加的制动力，应测量主制动缸内的压力。在高舒适性的行驶动态调节系统中也会测量各个制动管路，甚至包括每个车轮制动缸上的压力。对于车距调节系统来说，在任何情况下都必须测量蓄压器下游或泵下游的压力。

图 10-2 为带有传感器的车辆一览图和标准车轴图例。

### 10.3.2 车轮转速传感器

**(1) 功能和结构描述**

从 1978 年使用第一个 ABS 系统开始，车轮转速传感器大多是感应式传感器。随着在一定程度上能测量至零值车轮转速的需要，必须用主动式传感器代替被动式传感器。从 1995 年开始，带有符合霍尔或者 AMR 原理的测量元件的这些传感器几乎完全替代了被动式传感器。在载重车内由于车轴结构尚不匹配，因此造成今天还主要使用感应式传感器。在图 10-3 中按原理图示了传感器的功能和结构。

转速传感器的技术数据包括以下部分：

◆ 转速传感器探头；
◆ 插口、固定件和插头在内的电导线。

图 10-4 为确定车轮转速传感器温度的原理图。

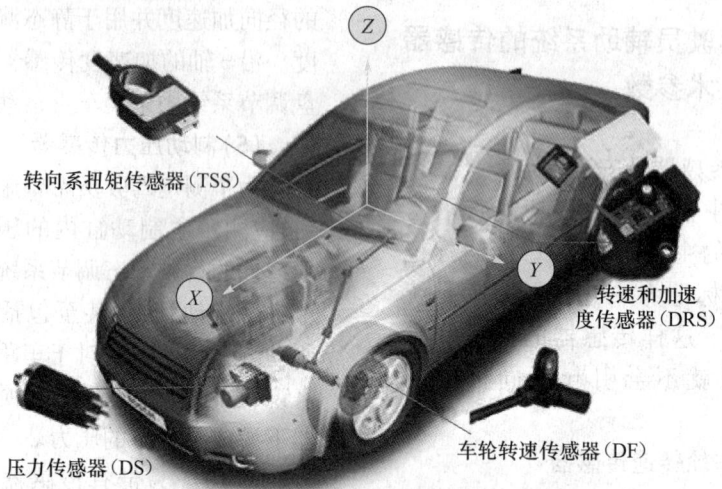

图 10-2　带有传感器的车辆一览图和标准车轴图例

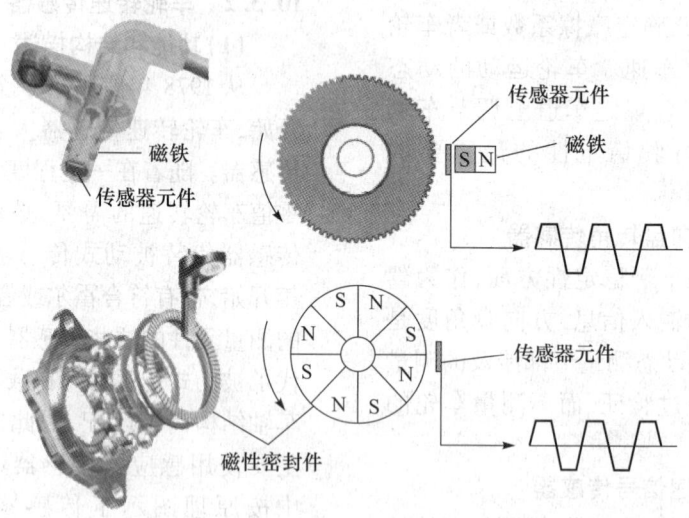

图 10-3　车轮转速传感器

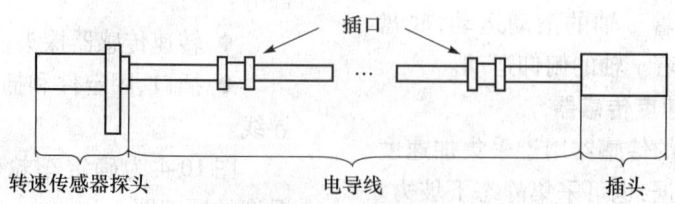

图 10-4　确定车轮转速传感器温度的原理图

## 10 用于驾驶员辅助系统的行驶动态传感器

另外,传感器探头还分布在下列区域:
- ◆ 传感器区;
- ◆ 线缆区。

在供货图纸中规定了各个区域的准确位置。

车轴的结构需要不同的传感器结构形式,参见图10-5。决定性的参数是传感器元件相对于脉冲轮的位置,脉冲轮也称为编码器。用主动式传感器也可以采集车轮转动方向的信息,因此也可规定左侧和右侧的安装位置。

**(2) 车轮转速传感器的技术数据**

存储时间,如表10-1所示。

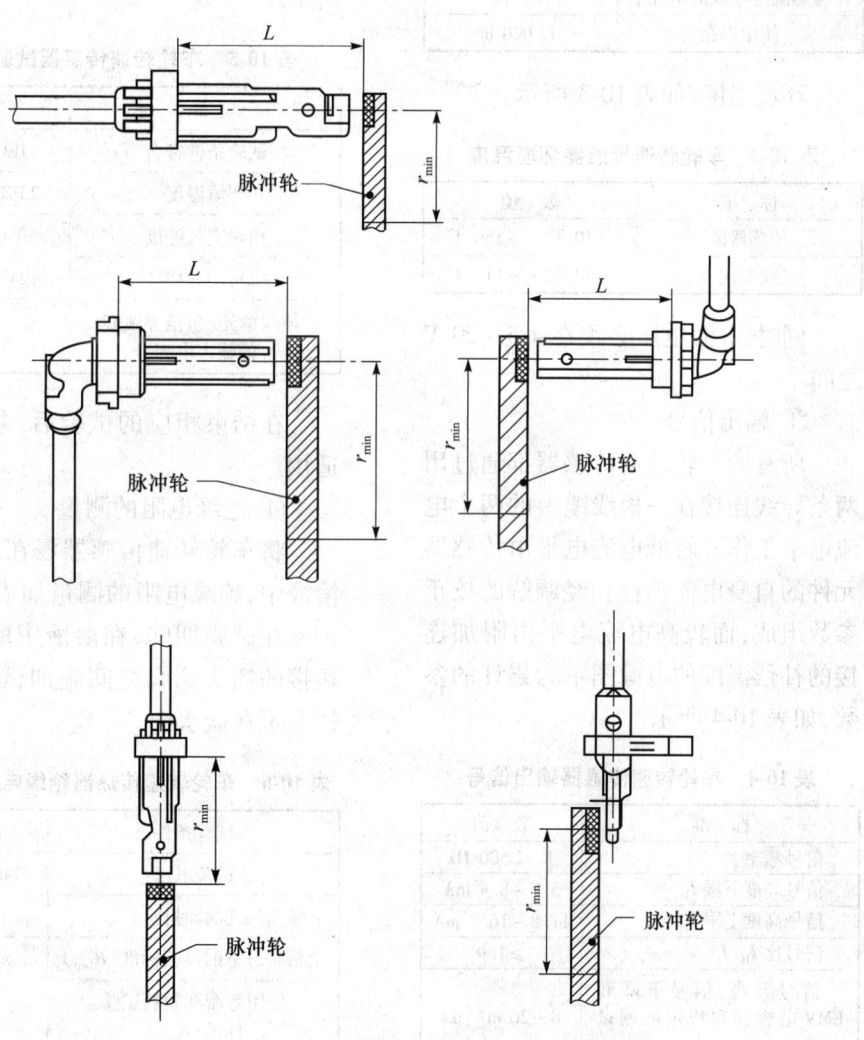

图10-5 车轮转速传感器的安装位置

表10-1 车轮转速传感器存储时间

| 标准 | 数值 |
| --- | --- |
| 自制造日期起 | 10 年 |
| 存储温度 | -40 ℃ ~ +50 ℃ |

最低预期寿命,如表10-2所示。

表10-2 车轮转速传感器最低预期寿命

| 标准 | 数值 |
| --- | --- |
| 在考虑温度极限的情况下 | 15 年 |
| 使用寿命 | 12 000 h |

环境温度,如表10-3所示。

表10-3 车轮转速传感器环境温度

| 标准 | 数值 |
| --- | --- |
| 传感器区 | -40 ℃ ~ +150 ℃ |
| 线缆区 | -40 ℃ ~ +115 ℃ |

同时,电源电压必须在 4.5 ~ 20 V 之间。

① 输出信号

所有的车轮转速传感器都通过用两条导线连接在一根线缆上的两个电流电平工作。较低电流电平由传感器元件的自身电流消耗和经调解的校正参数组成,而较高电流电平由附加连接的补偿温度的电源图示为累计的参数,如表10-4所示。

表10-4 车轮转速传感器输出信号

| 标准 | 数值 |
| --- | --- |
| 信号频率 | 1 ~ 2 500 Hz |
| 信号高度下限 $I_L$ | 5.9 ~ 8.4 mA |
| 信号高度上限 $I_H$ | 11.8 ~ 16.8 mA |
| 信号比 $I_H/I_L$ | ≥1.9 |
| 信号升高、信号下降和EMV电容器和规定的测量电路 | 8 ~ 26 mA/μs |
| 填充系数 | $0.3 \leq \frac{t}{T} \leq 0.7$ |

② 试验

所列举的试验是典型的用于车辆外部范围中的车轮上安装地点的试验;它们都是单项试验并且要相应地在新零件上进行。

③ 试验条件

如果未做其他详细说明,则适用于所有后续列举的试验,如表10-5所示。

表10-5 车轮转速传感器试验条件

| 试验条件 | 数值 |
| --- | --- |
| 试验条件符合 | IEC68-1 |
| 环境温度 | 23 ℃ ±5 ℃ |
| 相对空气湿度 | 50% ±15% |
| 电源 $U_v$(DC) | 12V ±0.1 V |
| 控制单元(包括导线)的输入电容 | ≤10 nF |

在结束相应的试验后,参数必须适用。

④ 绝缘电阻的测量

将车轮转速传感器浸在 5% 的盐溶液中,绝缘电阻的测量如表10-6所示。在试验期间,在溶液中的电极和短接的插头插脚之间施加试验电压,插头不在盐水中。

表10-6 车轮转热器绝缘电阻的测量

| 试验条件 | 数值 |
| --- | --- |
| 试验电压 | 400V DC |
| 试验时长 | 2 s |
| 全新状态下的试验标准($R_{Isol}$) | ≥100 MΩ |
| 使用寿命期间的试验标准($R_{Isol}$) | ≥5 MΩ |

宽带噪声试验,如表10-7所示。

表 10-7 车轮转速传感器宽带噪声试验

| 试验条件 | 数 值 |
|---|---|
| 试验条件符合 | IEC68-2-34 |
| 确定主轴 | 顾客规定 |
| 试验支架 | 顾客规定 |

与车轮转速传感器探头保持 50~120 mm 间距的情况下,用第一个固定点(插口、金属片)将导线固定在试验支架的共振部件上。

### 10.3.3 方向盘转角传感器

一个广泛使用的方向盘转角传感器的结构如图 10-6 所示。

在最先进的结构 GMR(巨磁阻)效应中采用了无触点且确保绝对测量的测量原理。

借助两个测量齿轮采集绝对角度数据,他们的两个齿有与转向柱上的毂不同的速比。测量齿轮带磁性,这导致在对置的 GMR 元件中形成一个与角度成比例的电阻变化。将模拟电压数字化,并且有相位差的电压曲线通过游标原理在如向左或者向右的三圈内会形成一种新建位置的明确关系。计数方式以中间状态(即向前行驶)为出发点。出于系统安全性的原因,使用 CAN 接口作为系统接口。通过这些接口也可以传输计算出的转向角速度。通过数学运算可以计算出一个校正因数,在图 10-7 中为黄色和蓝色区域。

针对不同的安装位置需要对机械装置进行个别设计,但是在一个制造商的平台内也规定了标准件方案。

**(1) 技术数据**

① 方向盘转角传感器

CAN 接口的规格与车内所有其他此类的应用情况类似,因此未另外进行图示。

对系统功能来说,通过其公差转换机械参数十分重要。因为要在系统内用其他的信号验证作为驾驶员意愿输入参数的方向盘转角传感器是否可信,因此这尤其适用。如果要同时控

图 10-6 方向盘转角传感器可能的安装位置

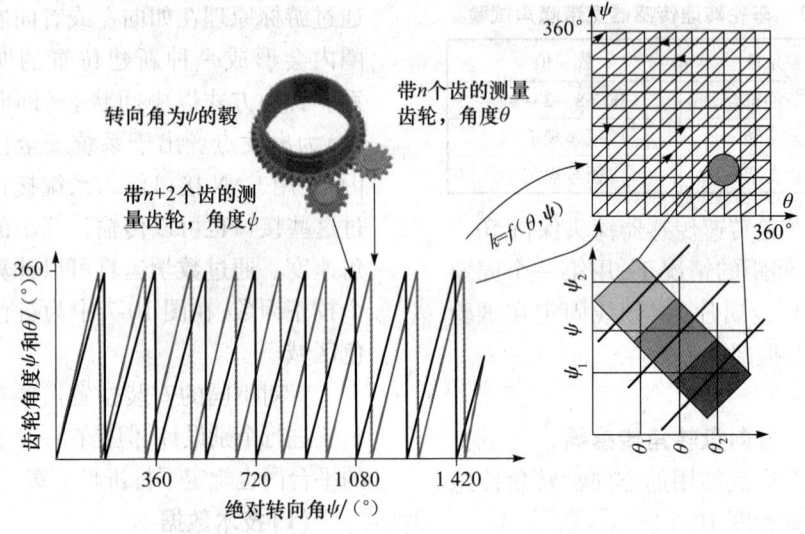

图 10-7　方向盘转角传感器游标原理的基本原理

制后轮转向系统,则对滞后和线性有更高的要求。此外,这些应用情况还需要进行冗余的信号处理。

② 功能性特性参数

只有按照图纸将传感器安装在转向柱上,给定的数值才有效。

名义测量范围,如表 10-8 所示。

灵敏度和分辨率,如表 10-9 所示。

灵敏度功能的参数规定如图 10-8 所示。

表 10-8　方向盘转角传感器名义测量范围

| 功　能 | 数　值 |
| --- | --- |
| 角度范围 | -780° ~ +779.9° |
| 转向角速度 | 0 ~ 1016°/s |

表 10-9　方向盘转角传感器灵敏度和分辨率

| 功　能 | 数　值 |
| --- | --- |
| 角度:对应 1 Bit(测量范围) | 0.1° |
| 速度:对应 1 Bit(测量范围) | 4°/s |

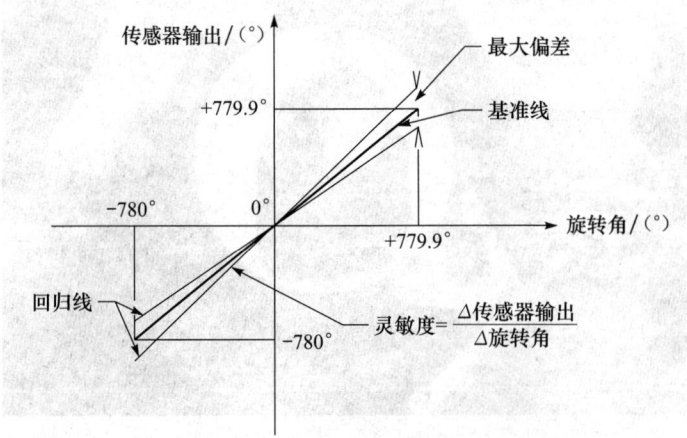

图 10-8　灵敏度功能的参数规定

10 用于驾驶员辅助系统的行驶动态传感器

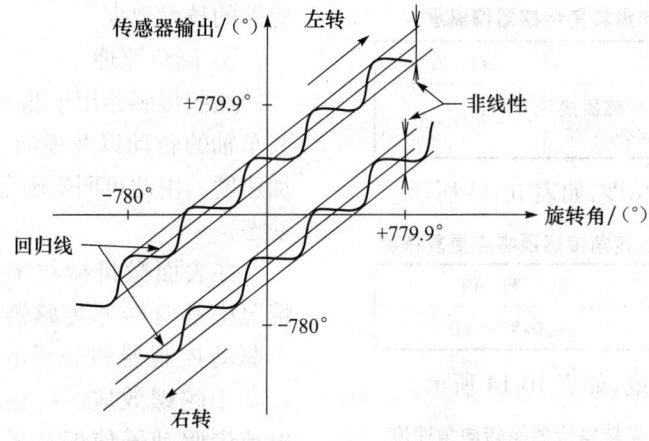

图 10-9 非线性功能的参数规定

非线性的功能及数位如表 10-10 所示。非线性功能的参数规定如图 10-9 所示。

表 10-10 方向盘转角传感器非线性的功能及数值

| 功 能 | 数 值 |
|---|---|
| 角度(测量范围) | −2.0°~+2.0° |

滞后的功能及数值如表 10-11 所示。滞后功能的参数规定如图 10-10 所示。

表 10-11 方向盘转角传感器滞后功能及数值

| 功 能 | 数 值 |
|---|---|
| 角度(测量范围) | 0°~4° |

③ 零点平衡

通过 CAN 界面对零点进行偏移校准,这期间方向盘和车轮沿一个方向运动。初始化程序位于系统应用程序中的维修手册中。

偏离零点,如表 10-12 所示。

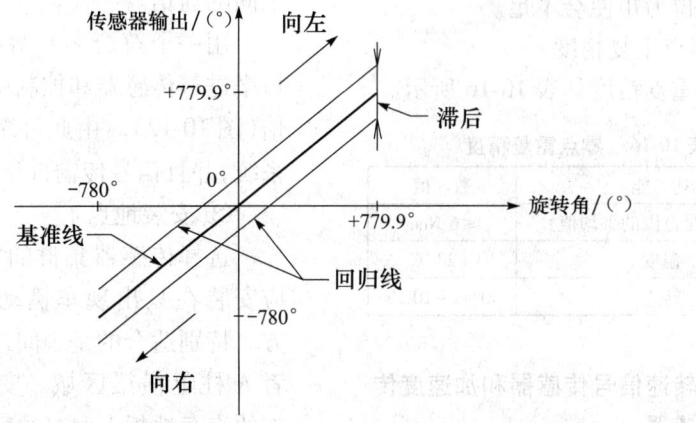

图 10-10 滞后功能的参数规定

表10-12 方向盘转角传感器偏离零点

| 功 能 | 数 值 |
|---|---|
| 机械和测量技术传感器接口之间的最大零点公差 | -5° ~ +5° |

零点重复精度,如表10-13所示。

表10-13 方向盘转角传感器零点重复精度

| 功 能 | 数 值 |
|---|---|
| 接通重复精度 | -0.5° ~ +0.5° |

转向角速度,如表10-14所示。

表10-14 方向盘转角传感器转向角速度

| 功 能 | 数 值 |
|---|---|
| 最高速度(<5s) | -2 500°/s ~ +2 500°/s |

信号延迟,如表10-15所示。

表10-15 方向盘转角传感器信号延迟

| 功 能 | 数 值 |
|---|---|
| 点火开关打开和未进行转向运动情况下的有效输出信号之间的延迟时间 | ≤200 ms |

④ 扭矩

对于转向系内所有的组件来说,要累加的扭矩十分重要。如果产生了高力矩,则在直线行驶中通过转向几何学的复位力矩便会不足。

⑤ 零点重复精度

零点重复精度如表10-16所示。

表10-16 零点重复精度

| 功 能 | 数 值 |
|---|---|
| 扭矩(测量范围的平均值) | ≤6 Ncm |
| 温度 | +23 ℃ |
| 转速 | 50°/s ~ 10°/s |

## 10.3.4 转速信号传感器和加速度传感器

(1) 转速信号传感器和加速度传感器的技术数据

① 测量原理

这些传感器用于测量车辆围绕着其车轴的转动以及横向、纵向和垂直加速度。由此可明确确定在空间中的动态。

在表面微机械技术的许多应用情况中都有转速传感器元件并与一个驱动控制器和分析电路相连。原理基于陀螺效应。在振荡中一个静电梳齿驱动器使振动质量块发生移位。车辆的转动(例如,围绕着 $z$ 轴(竖轴))导致对可测量其电容变化的加速度传感器产生一个科里奥利力。对使用地震量级速度的测量的科里奥利力进行同步解调,生成一个与转速成比例的信号。加速度传感器元件同样由表面微机械技术中的测量元件组成(图10-11)。为了降低分析电路芯片的面积,在短路径上将信号从模拟转换为数字信号处理。

用一个"串行外设接口(SPI)"来表现测量元件和传感器内部微控制器之间的通信。

用一个符合客户规格的 CAN 接口来进行传感器和控制单元之间的通信(图10-12)。由此可多次使用各种系统,并且信号传输自身更加抗干扰。

② 安装地点

选择传感器集群的安装地点时,应安装在只出现车辆动态运动的地方。特别适合的是中间过道的位置或者 A 柱上横梁区域。安装在座椅下方的汽车地板上时必须特别精心地进行检查。由于基于加速度的传感器的

# 10 用于驾驶员辅助系统的行驶动态传感器

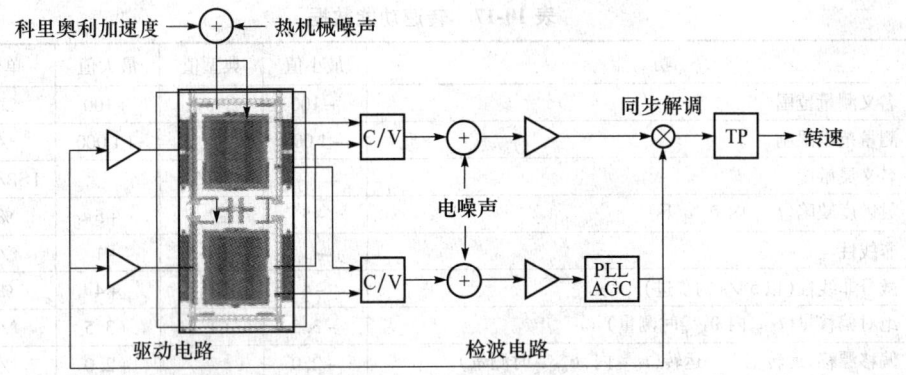

图 10-11 微机械中的转速测量元件方块图,通过干扰参数进行信号分析

测量原理,必须在安装部位限制具有高振幅和临界频率范围的并非由于汽车运动导致的次级干扰性加速度。汽车门槛和横梁之间的连接点已经被证明是合适的部位。应避免固定在薄饰板上。

在使用寿命方面可根据情况进行光谱加速度试验,以确保车内可能出现的振动不会干扰传感器。该试验预计比车内其他的一般性试验要难许多。应在短时间内模拟出对传感器的长时间效应(车辆使用寿命)。无法规定一个进行功能检验的通用的加速度试验。在车内实际出现的加速度不是恒定的且根据时间、频率、温度和振幅而发生变化。

转速功能数据,如表 10-17 所示。

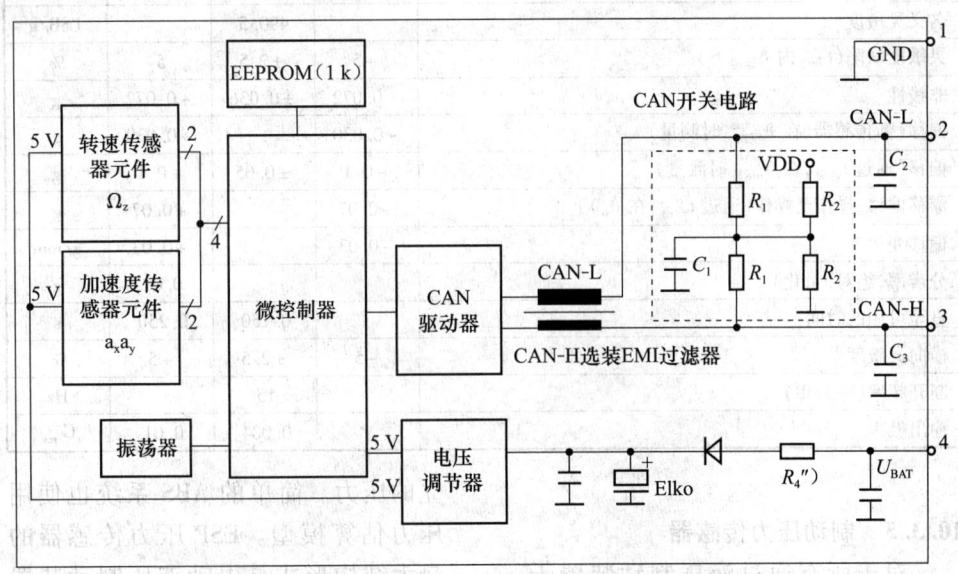

图 10-12 带 CAN 接口的 ESP 传感器方块图

表 10-17 转速功能数据

| 功 能 | 最小值 | 典型值 | 最大值 | 单位 |
| --- | --- | --- | --- | --- |
| 名义测量范围 | −100 |  | +100 | °/s |
| 测量范围限制 | −1 000 |  | +1 000 | °/s |
| 名义灵敏度 |  | 12.5 |  | LSB/°/s |
| 灵敏度缺陷($t_{寿命}$内 $\vartheta_{运转}$下) | −5 | ±2.5 | +5 | % |
| 非线性 | −1 | ±0.5 | +1 | °/s |
| 微分非线性(以 5°/s 的步进) | −4 |  | +4 | % |
| 绝对偏移量($t_{寿命}$内 $\vartheta_{操作}$时测量) | −3.5 | ±1.5 | +3.5 | °/s |
| 偏移漂移,运转至下一运转($t_{运转}$内,$\vartheta_{o运转}$时测量) | −2.0 |  | +2.0 | °/s |
| 分辨率,绝对(量化) |  |  | 0.1 | °/s |
| 直至可用的时间 |  | 0.75 | 1 | s |
| 横向灵敏度 | −5 | ±2.0 | +5 | % |
| 断开频率(−3 dB) |  | 15 |  | Hz |
| 输出噪声 |  | 0.05 | 0.2 | °/$s_{rms}$ |
| 加速度灵敏度 | −0.25 |  | +0.25 | °/s/g |

加速度信号(纵向和横向加速度),如表 10-18 所示。

表 10-18 加速度信号

| 功 能 | 最小值 | 典型值 | 最大值 | 单位 |
| --- | --- | --- | --- | --- |
| 名义测量范围 | −1.8 |  | +1.8 | g |
| 测量范围限制 | −10 |  | +10 | g |
| 名义灵敏度 |  | 490.5 |  | LSB/g |
| 灵敏度缺陷($t_{寿命}$内 $\vartheta_{运转}$下) | −5 | ±2.5 | 5 | % |
| 非线性 | −0.072 | ±0.036 | +0.072 | g |
| 偏移(新传感器,在 $\vartheta_{室内 m}$时测量) | −0.030 |  | +0.030 | g |
| 偏移(通过 $t_{寿命}$,在 $\vartheta_{o运转}$时测量) | −0.1 | ±0.05 | +0.1 | g |
| 漂移偏移,操作至操作(通过 $t_{寿命}$,在 $\vartheta_o$) | −0.07 |  | +0.07 | g |
| 偏移变化率 | −0.03 |  | +0.03 | g/min |
| 分辨率,绝对(量化) |  |  | 0.01 | g |
| 直至可用的时间 |  | 0.150 | 0.250 | s |
| 横向灵敏度 | −5 | ±2.5 | +5 | % |
| 断开频率(−3 dB) |  | 15 |  | Hz |
| 输出噪声 |  | 0.004 | 0.01 | $G_{rms}$ |

## 10.3.5 制动压力传感器

对于所有通过液压制动装置干预的行驶动态系统,应测量系统内建立的压力。简单的 ABS 系统也使用压力估算模型。ESP 压力传感器的最大结构形式是电动液压制动装置 EHB,如图 10-13 所示。

10 用于驾驶员辅助系统的行驶动态传感器

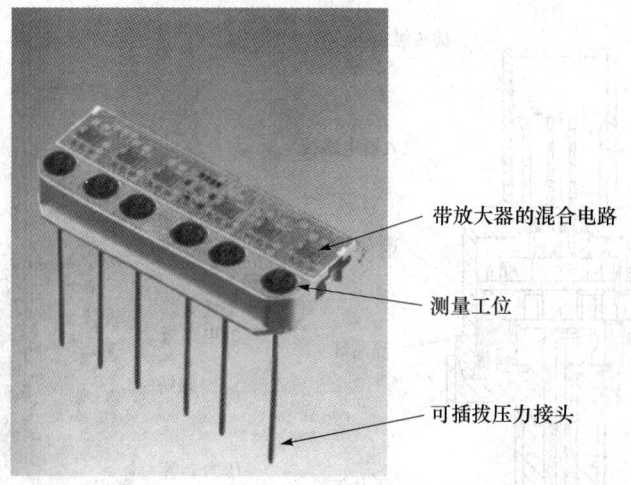
带放大器的混合电路
测量工位
可插拔压力接头

图 10-13 电动液压制动系统的压力传感器

在该系统内测量：
- 主制动缸压力；
- 蓄能器压力；
- 四个车轮制动管路压力。

对于简单的 ESP 系统，测量主制动缸压力就足够了。在制动管路中所有压力传感器决定性的特征是运行时密封的可靠性。必须通过多重防破裂的超载安全措施确保该密封性。即便是可用制动液储备进行补偿的最低泄露也必须避免。溢出的制动液可能对周边环境造成腐蚀作用（例如，对安装的电子设备），从而导致严重的故障，因此通过焊接来密封测量元件更为合适。对于测量工位，当为某个安全功能分配了压力绝对值时，应计划进行漂移监控。如果通过制动系统进行自动车距控制，则系统压力可被看成是应达到的减速度的标准。为了补偿液压泵的温度依赖性，还集成了一个温度测量装置。同时必须注意，该温度测量装置体现的仅是压力传感器安装地点的数值并未体现整个系统的温度情况。压力传感器不一定适合用作制动踏板行程的测量工具。在实际建立起压力之前，制动踏板已经走过一段行程了。该行程对于打开制动液蓄压器上的孔是必要的。对于用于触发制动灯和关闭车速调节装置的信号，零点的精度不是任何情况下都足够的，或者希望在建立起制动压力之前就已经激活了功能。

在所有目前已知的压力传感器设计中，或者通过一个螺栓连接（图 10-14）或者用一个压配合连接器（图 10-15）来确保液压连接。特别是应将传感器内的空气体积设计为最小，这样就不需要进行专门排气。制动液在首次加注时已经进行排气，因此可以忽略这种很小的空气体积。放大器 IC 是为该应用情况专门研发的并通过调整结构调节灵敏度、偏移和温度特征曲线。应在制造时进行这

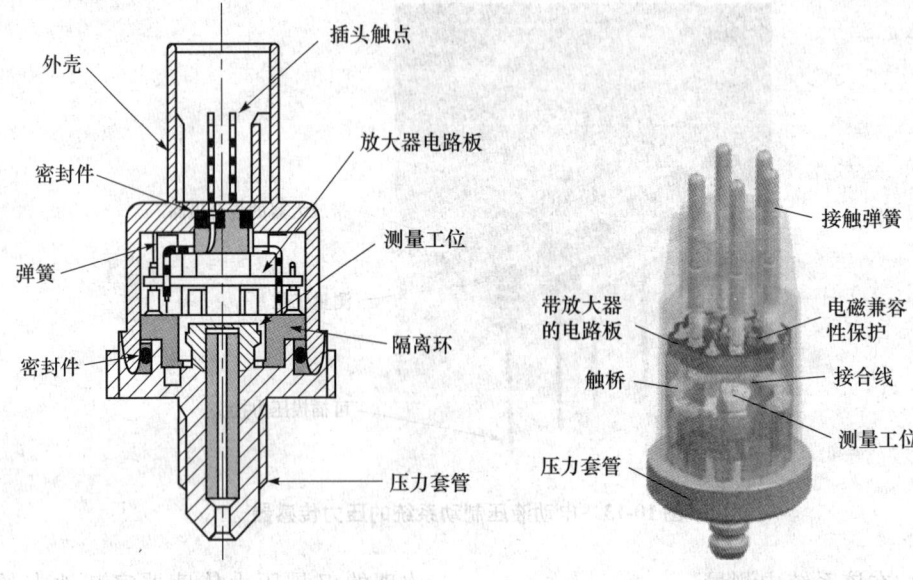

图 10-14 制动控制系统中压力传感器的典型结构(螺栓型)

10-15 采用压入技术的制动调节系统中压力传感器的典型结构

样的调节并通过压力(空气)和温度进行。在防止外部影响的密封中,传感器在液压装置内部还是在发动机舱外,在设计时要加以区分。

压力传感器技术数据电子参数,如表10-19所示。

如果没有规定其他温度,则采用 $-40\ ℃\sim +120\ ℃$ 的环境温度。

表 10-19 压力传感器技术数据电子参数

| 功　能 | 最小值 | 典型值 | 最大值 | 单位 |
| --- | --- | --- | --- | --- |
| 电源电压(正常模式) | 4.75 | 5.0 | 5.25 | V |
| 接通延迟(在该段时间内未规定输出信号) |  |  | 10.0 | ms |
| 无干扰的供电范围 | -5.25 |  | 16.0 | V |
| 电流消耗(正常模式) | 9.0 |  | 20.0 | mA |
| 低电压识别(电源,输出信号置于警报状态) | 3.7 |  | 4.2 | V |
| 过电压识别(电源,输出信号置于警报状态) | 6.0 |  | 7.5 | V |
| 断路识别,信号线、接地线或者供电线断裂(涉及电源电压) | 96% |  | 100% | V |
| 短路识别,信号线、供电线(涉及供电电压) | 96% |  | 100% | V |
| 短路识别,信号线、接地(涉及供电电压) | 0% |  | 4% | V |

# 10 用于驾驶员辅助系统的行驶动态传感器

续表

| 功　能 | 最小值 | 典型值 | 最大值 | 单位 |
|---|---|---|---|---|
| 短路识别,供电线、接地(传感器与控制单元相连,涉及供电电压) | | 34% | | V |
| 短路识别,供电线、接地(传感器与负载电阻相连,涉及供电电压) | | 100% | | V |

功能参数,如表 10-20 所示。

表 10-20　压力传感器功能参数

| 功　能 | 最小值 | 典型值 | 最大值 | 单位 |
|---|---|---|---|---|
| 名义压力范围 | 0 | | 250 | bar |
| 最大压力 | | | 350 | bar |
| 干扰时的压力 | 500 | | | bar |
| 最大低压 | −1.0 | | | bar |
| 体积增加 | | | 0.05 | cm$^3$ |
| 膜片谐振频率 | | 200 | | kHz |
| 断开频率下限 | 0 | 0 | 0 | Hz |
| 断开频率上限(−3 dB);通过固定的过滤系数确定 | 150 | | | Hz |
| 名义频率 | | 100 | | Hz |
| 相位误差(名义频率) | | | 35 | ° |

# 参 考 书 目

[10.1] Golderer, W. et al.: Yaw Rate Sensor in Silicon Micromachining Technology for Automotive Aplications. In: Ricken, D. E.; Ge-ssner, W. (eds.): Advanced Microsystems for Automotive Applications. Springer Verlag 1998.

[10.2] Willig, R.; Mörbe, M.: New Generation of Inertial Sensor Cluster for ESP-and Future Vehicle Stabilizing Systems in Automative Applications. SAE Permissions, Wa-rrendale, USA 2003.

[10.3] Schier, J.; Willig, R.; Miekley, K.: Mikromechanische Sensoren für fahrdynamische Regelsysteme. In: ATZ 107, 11/2005.

[10.4] Mörbe, M.; Zwiener, G.: Wheel-Speed Sensors. In: Hesse, J.; Gardner, J. W; Göpel, W.: Sensors for Automotive Technology. Vol. 4: Sensor Applications. Wiley-VCH Verlag, Weinheim 2003.

[10.5] Mörbe, M.; von Hörsten, C; Force and Torque Sensors. In: Hesse, J.; Gardner, J. W; Göpel, W: Sensors for Automotive Technology. Vol. 4: Sensor Applications. Wiley-VCH Verlag, Weinheim 2003.

[10.6] Hagleitner, C; Kierstein, K.-U.: Circuit and Sytem Integration. In: Brand, O.; Fedder, G. K.: CMOS-MEMS. Wiley-VCH Verlag, Weinheim 2005.

[10.7] *Axten, E.; Schier, J.*: Inertial Sensor Performance for Diverse Integration Strategies in Automotive Safety. In: *Valldorf. J.; Gessner, W.* (eds.): Advanced Microsystems for Automotive Applications. Springer Verlag 2007.

[10.8] *Walter, K.; Arlt, A.*: Drahtlose Sensorik-Anforderungen in sicherheitskritischen Fahrdynamiksystem-en. In: sensor4car-Tagung "Sensorsystemtechnik und Sensortechnologie", Fellbach, 24.-25.10.2007.

[10.9] *Mörbe, M.*: Standardisierung von Sensorschnittstellen-Chance oder Risiko. In: sensor4car-Tagung "Sensorsystemtechnik und Sensortechnologie", Böblingen, 25.-26.10.2006.

[10.10] *Welsch, W.*: Intelligente Schnittstellen für Raddrehzahlsensoren. In: sensor4car-Tagung "Sensorsystemtechnik und Sensortechnologie", Böblingen, 25.-26.10.2006.

# 11 超声波传感器

*MartinNoll,Peter Rapps*

超声波传感器可以用在不同的应用领域,例如其在材料试验技术、医疗诊断、水下声呐以及工业接近感应器中的应用。在文献中多方面地描述了其物理基础和大量的应用示例[11.1,11.2,11.3,11.4]。相反,从20世纪90年代初才开始将基于超声波的泊车辅助系统用在汽车中并且此后才获得广泛推广。

因此,本章对用在泊车辅助系统中的超声波传感器组件的特殊要求和如何设计进行了详细的分析。同时,在开始之时,压电陶瓷超声波传感器就开创了一片广阔的天地,由于其稳固的环境特性特别适合使用在汽车内并已进行了广泛的推广。

## 11.1 压电效应

1880年由Jacques和Pierre Curie发现的压电效应由一个晶体内机械状态和电子状态之间线性的机电相互作用形成。晶体的机械变形产生一个与该变形成比例的电荷,可获取为电压(正压电效应)。相反,通过在晶体上施加一个电压便会在晶体上产生机械变形(逆压电效应)。因此,压电材料原理上适合用作产生机械振动或者通过施加电场产生变形,反之适合作为机械振动或变形的传感器。由于正和逆压电效应总是一起出现,因此压电传感器不仅可用于发送而且也可用于接收声信号。

## 11.2 压电陶瓷

### 11.2.1 材料

目前,铁电陶瓷是应用最广泛的带压电效应的材料。另外,也有具有压电效应的有机材料,但是,由于其稳固性较低,迄今在机动车内应用很少。

目前最重要的压电陶瓷材料是基于氧化锆酸铅和钛酸铅的混晶系统,称为锆钛酸铅(PZT)。这种陶瓷诸如介电常数之类的特殊属性取决于锆酸铅与钛酸铅的分子比例以及替换和添加其他的元素。这会导致不同特性的材料发生各种改性的可能性。

在所谓的居里温度下,在一个单元的晶格内出现正负电荷的不规则分布,这样就产生了各个单元的固定的电偶极矩(图11-1)。由于均匀电极区域的形成产生了铁电现象,电极是通过极性(即短时施加一个强烈的电直流场)进行取向的。该极性与陶瓷的长度变化有关。随着在机动车内尽量放弃使用铅的努力,此领域内开始集中使用无铅的压电陶瓷。但是,根据这些研究,短期内没有任何其他的方案可替代目前使用的陶瓷。

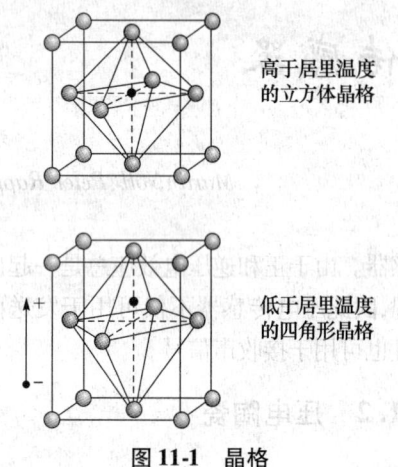

图 11-1　晶格

高于居里温度的立方体晶格

低于居里温度的四角形晶格

### 11.2.2　制造

将金属铅、钛和锆的氧化物混合后煅烧制成 PZT 型压电陶瓷。在该热处理过程中，通过物质的化合作用形成了混合晶体系统。将煅烧产生的材料碾碎并用添加剂净化，由此就制成了所谓的绿色陶瓷。在这种状态下，陶瓷材料仍是软的并可轻易制成所需的形状。两个最常用的塑形方法是图 11-2 所示的压塑法和薄膜铸塑法。

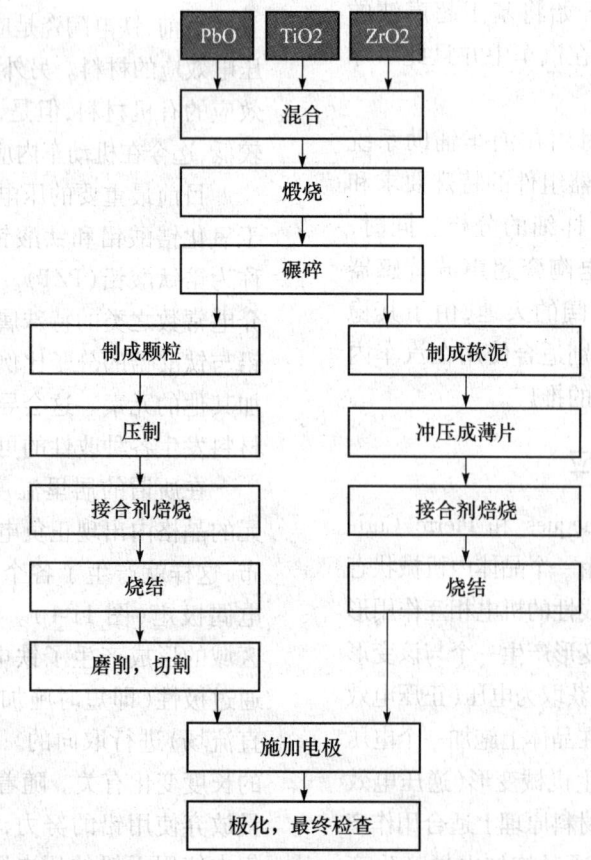

图 11-2　压电陶瓷（PZT）的制造过程

通过烧结,生坯获得其本来的陶瓷特性,尤其是其机械硬度。在这种状态下塑形所需的成本明显增加。在烧结后是否需要对陶瓷进行再加工取决于用其公差可在多大程度上控制住烧结时材料产生的不超过 20% 的体积收缩并且在绿色状态下塑形可在多大程度上保持该状态。

在制成所需的形状后通过在陶瓷表面以合适的金属喷镀方式制作电极。常用的方法是金属的电化学离析、气相喷镀、喷涂或者厚膜工艺。厚膜工艺就是喷上或者压上软状金属颗粒、有机和无机接合剂,然后煅烧。同时,必须注意按照一定的比例将接合剂的无机成分加入到陶瓷内并改变压电特性,或者通过丝网印刷或者在后续的激光加工的喷镀操作下对电极进行塑形。

进行极化时,在电极上施加一个直流电压。电压值向上受到陶瓷内的击穿电压限制,向下受到后来的工作电压限制,同时极化电压必须总是位于同一个电压上。

### 11.2.3 电滞现象

类似于铁磁性,铁电材料会以一种电滞形式表现施加的电场 $E$ 和极性 $P_f$ 之间的一种关系,参见图 11-3 的示意图。

在极化时形成新曲线,在切断电场后遗留剩余的极性 $P_r$。

### 11.2.4 压电常数

由于极化压电陶瓷的各向异性,物理常数为弹性和介电常数张量,此时极性方向一般是沿 $z$ 轴,极性指数为 3。相对地,指数 1 和 2 的 $x$ 或者 $y$ 轴称为垂直轴。

电容系数 $\varepsilon_{33}/\varepsilon_0$ 一般位于 1 500 ~ 3 000 之间。另一个重要的参数是耦合因数,其描述了转换的能量与消

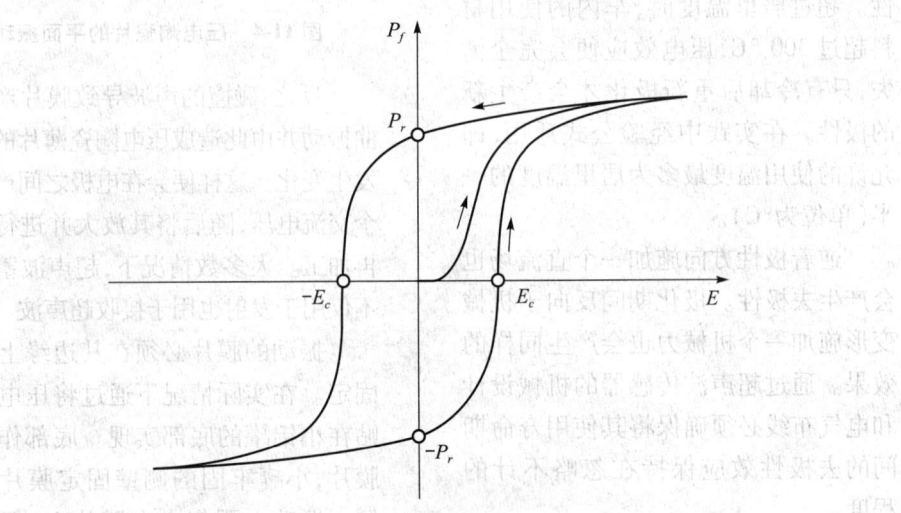

图 11-3　铁电电滞回线

耗的能量的比例关系。在带压电陶瓷薄片的超声波传感器上,平滑的耦合因数 $k_p$ 特别重要,它说明了沿 $z$ 方向的电场和沿 $x$ 或 $y$ 方向的机械效应之间的联系。

超声波传感器的耦合因数不仅取决于陶瓷材料也取决于超声波传感器的设计。陶瓷数据单中有关耦合因数的数据是基于一个标准薄片的数据,典型值介于 0.6~0.7 之间。

### 11.2.5 去极化

使用压电陶瓷时要特别注意其特殊的老化效应,这会导致使用期间(在车内 20 年内)材料的特性发生变化。主要的老化效应是材料逐渐失去极性,在极化后去极性就开始了并在整个时间内呈对数发展。为了稳定材料,可以在升温的情况下通过时效进行预老化。

其他的去极性机制是热、电和机械特性。通过加热、加速失去压电特性。超过居里温度时,车内的使用材料超过 300 ℃,压电效应便会完全消失,只有冷却后重新极化才会产生新的极性。在实践中经验公式适用,即允许的使用温度最多为居里温度的一半(单位为°C)。

逆着极性方向施加一个直流场也会产生去极性。极化期间反向于机械变形施加一个机械力也会产生同样的效果。通过超声波传感器的机械设计和电气布线必须确保将其使用寿命期间的去极性效应保持在忽略不计的程度。

## 11.3 超声波换能器

向空气中发射声波的或者从空气中再次接收声波的超声波换能器(在液体中和固体中使用有所不同方面)具有相对较大的振幅,以向空气中释放足够多的能量或者再次从空气中接收能量。压电陶瓷本身的机械变形不足以释放足够的能量,因此需要对效应进行机械式加强。在使用的机动车超声波车距传感器上便会出现这种情况,为此将一个压电陶瓷薄片平贴在金属薄膜上。如果在电极间施加一个交流电压,其直径和厚度便会发生变化(图 11-4)。由于薄片贴在金属薄膜上,因此便会按照被谐振频率驱动的薄膜的弯曲振动将变化传递出来,这便会产生一个较大的振动振幅。

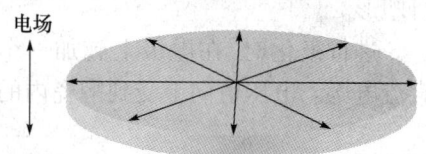

**图 11-4 压电陶瓷片的平面振动**

反之,碰撞的声波导致膜片产生弯曲振动并由此造成压电陶瓷薄片的直径发生变化。这样便会在电极之间产生一个交流电压,随后将其放大并进行电气再加工。大多数情况下,超声波蓄能器不仅用于发射也用于接收超声波。

振动的膜片必须在其边缘上进行固定。在实际情况下通过将压电薄片贴在小铝罐的底部实现。底部作用于膜片,小罐牢固的侧壁固定膜片的外侧。振动主要集中在膜片上,但是侧壁也在较小程度上参与运动。这点十分重要,因为这样小铝罐的张紧才会对膜片的运动产生影响。

一般情况下,薄膜被固有振动激励(图 11-5)。原理上也可使用较高的型号,但是会导致形成明显的旁瓣,这对空间探测特性有消极影响。

虽然这样会降低蓄能器的效率,但其优点在于:
◆ 立即吸收掉进入传感器内部的有害声波;
◆ 增加了相对于膜片外涂层(例如,污物或者湿气引起的)和由于频率变化导致的温度/老化影响的稳固性。

对于基于超声波的泊车辅助系统来说,40~50 kHz 之间的工作频率范围一方面被证明是最佳的要求具有较好性能(灵敏度、可达范围,等等)的竞争性要求的折中方案;另一方面,也证明具有相对于外部噪声的高稳固性。较高的频率因明显的空气噪声衰减造成较低的回波振幅,而较低的频率总是在车辆环境中增加干扰声源的比例。

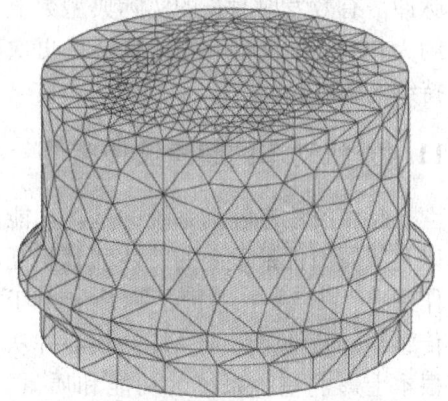

图 11-5 振动薄膜的有限元分析
(通过共振激励的小铝罐底部)

为了使得蓄能器更坚固和更易控制,膜片的内侧必须经消音处理,如使用材料和结构都符合工作频率的硅酮泡沫。

## 11.3.1 等效电路图

可以通过等效电路图(图 11-6)描述在共振频率附近的压电陶瓷超声波蓄能器,其由一个带并联电容 $C_0$ 的串联振荡回路组成。

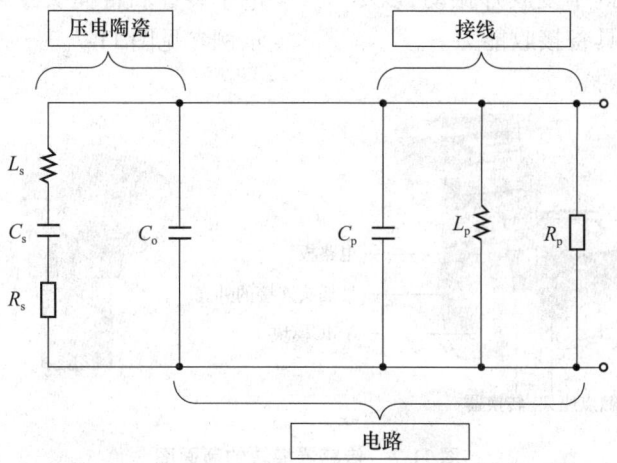

图 11-6 带并行调节器的超声波传感器的补偿电路图

此时，电子参数 $C_s$ 和 $L_s$ 符合膜片弹簧刚性的机械参数和膜片的振动质量。$R_s$ 表示因摩擦造成的损失，铁电电滞和声波发射。根据公式 (11.1) 计算出串联共振频率：

$$f_s = \frac{1}{2\pi\sqrt{L_s \cdot C_s}} \quad (11.1)$$

$C_0$ 是压电陶瓷的板式电容器的容量。当无法避免地形成机械变形时，陶瓷黏合状态下 $C_0$ 的数值要明显小于黏合之前的数值。为了提高系统带宽，以并联或串联的方式调整换能器。图 11-6 显示了如何进行并联调节：电气并联回路必须跟机械串联回路一样调节到同一振动频率。

由于压电陶瓷的电容 $C_0$ 与温度呈正比关系，因此通过一个与温度呈反比关系的并联电容补偿该效应是有效的。这样可保持电路共振频率的温度稳定性。

如果在发射或接收模式下使用超声波蓄能器，则测量与过近物体的间距时需要在主动发出信号后在尽可能短的时间内平复膜片振动，以尽量使系统重新具备接收能力。

因此，快速的减振或者消减特性尤其是对于停车辅助应用来说是采用超声波传感器的一个重要的质量和功能特性。

相反，在施加交流电压后膜片迅速进行机械振动，这在发射模式下是一个优点。这样可产生较短的超声波脉冲。有效发射时长的实际典型数值约为 300 μs，而随后的消减特性再次持续约 700 μs。

## 11.4　机动车的超声波传感器

超声波泊车辅助系统的基本功能以及所属组件最重要的特性和其相互作用在 [11.5] 中进行了列举。由于传感器的特性是每个系统的核心并从根本上影响整个系统的功能和质量，因此下面再次对其进行更详细的说明。

### 11.4.1　传感器组件

传感器的主要组件有声传感器单元（类似于扬声器和麦克风的组合）、电子装置和带插头连接的外壳，结构示例参见图 11-7。

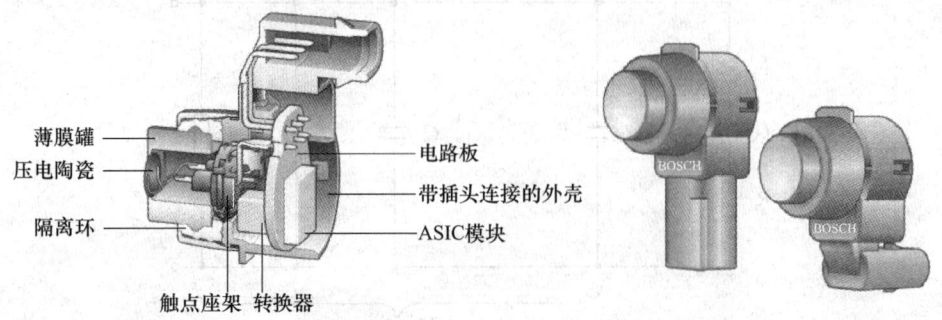

图 11-7　传感器模块的断面图

## (1) 声传感器单元

超声波传感器的声波部件主要由一个罐形的铝制体组成,在其内侧的底部粘贴有压电陶瓷片。安装在车内时,这个所谓的薄膜罐或多或少地平整地与保险杠的外皮相连,并且一般情况下颜色跟安装环境的颜色一致。声波"前端"设计和结构的关键在于膜片振动与传感器外壳和车内安装支架完全隔离。因此,将薄膜罐嵌入一个由软硅树脂组成的隔离环内,其声波特性在整个使用温度范围内(特别是低温情况下)几乎不会发生变化。此外,在对薄膜罐的设计进行优化时应使得外侧张紧范围内的边缘振动具有尽量小的振幅。通过使用较细的软线或者电线建立压电陶瓷的电触点时,不要在电路板上进行噪声耦合。

## (2) 电子设备

在机动车内使用的所有超声波车距传感器中都具有电子组件,其范围可能差异很大,这与系统设计(传感器和分析控制单元分区)有关。大致可分为下列三类:

◆ 带纯模拟接口的传感器;
◆ 带纯数字接口的传感器;
◆ 带时间模拟数据接口的传感器。

在发射时用交流电压控制带纯模拟接口的传感器并将未加工的或者(预)放大的模拟回波信号返回给上级控制单元。其中,电子装置范围由很少几个被动和个别主动组件组成。相反,如果是带数字接口的传感器,则在传感器内根据超声波脉冲的运行时间计算间距并作为数据通知控制单元。

最常用的是带时间模拟数据接口的传感器,其通过一个脉冲进行发射促动,而脉冲的长度决定了发射时长。在相同的(双向)信号线上接收回波时,电子装置将一个开关工作脉冲返回给控制单元。车距信息包含在发射和回波脉冲的两个切换侧之间的时间差内。回波探测的灵敏度包含一个可编程的时间关系或者距离关系,以尽可能证明汽车保险杠上不同的安装边界条件(高度、角度、横向安装距离,诸如牵引挂钩和车牌支架之类的前置加装件等)的合理性。这种传感器的发射信号生成、回波信号处理和时间过程控制之类的主功能的方块图请参见图11-8。

## (3) 外壳

除了保护传感器和电子装置以防受到环境影响之外,传感器外壳另外的作用是用作线缆束的插头连接并扣住传感器支架。由于安装在汽车溅水区域内,一般情况下用浇注材料填充外壳,浇注材料包裹住电子装置防止水进入并同时防止不明确的空腔对声波特性产生负面影响。选择浇注材料时应使其在温度交变下不会造成电子装置部件或者焊接件损坏。

## 11.5 天线和发射形式

超声波泊车辅助传感器的方向特性或者天线定向图是物体探测和基于该探测的环境采集功能质量的一个决定性特征。方向特征在空间上应是均匀的,也就是说不具有值得一提的干

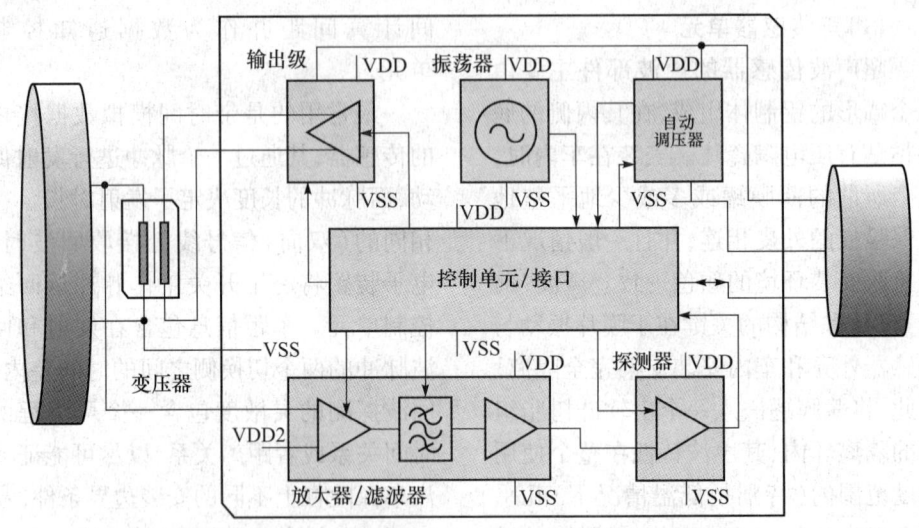

图 11-8 带时间模拟数据接口的超声波传感器方块图

涉效应或者旁瓣,以将传感器性能的角度依赖性保持在尽量小的程度。此外,为了用尽量少的传感器无缝覆盖汽车宽度,水平的声波分布应具有一个大的有效的孔径角(为了在直至 50 cm 的附近范围内发现重要物体约 120° ~ 140°)。同时,必须将垂直孔径角设计得很低,以免车道反射(特别是路况不佳的路段,如碎石路和石板路)引起信号导致显示虚假的障碍物。在实际情况下,为将传感器安装在保险杠上,一个有效的垂直孔径角约为 60° ~ 70°,仅为水平孔径角的约一半大。

### 11.5.1 模拟

较短的研发时间和保险杠上传感器最不同的安装边界条件要求在项目很早的阶段就根据安装地点、安装角度并主要根据相应的安装环境对所需的传感器的声波性能进行有效和准确的预测。成熟的模拟方法、模拟模型和模拟工具是理想的辅助手段,以在设计阶段就可靠地得出结论,而不必花费大量的时间和金钱生产原型件并据此通过试验进行验证。

对于声辐射,近年来边界元法(Boundary Element Method,BEM)被证明是最适合的方法。相对于有限元法(FEM),在阐述三维问题时仅分离声波辐射的表面,但是不另外分离四周的体积。此时由于网格点明显较低的数量,所需的计算工作量也明显减少。

安装在车辆保险杠上的超声波传感器的辐射特性受到多个参数的影响。首先,其根本取决于压电陶瓷激励膜片上的振动快速分布,这不仅可通过试验也可通过模拟确定(参见图 11-5)。其次,应注意环境边界条件,其中主要应注意温度,因为它会通过因素对依赖于激励频率的波长产生影响。最后,还应注意传感器周边环境的几何形状。特别是这个几

11 超声波传感器

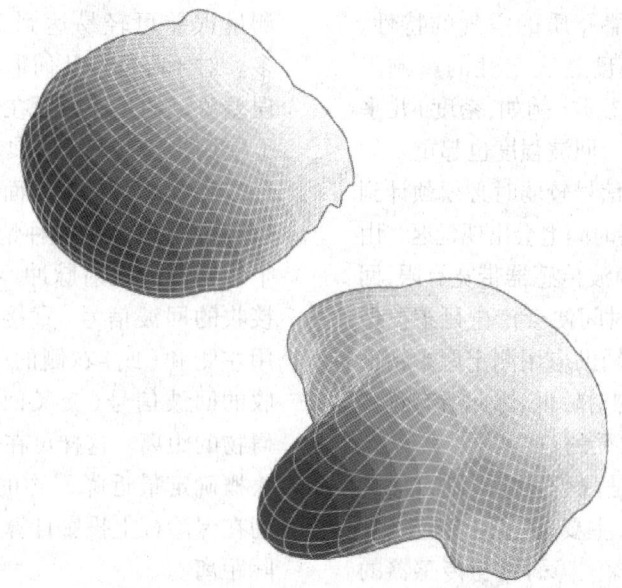

图11-9 平面传感器安装（均匀的角度走向）和较低安装的声压分布3D模拟图，取决于保险杠表面与薄膜表面的倾斜度（由于在前置安装环境上形成干涉，旁瓣具有明显变窄现象）

何形状根据保险杠设计安装标准，支架方案和固定方案可能对最终的声辐射产生明显的影响并以相同的方式对空间接收特性产生影响。以图11-9为例，其显示了平面的传感器安装方式（图11-9左侧）与略微低一些的安装方式（图11-9右侧）之间的差异。这在声波束明显变窄之处产生，因此会导致极不均匀的探测性能。通过模拟虽然不能完全避免这种不希望的干涉效应，但是可最大限度地将其最小化，为此应有针对性地根据尽量均质的辐射分布优化有影响的几何形状。

此外，在计算出辐射的基础上，考虑空气声波衰减和对规定障碍物声波反射的情况下，也可根据障碍物的几何形状确定视野。温度和湿度（空气中的水蒸汽含量）不仅对于作为介质（这里指空气）的声波衰减，而且对于物体的反射都可以参见相关文件中的模型。

由于模拟包括形成模型具有一定的界限且需要一定的条件，因此将模拟结果与实际测量结果进行定期比对用于确认和再研发方法是必不可少的。

## 11.6 距离测量

由于相对较低的声速，按照脉冲/运行时间原理从技术上设计借助超声波进行距离测量装置是非常简单的。在开始发射脉冲和返回的回波信号抵达之间的电子测时的基础上，可以通过作为基础的空气声速直接计算与反射障碍物的距离。

同时，各种不同的因素会影响测量的绝对精度。一方面，声速在物理学上取决于作为传播介质的空气的特性。在这里,空气温度是决定性的影响因素,相对的其他参数(例如,密度)几乎可以忽略。此外,回波强度也起重要的作用,特别是在信号较弱时必须预计到探测信号在运行时间上会出现延迟。由于压电陶瓷超声波传感器带宽有限,回波信号的响起时间便会产生延迟。但是,由于对停车辅助应用测定厘米精度的距离的要求相对较低,因此所有这些依赖性都是可接受的。

更重要的是汽车尺寸限制方面的几何测量精度,主要通过位置、范围、几何形状和要探测障碍物与传感器的相对方向对其进行确定。由此引起的测量误差可轻易达到 20 cm 或者更多。对于降低该几何形状所限的测量误差关键的是一方面在整个车辆宽度上使用多个传感器(典型情况下为 4 个或者 6 个),另一方面使用所谓的三边测量原理。在这种情况下,对于每个传感器的发射脉冲,不仅使用自身接收的回波信号(直接回波)而且使用左侧和(或)右侧的临近传感器接收的回波信号(交叉回波)来计算障碍物的距离。这样可在传感器层面内大概确定最近障碍物的位置,随后作为在保险杠上投影计算出与车辆的实际距离。

图 11-10 图示了一个信号图示

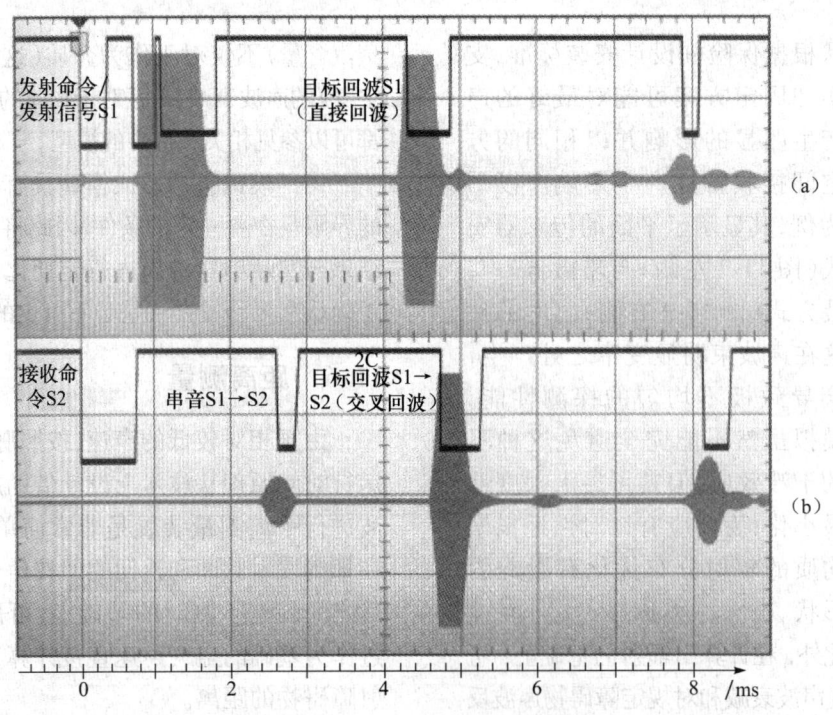

图 11-10　两个相邻传感器的信号图示例
(a)发送器/接收器(S1);(b)接发器(S2)

例，由一个主动发射器的发射/接收信号（图的上半部）和一个临近的被动接收器的接收信号组成（图的下半部）。

对于两个传感器来说，不仅记录下传感器和控制单元之间双向导线上的数字信号，也记录所属的传感器内部的 50 kHz 的超声波信号。一个总计由最多 12 个位于前后保险杠上的传感器组成的总系统，必须在一个精心协调的时间过程控制系统上进行设计，这一方面允许每个传感器快速的刷新率（以达到较短的总测量所需时长），另一方面可靠避免了因不同传感器信号的错误分配引起的相互干扰。

## 11.7 支架和固定方案

对传感器的结构设计和在保险杠内的安装有多方面的要求。首先，设计方案应尽量不显眼且以从外面几乎看不见的方式将传感器集成到保险杠上。由此提出的要求是传感器的可见部件（振动薄膜）必须漆成保险杠的颜色，而且不得影响传感器的功能。

此外，安装完成的传感器模块的耐振动性、耐温度性、耐气候性和耐湿性以及薄膜与其安装环境可靠的声波隔离对于车辆整个寿命期间实际使用条件下功能正常起着关键作用。

图 11-11 中借助合适的支架和固定技术装备安装在保险杠上有两个不同的明显特征。在图上部示例中，支架内侧平行粘贴或者焊接在保险杠上（超声波焊接技术是今天在量产中最常用的固定方法）。在图下部示例中，

用一个正确安装的插片将支架直接与保险杠安装在一起，然后用一个预安装的隔离环从后插入传感器模块，然后卡在支架内。

图 11-11 传感器模块典型的安装示例

出于声波原因所需的隔离环需要进行专门制作，这样在安装模块之前就可将前置的传感器膜漆成相应的保险杠颜色。

## 11.8 功能和可靠性

泊车辅助系统领域内的超声波传感器的成功历史基于一系列特征，其中该技术将其他的竞争性测量方法（例如，雷达、红外线、电容或者感应测量技术）考虑在内，如低廉的制造成本和较低的气候依赖性。此外，较大范围内的识别质量不取决于要探测障碍物的类型。诸如金属、塑料、木材、墙体或者玻璃之类的重要材料其表面都是"硬回波"的，因此在形状相同的情况下几乎提供同样强度的反射信号。仅在部分吸收声波的材料上有限制，

但在实际情况下几乎不太重要(例如,泡沫材料)。在对人的识别方面有一个特点,在这方面必须考虑到根据服装的不同可能会略微降低测量可达距离。

最好借助 Field-of-View(FoV,视场)测量或者探测区测量显示和比较性地评估传感器或传感器系统的性能。为此一般使用一个 7.5 cm 直径的管作为参照对象,在设计轿车泊车辅助系统所谓的 MALSO 标准[11.6]中将其规定为标准试样。一个此类 FoV 测量的示例请参见图 11-12 的 4 通道系统,该系统可通过一个单独的边缘将四个传感器直接回波的探测范围变得可见。

在本例中将两个中间传感器的量程设置为 150 cm,将外侧传感器设置为 80 cm,这符合典型的应用情况。

实际情况中有两个因素可能会限制传感器可靠的可用性。一方面在车辆附近超声波工作频率范围内的强烈的外部声波发射源可能会降低信噪比,以致不能测量到。在这里实际相关的主要是压缩空气噪声(例如,载重车压缩空气制动)和金属摩擦噪声(例如,轨道车辆)。另一方面,传感器膜上可能存在的污物、雪或者冰,这可能会与保险杠形成声桥,这会不确定地延长发射激励的衰减特性。在两种情况下,系统一般会向驾驶员显示故障,或者显示一个比可能存在真实的障碍物距离更近的虚假障碍物。这样可尽量避免根本未告知或者过晚告知驾驶员有发生碰撞危险的危急情况发生。

## 11.9 小结

泊车辅助系统的压电陶瓷超声波传感器自从 1992 年首批批量使用起就不断在机械、声音和电子特性方面对其进行后续研发。当今的量产传感器拥有一个紧凑的和坚固的结构,可以非常不显眼地集成在上漆或者未上漆的汽车保险杠上,已在声音发射、接收特性方面最佳的角度特征上进行了特殊调整并可在电子方面按照客户的意愿进行个别调整并匹配车内不同的安装条件。在改善和扩大功能性方面将来可能的后续研发有更好的自诊断能力、缩短最低测量距离以及提高信噪比的优化的过滤机制,等等。

进行超声波传感器再研发的同时,在最早的阶段,"普通"泊车辅助在汽车上的新应用和更多的利用其扩展的功能范围成为汽车制造商关注的焦点。依据是大批量生产的超声波传感器的性价比极佳。首先是侧面纵向停车位准确的测量,在其基础上可以判断是否有足够的空间用于停车。为此在保险杠侧角的前方安装有传感器用于扫描左侧和右侧车道边缘。它们可发现停放的车辆以及车辆侧面的界限和边角位置,测量停车位纵深方向是否有障碍物并提供与路边石间距方面的信息。基于此,在市场上已经有了纵向停车位自动转向泊车系统的量产应用。在最近几年中预计有一个大约从 1998 年开始的在标准泊车系统

# 11 超声波传感器

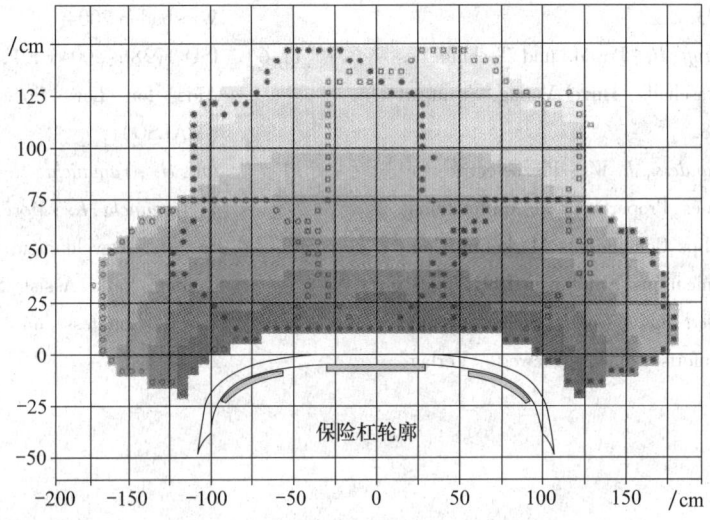

图 11-12　4 通道系统的 FoV 测量示例

上出现的类似规模的市场渗透。同样,要考虑的是扩展功能用于对在横向停车位中停车提供支持。

一个完整的新应用是在测试辅助(SVA)领域,这同样要借助超声波传感器覆盖车侧最大约 3 m 范围内的和车辆后方侧面的"死角"。可以在不超过约 140 km/h 的自身车速下识别到同行的或者缓慢超车的车辆并在驾驶员采取超车动作时指示给驾驶员。隐去对面来车和(或)静态障碍物(例如,安全栏)可以通过在前后保险杠边角上各自正确地安装一个传感器来实现。为此,根据出现的时间对两个传感器的回波信号进行分析并进行验证。

另一个有趣的应用是将超声波传感器从单纯的车距传感器继续加以研发成为附加的角度传感器。基于两个直接相邻传感器元件之间反射波正面的时间差(双传感器,由发送器、接收器和单纯的接收器组成),可以直接锁定在反射对象的方向上[11.7]。该信息与打方向盘结合起来,以根据转向角(特别是在汽车边角处)在停车期间向驾驶员指示有发生碰撞的危险。

最后要指出的是,超声波传感器除了可靠和坚固之外,使用和接收所有上述的功能同样需要一个耗费巨大的基于算法的信号处理以及一个经过考虑的显示策略。所有三个因素以绝佳的相互协调的方式构成了后续加深市场渗透和成功推广基于超声波的驾驶员辅助系统的创新性附加功能的基础。

# 参 考 书 目

[11.1] Bergmann, L.: Der Ultraschall und seine Anwendung in Wissenschaft und Technik, Hirzel-Verlag, Stuttgart 1954.

[11.2] Lehfeldt, W.: Ultraschall kurz und bündig, Vogel-Verlag, Würz-burg

1973.

[11.3] *Kutruff*, *H.*: Physik und Technik des Ultraschalls, Hirzel-Verlag, St-uttgart 1988.

[11.4] *Woanders*, *J. W.*: Piezoelectric Ceramics, Properties and Applications, Philips Components Marketing Communications, Eindhoven 1991.

[11.5] *Robert Bosch GmbH*: Sicherheits-und Komfortsysteme, Vieweg Verlag, Wiesbaden 2004.

[11.6] ISO 17386:2004 (E), Manoeuvring Aids for Low Speed Operation (MALSO).

[11.7] *Ide*, *H.*; *Yamauchi*, *H.*; *Nakagawa*, *Y*; *Yamauchi*, *K.*; *Mori*, T.; *Nakazono*, *M.*: Development of Steering-Guided Park Assist System, 11th World Congress on ITS, Nagoya 2004.

# 12 雷达传感器

*Hermann Winner*

Radar（雷达）是 Radio Detection and Ranging（无线电探测和测距）的英文首字母缩写，其源自于第二次世界大战的军用技术并长时间也仅在军用领域内使用。雷达在交通领域内首次用于车速监控系统中曾使得四名汽车驾驶员有不佳的体验。但是很早就曾想到了会使驾驶员感觉有用的各种应用，详情请参阅 1995 年的杂志文章[12.1]。在 20 世纪 70 年代举行了一个大的研究项目，其目的是研发适合量产的防追尾雷达传感器。虽然这个联邦研究部的项目促进了雷达的发展，但是在当时进行量产使用还不成熟，20 年后才具备了将雷达用在驾驶员辅助系统上的技术条件。1998 年第一台装配有雷达的汽车才上市。但是，虽然在该系统内作为功能组件集成了追尾警报功能，但主功能不是追尾警报，而是自适应车速调节 ACC（参见第 32 章）。不久就出现了其他基于雷达的 ACC 系统。

目前有 4 个波段(24.0~24.25 GHz, 76~77 GHz 和 77~81 GHz 以及一个仅适合用于近距离的 21.65~26.65 GHz 的 UWB 波段（参见第 12.4.2 节））可以用在道路交通中，并且也使用除了 77~81 GHz 波段之外所有的波段。目前主要是 76.5 GHz 的波段，明确规定可用于汽车雷达并在全球范围内使用。

研发第一代雷达跟许多类似的创新性事物一样交了不少学费。虽然在研发的过程中在努力降低成本方面让人有些失望，但获得的成效也是显著的。成本由五位数的欧元范围进入了三位数范围。尽管如此，还是付出了巨大的努力，以降低后几代的成本。在本书面世之时，已经由第二代进入了第三代。尽管如此，各个方案之间还有着巨大的差异，所以在本章中必须对此进行说明。同时也不能放弃计算，因为信息技术是雷达的基础。即使这样还是要尝试用最少的基础知识清晰地体现理论思考。由此，让一个在信息技术方面受到过良好教育的读者不会由于不使用简洁的专业语言和公式而感到奇怪。这里使用的雷达基础知识和定义可追溯权威文献[12.2,12.3]，在这些文献里一般可找到许多对雷达的广泛研究。由于在军事以及民用航空和海运方面目前的雷达使用范围很广，因此"汽车雷达"这个主题的范围目前还不固定，本章节第一次对专用的汽车雷达技术装备进行了概述说明，基于他们明显不同的要求（较短的车距、较小的多普勒频率、较高的多用途功能、较小的结构尺寸、明显更低的成本）提供了明显不同的解决方案。

## 12.1 传播和反射

当雷达射束离开传感器时,其不是以在所有空间方向上都是相同强度的方式而是以集束的方式发射出去。天线就用于该用途（另见第12.3节）。所谓的直接天线增益 $G_D$ 说明了最强发射的立体角内的强度 $P(\phi,\vartheta)_{max}$ 和相同总功率 $P_总 = \iint P(\phi,\vartheta)d\phi d\vartheta$ 的均质球形发射天线的 $P_总/4\pi$ 数值之间的关系。其中 $\phi$ 是水平层上的方位角,$\vartheta$ 是垂直层面上的升角。天线增益越大,射线越集中。实际的天线增益 $G$ 也考虑天线损耗,其大多是功率损耗。根据总发射功率和天线增益的乘积计算出的等效全向辐射功率（EIRP）对于两个标准来说是决定性的参数:一个是无线电许可,这方面最重要的是最大立体角范围内的功率（规定为 dBm(EIRP),同时与 1 mW 基础上的 dBm 有关）,另一个是最大有效距离。

但是,对于后者还要考虑其他因素。最明显的要数雷达目标的反射能力。将其规定为所谓的雷达散射截面（RCS）$\sigma$。在与波长的平方的乘积中,即 $\sigma\lambda^2$,说明了在目标上均匀分布的功率沿着方位角反射的比例。$\sigma$ 的单位是面积,该面积正好等于半径为 $a$ 的球形反射器的中心的横截面 $\pi a^2$。车辆应用下的相关目标的数值为 $\sigma = 1 \sim 10\ 000\ m^2$。散射宽度一方面取决于目标的类型,但更取决于几何形状和方向。一个与发射和接收方向垂直的金属板在大间距的情况下,反向散射截面为:

$$\sigma_{plate} = 4\pi\frac{A^2}{\lambda^2} \quad (12.1)$$

在 $A = 1\ m^2$ 和 76.5 GHz($\lambda \approx 4$ mm)下,得出 RCS 为 $\sigma \approx 0.8 \times 10^6\ m^2$。这样带平整的 $4\ m^2$ 车尾的厢式汽车可能会使反向散射的 RCS 为 $12.5 \times 10^6\ m^2$（在远程范围内）,但是在距离约为 60 m 的情况下转动一度会完全破坏,参见图 12-1（a）和图 12-1（b）。剩余的反向散射仅来自于边角或者车轴零件。通过一个相互垂直的直角三角面形成一个理想的反射器,也就是所谓的隅角立方反射器（Corner（Cube）

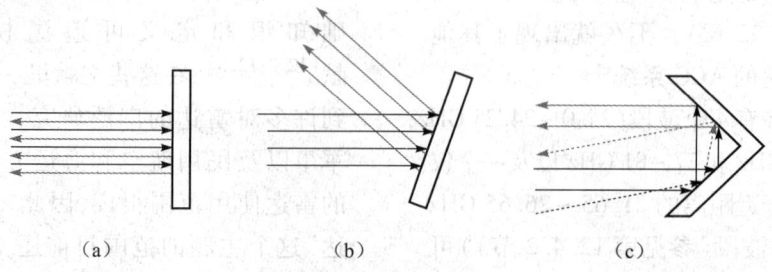

(a) (b) (c)

**图 12-1 定向反射示例**

(a)对平板的 90°反射;(b)对平板的 ≠90°反射;(c)90°—双反射

Reflector)。在一个正确定向的角形反射器上,每个到达的反射,其波长明显小于沿着反射方向发射的放射的波长,图12-1(c)图示了这种二维的情况。对于边长为 $a$,对角线 $L=\sqrt{2}a$(根据图12-2)的由三个相互垂直等边直角三角构成的三维角形反射器,根据[12.48]计算的 RCS 为:

$$\sigma_{CR} = \pi \frac{L^4}{3\lambda^2} \Leftrightarrow L = \sqrt[4]{3\sigma_{CR}\frac{\lambda^2}{\pi}}$$

(12.2)

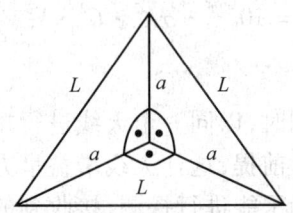

**图12-2 隅角立方反射器几何形状**

借助这种几何形状,可以用小尺寸($L=35$ cm)形成一个极明显的 $\sigma_{CR} \approx 1\,000$ m² 的反射,以此来相应地模拟一台反射明显的载重汽车。作为典型的雷达散射截面,对于轿车100 m²($L \approx 20$ cm)适用,对于摩托车10 m²($L \approx 11$ cm)适用,对人来说则1 m²($L \approx 6.2$ cm)适用。在适用于 ACC[12.5]和 FSRA[12.6]的 ISO 标准中,为测量探测区规定了一个10 m²±3 m²的雷达散射截面,在这方面要指出的是已覆盖了95%的车辆。较低的雷达散射截面主要发生在带有散射反射的平面或者凹形面的车辆上。大数值主要是在角形反射器上出现的。护栏的支撑柱和其 U 形型材会表现出较大的雷达散射截面,这会导致在目标列表上

出现非常多的此类目标。类似三棱镜的载重汽车驾驶室的上车踏板也会明显发射雷达波,除了雷达主射线之外,它还会给接收器提供足够的信号功率。有4~5个量级的雷达散射截面的高动态会使得通过雷达散射热截面对物体进行分类变得徒劳无功。另一方面,雷达散射截面的动态会提高对接收支路的动态要求,因此它不应低于70 dB 否则无法防止过载。

除了雷达散射截面的动态之外,径向间距 $r$(范围)也会影响接收器的信号强度。如上所述,在一个立体角单元内功率应保持恒定,至少在不考虑吸收损耗时应保持恒定。随着间距的增加,该角段的面积变大直至成为正方形,这也同样适用于反射束,如此对于附近区域之外的目标会出现一个 $r^{-4}$ 下降。声波吸波系数 $k$(单位为 dB/km)仅在少数情况下会高到需要加以考虑的程度。在 76.5 GHz 时,大气吸收系数低于 1 dB/km,这样对于一个相距150 m 的目标来回行程仅为 0.3 dB。但是,在 60 GHz 时声波吸收系数最大值为约15 dB/km,参见第13章。虽然此声波吸收系数会造成接收功率略微下降,但是它的优点在于对超量程的担心比76.5 GHz下要少得多,这样雷达波会较少地"四处游荡"。但是,由于60 GHz 附近的波段在世界的其他地方被用于军事用途,因此无法使用。达到波长量级的大雨(特别是大水滴)会造成明显的声波衰减,这会导致量程显著降低,同时可达到的视距经常也超过驾驶员剩余的

视距。除了声波衰减效应之外,大雨还会造成干扰级升高(杂乱回波)。多数情况下它起的作用与噪声水平升高的作用一样,并以该方式降低信噪比(SNR)从而缩短量程。但是也可能会产生伪目标。例如,从旁边驶过的载重汽车的水浪反射雷达波的情况就是这样。"水环境"的另一个干扰作用是雷达天线罩(Radom)发射区。由于水的介电常数较高,因此其对 mm 波具有很高的折射效应,这样不均匀的水覆盖会造成不希望的"透镜效应",尤其可能会明显使得确定方位角的效果不佳。

这里对接收效率的最后一个影响因素是多径传播。一方面,这涉及因对车道表面的反射引起的垂直多径传播,在潮湿时反射可能会明显衰减。这样,雷达发射采用不同长度的路径并以不同的相位到达接收器。不同于 180°的奇数整数倍数,其涉及一个相消干涉,在 360°的倍数下涉及一个相长干涉。根据雷达和反射重心相对于车道的高度,在特定的间距下出现相消干涉,由此表现出雷达探测效率明显出现损失。由于目标车辆或者自身车辆的减振器压缩或伸张会排除干涉孔并且在最终的相对车速下会破坏与此相关的干涉车距条件,因此在大多数情况下都是没有问题的。因此,垂直多径接收用因数 $V_{mp}^2$,$0 \leq V_{mp} \leq 2$ 表达为信号功率"波动",这样在探测时原则上应考虑可随机描述的探测损失率或者丢码率。在水平多径传播时,对垂直的略微平行于行驶方向的面进

行反射。除了各种壁之外,主要是安全护栏会进行水平多径传播。同时,负干涉下的信号抹消比方位角方向信息的扭曲造成的干扰更小。在这方面,带细长雷达波瓣的扫描器天线(参见第 12.3.2 节)比双线或多线天线的反应灵敏度要低。

如果将本节所述的干扰因素汇总在一起,可由此推导出探测的最大量程。计算接收信号的功率 $P_R$ 的公式如下:

$$P_R = 10^{-2kr} \cdot \sigma \lambda^2 \cdot G^2 \cdot V_{mp}^2 \frac{P_\text{总}}{4\pi^4}$$

(12.3)

同时,以同一个天线进行接收和发射为前提,这样天线增益呈方形进入。为了能进行探测,接收到的信号必须以足够的距离位于噪声之上。根据对错误目标抑制的其他信号分析,程度要比噪声因数 $SNR_\text{阈值}$ 高 6 ~ 10 dB(功率 $P_N$)。

应确定可达到的量程 $r_{max}$,这时方程式(12.3)的接收功率等于探测阈值 $P_N \times SNR_\text{阈值}$。在忽略衰减的情况下,即 $k = 0$ 时,可进行如下分析计算:

$$r_{max} = \sqrt[4]{\frac{\sigma^2 \lambda \cdot G^2 \cdot V_{mp}^2 \cdot P_\text{总}}{4\pi P_N \cdot SNR_\text{阈值}}}$$

(12.4)

在最终衰减时,必须以数字的方式确定量程,但可以很容易估算出衰减的影响。如果从无衰减的 200 m 量程开始,在 21 dB/km 时降低到 140 m[$(200/140)^4 \approx 6$ dB 乘以 1 km($2 \times 140$ m)$\approx 3.5$],在 60 dB/km 时降低到 100 m,在 240 dB/km 时为零。

因此,原则上要知道用以确定雷达理论量程的所有因素。但是在实际应用中,通过信号处理设定了其他的界限,我们将在后面的段落里进行说明。

## 12.2 车距和车速测量

为了理解雷达的功能方式,不可避免会涉及信息技术数学方面的内容。作者已将下面章节中推导的数学关系限定在最小的范围,并以通俗易懂的方式进行说明。深入探讨雷达技术的内容请参阅有关雷达的标准文献,例如 Skolnik[12.2] 或 Ludloff[12.3] 的著作。

### 12.2.1 调制和解调的基本原理

电磁波的发射和接收仅是雷达功能的必要前提条件,因此其无非就是一个信息载体。测量车距所需的信息本身必须在发射端为这个载体进行调制并在接收端再次解调。简单来讲,必须给发射的波列一个用于再次识别的标记和一个用于测量时长的时间参考点。该任务称为调制。再次识别和确定与时间的关系需要进行解调。

一般形式下,可如下说明作为谐波波函数的发射波:

$$u_t(t) = A_t \cdot \cos(2\pi f_0 t + \varphi_0)$$
(12.5)

这样就可用振幅 $A_t$,频率 $f_0$ 和相位 $\varphi$ 这三个变量来进行调制。为了一目了然,在图 12-3 中图示了一种理想形式的在汽车雷达应用中使用的振幅调制(大多数为脉冲调制)和频率调制。

### 12.2.2 多普勒效应

奥地利人克里斯蒂安多普勒 1842 年说过,当观察者和发送者相对移动时,电磁波会进行频率偏移。当雷达射束由一个相对于雷达移动的对象反射时,也会发生同样的情况。因此,在总波长为 $z = 2r/\lambda$ 的情况下,一个至任意距离的并再次返回到接收器的雷达射束会保留一个实数 $z\lambda$。这

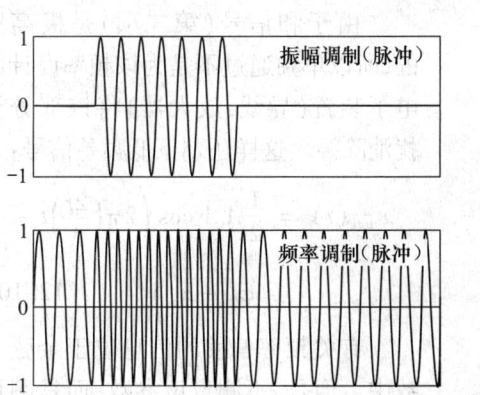
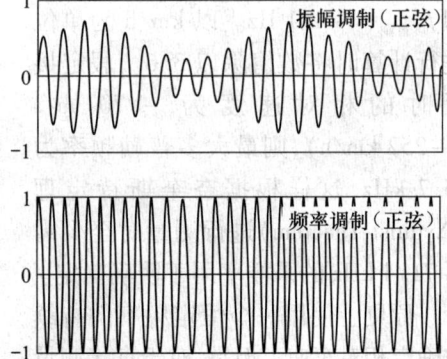

图 12-3 理想的调制示例
左:调制的脉冲;右:调制的正弦信号;上:振幅调制;下:频率调制

样,相位滞后为 $\varphi = -2\pi z$。如果将 $r$ 变为 $\dot{r}$,则相位变为 $\dot{\varphi} = -2\pi \dot{z} = -4\pi \dot{r}/\lambda$。因此可将接收信号 $u_r(t)$ 的公式(12.5)改写成:

$$u_t(t) = A_r \cdot \cos(2\pi(f_0 - 2\dot{r}/\lambda)t - \varphi_r) \quad (12.6)$$

多普勒效应表述为频率变化 $f_{多普勒}$,其与相对车速和波长的倒数 $\lambda = f_0/c$(光速 $c$)成正比,此时在接近时($\dot{r} < 0$)频率偏移为正,远离时为负

$$f_{多普勒} = -2\dot{r}/\lambda = -2\dot{r}f_0/c \quad (12.7)$$

备注:除了允许时间所限的相位偏移之外,在反射时还会进行相位转移。在类似于金属上假设的完全反射的理想情况下,其为 $\pi$,与逆向下一样。由于没有分析会考虑使用绝对相位,而只是考虑相位差,因此这个细节实际不起什么作用。

传输频率为 76.5 GHz 时,按 SI 单位(也可以按 m/s)的相对车速会得到 $f_{多普勒} = -510$ Hz。$\dot{r}$ 的多普勒偏移或者在常用于其他的驾驶员辅助应用的 24 GHz 频率下会得到约三分之一,即 $f_{多普勒} = -161$ Hz。以 km/h 为单位进行计算时将数值除以 3.6。假定接近时的相对速度为 $-70$ m/s ($-252$ km/h),则最大多普勒频率为 35.7 kHz,这样根据奈奎斯特定理(Nyquist-Theorem)进行测量时至少需要 71.4 kHz 的采样率用于明确确定。

原则上使用一个恒定频率的持续波确定相对车速。但是,对于直接测量载波频带中的偏移来说,载波频率过高,载波频带自身在最大相对车速时恰巧为载波频率的百万分之一。实际上,使用在下面章节中所述的信号混合可以在许多频率较低的情况下进行测量。

### 12.2.3 信号的混合

在高频技术中用混合这个词来说明信号放大的过程。类似于方程式(12.5),频率 $f_1$ 和 $f_2$ 的两个谐波的用余弦函数说明的信号 $u_1(t)$ 和 $u_2(t)$ 的乘积和相位 $\varphi_1$ 和 $\varphi_2$ 也可借助符合方程式(12.8)的谐波函数加法定理描述为两个谐波函数之和与相应的原始参数的差值和总和:

$$\cos x \cdot \cos y = \frac{1}{2}\{\cos(x-y) + \cos(x+y)\} \quad (12.8)$$

根据发射信号(方程式(12.5))和接收信号(方程式(12.6))的乘积得出混合积 $u_{t,r}(t)$:

$$u_{t,r}(t) = \frac{1}{2}A_t A_r \left\{\cos\left(2\pi\left(\frac{2\dot{r}}{\lambda}\right)\right)t + \varphi_0 - \varphi_r + \cos\left(2\pi\left(2f_0 - \frac{2\dot{r}}{\lambda}\right)t + \varphi_0 + \varphi_r\right)\right\} \quad (12.9)$$

由于和信号(第二项)是极高频的,所以单独通过不是为该频率设计的电子装置(导线,放大器)将该部分干扰消除掉。这样还剩下低频差信号:

$$u_{\overline{t,r}}(t) = \frac{1}{2}A_t A_r \cos\left(2\pi\left(\frac{2\dot{r}}{\lambda}\right)t + \varphi_0 - \varphi_r\right) \quad (12.10)$$

有关频率偏移的信息位于余弦参数中。但是,不测量该参数,而是测量没有明确反函数的余弦函数。这样,由于带正频率的余弦函数与带负频率

的余弦函数是相同的,因此无须使用正负号。在这里与一个将发射信号推移90°产生的信号进行混合是有所助益的,同样不再放大原始的余弦函数而是放大属于发射信号的正弦函数。

$$\sin x \cdot \cos y = \frac{1}{2}\{\sin(x-y) + \sin(x+y)\} \quad (12.11)$$

因此,在抑制和信号后就提供了一个基于正弦的混合信号。

$$u_{\overline{Qt,r}}(t) \; \frac{1}{2}A_r A_t \sin\left(2\pi\left(\frac{2\dot{r}}{\lambda}\right)t + \varphi_0 - \varphi_r\right) \quad (12.12)$$

虽然正弦函数是一个奇函数,但是其跟余弦混合信号(方程式(12.10))一样不足以用于判断正负多普勒频移是否是差频的原因。

如果产生了两个信号,则可以在相互比较中发现唯一性:在正多普勒频率上(也就是接近),相对于推移90°相位的信号(指数 $Q$:正交=虚数部分),直接推导出的信号(指数 $I$:同相=实数部分)也同样有90°的相位,反之,在负多普勒频率上为 $-90°$。

$$2\pi\left(\frac{2\dot{r}}{\lambda}\right)t + \varphi_0 - \varphi_r = \arctan\left(\frac{u_{\overline{Qt,r}}(t)}{u_{\overline{It,r}}(t)}\right) \quad (12.13)$$

只有当多普勒频率逐渐衰减时才可用方程式(12.13)确定差分相位。但是前提条件是在信号 $u_{\overline{Qt,r}}(t)$、$u_{\overline{It,r}}(t)$ 中不含有其他直流分量。

就像到目前为止所述的那样,混合是一种简单的且可校验的数学措施。由于可购买到的模拟/数字传感器对在汽车中采用的雷达频率来说过慢,因此进行技术实现时不进行数字放大。在这些频率上只能有限地借助模拟放大的方式进行放大(参见下文)。然而,快速的非线性部件如肖特基二极管(金属/半导体过渡)允许这种所谓的和混频。为此,首先将两个要混合的信号如图12-4所示的那样叠加起来。总电压 $u_1 + u_2$ 形成一股电流,可通过电阻将其测量为电压降 $u_{12}$。

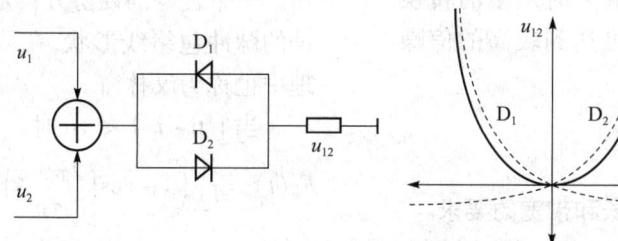

**图 12-4 两个二极管混频器的原理示意图**

两个二极管的特征曲线(如求和一样)也可以单独地作为泰勒级数展开。

在此所述的两个二极管的布置会在理想情况下消掉奇数项,从而留下下列项:

$$u_{12} = A_2(u_1+u_2)^2 + A_4(u_1+u_2)^4 + \cdots; A_n = \frac{\partial^n}{n!\,\partial u^n}D(u) \quad (12.14)$$

$$u_{12} = A_2(u_1^2 + 2u_1 \cdot u_2 + u_2^2) +$$

$$A_4(u_1^2 + 4u_1^3 \cdot u_2 + 6u_1^2 \cdot u_2^2 + 4u_1^2 \cdot u_2^3 + u_2^4)^4 + \cdots;$$

(12.15)

所需的 $u_1 \cdot u_2$ 的积在放大后的方形部分中。几乎所有其他的混合积都会产生高频信号（如果没有对称性，跟奇数的情况一样）。只有带相同指数（例如 $u_1^2 \cdot u_2^2$）的乘积项才会有助于产生低频信号并作为高次谐波可能会产生失真，特别是错误的探测结果（假阳性误差）。因此，如果泰勒展开的偶数部分的次方数大于2，则次方数应尽量低。

带所谓二次变频的主动混频器是一种近乎理想的放大器。当有足够快速的场效应晶体管时，由于将振荡器的电压用作增强其他接收信号的控制电压，因此便可以将两个输入信号相互放大。对于76~77Hz的频率范围来说，硅技术就不够了。代之以使用镓-砷（GaAs）或者新近使用的成本更为低廉的硅-锗（SiGe）技术。相对于被动混频器，在混频时产生的转换损失较低，这样就可达到较高的信噪比。

### 12.2.4 脉冲调制

**(1) 对脉宽时长和带宽的要求**

图12-3左上部以最简单的方式对脉冲调制进行了介绍。同时，较短的波列形成了脉冲宽度 $\tau_P$。技术上通过一个由持续驱动的振荡器供电的快速电子开关来实现。尽管脉冲内的振动准确符合方程式(12.5)，然而这种理想的脉冲还需要一个与脉冲宽度相对应的带宽。实际上，从放大一个符合方程式(12.5)的平面波和一个窗函数得出信号，该窗函数作为一个矩形窗用于一个理想的快速开关的脉冲，以说明脉冲中心 $t_0$。

该窗函数为：当 $|t - t_0| < \tau p$ 时

$$F_{\text{Rect}}(t) = 1, 否则为 0$$

(12.16)

这导致在频率范围内离散的频率曲线 $f_0$ 与已知的作为 sin 函数 $\sin(2\pi f_0 \cdot \tau_p) = \sin(2\pi f_0 \cdot \tau_p) 12\pi f_0 \cdot \tau_p$ 的窗函数的傅里叶变换折叠起来。由于 sinc 函数仅小幅（振幅为 $f^{-1}$）下降，因此准备用于其他应用的频带中的一大部分脉冲功率便会下降。虽然通过延长脉冲可改善带内和带外的性能，但是只要不降低脉冲斜度或者脉冲下降，则该措施不会降低每个脉冲分散在其他频带中的能量。另一方面使得陡度恰巧在区分运行时间的开始和结束的位置。上升和下降之间的总功率对测量距离来说很大程度上没用。一个良好的妥协方案是符合余弦钟的脉冲包络线形状，在数字信号处理中也称为汉林窗。

当 $|t - t_0| < \tau p$ 时，

$$F_u(t) = \frac{1}{2}\left(1 - \cos\left(\frac{2\pi \cdot \tau}{\tau p}\right)\right), 否则为 0$$

(12.17)

虽然相对于带有相同最大振幅的矩形包络线来说，这种形状的脉冲损失了5/8的功率，但是剩余的功率几乎完全集中于工作频带中：

$$f_0 - \tau_P^{-1} < f < f_0 + \tau_P^{-1}; \Delta F = 2\tau_P^{-1}$$

(12.18)

因此，脉冲所需的带宽 $2\tau_P^{-1}$ 等于有效脉冲宽度的双倒数。除了遵守极限值之外，限制频带的另一个优点是接收端带通滤波的可能性，这对于降噪有用。因为接收器带宽应至少和反射带宽相等，因此不会导致与接收相关的运行时间分辨率损失。

对于驾驶员辅助系统的应用，雷达脉冲应多短或者应达到何种灵敏度？对于一个远程雷达（LRR）来说，在典型的车距下应至少分别显示两辆车。这样脉冲最大长度 $X_P$ 应为 10 m 或者相应的最大时长为 $\tau_P = X_P/C \approx$ 33 ns。在使用带泊车辅助功能的雷达作为短程雷达时，地点分辨率最好为 15 cm，因此，脉冲不长于两倍，也就是 $X_P \approx 30$ cm，并且脉宽相应地不应长于 $\tau_P \approx 1$ ns。因此，远程雷达的带宽要求为至少 60 MHz，短程雷达至少为 2 GHz。这些估计是针对最佳情况考虑的，在实际情况下可提高约 2 倍，以防频带受到损失。

脉冲调制的一个缺点是最大功率与平均功率之比不佳。为了改善信噪比并提高灵敏度，将脉冲序列"打散"，随后可对其取平均。虽然也可通过所谓的伪随机序列按照较短的时间间隔发射出脉冲，但是需要一个成本极高的输入电子装置。更简单的是等待直至接收一个较早发射的脉冲过程结束。为此应考虑使用最大有效时长几倍的时长（对于远程雷达，在 150 m 的距离范围内可以将其规定为 1 μs，对于短程雷达，则应为 0.1 ~ 0.2 μs）。由此，得出短程雷达的脉冲重复频率约为 1 MHz，远程雷达约为 250 kHz。

（2）非相干解调

可以按照类似于在超声波传感器或者激光雷达中使用的非相干解调的方式进行简单的解调。如图 12-5 所示将接收到的信号放大，通过一个与脉冲带宽对应的通带过滤传输频率 $f_0$。随后进行整流，这样通过交流电压就会产生一个与振幅相对应的直流分量，这在后续的低通滤波器内用作输出信号。随后扫描该信号并在微处理器中比对或者与比较器规定的阈值进行比较，参见图 12-5（方块 7）。这种解调技术很容易受到外部脉冲的干扰并只能用于测量运行时间，但在进行后续信号处理时不会应用极重要的多普勒效应。

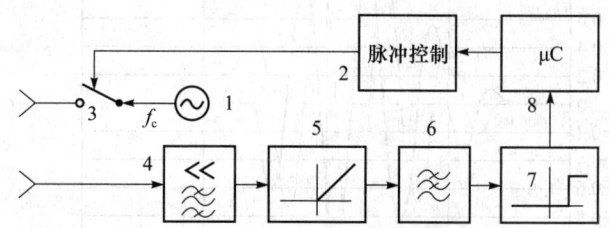

图 12-5 非相干雷达原理电路图

1—振荡器；2—脉冲控制器；3—脉冲调制器；4—放大器和带通滤波器；
5—整流器；6—低通滤波器；7—比较器；8—微处理器

**(3) 相干脉冲调制**

相干脉冲调制(也称为脉冲多普勒法)使用混合器原理,但是不直接在所谓的基带(也就是频率 0 附近)上向下混合,而是产生一个中频。该中频或者可通过一个对于发射信号来说具有固定频差的局部振荡器实现或者通过脉冲发射后其频率会转换为一个特定频差的同一个振荡器实现。中频约为 100~200 MHz。在该范围内可用合理的成本制作放大器、过滤器和模拟数字转换器(ADC)。此外,还可描绘脉冲形状。可用一个模拟数字转换器直接扫描中频。

如上所述,从中频相应地形成实数部分和虚数部分。如果用 10 ns 的周期时间扫描图 12-6 所示的信号对,则为每个扫描时间点都得到一个值对,这可以解释为一个复杂层面上一个矢量的坐标。在随后测量时($t_i$),将这些符合方程式(12.13)的矢量继续转动一个角度 $2\pi_i(2\dot{r}/\lambda)$(参见图 12-7)。矢量的数值体现了用扫描时间点 $t_s$ 表示的运行时间 $t_{of} = t_{PC} - t_s$ 的脉冲强度,涉及脉冲中部的时间点 $t_{PC}$。该运行时间与车距相符合。

$$r = \frac{1}{2} c \cdot t_{of} \qquad (12.19)$$

其中,$c$ 为光速。

因此,各个扫描时间点对所谓的距离门十分重要。如图 12-7 的示例

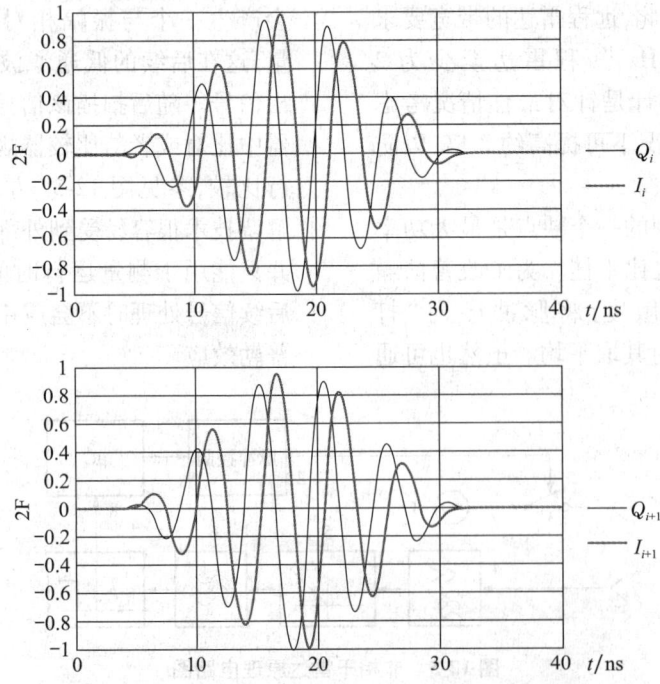

图 12-6 一个接近的单反射器的两个依次跟随脉冲(上,下)的中频信号(实数部分 **I** 和虚数部分 **Q**)(理想状况下)

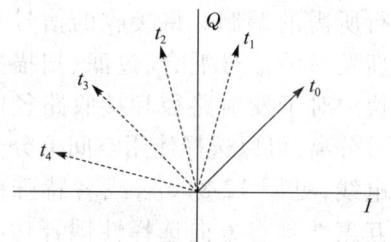

**图 12-7 多普勒频移影响复杂的 Q/I 层上的指针的旋转**

所示,通过反射同一个物体产生信号,因为所有的矢量显示相同的多普勒频移,所以这些矢量的旋转速度是一样的。距离门(也包括扫描循环)应适度接近脉冲宽度,以通过多个门形成一个重点并由此使得距离内插法成为可能,这可能会产生明显少于脉冲宽度十分之一的距离分辨率。为了达成该目标,各距离门的间距应不超过脉冲宽度的一半。由于与此相关的较高的扫描频率会使得模拟数字转换器的价格非常昂贵,但并没有真正达到较高的信息质量,因此出于成本原因应避免非常短的距离门。

基于两个理由需要重复脉冲:一方面,单个脉冲仅含有较低的能量,为了提高信噪比重复脉冲不仅在成本上更为合适而且在频率许可方面也比增加脉冲功率更适合;另一方面,应明确地扫描多普勒频率,根据第 12.2.2 节所述从中至少要得出一个 71.4 kHz 的脉冲重复。脉冲序列的总长度 $T_M$ 使得多普勒频率的分辨率为:

$$\Delta f_{多普勒} = \frac{1}{T_M} \quad (12.20)$$

并且由此使得相对速度分辨率为:

$$\Delta \dot{r} = \frac{c}{2 f_0 T_M} \quad (12.21)$$

所以,在 $\Delta \dot{r} = 1$ m/s、76.5 GHz 的情况下,所需的测量时间约为 2 ms。

如果是一个精确周期的脉冲重复,则不仅可因超传播距离产生伪目标而且也可因其他的雷达传感器产生干扰射线。在这里脉冲重复时间的伪随机变量可提供帮助(参见[12.7]),也就是说相对于平均周期时间,后续脉冲变化至少一个多普勒距离选通时长,这样在重复脉冲时另一个多普勒距离选通会出现干扰或者超出范围的情况。

原则上,当在发射脉冲的同时已具有接收路径时,也可借助相干的脉冲解调测量脉冲宽度下的较小距离。与图 12-5 所示的不同,如果为发射和接收路径选择同一个天线和同一个振荡器,则只有在发射脉冲结束后才会切换到接收上。这样,整个脉冲无法观察到最多一半脉冲宽度的物体距离。但是由于已探测到了脉冲的一部分,至少在该区域内能识别到物体存在,但没有确定距离的可能性,由于在脉冲的所有范围内可以测定相对速度,因此可以测出相对速度。

相干脉冲调制的强度是一种独立的距离和相对速度测量,其使用与其他方法相比较低的中等发射功率。相反,需要较高的接收带宽,因此该原理比后续说明的其他方法更易受到干扰,另外在开关元件上所需的花费也更多。

## 12.2.5 频率调制

在进行频率调制时,频率 $f_0$ 作为时间函数进行变化,此时应明确的是这和一个绝对的并由此恒定的频率无关,而是涉及一个瞬时频率 $f_0(t) = \omega_0(t)/2\pi$。本章将涉及所有方法的频率调制,使用这些方法通过频率变化获得运行时间方面的信息。

调频雷达的基本结构可参见图 12-8。工作原理上强制使用通过电压控制的振荡器进行频率变换,振荡器可直接或者通过一个控制回路(例如,Phase-Locked-Loop,PLL 锁相环)进行所需的调制。将接收的信号与最新发射的信号混合、过滤、扫描并转换。对于发射路径和接收路径的信号分离,可以选择使用空间上分开的电线,见图 12-8(a),或者特殊的非互惠性具有方向选择性耦合功能的耦合器。

### (1) 频移键控(FSK)

在频移键控时,信号的瞬时频率按级别变化。以最简单的形式,依次发射两个长度为 $A_t$ 带瞬时角频率 $\omega_1$ 和 $\omega_2$ 的两个波列并同时为此将接收到的信号与一个发射信号导出的信号混合。根据方程式(12.10),得出下

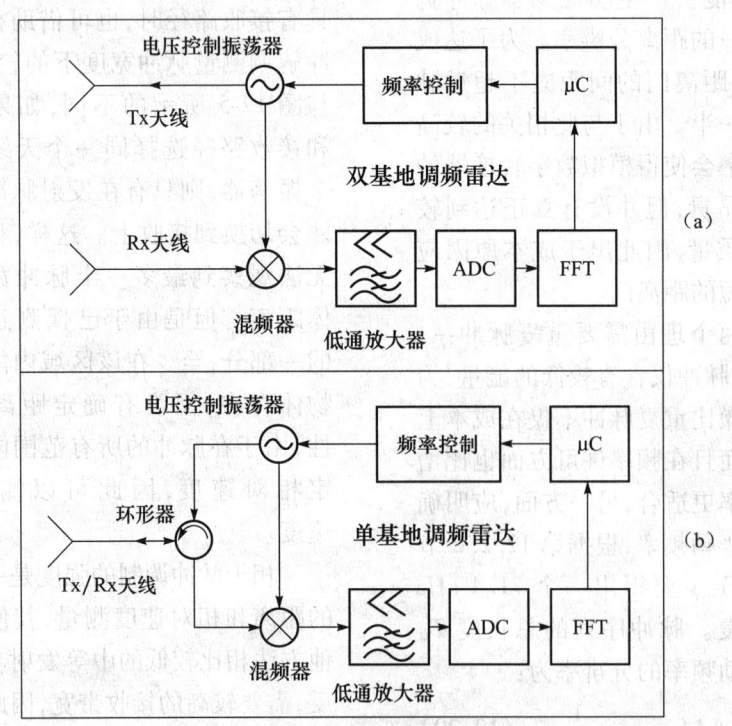

**图 12-8 带频率调制的雷达的方块图**
(a)带用于发射和接收射线的分离式天线供电的双基地规格;
(b)带环形器耦合的单基地规格

列基带-混合积：

$$u_{\overline{h,r,i}}(t) = \frac{1}{2}A_r A_t \cos\left(\frac{\omega_i}{c}2\dot{r}t + \varphi_0 - \varphi_{r,i}\right),$$
$$i = 1,2 \qquad (12.22)$$

在该方程式中，用 $\omega_1/c$ 替换掉 $2\pi\lambda$，这样由于频率变化产生的效应会变得明显。为了进行简化，首先假设没有多普勒效应，也就是被探测的物体没有相对速度 $\dot{r}$。随后根据距离得出一个相变：

$$\Delta\varphi_{r,i} = \varphi_0 - \varphi_{r,i} = t_{of} \cdot \omega_i = \frac{2r}{c}\omega_i,$$
$$i = 1,2 \qquad (12.23)$$

并由此进行了差值计算：

$$\Delta\varphi_{r,2} - \Delta\varphi_{r,1} = f_{of} \cdot \Delta\omega = \frac{2r}{c}\Delta\omega$$
$$= \omega_2 - \omega_1$$
$$(12.24)$$

距离 $r$ 越大，角频率差越高，则相位差也就越大，但是在这里也无法明确确定一个相位。首先仅测定通过振幅放大的余弦数值，在这种情况下为两个数值。如第 12.2.3 和 12.2.4 (3) 节所示，I/Q 混合可能有帮助，但也会明显增加解调硬件的成本。另外，类似于图 12-9，可以借助其他的频率跃变对距离首先进行判断。为能识别余弦曲线，$n$ 个频率步进必须共同作用产生至少 45°($\pi/4$) 的相变。这样就根据最低可测量的距离 $r_{min}$ 确定了频率步进的总上升量 $n\Delta f$：

$$\Delta\varphi_{r,n} - \Delta\varphi_{r,1} = t_{of} \cdot n\Delta\omega$$
$$= \frac{2r_{min}}{c}n\Delta\omega$$
$$= \frac{\pi}{4} \Rightarrow n\Delta f \geq \frac{c}{16r_{min}} \qquad (12.25)$$

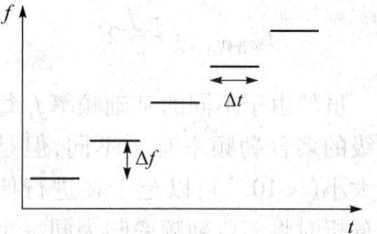

图 12-9　带多个频级的频移键控 (FSK) 原理

由此得出 625 kHz@30 m 或者 18.75 MHz@1 m 的频率步进高度 $n\Delta f$。这些数值可以用作测量距离最低所需带宽的依据。通过假设的最大物体距离 $r_{max}$ 的单值性标准可得出频率步进数。因此，两个频率步进之间的相位变化不得大于 180°($\pi$)。

$$\Delta\varphi_{r,i+1} - \Delta\varphi_{r,i} = t_{of} \cdot \Delta\omega =$$
$$\frac{2r_{max}}{c}\Delta\omega = \pi \Rightarrow \Delta f \leq \frac{c}{4r_{max}}$$
$$(12.26)$$

这样得出的频率步进高度 $\Delta f$ 最大为 188 kHz @ 400 m。但是该距离值在考虑的距离目标范围之外。但是不能排除，也可从该距离范围内探测到良好反射的物体。根据最大和最小距离之比 $r_{max}/r_{min}$ 得出频率阶跃的最小值 $n_{min}$：

$$n_{min} = \frac{r_{max}}{4r_{min}} \qquad (12.27)$$

如果将上述考虑扩展到相对于频移键控雷达移动的物体，则所有的表述继续有效。但是，各个频率步进的信号不是同一个信号，而是根据方程式 (12.22) 随多普勒频率变化：

$$f_{多普勒,i} = \frac{-f_i}{c} 2\dot{r}$$

虽然由于不同的基础频率 $f_i$ 每个等级的多普勒频率有所不同，但是变化太小（$<10^{-5}$），以至于在进行傅里叶分析时将多普勒频率归为同一个频率单元。尽管如此，可以通过差值将相位移加起来，可预先确定相位移并由此对其进行补偿。

原则上可单独借助多普勒频率探测物体，但未发现多普勒频移的征兆。可以从发现的多普勒信号的等级之间的相位差中推导出多普勒频移。如果在增加发射频率时相位扩大，则会有正多普勒频率，也就是一个正在接近的物体。相反，如果相位减小，则正确的解释只能是有负多普勒频率，因为在这种情况下可排除负数距离。

相对速度的分辨率只取决于每个频率级可用的测量时间。如上所述，如果依次执行每个频率步进，则总测量时间为 $T$ 时，每个频率步进可用的测量时长只有 $T_M = T/n$。在有多个频率步进的情况下，这会导致相对车速分辨率明显变差。如果频率步进少，则可以充分利用实际情况，即多普勒效应所需的采样率应低一些，这样在两个采样时间点的测量间歇以其他发射频率进行测量。在第 12.2.2 节中确定了一个 71.4 kHz 的最低采样率，因此间歇时间差不多为 14 μs。与此相比，一个距离 300 m 的物体的运行时间仅为 2 μs。理论上还可插入 6 次其他的测量，实际上则与图 12-10 中所示的一样还能插入 4 次。信号符合一个阶梯函数，此时为了进行分析，将相同等级高度的数值收集到一个分析数据库记录内。这样也就不需要按照不同的等级划分测量时间，而是在所有的等级上都分析一个 $T$ 长度的数据记录并由此根据方程式（12.21）产生一个相对速度分辨率为 $\Delta \dot{r} = c/2f_0 T$，相应地在 76.5 GHz 下为 $\Delta \dot{r} = (1\ \text{m/s})/(510\ \text{Hz} \cdot T)$。在 40 ms 的测量时长内可以达到 0.05 m/s 的速度单元。由此可以区分显示出三个单元的物体，即速度

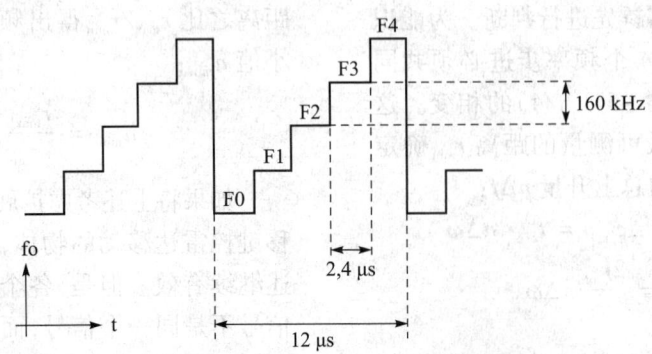

图 12-10　带 5 个相互嵌套频率级的频移键控（来源：TRW）

差仅为 0.15 m/s 或者 0.5 km/h。但是由于较小的频移在距离方面没有分离能力，因此对于此类方法需要较高的分离能力。如果多个物体有相同的相对速度，就将他们划分为同一个相对速度单元，这样就无法发现其实涉及多个物体。一个在此种情况下测定的距离值极不可靠，其中数量最多的反射器完全占据了其他反射器的优势地位。在自移动的物体上，多个物体都归入同一个单元内的概率较低。相反，在竖立的物体上总是出现这种情况，因此这种方法不适用于探测竖立的障碍物。

综合多个频率级可采取其他的信号改进措施。这样可在等级开始的时候给接收信号的采样时间点设置一个规定的延迟，从而避免在超过改延迟时间的较长的运行时间下物体超量程。当根据专利[12.8]在时间范围内两个等级之间形成差异时，可实现进一步改进。这使得对低频噪声进行补偿成为可能，在这种情况下低频噪声会以相同的方式使得所有临近等级的电压值畸变。同时，由此进行一个取决于距离的动态范围减少，在这种情况下临近物体由于较低的衰减产生的较强信号由于信号的相位差较低衰减到较低的差值。通过方程式(12.22)的信号图计算下列方程的差：

$$t_{i-j} = u_{\overline{h,r,i}}(t+\Delta t) - u_{\overline{h,r,j}}(t) =$$

$$A_r A_t \left\{ \sin\left(2\frac{\omega_i+\omega_j}{c}\dot{r}t + 2\frac{\omega_i}{c}\dot{r}\Delta t + 2\varphi_0 - (\varphi_{r,i}+\varphi_{r,j})\right) \cdot \right.$$

$$\left. \sin\left(2\frac{\Delta\omega_{ij}}{c}\dot{r}t + 2\frac{\omega_i}{c}\dot{r}\Delta t - \Delta\varphi_{r,ij}\right) \right\}$$

(12.28)

在第二个正弦项中包含的第一个参数对于相对速度较低的物体仅有较小的数值，就像相关物体在临近范围内出现一样：

$$2\frac{\Delta\omega_{ij}}{c}\dot{r}t \leq 2\frac{\Delta\omega_{ij}}{c}\dot{r}_{max,SR}T_M \approx 0.3°$$

$$2\frac{\omega_i}{c}\dot{r}\Delta t \leq 2\frac{\omega_i}{c}\dot{r}_{max,SR}\Delta t \approx 1.5°$$

在 $\dot{r}_{max,SR}=5$ m/s 和 $\Delta\omega_{ij}=2\pi$ 时为 320 kHz，这样剩下了因数：

$$\sin(-\Delta\varphi_{r,ij}) = \sin\left(\frac{2r}{c}\Delta\omega_{ij}\right)$$

因此，实际上产生了一个与距离成正比的放大。这种手段的另一个优势是多普勒频率的加倍（第一个正弦变量中的第一项），这样在测量时间相同的情况下，相对速度单元变为原来的一半。但是，如果测定距离，一个差分测量序列就不够了。为此人们使用第二个差分序列，如按量级 $u_{\overline{h,r,3}}(t+2\Delta t) - u_{\overline{h,r,1}}(t)$ 和 $u_{\overline{h,r,4}}(t+3\Delta t) - u_{\overline{h,r,2}}(t+\Delta t)$，并且同时如图 12-10 所示，以一个等距离的角频率变化 $\omega = \omega_0 + i\Delta\omega_0$ 为前提条件。这样的差值形成具有同一个共同的第二个正弦项的特征。这样就可根据复振幅的相位差确定距离：

$$\Delta\varphi_{4-2,3-1} = \varphi_{4-2} - \varphi_{3-1} = 2\frac{\Delta\omega_{4,3}}{c}\dot{r}2\Delta t +$$

$$(\varphi_{r,3}+\varphi_{r,1}) - (\varphi_{r,4}+\varphi_{r,2}) = \frac{4r}{c}\Delta\omega_0$$

(12.29)

但是相对于方程式(12.24)唯一性范围显得少了，因为有效的频率级

高度为 $2\Delta\omega_0$。但是借此可进行补偿，从而通过预兆研究测定整个圆心角区域。一个如图 12-10 所示的 160 kHz 的等级高度允许的唯一性范围为 $c/(4\times 160\text{ kHz})\approx 470\text{ m}$。在分级结束时通过测量确定，运行时间超过 2.4 μs（相当于 360 m）的物体反射信号不再会造成相位失真。

**（2）FMSK**

一个同样基于频率阶梯的调制称为线性频率调制移频键控（LFMCW/FSK）[12.9]。参见图 12-11。一个 $n_s$ 等级的频率步进 A 以时间和频率错开地方式跟着一个频率步进 B。对于步进 A，在采样时间点为 $t_{i,A}$ 和角频率的步进升高 $m_\omega = \Delta\omega/(t_{i+1}-t_i)$ 的情况下以类似于方程式（12.22）和方程式（12.23）的方式产生一个混合信号。

$$u_{\overline{\text{lt,r,i,A}}}(t_{i,A}) = \frac{1}{2}A_t A_r \cos\left(\frac{2\omega_i}{c}\dot{r}t_{i,A} + \frac{2r}{c}\omega_{i,A}\right) i=1,\cdots,n, \quad (12.30)$$

其中，

$$\omega_{i,A} = \omega_{0,A} + i_A\cdot\Delta\omega = \omega_{0,A}+i_{i,A}\cdot m_\omega, t_{i,A} = t_0+2i\Delta t_0; i=1,\cdots,n_s \quad (12.31)$$

再次代入方程式（12.34）中，

$$u_{\overline{\text{lt,r,i,A}}}(t_{i,A}) = \frac{1}{2}A_t A_r \cos\left(\left(\frac{2\omega_i}{c}\dot{r}+\frac{2m_\omega}{c}r\right)t_{i,A}+\frac{2r}{c}\omega_{0,A}\right)i=1,\cdots,n, \quad (12.32)$$

对于第二个步进以类似的方式得出相同的结果，此时应用指数 B 替换

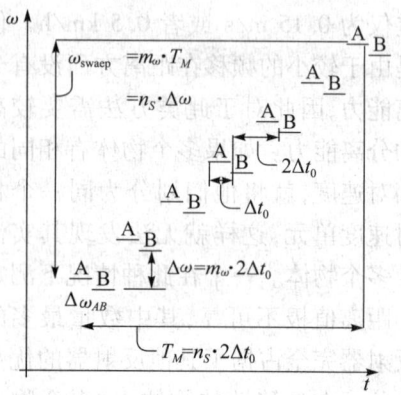

**图 12-11 根据[12.9]的线性频率调制移频键控（LFMCW/FSK）的频率–时间**

掉指数 A。同时应注意，采样时间点 $t_{i,B} = t_0 + \Delta t_0 + 2i\Delta t_0$ 对于 $t_{iA}$ 偏移了 $\Delta t_0$ 并且起始角频率 $\omega_{0,B}$ 对于 $\omega_{0,A}$ 推移了 $\Delta\omega_{BA}$。对于这两个情况得到一个时间上离散的数据序列，其根据傅里叶变换。在角频率相同时提供一个（复）振幅。

$$\omega_{\text{Obj}} = \frac{2}{c}(m_\omega r + \omega_0 \dot{r}) \quad (12.33)$$

为了简化进行的多普勒频率，传输频率 $\omega_i$ 和起始频率 $\omega_0$ 的前因数在接近 100 MHz 的调制频移和 76.5 GHz 的传输频率下仅会导致千分级的错误 $(\omega_i - \omega_0)/\omega_i$。

在两个阶梯中，在 $\omega_{\text{obj}}$ 下由于时间错位从一个取决于速度的部分并另外由于频率错误从一个取决于距离的部分找到一个相同量的振幅，但是带不同的相位。

$$\Delta\varphi_{BA} = \frac{2}{c}(\Delta\omega_{BA}r+\omega_0\Delta t_0\dot{r}) \quad (12.34)$$

两个信息、信号的频率(方程式(12.33))和两个步进(方程式(12.34))的复振幅之间的相位差是相对速度和距离的线性组合并可相应地在一个 $\dot{r} \div r$ 示意图中图示为直线(图12-12)。

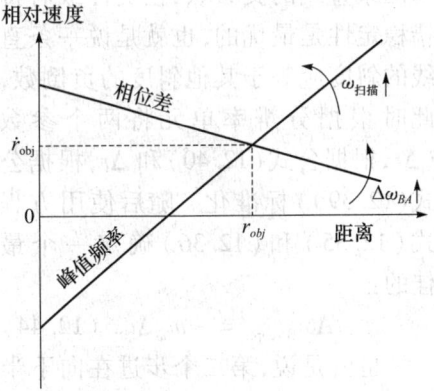

**图12-12** 在符合[12.9]的线性频率调制相移键控(LFMCW/FSK)中确定距离和相对速度

$$\dot{r} = \frac{c}{2} \cdot \frac{\omega_{obj}}{\omega_0} - \frac{m_\omega}{\omega_0} r \quad (12.35)$$

$$\dot{r} = \frac{c}{2} \cdot \frac{\Delta\varphi_{BA}}{\omega_0 \Delta t_0} - \frac{\Delta\omega_{BA}}{\omega_0 \Delta t_0} r$$

$$(12.36)$$

如果第二个步进未准确位于第一个步进的中间,即 $m_\omega \Delta t_0 \neq \Delta\omega_{BA}$,则两条直线有一个交叉点,借此不仅可明确确定距离也可确定相对速度:

$$r = \frac{2}{c} \cdot \frac{\Delta t_0 \cdot \omega_{obj} - \Delta\varphi_{BA}}{m_\omega \cdot \Delta t_0 - \Delta\omega_{BA}}$$

$$(12.37)$$

$$\dot{r} = \frac{c}{2\omega_0} \cdot \frac{m_\omega \cdot \Delta\varphi_{BA} - \Delta\omega_{BA} \cdot \omega_{obj}}{m_\omega \cdot \Delta t_0 + \Delta\omega_{BA}}$$

$$(12.38)$$

由于步进的时长确定了测量时间

$T_M = 2n\Delta t_0$,因此可根据方程式(12.21)给定一个以下的相对速度单元:

$$\Delta\dot{r} \frac{c}{4f_0 n_s \Delta t_0} \quad (12.39)$$

距离分辨率同样取决于测量时长,在这种情况下也通过符合方程式(12.33)的频率分辨率确定距离分辨率。当代之以使用总频移 $f_{扫描} = m_\omega T_M / 2\pi$ 时,测量时间会再次缩短。

$$\Delta r = \frac{c}{2} \cdot \frac{\omega_{obj}}{m_\omega} = \frac{c}{2} \cdot \frac{2\pi/T_M}{m_\omega} = \frac{c}{2f_{扫描}}$$

$$(12.40)$$

此式也完全适用于其他的方法并符合海森堡的测不准原理,其中时间分辨率和频率分辨率的乘积必须至少为1。对于一个特定的时间分辨率(这里是运行时间)也需要一个特定的最小带宽。

根据内奎斯特定理和中的 $\Delta t_0 = T_M / 2n_s$:

$$r_{max} = \frac{c}{2} \cdot \frac{\omega_{obj,max} - \frac{2}{c}\omega_0 \dot{r}}{m_\omega} = \frac{c}{2} \cdot$$

$$\frac{\frac{2\pi n_s}{2T_M} - \frac{c}{2}\omega_0 \dot{r}}{m_\omega} = \frac{\pi c}{4m_\omega \cdot \Delta t_0} - \frac{\omega_0 \dot{r}}{m_\omega}$$

$$(12.41)$$

频率步进级高度 $2 m_\omega \cdot \Delta t_0$ 最大程度确定了最大可测量的距离步进数 $n_s$ 决定了最大测量距离和距离分辨率之间的比值 $r_{max}/\Delta r$。根据方程式(12.33),多普勒频移会导致最大测量距离加长或者缩短,符合方程式(12.41)的第二项。

在使用(12.37)和(12.38)这两个公式时应注意,角频率 $\omega_{obj}$ 是有正负之分的。不使用 I/Q 混频器无法识别频率的正负，这时应通过假设确定正负。此时以正距离为前提条件，这样在正升高时对象频率也是正的。这至少在 $(m_\omega r + \omega_0 \dot{r}) > 0$ 时适用。在正步进升高时说明，不再有低于以下条件的对象：

$$t_{tc,min} = (-\dot{r}/r)_{min} = \frac{m_\omega}{\omega_0}$$

(12.42)

$t_{tc}$ 代表 Time-to-Collision（碰撞时间），其是车距和负相对车速之商的常用术语。对于 $t_{tc,min} = 1\,s$ 和 76.5 GHz 传输频率的示例来说，$m_\omega = 2\pi \cdot 76.5$ GHz/s 的陡度相应地要求 1 ms 内频率陡度为 76.5 MHz。基本上，这种正负符号交换的效应也出现在负向频率斜率时并带有一个相应的"逃逸时间"，在驾驶员辅助系统领域内未发现这种必须识别快速"避让"物体的应用。因此，可通过一个数值上明显较小的频率斜率升高来运行负步进。

应将 $\Delta\omega_{BA}$ 选作最后的参数。作为最低要求，要在方程式（12.37）和（12.38）中避免分母为零的情况，也就是选择 $\Delta\omega_{BA} \neq m_\omega \Delta t_0$。此外应注意，在通过其他的验证方法无法消除模棱两可的情况下，根据公式（12.34）相位差明确在 $0 \sim 2\pi$ 的范围内，这样该范围至少必须在 $\dot{r} = 0$ 时在不超过 $r_{max}$ 距离的情况下是足够的。由此得出条件：

$$|\Delta\omega_{BA}| \leq \frac{\pi c}{r_{max}} = 4m_\omega \cdot \Delta t_0$$

(12.43)

通过多普勒效应造成的变化 $\omega_{多普勒,max} \cdot \Delta t_0$ 的一些余量得出结论 $|\Delta\omega_{BA}| < 10^6\,s$，即约 160 kHz 的跳频，其中在正向上升斜率时，一个负 $\Delta\omega_{BA}$ 会比正的导致更高的斜度差。由于根据图 12-12 的距离和相对速度被确定为两条直线的交叉点，正交性或者抗错稳定性是最优的，也就是说一条直线的斜度应等于其他斜度的负倒数，此时根据分辨率单元将两个参数 ($\Delta r$，根据公式（12.40）和 $\Delta \dot{r}$，根据公式（12.39））标准化。随后使用方程式（12.35）和（12.36）确定一个最佳的：

$$\Delta\omega_{BA,opt} = -m_\omega \Delta t_0.$$ (12.44)

也就是说，第二个步进在向下半级处开始（参见[12.9]）。

如第 12.2.5（1）节所述，最大多普勒频率所需的扫描频率尚有足够的时间间隔用于中间测量，因此还可以嵌套插入其他的步进。这样图 12-10 中的安排就像一个"大阶梯"，根据先前的考虑逆着大阶梯的方向选择偏移（小阶梯），参见图 12-13。这样，一方面，相对于双阶梯 FMSK，由此可以通过用 4 个差代替一个差明显更好地确定角度偏差 $\Delta\phi_{BA}$，另一方面相对于 FSK 由于与大阶梯相关联的更高的频移也可在距离上达到多目标能力，对此这种方法也适用于静止的目标。当然，在这里也可使用在 FSK 中所述的差动信号的"手段"，以便实现信号动态压缩，平分相对速度单元并降低噪声。

**（3）频率调制连续波（FMCW）**

一个多次使用的调制形式是线性

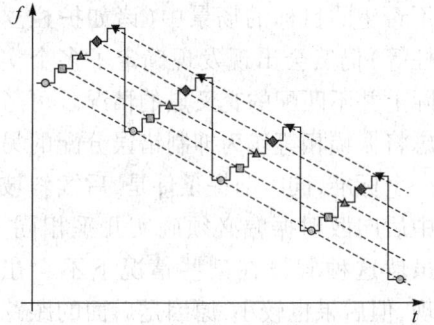

图 12-13 FSK 和 LFMCW/FSK 组合的频率时间曲线,其中虚线为一个数据记录汇总的测量点

连续波频率调制。此时,瞬时频率持续不断且呈坡度变化:

$$\omega(t) = \omega_0 + m_\omega(t - t_0)$$

(12.45)

由此,在混合接收信号和发射信号后就能得到一个与方程式(12.32)类似的方程式:

$$u_{\overline{h,r,i}}(t) = \frac{1}{2}A_t A_r \cos\left(\left(\frac{2\omega_0}{c}\dot{r} + \frac{2m_\omega}{c}r\right)t + \frac{2r}{c}\omega_0 + \left(\frac{2r}{c}\right)^2 m_\omega\right)$$

(12.46)

一个持续升高的发射频率(但是无其他含义)会产生一个 $(2r/c)^2 m_\omega$ 的恒定的相位移。相对于前面段落中介绍的 FMSK 频率步进,频率持续发生变化,一个在离散时间点扫描的信号提供跟在阶梯形状上一样的差动频率,这样方程式(12.33)保持有效并且描述了距离和相对速度的线性组合。另外,如果不与其他斜坡的相位进行比较则不可使用相位信息。

由于只可分析频率信息,所以可根据图 12-14 形象地说明该方法。在正斜坡斜度时,距离越大,物体距离越远,差动频率越大。如果有一个带其他斜度 $m_\omega$ 的另一个斜坡,则可以消除线性组合的不确定性。在负向斜坡上,参见图 12-15,同样是距离越大,差动频率越大。但是,差值并不随着远离的物体变大,而是随着物体的逐步接近而变大。这表达为一个线性组合,这在一个 $\dot{r} \div r$ 示意图中会导致一个负向上升。如图 12-15 下部所示,直线在以下情况下相交:

$$r = \frac{c}{2} \cdot \frac{\omega_{\text{obj},1} - \omega_{\text{obj},2}}{m_{\omega,1} - m_{\omega,2}}$$

(12.47)

$$\dot{r} = \frac{c}{2\omega_0} \cdot \frac{m_{\omega,1}\omega_{\text{obj},2} - m_{\omega,2}\omega_{\text{obj},1}}{m_{\omega,1} - m_{\omega,2}}$$

(12.48)

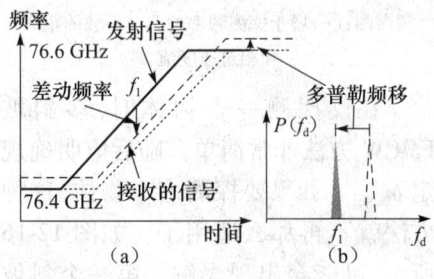

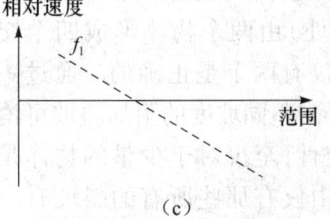

图 12-14 针对一个逐渐接近的物体的带正向斜坡的 FMCW

(a)发射的和接收的信号;(b)差动频率的频谱图;(c)属于一个频率的距离和相对速度值

如上所述,在应用这些方程式时要注意,角频率是带符号的。在这里方程式(12.42)的限制同样也适用。

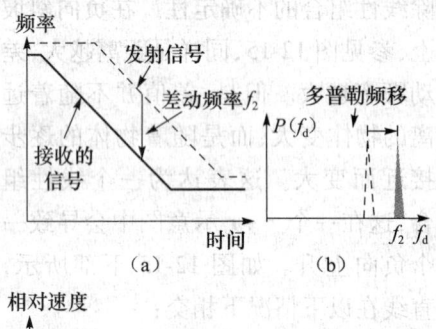

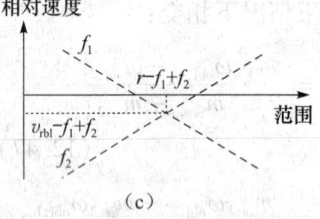

**图 12-15 针对一个逐渐接近的物体的带负斜坡的 FMCW**

(a)发射信号和接收信号;(b)差动频率的频谱图;(c)属于探测频率的两个斜坡的距离和相对速度值

在仅探测一个物体时,多斜坡 FMCW 方法非常简单。随后应明确规定 $\omega_{obj,i}$。如果要探测多个物体,这种方法就不再那么适用了。如图 12-16 所示,可能会出现误解。第一个斜坡对(划线处)由两个物体形成四个交点,其中仅有两个是正确的。通过一个或多个带不同坡度的附加斜坡可消除不确定性,至少对于少量的物体是这样,其中仅有那些所有的斜坡有一个交叉点的探测是适用的。在图 12-16 的带半坡度的两个附加斜坡的例子中,在 $\dot{r} \div r$ 示意图中有 4 条其他的直线。但是对于正确的物体,所有直线都与斜坡相交。在具有大量希望和不希望的目标的场景中(诸如护栏立柱等)仍然会出现发现确定了多个实际上并不匹配的交叉点的情况。可考虑将振幅相等作为抑制错误分配的另一个标准,同时前提条件是,后续斜坡中后向散射振幅必须确实几乎相同。虽然这种假设在某些情况下不会出现,但后果也较小,原因是后面的跟踪会接收到偶尔的信号丢失(漏码)。虽然采取了这些措施,但是分配的不明确是本方法的致命弱点。

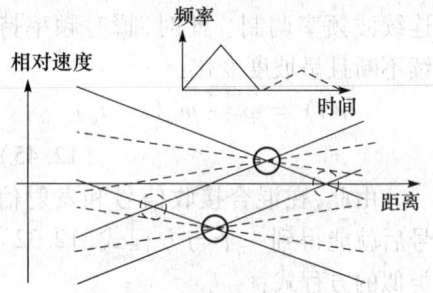

**图 12-16 对于 FMCW 针对两个目标的位置的不确定性**

线圆圈——正确的位置;虚线圆圈——由于两个附加的斜坡导致的错误位置及其分辨率;
虚线——两个双斜坡的线性组合

另一个弱点是在不同的斜坡上缺少相干性。对于相对速度的探测质量来说,单个斜坡的测量时长 $T_R$ 很重要,而不是全部测量时长。根据方程式(12.21),通过最长斜坡的时长 $T_{R,\max}$ 确定最小的速度单元。如博世远程雷达 LRR2 的规格示例所示,通过一个长的斜坡可得到一个高的速度分辨率。如果该斜坡的斜度为负,对于逐渐接近的目标,频率正负符号变换没有问题。因此,如示例一样,已准备用约 70% 的测量时间来测定多普勒频率。

## (4) 线性调频(多线性调频脉冲,脉冲压缩)

下面所述的调制有多个名称。因为在此处调制由多个相同的线性频率坡度的一个序列组成,因此将其称为线性调频,参见图 12-17。本方法组合了所有迄今所述方法的所有优点。$n_R$ 以短的间距重复相同的线性频率斜坡,如果它们如图 12-17 所示是频率上升(Up-Chirp),声音听起来像啁啾声。典型斜坡行程为 $f_{线性调频脉冲}$ = 30 ~ 300 MHz。重复率根据多普勒频率调整,如果为了避免不确定性,重复率应约为 80 kHz,像以前多次提到的,也可以通过在追踪中对可信度的检验解决不确定性,从而可以实现非常低的重复率。尽管对于单个斜坡,方程式(12.33)适用,但距离和频率单元仍然有明确的匹配关系:

$$\omega_{obj} = \frac{2}{c} m_\omega r \quad (12.49)$$

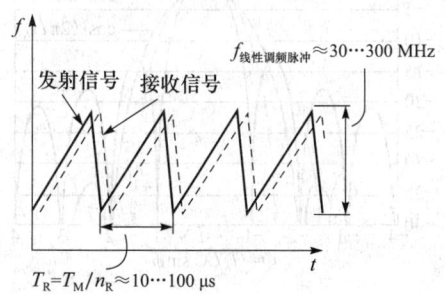

**图 12-17** 线性调频的频率 – 时间曲线(脉冲压缩)

由于斜坡很短,使得斜坡时长内的多普勒频移不再重要,因此要求在 $\omega_{obj}$ 和 $r$ 之间具有严格的匹配性。只要目标保持在距离单元范围内的总测量时间内,这种关系就适用于下列所有的斜坡。在高相对速度和较长的总测量时间 $T_M$ 下可能会完全违反该条件,即在以下条件下:

$$|\dot{r}| > \frac{\Delta r}{T_M} = \frac{c}{2T_M f_{线性调频脉冲}} \quad (12.50)$$

在 1 m 的高距离分辨率(相当于 $f_{线性调频脉冲}$ = 150 MHz)和 20 ms 的测量时间下,上述问题在高于 $|\dot{r}|$ = 50 m/s 的情况下出现。虽然这些界限可以说明频率单元符合距离单元,仍以与相干的脉冲调制(脉冲多普勒)类似的方式解释为距离选通。根据如第 12.2.4(3)节所述的脉冲 – 多普勒分析中的傅里叶变换,每个单元都有一个复振幅。该振幅在后续的斜坡中以跟复平面中的脉冲时序类似的方式描述了具有多普勒频率相应角速度 $\omega_{多普勒}$ 的一个圆。因此,具有同一个距离单元的斜坡序列的复振幅的一个傅里叶变换直接提供了多普勒频率,不仅可以用于同一个距离单元中的多个目标和不同的相对速度而且可以带有正负符号,因为这时要转换复杂的数据记录。与脉冲多普勒分析类似还产生了脉冲压缩这个名词,原因是这时整个斜坡的能量集中于一个多普勒距离选通并且由此相对于一个约小上千倍的脉宽可达到一个明显更好的信噪比,而不必为此提高最大功率。

所说的带两个依次跟随的傅里叶变换的方法跟数据区的一个二维的傅里叶变换没有什么不同,在该数据区内各线性调频的测量数据形成列,后续线性调频形成行。结果在一个二维的波谱中，通过 $\Delta r = c/2f_{\text{线性调频脉冲}}$ 和 $\Delta r' = c/2f_0 T_M$ 说明其基本单元。通过采样频率 $f_s$ 和线性调频脉冲重复频率 $n_g/T_M$ 确定区域的范围。

$$r_{\max} = \frac{\pi c}{4m_\omega} f_s \, ; \, |\dot r|_{\max} = \frac{nR\Delta\dot r}{2}$$

$$= \frac{nR}{T_M} \cdot \frac{c}{4f_0} \quad (12.51)$$

线性调频能达到对信号功率、带宽和测量时间的最佳利用效果。除了接收路径的噪声之外，仅通过频率产生的质量确定测量的质量，原因是非线性、高相位噪声和斜坡重复时的不精确性（时间和频率误差）会导致检测峰值"溢出"并影响检测能力，特别是在检测区域的边缘，即在检测距离较大且相对速度较快时。

## 12.3 角度测量

### 12.3.1 基于天线理论的预研究

在说明如何确定角度之前，需要了解有关雷达传感器射线形状的基础知识。远场（也就是距离比波长大很多）中的电子场强 $E(\phi,\vartheta)$ 的射线特性得出（参见[12.2]）天线分布函数 $A(x,y)$ 的反傅里叶变换，其中 $x$ 方向分布的方位角 $\phi$ 和 $y$ 方向的升角 $\vartheta$ 应一致。向左的正方位角 $\phi$ 位于朝向 $Z_S$ 方向传感器的传感器水平层上并且升角 $\vartheta$ 描述了与 $Z_S - X_S$ 平面的角度（向上为正）。对于一个与 $X_S - Y_S$ 平面平行的平面天线，根据[12.2]计算得出：

$$E(\phi,\vartheta) = \iint A(x,y) e^{j\frac{2\pi}{\lambda}(\sin\Theta(x\phi + v\vartheta))} dxdy$$

$$(12.52)$$

其中，$\Theta^2 = \phi^2 + \vartheta^2$。

该方程式首先描述了通过分配函数 $A(x,y)$ 辐射的波远程范围内的场强分布，这同样也适用于接收。这样，对于一个传感器的角关系来说，发射特性与接收特性的乘积适用。只要发射天线距离接收天线不远，则双路特性可通过单路特性的乘积（一般来说为复数乘积）来表示。在使用单基射线方案时，也包括当使用同一个天线单元进行信号发射和接收时，得出（对于并非围绕着天线中央对称的分配函数）二次幂 $E^2(\varphi,\vartheta)$。

针对三个简单对称的分配函数的一维情况，得出的天线特性图示在图12-18中。横坐标使用标准化的参数 $\Phi = (l_A/\lambda)\sin\phi$ 并由此通过孔径宽度 $l_A$（天线开口尺寸）和波长的比值来定标。

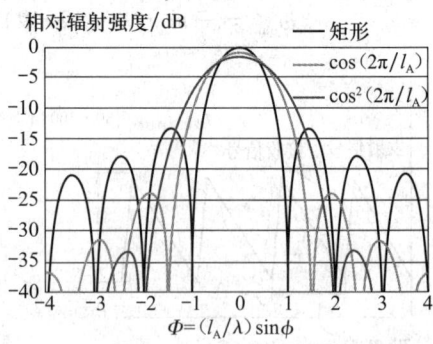

图12-18 针对一个矩形分配函数和一个简单的以及一个余弦半钟的平方计算出的一维天线特性，进行了总功率标准化。横坐标变量 $\Phi = (l_A/\lambda)\sin\phi$ 是根据孔径宽度与波长之比 $l_A/\lambda$ 标准化的反射角的正弦

通过这些示例已经可以看出主瓣尽量强的集束与旁瓣尽量低的高度之

间的冲突。如在[12.2]的表格中所列举的那样,可根据分配函数选择一个与角度分析方案匹配的折中方案,参见图12-19。汉明窗具有一个对于抑制第一个旁瓣最佳的特性,在汉明窗中,在边缘上还剩余有 8% 的振幅位于中间。虽然有这些优化方案,但天线还必须约为波长与每度主瓣宽度倒数的乘积的80倍,1°的主瓣宽度需要约 $l_A = 80\lambda$ 大的孔径宽度,相应地在 1°和 77 GHz 的情况下为 32 cm。

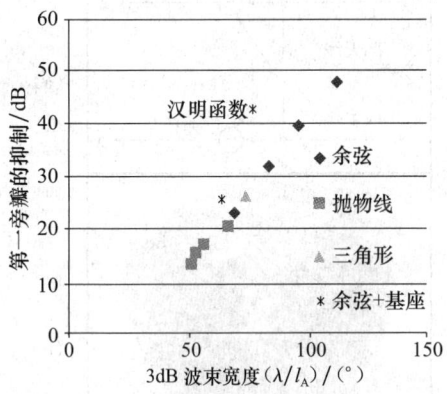

图 12-19　旁瓣抑制与主瓣的宽度
(在 -3 dB 下,单路),根据[12.2]

高旁瓣抑制另一个不希望的副作用是出现天线增益的降低(另见图12-18),原因是总是通过朝着天线边缘降低分配函数的方式实现抑制。相应地降低有效的天线面积,主瓣会变得更宽并由此将功率分配到一个更宽的范围上,这会再次导致波束中心的强度降低。

对于诸如 ACC(参见第 32 章)的远程雷达,全面覆盖要求角度范围 $\Delta\phi_{max}$ 为 10°~20°的方位角和 3°的升角。虽然有可能通过升角方面的分离能力区分开桥和静止的车辆(高度差约 2 m),但为此需要 1°( =2 m/116 m)的分离能力,因此需要天线长度至少为 30 cm,这对于可提供的安装控件来说根本无法实现。因此角度评估仅局限于方位角。

### 12.3.2　扫描

最容易理解的确定角度的方法就是机械扫描。为此,波束偏转单元或者平面天线以机械方式迅速翻转,使得在一个测量和分析循环里(50~200 ms)可以扫过整个方位角的探测范围。图12-20 图示了这个原理。由于上述与孔径宽度的关联性,当孔径宽度不

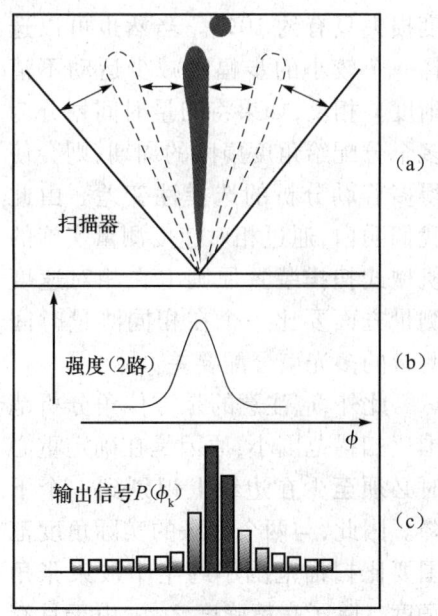

图 12-20　确定角度的扫描器原理
(a)紧密集束的射线扫过整个探测范围并探测到点目标;(b)集束射线的方位角特性;
(c)点目标的结果

大于 15 cm 时,雷达波瓣的主瓣宽度至少为 2°。波瓣按照约 1° 的步进"平推"过测量范围。不使用实际上不连续的步测,而进行持续的扫描运动,以避免加速度噪声并用较低的调节功率控制。随后仍然将测量数值分配给一个不连续的角度位置,也就是分配给该角度扇区的测量窗口扫描位置的中心。但是这将波瓣宽度产生的不清晰提高到了一种"运动不清晰"的状态。为了避免泄露效应将测量数据框起来,也就是说在测量周期开始时和结束时明显减少测量周期,则实际的移动不清晰度将降低到约 30%。此外,将不清晰影像大致地(或者根据天线的高斯特性和窗口功能准确地)几何叠加起来,这样清晰度损失只有约 10%。当然也可以选择一个较小的步幅以减少运动不清晰度。相反,如果将测量时间划分为多个分配给角度扇区的周期,则会使得多普勒分析的选择性变差。由此我们明白,通过相对速度测量实施的机械式扫描装置原则上在相对速度测量方面要比一个在相同测量时间测量的多光束分配要差。

此外,应注意的是方位角分析范围比扫描范围小,原因是在确定重心时必须至少在边缘上识别到一个下降。因此,与两个边缘的实际角度范围要比扫描范围小约半个波束张角宽度。除了高精确度之外,由于具有与其他方案相比更窄的射束,扫描法的较大优势还在于根据角度分离物体的能力。确定物体的侧面范围仅在较小的距离下才有意义,因为 2° 宽度的窄射束在 50 m 的距离内延展约 1.8 m,因此已经达到了轿车的宽度。

### 12.3.3 单脉冲

单脉冲法基于一个双天线的布置,参见图 12-21,其中大多只用于接收,而发射射线借助一个单独的天线进行发射。

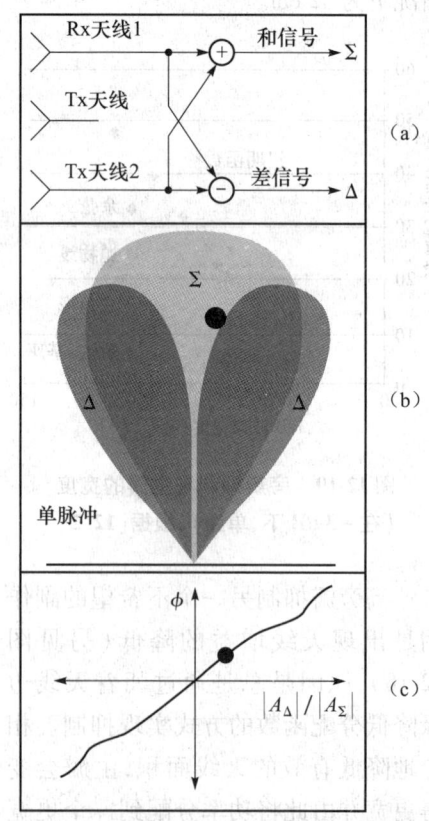

**图 12-21 用于确定角度的单脉冲原理**
(a) 和信号和差信号的形成;(b) 如此形成的射线的方位角特性;(c) 典型的方位角特性曲线与在较小角度时差信号与和信号振幅量的商的对比

可以通过射线特性区分(接收)

天线或者简单地仅根据在测量方位角时水平推移 $\Gamma \cdot \lambda$ 的位置来区分。对于两个相邻的或者相同的天线场可根据方位角发现相位差：

$$\Delta \varphi = 2\pi \Gamma \sin\phi \quad (12.53)$$

对于差信号的振幅来说，这意味着，代替原始振幅 $A_1$ 和 $A_2$ 而用差信号和和信号的 $|A_1| = |A_2| = |A|$ 测量一个用相位差的正弦或者余弦加权的量：

$$|A_\Delta| = 2|A|\sin\Delta\varphi; \quad |A_\Sigma| = 2|A|\cos\Delta\varphi \quad (12.54)$$

这样就可根据差信号与和信号之比确定方位角，而无须进行相敏检波测量：

$$\phi = \frac{1}{2\pi\Gamma}\arcsin\left(\arctan\frac{|A_\Delta|}{|A_\Sigma|}\right) \quad (12.55)$$

但是，由于单唯一性的原因，角度要求限定为 $\Delta\phi = 2\pi\Gamma\sin\phi < \pi/2$。由此得出尺寸规格为 $4\Gamma\sin\phi_{max} < 1$。在最大方位角为 $\phi_{max} = 30°$ 时，天线的距离正好为 $0.5\lambda$，在 $6°$ 时约为 $2.5\lambda$。

单脉冲法的另一个可能性在于对不同射线特性的振幅比较。一般情况下对于中心对称布置，除了零角之外，射线具有最大值，但是在零角时由于对称所以具有相同的幅值。振幅的商为：

$$\frac{|A_1| - |A_2|}{|A_1| + |A_2|}$$

可首先考虑作为方位角的线性尺寸。可以将两个依次进行的测量之间的恒定的后向散射作为出发点，交替地进行顺序分析。因此，该方法也称为时序波瓣法。

如图 12-21 所示，直接形成差信号及和信号，随后叠加上相位差和振幅差，这样就可在方位角和 $|A_\Delta|/|A_\Sigma|$ 的商之间产生一个较陡的识别信号。

这里所说的测量方法非常适用于单个点目标。但是，两个目标可能会以一种在该测量循环中不可察觉的方式产生毫无意义的数值。因此，在使用该方法时应注意，通过将车距和（或）相对速度进行正确分离，方位角源自两个或多个目标的概率是非常低的。

如果同时测量差信号和和信号并可进行复杂的振幅确定，则原则上有通过 $A_\Delta$ 和 $A_\Sigma$ 之间的差分相位验证信号可信度的可能性。为此人们使用区分影响的方法（振幅比和相位差）。由于不同的振幅特性大多也与相位差有关，因此根据方位角存储下总特性（振幅情况、相位差）是很有用的。另一个优势是对 $\pm\pi$ 进行相位分析的唯一性范围加倍，原因是在计算反正切函数值时也可以使用复数振幅的符号。

### 12.3.4 多波束

使用多波束可以改进单脉冲法。一方面在给定单射束张角宽度时测量范围将扩大，另一方面在多数情况下会识别到如前面所说的多目标信号失真。基本原理图示在图 12-22 中。通过与存储在非易失性存储器中的针对传感器的标准天线特性的比较进行角度分析。实际角度特性的示例请参见图12-23和图12-24。

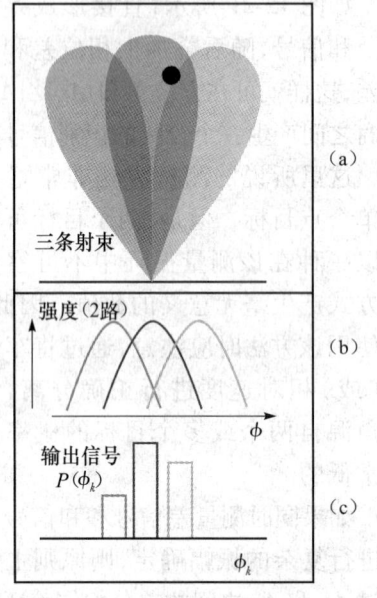

**图12-22　用于确定角度的多波束原理**
(a)重叠的波瓣;(b)单个射束的方位角特性;
(c)由一个点反射器反射的单个射束的功率

只有图12-23中间的波束呈现出较强的旁瓣抑制。相对于其主方向,旁瓣相对呈现出明显升高,由此表明一种因偏心的发射造成的不对称的分配函数,参见第12.8.3节。如图12-24所示的四波束,它的所有波束都是不对称的,这些波束都以特别的尺寸向外偏。

为了确定特性,在传感器生产结束时借助目标模拟器自动确定特征曲线。第 $i$ 个射线 $(i=1\cdots n)$ 的已测量的信号功率 $|A_i|^2$ 按照所有射线功率的总和标准化:

$$a_i = \frac{|A_i|^2}{\sum_{j=1}^{n} |A_j|^2}$$

这样,当一个点目标位于方位角 $\phi_0$ 中时,根据相应标准化的角度示意图, $a_{\text{norm},i}$ 最大位移为 $\phi_\tau = \phi_0$, $i$ 无限接近1,假设交叉关系式:

$$K(\phi_\tau) = \sum_{j=1}^{n} a_1 \cdot a_{\text{nom},i}(\phi_\tau)$$

(12.56)

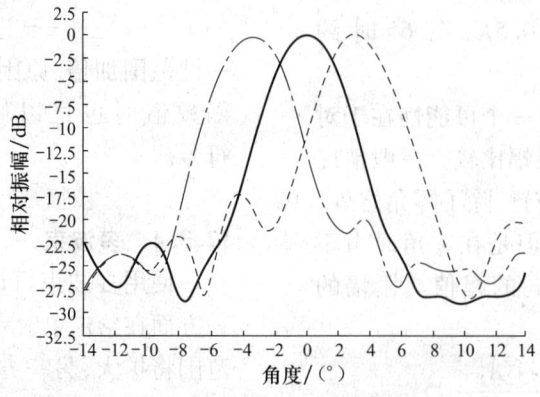

**图12-23　三波束脉冲多普勒雷达的双路天线示意图,
以 Continental ARS 200[12.7]为例**

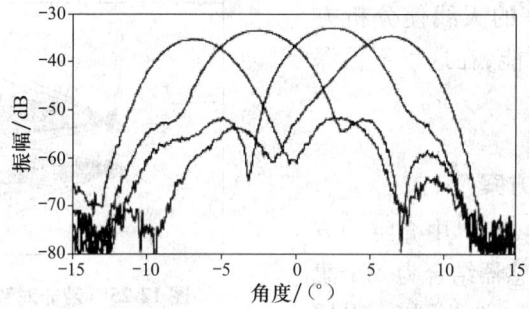

图 12-24　四波束 FMCW 雷达的两路天线示意图，以 Bosch-LRR2[12.10]为例

如果最大值明显小于 1，则可能是由于没有给出单个反射体的前提条件，因此无法信任测定的角度。但是，当实际上仅有一个波瓣有相对高的接收功率时，根据公式(12.56)的分析在 $K(\phi_0) \approx 1$ 时也可能会导致信号失真。因此，也可以在 dB 上呈对数地进行所谓的天线匹配并由此评估相关系数，但是这要求所有数值有足够大的信噪比。

对于多波束方案，当同时在多个通道接收反射信号时，也可从符合方程式(12.53)的相位差中获得益处。这样在 $n$ 个波束下会获得 $n-1$ 个附加信息。一个对其进行分析的可能性在于给一个波束 $k$（例如，中间波束）或者当有准确的波束数量时给两个平均的波束中的一个指定基准相位。随后可根据差分相位 $\Delta\phi$ 为每个其他的射线相应地确定实数部分和虚数部分 $A_{Q,i} = |A_i|\cos\Delta\phi$ 和 $A_{I,i} = |A_i|\sin\Delta\phi$。明显要将相关射线的虚数部分设为 $A_{I,k} = 0$。这样在同时接收 $n$ 个波束时总计可使用 $2n-1$ 个信息用于确定角度，可按照上述方式(方程式(12.56))对这些信息进行分析。

同时接收多波束意味着，首先仅有接收侧是多波束的，而发射波束或者来自于一个单独的发射支路或者如第 12.8.1 节中的例子通过多个发射支路的叠加得出。原则上发射支路也会有变化，如因开关造成，但是由此大多数用于分析接收信号所需的相应支路的混频器也会发生瘫痪。此外，类似于扫描法，必须提供测量这种发射端变化的时间，从而或者较长时间地进行测量或者将测量时间分配到不同的波束配置上，这会导致相对速度的测量变差。

由于按顺序搜索最高的相关性的时间结束，就像依次地带着相位标志和振幅标志的天线虚拟地朝搜索方向转动一样，多波束和相位分析同时进行也可称为数字波束成形的一种(简单)形式。但是只要发射支路不发生变化，发射特性也不会发生变化。除了发射支路的切换之外，也可能会通过发射支路各个天线之间有针对性的相位移动产生变化。这种大多作为平面相控天线阵的天线使分析方法的多样化成为可能,在这里不再深入探讨。

### 12.3.5 双传感器方案

一个在出版物[12.11]中介绍的方案是将两个雷达传感器结合为一个集成的双传感器方案。与此同时,采用两个几乎对称但并不对称的天线特性,其中负责照射宽广的车辆附近范围的旁瓣朝向车辆外侧,而功率较强的核心波瓣大多平行朝向前方,参见图12-25。这主要有以下优点:从开始就进行广泛覆盖(即根据车距单元),在附近范围约有±20°的视野和在主要区域内的重叠,参见图12-26。叠加不仅可用于识别错误也可用于改善信号

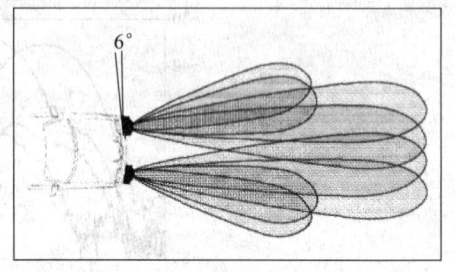

图 12-25 带非对称四波束雷达传感器的双雷达布置[12.11]

处理,尤其是用于确定方位角。为这种布置必须找两个安装位置,不仅要从正面也要从负面进行评价,当在可见的安装中达到了"雷达-双眼-对称"时,尤其要从正面进行评价。缺点是相对于单传感器成本加倍,这时可以通过放弃附加的近距离传感器来加以改善。

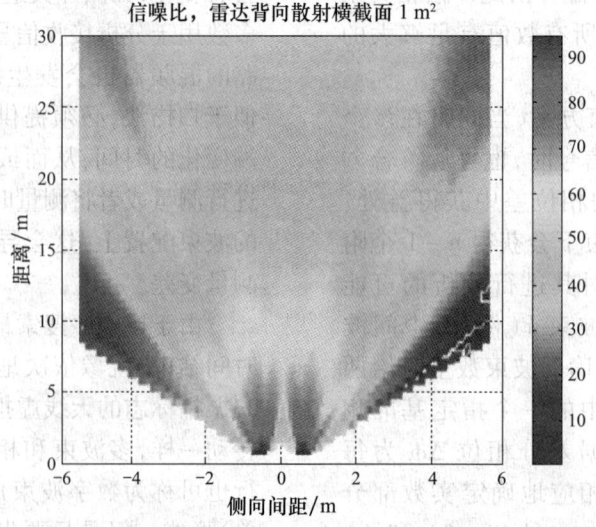

图 12-26 带非对称四波束雷达传感器[12.11]的双雷达布置的探测覆盖面

## 12.4 有效功率的主参数

当通过对功能的认识，特别是调制和角度分析得出有效功率最重要的参数时，应在此对其进行简短说明。

### 12.4.1 距离

主要通过调制的频率带宽 $f_{BW}$ 给定距离测量有效效率，参见例如方程式（12.18）和式（12.40），并确定距离单元大小然后由此确定分离能：

$$\Delta r \geqslant \frac{c}{2f_{BW}} \quad (12.57)$$

如果是带频率调制的雷达，实质上应通过采样率（参见方程式（12.51））确定最大间距的测量极限，而如果是脉冲多普勒雷达则通过采样的接收信号的长度测定。

除了调制参数外，涉及标准目标的最大距离也取决于发射功率、天线性能（放大0°）和接收电子装置的信噪比，参见方程式（12.4）、第12.1节。同时应考虑到在实际情况下物体的反射会呈几十次幂波动，此外多路干涉也会影响这个界限使其变得十分不清晰。

只有放弃距离内的多目标能力，最小距离才可能小于分离能力周期。如第12.2.5(2)节方程式（12.42）和12.2.5(3)节所述的"叠加效应"可能引起一个取决于相对速度的最小距离的放大。如果是接收和发射使用同一个天线支路的脉冲雷达系统，则只有在发射脉冲消失后才进行测量，这会产生一个约与脉冲宽度相符的范围，在该范围内不能正确地确定距离，但是可能从约脉冲长度的25%起可以探测到一个目标。

### 12.4.2 相对速度

对于单元尺寸 $\Delta \dot{r}$ 和分离能力，以及相对速度的精确度来说，不中断的测量时间 $T_M$ 是决定性的，参见例如方程式（12.21）和（12.39）。对于最大和最小相对速度，多普勒效应的采样起着决定性的作用。但是，如果通过距离差进行不确定性范围的分类，则可通过一个过低的采样频率对不确定性进行补偿。

### 12.4.3 方位角

对于确定方位角的功率不应规定简单的关系。理想的是尽管波束的方位角狭窄，其以电子或者机械的方式扫描尽量宽的方位角扇区。如果是单脉冲和多波束方案，则只能通过同样宽的单波束进行宽范围照射。作为质量特征，应考虑总测量范围：

$$\Delta \phi_{max} = \phi_{max} - \phi_{min} \quad (12.58)$$

和通过确定不相关信息的数量 $N_{方位角}$ 确定的对于分离能力相关的方位角单元尺寸：

$$\Delta \phi \, min = \frac{\Delta \phi_{max}}{N_{方位角} - 1} \quad (12.59)$$

对于一个扫描器通过单个波束的波束张角宽度得出 $\Delta \phi_{min}$，对于一个按时序的 $n$ 波束方案来说 $\Delta \phi_{min} = \Delta \phi_{max}/(n-1)$，对于一个带相位分析的同步方案来说 $\Delta \phi_{min} = \Delta \phi_{max}/(2n-2)$。对于时序波瓣法和单脉冲来说，由于没有多目标信息,因此 $\Delta\phi_{min} = \Delta\phi_{max}$,除非在单脉冲上同时测量两个信号并使用分离相位差和振幅差的方式(则 $N_{方位角}=3$)。

### 12.4.4 功率和多目标能力

一个在汽车中用作环境传感器的雷达不能放弃多目的功能。为此对于合适的分离能力,在距离、相对速度和方位角这三个维度中至少需要一个。根据方案,有时距离上的分离能力优先,有时相对速度上的分离能力优先。比如说,对于实际中较高的多目标能力争取一个尽量低的"单元容量",其表示三个维度的单元尺寸的乘积,尽管它们的单位不同。设立的考虑容量所需的换算系数以及加权系数还不明确且估计并不总是有用。这主要适用于相互距离远的情况,如将一个有着均匀的较小单元尺寸的传感器与一个仅能分辨一个维度但非常准确的传感器进行比较。下面对远程雷达所需的单元尺寸的基准值进行说明,这本身就会获得足够的多目标能力。在此以传感器从 100 m 的距离上截取的小轿车的纵向范围为出发点。此外,对于分离假设需要三个单元的间距。理论上,虽然两个单元的间距就够了,但是如果这样的话几乎不允许出现窗口和波束不清晰的情况。

$$\Delta r \approx 1.5\ \text{m},\Delta\dot{r} \approx 0.1\ \text{m/s},$$
$$\Delta\phi \approx 0.7° \qquad (12.60)$$

此时说明,只以角度为基础的多目标能力无法使用安装兼容的天线(孔径宽度必须 >45 cm)。如果有多个物体位于几乎相同的距离上,则基于距离的分离能力会碰触极限;对静止物体探测相对速度时,分离能力也会失效,因此要争取实现在距离和相对速度上的分离能力。图 12-27 概括性地图示了长方体范围 $\{r_{min}\cdots r_{max},\dot{r}_{min}\cdots\dot{r}_{max},\phi_{min}\cdots\phi_{max}\}$(根据最大值和最小值得出)并由单个单元容积 $\{\Delta r,\Delta\dot{r},\Delta\phi\}$ 组成。由此可得出定性的结论,范围容积越大,单元容量越小,则功率越高。

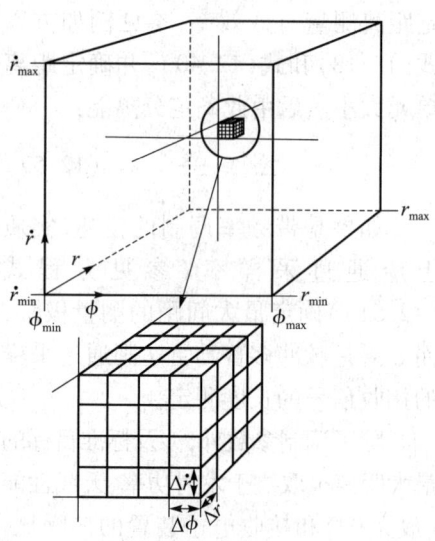

图 12-27 以距离、相对速度和方位角这三个维度为单元容积的分离能力的图示

但是要注意的是除了原理所限的极限之外还有其他变差的原因,尤其是频率生成和频率调制会导致变差。不仅整个不断的测量时间内的非恒定振幅而且相位噪声或者非线性会导致频率峰值变宽并降低分离能力。

除了分离能力之外,分辨率对质量也起着很大的作用。为此,考虑临近的单元用于确定峰值重心,这样分辨率约为单元宽度的 1/10,但是这还是仅适用于点目标。相反,实际的目标会明显造成该数值上的偏差。交替的反射重心不仅在纵向而且也在横向上导致数据的跳跃,当探测到与移动的零件或者带相对自由度的运输货物(例如,挂钩上的汽车)之类的相对移动时,也在相对速度上产生偏差。这些偏差可能会很大,因此一个物体要在多个单元中进行探测。随后必须通过大多数启发式方法将这些单元合成为一个物体。

### 12.4.5 24 GHz 与 77 GHz 的对比

除了 76~77 GHz 波段之外,24.0~24.25 GHz 的频带也同样允许用于道路交通中的雷达上。这些波段的优点在于损失很少的布线和成本低廉的组件,即便随着大量使用 77 GHz 的硅锗元件造成距离缩短。缺点是由于多普勒频率与传输频率成正比,会看到相对速度单元的增加。由于较高的波长($\lambda \approx 12$ mm)造成较低频率导致最大的差异,当应保留天线尺寸时,会再次导致波束特性变宽。天线增益较小,角度分辨率变差。对于不超过 100 m 的中程肯定要使用 24 GHz 的波段。当希望有一个宽的波束特性时,也非常适合用于近程。但是由于波段限制,低于 0.5 m 就几乎不能进行探测了,因此 24 GHz 波段雷达无法用作泊车辅助传感器。

超宽带(UWB)技术提供了一种仅可临时用一下的解决方法。在这种技术上也使用 24.15 GHz 的传输频率。超宽频技术只提供了临时的解决办法。尽管该技术的传输频率为 24.15 GHz,然而只发送极短的缺少能量的脉冲。只有约 0.5 ns 长的脉冲会导致 5 GHz 的有效的可用带宽(UWB 波段 21.65~26.65 GHz)。尽管这些脉冲在整个宽度上分配的能量处于临近波段允许的范围内,但是仍不合格。因此,在射电天文台附近应关掉超宽频雷达,否则会与定位系统产生强制连接。此外,规定的国家允许的上限为 7%,也就是说在装备有超宽频雷达的车上最多只允许取消 7%。最后的期限是 2013 年 6 月 30 日,只允许在该日期之前使用 24 GHz 的超宽频雷达。最好选择 77~81 GHz,这样不可避免地会造成成本上升。但是,该新波段在其他的极限值方面很宽松,因此可以采用其他调制方法代替 UWB。极限值的对比请参阅联邦网络局的接口说明[12.12]。

### 12.5 信号处理和跟踪

对于不同的调制方案和天线方案来说,信号处理在很大程度上是以相同的流程进行的,请参见表 12-1 所列的内容。

**表 12-1 雷达信号处理的全面工作步骤**

| 处理步骤 | 解 释 |
| --- | --- |
| 信号调节 | 调制(频率阶梯或斜坡,脉冲生成),波束切换或者调节 |
| 预处理和数字数据采集 | 解调,放大,数字数据采集 |
| 频谱分析 | 大多为一维或二维的数字信号的(快速)傅里叶变换,同时频率状况和复合的振幅获得有关距离、速度和方位角的信息 |
| 探测 | 在波谱中发现尖峰信号,大多数借助与自适应阈值进行比较的方式 |

续表

| 处理步骤 | 解 释 |
|---|---|
| 匹配 | 将探测到的尖峰信号分配给一个物体 |
| 测定方位角 | 通过比较带天线特性的不同的接收支路的振幅测定方位角 |
| 集束(Clustering) | 估计属于一个物体的探测的汇总 |
| 跟踪 | 将当前的物体数据分配给之前已知的物体(=联合),以获得一个时间上的数据轨迹(跟踪),将其过滤和由此为下一个分配预测物体数据 |

开始是进行信号调节。在所有的方案中,还包括信号调制,如阶梯形成,参见图 12-9、图 12-10、图 12-11 和图 12-13 或者斜坡形成,参见图 12-14～图 12-17。如果动态改变天线特性(例如,通过扫描,参见图 12-20),则应将其视为信号调节。

利用接收信号的第一个处理步骤是预处理和数字数据采集。该步骤结合了解调和数字数据采集且通常还包含匹配滤波器,以便对如与距离相关的接收功率下降进行补偿。在解调和放大后对模拟信号进行采样并转换为数字数值。在这里不仅可使用传统的并联转换器也可使用 $\Sigma-\Delta$ 模数转换器。后来是带采样功能的 1-Bit 转换器和其后的数字滤波器。然而,当在测量期间切换输入通道时(多路工作方式),则不适合使用这些装置。

数据量对应图 12-27 中的单元数量,也包括每个单元的测量值。根据方案的不同,它的数值可能在上千至百万数量级之间。

在所有的现代 ACC 雷达传感器中,通过傅里叶变换进行的波谱分析在信号的预处理上起着重要作用。简言之,傅里叶变换是一种在时间范围和频率范围之间的计算密集的变换。由一个按时间步骤规定的测量值的序列确定一个按频率步骤规定的确定频谱的"测量值"序列。现代信号处理器在能力上足够用以执行该变换也包括在几千分之一秒内通过多测量点(量级1 000)进行变换。但是,只有该数量设定为特定的数值时,才能达到这种高的变换速度。对于传统的快速傅里叶变换算法(FFT),它必须为 2 的幂值(例如,512、1 024、2 048)。

通常是与波谱分析相关的窗口,以避免因限制测量窗口而产生人为损失(所谓的漏误差)。即便为此可使用不同的根据不同的标准进行优化的窗口功能,这也会导致一个实际的在任意维度上约 1.5 倍的单元放大以及相应的准确度和分离能力变差。

探测就是在测量到的数据序列中搜索特有特征。它通常是波谱中的尖峰信号,波谱是频谱或者成熟度谱。在这里应识别单个物体的反射信号并与其他物体的反射信号区别开来。由于不同物体具有明显不同的信号强度,但同一个物体在不同的时间也必须找到一种阈值算法,这样可以发现所有源自实际物体的尖峰信号,但对于由噪声或者干扰信号产生的尖峰信号不敏感。因此大多使用自适应阈值,如图 12-28 所示的波谱示例。如果产生了不是属于外部反射造成的系统性的尖峰信号，则也要将其和可能的地面反射一样屏蔽起来。可惜的是一个实际物体强烈的反射也会使探测变得困难。一方面，如果发射频率未进行理想的调制，则它可能遮蔽掉临近频率范围内较弱反射的物体。其原因是振荡器的相位噪声和FM法中的线性误差。此外，混频器特征曲线的偏差（参见第12.2.3节）会导致谐波，如图12-28中所示。虽然"谐波目标"具有较大的间距，但是相应地乘以相对速度，由此根据这样人为的物体数据会在接近时计算出一个比原始物体更大的物体减速度。

匹配可以理解为将探测到的尖峰信号分配给一个物体，在这里可认为不仅是分配一个不同波束的波谱（例如，一个FMCW雷达不同的测量斜坡）而且也是分配不同波束的尖峰信号。这时也可能需要参考以前测量序列的物体数据，以便在可信度验证的基础上指定时，可在可能出现的不确定性上有选择性。这以特定的程度出现在FMCW匹配上。

通过在一个物体不同的波束中测量到的尖峰信号（复合）的振幅测定方位角。在知道角度特性和波束方向后可确定物体的角度位置。如果是一个带连续角速度的扫描器方案，在探测时就已测定出角度。

在高分辨率的雷达传感器上会产生"过多的"信息。这样对于一辆载重汽车的较小距离单元一次性会探测到5~10次反射或者在具有高的速度分辨率时探测到5~10次相关物体（牵引车、挂车、货物或者行人的四肢）的相对运动。因此，借助一种启发式的集束（Clustering）将所有的探测联系到同一个物体上并仅作为一个物体填入测量表内。

跟踪可以理解为将各个测量事件的时间关系形成为各个物体近似连续

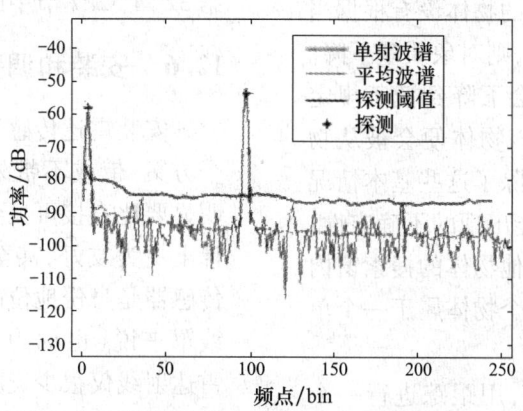

图12-28 FMCW测量的波谱示例。除了在约95的频率曲线上的实际目标之外，频谱线具有通过目标模拟器的音响信号的近距离回波（第一条线）和目标的高次谐波（在190处）（来源：博世）（参见文前彩插）

的"轨迹"。探测和后续的集束首先形成单个物体的假定，这暂时仅适用于一个循环。在跟踪中，下一步尝试分配前面循环的假定（结合）。一般情况下在列表中管理这些物体假定并有对象标识符作为"单个"标识。对于结合，要根据当前测量时间点预测迄今已知物体的状态参数（例如，间距或者横向位置）。随后将当前的物体假定指定给以前的假定，同时要放置一个预测数值的搜索窗，原因是不仅要假设有测量错误也要假设有预测错误。在该搜索窗内将当前发现的物体分配给一个以前的物体，然后继续下一步。同时，应提高物体质量或者保持在高水平上。如果当前测量的物体有多余，便会在物体列表中生成新的物体并用当前测量的测量数据进行初始化。但是如果该物体开始时质量就不高，则在将该物体考虑用作（例如，ACC）目标物体之前，需要在后续的测量中进行一次或多次符合性检验。

如果对于现有的物体没有根据当前的测量分配假定，则对象质量下降。多次故障后，质量会下降到低于规定阈值的程度，接着该物体便会被从物体列表中删除掉。除了这些基本情况之外，也要考虑可能出现的不确定性，如当前物体归入其他物体的搜索窗内或者列表的多个单个物体属于一个单个真实物体。

除了结合之外，用跟踪进行一个大多数取决于应用情况的状态数据过滤，经常可与结合方法联合作为卡尔曼滤波器，其已经隐含了结合所需的预测步骤。用主动传感器采集的物体的状态参数总是包含 $x$ 和 $y$ 方向上的距离、相对速度、纵向加速度和可能包含的横向加速度。如果参考车辆自身的状态参数，则可形成车速和加速度的绝对物体参数并一起放到物体列表中。这样就可区分开（一起）行驶的、静止的或者相向而行的物体。由于通过跟踪将物体置于一个历史记录中，因此也可以将该历史记录用于区分开静止的和"停止"的物体。这些所谓的区分简单地说就是分类的主要种类。常规的 ACC 系统对静止的物体的不反应恰恰基于该分类，并不基于下面所谓的但是错误的断言：用雷达无法探测静止的物体。

完成所谓的信号处理步骤后开始情境解释，其以最简单的方式通过物体列表选择雷达目标。目标选择以及大量的情境解释与应用情况有很大关联并作为该应用情况的一部分加以说明。ACC 的目标选择相应地请参见第 32 章 32.7 节中的内容。

## 12.6 安装和调整

安装雷达传感器基本上可考虑两个方案：带或不带外壳的天线。外壳明显要比直接可见到雷达传感器在设计上更为友好，甚至有人会认为雷达传感器是身份地位的象征。对雷达天线罩来说（也称为 Radom）重要的是雷达射线仅很少衰减并且角度特性不会导致不希望的变化。非金属盖更不易产生问题，除非厚度是波长的一半 $\lambda'/2$；$\lambda' = \lambda \sqrt{\mu_r \varepsilon_r}$ 的倍数；当 77

GHz$\lambda/2 \approx 2$ mm 时,塑料外壳 $\mu_r = 1$;$\varepsilon_r \approx 2 \sim 2.5$。在该共振条件下,不仅吸波而且角度特性的变化都会增强。非金属性油漆也是没问题的,相反金属漆会导致明显的问题。涂覆三次的重复涂漆的情况尤其会出现问题。如果穿透深度小于材料厚度,则自然外壳当然是完全不合适的。但是,极薄的涂层($< 1$ μm)可穿透 mm 波,而不会失去其对光波的金属反射特性。要对其进行充分利用,以便在塑料面上形成金属结构(散热隔栅、品牌标识)。因此,可设计一种在视觉上很难识别的雷达外壳。

一般情况下,将雷达传感器固定在三个点上,如图 12-32 所示。同时,一个支架作为与车身或者底盘的连接元件,通过与支架的螺栓连接,传感器可沿着方位角 $\phi$ 也可沿着仰角 $\vartheta$ 旋转,这样在汽车生产过程结束时或者在工厂内可以进行校准。

应针对方位角 $\phi_{err}$ 和仰角 $\vartheta_{err}$ 考虑三个误差原因:
- ◆ 传感器内校准的误差($\phi_{err,内}$,$\vartheta_{err,内}$);
- ◆ 车辆上传感器的校准错误($\phi_{err,安装}$,$\vartheta_{err,安装}$);
- ◆ 本车传感器支架的校准误差 = 由于与设计位置有偏差的俯仰角$_{err,veh}$或者一个在直线行驶时也会出现的浮动角 $\phi$ err,veh("跑偏")导致。

对于今天使用的雷达传感器,仰角上的校准误差"仅仅"会导致探测范围的降低或者方位角准确度的降低,但不会导致系统测量误差,因此也

就不需要持续对校准情况进行检查。这样在生产结束时或者在工厂内根据传感器轴的"水平状态"进行校准就足够了。用一个传感器外壳侧的镜子或者一个安装在传感器上的水准器可对 $\vartheta_{err,安装}$ 进行补偿。借助一个在三个位置切换镜面的金属镜的基准测量,甚至可以对总误差 $\vartheta_{err,安装} + \vartheta_{err,内}$ 进行补偿。

在工厂或者车间还应对方位角进行预调。为此,应通过汽车底盘测量常用的方法制订一个汽车 $X_v$ 方向的标准值。如果供应商确保传感器轴已经与外壳轴相匹配地做了定向处理,则可通过外壳侧的反射器的镜反射(参见图 12-32)对 $\phi_{err,安装}$ 进行补偿。在使用一个在 $Y_v - Z_v$ 平面上调节的镜子的情况下通过传感器直接测量方位角时,可对 $\phi_{err,安装} + \phi_{err,内}$ 总误差进行补偿。

对于方位角,不允许在运行模式下确定偏移,原因是如果没有实现通过辊式试验台确定,则只有在行驶中才会显示出静态浮动角("跑偏")。此外,在出现其他的角度误差时总留有不确定性。由于目标选择对方位角误差的高灵敏度,因此需要一套方位角偏移评估方法。该评估方法的基本信息是根据纵向间距测量的横向位置取平均的倾斜度,对因 ACC 车辆围绕着圆心 $M$ 的转动 $\dot\psi$ 造成的物体的运动错觉进行校正。

$$\phi_{err} = -\left(\frac{\partial Y_S}{\partial r}\right)\frac{-\dot\psi \cdot (r - X_{MS})}{v}$$

(12.61)

$X_{MS}$是传感器至转动在$X$轴上投射的基点的间距,且应考虑浮动角。在无跑偏行驶时,$X_{MS}$等于障碍物至传感器的负距离。否则,应根据行驶动态的模型计算确定$X_{MS}$。

另外,可以增加确定传感器方位角偏移的备选方案,如借助于下面的假设,即位于中间位置的目标物体在没有侧向横向偏移的情况下向ACC车辆方向行驶。这些方法使用的这些假设都被大大地简化了。如果雷达传感器有一个较宽的方位角覆盖面,则可以放弃出厂前进行精调的步骤,同时进行的方位角偏移评估必须随后迅速和可靠地进行汇总。

Continental ARS 300是一种在线仰角偏移评估装置,见第12.8.4节。对此有针对性地利用了地面回波测量到的距离。可调节的仰角摆动装置短时将雷达射线翻转与地面呈7°并测量地面回波的距离。如果知道安装高度,可据此测定仰角并由此进行校正。但是,在这里还要说明的是仰角误差角仅允许为0.5°。

## 12.7 电磁兼容性

原则上适用于雷达传感器的要求也适用于机动车内的控制单元。除了频率规则的一致性之外,还应注意对其他雷达传感器干扰的不灵敏性。

其他传感器的干扰可能会过调制输入级。因此,对其进行设计时,要使这种干扰不起作用或者至少被发现并在必要时将故障告知驾驶员。由于没有将仅探测到一次的目标选择作为重要的输出参数,因此几乎不用担心出现错误测量以及随后出现的虚幻目标(参见第12.5节关于跟踪方面的内容)。

被其他雷达传感器同步干扰的概率非常低,并通过下面的示例予以证明。如果按照约100 ms的时间间隔重复进行测量,则为成功结合,相对速度和间距与预测的数值差别必须很小(最多5 m/s或2 m/s)。为此需要一个在时间上约为20 ns的干扰的再现精度和1 kHz的频率。一般的石英时基几乎不能达到所需的较高相对精度($\Delta t/t = 2 \times 10^{-7}$,$\Delta f/f = 1.2 \times 10^{-8}$)。如果因所需的散射或者异步的循环造成循环时间波动,则重复故障的概率会降到很低,因此这些干扰在实际中不会造成"虚幻目标"。但是,其他雷达传感器可能会因其波束产生类似噪声的干扰并由此导致灵敏度损失。

## 12.8 规格示例

### 12.8.1 Bosch LRR2

从2004年起,第二代远程雷达传感器LRR2投入使用。这是一种76.5 GHz雷达。这种传感器的一个特殊特征是所需的组件高度集成在一个极小的壳体中。尽管耿式振荡器在大空间内生成的频率更大,但所有在图12-29中图示的功能模块都可在一个仅约为0.25l大小的壳体内找到自己的位置。在一个分解图(图12-30)中可了解集成方案。一

# 12 雷达传感器

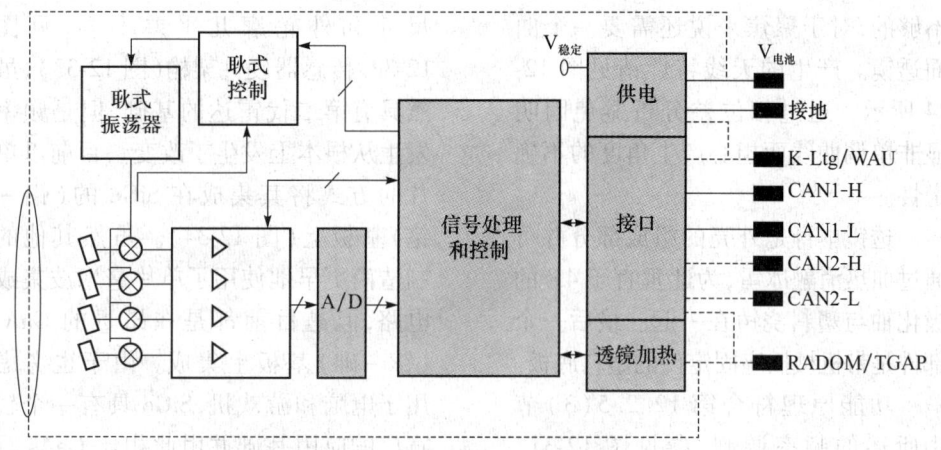

图 12-29 Bosch LRR2 的方块图[12.10]

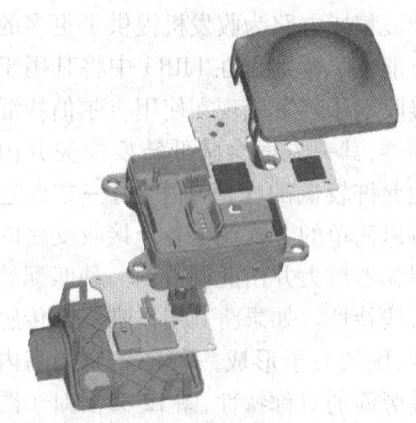

图 12-30 Bosch LRR2 的 3D 分解图[12.10]

一个铝制压铸托架在上部支撑住低频电子装置,除了插头接口之外,该装置还包括三个高度集成的集成电路。其中之一是一个用于模拟数字转换的专用集成电路(ASIC),它在一个超频 $\Sigma-\Delta$ 模数转换器和一个抽取滤波器的基础上制备波谱分析所需的信号。傅里叶变换单独在一个 TI Centaurus 系列的信号处理器内核提供支持的 $\mu C$ 下进行,除此之外,还同时执行汽车微控制器的标准功能。多功能专用集成电路

承担监控、诊断和供电的功能。在托架下有高频单元,即收发器。在该电路板上有高频发生器和带单独 VCO 模块(机械谐振器中的耿式二极管)的频率调节装置、一个带谐波混频器的基准振荡器(DRO, 18.9 GHz)及用于稳定频率和调节频率的电子控制装置(PLL Bosch-ASIC)、一个发射和接收电路、一个用于分配高频的功率分配器和用于在基带中混合接收信号的四个所谓的"漏气"混频器的频率调节器。在模拟数字转换之前,借助一个可变的放大、一个用于均衡距离所限的信号减弱的高频放大增加和低通抗混叠滤波对四个混合的接收信号进行制备。

在高频电路板上有四个发送-接收贴片以及四个用于预对焦的光滑塑料杆式天线(塑料柱),同时在图 12-30 上部可见的塑料透镜分配有一个匹配的射束,也就是说在尽可能低的旁瓣高度的情况下达到窄射束之间尽量好的妥协。但是只有分配功能是

不够的,对于聚焦来说还需要一个曲面透镜。产生的天线特性请见图12-24所示。通过相位差分析避免因明显非单调曲线而担心产生角度的不确定性。

透镜本身是外壳的组成部分并可通过加热消融冰雪,为此垂直于45°的极化轴与塑料浇铸在一起。最后一个部件是带机械插座固定件的塑料底板。

功能原理符合第12.2.5(3)节中所述的频率调制,参见图12-31。总的来说要使用一个适当的方案,它不仅能在距离和相对速度上达到一个良好的分离能力,此外由于同时分析所有四个波束因此可以发现角度的不确定性。基于原理的缺点是频率匹配的不确定性,参见第12.5节,当目标数量较多时(例如,护栏柱子),会较难将三个斜坡的频率分配给正确的物体。

### 12.8.2 Bosch LRR3

第三代远程雷达忠实保留了第二代的外壳和功能原理(表12-2),因此尺寸和外轮廓几乎差不多,见图12-32。传感器硬件架构(图12-33),虽然具有第二代雷达的基础,但是频率发生从根本上发生了改变。目前以单片的方式将其集成在SiGe的(铝-锗)基板上(图12-34)。虽然其他的制造商更早地使用了单片毫米波集成电路,但是目前都是在昂贵的GaAs(镓-砷)基板上集成。由于也考虑用于电脑和游戏机,SiGe具有一个较宽广的应用基础并由此相比GaAs具有成本更低廉的生产条件。高频单片微波集成电路为收发机提供了更多的可能性。特别是在LRR3中将其用于接收电子装置。现在使用吉尔伯特混频器,其一方面会降低转换损失并由此允许较低的峰值功率,另一方面它可以简单的方式调整各个接收支路的混频器放大并由此调节到一种匹配的天线特性。如果将其用作唯一的传感器,则致力于形成一种带相应同高内外旁瓣的对称特性,图12-35。对于图12-25中所示的双配置雷达传感器,不使用双波瓣而使用在一侧加大,在另

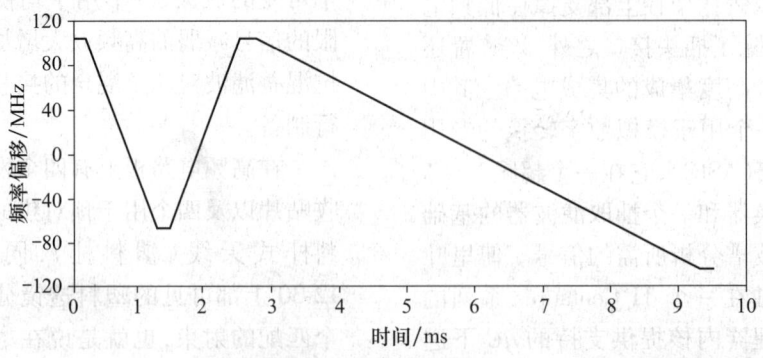

图12-31 带两短一长下降斜坡的用于改善相对速度分辨率的 Bosch LRR2 传感器[12.10]

## 表 12-2 Bosch 第二代和第三代远程雷达传感器的技术数据

| 技术数据 | LRR2 | LRR3 |
|---|---|---|
| 一般特性 ||| 
| 尺寸(B×H×T) | 74 mm × 70 mm × 58 mm | 74 mm × 77 mm × 58 mm |
| 质量 | < 300 g | 285 g |
| 循环持续时间 | | < 125 ms |
| 高频模块 ||| 
| 频率生成 | 耿式 18.9 GHz 基准振荡器,PLL | MMIC/SiGe,18.9 GHz 基准振荡器,PLL |
| 辐射功率(峰值,平均) | ≤ 40 dBm(EIRP) | 33 dBm(EIRP) |
| 信号特性 ||| 
| 频率范围 | | 76 ~ 77 GHz |
| 调制方法 | | FMCW |
| 斜坡高度 | 180 MHz | 500 MHz |
| 斜坡持续时间/重复率 | 3(2×1 ms;1×7 ms) | 4(6.5/1/7/11.5 ms)典型 |
| 测量范围数量 | | 1 |
| 角度测量方式 | | 单基 4 射束方案,同时进行相位分析 |
| 探测属性 ||| 
| 距离范围 $r_{min} \sim r_{max}$ | 2 ~ 200 m | 0.5 ~ 250 m |
| 距离单元 $\Delta r$ | 0.8 m | 0.3 m |
| 相对速度范围 $\dot{r}_{min} \sim \dot{r}_{max}$ | −60 m/s ~ +20 m/s | −80 m/s ~ +30 m/s |
| 相对速度单元 $\Delta \dot{r}$ | 0.3 m/s | 0.1 m/s |
| 方位角测量范围 $\Delta \phi_{max}$ | 16° | 12°远程<br>20°中程<br>30°近程 |
| 波瓣宽度 $\phi_{波瓣}$ | 4° | 5°(内波瓣)<br>8°(外波瓣) |
| 角度单元 $\Delta \phi$(在这里通过 $\Delta \phi_{max}/(2n-2)$ 定义) | 2.7° | 2° |
| 点目标精度 | | 0.1° |
| 特点 ||| 
| ◆ 雷达罩加热使得在直接安装时可融化掉冰层和雪层;<br>◆ 较高频率的放大增加用于平衡由于距离导致的减弱。 ||| 

一个强度减少的方式。通过进一步改善角度确定算法以及有针对性地改变与第二代相比的角度特性可扩展角度范围。在中等距离范围内(30 ~ 100 m)总计可测量 20°,在低于 30 m 的近距范围内甚至可测量到 30°,而不必更改天线方案。图 12-36 中根据角度精度显示了一个有效功率的实验,而图 12-37 是根据"通畅狭窄通道场景"中的分离能力。由此可读出 arcsin(6 m/80 m) ≈

图 12-32 带固定螺栓和调节镜（右上）的第三代 Bosch 远程雷达（LRR3）

4°的分离能力。

使用的频率生成电子装置和调制电子装置支持其他的灵活性。这样可控制不超过 1 GHz 的行程并由此将距离单元缩小到 15 cm 或者支持超过所规定的 250 m 的射程。另一个硬件革新是 FlexRay 收发机，通过它除 CAN 之外还有另一个总线接口。

### 12.8.3 Continental（A. D. C.）ARS 200

第二代 Continental 雷达传感器是在第一代的基础上建立起来的，从第一代继承了调制和角度测定原理。与

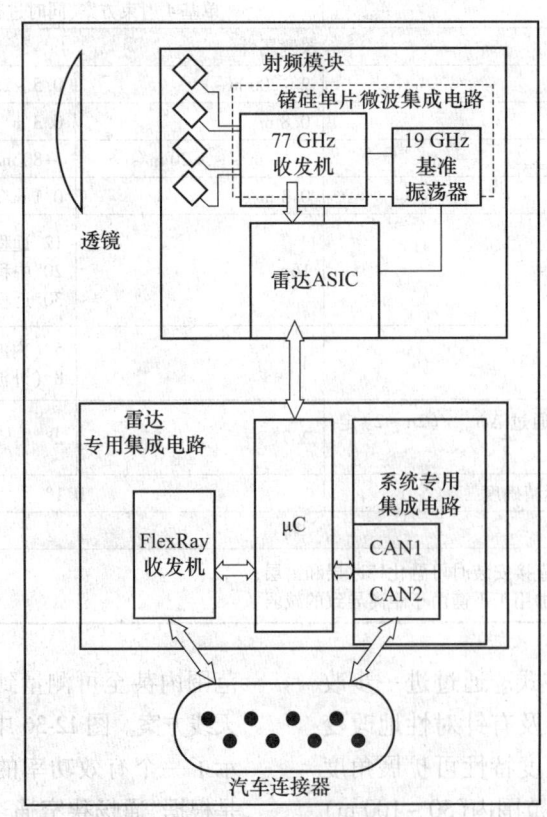

图 12-33 Bosch LRR3 传感器硬件架构[12, 12]

## 12 雷达传感器

图 12-34 带 SiGe-MMIC(上部)和背面带有雷达专用集成电路(下部)的 Bosch LRR3 的雷达收发机模块 1121

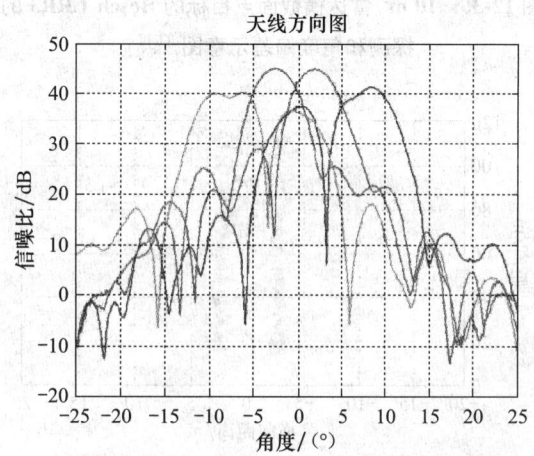

图 12-35 作为唯一传感器使用的 Bosch LRR3 的天线特性[12.12]

第一代不同,信号分析装置和收发机集成在一个外壳内。此外,使用一种新的天线方案,ARS 200 在长度和宽度方面比前代更大,49 mm 的厚度相对算是很小的,因此很容易安装在散热隔栅后面,参见图 12-38。一个与竞争者相比的特点是使用脉冲多普勒原理,参见第 12.2.4(3)节。通过多个手段可成本低廉地实现原本相对于调频雷达成本更高的脉冲多普勒雷达。在图 12-39 中图示了基本的功能组件。可控制的振荡器生成了一个 76.5 GHz 的传输频率 $f_{TX}$,通过开关 TX 在 25 ns 的时间内发送到三个天线中的一个上,参见图 12-39 的中部。在结束后直接在此将 TX 开关打开并关闭开关 RX。同时,振荡器频率降低(或者升高)200 MHz。接收到的信号

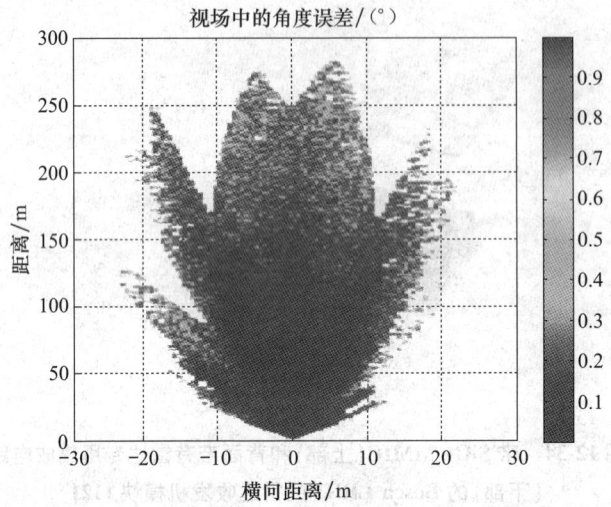

图 12-36　$10 m^2$ 雷达横截面点目标的 Bosch LRR3 的探测和角度偏差示意图[12.12]

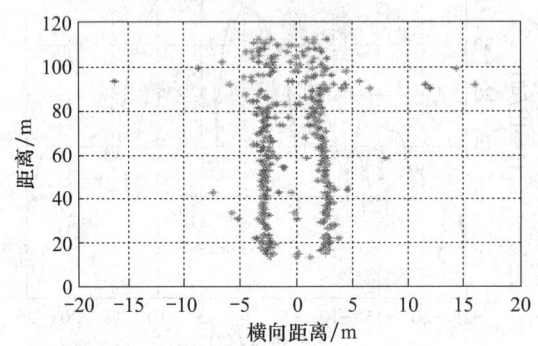

现在图 12-37　在两侧(±3 m)以相同的距离停放的车辆形成的通畅狭窄通道场景中行驶时 BoschLRR3 的角度分离能力[12.12]

与此频率 $f_{TX}$ – 200 MHz 混合,这样根据差频比例得出一个 200 MHz 的中频信号并且当接收的信号经过多普勒升高时会略高,或者在负的多普勒频率时会略低。混合的中频信号随持续时间放大,以抵抗因距离导致的减弱,随后发送到所谓的匹配滤波器上。该滤波器结合了通频带滤波和 I/Q 解调。匹配滤波器的两个输出信号随后用一个

ADC 按照 25 ns 循环进行采样。总的来说,在不超过 150 m 的距离或者 1 μs 持续时间时会形成 40 个距离选通。这样对每个带一个脉冲的门都有一个值对,这在复合的层次上表现为一个指针并且其转动速度提供了多普勒组件。临近距离选通的数值信息使得内插法成为可能,这样明显在低于 3.75 m 的选通距离下就会达到距离分辨率。

## 12 雷达传感器

图 12-38  Continental ARS 200 雷达传感器[12.7]

对于角度测定来说,设置为一种按顺序的三波束方案,借此可达到 10°的方位角可见范围,参见第 12.3.4 节。ARS 200 的天线方案使用一种"折叠透镜",参见图 12-40,因此,尽管天线较宽也能达到较浅的结构深度,这一方面会引起较高的天线增益,一方面会引起在图 12-23 中

可见的窄波瓣。馈送发出的雷达射线的宽度在低于 90°的情况下被线性极化。射线碰撞到雷达罩面(横向反射器),由于有一个沿着相同方向的条形隔栅,它会完全反射射线。随后,射线出现在"模型化"扭转极化反射器上。扭转极化反射器在上侧有一个相对于射线呈 45°的检偏振器功能,也就是说 90°的射线会被拆解成一个 45°的和一个 +135°的分量。45°的分量直接反射回来,135°的分量首先经过扭转极化反射器的底部,但随后在全金属涂层的背面再次发射回来并再次在前侧射出。选择涂层厚度时应使得产生的相位变化为 180°(或者它的奇数倍数),现在以 315° = -45°发出。这可通过一个 $n\lambda'/4$ 厚度的涂层达到($n$ 个奇数自然数)。当前推移 180°的分量与

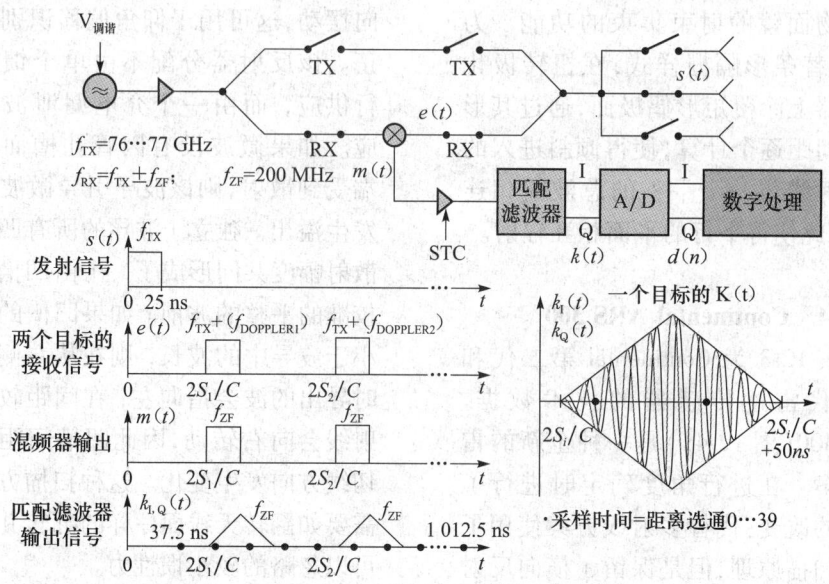

图 12-39  Continental 雷达传感器 ARS 200 的功能原理[12.7]

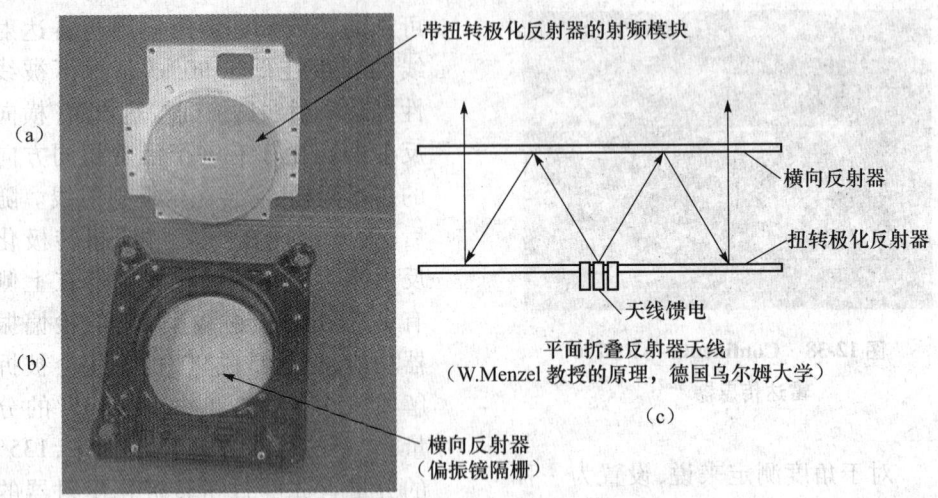

图 12-40　Continental 雷达传感器 ARS 200 的天线方案[12.7]
(a) 在中间带三个输入和前端带扭转极化反射器的射频模块的天线组件；
(b) 带偏振镜隔栅的横向反射器；(c) "折叠透镜"的原理示意图

立即反射的部分叠加起来，由此得出 0°的总极化。对于如此极化的射线来说，横向反射器的条形隔栅不是障碍。扭转极化反射器有另一个相当于抛物面镜的射束集束的功能。为此，代替条形隔栅样式，在扭转极化反射器上涂覆矩形偶极面，通过其形状和间距逐个计算，使得倾斜进入的单一射线与一个平整的总波前相连接，因此使得平行的平面相互辐射。

### 12.8.4　Continental ARS 300

表 12-3 为 Continental 第二代和第三代雷达传感器的技术数据。ARS 300（图 12-41）是一种全新的雷达方案。在进行角度确定时进行了彻底的改变：代替多射线方案使用了机械扫描原理，但是保留了横向反射器和扭转极化反射器的原理。如图 12-42 所示，该原理也用于如偏移抛物面天线一样的集束。扭转极化反射器是移动的因此也可沿着仰角方向摆动，这可用于仰角偏移识别和校正。该反射器分配不由单个馈入进行供应，而由一个介电漏泄波导供应。如果微波没有因管孔槽而在下端受到散射，则该波导引导微波不会发生溢出。独立于波导的所有凹槽的散射幅度共同形成了一个由凹槽间距校准的平整的波前。如果凹槽的间距小于波导中的波长，则在从左侧输入时导出的波会指向左，在间距较大时射线会向右转动，因此凹槽间距沿着切线方向发生变化。这种扫描方式不需要如翻转天线面一样的翻转并产生可以忽略的较小惯性力。

## 12 雷达传感器

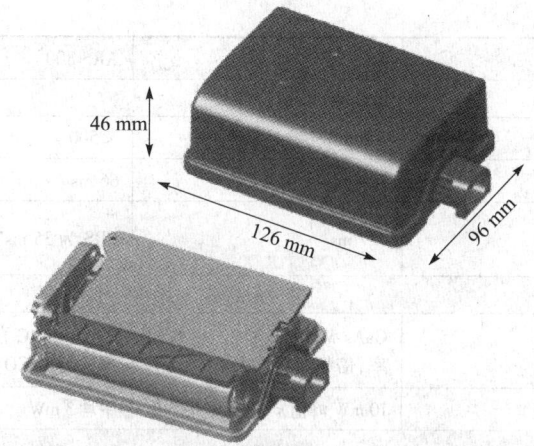

图 12-41 Continental ARS 300 雷达传感器的外观和结构(来源:Continental)

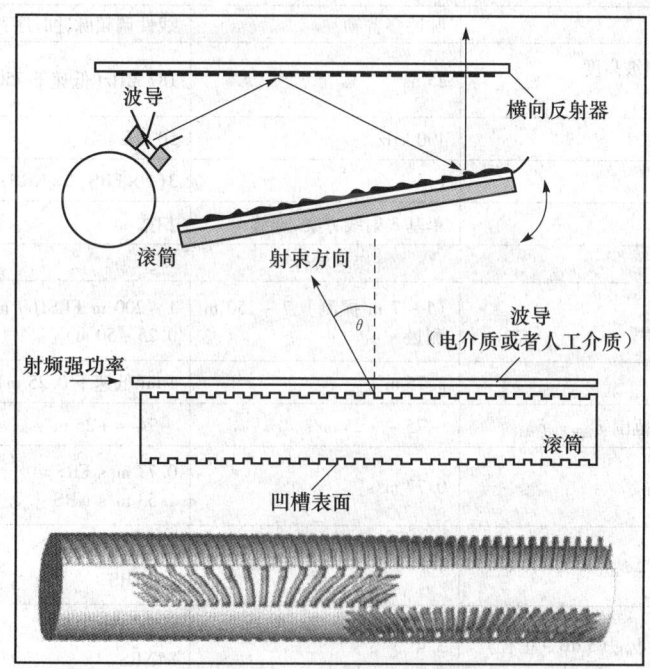

图 12-42 Continental ARS 300 雷达传感器的天线方案
上部:侧视图(仰角),方位角扫描的下方滚筒分配(来源:Continental)

表 12-3 Continental 第二代和第三代雷达传感器的技术数据

| 技术数据 | ARS 200 | ARS 300 |
|---|---|---|
| 一般特性 |||
| 尺寸(B×H×T)<br>(带/不带固定件和插口) | 148 mm × 138 mm × 55 mm | 141 mm × 96 mm × 47 mm/<br>126 mm × 96 mm × 47 mm |

续表

| 技术数据 | ARS 200 | ARS 300 |
| --- | --- | --- |
| 一般特性 |||
| 质量 | 700 g | <500 g |
| 循环持续时间 | 50 ms | 66 ms |
| 循环期间测量持续时间 | 7.7 ms | FRS 为 35 ms NRS 为 16 ms |
| 高频模块 |||
| 频率生成 | GaAs-MMIC 38 GHz 基本频率，倍频器+放大器 | GaAs-MMIC 自由运行的电压控制振荡器(VCO) |
| 发射功率(峰值，平均值) | 10 mW 峰值 <0.1 mW 平均值 | 平均 3 mW |
| 信号特性 |||
| 频率范围 | | 76~77 GHz |
| 调制方法 | 脉冲多普勒 | 线性调频脉冲时序 |
| 脉冲持续时间/斜坡高度和斜坡持续时间 | 25 ns | 187 MHz(低速下 750 MHz)，16 μs |
| 脉冲/斜坡刷新率 | 400 kHz | 50 kHz |
| 测量范围数量 | 1 | 3(1×FRS，2×NRS) |
| 角度测量方式 | 单基 3 射线方案，连续 | 扫描 |
| 探测特性 |||
| 距离范围 $r_{min} \sim r_{max}$ | (1~7 m 探测)，7~150 m 测量 | 1~200 m FRS 160 m NRS(低速下 0.25~50 m) |
| 距离单元 $\Delta r$ | 3.75 m | 1 m(低速下 0.25 m) |
| 相对速度单值性范围 $\dot{r}_{min} \sim \dot{r}_{max}$ | -75~+25 m/s | -74~+25 m/s |
| 相对速度单元 $\Delta \dot{r}$ | 0.77 m/s | 0.77 m/s FRS<br>1.53 m/s NRS |
| 方位角测量范围 $\Delta \phi_{max}$ | 10° | 17°FRS<br>56°NRS |
| 方位角波瓣宽度 $\phi_{lobe}$(3 dB-单程) | 3.4° | 2.5°FRS<br>8°NRS |
| 角度单元 $\Delta \phi$ | 3.4° | 1°FRS<br>3.125°NRS |
| 仰角波瓣宽度 $\vartheta_{lobe}$ | 2.8° | 4.3° |
| 点目标准确度 | 0.2° | 0.1° |
| 特点 |||

◆ ARS300:方位角和仰角上的自调节能力。
缩写：FRS：远距离扫描；NRS：近距离扫描。

除了中央可见范围的扫描(17°)之外,同样通过扫描探测侧面的区域。为此在滚筒上(参见图12-42下部)不对称地铣削其他的凹槽区域。滚筒上的错位考虑到了在略有不佳的射线过程侧面照射所需的错位,也就是说朝着照射区域的反方向推移了该区域。波束张角宽度2.5°方位角(在近程扫描时为8°),仰角为4.3°。通过可翻转的扭转极化反射器,ARS 300可对仰角进行最佳的校准并均衡静态俯仰角或者失调。

相对于ARS 200,调制是一种线性调频脉冲序列调制,也称为脉冲压缩,参见第12.2.5(4)节。该方案最好地利用了测量时间,即便是在高采样率($\approx$ 40 MHz)的模数转换器(ADC)必须承担ARS 200需要的相关成本的情况下。如表12-1所述,要区分开近程扫描(不超过60 m)和远程扫描(不超过200 m)。同时,近程扫描仅分析不超过60 m的距离,这样采样率必须仅为1/3。两种扫描都会越过中央区域,这样就使得指定两个测量顺序变得容易。车速单元在中央可见范围也包括在远程都更小,原因是为该测量提供了一个更长的测量时间。原理所限,角度确定和扫描必须分配在各个角度扇区上,在这里分为17个角阶跃,因此得出每个扇区的测量时间为 35 ms/17 $\approx$ 2 ms。但是,雷达波瓣更宽,这样会给相对速度提供更长的测量时间。因此,规定的 0.8 m/s(相当于 2.56 ms)的单位尺寸也较小。在近程进行较粗略的 3.125°

的扇区化,这样虽然 16 ms 的总测量持续时间较低但可保持 1.5 m/s 的速度单元。

在低速时,需要的射程小于 50 m。合乎逻辑地可聚焦于近程并通过提高调制行程(在此是四倍)达到一个更好的距离分辨率和距离分离能力。

ARS 300 是一种高效雷达,因其具有极宽的照射面因此不需要停走功能或者应急制动所需的附加的近程传感器。通过扫描可达到一个很好的横向分辨率,甚至可达到不超过 80~100 m 的横向物体分离能力。当然该功能无法同更宽的孔径以及随之而来的更宽的外壳(参见图12-41)所能达到的效果相提并论,另一方面根据功能应将其评定为高紧凑性。

### 12.8.5 Delphi 前视雷达(第三代)

图12-43所示的第三代前视雷达是一种射束张角宽度为 2.3°的电子机械扫描雷达。在 15°的扫描范围内可达到 12°的带角度分辨率的可视范围。可按约 1°的步进切分开各个测量,同时继续进行扫描。尤其是在 2.3°的射束张角宽度下,测量步进内 1°的变化几乎不会造成信息丢失或者信息失真。在同样强的信号(=最佳情况)下会达到 2.5°的角度分离能力。如第 12.3.2 节所述,对此需要一个宽的外壳(在这里不带固定件为 138 mm,带固定件为 184 mm)并且总循环时间(在这里为 100 ms)必须除以测量步骤的数量,这样仅在理想情况下才保持 100 ms/32 $\approx$ 3 ms。由于

在该雷达上使用的是一种振荡扫描原理,实际上它会不断变小,原因是在这里要考虑加速相位。如果将其与一个常见的频率调制连续波(FMCW)多斜坡法结合起来,则只能使用 1~2 m/s 的速度单元。扫描方向一个周期一个周期的轮流进行。

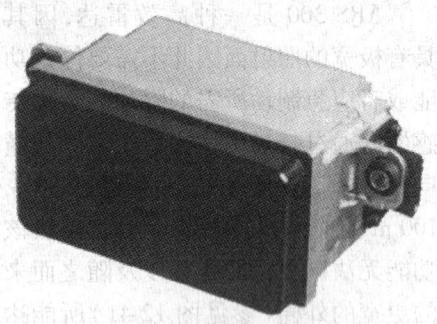

图 12-43　Delphi 的前视雷达
（第三代）（来源：Delphi）

扫描元件是位于盖板后面的平面天线,其通过一个电动偏心轮传动机构运动。

除了包含一个驶偏传感器的传感器单元之外,对于 ACC 的应用还需要使用一个称为自适应巡航模块的附加控制单元,通过该控制单元处理 ACC 功能包括控制调节子系统。

### 12.8.6　Delphi 电子扫描雷达（第四代）

表 12-4 为 Delphi 第三代和第四代雷达传感的技术数据。第四代 Delphi 在电子扫描雷达上设置了一个极低的 39 mm 的厚度,参见图 12-44。通过毫秒范围内的切换同时覆盖两个可见范围（远程和中程）。通过发射机天线阵发射。物体反射回来的信号随后由多

**表 12-4　Delphi 第三代和第四代雷达传感器的技术数据**

| 技术数据 | FLR（第三代） | ESR（第四代） |
| --- | --- | --- |
| 一般特性 |||
| 尺寸（长×宽×高）<br>（带支架固定件） | 138 mm × 73 mm × 96 mm<br>(184 mm × 73 mm × 96 mm) | 130 mm × 90 mm × 39 mm |
| 质量 | 900 g | <550 g |
| 循环持续时间 | 100 ms | 50 ms |
| 循环期间测量持续时间 | 2.66 ms | 远程,16 ms<br>中程,16 ms |
| 高频模块 |||
| 频率生成 | GaAs-MMIC | GaAs-MMIC FLL（线性化电路） |
| 发射的功率(EIRP) | 33 dBm | 29 dBm |
| 信号特性 |||
| 频率范围 || 76~77 GHz |
| 调制方法 | FMCW | 线性调频脉冲序列 |
| 斜坡高度 | 100 MHz | 远程,100 MHz<br>中程,200 MHz |
| 测量范围数量 | 1 | 2(1×LR,1×MR) |
| 角度测量方式 | 机械扫描 | 接收数字波束成形 |

续表

| 技术数据 | FLR(第三代) | ESR(第四代) |
|---|---|---|
| 探测属性 ||||
| 距离范围 $r_{min} \sim r_{max}$ | 1~155 m | 远程,1~200 m<br>中程,1~60 m |
| 距离单元 $\Delta r$ | 2 m | 远程,1.5 m<br>中程,0.75 m |
| 相对速度测量范围 $\dot{r}_{min} \sim \dot{r}_{max}$ | -64 m/s ~ +32 m/s | -100 m/s ~ +28 m/s |
| 相对速度单元 $\Delta \dot{r}$ | 2 m/s | 0.125 m/s |
| 方位角测量范围 $\Delta \phi_{max}$ | 15° | 远程,20°<br>中程,90° |
| 方位角波瓣宽度 $\phi_{lobe}$(3dB 单程) | 2.3° | 远程,3.5°<br>中程,12° |
| 角度单元 $\Delta \phi$ | 1.25° | 无记录 |
| 仰角波瓣宽度 $\vartheta_{波瓣}$ | 4.4° | 4.5° |
| 点目标准确度 | ±0.5° | ±0.5°LR<br>±1°MR |
| 特点 ||||
| 注:天线配置和信号处理也适合用于覆盖不超过 6 m 和 ±80°的近程范围(近程模式)。 ||||

个接收机天线阵(参见图 12-45)接收并按照时分多路传输法由无噪声的放大器放大或者在混频器上解调为实数部分(I)和虚数部分(Q)。如此产生的复信号用一个带通滤波器(低通滤波器)进行滤波。在经过模数转换后,借助数字接口将其传输给数字信号处理器进行后续信号处理(参见图 12-46)。在数字信号处理器内对复时间信号进行高通滤波并借助快速傅立叶变换转换为一种频谱用于后续处理。根据过滤后的子阵列复合频谱计算出一个探测阈值并生成一个探测列表。对于探测列表,使用所谓的"数字波束形成法"实现对物体位置的扫描。探测到的物体随后识别为重要的目标并根据

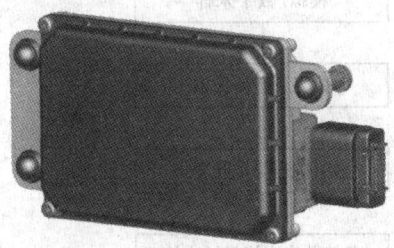

图 12-44 Delphi 的电子扫描雷达
(第四代)(来源:Delphi)

其目标稳定性由跟踪器跟踪。

称为"同时发送和接收脉冲多普勒"(英文缩写:STARPD)的调制方法符合在线性调频脉冲序列调制章节中所述的方法,参见第 12.2.5(4)节。它基于一个下线性调频脉冲序列(图 12-47),据此按照图 12-46 所述的方式得到一个探测物体的距离和相对速

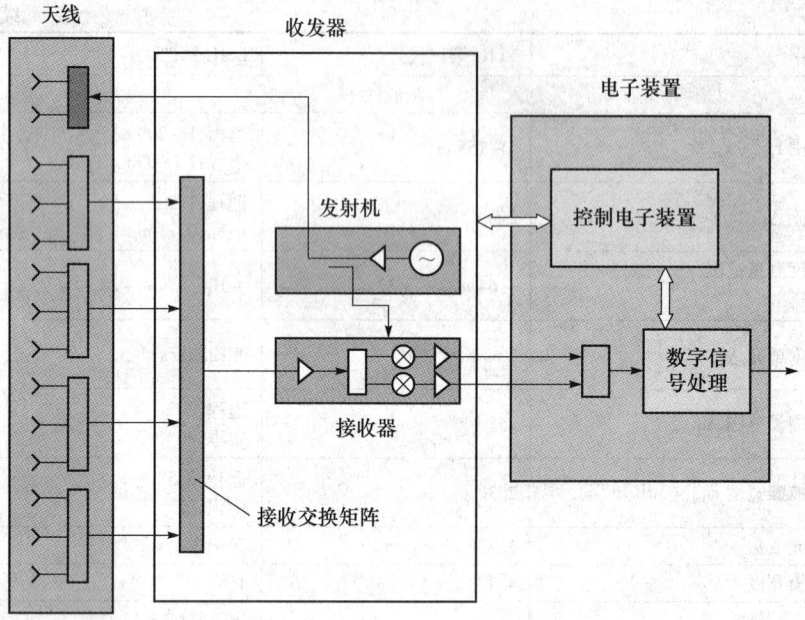

图 12-45　Delphi 电子扫描雷达(第四代)方块图(来源:Delphi)

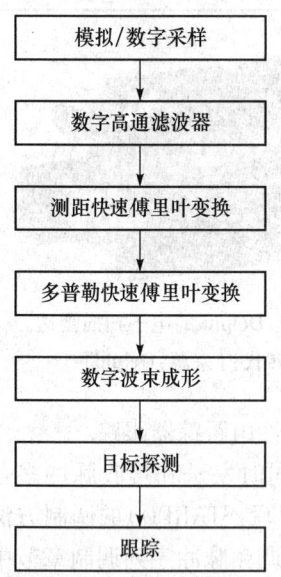

图 12-46　Delphi 电子扫描雷达(第四代)信号处理链(来源:Delphi)

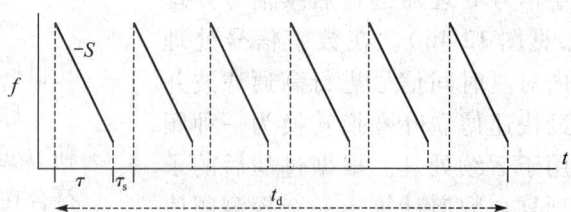

图 12-47　STARPD 同时发送和接收脉冲多普勒(STARPD)所谓的线性调频脉冲序列调制方法(来源:Delphi)

度。图 12-48 和图 12-49 图示了距离相对速度层次或者角度层次上的按这种方法获得的探测波谱。

图 12-48 和图 12-49 图示的波谱属于一个带总计 128 个线性调频脉冲（或者周期斜坡）的 16 ms 长的测量，按照约 4.6 MHz 的采样率进行采样。这允许一个不超过 200 m 的最大距离和一个约 16 m/s 明确的相对速度。

传感器一层层建立起来，参见图 12-50。带雷达控制模块（RCM）的主电路板包括插头位于底壳内。下一层上的高频单元（收发器控制模块或 XCM）在朝向雷达罩的面上有一个天线阵。雷达罩封闭住外壳，对雷达信号发射特性仅有极小的影响。

借助电子自旋共振（ESR）可提供一种高效雷达，它穿过一个极宽的 ±45° 的中程范围和一个极薄的 39 mm 的外壳厚度。

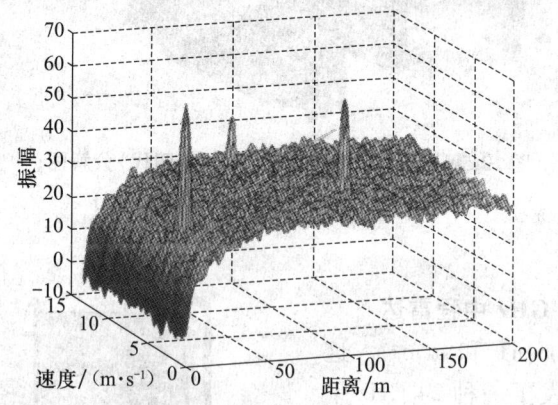

图 12-48 示例场景的 $r \div \dot{r}$ 波谱，由 Delphi 电子扫描雷达（第四代）采集（来源：Delphi）

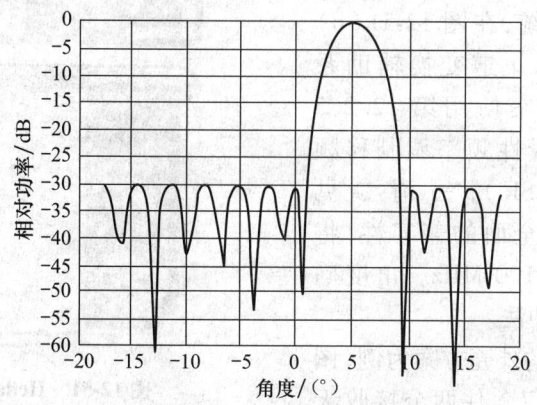

图 12-49 符合 Delphi 电子扫描雷达（第四代）数字波束成形的角度特性（来源：Delphi）

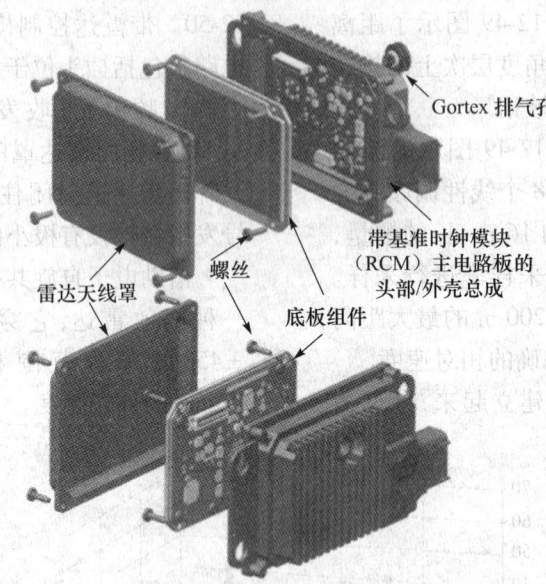

图 12-50 Delphi 电子扫描雷达（第四代）分解图，下方图与原图左右相反（来源：Delphi）

## 12.8.7 Hella 24 GHz 中程雷达

Hella 与 InnoSenT 和 s.m.s. 这两家公司共同开发了一种 24 GHz 平台（参见图 12-51），它不仅适合用于远程也适合用于中程，同时仅在本书草稿编写之时才在市场上用于行驶车道变换辅助系统，在图 12-51(b) 中缩写 SWA 表示车道变换辅助系统。作为调制方案使用第 12.2.5 (2) 节内所述的线性频率调制移频键控（LFMCW/FSK），另请参见 [12.9]。为达到全面的兼容性，将调制频移限定在 100 MHz。角度确定使用同时单脉冲法。

以 ACC 雷达的外壳方案为例（图 12-52），雷达罩不仅盖住两个接收天线，而且使它们聚焦。同样是平面发射天线固定在雷达前端电路板的上

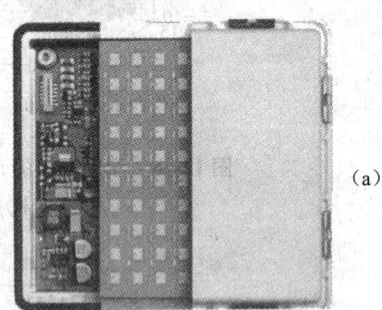
(a)

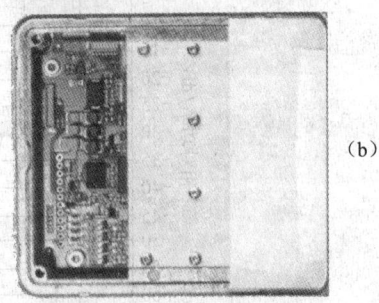
(b)

图 12-51 Hella 雷达传感器
(a) 24 GHz-ACC 雷达；(b) 24 GHz-SWA 雷达（来源：Hella）

# 12 雷达传感器

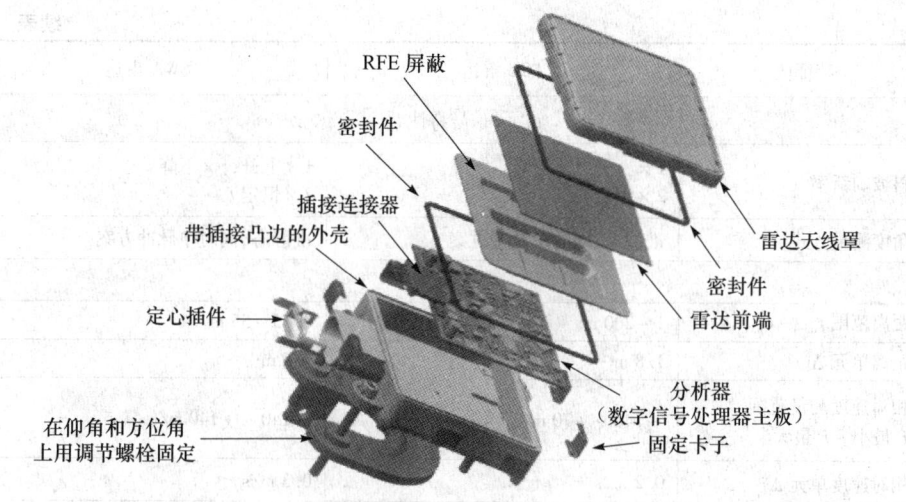

图 12-52 Hella-ACC 雷达的分解图（来源：Hella）

侧，在图 12-51 中可部分看到。在下侧有其余的高频电子元件。雷达前端电路板屏蔽仅测定雷达罩侧发出高频射线。下面安装有带插座板的分析器。通过调节螺栓将外壳支架（图中下方）与固定件连接在一起。

表 12-5 为 Hella 的 24 GHz 雷达平台的特征值。

表 12-5 Hella 的 24 GHz 雷达平台的特征值

| 特征值 | ACC 雷达 | SWA 雷达 |
|---|---|---|
| 一般特性 |||
| 尺寸（长×宽×高） | 80 mm × 80 mm × 35 mm | 105 mm × 88 mm × 27 mm |
| 质量 | 400 g | 280 g |
| 循环持续时间 | 60 ms | 36 ms |
| 循环期间测量持续时间 | 60 ms | 36 ms |
| 高频模块 |||
| 频率生成 | 24 GHz 振荡器<br>分立场效应晶体管 + 变容二极管 | 24 GHz 振荡器<br>分立场效应晶体管 + 变容二极管 |
| 发射功率（峰值，平均） | ≤20 dBm（等效全向辐射功率）峰值 | ≤20 dBm（等效全向辐射功率）峰值 |
| 信号特性 |||
| 频率范围 | 24.0 ~ 24.25 GHz ||
| 调制方法 | FMSK | FMSK |
| 频移和频移持续时间 | ≈80 MHz,30 ms | ≈95 MHz,18 ms |

续表

| 特征值 | ACC 雷达 | SWA 雷达 |
|---|---|---|
| 信号特性 | | |
| 斜坡刷新率 | 1 × 上升,1 × 下降<br>2 × 恒定 $f$ | 1 × 上升,1 × 下降<br>2 × 恒定 $f$ |
| 角度测量方式 | 准静态,同时单脉冲方案 | 准静态,同时单脉冲方案 |
| 探测属性 | | |
| 距离范围 $r_{min} \sim r_{max}$ | 1 ~ 200 m | 0.75 ~ 55 m |
| 距离单元 $\Delta r$ | 1.8 m | 1.5 m |
| 相对速度测量范围 $\dot{r}$ 最小 ~ $\dot{r}$ 最大 | -140 ~ +70 m/s | -140 ~ +140 m/s |
| 相对速度单元 $\Delta \dot{r}$ | 0.2 m/s | 0.3 m/s |
| 方位角测量范围 $\Delta \phi_{max}$ | 20°( >15 m)<br>40( <15 m) | 20° ~ 120° |
| 波瓣宽度 $\phi_{lobe}$ | 14° | 14° |
| 规定的仰角 $\vartheta_{spec}$ | 10° | 13° |
| 点目标准确度 | 0.5° | 1° ~ 2° |

对于行驶车道变换辅助的应用来说,将传感器安装在保险杠边角范围内并朝汽车纵轴倾斜 20°~25°。这样用两个传感器监控侧面后方空间,通过旁瓣也可达到死角范围(图 12-53)。但是,角度分辨率和距离分辨率已经到达极限,因此如果出现松动的可能(如现在所讨论),即使根据 SARA 限制并不是全带宽,也考虑使用一个类似超宽带(UWB)的脉冲多普勒方法作为补充,以解决第 12.4.2 节中 2013 年所讨论的欧洲资格性的问题。

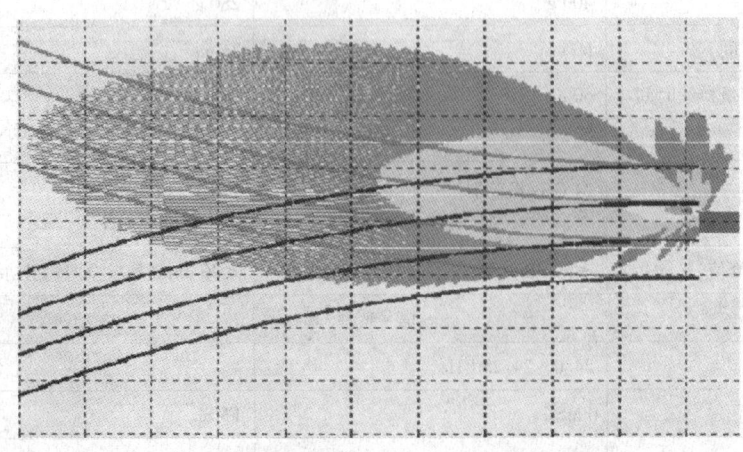

图 12-53 在约 8° 的倾斜位置下 Hella-SWA 雷达的辐射(来源:Hella)

## 12.8.8 TRW AC 20

第二代 TRW 雷达传感器 AC 20 (图 12-54),如图 12-55 所示按照在第 12.2.5(2)节中所述的移频键控原理工作并为了确定角度使用第 12.3.3 节中所介绍的单脉冲法。该方案以对相对速度极高的分离能力而与其他制造商的方案区分开来,而在距离和方位角的其他测量参数方面不能进行分离。由于不仅对于调节参数 $v_{rel}$ 而且对于相对加速度可提供极佳的测量数值,因此相对速度的高分辨率对于自适应速度调节是非常有益的。与该优点相对的是原理所限的缺少静止目标分离能力的缺陷,因此禁止用于停走功能应用。但是,高频单元和分析技术都允许一种适合于距离分辨能力的调制,例如在图 12-13 中所述的"巨型阶梯"。

如在图 12-56 的分解图内看到的一样,使用一个塑料透镜用于射束集束。它由一个雷达发送-接收模块供给。这样会有足够宽的射线到达

图 12-54 TRW 雷达传感器 AC 20(来源:TRW)

透镜,一个与雷达吸收装置相连的空腔保持间距。直至天线打开时都严密封闭的雷达发送-接收模块与背面的印刷电路板(PCB)相连,电路板包含分析器和插头。雷达发送-接收模块在砷化镓单片微波集成电路(GaAs-MMIC)的基础上拥有一个频率生成装置并由此进行了极高地集成。

表 12-6 为 TRW 第二代雷达传感器的技术数据。

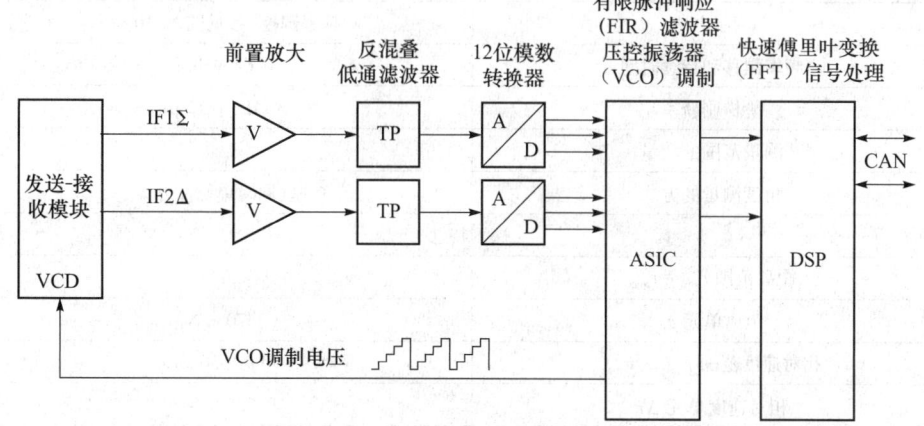

图 12-55 TRW AC 20 信号处理方块图(来源:TRW)

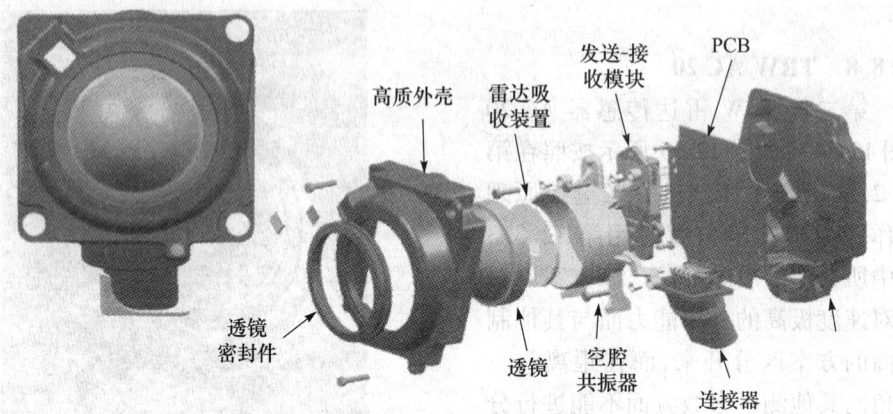

图 12-56　TRW AC 20 的 3D 分解图（来源：TRW）

表 12-6　TRW 第二代雷达传感器的技术数据

| 技术数据 | AC 20 |
|---|---|
| 一般特性 ||
| 尺寸（长×宽×高） | 98 mm × 98 mm × 63 mm |
| 质量 | 550 g |
| 循环持续时间 | 40 ms |
| 循环期间的测量时间 | 40 ms |
| 高频模块 ||
| 频率生成 | GaAs-MMIC，19.125 GHz 基准振荡器 |
| 发射功率（峰值，平均值） | 平均 10 mW |
| 信号特性 ||
| 频率范围 | 76 ~ 77 GHz |
| 调制方法 | 频率键控（参见图 12-10） |
| 频率漂移和持续时间 | 0.64 MHz |
| 阶梯刷新率 | 83.3 kHz（1/12 μs） |
| 测量范围的数量 | 1 |
| 角度测量的方式 | 单基，同时单脉冲方案 |
| 探测特性 ||
| 距离范围 $r_{min} \sim r_{max}$ | 1 ~ 200 m |
| 距离单元 $\Delta r$ | 470 m |
| 相对速度范围 $\dot{r}_{min} \sim \dot{r}_{max}$ | -50 ~ +50 m/s |
| 相对速度单元 $\Delta \dot{r}$ | 0.025 m/s |
| 方位角测量范围 $\Delta \phi_{max}$ | 11° |

## 12.9 小结

雷达技术大大促进了驾驶员辅助系统的发展。在汽车内的应用也对雷达技术自身的发展产生了影响。目前,在复杂的雷达设备的批量生产方面有很多的经验,随着野外经验的增长也不断进行最新的研发。如果说第一代雷达传感器还带有很多的不同供应商差异性印记的话,然而我们也要看到其实在调制和频率生成方面它们都是非常一致的。虽然如此,要达到类似于几乎无法区分不同的制造商的ABS的状态还需要很长时间。

持续不断"威胁"汽车雷达技术的是激光雷达技术(参见第13章),激光雷达技术在最近一些年来也取得了巨大的进步。虽然如此,它们之间还保持着互补的分工差异。雷达一定程度上得益于可测量多普勒效应的能力且具有较高的耐气候性。相对地,雷达仅能在可接受的天线尺寸上获得较低的空间分辨率。改进这种情况要靠太赫兹技术,但是从技术上来说其还处于起步阶段。用一般的波长可达到1°的波瓣宽度,由此可以以绝对满意的质量确定物体的边界。

如果放弃单传感器方案而采用用传感器数据合并的多样化的多传感器方案,在技术上可能也会开辟另一个途径。在这里将雷达与摄像机结合起来会是一个"最佳组合",这几乎可达成如激光雷达所能完成的所有愿望。在一个组合方案中对雷达的要求可能会发生变化并可能在成本总优化的考虑下导致"裁减"雷达。

致谢:

作者在此感谢Bosch公司的Bernhard Lucas先生,Continental的Markus Wintermantel博士,Delphi的Jens Haun博士,Hella的Tilmann Seubert博士和TRW的Wolfgang Kampfmann提供的专业支持和技术图片。

# 参 考 书 目

[12.1] *Fonck, K.-H.*: Radar bremst bei Gefahr, Auto, Motor & Sport, Heft 22, 1955, S. 30.

[12.2] *Skolnik, Merrill*: Radar Handbook. Introduction to radar systems, Third Edition, McGraw-Hill Verlag, New York City, 2008.

[12.3] *Ludloff A.*: Praxiswissen Radar und Radarsignalverarbeitung, 3. Auflage, Vieweg-Verlag, 2002.

[12.4] *Wolff Ch.*: Radargrundlagen-Winkelreflektor, http://www.radartutorial.eu/17.bauteile/bt47.de.html, Zugriff August 2008.

[12.5] TC208/WG14, ISO. ISO 15622 (Transport Information and control systems-Adaptive Cruise Control systems-Performance requirements and test procedures. 2002.

[12.6] TC204/WG14, ISO. ISO 22179 Intelligent transport systems-Full speed range adaptive cruise control (FSRA) systems-Performance requirements and test procedures. 2008.

[12.7] *Kühnke, L.*: 2nd Generation Radar Based ACC-A System Overview, Workshop an Environmental Sensor

Systems for Automotive Applications, European Microwave Week, Munieh, October 2003.

[12.8] *Menzel. W.* ; *Pilz. D.* : Mikrowellen-Reflektorantenne, Patent WO 99/43049,1999.

[12.9] *Meinecke, M.-M.* ; *Rohling, H.* : Combination of LFM-CW and FSK Modulation Principles for automotive radar systems. German Radar Symposium GRS2000, Berlin, 2000.

[12.10] *Kühnle, G.* ; *Moyer, H.* , *Olbrich, H.* ; *Swoboda, H.-C.* : Low-Cost Long-Range-Radar für zukünftige Fahrerassistenzsysteme. Aachener Kolloquium Fahrzeugund Motorentechnik 2002, S. 561.

[12.11] *Lucas, B.* ; *Held. R.* ; *Duba, G.-P.* ; *Maurer, M.* ; *Klar, M.* ; *Freundt, D.* : Frontsensorsystem mit Doppel Long Range Radar, 5. Workshop Fahrerassistenzsysteme, Walting, 2008.

[12.12] Bundesnetzagentur: SSB LA 144-Schnittstellenbeschreibung für Kraftfahrzeug-Kurzstreckenradare (Short Range Radar, SRR), Juli 2005, hltp://www. bundesnetzagentur. de/media/archive/5450. pdf, Zugriff August 2008.

[12.13] *Freundt. D* ; . Lucas, B. : Long Range Radar sensor for high-volume driver assistance systems market, SAE paper 2008-01-0921

[12.14] *Weher. R.* ; *Kost, N.* : 24-GHz-Radarsensoren für Fahrerassistenzsysteme, ATZ Elektronik 02/2006, S. 2

[12.15] *Artis, J.-P.* ; *Cornic. P.* : Radar for the Detection of Obstacles, especially for Automobile Vehietes, US-Patent 5,923,284.

# 13 激光雷达传感器

*Georg Geduld*

## 13.1 功能及原理

### 13.1.1 基本原理

LIDAR:激光探测和测距是用于空间内物体的定位和测量距离的一种光学测量方法。原则上,该系统类似于雷达方法,但是激光雷达不使用微波,而使用紫外线、红外线或者可见光范围内的射线(因此叫激光雷达,参见图 13-1)。

### 13.1.2 距离传感器的测量方法

在使用红外线传感器时有不同的测量方法。汽车使用的大多为"飞行时间测量法"。

光(激光)脉冲发射直至接收到反射回来光线的持续时间与测量系统

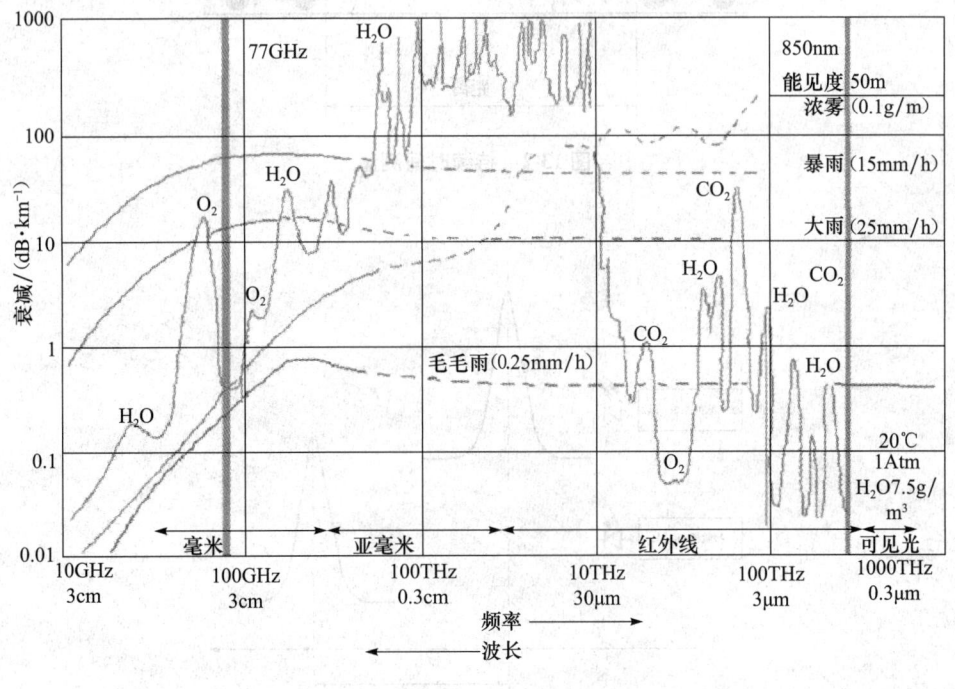

图 13-1 频谱

和探测物体之间的距离成正比。

在进行"飞行时间测量"时,发射一个或多个光脉冲并在一个可能的物体上反射回来。直至接收到信号的时间与距离呈正比。在光速约为每秒 300 000 km(在空气中)时,当距离为 50 m 时(相应地以每小时 100 km = 速度计平均速度)测量的持续时间约为 $3 \times 10^{-7}$ s 或者 333 ns(参见图 13-2)。

$$r = \frac{c \cdot t_{of}}{2} \quad (13.1)$$

式中,$r$ 为距离(m);$c$ 为光速(300 000 km/s);$t_{of}$ 为持续时间(s)。

固定物体(例如,汽车)所需的脉冲响应呈现出高斯曲线的形状。

由于发射出的光脉冲必须两次经过发射器和接收器之间的距离,因此时间 $t_{of}$ 体现了与物体的两倍的距离(参见图 13-2 和图 13-3)。

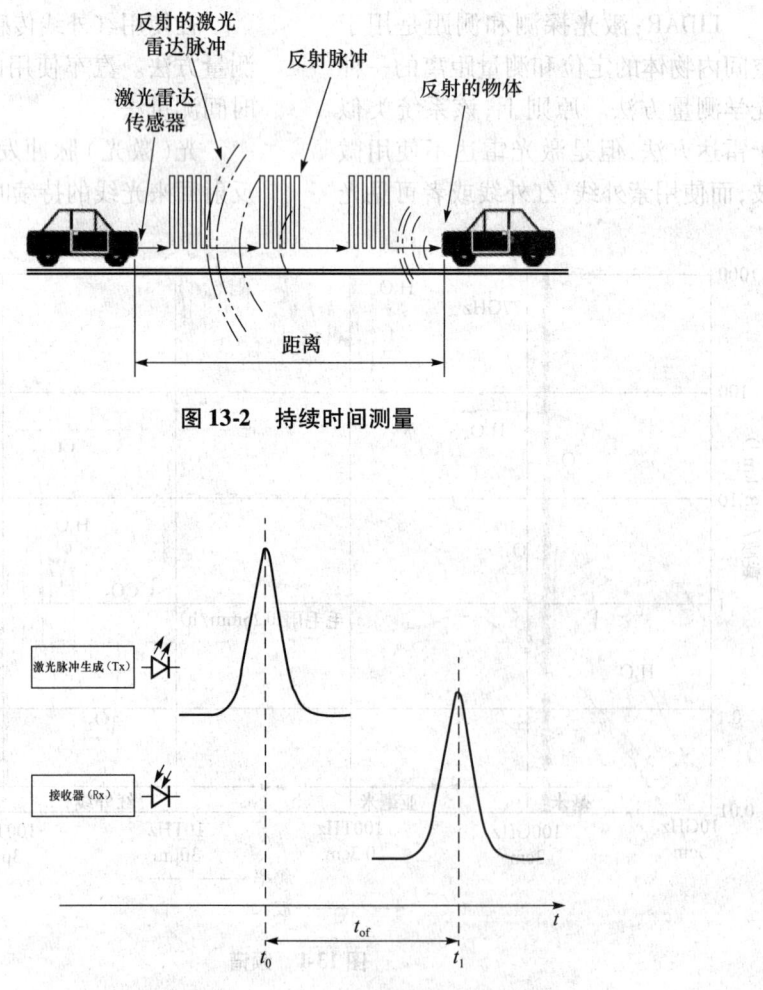

图 13-2 持续时间测量

图 13-3 一个物体的脉冲响应

# 13 激光雷达传感器

如果在一个测量通道内有多个物体,则在使用相应的评估方法时也可以采集多个物体。这体现了系统的多目标能力(参见图13-4)。

如果大气的衰减增大(例如,由于雾气),则单个脉冲会对空气中的水滴进行反射(参见图13-5)。根据系统的光学设计,这可能会导致接收器达

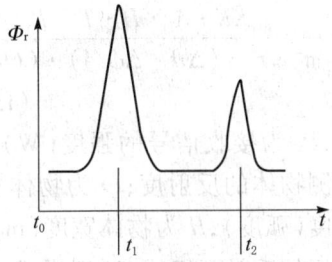

图13-4 两个物体的脉冲响应

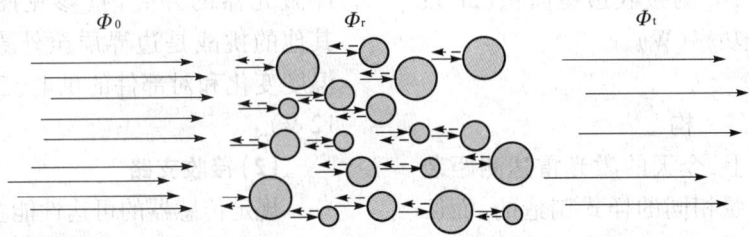

图13-5 "软"物体(雾气)

到饱和,这样就无法再进行测量。

但是,当今的传感器具备灵敏度动态匹配的能力,并且与测量通道内的多目标能力一起,可用气候的物体响应测量"软"的大气干扰,同时对于在诸如雾气之类的软性物体上接收不同"深度"雾气的距离回波也有所助益。将一个较长测量间距(时间窗口)的各个脉冲响应结合起来会形成一个平坦的、扩大的回波(参见图13-6)。

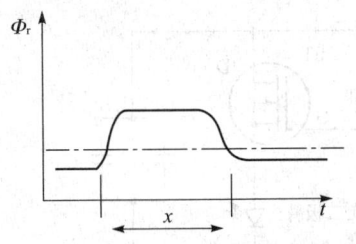

图13-6 "软"物体(雾气)的信号应答

例如这样就可区分开雾气或者汽车溅出的水沫的信号。信号的形式也同样说明了大气干扰的吸收度。图13-6内的"信号长度"$x$是主要视距的一个尺度。

射程性能决定性地受到发射的光脉冲的强度和接收器灵敏度的影响。同时,脉冲功率受到视觉安全性要求的限制。与之相反,诸如大气透射、物体的大小或者反射度之类的其他参数不会受到影响。

接收到的光强度可能针对波束辐射面小于物体的情况,请参见如下所述,参见方程式(13.2):

$$P_r = \frac{KK \cdot A_t \cdot H \cdot T^2 \cdot P_t}{\pi^2 \cdot r^3 \cdot (\Delta\vartheta/4) \cdot (\Theta/2)^2}$$
(13.2)

在目标(距离较大的情况下)小于波束辐射面的情况下,以下关系式适用:

$$P_r = \frac{KK \cdot A_t \cdot H \cdot T^2 \cdot P_t}{\pi^2 \cdot r^4 \cdot (\Delta\vartheta \cdot \Delta\phi/4) \cdot (\Theta/2)^2} \tag{13.3}$$

式中，$P_r$ 为接收信号的强度（W）；$KK$ 为被测物体的反射度；$\Theta$ 为物体反射的角度（弧度）；$H$ 为物体宽度（m）；$A_r$ 为目标的反射面积（m²）；$T^2$ 为大气的透射；$\Delta\vartheta$ 为仰角（弧度）；$\Delta\phi$ 为方位角（弧度）；$A_t$ 为接收透镜面积（m²）；$P_t$ 为激光功率（W）。

### 13.1.3 结 构

原则上，今天的激光雷达测距装置都是按照相同的样式制造的，而区别在于生成多测量通道（射束）或者通过扫描（根据例如转向半径跟踪）方法进行射束偏转的方式。

**（1）发射支路**

对于激光雷达，为主动式测距使用一个典型介于 850 nm ~ 1 μm 范围内发射的激光源。为了确保尽可能好的多回波目标分离效果，测量脉冲应尽量短。出于这种考虑，人眼安全性的确保也是非常重要的，原因是脉冲的积分表示发射的能量。使用的高性能二极管的发射功率可据此达到 70 W 及以上的峰值[13.6]。典型脉冲宽度为 30 ns。如果半导体激光器作用面约为 $200 \times 10 \ \mu m^2$，则激光器上的面积效率约为 35 GW/m² 的峰值。

为了以电子的或者无干扰的方式保持这种强大的功率，激光器的驱动级应尽量接近并直接安装在半导体激光器的外壳内（参见图13-7）。其他的挑战是边界层至外壳塑料的温度变化和对部件的供电（工作电压 12 V）。

**（2）接收支路**

规定传感器的可达性能主要由接收器的灵敏度决定。原则上应通过接收器面积实现传感器元件的灵敏度。相关限制是孔径或者镜头的品质。为了获得厘米范围内所需的准确度，需要较高的测量速度。在 15 cm ~ 150 m 的测量范围内，光传播时间在 0.1 ns ~ 1.0 μs 之间。另一个挑战是环境光的"眩目"问题。在白天，由太阳发出的同样包含很大比例红外线的光谱会导致在光效率上比车距传感器多出很多个量级。通过合适的滤光措施可抑制自然光比例（因太阳照射造成）。尤

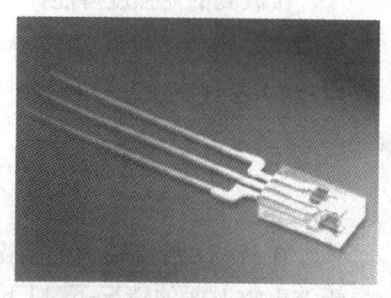 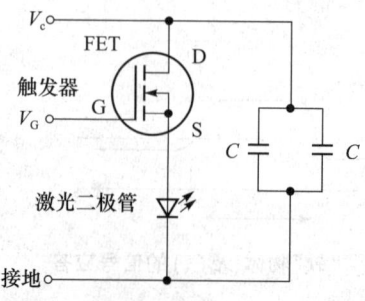

图13-7　OSRAM SPL LL90 半导体激光器外壳内的驱动级[13.6]

其要在硬件方面采取这些措施。

使用正－本征－负－二极管（英语 positive intrinsic negative diode）或者雪崩光电二极管（英语 avalanche photodiode，因此通常简称为 APD）作为接收二极管。

作为半导体检波器的光电二极管的雪崩光电二极管用于对单光子进行计数，例如为此用一个逆向的大的串联电阻对其进行驱动。由于高场强，一个单光子就足够释放一个电子，由阻挡层内的电场对其进行加速，触发一个雪崩效应（所谓的击穿）。电阻防止二极管被击穿（被动淬熄）。由此，二极管再次变为受阻状态。该过程自动重复。周期性循环重复这个过程。这样可实现最大 100 MHz 的测量频率。

在光电子领域内，正－本征－负－二极管主要是在光纤的光学通信技术中作为光电二极管使用。由于有较厚的 i 层（少掺杂，固有的传导能力），正－本征－负－二极管在温度上更稳定，成本更低廉，但由于在该二极管内可能积储较多的带电粒子，因此灵敏度较低。当波长为 850 nm 时，灵敏度的峰值在 -40 ~ -55 dBm 之间。

为了达到几厘米的局部分辨率，必须在增强信号后使用所谓的"并行选通"方法。在这种情况下，通过一个时间控制的乘法器将接收到的信号数字化并存储在各个"存储单元"（距离选通）中（参见图 13-8）。每个存储单元对应着一个"距离选通"或者一个比 1.5 m 的"距离步进"。通过叠加

多个发射脉冲得到围绕着实际测量点的一个距离选通的高斯分布。

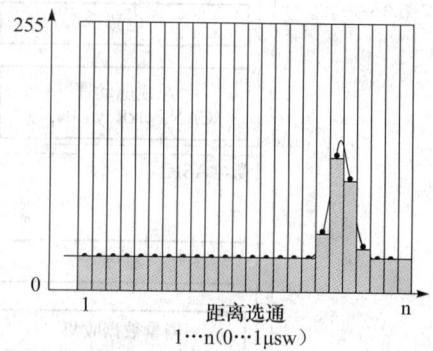

图 13-8　借助平行选通数字化

为了提高时间测量的精确度，在传感器处理器单元内重建所需的接收脉冲并测定其极点。这样就可根据一个相对不太精确的时间（距离）分辨率和幅值分辨率达到一个厘米范围内的距离分辨率。

通过每次测量的发射脉冲的数量可以提高或者控制传感器系统的灵敏度。使用所说的方法可以达到超过 50 dB 的测量动态。这对于在理想的距离内探测反射不佳的物体是必要的。

图 13-9 图示了当今的车距传感器的基本结构。根据所需的件数，各个零件在今天已经制作为特定的专用集成电路（ASIC）的形式。

除了车距传感器的硬件组成之外，还通过软件形成了单个功能。如上所述，诸如距离测定和相对速度测定之类的大部分信号处理的工作都是通过软件进行的。在"信号分析"模块中同样可以产生视距和系统限制方面的信息（参见图 13-10）。

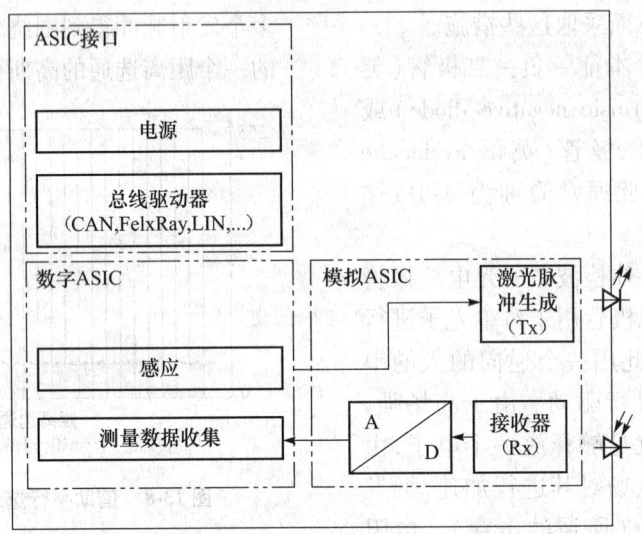

图13-9 激光雷达车距传感器的基本结构

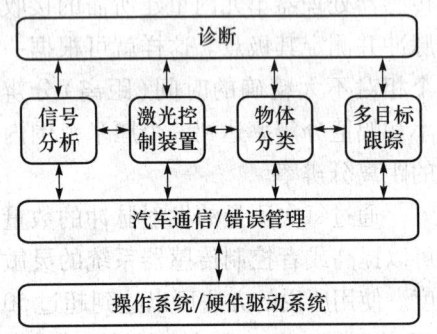

图13-10 基本软件功能

激光控制装置用于测量和接收通道的计时。

### 13.1.4 透射和反射特性

跟所有的主动和被动测量方法一样,在系统设计和由此可获得的传感器的功率上,大气透射或者衰减起着重要的作用。在诸如摄像机之类的被动方法上,物体至传感器的路径只必须经过一次,在主动方法上,传感器-物体-传感器的路径要经过两次。

大气的组成和其聚集态对大气的透射特性有决定性影响(参见图13-1)。

图13-11图示了简化的大气内的测量路径。同时要注意,路径相当于车距传感器至物体的距离。反射到物体上(参见图13-12)后,光线必须重新沿着反方向返回(参见图13-11)。

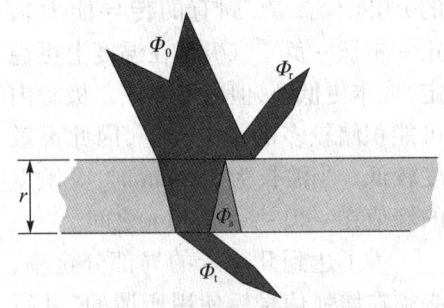

图13-11 吸收、反射、透射

发射器同时发出光效率$\Phi_0$。经过大气(包含水滴、灰尘颗粒等),一部分光被漫反射($\Phi_r$)。此外,一部分被吸收掉($\Phi_a$)(转换为热能),直至在路径的末端仅剩下光效率$\Phi_t$。

# 13 激光雷达传感器

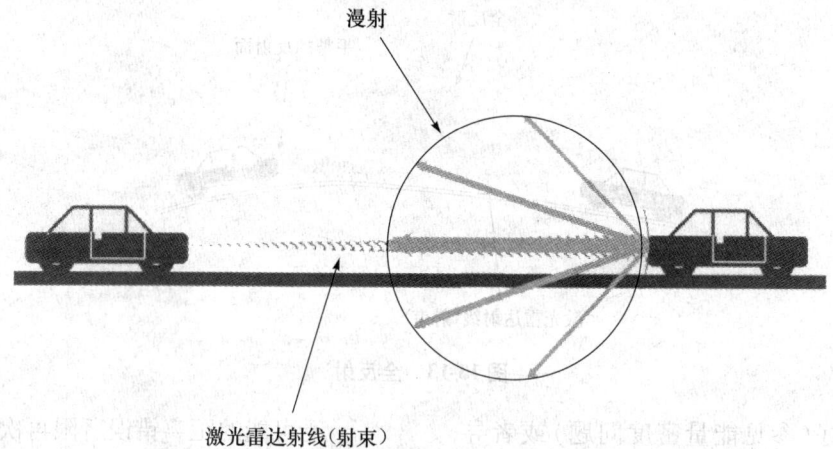

图 13-12 朗伯体

$\Phi_0 = \Phi_r + \Phi_a + \Phi_t$ (13.4)

反射比 $\rho_r = \Phi_r/\Phi_0$ (13.5)

吸光率 $\rho_a = \Phi_a/\Phi_0$ (13.6)

透射度 $T_s = \Phi_t/\Phi_0$ (13.7)

式中，$\Phi_0$ 为发射的光功率；$\Phi_r$ 为反射的光功率；$\Phi_a$ 为吸收的光功率；$\Phi_t$ 为接收的光功率；$r$ 为穿过大气的路程。

透过的光线的比例称为透射度（$T_s$），参见方程式（13.7）。一般情况下，吸收、散射、绕射和反射共同作用会造成衰减，衰减也取决于波长（参见方程式 13.4）。

激光技术上一个大的挑战在于在一个物体上反射（探测）后再次接收到非常受限的能量（人眼安全）。

此时要注意，一般情况下与朗伯体类似，物体将其能量以散射的方式沿着半立体角（180°）发出射线（参见图 13-11）。

对于朗伯体，能量不是沿着一定的方向，而是沿着立体角（在一个"球"内）或多或少地均匀分布。使用的只是直接返回传感器接收器的反射能量的一部分。在实际情况中通常远远少于在物体上反射能量的 20%。

传感器系统功率提高的可能措施是一方面提高发射功率或者加强射线集束（提高能量密度）或者提高接收器的灵敏度。

如上所述，由于平均发射功率会有限制，作为辅助措施可以加强射线集束，以便提高能量密度，或者使用一个加大放大效果的接收器。集束的缺点是在过小的立体角下射线可能沿着一个均质的面接触到车辆（例如，仅接触到保险杠）并由此因全反射而将整个射线完全反射掉。

当狭窄的射线（另见"朗伯体"，图 13-12）碰撞到倾斜的表面时，出现全反射（参见图 13-13）。可通过加宽或者增加射线的数量加以解决。最好的是照射在覆盖范围内发射器所对照部分的边缘或者垂直于发射器所对准的部分。

然而，可惜的是，这些措施或者效

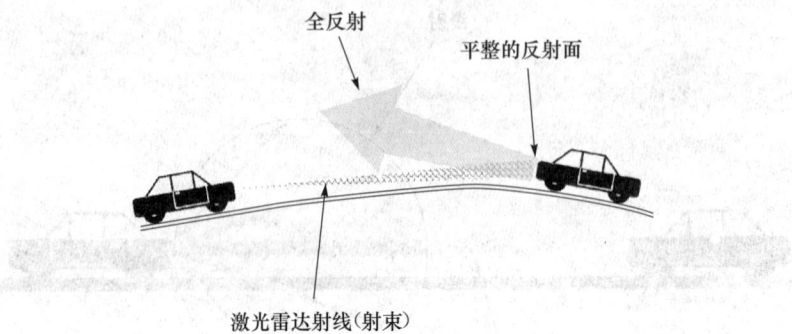

图 13-13 全反射

果不好(参见能量密度问题)或者导致成本增加(使用更多的接收射线)。

**速度测定**

原则上在激光雷达上也使用多普勒效应用于测定速度,但要避免要求增加和与之相关的测量光谱中多普勒频率的成本。

出于这个原因使用两个或多个依次相连的距离测量结果的简单差值(参见方程式 13-8 和 13-9)。

$$\dot{r} = \frac{dr}{dt} = \lim_{\Delta t \to 0} \frac{\Delta r}{\Delta t} \quad (13.8)$$

$$\dot{r} = \frac{r_2 - r_1}{t_2 - t_1} \quad (13.9)$$

式中,$\dot{r}$ 为相对速度;$r$ 为距离;$t$ 为时间。

由于要基于一个极精确的距离测量,因此可能只能使用该方法。可以通过使用诸如状态观测器或者卡尔曼滤波器之类的合适的滤波器以提高精确度。

如果再一次推导出速度,则可以确定相对加速度(参见方程式 13-10)。

$$\ddot{r} = \frac{d^2 r}{dt^2} \quad (13.10)$$

式中:$\ddot{r}$ 为相对加速度。

受可能的距离错误所限再次进行微分会放大错误。对于可能进行的调节工作,必须相应地对信号进行过滤。

### 13.1.5 跟踪法和相应目标的选择

跟踪这个定义包括跟踪物体的全部的运动步骤。跟踪的目的一方面是要提取物体运动过程和位置的信息,另一方面是避免因大多是随机的测量错误(测量噪声)而造成负面影响。除了使用的跟踪算法之外,特定位置和运动信息的准确度也取决于测量结果的准确度或者其测量误差和循环测量的采样率。

一般情况下按照两种不同的方式进行目标选择,即或者采集整个范围并随后借助车道分配和(或)其他的选择特征选择一个相应的目标(参见第 32.7 节),或者从一开始就将探测的物体限制在所需的行驶轨迹的相应范围上。两种方法各有优缺点,随后将予以对比说明(参见表 13-1)。

除了测量灵敏度之外,主要通过相关物体测定的质量来确定 ACC 传感器的性能。这以高效地确定行驶轨迹为前提(参见第 32.7 节)。跟踪基

## 13 激光雷达传感器

**表 13-1 "跟踪"法**

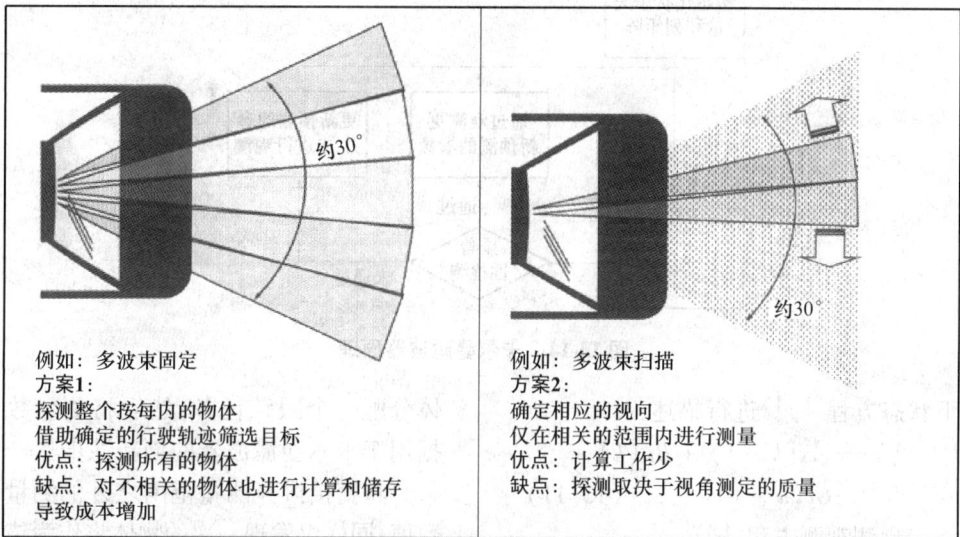

| | |
|---|---|
| 例如：多波束固定 | 例如：多波束扫描 |
| 方案1： | 方案2： |
| 探测整个扇区内的物体 | 确定相应的视向 |
| 借助确定的行驶轨迹筛选目标 | 仅在相关的范围内进行测量 |
| 优点：探测所有的物体 | 优点：计算工作少 |
| 缺点：对不相关的物体也进行计算和储存导致成本增加 | 缺点：探测取决于视角测定的质量 |

本上可分为下列处理步骤：

**(1) 预测(推断/估测)**

在这个处理步骤中，根据物体的物理特性(前方行驶车辆的行驶动态)对位置和运动信息进行(通过计算)预测。

**(2) 结合(将物体结合起来)**

特别是当在观测的空间内有多个物体(多目标跟踪)并且不能明确地通过不同的测量循环将它们区分开时，该组件便会将一个较早测量循环中观测的物体分配给当前测量的物体。这个处理步骤中的错误可能会特别严重地影响结果($\dot{r}, \ddot{r}$ 等)。

**(3) 创新(实际测量和预测相结合)**

一方面通过预测，另一方面通过实际的测量来确定当前的位置和其他的运动相关信息。通过创新步骤把两个结果结合起来进行权衡。权衡可以是动态也可以是静态的。向预测方向推移会使得结果更为明显，加大测量

的估量会使得结果更快地根据测量值的变化而调整。随后根据功能或者情况(安全性系统/应急制动或者舒适系统/ACC)对滤波器进行匹配调节。

模型的质量或者说接近实际情况的程度对跟踪的结果起决定性作用。一般情况下在激光雷达距离传感器上使用一个卡尔曼滤波器。

**(4) 卡尔曼滤波器工作原理**

卡尔曼滤波器[13.8]用于根据部分冗余的被噪声叠加的距离和相对速度测量结果来评估系统的状态和参数(图 13-14)。

滤波器有一个所谓的"预估-修正-结构"，也就是说在系统输入参数的基础上预测最可能的新位置和速度并随后与实际的测量数据进行比较。对两个数值的差进行加权并用于修正当前状态。

简而言之可如下描述距离测量系统，并基于一个状态立体模型通过以

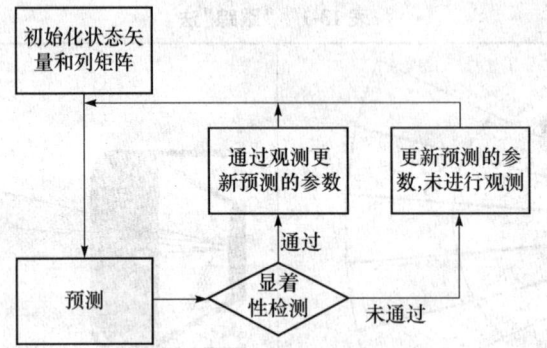

**图 13-14　卡尔曼滤波器原理**

下状态方程[13.1]进行描述：

$$x(k) = Ax(k-1) + Bu(k) + Gv(k-1) \quad (13.11)$$

预测观测方程[13.7]：

$$z(k) = Hx(k) + w(k) \quad (13.12)$$

当速度恒定时（$\ddot{r} = 0$），可用下列状态矢量说明纵向运动：

$$x = \begin{bmatrix} r \\ \dot{r} \\ \ddot{r} \end{bmatrix}$$

和系统矩阵：

$$A = \begin{bmatrix} 1 & T_k & 0 \\ 0 & 1 & 0 \\ 0 & 0 & 0 \end{bmatrix}$$

如果同时跟踪多个物体，则必须将一个测量步骤的物体分配给正确的物体轨迹，为此卡尔曼滤波器增加了一个结合步骤。一个直观的解决方案是最近邻居法。在考虑到测量不稳定性和与假设的恒定的速度不同的情况下得出新测量中物体的搜索范围。通过使用卡尔曼滤波器估测新的测量值可对测量窗口进行详细说明。相应地，对预测和测量之间差距最小的物体分配一个跟踪任务，然后将测量数据用于卡尔曼滤波器的创新性步骤。

将直接摒弃测量范围之外的测量数值，同样仅发现一次的物体将作为错误测量从跟踪任务中取消。如果相反在下一个测量步骤中将一个测量值分配给首次探测到的物体，便会初始化一个新的路径。如果没有给现有的跟踪分配物体，则通过其他的测量步骤进行预测。如果以后不再分派其他的测量，便会结束跟踪。可以将多个相对速度相似的相邻的物体结合起来（群集）。但是，为了避免反向的错误解读，因此两个测量值首先要保持分离。

## 13.2　在车内的应用

### 13.2.1　激光防护

原则上在车内仅安装经一级激光防护认证的激光雷达传感器。对于确定激光防护级别起决定作用的是 ICE 60 825-1，修改条款 2:2001。

本章节将对该标准的细节予以详尽的说明。传感器发射的能量并由此在人眼视网膜上形成能量平衡是重要的基础。由于使用的频谱接近于人眼可见的范围,所以激光器的透镜对眼睛起着跟聚焦的放大镜一样的作用。但是,由于人无法看到这种激光,所以人眼的自然保护机制(闭合瞳孔)无法起作用。激光雷达的激光进入眼睛中的能量导致视网膜升温并在最坏的情况下导致视觉细胞烧坏(视网膜热损坏)。

计算最大允许的发射能量时要考虑将能量继续传到组织中的能力(散热),这样就有了对诸如短时的因单个的脉冲导致的加热之类的平均加热进行考虑的标准。

下列技术边界条件是影响人眼安全性的标准:

◆ 波长(用于汽车时典型值为 850 nm ~ 1 μm);

◆ 输出脉冲最大功率(典型值在 10 ~ 70 W 之间);

◆ 输出平均功率(典型值在 2 ~ 5 mW 之间);

◆ 占空比(脉冲/间歇之比);

◆ 可再聚焦的出射面(在使用光导体时典型值为 $mm^2$ 的一小部分,对于激光自身,其仅为几个 $\mu m^2$)。

细节与传感器相应的设计有很大关系。尤其是占空比、输出脉冲最大功率和可再聚焦的出射面对各生产的产品来说差异非常大。

## 13.2.2 朝前的传感器的集成(以 ACC 为例)

一般情况下,集成在车内在位置方面没有什么值得一提的困难。原则上可将激光雷达定位在前方各处位置上。但是,最好定位在大灯之间的水平位置和上顶盖边缘至保险杠之间的垂直位置(参见图 13-15)。

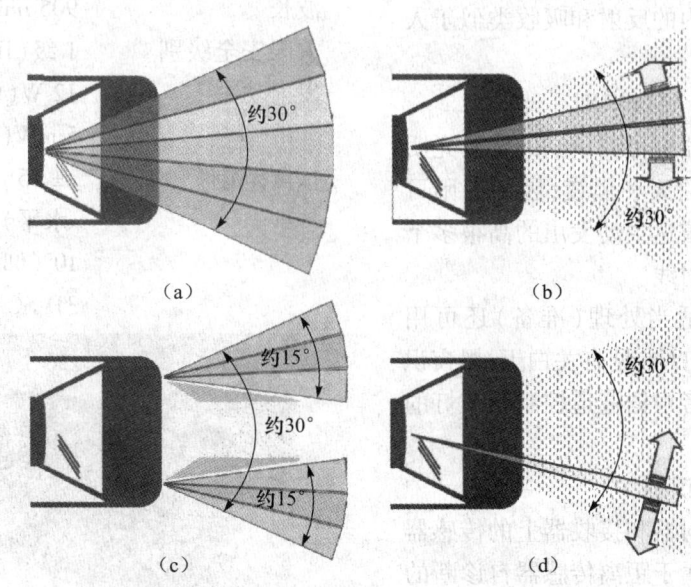

图 13-15 光束传感器示例
(a)多集束固定;(b)多集束扫描;(c)多集束分布;(d)单波束扫描

传感器是在挡风玻璃之外的区域还是在挡风玻璃的后面并不重要。发现传感器脏污时，如有可能应通知驾驶员或直接采取清洁措施。与摄像机相反，其"仅"进行能量传输并不负责图像是否"清晰"。这大大降低了对传感器表面清洁度的要求。根据安装地点或者在空气动力视角下的集成，在车辆正常使用的条件下不应有影响较大的脏污情况。

## 13.3 附加功能

借助激光雷达可实现其他非常有用的传感器功能。

◆ 视距测量

针对此测量，应相对简单地使用上面提及的"软目标"识别以根据类似于速度建议的光吸收计算视距。受接近于人可看到的光的波长所限，测量到的大气内的反射和吸收类似于人的视野障碍。

◆ 白天/黑夜识别

在接收器中可测量到的背景光明显区分开了白天和黑夜，因为太阳可发出比激光雷达主动发出的高很多个量级的红外射线。

该信号适当处理（准备）还可用于控制行车灯（参见有关白天/黑夜识别的章节或者根据隧道控制行车灯的章节）

◆ 脏污识别

识别发射器和接收器上的传感器的脏污程度属于距离传感器自诊断的基本功能。虽然在大多数情况下该信号没有导致提出对传感器进行清洁的要求，但是可直接利用该信号自动触发大灯或者挡风玻璃的清洁。

◆ 速度测定

目前的激光雷达传感器具有一个经过改良的跟踪功能并跟踪车道上和车道旁 20 个以内或者更多的物体。通过车距传感器测量车道旁与诸如护栏立柱之类物体的距离和相对速度可确定车辆自身的速度。

◆ 驾驶员行为、状态

如果在当前的行驶状态中未将激光雷达用作主动调节系统，则可通过距离情况结合转向情况推断出驾驶员的状态并以合适的方式通知驾驶员（疲劳、注意力不集中等）。

## 13.4 最新示例

| 型号 | **gen3 – OMRON** |
|---|---|
|  | （图 13-6） |
| 波长 | 905 nm |
| 人眼安全级别 | 1 级（IEC825） |
| 发射功率 | 12 W（峰值） |
|  | 5 mW（平均值） |
| 探测范围 | ±15°（方位角/水平） |
|  | 10°（仰角/垂直） |
|  | 3D SCAN |

图 13-16　gen3 – OMRON

| | |
|---|---|
| 射线数量 | 1 |
| 最小转弯半径 | 100 m |
| 距离范围 | 1~150 m |
| 尺寸(长×宽×高) | 140 mm × 68 mm × 60 mm |
| 速度精确度 | 1 km/h |
| 自动调整 | |

| | |
|---|---|
| 型号 | Continental – City Safety(图 13-17) |
| 波长 | 905 nm |
| 人眼安全性 | 1 级(IEC825) |
| 发射功率 | 70 W(峰值) |
| 探测范围 | 12°(仰角/垂直) 27°(方位角/水平) |
| 射线数量 | 3 |
| 距离范围 | 1~10 m |
| 测量精确度 | 间隔:0.1 m (±10%) 速度:2 km/h (±10%) |
| 重复频率 | 100 Hz |
| 尺寸(长×宽×高) | 150 mm × 60 mm × 40 mm |

安装在挡风玻璃后侧

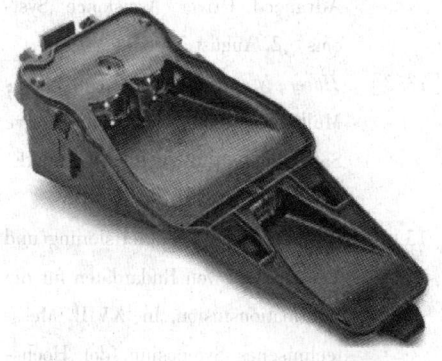

图 13-17　Continental-City Safety

之前提到的传感器满足对现代 ACC、FSRA,甚至预碰撞系统的所有要求。但是,例如在光学特性的实现上有着根本性的不同。

**Hella** 基于多射束原理。这表现为多个独立的发射和接收通道。此时以多路复用法触发一个激光二极管的列阵。通过接收镜头采集有关正-本征-负-二极管列阵的信息。同时,角度分辨率或多或少地符合各个发射/接收通道的射束宽度。使用不超过 16 个这种配对,以生成相应的横向孔径角(参见图 13-18)[13.3]。

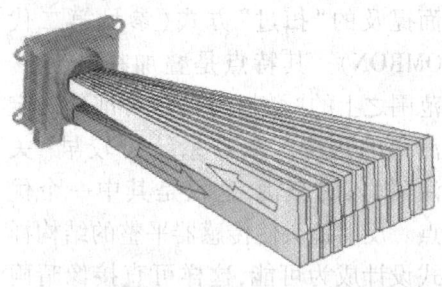

图 13-18　Hella IDIS® -12 信道雷达

另一个实际使用的方法是"射线集束"的"扫描",就像其在第二代 **OMRON** 中实现的一样。其中 5 个独立的发射/接收通道通过一个移动的镜头根据道路走向横向振荡。借助光导体建立 5 个发射/接收通道模型。同时,可根据通道在横向和水平方向产生不同的孔径角。根据估测的道路走向/转弯半径横向跟踪光束的"视向"。优点:只需较少激光二极管,较少移动零件。缺点:探测取决于行驶轨迹估测质量。

第三代 **OMRON** 试图消除第二代的缺点。探测范围扩展到 30 × 10

度。"扫过"变为扫描。此时总是探测整个横向探测范围并由此也可能会探测一些不重要的图像区。同样，其特点在于可探测沿着水平方向的其他两个面。这使得在不具有水平调节功能的中级和紧凑级别的车辆上使用传感器成为可能。机制虽简单但稳健性很高。类似于剃须刀摆动的刀头，只有发射和接收通道的镜头会受到激励[13.5]。

由 **Siemens VDO** 公司接手的最新研发的激光器 **CONTINENTAL** 同样使用全部射线组合（5条射线）的前面提及的"扫过"方式（参见第二代 OMRON）。其特点是叠加在"扫过"范围之上的"微扫描"，这可准确确定汽车的边缘。ACC 系统可较早"关注"拐入的车辆，这仅是其中一个优点。反射镜头使传感器平整的结构样式设计成为可能，这样可直接像晴雨传感器一样安装在挡风玻璃上面。它不产生不可用的像发射和接收范围之前的观察喇叭口一样的光学自由空间，这样可节空间地将其集成在后视镜范围内。这个安装位置位于大灯清洗器的清洗范围内并因此避免出现脏污。相反，安装在外部的激光传感器在冬季因强烈的盐化作用或者在雨中因水滴会形成明显的衰减。结果是根据天气情况具有不同的有效范围。ACC 系统有可能会让人感到工作起来有明显不同[13.2]。

## 13.5 小结

目前已知有两个研发方向。一方面始终要求在降低结构空间和成本的情况下做更多的工作，这主要针对高级车；另一方面受诸如 NCCAP 和 EUR-NCAP 之类的规则的限制要在这些要求的基础上研发优化或者精简的成本低廉的传感器。

如果说过去只有高级车才有诸如 ACC、防碰撞系统等之类的驾驶员辅助系统，则现在能感受到这些装备用于中级和紧凑级别中也成为一种明显的趋势，尤其是在相关的汽车杂志中伴随着越来越高的媒体关注。

该趋势要求越来越多的成本低廉的传感器用于实现舒适和安全性功能，其中使用越来越多的激光雷达传感器。

## 参考书目

[13.1] Berges, A.; Cathala, T; Mametsa, H. J., Rouas, F; Lamiscarre, B.: Apport de la Simulation aus éludes de radar pour applications en vision renforcée, Revue de l´électricité et de l´électronique: REE; revue de la Société des Électriciens et des Électroniciens, Nr. 4, S. 35-38, 2002.

[13.2] Mehr, Wilfried (Continental-Segment Advanced Driver Assistance Systems), 2. August 2008.

[13.3] Höver, N.; Lichte, B.; Lietaerr, S.: Multi-beam Lidar Sensor for Active Safety Applications, SAE 06AE-138.

[13.4] Tischler. K.: Charakterisierung und Verarbeitung von Radardaten für die Informationsfusion. In: XVIII. Messtechnisches Symposium der Hochschullehrer für Messtechnik eV., Freiburg. S. 3-12, 2004.

[13.5] *Satoru, A.*; *Goff, D.*; *Miyazaki. H.*; *Ishio, W.*: Wide FOV and high-resolution Lidar for Advanced Driver Assistance Systems, SAE 07AE – 238.

[13.6] OSRAM SPL LL90 – Treiberstufe im Gehäuse des Halbleiterlasers-Internet – Recherche/Produktinformation Fa. OSRAM "APN_Operating_SPL_LLxx_041104. pdf " http://catalog, osram-os. com.

[13.7] *Luo. R. C.*; *Kay, M. G.*: Multisensor Integration and Fusion in Intelligent Systems. IEEE Transactions on Systems, Man, and Cybernetics, Bd. 19, S. 901-931, 1998.

[13.8] Wikipedia – die freie Enzyklopädie – Internet-Recherche: Kalmanfilter, http://de. wikipedia. org.

# 14　3D飞行时间测量法(ToF)

*Bernd Buxbaum, Bianca Hagebeuker, Robert Lange, Thorsten Ringbeck*

## 14.1　基本方案的分类和说明

虽然交通密度不断增加,但是最近几年造成人员伤亡的交通事故却下降了。为了使得将来的车辆不仅对车内乘客也对于其他的交通参与者来说更安全,需要对车辆加强三维环境采集工作。一个相应的3D传感器可以提前发现危险情况,对驾驶员提供最佳的辅助并由此避免事故。即便在一个不能避免的交通事故中也可以将所有参与者的伤害风险降到最低。

迄今相应地通过一个专用的传感器单元覆盖多种多样的应用。因此,今天人们可在不同的汽车系列中发现单纯的距离测量系统,如远程和(或)短程雷达、激光雷达或者超声波传感器,或者单纯的光电(2D)摄像系统(高动态图像采集系统)。加强通过相应优化的算法致力于不同传感器数据的合并——一个试图处理各个传感器信息不足之处的方案。由于迄今不可以仅用一个系统同时录制图像(2D)和测量距离(2D+1D=3D),而且常规的2D成像会丢失实际3D场景的深层信息,因此这种解决方案是可理解的。迄今缺少的是一种不用移动的零件和仅用一个单独的装置采集图像和距离信息并同时是高精度的、紧凑的且同时成本较低的通用传感器。

相对于传统的2D摄像图像传感器或者1D车距传感器(例如,雷达)来说,这种实时三维探测会提供物体的与表面状态、距离、转动和照明无关的绝对几何形状尺寸,也就是说它们的转动、移动和照明是不变的。

用于实现3D摄像机的一个初步试验是电子立体视觉方案,这能代替人的部分3D感知能力,但是这种方案所需的算法复杂性很高。人类的观察者表面上可不费力地将2D图像解读为三维的,但是受到其先验知识的极大限制。然而,对于实际的3D试验,为驾驶员提供(大多无意识的)了眼角位置和自动调焦自适应的三角测量辅助。

新型的3D方案,即所谓的PMD方法,在最近十年来经过了强化试验。PMD是光子混频器件(英语:Photonic Mixer Device)术语的缩写并描述了新接收器的功能,其与一个图像传感器的像素相关,也就是要进行一个电场光学的混合过程和随后的集成过程(混合+集成=相关)。该特性允许经调制的光学信号通过电子基准与调制的光学信号像素相关并由此在每个视频帧中按照飞行时间测量法(ToF)进行 3D 距离测量。今天有大量的各种飞行时间技术的不同产品投放在不同的市场领域。

除了传统的亮度信息之外,这种新的 PMD 距离传感器提供了主动红外照明的振幅图并提供了每个像素中要观察物体的距离信息。此时,尤其是自身对非相关光线信号(主要是对太阳光,也包括可能有的干扰发射机)的抑制是一种独有特征,这样 PMD 技术就与其他的 ToF 方案明显区别开来。

## 14.2 优点和应用

PMD 系统直接在每个像素里获得距离数值,也就是说在后续处理中其不需要高的计算能力。这个功能加上系统的单目结构使得 PMD 系统成本更为低廉,在结构上比常规的技术更为紧凑。

借助一台 3D-PMD 摄像机立即和不用很大的计算工作就可探测到多维的场景参数,这使得物体和其相对运动矢量可靠的可信度测试成为可能。由于提前识别物体的位置和相应可能的轨迹,情况解读的可靠性提高了。这样可对驾驶员提供最佳的支持,并在不可避免的碰撞情况下通过主动的安全措施将伤害危险降到最低。

目前不同的汽车制造商在以下不同的应用中使用 PMD 传感器:

◆ 驾驶员辅助系统;
◆ 行人保护系统;
◆ 预碰撞系统;
◆ 自适应巡航系统的停走功能(ACC Stop&Go);
◆ 自动应急制动系统;
◆ 姿势操纵人机界面;
◆ 乘客碰撞保护系统(FMVSS 208,OOP),Smart Airbag(智能安全气囊)。

另外,坚固性、紧凑性和低廉的价格是对当今系统的典型要求,特别是在采集动态交通场景的汽车安全性方面非常重要。同时,对于汽车领域内的应用来说,具有高图像刷新率是基本要求。PMD 摄像机单元生成一个实时每秒不超过 100 个 3D 图片的不间断的数据流并由此在自身速度较高和动态的场景下也能迅速和可靠地进行解读。诸如有效范围和孔径角之类的系统要求明显取决于应用情况并由此可个别进行匹配调节。

## 14.3 3D 探测的基本方案

为了保持工业竞争能力,汽车安全性传感器和舒适性传感器所需的再研发需要增强实时维度场景参数的迅速、精确和非接触式的测量能力。图 14-1 图示了三种最重要的非接触式 3D 距离测量方法。

微波传感器特别适合以相对较低的空间频率测量场景内相对较远的物体。对高分辨率的三维物体探测来说,一般情况下衍射极限的角分辨率是不够的。直径为 $D$ 的圆形天线在均匀的激励下产生孔径角为 $2\alpha$ 的辐

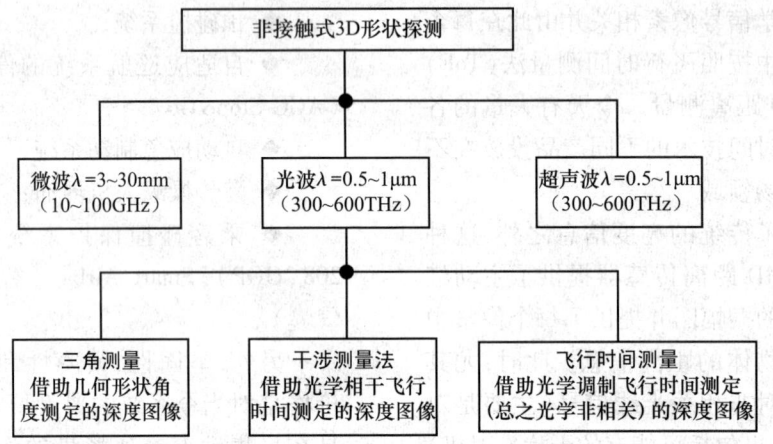

图 14-1 非接触式 3D 探测的测量原理

射波瓣,以下方程式适用:$\sin\alpha = 1.22\lambda/D$。甚至在极短的波长 $\lambda = 3$ mm($f = 100$ GHz)和相对大的辐射孔径(例如,$D = 12.2$ cm)下,用 $\alpha = 30$ mrad 在 60 mm 的间距上也会得到最小的射束直径,参见第 12.3 节所述。因此,对于横向高分辨率物体探测来说,雷达系统不适合用于几米的距离[14.6]。

同样,原则上也适用于超声波发射器的辐射波瓣,这会额外造成声速的压力和温度灵敏度下降,表面的反射或镜反射变得困难。

借助非常多甚至直达远红外范围的较小的光波波长,光学 3D 测量系统具有高的横向或者角度分辨率。在这里,获得深层信息实质上取决于三角测量原理或者飞行时间原理。本书未对在特殊情况下可分析的辐射强度呈二次方的减少和其他的射电方法加以关注[14.6]。

如图 14-1 所示,在光学形状探测上主要分为三个原理:

◆ 三角测量:借助一个已知光学基础的邻角通过几何形状的联系确定背散射表面点的距离。

◆ 连续波和脉冲飞行时间测量:确定调制光学信号包络线的群延时,也就是测量系统和背散射表面点之间的回声调制飞行时间。其中,光学载波尤其应是不相干的。

◆ 干涉测量法:原则上同样在运行时间内,在此主要通过相位延迟时间,也就是说通过时间相干的混合和相关联反射的 3D 物体波和一个基准波来确定深层信息。

一旦将周期性的结构(时间或空间上)用于 3D 图像采集,便会在所有三种方法上形成干涉图,可以在数学上用相同的算法(例如,相移算法)进行分析。

◆ 使用三角测量方案时,例如条形投影法,投影条形的空间频率会在空间上干扰 CCD 列阵的空间频率。

◆ 在进行连续波飞行时间测量时,高频调制会在时间上干扰检波器的高频信号。在所谓的用 2D 混频器零差式接收 3D 场景时,该关联过程会产生一个高频调制干涉图。

◆ 在干涉测量法中,因时间相干的物体和基准场强的叠加和平方产生了物体波和基准波的这种混合和相关联过程,因为由光能负责通过量子电子产生光电流。根据检波器的类型,在 CCD 像素中、在胶片中或者眼睛的视网膜中进行混合和相关联。

图 14-2 为光学形状探测法的相对分辨率(深度分辨率与测量范围相比)。

## 14.3.1 形状探测和光学不相干的调制飞行时间测量

可通过一个由传感器定向发射和接收的光信号用下面的公式确定距离或者深度($r$ = 距离)。

$$r = c \cdot t_{of}/2$$

这种关联不仅适用于所谓的飞行时间测量也适用于传统的干涉测量法。

在第一种情况下测量调制信号的飞行时间,也就是测量光波的群时延,一般情况下通过关联一个合适的基准信号进行测量。因此,图 14-3 中的分类按相应的调制信号分为:

◆ 脉冲调制(1);
◆ 连续波(CW)调制(2);
◆ 伪噪声调制(3)。

在这里,主要问题在于 300 m/μs 或 300 mm/ns 的极高光速,这要求接收测量技术具有相应高的时间分辨率。

(1)在脉冲调制时,例如通过将起始信号和停止信号与一个平行运行的计数时钟信号关联起来的方式进行时间测量。其有利于区分多个目标,而缺点是脉冲激光二极管的瞬态响应和接收放大器上的高带宽要求和高动态要求,例如,脉冲调制用于激光雷达系统中。

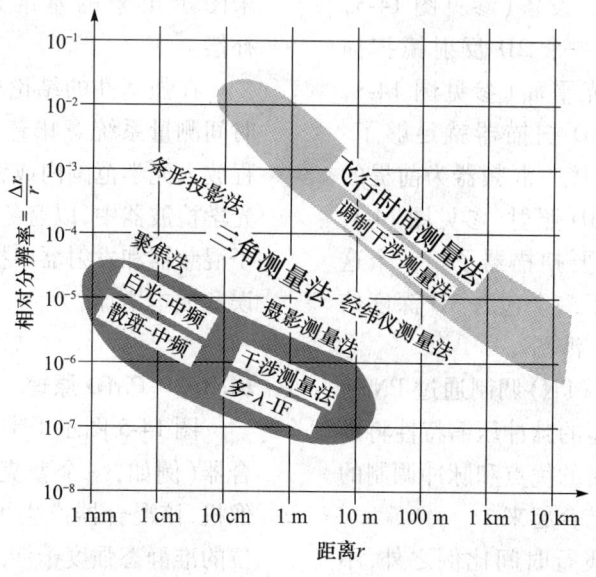

**图 14-2** 光学形状探测法的相对分辨率(深度分辨率与测量范围相比)

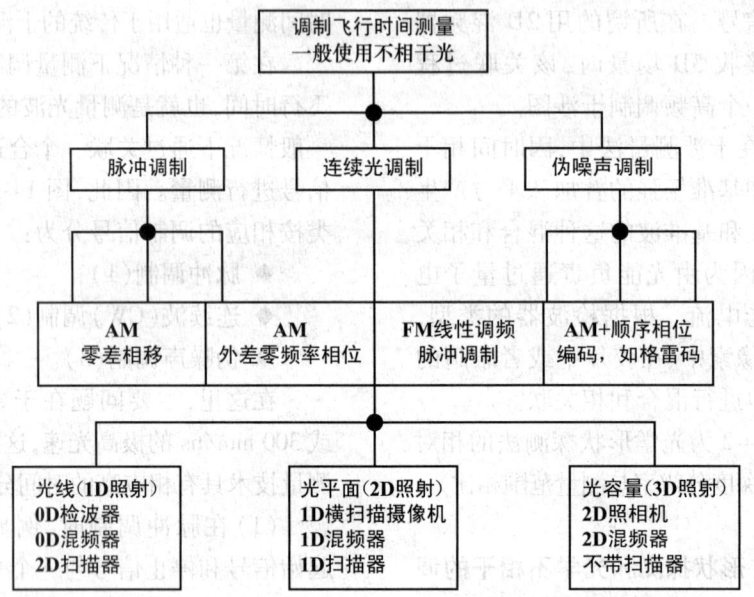

**图 14-3　光学高频调制干涉测量法基础上的最重要测量原理的等级结构**

(2) 正弦振荡的调制飞行时间可通过外差或者零差混合来确定。由于调制类型的多样性,在后面仅进一步说明零差正弦调制。针对 3D 形状探测来说,一个 1D 设备(参见图 14-3,2.1)另外需要一个 2D 反射镜扫描器。在调制的光平面(参见图 14-3,2.2)上,一个 1D 扫描器就足够了。借助一个以 2D 接收混频器为前提的调制光容量的 3D 照射(参见图 14-3,2.3),就不再需要扫描器了。一个这样的方法产生了一个包含 3D 深度信息的高频调制干涉图。

(3) 伪噪声(PN)调制通过 PN 信号自动关联功能的脉冲压缩特性将准静态连续波运转的优点和脉冲调制的多目标分辨率结合起来。

除了光学飞行时间比例之外,不相干的调制飞行时间测量(图 14-4)在相关联前在高频部分中电子飞行时间比例较大。特别是接收放大器和混频器有典型的高时间误差,以至于必须不断通过机械校准或者通过第二个未图示出来的基准通道对其进行补偿。

在强制性的结论中,这对于飞行时间测量系统意味着,或者将混合过程放入光学范围内或者至少直接放入光学检波器中,以避免宽带放大器、电子混频器和发射器串扰造成的严重错误和成本增加。

### 14.3.2　PMD 原理

图 14-5 图示了带一个光学 2D 混合器(例如,一个普克尔盒)的 3D 摄像机,该混合器产生了一个取决于相位的准静态强度干涉图。在这里通过普克尔盒的传输调制在光学范围内

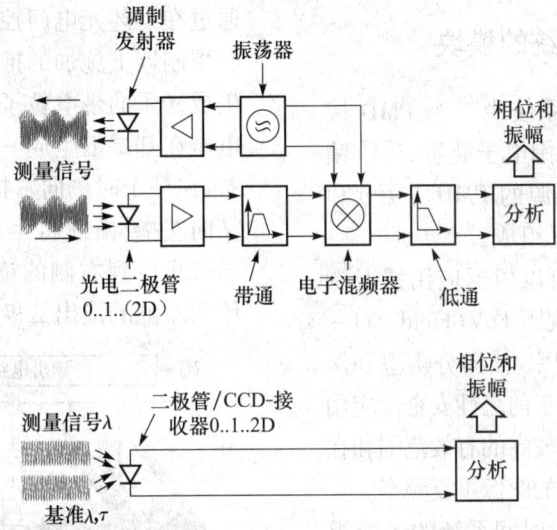

图 14-4 光学不相干调制飞行时间测量原理(高频调制干涉测量法)

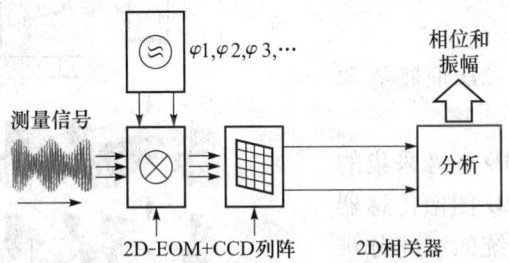

图 14-5 在接收器孔径内用 2D 混合过程(EOM = 电光调制器)进行 3D 图像采集

进行反射的测量信号与基准信号的混合。混合结果由后续的 CCD 矩阵以像素的方式集成起来,最后就形成了测量信号和基准信号之间的关联。

也可同时通过 CCD 芯片的调制或者主要通过相同芯片上的 CMOS 技术中的主动像素矩阵的调制进行强度检波和混合或者进行关联,如图 14-6 中所述的 PMD 单个元件一样。除了 xy 灰度值信息之外,具有 x×y 像素的一个相应的 PMD 矩阵以像素的方式额外提供 r - 信息。更详细的功能原理说明请参见 14.4.1 节。

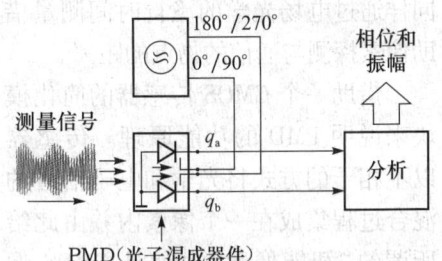

图 14-6 用光子混成器件(PMD)进行 1D 飞行时间测量:直接在光学接收元件中进行相关操作

因此,这种相对而言较新的 3D 技术使得新一代高效光学传感器和更灵活的、价格更为低廉的、更为牢固的和极快的 3D 飞行时间摄像机成为可能。

## 14.4 PMD 系统的模块

PMD 传感器系统由一个 PMD 接收单元(带相关外围电子装置、接收镜头、分析单元和电源的 PMD 芯片)和一个主动照射单元组成。

用这些组件可以根据应用情况调节诸如测量范围、视野 FoV(Field – of – View)、图像重复频率、横向分辨率和深度分辨率。一台用于前瞻性安全性应用的摄像机需要一个较高的有效范围和在高速情况下同样高的图像重复频率。

下面将对飞行时间系统的各个组件予以详细说明。

### 14.4.1 PMD 成像器:2D 混频器和集成器

PMD 芯片是实现 3D 图像采集的核心部件。像常规的 2D 图像传感器一样,像素数决定了系统的空间分辨率。除了灰度值形式的亮度信息之外,同样通过电场光学的飞行时间测量借助像素探测与通信的物点的距离。

借助一个 CMOS 传感器的简化模块来说明 PMD 的功能原理。传感器以不相干的方式将光学和电子信号的混合过程集成在一个像素内并由此给所谓的"智能像素"也就是 CMOS 像素分配集成的功能性(或者智能)。

图 14-7(a)是 PMD 元件的一个简化的示意图。通过一层薄薄的栅二氧化硅将图片中间(黄色)透明的但导电的光束控制器与半导体材料的基层隔离开。光电门控制电路的左右有与读出电子装置相连的读出二极管。可通过在上述光电门控制电路上或者调制控制器上施加的推挽调制电压影响生成光子的带电粒子的运动方向。该电压在基层上生成一个动态的电位分布,在某个时刻向右指,在另一个时刻又向左指,由此将生成光子的带电粒子一次传到右侧的读出二极管,一次传到左侧的读出二极管。

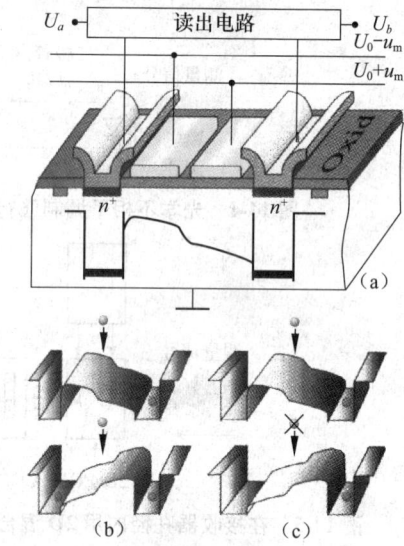

图 14-7 简化的 PMD 横截面和功能原理
(a)PMD 元件的简示意图;(b)调制过程结束时,两个读出二极管上的电荷量及输出电压大小一样;
(c)输出电压的变化不一样

如果通过光电门控制电路落入基层中的光线本身未经过调制,就像一般情况下的环境光那样,则生成光子的带电粒子便会按照调制电压的时钟脉冲均匀地分布在左右两侧的读出二极管上。如图 14-7(b)所示,在调制过程结束时,在两个读出二极管上的电荷量及输出电压是一样大小的。因此,如果要计算左右集成起来信号的差时,这个差为零。

如果反之主动用跟推挽调制信号相同的频率调制光源(ToF 摄像机的相关照明元件)，则输出电压($U_a$ 和 $U_b$)的变化是不一样的，并且取决于调制光信号和 PMD 控制电路上的推挽调制信号之间的相位偏移，如图 14-7(c) 所示。如果在这种情况下观察左右两侧集成起来的信号的差，则该差直接取决于接收的光学信号的相位。可通过该相位信息计算传感器至物体的距离。这种距离测量方式的效率或者物理极限将在第 14.5 节中予以详细探讨。

除了光学信号高精度的时间测量或相位测量之外，今天的 PMD 芯片制造的标准 CMOS 过程还可以在芯片中甚至借助像素实现其他的功能。例如，抑制干扰光线或者外部光线，即所谓的 SBI 电路(背景光抑制)这使得即使在最大 150 klx 的最强的阳光条件下，也能实现 3D 测量。

在外部空间应用中存在的太阳光对带主动照明的系统提出了很高的技术要求，原因是太阳光在很多情况下可能会生成比传感器内主动照明多得多的信号并由此降低主动灯光的动态造成传感器性能下降并在最不利的情况下造成饱和。

通过集成的 SBI 方法可在 PMD 中将主动调制的灯光与其他的环境光线区分开来。图 14-8 图示了这种方法的原理。

在图 14-8(a) 中，像素内的存储区几乎完全被外部光线生成的带电粒子填满了，因此用于距离测量的相关信号分量就很小了。由于这个较低的信号强度使得测量结果不准确或者使得距离噪声变大。

但是，由于相对于主动信号外部光线是不相关的，因此通过 PMD 专用的相关特性在两个读出二极管上会生成几乎相同的带电粒子的外部光分量，也就是说在两个输出通道产生的比例相同。SBI 电路发现了这个输出信号的相同比例并将其去掉，这样会导致传感器动态明显升高，如图 14-8(b) 所示。

由于高温首先仅提高了 CMOS 图像传感器的暗电流，因此 SBI 功能性同时允许在恶劣的温度条件下使用

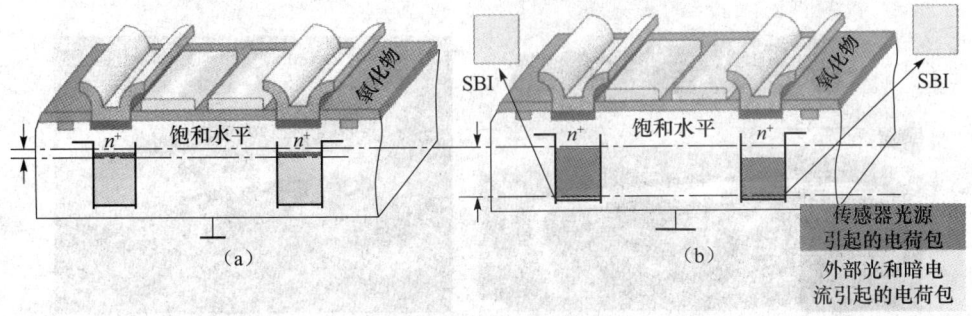

图 14-8 模块化 PMD 摄像机系统的组件。浅色的图块表示外部光线生成的电荷分量，深色的图块是主动灯光的信号分量。SBI 电路消除了一大部分外部光线 - 电荷包(b)
(a)无 SBI 的动态范围；(b)带 SBI 的动态范围

PMD 传感器。就像外部光,暗电流仅产生不相关的信号分量并因此会被 SBI 电路消除掉。

结合从环境光线中光学频谱过滤出主动信号,提高光源的脉冲串和集成时间控制之类的其他措施,PMD 摄像机也会对极端的外部光线情况(例如,太阳光)不敏感。

### 14.4.2 照明

除了原本的 PMD 接收单元之外,每个光学飞行时间测量法还需要进行主动照射。在这里要注意的是要用充分的带宽对其进行调制(典型地大于 10 MHz)。除了发光二极管(LED)之外还有激光二极管。在这里,除了如在距离测量装置红外波长范围内所知的边缘发射激光之外,PMD 飞行时间测量法测量所需的垂直发射的激光二极管或者二极管列阵变得越来越重要。

以整车集成为例,已经在试验支架的散热器格栅中安装了红外光源,如图 14-9(a)所示。通过抗干扰的低压差分信号(LVDS)连接对所谓的照明光条进行促动,此差分触发信号传输用于照明

的阶段信息。除了调制信号之外,还通过 LIN 总线将照明单元的诊断数据反馈给摄像机。光源由可更换镜头的高功率 LED 模块组成,它们一起可达到 20～40W 的光功率。整个光条覆盖通过一个透明的盖子覆盖红外区域,这是为了考虑汽车制造商的设计要求。

PMD 专用的红外光源也可以直接与其他汽车照明装置集成在一起或者甚至组合在一起,如日间行车灯或者主前照灯,如图 14-9(b)所示。由于从中期来看,基于 LED 的主前照灯会代替目前常见的照明装置(氙气灯或传统卤素白炽灯),因此该方案获得了越来越多的关注。

### 14.4.3 再处理(特征提取,物体跟踪)

**物体图像和场景解读**

在处理原始数据后,摄像机确定了一个其可见范围的明确的距离图。该视野的布局决定性地受到汽车功能要求的限制。各个处理步骤和过程请参见图 14-10。

(a)

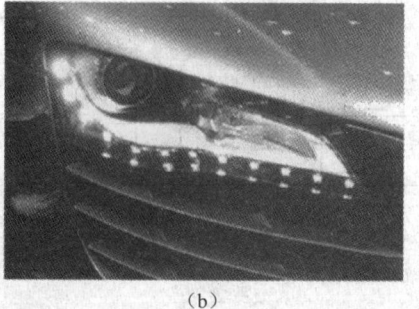

(b)

**图 14-9 外部空间应用的最新 PMD 照明**
(a)带红外照明的照明光条;(b)奥迪 R8 的日间行车灯

# 14 3D飞行时间测量法(ToF)

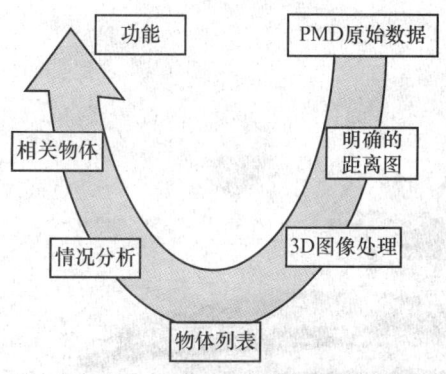

图 14-10 摄像机层面上的图像处理

摄像机的原始数据预处理是非常简单的且对执行的计算单元的效率没有很高的要求,仅计算振幅和距离数值。同样,在此步骤进行距离值的验证和选择,测量数据的可信度测试和光照控制。在明确的距离图上进行一个用于描述物体的 3D 图片处理,可根据功能按照要求对其进行设计。作为该再处理的结果产生一个物体列表,其通过一个跟踪(Tracking)将动态物体传输给一个相应的控制单元。在这里进行行驶场景的分析,并在必要时与其他合并的传感器数据一起对激励器进行相应的控制。

在下列不同的交通场景的图片中图示了上述系统的原始数据和物体图像。人们在 3D 空间内识别探测物体的位置并可根据变化明确提取空间内的运动矢量。在图 14-11 中图示了用于解读相关物体的距离图的步骤,其中三个行人被识别为物体并确定了其位置。

在 PMD 本身固有的 3D 信息的基础上,可用极简单的算法描述上面图示的图片处理步骤,从而也可用很少的计算进行非常快速的物体跟踪。下面的这些图片图示了将一个轮滑者识别为相关物体,从 3 m 的距离范围上对其进行跟踪(图 14-12)。在物体出现在传感器的视野中后直接判断(图 14-13)是否涉及相关的物体。这需要图像处理十分快速。

在较高的相对速度下进行同样的跟踪,例如在高速公路上行驶时(图 14-14)。此时值得注意的是,跟在视频图像里识别一样,虽然距离 50 m 的物体仅能采集到很少的像素,

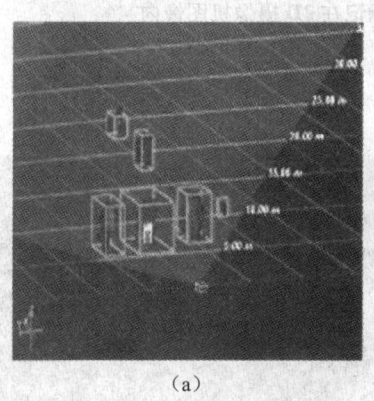
(a)

(b)

图 14-11 解读相关物体的距离图的步骤
(a)在虚拟 3D 图像中 PMD 摄像机的距离原始数据和由此得出的物体描述;
(b)带时间同步观察场景的传统视频图像

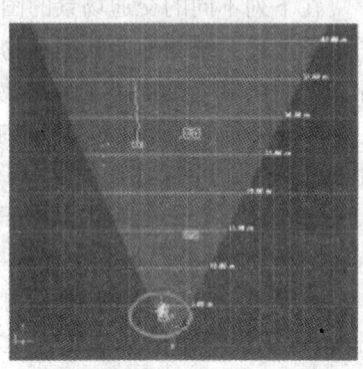 

图 14-12　从轮滑者(圆圈内)进入摄像机的探测范围内开始就将其识别为物体。在右侧的视频图像内，将在 3D 图像内探测到的物体同样标记下来并进行跟踪

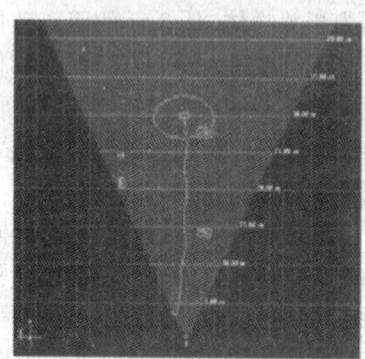 

图 14-13　跟踪轮滑者的位置(圆圈内 3 m 的距离)如图 14-12 内所示，将在 3D 空间内探测到的物体也标记在 2D 摄像机图像内

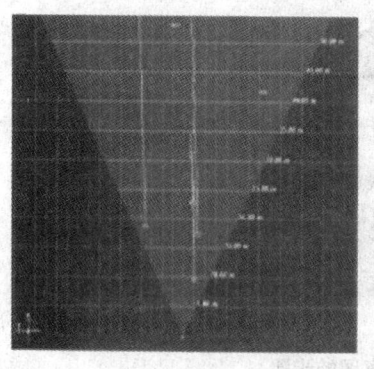 

图 14-14　在高速公路上行驶时 PMD 前视摄像机的距离原始数据和物体对准

但是跟踪还是可以正常进行。除了亮度信息之外，每个像素还带有用于识别物体所需的距离数值，这使得上述准确度成为可能。

## 14.5 总系统的有效效率和功率极限

在每个按照飞行时间测量法工作的距离测量系统上，获得的测量精度（可再现性）受到接收到的光线数量的决定性的影响。因此，在进行系统设计时，后续所列的参数对于效率是决定性的：

◆ 接收器的灵敏度（量子效率和面积）；

◆ 接收镜头的相对孔径；

◆ 有效的相对孔径主动照明（使用的照明灯的光学效率起决定作用，这样小的视角/孔径角有益于一个较高的可再现性）。

必然，一般情况下对目标来说明显更佳的可再现性可达到较高的反射率。由于有效范围（不要与 $2\varpi$ 相位测量的单值性范围混淆）通过要确定的可再现性定义，其同样决定性地取决于所述的参数。如此一个系统和带反射器的同一个系统可获得比散射的目标高 10~100 倍的有效距离。

由于在 PMD 系统内每次除了测量距离之外还会同时提供主动照明的调制幅度和每个像素的灰度值（环境光线和主动光线在目标上的数值），因此对于每个确定的距离数值也会知道作为基础的信噪比（SNR）。因为在 SNR 和静态测量可靠性 $\Delta r$ 之间有固定的关联，所以每个距离数值差不多同时提供

一种置信度信息。这是一个大的优势，尤其是后续算法的判定方面。

如在[14.3]和[14.4]中详细说明的一样，可用下面的方程式计算 PMD 飞行时间系统的测量不可靠性 $\Delta r$：

$$\Delta r = \frac{1}{\sqrt{N_{phase}}} \cdot \frac{1}{k_{tot} \cdot \frac{S}{N}} \cdot \frac{\lambda_{mod}}{\sqrt{8 \cdot \pi}}$$

(14.1)

式中，$k_{tot}$ 为解调后的整个混合对比度，根据 PMD 接收器的调制对比度与主动照明的调制对比度的乘积（De）得出 $k_{tot}$；$S$ 为主动灯光的信号电子的数量；$N$ 为噪声电子信号的数量；$N_{phase}$ 为时序相移上的原始数值测量次数；$\lambda_{mod}$ 为调制频率的波长。

除了所有在 PMD 中接收到的，光学和热生成的带电粒子的散弹噪声之外，$N$ 也包含系统其他噪声源的噪声电子数量（可能包含重置噪声、放大器噪声和量化噪声）。对于非常多的应用，在汽车领域中太阳辐射的散弹噪声是主要的噪声源，因此通常可忽略其他的噪声参数。

在设计输出图像的 3D-ToF 摄像机时总是要在可获得的深度精确度和横向分辨率之间寻找平衡。使用越来越小的像素虽然会得到较高的横向分辨率，但是同时会降低像素的灵敏度并由此也降低深度-可再现性。与 2D 图像仪不同，在边长方面，目前典型的像素尺寸在 40~500 μm 之间，这样可实现几千像素至几十万像素的 ToF 图像接收器。相反，这种相对较大的像素在设计接收镜头方面具有很大的自由度。在这里由于图像质量处

于次要地位,因此常常可使用大孔径光线极强的镜头。

除了上面从质量和在[14.4]中从数量上说明的效率预算之外,在用相移法进行连续波飞行时间测量中,调制频率$f_{mod}$对于测量分辨率起着决定性的作用。它可以说是换算系数,借助其将通过接收功率和系统灵敏度确定的相位准确度转换为距离准确度。这种情况在方程式(5.2)中表示为参数$\lambda_{mod}$。以下方程式适用:

$$\lambda_{mod} = \frac{c}{f_{mod}} \quad (14.2)$$

在迄今所述的研究中,相应地仅涉及了单个像素可达到的准确度。如果要找一种合适的波形量测的方法,则这种思路是合理的。但是通常不涉及测量物体的准确形状,而是对其进行空间感知和状况评估,这样也就是人们理解的3D视觉(不同于3D测量)。对于许多驾驶员辅助系统,3D视觉这种观察方式是合理的。在这里重要的是及早和可靠地识别到物体并对其进行分类。

由于在PMD摄像机上涉及一个带如几万个3D点的即时并行的视频测量系统,因此很快会看出,仅考虑单个像素的准确度对整个系统的效率和特性来说是不合适的。高的帧速率、输出图像的3D方面以及附加提供的灰度值图对测量系统识别可靠性有决定性的影响。

借助算法可对目标物体的多个3D点取平均值。这样将提高物体位置确定的准确度。此外,如果一次性用多帧来跟踪一个物体,便会进一步提高该准确度。

借助机动车内最新的PMD系统,可在100 Hz的帧速率下达到50~70 m的有效距离。在较低的有效距离上可获得毫米范围内的准确度。使用越来越灵敏的PMD传感器,LED光源和激光光源越来越高的效率以及探测算法不断的再研发在不远的将来肯定会继续进一步提高PMD摄像机系统的效率。

## 参考书目

[14.1] BMBF-Projekt " 3D-Sensorik für vorausschauende Sicherheitssysteme im Automobil"; http://www.mstonline.de/foerderung/projektliste/detail_html?vb_nr=V2106.

[14.2] "Sichere Objekterkennung mittels PMD-Sensorik", Hanscr Automotive 10/2007. Hanser Verlag. München 2007.

[14.3] *Lange*, *R.*: 3D Time-of-flighi distance measurement with erstem solid-state image Sensors in CMOS/CCD technology. Diss. Universität Siegen, 2000.

[14.4] *Möller*, *L*; *Kraft*, *H.*; *Frey*, *J*; *Albrecht*, *M.*; *Lange*, *R.*: Rohust 3D Measurement with PMD Sensors. Range Imaging Day, Zürich 2005.

[14.5] Homepage der Fa. PMDTechnologies GmbH; www.PMDTec.com.

[14.6] *Schwarte*, *R.*; *Heinol*, *H.*; *Xn*, *Z.*; *Li*, *J.*; *Buxbaum*, *B.*: "Pseudo-noise (PN) laserradar without scanner for exlremely fast 3D-imaging and navigation", MIOP 97 (Microwaves and Optronics), Stuttgart, 22-24 April 1997.

# 15 机器视觉

Christoph Stiller, Alexander Bachmann, Christian Duchow

图像传感器在多维测量信号的基础上描绘了光图像,然后根据这些初步的测量结果借助图像分析程序提取二次测量参数,如位置、速度或者相关物体的类型。

受益于摄像机和分析硬件价格不断的暴跌,在越来越多的应用情况下都使用图像处理器。特别是在机器人技术、汽车技术、生产和制造技术以及安全技术中都开始采用图像传感器。

高级生物可以惊人且轻而易举地对所有事先未知的环境进行视觉感知并卓有成效地使用这种感知进行导航,而机械图像传感器的感知能力目前却局限在很狭窄的范围内。本章节概述说明了图像传感器的技术结构、基本算法和潜力以及局限性,同时通过大量的实际例子图示了其理论基础。

## 15.1 图像传感器

### 15.1.1 硬件组件和技术

图 15-1 图示了图像传感器可能的硬件架构。其中,首先在左侧图示的摄像机内进行图像的拍摄,然后通过右侧图示的控制单元对该图像进行分析。

在摄像机中,一个镜头首先将现实世界的点发出的或者反射回来的发散的光束集束成会聚性的光束,从而以足够的清晰度在辐射传感器的平面上使物体成像。光圈决定了辐射传感器上的光线强度,镜头的焦距决定了

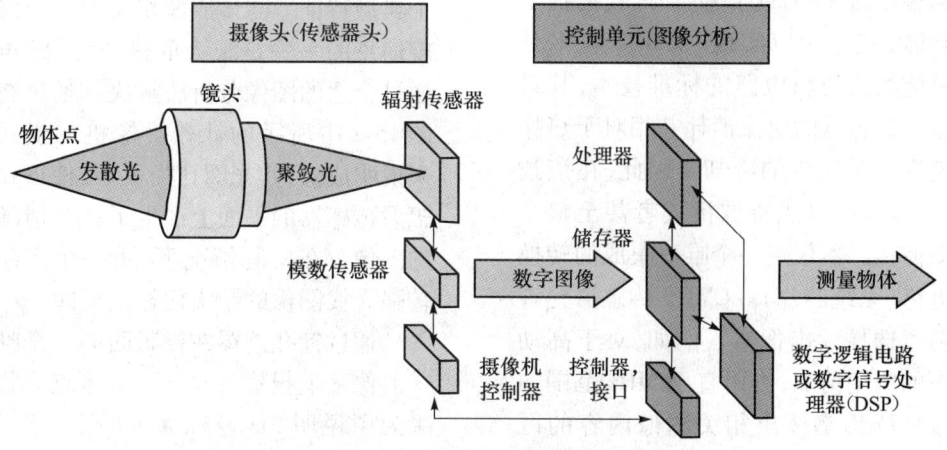

图 15-1 图像传感器的硬件架构

图像采集的图像大小或者探测角度。物美价廉的塑料透镜对于简单的应用就已足够了。相反,由于其较低温度敏感性,特别对于汽车领域高要求的立体观测应用一般使用玻璃透镜系统。然后,辐射传感器(成像器)将聚焦的光线转换为电子值,通过一个模数转换器对其进行采样并进行数字转换,然后传输到一个存储器上。一个摄像机控制器控制着拍摄和读出过程。

在可见光和近红外的光谱范围内,大多使用二维结构的半导体检波器作为辐射传感器。此时使用内部的光电效应,其中一个进入的光子会导致价带中的一个电子进入导电带内。

在 CCD 传感器(电荷耦合器件)中,如此产生的自由带电粒子收集在势阱中,然后按照水桶队列延迟线原理逐行读出,由此产生一个与光效率成正比的图像信号。

虽然 CCD 技术在其高光敏感性方面具有优势,但是光线采集器越来越多通过 CMOS(互补金属氧化物半导体)技术予以实现。CMOS 技术是目前集成逻辑电路的标准技术,其具有明显较低的电流消耗并相对于热噪声需要相应少的冷却。因此,在该技术范围内,设想摄像机或者甚至整个图像传感器仅带一个唯一集成的转换电路(系统芯片)。CMOS 传感器允许随意选择读出像素。例如,对于高动态的应用情况,可用直至 MHz 范围的极高读出率读出相关图像内容的区域。因此,CMOS 电路允许相对简单

的实现入射光效率 $E$ 和得到的图像信号 $U$ 之间的非线性特征曲线。类似于人眼,根据韦伯-费勒定律呈对数感知光刺激:

$$U = c\ln\frac{E}{E_0} \quad (15.1)$$

式中,$c$ 和 $E_0$ 为常数。

另外,其也可呈对数地实现辐射传感器,由此可以对同一图像的亮度差的几十次幂和恒定的对比度分辨率 $\Delta E/E$ 求微分。组合的线性对数图像接收器正好在低亮度的图像范围内具有其他的优势[15.12],[15.19]。

由于图像传感器的高数据传输率,在图像分析的控制单元中除了可自由编程的处理器之外还使用诸如数字逻辑部件或者数字信号处理器(DSP)之类的专用组件。今天的图像传感器控制单元具有整车中最高的计算性能。

## 15.1.2 投影成像

通过三维(3D)世界在二维图像接收器(2D)上成像形成了摄影的一个典型特征。与该成像相关的一个维度信息的丢失是很大的挑战,后续可通过合适的图像分析法解决。通过在图 15-2 中所示的针孔摄像机的模式来说明成像,其光圈孔径很小,使得在辐射传感器的平面上产生了一个清晰的图像。在实际情况下,用一个产生较强光线图像的镜头代替该光圈。

通过针孔遮罩在投影面的一个唯一的像素上投影一个 3D 物体点。如果为了说明 3D 坐标 $X = (X, Y, Z)^T$ 选择带在光圈口径内称为光中心的坐

## 15 机器视觉

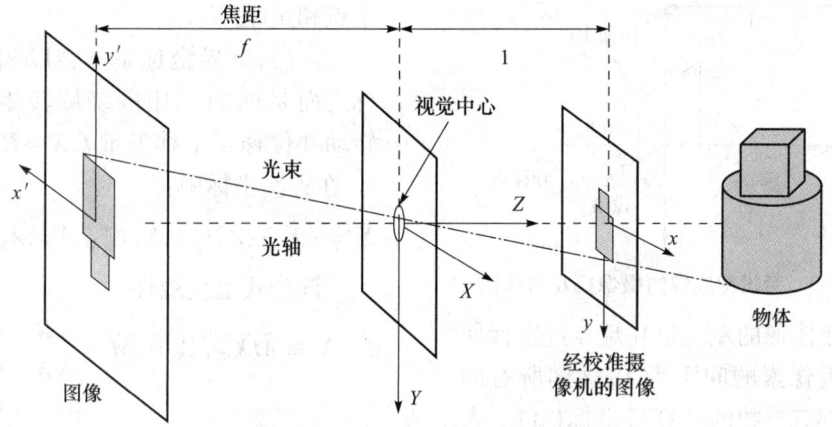

**图 15-2 投影成像的针孔摄像机模型**

标原点的一个所谓的摄像机的坐标系统，在该坐标系内 $Z$ 轴（此外也成为光轴）垂直于成像面并且 2D 图像坐标 $\boldsymbol{x}' = (x', y')^T$ 相应地反向并联地指向 $X$ 轴或 $Y$ 轴，这样根据辐射定理得出成像公式：

$$\frac{x'}{f} = \frac{X}{Z}; \frac{y'}{f} = \frac{Y}{Z} \text{ 或}$$

$$\lambda' \begin{Bmatrix} x' \\ y' \\ f \end{Bmatrix} = \begin{Bmatrix} X \\ Y \\ Z \end{Bmatrix}, \text{其中}, \lambda' \in \mathbb{R}。$$

(15.2)

与系统学里常见的一样，本公式和后续的公式可理解为无物理单位的数值方程。从该方程式可以看出摄像机仅能确定 3D 坐标之间的关系（角度）。相反，如果还已知真实世界中的任意一个长度，则仅可根据摄像机图像确定绝对距离数据，因此人们把摄像机称为标尺盲。在汽车环境中，为了重建标尺通常需要知道摄像机的安装高度或者立体排列的间距。

代替辐射传感器平面中的图像坐标，人们从数学专业角度出发在针孔光圈前按照间距 1 选择一个与其平行的成像面。此外，由于图像不再旋转 180°，因此选择该坐标系更加直观。人们将这种在图像坐标内规定的虚拟图像称为已校准摄像机，投影方程如下：

$$\boldsymbol{x} = (x, y)^T = \frac{1}{f} \boldsymbol{x}'$$

$$\lambda \begin{Bmatrix} x \\ y \\ 1 \end{Bmatrix} = \begin{Bmatrix} X \\ Y \\ Z \end{Bmatrix}, \text{其中}, \lambda \in \mathbb{R}。$$

(15.3)

在采用齐次坐标 $\tilde{\boldsymbol{x}} = (x \ y \ 1)^T$ 后，成像方程简化得几乎让人觉得不可思议：

$$\tilde{\boldsymbol{x}} \cong X, \quad (15.4)$$

其中，齐次坐标中的"$\cong$"表示，存在一个不等于零的实数，以至于 $\lambda \tilde{\boldsymbol{x}} = X$。形成的与图 15-2 等效的摄像机几何模型图示在图 15-3 中。

在图像处理中，一般情况下使用计算机坐标 $X_R = (x_R, y_R)^T$，其坐标原

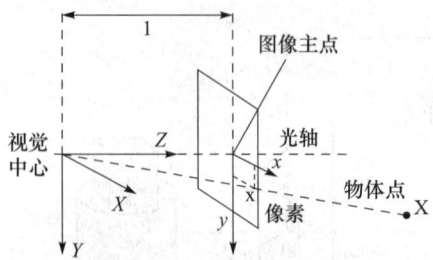

**图 15-3 带投影成像的摄像机几何模型**

点位于图像的左上角并且经过定标使得临近像素的间距为 1,这样所有的像素都有整数的计算机坐标 (B)。人们将收集器上的水平或垂直方向的像素间距称为 $\Delta x$, $\Delta y$,与图像坐标相比,计算机坐标按相关的焦距定标:

$$f_x = \frac{f}{\Delta x}; \quad f_y = \frac{f}{\Delta y} \quad (15.5)$$

另外,其还推移了图像主点 $(x_0, y_0)^T$。在均匀的坐标中,一个这样的图片呈线性,也就是说在 $\tilde{x}_R = (x_R, y_R, 1)^T$ 下,以下适用:

$$\tilde{x}_R = C\tilde{x}, \text{其中}, C = \begin{Bmatrix} f_x & 0 & x_0 \\ 0 & f_y & y_0 \\ 0 & 0 & 1 \end{Bmatrix} \quad (15.6)$$

其中,固有的标定矩阵 $C$ 包含摄像机的本征参数(图 15-4),它们是图像

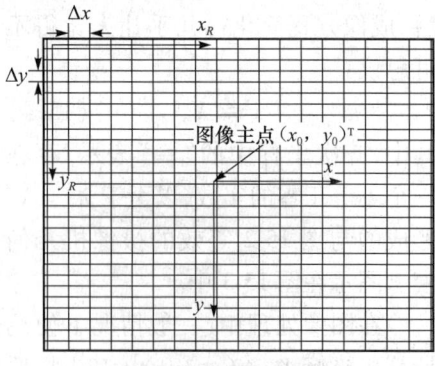

**图 15-4 摄像机的本征参数**

主点和焦距。

最后,世界坐标系不会以相机为标定而是面向应用围绕旋转矩阵 $R$ 转动并位移了平移矢量 $t$,$X = RX_W + t$。在齐次坐标中:

$$\tilde{X} = (X, Y, Z, 1)^T, \tilde{X}_W(Y_W, Y_W, Z_W, 1)^T$$

该公式也呈线性

$$\tilde{X} \cong \tilde{M}\tilde{X}_W, \text{其中}, \tilde{M} = \begin{pmatrix} R & t \\ 0 & 1 \end{pmatrix} \quad (15.7)$$

其中,外部标定矩阵 $\tilde{M}$ 包含一个在 3D 空间内刚体运动的六种自由度。

总之,在 3D 世界坐标系 $X_W$ 中的一个点的图像在 2D 计算机坐标 $x_R$ 上,在齐次坐标内产生线性图像:

$$\tilde{x}_R \cong P\tilde{X}_W, \text{其中}, P = CM, \quad (15.8)$$

其中,$X = (R\ t)$ 包含外部标定矩阵 $\tilde{M}$ 的前三行。因此,P 被称为投影矩阵,表示为 $3 \times 4$ 矩阵[15.15]。在行方向或者列方向的矩阵不相等的维度上,投影图像的信息丢失很明显。

### 15.1.3 图像呈现

前面段落所述的投影产生了一个在位置、时间和幅度上持续的信号时,将通过采样和量化对图像数字化,此时通过像素网格在图像接收器上进行几何离散化。由于自然图像在清晰的边缘上包含不受限制的高空间频率,因此严格来说会违反采样定理。但是单个像素的灵敏面、镜头通常还包括模数转换器会像低通滤波器一样起作用,从而大大抑制混叠效应。图像信号沿着时间的方向顺序被读入存储器内,出于后续图像处理成本的原因,大多数的摄像机以时间同步的方式采集图像信号。

数字化后,在计算机坐标 $g(x_R,t)$ 内处理图像,其中由于像素的坐标以及时间 $t$ 的原因,将数字计算机内简单的寻址假设为整数数值。相反,为了便于记录,通常在标定的图像坐标内进行算法的推导。灰度值一般情况下进行 8 位线性量化;但在汽车环境内期待更高的动态,因此除了在开头所说的非线性特征曲线之外还有一个线性的 12 位灰度值图。除了灰度值之外,像素的数值可能还体现了诸如颜色之类的信息。但是,这种摄像机在汽车领域内还未全面使用。

根据摩尔定律,控制单元的计算效率在复杂程度不变的情况下约每隔两年就会增加一倍,图像接收器基本也是这种情况。相应地,摄像机和控制单元之间的成本关系要保持基本恒定。在各种情况下,目前汽车内的摄像机都会产生最大的数据流。这样 640×480 像素的,帧速率为 25 Hz 的和每像素 8 bit 灰度值量化的单色 VGA 图像信号会产生一个超过 60 Mbit/s 的数据传输率。趋势甚至明显朝着百万像素摄像机的方向发展。从今天的视角来看,长远来看达到人类视网膜约 120 000 000 像素的水平并不存在物理极限。为了处理这些不断增长的数据量,除了可编程的处理器之外,具有高并行能力的数字逻辑模块变得十分重要。

## 15.2 图像处理

图像处理可以理解为对视觉信息的准备、分析和解读。由于诸如车道或者物体识别算法之类较高图像处理过程的复杂性,进入的数据的量过大,因此在该较高的过程之前预先进行大范围的图像预处理并提取特征。第 15.2.1 节详细说明的图像预处理减少了拍摄时不可避免出现的错误并随后根据应用情况专门调制图像信号。此时可通过差异很大的过滤操作或者借助转换有针对性地处理图像信号。此时应大大消除掉不重要的甚至是干扰性的信息。在完成图像数据的预处理后,提取重要的特征并发送给相应的更高的分析过程。第 15.2.2 节介绍了如何在今天的驾驶员辅助系统内选择使用图像特征。

### 15.2.1 图像预处理

图像预处理在拍摄和实际的图像处理之间进行。第一步是消除诸如噪声和镜头畸变之类的影响。第二步是提取继续处理所需的重要信息并去掉不重要的甚至干扰性的信息。

**(1) 图像干扰**

人们将叠加在实际的图像信号之上的不体现所观察场景特征的干扰称为图像干扰。不同噪声类型及其原因大多会超出该量值的范围。下面对最重要的噪声类型、其原因和补偿可能性进行概述说明。

光子噪声:由于光子不均匀地碰撞到光敏感的图像传感器上造成该噪

声。光子信号的不规则波动是随机分布的。光越少,则对有效信号的影响就越大。

量化噪声:在图像数字化时,将连续的信号转换为一种离散的信号,也就是说,信号振幅只能采用特定的与量化等级相应的数值。同时,为了最近的量化等级,将模拟信号的振幅数值向上或向下取整。通过取整产生一个量化错误,其最大为量化等级的一半。该错误称为量化噪声。

暗电流噪声:这种取决于温度的干扰影响也称为热噪声。图像传感器越热,噪声越强。此时,电子由于热能(与光碰撞在图像传感器上无关)被提升至导电带中。这些带电粒子叠加在因碰撞的光子生成的自由带电粒子上。在图像的黑暗区域内能最明显地看到该影响。大多数情况下,暗电流噪声不是均匀分布在图像传感器上,而是在传感器面的局部上有所不同。

固定图形噪声:固定图形噪声对图像信号有明显的影响并可用相对低的成本进行补偿。如果查看一个未经校准的 CMOS/CCD 图像传感器的图像,则在统一的传感器照射范围内会发现输出值不均匀。使用的 MOS - 晶体管的制造公差以及二维矩阵的复杂结构是局部噪声的原因。特别是添加的局部变化和晶体管不同的形状大小形成了晶体管的噪声源。通过减噪可对这种影响进行补偿,也就是说从每个图像上可抽取出一张事先在一个校正步骤中确定和存储的校正图。一般情况下通过摄像机控制系统完成该步骤。

(2)透镜误差的补偿

第15.1.1节中介绍的投影图像的摄像机模式只大致说明了摄像机实际的投影过程。实际的物体产生了其他的明显可见的图像缺陷。它一般随着图像传感器的探测角度的增加而增加。表15-1 概述说明了最重要的影响及其原因。

对于多数应用情况,用适当的探测角度分析各个图像且不以3D重建为目的,可以忽略所谓的图像缺陷。为了将理想的针孔摄像机模式也用于根据不同图像的通信重建3D几何形状的各种应用情况,必须事先主要对镜头失真的影响进行补偿。主要的几何形状的失真效应可分解为径向对称的、径向不对称的和切线不对称的分量。假设实际的图像坐标 $x_R^{实际}$ 和理想的针孔摄像机模式的理想图像坐标 $x_R$ 之间有下列关联:

表15-1 摄像机镜头选择的图像缺陷

| 图像缺陷 | 原 因 |
| --- | --- |
| 像散现象(失焦) | 取决于方向的透镜曲率或者折射指数 |
| 慧差(不对称性错误) | 光倾斜入射 |
| 紫边矫正(纵向色差) | 在透镜边缘按光谱分量对光进行分解 |
| 渐晕 | 因物体光强度的不均匀造成图像接近镜头边缘处变暗 |
| 变型(球面像差) | 随着与光轴距离的增加而增加的轴向平行射线的模型损伤 |

$$x_R^{实际} = x_R + \delta^r(x_R) + \delta^t(x_R)$$
(15.9)

其中,第一个相加数说明了计算机坐标,第二个相加数表示径向对称的变形分量,第三个相加数表示其余变形分量。

因镜头折射变化造成的径向对称畸变部分 $\delta^r(x_R)$ 的一种简单的有效的模式,可表达为:

$$\delta^r(x_R) = \begin{pmatrix} x \\ y \end{pmatrix}(k_1 \cdot r^2 + k_2 \cdot r^4 + \cdots)$$
(15.10)

其中,$x,y$ 表示经校准摄像机根据方程式(15.6)确定的图像坐标,用 $r = \sqrt{x^2 + y^2}$ 表示图像主点的距离。

向外的径向变形引起一种枕形失真影响(参见图 15-5 左侧),向内变形会导致桶形失真效应(参见图 15-5 右侧)。参数 $k_1, k_2$ 说明了扭曲度。试验显示,在低焦距的情况下首先应考虑第一个径向失真系数[15.31]。

在安装摄像机芯片和透镜镜头时将会由于制造公差引起径向非对称和切向畸变。在实际应用中,可通过两个参数 $\tau_1, \tau_2$ 充分说明该影响:

$$\delta^t(X_R) = \begin{pmatrix} 2 \cdot \tau_1 \cdot (x \cdot y) + \tau_2 \cdot (r^2 + 2 \cdot x^2) \\ \tau_1 \cdot (r^2 + 2 \cdot y^2) + 2 \cdot \tau_2 \cdot x \cdot y \end{pmatrix}$$
(15.11)

在图 15-5 右侧以示例的方式图示了切向畸变的效应。在方程式(15.9)中介绍的用于图像校正的模型在实际情况下大多非常准确。通过透镜误差补偿可以在后续的处理步骤中用理想的针孔摄像机模式继续处理,这样可以在大多数情况下大大精简算法。诸如径向透镜变形、偏心变形和薄棱镜变形之类的主要失真类型的其他摄像机模型列在[15.40]中。

**(3) 图像改善**

通过图像改善,借助不同的操作从接收的图像信号中提取重要的信息或提升这些重要信息的价值并传输给后续的图像处理步骤。图像处理中的工作可分为三个类别:点算子、局部算子和整体算子。这种划分取决于影响操作的像素数。

在处理一个图像的灰度值和色值时,点算子仅涉及一个像素。这种情况的例子是直方图扩展、拉平或不同的阈值法,但是在这里不包括附近环境中灰度值的空间关系。

根据观察的像素周围局部限定区域,局部算子计算出一个像素的新色值或者灰度值,也将其称为临近运算子或者滤波器并直接在图像信号上进

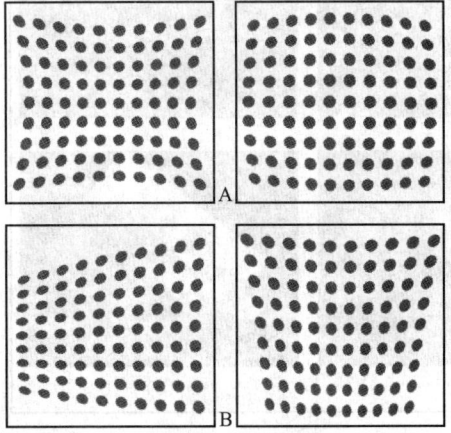

图 15-5 由于镜头变形无法按正确比例描绘物体。该图图示了带理想平行边的矩形的径向(A)和切向(B)的变形效应

行工作。局部算子的例子有形态滤波、平滑滤波或者用于突出灰度值结构的梯度滤波。一个重要的局部图像算子通过平滑滤波进行折叠,为此大多使用高斯滤波器或者二项式滤波器(图15-6)。通过折叠掩膜产生了一维的最简单的二项式滤波器 $2^{-1}$ [1 1]。通过重复使用该皱膜产生了更高级的二项式滤波器。这样 $128^{-1}$ [1 7 1 5 35 21 7 1] 产生了一维的第七级二项式滤波器。对于更改的级别,二项式滤波器通过非常近似的高斯型滤波器进行近似计算。由于滤波器可线性分离,因此并不详细计算应用中图像所需的二维折膜。代之以通过依次使用水平和垂直二项式滤波器来实现用一个二项式滤波器进行的图像的二维平滑。关于用高斯滤波器和二项式滤波器进行平滑的详细说明请参见[15.21]。

跟傅里叶变换或者霍夫变换一样,全局算子为一个像素的转换而观察整个图像。

几何形状的算子形成了算子的一个自身的级别。其负责对一个图像进行几何加工处理,如旋转、定标或者反射,同时图像的亮度值保持不变,仅移动像素。

### 15.2.2 特征提取

通过预处理校正和调制图像信号后可从信号中获取特征。特征就是一个图像局部限制的有说服力的部分,它提供图像或者在图像内包含物体特征的一种象征性的或者经验性的说明。可以根据不同的原始图像确定特

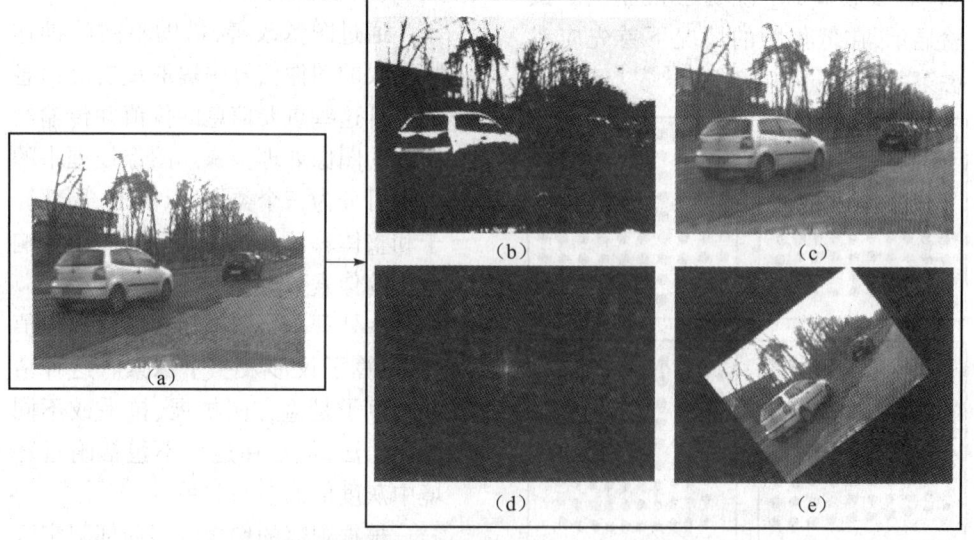

图15-6 图像算子的几个示例
(a)原始图像;(b)二进位算子(点算子);
(c)二项式滤波器(局部算子);(d)傅里叶变换(全局算子);(e)旋转(几何算子)

征,例如,图像信号梯度的量构成了物体轮廓的一个特征。一个可测量参数的物体典型的分布模式说明了描述相应物体的图像区域。因此,特征提取的目的在于从大量的图像信息中为相应的应用情况提取重要的结构特性成为一个紧凑的特征矢量,而为该应用情况将不重要的信息从图像中滤掉。这个过程导致巨大的数据减少并跟人的视觉感知差不多。在人的视觉中,通过视网膜层形成特殊的受体区域、可探测边缘、运动或者局部的最大值。

特征大体分为单图像特征和一致性特征两类:可直接从一个单图像的灰度值模型中确定单图像特征,而一致性特征与同一个空间点在不同图像上的成像的图像位置相关。

**(1) 单图像特征**

可从单图像中提取的最重要的特征是边和角。这两个特征带有在图像坐标上图像信号明显改变的特征。在数学上通过梯度来说明图像信号的变化。最经常使用的提取特征的算法形成相应的梯度。下面首先讨论如何形成作为局部算子的梯度,然后分别介绍用于探测边和探测角的两个流行算法。边和角包含重要的图像信息,因此从仅描绘了图像边缘的线条画中就可识别图像内容。通过下面的方程式得出图像 $g(x,y)$ 的梯度:

$$\nabla g(x,y) = \begin{bmatrix} g_x(x,y) \\ g_y(x,y) \end{bmatrix} = \begin{bmatrix} \frac{\partial g(x,y)}{\partial x} \\ \frac{\partial g(x,y)}{\partial y} \end{bmatrix}$$

(15.12)

由于图像以地点分散的形式存在,因此使用带大多很小的滤波器系数的 FIR 滤波器近似计算出偏导数。一个常见的近似算法是:

$$\frac{\partial g(x,y)}{\partial x} \approx \frac{g(x+1,y) - g(x-1,y)}{2}$$

同时,用滤波器 $2^{-1}[1\ 0\ -1]$ 将图像交叠起来。所谓的索贝尔(Sobel)算子使用这种近似算法计算导数,并用一个滤波器 $4^{-1}[1\ 2\ 1]^T$ 同时沿与导数垂直的方向平滑。总的来说,索贝尔算子用一个 $3\times3$ 的滤波器掩膜通过二维交叠近似算出图像信号的导数。

$$\frac{\partial g(x,y)}{\partial x} \approx g(x,y) ** \frac{1}{8}\begin{bmatrix} 1 & 0 & -1 \\ 2 & 0 & -2 \\ 1 & 0 & -1 \end{bmatrix}$$

(15.13)

边缘探测器可从梯度图中提取相关的在局部具有最大的梯度量的线条结构。作为重要的代表,下面介绍 Canny 边缘探测器。为此首先对输入图像进行平滑处理。该步骤用于抑制零星的噪声诱发的可能导致错误探测的正边缘的高梯度,为此可用上述二项式掩膜将图像交叠起来,下一步计算已平滑图像的梯度。根据梯度计算作为每个像素内可能有的边缘的潜在边缘方向的局部指向性 $\alpha$,并按照 $45°$ 的倍数数字化。

$$\alpha = \arctan\left(\frac{gy(x,y)}{gx(x,y)}\right)$$

(15.14)

此外,计算一个边缘厚度的尺寸,而这个尺寸可以是梯度的量。作为中间步骤,现在可寻找局部最大值。当一个像素不沿着边缘方向的相邻像素有一个较高边缘厚度时,则该像素的边缘厚度设定为零。这样就确保在后续处理时仅寻找不宽于一个像素的并由此精确定位的边缘。随后,通过两个给定的阈值比较计算出其余像素的边缘厚度。如果边缘厚度高于阈值上限,则将相应的像素标记为边缘。如果边缘厚度低于阈值下限,则不将其视为边缘。如果边缘厚度位于两个阈值之间,则当该像素沿着边缘方向与一个事先归类为边缘像素的像素相邻时,则将其探测为边缘。以这种方式实现边缘探测时的迟滞,这会对不间断的边缘走向进行稳定的探测。找到的边缘可在下一个步骤中,例如以特性的方式进行检查。有关 Canny 边缘探测器的原始文献请参见[15.6]。

其他重要的原始图像特征是角,下面以示例的方式借助哈里斯角探测器显示其定位。首先要确定输入图像的梯度。进行结构张量的计算,参见下面的方程式(15.15),其中 $w(u,v)$ 是一个以(0,0)为中心的加权函数。属于较大结构张量特征值的特征矢量指向局部定位的方向,并且特征值表示该定向特征的一个尺度。属于较小特征值的特征矢量相应地指向与其垂直的最小定向的方向。在这里,特征值表示该方向中定向特征的一个尺度。借助结构张量可以相应地将具有两个大的特征值的结构张量的像素探测为角。计算 $S(x,y) =$

时,求出角大小 $E(x,y) = \det(S(x,y)) - \kappa \cdot (\mathrm{spur}(S(x,y)))^2$,其中 $\kappa \in [0.04; 0.15]$。角度高的像素识别为角。另外,在计算角大小时也可直接检验 $S(x,y)$ 的特征值。当两个特征值足够大,便有一个角。发现的角可以在下一个处理步骤中例如用于寻找两张图像的一致性。有关角探测和结构张量的详细讨论请参见[15.18]和[15.21]。

**(2) 一致性特征**

了解一个实际的点在一系列或者多个摄像机的不同图像中的成像可推论出 3D 空间中其所在的位置。相应地,寻找不同图像中的一致性是重建因成像而丢失的 3D 信息的基础。确定一致性特征可理解为一种查找任务,在其中为了一个视图中的某个元素在另一个视图中查找与其一致的元素[15.35,15.38]。查找方法大致可分为两类:不间断空间查找法和离散空间查找法。

如果是局部不间断法,则一般情况下可将图像中的灰度值强度描述为与时间和地点的图像坐标$(x,y)$和时间 $t$ 相关的函数 $g(x,y,t)$。在[15.21]中介绍了一种基于梯度的方法,其以所谓的视觉流连续方程意义上的灰度图的泰勒近似计算为依据。在其中假设,一个投影在投影面上的空间点的强度随着时间保持恒定。因此视觉流的连续方程可表达为:

$$\sum_u \sum_v w(u,v) \begin{bmatrix} (g_x(x+u,y+v))^2 & g_x(x+u,y+v)g_y(x+u,y+v) \\ g_x(x+u,y+v)g_y(x+u,y+v) & (g_y(x+u,y+v))^2 \end{bmatrix}$$

(15.15)

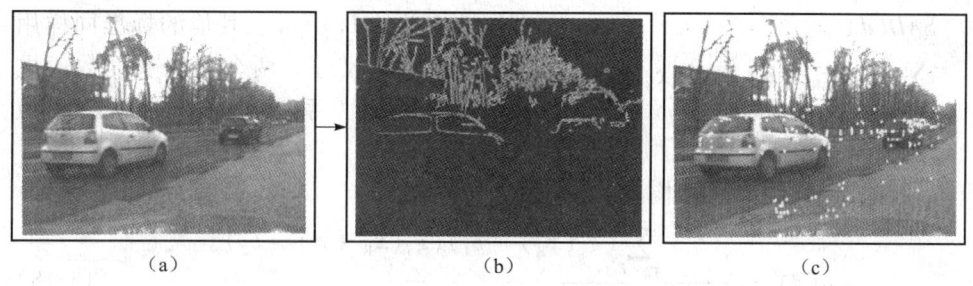

图 15-7
(a)原始图;(b)Canny 边缘探测器的结果图;(c)哈里斯角探测器

$$\nabla g^T v + g_t = 0 \quad (15.16)$$

其中,$v = (u,v)^T = \left(\dfrac{dx}{dt}, \dfrac{dy}{dt}\right)$;视觉流为 $\nabla g = \left(\dfrac{\partial g}{\partial x}, \dfrac{\partial g}{\partial y}\right)^T$;地点梯度为 $g_t = \dfrac{dg}{dt}$,表示沿时间方向的强度的偏导数。

该方程式表明,图像梯度沿着运动轨迹消失。方程式(15.16)只表示视觉流两个要查找参数的标量的条件方程,因此对于借助方程(15.16)进行快速和亚像素精确的一致性计算需要进行其他的假设。这大多存在于用于在图像区运动的简单模型中。在最简单的情况下可假设,在一个图像块内视觉流矢量 $v$ 是恒定不变的。该假设以及后续的视觉流的最小二乘法估算会形成著名的 KLT 跟踪算法[15.33],其在高的帧速率和小幅运动情况下会得到很好的结果。此类方法的快速和亚像素精确的一致性确定相对于方程式(15.16)具有仅适用于(无限小的)小幅推移的缺点。因此,基于梯度的方法大多用于在按时间顺序排列图像上确定点的运动,在此可假设一个较小的视觉流。

对于地点分散方法,仅通过由图像光栅给定的图像位置查找一致性。为了找到与一个像素的一致性,会将第一个图像内一个小的区域与相应的第二个图像内可能有一致性的区域进行比较。随后通过一个特定尺度的最相似区域得出一致性。由于在均质的或具周期结构的图像区域内无法明确解决一致性的问题,因此将搜索空间限制在显著的图像结构上是非常有用的。对于这些所谓的基于特征的方法,人们可将查找空间限制在图像特征的一个子集上。另外,特征可以是角段或者线段。用上面介绍的哈里斯角探测器代替在这里经常使用的特征探测器。

经常使用对称的窗口(例如,一个矩形块)作为区域,用 $B = \{x_{R1}, \cdots, x_{Rn}\}$ 的数量表示它位于基准图像中的像素,因此相应的方法通常被称为块匹配。如果人们将基准图和第二张图用 $g_1(x)$ 和 $g_2(x)$ 表示,并且用推移 $d = (d_1, d_2)^T$ 说明一致性,则 SAD 距离尺寸(英语:sum-of-absolute-difference 绝对差的和)分析了第二个图块的绝对误差:

$$SAD(\boldsymbol{d}) = \sum_{\boldsymbol{x}_R \in B} |g_1(\boldsymbol{x}_R + \boldsymbol{d}) - g_2(\boldsymbol{x}_R + \boldsymbol{d})| \tag{15.17}$$

因此，SAD 距离尺寸构成了灰度值差的 $L_1$ 标准。其他的标准同样用作距离尺寸。两个图块灰度数值之间的相关系数可用作简单的相似度量：

$$\rho(\boldsymbol{d}) = \frac{\sum_{\boldsymbol{x}_R \in B}(g_1(\boldsymbol{x}_R) - \bar{b}_1)(g_2(\boldsymbol{x}_R + \boldsymbol{d}) - \bar{b}_2)}{\sqrt{\sum_{\boldsymbol{x}_R \in B}(g_1(\boldsymbol{x}_R) - \bar{b}_1)^2} \cdot \sqrt{\sum_{\boldsymbol{x}_R \in B}(g_2(\boldsymbol{x}_R + \boldsymbol{d}) - \bar{b}_2)^2}} \tag{15.18}$$

式中，$\bar{b}_i$ 称为被观察图块内的平均灰度值。

因此，相关系数形成了图像区域之间的一个相对于标度的一个恒定的系数和一个恒定偏移的求和的恒定相似度量。通过该相似度量的最大化获得的一致性在很大程度上对光照的变化不敏感。

通过基于分布的描述采用更全面的但成本也较高的用于标记图像区域特征的方法。其中，通过灰度值曲线，梯度或者边缘点的空间分布形成了一个区域的特征矢量。基于分布方案的重要代表是 SIFT[15.24] 和 SURF[15.4] 关键词，它对于灯光变化、图像数据上的低噪声以及相应图像区域的旋转和定位在很大程度上是不变的。

## 15.3 场景几何形状的 3D 重建

在驾驶员辅助系统中使用摄像机时针对的是在技术界限的框架内模仿人的视觉感知能力。对于单摄像头，这只在一定限制下才能实现，原因是将一个 3D 场景点投影到 2D 投影面上时其涉及一个非双射投影，也就是说在作为基础的场景几何形状中没有图像信息明显反向的投影。相反，一个立体摄像机系统会直接提供几乎所有像素的深度信息并由此将一个传感器内的一个场景的几何形状和结构结合起来。为了说明立体摄像机系统，将第 15.1.2 节中采用的单眼针孔摄像机的数学模型扩展成第二个摄像机。其中假设，通过考虑镜头畸变（如第 15.2.1 节所述）采集并纠正与理想针孔摄像机模型的不同之处。在第 15.3.1 节内介绍了几何错位的摄像机布局的立体观测的基础。在静止场景下，也可根据一个运动的摄像机的两个连续拍摄的图像进行立体信息分析。在第 15.3.2 节中介绍了一般的连续拍摄的图像的立体信息分析的扩展。将三台摄像机综合化，通过其研究三方一致性，形成了第 15.3.3 节中的三焦点张量。

### 15.3.1 立体观测

立体观测属于 3D 场景重建的被动方法，其从不同的摄像机位置拍摄相同场景两张或更多的图像。根据两张图像内特定场景点的位置，可借助摄像机内在和外在的校准参数确定其空间位置。对于一致性分析本身，在最后的段落中说明了几种方法。在本节中用有关摄像机校准和已知位置的信息可说明其他的一致性条件,可进行有效的立体分析。

立体观测系统由两个光心为 $C_\ell$ 和 $C_r$ 的摄像机组成,他们在其探测范围内形成同一个场景点 $X_W$。左侧的指数 $\ell$ 和右侧的指数 $r$ 用于区分立体布局中的两台摄像机。出于实际的原因,通常选择使用世界坐标系,其与两个摄像机坐标系中的一个叠合。在后面应假定,世界坐标系与右侧摄像机的坐标系一致,也就是说右侧摄像机的外部参数为 $R_r = I, t_r = 0$,左侧摄像机为 $R_\ell = R, t_\ell = t$。因此相应的投影矩阵为:

$$P_r = C_r[I, 0]$$
$$P_\ell = C_\ell[R, T] = C_\ell M \quad (15.19)$$

因此,与具有世界坐标系的右侧摄像机相比,可以通过刚体变换说明左侧摄像机的位置和方向。变换描述了考虑到右侧摄像机坐标系的摄像机坐标系,空间点 $X_W$ 向左侧摄像机坐标系过渡。

$$\tilde{X}_\ell \cong \tilde{M}\tilde{X}_r \text{ mit } \tilde{X}_r = \tilde{X}_W = (X_W, Y_W, Z_W, 1)^T$$
$$(15.20)$$

在 3D 世界坐标 $X_W$ 中一个点投影到左侧或右侧摄像机的 2D 计算机坐标 $x_{R,\ell}, x_{R,r}$ 中,在齐次坐标内描述为线性投影:

$$\tilde{x}_{R,r} \cong P_r \tilde{X}_W$$
$$\tilde{x}_{R,\ell} \cong P_\ell \tilde{X}_W \quad (15.21)$$

对于摄像机的三维位移矢量 $t$,$t = C_\ell - C_r$ 适用,其通常也被作为基础宽度为 $b = |t|$ 时的基准,并且说明了两台摄像机的光心之间的间距。在选择 $b$ 时,必须在大的基础宽度下尽量高的纵深分辨率和由此越来越难寻找一致性之间寻找到一种妥协方案,原因是基础宽度不断增长经常会出现遮蔽并且在投影时扭曲效应越来越明显。

$t$ 与两个投影面的交点称为核点 $e_\ell$ 和 $e_r$。因此,光心 $C_\ell$ 和 $C_r$ 与 $X_W$ 形成一个面,这个面被称作核面并位于 $x_\ell$ 和 $x_r$ 两个像素中。通过这种几何布局可说明所谓的核线条件,其将整个投影面立体匹配的搜索工作降低为一条(半条)直线。

如果 $x_\ell$ 和 $x_r$ 投影是同一个空间点 $X_W$,则 $x_\ell$ 位于半直线上,其在同一个图像上通过由 $x_r$ 确定的核线穿过核点。

在数学上,核线条件表示如下:
$$\tilde{x}_\ell^T \cdot E \cdot \tilde{x}_r = 0, \text{其中}, E = [T]_\times R$$
$$(15.22)$$

其中,算子 $T_\times$ 是矢量 $t$ 在不对称矩阵上的投影。

$$[T]_\times = \begin{bmatrix} t_x \\ t_y \\ t_z \end{bmatrix} = \begin{bmatrix} 0 & -t_z & t_y \\ t_z & 0 & -t_x \\ -t_y & t_x & 0 \end{bmatrix}$$
$$(15.23)$$

矩阵 $E$ 称为本质矩阵并由经校准的摄像机完全通过两台摄像机的位置和方向确定。本质矩阵最初由 Longuet Higgins[15.23] 提出。它说明了在图像坐标内两个立体摄像系统视图中两个一致点之间的几何关系。

对于计算机坐标,借助基本矩阵 $F$ 以类似的方式得出核面条件:
$$\tilde{x}_{R,\ell}^T \cdot F \cdot \tilde{x}_{R,r} = 0, \text{其中},$$
$$F = C_\ell^{-T}[T]_\times R C_r^{-1} \quad (15.24)$$

$F$ 包含两台摄像机欧几里得变换的内在和外在参数。为了从给定的一致配对中确定 $F$ 和 $E$，在专业文献中有大量的线性和非线性方法。为足够准确的点对应提供满意结果的 8 点算法属于线性方法。但是文献表明，通过使用传统的非线性方法可从数值数学中获得更佳的结果。在非线性估算时可采用高斯牛顿法或者 Levenberg Marquardt 优化[15.31]。

方程式（15.22）或方程式（15.24）是一致性像素对的一种简单方程，其一维的搜索空间沿着核线减少。但是，一般情况下投影面中斜向的核线是一种对不利于搜索的结构。通过在相互扭转的立体投影面和摄像机坐标系内虚拟同平面对准一个变换（所谓的校正），可以达到一致性核线水平的且以相同的高度延伸。在校正后也达到用 $R_r = I, t_r = 0, R_\ell = I, t_\ell = (b, 0, 0)^T$ 立体布局拍摄的图像，称之为一个轴向平行的立体几何形状（图 15-8）或者一个校正的立体系统。常见校正方法的详细说明请参见[15.38]。

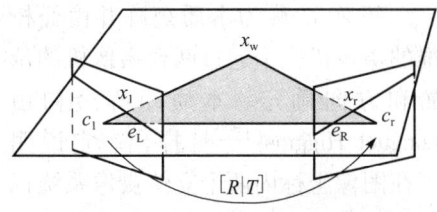

**图 15-8 立体摄像机的极线几何**

由于在轴向平行的立体系统上同一个扫描线中具有一致性，因而摄像机在场景点方面不同的透视会导致投影中一个纯水平位移。这可以通过相应的图片坐标中空间点 $X = (X, Y, Z)^T$ 的方程式（15.2）的下列变换直接识别出：

$$\begin{pmatrix} x' \\ y' \end{pmatrix}_\ell = \frac{f}{Z_\ell}\begin{pmatrix} X_\ell \\ Y_\ell \end{pmatrix} = \frac{f}{Z_r}\begin{pmatrix} X_r + b \\ Y_r \end{pmatrix}\begin{pmatrix} x' \\ Y' \end{pmatrix}_r$$

$$= \frac{f}{Z_r}\begin{pmatrix} X_r \\ Y_r \end{pmatrix} \quad (15.25)$$

由于垂直坐标 $y'$ 在两个投影中是相同的，则得出投影位移的下列关系：

$$\Delta = x'_\ell - x'_r = \left(\frac{fX_r}{Z_r} + \frac{fb}{z_r}\right) - \frac{fX_r}{Z_r} = \frac{fb}{Z_r}$$
$$(15.26)$$

位移 $\Delta$ 被称为不一致，一般情况下以像素为单位进行说明。通过调整方程式（15.25）和（15.26）形成 3D 重建：

$$\frac{Z}{f} = \frac{b}{\Delta} \Leftrightarrow Z = \frac{bf}{\Delta} \quad (15.27)$$

这样不一致就是 $X$ 点空间深度的一个尺度并与其成反比。对于无穷大的点，尤其是不一致将会消失。

对于上述立体方法典型的是使用两个依次排列的摄像机。另外也可用一个单独的摄像机进行场景的 3D 重建。在下面的段落中会详细进行说明的本方案中，会根据同一台摄像机时间上依次拍摄的图像确定一个空间点的 3D 位置。

## 15.3.2 运动立体视觉

与传统的两台摄像机横向相互发生位移的立体几何形状不同，可以通过所谓的运动立体视觉法使用一个单独的运动的摄像机。对于不运动的环境来说，可明确根据一致性确定相应空间点的 3D 位置。但是,如果不满足环境不运动的前提条件,则在运动立体视觉法上,在位置和运动的 3D 重建中,在一个自由度中至少会有一个多义性(图 15-9)。

下面我们以物体固定的坐标系为出发点。由于摄像机的自身运动,一个假定为静止的空间点随着时间 $t$ 改变其位置 $X(t)$。从时间点 $t$ 至时间点 $t+1$,空间点位移了:

$$D(t+1) = X(t+1) - X(t) \tag{15.28}$$

相应的像素因摄像机的移动在投影面上产生 2D 位移通过下面的方程式得出:

$$d(t+1) = x(t+1) - x(t) = \Pi(X(t+1) - \Pi(X(t))) \tag{15.29}$$

$d$ 称为图像中位置 $x$ 的位移矢量,因摄像机相对于空间点 $X$ 的移动而产生。如方程式(15.8)所述,一个空间点在投影面上的投影在这里可简短地表达为 $\Pi(\cdot)$。当用旋转矩阵 $R$ 和平移矢量 $t$ 说明一个摄像机系统在空间内的移动时,空间点 $X(t)$ 的轨迹通过下面的方程式求出:

$$X(t+1) = R(t+1)X(t) + t(t+1) \tag{15.30}$$

核线条件方程式(15.22)将一个刚性物体可能的 2d 位移矢量限制在一维上。图 15-10 图示了汽车应用下的典型特殊情况,在该情况下忽略旋转运动,这样标准正交的旋转矩阵变为单位矩阵: $R(t+1) = I$。此外假设摄像机仅沿着光轴运动。

对于有未知运动的刚性物体,只有在估计核面矩阵后才能将核面条件有效用于限制查找范围。这会导致,必须首先在整个图像空间内查找一致性的点,这涉及成本巨大的操作。此外,在许多像素上无法确定明确的位移矢量 $d$,原因是无法解决投影面投影时因孔径效应产生的多义性。相对于标准立体观测,运动立体的一个决定性的优势在于随着时间增长的基线长度。因结构的原因,立体布局的基线长度是受到

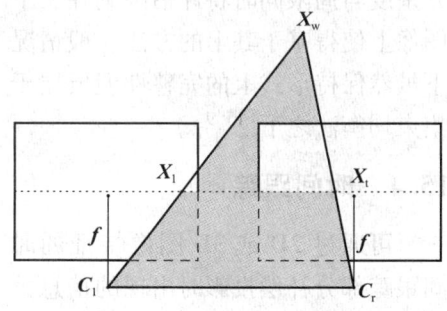

图 15-9 校正的立体系统

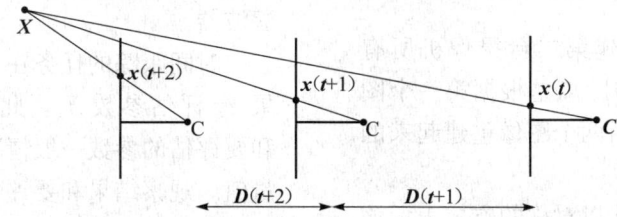

图 15-10 单纯沿着光轴平移的摄像机运动 $t = (t_x=0, t_y=0, t_z \neq 0)^T$ 的运动立体视觉排列

限制的。对于运动立体视觉,基线长度根据摄像机的相对运动随着时间累积起来。随着时间的增加,传感器系统的精确度和可达距离也会提高。同时,分析立体观测的不一致性和运动立体视觉对于在驾驶员辅助范围内的应用特别具有吸引力。立体观测仅能瞬间在近距离进行3D重建,而运动立体视觉法随着时间的增加将位移信息累积起来且可达到一个很大的可达距离[15.11]。

### 15.3.3 三焦点张量

满足任意图像对之间一致性的核线条件方程式(15.22)或者方程式(15.24)对现实世界中的一个点的一致性提出了必要条件。但是,只有它是不够的,也就是说可用一个有多个图像的一致性元组,其满足任意图像对之间的全部核面条件,然而不会源自现实世界的一个点。

只有用描述三个摄像机排列的三焦点张量才能满足一个充分条件。直观地来看,三焦点张量提出的三线条件(图15-11)包含下列子条件:

◆ 在摄像机旋转 $R_{12}$ 和平移 $t_{12}$ 后遵守第一和第二个图像之间的核面条件;

◆ 在摄像机再次旋转 $R_{23}$ 和平移 $t_{23}$ 后遵守第一和第二个图像之间的核面条件;

◆ 一致重建第二台摄像机所有点 $X$ 的距离,与距离是根据第一个图像还是根据最后两个图像重建起来的没有关系。

通过方程式以对称的方式表示该

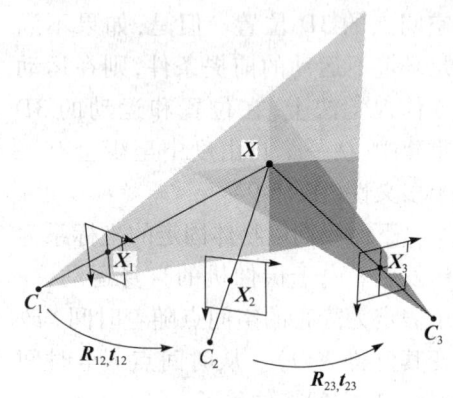

图 15-11 三线条件

条件,由此给出了三个图像 $x_1, x_2, x_3$ 中对一致性的系统冗余的要求:

$$f(T, x_1, x_2, x_3) = 0 \quad (15.31)$$

三焦点张量 $T$ 包含27个元素,其中只有18个是独立的。在实际情况下,三线条件明显考虑了符合核面条件的仅图像对方式的评估。其内在的冗余度与局限同时将评估限制在三个图像上使得基于其上的方法一般情况下虽然保持形式上的完整性但要屈于集束均衡法之下[15.9]。

## 15.4 时间跟踪

可通过2D或3D图像特征的时间跟踪部分补偿投影时出现的信息丢失。从一般情况下是最有效的跟踪方法的贝叶斯滤波器出发,在本节内说明最接近实用的粒子滤波器和卡尔曼滤波器。

时间跟踪的任务在于根据观察结果 $Y_k$ 评估参数 $X_k$。此时,观察结果和要评估的参数一般情况下都具有向量值。观察结果和要评估的参数按时间变化并按离散的时间步骤 $k = 0, 1,$

2,…进行采集。要评估参数 $X_k$ 与已知的观察结果 $Y_k$ 的联系在状态矢量空间内形成。通过一个一般系统方程式说明状态 $X_k$ 的动态。

$$X_k = f_k(X_{k-1}, s_k) \quad (15.32)$$

式中,$s_k$ 是随机系统噪声 $S$ 的实现。

系统根据观测方程得出观测结果:

$$Y_k = g_k(X_k, v_k) \quad (15.33)$$

式中,$v_k$ 是随机观察噪声 $V$ 的实际值。

任务是在考虑至当前时间点 $k$ 的所有迄今的观察结果的情况下按步骤分析当前状态的概率密度 $p(X_k|Y_0, \cdots, Y_k)$。随后,根据这个概率密度将一个突出的实际值(例如,最大值或者平均值)选择为最佳的估值 $\hat{X}_k$。

### 15.4.1 贝叶斯滤波器

如果首先在有限制的概率的基础上(贝叶斯定律)写下下列方程:

$$p(X_k|Y_0, \cdots Y_k) = \frac{p(Y_k|X_k, Y_0, \cdots, Y_{k-1})p(Y_k|X_k, Y_0, \cdots, Y_{k-1})}{p(Y_k|Y_0, \cdots, Y_{k-1})}$$

$$(15.34)$$

则假设,在给定的状态下最新的观测结果 $Y_k$ 与之前的观测结果无关:

$$p(X_k|Y_0, \cdots Y_k) = c \cdot p(Y_k|X_k) \cdot p(X_k|Y_0, \cdots, Y_{k-1})$$

$$(15.35)$$

式中,标准化常数 $c$ 是一个与状态 $X_k$ 无关的实数。

首先可将公式的最后的因数改写为:

$$p(X_k|Y_0, \cdots Y_{k-1}) = \int p(X_k, X_{k-1}|Y_0, \cdots, Y_{k-1}) dX_{k-1} = \int p(X_k|X_{k-1}, Y_0, \cdots, Y_{k-1}) p(X_{k-1}|Y_0, \cdots, Y_{k-1}) dX_{k-1} \quad (15.36)$$

假设状态符合一个马氏过程并且在已知的状态下观察结果与以前的观察结果无关,则得到贝叶斯滤波器的递归方程式:

$$p(X_k|Y_0, \cdots, Y_k) = c \cdot p(Y_k|X_k) \cdot \int p(X_k|X_{k-1}) p(X_{k-1}|Y_0, \cdots, Y_{k-1}) dX_{k-1}$$

$$(15.37)$$

因此,贝叶斯滤波器是一个按顺序的状态估计器,这在每个时间步骤中都包含下列两个步骤:一是在预测步骤中,以前时间步骤的估计 $\hat{X}_{k-1}$ 投影在最新的时间点 $k$ 上。为此在方程式(15.37)中分析积分。这时,以前估计的不确定性会造成系统噪声的其他不确定性。二是在后续的创新性步骤中通过最新的观测结果 $Y_k$ 改进预测,同时对方程式(15.37)积分之前进行似然分析。

观测结果顺序分析使执行更加顺畅高效。一般情况下,概率密度 $p(X_k|Y_0, \cdots, Y_k)$ 并不是通过分析就可完全描述的。对于一般情况,通过所谓的粒子滤波器近似计算概率密度。如果人们继续假设高斯分布的概率密度和线性的状态空间说明,则可用卡尔曼滤波器进行特别有效的处理。有关该主题的详细文献请参见[15.3,15.7,15.26,15.39]。

**粒子滤波器**

为了评估方程式(15.37),粒子滤波器通过加权为 $w_k^i$ 的狄拉克脉冲

的最终的和近似计算概率密度 $p(X_k | Y_0, \cdots, Y_k)$:

$$p(X_k | Y_0, \cdots, Y_k) \approx \sum_i w_k^i \cdot \delta(X_k - X_k^i)$$

由加权 $w_k^i$ 和指定状态 $X_k^i$ 组成的配对 $X_k^i, w_k^i$ 称为粒子。随后在创新步骤中在考虑最新观察结果的情况下更新加权。

$$w_k^i \propto \frac{p(Y_k | X_k^i) p(X_k^i | X_{k-1}^i)}{q(X_k^i | X_{k-1}^i, Y_k)} w_{k-1}^i,$$

其中,$\sum_i w_k^i = 1$ \quad (15.38)

必须在设计粒子滤波器时选择重要性密度 $q(X_k^i | X_{k-1}^i, Y_k)$。一个常见的选择是:

$$q(X_k^i | X_{k-1}^i, Y_k) = p(X_k^i | X_{k-1}^i),$$

由此方程式将(15.38)转化为:

$w_k^i \propto p(Y_k | X_k^i) w_{k-1}^i$,其中,$\sum_i w_k^i = 1$

随后得出如下估算的状态或不确定性:

$$\hat{X}_k = \sum_i w_k^i \cdot X_k^i \quad (15.39)$$

和

$$\hat{P}_k = \sum_i w_k^i \cdot [X_k^i - \hat{X}_k][X_k^i - \hat{X}_k]^T$$

有关粒子滤波器的进一步的主题是采样的衰减,由此产生所需的重采样和采样枯竭。

### 15.4.2 用卡尔曼滤波器进行时间跟踪

对于系统动态以及观测方程呈线性的并且观测噪声、系统噪声和状态的不确定性可看做正态分布的情况,可简单地和有效地在所谓的卡尔曼滤波器中执行方程(15.37)。在每个时间点 k,都

完全通过其平均值 $\hat{X}_k$ 和协方差矩阵 $\hat{P}_k$ 说明正态分布。

在卡尔曼滤波器的预测步骤中,借助线性系统模型将以前时间步骤的估值 $\hat{X}_{k-1}, \hat{P}_{k-1}$ 按当前的时间步骤:

$$\hat{X}_k^- = F\hat{X}_{k-1} \text{ 且 } \hat{P}_k^- = F\hat{P}_{k-1}F^T + P_s$$
$$(15.40)$$

用动态矩阵 $F$ 和系统噪声的协方差矩阵 $P_s$ 进行投影。在后续的创新步骤中仅考虑最新的观测结果 $Y_k$。

$$\hat{X}_k = \hat{X}_k^- + \hat{P}_k^- G^T (P_v + G\hat{P}_k^- G^T)^{-1}$$
$$(Y_k - GF\hat{X}_{k-1}) \quad (15.41)$$

$$\hat{P}_k = \hat{P}_k^- - \hat{P}_k^- G^T (P_v + G\hat{P}_k^- G^T)^{-1} G\hat{P}_k^-$$
$$(15.42)$$

式中,$G$ 为观测结果矩阵,$P_v$ 为观测噪声的协方差矩阵。

## 15.5 应用示例

### 15.5.1 行车道识别系统

本章节说明了一个作为带时间跟踪的基于边缘的图像序列处理的应用示例——视频车道识别系统。通过一个参数化的几何模式说明行车道的几何形状,例如参见[15.14, 15.16]。在使用贝叶斯滤波器的情况下通过时间跟踪几何参数,例如在粒子滤波器或者卡尔曼滤波器中的实现。首先根据表15-2 和图 15-12 中所使用的坐标系对坐标系进行规定。其中,$h$ 为已知的假设的摄像机的安装高度,$a$ 为摄像机相对于行车道中央的位置。除了坐标系之外,图 15-12 图示了一条具有双行车道的道路,其中本车在右侧车道上行驶。

## 15 机器视觉

**表 15-2 使用的坐标系**

| 符 号 | 名 称 | 说 明 |
|---|---|---|
| $(x,y)$ | 经校准摄像机的图像坐标系 | 图像坐标系,$x$ 向右,$y$ 向下。原点在图像中间点上 |
| $(X_k, Y_k, Z_k)$ | 固定有传感器的世界坐标系 | 原点位于摄像机光心中的世界坐标系 |
| $(X_w, Y_w, Z_w)$ | 行车道中央的世界坐标系 | 位于行车道表面中央的与行车切线平行的世界坐标系。坐标系随着摄像机沿着行车道的移动而移动 |

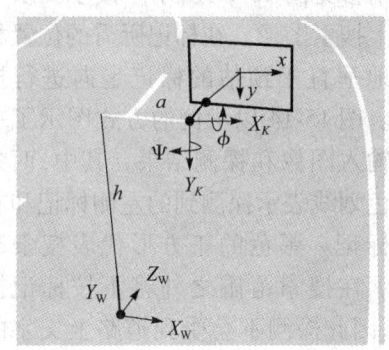

图 15-12 使用的坐标系

因此在世界范围内选择一个几何参数化的模型用于显示 3D 车道走向。该模型接近于在公路中经常使用的穿过平整的车道面中一条抛物线的回旋曲线。同样可使用诸如多边形之类的更高级的复合模型或者垂直弯曲的模型。

实际情况下,在世界坐标系中如下说明行车道的几何形状:

$$\begin{bmatrix} X_W \\ Y_W \\ Z_W \end{bmatrix} = \begin{bmatrix} \frac{1}{2}c \cdot Z_m^2 + i \cdot b \cdot \cos\alpha \\ 0 \\ Z_m - i \cdot b \cdot \sin\alpha \end{bmatrix}$$

(15.43)

式中,$Z_m$ 是行车道中央的 $Z_W$ 坐标并用作运行坐标系;$\alpha = \arctan(c \cdot Z_m)$ 是车道中间线和距离中的 $Z_W$ 轴上切线之间的角度;$Z_m \cdot b$ 表示车道宽度的一半;$c$ 为抛物线的曲率。

此时,抛物线的曲率参数不等于在 DIN 70000 中所述的曲率 $k$。$i = 1$ 时得出右侧的标记,而 $i = -1$ 时得出左侧的标记。一个点从 $(X_W, Y_W, Z_W)$ 系统至 $(X_K, Y_K, Z_K)$ 系统的坐标转换:

$$\begin{bmatrix} X_K \\ Y_K \\ Z_K \end{bmatrix} = \boldsymbol{R}(\phi, \psi) \begin{bmatrix} X_W - \alpha \\ Y_W + h \\ Z_W \end{bmatrix}$$

(15.44)

使用一个旋转矩阵 $\boldsymbol{R}(\phi, \psi)$,其围绕着俯仰角 $\phi$ 和偏航角 $\psi$ 旋转平移的坐标系。从世界点 $(X_K, Y_K, Z_K)^T$ 出发根据下列方程通过像素 $[x, y]^T$ 的投影:

$$\begin{bmatrix} x \\ y \end{bmatrix} = \begin{bmatrix} X_K/Z_K \\ Y_K/Z_K \end{bmatrix} \quad (15.45)$$

下面举一个通过使用一个扩展的卡尔曼滤波器进行图像顺序评估的示例。

按步骤进行图像分析,为此将从下向上搜索图像。这时,在第 $k$ 个图像中产生观测结果 $Y_{k,\ell}$,其中 $\ell = 1, \cdots L_k$。观测结果 $Y_{k,\ell}$ 是带两个记录的通过已探测到有一个标记的图像位置

$Y_{k,\ell} = [x_{k,\ell}, y_{k,\ell}]^{\mathrm{T}}$ 得到的一个矢量。在卡尔曼滤波器中得出观测结果 $Y_{k,\ell}$,并且确定了估计值 $\hat{X}_{k,\ell}$ 和 $\hat{P}_{k,\ell}$。状态包括下列项目:

$$\hat{X}_{k,\ell} = [b_{k,\ell}, a_{k,\ell}, \psi_{k,\ell}, \phi_{k,\ell}, c_{k,\ell}]^{\mathrm{T}}$$

在处理第 $k$ 个图像后通过 $\hat{X}_{k,L_k}$ 和 $\hat{P}_{k,L_k}$ 得出估计值。说明系统动态的矩阵 F 在这种情况下是识别矩阵,因此通过 $\hat{X}_{k+1,1} = \hat{X}_{k,L_k}$ 进行预测。在观测第 $(k+1)$ 个图像时,状态的不可靠性增大了系统噪声的方差 $P_s$,即 $\hat{P}_{k+1,1} = P_s + \hat{P}_{k,L_k}$,同时将系统噪声建立成相加的无平均值的正态分布的噪声模型。在同一个图像的各观测结果之间不使用系统噪声。使用预估的数值 $\hat{X}_{k+1,1}$,以便借助 $\hat{Y}_{k+1,1} = g(\hat{X}_{k+1,1}, 0)$ 确定给定距离 $Za_m$ 中标记的希望位置,还应在没有观测噪声时进行确定。同样,将观测噪声建立成相加的正态分布的噪声模型。从图中的位置 $\hat{Y}_{k+1,1}$ 出发,垂直于标记切线搜索一个候选标记。选择图像中搜索范围的宽度时其应与标准不确定性呈正比:

$$\sqrt{\mathrm{spur}(\boldsymbol{G}\hat{\boldsymbol{P}}_{k+1,0}\boldsymbol{G}^{\mathrm{T}})}$$

从而,拓宽了不确定性评估的搜索范围。通过图像信号与一个样板的关系以及同时对足够高的局部梯度的要求来选择一个候选标记。使用的样板的宽度要与距离 $Z_m$ 匹配。搜索策略请参见图 15-13 所示。按步骤从下向上搜索图像。在标记所需的位置相应地垂直于预估的标记走向进行搜索。图 15-14 以示例的方式图示了一张输入图像和探测结果。其中,两条黑色划线表示探测到的左侧标记和右侧标记。黑色的正方形代表搜索范围。在搜索范围之外将不按标记搜索,因此探测不会受到道路上文字的干扰。灰色的十字表示已输入到卡尔曼滤波器中的各个观测结果。

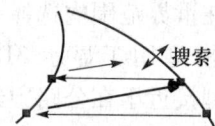

图 15-13 分布探测的示意图

最后要注意的是,介绍的模型仅是许多个可能的设计方案的一种。例如,可通过其他的几何参数扩展使用

图 15-14 探测结果示例

的几何模型。但是,在较高维度的参数空间内必须确保可对各个参数进行充分观察。此外,可通过分析立体图像对扩展方法,通过其他有说服力的信息合理地评估更多的参数。

### 15.5.2 物体探测

环境感知的一个较大的挑战在于实际交通场景以及其中包含信息的复杂性和多样性。这里,物体探测系统的能力决定性地取决于能多大程度上可靠探测、时间上跟踪和明确描述一个在图像内出现的物体。对用于驾驶员辅助系统的此类方法的要求很大程度上涉及反应时间和可靠性。为在危急的情况下能恰当地做出反应,必须将所有从图像数据中获取的重要的物体假设实时传输给相应的系统组件,以便告知驾驶员或者对行驶进行干预。

原则上可以将物体探测方法拆解为两个依次建立的分步骤:一个是假设生成,在此步骤内,在图像中生成物体假设,反之将探测过程限制在最小;另一个是假设验证步骤,在此步骤内检验对象假设在某些对象特定的特征方面的可信度。

**(1) 假设生成**

在第一个处理步骤结束时的物体假设应标记含有一个对象的可能的图像区域。此时,重点在于快速分析带有尽量全面描述相关物体的特征的图像。基于假设生成的特征和方法大多非常简单并可高效实施,除了极少的例外情况之外,直接从图像中提取生成物体假设的特征并进行处理。由于数据较低的抽象程度,涉及物体特征的说明能力必须归为较低的等级。与此相关的较高的错误探测率在大多数情况下是可接受的,原因是在随后的验证中可通过高抽象的数据验证有缺陷的物体假设。假设生成的目的是,在一个数据驱动的过程中搜索空间上和时间上稳定的一组描述要识别物体的特征。一般情况下,假设生成的方法可分为三类:基于信息的、基于立体视觉的和基于运动的方法。

基于信息的方法利用特定物体特性的基本知识。这样可利用汽车的对称特性。另一个特征是可利用汽车下方的阴影用于探测。通过同时分析汽车的对称和阴影这两个特征可以对诸如高速公路之类的简单的交通场景达到一个足够的探测率。同样,可将带有汽车特征的灰度值曲线用作限制搜索范围的特征。根据提出的任务和场景特征也可在颜色分布、边缘或者特定的原始形状的基础上生成物体假设(例如参见[15.5,15.22])。

对于在交通场景中生成假设的基于立体视觉的方法,可以一个紧密的场景不一致图像的形式以两种方式使用立体视觉信息。第一种方法基于不一致值的直方图的生成。通过评估最大值和其范围可以推断出一个物体的位置和大小。对于第二种方法,场景的不一致图像补充了一个行车道走向的数学模型。因此,模型表达了在空车道情况下在图像中测定的不一致值。测定的不一致值与车道建模的不一致值之间的明显差异被解读为提示有物体并相应地进行分类。仅探测位于车道上的物体以及延伸范围垂直于车道表面的物体。基于立体视觉的方法仅需要知道车道表面走向,以便探测任意形状的物体并在场景中确定其位置。立体观测物体探测的一个挑战是随着距离的增加迅速增加的距离测量的标准不确定性。此外,多数情况下不一致图中的空隙会加重不一致图内各个物体点的分组的难度。

基于运动的方法使用在一个单眼图像顺序中存在的信息探测物体。多数使用第15.2.2节中介绍的光学流,以生成物体假设,同时为每个像素确定描述投影面中投影的场景点移动的流矢量。在随后的运动分割中进行具有类似运动矢量的点的分组。如果其在投影面中的形状在一个观测时间范围呈现稳定,则大多数情况下仅在物体假设的列表内记录一个运动分段。虽然借此可降低错误探测率,但其还是很高。通过一个聚集法可在估算的致密的位移场内探测到异常

情况并随后将场景分解为运动的和静止的物体,这种方法的一个缺点是在整个图像中确定视觉流时需要较长的计算时间。由于只在明显点上确定位移场,计算时间可明显减少。明显的像素可使用角[15.34]或者均质的图像范围。

通过组合上述的特征可极大增加假设生成方面的描述能力。在[15.11]中介绍了一种方法,其以精确的方式组合了不一致和位移这两个特征并表现为迭代的评估方法。通过残差分析判断相应点属于哪个物体,这样就对各个物体假设的所有空间点进行了分段。在[15.1]中借助不一致和位移这两个特征将图像顺序按照空间内类似运动的范围进行划分,参见图15-15(a)。为此,从一个图像序列中提取主要的6d运动轨迹的数量,并为每个像素分配一个最有可能的运动模型。不断更新各个物体的运动轨迹并根据图像中实际的物体运动进行调节。在这里可有效地通过图像分割实现图的分段。

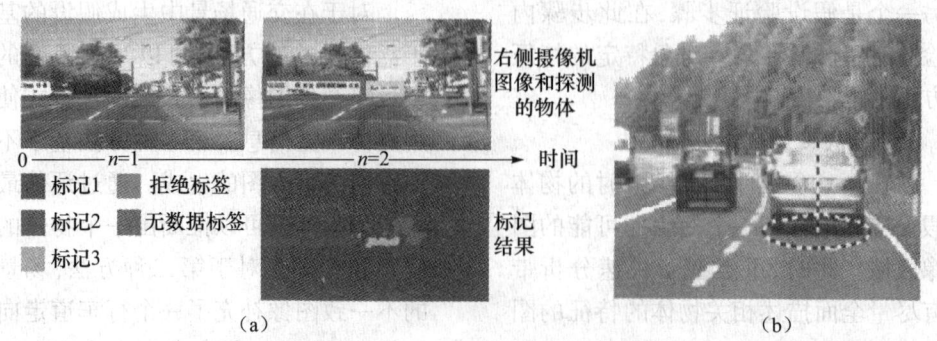

图15-15　不同的物体探测法的结果
(a)借助不一致和位移的特征[15.1];(b)借助对称和阴影这两个特征[15.20]

## (2) 假设验证

验证的目标在于根据一个具体物体类型的特殊说明修改第一步中错误的和不准确的物体假设。由于验证在大多数情况下包含需要大量计算的操作，则假设生成也可以解释为注意力控制。方法可大致分为两类：基于模型的和基于表象的方法。

基于模型的方法使用预先规定的通常参数化的特定对象类型的模型。随后将该模型或者模版与图像数据进行比较并检验其相似性。例如，可以为汽车创建 3D 线框模型，其在投影面内的投影会形成边缘样式，随后在场景的边缘分段的灰度值图中搜索该样式。基于模型的方法在限制物体多样性和摄像机视角的简单交通场景中已被多次证明。作为验证物体假设的其他方法可以检验例如是否有牌照、车灯和窗玻璃[15.29]或者围起来的轮廓等于移动的点[15.8]。但是，对于场景内物体的外观明显变化的情况需要成本巨大的更加不可靠的模型。

相反，基于表象的方法在训练数据集的基础上采集物体类型的特征。该数据集包含一个单独的物体类型的不同的特征并表示一个物体的不同形象。在一个训练步骤中，根据训练图像生成典型的特征。随后这些特征的集合汇总成对物体类型的全面描述。为了将一个特征矢量明确指定给一个物体类型，必须或者训练一个分类器或者建立特征的概率分布模型。在[15.29]中，使用一个 Haar 特征的集合，其描述了物体在投影面中的形象。在这里选择 AdaBoost 算法作为分类器。为了描述一辆汽车的特征，必须在[15.36]中使用 Gabor 滤波器。汽车上按一定方式排列的明显突出的边缘和线条可通过方向敏感的 Gabor 滤波器有效予以测定。在这里使用一台支持向量机（SVM）作为分类器。在[15.27]和[15.2]中，通过一个包含部分相应物体分类的图像片段的集合描述交通参与者。这种描述方式的一个巨大的优势是基于组件的架构，其允许物体被部分遮蔽。这里介绍的方法仅体现了一小部分选择，还有大量的在本文中未提及的方法。基于表象方法的主要缺点是要花费大力气编制为每个物体类型提供一个具有代表性的数据库并要花费时间亲自训练一个分类器。

## （3）基于知识的方法

所有上述物体探测或者分类的方法的共同点在于只含蓄地表现了已知的知识。只能有限地将高度抽象的知识（例如，交通规则、其他交通参与者的行驶行为情境等）集成到这些系统内。但是，集成这些知识是值得的，这样可以适当地描述现实世界的复杂性，只有这样才能使用诸如逻辑推理之类的强有力的方法。集成明确知识简化了系统开发者的设计过程并最终也提供了通过一个人机界面与驾驶员进行交互的简单方法。通过形式语言，明确的知识转换为一个适合计算机处理的形式。交通场景转换为一个语言语义上的场景说明相当于在一个给定的任务情境下由合适的物理特性到投影的物体的功能含义的一个抽象过程。

为了在一个此类的大多复杂的任务情境下体现和传达知识,需要有一个相关术语的定义及其关系的总术语表。可通过一个本体论[15.17]确定该术语表。其借助形式上规定的术语以及有关其关系的规定来描述抽象过程。这些规定根据目前的知识借助推理得出结论,也就是说通过逻辑推理解决问题。对于必须在复杂的交通场景内寻找路径的驾驶员辅助系统来说,本体论形式的知识体现提供了一系列优点,这使其成为最有差异的应用范围内最新研究的对象。当通过计算机指令和数字值将隐含知识的表述形式规定为算法和参数的形式时,对于表述隐含的知识来说有多个备选的形式。

在[15.28]中,对道路交通场景和其中包含的物体进行了自然语言描述。其中,场景知识和其时间发展体现在一个模糊度量时态 Horn 逻辑中。在[15.37]中描述了一种分布式的 ad-hoc 结构,从环境中采集有关时间跟踪物体的数据,再次分布并由此可通过物体的空间位置根据本体论进行推理。[15.32]对于道路上的障碍使用了基于本体论的推理,从而改进自动汽车的路线规划。环境中物体的本体论和与不同情况下不同的物体相撞造成的损失的评估规则一起传输给一个自动推理系统。其推理结果应帮助路线规划器决定是否应采取躲避绕行机动。[15.25]中所述的目的是对探测物体的图像数据进行知识层面的解读。要说明为什么必须在一个这样的系统内增加相当程度的明确表达的基本知识,以填补在一方面的传感器数据和在另一方面的不同物体的复杂结构之间的"缺口"。在此,物体的结构信息通过谓词逻辑语言[15.30]进行描述。

总的来说,本体论使得在复杂的讨论范围内清晰的知识体现成为可能。这种知识体现在管理、可扩展性和灵活性方面以及在知识的交流和可再利用性方面具有优势。

(a)

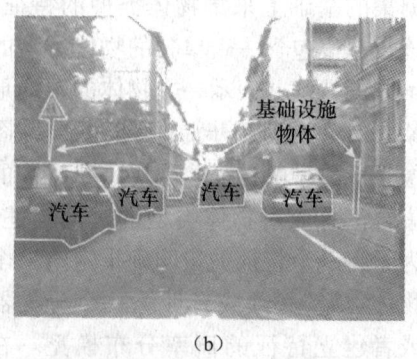
(b)

**图 15-16  不同的物体分类方法的结果**

(a)基于物体特定的形象特征[15.2];(b)使用一个概率逻辑的知识基础[15.25]

## 15.6 小结

借助机器视觉系统、传感器系统在我们的汽车内找到了最接近人使用的视觉信息的感知原理。受益于摄像机和分析硬件价格的不断暴跌，开始在越来越多的应用中使用图像传感器。与其他的环境传感器相比，视频传感器的一个决定性地优势在于其可以最全面地显示信息。同时，全面的图像信息的分析对信号处理形成一个巨大的挑战。

在表15-3中相应地根据最新的技术水平将视频传感器不同的传感器技术大致进行了比较。其中要明确的是视频传感器在其潜在的特性方面考虑到了其他的传感器技术。但是，摄像机基本的测量仅包括亮度模式。只有通过合适的图像分析程序才能将其转换为3D信息。激光雷达或者长程成像系统以它们直接的3D位置测量为汽车引导提供了一种直接的应用。雷达传感器甚至可以直接借助多普勒效应测量径向速度。

对于在驾驶员辅助系统中的应用，图像传感器具有特别高的潜力，原因如下：

◆ 没有因被动的测量原理引起道路交通许可方面的法律限制；

◆ 基础设施和交通事件以视觉感知为目标并由此仅采集全图像；

◆ 传感器信号的信息内容相比普通环境传感器具有一个不一样的较高的抽象潜力；

◆ 由于接近人的感知，基于视频的驾驶员辅助系统的功能可达到高度的透明性。

表15-3 不同传感器技术的典型参数、特征性和潜力

| 典型参数,特征性和潜力 | 视觉 | 激光雷达 | 雷达 | 长程成像系统 |
| --- | --- | --- | --- | --- |
| 波长/m | $10^{-7} \sim 10^{-6}$ | $10^{-6}$ | $10^{-3} \sim 10^{-2}$ | $10^{-7} \sim 10^{-6}$ |
| 天气条件依赖性 | 是 | 是 | 低 | 高 |
| 分辨率(#测量值) | | | | |
| 水平 | $10^2 \sim 10^3$ | $10^2 \sim 10^3$ | $10^1 \sim 10^2$ | $10^1 \sim 10^2$ |
| 垂直 | $10^2 \sim 10^3$ | $10^1 \sim 10^2$ | $10^1$ | $10^1 \sim 10^2$ |
| 时间 | $10^1 \sim 10^5$ | $10^1$ | $10^1$ | $10^1$ |
| 主要测量 | | | | |
| 位置 | - | + | + | + |
| 速度 | - | - | + | - |
| 亮度模式 | + | + | - | + |
| 功能示例 | | | | |
| 物体探测 | + | + | + | + |
| 物体识别 | + | + | +/- | +/- |
| 车道识别 | + | +/- | - | - |
| 交通标志识别 | + | - | - | - |

在本章中说明了汽车内摄像机和相关控制单元的结构和功能性。将3D世界投影在2D投影面上产生的丢失一维的信息作为图像拍摄的典型特征。随着采用均齐次坐标，可以用适当的方式以数学方法简要地说明这些几何变换和透视变换并为出现的多种多样的投影提供一个线性说明。

同时，通过摄像机外在和内在的校准参数得出成像所需的参数。

对于视觉信息的解读和分析，有一系列应用情况专用的图像处理方法。它们大多是模块化的，其中第一个处理步骤是调制和校正图像信号，最后通过合适的算子提取任务专门的特征并提供给上一级的处理步骤。随后对非常密集的特征信息进行处理。在这里将一致性特征作为3D重建特别重要的特征。通过时间跟踪法可逐步将图像信息累积起来并进行更新，而不必长时间保存甚至处理以前的图像。在此，从一般有效的贝叶斯滤波器出发，说明实际适用的粒子滤波器和卡尔曼滤波器。

应用示例和有关车道边缘识别的最新研究工作的概述说明了所述方法的共同作用和工作能力。将传统的图像处理与机器推理结合起来是非常具有吸引力的。从中期来看可据此产生具认知能力的机器视觉系统，类似于使用抽象模型进行人类感知，并可由此进行推论。

# 参考书目

[15.1]　*Bachmann, A.; Dang, T.*: Multiple object detection under the constraint of spatiotemporal consistency. IEEE International Conference an Intelligent Transportation Systems, 2006, Toronto.

[15.2]　*Bachmann, A.; Dang, T.*: Improving Motion-Based Object Detection by Incorporating Object-Specific Knowledge. International Journal of Intelligent Information and Database Systems, Special Issue on: Information Processing in Intelligent Vehicles and Road Applications, 2007.

[15.3]　*Barker, A.; Brown, D. E.; Martin, W. N.*: Bayesian Estimation and the Kalman Filter. Technischer Bericht IPC – 94-002, 5, 1994.

[15.4]　*Boy, H.; Tuytelaars, T.; van Gool, L.*: SURF: Speeded up robust Features, European Conference an Computer Vision, 2006.

[15.5]　*Bertozzi, M.; Broggi, A.; Castellucio. S.*: A real-time oriented system for vehicle detection. Journal Systems Architecture 1997, S. 317-325.

[15.6]　*Canny, J.*: A computational approach to edge detection. IFEE Trans. Pattern Anal. Mach. Intell., S. 679-698, 1986.

[15.7]　*Chen, Z.*: Bayesian Filtering: From Kalman Filters to Particle Filters, and Beyond. Technischer Bericht, 2003.

[15.8]　*Cuchiari, R.; Piccard, M.,*: Vehicle Delection under Day and Night Illumination, tat. ICSC Symposium Intelligent Industrial Automation, 1999.

[15.9]　*Dang, T.*: Kontinuierliche Selbsikal-

[15.10] Dang, T.; Hoffmann. C.; Stiller, C.: Self-calibration for Active Automotive Stereo Vision. IEEE Intelligent Vchicles Symposium 2006, S. 364-369.

[15.11] Dang, T., Hoffmann, C.; Stiller C.: Visuelle mobile Wahrnehmung durch Fusion von Disparität und Verschiebung. In: Maurer, M.; Stiller, C. (Hrsg.): Fahrerassistenzsysteme mit maschineller Wahrnehmung. Springer Heidelberg, S. 21-42, 2005.

[15.12] Decker, S.; McCrath, R.; Brehmer, K.; Sodini, C.: A 256x256 CMOS imaging array with wide dynamic range pixels and column-parallel digital output. IEEE International Solid-State Circuits Conference, S. 176 177, 1998.

[15.13] Dickmanns E. D.: The 4D-approach to visual control of autonomous systems. IAA NASA Conference an Intelligent Robots in Field Factory Service and Space 1994, Houston, Texas.

[15.14] Dickmanns, E. D.; Mysliwetz. B. D.: Recursive 3 - droad and relative ego-state recognition. HEFE Trans. Pattern Anal, Mach. Intell., 14(2), S. 199-213, 1992.

[15.15] Faugera. s, O.: Three dimensional computer vision: A geometric viewpoint MIT Press, Cambridge, MA, 1993.

[15.16] Franke, U.: Real time 3d-road modeling for autonomous vehicle guidance. 7th Seandinavian Conference an Image Analysis, 1991, Aalborg, Dänemark.

[15.17] Gruber, T.: A translation approach to portable ontology specifications. Knowledge Acquisition 5 (1993), Nr. 2, S. 199-220.

[15.18] Harris, C. G.; Stephens, M.: A Combined Corner and Edge Detector. 4th Alvey Vision Conference, 1988, S. 147-151.

[15.19] Höfflinger, B. (Hrsg.): High-Dynamic-Range (HDR) Vision. Springer Berlin, Heidelberg, 2007.

[15.20] Hoffmann, C.: Fusing Multiple 2d visual features for vehicle detection. IEEE Intelligent Vehicles Symposium 2006.

[15.21] Jähne, B.: Digitale Bildverarbeitung, Springer Verlag, 1997.

[15.22] Kalinke, T.; Tzokamkas, C.; von Seelen, W.: A texturebased object detection and an adaptive model-based classification. IEEE Intelligent Vehicles Symposium 1998, 5. 143-148.

[15.23] Longuet-Higgins, H. C.: A Computer algorithm for reconstructing a scene front two projections. Nature 293, 1981, September, S. 133-135.

[15.24] Lowe, D. G.: Object Recognition from Local Scale-Invariant Features. Prot. of the International Conference an Computer Vision, 1999, Corfu, S. 1150-1157.

[15.25] Lulcheva, 1.; Hummel, B.; Bachmann, A.: Probabilistischlogische Objektklassifikation für Verkehrssz-

[15.26] *Meinhold, R. J.; Singpurwalla, N. D.*: Understanding the Kaiman Filter. The American Statistician, 37 (2): S. 123-127, 1983.

[15.27] *Mohan, A.; Papageorgiou. C.; Poggio, T.*: Example-based object detection in images by components, IEEE Transactions an Pattern Analysis and Machine Intelligence 23 (4), S. 349-361.

[15.28] *Nagel, H. H.*: Steps toward a cognitive vision system. American Association für Artificial Intelligente, Menlo Park, CA, USA.

[15.29] *Papageorgiou, C.; Poggio, T.*: A trainable System for Object Detection. Int. J. Computer Vision, 2000, Vol. 38, No. 1. S. 15-33.

[15.30] *Russell, S. J.; Norvig, P.; Candy,. J F.; Malik, J. M., Edwards, D. D.*: Artificial intelligente: a modern approach. Prentice Hall, Inc.; 2003.

[15.31] *Scheer, O.*: Stereoanalyse und Bildsynthese. Springer, Heidelberg, 2005.

[15.32] *Schlenoff C.; Balakirskv, S.; Uschold, M.; Provine, R.; Smith, S.*: Using ontologies to aid navigation planning in autonomous vehicles. Knowledge Eng, Rev, Cambridge University Press, New York, NY, USA.

[15.33] *Shi, J.; Tomasi, C.*: Good features to track. IEFE Conf. on Computer Vision and Pattern Recognition, 1994, Seattle.

[15.34] *Smith, S.; Brady, J.*: ASSET2: Real-time motion segmentation and shape tracking. International Conference an Computer Vision 1995, S. 237 ff.

[15.35] *Stiller, C.; Konrad, J.*: Estimating Motion in Image Sequences-A tutorial an modeling and computation in 2D motion. IEEE Signal Processing Magazine, 1999, 7 & 9, S, 70-91 & 116-117.

[15.36] *Sun, Z.; Bebis, B.; Miller, R.*: On-Road Vehicle Detection using Gabor-Filters and SVM. IEEE Int. Conf. Digital Signal Processing, 2002.

[15.37] *Tonnis, M.; Klinker, G.; Fischer, J. G.*: Ontology. Based Pervasive Spatial Knowledge for Car Drives Assistance. Int. Conf. on Pervasive Computing and Communications. 2007, S. 401-406.

[15.38] *Trucco, E.; Verri, A.*: Introductory Techniques for 3-D Computer Vision. New York, Prentice Hall, 1998.

[15.39] *Welch, G.; Bishop, G.*: An Introduction to the Kalman Filter. Technischer Bericht. http://www.cs.unc.cdu/~welch/kalman/kalmanlntro.html.

[15.40] *Weng, J.; Cohen, P.; Herniou, M.*: Camera Calibration with Distortion Models and Accuracy Evaluation. IEEE Transaction an Pattern Analysis and Machine Intelligente, Bd. 14, S. 965-980, 1992.

# 16 基于摄像头的行人探测

*Bernt Schiele, Christian Wojek*

在道路交通中探测或者识别行人是一项最重要的但同时也是最难的传感器处理问题。为了给驾驶员提供最佳的辅助,最好能稳定地识别与所有行人都无关的视线情况,但是由于不同的环境因素使其变得很难。有问题的地方尤其是变化的天气和视野情况、不佳的照明情况和道路情况。另外,行人个性化的服装和被停放的车辆遮挡都会使探测变得困难。此外,相对于许多其他的物体,行人的典型特征是有许多的关节,这对基于轮廓的方法的应用来说很难处理。

原则上,根据使用的传感器型号将识别任务分为两类:

◆ 白天采用基于视频图像的方法;

◆ 晚间采用基于红外摄像机的方法。

虽然吸收的光谱不同,传感器也不同,然而在实际情况下进行处理的类似的基本方法被证明是可行的。

## 16.1 要求

如前面详述的一样,对于在道路交通中使用的可靠识别行人的系统提出了高要求。尤其是对以下方面的探讨更为重要:

◆ 视频图像中的分辨率和行人的尺寸:视频图像的分辨率和使用的摄像机的焦距从根本上决定了可显示信息的数量(参见第 15 章)。低分辨率的图像很难看出是行人,而高分辨率的图像除了行人的位置之外还可以确定行人的姿态。因此,对于不同的探测范围和系统功能最好使用不同的方法和模式。图 16-1 图示了一个由通用的车载摄像机拍摄的具有不同像素显示的行人的场景。

28 像素           130 像素

**图 16-1** 在不同的分辨率下有行人的城市场景(标准化视图)

◆ 稳固性:稳固性对于所有的应用场景都很重要,特别是在不同的气候条件和视野条件下要达到功能性。同时,行人识别系统的功能性与行人的衣着和关节不得有相关性。相应地,还要选择正确的传感器:在白天良好的可见光中可很好地识别行人,在黄昏时能见度就会下降。相反,红外摄像机也可记下部分不可见光谱。在白天背景纹理通常有一个类似于行人的图式,而在晚上由于发出热辐射可明显将其识别出来并且红外摄像机比普通摄像机更适用。

◆ 视角不变性:可不取决于摄像机与行人的相对的视角对行人进行识别。

◆ 部分遮挡:在实际应用中几乎无法避免遮挡行人的情况。特别是在复杂的市内场景中,应根据处理的相应情况对功能系统进行调校。

◆ 姿态估计:快速确定行人的运动方向,需要对姿态进行估计。特别是当马上要碰撞到一起且行人也位于与汽车很近的距离时,这方面更加重要,以便获得一个有用的反应策略。

◆ 2D 与 3D 建模:将环境在图像坐标中建模的 2D 方案达到了在较远距离对形体较小行人识别效果较好,然而同时也出现了与本车相对的准确位置方面的不可靠问题。因此,对于近距范围来说适合在世界坐标中进行建模,尤其是进行姿态估计。

## 16.2 可能的方法

文献中识别行人的方法基本分为三种,它们是:

◆ "滑动窗口"方法;
◆ 基于特征点和人身体部位的方法;
◆ 面向系统的方法。

对于滑动窗口方法,一个预先规定的固定的参数窗口将逐渐移过输入图像。同时,通过一个分类器如下对每个截图进行单独分析,分析该截图中是否包含一个行人。为了达到放缩不变性即输入图上的行人不取决于分类窗口的大小,对输入图再定位并重新测试,直至其维度小于探测窗口(参见图 16-2)。

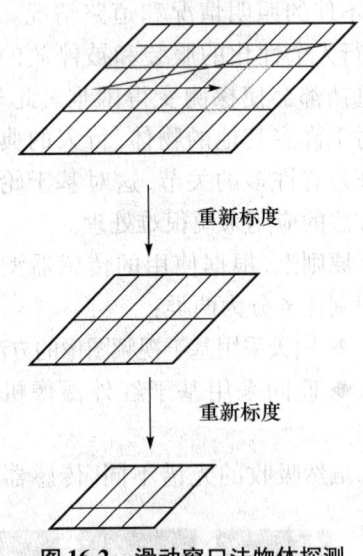

图 16-2 滑动窗口法物体探测

同时,特别普遍的是使用梯度直方图,以通过不同实例进行归纳[16.26,16.4,16.17]。借助一个规定长宽比的窗口对行人进行全面的固定形式的描述是本方法的关键限制。对此,可将窗口划分为各个部分来抵制这种限制。

大多数情况下使用 AdaBoost[16.6] 和支持向量机（SVM）用作分类器[16.22]。

使用 AdaBoost 方法时,涉及一个分类方法,其结合了一个根据弱分类器的加权和得到所谓的"强"分类器。弱分类器通常是带一个单独决策节点的决策树桩。这种弱分类器在训练时以轮流的方式局部沿着最具鉴别性的维度将数据分离。

与此相反,支持向量机优化了全局分类错误,为此其确定一个超平面,该超平面根据静态学习理论最优地将训练数据分离。

此外,可以使用所谓的核,以规定一个非线性的间距尺寸并由此在一个较高的维度空间内最优地分离训练数据。对于基于特征点的方法,首先提取明显不同的像素。这一方面可以是带沿着两个方向的大强度梯度的角点[16.9]或者是圆形区域[16.15],然后借助拉普拉斯函数确定一个标准标度[16.14]。随后借助所谓的特征解读详细说明确定点的特征并在按照一个据此设立的方法组合成一个模型。例如,Leibe 等人[16.13]、Seemann 等人[16.24,16.25] 以及 Andriluka 等人[16.1] 的"隐式形状模型"（ISM）属于这类方法。不同的关键词的比较请参见 Seemann 等人的论文[16.23]。

与其相似的是基于人体部位的方法,借助该方法试图分别识别诸如四肢和躯干等各个身体部位。随后借助有关概率理论的模型对其进行合并。该方案的优点在于相对于遮挡的稳固性和对不同关节的良好的普遍适用性。

最后,在这里还要说的是面向系统的方法。与之前所述的系统不同,本方法使用在汽车领域内具体应用时得到的系统基本知识,以对系统进行设计。例如,假设汽车和行人都在一个平的基本面上运动。此外,通常使用一个注意力控制的自动确定画像中关注范围的预处理步骤。这个类别的最重要的代表是 Gavrila 和 Munder[16.7] 的 PROTECTOR 系统。

在夜间基于红外摄像机的行人识别领域中,主要使用基于滑动窗口的方法。因此,Mählisch 等人[16.16] 和 Suard 等人[16.27] 调整了类似的已在光谱的可见范围内证明可行的方法和特征。此外,Bertozzi 等人[16.3] 使用热辐射特性用于探测行人。

## 16.3　对功能原理的说明

如上所述,视频图像的分辨率不同,适合使用的方法也不同,从而满足提出的要求。下面对每个类别的每项工作进行详述。

**(1) 滑动窗口方法**

对于"滑动窗口"方法类别,我们要介绍 Wojek 和 Schiele[16.31] 的性能分析。

在建模时与上述方法的一个根本差别在于使用不同的特征。使用的分类方法通常在带不同核的 AdaBoost 和 SVM 之间变化。表 16-1 是原始工作组合的一览表。

表 16-1　图像特征和窗口分类器的组合

| 特征/分类器 | 带核的支持向量机(SVM) | AdaBoost 算法 | 其　他 | 评估标准 |
|---|---|---|---|---|
| Haar 小波[16.20] | Polynomial 核 | | | ROC |
| 类似 Haar 小波[16.28] | | 用决策树串连起来 | | ROC |
| HOG[16.4] | 线性核和 RBF 核 | | | FPPW |
| Shapelets[16.21] | | 用决策树 | | FPPW |
| 形状上下文[16.2] | | | ISM | RPC |

从该表可以看出,无法对许多图像特征和分类器之间的组合进行评估。此外,使用不同的数据记录也额外增加了比较的难度。在这里应在一个探测窗口尺寸为 64×128 像素的数据记录上对不同的组合进行详尽的比较。

首先简短介绍使用的特征。[16.20]中的 Haar 特征将局部的图像强度差别进行编码。使用的滤波掩膜的大小是 16 和 32 像素,同时各个掩膜各重叠 75% 并由此可现实一个超完整的视图。使用了图 16-3 中所述的滤波器(第二项到第四项基本功能);忽略了恒定分量(第一项基本功能)。为了均衡光照差异,通过相应滤波器类型的平均滤波器应答将所有的单个应答标准化。此外,由于行人的服装不同,只有滤波器应答的量是重要的。另一个改进可通过全面 $L_2$ 长度标准化实现。

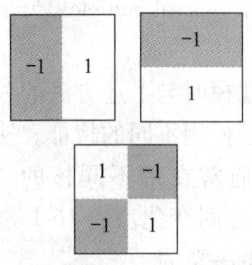

图 16-3　Haar 滤波器组

[16.28]中的类似 Haar 特征是将 Haar 特征普遍化为在探测窗口的任意位置以任意大小出现的常见的矩形特征(参见图 16-4)。

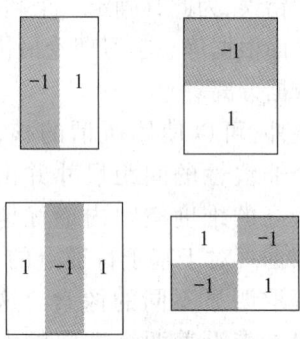

图 16-4　类似 Harr 特征

在学习模型时通过 AdaBoost 选择鉴别特征。其基础是借助积分图有效计算特征。呈指数升高的可能的特征位置和特征大小的数字表示该特征的限制因数。因此,为了后续的评估确定参数的窗口为 24×48 像素,随后根据探测窗口的大小进行定标。这种情况下也表明,忽略滤波器应答的符号是有好处的。此外,$L_2$ 长度标准化也考虑了选择的均值方差规整的特征应答。

作为另一个特征推荐 Dalal 和 Triggs[16.4] 的梯度方向直方图 (HOG)。为此,首先沿着 $x$ 和 $y$ 方向计算梯度,然后记录在所谓的细胞单元直方图内(大于 8×8 像素),在空间坐标内和定向方面进行插值处理。然后,根据临近细胞单元对所有的细胞单元直方图进行标准化,以均衡局部的光照差异。为了避免某个单个直方图记录占优势,一个附加的滞后步骤证明是有用的[16.15]。最后,通过结合所有的直方图记录产生特征矢量(参见图 16-5)。

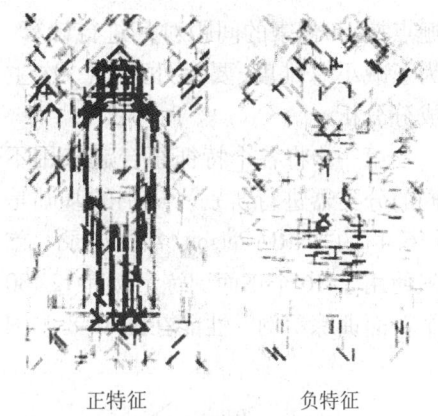

图 16-6 Shapelet 特征

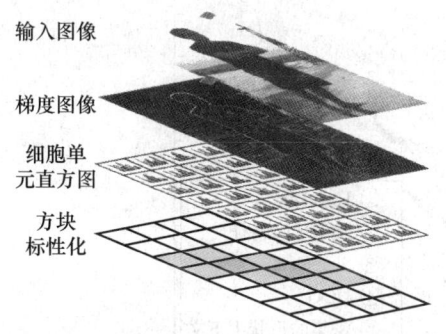

图 16-5 HOG 特征

对于 Shapelets 涉及另一种基于梯度的为探测窗口的局部范围自动学习的特征。此外通过 AdaBoost 选择梯度,AdaBoost 在 5×5 像素至 15×15 像素大小的图像范围内提供多个方向($0°,90°,180°,270°$)的梯度可作为输入。图 16-6 图示了选择的辨别梯度。在这里也通过对临近局部方面的梯度进行标准化达到照明的恒定性;同时要始终注意适当的调整性,以免噪声增大。

形状上下文特征从一开始就建议作为[16.2]特征点的关键词并在 Seemann 等人[16.23]的隐式形状模型(ISM)框架中成功得以使用。特征基于借助 Canny 边缘探测器提取的边缘。随后在数极坐标图像中对其进行编码,同时空间位置带有新的不同的记录的明显特征(参见图 16-7)。为了使滑动窗口方法适应特征,针对光

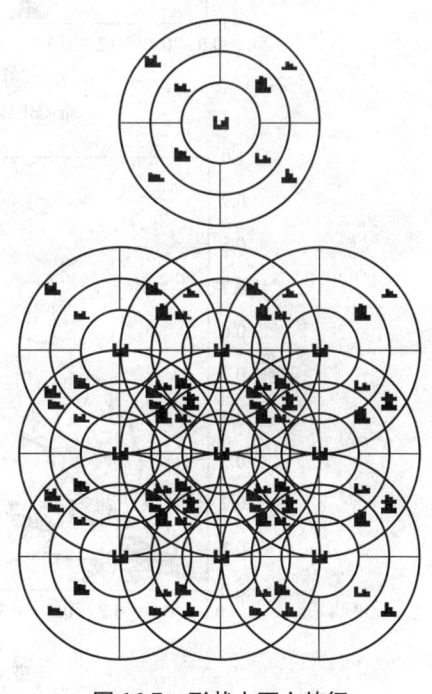

图 16-7 形状上下文特征

栅点按16像素的间距对其进行计算。为了减小总维度,要另外进行一次主成分分析。

第一步将各个特征组合起来用不同的分类器进行辨别。辨别的基础是[16.4]的"INRIAPerson"数据记录。首先使用2 416个正面训练示例和12 180个负面训练示例。性能在图16-8 中图示为查全率曲线。

同时,查全率定义为:

$$\frac{\#正确的探测}{\#正确的探测 + \#缺少的探测}$$

查准率定义为:

$$\frac{\#正确的探测}{\#正确的探测 + \#错误的探测}$$

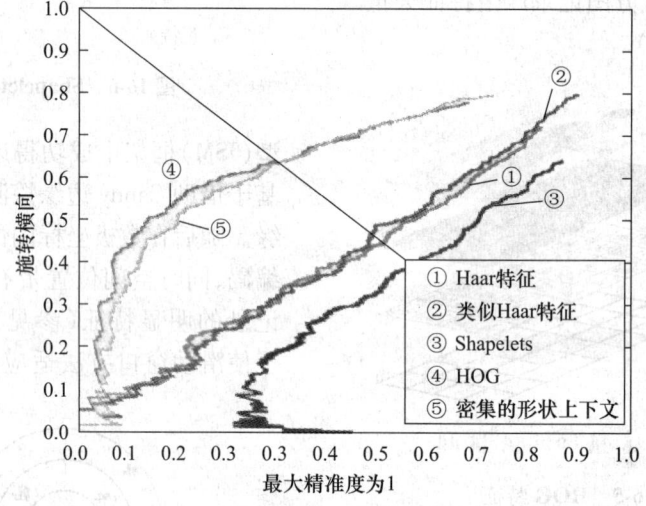

带RBF核的SVM的特征性能

① Haar特征
② 类似Haar特征
③ Shapelets
④ HOG
⑤ 密集的形状上下文

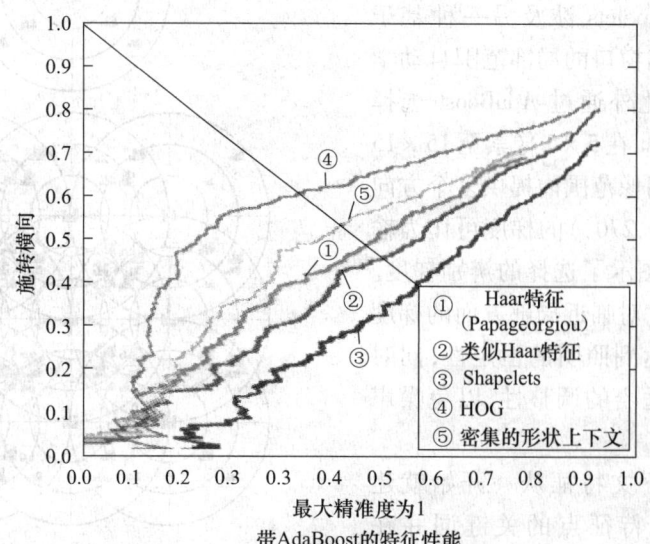

带AdaBoost的特征性能

① Haar特征 (Papageorgiou)
② 类似Haar特征
③ Shapelets
④ HOG
⑤ 密集的形状上下文

图16-8　用不同的分类器进行特征评估

显而易见,与分类器的选择无关,基于梯度的特征 HOG 和形状上下文能取得最佳的结果。此外,可以看出,Haar 和类似 Haar 特征可提供差不多的因类似特征设计而毫无意外的良好性能。此外,通过使用 RBF 核可在大多数情况下改善结果。

接下来进行所谓的"Bootstrapping"(引导程序)步骤。其首先训练一个初始模式并借此测试所有的负像,以找到其他的很难进行分类的反面示例。随后将其添加到原来的训练示例中并由此使数量增加了许多倍。此外,对各个探测器的分析表明:探测这些不同的实例因此有希望对不同的特征进行组合。相关结果参见图 16-9。HOG 特征和线性 SVM(HOG - linSVM)的组合作为标准尺。

事实表明,HOG 和 Haar 特征的组合可能获得比 HOG - linSVM 更佳的总体性能。但是,性能取决于分类器的选择。与 AdaBoost 组合起来,用 Bootstrapping(引导程序)会获得明显更佳的性能,而不是一个类似的性能。与作为分类器的一个线性 SVM 结合起来,同样可得到一个与 HOG - linSVM 类似的性能。

对于密集形状上下文特征和 Haar 特征的组合,不用线性 SVM 和 AdaBoost 的引导程序便可得到类似的性能。但是在该组合内,线性 SVM 会从引导指令程序获得更多的益处并比 HOG - linSVM 获得明显更佳的总体性能。相反,Ada - Boost 仅能获得一个类似的良好性能。

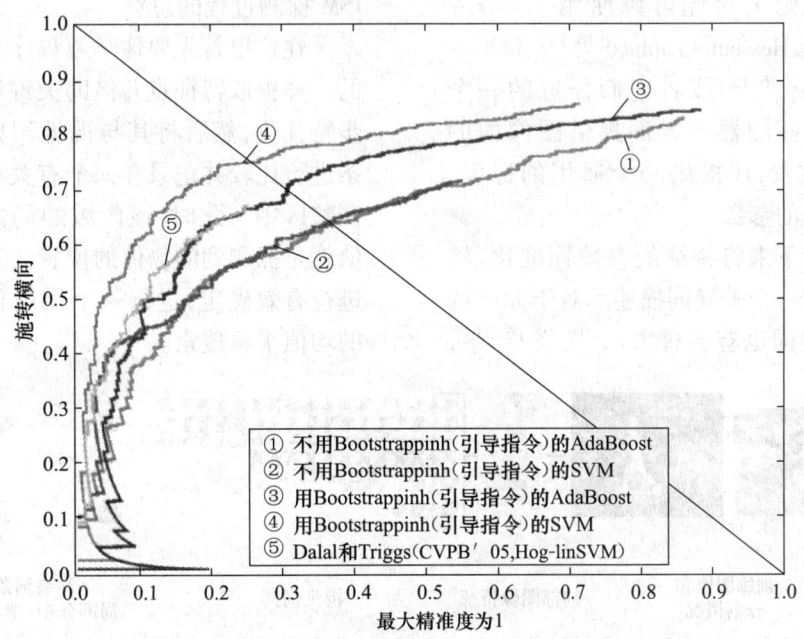

图 16-9 特征组合的性能(Haar 和形状上下文特征)

**(2) 基于特征点和人体部位的方法**

基于特征点的方法特别适合于体型较大的行人。在本处讨论的方法中，典型的尺寸为 100 像素以上。相对于基于滑动窗口的探测器，用局部对行人建模代替全局建模，这也就是为什么这类的方法针对遮蔽和关节这类难题来说明显更为稳定。此外，某些方法可估测身体姿态[16.24,16.25,16.1]，这样同时可一起估测行人的运动方向。在本节中涉及 Leibe 和 Schiele[16.12] 特别成功的隐式形状模型(ISM)方案和其后续扩展版本[16.13,16.23,16.24,16.1]。

对于此类方法，视觉辞典是核心组件。它包含一组从图像的训练数量中提取的物体组成部分的集合。为此要首先使用一个特征点探测器，以确定明显的像素。

原则上对此可以使用 Harris - Laplace、Hessian - Laplace[16.18]、DOG - Detektor[16.15] 或者它们任意的一个组合。探测器一方面提供图像内的 $x$-$y$ 位置，还提供一个通用的标度，即特征的参数。

接下来将特征的参数标准化，然后借助一个关键词描述。对于如何选择关键词也有多种方法[16.19,16.23]，但大多使用的是 SIFT[16.15]、形状上下文[16.2]或者简单地使用灰度值像素值，然后将关键词收集为视觉辞典词条。为此使用一个成组的特别适合大数据量的互惠最近邻居(RNN)成对聚类法。接下来，将视觉词汇返回训练图像中进行投影并相对于物体空间以非参数的形式学习其空间分布。在这里特别重要的是，它涉及一个星形模型，这样可对每个词典词条单独学习关联性并不对词典词条之间的关联性进行建模。此外，不考虑词典词条之间相互建模的关联性可使用一个极小的训练集(210 个实例)。图 16-10 图示了一个介绍的学习方法的总览。

然后借助学习的视觉词典说明如何识别行人。图 16-11 图示了一个 ISM 探测过程的总览。

在这里首先要像学习程序上所述的一样提取特征点并借助关键词进一步特征化，然后将其与视觉词典的词条进行比较并记录在一个有关概率的调整区中。此时，该区域的局部最大值就是探测到的物体的位置。为对此进行有效确定，进行一个尺度自适应的均值平移搜索。

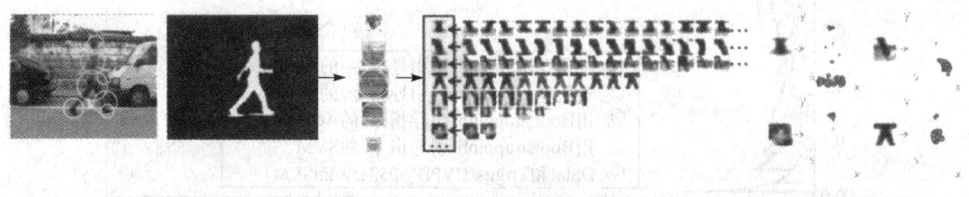

训练图像和分割情况　　局部图像特征　　视觉词典　　词典词条的局部分布(非参数化)

图 16-10　创建视觉词典的学习方法

## 16 基于摄像头的行人探测

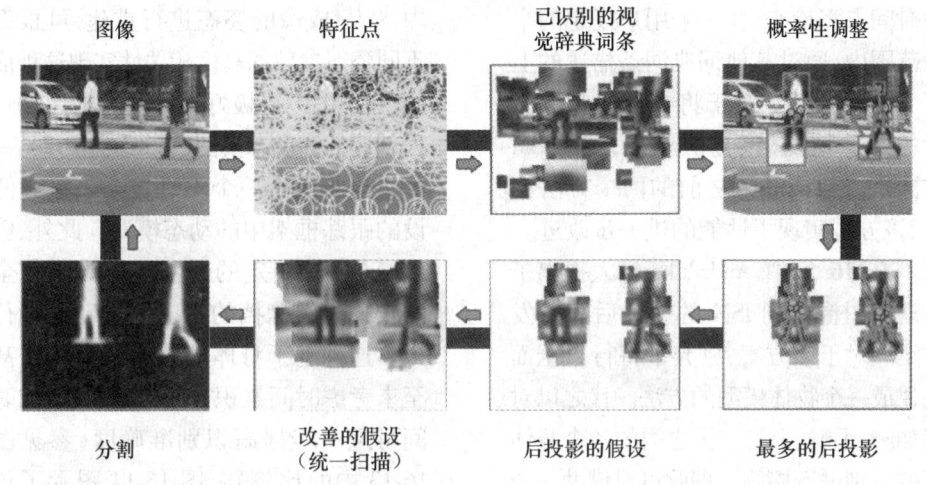

图 16-11 ISM 探测程序概览

最后,这些特征点可以后投影到图像中,其以找到的最大值为依据。此外,除物体位置和大小外,还有行人的粗分。基于训练数据已知的前景/背景分割可确定每个属于前景的像素的概率。为此用视觉辞典的词条存储分割,然后考虑其对探测假设相应的用处。最终通过物体分割决定前景对背景的概率比。

特别是在发生遮挡或者出现多个连续的假设时在有关概率的调整方法的过程中会起到不一致的作用,这尤其会导致某个行人的一部分以属于另一个行人的假设为依据或者在两个依次相邻的探测之间产生错误的假设。但是事实表明可在一个最大描述长度(MDL)公式中通过推断出的分割极为有效地解决这种多义性。

对于上述一般的探测方法有多个专门为行人量身定做的扩展方案。在[16.13]中,Leibe 等人将局部的探测方法与全局的验证步骤结合起来。在此,借助斜面匹配将最后获得的假设的分割与训练数量的已知的剪影进行比较。通过组合全局基于轮廓的剪影特征并通过局部特征支持的 ISM 探测可达到一种总体上改进的性能。

在[16.24]中,Seemann 等人将有关概率的调整空间扩展出了额外的一个描述探测行人身体关节的离散维度。为此,对视觉词典的每个词条额外进行标记,在哪个关节可出现该词条,这样可在探测步骤中确保总是与关节相对应地出现局部特征。例如,头部的特征几乎与所有的关节相一致,脚部的特征仅用于极特殊的关节,因此软性分配具有优势。这要通过试验进行验证。该方法胜过用全面的斜面验证策略取得结果。

在[16.25]中,Seemann 和 Schiele 建议,根据局部上下文对局部特征点进行建模。为此在视觉词典里保存每个词条,保存内容是在哪个位置上词条出现在训练实例的剪影中。随后,对于探测时间点将检查,在一个用户规定的半径范围内,通过其他词典词条描述的上下文是否一致。对于将半径设为无穷大的特殊情况,该方法与原来的 ISM 方法是一致的。与之前的两个方法相比,该方法实现了性能的进一步改进。

在[16.1]中,Andriluka 等人提出了对动态图像序列 ISM 的一个后续研发方案。对于该方案,放弃了将行人全面构建成一个物体模型的方法。代之以对诸如脚、手臂、上身和头之类的各个身体部位分别进行探测。据此可对借助一个非线性投影在低纬度的 2D 空间内[16.11]成像的姿态进行重建,可根据不同姿态参数的高度相关性实现这种成像,在本图中可极好地针对人的运动过程创建一个动态模型(参见图 16-12)。

这将用于一个不进行马尔可夫假设的跟踪框架中的动态模型。此外,创建一个实例特定的颜色模型,以在完全的较长时间遮挡的情况下重新识别行人。这种基于身体部位的模型 ISM 甚至未考虑时间累积方面的问题;增加时间可进一步提高识别准确度(参见图 16-13 中的比较)。图 16-14 图示了该方法的几个探测示例。

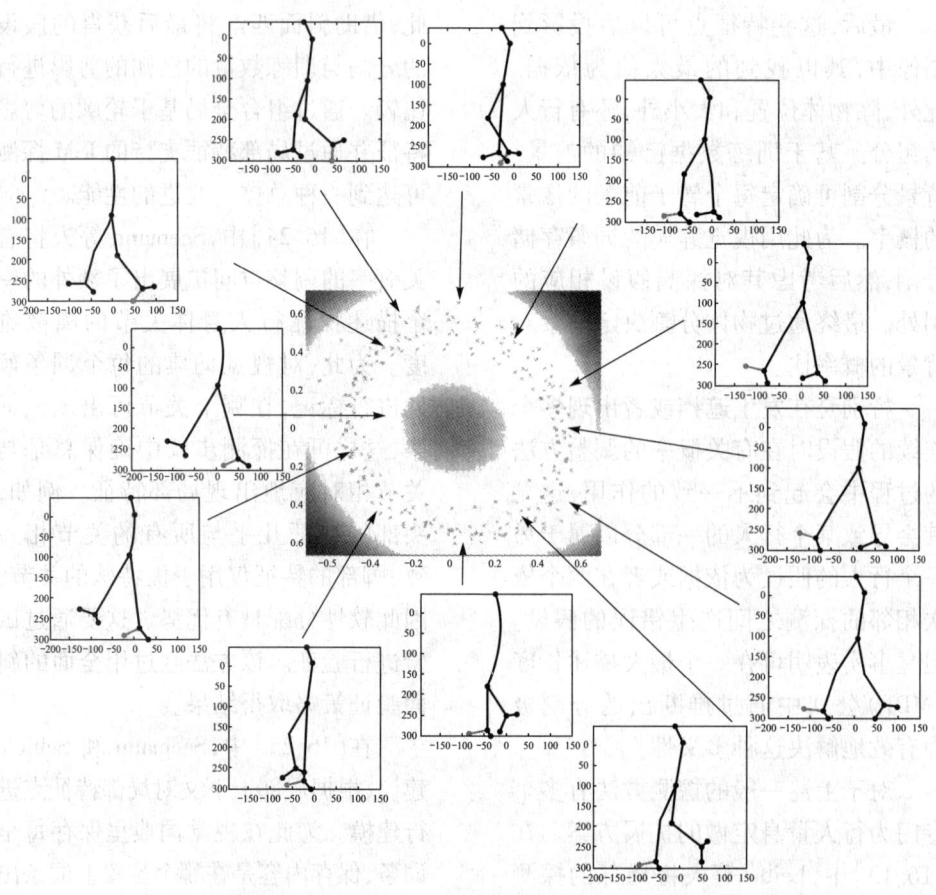

图 16-12　在高斯过程本隐变量模型中人的运动过程

16 基于摄像头的行人探测

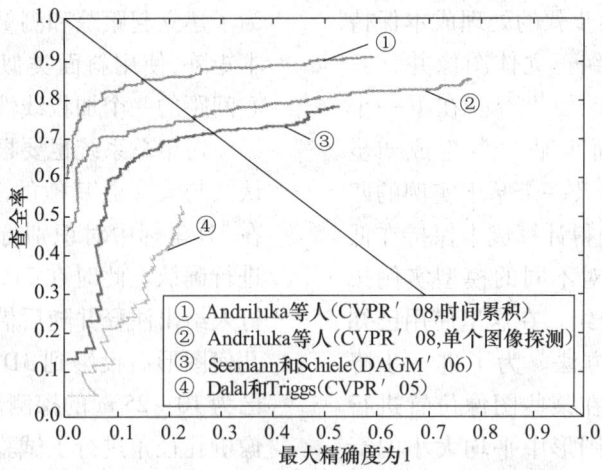

图 16-13 ISM 变型[16.25,16.1]和 HOG[16.4]视频序列数据的性能比较

图 16-14 采用时间累积的基于身体部位的 ISM 方法的探测示例

(3) 面向系统的方法

与迄今所述的与某个应用无关的探测器相反,有许多其他的方法采用的是随着总系统的研发而获得的应用知识,如 Gavrila 和 Munder 的系统就是这样[16.7]。其由下列单个分量组成(参见图 16-15):

◆ 基于立体的注意力控制;
◆ 基于轮廓的探测;
◆ 基于织物纹理的行人分类;
◆ 基于立体的行人验证;
◆ 跟踪。

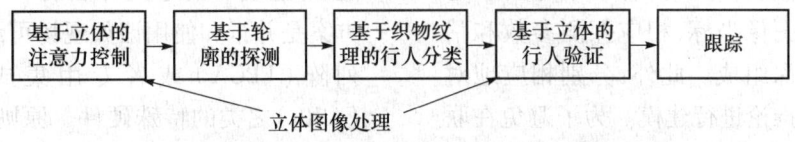

图 16-15 PROTECTOR 系统的处理步骤

为了使后面步骤的处理成本保持在低水平,首先纠正立体图像并计算一个稀疏的视差图[16.5]。在下一个步骤中借助斜面匹配[16.8]生成初步行人假设。这涉及一个基于实例的匹配方法。为了使得计算成本保持在低水平,从结构上对不同的模型实例按三个层次进行分组。在这里使用已知的"滑动窗口"方法。为了进一步降低计算成本,仅在某些图像位置进行探测,场景几何图形中平均大小的行人与该图像位置匹配。同时假设,摄像机和要探测的行人都位于同一个平面上。

随后,借助织物方法验证初始假设。同时,借助人造神经元网络对织物进行建模[16.29];使用 SVM 作为分类器。此外,与普通的前馈网络相比,在局部可感受的区域内一起使用较少的训练实例处理该方案,但同时在性能上不能有损失。

为了进一步降低错误探测的数量,随后进行进一步的使用立体图像信息的验证步骤。此时在生成假设的轮廓掩膜范围内,一个二次多项式在互相关数值的分布范围内在估测的第二个立体图像的纵深范围内进行匹配,然后应放弃不符合所需分布的假设。

最后,借助卡尔曼滤波器根据时间修改假设。此时,各个跟踪的状态矢量由图像坐标、相应探测参数和估测的纵深组成。此外,分别相应地对第一个推论进行建模。为了避免在联合现有跟踪的测量结果时出现多义性,采用 Kuhns 传统的方法[16.10]。

为了建立起跟踪和测量之间相应的成本矩阵,使用斜面类似尺度和物体中心间距的一个加权线性组合。

对于总系统也要根据经验进行确认。与大多数其他的工作相反,在此在 3D 坐标中对识别行人方面的能力进行确认。此时在 2D 输入图像中对行人给出注释并随后借助已知的场景几何图形后投影到 3D 空间中。系统已为 10~25 m 的探测范围和 30°的摄像机孔径角进行了试验。

可以很明显看出,基于立体的注意力控制对于总体性能具有很大的贡献。如果不进行立体注意力控制,尤其在结构化的背景上出现非常高的错误识别率将证明这一点。如果将探测范围限制在距离汽车中轴 +/−1.5 m 的侧向间距上,则会识别到所有的行人,同时每分钟会出现约 5 个错误探测。此外,Gavrila 和 Munder 指出,通过注意力控制的再参量化可将处理速度提高约 40%,但是识别能力会下降,这会表现为系统准确度 6%~8% 的下降。

## 16.4 对软硬件要求的说明

由于较高的数据量,就像识别行人所需的处理成本一样,复杂探测系统的处理成本也不能完全忽略。因此,加速现有的适用算法的一个根本方案是并行和使用诸如现场可编程门列阵(FPGA)或者专用集成电路(ASIC)之类的特殊硬件。原则上,目前的显卡适用于现有算法的并行。特别是通过提供诸如 Nvidia 的统一计算设备架构(CUDA)或者 ATI 的 *Stream SDK*,可在较早的研发时间点以简单的途径检验相应的方案。

标准硬件采用未经优化的上述算法每个图像需要数秒的运行时间,而现在的显卡硬件可用于实时应用。Wojek 等人[16.30]的实证研究表明,对于滑动窗口方法需要并行非常多的组件并才能更快地执行。Wojek 等人针对 96 像素的最低行人尺寸使用 640×480 像素(相应地 26Hz)实现了每个图像平均 38 ms 的计算时间,相当于 26 Hz。为了达到相应较高的处理速度,已在处理标度间将间距放大。但是,相应的分析表明,这不会产生探测成本。

表 16-2 对比了加速执行(以小的标度间距)的标准执行处理时间。

**表 16-2 纯算法运行时间**

(单位为毫秒,不包括图像采集)

| 处理步骤/执行 | CPU | GPU | 加速度 |
|---|---|---|---|
| 边缘增强 | 10.9 | 1.19 | 9.15 |
| 计算梯度 | 3 083.9 | 20.71 | 148.9 |
| 计算直方图 | 4 645.3 | 24.44 | 190.1 |
| 标准化 | 95.8 | 5.67 | 16.9 |
| 分类 | 970.1 | 27.15 | 35.7 |
| 图像缩放 | 128.5 | 2.47 | 52.0 |
| 共计 | 8 934.5 | 81.63 | 109.5 |

根据上表可明显看出并行的极大重要性,通过并行可达到 109.5 倍的加速。这表明,尤其是图像特征耗费巨大的计算可能会由此得益并得到最大的加速。诸如在标准硬件上其运行时间同样位于秒范围之内的 ISM 之类的基于特征点的算法可全面预见到通过使用并行硬件可得到加速。对于该方案,大多数时间用于验证初始假设,初始假设需要对候选假设的分割进行逐个像素密集计算,但可允许极好地并行。

另外,要注意的是所列的运行时间尝试在所有可能的位置上按所有可能的尺寸探测行人。像面向系统方法的章节中所述的一样,通过诸如注意力控制或者假设统一的平整基本面这些技术可进一步大幅降低要执行操作的数量从而加速运行时间。

最后,除了并行操作之外,还有其他的方法用于加速滑动窗口探测器。但是要承受探测器功率的部分损失。例如,由粗到细法会达到较高的处理速度,但会受到最低探测尺寸的限制[16.32]。另一种方法是使用串联的探测器并仅计算探测窗口部分区域的鉴别特征,然而,前提条件是特征计算应极为高效,以进行成本原本就较大的训练[16.28,16.33]。

## 16.5 小结

虽然过去一些年中在基于摄像机的行人探测领域里获得了显著的成功,但是对于汽车应用中的能力来说是完全不够的。因此,Gavrila 和 Munder 为 PROTECTOR 系统规定了每分钟 0.3～5 次错误探测。此外,将探测范围限制在最多 25 m,这对于许多应用情况是完全不够的。这在低分辨率下随着行人识别能力越来越差必须对此进行进一步改进,如可以通过改善对总场景的了解进行改进。诸如视觉流的运动信息几乎还不能用在目前的系统中，这尤其包括对处于十字路口的行人进行的识别能力的改进。

# 参考书目

[16.1] Andriluka. M.; Roth, S.; Schiele, B.: People-tracking-by-detection and people-detection-by-tracking. In: Proceedings of the IEEE Conference an Computer Vision and Pattern Recognition, S. 1-8, IEEE Computer Society Press. Anchorage, AK, USA, 2008.

[16.2] Belongie, S.; Malik. J.; Puzicha, J.: Shape matching and object recognition using shape contexts. IRRE Transactions on Pattern Analysis and Machine Intelligence, 24 (4): 509-522, IEEE Computer Society Press, Washington, DC, USA, 2002.

[16.3] Bertozzi. M.; Broggi, A.: Caraffi, C.; Del Rose, M.; Felisa, M.; Vezzoni, G.: Pedestrian detection by means of far-infrared stereo vision. Computer Vision and Image Understanding, 106 (2-3): 194-204, Elsevier Science Inc., New York, NY, USA, 2007.

[16.4] Dalal, N.; Triggs. B.: Histograms of oriented gradients for human detection. In: Proceedings of the IEEE Conference an Computer Vision and Pattern Recognition, S. 886-893, IEEE Computer Society Press, San Diego, CA, USA, 2005.

[16.5] Franke, U.: Real-time stereo vision for urban traffic scene understanding. In: Proceedings of the IEEE International Conference an Intelligent Vehicles, S. 273-278, IEEE Computer Society Press, Dearborn, MI, USA, 2000.

[16.6] Friedman, J.; Hastie. T.; Tibshirani, R.: Additive logistic regression: a statistical view of boosting. The Annals of Statistics, 38 (2): 337-374, Institute of Mathematical Statistics, Beachwood, OH, USA, 2000.

[16.7] Gavrila, D.; Munder, S.: Multi-cue pedestrian detection and tracking from a moving vehicle. International Journal of Computer Vision, 73 (1): 41 59, Springer-Verlag New York, Inc.. New York, NY, USA, 2007.

[16.8] Gavrila, D.; Philomin, V.: Real-time object detection for "smart" vehicles. In: Proceedings of the IEEE International Conference an Computer Vision, S. 87-93, IRRE Computer Society Press, Kerkyra, Korfu, Griechenland, 1999.

[16.9] Harris, C.; Stephens, M.: A combined Corner and edge detection. In: Proceedings of The Fourth Alvey Vision Conference, S. 147-151, Manchester, UK, 1988.

[16.10] Kuhn, H. W.: The Hungarian method for (he assignment problem. Naval Research Logistic Quarterly, 2: 83-97. Institute for Operations Research and the Management Sciences, Hanover, MD, USA, 1955.

[16.11] Lawrence. N. D.: Probabilistic nonlinear principal component analysis with Gaussian process latent varia-

[16.12] *Leibe, B.; Leonardis, A.; Schiele, B.*: Robust object detection with interleaved categorization and segmentation. International Journal of Computer Vision, 77 (1-3).: 259-289, Springer-Verlag New York, Inc., New Yark, NY, USA, 2008.

[16.13] *Leibe. B.; Seemann, E.; Schiele, B.*: Pedestrian detection in crowded scenes. In: Proceedings of the IEEE Conference on Computer Vision and Pattern Recognition, S. 878-885, IEEE. Computer Society Press, San Diego, CA, USA, 2005.

[16.14] *Lindeberg, T.*: Feature detection with automatic scale selection. International Journal of Computer Vision, 30 (2): 77-116, Kluwer Academic Publishers, Hingham, MA, USA, 1998.

[16.15] *Lowe, D. G.*: Distinetive image features from scaleinvariant keypoints. International Journal of Computer Vision, 60(2): 91-110, Kluwer Academic Publishers, Hingham, MA, USA, 2004.

[16.16] *Mahlesche M.; Oberlanden, M.; Lohlein, O.; Gavrila. D. M.; Ritter, W.*: A multiple detector approach to low-resolution fir pedestrian recognition. In: Proceedings of the IEEE International Conference on Intelligent Vehicles, S. 325-330, IEEE Computer Society Press. Las Vegas, NV, USA, 2005.

ble models. Journal of Machine Learning Research, 6: 1783 1816, MIT Press, Cambridge, MA, USA, 2005.

[16.17] *Maji, S.; Berg, A C.; Malik. J.*: Classification using intersection kernel support vector machines is efficient. In: Proceedings of the IEEE Conference on Computer Vision and Pattern Recognition, S. 1-8, IRRE Computer Society Press, Anchorage, AK, USA, 2008.

[16.18] *Mikolajczyk. K.; Schmid, C.*: Scale and affine invariant interest point detectors. International Journal of Computer Vision, 60 (1): 63-86, Kluwer Academic Publishers, Hingham, MA, USA, 2004.

[16.19] *Mikolajczyk, K.; Schmid, C.*: A performance evaluation of local descriptors. IEEE Transactions on Pattern Analysis and Machine Intelligente, 27(10): 1615-1630, IEEE Computer Society Press, Washington, DC, USA, 2005.

[16.20] *Papageorgiou, C.; Poggio, T.*: A trainable System rot object detection. International Journal of Computer Vision, 38(1): 15-33, Kluwer Academic Publishers, Hingham, MA, USA, 2000.

[16.21] *Sabzmevdani, P.; Mori, G.*: Detecting pedestrians by learning shapelet features. In: Proceedings of the JEFF Conference on Computer Vision and Pattern Recognition, S. 1-8, IEEE Computer Society Press, Minneapolis, MN, USA, 2007.

[16.22] *Schoelkopf, B.; Smola, A. J.*: Learning with kernels; support vector machines, regularization, optimization, and beyond. MIT Press, Cambridge, MA, USA, 2001.

[16.23] Seemann, E.; Leibe. B.; Mikolajczyk, K.; Schiele, B.: An evaluation of local shape-based features for pedestrian detection. In: Proceedings of the British Machine Vision Conference, 5. 11-20. British Machine Vision Association, Oxford, UK, 2005.

[16.24] Seemann, E.; Leibe, B.; Schiele, B.: Multi-aspect detection of articulated objects. In: Proceedings of the IEEE Conference on Computer Vision and Pattern Recognition, S. 1582-1588, IEEE Computer Society Press, New York, NY, USA, 2006.

[16.25] Seemann, E.; Schiele, B.: Cross-articulation learning for robust detection of pedestrians. In: Pattern Recognition: Proceedings of DAGM Symposium, S. 242-252, Springer-Verlag New York, Inc., Berlin, Deutschland, 2006.

[16.26] Shashua, A.; Gdalyahu, Y.; Hayun, G.: Pedestrian detection for driving assistance systems: Single-frame classification and system level performance. In: Proceedings of the IEEE International Conference on Intelligent Vehicles, 5. 1-6, IEEE Computer Society Press, Tokyo, Japan. 2004.

[16.27] Suard, F.; Rakotomamonjy, A.; Bensrhair, A.; Broggi. A.: Pedestrian detection using infrared images and histograms of oriented gradients. In: Proceedings of he IEEE International Conference on Intelligent Vehicles, S. 206-212, IEEE Computer Society Press, Tokyo, Japan, 2006.

[16.28] Viola, P. A.; Jones. M. J.: Snow, D.: Detecting pedestrians using patterns of motion and appearance. In: Proceedings of the IEEE International Conference on Computer Vision, S. 734-741, FEE Computer Society Press, Washington, DU, USA, 2003.

[16.29] Wähler, C.; Anlauf J. K.: An adaptable time-delay neural-network algorithm for Image sequence analysis. IEEE Transactions on Neural Networks, 10(6): 1531-1536, IEEE Computer Society Press, Washington, DU, USA, 1999.

[16.30] Wojek, C.; Dorkó, G.; Schulz, A.; Schiele, B.: Sliding-windows for rapid object-clans localization: a parallel technique. In: Pattern Recognition: Proceedings of DAGM Symposium, S. 71 81, Springer-Verlag New, York, Inc., München, Deutschland, 2008.

[16.31] Wojek. C.; Schiele, B.: A performance evaluation of single and multi-cue people detection. In: Pattern Recognition: Proceedings of DAGM Symposium, S. 82-91, Springer-Verlag New York, Inc., München, Deutschland, 2008.

[16.32] Zhang, W.; Zelinsky. G.; Samaras, D.: Real-time accurate object detection using multiple resolutions. In: Proceedings of the IRRE International Conference on Computer Vision, S. 1-8, 1 UTE Computer Society Press, Rio de Janeiro, Brasilien, 2007.

[16.33] Zhu,Q. ;Avidan. S. ; Yeh, M. C. ; Cheng. K. T. :Fast human detection using a cascade of histograms of oriented gradients. In:Proceedings of the IEEE Conference on Computer Vision and Pattern Recognition, S 1491-1498,IEEE Computer Society Press. New York,N Y,USA,2006.

# 17 环境探测传感器的数据融合

*Michael Darms*

仅基于单个传感器解决方案的驾驶员辅助系统,如使用带有一个雷达或者激光传感器的自适应巡航控制系统以及大多数情况下基于视频传感装置的车道偏离警示系统。

如前面章节所述,每种传感器技术都有其特有的优点和缺点:这样可用一个雷达传感器以足够的准确度为自适应巡航控制系统应用情况确定前方行驶车辆的纵向距离和速度。但是,由于横向分辨率、信号分析的多义性和缺少行车道标记识别,选择用于保持距离的相关物体时其准确度必须考虑运行系统时相邻车道的干扰。此外,只能有限地对探测物体进行分类,这样一般在原则上只会考虑识别到其运动的物体。

例如,可通过视频传感器的数据提供缺少的信息;通过车道标记识别获得用于车道分配的信息;通过分类算法将视频图像中的车辆与其他的物体区分开;借助图像处理技术可在视频图像中确定汽车的位置。但是,借助批量使用的单眼摄像机不能达到自适应巡航控制系统应用情况所需的准确度,这主要在于既不能足够准确地估测纵向距离也不能准确地估测相对速度。

通过结合两个传感器的信息可以将两种技术的优点结合起来,如可将雷达传感器的距离测量与分类信息和在视频图像中测量汽车位置结合起来,以这种方式可以减少错误解读并提高横向位置的准确度。此外,可借助视频传感器的数据进行一个较稳固的车道分配并由此确定相关物体。

各种不同的研究工作证明了此类数据融合方案的能力[17.1,17.5,17.6,17.27,17.29]。在量产车上也早已使用了环境传感器数据融合。这不仅出现在这里所列的雷达传感器和图像传感器的示例上,也出现在其他的组合上(例如,近程和远程雷达)。同时,也可将这种融合理念扩展到其他的传感器技术上,如研究和研发的对象是不同成像传感器的融合以及环境传感器的数据与存储的地图数据的融合。

下文讨论了驾驶员辅助系统传感器数据融合的基础。首先规定了传感器数据融合的定义,并且说明了融合的目标;然后,以对多个传感器进行数据融合的视角说明了环境数据处理的主要组成部分;最后,介绍用于传感器数据融合建立的架构模式。同时,该章节的一部分内容以[17.1]中的说明为依据。

## 17.1 传感器数据融合的定义

根据 Steinberg 等人的观点，如下定义数据融合的过程：

"数据融合是联合数据或信息以估计或者预测实体状态的过程。"[17.12]

应使用实体的一般概念，该概念描述了一个与信息关联的抽象物体。在驾驶员辅助系统范围内，这可以涉及一个真实的位于汽车环境内的（例如，一辆车）对象或者涉及一个（例如，俯仰角）单个的状态变量。

下文主要涉及第一种情况，因此我们直接使用物体这个概念。重点在跟踪估测（通常也称为跟踪）和物体辨别上[17.10]。此时，跟踪估测可理解为在规则技术意义上估算物体的状态（例如，位置、速度）。物体辨别又分为探测和分类[17.10]。在探测的框架内判断是否有一个物体，在分类时给一个物体分配一个预先规定的类别（例如，车、人）。但是，这种设想也可概括为抽象的物体[17.13]中的讨论。

### 17.1.1 数据融合的目标

数据融合的最高目标在于汇总各个传感器的数据，结合优势和（或）缩小弱势，同时可区分下列几个方面[17.14,17.15]：

**（1）冗余信息**

冗余传感器提供同一个物体的信息，借此可改善估测的质量。同时，必须在估测算法中考虑测量误差取决于哪些因素[17.3]。危险是融合过程中多次插入伪迹或者误释（参见下文）。

此外，通过冗余可提高系统的容许误差或者可用性。一方面这涉及单个传感器发生失灵，但是前提必须是在不使用失灵传感器信息的情况下，仍有质量令人满意的数据可用。另一方面这涉及单个传感器的伪迹或者误释。通过一个冗余可降低个别错误对整个系统的影响。

**（2）互补性**

互补传感器将不同的补充性信息加入融合过程中。这一方面可从空间角度实现，此时其也涉及不同视野范围相同传感器的信息。在这里要特别注意探测范围边缘区域的数据处理[17.6]。

另一方面可能涉及与同一个物体有关的数据。在这种情况下可提高信息含量，借此探测不同的属性。有可能只有融合各个信息才能提供某个应用所需的信息。

此外，使用不同的传感器技术可提高总系统借助单个传感器技术装备根本无法可靠探测的单个物体探测方面的稳固性。例如，激光传感器的射线可穿透玻璃或者雷达传感器的射线可穿透塑料材质的不同的材料而无须探测相应的物体。通过传感器组合可降低根本无须探测的物体的概率。

**（3）时间方面**

可通过一个融合方案提高整个系统的采集速度。一方面可通过并行处理各个传感器的信息，另一方面可通过采集过程的一个相应的时间安排实现（例如，交替测量的传感器）。

此外,可通过提高准确度或者加入互补信息影响估测的动态。在这里要注意的是,不同的应用情况可能对估测的动态和准确度有着不同的要求并且为不同的应用情况设定不同的估测算法在一个传感器融合系统里也是有用的(参见第17.2.1节)。

**(4)成本**

在设计每个传感器系统时,成本是实际可行性的一个关键性因素。与单个传感器相比,通过使用融合系统可降低成本。但是,该说法不可能普遍有效,原因是例如通过研发用于分析单个传感器数据的新算法或者通过对硬件的进一步研发也可以带来改进。因此,总是要从多层面决策对单传感器系统或多传感器系统的研发并要综合考虑上述方面。

建立系统架构对传感器融合系统的成本有着决定性的影响[17.26,17.20]。迄今在汽车领域内未规定统一的作为一种统一的标准或者一个执行标准的架构。这使得供应商和汽车制造商之间跨企业的合作,在一个共同的架构上研发合适的传感器和算法以及迁移到新的辅助功能和新一代传感器上变得困难[17.26]。

实际可行性、系统模块化和成本低的可扩展性是十分重要。借此可成本低廉地实现向新的辅助功能的迁移并主要在汽车制造商方面提供了重要的可能性,使其可采用不同供应商提供的传感器或者软件模块。

## 17.2 传感器数据处理的主要组成部分

下面汇总了传感器数据处理的主要组成部分。组成部分的划分是一般性的并且首先也适用于单个传感器系统。在研发多传感器系统时要注意的事项会在相应的位置予以强调。

### 17.2.1 信号处理和特征提取

在信号处理和特征提取的框架内[17.2]通过传感器采集汽车周围环境中的信息(图17-1)。

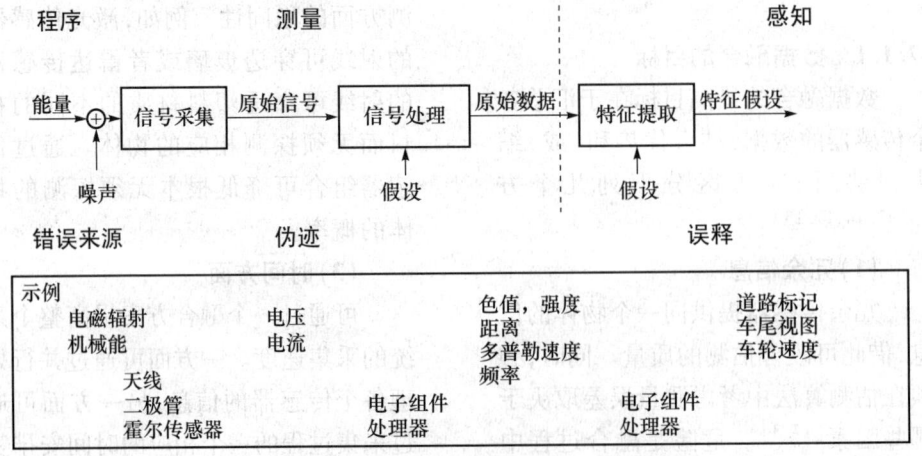

图17-1 测量和感知(来源:[17.1],第9页)

第一步(称为测量),在传感器的接收元件中(信号采集)接收叠加了干扰信号(噪声)的有效信号(能量)并转换为原始信号(例如,电压、电流)。将原始信号解读为物理测量参数(例如,强度、频率等),其最终形成传感器的原始数据。同时,在信号处理的框架内进行解读的(物理)假设(例如,最大接收电平、脉冲波形等)。如果不符合该假设,便会产生所谓的伪迹,这说明存在受系统制约的弱点。

第二步(称为感知),根据假设或者启发学从原始数据中提取特征(例如,边缘、极限值),根据这些特征从特征假设推论出一个对象假设,即一个假设的物体。由于使用启发学,因此在这里可能会导致误释。

如果将多个传感器的信息纳入评估过程中,则有必要为信息找到一个共同的引用。在信息不是正交的或者相互之间是独立的情况下,会对任务造成困难。

此外,一个基本问题在于在一个坐标系内以一个共同的基准点对数据进行转换。在一个单个传感器上,如校准中的误差仅会造成微不足道的偏移,而对于一个多传感器系统,错误校准可能会导致不同传感器的数据相互之间无法匹配或者出现系统错误及偏差,由此可能会降低估测的质量(见下文)。因此合适的调节过程和(在线)算法是多传感器系统的核心研发主题。

此外,可以使用不同的传感器测量不同的属性,这尤其会出现在非正交传感器上。例如,如果用一个激光传感器和一个雷达传感器测量与一辆汽车的距离,则可能出现探测到不同部件的情况:激光传感器探测到载重车后部的反射镜,雷达传感器探测到后轴,但是相同的传感器也会出现这种情况。造成这种情况的原因可能是从不同的视角探测一个物体。此外,还有测量时传感器特有的伪迹,其在相同的传感器上也会起作用。

在感知过程中也要注意多传感器系统的特点。因此,在理想情况下不同传感器提取特征的假设都符合同一个真实物体。由于传感器不同的分辨率和在数据分割上的误释[17.28,17.5],可能使得用不同的传感器会得出不同的对象假设。此外,对于带异步传感器的系统,提取的特征来自于不同的时间点。为了将不同传感器的数据结合到一起,至少需要一个共同的时基和足够准确的时间标识[17.24]。

不同传感器时间和空间上的数据分配方面的内容在本书关于"传感器登记"的说明中进行了总结[17.26]。

## 17.2.2 数据关联

在数据处理和特征提取中获得的特征假设在数据融合期间分配给已在系统内所知的对象假设[17.3]。此时,数据融合的过程决定性地影响了估测的质量[17.3,17.5,17.6]。如果进行了错误的分配,便可能会造成信息丢失或者在估测过程中采用错误的信息[17.6]。

Hall 和 Llinas 将数据融合的过程

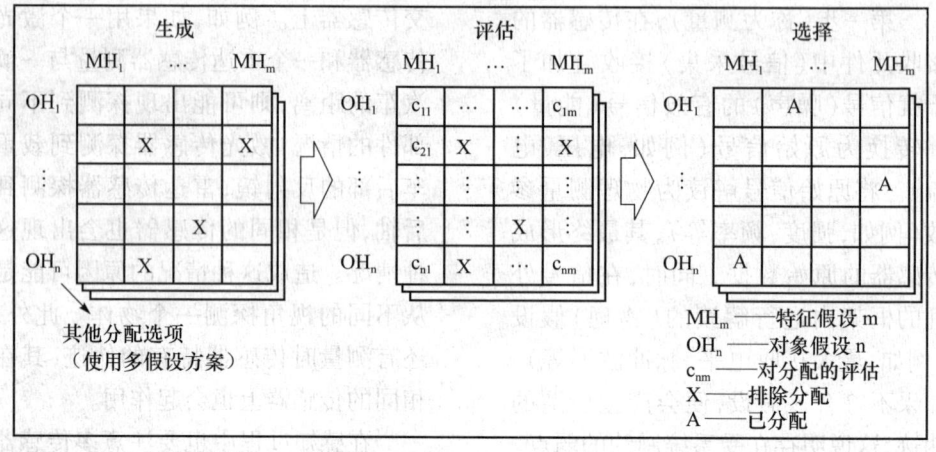

图 17-2　数据关联过程的划分（来源：[17.1]，第 45 页）

划分为下列三个步骤（参见[17.18]和图 17-2；应用在汽车技术中的特定算法请参见[17.5,17.27,17.28]中的内容）：

◆ 生成分配假设。原则上找到特征假设与对象假设的可能的分配关系。结果是有一个或多个原则上具有可能分配的矩阵（分配矩阵）。

◆ 评估关系假设。带着定量评估或者优先次序的目标评估设定的分配假设。结果是分配矩阵中的定量值（例如，成本）。

◆ 选择关系假设。根据评估的分配可能性进行选择，在选择的基础上进行后续的数据处理并由此特别是要进行数据过滤。

务必不要分开执行这三个处理步骤，更确切地说它们之间是相互依赖的。但是建议，在研发过程中将这些步骤分离[17.2]。在设计算法时，可使用资源的（例如，专用传感器的计算能力、分辨率和可使用的原始数据、伪迹

和可能的误释）质量和能力很重要。根据边界条件可使用不同的解决方法[17.26]。

假设生成本身可分为两个子步骤：建立分配假设和选择原则上可能的假设。在建立分配假设时可考虑使用不同的方法。例如[17.2]：

物理模型。可计算使用传感器的可见范围和遮挡。未在假设生成中考虑明显位于可见范围之外的对象假设。

场景认知。可使用基于观察场景认知的物体的状态和潜在的停留地点，如用于找到道路标记或者交通标志牌的区域。

概率模型。可在过程中一并考虑错误探测预期的数量。

Ad - hoc 法。相关的一个例子是建立起所有可能的分配可能性。为此，不需要知道广泛的基本知识，但是如何选择正确的分配就变得更困难了。

在选择原则上可能的假设时可使用下列方法[17.2]：

模式识别算法。在使用原始信号和原始数据的情况下可不进行分配（例如,通过相关技术）。

脉冲选通技术。例如,可通过物理模型计算出一个在当前的测量时间点对象假设或从中推导出的特征假设以一定的概率位于其中的范围（预测）。来自当前测量循环的这个范围之外的特征假设不会关联到相应的对象假设上。

对于假设评估可考虑使用基于贝叶斯理论的概率模型,基于 Dampster Shafer 理论的可能性模型,神经网络或者 Adhoc 技术（例如,在特征的预测和特征本身之间的一个未加权的距离计算）[17.2]。

对于假设选择有大量的数学算法[17.2]。随着维度的增加,尤其是当多个循环的数据一并在选择中进行考虑时,这种解决方案运算量尤其巨大。

在选择假设时只考虑当前循环数据的简单假设方案可控制复杂性。Stüker 大致说明了各种不同的分配方法[17.6]。此外,一个经常要碰到的问题是要把 n 个对象假设分配给 m 个特征假设,而 m≥n,同时一个对象假设只分配一个特征假设。

为此有将分配矩阵中的总成本降低到最小的精确的方法。例如,Munkres 算法,其计算量为 $O(n^2m)$[17.27]）。此外,还有计算量较少的仅提供近似解的算法,如迭代最近邻法,这种方法逐步选择最低成本或者最高概率关系并

且计算量为 $O(m^2 \log_2 m)$ 的分配[17.27]。根据传感器技术可使用不同的算法[17.1]。

如前面所述,可通过传感器特定的算法优化数据融合。不存取原始数据也不考虑传感器的实际情况可能会降低数据融合的质量[17.1]。

此外,数据融合与特征提取和对象假设形成相关。在这种情况下,也有许多不同的传感器特定的方法,它们优化各个过程或者相互协调,以最终针对一个现有资源来说可能最好的分配是从特征假设转变为对象假设。在这里可以识别到诸如数据融合框架内的双测量结果并从融合过程中脱离出来[17.30]。

有关产生诸如可能的伪迹和典型的误释之类数据的知识可用于优化算法。此外,在设计算法时也可考虑诸如分辨能力之类的某个传感器技术特殊的特征。因此,用于数据融合算法的设计与生成数据的知识且与使用的传感器的硬件有关。因此,在一个模块化的结构中将融合算法封装在传感器专用的模块中是非常有用的[17.1]。

### 17.2.3 数据过滤

在一个过滤算法或者估计算法中对提取的和指定给一个对象假设的特征假设进行再处理。使用这种方式,以改善信息或者获得新的信息[17.4,17.7],例如：

◆ 分离信号和干扰；

◆ 重建无法直接测量的状态参数。

有关传感器数据融合的过滤算法

的概述请参见[17.3,17.2,17.10]。此外,按照为相应应用情况规定的优化算法进行过滤器参数的设计和调整(参见[17.7])。如果过滤器是控制回路的一部分,则其会影响整个系统的动态行为[17.8,17.9]。在这种情况下,过滤器参数必须根据控制回路的要求进行调节(例如,ACC 随动调节器)。在这种情况下,必须在过滤器的动态和可获得的估计误差之间寻求一个妥协方案[17.8]。如果用一个状态调节器作为调节器,则只要估测器是稳定的,分类定理[17.8,17.9]至少可以确保整个系统的稳定性。随后可以分别设计调节器和观察器[17.8,17.9],这会给架构带来好处。

为了节省成本,可将多传感器系统的数据用于不同的应用[17.1,17.13]。在这种情况下应注意,根据传感器准确度有在其中无法用一个共同的过滤器算法运行的不同应用的,或者在一个共同运行的应用情况下使用一个过滤器而必须找到的在动态方面对个别应用不是最佳的妥协方案的范围[17.1]。

研发用于数据过滤的算法不能完全不依赖数据融合的设计而进行。这一方面涉及必须寻找到相互兼容算法的设计过程[17.3],另一方面涉及运行时的行为,原因是数据过滤的动态影响融合过程的质量。在这里,根据传感器的精确度也可能出现对不同的应用和数据融合都非常有用的不同的过滤器算法[17.1]。

### 17.2.4 分类

分类时,根据一个预先规定类别的分配属性分配对象假设[17.10]。属性可来自于传感器的原始数据也可能来自于估计对象假设的状态变量。

此时,在一个多传感器系统中,可使用不同传感器的输入数据。如果在融合过程中采用的数据是相互正交的,则在架构设计方面是有益的。在进行相应的架构设计时可避免在状态变量的基础上多次实施一个分类(参见第 17.3.2 节)。

### 17.2.5 状况分析

状况分析确定了驾驶员辅助系统的整体行为。例如,在自适应行驶速度调节系统(ACC)后侧有一个状态机,其规定了在不同状况下的应用行为[17.11]。

因此,状况分析是环境数据处理和辅助功能之间的链环。此外,在状况分析算法中不仅要考虑环境采集系统的能力,也要考虑应用的边界条件。例如,在自动应急制动时,在状态分析的框架内要进行干预决策,这不仅基于识别潜在碰撞物体的准确度也基于汽车特定的潜在避让轨迹。

## 17.3 环境传感器传感数据融合的架构模式

参与系统研发的人员应通过架构记录各个部件的结构和共同作用[17.16]。此外,系统的架构有助于开发过程的结构化[17.16]。这也适用于跨企业合作,原因是系统内的架构和联合的程度[17.17]会影响不同供应商可将组件生产到什么程度。

# 17 环境探测传感器的数据融合

对于架构的研发来说,没有可在每种情况下都能产生较好解决方案的确定性方法[17.16]。下面将对传感器数据融合范围内建立的一般性架构模式进行说明并说明其优缺点。

## 17.3.1 分布式－集中式－混合式

划分为分布式、集中式和混合式的数据融合涉及系统的组件视角[17.17]。其基于传感器内数据处理的程度、传感器内数据处理的结果以及数据融合过程中[17.10]数据结合的位置并大多与跟踪估计关联使用[17.18]。

图17-3 图示了分布式架构。在文献中该方案也称为传感器级融合(sensor-level fusion)、自主融合(autonomous fusion)、分布式融合(distributed fusion)或后－单个传感器数据融合(post-individual sensor processing fusion)[17.10]。在传感器模块中分别执行物体辨别和跟踪评估。结果汇总在集中式模块中,必要时将集中融合的结果反馈到传感器上[17.3]。在这种情况下任意一个分布式组件可额外承担集中式模块的职能,从而达到冗余[17.3]。

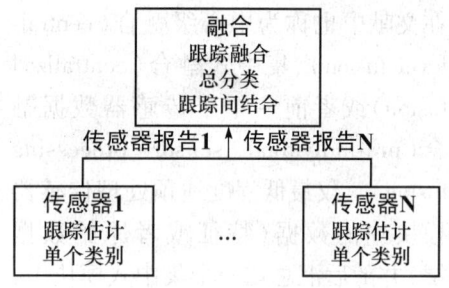

图 17-3 分布式架构
(来源:[17.1],第 16 页)

只要传感器在该操作上是相互正交的,在涉及物体鉴别方面这种形式的架构才是最优的。例如,当传感器原理是基于不同的物理效应并由于相同的原因无法避免错误识别时就是这种情况[17.19]。此外,汇总需要两个信息,一方面用于辨别判断,一方面是判断质量的一个尺度[17.20]。

对于跟踪估计来说,在将估计错误最小化方面该架构也是最优的[17.3]。但是,这仅以相对受限的在实际情况下很少有的情况为前提。另一方面,如果传感器测量时间点不同,则根据可达到的准确度仅能得到差不多最优的方案[17.3]。

图 17-4 图示了集中式架构。这

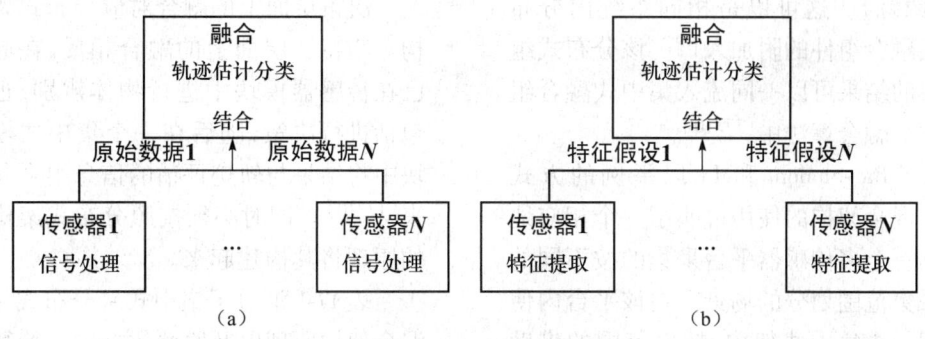

图 17-4 集中式架构
(a)原始数据层上的融合;(b)特征层上的融合(来源:[17.1],第 17 页)

在文献中也称为中心级融合（central-level fusion）、集中式融合（centralized fusion）或者前－单个传感器数据融合（pre-individual sensor processing fusion）。仅最低程度地预处理传感器模块中的数据（特征或者原始数据层）并随后汇总在一个集中式模块中，必要时反馈到传感器模块中[17.10]。

如果传感器相互之间非正交，在物体辨别方面，这种形式的架构胜过分布式架构。如果传感器相互之间是正交的，则结果是不同的[17.10]。

对于跟踪估计，集中式架构是最优的，并且不带有分布式架构的限制性前提条件。此外，也可以最佳地汇总并非在相同的时间点测量的结果[17.3]。

集中式架构的主要缺点在于一方面因扩展时必须改变中央组件的内部算法从而限制了灵活性，另一方面在于传感器组件和融合组件之间接口增加的数据量[17.10]。

两种混合架构结合了集中式和分布式方案。除了最低预处理的数据（原始数据）之外还要给集中式融合组件输入在处理器中预处理的数据（跟踪）。这可以是相同系统内分布式融合组件的附加入口。该分布式组件的结果可以一同流入集中式融合组件的融合算法中[17.10]。

Bar-Shalom 和 Li 以举例的方式为混合架构的使用说明了一个相应地由一个多传感器平台采集的按不同的采集范围划分的场景。在该平台内使用一个集中式架构，超出范围的借助一个分布式架构确定整个图像[17.3]。

### 17.3.2 原始数据层－特征层－判断层

在融合中按原始数据层次、特征层次和决策层次进行划分涉及纳入融合算法中数据的分辨率和传感器数据预处理的程度[17.10]，其也涉及运行时间方面[17.16]且一般情况下与算法一起用于物体辨别[17.18]。

在原始数据层面上融合时，在一个集中式架构内将最低程度预处理的和在参与的传感器的分辨率中有的数据（例如，图像处理中的像素）进行融合。以这种方式可以在最终图像处理前将如不同光谱（红外线、可见光）的信息收集起来[17.10]。该方案的优点是可使用传感器全部的信息，据此可调整融合算法。主要的缺点是传感器和中央组件之间较高的数据传输以及中央组件内经优化算法很难的可变性和扩展性。

在特征层上融合时，首先提取特征，随后进行融合。在一个集中式架构中将以信息丢失为代价降低传感器模块和中央模块之间的通信带宽。

决策层面上的融合对应分布式架构。与特征层面上的融合相反，在此已在传感器模块中进行物体辨别，也包括进行决策，随后在一个集中式模块中将结果与轨迹评估的信息组合起来[17.10]。同时必须按照分布式架构的原理将其构建起来。

表 17-1 汇总了集中式－分布式－混合架构原理以及原始数据层－特征层－决策层和它们的从属关系。

表17-1 融合架构(来源:[17.1],第19页,根据[17.2],第360-361页;另见[17.10],第73页)

| 类型 | 说明 | 融合层 | 备注 |
|---|---|---|---|
| 集中式 | 原始数据的融合 | 原始数据 | ◆ 最低的信息丢失<br>◆ 相比而言传感器模块和中央模块之间需要最高的带宽<br>◆ 对于正交和非正交传感器是最优的 |
| 特征融合 | 特征融合 | 特征 | ◆ 与原始数据层的融合相比需要较低的通信带宽<br>◆ 因特征提取造成信息丢失<br>◆ 在非正交传感器上不能使用在原始数据层上融合的优点 |
| 分布式 | 状态变量和辨别决策的融合 | 决策层面 | ◆ 因特征提取造成信息丢失<br>◆ 对于正交传感器最优的物体辨别<br>◆ 仅在限制性的条件下进行最优跟踪估计<br>◆ 必须在融合时考虑在传感器模块中确定结果的关联性<br>◆ 可达到冗余,为此在多个分布式模块中计算融合 |
| 混合 | 集中式和分布式的组合 | 可组合所有层面 | ◆ 组合集中式和分布式架构的特性<br>◆ 相比而言是复杂性较高的架构 |

### 17.3.3 同步－异步

从系统的动态共同作用出发可区分同步和异步传感器的不同。区别在于传感器内记录数据的时间流程有关[17.3,17.21,17.22,17.23]。

如果是同步传感器,则要从时间上依次调整数据采集。特殊情况是同步传感器,在这种传感器上数据传输是同时进行的。如果是异步传感器,则按照一个传感器特定的和与其他传感器不一致的不必总是保持恒定的时钟脉冲进行数据传输。

同步的缺点是硬件以及软件上的额外成本,优点是在设计过程中系统的时间特性已知[17.24]。

### 17.3.4 新数据－数据群－外部事件

在必须发生事件从而执行数据融合方面可分为:出现新数据时,在出现特定的数据群时和存在外部事件时的情况。

如果相应地在出现新数据时进行融合,则不会丢失数据。根据是否使用同步或者异步传感器,必须在融合阶段找到处理不是按测量的时间顺序到达融合组件的数据方案[17.25,17.6]。在一个分布式结构中,最新融合的数据可以反馈给传感器,这样在组件中应地有最新的估计(例如,有关算法预处理的估计)。

如果在出现特定的数据群时进行融合(例如,总是在出现特定传感器数据时进行融合),则必须提供缓存数据的资源。此外,融合的数据并不是在最早的可能的时间点就可用。如果使用异步传感器,则必须判断,在融合过程中使用的是什么形式的数据(参见第17.3.5节)。

如果不再将集中式融合组件的结果反馈给传感器,则可在任意一个时间点通过外部事件触发融合动作。这使得根据进一步处理的过程调节数据传输率并由此调节可用资源成为可能,但是一般情况下在跟踪估计的准确度方面不是最优方案[17.3]。

### 17.3.5 原始数据 – 过滤后的数据 – 预测的数据

在进入融合过程的数据类型方面可分为原始数据、过滤后的数据和预测的数据。

原始数据就是融合过程中时间上未经过过滤的数据,借此可进行最佳的跟踪估计。

如果使用经过滤的数据(例如,在分布式架构中)可以在受限的条件下进行最佳的跟踪估计。但是,如果像未过滤的数据一样对待过滤后的数据并交给另一个过滤器用于进行估计,便会产生一个过滤器链,一般会导致信号传输时间较长。此外,还应修正错误。对于估计的最优结果来说必须在建模时就加以注意。

同样可使用预测的数据(例如,在模型的基础上)。经常使用该方法,以便在出现特定的数据情况时引用某个时间点收集的测量数据并首先为所谓的超级测量收集这些数据。Bar - Shalom 和 Li 持有与此有关的观点,即在异步传感器上使用该方法在可达到的估计错误方面不会产生最优的结果[17.3]。

### 17.3.6 并行 – 顺序

能在文献中找到的另一个分类涉及融合方法本身。在这里分为在一个步骤中融合已有的所有测量结果的并行融合和按多个依次排列的步骤汇总测量结果的顺序融合。在使用线性系统和同步传感器的前提条件下两种方法是等效的[17.3]。

Dietmayer 等人也将同步传感器和并行融合这种方式称为显式融合,将异步传感器和按顺序融合称为隐式融合[17.3]。

## 17.4 小结

根据作者的观点,传感器数据融合的方案是必要的,以满足将来辅助系统的要求,尤其是那些应提高安全性的系统。

通过架构的相应设计,传感器数据融合系统可抽象表现使用传感器的环境感知。因此,可独立于环境采集系统对功能进行研发。此外,作为应用接口的状态分析的设计也起着关键作用。

但是,经验表明,"更多的传感器等于更好的系统"这样的说法在实际情况下并不是没有限制。因此,每增加一个传感器,总系统的复杂性也会增大。每个传感器都给系统带来传感器特定的特性。如果未充分准确地建模或者考虑这些特性,则虽然可改进某些方面,但是会因此降低总效率。[17.26]概述了在设计多传感器系统时各种典型的潜在风险。

# 参考书目

[17.1] *Darms. M.*: Eine Basis-Systemarchitektur zur Sensordatenfusion von Umfeldsensoren für Fahrerassistenzsysteme. Dissertation. Fortschrittberichte VDI: Reihe 12. Nr. 653, 2007.

[17.2] *Hall, D. L.*; *McMullen, S. A.*: Mathematical techniques in multisensor data fusion. 2. Auflage. Boston [u. a.], Artech House, 2004.

[17.3] *Bar-Shalom. Y.*; *Li. X. -R.*: Multitargetmultisensou tracking-principles and techniques. [Storrs, Conn.]: YBS, 1995.

[17.4] *Bar-Shalom, Y.*; *Li, X. -R.*; *Kirubarajan, T.*: Estimation with applications to tracking and navigation-theory, algorithms and software. New York, NY [u. a.]: Wiley, 2001.

[17.5] *Holt. V. v.*: Integrale multisensoriellc Fahrumgebungserfassung nach dem 4D-Ansatz. Diss. Univ. der Bundeswehr, München 2004 (Online Publikation), URL: urn: nbn: de: bvb: 706-1072, 2005.

[17.6] *Stüker. D.*: Heterogene Sensordatenfusion zur robusten Objektverfolgung im automobilen Straßenverkehr. Diss. Univ. Oldenburg, (Online Publikation). URL: http://deposit. d-nh. de/cgi-bin/ dokserv? idn = 972494464, 2004.

[17.7] *Hänsler, E.*: Statistische Signale: Grundlagen und Anwendungen. 2 – Auflage. Berlin [u. a.]: Springer, 1997.

[17.8] *Lunze. J.*: Mehrgrößensysteme, digitale Regelung. Band 2, Regelungstechnik. 4. Auflage. Berlin [u. a.]: Springer, 2006.

[17.9] *Föllinger, O.*: Regelungstechnik-Einführung in die Methoden und ihre Anwendung. 6. Auflage. Heidelberg: Hüthig Buch Verlag, 1990.

[17.10] *Klein, L. A.*: Sensor and data fusion concepts and applications. Hand 35, 2. Auflage. Bellingham, Wask SPIE, 1999.

[17.11] *Mayr, R.*: Regelungsstrategien für die automatische Fahrzeugführung: Längs-und Querregelung, Spurwechsel-und Überholmanöver. Tokio: Springer, 2001.

[17.12] *Steinberg, A.*; *Bowman, C.*; *White. F.*: Revisions to the JDL Data Fusion Model. Quebec City, Canada, 1998.

[17.13] *Dietmayer. K.*; *Kirchner, A.*; *Kämpchen, N.*: Fusionsarchitekturen zur Umfeldwahrnehmung für Zukünftige Fahrerassistenzsysteme. In: *Mauerer. M.* (Hrsg.): Fahrerassistenzsysteme mit maschineller Wahrnehmung. New York: Springer, S. 59-87, 2005.

[17.14] *Lou, R. C.*, *Kay M. K.*: Multisensor Integration and Fusion in Intelligent Systems. In: Autonomous Mobile Robots Volume 1, IEEE Computer Society Press. Los Alamitos, California. 1991.

[17.15] *Joerg. K. -W.*: Echtzeitfähige Multisensorintegration für autonome Mobile Roboter, Mannheim, etc., BI-Wiss. -Verl. , 1994.

[17.16] *Starke, G.*: Effektive Software-Ar-

[17.17] Vogel, O. : Software-Architektur-Grundlagen-Konzepte-Praxis. 1. Auflage. München[ u. a. ] : Elsevier, Spektrum, Akad. Verl. ,2005.

[17.18] Hall, D. ; Llinas, J. : An introduction to multisensor data fusion. Proceedings of the IEEE, 85 Nr. 1, S. 6-23, 1997.

[17.19] Robinson, G. ; Aboutalib, A. : Trade-off analysis of multisensor fusion levels. Proceedings of the 2nd National Symposium on Sensors and Sensor Fusion, Nr. 2, S. 21-34, 1990.

[17.20] Klaus, F. : Einführung in Techniken und Methoden der Multisensor-Datenfusion. Habil.-Schr. Univ. Siegen, Online-Publikation, URL: urn: nbn: de: hbz: S. 467-575, 2004.

[17.21] Narbe, B. ei al. : Datennetzkonzepte für die Sensordatenfusion-Teil 1. Elektronik Automotive, 2003, Nr. 4, S. 54-59, 2003.

[17.22] Narbe, B. ei al. : Datennetzkonzepte für die Sensordatenfusion-Teil 2. Elektronik Automotive, 2003 Nr. 5, S. 40-44, 2003.

[17.23] Mauthener, M. et al. : Out-of-Sequence Measurements Treatment in Sensor Fusion Applications: Buffering versus Advances Algorithms. In Stiller, C. ; Maurer, M. ( Hrsg. ) : 4. Workshop Fahrerassistenzsysteme, FAS2006. Karlsruhe: fmrt, S. 20-30, 2006.

chitekturen-Ein praktischer Leitfaden. 2. Auflage. Wien: Hanser, 2005.

[17.24] Kämpchen, N. ; Dietmayer, K. : Data synchronization strategies for multi-sensor fusion. In: 10th World Congress on Intelligent Transport Systems. Band Proceedings of ITS 2003 Madrid, Spain, September 2003.

[17.25] Bar-Shalom, Y. : Update with out-of-sequence measurements in tracking: exact solution. Aerospace and Electronic Systems, IEEE Transactions on, 2002 Nr. 3, S. 769 777, 2002.

[17.26] Hall, D. L. : Handbook of multisensor data fusion. Boca Raton [ u. a. ] : CRC Press, 2001, The electrical engineering applied signal processing series URL: http://www.electricalengineeringnetbase.com/ejour-nals/books/book _ km.asp?id=49, 2001.

[17.27] Becker, J.-C. : Fusion der Daten der objekterkennenden Sensoren eines autonomen Straßenfahrzeugs. Düsseldorf: VDI-Verl. ,2002.

[17.28] Streller, D. : Multi-Hypothesen-Ansatz zur Erkennung und Verfolgung von Objekten in Verkehrsszenen mit Laserscannern. Düsseldorf: VDI-Verl. ,2006.

[17.29] Bender, E. et al. : Antikollisionssystem PRORETA-Teil 1: Grundlagen des Systems. ATZ, 2007 Nr. 4, 2007.

[17.30] Darms, M. ; Rybski, P. ; Urmson, C. : Vehicle Detection and Tracking for the Urban Challenge, AAET 2008, 9th Symposium, 13./14. Februar 2008 Braunschweig, 2008.

# C 驾驶员辅助系统执行机构

| 18 | 液压轿车制动系统 | 286 |
| 19 | 电动机械制动系统 | 309 |
| 20 | 转向调节系统 | 326 |

# 18 液压轿车制动系统

James Remfrey, Steffen Gruber, Norbert Ocvirk

## 18.1 标准架构

液压轿车制动系统的任务是根据驾驶员的意愿可靠地且符合法律规定的最低要求(例如,ECB R13H)将车辆减速。此时,在车轮上产生的作用力将通过轮胎传导到行车道上,这样车辆始终沿着驾驶员希望的方向行驶。相关的前提条件是制动力不仅相应地分布在前后轴上,也相应地分布在车辆的左侧和右侧。按照法律规定进行管理,汽车制造商要负责遵守这些法律规定。

常规结构形式的制动系统将驾驶员脚部的作用力放大到明显更高的必要的车轮制动力并根据制动器设计控制制动力在车轴上的分布。根据车辆载荷状态,可借助其他相关的取决于负荷的"制动力分配器"改变制动力分配。

借助传感器辅助的和电子调节的制动力调节器(例如 ABS)可对车轮分别和必要时独立于驾驶员进行制动力矩的调节。

这开启了多种可能性,可将制动系统用于其他的超越单纯制动功能的驾驶员辅助功能。

作为人机接口(也包括在法律规定的背景下),操控轿车内的液压工作制动系统时使用一个踏板。

因此,轿车制动系统(图 18-1)内可能的作用链包含覆盖下列功能的

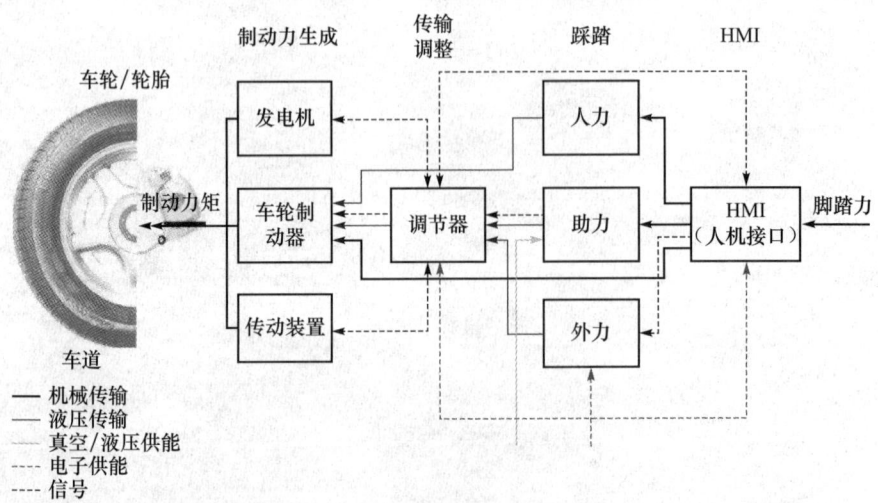

图 18-1 轿车制动系统内可能的作用链

组件：
- ◆ 进行(脚)制动；
- ◆ 增加制动力；
- ◆ 将制动力转换为制动压力、体积流量；
- ◆ 传输压力、体积；
- ◆ 将压力、体积转换为车轮上的制动力。

通过在制动力放大和车轮上制动力生成之间使用一个调节器来进行液压制动系统上的制动力调节。此外，为了在运行中调节制动力还使用传感器识别车辆行为。

### 组　件

轿车制动系统典型组件包括：
- ◆ 带制动踏板的踏板组合件；
- ◆ 制动力放大器(助力器)；
- ◆ 带传感器的电子制动系统(EBS)：所有四个车轮上都有的车轮转速传感器、加速度传感器、驶偏传感器、转向角度传感器；
- ◆ 车轮制动钳；
- ◆ 制动圆盘；
- ◆ 轮胎。

### 工作原理

对于不同的工作状态，可如下说明现代制动系统的功能：液压制动器的工作制动功能(图 18-2)。

在踩踏制动踏板时，借助外能(真空、液压、电动)将驾驶员施加的脚部能量放大，即转换制动压力和体积流量并分配到两个制动回路中。

### 制动力放大器

制动力放大器通过一个所谓的"助力"放大在踏板上施加的脚部作用力，借此提高了操作舒适性和行驶安全性。目前主要使用两种结构：
- ◆ 真空制动力放大器；
- ◆ 液压制动力放大器。

### 真空制动力放大器

真空制动力放大器(也称为真空助力器)拥有比液压制动力放大器明

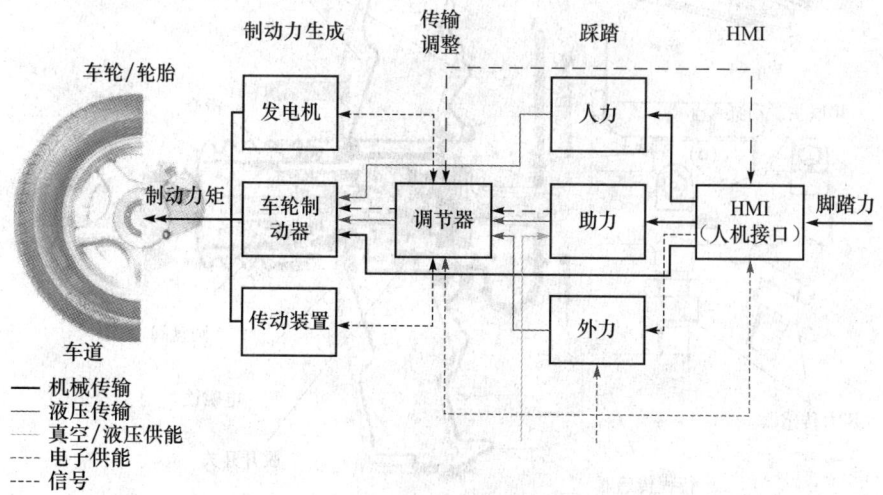

图 18-2　轿车内制动系统的作用链：制动力生成

显更大的尺寸。根本原因在于其成本低廉的结构形式和在自吸式发动机上无偿地提供真空能。

制动器放大器的真空室通过一个真空管与发动机的进气管或者单独的真空泵(例如，柴油发动机、直喷或者增压汽油发动机)相连。

一般情况下，用以英寸为单位的放大器的直径作为助力器的尺寸。常见的设备尺寸在 7～11in(17.78～27.94 cm)之间。在较大的汽车上，这种简单装置的工作能力不足。在这里使用两个简单装置依次布设在一个装置中的双制动力放大器。常见的结构尺寸达到 7 in～8 in(17.78 cm～20.32 cm)至 10 in～10 in(25.4 cm～25.4 cm)。图 18-3 为这种电控制动力放大器的图示。

由于油耗不断获得优化(特别是降低了进气节流损失)，制动力放大可用的低压也不断减小。一个最近采用的对策是使用一个较大的助力器，但是发动机舱内常出现封装问题。

除了上述常规结构样式之外使用的两种特殊的真空制动力放大器变型如下：

**(1) 主动制动力放大器**

为了说明辅助/附加功能，我们以所谓的"主动制动力放大器"为例，它可独立于驾驶员进行电子操控(参见图 18-3)。其也用于诸如 ESP 预压装置、电动主动辅助系统和 ACC(自适应巡航控制系统)之类的功能。

主动制动力放大器拥有一个集成

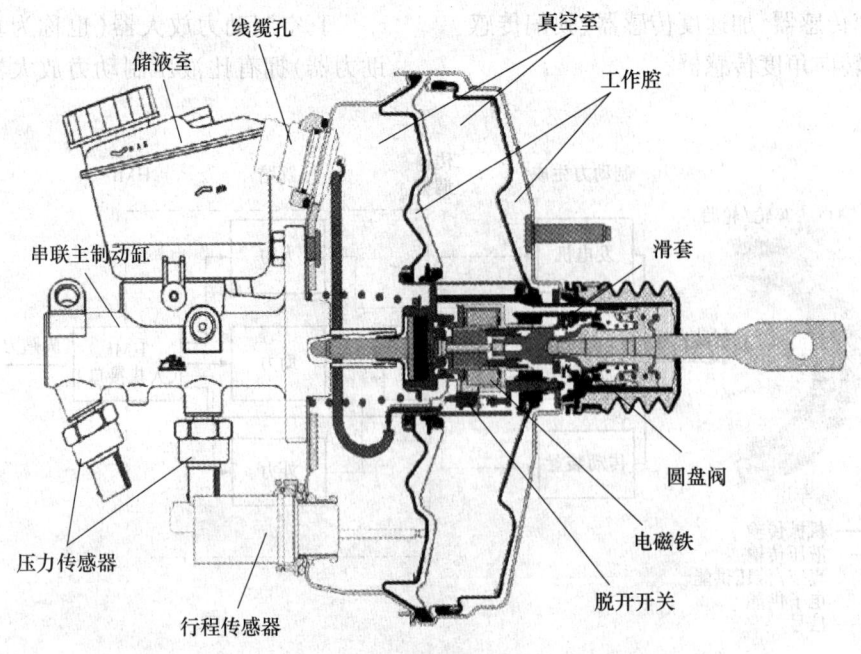

图 18-3 串联结构形式的主动制动装置

在控制器壳体内的磁传动装置。借助一个滑套和电动操纵的磁传动装置可对圆盘阀进行操纵。此时,首先要关闭真空室和工作腔之间的连接;再次施加电流将工作腔至外部的连接打开并操纵制动力放大器(无须驾驶员操作)。为了确保识别到驾驶员的意愿,应在控制器壳体内集成一个所谓的"脱开开关"。

**(2)机械制动辅助**

在这个方案中,通过一个改动的机械装置充分利用制动力放大器在快速操作时(应急制动)反应较慢的特性,使得圆盘阀超过规定的开模行程。由此当制动力再次略微减小时,对自主保持打开的圆盘阀进行锁定(图18-4),随后直接产生最大可能的(不仅与驾驶员脚踏力成正比的)放大力。

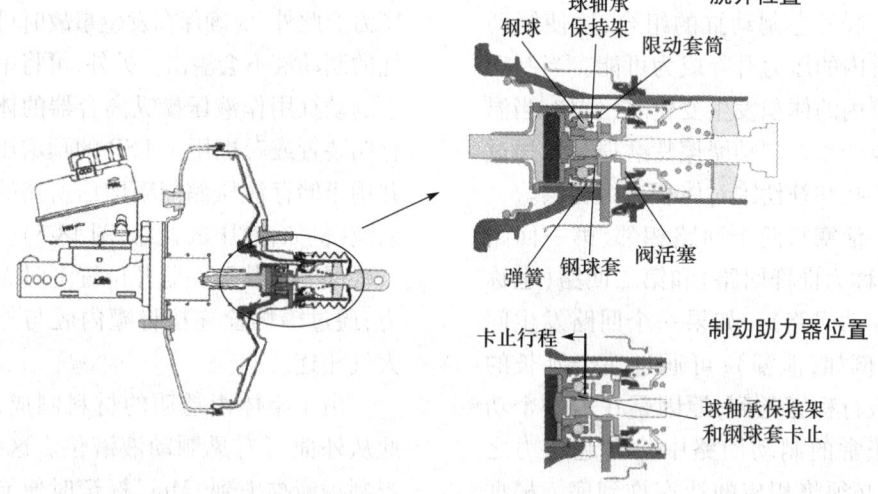

**图18-4 机械制动助力器**

### 液压制动力放大器

相对于真空制动力放大器,液压放大器的优点在于能量密度(和由此明显较高的调节点)以及安装空间方面。相对应的缺点是较高的成本和在目前为止的液压放大器上出现的"踏板感觉迟钝"(无跳跃)。液压放大器(参见图18-5)大多用在重型轿车(例如,带装甲的特殊防护车辆)上。这时,高放大力比踏板特性重要。

### (串联)主制动缸

(串联)主制动缸的作用是将制

**图18-5 特殊防护车辆用液压制动力放大器**

动力放大器输出的机械能转化为液压能。除了压力生成之外，还应提供液体体积（包括储备量！），特别是在较高的制动压力下将其用于均衡液压系统的灵活调节手段。

由于法律上要求制动装置具有双系统，因此仅在特殊情况下（例如，在跑车上）使用（简单的）主制动缸。

目前普遍使用的串联主制动缸（THz）是在一个外壳内两个依次连接在一起的主制动缸的组合，这使制动装置内的压力升降成为可能。当制动系统内的体积发生变化时（例如，当温度改变或者制动摩擦片磨损时），通过补偿孔和补偿罐对体积进行补偿。

活塞与两个回路相邻，第一回路（也称为推杆回路）和第二回路（也称为浮动回路）。如果一个回路发生问题（例如，泄漏），可通过一个延长的踏板行程感觉到，原因是在另一个功能正常的制动回路中建立起压力之前，必须将相应的活塞推到底。根据结构形式可分为：

◆ 通气孔 – 串联主制动缸；
◆ 中央阀 – 串联主制动缸；
◆ 活塞 – 串联主制动缸。

根据制动器的设计，通过管道将制动压力和体积输送到制动钳并转化为机械夹紧力。通过制动摩擦片将夹紧力传输到旋转的制动圆盘上。此时产生的摩擦（制动）力矩通过车轮和轮胎作为制动力施加到车道上从而使车辆减速。

### 储液室

储液室包括因摩擦片磨损引起的额外体积消耗的储备量，确保在不同的环境条件下制动装置内的体积平衡，避免在不同的行驶情况下将空气吸入制动系统内，降低制动液起泡并在液位下降时将主制动缸回路的储备体积分离。

借助所谓的"罐塞"从上面将其扣在串联主制动缸上。一般情况下进一步与串联主制动缸的固定会在首次给制动系统加注制动液时产生较高的压力。此外，要确保在发生事故时可燃烧的制动液不会溢出。另外，可将串联主制动缸用作液压操纵离合器的体积存储装置或者也用于 ESP 的预增压缸并用于储存液压储能罐增压所需的制动液（例如，液压放大器，图 18-5）。为了确保制动装置在脱开位置上时无压力，通过罐螺栓连接将罐内腔与外面大气相连。

由于罐体由透明的材料制成，因此从外面可看见制动液液位。这样，当制动液损失到"Min"标记时便能看到。此外，通过罐警报装置在汽车仪表板上亮起制动器警告灯来进行指示。

### 制动液

在制动装置的液压部件中，制动液是串联制动缸之间可能还包括液压调节单元和车轮制动器的用于传输能量的常见介质。此外，它的作用还包括润滑诸如密封件、活塞和阀门之类的移动部件以及防腐蚀。制动液是吸湿的：从环境空气中吸收湿气会降低达到制动液沸点的时间，在制动装置强烈的热负荷下会形成气泡并由此导致制动问题。因此要定期检查制动液,检查湿沸点是否降低到临界数值以下(参见规定的制动液更换周期)。

制动液必须在低温下(直至-40℃)也具有良好的流动特性,以确保制动器良好的反应和脱开特性以及电子调节系统良好的功能。此外,制动液必须具有高沸点,这样在制动系统强烈的热负荷下它才不会形成气泡。气泡的可压缩性会导致由于串联主制动缸的推挤体积受限不再能建立起足够的制动压力。制动液可分为乙二醇基制动液和硅油型制动液。

目前,一般情况下制动液是可回收利用的,其基本前提条件是按类别进行收集、清洁并进行化学加工。

### 制动管路和制动软管

在连接液压组件时使用耐高压的制动管,制动软管和钢丝包皮胶管(软管)。基本的要求是耐压、可承受机械负荷、较低的体积消耗,具有耐机油、燃油和盐水之类的化学品腐蚀并具有耐热性。

### 盘式制动器

盘式制动器对车轮产生制动力。几乎所有轿车的前轮制动器都是盘式制动器。目前大多数车辆上后轴制动器也采用盘式制动器。

盘式制动器是轴向制动器。通过液压缸将制动钳的夹紧力沿着轴向施加在制动摩擦片上,摩擦片从两侧作用在制动圆盘的平面摩擦面上(也称为"转子")。活塞和摩擦片安装在一个钳形的扣在圆盘外径上的壳体内。摩擦片沿着圆盘的转动方向支撑在一个固定在轴颈上的部件上。

制动摩擦片的面相应地覆盖住平的环面的一部分(部分圆盘制动器)。一般来说"盘式制动器"皆指部分圆盘制动器。环形的摩擦片与整个圆盘全面接触的全盘盘式制动器在轿车上不常见。在圆盘制动器上分为固定式制动钳、浮式框架制动钳和浮式制动钳,而固定式制动钳包含制动圆盘两侧的活塞(参见图18-6),仅位于一侧的可移动的浮式框架制动钳和浮式制动钳(参见图18-7和图18-8)。

图18-6 固定式制动钳

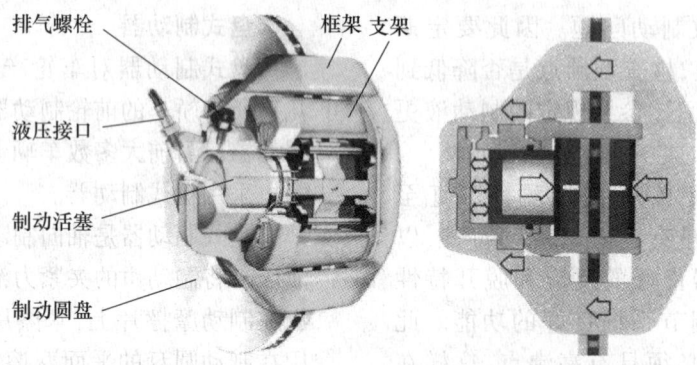

图 18-7 浮式框架制动钳

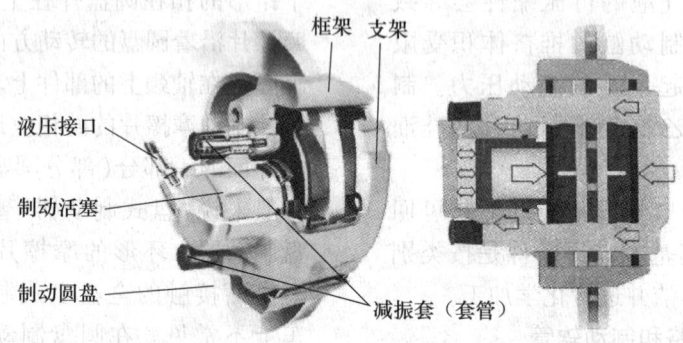

图 18-8 Continental 浮式制动钳

**(a) 固定式制动钳**

在带后置式发动机的重型轿车的前轴上广泛使用固定式制动钳,原因是车辆在前轴上可提供充足的安装空间。

**(b) 浮式框架制动钳**

在浮式框架制动钳上仅在一侧有活塞,允许制动圆盘轴向更深地放置在轮毂内(也就是轮辋外侧)。这在一般情况下会更容易在底盘中实现负转向半径。

活塞的反作用力用一个框架通过圆盘传输到轮辋侧的摩擦片上。气缸体壳体固定在框架中。两个摩擦片直接将其相应的切线制动圆周作用力支撑在与轮毂或者轴颈固定连接的支架上。

**(c) 浮式制动钳**

特殊的浮式制动钳可使用大的圆盘,优点是摩擦半径较大,由此在相同的制动压力下制动力矩较高。同时,在车轮最紧轮廓位置上的壳体桥接件非常长并因此必须保持很薄,以不使钳的刚性(体积消耗)变差。

**(d) 组合型浮式制动钳**

在组合型浮式制动钳(图 18-9)上将脚制动器和驻车制动器的功能结合在一个盘式制动钳上,此时两个任务使用同一个摩擦对。脚制动器以类似于浮式制动钳的方式工作,通过一条鲍登线启动驻车制动器。此时,通过一个手柄机械装置转动传动轴,并通过将制动摩擦片压在制动盘上的机械方式产生驻车制动力。

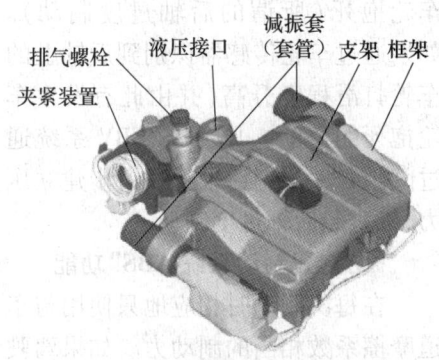

图 18-9 组合浮式制动钳

为了获得最佳的汽车减速度、稳定性和可操控性,应强制避免车轮抱死,特别是后轴抱死。在过去可通过制动装置的机械/液压设计对其进行控制(预防)。随着使用电子装置、传感器和软件,现在可通过相应的算法(反应性地)对其进行控制。

**液压/电子控制单元(HECU)**

目前 ABS/ASR/ESC 装置的液压/电子控制单元(例如,Continental MK60,图 18-10)由一个带电磁阀的中央液压模块、一个带法兰连接电动马达的集成的泵(HCU = 液压控制单元)和一个包括电子装置在内的线圈架(ECU = 电子控制单元)组成。借助一个所谓的"磁性插头"装上线圈架。

Continental MK60 ESC 单元的供能模块由一个用偏心主动轴驱动的双回路液压泵组成(泵筒集成在阀体内)。它将 ABS 调节期间来自低压蓄能器暂时存储的制动液输送回串联主制动缸的制动管路中。

集成在阀体内的进气阀和排气阀设计成电磁阀并可以调节车轮制动压力。进气阀(无流打开)用于实现两个任务:一个是在控制时打开或者关闭主制动缸至相应车轮制动回路的连接,以保持所需的压力;另一个是不取决于电磁阀的开关状态,并行开关的止回阀降低制动压力,因此在驾驶员降低踏板作用力时降低制动压力。

排气阀(无流关闭)在触发时打

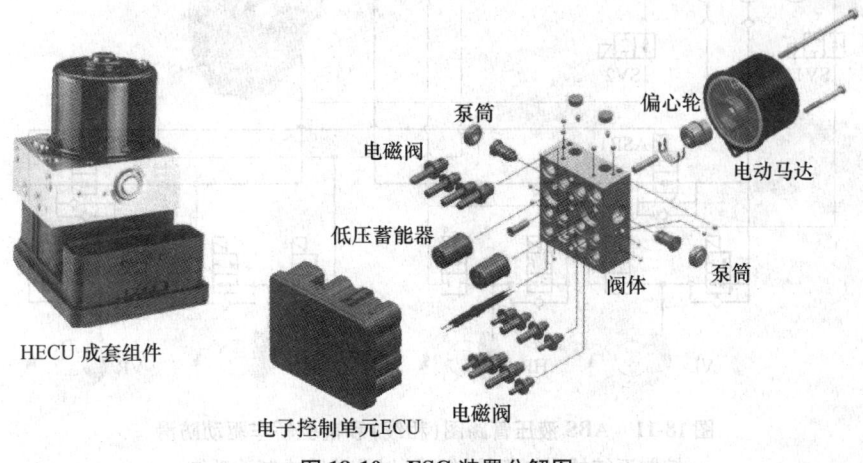

图 18-10 ESC 装置分解图

开车轮制动回路至低压蓄能器的连接并由此通过压力降低装置降低每个车轮的制动力。

低压蓄能器用作压力调节过程期间制动液的暂存器。每个制动回路都需要一个低压蓄能器。

出于方便的原因,在每个制动回路中都集成有一个脉冲减振器,以将有时出现的液压噪声和液压脉冲(踏板反作用力)降到最低。

液压/电子控制单元(HECU)通过两个液压管路与串联主制动缸的制动管路相连,制动管路连接 HCU 和车轮制动器,参见图 8-11。

根据设计方案和功能范围,HECU与一系列传感器联网并通过总线系统(例如,CAN、FlexRay)与其他的车内控制单元进行通信。借助这个机电一体化组件可在今天的轿车制动系统内形成一系列安全和辅助功能,下面就其中几个功能进行说明。

### "电子制动力分配 EBV"功能

电子制动力分配的作用是防止后车轮抱死(所谓的后轴过度制动)。如果通过车轮传感器识别到后轴上的车轮打滑程度升高(并由此有发生车轮抱死的危险),则 ABS/EBV 系统通过阀门开关限制后轴上进一步建立压力,以避免后轴过度制动。

### "防抱死制动系统 ABS"功能

在每次制动时相应地只使用与车道摩擦系数相当的制动力。如果驾驶员采取的制动力超过了一个或多个车轮可承载的最大制动力,便会开始抱死车轮。当这种情况发生在后轴上时车辆便会变得不稳定,驾驶员无法再控制车辆。

ABS 系统持续通过车轮转速传感

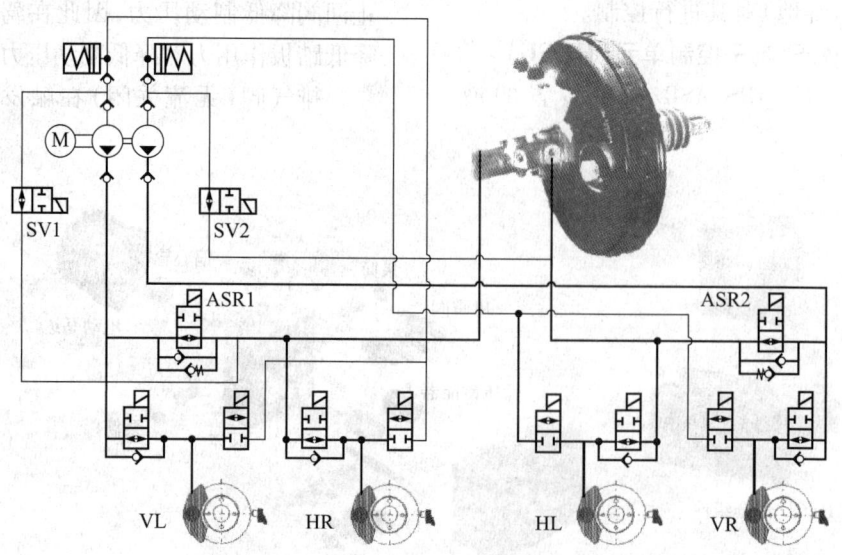

图 18-11 ABS 液压管路图(粗线)和前驱轿车驱动防滑控制系统的附加组件(细线)以及分路式制动系统

器监控每个车轮的转速并将其与(计算出的)车辆标准速度进行比较。如果这样计算出的车轮打滑发现有抱死趋向,则首先通过 HECU 降低相应车轮上的制动力矩,以确保车轮的侧向滑动力并由此确保车辆稳定(参见摩擦圆)。然后再次提高制动力矩,直至达到一个与车道摩擦系数相符合的制动力矩。这样是对车轮进行制动的近乎最佳的方法并同时保持住车辆的稳定性且获得操控性(参见第25.3节)。

**"驱动防滑控制 ASR"的功能**

当车轮加速驱动轮超出摩擦系数极限时,便会触发驱动防滑控制功能。如果通过与非驱动轮的转速进行比较识别到驱动轮空转打滑,则应通过控制单元降低发动机的驱动力矩。如果由于车道左右两侧的摩擦系数不同造成某个驱动轮继续空转打滑,便可通过产生制动力矩在相应的车轮上通过差速器将驱动力矩传输到较高摩擦系数的车轮上。这是全自动进行的,无须驾驶员干预。车辆保持稳定并在车道摩擦系数方面以几乎最佳的方式进行加速(参见第25.3节)。

**"电子稳定程序 ESP"功能**

在带有 ESP 的汽车上可在每个车轮上分别建立起制动力矩并由此围绕着车辆垂直轴产生力矩。在行车期间持续通过转向角传感器测定驾驶员希望的行驶方向。如果车辆驶出弯道,则车辆围绕着垂直轴转动(偏转、打滑)。通过纵向和横向加速度传感器测定实际的汽车行为。通过在一个或多个车轮上有针对性地建立制动力矩可随后围绕着车辆的垂直轴产生一个平衡力矩并稳定住车辆(参见第25.4节)。

## 18.2 电动液压制动器(EHB)的架构

**EHB 系统的基本结构**

图 18-12 图示了 EHB 轿车制动系统的作用链。在该链中可将 EHB 描述成三个基本组件:

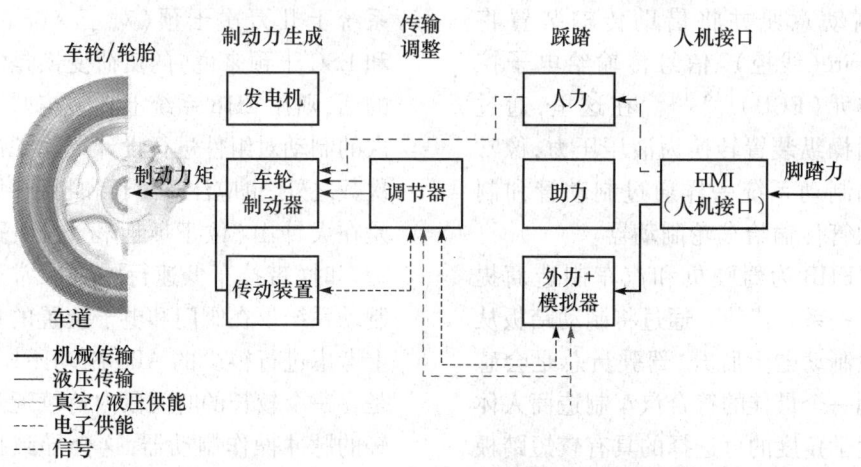

**图 18-12 轿车内制动系统的作用链**

◆ 带串联主制动缸（THz）、一体式踏板特性模拟器、冗余行程传感器和制动液罐的操纵单元；

◆ 带马达-泵-蓄能器单元（MPSA）的液压控制单元（HCU）由马达、三活塞泵和作为压力供给的带行程传感器的金属波纹管蓄能器，带8个模拟调节阀的阀体，作为阀门单元的2个隔离阀和2平衡阀和6个压力传感器组成（参见图18-16）；

◆ 一体式电子控制单元（ECU）。

在踩踏制动踏板时，立即通过关闭隔离阀以液压的方式将建立起的主制动缸压力与制动钳脱开，压力进入集成在制动控制装置的模拟器中。测量到的踏板行程和在模拟器上建立起的压力是所需减速度的标准。当在常规的辅助作用力制动器上通过操作单元中的真空制动力放大器增强脚踏力并将液压控制单元（HCU）中的液压压力转换为传输单位同时也进行能量传输时，则在EHB上通过传感器会测量到操纵单元中的制动意愿并将借助传输装置将"bywire（线控）"信号传输给电子控制单元（ECU）[18.1]。在这里，通过阀门操纵装置转换为液压压力，像常规的制动系统一样通过制动管和制动软管传输给车轮制动器。

EHB为驾驶员和汽车制造商提供了一系列优势。通过将制动踏板从车轮制动器上脱开，驾驶员总是会感觉到一个最佳的符合汽车制造商人体工程学角度的可选择的具有较短踏板行程和较低踩踏力的踏板感觉，这样可更好且更快地实施驾驶员的制动意愿并获得更好的制动定量性能。在无作用力的情况下进行诸如ABS之类的调节功能，不包括过去使用的非专业驾驶员很厌烦的踏板振动。通过取消真空制动力放大器而使用高压蓄能器获得一个较短的制动限制时间和较高的系统动态，这样与敏感的车轮压力调节器一起可形成对于EBV、ABS、ASR、ESC和BA来说最佳的调节功能性（EBV，电子制动力分配系统；ABS，防抱死系统；ASR，驱动防滑控制；ESC，电子稳定控制系统；BA，制动助力器）。

组 件

在研发EHB时很快会发现，对系统、组件和安全方案的要求明显比迄今为止的常规制动系统更为复杂和广泛，特别是相对于常规的系统来说，每次制动都是一个通过电子装置、阀门和传感器进行调节过程的新的应用情况，对系统的使用寿命和可靠性有着更为严格的要求。如果在现在的常规系统上几万次干预（对于ABS、ASR和ESC干预来说）的负荷变换是常见的话，则在EHB系统上必须按照百万次的制动对组件进行设计。除了制动次数之外，也应注意时长和特征，原因是在大钟山（位于奥地利）的山路上行车时（带挂车低速行驶），跟常规的制动系统仅在阀门和电子装置的负荷上考虑进行很少的ABS制动不同，其是在一个较长的时间段内持续通过较轻的脉冲操作制动器，这会导致持续供电并由此增加电磁阀和驱动器的热负荷。同样,如果夏季过热的发动机以停走模式多小时堵在高速公路上,则应注意各种负荷条件。这些要求当中的许多只能在液压组件、电子装置和软件的系统整合中反复与客户一起共同确定并通过试验行车进行检验,以便随后用作各个组件的技术规格。

此外,大量的传感器也比常规的制动装置可以进行极准确的系统诊断和实质上更为广泛的故障反应。通过将驾驶员与车轮制动器隔离开,不再能感到这种故障的系统状态,这样EHB 也必须承担这种诊断工作。研发时显示,在出现故障时,为了获得系统的最大系统安全性和剩余可用性,将后退等级限制为几个很少的等级是有好处的。

**通过踏板特性模拟器操纵**

图 18-13(b) 图示了带串联主制动缸、一体式踏板特性模拟器、制动液罐和踏板行程传感器的 EHB 的制动控制装置。

如上所述,在线控(by - wire)状态下踩踏的主要任务在于给驾驶员提供一个不仅在舒适制动和调节过程上的定量特性而且对于高减速的制动来说也提供较低踏板力和较短踏板行程的最佳踏板感觉。

人体工程学试验表明,最好通过一个累进的作用力 - 行程 - 特性达到这种感觉,同时在较低减速度下在大踏板行程变化的定量范围内仅分配一个低的力的变化,这样驾驶员的脚几乎只需要进行单纯的行程控制,而在较高的减速度下,即在用力踩下踏板时,小的行程变化相当于一个较高的力的增加[18.8,18.9]。因此,一个主要的研发点在于,在给定的安装空间内尽量简单地实现这样的踏板特征曲线。

此时需要附加的要求,以设置带一定滞后和减振特性的特征曲线,否

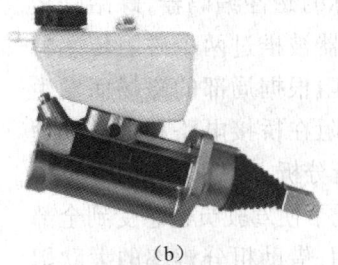

(a) (b)

**图 18-13 Continental 的 EHB 组件**

(a)电动液压调节单元;(b)带踏板特性模拟器的制动操纵机构

则踏板特性显得过于不自然,让驾驶员感到不能接受。在使用所需的低踏板力时,响应力特别重要。其因例如两个串联式制动主缸活塞轴环的静摩擦和串联式制动主缸弹簧的预紧引起。由于取消了真空放大器,驾驶员可直接通过脚感受到。但是同时要注意的是不要选用过低的弹簧回位力,否则例如在下山行驶时因制动踏板的自重可能会触发制动。通过一个带非恒定钢丝直径的弹簧实现对踏板特征曲线的不同要求,其也要由安装部门准确装入双主动缸规定的安装空间内。通过选择在摩擦方面做了优化的轴套来确保较低的响应力。

为了在液压式后备解决方案层面上不让驾驶员感到踏板过于不习惯和行程较长,操作包含一个锁定模拟器的动作,其在本工作状态下起作用并防止其他的制动液被推入模拟器中(另见图18-16)。

通过一个冗余的行程传感器实施制动意愿。该传感器基于不接触的磁阻效应,相对于霍尔传感器它的准确度较高并可用在较大的温度范围内。在串联式制动主缸的活塞轴内集成有一个轴对称的磁性编码器,踩踏踏板时,该编码器被推过两个磁阻传感器单元,其电阻根据局部的磁场而发生变化,该电阻在桥接电路和信号处理装置中进行分析。为了在未打开点火开关的情况下使驾驶员也感受到全部的制动作用,借助粗分辨率的大欧姆传感器单元实现EHB的唤醒功能。为此,在制动装置关闭的情况下也给大欧姆的传感器单元和ECU的电路部分进行供电,以便感知制动踏板的踩踏并据此打开制动装置。

对于汽车制造商来说,取消真空制动力放大器的优点在于获得了长度较短的操作单元,这样会改善车辆的集成并使左舵或右舵车的适配更简便。此外,在设计驾驶员脚部空间范围内的发动机仓时,较短的操作单元也使得发生前部碰撞交通事故时踏板单元进入乘客空间造成受伤的危险降低。

**EHB的液压/电子控制单元(HECU)**

如前面所述,在液压/电子控制单元中处理测得的制动愿望并转换为每个车轮单独的制动压力。

处于安装位置的Continental HECU在矩形阀体的上部有上置车轮和串联式制动主缸接口,在背面安装有在左侧带车侧插头的电子调节器(ECU),中央安装有电机和朝下的蓄能器,见图18-13(a)。

在设计包含电机、蓄能器和泵在内的高压供给装置时必须注意,在不同的工作状态下,特别是在整个规定的温度和电压范围内要提供足够的制动液量。此时,泵产生所需的平均体积流量(例如,在坑洼道路上以最大车速进行ABS制动),而相应的峰值需求(例如,快速达到抱死压力)由蓄能器来完成。

使用金属波纹管液压蓄能器(图18-14)作为蓄能器,其通过金属薄膜将制动液和气体进行气密的介质

## 18 液压轿车制动系统

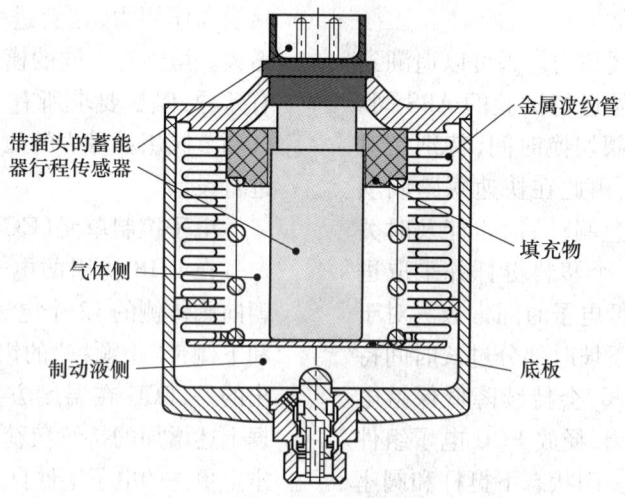

图 18-14 金属波纹管液压蓄能器（设计图）

隔离，这样蓄能器在整个使用寿命期间都可保持坚固并主要防止气泡（渗滤）"污染"制动液。其他的 EHB 系统制造商对于介质分离使用所谓的分离活塞，以避免气体侵入制动回路中。为了确保箱体在蓄能器加压和释放压力时整个使用寿命期间的坚固性，必须选择极薄的箱体，这样液体侧和气体侧之间较大的压差会导致塑性变形。因此，尤其不可将蓄能器完全排空，蓄能器底部阀门就是为了该目的而安设的。

在蓄能器释放压力时，在达到最低位置时便会将其关闭并同时确保箱体保持在压力均衡的位置。

根据蓄能器行程传感器测量到的蓄能器液位对电机-泵机组进行位置控制。

此外，行程传感器用于监控制动装置的体积。当在常见的装置上驾驶员因较长的踏板行程可感受到增加的体积消耗（例如，进入空气）时，在 EHB 上借助系统的体积消耗特征曲线通过从蓄能器获得体积在车轮制动器上建立起的制动压力对其进行均衡[18.2]。这主要用于监控液压式后备解决方案层面的完整功能性，原因是在 By-Wire 模式下通过蓄能器存储的制动液可几乎让人感觉不到均衡系统增加的体积消耗。

在设计马达-泵-机组时，为达到对 EHB 增加使用寿命要求，必须在使用寿命和供应体积方面进行特别的改进。在马达上除了增加功率级别之外，这主要涉及通过选择专用的材料和电刷的几何形状改善电刷的保持性。泵基本上基于长期在 ABS 和 ESC 系统上试验的双活塞泵。为了增加输出功率，Continental 增加了一个活塞，这样就形成一个三活塞泵。通过这种三相的排列可从根本上更好地胜任活塞的体积流量并由此形成较小的脉冲。由于 EHB 运行时间增加，客户会对泵提出噪声小和无脉冲方面的更高要求。

磁性隔离阀和均衡阀可以追溯到从模块阶段开始进行试验的 ABS 阀。为了获得短的阀切换时间，特别是对于隔离阀来说，由此在快速踩踏制动踏板（例如，紧急制动）时也能及时关闭阀门，使用一个塑料挺杆并采取进一步的措施降低电子时间常数。对于例如前述滑行下坡时部分过长时间持续供电的电磁阀，会持续降低保持电流以保护阀线圈，释放 ECU 电子组件的热负荷并将关闭状态下挺杆和阀座上施加的作用力降低到最小。

虽然模拟化的调节阀在基本设计方面也基于已开发的 ABS 电磁阀，但是在这种情况下在量产中采用一种模拟化的功能。当在迄今为止的 ABS 和 ESC 系统上通过短时开启和关闭切换阀达到阀控制的压力升高和下降时，在 EHB 上为了获得良好可定量的压力调节必须特别在舒适制动范围内形成一种模拟的阀功能。也就是说，根据流过的线圈电流，阀门挺杆稳定保持在两个限位位置之间的某个位置上并可有确定的体积流量流经阀。

研发时的主要任务在于设计和制成一个适当的阀流量特性曲线，其在公差和使用寿命方面很稳固，使得调节软件始终可确保车轮压力调节的质量标准。模拟阀的另一个研发重点是整个使用寿命期间的耐久性。困难的是使阀在极高的反压（例如，蓄能器压力超过 200 bar）下和低电压下也不打开，这样阀弹簧必须更大的预紧并由此提高了阀中整个的作用力水平也包括横向作用力，这会进一步导致磨损增大。虽然对不同的模拟阀要求部分有差异，但是要求所有 8 个进气和排气调节阀用尽量少的几个相同的部件进行设计。

**电子控制单元（ECU）**

在 EHB 使用的电子调节器包括朝向阀体侧的 12 个电磁阀线圈、插头和下侧带"小颗粒"的铝盖。最后要指出的是，ECU 在温度方案上也必须根据上述增加的持续负荷要求并由此根本上更高的电子组件自发热进行调节。通过装上带"粒结"的铝盖可增大表面积并由此确保向外充分的散热。为了对承受更大热负荷的部件更好地进行冷却，给其装上金属片，即"散热帽"，它们与铝盖相连以传导热量。

在功率计算方面也必须根据（图 18-16）图示的 EHB 增加的软件范围进行调节。为此必须研发新一代处理器，其提供 4 个存储器并在计算速度方面接近之前的 2 倍。在具有传感器和执行机构接口和 A/D 转换器和阀驱动器的电源控制单元（PCU）上采用和当今 ESC 系统一样的通用件设计。但是，由于 EHB 上传感器和模拟控制的磁性阀的数量更多，因此随着 EVE 芯片（EHB 阀扩展）开发出一种附加的芯片，用该芯片操控这些接口。

**控制和监控方法**

由于可从根本上将 EHB 看做带大量传感器的用于制动干预的通用执行机构，因此软件以及控制和监控方法具有重要意义。扩展的功能性可单独通过研发新的软件模块获得。

# 18 液压轿车制动系统

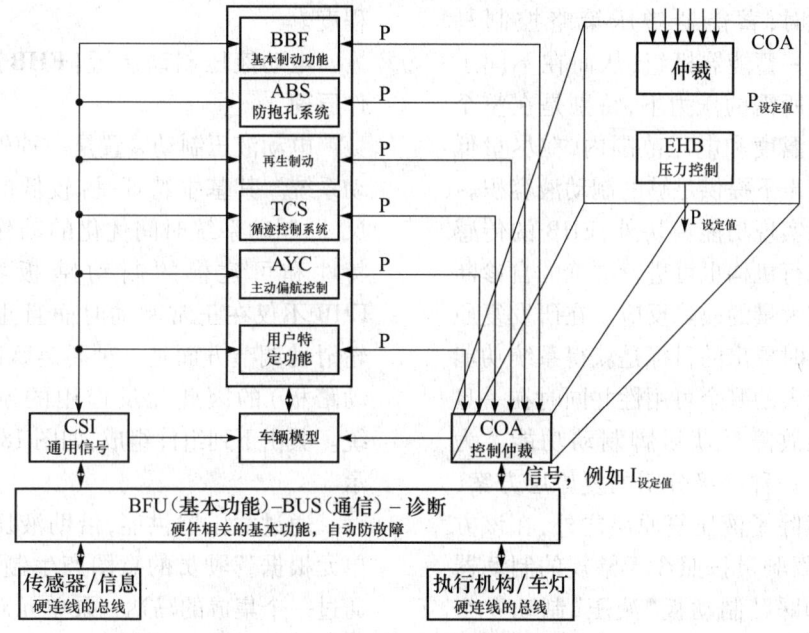

**图 18-15 模块化 EHB 的软件结构**[18.5]

模块化的软件结构（图 18-15）符合大陆特维斯公司（Continental Teves）迄今遵循的哲学[18.3,18.4]。

每个图示的功能模块都规定了一个额定压力，其在仲裁模块（COA）中通过智能权衡和优先权计算出车轮压力调节回路的一个额定值。通过使用模块化的结构可用较低的成本使用目前 ABS 和 ESP 项目的较高的控制功能。要新研发的是 EHB 上专用的功能，如横向电子制动力分配（EBV）以及再生的制动功能，尤其是 EHB 的脚制动功能。

当在常规的制动系统上通过真空制动力放大器增强脚部力量实现基本制动功能时，使用 EHB 时，每次制动都是一个"经过调节的制动过程"并需要一系列功能。

可将其概括为脚部制动功能（BBF）并可划分为带有制动辅助装置（BA）和电子制动力分配装置，车轮压力调节装置和马达-泵-蓄能器-机组控制装置的驾驶员意愿采集装置。

同时，驾驶员意愿采集装置用于根据冗余的踏板行程传感器的传感器值和 THz 压力计算各个车轮制动压力。在该信号经过可信度测试后借助其时间导数实现持续的制动辅助功能，确定希望的汽车减速度，随后根据行驶情况将汽车减速度分配到各个车轮上并转换为车轮分别的制动压力。通过一个下游的车轮压力调节器调节相应的额定制动压力。从根本上说这是一种比例积分微分（PID）调节器，其在考虑参与的模拟阀门的开启电流特征曲线和蓄能器压力的情况下为相应车轮的模拟进气和排气阀计算流量值。

此时，蓄能器增压策略控制马达-泵-蓄能器机组，从而在不同工作状态所需的压力下，特别是在整个固定的温度和电压范围内，在尽量低的泵噪声下提供足够的制动液容积。

除实现功能模块外，EHB的传感器和执行机构也可进行准确的自诊断和系统大量的故障反应。在研发复原层方案时提出的目标是获得系统功能的尽量大的剩余可用性并同时在一旦出现某故障后获得脚制动功能。为了执行一种等级分明的复原层方案，该方案除了液压复原层之外，在该方案上，驾驶员按照今天常规的制动器可用脚踩踏制动板"液压"制动4个车轮，也包括其他复原层，诸如一个车轴是线控的，其他的是液压的，或者一个诊断装置是线控的，其他的是液压的。在这里也对多次故障做出反应，其中通过智能故障积聚功能将爆发性的组合降低到易操作性、坚固性、软件可靠性和验证方面可控制的程度。

**电动液压制动装置（EHB）的工作原理**

电动液压制动装置是一种外力制动系统。其基本特征是：较低的结构尺寸、制动系统时间优化的动作参数特性和可建模的制动踏板特性。EHB不仅在正常制动时而且也在车轮滑动调节方面是一种脱离踩踏（制动踏板）的因此无反作用的制动系统。其由下列组件组成，如图18-16所示

通过蓄压器供能，借助液压控制单元根据驾驶员的意图产生制动能。通过一个集成的马达-泵单元对蓄压器预加压。

制动时，串联式制动主缸和液压控制单元之间的液压连接中断，通过控制阀从预加压的蓄压器单元对车轮施加制动压力。

与常规制动系统相比，其优点概括如下：

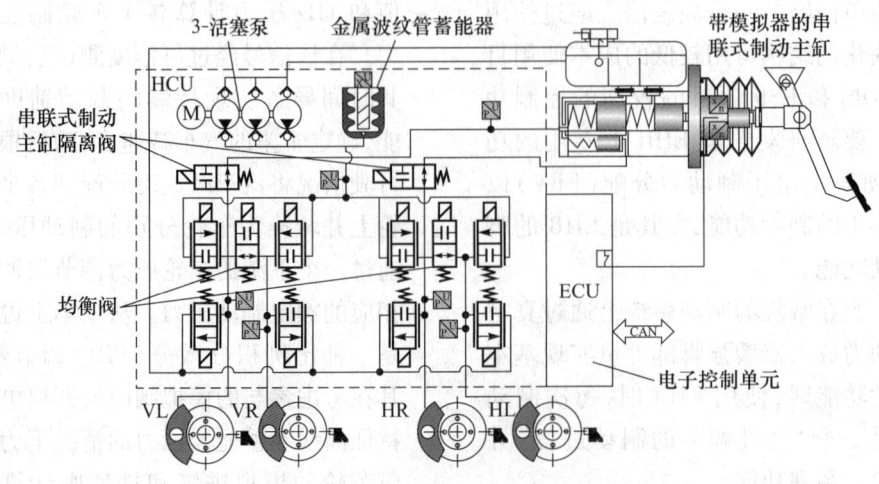

图18-16 带系统组件示意图的EHB电路图

## 18 液压轿车制动系统

◆ 较短的制动和停车行程(较短的制动器膨胀时间,蓄压器系统);

◆ 高干预速度产生的最佳制动特性和稳定特性;

◆ 按客户意图简单调节产生的最佳的踏板感觉;

◆ 在调节制动时在无踏板反作用干扰下的低噪声运行;

◆ 由于踏板下沉较小使得碰撞性能更佳;

◆ 通过取消前围板范围内的真空制动力放大器改善了安装,简化了安装步骤;

◆ 使用统一的组件;

◆ 可简单实现不同的附加功能的外部制动干预(例如,ACC、下雨时制动圆盘的干燥制动、抗衰减控制等);

◆ 无真空相关性,因此最适合于新的进气损失优化的内燃发动机;

◆ 易于与未来的交通管理系统联网。

控制单元的结构使得不用使用其他的硬件就可集成所有目前的制动干预和车轮打滑调节功能(例如,EBV、ABS、ASR、ESC、BA、ACC = 自适应巡航控制系统……)[18.7]。

出于可靠性的原因,以三倍冗余的方式测量制动意愿(冗余的行程传感器和压力传感器),以使信号值可信。当传感器发生故障时,应总是先对驾驶员意愿进行冗余测量。

在 ECU 中将信号与其他的描述行驶状态和外部制动干预的信号一起处理并转换为在制动特性和行驶稳定性方面最佳的各车轮的制动压力。在 HCU 中通过一个带模拟进气阀和排气阀的车轮分别的压力调节回路调节相应的车轮制动压力。此时,使用一个马达 - 泵 - 蓄能器机组(MPSA)施加高压,其根据温度提供 150 ~ 180 bar 的工作压力。

大部分制动不得在车轮上分别进行。为了在这里在一个车轴的车轮进行制动时也在物理上达到压力均衡,均衡阀(相应一个车轴的车轮制动器之间的连接)保持打开。这也使得实现诊断功能成为可能(例如,调整压力传感器数值)。同样,在用缓慢的升压梯度进行舒适制动时可通过使用打开的均衡阀仅对某个车轴的成对阀进行相应的控制,这样可提高阀和驱动器的使用寿命并由此减低 ECU 的热负荷。

使用大量的传感器使得实现极为详细的 EHB 系统的自诊断和在出现可能的组件功能故障时实现不同的复原层成为可能。此时,一个特殊的位置会占用液压复原层,例如在出现缺少电能供给时,此时,所有的阀都位于图 18-6 所示的位置处。随后,类似于常规制动系统在出现真空损失时的状况,驾驶员通过脚部力量借助打开的隔离阀和均衡阀对车轮制动器内进行升压。此时,为了不给驾驶员带来不必要的长踏板行程,模拟器同时被液压锁定并由此避免了附加的体积测量。

在出现故障时可使用两个复原层:

第一层:当高压蓄能器出现故障时,"线控制动"功能继续保留,但仅由泵向制动器供能。

第二层：在线控制动功能出现故障（例如，由于某个电源故障）时，主缸与2个车轮制动回路的液压连接继续保留，并不使用与施加的脚部力量成比例放大的方式在所有4个车轮制动器上进行制动。此时应关闭模拟器功能。

虽然出现部分故障，但是仍保留制动系统法定要求的液压双回路。

**EHB系统的市场概况和结构差异**

由日本汽车供应商ADVICS 2001年年初研发的系统是产品市场的首套EHB系统并安装在丰田Estima（仅投放日本市场）上。2001年年末，Robert Bosch公司研发的安装在梅赛德斯SL敞篷车内称为电子感应制动控制（SBC）的EHB系统接踵而至并在2002年初应用到梅赛德斯E级的市场车型中。

2003年年末，ADVICS在丰田Prius II Hybrid中展示了一个修改版（ECB II）。以前是一个集成有踏板特性模拟器和马达-泵-蓄能器机组的大型组件的操作结构，在第二代中被划分为单独的组件。由于"细长"的串联式制动主缸使得踏板深入降低到最小，这种结构性的变化可能会导致正面的碰撞特性。

2005年年末，将Continental EHB系统应用在投放美国市场的福特Prius II Hybrid中。

所有投放市场的EHB系统按照以前所述的线控功能原理工作。它们的主要区别在于组件不同结构上的组合和因不同的复原层方案造成的功能上的差别（图18-17）。

**功能潜力**

电子制动系统以前的功能主要是对驾驶员在行驶动态的临界状态下提供辅助的行驶动态功能（例如，ABS、ASR、ESC、BA），因此大多情况下相对较少进行干预且在驾驶员必须完全集中注意力的情况下才进行干预，今天在电子制动系统中集成了越来越多的驾驶员每天都能感觉到的和在乘客可良好感知作用方式的情况下对驾驶员提供支持的辅助或者便捷功能。这样，例如需要研发状态辅助功能作为ACC功能后续的研发方向，这样在发生拥堵时自动根据车距对车辆加速和制动，在声音极敏感的低速范围内可对制动压力进行精密计量。

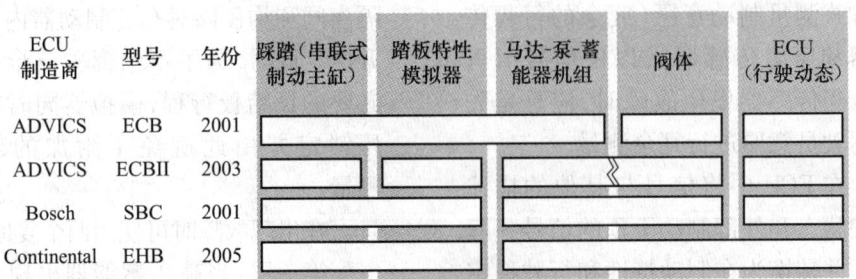

图18-17 不同EHB系统组件集成一览表（2007年夏季）

研发经济且优化进气损失的内燃机导致许多车辆不再有足够的发动机真空供给制动力放大器,这样就必须使用机械式或者电动式真空泵。在使用 EHB 时,由于不需要真空,可取消这个附加的部件。

脱开制动踏板并单独通过电子信号简单地操纵制动器使得通过其他底盘调节系统也可以优化通信和能量变换,并设定 EHB 作为未来底盘综合控制(GCC)系统的最优执行机构[18.6]。同样,对于混合动力车,其还提供作为再生制动器的制动系统,并尽可能由发电机提供制动力矩,摩擦制动器仅必须提供与驾驶员所需制动效果有差距的制动力矩。

因不断采用更多的辅助功能并且 EHB 系统相对高的成本,由此提高了对将来的辅助力制动系统相应的功能性和舒适性要求。

## 18.3 再生制动系统(RBS)的架构

为了进一步降低燃油消耗值和有害物质排放,在轿车的驱动技术装备中越来越多地使用内燃机和电子设备的组合,即所谓的"混合驱动"。车辆根据实际情况或者纯常规的、纯电动的或者混合使用两种驱动方式进行驱动。对于这些组合性的驱动装置不同的变速箱设计,我们在这里不做详述。通过(时间性)机械耦合驱动轮和电子设备,根据行驶情况不仅可由发动机也可由发电机对其进行驱动(原理结构参见图 18-18)。

在发电机工作模块中,可通过电动机进行车辆减速。发电机可提供的制动功率与安装的发电机的功率、行驶速度(发电机的转速-扭矩-特性曲线)和瞬间的电能蓄集能力有很大

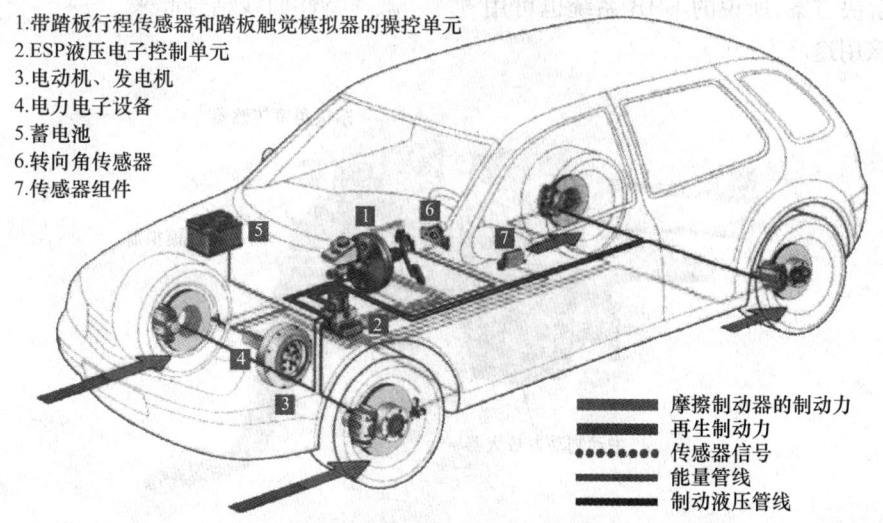

1.带踏板行程传感器和踏板触觉模拟器的操控单元
2.ESP液压电子控制单元
3.电动机、发电机
4.电力电子设备
5.蓄电池
6.转向角传感器
7.传感器组件

■ 摩擦制动器的制动力
■ 再生制动力
•••• 传感器信号
■ 能量管线
■ 制动液压管线

图 18-18 带再生制动系统的混合动力汽车(参见文前彩插)

关联。只有安装在车内的蓄能器电能不足时,发电机才会产生制动力矩。此外,目前安置的发电机功率对于舒适/调节制动来说足够了,但是对全制动不足。因此,在目前的系统中,"发电机制动器"仅能对摩擦制动系统提供辅助。

因此,在混合动力汽车的制动系统中,必须根据行驶状况和系统状态在摩擦制动器和发电机制动器之间动态切换或者渐次交替,尽量不让驾驶员感到干扰。这种所谓的"混合制动"是以电子方式进行调节的。此外,为了也可进行纯恢复式地减速(也就是不使用摩擦制动器),提供一种脱开制动踏板和制动液压装置的方式,其在常规的制动系统中自动通过机械连接制动踏板/制动力放大器/串联式制动主缸来获得。下面将就此类再生制动系统的结构进行说明,但是要特别予以强调的是现在市场上有各种不同的解决方案,所说的 EHB 系统也可用于该用途。

除了所说的标准架构和电子驱动系之外,这里所说的"带 SBA 的再生制动系统"(图 18-19)实质上包含下列组件:

◆ 带踏板角度传感器的踏板特性模拟器(PSU);
◆ 主动制动力放大器;
◆ 真空泵;
◆ ECU 和软件(例如,再生、混合、真空泵调节、状态监控……);
◆ 其他传感器,特别是用于状态监控的传感器。

在踩踏制动踏板时,通过踏板行程传感器探测驾驶员制动意愿。但是由于机械脱开制动踏板和制动力放大器/串联式制动主缸,首先不会建立起液压制动压力。这样驾驶员不会"踩空",通过模拟器给驾驶员脚部反馈一个(主要取决于踏板行程的)反作用力。通过控制软件将踏板行程与在极限情况下呈现不同的踏板特性的汽车减速特性曲线结合起来。

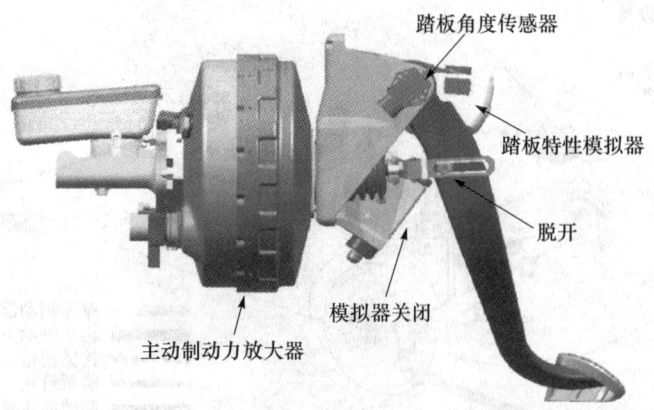

图 18-19 可按情况脱开制动踏板和制动液压装置的再生制动系统的操控单元(人机接口 HMI)

通过发电机控制装置的一个相应的接口，电子制动系统的电子装置获得发电机当前可提供何种制动力矩。如果该力矩足够应付驾驶员的制动意愿，便会单独通过发电机制动作用将车辆减速。如果需要比发电机当前所能提供的更多的制动力矩，便会附加通过电子控制制动力放大器产生摩擦制动力矩。通过这种与制动踏板脱离的制动压力建立方式和由此产生的摩擦制动力矩对发电机制动力矩进行补充。

由于某些内燃机不能产生足够的真空或者在关闭内燃机纯电动行驶时不产生真空，因此电驱动的真空泵产生液压制动器所需的真空级。

使用发电机制动器原则上不会将车辆制动至停止。只有驱动轮和发电机之间有转速差时，才会产生发电机制动力矩。这样当从某个特定的车速开始无法再提供发电机制动力矩时，在每次将车辆制动至停车时都需要使用摩擦制动器。

在系统（部分）失灵时便会关闭模拟器或者自动进入自动防故障状态，这样制动踏板便会在制动力放大器上产生一个机械干预。在该复原层上可以传统/机械/液压方式操作摩擦制动器。

与"电动液压制动系统"（EHB）相比，"带 SBA 的再生制动系统"的限制在于，制动功率受到真空辅助能量的限制。此外，由于模拟器方案和仅用特殊的主动真空制动力放大器工作从而取消了驾驶员脚部力量在产生制动力时的比例，这样在用于重型车辆方面有了一定的限制，对于基本制动系统没有设计储备的这种情况尤其是如此。

# 参考书目

[18.1] Jonner, W. -D. ; Winner, H. ; Dreilich. L. ; Schunck, E. :Electrohydraulic Brake System-The First Approach to Brake-by-Wire Technology. SAE 1996-09-91, Detroit, 1996.

[18.2] Albrichsfeld, C. von ; Bayer, R. ; Fritz. S. ; Jungbecker, J. ; Klein. A. ; M. utschler, R. ; Neumann, U. ; Rüffer, M. ; Schmittner, B. :Elektronisch regelbares Bremsbetätigungssystem, Patentschrift DE 198 05 244. 8. Deutsches Patent-und Markenamt, 1998.

[18.3] Fennel, H. ; Gutwein, R. ; Kohl, A. ; Latarnik, M. ; Roll, G. :Das modulare Regler-und Regelkonzept beim ESP von ITT Automotive, 7. Aachener Kolloquium Fahrzeug-und Motorentechnik, 1998.

[18.4] Rieh, P. :Technologie im Wandel X-by-Wire IIR Konferenz Neue Elektronikkonzepte in der Automobilindustrie, Stuttgart, 13. -14. 4. 1999.

[18.5] Stölrl, S. ; Schmidt, R. ; Kling, W ; Sticher, T ; Fachinger, G. ; Klein, A. ; Giers, B. ; Fennel, H. :Das Elektro-Hydraulische Bremssystem von Continental Teveseine neue Herausforderung für die System-und Methodenentwicklung in der Serie, VDI-Tagung Elektronik im Kraftfahrzeug, Baden-Baden, 2000.

[18.6] Rieth, P. ; Eekert, A. ; Drumm, S. ;

Global Chassis Control-Das Chassis im Reglerverbund, HdT-Tagung Fahrwerktechnik, Osnabrück, 28. 5. - 305, 2001.

[18.7] *Albrichsfeld, C. von; Eckert, A.* : EHB als technologischer Motor für die Weiterentwicklung der hydraulischen Bremse, HdT-Tagung Fahrzeug- und Verkehrstechnik, 2003.

[18.8] *Gruber, S.; Ocvirk, N.; Remfrey, J.* : Aufbau und Komponenten von PKW-Bremsanlagen. In: Breuer/ Bill (Hrsg.), Bremsenhandbuch. Wiesbaden: Vieweg Verlag, 2006.

[18.9] *Engel, H G.; Faulhaber, A.* : Elektrohydraulisch betätigte Bremsen, In: Bneuer/Rill (Hrsg.), Bremsenhandbuch. Wiesbaden: Vieweg Verlag, 2006.

# 19 电动机械制动系统

Bernward Bayer, Axel Büse, Bernd Pillen, Peter Rieth, Stefan Schmitt, Bernhard Schmittner, Jürgen Völkel

## 19.1 电动机械制动系统(EMB)

在汽车研发中,作为主动行驶安全性基本组件的制动系统面临着更新换代:最初使用的是纯机械操纵的制动器,目前使用的主要是带集成电子防抱死系统和稳定程序的液压制动器。同时,预先规定用机械线控制动装置对其进行辅助。

在电动机械制动系统中,其涉及一种用纯外力操纵的实时线控装置(通过电线传输驾驶员意愿)。不仅对于信号传输(带一个总线系统)而且对于能量传输来说也不再进行物质流动(以制动液的形式);相反,压紧调节命令和调节动作以纯电子的方式进行。

### 19.1.1 目的

这种 EMB 线控制动装置的根本优点在于驾驶员辅助系统完全的外部操控性和未来与交通系统可联网以及实现包括所有的辅助功能在内的驻车制动器(启动辅助功能,如防止在山上出现溜车)。此外,线控制动装置特别适合于底盘综合控制和电子转弯模块的集成。

由于 EMB 无制动液,因此也称其为"干"线控制动。对于用户来说,其根本的优点是最佳踏板感觉的可能性,特别是在 ABS 模块中没有振动,以及在脱离碰撞的和人体工程学适用的位置上和制动踏板的作用力/行程识别(可通过踏板(感觉)模拟器和传感器代替双主缸和真空放大器),并由此将脚从油门踏板到制动踏板所需的时间缩短。由此,可实现一个较短的停车行程。此外,EMB 将最佳的制动和稳定特性与一个极低噪声的运行结合起来。取消了制动液使其具有更高的环境兼容性。

对汽车制造商的优势在于低的包装成本和安装成本("即插即用"代替"加注和排气"),驾驶员与制动传动装置能量脱离,因此不再需要依赖真空。因此,EMB 也非常适用于进气损失优化的内燃机(例如,柴油机、直喷汽油发动机)。向所有未来的驾驶员辅助系统和交通管理系统提供开放接口以及主动调节气隙(降低油耗、环境平衡)也是 EMB 的优点。

电动机械制动系统承担着一个制动装置的所有功能:脚制动、辅助制动和电子驻车制动。

### 19.1.2 系统架构和组件

EMB 的基本原理在于无反作用

力地将踏板(规定额定值)与车轮制动器进行耦合。由于在 EMB 中没有液压的可用肌肉力量踩踏的复原层，为了确保车辆的安全性，必须预设一个冗余的信号和能量网络(例如，两个蓄电池)，参见图 19-1 和图 19-2。

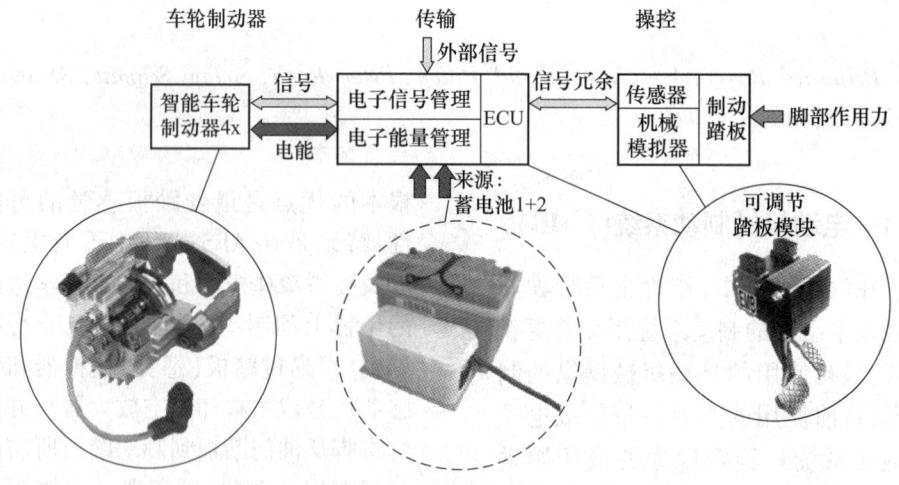

图 19-1　EMB 系统布局和组件

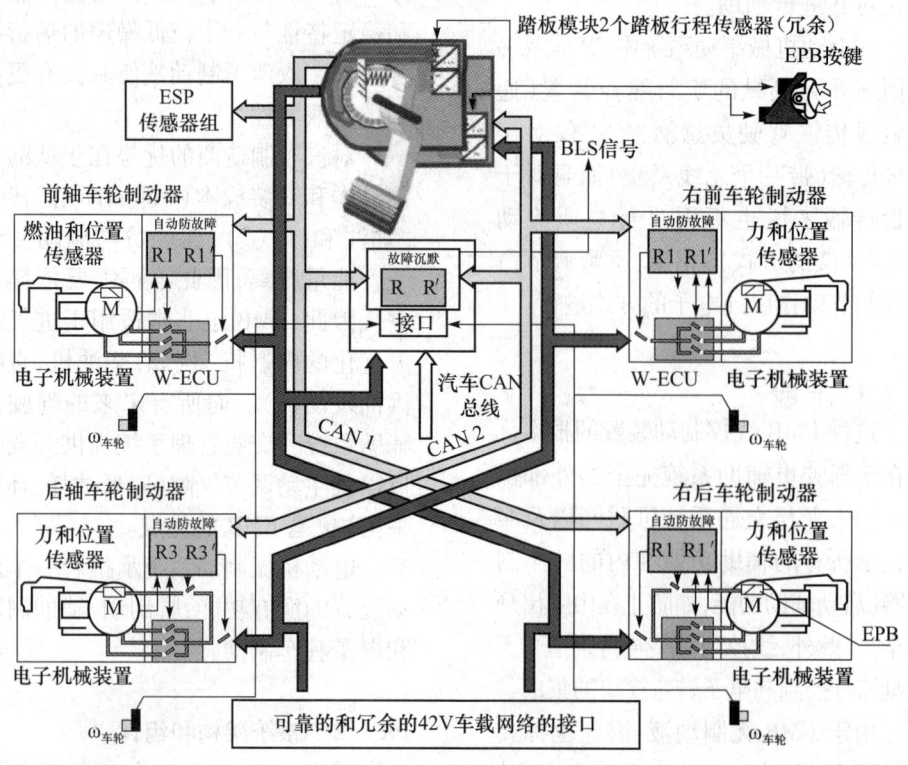

图 19-2　EMB 系统架构

代替常规的液压操作的制动钳,EMB通过纯电动机械驱动的车轮制动器直接在车轮上产生操纵力。由一台电动机通过一个变速箱系统(用于放大力矩的齿轮级加上将旋转转换为平移的螺杆传动装置)将制动摩擦片压紧在制动圆盘上。

除了上述冗余的信号和能量网络之外,在自动防故障方案方面对所有其他的电子组件也有特别高的要求。中央控制单元和车轮制动器执行机构都必须始终自主监控,这样在出现故障时它们会保持故障沉默或者自动防故障状态。

### 19.1.3 制动操纵装置

EMB 的制动操纵装置首先由一个"电动"制动踏板组成,也可考虑其他制动操纵装置,如"Joystick"。这特别适合于残疾人使用的车辆。制动踏板是可调节模块的一部分,除了制动踏板,该模块还包括油门踏板有时也包括中央电子 EMB 控制单元(中央控制单元),参见图 19-3。

图 19-3　EMB 的制动操纵装置

从不同的角度可对该模块的结构进行优化,尤其是在操控人体工程学(可调节性)和事故安全性方面(参见图 19-4)。对于汽车设计来说也具有相当的自由度,如内部空间设计方面或者在左舵或右舵车上的应用方面。

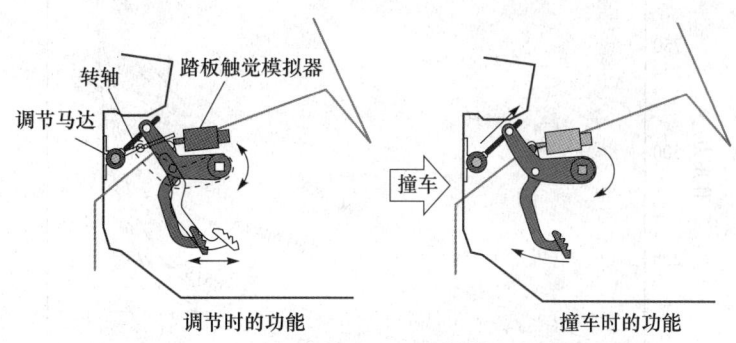

图 19-4　EMB 踏板机构,调节和碰撞功能

"电动"制动踏板是驾驶员与车辆管理电路连接的一个重要接口。它是 EMB 的主要操作单元,其并不只用于采集驾驶员意愿,也是驾驶员与车

辆的一个触觉联系通道。它由踏板行程模拟器和力模拟器以及用于采集驾驶员意愿的智能冗余传感器组成。

这种踏板感知模拟器（参见图 19-5）向驾驶员提供与液压制动器一样熟悉的触觉上"弹性的"反馈。踏板感觉可在较大范围内在设计上进行规定（作用力、行程、减振/滞后，参见图 19-6）。

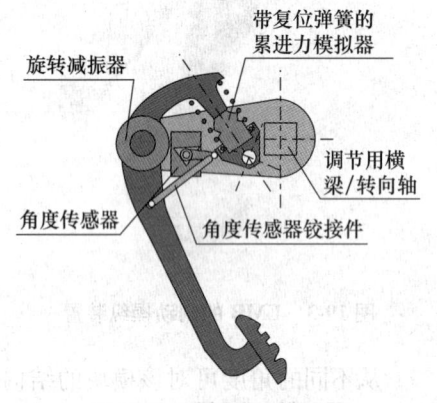

图 19-5　踏板感知模拟器

除了诸如踏板位置（倾斜度）和与座椅的相对位置（人体工程学）之类的非制动系统方面的特性外，踏板特性（踏板力、踏板行程和汽车减速度之间的关系）对于获得的"踏板感觉"起着根本性的作用。制动操纵力和制动行程与减速度协调的感觉对于制动器可靠的、有效的和舒适的可操作性至关重要。使用 EMB 时可通过软件用相对少的成本形成可变化的（自适应）踏板特性（例如，在负载状态下）意义上的踏板特性的扩展（根据情况将踏板行程分配给车轮制动力并由此进行车辆减速）。

### 19.1.4　中央控制单元

由一个中央控制单元处理传感器信号（踏板行程或踏板角度）及其他描述行驶状态和（或）外部制动干预的信号（例如，车轮转速、横摆角速度、横向加速度、EPB 按键，参见第 19.1.5 节、第 19.2.2 节和第 19.3.1

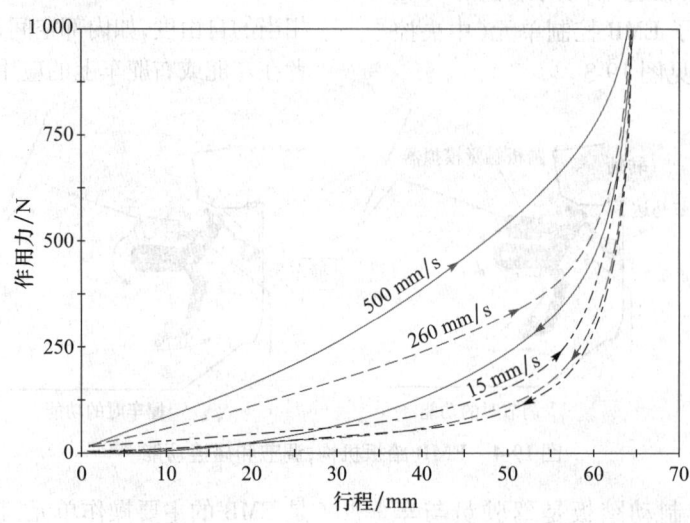

图 19-6　不同制动操纵速度下的踏板特性曲线

节)并在制动性能和行驶稳定性方面换算为所需的单个车轮的制动压紧力。通过双通道总线系统(线控)将相应的电子信息传输给车轮制动模块(参见第19.1.9节)。

中央控制单元也必须严格设计为双回路,这样在出现一个故障时最多有一个制动回路失灵而不会是整个制动系统失灵(类似今天的液压双回路制动系统)。

### 19.1.5 车轮制动系统执行机构

每个车轮制动模块(参见图19-7)都由摩擦制动器、电动机械执行机构和动力电子设备这些基本组件构成。浮钳式制动器是液压车轮制动器的标准组件。电动机械执行机构包括变速箱螺杆传动装置代替了制动活塞。在中央电子元件中进行制动过程中的压紧力定量调节以及车轮滑转控制(例如,ABS、ESC)过程的制动力矩变化,

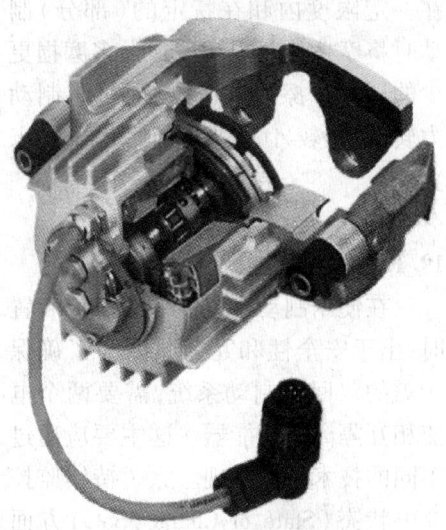

**图19-7 车轮制动模块**

根据中央电子元件产生了对控制EMB车轮制动系统执行机构中电动机的局部车轮制动系统执行机构动力电子装置的相应要求。

驻车制动器在后轴以集成在促动器中的制动装置的形式存在(电动机械式组合钳)。可通过一个手动操纵的按键用与相应的车轮制动器工作电子模块纯信号耦合的方式将其激活,或者通过中央电子装置根据在该处执行完的更重要的附加功能(例如,驻车管理)借助车轮工作电子装置模块的控制装置将其激活(参见第19.2.3节和第19.3.4节)。

对EMB电动机械促动器有较高的要求:必须通过协调其组件(电动机和变速箱系统)确保在所需的时间内实现所需的物理效应,也就是说在要求的时间内实现压紧力的建立和调节。因此,执行机构的驱动装置必须满足不同的要求:一方面必须与下游的变速系统及其变速比(齿轮和螺杆传动)一起可靠地达到最大的压紧力(静态要求),另一方面必须用足够的动力建立作用力和调节作用力(动态要求)。这需要使用一个电动机械式转换器,其除了具有相应的高流速产生高的驻车力矩之外也可仅通过小的转子调节角度围绕着总是相同的转子位置进行持续调节。根据极高的功率密度,使用无刷的、永久磁铁激励的直流电马达构成合适的驱动装置。在这里,普通直流电动机的换向器和电刷很快就会失灵。由于静态和动态要求应对电动机特性曲线(转矩/转速)的

调整和几何形状的设计予以特别的关注。

通过压紧后在一个规定的作用力水平上电动机械式锁住执行机构驱动装置的方式实现驻车制动功能（电子驻车制动器）。在消除马达力矩后（不再继续供电），系统继续保持自锁状态，只有在松开时才需要重新供电。

### 19.1.6 传感器

除行驶动态调节传感器和踏板传感器（参见第19.1.3节和第19.1.4节）以外还建议使用车轮单独的压紧力传感器。从目前来看，这种配置会提供最佳的功能性和最佳的控制方案。但是通过计算"重建"制动力矩和基于马达电流，系统灵活性和电动驱动系统的马达转子位置的压紧力的无作用力传感器的策略也是可能的[19.7]。基本上在每个EMB执行机构中都有一个马达转子位置传感器作为"基本"传感器。因此，在进行相应的结构设计时不仅要探测用于电机换向的转子位置并探测电机停机时转子的位置，还要计算精确的制动衬片位置（用于制动衬片磨损、空隙调节等）。

车轮制动执行机构内的传感器承受着特别严重的环境条件要求。除了较大的机械负荷之外，部分极高的温度和有害的环境影响对传感器也有影响。

### 19.1.7 控制方案

电动机械制动系统执行所有可能的制动干预和车辆稳定功能（例如，ABS、电子制动力分配、循迹控制、电子稳定性控制、制动辅助），以不对驾驶员进行踏板暗示的方式实现外部驱动和驾驶员辅助功能（例如，自适应车速控制，ACC）。此外，以最低的成本对电子驻车制动器予以补充。

电动机械制动系统可以主动将摩擦衬片复位（吹气）。对于液压制动装置，通过弹性活塞密封环才可大致感觉到。主动复位确保迅速、准确定量的对制动圆盘的制动衬片吹气。这样会避免剩余制动力矩（零阻力）并减少油耗，避免制动圆盘（各种厚度型号，DTV）上出现孔洞以及以最低摩擦系数进行ABS调节使得车轮再次加速变得容易。

电动机械制动系统感知当前的摩擦片状态，特别是摩擦片磨损情况。通过该信息可生成一条实时的提醒信息告知驾驶员更换摩擦片。此外，可在一定限度内和在特定的（部分）制动时将摩擦片磨损转移到大多磨损更少的后部摩擦片上，这可通过将制动力转移到较小摩擦的制动器上来实现。

### 19.1.8 供电

在使用制动系统的能源供应装置时，出于安全性和冗余原因为了确保所需的双回路制动系统，需要两个电流相互隔离的蓄能器。这主要应通过不同的技术予以实现。除了持续监控充电状态（State of Charge，SoC）方面外，也在使用中监控其剩余电量（State of Health,SoH)以及其在使用中的功能状态(State of Function,SoF)。例如,如果蓄能器由常规的发电机充电,则必须在发电机失灵后随时可提供足够的电能,以确保在最大车速下进行更多的全制动。

从目前来看,此类的制动系统用14 V 的汽车电路无法有效驱动。根据结构规格,特别是在(动态)制动力比例较大的前轴上,为了达到必要的动态所需的输入功率产生高的峰值电流。虽然诸如楔形制动器(自行增力)的方案有助于降低峰值电流,但是随之而来的是一种根本上增加的机械建造成本和复杂性的增加。

最后必须提出一个一般性的问题,就是对于包含多个诸如 EMB 和电动助力转向之类的多个安全性相关的电子系统的线控车辆的冗余可靠的汽车电路来说,14 V 是否是合适的电压。如果为这些安全性十分重要的系统重新规划能源供应,并也进行冗余,则应在考虑降低电损失的情况下将供电电压提升到42 V。

### 19.1.9 通信系统(总线结构)

通过数据线将电动机械制动系统的组件相互联网。由于要求严格的实时性,为此主要使用近年来在汽车内采用的 CAN 总线和2006年才开始在量产汽车内采用的 FlexRay 总线。究竟使用哪种总线类型,取决于不同的边界条件。在这里尤其是对冗余度、数据容量和数据结构方面的要求,但主要取决于汽车制造商提出的要求。

一般情况下,类似于 EMB 的双回路供电,CAN 结构采用双回路设计就足够了。由于在 CAN 上进行一个差不多确定的通信过程(每个总线参与者发送一个预先设定好数量的消息/时间),对于使用中央控制单元进行通信的车轮制动器执行机构来说不应使得总线处于超负荷状态。但是,对于可能出现的中央控制单元失灵的情况应预设冗余的信号路径。这可以是类似的信号线路或者低电平总线,如踏板行程传感器直接与车轮促动器相连。

时间触发的 FlexRay 自身可作为冗余总线。为此,通过4条平行的导线将所有的控制单元相互连接起来。总线架构可设计常见的串行结构或者借助一个所谓的活动星的星形结构,也可以设计成混合结构。星形结构的优点在于一个损坏的控制单元不会使得整个总线都瘫痪,而只是损坏的控制单元至活动星的支路瘫痪。

除了 FlexRay 最大的数据传输率为 $2 \times 10$ Mbits/s 之外,FlexRay 和 CAN 总线之间的最大区别在于协议结构。CAN 总线达到最大 1 Mbit/s 并是一个事件控制的(事件触发的)总线,根据进行的事件和按照其优先权发送信息。这用于获得一个相对低的总线负荷,但是在出现传输故障时可能会造成时间瓶颈。在 FlexRay 上这有所不同:在这里由一个规定的按时间控制的(时间触发的)"总线行车时刻表",其按照一个规定的时间光栅发

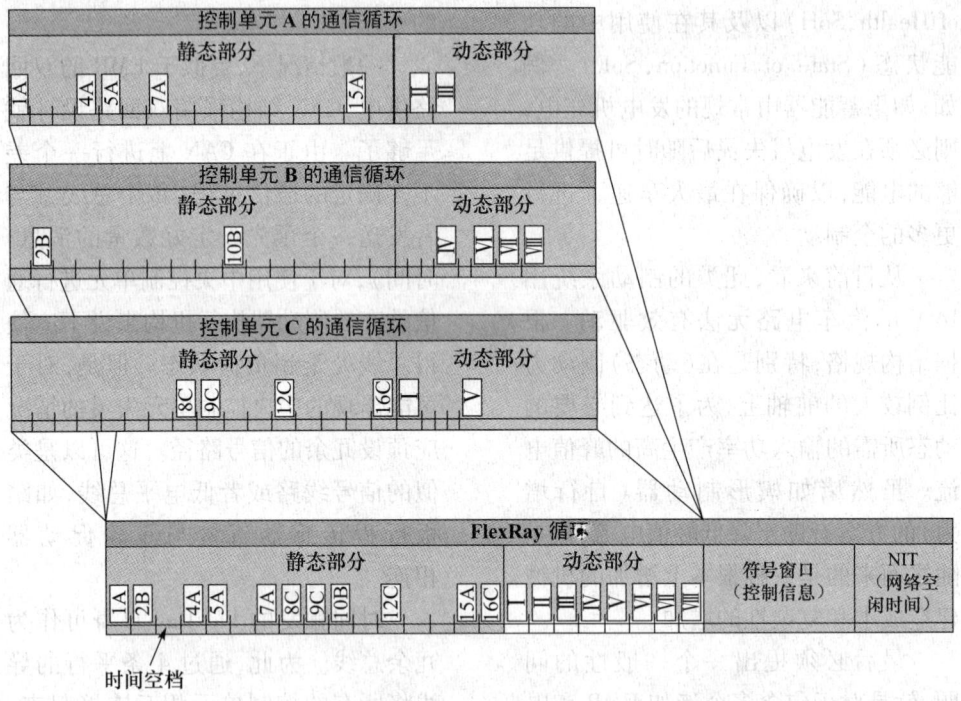

图 19-8 FlexRay 总线

送一整套协议。每个控制单元都分配有一个保证硬实时的固定的时间空档。除了这种静态的部分之外,类似于 CAN 总线,在每个循环中都有一个事件触发的优先权控制的信息的动态部分(参见图 19-8,FlexRay 总线)。

## 19.2 混合制动系统

在轿车电器网络完全实现电子冗余(参见第 19.1.8 节)之前,混合制动系统是一种过渡方案:通过电动机械制动的后轴和集成的电子驻车制动器对液压制动的前轴予以补充。

### 19.2.1 目的

由于结构尺寸和相对于前轴所需的动态,在车辆的后轴上使用电动机械式制动器需要明显较低的功率,这可以在普通的单线 14V 汽车电路上实现。混合制动系统也可以呈现部分诸如集成驻车制动器、可变化的前后制动力分配和后轴制动器的外部可控性之类的电动机械式制动系统的优点。相应地对汽车制造商来说有一系列较小的优点:由于仅向前轴供应液压,因此减小了制动操纵机构(真空制动力放大器)的结构尺寸并在优化踏板识别方面有明显较大的设计自由度。后轴上的电动制动器不仅可取消向后的制动管路和制动软管,也可以在安装后轴时安装带简单接口的整套合格经检验模块。

### 19.2.2 系统架构和组件

混合制动系统由一个带液压制动钳的前轴供能的液压制动操纵装

# 19 电动机械制动系统

置组成。规格可以是单回路的也可以是双回路的。液压装置仅匹配一个车轴用于控制。用制动操纵装置中的或者液压系统中的传感器采集驾驶员意愿。两个后部电动机械式促动器对制动系统进行了补充（参见图19-9）。用于行驶动态控制（车轮转速、转向角、横摆角速度、加速度）的传感器保持不变。一个用于操纵电动驻车制动器的按键是对制动装置的补充。

目前，液压行驶动态控制系统的电子装置承担车轮打滑控制的任务，也承担可能来自外部的驾驶员辅助制动要求的任务，如自适应车速控制系统的要求。此外，在这里也测定驾驶员意愿并根据行驶和负载条件作为对后轴的要求通过一个总线连接传输最佳的制动力。

首先，在汽车装备中并没有根本性的变化（参见图19-10），基本的封装保持不变。

### 19.2.3 调节功能

继续完全保留目前已知的调节功能。下面是对旧功能的补充以及一些新功能。

基本制动扩展了一个按情况的制动力分配的功能。这样一方面可实现一种理想化的制动力分配，另一方面可考虑装载状态和行驶状态。出于舒适性的原因在车身和车轴之间安装有一套软悬挂的车辆在制动至停车时可能会发生不舒适的车身纵向晃动，这基本上可以通过临时降低车轴上的制动力完全避免（"软停车，防急冲后仰"）。这可用混合制动器来实现，驾驶员在踏板上不会感到干预过程。可

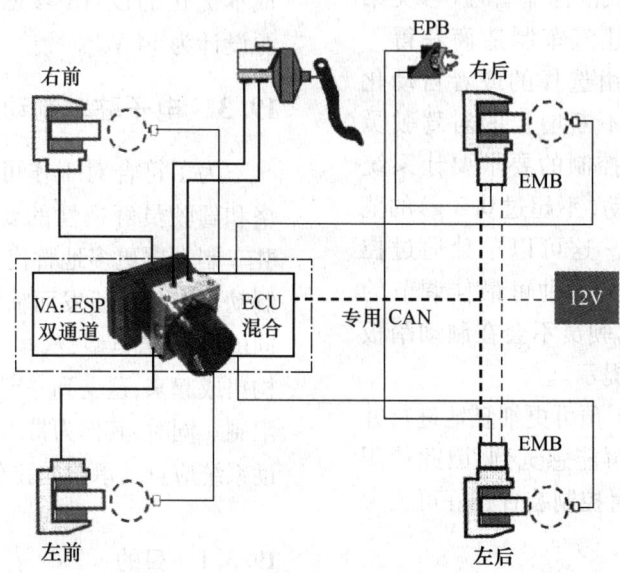

图19-9 混合制动系统系统结构

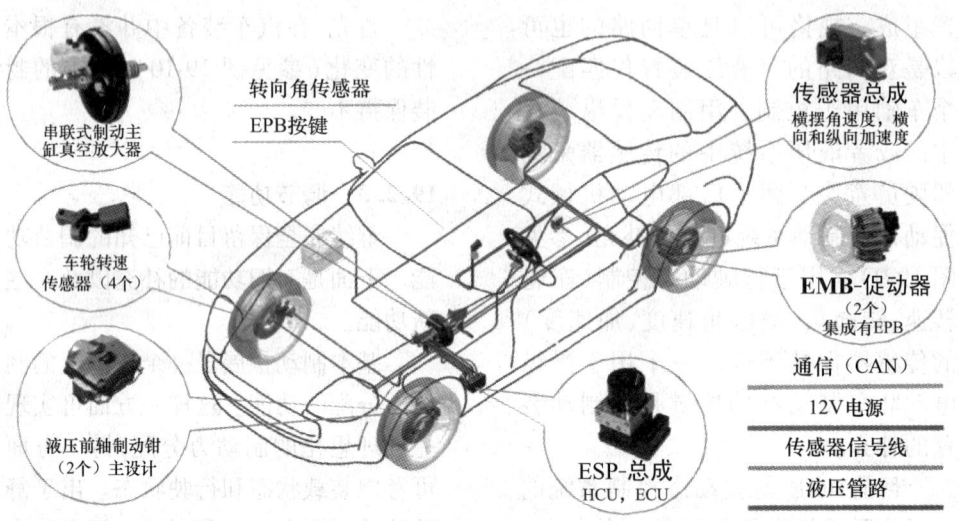

图19-10 混合制动系统组件(参见文前彩插)

通过驾驶员规定提高后轴上的制动力来部分优化车轮打滑控制功能。此外,降低其前轴上的液压以改善踏板舒适性。集成驻车制动器可以用完全集成的脚制动功能和驻车制动功能以高动态的舒适方法实现新的控制方案。形成的停车管理(参见第19.3.4节)可让汽车制造商获得一个基本上可自由选择的或者自动化的操作方案。不断增长的对驾驶员辅助系统外来控制的要求要让系统首先在舒适制动(不超过0.3g)的范围内予以适应。这可以单独通过控制后轴就可形成一种可最佳调节的制动。此时,驾驶员不会在制动踏板上感觉到任何提示。

由于控制干预可更细腻地进行并且从声音上不再能感觉到,因此使用后轴的驱动打滑控制装置正好可大大提高舒适性。

### 19.2.4 后轴执行器

对于混合制动系统中的后轴部件要追溯到电动机械制动系统的后轴卡钳上。在这里,除了集成驻车制动器之外,主要还要进行带有充分动态的成本优化的设计(参见图19-11),电源设计为14 V。

## 19.3 电子驻车制动装置(EPB)

为了符合对工作可靠性、汽车网络和驾驶员舒适性的要求,电动机械驻车制动器更多地替代了机械式驻车制动器。目前研发面临的任务是将不同的制动器类型、汽车级别和汽车架构集成起来,这受到一定数量的变量的限制。同时,其作为带附加功能性的辅助系统应自动承担如驻车制动的工作。

### 19.3.1 目的

使用EPB的主要原因是可获得

# 19 电动机械制动系统

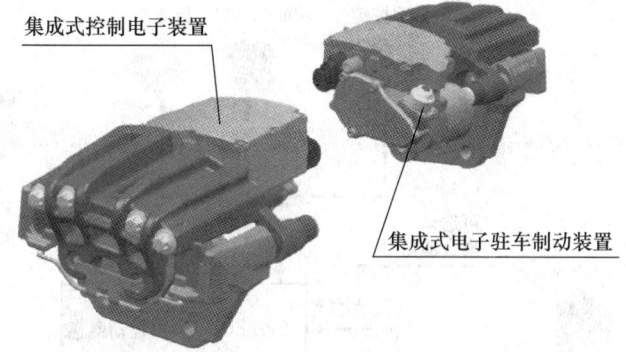

图 19-11 混合制动系统，EMB 促动器

一种舒适且运行可靠的驻车制动功能，而无须驾驶员的干预，如自动操作驻车制动器。与其他的驾驶员辅助系统合作可以实现所谓的停车管理（参见第 19.3.4 节），这通过自动功能进一步解放了驾驶员。此外，一个不能忽略的目的是扩展汽车内部空间结构的可能性，这可通过取消驻车制动杆和制动踏板获得。另外（也包括法律上）需要的操作单元（行驶期间脚制动操作机构失灵后的应急制动功能）越来越少，其集成化更令人满意且更符合人体工程学。此外，EPB 施加的停车作用力与驾驶员的踏板作用力无关。

## 19.3.2 系统架构和组件

系统架构的两个方案基本上可分为带中央促动器的拉绳系统和集成制动器的系统：

◆ 作为中央执行机构的 EPB 作用于常规的双向伺服式驻车制动器（鼓式制动器）或者组合制动钳（盘式制动钳、拳式制动钳或者浮式制动钳）；

◆ 带有直接操纵的双向伺服式驻车制动器或者集成在直接操纵的组合制动钳中的 EPB。

所有型号中 EPB 所需的组件有：

◆ 电子控制单元；
◆ 控制元件；
◆ 发动机/变速箱单元；
◆ 常规制动器的机械接口；
◆ 机械式应急解锁装置。

组件根据相应的基本系统划分以不同的方式布置和联网。

**(1) 带中央执行机构的 EPB 拉线操纵系统**

中央执行机构是 EPB 的首个集成级别。一个布置在中央的单元由电子控制单元和电动机械装置组成，借助从机械驻车制动器上所知的制动拉线操作后车轴上的驻车制动器（组合钳或双向伺服式制动器，参见图 19-12）。所有详细说明的接口都由控制单元中央控制（参见第 19.3.3 节）。

该系统架构在车辆集成方面具有较高的灵活性：由于使用的是传统的驻车制动器，如可简单地选装该 EPB。与之相反，中央执行机构和制动拉索的布设在位置方面要求较高。

在中央执行机构（参见图 19-13）

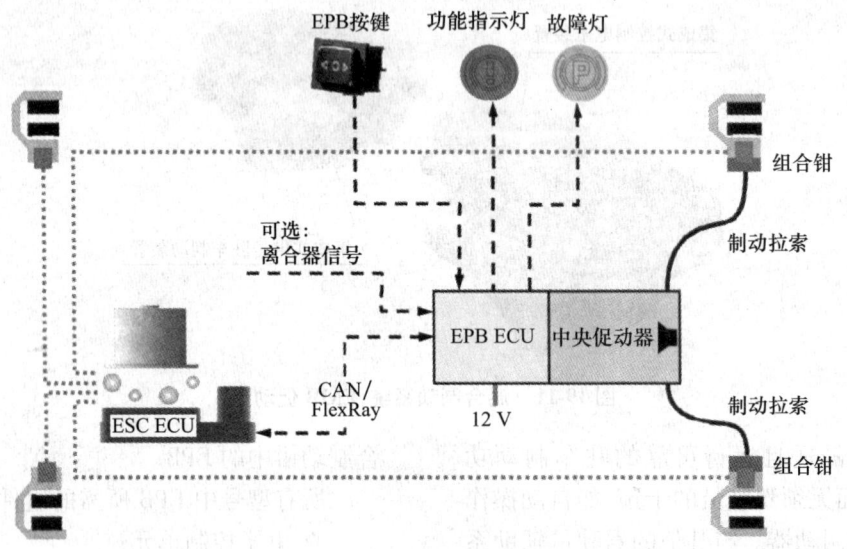

图 19-12 EPB 中央执行机构的系统布局

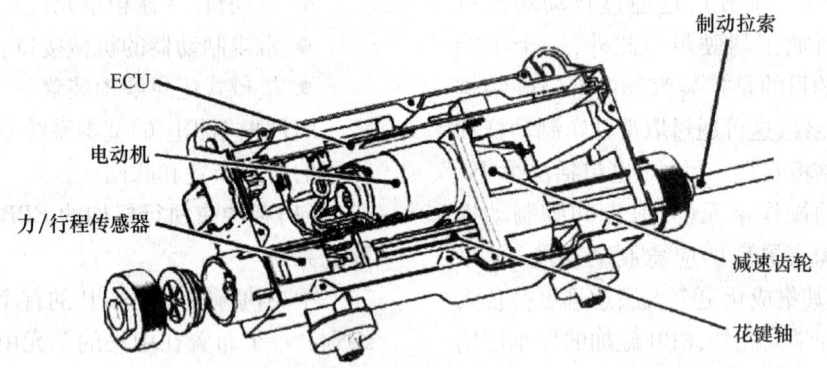

图 19-13 EPB 中央执行机构

上通过一个借助减速齿轮对花键轴起作用的电动机对制动拉索施加操纵力。其按照螺母/主轴的原理工作并设计成自锁的形式,因此在工作位置或者分离位置不再向驻车制动器供应(电)能。作为双钢索执行机构,该 EPB 按照反应原理工作:在两个制动拉索上施加相同的作用力,并且执行机构壳体尽可能保持无作用力的状态。通过一个力/行程传感器监控工作状态下的压紧力以及分离状态下制动器摩擦片的间隙。可选装一个手动应急分离装置,借助该装置可在停止供电时松开驻车制动器。

**(2)带直接操纵双向伺服式驻车制动器的 EPB**

"双向伺服式集成"EPB 是一种在后轴上部分集成的制动系统。脚制动器(盘式制动器)因原理所限在结构上与驻车制动器是分离的,可直接通过执

## 19 电动机械制动系统

行机构不用制动拉索对双向伺服式驻车制动器进行操纵。通过一个布设在中央的ECU对直接安装在车轮支架上的执行机构进行操纵(参见图19-14)。

受到双向伺服式制动器较大的自放大所限,借助相对较小的执行机构产生大的驻车制动力。

因此,这种系统特别适合用在重型汽车或者汽车上(特别是小型运动型轿车),作为脚制动器其表现为后轴上带有固定式制动钳的盘式制动器。

集成的双向伺服式制动器的执行机构直接操纵后轴上的鼓式制动器的制动瓦。执行机构的壳体承受工作状态下鼓式制动器制动瓦的切向力并将其传导到车轮支架上(参见图19-15)。

该系统的执行机构由一个电动机组成,其通过一个减速齿轮和一个蜗轮蜗杆传动装置操纵一个与制动瓦保持有效连接的丝杠。丝杠是自锁式的并在工作位置或者分离位置时不继续供能。丝杠力流中的弹簧减振器通过

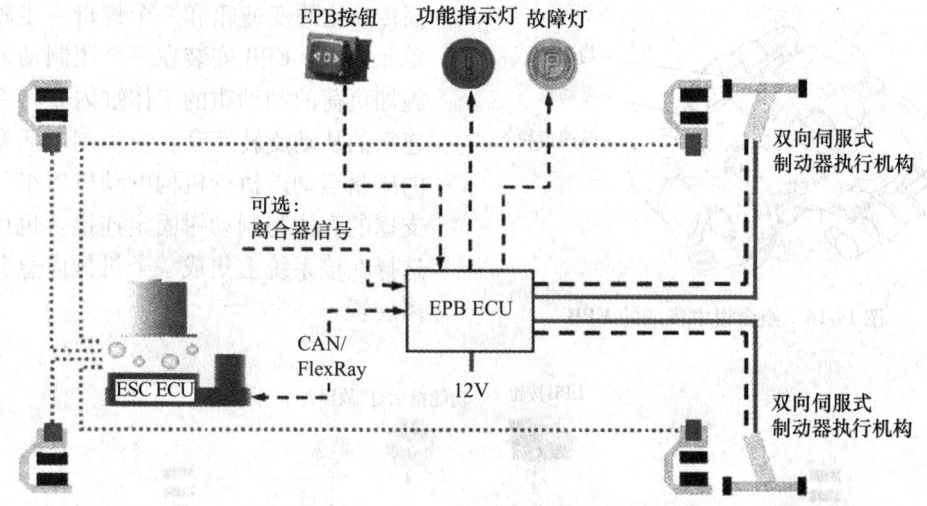

图 19-14 EPB 双向伺服式集成的系统架构

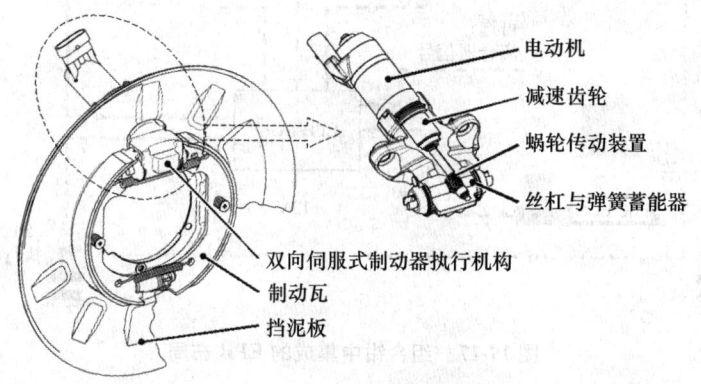

图 19-15 双向伺服式制动器执行机构

模拟制动拉索的弹性均衡双向伺服式制动器中的力/行程损失。为了监控制动器的空隙以及调节压紧力，执行机构在电动机上安装有一个转速传感器，通过它可间接采集丝杠的工作行程。可选择安装一个机械应急分离装置，借助该装置可在停止供电时松开制动器。

**(3) 带直接操纵组合钳的 EPB**

集成组合钳的 EPB（参见图 19-16）是液压制动系统中 EPB 最高的集成等级。

EPB 执行机构直接与组合钳相连，其不仅实现了脚制动器的功能，也实现了电动机械驻车制动功能。如 EPB 集成双向伺服式制动器一样，中央控制单元承担操控执行单元的任务（参见图 19-17）。用此类系统可成本低廉地实现 EPB 功能。可用性受到原理所限的有限的用组合钳施加的压紧力或制动力的限制（无盘式制动器自增强）。

在该系统中，EPB 实质上由一个带转速传感器的电动机、一个由其驱动的高传动比的变速箱和一个螺母–主轴单元组成。EPB 安装在一个用制动液施加负荷的制动钳的工作缸内并将变速箱的从动旋转运动转换为制动活塞的压紧运动。执行机构电动机械组件支撑的壳体与制动钳固定连接。也可选择在该系统上集成一个机械应急分离装置。

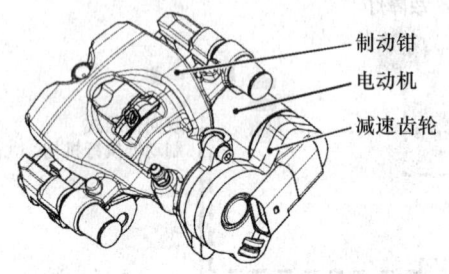

**图 19-16　组合钳中集成的 EPB**

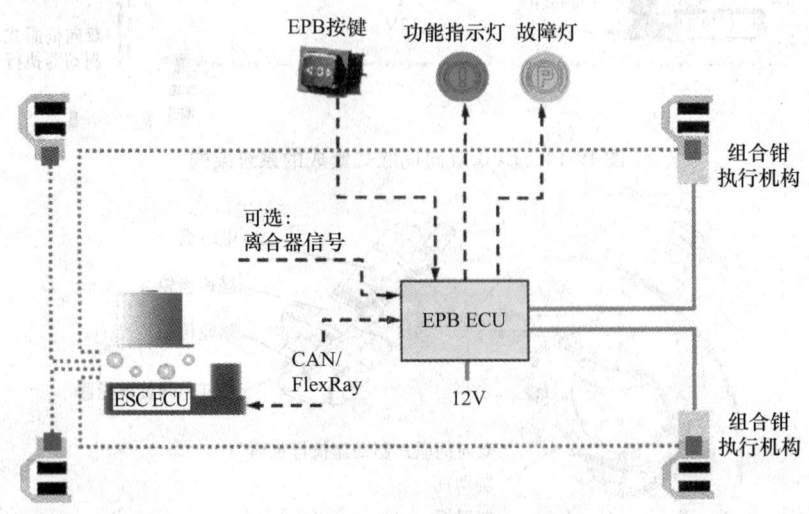

**图 19-17　组合钳中集成的 EPB 布局**

### 19.3.3 电子控制单元的接口

电子控制单元至少通过以下接口相连：

◆ 一个操纵元件的接口：必须分为模拟和数字型以及设计为单一或多倍冗余，以满足法律要求。

◆ 一个汽车总线系统的接口：通过一个高速 CAN 总线或者通过 FlexRay 总线建立与车辆的重要连接。与汽车制造商一起根据功能定义必须交换的信号。最重要的由 EPB 接收的消息是对基本功能很重要的车速。向网络的其他参与者发送的最重要的消息是 EPB 的状态。

◆ 一个 EPB 执行机构电动机的接口。

◆ 一个汽车电源的接口。

此外还可有一系列的与相应的汽车架构匹配的接口：

◆ 传感器的输入/输出端（例如，离合器行程）；

◆ 仪表板的输入/输出端；

◆ 功能配置的开关元件输入/输出端；

◆ 汽车诊断系统的接口。

### 19.3.4 EPB 的功能

根据以前的机械装置，作为基本功能，EPB 提供一个基于驾驶员意愿的驻车机械装置：

◆ 在汽车停止（静态模式）期间"关闭"和"打开"；

◆ 在行驶（动态模式）期间"关闭"和"打开"。

此时，根据客户意愿在考虑 ECE – R13H 标准的情况下通过制动踏板和点火开关的位置进行接通。出于这个原因，EPB 也具有"唤醒能力"，也就是说通过操纵元件也可在点火开关关闭的情况下像机械驻车制动器一样"关闭"EPB。相反，阻止在点火开关关闭时"打开"EPB。

在行车期间打开可分为两个方案：

◆ 在行车期间通过 EPB 执行机构"打开"和"关闭"（参见第 19.3.1 节）。只有进行几次机械动作才能执行该功能。

—— 不带力控制功能：驾驶员直接通过操纵元件定量控制减速；

—— 带力控制功能：用控制算法对驾驶员进行支持，该算法防止后轮抱死。

◆ 在行驶期间通过电子制动器控制单元液压的方式"关闭"和"打开"。其优势在于可在所有 4 个车轮上同时定量控制制动力矩或者减速，是相应舒适的，此外 ABS 和 ESC 全部的功能范围主动伴随着制动过程（动态制动功能）。

在停车时或者在启动时（停车管理）其他自动功能向驾驶员提供辅助的其他自动功能：

◆ 在点火开关打开/关闭时打开/关闭。

◆ 在发动机关闭（包括发动机"熄火"）/发动机启动时关闭/开关。

◆ 在起动失败时关闭。

◆ 在自动挡汽车挂入"P"挡时关闭。

◆ 通过对汽车总线系统要求关闭/打开。

◆ 驾驶员辅助系统上有 EPB 参与的研发重点是停车管理系统（参见第19.2.3节）。汽车制造商通过以液压的方式将车辆停止一段时间的 ESC 功能来实现停车管理系统（只要驾驶员位于车内并检查行驶状态）。使用 EPB 作为复原层和时间上不受限制的停车功能应采用 EPB。ESC（主）可通过一个接口请求 EPB（从）动作。

◆ 在识别到启动过程时松开 (Drive Away Release)：借助启动力矩和下坡从动力力矩、行车踏板位置、挡位信息、斜坡倾斜度和作用力水平实时和定量实施松开过程。此外，在手动变速车辆上还必须考虑离合器踏板的位置和动作。

在一个特殊的位置执行自动再夹紧过程。制动器上出现的热负荷可能在基于组合钳的系统冷却期间造成制动扭矩降低，或者按时间控制或者借助直接测量的作用力下降或者通过汽车运动信号可自动再次建立起制动力矩。

EPB 系统原则上可以进行手动机械应急解锁，以避免在停止供电时汽车抱死或无法继续行驶。为此储存有功能以便可靠识别该状态并在排除问题后再次将系统转变为正常状态。

由于在可用性最大和日常使用时必须达到最大的安全性，因此 EPB 的自动防故障的算法有较大的施展空间。

即便谨慎设计也可能会导致系统超负荷，如因未采取补救措施而不间断的关闭和松开。出于这个原因应采用过热保护装置，其通过传感器和计算模型测定满载，必要时向驾驶员报警并在极限情况下也从时间上进行进一步操纵。

像所有的电子控制单元一样，EPB 也必须有诊断能力并在诊断接口提供一定的功能，以：

◆ 对汽车制造商的生产过程提供支持；

◆ 进行故障诊断；

◆ 在车间进行简单的功能测试；

◆ 对车辆的驻车制动器进行正常化处理（双向伺服式制动器制动瓦的"磨合"）。

# 参考书目

[19.1] Braess, H.-H.; Seiffert, U. (Hrsg.): Vieweg Handbuch Kraftfahrzeugtechnik. Wiesbaden: Vieweg Verlag, 2007.

[19.2] Wallentowitz, H.; Reif K. (Hrsg.): Handbuch Kraftfahrzeugelektronik. Wiesbaden: Vieweg Verlag, 2011.

[19.3] Balz, J.; Bill, K; Böhm, J.; Scheerer, P.; Semsch, M.: Konzept für eine elektromechanische Fahrzeugbremse. In: ATZ, Heft 6 1996.

[19.4] Bill, K.: Grundsatzuntersuchungen zum Einsatz elektrischer Radbremsen in Personenkraftfahrzeugen. Dissertation TH Darmstadt, VDI Fortschritt-Berichte Reihe 12 Nr. 166, Düsseldorf: VDI-Verlag, 1992.

[19.5] Böhm, J.; Isermann, R.; Nell, J.; Rieth, P.; Schwarz, R.: Modeling and

Control of an Electromechanical Disk Brake. SAE International Congress and Exposition, SAE-Paper 980600, Detroit,1998.

[19.6] *Isermann. R.* ; *Nell*, *J.* ; *Rieth*, *P.* ; *Stölzl*, *S.* : Methodik zur Erarbeitung eines Sicherheitskonzepts und Überwachungsverfahren für sicherheitskritische Systeme in modernen Kraftfahrzeugen. 8. Internationale Fachtagung, " Elektronik im Kraftfahrzeug",Baden-Baden,1998.

[19.7] *Schwarz*,*R.* : Rekonstruktion der Bremskraft bei Fahrzeugen mit elektromechanisch betätigten Radbremsen. Dissertation TH Darmstadt, VDI Fortschritt-Berichte Reihe 12 Nr. 393,Düsseldorf: VDI-Verlag,1999.

[19.8] *Bayer*,*B.* : Elektromechanisches Bremssystem-Status und Perspektiven. Veranstaltungsunterlagen Bremsund Regelsysteme, Haus der Technik e. V. ,Essen,2000.

[19.9] *Bayer*,*B.* : Brake-by-Wire-ein elektrisch-mechanisches Bremssystem. Veranstaltungsunterlagen x-by-wire, IIR Deutschland GmbH, Ludwigsburg,2002.

[19.10] *Schmittner*, *B.* : Das Hybrid-Bremssystem-die Integration von ESP, EMB und EPB. Veranstaltungsunterlagen Autotec 2003, IIR Deutschland GmbH, Baden-Baden, 2003.

[19.11] *Schmittner*,*B.* : Das Hybrid-Bremssystem-die Markteinführung der elektromechanischen Bremse EMB. Veranstaltungsunterlagen Bremstech Konferenz, TÜV Automotive GmbH/TÜV Akademie/TÜV Süd Gruppe,München,2004.

[19.12] *Rieth*,*P.* : Das elektronische Bremssystem-zentraler Baustein für den umfassenden Sicherheitsschutz. Veranstaltungsunterlagen Bremssysteme im Automobil, IIR Deutschland GmbH,Stuttgart,2002.

# 20 转向调节系统

*Gerd Reimann, Peter Brenner, Hendrik Büring*

## 20.1 对转向系统的一般性要求

转向系统将驾驶员在方向盘上施加的旋转运动转换为转向轮转向角的变化。同时，其任务是借助触觉反馈告知驾驶员现在的行驶情况和行车道特性。因此，转向系统对驾驶车辆的舒适可靠性来说起着关键性的作用。此时，根本特征是：

◆ 转向系统应具有一种与行驶状态相匹配的、尽量低的操纵力。尤其是对停止的或缓慢行驶的车辆较低的操纵力的要求会导致几乎所有车辆都装备有助力转向装置。但是在满足该要求时必须注意，在快速行驶时较低的操纵力不会导致对车道触觉反馈丢失并由此导致不可靠和不稳定的直行。

◆ 从一端的方向盘转向限位器到另一端的方向盘转向限位器转动的圈数应尽量少，但是同时需要在较高的车速下通过一个非直接的转向传动比对车辆的直行稳定性提供支持。

◆ 转向盘角以及车轮转向角的传输必须绝对精确且无间隙。

◆ 只要车辆在行驶，当松开方向盘时，车轮必须回到直行位置。这不仅适用于驶出弯道也适用于在直线路段进行最小的转向运动时，如在高速路上行驶时。

◆ 必须让驾驶员注意到行驶状态和车道特性方面的反馈和碰撞，但是应减振到不会使驾驶员负担过重和过于疲劳的程度。

◆ 机动车中的转向系统方面的法律要求主要管理功能正常的和有故障的转向系统最高允许的操纵力和操纵时间长度并在欧洲标准 70/311/EWG 中进行了规定。

## 20.2 转向助力的基本方案

舒适性和安全性方面的要求会导致在所有的汽车级别中都使用助力转向装置，其在几年前主要还是以液压系统为主。对电气设备和电子装置的开发以及诸如对节能的附加要求会导致越来越多地使用电子辅助的转向系统，从微型车到紧凑型车和中级车直至豪华级别的车辆都是如此。

### 20.2.1 液压助力转向(HPS)

常规的液压辅助助力转向装置由带集成转向阀和液压缸的转向机构、转向助力泵、液压油罐和连接这些组件的软管和管路组成。

转向助力泵，一般是一种叶片泵，

## 20 转向调节系统

由内燃机持续驱动。当设计转向助力泵时必须使其在车辆发动机怠速时在转速低于 1 000 U/min 时可提供足够的液压油压力和液压油量用于转向。由于发动机在高转速下,如在高速路上行驶时会导致液压油供应过量,因此在转向系统中集成了一个相应的阀用于调节液压油流量。为了防止过载(例如,在转向时防止方向盘打到止动位),还另外安装了一个卸压阀。

通过管路或者软管将转向助力泵连接至转向机构。一般情况下在这里安装膨胀软管,通过均衡其特性、压力冲击和压力峰值使其一方面承受车道的转向冲击和转向助力泵的压力峰值,另一方面调整液压循环的调节稳定性。

以前在液压轿车转向系统上主要使用的是所谓的循环球式转向器,但由于对紧凑性、较小的重量和简单的结构的要求导致目前在几乎所有的轿车内都采用齿条式转向器。此外,通过一个转向机构主动齿轮将驾驶员的旋转运动转换为转向齿条的推移运动,随后借助转向横拉杆和相应的关节建立与车轮的连接。

为了控制和转化液压助力,在转向机构中集成有一个控制阀和一个工作缸。控制阀在液压转向油缸内控制一个与驾驶员旋转力相符的液压油压力。此外,安设一个弹性扭矩测量元件(主要是一个扭杆),其输入扭矩尽量与阀的机械控制行程成正比并与其无间隙。通过控制行程推移作为斜边和小平面的控制边缘并由此形成了液压油流的开口横截面。此外,转向阀是根据"开放式中心"原理制造的,也就是说在不操纵控制阀门时,来自泵的液压油无压力地流回液压油罐内。

在齿条上双倍施加作用的液压转向油缸将控制后的油压转换为相应的助力。通过控制阀将液压转向油缸的空间切换到中间位置,以便进行无阻碍的转向齿条推移运动(参见图 20-1)。通过在转向阀上施加一个扭矩将泵的液压油流引入到相应的左侧或右侧油缸空间内并由此产生所需的助力。通过相应的设计和形成阀门控制边缘上的棱边可确定转向阀门上的操纵力矩和油缸上力的变化关系。通过这种调谐可达到相应车辆所需的特有的转向特性。

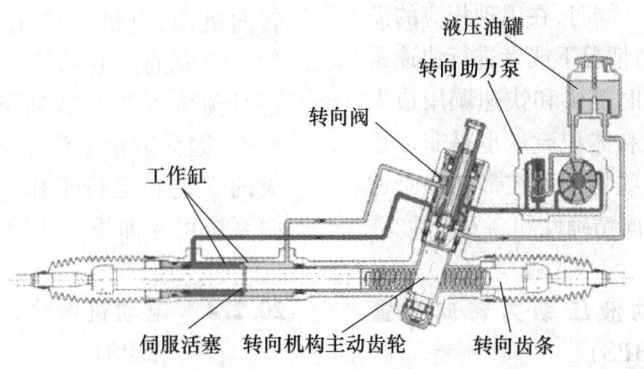

图 20-1 助力转向机液压转向齿条的系统方案

### 20.2.2 可设定参数的液压助力转向机

对车辆舒适性和安全性不断提高的要求导致用电子模块化的辅助特性来开发转向阀。同时,一个电动液压转换器决定了液压反作用力并由此决定了方向盘上的操纵力(参见图20-2)。

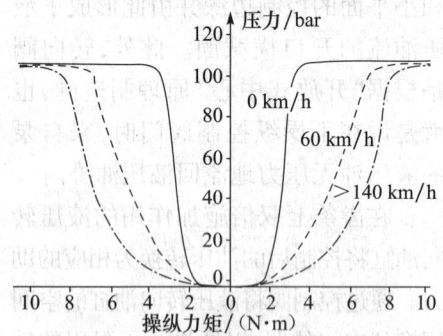

图 20-2  Servotronic® - 阀特性曲线

由分配的电子控制单元承担转换器的电子控制任务。控制单元的主输入信号是车速,此外应控制阀内的电流,以便在车辆驻车和缓慢行驶时可提供最大的辅助并由此得到最小的操控力。随后随着车辆速度的不断增加降低助力的大小,这样可进行准确的和目标精确的操控。同时,在出现相应的需求时,如在紧急情况下或者进行快速避让动作时可随时提供和快速调用最大的液压油压力和体积流量也是非常重要的。借助这些特性可在最佳的舒适性下达到高转向精确性和高安全性。

### 20.2.3 电动液压助力转向装置(EHPS)

作为带汽车发动机驱动的液压泵的液压助力转向装置的另一种选择可以使用带电动机驱动的转向助力泵系统(图20-3)。该系统的(在用相应的电动机进行智能操控的情况下)一个重要的优点是可实现节能。所需的电能从汽车电路获得,通过电子控制单元操控电动机。在常见的系统中,液压泵为齿轮泵或者滚子叶片泵。在量产方案中使用的电动机是带电刷的或者不带电刷的直流电机。泵和电机的重要特性是高效率,以实现高的辅助效率以及高的动态性能,从而在有相应需求时从一个尽量节能的待命状态可迅速提供操控性能。实际的转向需求通过转向系统内的传感器自身,也通过车辆内已有的传感器进行采集。将转向速度以及车辆速度预设为最重要的参数。内部由电子控制单元测量电机电流和发动机转速。借助这些信息,微控制器计算电动机的综合特性曲线和标准转速并相应地进行控制。电极电流由一个同样集成在控制单元内的低阻抗 MOS – FET 输出级产生。

该系统的一个重要逻辑优势是可能的模块结构方式。由于不需要在车辆发动机上加装泵,因此可将由转向机构、电机泵单元、液压油罐和软管组成的整套系统(参见图20-3)进行预装配并在装到车内之前进行检查,因而取消了汽车装配时耗费巨大的安装和运行工作。在加电后转向系统可立即投入使用。

### 20.2.4 电动机械式助力转向装置(EPS)

为了提高转向舒适性,进一步降

# 20 转向调节系统

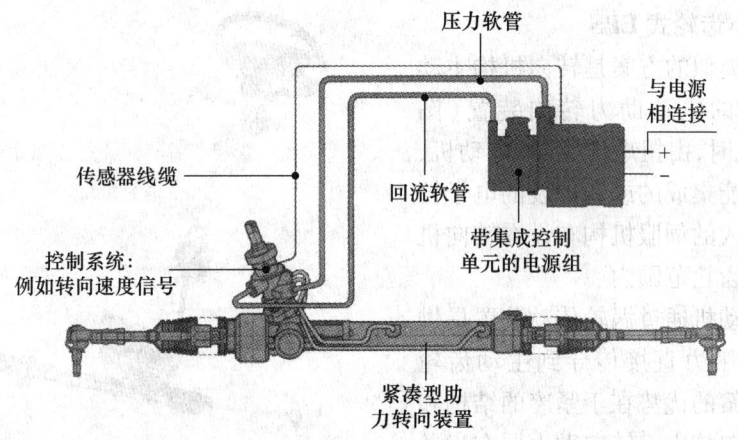

图 20-3 电动液压助力转向装置的系统方案

低能耗以及简化车内的安装工作,研发出了电动机械助力转向装置。原本其仅在小型车中使用,现在越来越多的用在甚至是豪华级别的所有车辆中。其实基本功能原理是一样的:一个扭矩传感器采集驾驶员手的作用力,一个电子控制单元分析该信号并据此在考虑车内其他的诸如车辆速度之类信息的情况下计算出电动机的一个相应的标准支持力矩。由一个相应的功率输出级对其进行控制并通过一个或多个变速挡位将其输出力矩传输到转向机构上。其中,变速挡位的方式和设计主要针对转向系统安装空间和要达到的最大转向支持的要求。

**(1) 转向柱式 EPS**

大多数情况下如果车辆对转向助力和最大转向速度方面要求不高,则在转向柱上施加助力。由扭矩传感器、电动机和减速齿轮组成的助力单元安装在汽车内部空间的转向柱上(图 20-4)。

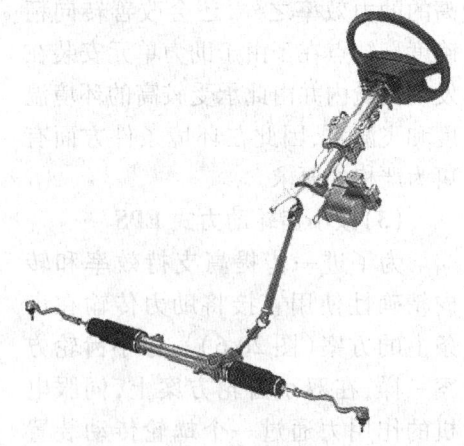

图 20-4 转向柱式 EPS

此时,电子控制单元可以单独采用分离安装方案或者发动机或传感器上的加装方案。减速齿轮大多设计为蜗轮传动装置。在设计变速挡位时应考虑使该单元达到足够的反转效率,以确保向驾驶员进行转向系统触觉反馈或者在关闭转向助力的情况下确保转向系统进行自行反转。通过中间转向轴和一个机械齿条式转向器进行与转向车轮的力配合连接。

## (2) 小齿轮式 EPS

一个类似的方案是转向机构主动齿轮传动的电动助力转向装置(图 20-5)。此时,由扭矩传感器、电动机、挡位和可能集成的或者加装的电子控制单元组成的伺服机构布设在转向机构的主动齿轮范围内。

由电动机通过涡轮传动装置提供的支持作用力直接传导到主动齿轮上。该方案的优势在于紧凑的结构和相对于转向柱方案转向助力器在齿条上更为牢固的机械连接。除了可能较高的助力效率之外,还会改善转向精确度。缺点在于由于助力单元安装在发动机舱内并由此承受较高的环境温度和飞溅水,因此在环境条件方面有更为严格的要求。

## (3) 双小齿轮助力式 EPS

为了进一步提高支持效率和转向精确性使用直接将助力传输在齿条上的方案(图 20-6)。像小齿轮方案一样,在双小齿轮方案上,伺服电机的作用力通过一个蜗轮传动装置传输到一个小齿轮上。

但是,其分布在齿条上的第二个单独的齿轮上。此外,与转向机构主动齿轮空间上的分离可在集成到车内时确保较高的灵活性。由于助力齿轮独立于转向机构主动齿轮,因此应考虑这两个主动齿轮不同级别的目标设置并由此在舒适性、效率和使用寿命方面进行优化。跟后续的型号一样,用于采集驾驶员施加的转向力矩的扭矩传感器布设在转向机构转向轴侧的输入端。

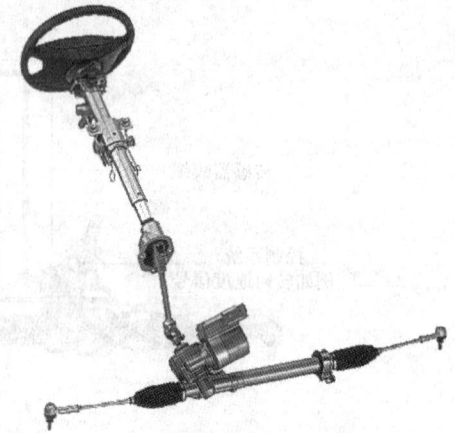

图 20-5 小齿轮助力式 EPS

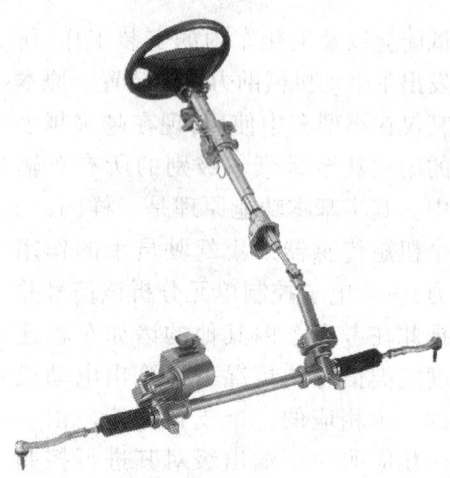

图 20-6 双小齿轮助力式 EPS

## (4) APA 齿条助力式 EPS

另一种将伺服电动机的旋转运动转换为齿条推移运动的方法是在齿条上采用滚珠丝杠传动(图 20-7)。这种变速箱设计将极佳的机械效率、高的负载能力和精确转向所要求的无间隙性结合在一起。对于这种变速箱设计,作用力从球形螺母上通过一个由硬化钢球制成的旋转链条传输到带有一条或者多条滚珠丝杠条道的齿条上。由一个平行于齿条布设的通过一条齿形皮带变速挡位与球形螺母相连的电动机驱动球形螺母。

如双小齿轮方案一样,这种变速挡位以无间隙的方式工作并具有极高的机械效率,通过相应传动比的设计和选择可用这种转向机构将转向系的性能与目标车辆进行匹配并以高和最高的齿条作用力为目标或再加上较高的转向动态调节提供的电机功率。这种设计方案可用在最高豪华级别的汽车的转向机构上。

**(5)齿条式 EPS**

齿条式方案是另一种将电动机的旋转运动传输到齿条上的方法(图20-8)。此时,滚珠丝杠传动的球形螺母由电动机在不附加变速挡位的情况下进行驱动。

图 20-8　齿条助力式 EPS

动态。与轴平行方案相比,缺少变速挡位会导致电动机在较低的转速下必须具有相对较高的扭矩。同时,电动机的直接相连需要转向系和电机调节的质量非常高。

### 20.2.5　电子组件

上述介绍方案的电子和电动组件的一般性要求从根本上来说是一样的,但仅在环境条件和要获得的性能方面的特殊要求上有所不同。

**(1)扭矩传感器**

扭矩传感器设计为无接触测量的角度传感器,其采集扭杆的角位移并转换为电信号。电动助力转向的扭矩传感器的测量范围一般位于 $\pm 8 \sim \pm 10 \mathrm{N \cdot m}$ 之间。在手动扭矩较高时,扭杆上的机械角度限制用于使其不会超负荷或者损坏。据此,在电子控制单元中通过规定扭杆的扭转强度计算出一个转矩值。对电动转向系统高的安全性要求需要能发现传感器上所有出现的故障并使转向系进入一个可靠状态。

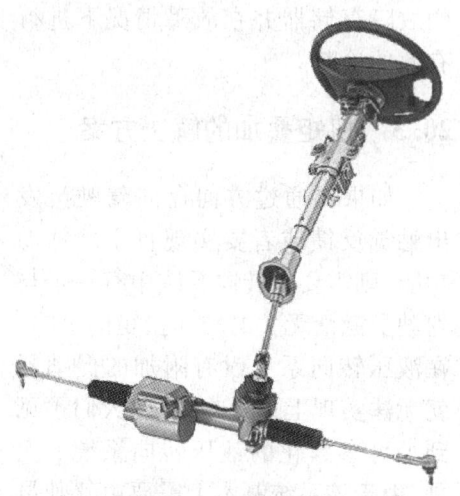

图 20-7　APA 齿条助力式 EPS

为此,电动机必须安装有一个齿条穿过的空心轴。用这种紧凑的直接与马达相连的直线往复运动球轴承传动和齿条可达到最高的转向精确度和

### (2)电动机

在电动转向系统中不仅使用带电刷的直流电机也使用无刷的直流电机和异步电机作为电动机。由于其坚固性和主要是可能的较高的输出功率越来越多地使用的是无刷的电机型号。特别是高中档和豪华级车辆的转向功率需要使用高效无刷的直流电动机。无刷的电机型号需要一个电机位置或电机转速传感器，用相应控制单元对其信号进行分析并用于电机的调节和整流（见图20-9和图20-10）。

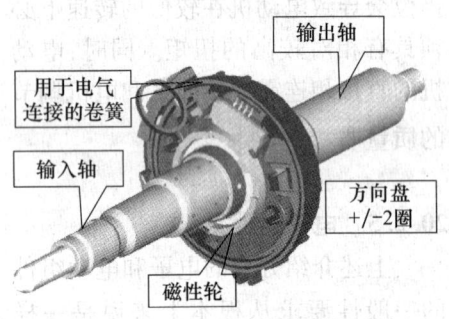

图20-9 扭矩传感器

图20-10 带控制单元的电动机

### (3)控制单元

相关的电子控制单元包含一个或多个微处理器，其分析来自转向组件和车辆的传感器信号，计算额定辅助力矩并通过相应的电机控制系统和集成在控制单元内的带MOS场效应晶体管的功率输出级控制电机。在控制单元中同时集成有采集电机电流的和采集控制单元温度的传感器。为了提高转向舒适性，由控制单元分析其他的车辆信号，特别是车速和方向盘角度。用车速信息可持续采集转向支持信息并改善转向系的触觉反馈和方向稳定性。

借助转向角传感器的信号可首先在中低车速下调节和改善转向系的回正状况并与相应的目标车辆匹配。一个多级的安全方案用于在特殊情况下或者出现故障时尽量逐步降低转向助力。在转向助力完全失灵的情况下通过电子和机械设计确保可继续手动将车辆转向。通过控制单元的诊断接口可读取控制单元的故障存储器并在故障情况下进行有效的诊断。

## 20.3 扭矩叠加的解决方案

如果要通过方向盘向驾驶员发出触觉反馈或者要实现自主的辅助功能，则需要在转向系统中有一个与驾驶员激活无关的转向扭矩的影响。在液压转向系上没有附加的促动器就无法实现上述影响，因此人们预见到了可参数化的液压转向系统。但是，由于该系统基本上需要由驾驶员建立起转向力矩，使得助力多样化，不可将其视为独立叠加辅助力矩的全面方案。如果还要用液压转向系统进行转向力矩辅助，则还需要一个附加的执行机构。

## 20.3.1 液压转向系的附加执行机构

对于附加执行机构(图 20-11)来说,用液压或电动液压基础转向系实现转向辅助功能的一个显而易见的解决方案是转向执行机构,其可通过一个变速挡位和一个电动机在转向柱上施加一个附加的不受驾驶员控制的扭矩。此外,此种执行机构的结构与转向柱助力式 EPS 没有根本性的区别。

但是,由于仅施加一个附加力矩并且与使用 EPS 时该执行机构必须施加全部转向力矩不一样,因此机械和电子组件的尺寸明显更小一些。如果用此类的执行机构控制液压转向系统,则在转向柱上施加 $8 \sim 10 \mathrm{~N} \cdot \mathrm{m}$ 的有效力矩就足够了。这样,相对于转向柱助力式 EPS 对变速挡位的负荷能力的要求也较低,对于电动机和转向柱之间的变速挡位可使用其他的和建设性的方案。但是,始终要注意的是不要将干扰性的扭矩不连续性与转向系内的附加执行机构相连,这会干扰驾驶员。如果通过该附加执行机构实现驾驶员需要的转向力矩的功能,则应在该执行机构上或者在驾驶员和执行机构之间转向系的其他合适位置上安装一个扭矩传感器。

由于在这里仅涉及已安装的助力转向系的一个纯附加系统,因此将安全性考虑的焦点放在该附加执行机构上以及与之相关的控制单元(图 20-12)上。如果在辅助功能中发现故障时估计了降级等级,则执行机构必须在识别到电机中或与之相连的传感器的故障时进入一种状态,尽可能降低干扰性的附加力矩并排除危险性的力矩。也就是说,必须以机械的方式通过与转向系的连接断开电机或者关闭电机,以使其在任何情况下都无法建立起阻碍可靠驾驶车辆的干扰性制动力矩。

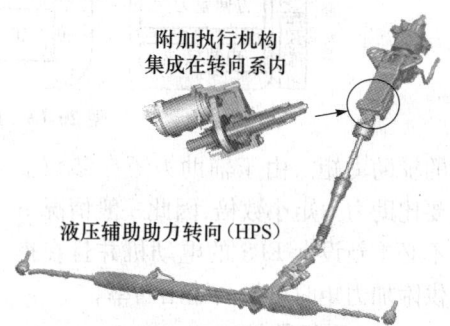

图 20-11 附加执行机构

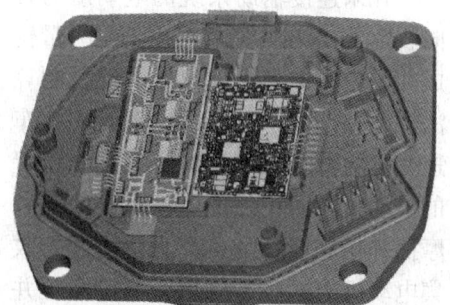

图 20-12 控制单元(内视图)

## 20.3.2 电动转向系统

由于通过控制单元的软件控制电动机,电动助力转向装置向基于转向系的辅助功能的激励器提供了理想的前提条件。同样,用于在 EPS 中采集驾驶员转向力矩的扭矩传感器也可用于待实现的辅助功能(参见图 20-13)。已经通过相应的变速挡位固定连接在转向系上的电动机除了提供助力之外,同时还可用于施加上级系统要求

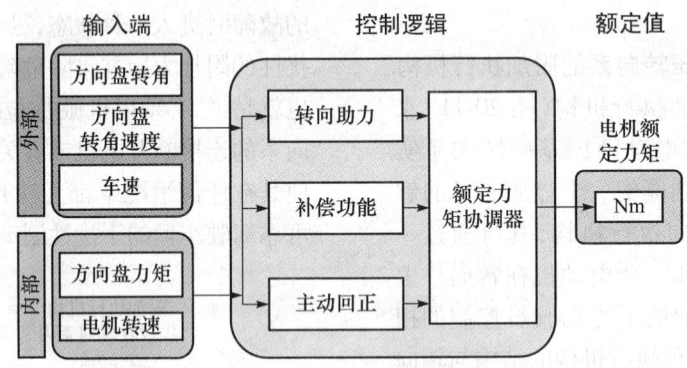

图 20-13 EPS 的控制结构

的辅助力矩。由于辅助力矩在参数上要比助力力矩小数倍，因此一般情况下不必重新设计 EPS 的电动机并且在提供附加力矩时可提高输出功率。

**(1) 力矩叠加**

在未连接辅助系统的电动助力转向装置上，电机力矩就已由不同分量构成并作为额定力矩规定了电机控制算法。此外，最重要的单个分量是根据车速变化的转向助力，转向系直向前位置的主动转向回正以及主动减振功能和摩擦补偿功能。由一个力矩协调器收集电动机的这些不同单个额定力矩并与一个总额定力矩相加，必要时考虑单个功能的优先权。这样，外部辅助系统要求的附加力矩通过另一个输入端在力矩协调器得以实现并由此作为平等的或者可区分优先级的单个标准力矩由电动助力转向装置进行处理。

由于在辅助控制单元和电动助力转向系统之间的总线系统进行数据传输时有被限制的可能性，为了另外对助力矩进行直接规定和传输，应在转向控制单元的软件中预先定义叠加功能（图20-14），并通过数据总线触发一个单一的控制指令。这对于例如触发一种振荡附加力矩的功能很有用。以这种方式可以在驶离车道时仅通过一条由于方向盘振动需要调节振幅和频率信息的控制命令触发一个车道脱离警告。

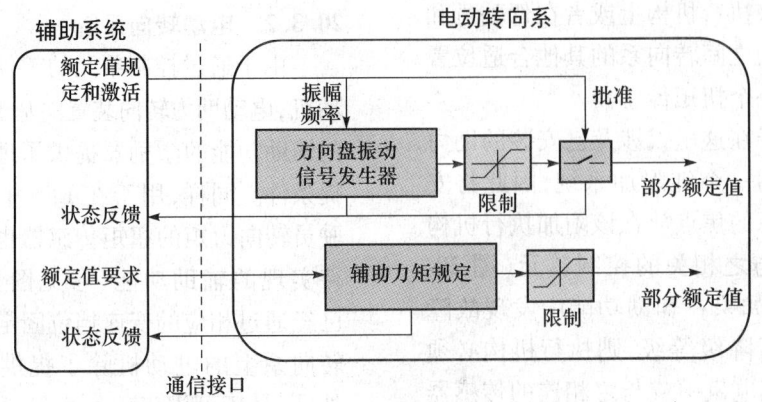

图 20-14 预定义的叠加功能转移到转向系统控制单元中

# 20 转向调节系统

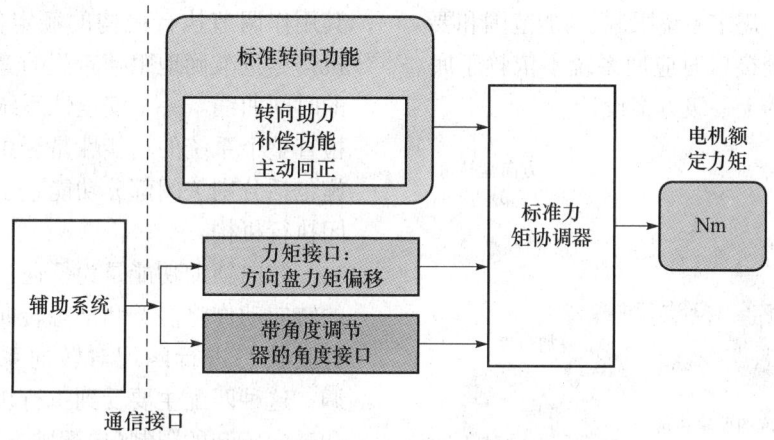

图20-15 辅助功能与标准转向功能的叠加

**(2)设定转向角**

对于辅助功能(例如,自动驶入停车位)需要由上一级控制单元设定转向角度(图12-15)。但是,由于在电动助力转向装置的调节方案上首先要进行力矩调节,因此在自主保持规定行车道时需要一个调节算法,其根据转向装置的额定转向角和实际转向角以电动机力矩要求的形式计算一个调节量并进行设定。该角度调节器有效地集成在转向装置的软件内,由于目前在车内用于传输数据主要使用的是CAN总线因此不允许时间同步地进行传输。在随之不可避免的运行时间的波动下无法表现出角度调节所要求的性能。

随后,在对转向装置相应的角度要求下,停用原来的辅助力矩功能,角度调节回路承担设定电动机额定值的职责。特别是在自动驶入停车位时可通过分析转向装置扭矩传感器的信号探测驾驶员在转向过程中是否进行了干预和是否希望中断功能。

## 20.4 角度叠加的解决方案

### 20.4.1 引言

常规的转向装置始终以相同的传动比工作,如1:18。这是一个折中方案,因此一方面在高速道路上小的转向校正不会严重影响稳定性,另一方面驾驶员在市内或者在停车时进行转向时不必大力旋转方向盘。相反,叠加转向或者主动转向主动且动态地改变传动比,从停车时约1:10直至高速时约1:20。

叠加转向系统可在前轴上施加一个与驾驶员有关(动态的)且针对前轴的主动转向干预,而不必在方向盘和前轴之间建立机械连接(图20-16[20.1])。额外的自由度使得持续的且根据情况调节转向特性成为可能。由此,主动调节和优化了舒适性、转向耗费和转向力度。此外,转向干预也可用于改善车辆稳定性。将转向干预动态叠加在现有的稳定的制动系统上,由于较快地下降了一个量级,因此几乎感觉不到干预。规定系统限制、功能范围和要求的系统接口时应使系统不依赖于底盘系统的上一级方案设计。

其用作调节执行机构的额定值,执行机构尽量准确地跟随希望的叠加角度的时间曲线。一个安全性系统监控和检查整个系统的功能性是否正确。措施包括分别关闭部分功能直至全面关闭执行机构。

转向辅助功能是为了通过驾驶员的转向动作将静态和动态转向特性与行驶状态进行匹配对转向系统的预调。这种匹配主要受到执行机构动态和转向感知的限制(向驾驶员反馈)。

图 20-17 图示了作为运动学转向辅助功能的可变转向比。该功能 $i_V(v_X(t)) = \delta_S(t)/\delta_F(t)$ 用于根据适当的车辆参数和转向参数(例如,车速 $v_X(t)$ 和偏转角)改变方向盘转角 $\delta_S(t)$ 和平均前轮转角 $\delta_F(t)$ 之间的变速比。速度相关性可通过直接的变速比在中低车速范围内降低转向耗费。通过间接的变速比实现车速上限范围内精确的驾驶方向稳定性和安全性。此外,通过偏转相关性优化中间范围的目标精度,降低大转向角的转向耗费

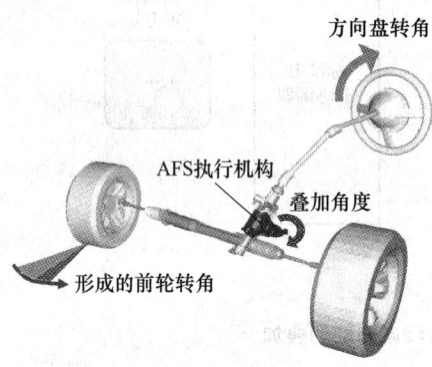

图 20-16 叠加转向系统的原理[20.1]

### 20.4.2 功能性

主动转向系统具有复杂的功能性,这些功能性由运动学和安全性功能[20.3,20.4]构成。

辅助和稳定性功能(例如,可变转向机构传动比和横摆角速度控制)根据汽车传感器的信号(方向盘转角、车速等)计算出一个希望的叠加角度。

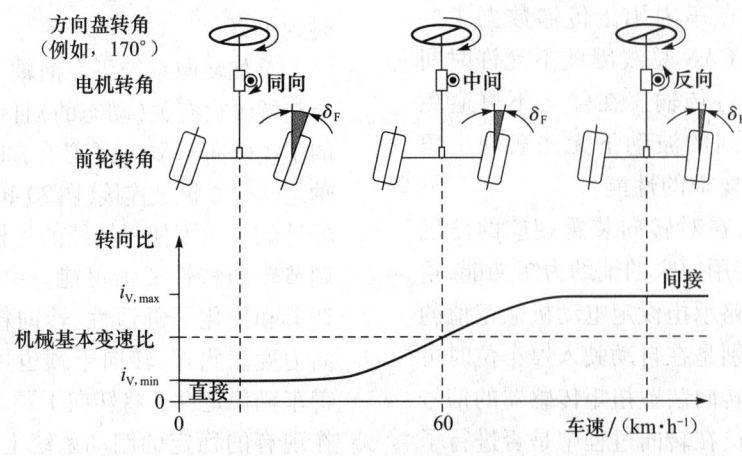

图 20-17 可变转向比的原理[20.1]

并在恒定的转向运动时改变转向特性。

### 20.4.3 调节器变型

带叠加齿轮的执行机构可以集成在转向柱内或者也可以集成在转向机构中。集成在转向机构内在触觉上有优势,因为就算对转向阀产生摩擦也不会受影响并且发动机舱内通过声波的声辐射更不明显。图 20-18 图示了研发中明显要实现的变型。形成的转向柱方案对所有的汽车都是固定的。动态要求都类似。

1 型是电动机与叠加齿轮呈横向的样式。最大的优势是使用了自锁式蜗轮传动装置,以免在被动状态下出现不需要的反转可能性。对于集成在转向机构(在发动机舱)内的方案必须提供足够的安装空间,这在汽车研发的早期设计阶段就应加以考虑。也可以将这种变型安装在转向柱上部。但是如果要满足现代汽车的封装情况和碰撞要求,这种执行机构版本比较困难。

2 型是叠加齿轮和电动机呈轴平行排列。在本示例中通过齿形皮带连接这些组件。这种连接的优势是可设计电动机和变速箱(行星齿轮架)之间的传动比。相对于其他变型,该变型的发动机转速明显更少并由此在声音上更轻。目前这种变型已应用在转向柱内;原则上也可以集成在转向机构内。

3 型为叠加齿轮和电动机同轴排列。此时需要使用一个空心轴电机连接一个轴变速装置。这种组合在结构上极为紧凑并安装在转向柱中时在封装和碰撞特性方面很有优势。由于使用的轴变速装置几乎是无齿隙工作的,因此应忽略触觉上的影响。

执行机构也适合于作为转向轴固定的变型进行安装。此时,上部转向轴与执行机构壳体固定相连并随其一起旋转。

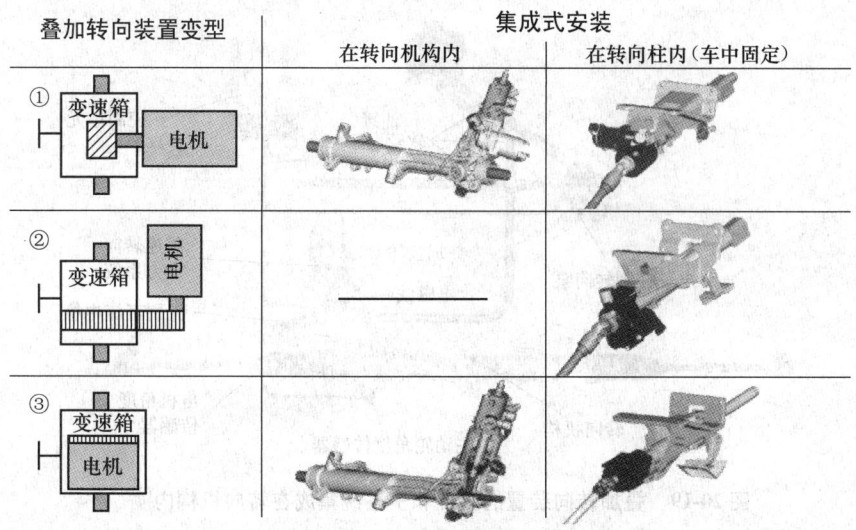

图 20-18　叠加转向装置集成在转向机构或者转向柱内

决定如何研发叠加齿轮的技术标准是：
- 可达到的动力；
- 舒适的转向路感；
- 径向安装空间规定的满足；
- 轴向安装规定的满足；
- 轻微的噪声特性；
- 可控的回轮特性；
- 适合无齿隙工作；
- 重量轻。

### 20.4.4 宝马 5 系转向机构上 ZFLS 执行机构的应用示例

图 20-18 中集成在转向机构内的叠加转向机构变型 1 的实现，由下列零件组成（图 20-19）：

齿条式液压转向装置由转向机构、随速转向助力系统、电子控制转向泵、油罐和相应的软管组成。

执行机构由带相应线缆的无刷直流电机、叠加齿轮和带相应线缆的电磁锁组成。

控制系统由控制单元、主动轮角度传感器、电机角度传感器、相应的软件模块及控制器和传感器以及执行机构之间的线缆组成。

无刷直流电机产生执行机构运动所需的电扭矩。对电扭矩进行磁场定向控制。

电机角度传感器基于磁阻原理且传感器模块中包含信号放大和温度补偿。

类似于电机角度传感器，主动轮角度传感器同样基于磁阻原理并包含信号放大和温度均衡。通过一个 CAN 接口可使用来自诸如 ESP 之类的其他底盘系统的传感器信号。

电磁锁在系统关闭时锁住蜗杆。一个弹簧将锁的金属销顶在蜗杆的锁齿上，参见图 20-20。通过一个来自控制单元的专门的电流控制来打开该机械装置（解锁）。

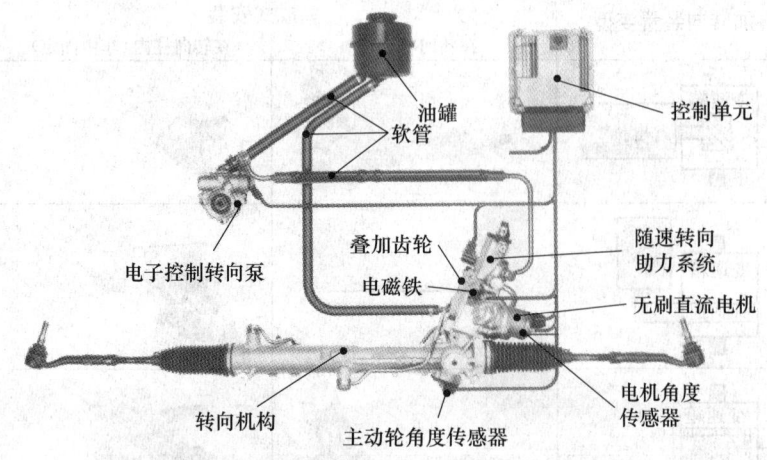

图 20-19 叠加转向装置的组件和子系统集成在转向机构内[20.1]

# 20 转向调节系统

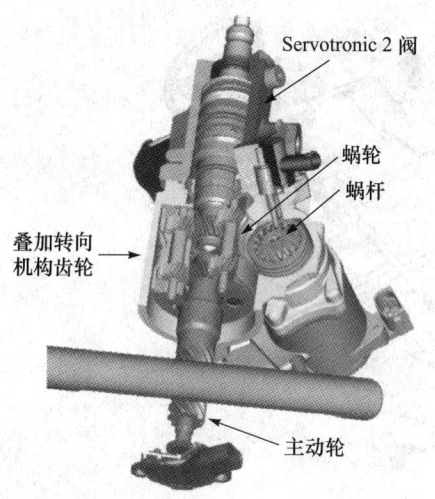

图 20-20 叠加转向执行机构的剖面图

**(1) 带锁定装置和主动轮角度传感器的执行机构**

系统的核心组件是转向阀和转向机构之间的机电一体化的执行机构，参见图 20-20。它包括带两个输入端的叠加齿轮（行星齿轮）和一个从动轴。一个输入轴通过转向阀和转向柱与方向盘相连。第二个输入端由电动机通过一个作为减速齿轮的蜗杆传动驱动。在从动轴上施加作为加权和的主动轮角度。在转向机构的输入端进行驱动，即在齿条式转向机构的主动轮上。

**(2) 控制单元（ECU）**

控制单元将汽车电路、传感器和执行机构相连[20.2]。控制单元的核心组件是两个微控制器，其执行所有执行机构控制和应用功能和安全功能所需的计算。电动机、电磁锁、调节泵和 Servotronic 通过集成的输出级促动。此外，微控制器执行冗余计算，其由此体现了安全性方案的一部分。

**(3) 信号流**

图 20-21[20.1] 图示了信号流：在控制单元中处理方向盘转角和车辆参数（例如，横摆角速度）信号并计算转向助力和稳定性功能的额定值。它协调转向要求，调节执行机构并控制电动机。电机角度的实际值被反馈给调节器。通过安全性功能和故障策略对所有模块进行监控。

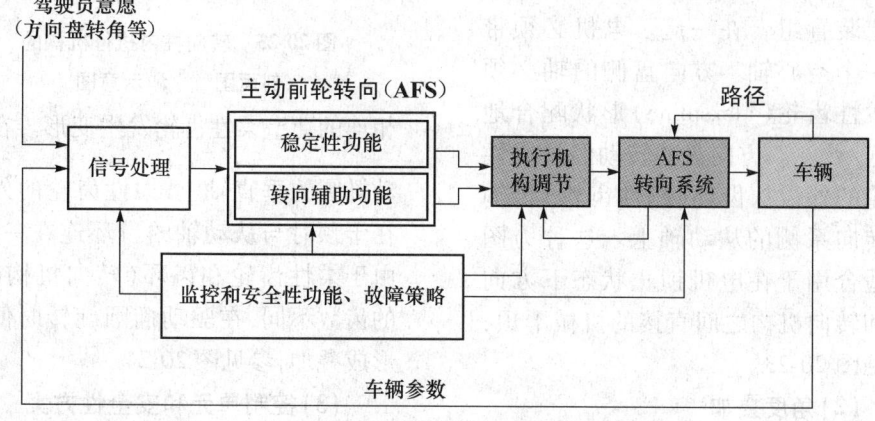

图 20-21 常见的信号流[20.1]

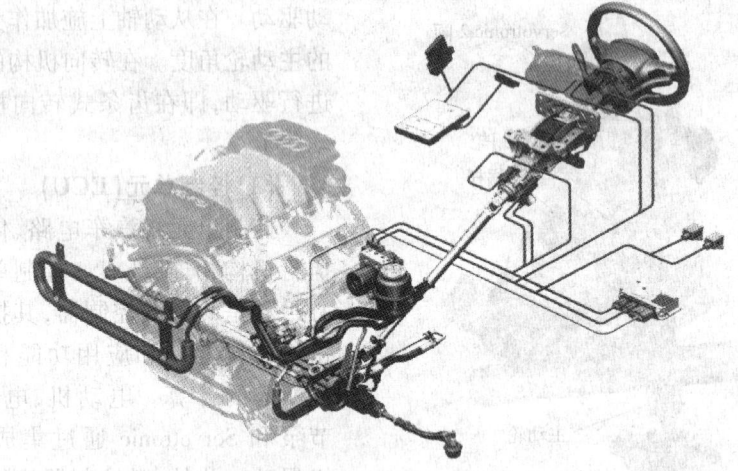

图 20-22　叠加转向的组件和子系统集成在转向柱内[20.5]

## 20.4.5　转向柱内集成的奥迪 A4 ZFLS 执行机构的应用示例

组件与前面的应用示例类似,参见第 20.4.4 节。在本例中,执行机构集成在转向架后的上部转向柱内。电机和变速齿轮轴向布设的紧凑结构使其可定位在脚部空间的上部,参见图 20-22。

**(1) 带锁定装置的执行机构**

减速轴齿轮与电整流的直流电机和在无电流状态下锁止电动机的锁定装置组合在一起。电机必须带有一个空心轴。方向盘侧的轴必须与柔性齿轮(Flexspline)形状配合地相连[20.5]。方向盘的转动经过柔性齿轮的外齿从齿环(刚性齿轮)传输到转向系侧的从动轴上。这种力图也适合用于在电机锁止状态下方向盘和转向机构之间直接的机械干预,参见图 20-23。

**(2) 角度叠加**

通过在变速箱侧的末端作为椭圆内转子的电动机的空心轴进行角度叠加(轴传动发电机)。其通过一个柔性薄环 – 滚珠轴承使得与转向输入轴

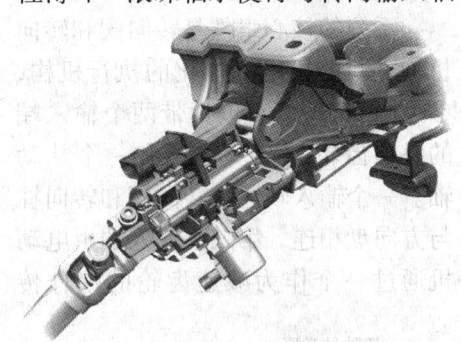

图 20-23　转向柱内执行机构的
剖面图[20.5]和示意图

相连的薄壁柔性齿轮发生变形。在驱动椭圆的垂直轴上,柔性齿轮的外齿在干预时与从动轴的齿环连在一起。由于柔性齿轮和齿环(转向机构侧)的齿数不同,在驱动椭圆旋转时便会形成叠加,参见图 20-24。

**(3) 控制单元和安全性方案**

电子控制单元同样满足第 20.4.4

20 转向调节系统

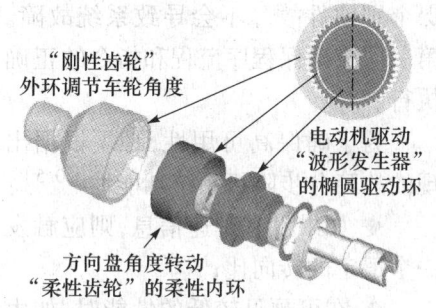

图 20-24 轴变速齿轮的叠加原理

节中的所有要求。不同之处在于带智能监控狗[20.5]的 1-处理器方案。要满足安全性要求必须多样化地（独立研发两次）具备所有的功能。

开始时是信号处理和信号可信度测试。可变的转向比功能读取这些信号并计算转向角校正值。下一步其协调地将不匹配的车轮位置与方向盘同步起来。如果在不活跃状态下，如在关闭内燃机时进行较大的方向盘转动，则可能出现此类不同步的现象。在协调器中，将这些角度部分值之和与处理的 ESP 部分额定角度一起与总额定角度相加，参见图 20-25。

位置调节和电机整流的任务是以要求的控制质量将额定角度传递到输出级驱动器上。转向阀和方向盘之间的叠加变速齿轮的安装位置导致与驾驶员直接的触觉上的连接。该前提条件对电动机可靠的扭矩位移提出了很

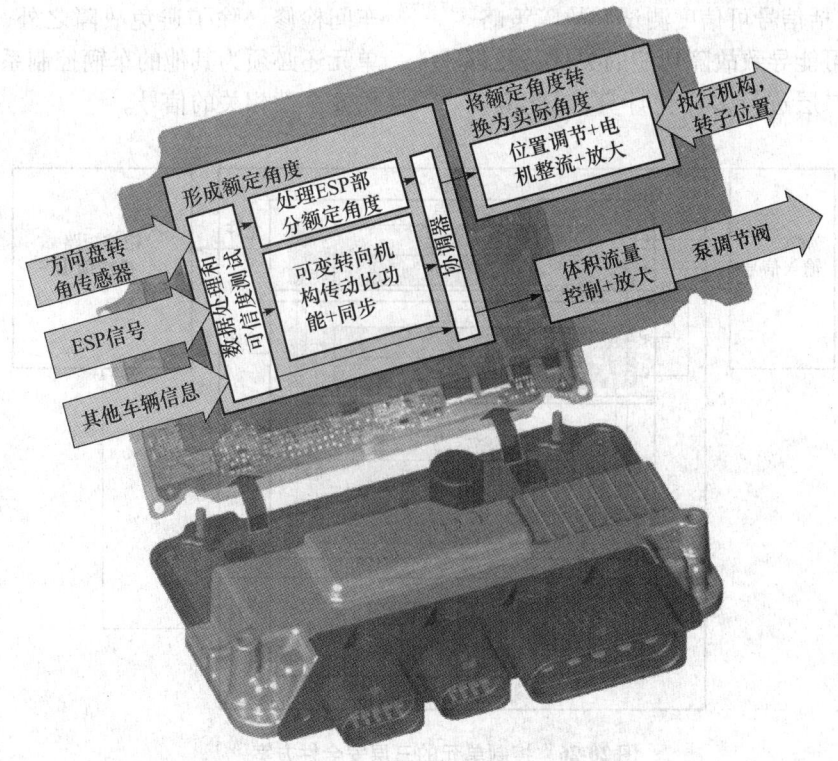

图 20-25 带智能监控狗架构的控制单元[20.5]

高的要求。

控制单元也必须通过电子的方式发现故障功能并避免产生不良影响。由此推导出对控制单元的要求是[20.5]:

◆ 避免控制单元、电动机或者电机位置传感器造成的可逆和不可逆的有错误的调节要求;

◆ 监控外部计算的稳定性干预并采用合适的措施,从而不会超越最大允许的错误的调节要求;

◆ 确保在故障情况下不超过最大可允许的传动比突变;

◆ 避免自由转向情况。

图 20-26 图示了控制单元的三层安全性方案[20.5]。在第一层中集成了从功能角度来说必需的所有软件模块,包括信号可信度测试和故障策略。所有可能导致故障功能的关键路径都在第二层进行多样化计算,因此应确

保个别硬件故障不会导致系统故障。第三层应确保程序流程和指令的正确执行。

为了确保高可用性,必须根据出现的故障分步降级系统功能性[20.5]:

◆ 如果没有车速信息,则应触发一个恒定的转向比;

◆ 在可预见较低的性能时,如由于汽车电路波动造成,则禁止外部稳定性干预;

◆ 在怀疑有故障时,将转向角置零并关闭系统,以避免方向盘歪斜;

◆ 因相位短路和机械锁止立即完全关闭系统。

此外,在关闭后通过一个初始化阶段再次建立起可用性,而不必进行车间检修。除了避免故障之外,控制单元还必须为其他的车辆控制系统提供安全性相关的信号。

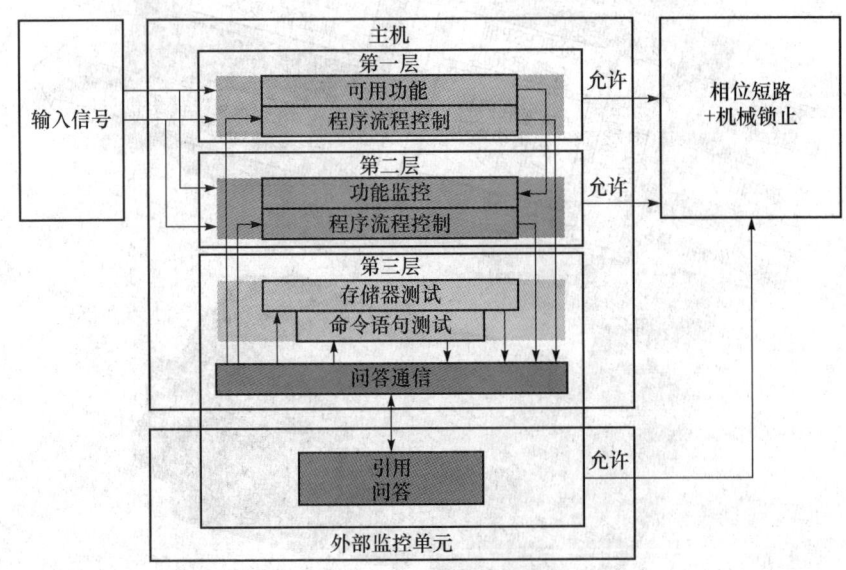

图 20-26 控制单元的三层安全性方案[20.5]

## 20.4.6 雷克萨斯(Lexus)应用示例——转向轴固定的同轴转向柱执行机构

固定式转向轴的一个例子是丰田量产车内的系统[20.6]。

类似于第 20.4.5 节中的车辆固定系统,通过一个轴变速齿轮进行执行机构角度与方向盘角度的叠加,参见图 20-27。此时,与从动轴相连的齿轮在内侧拥有 100 个齿,与壳体和方向盘轴相连的齿轮在内侧有 102 个齿,其柔性外齿轮也是 100 个齿。通过椭圆波发生器将 3 个齿轮连接在 2 个对置的点上(在大的半轴上)。与固定在壳体上的齿轮有关,波发生器每转 1 圈,从动轮往回退(其缺少的) 2 个齿,相应的比值为 1:50。

转向轴和前轮的转向传动比根据车速在 1:12.4(缓慢行驶)至 1:18(快速行驶)之间变化,其中执行机构与方向盘相互作用或者反作用。只有转动方向盘时此时叠加未使转向方向逆向时,执行机构才会启用。

转向轴固定的转向柱执行机构由下列组件构成(参见图 20-28):

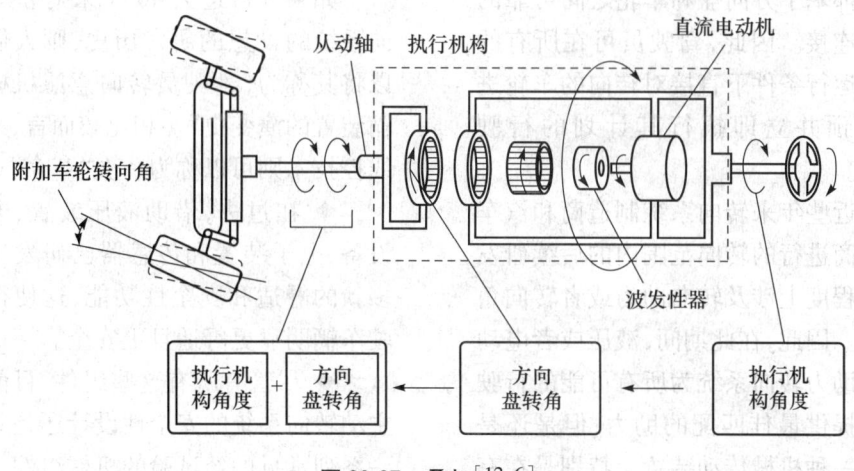

图 20-27 叠加[12.6]

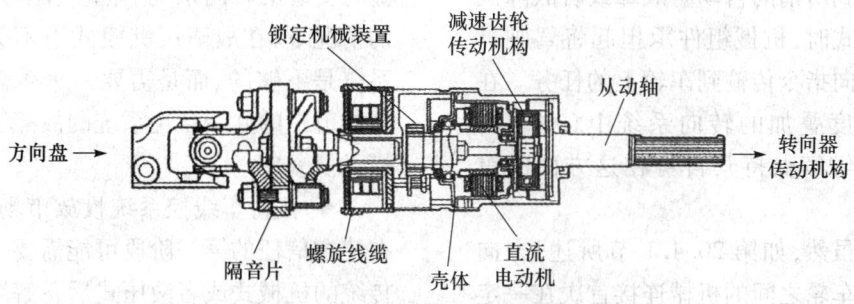

图 20-28 转向轴固定的转向柱执行机构[20.6]

- 一个隔音片；
- 一条用于电气连接旋转组件的螺旋线缆；
- 一个用于在关闭系统（和自动防故障功能）时锁定的锁定机械装置；
- 一个无刷直流电动机；
- 一个用于较小尺寸较高转速电动机的减速齿轮传动机构（1:50，轴减速齿轮的一部分）。

## 20.5 线控转向系统和单轮转向机构

所有迄今为轿车开发的量产转向系统都基于方向盘和车轮之间可靠的机械连接。因此，驾驶员可在所有的车辆运行条件下直接对转向的车轮进行干预并立即执行其计划的行驶路线。

近些年来转向系统制造商和汽车制造商进行的转向范围内的后续研发很大程度上涉及转向助力或者转向角叠加。因此，在此期间，液压或者电动机械助力转向系统为所有可能的行驶状态提供最佳匹配的助力，但是还是基于一种机械传动装置。特别是在有故障的情况下，也就是说当伺服系统切换到所谓的自动防故障或者故障沉默模式时，机械组件承担起将驾驶员的转向指令传输到车轮上的任务。在带角度叠加的转向系统上（主动转向），继续保持其自身在这方面的重要性。

虽然，如第20.4.1节所述，方向盘和车轮之间的机械连接首次在一定程度上被分离，但是通过在叠加齿轮机构中的设计措施可确保在自动防故障模式下再次取消这种分离。

线控转向系统是一种新的方法。它的特点是通过纯电子方式传输驾驶员转向意愿或者将驾驶员的机械转向运动和车轮的转向完全隔离开，这样就取消了传统的机械传输装置。驾驶员在方向盘上仅生成有关其所需的转向运动的信息。将该信息发送给一个电子控制元件。该控制模块分析这些信息并将其转换为相应的转向指令，由此将控制转向机构进行所希望的转向运动。

如果分析过去40年来对轿车转向系统的设想的研发历史，则人们可以将其称为"驾驶员转向意愿机械传输装置的演变史"。相比较而言，采用线控技术则可以称为一次"革命"：

- 在过去，借助液压装置、电气设备、电子装置和传感器已研发出许多新的舒适和安全性功能，这使得驾驶车辆明显更舒适且更安全。
- 尽管有所有这些组件，目前的主动转向系统的安全性设计还是基于一系列常见的经试验的机械组件。
- 线控系统在安全性设计上明显与传统的转向系统不同。在有故障的情况下、在故障沉默模式下不关闭系统是不够的，而是需要一个带全部功能范围的冗余备用系统的故障工作模式。
- 在轿车线控系统投放市场时，在建立信任的第一阶段可能需要一个传统的机械式或者液压式后备解决方案作为安全设计。

### 20.5.1 系统设计和组件

实质上,线控转向系统由两个组件构成:一个方向盘操纵器和一个车轮执行机构(图20-29)。

**(1)方向盘操纵器**

上部转向柱范围内的方向盘操纵器包括一个采集带方向盘转角和转向力矩的传感器的传统的方向盘和一个向驾驶员发至相应转向触觉的方向盘电机。

除了方向盘也可使用其他任意一个控制元件,如使用操纵杆。但是,触觉信息的重要性说明,方向盘自始至终都是车辆横向导向的中央操作单元[20.7]。此外,方向盘的优势在于在弯道行驶时可对驾驶员提供支持。

此外,当在危险的行驶状态下需要反射控制的转向校正时,由于长年的使用,熟悉的操作元件可避免发生事故的危险。

**(2)车轮执行机构**

车轮执行机构主要由一个电动机械式齿条转向机构组成。出于安全性的原因,用2个冗余安装的电动机驱动齿条。高功率电动机一般情况下设计成无刷永久磁铁激励的直流电动机(BLDC)。为了使其结构特别紧凑,人们使用稀土金属磁性材料。为了采集车轮转向应同样在车轮执行机构中安装传感器,为此最好使用无摩擦的和无接触的传感器设计。

**(3)电子控制单元**

电子控制单元处理所有由2个组件提供的信息以及由其他汽车系统提供的信息。对电子控制单元效率的技术要求必须足够高。这涉及多种多样要处理的信息,也涉及出于安全性原因一般冗余的系统架构。在某些情况下需要最多3个相互独立的传感器来处理一个安全性相关的信号。只有这样才能确保在故障情况下系统进入一个可靠的故障工作模式。这个随时可用的独立的第二个功能单元的可用性提高了控制单元的复杂程度。根据功能和安全性结构,需要在控制单元中

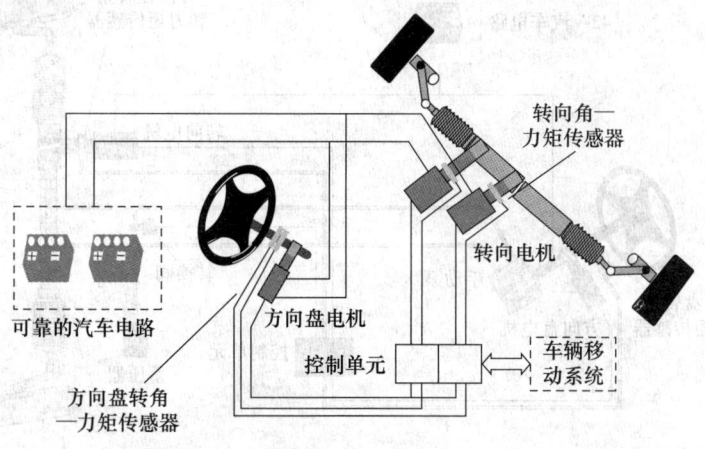

图20-29 线控转向系统的系统结构

配置最多8个32位微处理器,它们相互监控计算得出的额定值的可信度或者故障。

**(4) 自动防故障后备解决方案层**

如前所述,从市场接受角度来看在线控转向系统量产中预设一个液压或者机械式自动防故障后备解决方案层。

液压后备解决方案可放弃作为方向盘和转向模块之间连接的传统的转向轴。一个集成在方向盘操纵器内的泵通过软管和管路与一个集成在齿条助力转向机构中的工作缸相连。

一个通过液压管连接的小蓄压器不断向系统的一个封闭的油柱供压。通过一个可电子控制的弹簧载荷的转换阀对静液压应急转向系统进行切换。在正常模式下对阀通电,静液压的油柱无作用地在工作缸的2个短接的半缸之间循环(图20-30)。在故障情况下停止对阀通电,一个集成的弹簧会关闭阀门。在这种状态下可借助液压装置进行转向。

在机械后备解决方案层面上最大程度保留了常见的转向柱和转向轴设计。在合适的位置,转向轴装配有一个电子控制的分离偶联器,在紧急情况下对其进行通电并打开,这样方向盘和转向模块之间就没有了机械连接。在故障情况下分离偶联器会在无电流时打开,然后通过一个弹簧机械装置关闭。这样为紧急转向动作再次提供了一个一般的用方向盘直接对转向的车辆进行干预的机械后备解决方案。

但是,这个解决方案丢失了"纯"线控版本的一个根本的优点:由于转向柱需要带有作为自动防故障后备解决方案部件的转向轴,因此对于左舵车和右舵车来说,设计范围以及更高的碰撞安全性也无从谈起。

类似于电动机械转向系统,问题出在汽车电路上。必须确保在所有的运行条件下都能进行稳定供电。为

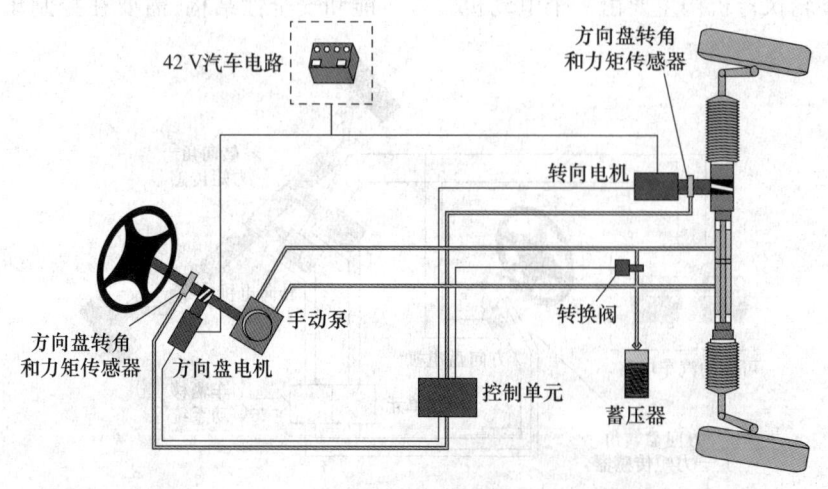

图20-30 带液压后备解决方案层面的线控转向系统

此，传统的 12V 汽车电路就不够了。近年来正致力于研发 42V 汽车电路或者实现其他的高效汽车电路。这对于采用线控系统来说非常重要。

### 20.5.2 技术、优势和机遇

一方面，以舒适性、安全性和驾驶员辅助视角设计转向功能时，技术自由空间给线控方案提供了良好的可能性。根据提供的传感器信号和与其他汽车系统的联网可在所有可设想的工作条件下为驾驶员尽量可靠和简单地设计驾驶方式。

像前述的使用电子机械式转向系统和主动转向系统的经验所表明的一样，应考虑新研发的功能和设计原则首先让驾驶员感到有帮助且有益，特别是基于自动的不依赖驾驶员的转向干预的稳定性功能应不让驾驶员感到其卸下了观察相应驾驶情况的责任。

线控系统的另一个重点涉及实时针对触觉信息实施转向手柄相应操控，此触觉信息必须尽量精确地描述轮胎－车道的附着力。该信息对驾驶员具有较高的价值，原因是其可借此评估车速是否合适以及车辆可用的加速度和制动能力。大多数情况下，它也是唯一的信息来源，给驾驶员迅速提供足够的突然变化的车道摩擦系数的信息，这样驾驶员根据学习的行为模式可反射性地控制危险状况。

这种所谓的向驾驶员传递惯性驾驶感觉的反馈信息必须使用线控技术人工通过方向盘模块中的方向盘电机产生。根据现有的传感器数据，控制电子装置计算一个用于方向盘电机的调节数值，方向盘马达借此在方向盘上形成一个转向阻力。在理想情况下，应返回适当力级的轮胎－车道附着力比值。

也可在弯道行驶时按如下方法模拟回复力：在达到转向角极限时，方向盘电机以逆着打方向盘的方向以及任意大的力矩工作，与汽车的轴回复力是否达到理想的数值无关。用一个末端挡块就可模拟出方向盘电机的阻力矩，而不必在上部转向柱内设置机械止动挡块。

作用在转向车轮上的干扰作用力，如轮胎不平衡、路面坑洼等可简单地选择性隐去或者以任意的强度体现在方向盘上。通过设计控制软件可任意衡量对传统转向系统机械或液压最低设计措施的要求。

以相同的方式和方法，转向系统可通过参数化软件最优地与相应的车辆适配。借此可影响诸如过度控制或控制不足之类的个人转向特性，以使每个车型都具有希望的品牌特征，人们也将其称之为"线控合成"。甚至可考虑借此了解每个驾驶员的个人驾驶风格，从而单独调整其偏爱的转向参数。

如果涉及驾驶员辅助功能和稳定性功能方面，当然可实施所有在电子机械式助力转向和主动或叠加转向中实际应用的和在这里所提到的方案（例如，取决于车速的可变传动比、转向提前量、横摆角速度调节、横摆力矩补偿、侧风补偿、自动驻车等）。在这方面可用这些组合体现大部分线控转向功能。

通过方向盘和转向机构完全的机械分离，无疑可在遥远的将来更好地体现这些功能性。可实现无须驾驶员干预的全自动的方向控制，全自动地躲避制动和驱动范围内的所有其他汽车系统。最后，自主驾驶是完全可想象的。

借助单轮转向（每个前轮单独由一个电子控制的促动器转向，取消了通过转向横拉杆的刚性连接）可单独通过存储在控制单元软件内的调节算法分别调节车轮转向角，可通过简单的成本低廉的车轮悬架替代目前使用的机械式独立多连杆悬架系统。

然而在采用该技术之前还必须修改最新的法律规定并且必须按照可接受的和有用的量级改进成本效益。

市场引入全新研发的车辆设计（例如，采用电动机直接作为车轮驱动装置的混合电力汽车）的机会肯定高于使用内燃机的传统车辆。

# 参考书目

[20.1] VDI/GM A-Fachtagung "Steuerung und Regelung von Fahrzeugen und Motoren AUTOREG 2004". 2. und 3. März 2004, Wiesloch, Deutschland. VDI Bericht Nr. 1828. S. 569-584.

[20.2] *Brenner*, *P.*: Die elektrischen Komponenten der Aktivlenkung von ZF Lenksysteme GmbH, Tagung PKW-Lenksysteme-Vorbereitung auf die Technik von morgen, Haus der Technik e. V., Essen, 2003.

[20.3] *Reinelt*. *W.* ; *Klier*, *W.* ; *Reimann*, *G.* ; *Schuster*, *W.* ; *Großheim*, *R.* : Active Front Steering for passenger cars: Safety and Functionality. SAE World Congress, Steering & Suspension Technology Symposium. Detroit, USA, March 2004.

[20.4] *Eckrich*, *M.* ; *Pischinger*, *M.* ; *Krenn*, *M*; *Bartz*, *R.* und *Munnix*, *P.* : Aktivlenkung-Anforderungen an Sicherheitstechnik und Entwicklungsprozess, Tagungsband Aachener Kolloquium Fahrzeug-und Motorentechnik 2002. S. 1169-1183, 2002.

[20.5] *Schöpfel*, *A.* ; *Stingl*, *H.* ; *Schwarz*, *R.* ; *Dick*, *W.* ; *Biesalski*, *A.* : Audi drive select. ATZ und MTZ Sonderausgabe-Der neue Audi A4, Vieweg Verlag, September 2007.

[20.6] Werkstatt-Unterlagen Lexus LX470.

[20.7] *Schumann*, *J.* : On the use of discrete proprioceptivetactile warning signals during manual control-The steering wheel as an active control device. Münster/New York, Waxmann, 1994.

# D 驾驶员辅助系统的人机接口

21 人机接口的设计 ················································ **350**
22 操作单元 ························································ **361**
23 驾驶员辅助系统的显示装置 ································ **367**
24 驾驶员警报单元 ··············································· **381**

# 21 人机接口的设计

*Ralph Bruder, Muriel Didier*

通过接口进行人和机器的交互，接口向驾驶员提供信息并帮助驾驶员安全、有效和高效地完成驾驶任务。如何构建显示和操作单元，在研发过程中人和机器的交互方面的注意事项将在本章中予以说明。

因此，首先应提供用于解释人类信息处理和操作流程的工作模型，这可以作为构建 MMS 的基础，随后进行各种显示和操作单元的系统化，这可以更快接近驾驶时的问题。但是，处于设计流程核心的应该是人，因此提出了设计原理和原则，以便说明行动重点是以用户为中心实施的基础。

## 21.1 人机接口的工作模型

将在经济活动和实际生活中极频繁使用的所谓的刺激机体反应模型（缩写为 S-O-R 模型，也称为刺激-反应模型或者输入-输出模型）作为人机接口工作模型的基础。这涉及一种借用心理学的人的信息处理模型，它说明了刺激和反应之间的联系。其基于这种设想，即一个刺激（例如，汽车内的一个警告音）在相应的器官中进行处理，然后以目的、决策或者学习过程的形式形成一定的反应（例如，一个身体动作、操控一个操作单元）。同时，给机体发出一个反馈（例如，以声音的形式），对完成的操作进行确认（另见第1章）。

在当今的车辆上通过视觉显示、声音警告音和信号或者借助方向盘或座椅进行触觉反馈的方式传输信息。随后对这些信息进行处理，大多数情况下会通过方向盘、踏板、开关或者手柄进行操作。像环境参数一样，人的因素会影响这个过程的三个阶段：信息采集、信息处理和操作。由于接口承担着整个过程的"中间人"角色，因此对接口的要求应考虑所有的影响因素或参数（图 21-1）。

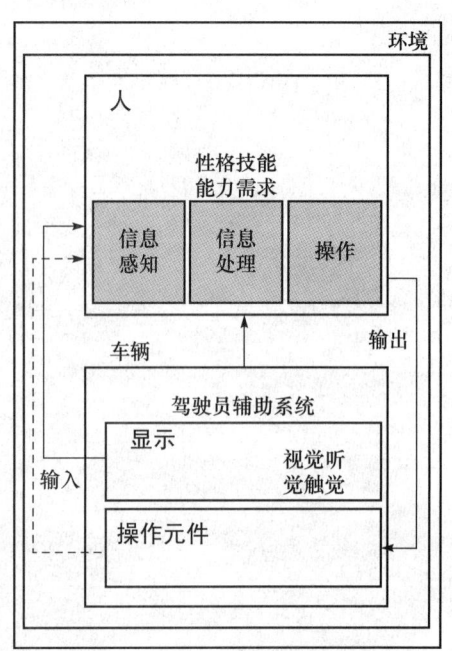

图 21-1 人/车内接口交互的工作模式

越来越多的技术单元运用到现代汽车内,其在信息采集过程中以及在驾驶员的输出工作时提供帮助。随着现在越来越多的使用驾驶员辅助系统的趋势(特别是当其承担部分行车任务(例如,ACC)和同时调整信息处理过程),应在研发时将注意力放在设计中人的方面。接口应适应人的要求,以优化该信息处理过程。

## 21.2 接口的基本划分

在研究以及应用中使用非常广泛的接口的初步基本划分在于区别显示和操作单元。

在此,一般信息采集意义上的显示也是人员信息处理流程的原因。相反,操作元件构成了执行部件,也就是说驾驶员在信息采集和信息处理完毕后最终"操作"这些部件。因此,这两组是两个完全不同的因素,因此在这里应对它们分别予以考虑。在下面介绍具体设计建议的章节中,由于作为基础的因素非常特别,因此将以单独的章节(第24章)说明属于信息采集过程的警告。

在将人机接口划分为两个主要的分类方面(操作单元和显示元件)尝试使用不同的方案,用以说明接口的特性。此外,应简化需求与人员能力和接口能力之间的优化过程。下面将介绍那些最快接近驾驶问题的方案。

### 21.2.1 控制元件

Rühmann[21.1]开发了一种通用的和广泛应用的操作单元的特性:他根据5种不同的分类系统对区分特征进行了分类。Eckstein[21.2]开发了一种用特殊的以车辆问题为核心的操作单元的特征方案,其同时也规定了5种考虑到车辆驾驶特殊性的特征。

Rühmann[21.1]一般使用的各种调节件的分类方案包含下列5个分类系统:

◆ 操作:分类可按照对操作单元进行操作或者作用在操作单元上的四肢进行,例如,手指操作(照明开关)、手操作(换挡手柄)、脚操作(油门踏板)或腿操作(制动踏板)。可按照抓握和踩踏方式进行进一步分类。

◆ 运动方式:根据操作单元的运动方向可分为旋转运动和平移运动以及准平移运动。

◆ 作用方式:在作用方式方面分为模拟(连续的)和数字(离散的)操作单元。

◆ 维度:维度表示操作单元可用自由度的量。

◆ 集成:如果在一个操作单元中组合多个操作功能,人们将其称为集成的操作单元,因此可在一个操作单元中同时安排连续或者同时操作的子任务或并行任务。

Eckstein[21.2]在机动车驾驶方面将操控设计方案按下列5个特征进行分类:

◆ 调节件的数量:例如,用于3个功能的3个操纵杆、闪光信号灯、自适应巡航控制系统(ACC)和刮水器。

◆ 调节件自由度的数量:针对"方向盘和自动变速箱"操控方案得

出方向盘、油门踏板和制动踏板3个自由度。

◆ 额定值规定：将角度（方向盘转角）、行程（节气门）和作用力（制动压力）视为设定值。

◆ 反馈：将对方向盘的作用力和行程视为反馈信息。

◆ 调节件类型（同构，等渗压，等轴）：此时，油门踏板和制动踏板是一种同构的调节件类型。

此外，也可据此按照"横向驾驶"和"纵向驾驶"的汽车控制标准或者按照"转向""加速"和"制动"这3个范围进行分类。

对 Rühmann[21.1] 和 Eckstein[21.2] 的分类方案进行研究时，除操作标准外，操作单元是考虑的重点。将指令从驾驶员传递至车辆的以人为中心的观点导致按照不同的输入形式进行划分。结合两种观点，面向物体和人，对于优化接口的结构十分重要。

在机动车内主要通过上肢和下肢进行输入。上肢的输入方法可称为手/臂运动，下肢可称为腿/脚运动，同时手指自然也包括在内。

例如，双手和手臂在机动车内用于通过方向盘进行横向动态控制，借助下肢（腿和脚）控制纵向动态的驾驶变量。但是，四肢的使用不局限于稳定性任务。所有的按钮、旋转调节件和触摸屏都要同样至少用到部分手/臂系统。因此，它们对于操作驾驶员辅助系统有更重要的意义。下面区分了与输入调节信号有关的输入方式。最后3个方式是典型的无接触的输入方法。

手/臂输入：除了已提到的方向盘外，操控元件通过手/臂的运动完成次级和三级行驶任务，如操作方向指示灯或者信息娱乐装置。

腿/脚运动：腿/脚系统主要用于踩踏踏板系统，较少用于驻车制动器。

重心转移：人体质量的转移可同样作为输入介质，如驾驶摩托车时间接作为输入介质。

语音输入：在人机交互中可以通过关键词输入命令。例如，为移动通信设备或者操纵信息娱乐系统而使用此类语音指令的方式。

眼睛移动：对于操纵计算机来说，很长时间以来就有此类的交互系统；在车内尚不适于批量使用此类系统。

表情/手势：使用手势作为输入方法，如换挡，尚处于试验阶段。另一个可想象的研发方向是面部情绪和表情识别——虽然车中的这种表情识别系统很难传输不同驾驶员类型的表情。

### 21.2.2 显示

显示的首要目的是告知人员处理过程中作为输入的信息。在设计显示方面提出了3个主要问题[21.3]：

◆ 应告知哪些信息（"信息内容"）？

◆ 如何告知信息（"显示形式"）？

◆ 在哪里呈现信息（"显示地点"）？

通常，显示的划分系统以不同细化层次的显示形式为基础。

相反，Schmidtke[21.3]在描述显示

方式时区分了3种信号类型(视觉、听觉和触觉)并进一步说明在其技术基础方面应有的信息的形式(数字/模拟)。此时,要按照进一步的特征划分不同的显示方式。例如,刻度的形式(例如,连续的、分级的、大约的)或者显示的维度(固定刻度、移动指针或者相反)。

Timpe等人[21.4]再次提到了视觉、听觉和触觉接口。此外,对于每个分类他按照可借助该手段传输给人员的信息的类型进行了划分,如声音指示可以传递口头和非口头的信息,同时对于非口头信息可以再次分为声音和噪声。

划分显示的分类体系主要基于显示元件的技术特性。从人的角度来看根据感知形式的分类说明了人的能力,尤其是在信息采集方面(参见第1章)。

将感知形式嵌入汽车内的一种经典样式为:通过视觉通道可让驾驶员感知到其他的交通参与者和车辆的显示信息(例如,油箱显示)。声音信号经常用于警报,极少情况下也用于状态显示(换向指示器的继电器噪声)。前庭感知告知驾驶员对其作用的各种不同的加速度的情况。例如,在触觉感知情况下,敏觉性用于操作压力按钮,动觉主要用于较大的运动和振动情况(例如,操纵方向盘)。

在该模式下如何集成驾驶员辅助系统?对于最新投放市场的驾驶员辅助系统使用声觉、触觉和动觉感知,例如车道保持系统中方向盘的力矩脉冲或者在驶过车道时车道偏离警告器的振动元件。前庭感知自身可以在一定程度上用于显示,其用于在驾驶员辅助系统中承担稳定车辆的任务,如自适应巡航控制系统。自适应巡航控制系统通过进行减速向驾驶员指示是否已发现前方行驶的车辆,而无须驾驶员将视线从道路上收回进行查看。声音信号在驾驶员辅助系统中通常用于报警,因为在这种情况下不将其与特殊因素相联系,例如视向。

在操纵机动车时视觉通道承受着较多的刺激并且辅助系统的其他信息应尽量不增加其负担。利用触觉和动觉的驾驶员辅助系统的研发才刚刚开始,大多数情况下通过附加的视觉或者听觉信号对其进行补充。

对比两种方案,技术特性和人的特性应表明应使用哪种感知方式和对人员来说哪种显示最适合用于传递信息。当必须同时传输多个信息或者应迅速处理信息时,该优化过程特别重要。

原则上要注意,显示的划分不会提供信息内容和显示位置。根据信息处理过程的复杂度,一个显示的两个特性取决于许多因素。这些问题是设计过程的一部分并必须为每个任务或每次研发重新进行试验并与特殊的条件相适应。其中起支持性作用的原理和原则将在下一个子章节中进行介绍。

## 21.3 设计指导原则和原理

### 21.3.1 设计指导原则

人机接口研发的上一级原理在于机器及其元件,如用户的显示单元和操作单元,它们必须能胜任其所要完成的任务。为了达到这种一般性原理,设计系统时必须考虑人在生理、心理和社会方面的特性及能力。在第1章中将其划分为三类:特性、能力和技能。

一个规定的接口对应特定的用户群。该用户群的分类明确性可以准确地确认选择接口时的能力。

其他的用于设计人机接口的上一级指导原则可参见标准、规范和手册。

标准 DIN EN 894-1[21.5]说明了在设计接口(显示和调节件)时要考虑的6个人体工程学指导原则或要求。满足6个设计指导原则(任务适合性、自解释能力、可控性、符合预期性、容错性、适应性和可学习性)作为成功实现人机接口的基础,同样也是设计驾驶员辅助系统的基础。原则上这些指导原则在整个设计过程中应如原理一样。

**(1)任务适应性(功能配置、复杂度、分组、可区别性、功能相关性)**

一个接口应胜任任务,如辅助用户可靠、有效且高效地完成工作任务。其中,任务适应性分为任务的功能配置、复杂度、分组、可区别性和功能相关性。

功能配置说明了人和机器之间功能的合理分布,这是借助任务需求以及人员的特性、能力和技能做出决策的。此外,复杂度应保持尽量低,在此应考虑作为变量的人执行动作的速度和准确度。特别必须注意任务结构以及用户处理信息的方式和范围的复杂度。对显示和操作元件进行分组应使它们很容易组合使用。由于必须随时确保确认无误以可靠使用不同的显示和操作单元,因此可区别性和功能相关性也是非常重要的。

**(2)自解释能力(信息可用性)**

如果用户可以无问题或者疑问识别显示内容和操作单元并了解过程,则表明接口的自解释能力合格。

除理解力外,信息可用性的原理也很重要,其在驾驶员询问时立即可提供系统状态方面的信息,而不会由此干扰或者忽略其他的活动。系统必须立即对操作者进行确认,表明已接受其操作。

**(3)可控性(冗余、可接近性、活动空间)**

当用户能够确定如何完成其所有任务时,则表明接口可控,这时不是系统操控人而应是人操控系统。为了使可控性直观可划分出三个主要原则:冗余、可接近性和活动空间。

如果这样的冗余可提高和改善总系统的安全性,则应对其他的显示和调节件采取防护措施,原因是在特定的情况下系统的效率和安全性取决于能给用户提供其他信息的能力。此外,驾驶员应能容易地调取和访问信息,这意味着,在操作时驾驶员的各个身体部位和肢体所需的运动或者身体的移动都应是很便捷舒适的。

**(4)期待一致性(与学习者的协调性、与实际情况的兼容性、坚固性)**

用户对人机接口的工作模式有期待,这些期待来自于以前工作流程的知识、用户的训练和经验以及达成的共识。为了避免不恰当的使用或者出现预设的错误,接口的功能、移动和位置应与期待一致。

在期待一致性上要区分开学习到的固定模式(例如,按顺时针方向旋转)、来自实践的固定模式(例如,行驶时的制动)和类似接口与类似功能的一致性。

**(5)抗错鲁棒性(故障监控、故障处理时间)**

尽管通过最小的成本或在无校正成本的情况下发现错误输入达到希望的工作结果,则表明该接口具有抗错鲁棒性。系统应可检查故障并给用户提供处理此类故障的手段,以区分故障检查和处理时间。

在驾驶员辅助系统方面出现下列错误:信息缺失、感知不足、错误解读、错误决定、错误执行。在设计接口时自然应避免这些错误或者至少仅导致最小的后果。

**(6)适应性和可学习性(灵活性)**

如果接口足够灵活,以至于可根据不同的用户需求和用户能力进行调节,则表明接口具适应能力。对于汽车或驾驶员辅助系统也应该考虑诸如行驶方式或者行驶状况之类的参数。在这种情况下用户在系统上进行更改的可适应性和系统根据用户的行为自主进行更改的适应力起着有效的和有益的补充作用。

应简化使用学习内容借助说明书予以支持,这意味着尤其是在行驶时,特别是当使用驾驶员辅助系统时,从

单纯使用到可控制系统所需的时间应尽量短。接口的选择明显影响该目标的实现。

### 21.3.2 设计原则

在设计过程中应尽量实现的设计原则有助于实现这6个更高目标。同时,在实际条件下检查选择的方案对研发过程十分重要。

在驾驶员辅助系统方面要遵循兼容性、一致性、显示的组别、操作元件和要求过低和要求过高之间的平衡这些设计原则。相反,在设计驾驶员辅助系统接口时应将汽车系统看做一个整体而不是单独的元件单元,还应考虑其他原则,诸如接口的舒适性、满意性和"使用乐趣",尽管应用起来没那么简单。

**兼容性**:在设计人机系统时使用该原则主要有助于信息处理过程的各种因素,也就是感知、记忆、解决问题的能力以及处理问题的能力。设计时应分为空间兼容性、移动兼容性和概念兼容性。

**示例**:为了调节到一个更高的数值,必须顺时针方向转动调整旋钮,将手柄向前移动解读为"更多"。

**一致性**:统一设计车内的接口主要有助于信息处理流程和操控,以便更快地学习,更少地犯错并且更快地实施流程。重要的是应满足:一个动作应该有相同的作用,在这方面设计对于不同的系统来说都应是一致的。

**示例**:如果对于操纵驾驶员辅助系统来说需要本车图解的话,使用的

透视图应一致,例如"车尾视图"。

**空间分布**:在驾驶员辅助系统和基本行驶单元方面最佳的操纵元件和显示的分类有助于信息流程的迅速和无误。同时,应要求内容上和功能上的关联性,同样应考虑如操作的频繁程度和顺序。

**示例**:采用诸如平视显示器之类的新技术给信息的分配提供了新的可能性;但是,驾驶舱系统在未来也应保持一目了然,因此必须在将来要显示的内容和现在显示内容之间重新分析信息的分布。

**要求过低和要求过高之间的平衡**:驾驶员辅助系统一方面应使得驾驶员从执行其原来的行驶任务中解脱出来,另一方面必须由驾驶员激活、调节和操作。这添加到了主要行驶任务中。驾驶员辅助系统另一个重要的方面是要求驾驶员在有些情况下给系统让渡控制权。某些驾驶员辅助系统承担部分行驶工作会非常明显地影响接口设计,其中接口设计的目的应是在执行行驶任务时达到要求过低和要求过高之间的平衡。

**示例**:即使驾驶员辅助系统承担部分行驶任务,也要继续让驾驶员了解系统操作方面的信息。信息详细到何种程度,是一个重要问题:信息过多,便会失去由驾驶员辅助系统带来减轻负担的效果;信息过少时驾驶员对驾驶员辅助系统进行操控会有困难。

**舒适、满意,"使用乐趣"的产生**:在采用驾驶员辅助系统时,特别是当其由驾驶员自愿激活时,接口设计应产生诸如"使用乐趣"、满意和舒适的感觉。驾驶员辅助系统的使用受到提供功能的影响,但也受到接口自身的影响。

**示例**:一个较好的驾驶员辅助系统接口对使用有正面影响,也间接影响学习和可接受性,反之成功的使用也会产生良好的感觉。与表面接触产生的不舒适感觉会造成驾驶员不愿意接触,这样就不再尽量频繁地或者按照需要对驾驶员辅助系统的参数进行更改。

**对总系统的考虑**:车内越来越多地使用驾驶员辅助系统的当前趋势强化了再设计各个驾驶员辅助系统时观察整个系统的原则。当与其他的接口或者与驾驶员辅助系统形成干扰时,成功的系统接口设计可能会变成一个不成功的设计。在设计多个驾驶员辅助系统接口时需要形成并考虑优先权标准。

**示例**:将许多功能编制在一个显示或者操作单元内的"集成式驾驶员辅助系统接口"在技术上是可行的。用这种集成式的方案可完全满足空间性原则,但是驾驶员需要一个复杂的心智模型,以可靠且迅速地操作操纵元件。必须检查驾驶员的能力是否能胜任由此产生的更高的复杂性。

## 21.4 设计流程

在描述接口(显示和操作单元)时可单独进行考虑。但是,尤其是在操作元件和显示的接口设计过程中,人体工程学设计的目的并不有益,原因是人体工程学原则适用于整个系统人机接口。只有观察整个系统，才有可能确保为人做的设计是成功的。

在研发人机接口时满足人体工程学要求有助于在设计的每个阶段为用户考虑。同时，DIN EN ISO 13407[21.6]标准提供了一个用于设计交互系统的面向用户的指导思想，它们可能集中在一个多学科的设计或研发过程中。该设计过程有 4 个重复执行的主要步骤（图21-2）：

◆ 了解和详细说明使用情景；

◆ 详细说明对用户的益处和规定的需求；

◆ 草拟设计方案；

◆ 根据面向用户的标准评价解决方案。

在选择操作单元和显示的设计方案方面，Kirschner 和 Baum[21.7]提供了确定解决方案所需的步骤（图 21-3 和图 21-4）。该步骤应作为执行一个反复过程的一部分，借助实际条件下进行试验检验选择的方案，以确保满足要求。下面将说明这两个选择步骤。

**（1）操作单元的选择**（图 21-3）

◆ 任务、要求：在开始研发时必须提出在要完成任务方面对操作单元的要求。例如，如果有冲突或者当前的技术水平不足以完全满足要求时，则需要对要求进行分配。

◆ 操控器官、身体姿态、抓握方式和踩踏方式：检查不同输入方法的相关性。虽然在车内受限，但应考虑身体姿态和所需的运动，特别是操控或使用的频繁程度和持续时间。在选择抓握/踩踏方式时，调整力起着特殊的作用。

◆ 操作单元的类型：操作单元类型的确定直接和间接以操作要求为中心，特别是以操作的准确度和快速为中心。在驾驶员辅助系统方面要检查多功能操作单元的重要性。

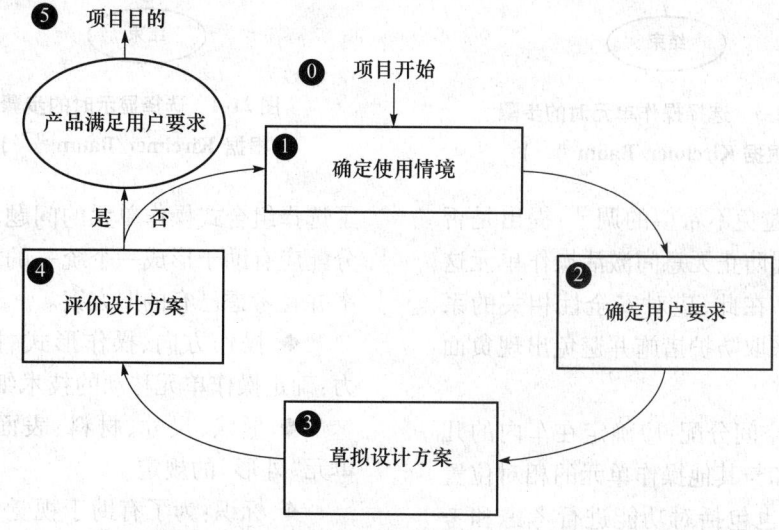

图 21-2　面向用户的设计流程（根据 DIN EN ISO 13407[21.6]）

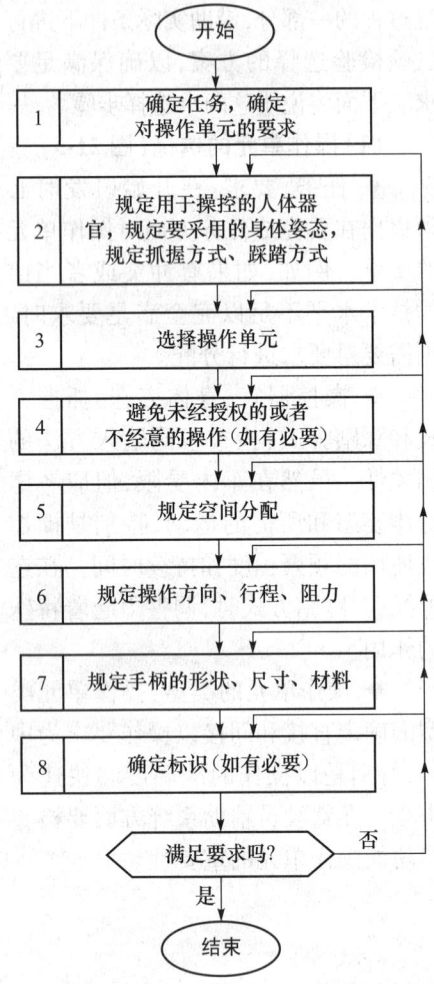

图 21-3 选择操作单元时的步骤
（根据 Kirchner/Baum[21.7]）

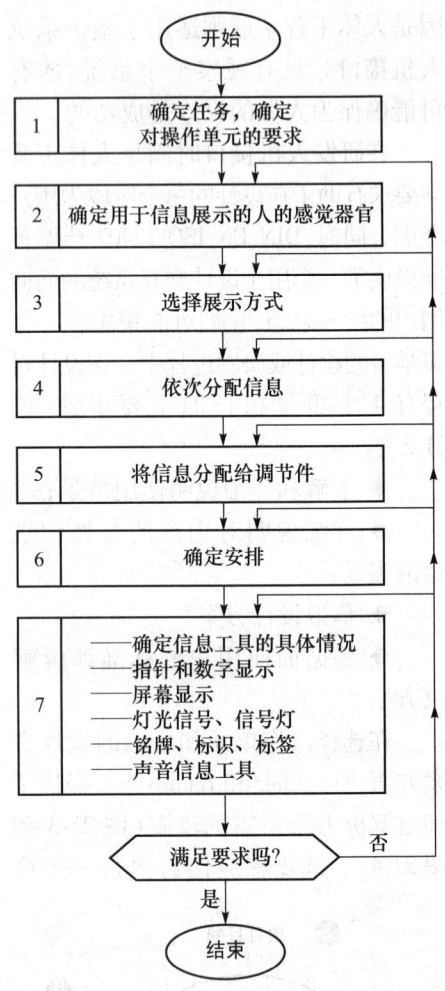

图 21-4 选择显示时的步骤
（根据 Kirchner/Baum[21.7]）

◆ 避免不希望的调节：提出是否必须确保防止无意间激活操作单元这一问题。在此，应对安全性相关的系统功能采取防护措施并避免出现负面的后果。

◆ 空间分配：应确定在车内的几何位置和与其他操作单元的相对位置关系，这也包括对功能进行考虑和考虑任务的时间流程。在此，再次提出了选择组合式操作单元的问题。空间分配应有助于形成一个统一的操作方案并且考虑已有的旧方案。

◆ 操作方向、操作形式、操作阻力：确定操作单元移动的技术细节。

◆ 形状、尺寸、材料、表面：操作单元"外形"的规定。

◆ 标识：为了有助于视觉和触觉上的区分以及有助于操作安全性和学

习过程,应选择标识,如通过空间分配、形状、尺寸、标签、颜色和材料进行标识。

**(2)显示的选择(图21-4)**

◆ 信息任务、要求:在设计过程开始时必须规定对显示的要求。这些信息有助于完成任务的信息采集过程。应规定信息的目的(监控变化的状态、检查设置……),信息采集的准确度(针对读取、感知),信息内容(实际值、额定值、差值……)。应特别注意要传递的信息量不要超过用户可承受的信息量。

◆ 感觉器官:信息展示方式的选择应以感觉器官为准。感觉器官的负担(在车内,视觉通道明显已承受了很大的负荷)、反应速度的必需性、可区分的必需性和信息的可用性以及接受程度是其中要考虑的主要特征。

◆ 展示方式:如果规定了感觉器官,就限定了信息的方式。带信息内容的信息任务和人的特性是选择展示手段的基础(模拟/数字显示、声音/语音指示……)。

◆ 信息分配:应发现各信息之间的关联性(功能性或物理性方面)并作为显示分配的基础(例如,额定值和实际值依次显示),同时应考虑信息处理流程的复杂性。

◆ 安排:按照前面步骤汇总的要求确定显示的地点和位置,同时可区分性和避免故障也是重要的目的。当在其整个系统环境中针对显示进行考虑而不作为单个元件进行考虑时,则说明决定是正确的;在这里再一次提出了组合显示的问题。

◆ 显示设计的细节:可能要确定诸如分辨率、字体大小、刻度、变化速度、颜色、声音、信号频率等参数。同时,可能要考虑显示要求、人体工程学规定、可区分性和技术可能性。

## 21.5 实践和设计流程

随着低速范围内 ACC 系统的功能扩展再一次提出了接口的问题。通过新系统扩展了系统激活的行驶状态,或者其出现频率发生变化:较低车速的城市交通、90°弯道、行车优先道路是仅有的几个应提及的应用领域。

通过这些变化,驾驶员的负荷也发生改变。例如,因行车环境的复杂性在城市交通中视觉通道承受比高速公路更高的负荷;因 ACC 状态变化的增加要传输的 ACC 相关信息的量也明显增加。

在传输 ACC 信息时提出了多个问题:视觉通道能继续承受负荷吗?在仪表范围之外还有展示的其他地点吗?提供的信息与行驶状况相关吗?

与在高速公路上相比,由于对驾驶员在状况和环境方面的要求更多且更容易转移注意力,因此其没有很多时间查看显示屏或显示内容。显示屏位于驾驶员直视区内也很有用,也就是说显示在车窗玻璃上,这样就无须驾驶员将视线从车道上移开从而无安全风险。同样,进一步研究使用其他的注意力通道,如脚部区域的振动。持续根据行驶情况调节显示的信息也会减少所需的信息量。

该示例表明在每次更改驾驶员辅助系统时或者修改集成有驾驶员辅助系统的车辆时(例如,采用其他的驾驶员辅助系统)都必须再次执行建议的接口设计流程,以满足人机接口的目标。

# 参考书目

[21.1] *Rühmann, H.*: Schnittstellen in Mensch-Maschine-Systemen. In: Schmidtke, H., Ergonomie, 3. Auflage. Hanser-Verlag, München, Wien, 1993.

[21.2] *Eckstein, L.*: Entwicklung und Überprüfung eines Bedienkonzepts und von Algorithmen zum Fahreneines Kraftfahrzeugs mit aktiven Sidesticks (Bd. Reihe 12 Nr. 471). VDI-Verlag, Düsseldorf, 2001.

[21.3] *Schmidtke. H.*: Ergonomie; Hanser-Verlag, München, Wien, 1993.

[21.4] *Timpe, K.-P.; Jürgensohn, T.; Kolrep H.*: Mensch-Maschine-Systemtechnik-Konzepte, Modellierung. Gestaltung, Evaluation. Symposion Publishing, Düsseldorf, 2000.

[21.5] DIN – 标准。DIN EN 894-1. Ergonomische Anforderungen an die Gestaltung von Anzeigen und Stellteilen, 1997.

[21.6] DIN-Norm. DIN EN ISO 13407. Benutzer-orientierte Gestaltung interaktiver Systeme. 1998.

[21.7] *Kirchner, J.-H.; Raum, E.*: Mensch-Maschine-Umwelt. Beuth Verlag, Berlin. Köln, 1986.

# 22 操作单元

*Ralph Bruder, Kurt Landau, Lars Woyna*

借助本章节使读者了解如何设计操作单元,同时在编制各个主题时都增加了一个具体示例,使读者更容易了解主题。

操作单元一般理解为操控者和系统之间的接口,操控者通过该接口在驾驶员现有状况下向系统传输一个信息,即至少与机器进行单向通信。一般来说,车内的操作单元是手指、手或脚控制的接口。原则上也可以为此使用其他形式的传感器技术可测量的人体组织的反应。例如,人的语言是一个传输介质,其提供了将驾驶员方面为信息传输而进行的编码成本降到最低的可能性[22.1]。

如第 21 章所述,为操作单元系统性设计流程提供了一个结构化的方法。为此符合[22.2]的流程计划形式的方法是尤其适用的(参见第 21 章)。

该方法步骤的系统化处理满足了操作单元人体工程学设计系统化的演绎方法,原因是其考虑了从规定操作任务直至标识制成的操作单元的所有分步骤。

流程计划是带有所列方法步骤详细介绍的操作说明,因此下面将详细说明对于驾驶员辅助系统操作单元来说重要的零件。借助驾驶员辅助系统的 ACC 为例对此向读者进行说明。

## 22.1 对操作单元的要求

对操作单元要求规定的出发点是对行驶任务的考虑。这可分为初级行驶任务(车辆在道路上行驶,如控制、加速、制动)、二级行驶任务(对交通规则或交通和环境条件的反应,如闪光、刮水)和三级行驶任务(满足舒适需求和信息需求,如调节车内空气)。对汽车内操作单元最重要的要求是确保快速、可靠和准确的使用。此外它应适用且简单,且可避免不经意的操作以及混淆操作单元,并可对位置进行控制。同样,要注意基于通常的移动固定模式和计划的汽车移动一致性意义上的操作单元移动和汽车反应之间的兼容性。

还必须能够快速、无误、简单、可靠且不混淆地使用操作单元,并较少出现视觉、驱动和认知上的注意力分散情况从而可靠地驾驶车辆。

此外,也可通过操作任务形成要求。操作任务一方面可划分为分级的不连续(数字)操作或者连续(模拟)操作(原则上也可能包括混合操作),另一方面用操纵元件操作回归到设置的位置或者回归到出发位置(例如,转向摆臂)。此外,直接作用在操作系统上的操作单元(操作力和能量来自于人)可能与此不同,它仅传输一个信号。但是,对于所有的要求必须注意的是可能出现目标冲突,因此应区分要求的优先次序。

### ACC 操作单元示例

设计 ACC 操作单元时使用概略性的方法相应限制了操作任务的规定。在这里首先要规定在系统上必须传输以下信息:

◆ 系统开启/关闭;
◆ 设定期望速度;
◆ 相对于当前的速度升高/降低期望速度;
◆ 设定期望车距或时间间隔;
◆ 恢复/激活预设的期望车速。

对 ACC 操作单元最重要的要求是:"实用""简单""无不经意的操作"和"状态的检查能力以及不混淆操作单元"。

## 22.2 确定操控器官,身体姿态和抓握方式

由于大多通过驾驶员与系统的机械式交互对车内的驾驶员辅助系统进行操控(语音控制例外),因此在选择操控器官时身体姿态起着特殊作用。对其进行设计时应避免在操作时出现强迫的姿势。

其他的重要选择标准是可达到的或者要求的操作力、操作准确度和操作速度。同时,一般情况下通过脚或者通过手的包围式手型(手臂移动)可达到最大操作力,而使用手指以接触式手型或者抓握式手型(图 22-1)达到较高的准确度。此外,必须规定身体部位和操作单元之间连接的方

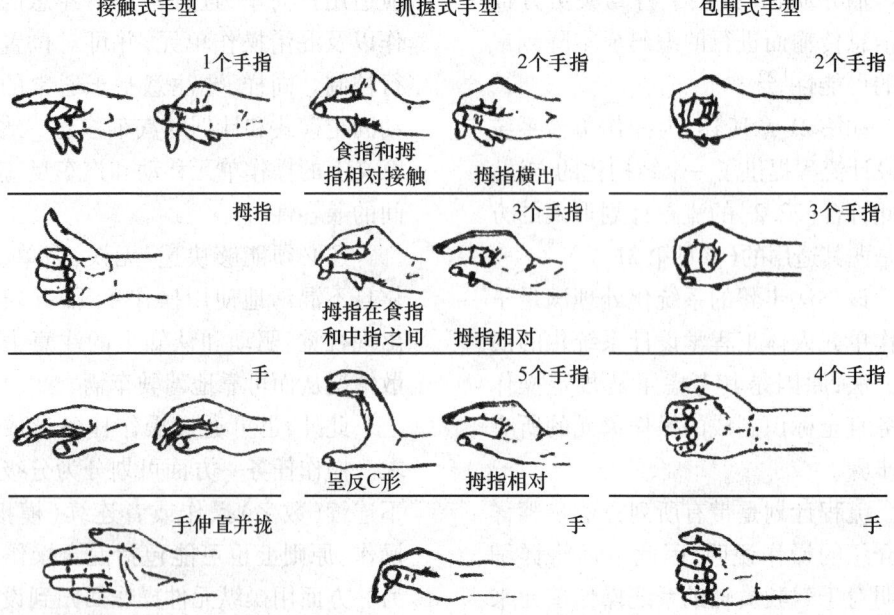

图 22-1　手型汇总(根据 Schmidtke,1989)

式,同时要区分开形状配合连接和动力啮合。抓握方式、连接方式和操作单元的适当分配请参见 DIN 33401[22.3]中[22.2]所述的内容。

## 22.3 操作件类型的确定

确定操作件类型(旋钮、滑块、手柄……)直接针对操作的目的,要求(操作准确度、操作速度、移动路径的长度和过程)和一般完全根据汽车驾驶舱内的实际条件。为系统地进行选择,表 22-1 显示了一个评估矩阵,其表明根据操作任务的要求哪些操作单元适合该操作任务。原则上也可以将多个操作部件汇总成一个(集成式操作单元)。作为 ACC 典型的操作单元,转向摆臂是一个合适的例子。

表 22-1 根据要求,不同操作单元的适用性

| | 两种可能的调节 | 多于两种可能的调节 | 无级调节 | 持续调节、控制 | 快速调节 | 准确调节 | 数据输入 | 力传输 | 大的调节范围 | 用一只手同时调节 | 保持一个调节 | 安装和操作较低的空间需求 | 视觉反馈 | 触觉反馈 | 在调节件上固定的可能性 | 无意识调节的可预防性 | 良好的可识别性;较少编码工作 | 应用示例 | |
|---|---|---|---|---|---|---|---|---|---|---|---|---|---|---|---|---|---|---|---|
| 旋钮 | 3 | 3 | 3 | 2 | 2 | 3 | 0 | 0 | 0 | 3 | 2 | 3 | 2 | 1 | 2 | 3 | | 通风控制器 | 表格内数值的含义: |
| 旋转按钮 | 3 | 3 | 3 | 3 | 1 | 2 | 0 | 0 | 1 | 0 | 2 | 1 | 2 | 1 | 0 | 0 | 2 | 1 | 收音机音量 | 0——不适用 |
| 控制杆 | 3 | 3 | 2 | 2 | 2 | 1 | 0 | 2 | 0 | 0 | 2 | 1 | 2 | 2 | 0 | 0 | 2 | 变速箱操纵装置 | 1——不太适用 |
| 操纵杆 | 3 | 3 | 2 | 2 | 2 | 1 | 0 | 2 | 0 | 2 | 2 | 3 | 1 | 0 | 3 | 驻车制动器 | 2——适用 |
| 摇臂开关 | 3 | 1 | 0 | 0 | 3 | 2 | 0 | 0 | 3 | 0 | 3 | 1 | 2 | 0 | 0 | 后视镜调节装置 | 3——很适用 |
| 按钮 | 3 | 0 | 0 | 3 | 2 | 1 | 0 | 0 | 3 | 1 | 2 | 1 | 2 | 0 | 2 | 2 | 空调装置 | |
| 按键 | 3 | 1 | 0 | 0 | 3 | 2 | 3 | 0 | 0 | 3 | 2 | 1 | 0 | 0 | 0 | 0 | 信息娱乐装置 | |
| 把手滑块 | 3 | 3 | 3 | 2 | 3 | 2 | 0 | 1 | 3 | 2 | 2 | 3 | 0 | 0 | 2 | 空调器 | |

## 22.4 避免未经授权的和不经意的调节

避免"未经授权的调节"从驾驶员辅助系统的前后关系来看是汽车安全系统(防盗装置、防盗锁……)的任务,在这里不做详述。在确保避免"不经意的调节"上可进行一些设计上的说明:

◆ 在压力开关之间嵌入式安装或搭接;

◆ 安排在有较低接触可能性的地方;

◆ 较好的可区别性(形式、大小、位置、形状、颜色)。

**ACC 操作单元示例**

ACC 操作单元通常设计成转向摆臂的形式,在设计时要注意使其不

会与方向指示灯或刮水器的操作单元混淆。应确保操作单元足够的视觉可区别性。理想情况是还有另外的触觉上的可区别性。

## 22.5 规定空间布置

布置在这里一方面可理解为几何位置,而另一方面也可理解为与其他操作单元的相对分配关系。根据[22.3],在设计如何安排时应考虑操作的重要性和操作频繁程度以及操作顺序或者操作同时性。

对操作单元的一个根本要求是必须从视觉上和触觉上很容易找到它。相应的其几何安排应确保位于驾驶员的抓握和可视空间内。一般情况下方向盘左右两侧的范围以及中控台或者车门内饰处能满足该要求。相反,方向盘下方的范围以及副驾驶员的范围不大适合。由于驾驶员的抓握空间明显取决于其身材、体态、其在车内的坐靠位置(股部点)以及其他的拟人化特性,因此应以一般驾驶员特性为标准。像在其他的汽车研发领域中使用的一样,人体测量的人体模型可模拟规定百分数的未来用户群并确保操作单元的可接近性。

一个考虑的操作单元操作的重要性和频繁程度对于放置在最佳的可靠的或者在允许抓握空间的边缘上的位置起着决定性的作用。一个操作单元对安全驾车越重要,越应该将其放在最佳的可视和抓握范围的中央。

**有空间问题时操作单元的设计**

一方面在驾驶员辅助系统研发过程中的一个实质性挑战是掌控不断增加的要操作的系统,原因是其潜在地导致操作单元的数量增加从而造成不明确性增加。由于驾驶员最佳可接近的抓握空间有限,因此各个系统之间可能产生冲突。另一方面不能任意缩小操作单元,以便将所有的操作单元都安装在最佳的抓握空间内,不仅从操作舒适性而且从操作安全性来说都有影响。在这里可采用可一起完成多个功能的集成式操作单元或者使用所谓的软键或者菜单控制。软键没有规定的功能分配,而是提供一个按情况进行功能分配的可能性。在这里重要的是让用户理解软键当前的含义。

这种中央操作单元的一个实际的例子是菜单控制与多维旋转压力调节器的组合。通过沿新方向的转轮的卡止或者规定的导向间隙,用户得到一个有关输入的触觉反馈。

中央操作单元的另一个例子是在车内采用的触摸屏技术。由于大多数情况下虚拟按钮都分别带有文字,因此这种操作单元介绍当前功能分配的方式非常简单。触摸屏的主要缺点在于在大多数系统中缺少给用户有关输入信息的触觉反馈以及在触摸屏上纯视觉地定向。由于视觉通道已经明显承受行驶任务的负荷,这样通常只能有限地占用视觉容量。

## 22.6 规定移动方向、移动行程和移动阻力

由于此类的移动方向可迅速学会并且在紧急情况下不会导致错误操

作,因此操作单元的操作方向应清楚明了。从移动固定模式中获得明确的操作方向(参见表22-2)。此外操作单元的移动方向应与拟定的系统的移动方向一致(移动效果固定模式)。

表 22-2　移动固定模式(根据[22.2])

| 功能 | 移动方向 |
|---|---|
| 接通 | 向上、向右、向前、顺时针、拉(拉绳开关) |
| 断开 | 向下、向左、向后、逆时针、按 |
| 开启 | 向下、向前、按、逆时针 |
| 关闭 | 向上、向后、拉、顺时针 |
| 右 | 向右、顺时针 |
| 左 | 向左、逆时针 |
| 向上提升 | 向上、向后、顺时针 |
| 向下降低 | 向下、向前、逆时针 |
| 拉入 | 向上、向后、拉 |
| 推出 | 向下、向前、按 |
| 增加/增大 | 向前、向上、向右、顺时针 |
| 减少/缩小 | 向后、向下、向左、逆时针 |
| 向前 | 向前、向上、向右、顺时针 |
| 向后 | 向后、向下、向左、逆时针 |

移动行程/角度是对操作单元进行操作时其走过的行程,但是不是所有的操作单元都有一个相同的操作行程(接触式传感器、等距(无行程)操作单元)。一般的操作单元的重要设计规则包括:

◆ 确定操作行程时应确保很容易识别操作单元的位置;

◆ 在逐级操作时通过卡槽固定开关位置[22.3];

◆ 间隙应尽量小,否则会对控制功能产生不良影响。

在驾驶员辅助系统方面,操作单元的操作阻力起着次要的作用,但是对于实现操作的触觉反馈以及防止不经意间操作方面应加以重视。

**ACC 操作单元示例**

ACC 上移动固定模式的转换不总是明确的(参见图 22-2)。

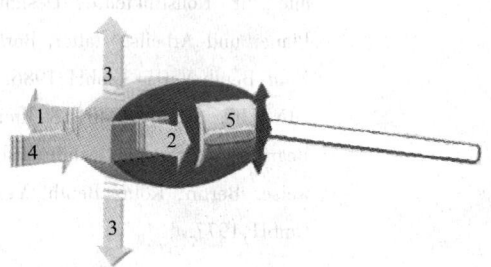

1——系统启用/关闭
2——将当前的车速设为期望车速或者加速
3——将当前车速设为期望车速或者减速
4——恢复/启用预设的期望车速
5——设置期望间距或者时间间隔

图 22-2　带 ACC 操作单元的转向摆臂(以高级车为例)

例如,与前车的时间间隔在向上操作翘板按键 5 时会变小,而移动固定模式却可能是相反的规定。在这种情况下需要的与前车的相对移动是选择固定模式的决定性参数。

## 22.7　形状、尺寸、材料和表面的规定

车中操作单元的形状、尺寸和表面应相互协调并与整个驾驶舱的设计

保持一致。通过有针对性地选择操作单元的表面结构(织物)可以不用看就从触觉上分辨出来,这样可在驾驶车辆时明显减轻视觉通道的负担。同时,属于一个整体的操作单元可采用相同的表面结构以与其他的操作单元(组)区别开来,而在集成式操作单元上要进行更为可靠的识别。

## 22.8 调节件的标识

如果很少使用某操作单元或者其设计在不同的车内不一致时,需要对其进行特别标识。一种处理的方法是形状编码,不仅可从视觉上也可从触觉上识别形状。当无法看到操作单元或者要减轻视觉通道的负担时,相应地进行形状编码特别有意义。同时,应该选择可轻易和可靠区分的形状并避免有尖利的棱角和边缘。另一个相对普遍采用的方法是给操作单元标注标签,但是要注意的是应该用国际通用的或者可直观理解的符号对其进行标识(最好采用标准符号,例如 ISO 2575)并在系统内部使用一个统一的符号体系。使用颜色编码可起到补充性作用,使得使用者可迅速选择相关的操作单元。

## 22.9 备选操控方案

车内的备选操控单元可以选择人和车辆之间的通信途径,如语音识别装置。语音识别/语音控制的优点是解放手脚免于操作首要的行驶任务、直观的可用性和信息输入时驾驶员较低的编码成本。一个巨大的挑战在于如何确保可靠识别使用者的意图,即不仅对于所有的使用者而且对于车内的人与人的通信都可靠。

# 参 考 书 目

[22.1] Rühmann, H. P.: Schnittstelle in Mensch-Maschine-Systemen. In: Schmidtke. H. (Hrsg.): Ergonomie. München, Wien: Carl Hanser Verlag, 1993.

[22.2] Kircher, J-H; Baum, E. (Hrsg.): Mensch-Maschine-Umwelt. Ergonomie für Konstrukteure, Designer, Planer und Arbeitsgestalter. Berlin, Köln: Beuth Verlag GmbH, 1986.

[22.3] DIN(Hrsg.): DIN 33401, Stellteile, Begriffe, Eignung, Gestaltungshinweise. Berlin, Köln: Beuth Verlag GmbH, 1977.

# 23 驾驶员辅助系统的显示装置

*Peter Knoll*

## 23.1 对机动车显示装置的要求

汽车驾驶员必须处理不断增加的大量信息,这些信息来自本车和其他车辆以及道路和电信装置。这些信息必须使用合适的显示介质且在考虑到人体工程学需求的情况下显示给驾驶员。

到20世纪80年代,驾驶员的信息单元由很少几个显示单元组成,带里程计数器的里程表、油箱指示器和几个控制指示灯指示车辆最重要的工作状态。随着在机动车内大量使用电子装置导致信息需求的不断增加,驾驶员和电子系统之间的交互也越来越多。

### 23.1.1 交互通道

**(1) 视觉通道——看**

人主要通过视觉感知其周边环境。使用视觉器官和其后的人的高效图像处理系统可发现、选择其他交通参与者及其位置并预估交通参与者将要实施的动作,行驶车道和道路空间内的物体,并由大脑的其他思维结构分析其发展情况和重要性。

观察道路交通中的基础设施也需要视觉通道:交通标志牌告知规则、标识将行车道相互分开、转向指示灯指示行驶方向的变化以及制动灯警告减速的车辆。

因此,视觉通道对于行驶特别重要。这不仅适用于驾驶员有针对性地将视线转移到物体上,并将视线集中到物体上,也适用于在车道内定位来说很重要的周边视觉。总之,必须对驾驶员信息系统和驾驶员辅助系统进行交互期间对车内显示器额外的观看或其对交通安全性影响的细致监控进行评价。

**(2) 听觉通道——说和听**

对于与其他交通参与者的通信,特别是对危险的显示和预警警报来说,人和驾驶员辅助系统通常使用听觉通道。其中,包括借助语音输出向驾驶员输出警告提示和驾驶员辅助系统的信息以及通过语音输入系统输入命令。

**(3) 触觉和动觉通道——操作和感觉**

在进行所有运动操作过程中,在操作开关、转向和制动时通过触觉通道向驾驶员进行反馈。在量产车中已实现了通过短时收紧安全带对驾驶员进行警告。

用于在行驶时感觉移动的动觉通

道也已用在量产车中，以通过一个短暂的制动反作用力提醒驾驶员注意。

### 23.1.2 "实施规程"

在欧盟促进项目 PReVent 的框架内已编制了一个设计驾驶员辅助系统用户界面的"实施规程"并经欧盟委员会批准[23.1]。现在已大规模在各个欧盟国家内采用。实施规程规定如下：

- ◆ 对视觉和听觉信息表达的要求；
- ◆ 衡量视觉要求的方法；
- ◆ 对话管理,使用者-系统交互。

其中,以下列系统为基础：

- ◆ 导航和路线引导；
- ◆ 交通和道路状态信息；
- ◆ 基础设施支持的交通信息；
- ◆ 用于稳定车辆的系统和目前已知的用于监控车辆、驾驶员和环境的驾驶员辅助系统；
- ◆ 自动收费(收费系统)。

为了在实际交通中使用系统而不会与安全性事项发生冲突,将使用新的信息和警告系统时所要注意的安全性相关的要求汇总到一起并加以评估。实施规程包含对人机系统(HMI = Human Machine Interface,人机交互)的 50 个要求。这些要求主要涉及人体工程学、运行安全性、在现有的汽车装备中集成、分散驾驶员注意力和减轻驾驶员负担以及系统应用和使用方面的指令和信息[23.17]。

目前,在欧盟"RESPONSE"项目框架内,新的、所谓的用传感器采集车辆周边环境内物体的预测性驾驶员辅助系统将在实施规程(CoP)的基础上并作为 CoP 的扩展进行编写(参见第 4 章)。

## 23.2 目前机动车内采用的显示方案

### 23.2.1 车内的通信区

从多种多样可用的信息中选择哪些信息对哪些车辆乘客是必要的,适宜的或者可期望的,对此进行分析,产生了 4 个不同的显示区,它们是：

- ◆ 用于在驾驶员基本视野边缘显示驾驶员相关信息的组合仪表；
- ◆ 在基本视野内不必移开视线且不必进行视力调节的用于显示驾驶员相关信息的挡风玻璃；
- ◆ 用于显示驾驶员和副驾驶员相关信息的中控台；
- ◆ 作为移动办公室或者作为儿童娱乐区的车后部[23.2]。

位于仪表板范围内的机动车仪表根据其时间发展概略显示在图 23-1 中[23.3]。

最初,汽车仪表仅有一个速度表和几个用于监控最重要功能的警报灯,后来增加了诸如转速计、油箱指示器和冷却水温度计之类的几个仪表。直至 20 世纪 60 年代初出于成本和设计的原因组合仪表逐渐替代了单个仪表。在中控台的范围内主要是后加装的汽车音响。随着机动车内其他电子组件的发展和对其监控的必要性,在现有的结构空间内聚集了越来越多的信息,这导致了目前在车内安装了无法一目了然的仪表。

# 23 驾驶员辅助系统的显示装置

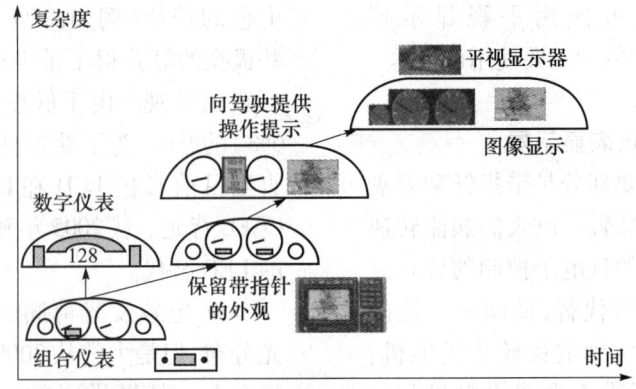

**图 23-1　随着时间的推移机动车仪表的变化**

以该基础出发，发展了两个研发路径：

◆ 数字仪表。当在美国和日本（特别是在高级车中）安装此类仪表时，在欧洲尤其对于速度的数字显示，其接受度是较低的。非常可惜的是，随着事态的发展，在欧洲并没有采用数字车速表，实际上数字显示车速要比指针仪表的信息更快速且可更精确地读取[23.4]。

◆ 保留带指针的外观。这相应地也是全球范围内组合仪表的标准设计，但是在表盘后面却进行了一次显著的技术转变。

由于上方仪表板区域内现有的安装空间较少且为了防止转移驾驶员的注意力，新系统的信息（导航系统产生的）不放置在组合仪表内，而是放在中控台中。在这里将车载收音机开槽与烟灰缸合并到一起，作为短期实用的解决方案用于创造一个新的安装空间。

由于越来越新的警告显示且出现了其他附加信息（例如，引导信息和）导致表盘区拥挤，不得不使用图像模块，这样可以显示大量的附加信息。此外，还可以向驾驶员提供操作提示。除此之外，现在的高级车主要显示诸如保养周期、检查功能或者工厂使用的车辆诊断之类的功能。在汽车驾驶员基本视野附近布设图像显示屏的优点是不用长时间移开视线就可迅速读取信息。此类模块首先以单色的规格用在车辆上，但随后迅速被彩色显示屏替代，原因是彩色显示在读取速度和读取可靠性方面更有优势。

下一个符合规则的步骤是用图像显示屏代替机械式仪表。随着笔记本显示屏价格的不断下降，将来会使用成本低廉的可显示虚拟机械组合仪表的平板显示屏。第一个豪华车型已将该技术投入使用并使用一个较大的 LCD 显示屏用于再现速度表和大量的其他信息。下一步就距离使用平板显示屏显示组合仪表的所有信息内容不远了。即便使用该技术，也不会放弃在中控台区域内使用附加的显示屏。

为了在尽量低的阻碍视线的情况下在近距范围内不用调节视力就能进

行信息采集,可使用平视显示器(HUD),军用领域内主要使用该技术。

### 23.2.2 组合仪表显示屏

仪表的主要部分是带指针和表盘的机械式测量装置。巨大的涡流转速表首先被更小的且电子控制的旋转磁铁比例测量装置代替,期间占主流的是带极低结构深度的齿轮步进电机。图 23-2 图示了带 4 个步进电机和位于表盘开口内的里程和车载计算机以及挡位的 3 个液晶显示(右侧外边)的 Golf III 组合仪表[23.5]。

**(1)表盘照明**

起初,组合仪表使有的是金属片表盘,其在反射技术上用白炽灯进行照明。在此期间为了具有引人注目的外观也混用透视技术。随后,发光二极管逐渐替代了白炽灯。LED 同样也适用于指示灯和警报灯,并适用于刻度、显示屏和指针的背光,指针通过塑料发光条照明。

但是对于特定的设计形式也采用特殊的技术,即:

◆ CCFL(冷阴极荧光灯管)加上上色的盖片(例如,25% 的透光)与这些极亮的灯获得了带极佳分辨率的宝石般的外观。由于低投射(典型的约 6%)的原因,为了获得良好的分辨率,直至目前彩色 LCD 在日光下也需要 CCFL 背光。从 2005 年开始,其被白色的 LED 替代。

◆ 电致发光薄膜具有极均匀的光分布,但是大约从 2000 年起才用于汽车上。其提供了较大的设计自由度,但是,它的成本比常规的光导体方案更高[23.6]。

**(2)数字式显示**

液晶技术(LCD)和真空荧光显示器技术(VFD)的字母数字混合显示屏属于当时组合仪表内的标准件,用于显示如里程和车载计算机。这些技术也可将整个组合仪表实现为数字技术,其中仪表一般由多个模块组成。图 23-3[23.8] 图示了奥迪四驱车 LCD 技术的数字仪表的视图(1986 年)。在图的右侧也可看到这种仪表首次采用 Chip-on-Glass(玻璃覆晶基板)技术,在这种技术上控制组件直接压焊在玻璃上。

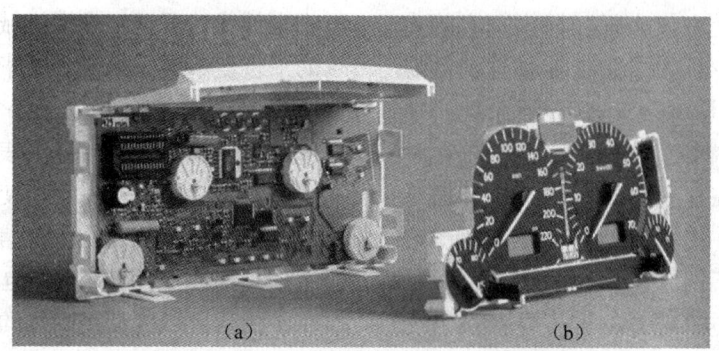

图 23-2 拆开的带步进电机的利用入射光技术的组合仪表
(a)带步进电机的电路板;(b)表盘和显示屏

图 23-3　奥迪 Quattro 1986 年采用 LCD 技术的组合仪表

**(3) 图像模块**

由于组合仪表内信息量增加,因此需要具有图像显示能力的显示模块,其显示区可显示任意信息(灵活和按优先级排列)。这种趋势导致带传统指针的仪表增加了一个图像显示。图 23-4[23.9]图示了一个例子。

图 23-4　主圆形仪表之间的组合仪表的图像模块

除了上述驾驶员和车辆相关的功能之外,组合仪表内的图像模块也可显示导航系统中的引导信息(方向箭头)。继最初的单色规格之后,在高级汽车装备中采用了彩色显示屏。

**(4) 组合仪表中的图像显示屏**

自 2005 年起,较大的 AMLCD 技术(AMLCD = 有源矩阵显示)图像显示屏也用在组合仪表中,它不仅用于显示模拟仪表也用于显示夜视系统的图像。图 23-5[23.10]图示了正常工作模式下的(左侧)和夜视模式(右侧)下的组合仪表。最后,呈带状车速显示在图像下方。

### 23.2.3　平视显示器(HUD)

常规的组合仪表按照 0.8~1.2 m 的观察间距布设。为了读取信息,驾驶员必须将其双眼从无限远(观察道路场景)调节到较短的观察仪表的间距上,这种调节过程一般需要 0.3~0.5 s。

图 23-5　带大图像显示屏的组合仪表可显示夜视信息、平视显示器、显示车速和 ACC 信息
(a)正常工作模式;(b)夜视模式

通过使用平视显示器可明显缩短这一时间。平视显示器的图像通过挡风玻璃投射在驾驶员的中央视野内。平视显示器的光学系统在 2～3 m 的观察间距上生成一个虚拟图像,这样视线可继续保持无限远。平视显示器不需要将视线从车道上移开,可不分散注意力地感受到危险的行驶情况,也可不移开视线就可读取投射的车速。图 23-6 图示了一台平视显示器的外观。

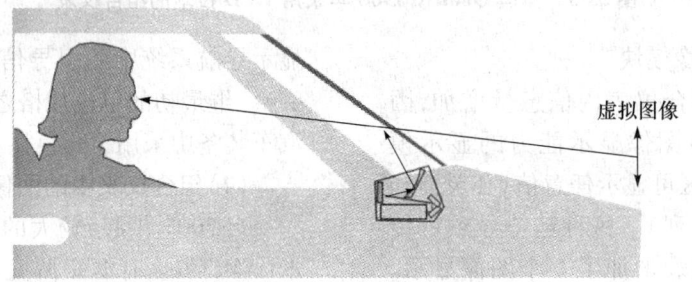

**图 23-6　平视显示器的原理**

作为带很少几个附加信息(闪光灯和 2～3 个警告符号)的简单的数字速度表,平视显示器多年来主要作为特殊装备用在日本车上,同时也被几家欧洲制造商用作选装件。

一个典型的平视显示器包括一个用于产生图像的显示模块、一个照明装置、一个投影镜头和一个在其上将图像反射到观察者眼内的组合器(镜反射透光玻璃),参见图 23-7。光程内的光学元件(一般是凹面镜)放大了图像间距。组合器由可能带有附加反射层的挡风玻璃构成。为了避免因倾斜的挡风玻璃的内外边界层的反射产生重影,通过集成一层楔形的薄膜略微楔形地形成复合玻璃。随后从驾驶员视线角度将在边界层上产生的两个图像叠合在一起。

对于驾驶员来说,平视显示器的图像叠加在道路场景上。出于避免分

**图 23-7　平视显示器显示车速和 ACC 信息**

散注意力的危险不应遮盖住道路场景,因此在一个区域内应显示较少的信息内容。为了避免在基本视野内产生过度刺激,不允许平视显示器承载过多的信息,因此,切勿将其用于替代组合仪表。相反,诸如警告提示、引导信息或者安全车距之类的信息非常适

合用平视显示器来显示[23.16]。

作为带较低信息内容的单色平视显示器的显示屏,使用 VFD(真空荧光显示屏,大多为绿色)或者特殊的高分辨率的段码式液晶显示屏(Segment-TN-LCD)。

### 23.2.4 中控台内的中央显示和操作单元

中控台内的中央显示屏将多个功能集成在一个紧凑的显示和操作单元内。20 世纪 80 年代末批量采用的导航系统导致了使用此类显示。除了该功能之外,也可显示诸如操作加热装置和空调、电话以及所有收音机功能并通过中央键盘进行操作。由于这些信息对驾驶员和副驾驶都有用,因此出于人体工程学和技术角度在中控台内安排这种通用的计算机终端是适用的也是必需的。当首个显示屏安装在中控台下部的位置时,按照与组合仪表相同的高度将其安装在一个在人体工程学上更佳的位置上。图 23-8[23.11]图示了现代仪表板的设计。目前几乎只使用 AML-CD 技术输出此类信息。

### 23.2.5 夜视系统的显示屏

出于汽车驾驶舱内安装空间有限以及成本的原因,不使用额外的显示器显示夜视系统。在组合仪表内使用大图像显示屏的好处是驾驶员仅需注意两个观察区域:道路和组合仪表。某些试验表明,在近红外系统以宝石色显示时可对显示的图像进行快速判读,这不会长于将视线放在车速表上的时间。柏林和克姆尼茨的大学受大众汽车委托[23.12]进行的人员试验表明对这种显示形式接受程度最佳。

考虑到组合仪表中大显示屏会带来高成本,为显示夜视图像,其他制造商在中控台内采用了中央显示器。这种布局将迫使驾驶员必须观察三个区域。由于夜视系统一般情况显示黑白图像,虽然单色显示器就够了,但为该功能仍使用彩色 AML-CD 显示器。

图 23-8 带中控台显示屏的仪表板

### 23.2.6 附加显示屏

在车内驾驶舱内安装附加显示屏或者借助吸盘安装附加显示屏越来越常见。大多数都使用价格较低的导航系统。这些系统是独立的，目前可通过蓝牙接口与其他的汽车组件（一般情况下为音频系统）进行通信。由于 AMLCD 显示屏良好的显示特性，这些显示器也可用于这些所谓的"可移动设备"。

可惜的是，这些装置目前只有很小的操作单元和自身与汽车制造商的操作规则不一致的菜单结构，因此必须预料到这些装置比集成式系统具有较大的转移驾驶员注意力的危险。欧盟已表示了其忧虑并考虑对如何设计人机接口做出法律规定。

### 23.3 机动车的显示装置

在大量可用的显示屏技术装备中仅有几种能用在机动车内。首先占主流的是纯机械式测量装置，并装有较少的控制指示灯。通过现代显示屏技术人员的研发，机械装置几乎完全被电子显示器替代。

可以根据很多标准对显示进行评价，标准分为三类。最重要的光学参数是对比度、亮度、明显反光时的可读性和显色性。必须始终为规定的应用情况考虑和优化这些参数。

相应技术的物理特性决定了技术经济参数，其包含下列方面：工作电压、工作电流、功率需求、开关时间、可控性、可复用性、成本，等等。

此外，还应从应用技术方面对显示装置进行评价。对于机动车，这里要特别强调的是：温度范围、车前方面积要求、故障率、对潮湿的耐抗性、压力交变和冲击。

最佳适合所有这些标准的显示是不存在的，在未来需要在显示系统的成本和效率之间找到妥协方案。

对显示屏的一个最重要的要求是大范围环境亮度下良好的可识别性。在这里对比度是决定性参数，其通过字符和背景的亮度决定。计算公式如下：

$$K = \frac{L_Z}{L_U} \qquad (23.1)$$

即字符亮度 $L_Z$ 和环境亮度 $L_U$ 之间的直接比值。

此外，分为两个对比度方式：亮背景下暗字体的暗、明对比度称为"正对比度"。在暗环境（机动车仪表）下带亮字体的亮、暗对比度称为"负对比度"。一般情况下根据是否涉及正对比度和负对比度显示屏，会将分子标准化为1或将分母标准化为1（例如，$K = 1:8$ 或 $10:1$）。

显示的可识别性一般情况下由观察者主观判断：如日期时刻之类的典型的被动持续显示的对比度被视为良好，其约为1:7。根据观察者当前的视觉调节状态，主观"最佳"的对比度从电视技术的经验来看在 10:1 至 5:1 的范围内[23.13]。

### 23.3.1 机电测量装置

以前占主流的是涡流转速表。其由一个可旋转的永久磁铁组成，该磁铁与一个沿着转动方向机械驱动的轴(转速计轴)错位排列。里程表是机械式的并同时由转速计轴驱动。由于轴易损坏,因而此显示装置很大程度上会消失。

在旋转磁铁比例测量装置上,参见图23-9(a),永久磁铁外包裹着两个交叉的线圈[23.14]。

通过对线圈适当地通电,指针会位移圈。一个(未图示出来的)螺旋弹簧会在无电流的状态下将指针拉回止动销上的静止位置。

符合Lavet原理的步进电机,参见图23-9(b)[23.9],用于现代机动车仪表。一个较小的永久磁铁被铁磁片的一个轭包裹。如果该轭通过交流电信号激励,磁铁便会转动并通过一个两挡齿轮驱动指针轴。齿轮步进电机的结构深度仅为5~8 mm,其功率消耗约为100 mW,并允许用大的力矩产生快速的和极精准的指针定位。

### 23.3.2 主动和被动段显示器

已采用按照其物理特性和其基本现象将显示分为主动显示和被动显示。

主动显示(例如,发光二极管、气体放电显示)自身发光,因此为在较大的环境亮度下(例如,在机动车内经常出现的高亮度情况下)以足够的对比度让驾驶员看清,则其亮度应足够,这会消耗很多能量。相反,被动显示(例如,液晶显示、电子机械显示)自身不发光,其调整射入的环境光线并需要明显更少的能量。

**(1) 主动显示屏**

① 白炽灯

白炽灯在机动车仪表中用作警告灯或者用于表盘和主动显示的照明,其价格低廉且光学效率很低仅有1.6%。在额定功率下标准白炽灯的平均使用寿命为1 000~5 000 h。

② 发光二极管(LED)

带半导体的发光体基于由价带组成的带孔的导电带的发光电子复合,此时以光子的形式发出释放的能量。事先必须用电压激励半导体。

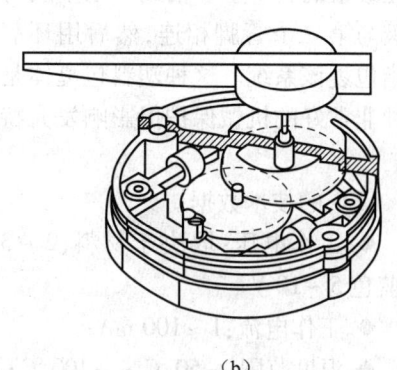

图 23-9 机电测量装置

(a)旋转磁铁比例测量装置;(b)符合Lavet原理的步进电机

用砷化镓(GaAs,红色)、磷化铟(InP,红色至黄色)、碳化硅(SiC,蓝色)和氮化镓(GaN,蓝色)可以实现可见光谱内所有的颜色。虽然其亮度有限且成本较高,但由于其有比白炽灯明显更低的故障率和较高的使用寿命,因此将其用作指示灯。起初通过将多个 LED 芯片组合在一个壳体内借助叠加的颜色混合实现白色,随后 LucoLED ( Lumineszenz-Conversions - LED)的发明获得了突破,可产生极高的亮度。这样也可在组合仪表明显染色的防护玻璃的情况下实现用于表盘和图像显示的基于 LED 的背景照明。使用 LucoLED,通过发光物质将部分蓝光转化为绿色和红色,这样就产生了混合色-白色。

LED 的图式结构可参见图 23-10[23.13]。

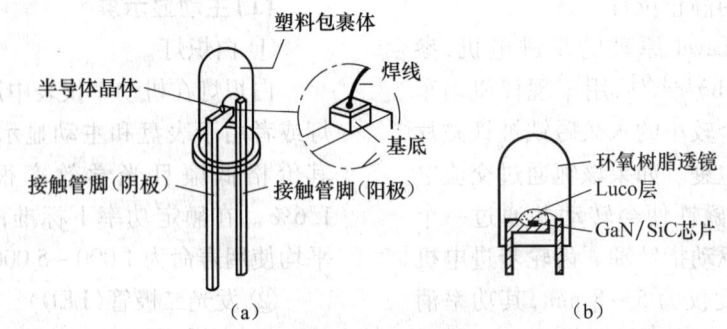

**图 23-10　LED 的结构**
(a)标准 LED;(b)LucoLED

大多数为 0.35 mm × 0.35 mm × 0.2 mm 大小,带气相喷镀触点的半导体晶体通过具有导电能力的环氧树脂贴在镀银的管脚上。借助一条金线将阳极与第二个管脚相连,然后用环氧树脂包裹该系统。这种塑料包裹体是一种非常好的机械保护但影响发光特性。

LED 的技术数据:
◆ 工作电压:取决于材料,2~3 V;蓝色 5~10 V;
◆ 工作电流:1~100 mA;
◆ 温度范围:-50 ℃ ~ +100 ℃;
◆ 使用寿命:$10^8$ ~ $10^{10}$ h。

③ 有机发光二极管(OLED)　新近在车内使用基于有机发光二极管的显示屏作为段显示器。有机涂层系统嵌在两个电极之间。图 23-11 图示了 OLED 显示屏的原理结构。

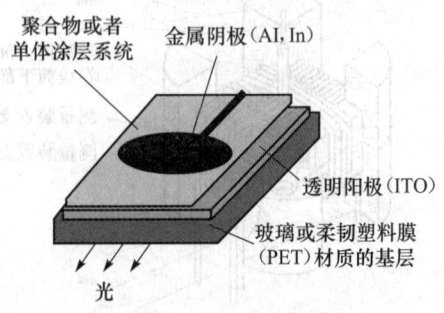

**图 23-11　OLED 的结构**

使用涂覆在基层(玻璃或者薄膜)上的锡-氧化铟混合物(ITO)作

为阳极。阴极为金属材质，例如 Al 或者 In。通过将带电粒子注入涂层系统中激励发光。在施加一个电压时，通过金属阴极注入电子，穿过阳极的孔。通过聚合物涂层依次输送带电粒子并在发光相互碰撞时进行复合。

原则上将 OLED 分为发光材料、聚合物发光二极管(Poly - LEDs)和有机小分子化合物(单体)。在真空中对有机小分子化合物进行喷镀，而在溶解形式下在转盘加料器上对聚合物发光二极管进行离心涂镀。

聚合物技术的 OLED 制造成本低廉，但不具有汽车应用条件下所需的环境稳定性。单体技术的 OLED 具有均匀良好光学特性以及良好的涂层均匀性，但是由于要在真空下制造因此制造成本较高。显示屏边缘进入水汽会造成有机材料损坏。温度超过 70 ℃ 80 ℃ 同样会严重影响使用寿命。

最经常使用的 OLED 材料是 8 - 羟基喹啉铝(Alq3)，材料的光谱发射是宽频的。原则上可通过该技术呈现所有的颜色。

④ 真空荧光显示屏(VFD)

真空荧光显示屏按照真空管(三极管)的原理工作。阳极涂覆有发光材料，一旦阳极电压将阴极发出的电子加速到足够强，便会发光。图 23-12[23.13] 图示了真空荧光显示屏的断面图。

直接加热的阴极由涂覆有一层涂层进行低程度电子发射工作的钨线组成。通过蚀刻从薄薄的不锈钢薄膜中制造栅格电极，其拥有蜂窝状结构。采用厚膜技术制造阳极结构。

在消费者领域以多路工作模式对真空荧光显示屏进行控制，相反在汽车领域由于亮度要求较高为直接分段方式。

标准 VFD 使用 ZnO:Zn 荧光粉，其光谱分布在 400 ~ 700 nm 之间，其在蓝绿中的最大值为 505 nm。从该发射光谱中可通过过滤产生从蓝至红的所有颜色，而通过使用紫色滤光器也可产生白色。

VFD 重要的数据如下：

◆ 功率消耗：7 段显示时 15 ~ 125 mW/Digit；

◆ 使用寿命：50 000 h；

◆ 温度范围：-40 ℃ ~ +85 ℃；

◆ 亮度：静态模式下 300 cd/m$^2$。

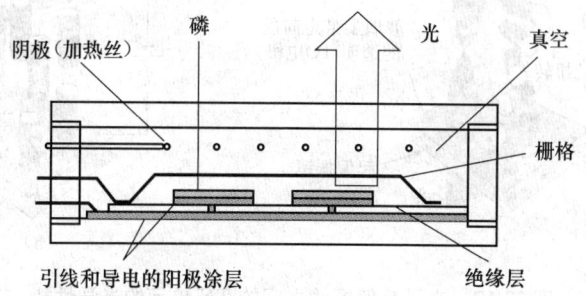

图 23-12 平板 VFD 的结构

## (2) 被动显示屏

液晶显示屏(LCD)

在特定的温度范围内液晶是液态的,但是具有晶体的各向异性的特性。介电性的各向异性可通过电场影响雪茄形分子的定向,光学各向异性可使得该效应在偏振光中可见。人们使用 LCD 作为光阀应用在显示屏中。

在大量使用液晶产生的电场光学效应中,"扭矩向列(TN)液晶单元显示"(Twisted nematic(TN)Display)最重要,见图23-13。

对于 TN 显示,液晶分子平行地朝向玻璃表面,但是两个玻璃板上的分子的优先方向是相互扭转90°,参见图23-13(a)。线性偏振光在穿过涂层时期偏振方向被扭转90°。当起偏振镜交叉排列时液晶层便会透光(正对比度单元)。在 ITO 电极上施加一个电压时,涂层中的分子沿着垂直于玻璃板的方向扭转,参见图23-13(b)。光

线的偏振方向不能跟上这种突然的变化,此时单元不透光。

LCD 的重要数据:
- ◆ 功率消耗:$\mu$W/Digit;
- ◆ 使用寿命:>50 000 h;
- ◆ 温度范围:-40℃ ~ +95℃。

### 23.3.3 组合仪表和中控台的图像显示

可任意呈现的信息需要具有图像能力的点阵显示装置。在具有图像能力的显示装置上,电极以矩阵的方式排列并在多路工作模式下逐行进行控制。

有源矩阵液晶显示器(AMLCD)适用于在组合仪表和中控台范围内在高分辨率且具视频能力的液晶显示屏上进行光学上高要求的和时间上迅速的复杂信息的显示。通过薄膜晶体管(TFT)进行各个像素的寻址。

在汽车中控台范围内使用对角线为 3.5 ~ 8in(7.62 ~ 20.32cm)的

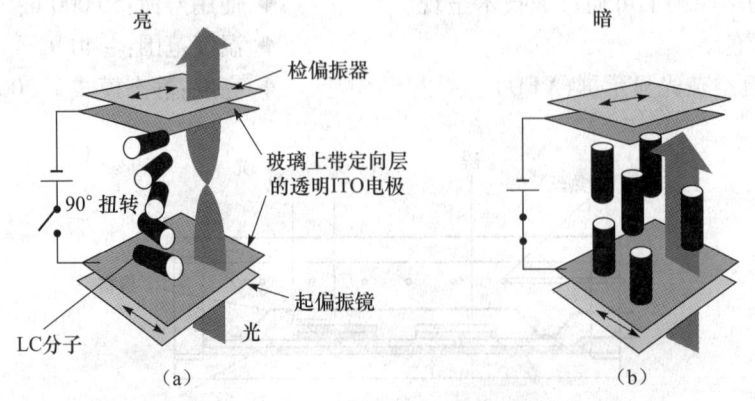

图 23-13 交叉起偏振镜之间的 TN 单元的光学性能
(a)关闭状态;(b)打开状态

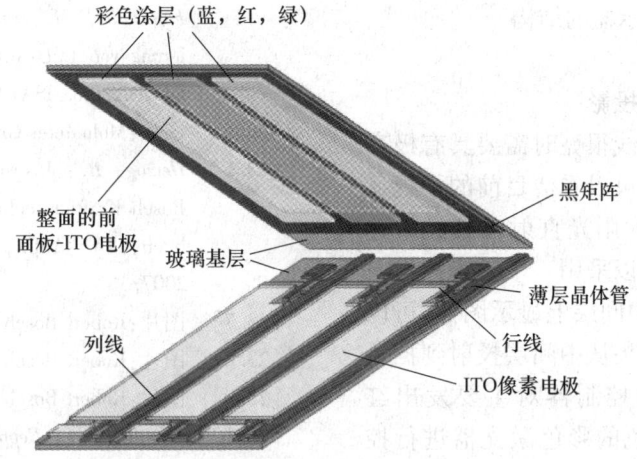

图 23-14 TFT 矩阵

显示屏,也扩展了其使用温度范围($-25$℃ ~ $+85$℃)。对于可自由编程的组合仪表,使用或者预设使用较大温度范围的($-40$℃ ~ $+95$℃)尺寸为 10 ~ 14in(25.40 ~ 35.56cm)的显示器。图 23-14 图示了一个向上翻起的 TFT 矩阵。

TFT – LCD 由"有源"玻璃基板和带滤色结构的压力板组成。在有源基板上有由锡 – 铟 – 氧化物组成的像素电极、金属行导线和列导线以及半导体结构构成。在行导线和列导线的每个交叉点上都有一个场效应晶体管,其按照多个屏蔽步骤在一个事先涂覆的涂层组中向外腐蚀。薄膜晶体管(TFT)是 MOS 场效应晶体管的一种多晶体型号,对其制造过程进行了优化,从而可通过自调节的光刻工序产生该结构。

在对置的玻璃板上有彩色滤镜和一个改善显示对比度的"黑矩阵"结构。其上有一个用于所有像素的不间断的对电极,以连续条形的形式装上滤光片。

## 23.4 未来的机动车显示方案

除了上述显示方案之外,期望未来在平视显示屏领域内进行进一步的开发。

### 23.4.1 接触模拟平视显示器

对于夜视信息的显示,首先显示的是由摄像机采集的图像。投入市场的某些系统为此使用平视显示器(HUD)。通过该显示器,单色的信息投影在中控台上方的挡风玻璃上,此区域需要一个较长的视线转移时间。

一个所谓的局限于呈现图像处理系统获得的警告符号的"接触模拟"平视显示器可将警告符号或者物体标志呈现在挡风玻璃上,使它们准确地与驾驶员通过挡风玻璃看到的自然图像叠加在一起。这些物体在可识别性和可解读性方面是一种理想的显示模式。但是,此类方案需要较高的技术成本,如识别头部位置以便使平视显示器跟随驾驶员的视线并根据投影系统的结构更改平视显示器的结构[23.16]。

### 23.4.2 激光投影

在环境光线很亮时需要具有极高的照明强度才可以看清目前的平视显示器，但是在太阳光直射时其经常达不到要求。可以采用一个激光投影单元，其直接在中间层上显示图像，可以用一个投影镜头从中间层投射到挡风玻璃上。视频控制器对主要发出红色、绿色和蓝色的彩色激光器进行控制。通过分色镜将三个射束聚在一起并通过一个微机械的双轴扫描器单元投射在投影面上。

由于激光二极管较高的输出功率，即便在最强的环境光线下也可提供足够的图像亮度（约为用 LED 照明的标准平视显示器亮度的 10 倍）。预计在 2012 年左右可成批生产。

# 参考书目

[23.1] Code of Practice for the Design and Evaluation of ADAS, 07.05.2008; www.prevent-ip.org/download/deliverables/IP_Level/PR-04000-IPD-080222-v16_PReVENT-Final_Report 080507.doc.

[23.2] Knoll. P. M.: Displays für Fahrerinformationssysteme, 5. EUROFORUM-Jahrestagung, DISPLAY 2000" Stuttgart,27./28,Juni 2000.

[23.3] Knoll,P. M.:Use of Displays in Automotive Applications. In:Journal of SID (Society for Information Display)5/3,1997.

[23.4] Baois. D.;Haller,R.;Geiser,G.;Heinlz,F.;Knoll,P.M.:Ergonomische Optimierung von LCD-Anzei-gen im Kraftfahrzeug. Proc. ISATA,1983.

[23.5] 图片:MoloMeter GmbH.

[23.6] Herzog, B.: Instrumentierung. In: Bosch Kraftfahrtechnisches Taschenbuch, 26. Aufl., Vieweg-Verlag, 2007.

[23.7] 图片:Robert Bosch GmbH.

[23.8] 图片:Robert Bosch GmbH.

[23.9] 图片:Robert Bosch GmbH.

[23.10] Knoll,P. M.;Reppich A.:A Novel Approach for a Night Vision System. Proc. FISITA Int1 Conference, Yokohama,Japan,2006.

[23.11] 图片:Robert Bosch GmbH,Designentwurf Gert Pollmann,Böhnifeld.

[23.12] Mahlke. S.; Röster. D; Seifert, K; Krems, J. F.; Thürig, M.:Evaluation of six night vision enhancement systems: Qualitative and quantitative support for intelligent image processing. In: Human Faclers, Vol.49,no.3,518-531,2007.

[23.13] Knoll, P. M.: Displays, Einführung in die Technik aktiver und passiver Anzeigen. Hüthig-Verlag(1986)

[23.14] 图片:MotoMeter GmbH.

[23.15] 图片:Robert Bosch GmbH.

[23.16] Herzog, B.: Laser-Projektion-die Technologie für brillante Head-up Displays. VDI-Fachtagung,Optische Technologien in der Fahrzeugtechnik",Leonberg,2006.

[23.17] Knoll, P. M.: An Integrated HMI Concept for Driver Information and Driver Assistance Systems. Proc. SID Symposium,2007.

# 24 驾驶员警报单元

Jens Hoffmann, Jens Gayko

## 24.1 引言

处于困境时人和机都可能会产生错误。此外,人的弱点在于注意力有限。如果他将更多的注意力投放在操作导航系统上而不是驾车上,则在紧急情况下会做出错误的、过迟的判断甚至未做出判断。

如果一个技术系统能够识别此类应急情况,则提出了如何进行告警或者干预的问题。怎么对驾驶员进行警告? 在对此进行回答时,不同的方面都起作用:重要的问题是有危险时警告的效果以及在没有触发警告时在何种情况下应对一个警告做出情有可原的评价。

本章首先说明了人进行信息处理的模式并介绍了人机接口;同样,列出了诸如对纵向和横向引导警报单元的要求;然后说明了一个用于预划分警报单元的方法和试验评估的标准;最后介绍了达姆城(德国城市名)使用 EVITA(参见第7章)的试验和评价方法获得的结果的示例。

## 24.2 人进行的信息处理

在普通心理学中,对于人进行信息处理的规律性进行了各种各样非常不同的介绍。按照 Jürgensohn 和 Timpe[24.1]的理论,允许的简化局限于信息采集、狭义的信息处理和一个执行操作的系统。

根据 Wickens[24.2]的模型,根据 Johanssen[24.3],人进行信息传递的过程图示在图 24-1 中。该模型说明了通过感觉器官感觉刺激的方式和通过身体运动产生输出参数。

输入参数(通过警报单元进行警告也属于输入参数)是对人感觉器官的一种刺激。刺激的强度必须在感觉器官自身的刺激阈之上并低于痛觉阈。刺激记忆属于感觉中枢短时记忆,其主要目的是为感觉过程准备好感觉到的刺激。与接受刺激相比,感觉刺激时大脑区域参与工作的比例较大。感觉的典型特征是图像识别和特征形成。在感觉后,人在可能要进行的行为方案中进行判断并选择一个回应作为对刺激的反应。此时与工作记忆和长时记忆不断进行信息交换。工作记忆也称为短时记忆,其中不仅保存有信息本身也包括对信息的解读内容。对于长时记忆来说,进行储存和存取所需的时间明显比短时记忆要长。在选择如何回应时重新提供一个符合身体运动的记忆以供使用。执行

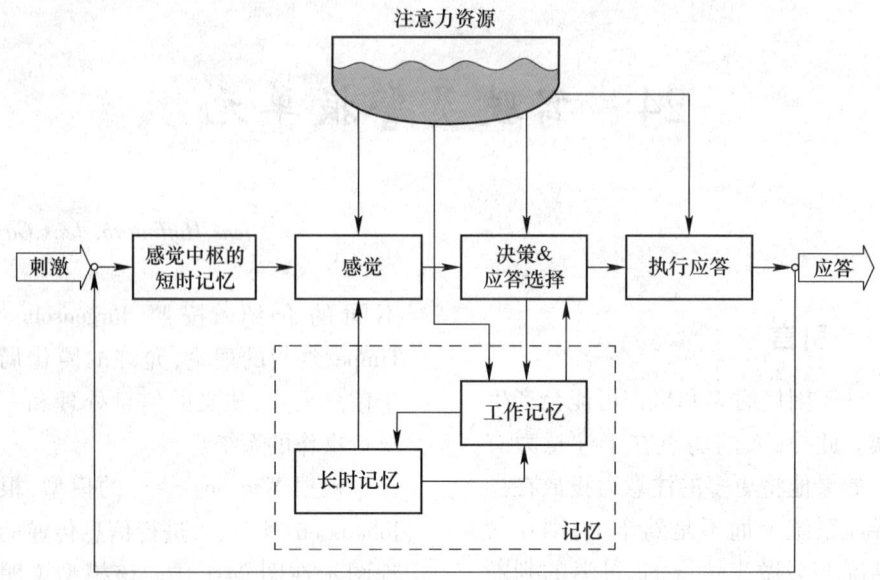

图 24-1 人进行信息处理的模式和注意力分布[24.1,根据 24.2]

回应后,过程结束。

对于感觉、决策和应答的选择,工作记忆和回应执行来说,可使用注意力资源。可自由分配这些资源。人的行动和人为错误的详细划分是人体工程学的任务范围,如已由 Jürgensohn 和 Timpe 列在 [24.1] 内。按照 [24.3,24.4],在驾驶车辆时人拥有预测(prediction)和预见(preview)的能力。在这种情况下根据当前的信息估计将来的情况。如果驾驶员将未来的情况归为一切正常,则其倾向于将其注意力由驾驶车辆转移到其他的刺激上。如果在注意力分配不佳的某个瞬间突然发生了一个意料之外的事件,人可能会做出错误的行为并可能发生事故[24.3]。

Zomotor 和 Kiesewetter 指出,驾驶员在紧急制动情况下不会施加所需的制动操纵速度和作用力[24.5,24.6]。通过这种认识研发出了制动助力装置。Rath 和 Knechtges 描述了紧急制动情况下人的心理过程:通过分泌肾上腺素大脑关闭,小脑承担起控制的任务并用学习到的行为方式或者直觉按照"战斗、逃跑或原地不动"的原则进行反应[24.7]。一般情况下推导出驾驶员警告辅助系统的两个目标:

◆ 在分配注意力资源时对驾驶员提供支持,以通过对交通状况的较快感知避免碰撞事故的发生;

◆ 在进行决策和回应选择时通过警告的方式对人提供辅助。

## 24.3 人机接口

人通过其感觉器官采集信息或者刺激。感觉器官的敏感程度和工作范围不同。人的感觉通道可划分为 5 级(参见示例:Response 检查单[24.8]）：

- ◆ 视觉通道；
- ◆ 听觉通道；
- ◆ 触觉通道；
  - —— 触知感觉通道；
  - —— 动觉前庭感觉通道。
- ◆ 嗅觉通道；
- ◆ 味觉通道。

对于机动车内的应用情况，驾驶员辅助系统主要使用前三种感觉通道。感觉通道生理特性的详细说明请参见第 1 章。视觉和听觉通道以大量的方式传输警告信息，第 24.5 节中列出了相关示例。一些新开发的驾驶员辅助系统有针对性地使用触觉感觉通道用于传递警报信息。触觉感觉通道分为触觉和动觉。一部分通过本体对动觉的感觉是通过内耳的平衡器官和小脑进行的前庭感觉。由于目前未知有警报单元使用这些感觉通道，因此嗅觉和触觉感觉通道对于传输警报信息并不重要。在使用警报单元方面这五个感觉通道的特性参见下述。

传输警报信息的感觉通道的重要特性是解决以何种复杂程度传输哪些信息的问题。可传输的信息率是这些特性的一个尺度并可按 bits/s 予以确定。另一方面，技术系统输出警报信息直至人开始感觉所需的时间长度是决定反应时间的参数。下文中该参数被称为感觉滞后时间。表 24-1 为感觉通道列出了选择的标准。这些特性拥有最佳条件下的感觉通道。

表 24-1 根据[24.3,24.8,24.9]对选择的感觉通道特性进行定性评价

| 感觉通道 | 也称为 | 特性 | |
|---|---|---|---|
| | | 信息率 | 感觉迟滞时间 |
| 视觉通道 | 视觉 | 极高 | 快 |
| 听觉通道 | 听觉 | 中等 | 中等 |
| 触知通道 | 触觉 | 低 | 极快 |
| 动觉前庭通道 | 位置感觉和动觉 | 低 | 极快 |

除了表中所述的特性外，每种感觉通道都有其他特点，在[24.3,24.9]中对此进行了详细说明。

## 24.4 对警报单元的要求

有很多确定警报单元要求的资源，大多来自人体工程学领域。下面介绍几个设计驾驶员辅助系统最常用的标准。此外，对完整性没有要求，大多是对要考虑的方面进行该属性的说明。在第 4 章中已对研发驾驶员辅助系统的指导方针进行，详细说明。

一般情况下从三个方面对警报单元提出要求：

- ◆ 规范和标准；
- ◆ 规程；
- ◆ 产品研发流程。

第 1 条：规范提出了对产品的最低要求。除了其他规范之外，警报单元相关的规范是 ISO 15623[24.10]。它是有针对性地为防碰撞系统编写的。在其中规定了对视觉和听觉警报的详细要求。听觉和视觉应用的其他标准是[24.11,24.12]。

第 2 条：规程包含了要求并规定了方法应用。在研发驾驶员辅助系统时

建议研发人员考虑现有的规程。例如，一个此类的规程是以 PReVENT 为框架编写的 RESPONSE 检查单[24.8]，另一方面该检查单也说明了如何设计驾驶员辅助系统的人机接口。检查单基本上考虑了听觉、视觉和触觉人机接口。

第3条：根据[24.13]用不同的方法制订了产品研发流程中的要求。相对于规范、标准和规程，产品研发流程可有针对性地以警告驾驶员辅助系统的应用为方向。

表 24-2 中列举了几个重要的对警报单元一般性的要求。这些要求不依赖于警报单元和使用的感觉通道的实现，因此被称为非功能性要求。

表 24-2 选择的要求

| 要 求 | 说 明 |
|---|---|
| 影响、工作范围 | 避免因使用而影响人的健康是对每种警报单元的要求。更多的是要考虑特定的工作范围（信息接收速度、感觉速度、强度，等等） |
| 警报的方式和调整 | 为了在方式和紧迫性方面区分大量的警报信息，需要根据现有的危险情况调节警报的方式。以不同于车道偏离警报的方式进行碰撞警报。在警报的紧迫性方面需要进行调节，从而在危险较大的情况下达到较高的紧迫性 |
| 暴露效应 | 研发过程中的一个愿望是避免警报影响其他乘客，这样就避免了警报系统造成的驾驶员相对于同车人员的"暴露效应"。暴露效应可出现在发出经授权的和未经授权的警报时。因此，在轿车上通过声音对车道偏离进行警告，相反，在公交车上采用座椅振动的方式[24.14, 24.15] |

## 24.5 警报单元示例

已介绍了人进行信息处理的模型，说明了人机之间的接口并规定了一般性要求。下面是警报单元的示例，警报单元分为纵向引导和横向引导。

### 24.5.1 用于纵向引导的警报单元

对纵向引导警报单元的描述以目前在欧洲市场上用于前部碰撞警报的系统为导向。

随着 2005 年奥迪 Q7 投放市场，奥迪公司采用了 Braking Guard（制动卫士）系统。车中有一个远程雷达传感器并首先通过声光的方式警告驾驶员有发生碰撞的危险。如果仍有碰撞危险，便会通过一个制动抖动产生一个触觉警告[24.16]。

本田汽车公司从 2006 年起在欧洲市场的 Legend 车型上采用了碰撞缓解制动系统（CMBS），从 2007 年起才在 CR-V 中采用了相同的系统，2008 年秋季起，在本田 Accord 车型中也采用了该系统。作为防碰撞系统，其拥有一个三级策略：在早期阶段首先以声光方式警示驾驶员；然后，当仍有碰撞危险时会轻微制动 2 m/s$^2$，包括多次拉紧安全带；在几乎不能避免碰撞发生的情况下，最后一级便会以 6 m/s$^2$ 的减速度进一步减速[24.17]。

对于雷克萨斯（Lexus）高级预碰撞安全系统（A-PCS），在有碰撞危险时首先通过声光信号对驾驶员进行警告。当仍有危险时，便会打开安全带拉紧器，它会调节制动助力器的触发阈值,底盘的减振调节切换到硬的状态并略微制动车辆。此外,根据情况调节叠加转向。通过一个安装在转向柱上的摄像机观察驾驶员。如果处理单元在紧急情况下发现驾驶员注意力不集中,便会在一个较早的时间点激活警报等级[24.18]。

梅赛德斯(Mercedes)公司于2007年推出了Pre-Safe制动系统。该系统同样在早期阶段首先以声光的方式对驾驶员进行警示。在危险的中级阶段以 4 m/s$^2$ 的减速度自动对车辆进行减速[24.19]。

对于沃尔沃 S80 或 V70,在有碰撞危险时,用一束红色的闪烁的由仪表板投射在挡风玻璃上的光线和一个声音信号对驾驶员告警[24.20]。

对于机动车配件市场,Mobileye公司提供了一种用于加装的碰撞警报系统。其借助一个单眼摄像机探测物体和车道标线,在一个独立显示屏上以光学的方式并通过两个附加的扬声器以声学的方式对驾驶员发出警报[24.21]。

我们在研究中还认识了其他驾驶员警报系统,但目前尚未批量采用,其中包括 Continental Teves 推出的主动油门踏板系统。此外,除被动油门踏板弹簧特征曲线之外,通过一个电机产生一个反作用力或者振动。如果驾驶员踩踏油门踏板,便会通过增大反作用力告知驾驶员与汽车的车距过低并通过振动进行碰撞告警[24.22]。表24-3 列出了选择的用于纵向引导的驾驶员辅助系统告警使用的感觉通道。

### 24.5.2 横向引导警报单元

对横向引导警报单元的说明以目前用于警告不经意偏离车道(称为 LDW,参见第 34 章)和车道更换辅助(Lane Changing,参见第 36 章)的驾驶员辅助系统为依据。仅详细说明通过警告的方式向驾驶员提供横向引导提示的系统。行驶车道通常也称为车道。

对于梅赛德斯 Actros 系列的载重

表24-3 欧洲采用的选择的用于纵向引导的驾驶员辅助系统告警使用的感觉通道一览表
(是:有警报功能;—:无警报功能)

| 制造商 | 奥迪 Audi | 福特 Ford | 本田 Honda | 雷克萨斯 Lexus | 梅赛德斯 Mercedes | 沃尔沃 Volvo | Mobil-eye | Continental Teves |
|---|---|---|---|---|---|---|---|---|
| 系统名称 | Braking Guard(制动卫士) | FA & CMbB | CMBS | A-PCS | Pre–Safe 制动系统 | Collision Warning (碰撞警报) | AWS 4000 | 主动油门踏板系统 |
| 感觉通道 | | | | | | | | |
| 视觉 | 是 | 是 | 是 | 是 | 是 | 是 | 是 | — |
| 听觉 | 是 | 是 | 是 | 是 | 是 | 是 | 是 | — |
| 触觉 | — | — | 是 | — | — | — | — | 是 |
| 动觉 | 是 | 是 | — | — | 是 | — | — | — |

车,通过发出如停车振动带声音的噪声向驾驶员提示无意间偏离了行车道。这种类型的警告可称为"概念性噪声"或者 Auditory Icon(听标)。根据车辆要压到左侧或右侧的行车道标记的情况,从左侧或右侧的扬声器发出噪声。这是一个根据方向特定的警报,通过形成概念性噪声对横向引导进行提示[24.23]。

雪铁龙(Citroen)标致(Peugeot)集团(PSA)提供了不同型号的"AFIL"系统,其通过座椅面侧垫下的振动警告驾驶员不经意偏离了行驶车道[24.24]。这种警报单元停车振动带的触觉感觉,车上的乘客几乎感觉不到警报。

可通过方向盘进行其他类型的触觉警报。例如,宝马公司(BMW)采用振动方向盘的方式[24.25]。虽然此类警报明确用于横向引导,但在有偏离车道方向危险方面却并不通用。用一个转向力矩施加在方向盘上可对方向的偏离进行警报,雷克萨斯(Lexus)的车型上就采用这种方法[24.26]。警报的最后一种形式是介于警报和车道保持辅助之间的一种介于两可的形式(参见第 35 章)。

奥迪在 Q7 和 A4 中推出了一种车道更换辅助系统,其基于后视镜范围内的一个光学显示[24.16]。在该系统上遵循着一个两级式显示警告方案。通过亮起显示灯提示旁边车道的后方行驶空间内有车辆,在操作方向指示灯时会通过快速闪烁进行警告。布设使用的发光二极管的位置,使得后面的车流感觉不到警报(参见图 24-2)。

图 24-2 "Audi Side Assist(奥迪侧向辅助系统)"光学警告装置的位置

表 24-4 是选择的用于横向引导的驾驶员辅助系统的警报方式一览表。AWS 4000 是 Mobileye 公司生产的一种加装系统,其可安装在几乎所有轿车上[24.21]。LDW 系统上中某些警报单元效果方面的试验大多局限在声音和触觉警报上[24.27]。该系统的光学显示说明了系统状态。使用车道更换辅助时显然实现了一种统一的警告方案,而在 LDW 系统上却不明显。

表 24-4 欧洲采用的选择的用于横向引导的驾驶员辅助系统的警报方式

(R:基于方向的警报单元;U:非特定基于方向的警报单元;—:不提供)

| | 车道更换系统 | | LDW | | | | |
|---|---|---|---|---|---|---|---|
| 制造商 | 奥迪 Audi | 沃尔沃 Volvo | 宝马 BMW | 雪铁龙标致 PSA | 雷克萨斯 Lexus | 梅赛德斯载重车 Mercedes Lkw | Mobil–eye |
| 系统名称 | 侧面辅助系统 | BLIS | 车道偏离警报系统 | AFIL | LKA | Telligent 车道辅助系统 | AWS 4000 |

续表

| 感觉通道 | 车道更换系统 | | | | LDW | | |
|---|---|---|---|---|---|---|---|
| 视觉 | R | R | — | — | U | - | U |
| 听觉 | — | — | — | — | U | R | R |
| 触觉 | — | — | U | R | R | — | R |

除了迄今提到的警报单元外也可考虑对驾驶员的动觉感觉做出反应。借助一个叠加转向装置(第20.4节)用一个附加的转向角打方向盘或者有针对性地制动单个车轮时会导致车辆侧滑,这会导致一个车道保持辅助装置可感知到的方向变化。同时,通过相应的设计,驾驶员也可感觉到侧滑并由此将其注意力放在车辆的横向引导上。

## 24.6 警报单元的预分类

在研发警报单元的过程中,在定义要求之后采用不同的方法寻找方案。作为结果有多个可能的方案。研发过程的下一步是减少方案的数量,为此必须提供适用的标准。为减少驾驶员警报辅助系统的驾驶员警报单元的类型,信息内容、覆盖率和错误警报情有可原程度等标准似乎都是适用的。一个消息的信息内容是一个参数,其给出了在该消息中传递了多少信息。

覆盖率标准是警报单元和驾驶员之间的一个感觉通道的可用性程度,据此驾驶员可对警报内容作出反应。错误警报的情有可原性评价了一个错误警报的可谅解程度。表24-5列出了制订的后续标准。

研发警报单元时的一个挑战是在考虑所谓的警报两难(是否应发警

表24-5 制订用于预分类警报单元的后续标准

| 信息内容 | 情有可原程度 | 覆盖率 |
|---|---|---|
| 吸引注意力的 | 非常情有可原 | 高 |
| 指示情况 | 情有可原 | 中 |
| 指示行动 | 不太情有可原 | 低 |

报)的情况下确定临近碰撞前警报单元的应用时间点。也就是说,在碰撞发生前警告的越早,对驾驶员的警告效果越好。但是,由于环境采集系统解读情况的准确性不够,因此对于目前的系统,越早发出警告,错误警告的风险就越大。相反,如果希望一个警报系统符合期望地获得越高的接受度,则系统的错误警报应越少越好。

对驾驶员警告辅助系统的通常相反的要求是,应以最大的覆盖率尽量晚的且有效的并以较高的情有可原程度对驾驶员进行告警。

为了在研发过程中按照其适用性对警报单元进行划分,借助表24-5内收集的标准对警报单元进行分类并分配碰撞前早、中和晚这些应用时间点。参与产品研发过程的开发人员要借助制订的标准对警报单元的每个方案进行评价。标准间的关联定义如下:

◆ 一个警报单元的覆盖率越低,则就必须越早应用该单元,以留出后续警告的时间；

◆ 一个警报单元对危险指示地越好，则可越晚地应用该单元，因为反应时间较短；

◆ 一个警报单元越情有可原，则可越早地应用它，原因是错误警报干扰较少。

这些关联可理解为三个二维矩阵（组合图表示法），参见图24-3。可用一个黑白标准进行评价（叉和钩）。分配早、中或晚这三个应用时间点。打叉意味着，驾驶员警报单元在这个位置是不合适的。打钩表明是一个可证实的范围。由于极低的情有可原性，因此不能在一个早的时间点使用带行为指示的警报单元。这三个二维矩阵与其使用时间点形成交集转换为一个三维矩阵，其形成了图24-4中兼容性矩阵的基本形状。

可按照之前进行的约束性矩阵中的评价对每个警报单元进行分类。根据分类明确在碰撞警告的哪个时间点可使用警报单元。此外要进行潜力分析，从而了解警报单元的弱点并朝着希望的方向进行优化。

示例：Auditory Icon（听标）是一种

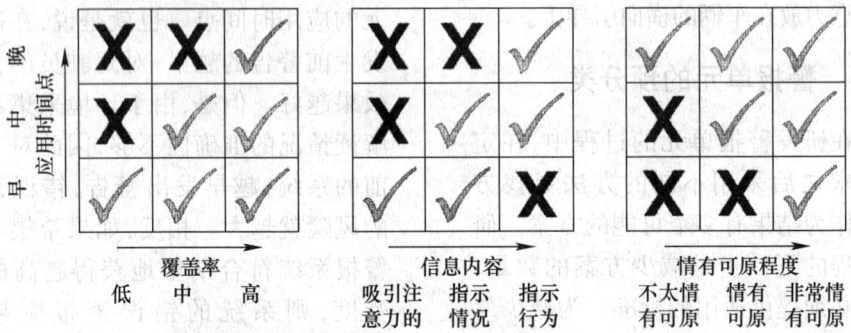

图24-3　组合图表示法（钩：合适；叉：不合适）

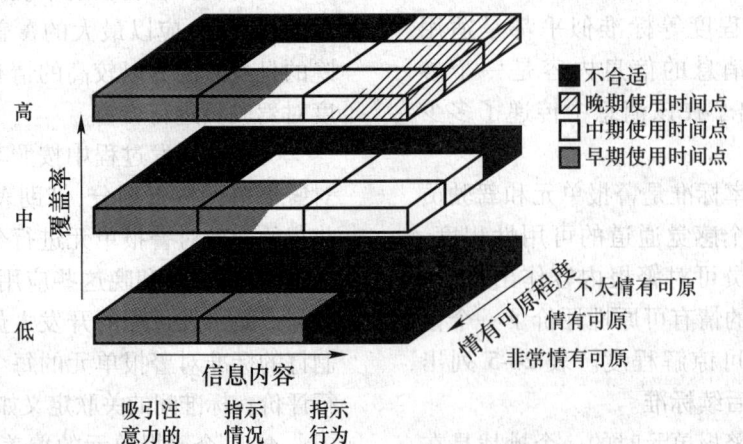

图24-4　用于评价警报单元使用时间点的兼容性矩阵

概念性噪声,就像全速制动时轮胎与地面摩擦产生的噪声一样。由于驾驶员期望在其环境内通过轮胎停止转动全速制动车辆,该信息内容会提示这种情况。在噪声的音量合适、扬声器的位置恰当的情况下,驾驶舱范围内的覆盖率会较高。由于发生错误警告时驾驶员可能表现出恼怒,但不会过度反应,例如进行全速制动,因此将情有可原程度评价为"中等"。根据兼容性矩阵,警报单元适合在早期至中期的使用时间点使用。听标的详细说明请参见[24.28,24.29]。

总之,兼容性矩阵是一个用于过滤大量驾驶员警报单元方案,规定使用时间点和确定优化方向的工具。

## 24.7 警告性前部碰撞应对措施的评价标准

第7章介绍了对前部碰撞应对措施采用 EVITA 的达姆城(德国城市名)试验和评价方法。用 EVITA 工具第一次可在无危险的情况下通过试验人员呈现极严重的追尾事故情况。当试验车辆内的试验人员以恒定的车距在 EVITA 后行驶时,前行车辆的挂车会在驾驶员视线转移时不易觉察地进行制动。如果低于某个阈值,防碰撞系统便会发出警告,并测量试验人员的反应。作为前部碰撞应对措施质量的主要评价参数,采用降低预计碰撞速度的方法,这称为有效性。为此,在防碰撞系统发出警报的时间点至预计的碰撞发生时间之间规定一个评价时间范围,在该时间范围结束时确定降下的速度差。如果涉及一个警告性的防碰撞系统,则驾驶员的反应时间和进行减速的程度是快速降低速度差的最重要的元素。在评价时间范围内将整个反应时间划分为不同的过程步骤。

在文献中有大量的数据用于确定危险情况下驾驶员的行为,对此 Bäumler 和 Krause 等[24.30,24.31]进行了概括。关于这一点,使用规定基于试验情况下一般适用的 Burckhardt[24.32] 或 Zomotor[24.5] 的定义。图 24-5 图示了反应时间、评价时间、典型的车速曲线和效果之间的时间关联。

对于选择的试验车辆,60 bar 对应的减速度为 $10\ m/s^2$,因此在车道

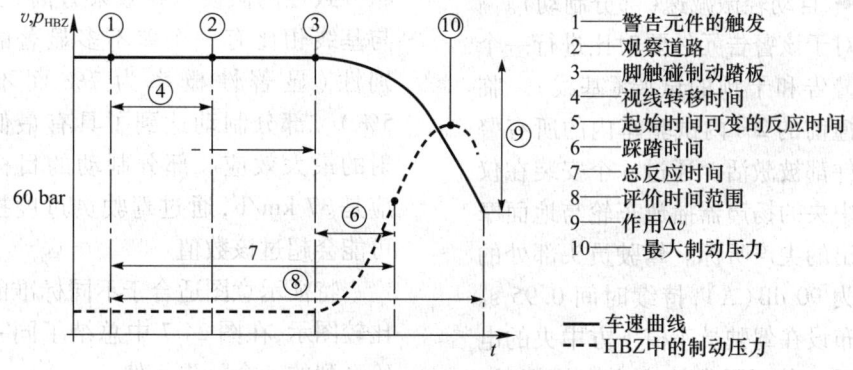

1——警告元件的触发
2——观察道路
3——脚触碰制动踏板
4——视线转移时间
5——起始时间可变的反应时间
6——踩踏时间
7——总反应时间
8——评价时间范围
9——作用 $\Delta v$
10——最大制动压力

—— 车速曲线
--- HBZ中的制动压力

图 24-5 定义评价时间标准

表面和轮胎之间的摩擦系数为1.0时达到最大减速度。在评估期间将评估表24-6的标准。

表24-6 评价时间范围内的评价标准

| 客观效应 | 本车的车速变化 |
| --- | --- |
| 视线转移时间 | 从警告的时间点至视线移至道路所需的时间 |
| 反应时间 | 第一次踩油门踏板至第一次接触制动踏板所需的时间 |
| 踩踏时间 | 刚接触制动踏板的时刻至达到60 bar的制动踏板压力所需的时间 |
| 干扰程度 | 从无碰撞危险的错误告警开始时起的本车速度变化 |
| 主观效应 | 被测试者针对警告元件避免碰撞效应进行评价的标准。 |
| 主观上的情有可原性 | 在错误告警或非授权告警时被测试者评价的警告元件的可原谅性 |

## 24.8 前侧碰撞警报的检验结果

在一个使用EVITA(参见第7章)评价工具的研究项目中,检验驾驶员警告元件是否适用于防碰撞系统中。本章介绍了警告元件的检验结果:

◆ 制动时轮胎与地面摩擦发出的尖声(声音);

◆ 座椅振动同时伴有符号显示;

◆ 制动反冲(颠簸);

◆ 自动轻微减速(部分制动)。

对于该警告元件要对比进行一个不用警告和干预的试验(基线)。临近碰撞前的2 s内试验车内的所有警告元件都被激活。通过一个安装在仪表板中央的扬声器播放车轮与地面摩擦发出的尖声听标。驾驶员头部处的音量为90 dB(A),持续时间0.95 s。一个布设在驾驶员座椅下方中央的电动机以一种不平衡性产生座椅振动,

一个安装在组合仪表之上的显示屏显示闪烁的红色符号。符号的大小为75 mm×50 mm。在0.5 s的时长内将作为加速度斜坡的制动反冲增加到最大值5 m/s$^2$。在不超过1.3 s的时间内以6 m/s$^2$的速度建立自动部分制动。

图24-6图示了受试的警告元件在首次试验时在行驶试验中确定的效应。应确定在初次紧急制动情况下评估时间内本车的车速降低的情况(参见第7章)。

针对效应要进行百分数累积。作为水平辅助线给定平均50%的限值并符合箱形图的限值(限值为25%和75%)。字母$N$表示试验次数。星形说明了警告元件之间的重要性(表示差异性的程度)。曲线越靠右,警告元件越有效。

"带基线的座椅振动和符号"组相对于"尖声和反冲"组以及"部分制动"组的区别很明显。从统计学的角度来看,座椅振动和符号相对于不用警告的对比试验不具明显的差别(基线)。制动反冲和尖声的曲线很相似,用统计学的方法无法反驳两种分布一致性的假设。在效果方面,反冲与基线相比有一个差不多显著的区别性(显著性概率为7%而不是5%)。部分制动达到了具有最低散射的最大效应。部分制动的目标效应是37 km/h,通过驾驶员过度控制可能会超过该数值。

特征示意图适合于不同标准的可比较图示,在图24-7中总结了同一试验系列的三个警告元件。

## 24 驾驶员警报单元

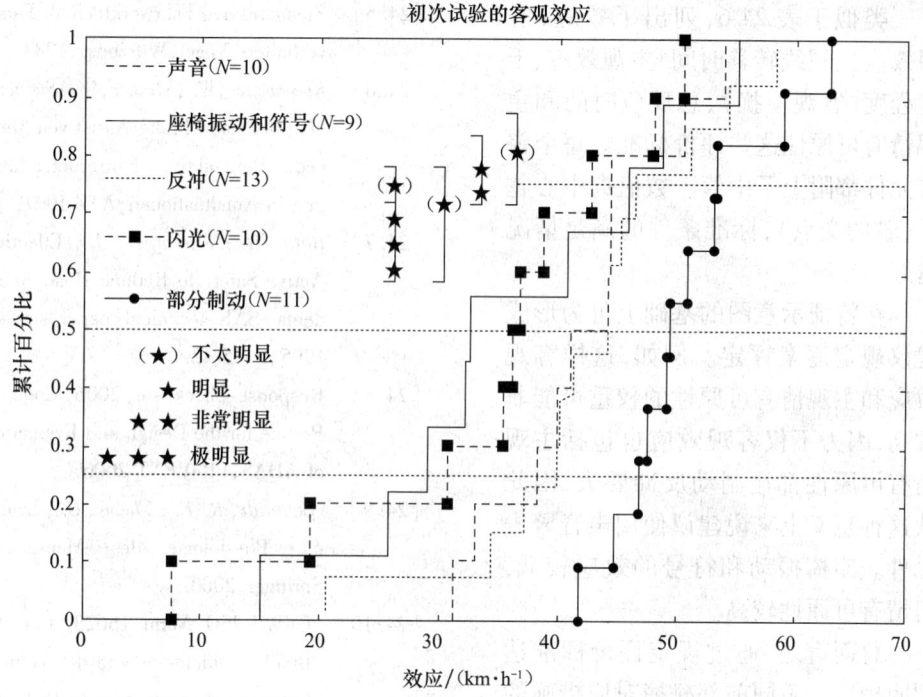

图 24-6 警告元件的效应

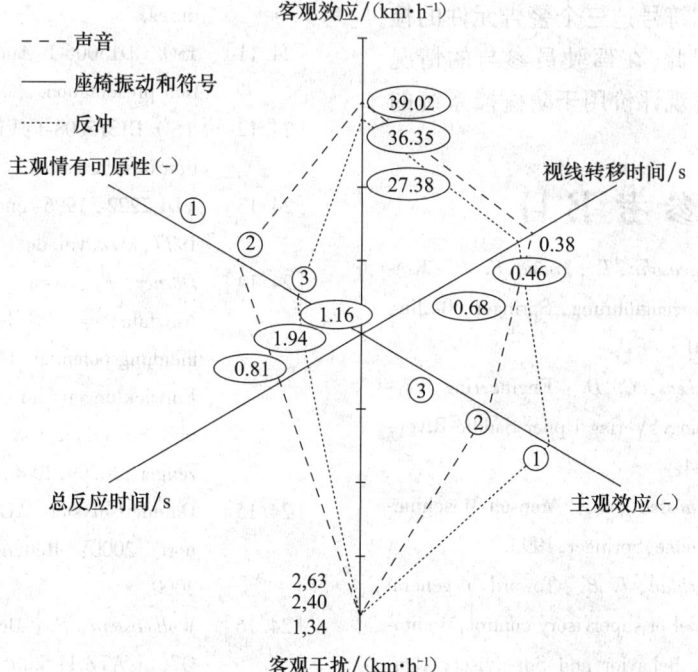

图 24-7 声音、反冲、座椅振动和符号的特征示意图

类似于表 24-6,列出了效应(客观效应)、视线转移时间、主观效应、干扰程度(客观干扰)、总反应时间和主观情有可原性这些评价标准。每个警告元件都附上了中值。数值离中心越远(轴的交点),标准条件的满足情况越好。

在特征示意图的基础上可为形成建议规定逐案评定。例如,这样客观效应和主观情有可原性的权重可能非常高,因为不仅客观效应也包括主观情有可原性都比制动反冲要大,因此从这种意义上来说建议使用声音警告元件。座椅振动和符号的效应较低,但情有可原性较高。

总而言之,通过规定评价标准达到明确区分不同前部碰撞对应措施的目的。例如,为此提供了声音、反冲、座椅振动和符号这三个警告元件的检验结果。因此,在驾驶员参与的情况下可通过客观评价用于防碰撞系统的研发。

## 参考书目

[24.1] *Jürgensohn*, *T.*; *Timpe*, *K.-P.*: Kraftfahrzeugführung, Springer, Berlin, 2001.

[24.2] *Wickens*, *C. D.*: Engineering Psychology, Verlag Upper Saddle River, 1984.

[24.3] *Johanssen*, *G.*: Mensch-Maschine-Systeme, Springer, 1993.

[24.4] *Sheridan*, *T. B.*: Toward a general model of supervisory control, Monitoring Behavior and Supervisory Control, New York, 1976, S. 271-281.

[24.5] *Zomotor*, *A.*: Fahrwerktechnik-Fahrverhalten, Vogel, Würzburg, 1987.

[24.6] *Kiesewetter*, *W.*; *Klinker*, *W.*; *Steiner*, *M.*: Der neue Brake Assist von Mercedes-Benz-aktive Fahrerunterstützung in Notsituationen, ATZ 1997.

[24.7] *Rath*, *H.*; *Knechtges*, *J.*: Effective Active Safety to Reduce Road Accidents, SAE technical paper series, 1995, S. 35-42.

[24.8] Response-Checkliste, 2006, Code of Pratice for the Design and Evaluation of ADAS, PReVENT 2006.

[24.9] *Schmidt*, *R. F.*; *Thews*, *G.*; *Lang*, *F.*: Physiologie des Menschen, Springer, 2000.

[24.10] FVWS ISO Norm 15623. 144. 19 Road vehicles-Forward Vehicle Collision Warning System-Performance requirements and tests procedures.

[24.11] ISO/CD15006-1: Auditory information presentation.

[24.12] 1SO/DIS15008-1: Visual presentation of information.

[24.13] VDI 2222, 1996 und VDI 2225, 1977, www.vdi.de.

[24.14] *Dörner*, *K.*: Assistenzsysteme für Nutzfahrzeuge und deren Unfallvermeidungspotential, IAA-Symposium Entwicklungen im Gefahrgutrecht und Sicherheit von Gefahrgutfahrzeugen, 26. 09. 2006.

[24.15] DaimlerChrysler AG, Hightechreport 2000: Rettendes Rattern, 2000.

[24.16] *Wolkenstein*, *P.*: Der neue Audi Q7. In: ATZ 11/2005, S. 967 ff.

[24.17] *Kodaka*, *K.*; *Otabe*, *U.*; *Vrai*, *Y.*;

[24.17] *Koike, H.*; Rear-End Collision Velocity Reducting System, SAE 2003-01-0503, SAE World Congress, Detroit, Michigan, März 2003.

[24.18] Toyota Deutschland GmbH, Pressemitteilung Lexus: Lexus Pre-Crash-Safety(PCS) im LS 460, November 2006.

[24.19] *Steiner, M.*; *Baumann, M.*; *Regensburger, U.*; *Schmid, V.*; *Hämmerling, C.*; *Seekircher, J.*; *Reichmann, M.*; *Kiesewetter, W.*: Fahrdynamikregelsystem und Fahrerassistenzsysteme. In: ATZ/MTZ Sonderheft: Die neue S-Klasse von Mercedes-Benz, 2005, S. 88.

[24.20] Volvo mit aktivem Geschwindigkeits- und Abstandregelsystem inklusive Bremsassistent Pro, Volvo-Presse, 22.02.2007.

[24.21] *Gat, L*; *Benady, M.*; *Shashua, A.*: A Monocular Vision Advance Warning System for the Automotive Aftermarket; SAE-2005-01-1470.

[24.22] Mit ContiGuard zum Unfall- und verletzungsvermeidendem Auto, Pressemitteilung, Januar 2008.

[24.23] DaimlerChrysler AG, Hightech Report 2000: Rettendes Rattern, 2000.

[24.24] *Jungmann, T.*: Citroen C4, all-4engineers Nachrichten, 22.11.2004.

[24.25] BMW AG, Medieninformation: Der neue BMW 5er, Januar 2007.

[24.26] Toyota Deutschland GmbH, Pressemitteilung Lexus: Der neue Lexus LS 460, Januar 2006.

[24.27] *Buld, S.*.; *Hetze, H.*; *Krüger, H. -P.*: Auswirkungen von Teilautomation auf das Fahren. In: M. Maurer, C. Stiller (Hrsg.): Fahrerassistenzsysteme mit maschineller Wahrnehmung, Springer, Berlin, 2005.

[24.28] *Fricke, N.*: Zur Gestaltung der Semantik von Warnmeldungen, VDI-Berichte 1960, 2006, S. 133 ff.

[24.29] *Graham, R.*: Use of Auditory Icons as emergency warnings, Ergonomics, 1999, Vol. 42, No. 9, S. 1233 ff.

[24.30] *Bäumler, H.*: Reaktionszeiten im Straßenverkehr; VKU (Verkehrsunfall und Fahrzeugtechnik), Vieweg Verlag, Ausgaben 11/2007, 12/2007, 1/2008.

[24.31] *Krause, R.*; *de Vries, N.*; *Friebel, W.-C.*: Mensch und Bremse in Notbremssituationen; VKU (Verkehrunfall und Fahrzeugtechnik), Ausgabe Juni 2007.

[24.32] *Burckhardt, M.*: Reaktionszeiten bei Notbremsvorgängen; Fahrzeugtechnische Schriftreihe, Verlag TÜV Rheinland, 1985.

# E 稳定层面上的驾驶员辅助

25 基于制动器的辅助功能 …………………………………… **396**
26 通过制动干预和转向干预进行行驶动态控制 …………… **440**
27 摩托车的行驶动态控制系统 ……………………………… **450**
28 商用车的稳定辅助功能 …………………………………… **469**
29 转向辅助功能 ……………………………………………… **487**

# 25 基于制动器的辅助功能

*Anton van Zanten, Friedrich Kost*

## 25.1 引言

在日常交通中,车辆大多线性地行驶在普通的道路上:横向加速度很少大于 0.3 g,纵向加速度和纵向减速度同样很少大于 0.3 g,因此偏移角和侧滑角很少大于 2°,打滑率也很少大于 2%。在这些范围内轮胎和车辆呈线性。如果车辆处于物理极限范围,其表现为非线性甚至可能变得不稳定。车轮抱死时或者车轮打滑时,无法再影响行驶特性。例如,如果后轴达到了前轴前的最大侧面摩擦系数,车辆便会打滑(图 25-1)。ABS、ASR 和 ESP 是在极端制动、驱动和转向过程中使车辆保持可操控性的系统。从这种意义上来说,这些系统不应被视为驾驶员辅助系统,而更多地应被视为车辆辅助系统,它们辅助车辆使其保持可操控性,而驾驶员辅助系统则辅助驾驶员正确进行转向、前行和制动以及协调。

## 25.2 行驶动态基础

### 25.2.1 静态和非静态车轮特性和行驶特性

在本节中将行驶特性分为线性和非线性两个范围进行处理;不是在整个范围,而仅按照了解调节系统所需的程度进行划分,主要通过轮胎与行车道之间的作用力确定行驶特性,因此不可避免地要考虑轮胎特性。由于调节系统的振动特性对调节器的设计有很大影响,因此在这里也要考虑车辆的非静态特性。

如果用制动力矩 $M_B$ 对车轮进行制动,便会产生一个制动力 $F_B = \mu_B(\lambda) \times F_N$,其中 $\mu_B(\lambda)$ 是与打滑相关的轮胎摩擦系数,$\lambda$ 是制动打滑率,$F_N$ 是车轮负荷。在制动前,车轮以自由转动的车轮转速 $v_{R,自由}$ 转动,车轮转速也等于车轮中心的纵向车速。在制动期间,车轮以 $v_R = r \times \omega_R$ 的速度转动,其中 $r$ 是车轮的半径,$\omega_R$ 是车轮的角速度。制动打滑定义为 $\lambda = ((v_{R,自由} - v_R)/v_{R,自由}) \times 100\%$。力矩 $M_R = F_B \times r$,行车道作用在车轮上的力矩,称为

**图 25-1** 在干燥的沥青路面上打滑的车辆

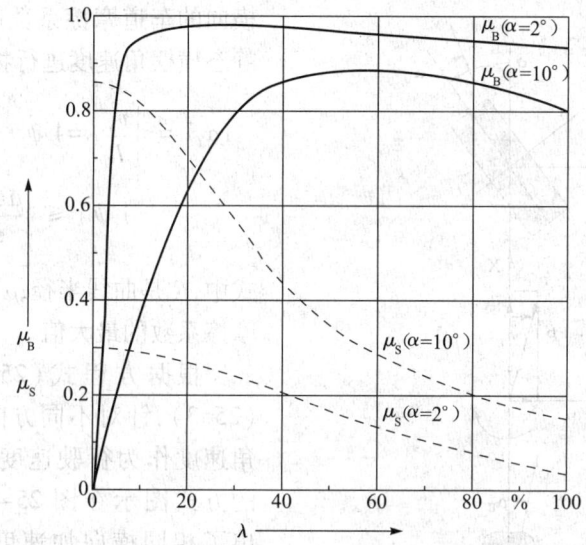

图25-2 在不同偏滑角下的打滑曲线和侧面摩擦系数与打滑的关系

行车道力矩。在车轮打滑和制动力或制动摩擦系数之间有一个非线性的关联,其在静态范围内称为轮胎打滑曲线(图25-2)。

如果侧力作用于自由滚动的车轮,车轮中心便会向侧面移动。车轮转速矢量 $v_{FRad}$ 和车轮中心平面之间的角度称为偏移角 $\alpha$。车道沿相反方向对车轮施加一个侧力 $F_S$,垂直力 $F_N$,则侧面摩擦系数 $\mu_S = F_S/F_N$。在偏移角 $\alpha$ 和侧面摩擦系数 $\mu_s$ 之间有一个类似于打滑和制动摩擦系数之间的关系。这种关系称为偏移曲线。

如果制动一个车轮,则侧力或者侧面摩擦系数($\mu_S = F_S/F_N$)较小,同样侧力会减少制动摩擦系数。侧面摩擦系数和车轮打滑之间的关系图示在图25-2内。

如果在防滑车道上以小的转向角使车辆转向,则车辆表现为近似线性。为了说明线性范围内的行驶特性引用取决于转向角的横摆角速度。为此,使用一个稳定状态下的线性单轨迹模型(图25-3),其中轮胎侧力与偏移角成正比[25.2]。该模型提供了一个基础,借助行驶动态调节系统确定车辆的额定横摆角速度。

在稳定状态下,横摆角速度与转向角成正比:

$$\dot{\psi} = \frac{v_X \cdot \delta}{(l_V + l_H) \cdot \left(1 + \dfrac{v_X^2}{v_{ch}^2}\right)} \quad (25.1)$$

典型的车速 $v_{ch}$ 说明了车辆的自动转向特性以及与前轴 $c'_{\alpha V}$ 和后轴 $c'_{\alpha H}$ 上有效的侧倾刚性,车轮间距 $l = l_V + l_H$,车辆质量 $m$ 以及重心位置 $l_V$、$l_H$ 的相关性。对于有效的偏移刚性不

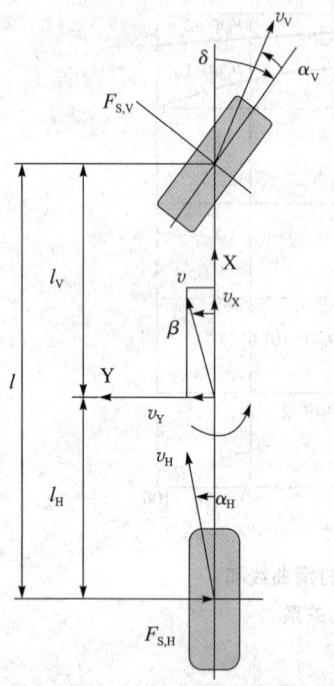

图25-3 单轨迹模型

仅应考虑轮胎偏移刚性还应考虑车轮悬挂和转向系内的灵活性。

$$v_{ch} = l \cdot \sqrt{\frac{1}{m} \cdot \left( \frac{c'_{\alpha V} \cdot c'_{\alpha H}}{l_H \cdot c'_{\alpha H} - l_V \cdot c'_{\alpha V}} \right)}$$
(25.2)

然而,由于偏移刚性与车辆质量和重心位置几乎成正比,因此典型车速几乎不取决于汽车质量以及重心位置。出于这个原因,典型车速也几乎不取决于车辆载重量和负载分布。如果 $v_{ch}$ 为正,则将行驶特性称为驾驶操纵失灵;如果 $v_{ch}$ 无穷大,则将行驶特性称为中性;如果 $v_{ch}$ 为虚数,则称为过度操纵。

考虑到横向加速度受到沿着车辆横向的车道摩擦系数的限制,因此对静态横摆角速度进行物理限制。

$$|a_Y| = \left| \frac{v_X^2}{R} \right| = |\dot{\psi} \cdot v_X| \leqslant \mu_{S,\max},$$

$$|\dot{\psi}| \leqslant \left| \frac{\mu_{S,\max}}{v_X} \right| \quad (25.3)$$

式中,$R$ 是曲线半径;$\mu_{S,\max}$ 是车辆侧面摩擦系数的最大值。

根据方程式(25.1)和方程式(25.3),针对不同方向盘转角,横摆角速度作为行驶速度的函数以示例的方式图示在图25-4(a)中。还标出了相同横向加速度的曲线(双曲线)。如果横向加速度达到车辆侧面摩擦系数的最大值(在图25-4(a)内为0.775 g),则按照方程式(25.3)横摆角速度会降低。

相应的侧滑放大图示在图25-4(b)中,其中如下定义侧滑放大:

$$\frac{\dot{\psi}}{\delta} = \frac{v_X}{(l_V + l_H) \cdot \left(1 + \frac{v_X^2}{v_{ch}^2}\right)}$$
(25.4)

突然的方向盘转角变化可能导致横摆角速度的振荡。图25-5图示了方向盘转角突然变化后横摆角速度的变化曲线,这是通过一台中级前轮驱动汽车中测量到的。测量时(图25-5)能明显看出在横摆角速度中有约0.6 Hz的振荡,其中在较高的车速下振荡阻尼较低。这已经可以借助侧滑和横向运动的简单线性单轨迹模型加以说明[25.6]。

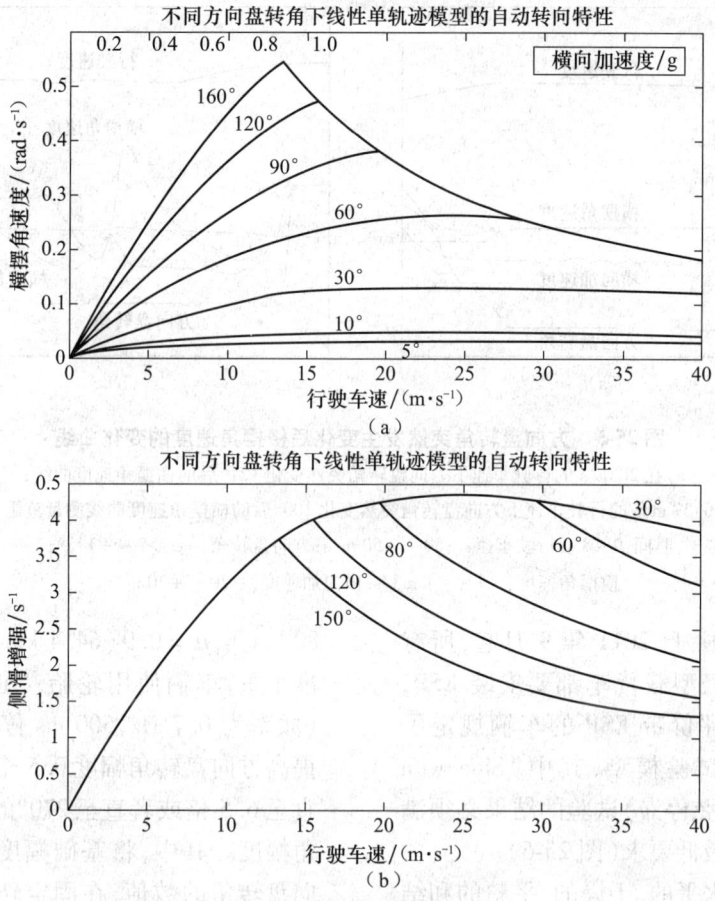

图 25-4 针对不同方向盘转角,作为行驶速度和车道摩擦系数
函数的横摆角速度和侧滑增强
(a)横摆角速度作为行驶速度的函数;(b)侧滑摩擦系数作为行驶速度的函数

## 25.2.2 行驶动态的参数

为了评价行驶动态定义了行驶机动性。随后不仅可从主观上也可从客观上评价行驶性能[25.6]。

已有一系列用于客观评价 ABS 的 ISO 规则,如,"ISO 7975(1996):Passenger cars-Braking in a turn-Open-loop test procedure"(乘用车 - 弯道制动 - 开环试验程序)。在德国,大多在直线防滑车道上以 100 km/h 的起始速度多次进行全制动确定制动距离。这时通常通过冷态和热态制动进行测量。对于 $\mu$-Split 制动(即在摩擦力不均衡的路面上实施制动)的评价,"auto motor und sport(汽车与运动)"杂志采用了一种点系统,该系统不仅考虑制动距离还考虑稳定性。

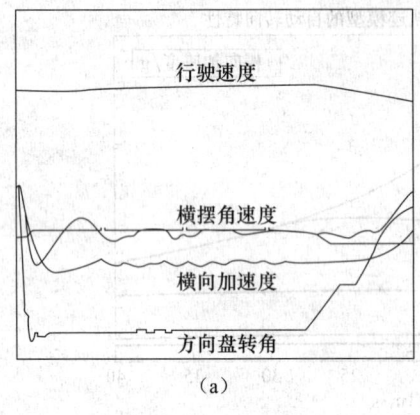 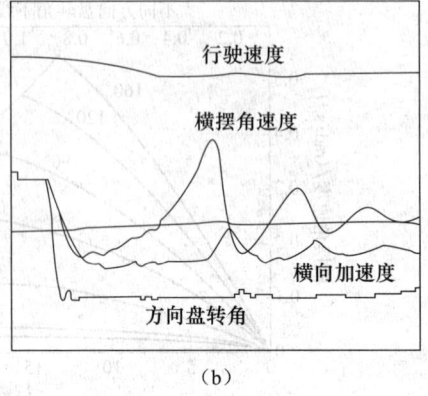

**图 25-5 方向盘转角突然发生变化后横摆角速度的变化曲线**

(a) 在 28 m/s 的行驶车速下方向盘转角突然变化 121°后的横摆角速度曲线;
(b) 37 m/s 的行驶车速下方向盘转角突然变化 100°后的横摆角速度曲线测量范围:
时间: 0~8 s; 行驶车速: −50~+50 m/s; 方向盘转角: −145°~+145°;
横摆角速度: −1~+1 rad/s; 横向加速度: −20~+20 m/s$^2$

在美国,自 2011 年 9 月起,所有的轿车和轻型载货车都要安装 ESP,为了客观评价带 ESP 的车辆规定了几个标准试验模型,其中"Sine with Dwell"(正弦停滞)试验的结果必须满足规定的最低要求(图 25-6)。

针对水平的、干燥的、平整的和结实的行车道规定了试验参数,车速为 80 km/h, $\mu = 0.9$(64.4 km/h 下),标准车重,车辆使用轮胎,"正弦停滞"(频率为 0.7 Hz, 500 ms 停歇时间),提高方向盘转角幅度 0.5 个幅度倍数直至 6.5 倍或者直至 270°的方向盘转角幅度。其中,将基础幅度规定为方向盘转角的数值,在固定转弯行驶时得到的横向加速度为 0.3 g。当激励

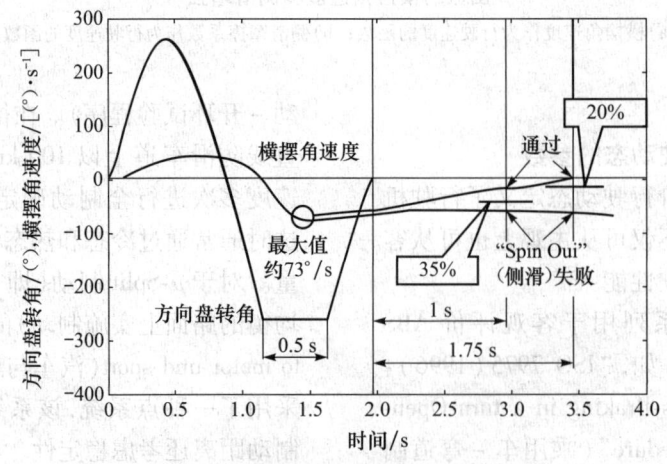

**图 25-6 NHTSA 规定的 ESP 的最低要求**

结束后1 s横摆角速度小于35%并且在1.75 s后小于方向盘首次过零点后最大值的20%(NHTSA"Spin Out"(侧滑)标准),则将车辆视为稳定。转向开始后自1.07 s起不超过3 500 kg的车辆的轮辙偏移量至少为1.83 m,重型车辆为1.52 m。

## 25.3　ABS、ASR 和 MSR

### 25.3.1　控制方案

为了确保在所有路面状况下的稳定性和可操控性,任何情况下 ABS 都必须避免制动时车轮发生抱死。出于经济上的原因不测定车速,这样就无法计算自由滚动的车轮转速并由此计算打滑。因此,控制方案不以防滑控制为基础,而是基于一种加速度控制,此时应选择加速度公称值,以使打滑接近打滑曲线的最佳值。这种控制方案也称为最优控制原则。

为了说明控制功能,在图 25-7 中简单图示了 ABS 制动开始时的情况[25.3]。在相位 1 中图示了制动压力升高,就像驾驶员通过制动踏板施加的一样。车轮在制动力矩的作用下减速。当车轮加速度达到数值 $-a$ 时,不再继续升高车轮制动器中的制动压力并保持制动压力恒定。由于至少在制动开始时车轴移动仍较大从而导致似乎呈现出减速状态,因此还不能降低制动压力,但这并未达到打滑曲线的最大值。当车轮转速 $v_R$ 明显较小时,才可将压力降低。为此形成一个辅助信号,即参比速度 $v_{Ref}$。在制动开始时,其跟随车轮转速,直至达到加速度阈值 $-a$。然后参比速度以一个特定的梯度外插(开始时为 $-0.3$ g)。当车轮转速低于参比速度达到某个特

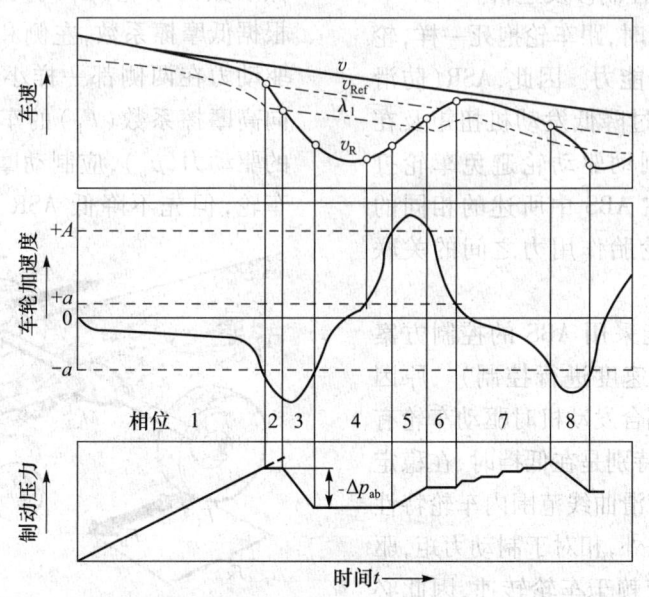

图 25-7　开始进行 ABS 控制时的控制方案

定的阈值 $\lambda_1$ 时,便会降低制动压力。通过参比速度应能复制车轮转速,这时打滑曲线达到其最大值。

在相位 3 期间降低制动压力,直至车轮加速度再次大于 $-a$。然后在相位 4 中保持制动压力恒定并产生一个正加速度。在相位 5 中加速度超过了极大阈值 $+A$,因此中断压力保持相位并建立制动压力直至再次低于该阈值。然后再次持续压力保持相位。在相位 6 中保持压力直至加速度降低到低于数值 $+a$,打滑现在几乎达到了打滑曲线稳定分支上的一个点。制动压力再次(现在以脉冲的方式和缓慢地在打滑期间保持在打滑曲线的最大值附近)升高,然后再次重复循环。第一个压力脉冲是可变的并且可以通过调节器减速直至打滑快速移动到最大值附近。由于很多阈值检查涉及逻辑特性,因此 ABS 控制涉及逻辑。

车轮打滑时,跟车轮抱死一样,轮胎会失去导向能力。因此,ASR(防滑控制系统)通过降低发动机扭矩及在必要时通过制动驱动轮避免车轮打滑。其中与在 ABS 中所述的相同的轮胎打滑和轮胎作用力之间的关联适用。

ASR 不能采用 ABS 的控制方案(根据车轮加速度进行控制)。原因一方面是在耦合发动机时驱动车轮有较大的惯性,特别是在低挡时,在稳定和不稳定的打滑曲线范围内车轮特性非常相似。此外,相对于制动力矩,驱动力矩非常依赖于车轮转速,因此必须为 ASR 寻找其他控制方案。由于

可考虑使用非驱动车轮的速度测量行驶速度,因此在 ASR 上可进行打滑控制。在全轮驱动车辆上取消了该方法。因此,对其必须放弃发动机干预并只能提供牵引辅助。只有采用在任意行驶情况下都可估计行驶速度的 ESP,才能在这种车内使用完整功能的 ASR。

使用 ASR 时,原则上要区分开在均质道路上的直线行驶和其他的行驶动作时的打滑调节。在均质道路上直线行驶时,驱动轮上的最大驱动力是相等的。如果发动机扭矩超过传递到道路上的力矩,两个驱动轮便会打滑。ASR 通过降低发动机扭矩避免打滑。在汽油发动机上通过减少节气门角度,在柴油发动机上通过降低柴油机喷油泵的调整杆行程的方式实现。

对于非均质道路,首先只有低摩擦系数的车轮($\mu_1$)打滑(图 25-8)。根据低摩擦系数,左侧和右侧车轮的驱动力在两侧都一样小($F_1$)。为了向高摩擦系数($F_h$)的车轮传递较大的驱动力($\mu_h$),应制动摩擦系数低的车轮,但先不降低 ASR 的发动机扭

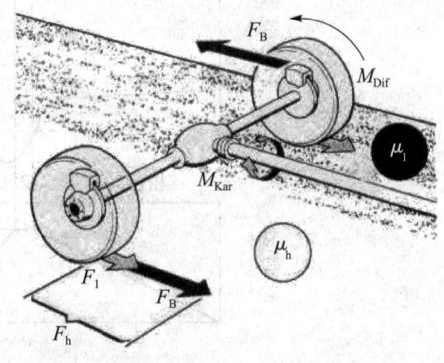

图 25-8　非均质道路上的 ASR 防滑控制

矩。调节制动压力时,应使打滑的车轮比其他驱动轮的转速稍稍快一点儿。只有当高摩擦系数的车轮也开始打滑时,ASR才会降低发动机扭矩。高负荷下的差速会使差速器承受很高的负荷。ASR控制必须足够灵敏以避免差速器损坏。

通过对发动机功率施加影响的方法,ASR还提供了将制动范围扩展出一个附加的干预的方法。在此还涉及所谓的发动机阻力矩控制(MSR)。如果松开油门踏板(所谓的负荷交变),驱动轮会通过发动机阻力矩控制制动车辆(发动机制动)。在光滑的路面上这样做会使得驱动轮上的打滑非常严重并再次很大程度上失去转弯横向导向能力。MSR随后进行干预并提高发动机扭矩,这样便会降低打滑。ASR和MSR的进一步的说明请参见ESP相关章节。

电子制动力分配系统(EBV)的目的是通过ABS或者ASR和ESR的附加功能替代机械制动力分配器。在前轴制动力和后轴制动力之间以固定比率安装的制动力分配器上,在选择比率时,要使前轴在后轴之前抱死。根据ECE13规程,应确保最大0.85 g的减速度。这样,在达到这一减速度前,后轴上要求的摩擦系数将低于前轴上的摩擦系数。当前轴上的摩擦系数等于后轴的摩擦系数时,理想情况是在前轴的车轮和后轴的车轮之间进行制动力分配。使用前轴和后轴制动力矩固定的比率与这种理想的分配相距甚远。

根据前轴的制动压力对后轴的制动压力施加影响以接近理想化分布的机械系统在这里得到了改进。部分使用了昂贵的组件,以尽量接近理想状态。但是,随着汽车使用年份的增加,老化、腐蚀和对组件的其他影响会降低制动力分配的质量。电子制动力分配会有所助益。图25-9以示例的方式图示了EBV的原理,在0.5 g时选择固定制动力分配与理想的制动力分配的交点。使用了ABS,以在直线制动时均衡前轴和后轴上的车轮转动。

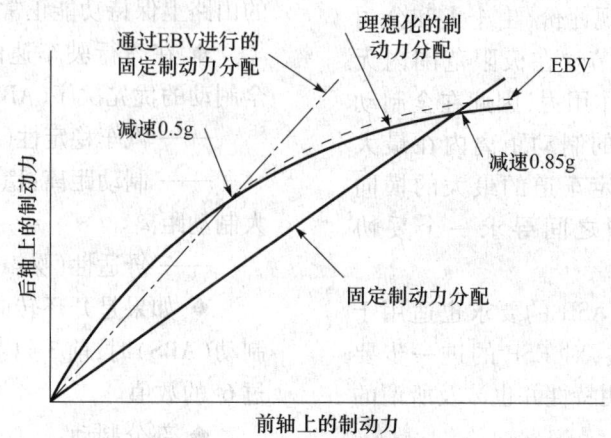

图25-9 电子制动力分配(EBV)的原理

此外，后车轮转动得不应比前轮慢。在车轮转速相同时，轮胎的制动摩擦系数也接近相等。当后轴车轮的转速比前轴车轮转速低到一个特定的取决于转速的某个量时，后轴上的压力不再升高。当转速差超过第二个较大的量时，后轴上的压力甚至还会降低，直至降低到转速差再次低于第二个量时。如果转速差继续下降，在低于第一个量时，后轴上的压力会再次分阶段建立起来。在制动踏板上可略微感觉到 EBV 功能，但在正常制动时（不超过 0.3 g）EBV 不会激活，并且不会有踏板反馈。

在故障的情况下，当车辆不再能无抱死地达到 8.5 m/s² 的最低减速度时，会亮起 EBV 警告等指示，EBV 功能将失灵。

## 25.4 ESP

### 25.4.1 要求

对 ESP 的要求涉及横向动态极限范围内的行驶特性。由专家对行驶特性进行主观评价，由个人和公司对 ESP 进行调节。在极限范围内无法再提高轮胎作用力，因此在全制动时必须在最短的制动距离内在最大的纵向力和稳定车道的最大的横向力这两个愿望之间寻求一个妥协方案。

对 ABS 和 ASR 的要求也适用于 ESP。如上所述，对 ESP 的进一步要求是较早地说明特性并也涉及所谓的妥协方案[25.4]：

◆ ESP 必须在所有的行驶情况下对驾驶员提供辅助（在制动和加速时，在稳定行驶时，在变换车道时……）。

◆ ESP 必须减少驾驶员转向负担。

◆ 在车辆特性方面，驾驶员必须总是能可靠感知（ESP 干预的可感受性）。

◆ 不能让驾驶员有装备有 ESP 的车辆比未装备 ESP 的车辆慢的印象。

◆ 驾驶员的意图不得导致 ESP 不稳定。

◆ 车辆必须迅速对驾驶员的转向意图做出反应。

◆ ESP 必须立即识别到回归到稳定的行驶状态。

◆ 在急弯和带横坡的公共道路上 ESP 不得进行不必要的干预（车道横坡坡度 <20°）。

◆ ESP 不得影响行驶状态（减振器损坏、挂车、轮胎爆胎……）

◆ ESP 必须在海拔不超过 2 500 m 的山路上保持功能正常。

◆ 在高行驶车速的行驶特性下全制动的优先次序（ABS）：

—— 汽车稳定性（侧滑角 <5°）。

—— 制动距离：稳定装置不得加大制动距离。

—— 舒适性（噪声、踏板脉动）。

◆ 如果是开环转向角突变，在全制动（ABS）时，前 3 s 内侧滑角不得超过 6°的数值。

◆ 部分制动：

—— 汽车减速度必须符合主制

动缸的压力。

—— 调节制动力分配时，ESP 进行的控制干预应最少。

◆ 高行驶车速下驱动时行驶特性的优先次序：

—— 车辆稳定性；

—— 侧滑角不得超过 6° 的数值；

—— 舒适性（噪声、车辆摇晃）；

—— 牵引。

◆ 调节叠加的 ASR 时，ESP 对非驱动轮的制动干预应是最小的并尽量不需要其进行干预。

◆ 其他要求：

—— 在开环弯道行驶时，车辆的横向位移不得超过 0.5 m（相对于车道中央）。

—— 恒速行驶时闭环车道变换。

—— 侧滑角 <5°。

—— 方向盘转角速度：低 $\mu$：<300°;高 $\mu$：<400°/s。

—— 必须通过 Elch 试验（VDA 试验）。

—— 投放北美市场的特定车辆必须至少满足 NHTSA FMVSS 126 的最低要求（参见第 25.2.2 节）。

### 25.4.2 使用的传感器

为了采集行驶状态在车内使用成本低廉的适合车辆使用的传感器。转速传感器用于采集横摆角速度，加速度传感器用于采集横向加速度。为了检查行驶状态是否符合驾驶员的愿望，使用 ESP 时用一个角度传感器用于采集方向盘转角，并使用一个压力传感器用于采集主制动缸内的制动压力。此外，使用针对 ABS 和 ASR 常见的车轮传感器用于采集车轮的转速，还要使用一个对于 ESP 也很重要的扩展的 ASR 液压装置用于防滑控制（参见图 25-10）[25.4]，另见第 10 章。

大多数转速传感器的测量原理基于科里奥利加速度。为了生成科里奥利加速度需要有相对运动。此外，测量元件在振动中会有位移。在图 25-11 中，测量元件由交变的洛伦兹力驱动。洛伦兹力由一个位于测量元件之上的安装在一个罩内的永久磁铁产生。在该测量元件上安装有一个有交流电流入的电导体，测量元件是一个借助板簧悬挂在边角的质量块。

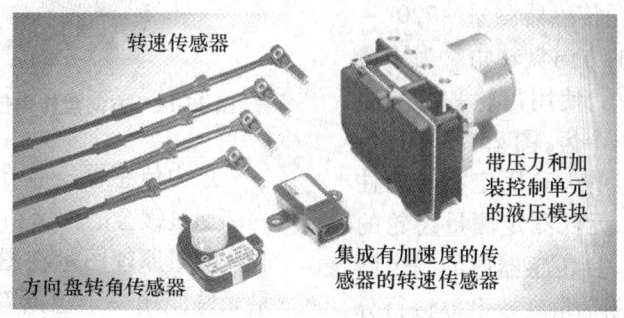

图 25-10　Bosch 第 8 代 ESP 组件

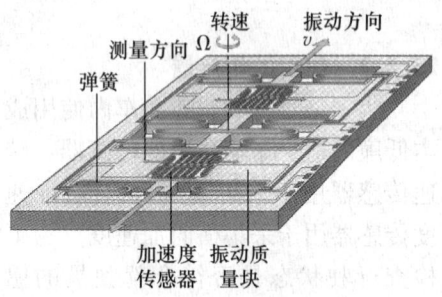

图 25-11　转速传感器的测量元件

借助一个粘贴在振动质量块上的加速度传感器测量与转速成正比的科里奥利加速度(图 25-12)。加速度传感器基于一个差动电容器,其中通过一个弹簧质量块系统实现电容器的偏转。在横向加速度传感器上使用一个相同的测量元件。

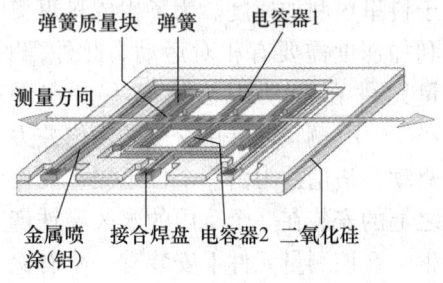

图 25-12　用于测量科里奥利加速度的加速度传感器

方向盘转角传感器测量 $-720°\sim+720°$ 范围内的方向盘转角。为了覆盖这一较大范围,使用齿轮和游标原理(小齿轮少一个齿,图 25-13、图 25-14)。带 $n$ 个齿的齿环固定在转向柱上。借助 AMR 元件测定测量齿轮的扭转角 $\psi$ 和 $\theta$。由传感器内的一个微控制器对两个测量角度 $\psi$ 和 $\theta$ 进行分析,得出的是方向盘转角 $\phi$。方向盘转角范围为 $1\,872°$,使用的是 $1\,440°(\pm 2$ 圈$)$。点火后方向盘转角立即可用(True Power On)。

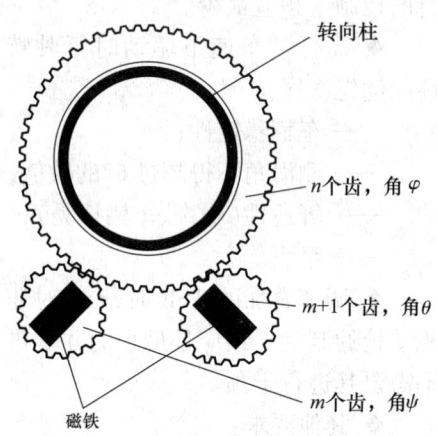

图 25-13　方向盘转角传感器的原理

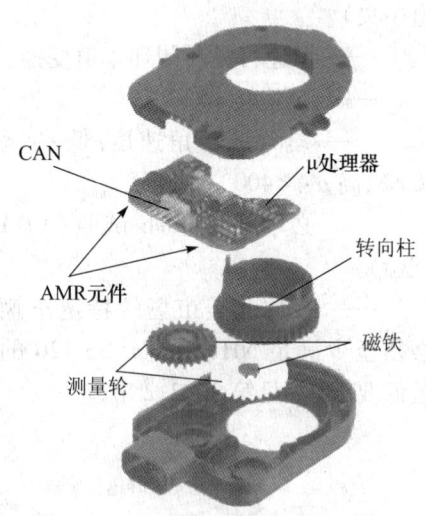

图 25-14　方向盘转角传感器的结构

压力传感器安装在液压装置中,内部通过镀金的弹簧销与控制单元接触。测量原理图示在图 25-15 中。测量元件使用一个惠斯登电桥(Wheatstone Bridge),用 4 个多晶硅应变片粘贴在钢膜片上。

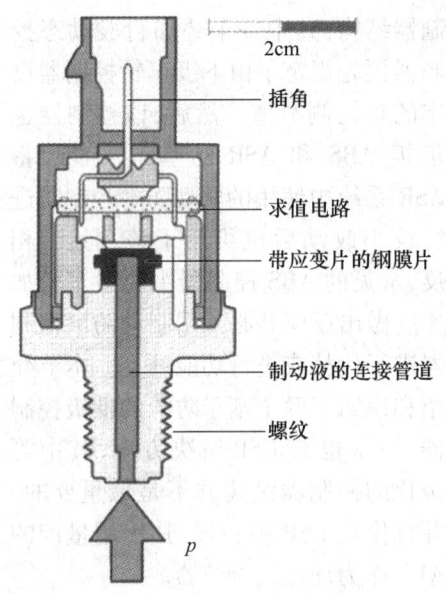

图 25-15 压力传感器的原理

### 25.4.3 ESP 的控制方案

ESP 是在 ABS 和 ASR 的基础上研发的,借助该系统可以分别对车轮制动压力和发动机扭矩进行调整。ESP 的方案建立在轮胎特性之上,可通过打滑率 $\lambda$ 改变侧面摩擦系数(参见图 25-2)。这样也可通过轮胎打滑率值影响车辆的横向动态。出于这个原因,使用 ESP 将打滑率作为行驶动态的调节参数[25.5]。原则上可通过 4 个轮胎的打滑率值影响汽车的横摆力矩。但是一个轮胎的打滑变化一般情况下也意味着轮胎纵向力的变化,由此会引起不希望的车辆加速度变化。

打滑变化的作用是造成轮胎和路面之间合力的扭转。从图 25-16 中可一目了然,图示的是车辆在极限范围下的弯道行驶(处于轮胎和路面之间的附着极限)。为了简化,图示的是自

由滚动的状态(无制动力,无驱动力)。ESP 以制动打滑率 $\lambda_0$ 干预左前轮。在干预前,当偏滑角 $\alpha_{VL} = \alpha_0$ 时仅有大小为 $F_{res}(\lambda_0)$ 的侧向力作用于车轮。如果对车轮进行制动,便会产生一个打滑率 $\lambda = \lambda_0$,同时产生一个相应的制动力 $F_B(\lambda_0)$,此时侧向力由于打滑降低为 $F_S(\lambda_0)$。这些作用力的几何和是 $F_{res}(\lambda_0)$。该作用力矢量的量约等于(假设"摩擦圆"的情况下[25.2])起始的侧向力 $F_{res}(\lambda_0)$,原因是达到了轮胎和路面之间物理的附着极限。打滑变化也同样扭转作用力矢量,车辆重心的杠杆臂发生变化,由此横摆力矩也发生变化,其中随着打滑率增加转动也增加,直至车轮抱死($F_{res}(\lambda = 1)$)。右前轮的情况有所不同:在此,制动打滑率首先增大杠杆臂力并由此升高横摆力矩,只有在较大

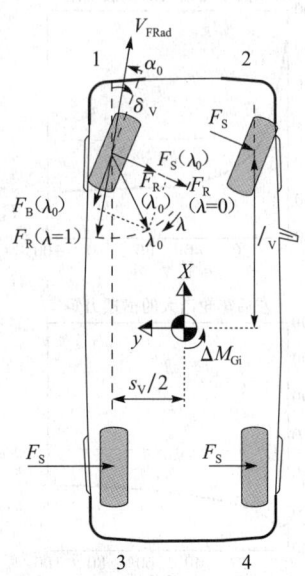

图 25-16 0 到 $\lambda_0$ 的打滑变化造成轮胎合力 $F_{res}$ 扭转

的打滑率时杠杆臂力才会再次变小从而降低了横摆力矩,这样就产生一个局部的最大值(图 25-17)。必须在设计干预策略时考虑这个问题。此外必须注意,通过制动仅能产生制动力矩,而不会产生驱动力矩。此外干预与地面失去接触的车轮(车轮悬空)是无效的,这不属于横摆力矩分配的范畴。

图 25-17 图示了制动打滑干预的效果,图 25-18 图示了在防滑和光滑路面上以弯道极限车速对转向不足车辆的横摆力矩进行驱动轮侧滑干预的效果。其中,正横摆力矩渐大(也就是说,行驶特性为较少转向不足),而负横摆力矩渐小(也就是说,行驶特性为转向不足)。

由于车轮打滑和横摆力矩之间的明确关联,因此应采用一种等级化控制器结构,其中一个叠加行驶动态控制器预先规定了由下级车轮控制器设定的车轮侧滑值。然后,该控制器也承担 ABS 和 ASR 的基本功能。将 ASR 系统中使用的驱动防滑控制器进行较小改动后也可用于该用途。相反,常见的 ABS 控制器主要对车轮加速度做出反应并必须用制动防滑控制器进行代替或进行功能补充。本节介绍和说明了两个基于防滑的低级控制器,但是也有 ESP 解决方案,其中等级化的控制器结构并不是最重要的,并且像在 ESP 中一样,其使用量产的 ABS 作为加速度调节器。

ESP 的特点就是所谓的行驶动态控制,其借助高级和低级控制器对车辆的运动进行控制(图 25-19)[25.6]。行驶动态控制器的重要组件是对车辆

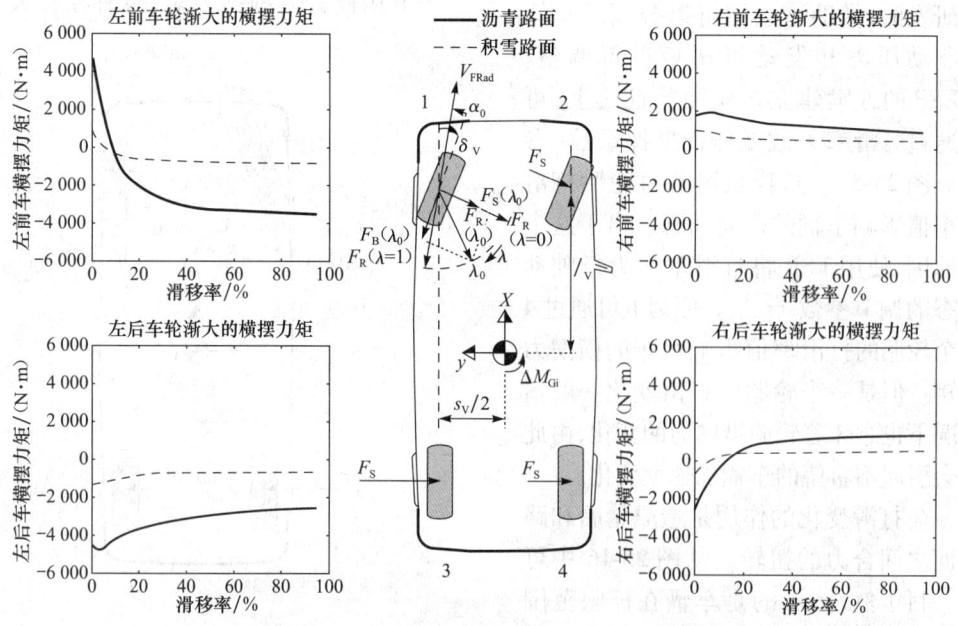

图 25-17 在静态转弯极限车速下且转弯半径为 100 m 时在防滑路面(沥青路面)和光滑路面(积雪路面)上各车轮的制动打滑对横摆力矩的影响

25 基于制动器的辅助功能

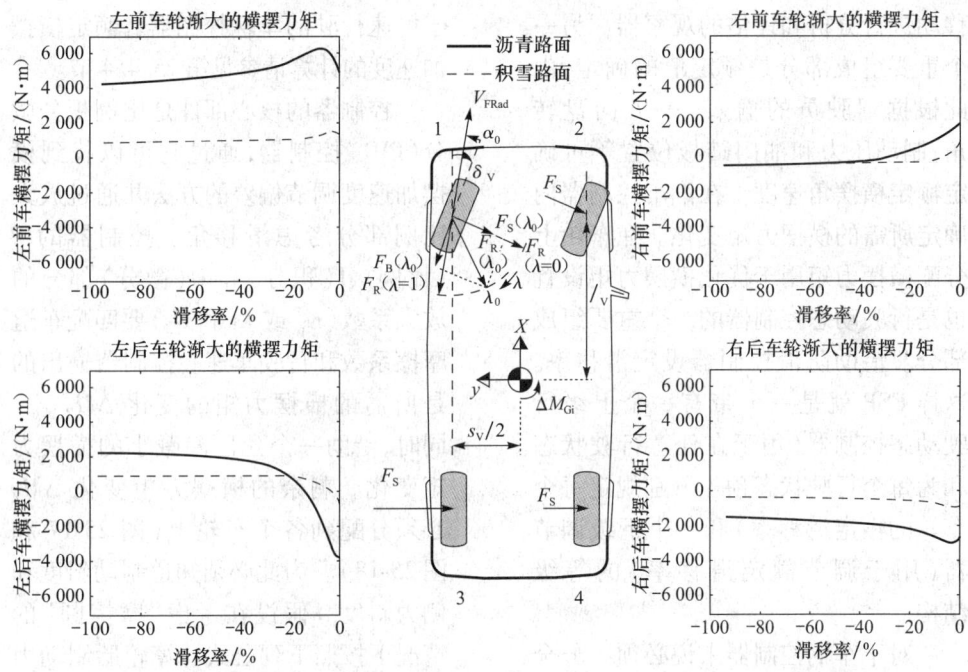

图 25-18 在静态转弯极限车速下和转弯半径为 100 m 时在常规路面（沥青路面）和光滑路面（积雪路面）上各车轮加速打滑对横摆力矩的影响

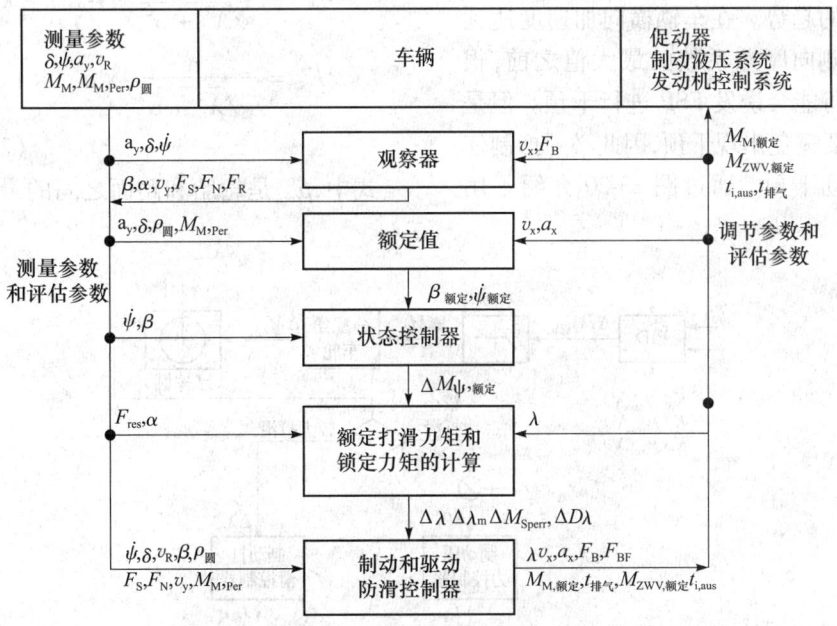

图 25-19 带输入和输出参数的 ESP 控制器的简单框图

移动进行分析和评估的观察器。另一个重要组成部分是额定值的确定,由此根据驾驶员的输入——方向盘转角、制动压力和油门踏板位置等可确定额定横摆角速度。在汽车控制器内确定所需的横摆力矩变化。在车轮上分配横摆力矩用于优化横摆力矩设置也是行驶动态控制器的一个重要组成部分。借助防滑控制器设定滑移率。这样 ESP 就是一个带有一个上级行驶动态控制器(用于在任意行驶状态和为每个行驶状态预先分别规定每个车轮的额定滑移率)和一个下级调节器(用于调节额定滑移率)的等级结构。

对于车辆控制器来说必须区分全制动、部分制动、负荷交变、恒速行驶和加速行驶这些行驶状态[25.06]。在部分制动和负荷交变时,车辆有多度转向的趋势。在车辆横向加速度达到车辆侧向摩擦系数的最大值之前,很显然可能会诱发 ESP 进行干预。但是务必要避免出现干预,因此必须抑制使用制动干预。通过图 25-20 介绍了用于恒速行驶的车辆控制器。额定横摆加速度的计算请参见第 25.4.4 节。

控制器的核心部件是比例积分微分(PID)控制器,通过它可以找到横摆加速度调节偏差的方法并通过放大比例部分考虑滑移角。控制器的 P(比例)、I(积分)和 D(微分)部分的放大系数($K_p$ 或 $K_i$ 和 $K_d$)要匹配车道摩擦系数和行驶车速。控制器输出的是所需的横摆力矩的变化 $\Delta M_{Z,额定}$。同时,借助一个死区隐藏小的横摆力矩变化。剩余的横摆力矩变化 $\Delta M_Z$ 必须分配到各个车轮上(图 25-17 和图 25-18)。为此必须知道制动斜度和侧力斜度。假设在考虑"摩擦圆"的情况下按照下列公式计算轮胎制动力 $F_B$ 和轮胎侧力 $F_S$,可以借助该假设计算制动梯度和侧力梯度:

$$F_B = \frac{\lambda}{\sqrt{\lambda^2 + \alpha^2}} \times \mu_{res} \times F_N,$$

$$F_S = \frac{\alpha}{\sqrt{\lambda^2 + \alpha^2}} \times \mu_{res} \times F_N$$

(25.5)

式中,$\mu_{res}$ 是轮胎和路面之间的最大摩

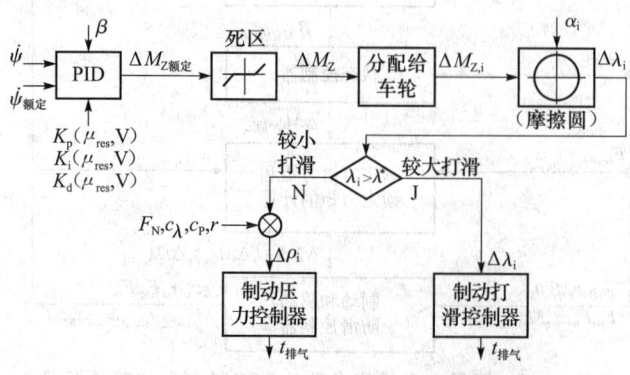

图 25-20 汽车控制器的框图(图片的上部)

擦系数的估值。

现在将计算出的打滑变化 $\Delta\lambda_i$ 分别在每个车轮 $i$ 的下级制动打滑控制器中进行调节。但是如果轮胎打滑位于打滑曲线稳定的线性范围内,则打滑变化换算为制动压力变化,然后在下级控制器(或者当无法测量制动压力时,最好在控制装置中)直接设定。这样做的原因是线性范围内打滑曲线陡然升高时打滑计算时的小错误会导致压力变化出现大错误。直接进行压力调节更精确,因此比打滑调节更为便捷。下级控制器输出的是 ESP 液压装置阀门控制时间 $t_{排气}$。

驱动时,由于下级加速防侧滑控制装置不能分别控制打滑,因此在 ESP 对驱动车轮的干预上又做了另外的规定。取而代之的是调节驱动轮的"对称"加速打滑 $\lambda_m$(左侧和右侧车轮相同的侧滑量比例)和"非对称"加速打滑 $D_\lambda$(左侧和右侧车轮不同的侧滑量比例参见"加速防侧滑控制装置"一节)。驱动轮对称打滑的控制参数是发动机扭矩和对称的制动干预(左轮和右轮的制动力矩比例相同);驱动轮非对称打滑的控制参数是作为非对称制动干预的制动锁紧力矩(左轮和右轮的制动力矩比例不同)。因此,ESP 对车轮的干预分布在系统化的额定打滑变化 $\Delta\lambda_m$ 和(便捷的)非对称制动力矩变 $\Delta M_{锁紧}$ 上。

通过下级制动或加速防侧滑控制装置实现额定滑移量变化,而在下级调节器中计算最大制动力或者驱动力的目标滑移量 $\lambda_z$。在未制动状态下

或者当驾驶员操作的初压力不够因为无法调节到所需的额定滑移量(部分制动范围)时,会主动提高液压装置制动回路中的压力[25.4]。

一种特殊情况是 $\mu$-Split 路面的 ABS 制动。车辆左右两侧不同的制动力会产生一个横摆力矩,车辆将沿着防滑的路面侧滑。因此,通过预先调节左右车轮之间的制动压力差限制产生的横摆力矩(图 25-21)。在 $\mu$-Split 路面上制动前将制动压力差限定为一个小数值 $\Delta p_1$。时间间隔 $t_1$ 要匹配反向转向的驾驶员反应时间(约 1 s)。在该时间间隔过去后,允许制动压力差一定程度的扩大。根据汽车制造商的规定,还应确定应用情况下最大允许的压力差 $\Delta p_2$。设定的预调也相应地取决于车辆的设计。

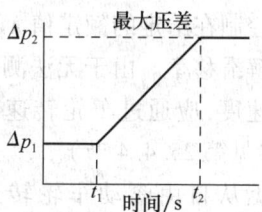

图 25-21 $\mu$-Split(两侧车轮处于不同摩擦表面下的制动)制动时压差的预调

制动防滑控制器一方面用于确保 ABS 功能,另一方面用于调节车辆控制器预定的制动打滑变化。为了统一这两个任务设置了一个与标准 ABS 不同的控制器,在这个控制器上通过防滑控制系统实现 ABS 功能。为 ABS 功能设定的滑移量称为目标滑移量 $\lambda_z$,其固定在防滑控制器中。图 25-22 通过一个简化的框图图示了下

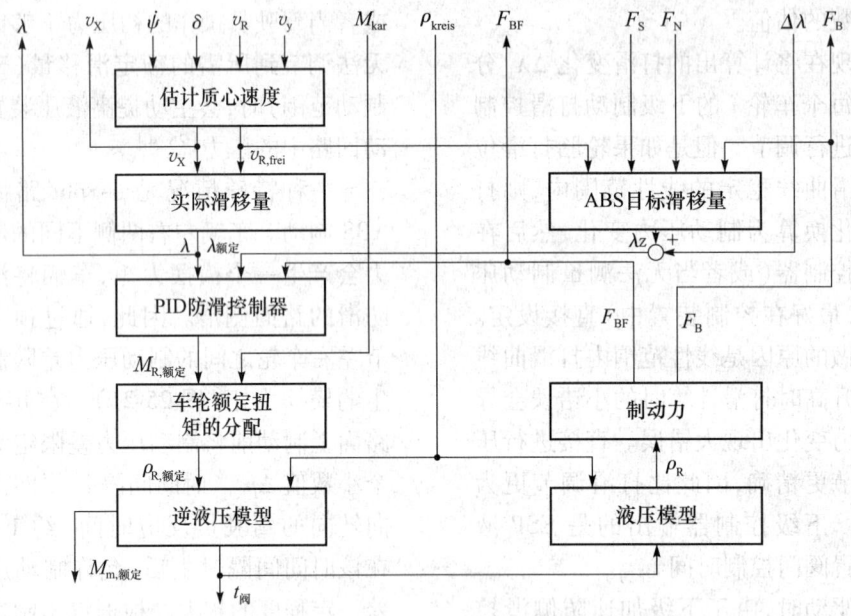

**图 25-22** 带最重要模块及其输入输出参数的制动防滑控制器框图

级制动防滑控制器的结构,在全制动时其也被称为 ABS 控制器。为将车轮打滑控制在给定的额定值 $\lambda_{额定}$ 必须充分了解滑移率。由于无法测量车辆的纵向速度,应通过车轮转速确定该速度(参见第 25.4.4 节)。

根据从自由滚动车轮转速梯度 $v_{R,自由}$ 中能感觉到的静态制动力 $F_{BF}$ 和车辆减速度,按照防滑控制偏差通过 PID 控制规则形成车轮上的额定扭矩 $M_{R,额定}$。放大系数要匹配路面摩擦系数、行驶车速、控制偏差的符号 $\Delta\lambda = (\lambda_{额定} - \lambda)$ 及其时间梯度。

对于驱动轮可部分或者在未制动情况下完全由发动机调节车轮额定扭矩,以进行发动机阻力矩调节。

在负值下通过最大发动机阻力矩,在驱动情况下(正值)将发动机额定扭矩限定为制造商允许的最大主动驱动扭矩。对于正车轮额定扭矩必须通过制动压力设定可能剩余的制动力矩。

$$p_{R,额定} = \frac{M_{R,soll} + M_{Kar}/2}{c_p}$$

(25.6)

通过制动液压装置和相关的阀门触发时间调节车轮制动缸内控制器所需的额定压力。用一个逆液压模型(提前确定了其参数并保存在控制器中)计算所需的阀门促动时间。随后,通过车轮上的扭矩平衡可在知道车轮制动压力和测量出的车轮转速的情况下确定当前的和静态的制动力。经过滤的制动力 $F_{BF}$ 现在用作 PID 控制器的参考值。

$$T_1 \times \dot{F}_{BF} + F_{BF} = F_B$$
$$F_B = c_p \cdot \frac{P_R}{r} - \frac{M_m \cdot i_G}{2 \cdot r} + \frac{\Theta_R}{r^2} \cdot \dot{v}_R$$

(25.7)

式中，$T_1$ 是时间常数；$c_p$ 是制动系数；$P_R$ 是车轮制动缸内的压力；$r$ 是车轮半径；$M_M$ 是发动机扭矩；$i_G$ 是包括传动差和变扭器打滑在内的总的变速箱传动比；$\Theta_R$ 是车轮惯性力矩。

根据车道最大摩擦系数 $\mu_{res}$ 计算防滑控制器的目标滑移量 $\lambda_Z$（针对 ABS 功能）。在图 25-23 中简化图示了计算目标滑移量的方法。在最大摩擦系数较高的道路上打滑曲线最大值和最大摩擦系数低的车道上的打滑曲线最大值之间画一条直线。现在假设任意最大摩擦系数的打滑曲线的最大值位于直线上：

$$\lambda_Z = A_0 \cdot \mu_{res} + \frac{A_1}{v_{R,自由}} + A_2$$

$$\mu_{res} = \frac{\sqrt{F_B^2 + F_S^2}}{F_N} \quad (25.8)$$

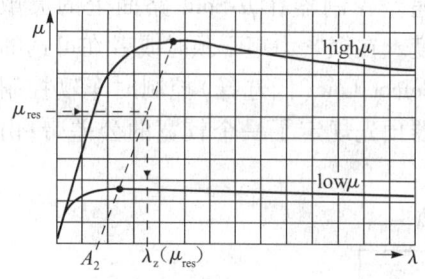

**图 25-23** 根据估计的行车道静摩擦系数确定目标滑移量

式中，$\lambda_Z$ 是 ABS 功能的目标滑移量；$A_0$、$A_1$ 和 $A_2$ 是参数。

目标滑移量方程式中的第二项（$A_1/v_{R,自由}$）避免在车速较低的情况下目标滑移量过小。防滑控制器根据目标滑移量 $\lambda_Z$ 和由行驶动态控制器设定的打滑变化 $\Delta\lambda$ 计算应设定的额定滑移量。

$$\lambda_{额定} = \lambda_Z + \Delta\lambda \quad (25.9)$$

加速防滑控制装置仅用于加速情况下驱动轮的防滑控制。通过制动防滑控制装置直接控制对其他车轮的主动干预。下文对后轮驱动车的加速防滑控制进行了说明：

驱动轮与车轴差速器、变速箱和发动机一起构成了车轮转速 $v_{R,HL}$ 和 $v_{R,HR}$ 的耦合系统。通过形成新的变量 $v_{Kar} = (v_{R,HL} + v_{R,HR})/2$ 和 $v_{Dif} = (v_{R,HL} - v_{R,HR})$ 取消了耦合，随之而来的是两个非耦合的微分方程。出于这个原因将不直接控制打滑，而是控制万向节速度和车轮差速。为了确定万向节速度的额定值规定了一个对称的额定滑移量（其中左右车轮具有相同的额定滑移比例）$\lambda_m$。为了确定车轮差速的额定值规定了一个非对称的额定滑移量 $D_\lambda$，其中左车轮上的额定滑移量与右车轮的额定滑移量的差值为非对称额定滑移量。现在可根据对称和非对称额定滑移量借助自由滚动的车轮转速计算万向节速度额定值和车轮差速额定值。

类似于制动防滑控制器，加速防滑控制器根据路面的最大摩擦系数 $\mu_{res}$ 和行驶速度 $v_X$ 根据方程式（25.8）计算最大牵引力的对称滑移目标值 $\lambda_{m,Z}$。在这里，两个车轮使用相同的目标值，通过车道摩擦系数最大的车轮（例如，在 $\mu$-Split 路面）确定目标滑移量。

加速防滑控制器从车辆控制器获得目标值 $\Delta\lambda_m$ 和 $\Delta D_\lambda$ 用于计算万向节速度和车轮差速的额定值。

如果转速差控制器用制动力矩 $M_{锁定}$ 干预最大加速防滑的驱动轮，则会在车辆上产生一个与制动力矩成正比的横摆力矩。这不仅可在弯道中也可以在 $\mu$-Split 路面上实现。像"汽车控制器"段落中所述的一样，ESP 会直接通过预设值进行干预，将非对称制动力矩减少 $\Delta M_{锁定}$。随之非对称滑移量增加。为使转速差控制器不再次立即补偿该制动力矩减少，在汽车控制器进行此类干预时会扩大打滑公差带。

加速防滑控制器计算两个驱动轮的额定制动力矩，干预节气门的额定发动机扭矩，由于点火定时导致的发动机扭矩降低的额定值并可选择计算气缸的数量和应停止喷油的持续时间。图 25-24 以框图的方式图示了控制器的结构。

动态取决于调节系统差别很大的工作状态。因此，为了将控制器参数与系统动态和非线性相匹配，应测定工作状态（以便（例如）计算 $i_G$）。发动机干预和制动干预的对称部分是万向节转速控制器的调节参数。制动干预的非对称部分是转速差控制器的调节信号。

通过非线性 PID 控制器调节万向节速度，其中尤其是 I（积分）部分的放大要根据工作状态变为一个大的范围。相对于制动防滑控制器，在这里不确定工作点；这应该由 I（积分）部分辅助。因此，I 部分从静态上来说是可传递到车道上的力矩的尺度。控制器输出的是额定万向节力矩。

一个非线性的 PI 转速差控制器用于控制车轮转速差。控制器参数不取决于行驶速度级和发动机的影响。选择相对小的死区目标值，以提高转速差控制器在 $\mu$-Split 路面上的灵敏度。在锁紧力矩干预时或者在可选的 Select Low（低选择）控制时车辆控制器预先规定了一个较宽的公差带；由

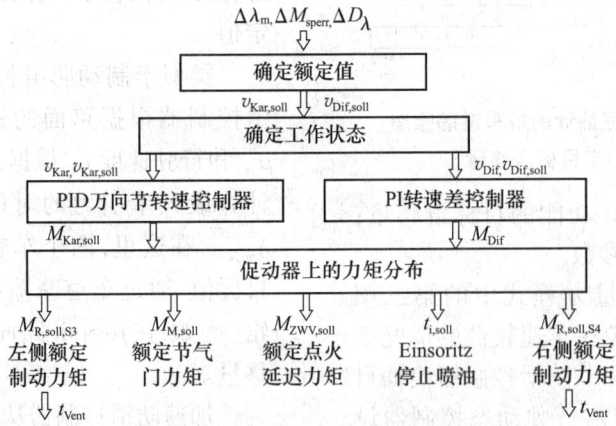

图 25-24 带最重要模块和其输入和输出参数的驱动防滑控制器（ASR）方块图

此转速差控制器允许驱动轮上有较大的转速差。控制器输出的是额定力矩差。

万向节力矩和力矩差的额定值分布在促动器上。通过一个位于液压装置内相应阀门控制装置借助左侧和右侧驱动轮之间的制动力矩差调节额定力矩差。不仅通过发动机干预也通过对称制动器干预施加额定万向节力矩。只有通过相对较大的减速(发动机的死区时间和过渡特性)才能有效进行节气门干预。作为更快速的发动机干预可使用点火延迟并可选择性采用附加的停止喷油手段。这时,对称的制动干预用于对发动机扭矩降低提供短时支持。在该模块中,加速防滑控制器可相对简单地与不同的发动机干预方式相匹配。

在松软的地面上起步时可使用较大的加速防滑值用于改善牵引力,如驱动轮带防滑链在积雪较深路面上起步时。出于这个原因,在很多车中都安装有一个"ASR 关闭"开关或者一个相应的按钮。如果操作该开关,则会使用对称加速打滑的较大额定值。

增加额定滑移量降低了发动机控制器的灵敏度可能导致驱动轮打滑。由于这会影响 ESP 功能,因此该开关带有"ESP 关闭"字样。为了安全,如果较高行驶车速下(例如,高于 50 km/h)进行牵引辅助不如起步时重要,则不再考虑开关位置,且全部 ESP 功能性重新可用。起步时在 ESP 内可主动识别较高的打滑需求替代了通过驾驶员主动操作开关,因此在许多车内已取消了该开关。

### 25.4.4 计算额定值并估计行驶动态参数

确定额定值时侧滑角 $\beta_{额定}$ 规范适用。对于横摆速度的额定值来说以起振状态下线性的单轨迹模型为出发点,但只有该模型还不足以确定横摆速度的额定值。

然后必须扩展线性单轨迹模块,以正确勾勒出车辆移动接近物理极限的重要范围。否则驾驶员会"过早地进行控制干预",这是在使用 ESP 中经常出现的问题。这出现在使用两个线性单轨迹模块(图 25-25)的情况

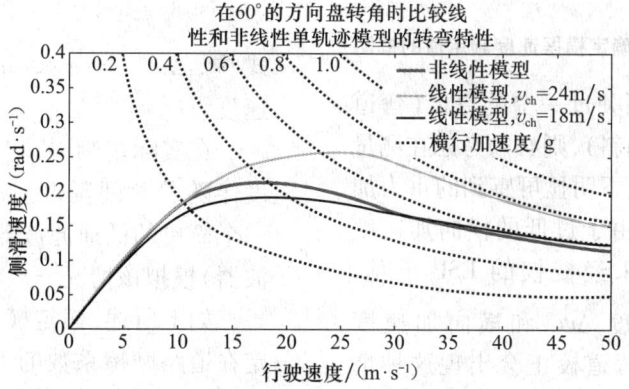

图 25-25 通过在两个线性单轨迹模型之间取加权平均值获得非线性模块的近似值

下。在确定 ESP 额定值时用两个不同的特征速度 $v_{ch}$ 计算两个线性单轨迹模型之间的加权平均数。同时选择这两个速度时,要使得两个线性单轨迹模型的特性包含实际行驶特性。根据车辆横向加速度和行驶状态选择权重。

扩展的单轨迹模型的额定横摆速度还不能直接在车辆控制器的控制算法中使用,还要考虑其他的影响。这些影响图示在图 25-26 的框图中。

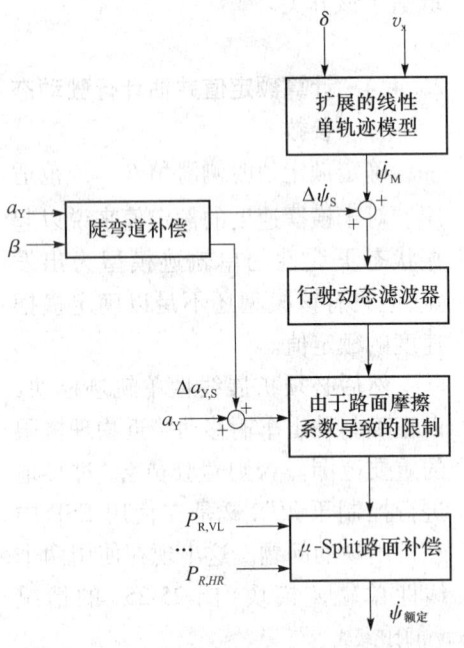

**图 25-26** 用于确定横摆速度额定值的框图

如果车辆驶过一个陡弯道(弯道中车道横向倾斜),则必须考虑在测量的横向加速度下明显可感到的重力加速度。否则,由于过低的横向加速度可能会进行未经授权的 ESP 干预。额定横摆速度 $\Delta\dot{\psi}_s$ 和横向加速度 $\Delta a_{Y,S}$ 中的陡弯道校正会出现这种情况。由于无法测量车道的横向倾斜

度,因此必须首先识别到陡弯道。为此在可信度试验中应考虑驾驶员的行为。如果在横向加速度较小的情况下有离心的嫌疑,则应检查驾驶员是否反打了方向盘。如果是这种情况,则应确定驾驶员是否有在光滑的路面上滑出车道的危险。随后进行 ESP 干预,并且不进行陡弯道校正。如果情况正好相反,也就是说,驾驶员没有反打方向盘,则说明有陡弯道并且可进行陡弯道校正。如果不确定是否真的有陡弯道,则可以给弯道外侧的车轮施加一个驾驶员不会明显感觉到的约 5 bar 的较小主动制动脉冲。如果这样几乎不会造成弯道外侧的车轮减速,则确定有陡弯道存在。如果相反,则推论出是行驶在光滑的路面上。

如何推导校正值可参见下图(图 25-27),其中 $R'$ 是圆半径,$R$ 是车辆与路面圆锥顶的间距,$\gamma$ 是路面的侧倾角。然而根据以下公式校正横向加速度和额定横摆速度:

$$\Delta a_{Y,S} = v \times \dot{\psi} - a_Y,$$
$$\Delta\dot{\psi}_s = \frac{v}{v^2 + v_{ch}^2} \times \Delta a_{Y,S}$$

(25.10)

式中,$\Delta a_{Y,S} = g \times \sin\gamma$;$v$ 是行驶速度。

在实际车辆中,转向系的横摆速度伴随着时间延迟(图 25-5)。通过一个简单的低通滤波器(行驶动态滤波器)模拟该情况。

如上所述,额定横摆角速度被限定在道路摩擦系数的下一个框架内。因此,当出现横向加速度信号故障时

25 基于制动器的辅助功能

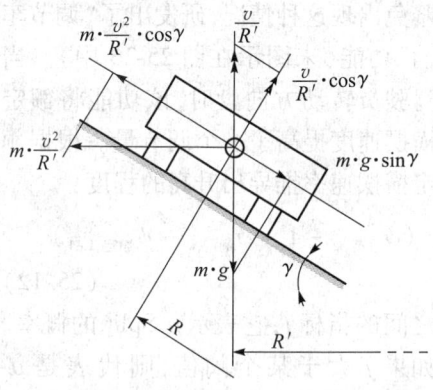

图 25-27 陡弯道转弯行驶

会导致将横摆速度的额定值设定得过小的情况；ESP 控制干预过早开始。这主要会对有经验的驾驶员造成干扰，他们能明显感到，什么程度的最大方向盘转角会达到物理极限。出于这个原因对略微大于估计的最大方向盘转角的方向盘转角略微提高额定值，在此可自由选择提高的程度（未图示在图 25-26 中）。通过图 25-28 可以看出，在行驶速度恒定的情况下直至估计的物理极限的额定横摆速度与方向盘转角一起呈线性升高。当方向盘转角明显升高到超过估计的最大方向盘转角时（在图中为 0.125 rad），车道摩擦系数便会限制横摆速度。在线性升高和限制性的横摆速度之间的过渡范围内根据线性单轨迹模型和物理限制的数值取额定横摆速度的加权平均数：

$$\dot{\psi}_{额定,a} = x \cdot \dot{\psi}_{额定} + (1-x) \cdot \frac{a_Y}{v},$$

$$x = \frac{\dfrac{a_Y}{v} - k}{\dot{\psi}_{额定}} \qquad (25.11)$$

式中，$x$ 为加权系数，$k$ 可选择。

$k$ 越小，则转弯处公路外缘越高，ESP 进行干预得越晚。通过行驶车速表示横摆速度可看出转弯处公路外缘的影响。驾驶员转向得越多（过多转向），则转弯处公路外缘越低，直至最后完全消失。

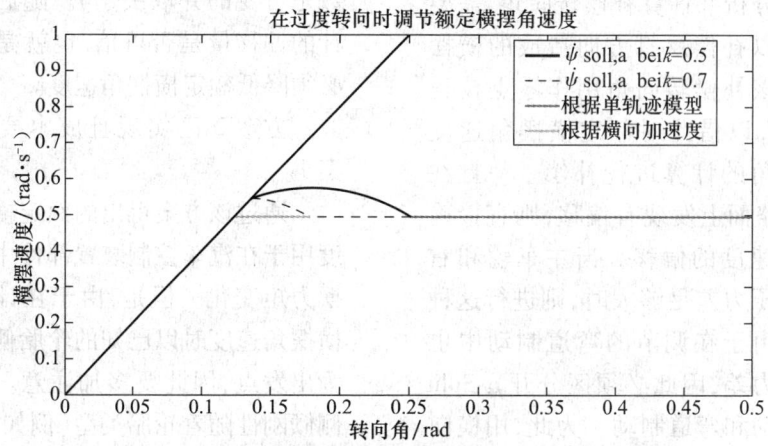

图 25-28 当转向角转角略超物理极限时根据方向盘转角提高额定横摆速度

车辆对驾驶员的转向指令立即做出反应是对 ESP 的要求。该要求考虑了正常人的反应:当驾驶员改变方向盘转角而其没有感到车辆做出相应反应时,驾驶员便会继续转向。为了避免出现这种情况,研发出了"调节车辆"功能(未图示在图 25-26 中)。当驾驶员转动方向盘时,该功能将额定横摆速度提高了一个调节量。根据额定横摆速率推导出升高的程度:

$$\dot{\psi}_{升高,额定,k} = \dot{\psi}_{额定,k} + \dot{\psi}_{升高,k} \cdot \dot{\psi}_{升高,k} = V \cdot (\dot{\psi}_{升高,k-1} + \dot{\psi}_{额定,k} - \dot{\psi}_{额定,k-1})$$
(25.12)

式中,$k$ 是时间指数;$V$ 是小于 1 的遗忘系数。

当驾驶员不再转动方向盘时,调节量随着时间再次消失。

前面的章节考虑到了路面特性。在这里会将调节的 $\mu$-Split 路面制动(车辆左右两侧对路面的抓地力不同)作为示例。进行这种制动时车辆左侧的制动力与右侧的制动力不同。结果是车辆出现了一个横摆力矩,并且车辆开始沿着光滑的路面侧转动,因此,驾驶员必须反向打方向盘。但是这种反打方向盘的方式不能理解为驾驶员想改变方向。出于这个原因在 ESP 内对车轮上调节的制动压力进行分析并计算补偿转向角,需要该角度以补偿反打方向造成的横摆力矩。该补偿转向角用作零点校正(偏移),以借此对额定横摆角速度的转向角的计算进行补偿。一旦在 $\mu$-Split 路面上发现有偏移,则直接确定横摆速度的偏移。当左车轮和右车轮的压力差足够大时,则进行这种识别。由于在调节的弯道制动中也出现压力差,因此必须区分开 $\mu$-Split 路面制动和弯道制动。为此,用横向加速度对左右制动压力之比进行加权。要计算一个数值限制在 0 和 1 之间的指标 $f$,它表示 $\mu$-Split 的概率。如果 $f$ 大于某个阈值,则代表是 $\mu$-Split 路面。对于右转弯应如下进行计算:

$$x = \frac{p_左}{p_右},$$

$$f = \frac{x}{k \cdot |a_Y| + 1} - 1,0 < f < 1$$
(25.13)

有两种确定横摆速度偏移的方法:

方案 1:使用一种简单的双轨迹汽车模型计算偏移;

方案 2:过滤额定横摆角速度和实际横摆速度之间的差用于直接估计横摆速度的偏移量。滤波器的时间常数是可变的并取决于 $f$。随后检查估计的偏移量是否可信,也就是说偏移必须降低额定横摆角速度。

方案 2 已实现且成本要低于方案 1。

通过该方案得出的额定横摆角速度用于在汽车控制装置部件中计算横摆力矩变化。但是,由于在计算额定横摆角速度时以已知的轮胎侧倾刚性为出发点,因此要多加注意。轮胎的侧倾刚性随着轮胎类型(例如,夏季轮胎和冬季轮胎)和轮胎状态(例如,新花纹或花纹磨掉)变化。仅通过车辆控制器不灵敏的调节或者通过提高较高横向加速度下的额定横摆角速度来避免这种干预。此外，还使用自适应的单轨迹模型，以根据当前的行驶情况自动调节额定横摆角速度。但是问题是当车辆表现出（危险的）过度转向并且转向特性明显与车辆制造商有意的行驶特性不同时，是否不应允许进行干预。

迄今使用用于静态弯道行驶的单轨迹模型用于确定额定横摆角速度。但是该模型不适用于诸如加速和制动下的非静态弯道行驶。主要是在全制动情况下不明确如何预先规定一个合理的额定横摆角速度：一方面制动距离应尽可能短，另一方面车辆的驾驶方向稳定性应最佳。在 ESP 中根据驾驶员的意愿均衡这两个额定指标：驾驶员制动强度越大，则在制动距离上的权重越大。为此规定了所谓的驾驶员意愿，其由"转向"和"制动"两个意愿组成，计算车辆所需的侧向力或者所需的制动力。随后将车辆上所需的合力与根据车辆质量和车道摩擦系数推导出来的可获得的车辆的合力进行比较。然后根据所需的及可获得的合力之间的比值降低额定横摆角速度。

在观察器内在模型的辅助下根据横摆速度、方向盘转角和横向加速度这些测量参数并根据行驶速度和制动力或者驱动力这些估计参数估计车轮的侧倾角、侧滑角和车辆横向速度。此外，估计侧向力和法向力并计算车轮的合力。为此，使用一个双轨迹模型，其中考虑了汽车的过渡特性以及诸如倾斜路面或者 $\mu$-Split 路面之类的特殊情况。在水平的均质路面上侧滑角适用于下列微分方程：

$$\dot{\beta} = -\dot{\psi} + \frac{1}{v}(a_Y \cdot \cos\beta - a_X \cdot \sin\beta)$$

(25.14)

式中，$a_X$ 和 $a_Y$ 是车辆的横向加速度；$\beta$ 是车辆的侧滑角；$\dot{\psi}$ 是横摆角速度。

对于较小的减速度 $a_X$ 和侧滑角 $\beta$ 值以下方程式适用：

$$\dot{\beta} = \frac{a_Y}{v} - \dot{\psi},$$

$$\beta(t) = \beta_0 + \int_{t=0}^{t} \left(\frac{a_Y}{v} - \dot{\psi}\right) dt$$

(25.15)

由于横向加速度，横摆角速度测量的数值和估计的行驶速度有错误，因此积分会迅速造成大的错误，这样获得的侧滑角数值的可信度很低。

对于较大的减速度 $a_X$ 值可以使用一个卡尔曼滤波器作为横向动态观察器，在这里不做进一步说明。卡尔曼滤波器的初始方程就是双轨迹模型的横向速度和横摆角速度的微分方程（详见[25.5]）。

在观察器中使用的其他估计之间有简单的关联。例如，通过纵向和横向车辆加速度估计车轮负荷变化。对于这种简单的估计不做详述。

对于以规定的额定值 $\lambda_{额定}$ 进行车轮防滑控制的情况必须充分识别到打滑。由于不会测量车辆的纵向速度，因此根据车轮转速确定纵向速度。为此在 ABS 调节到额定打滑数值 $\lambda_{额定}$

期间短时"减速制动"单个车轮,也就是中断防滑控制并降低当前的车轮制动力矩并短时保持恒定(调节阶段,图25-29)[25.5]。假设车轮在这段时间内保持稳定(点 $\lambda_A, \mu_A$),可根据当前的制动力 $F_{B,A}$ 和轮胎刚性 $c_\lambda$ 确定自由滚动的(未制动的)车轮转速 $v_{R,自由,A}$:

$$\mu_A = \frac{F_{B,A}}{F_{N,A}} = c_\lambda \cdot \lambda_A$$

$$= c_\lambda \cdot \frac{v_{R,自由,A} - v_{R,A}}{v_{R,自由,A}} \Rightarrow v_{R,自由,A}$$

$$= v_{R,A} \cdot \frac{c_\lambda}{c_\lambda - \frac{F_{B,A}}{F_{N,A}}} \quad (25.16)$$

式中,A 规定了调节阶段的一个时间点;$c_\lambda$ 是 $\lambda = 0$ 时的 $\mu$ 打滑曲线的梯度;$v_R$ 是车轮转速。

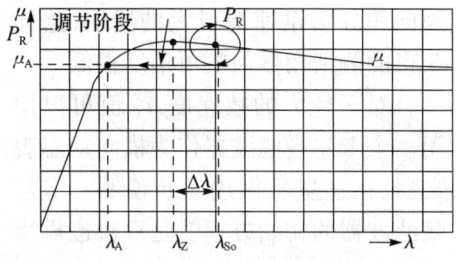

**图 25-29** 制动防滑控制期间的调节阶段,用于确定自由滚动的车轮转速(圆 $P_R$ 以符号的方式表示防滑控制的制动压力调节)

通过横摆速度、转向角、横向速度和车辆几何形状将在车轮坐标系内确定的自由滚动车轮转速 $v_{R,自由,A}$ 转换为重心并借助卡尔曼滤波器生成纵向的重心速度的"测量值",然后将过滤后的纵向重心速度转换回 4 个车轮重心上,以获得所有 4 个车轮的自由滚动的车轮转速,这样也可为剩余 3 个控制的车轮计算滑移量。

将纵向速度的微分方程代入卡尔曼滤波器的过滤器方程,其中可忽略乘积 $v_Y \cdot \dot\psi$:

$$\dot v_X = \frac{1}{m} \cdot \{(F_{S,VL} + F_{S,VR}) \cdot \sin\delta - (F_{B,VL} + F_{B,VR}) \cdot \cos\delta - (F_{B,HL} + F_{B,HR})\} - \frac{c_w \cdot A \cdot v_X^2 \cdot \rho}{2 \cdot m} - \dot v_{X,偏移} \quad (25.17)$$

$$\ddot v_{X,偏移} = 0 \quad (25.18)$$

式中,$c_w$ 为空气阻力系数,$A$ 是车辆的切削面,$\rho$ 是空气密度。

方程式(25.18)说明,路面坡度只是缓慢变化。对于制动力使用方程式(25.7)。当以摩擦椭圆为基础时,通过"摩擦圆"得出 $F_S = (\alpha/\lambda) \times F_B$(方程式 25.5)或者 $F_S = (c_\alpha/c_\lambda)(\alpha/\lambda) \cdot F_B$。在卡尔曼滤波器中一并估计车道坡度[25.5]。

图 25-30 图示了如何测量 ABS 制动,在进行这种制动时可明显看出后轮的调节阶段。

### 25.4.5 安全性方案

ESP 是一种复杂的机电一体化系统,借助该系统对车辆的安全装置"制动器"产生影响。因此,系统在可靠性和容错率方面有很高的要求。一方面寻求系统的最低成本,其中也涉及降低组件成本,另外在安全性方面提出了对可靠性和监控使用的组件极高的要求。当说到"安全性"这个主题时,不涉及通过 ESP 改进车辆的安全性,而涉及在 ESP 组件失灵时的车辆安全

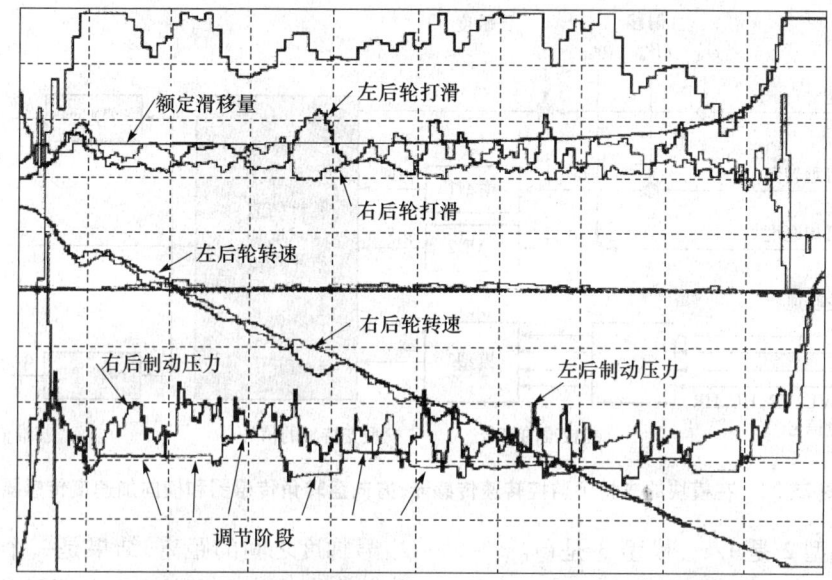

**图 25-30　在干燥平整的沥青路面上以 120 km/h 的车速用 ESP 进行 ABS 直行制动**
测量范围:时间:0 ~ 4.2 s;滑转系数: -0.7 ~ +0.3;车轮转速:0 ~ 50 m/s;
制动压力:0 ~ 250 bar(0 ~ 25 × $10^7$ Pa)

性。图 25-31 图示了驾驶员 - 车辆 - ESP 的总系统[25.6]。

为了提高安全性,在涉及可信度方面同时考虑驾驶员的行为。例如,当方向盘转角信号变化大于驾驶员可施加的程度时,将其识别为不可信,表明方向盘转角传感器损坏。此外,发动机和变速箱控制属于 ESP 系统的任务,原因是 ESP 干预和询问这两个系统。从图 25-31 中可以看出,应监控系统组件之间的连接。

安全性相关系统安全方案的研发具有不同的方法。这些方法是失效模式与影响分析(FMEA)和故障树分析(FTA)。

随着 ESP 系统的采用,研发出了新的方法对传感器进行监控和调节。在这种情况下涉及借助模块监控转速

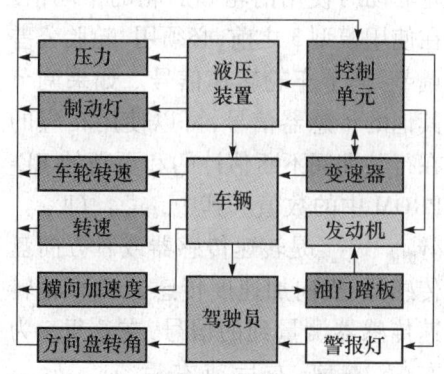

**图 25-31　用于系统安全性的驾驶员 - 汽车 - ESP 总系统**

传感器、方向盘转角传感器和横向加速度传感器[25.6]。图 25-32 显示的是这种监控方法。

测量的和行驶期间持续调节的方向盘转角、横向加速度和车轮转速传感器信号传输给模型,以据此估计横摆角速度。其中,模型 1 是单轨迹模

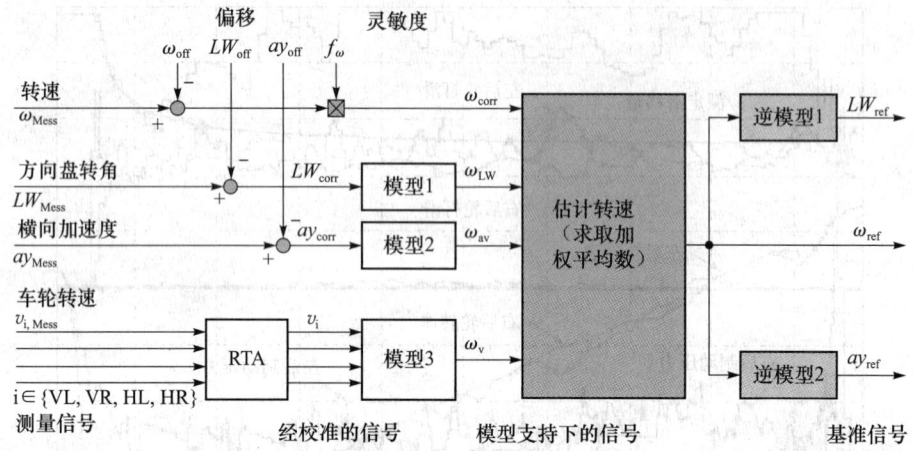

**图 25-32 在模块的支持下监控转速传感器、方向盘转角传感器和横向加速度传感器**

型,模型 2 是 $1/v_x$,模型 3 是 $(v_{R,VL} - v_{R,VR})/s_V$ 或者 $(v_{R,HL} - v_{R,HR})/s_H$,在前轮驱动时选择后轮,在后轮驱动时在考虑转向角的情况下选择前轮,在全轮驱动时使用前轮和后轮的平均值。在使用模型 3 之前,必须用"轮胎公差调节"调节车轮转速信号。如果调节其他的传感器信号,可以使用相应的在行驶期间不断估计的和更新的 EE-PROM 中的数值。其中,$\omega_{测量}$、$LW_{测量}$、$ay_{测量}$、$v_{i,测量}$ 是转速传感器或者方向盘传感器、横向加速度传感器和车轮转速传感器测量到的信号,在这里 i 为左前、右前、左后或右后,$\omega_{off}$、$ay_{off}$、$LW_{off}$ 是转速传感器、横向加速度传感器和方向盘转角传感器的零点偏差(偏移),$f_\omega$ 是转速传感器信号的灵敏度误差。指数"corr"为调节的信号。$\omega_{LW}$、$\omega_{ay}$、$\omega_v$ 是在方向盘转角传感器、横向加速度传感器或者车轮转速传感器信号基础上对横摆角速度的估计。

在加权取平均值后,不仅要分析 4 个信号之间的间距也要分析 4 个信号梯度之间的距离,结果是一个基准横摆角速度 $\omega_{ref}$,其在调节期间也能提供车辆当前横摆角速度较好的数值。但是,此时信号必须是稳定的,所有 4 个信号之间的间距必须差不多相同。根据基准速度可在使用逆模型 1 和 2 的情况下推导方向盘转角 $LW_{ref}$ 或者横向加速度 $ay_{ref}$ 的基准数值。它们将再次用于检查调节的转向角传感器或者横向加速度传感器。

行驶动态越接近极限范围,模型的准确度越低。但是当车辆继续稳定行驶时,这些模型还会继续提供足够好的数值,以评估传感器失灵的情况。如果模块支持下的信号 $\omega_{LW}$、$\omega_{ay}$ 和 $\omega_v$ 的数值相互之间很接近,也就是说,这些信号的比重很大,则意味着转速传感器信号是"可观察的"。在行驶期间根据行驶里程的不同或多或少地会经常出现这种情况(图 25-33)。

只要没有零点误差方面的安全性问题,则扩展车辆控制器的死区用于减少无意的 ESP 干预。

# 25 基于制动器的辅助功能

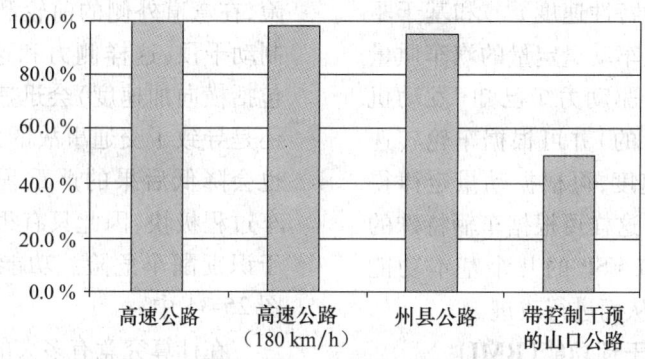

图 25-33 取决于行驶路径的横摆角速度的可观察性

无法总是(及时地)发现错误。未发现错误的影响受到以下限制:

◆ 陡弯道逻辑。例如如果横向加速度信号突然为零,则可能在发现有故障前,将每次弯道行驶理解为"在冰上打滑",这时必须进行 ESP 干预。但是这是一种必须由陡弯道逻辑进行检查的行驶情况。如果驾驶员没有反打方向盘,则损坏的横向加速度信号将弯道行驶解读为"陡弯道行驶",并且不进行故障引起的 ESP 干预。在识别到故障后,则关闭 ESP。

◆ 监控汽车控制器的干预持续时间。由于 ESP 干预仅有很短的时间(一般情况下少于 500 ms),因此如果干预时间较长,则可以推论有故障,系统将关闭。

◆ 监控 ABS 控制器的控制持续时间。ABS 制动时长也有限制。因此,当 ABS 持续的也就是说长于一定的时间进行调节时,则表明有故障,系统将关闭。

◆ 制动灯开关和制动压力传感器信号的可信度。尽管制动压力很长时间没有建立起来,但制动灯开关却始终处于"打开"状态。在这种情况下系统将关闭。

## 25.5 增值功能

### 25.5.1 特殊稳定性支持功能

这种增值功能的目的是发现不稳定的趋势并相应地调节制动压力,如倾翻稳定性。

**(1)扩展转向不足控制功能(EUC)**

如果车辆转向不足,ESP 系统按标准会用制动打滑预设值干预弯道内侧的后轮。这样车辆的侧翻倾向更大,并且后轴上的侧力因侧倾角的增大而升高,由于这些措施对于将车辆保持在车道内不总是足够有效,除降低发动机扭矩之外,EUC 功能通过主动制动所有的车轮降低车速。如果驾驶员想要在比车道摩擦系数允许的更急的弯道半径路段上行驶,该功能便会起作用(驾驶员也会转向"失速")。

**(2)轻型商用车(LCV)、厢式货车的负载自适应控制模式(LAC)**

LAC 包括对转向特性的估计(单

轨迹模型中的特性速度 $v_{ch}$) 和基于驱动时纵向的汽车动量定量的汽车质量的估计。由于驱动力矩已知（发动机管理系统估计的）并可根据车轮转速推导车辆加速度，可根据动量定律得出汽车质量。这样可根据车辆特殊的载货状态调节 ESP 的几个基本功能和 ROM 功能从而进行改进。

**(3) 滚动干预功能(RMI)**

不会有迅速侧翻危险的车辆具有弱化的 ROM 功能。这样有许多车辆在准静态机动时不会出现倾翻。对于这些车辆来说，取消 ROM 的静态部分仅保留动态行驶机动部分就足够了，该功能称为 RMI，它比 ROM 功能更易使用。

**(4) 防侧翻功能(ROM)**

大多数小轿车没有翻车的危险。重心较高且底盘较软的车辆，如越野汽车或者运输车有这种危险。在出现翻车时分为两种行驶状况（类别）：

① 极度动态的转向（例如，在快速换车道时）；

② 在弯道极限速度下方向盘转角不断增大。

仅在横向加速度的基础上进行侧翻稳定性识别是不够的。通过使用其他的信号可识别有翻车危险的行驶状况。侧翻识别根据基于方向盘转角和横向加速度斜度的预测进行。在坡度较大时计算附加值（也称为偏移量）并与测量到的横向加速度相加，以获得一个"有效的横向加速度" $a_{Y,eff}$。

如果"有效的横向加速度"超出了规定的阈值，则推测会有倾翻的危险，在弯道外侧的前轮和后轮上进行制动干预，这样侧力和速度（因此也包括横向加速度）会迅速降低。如果还是导致了交通事故的发生，低车速也会降低后果的严重程度。由于翻车过程极快，因此只有很少的时间用于识别翻车危险。功能图解图示在图 25-34 中。

在计算究竟有多大的翻车危险时还要考虑横向加速度 $Da_Y$ 的时间推导，以便考虑诸如比静态机动有更大翻车危险的快速换车道之类的高动态过程。

如果横向加速度 $a_Y$ 很大并不断增大（在这种情况下 $a_Y \times Da_Y$ 的乘积为正），则在快速横向加速度变化时要特别高地加权横向加速度增加 $Da_Y$（因此，参数 A 特别大）。通过横向加速度信号和其低通过滤的数值 $Da_{Y,F}$ 之间的差采集快速的横向加速度变化。

如果横向加速度 $a_Y$ 降低，则不考虑斜度 $Da_Y$，并且将参数 A 置零。

方向盘转角信号的效果受时间限制。使用线性单轨迹模型计算 $a_{Y,LW}$ 和 $Da_{Y,LW}$ 这两个值。

对于有的车辆（例如，越野车），可以测量其车轮悬挂装置的压缩行程。根据该压缩行程可以直接确定摆动角 W 和摆动度 DW，随后可立即根据底盘的摆动强度确定相应的横向加速度 $a_{Y,W}$ 及其变化速度 $Da_{Y,W}$。

在行驶试验中确定基准值 $a_{Y,max}$，并且它是静态弯道行驶时翻车极限上的汽车横向加速度 $a_Y$。此时给车辆装载时,重心高度最大为 $h_1$。如果已知重心高度 $h_{Sch}$（例如,通过估计车辆载荷）,则随着重心高度的降低可用系数 k 向上校正因数。

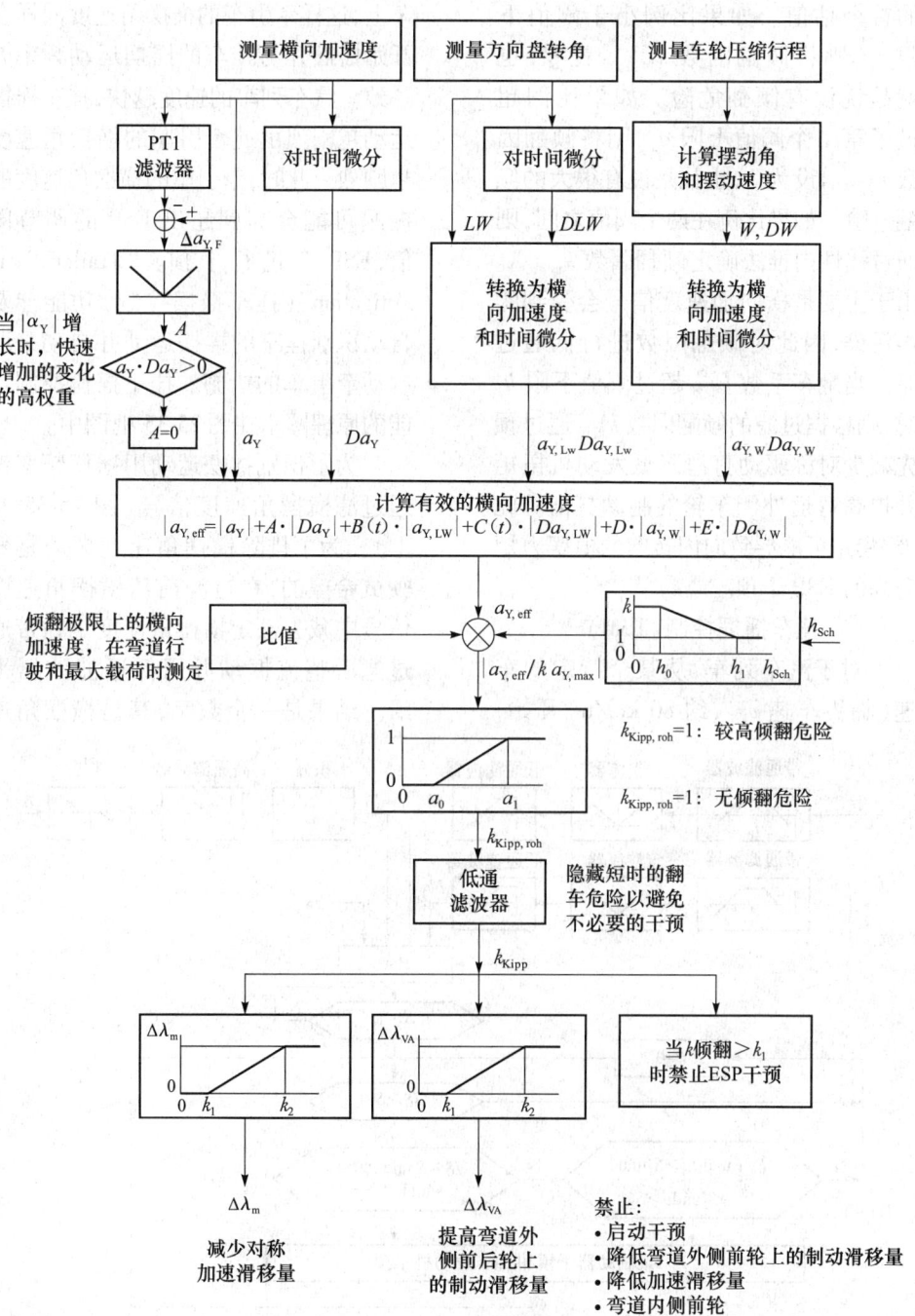

图 25-34　防倾翻功能框图

有效加速度 $a_{Y,\text{eff}}$ 与比值 $k \times a_{Y,\text{max}}$ 之比得出数值 $k_{倾翻,粗}$，它是倾翻危险的首个估值。如果比例小于阈值下限 $a_0$，则将倾翻因数 $k_{倾翻,粗}$ 置零，也就是说没有倾翻危险。如果比例超过了第二个阈值上限 $a_1$，则将倾翻因数 $k_{倾翻,粗}$ 设为 1，也就是说有很大的倾翻危险。如果比例在两个阈值之间，则通过线性内推法确定倾翻因数 $k_{倾翻,粗}$。由于主要是横向加速度信号会受到噪声污染，因此对倾翻因数进行低通过滤。当翻车系数 $k_{倾翻}$ 超过阈值下限 $k_1$ 时，则根据过滤的倾翻因数 $k_{倾翻}$ 通过预先减少对称驱动打滑降低发动机扭矩并提高弯道外侧车轮的制动打滑。此外，禁止可能导致向内转向的横摆力矩升高的 ESP 干预。

(5) 挂车摇摆控制(TSM)

对于汽车列车，从某个特定的车速（临界车速 $v_{\text{krit}}$，约 80 km/h）开始，挂车可能会开始摇摆。挂车的摇摆运动会间歇性地将横摆力矩施加到牵引车上，这样牵引车的横摆角速度同样会开始摇摆并与挂车的摇摆运动频率 $f_P$ 一致。汽车列车的速度越快，挂车摇摆运动越剧烈由此牵引车的横摆角速度越剧烈。此时，牵引车的横摆角速度的振幅可能会高到超出 ESP 的调节阈值，ESP 会进行干预。"Trailer Sway Mitigation"（挂车摇摆控制）功能涉及自动识别挂车的摇摆运动并自动采取制动牵引车的措施。挂车摇摆控制功能的原理图示在图 25-35 框图中。

为了识别摇摆运动用摇摆频率带通过滤横摆角速度信号（图 25-35 左上）。为了排除横摆角速度振动是驾驶员希望的，在过滤前从横摆角速度信号中减去额定横摆角速度。在带通过滤后整流振动并用低通滤波器平滑。结果是一个数字，其是横摆角速

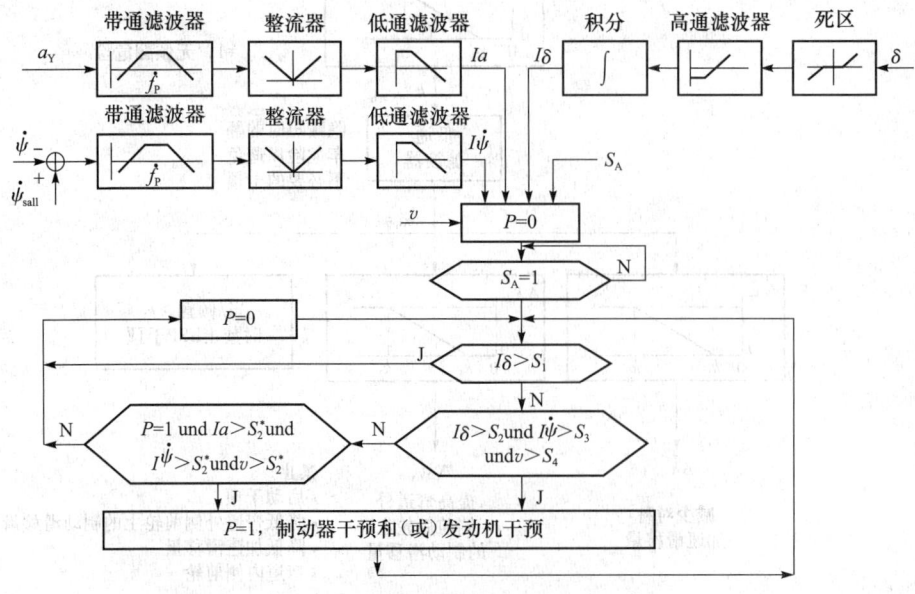

图 25-35 汽车列车稳定性 TSM 的框图

度振动 $I\dot{\psi}$ 的强度。为了改进摇摆运动的识别,也用摇摆频率 $f_p$ 带通过滤横向加速度,整流和为了平滑进行低通过滤,结果是 $Ia$。但是,快速的转向运动也可能导致横摆角速度振动,不允许将其解读为挂车的摇摆运动(参见第 25.2.1 节)。为了识别更快的转向运动,对转向角进行高通滤波,并将结果积分以获得一个表示转向运动强度 $I\delta$ 的数值(图 25-35 右上)。同时,在进行高通滤波之前通过采用一个死区将小的转向角振幅排除在外。在识别摆动运动时还应求出挂车开关 $S_A$ 和行驶速度 $v$。

踏板振动指示器 $P$ 初始为零(无踏板振动)。如果拖车开关 SA 不在 1 挡,则可以推论出没有拖车,并取消进一步的识别检验。否则就会询问是否 $I\delta > S_1$,也就是说驾驶员是否剧烈转向,在这里 $S_1$ 是一个规定的阈值。当驾驶员剧烈转向时,则不再进一步检验踏板振动,踏板指示器 $P$ 保持为零。否则会检查车辆是否足够快地行驶,$v > S_4$,因为在行驶车速较低时可以排除踏板振动。如果横摆角速度振动和横向加速振动强度也足够大,即 $I\dot{\psi} > S_3$ 或 $Ia > S_2$,便会识别到踏板振动,并且踏板指示器将置于 1。然后降低发动机扭矩,并且如有必要也可以用相同的制动压力对车辆所有的车轮进行主动制动。阈值 $S_1$ 到 $S_4$ 是为功能应用规定的参数。发动机扭矩和制动器中的干预应进行到直至横摆角速度振动或者横向加速度振动低于定义的关闭阈值为止($S_3^*$ 或 $S_2^*$)或者直至车

辆速度降低到足够的程度为止(低于 $S_4^*$)。首先调节车轮制动缸内的制动压力,车辆以 $-0.3\,g$ 的减速度减速。如果在减速期间踏板振动明显增加,便会进一步提高制动压力,直到车辆以 $-0.5\,g$ 的减速度减速。

通过逐侧调节车轮制动压力达到进一步改善摇摆运动振动的效果,其恰巧与拖车施加在牵引车上的横摆力矩逆向而行。重要的是车轮制动缸中的制动压力不要降到零,否则在调节中会导致停机,这样甚至可能会增大振动运动。当车轮制动压力为零时,摩擦片从制动圆盘上拉回,便会导致停机。在重新建立压力时,摩擦片首先向制动圆盘移动,这会导致停机。只有紧贴摩擦片,才可能升高制动压力。

### 25.5.2 特殊扭矩控制

此类增值功能用于对车辆的稳定、转向能力、牵引和改进灵活性提供辅助。

**(1)中心动态耦合控制(DCT)**

带作为中央止动器的可调电子多片式离合器的全轮车辆提供了制动干预的另一种备选方案。不对打滑车轴的两个车轮进行制动,而是锁止中央止动器,其在能量方面也具有优势。

调节式中央止动器的其他特征是:
◆ 它是一种适用于 $\mu$-Split 路面车道和野外进行直线行驶的制动止动器。
◆ 在主动 ESP 干预时,在制动时(制动器影响电子制动力分布 EBV)

和在车速计算装置调节期间必须打开止动器(否则制动干预也会影响其他车轮的打滑)。

◆ 黏性止动时剩余力矩不得大于 100 N·m(换算为弧度),以免干扰车速计算。

◆ 在打开前轴的情况下当车辆转向不足时,必须降低锁止力矩,当车辆过度转向时必须升高锁止力矩。

◆ 在打开后轴的情况下当车辆转向不足时,必须提高锁止力矩,当车辆过度转向时必须降低锁止力矩。

◆ 出于舒适性原因规定了锁止力矩梯度。干预比制动干预更方便,因此,借助中央锁止调节装置比借助制动止动调节装置可更灵敏地调节行驶动态调节机构,这样在稳定车辆时一般不太需要制动干预。

**(2) 越野检测和措施,ORD**

像在野外行驶经常遇见的情况一样,在松软的地面上,在较大的打滑数值下会达到最大的制动力和驱动力。因此,在松软的地面上有相对于硬地面提高额定打滑的意愿,以获得较短的制动距离[25.7]。如果在野外行驶,应识别是否是松软的地面,为此要采用一种所谓的野外识别系统,通过野外识别系统分析车轮转速振动。当这些振动的振幅足够大时,野外计数器便会随着时间向上计数,否则野外计数器会随着时间向下计数。当越野计数器达到一个规定的数值时,便会识别为野外并提高前轮的额定打滑。为了不将结冰的路面错误地识别为野外,制动减速还与打滑相关联。如果制动减速小,但制动打滑大,便会识别为"冰",这时不会提高额定打滑。当无法识别明确的关联时,则仅提高前轮的额定打滑。出于安全性的原因仅在低于某个规定的车速阈值的情况下启用该功能(例如,低于 50 km/h)。当驾驶员转向时,再次取消额定打滑升高。此外,不提高后轴上的额定打滑。

图 25-36 图示了在松散的带小下坡的鹅卵石路面上加速行驶然后进行全制动的情况。加速时,车轮转速出现强烈振动,说明是在野外。在加速行驶期间对振动进行分析并传输给野外识别装置。约 1 s 后,野外计数器达到一个规定的阈值,则表明识别出是野外。但是在本例中,打滑和汽车减速之间的关联不明确,这样不能明确识别出来是"冰"还是"野外",结果是仅提高右侧前轮的额定打滑,而不提高左侧前轮的。相对于硬路面上的额定打滑升高请参见图 25-36。

### 25.5.3 制动和增压辅助

在这类辅助功能中,根据行驶和系统状况调节制动压力和制动力放大功能,如与在制动辅助系统上一样。

**(1) 液压制动辅助**

在梅赛德斯-奔驰的行驶模拟器上进行的试验表明,普通驾驶员在受惊的情况下仅能迟疑地进行制动(图 25-37)。驾驶员全力踩下制动踏板的时间较晚。由于主要是在制动开始时也就是车速最高时制动效果的丧失对制动行程的影响最大,因此起初迟疑

# 25 基于制动器的辅助功能

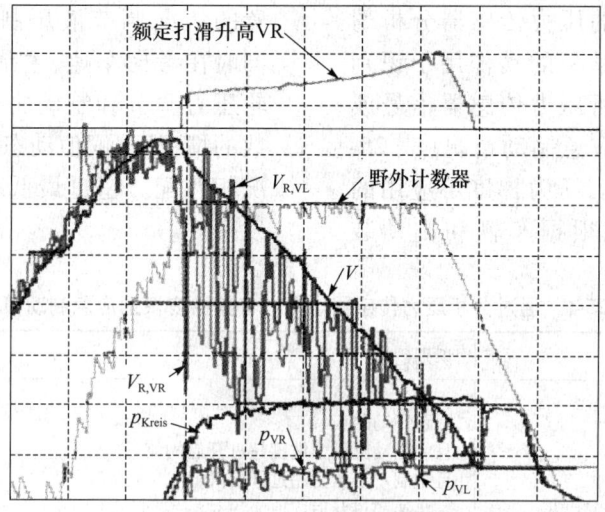

图 25-36 在野外用野外识别装置和右前
车轮上的额定打滑升高进行全制动

测量范围:时间:0~5 s;
车轮/车速:0~10 m/s;
制动压力:0~500 bar(0~5×10$^7$ Pa);
野外计数器:0~100,打滑:-150%~+50%

的制动踏板踩踏会产生特别严重的后果。制动辅助系统可采取补救措施,其通过识别危急情况立即升高制动压力超过驾驶员给定的程度并有可能进行打滑调节。

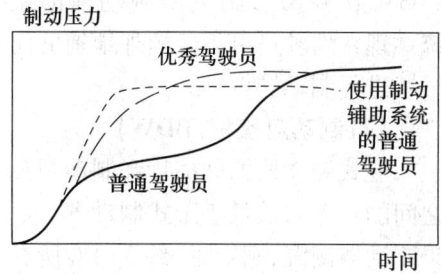

图 25-37 在制动期间通过制动辅助
系统对驾驶员提供辅助

制动辅助系统最重要的功能要求如下[25.3,25.4]:

◆ 在紧急制动情况下对驾驶员提供辅助,将制动行程缩短到经过良好训练驾驶员所能达到的程度。

◆ 一旦驾驶员明显降低脚部力量就结束全制动。

◆ 保留常规的制动力放大功能。在常规制动时,踏板感觉和舒适性应符合目前的常用标准。

◆ 仅在真正出现应急情况时才启用系统,这样驾驶员不会产生习惯效应。

◆ 在制动辅助系统失灵时不会影响常规制动器。

核心任务是在驾驶员动作的基础上形成一个触发标准。

液压制动辅助系统使用现有的 ESP 液压装置,以主动提高制动压力。使用安装的压力传感器分析驾驶员踩踏制动踏板的动作用于识别情况。通过分析压力传感器信号或者其梯度识别应急制动情况(表25-1)。通过压力和压力梯度可应用的阈值可容易地根据车辆和制动装置的情况调节液压制动辅助系统。同时在考虑车速、主制动缸压力、车轮压力调节和制动曲线分析状态参数的情况下,阈值动态地与当前的状况相匹配。超过最低车速也属于触发条件。

表25-1　通过分析压力传感器信号或者其梯度识别应急制动情况

| 状况 | 识别逻辑 |
| --- | --- |
| 阶段1(图25-38)<br>紧急情况<br>慌乱制动 | 踩踏制动踏板<br>且主制动缸压力坡度超过开启阈值<br>且主制动缸压力超过开启阈值<br>且车速超过开启阈值 |
| 阶段2(图25-38)<br>制动要求降低 | 转换阈值下的踏板力(通过主制动缸压力中推导出来) |
| 再次触发 | 超出开启阈值的主制动缸压力梯度 |
| 标准制动 | 未踩踏制动踏板<br>或主制动缸压力低于关闭阈值<br>或行驶车速低于关闭阈值<br>或踏板力足够高 |

一旦满足触发条件,便会启用制动辅助(图25-38,阶段1中的数字①)。现在制动辅助系统提高所有4个车轮上的压力超过驾驶员给定的水平直至抱死极限。按照与行驶动态调节ESP的制动干预一样的方式进行主动制动压力升高和制动压力调节。下级制动防滑控制器承担调节车轮打滑和最佳利用制动力的任务。

如果释放制动踏板使测量的压力低于某个规定的数值(图25-38,数字②),则系统识别到驾驶员的意愿并因此降低制动力(图25-38,阶段2)。在这个时刻调节策略发生变化。现在的目标是跟随着测量压力的信号并使驾驶员可以顺利过渡到标准制动。一旦提高的制动压力达到规定的数值或者压力信号低于某个规定的数值(图25-38,数字③),则关闭制动辅助系统。现在驾驶员可不经额外地辅助而继续进行制动。

**(2) 制动盘擦拭(BDW)**

湿式制动器的摩擦片和制动圆盘之间的摩擦系数低于干式制动器。如果制动器潮湿,则短时(约3 s)在所有的车轮上主动建立起较低的制动压力(约1.5 bar($1.5 \times 10^5$ Pa))。通过将摩擦片贴紧在制动圆盘上去除水膜并借此改善制动效果。在下雨时定期重复该过程(约每隔3 min),同时,不会

# 25 基于制动器的辅助功能

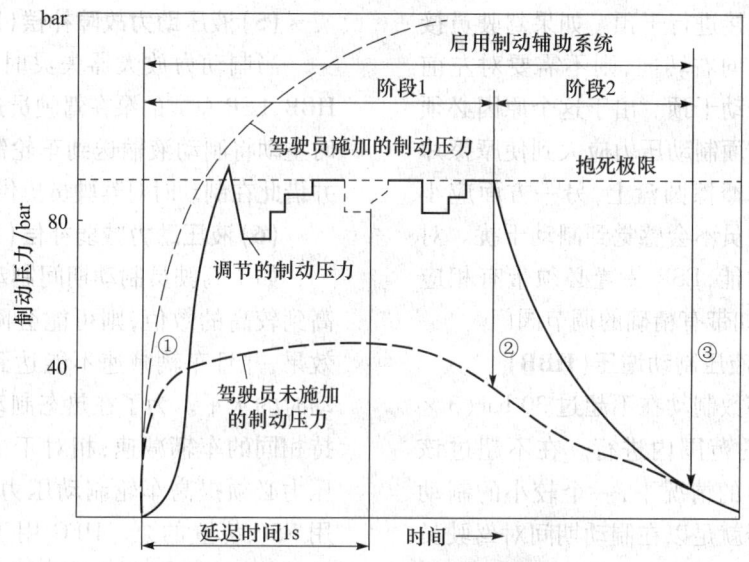

图 25-38 液压制动辅助的方案

感觉到车辆减速。由晴雨传感器提供下雨的证据,另一个证据是操作车窗玻璃刮水器,当驾驶员踩踏制动器时,该功能停止。对于该功能,ESP 总成必须进行相应的装备,如装备精确的调节阀门。

**(3) 电子预制动(EBP)**

如果驾驶员踩踏制动器或者通过 ESP 主动操作制动器,则首先前推车轮制动器的活塞,直至摩擦片贴紧在制动圆盘上。在这期间没有制动力矩作用在车轮上,并且相对于踩踏制动踏板或者在主动制动之初,车轮上的制动力建立得较慢(另见拖车摇摆调节),因此,制动距离会变长:

◆ 这在全制动的情况下可能是很危险的;

◆ 或者由此过迟地进行主动制动干预,这样车辆无法再保持稳定。

在驾驶员开始制动前或者需要主动制动干预前,如果摩擦片已贴在制动盘上,则可能达到改善的效果。驾驶员马上要进行制动的一个特征是负荷变化。如果驾驶员极快地降低油门踏板行程,则表明可能马上要进行全制动。最终在负荷变化期间主动建立起一个约 3 bar($3 \times 10^5$ Pa)的较小制动压力,以在驾驶员进行制动前使摩擦片已贴在制动盘上。

该功能在主动 ESP 干预上的一个例子是下述情况:驾驶员迅速向左转,如躲避一个障碍物。在快速向左转期间,在左前轮(转弯内侧)上采取一个约 3 bar($3 \times 10^5$ Pa)的较小主动制动干预,以在该情况下使摩擦片已事先贴在制动圆盘上。如果驾驶员接下来迅速向右转向,车辆可能会不稳定,在左前轮上必须进行过度转向干预,必须很快进行,以使车辆保持稳定。由于摩擦片已贴在制动圆盘上,因此可直接进行干预。如果驾驶员接下来没有向右转向，则不需要对左前轮进行制动干预。出于这个原因必须确保一方面制动压力应大到使摩擦片贴在制动摩擦圆盘上，另一方面应小到让驾驶员不会感觉到制动干扰。对于这种功能，ESP 装置必须带有相应的装备，如带有精确的调节阀门。

**（4）液压制动增压（HBB）**

大多数制动在不超过 30 bar（$3 \times 10^6$ Pa）的范围内进行。在不超过该制动压力的情况下，一个较小的制动力放大器就足以在制动期间对驾驶员提供辅助。然而，在设计制动力放大器时必须使其在高制动压力的情况下也能充分为驾驶员提供辅助。但是，一个较大的制动力放大器在发动机舱内需要较大的安装空间，随着各种设备越来越多，能提供的空间越来越不足。为了在高的制动压力下用较小的制动力放大器也能对驾驶员提供充分的辅助，即便制动力放大器能达到调节水平，也要借助 ESP 装置维持放大器功能，其功能类似于液压制动辅助（HBA）或者轻微制动时的 ESP 干预。驾驶员制动越强烈，在 ESP 装置中对泵的控制时间越长，则有越多的制动液供给到车轮制动缸内，或者车轮制动缸内的制动压力升高得越高。由于较小的制动力放大器能对驾驶员提供足够的辅助，因此在大多数的制动情况下（制动压力低于 30 bar（$3 \times 10^6$ Pa））该功能不启用。HBB 的另一个用途是在临时缺乏低压或者 ESP 装置制动力放大器失灵时补偿缺少的放大器功能。

**（5）液压助力故障补偿（HBC）**

当制动力放大器失灵时，类似于 HBB，ESP 总成的泵在驾驶员进行制动时主动将制动液输送到车轮制动缸中并借此在制动时对驾驶员提供辅助。

**（6）液压助力减弱补偿（HFC）**

如果驾驶员制动期间制动温度升高到较高的数值，则可能会降低制动效果，并且车辆减速不能达到冷态制动时的水平。为了在热态制动时也保持相同的车辆减速，相对于主制动缸压力必须提高车轮制动压力，为此使用 ESP 装置的泵。HFC 用于在驾驶员极剧烈地踩踏制动踏板从而一般导致 ABS 调节达不到完全的车辆减速时对驾驶员提供辅助，也就是说直至所有的车轮都处于 ABS 控制中。如果主制动缸压力再次低于某个特定的数值，便会结束该功能。

**（7）液压后轮助力（HRB）**

紧急制动时，普通驾驶员倾向于当他感到 ABS 开始干预时不继续升高制动踏板上的作用力。由于制动力分配器稳定的设计，ABS 在明显较低的减速情况下比后轮更多地对前轮进行调节，这适用于在低于临界值减速时以均质的摩擦系数进行直接制动（参见电子制动力分配 EBV）。这样虽然是行驶情况要求的，但是通常不能完全利用后轴的附着应力。如果后轴上的制动压力高于前轴上的压力，则会更佳地利用后轴制动器。如果制动力分配符合理想的曲线，则利用率是最佳的。为此，必须将后轮的制动压力升高到超过前轮制动压力的水平,这可通过使用 ESP 装置的泵实现。如果 ABS 调节前轴的车轮而不调节后轴的车轮,泵便会启动,并且后轮制动缸内的压力会升高,直至 ABS 同样开始对后车轮进行调节为止。如果 ABS 不再调节前轮或者主制动缸压力低于某个特定的关闭阈值,便会结束主动压力升高。

**(8) 软制动(SST)**

在极低的车速下,摩擦片和制动圆盘之间的摩擦系数大于较高车速下的摩擦系数,因此在通过制动快要将车辆停止之前会有一个制动反作用力。在临近停车前驾驶员降低制动压力可避免出现该情况。使用 ESP 总成的调节阀时,该过程可在驾驶员未作任何操作的情况下进行干预。临近车辆停车时,借助调节阀相对于驾驶员在主制动缸中给定的压力降低车轮制动缸中的制动压力。

### 25.5.4 停车和速度控制

这类增值功能在下坡时和起步时对驾驶员提供辅助,如起步辅助功能(坡路控制系统)和 ACC 停停走走功能。它们可使驾驶员舒适驾车。

**(1) 下坡控制(HDC)**

装备有减速齿轮的越野车辆通过该发动机牵引力矩可驶下陡坡而不需要踩踏脚制动器,车速也不会过快。不带这种齿轮的车辆通过制动车轮也达到该效果[25.7]。为此使用 CDD-B 原理(参见25.5.4(6))。

可通过仪表板上的按钮开启和关闭 HDC。在打开 HDC 的情况下,只有行驶速度不高( < 35 km/h),给油不多(油门踏板位置 < 20%)和识别到有下坡时,调节系统才会处于待命状态。方程式(25.17)中估计的偏移数值用作车道斜度。调节到 8 km/h 的恒定车速额定数值。如果驾驶员踩踏油门踏板,则车速可能会调节到一个不超过 35 km/h 的较高数值。相反,如果驾驶员踩踏制动踏板,则车速可能会向下调节到 6 km/h。像使用 CDD-B 时一样,使用 HDC 时在调节模式下也会激活制动灯。

在功能启用的情况下如果速度超过 35 km/h 的阈值,则中断调节并且只有车速再次低于该阈值时才会重新调节。当车速超出 60 km/h 时,便会自动关闭功能。

车轮制动器上的高温限制了 HDC 的运行。如果一个车轴的两个车轮温度高于 600 ℃,制动效果便会缓慢降低。如果温度降低到 500 ℃ 以下,便会再次启用制动调节系统。借助一个制动器的模型估测温度。在该模型中不仅涉及升温时间而且也涉及冷却阶段。直接根据估计的制动力矩推导达到的热能。

主要是在不平坦的野外道路上,HDC 的制动因车轮脱离地面经常需要进行制动打滑调节。像在 $\mu$-Split 路面上制动一样,由于制动力不对称,可能会在车辆上产生横摆力矩,驾驶员必须通过转向系统进行调整。为了保持车速,随后必须强烈制动其他车轮,这也会引起打滑控制,由此减轻驾驶员驾驶车辆的负担。由于 HDC 承担制动任务，驾驶员可将其所有的注意力放在转向任务上。

**（2）带加速度传感器的自动停车功能（AVH-S）**

该驾驶员辅助功能用于通过一个制动压力将车辆制动到停止，从而使其停车并不再前行。为此借助 ESP 总成主动升高车轮上的制动压力直至达到停车压力。相对于仅作用约 2 s 的 HHC-S 功能，参见 25.5.4（9），则不用驾驶员踩踏制动踏板就可将车辆停住几分钟。过一段时间后自动驻车制动器将承担停车功能。为了产生压力不仅要控制泵而且可控制主缸和制动管路之间的转换阀[25.4]。在部分供液时，转换阀的效果像节气门一样。由于泵供液在阀门上产生一个堵塞压力，这样用制动压力施加在车轮制动缸上。由于液流可能发生变化，因此可对车轮制动器进行压力调节。这样可在车轮上设置一个最低的制动压力，根据纵向加速度信号变化调节该压力并让 ESP 装置处于最低负荷阶段。如果达到所需的停车压力，便会给转换阀全速供液，这样阀门关闭并且可将泵关闭。AVH-S 功能必须由驾驶员通过一个开关或者一个按钮打开。如果在制动到停车后再次起步，则必须松开制动器。如果 ESP 装置保持车轮制动缸内的制动压力，则必须通过控制转换阀降低压力。一旦驾驶员踩踏制动踏板，车轮制动缸内的压力便会降低，在这里，制动压力降低取决于当前的发动机扭矩和所挂的挡位。

**（3）自动车辆制动压力释放（AVR）**

该功能可在停车状态下进行调节释放制动压力，其包含在 AVH-S 功能中，详细内容请参见其中的说明。

**（4）基本巡航控制（CCB）**

在通过环境传感器进行自适应行驶车速调节时（自适应巡航控制，ACC），首先通过降低发动机扭矩降低行驶速度。如果发动机干预不足，则可用 ESP 装置进行主动制动干预，以达到 ACC 规定的车辆减速度，参见 CDD-B 功能。对于 ACC 的这个基本功能需要制动压力不超过 40 bar（$4 \times 10^6$ Pa）。由于制动功能必须满足舒适性的较高要求，因此需要精确的和持续可调的转换阀。

**（5）触摸式巡航控制（CCT）**

这种功能也使用 ESP 总成，以对车辆进行舒适制动。与 CCB 不同，CCT 使得驾驶员可以通过方向盘上的操作元件任意进行加速和减速。其中，可减速直至车辆停止并例如使用 AVH-S 功能使车辆保持停止。该功能对 ESP 装置的减负性和较低的噪声提出了很高的要求。

**（6）DAS 基本受控减速（CDD-B）**

许多功能涉及规定车辆减速度，例如 TSM、HDC、ACC 和在有追尾危险时自动轻微制动。CDD-B 设计为巡航控制系统并在车速超过 30 km/h 时将车辆减速度设定到不超过 3.5 m/s$^2$。CDD-B 的输入参数是额定车辆减速度，输出参数是通过主动制动所有的车轮调节到的实际车辆减速度。此外,控制 ESP 装置的泵并用一个电流控制的成比例的阀门(转化阀)连接制动管路和主制动缸(另见 AVH-S)。不得影响车轮的排气阀。转换阀的作用和可变节流阀一样,通过电流控制节流作用。泵不间断供液经过可变节流阀产生一个可变的堵塞压力,其向车轮制动缸施加压力。由于对噪声和车辆减速方面有较高的舒适性要求(例如,对 ACC 的要求),因此需要使用高质量的转换阀[25.4]。

**(7) DAS 受控减速、停停走走 (CDD-S)**

车速范围下限(0~30 km/h)是相对常用的车速,占车辆总运行时间的32%。堵车辅助功能在发生交通堵塞时对驾驶员提供辅助,避免在低于 30 km/h 的行驶速度下发生追尾事故,为此需要使用一个用于近程和低速的传感器(例如,一个雷达传感器),以识别车前的障碍物。此外,需要一个高效制动系统,以在低行驶车速下将车辆舒适制动直至停车。必要时,通过堵车辅助系统将车辆主动减速并直至停车。就像 CDD-B 一样,CDD-S 作为巡航控制系统的调节器调节所需的车辆减速度。可用 CDD-S 在任意的车速范围内制动至停车,包括停停走走模式。CDD-S 可设置不超过 6 m/s$^2$ 的较高的减速度。可以液压的方式或者借助机械驻车制动器将车辆保持在停止状态。由于经常使用,因此应使用高质量的 ESP 总成。当前面行驶的车辆停住时,不仅通过视觉、听觉也通过触觉的方式警告驾驶员(例如,借助 AWB),以激励驾驶员进行制动。当驾驶员未及时制动时,系统会将车辆减速直至停车。

**(8) 用于驻车制动的受控减速 (CDP)**

CDP 用于带电子机械驻车制动器的车内。这种制动器替代了传统的驻车制动杆:通过一个电动机操纵驻车制动器的钢索。在发动机运行时,ESP 液压系统首先承担驻车制动器直至车辆停止的任务,随后(短时),机械驻车制动器接管该任务。CDP 构成了与电子机械制动器控制单元的接口并通过主动提高车轮上的压力对车辆进行制动。在制动过程期间,所有的 ESP 功能保持完全可用状态。

**(9) 带加速度传感器的坡路控制系统 (HHC-S)**

当车辆在坡路上起步时是一个松开制动踏板、松开离合器踏板、松开手制动器和踩油门踏板这一系列动作相互配合的复杂过程,这样松开制动器时汽车才不会溜车。可借助 ESP 装置将该过程简化为一个普通的起步过程。其中,驾驶员建立起来的制动压力要保持 2 s。因此,不需要主动建立压力。这样,驾驶员有足够的时间从制动踏板切换到油门踏板。一旦系统识别到起步过程,便会降低制动压力。为了确定降压的恰当时间点,则需要了解车辆上力的平衡。可根据发动机扭矩和下坡从动力计算力平衡。借助纵向加速度传感器估计下坡从动力。自动启用 HHC 功能。为了避免在 HHC 打开期间驾驶员离开车辆,为了安全起见还应检查其他的信号(例如,离合器信号)。

### 25.5.5 高级驾驶员辅助系统支持

对于此种增值功能,根据主动和被动安全性领域内的传感器信号调节 ESP 干预。例如,自动警报制动,其有助于提高驾驶员的注意力,参见第 33 章。

**(1) 自适应制动辅助(ABA)**

全制动实施得越早,则制动距离越短。在制动辅助 HBA 方面已明确,在识别到危险情况后自动进行全制动直至进入 ABS 范围。但是,识别需要时间。此外,摩擦片贴紧和产生制动力矩也需要时间。如果环境传感器识别到危险情况,便会降低 HBA 的触发阈值。这可按多级的方式进行。借助 ABP 功能在驾驶员采取制动措施之前将摩擦片自动贴在制动圆盘上。如果驾驶员随后踩踏制动踏板,则制动辅助功能会更快地打开,制动效果立即起效,并且制动距离较短。该功能也称为"预测性制动辅助"(PBA)。此外,EHB(电动液压制动器)提高了制动力放大效果,即便无法避免追尾事故,但由于碰撞车速较低也会降低事故的严重程度。在接下来的完成阶段,根据环境传感器的信息额外计算所需的制动压力,从而可避免追尾事故。如果驾驶员进行制动,则自动设定并立即调节该制动压力。

**(2) 自动预制动(ABP)**

如果根据环境传感器的信息发现一个可能导致追尾事故的危险,摩擦片便会贴紧在制动圆盘上,以在随后进行制动时获得一个立即的制动效果。为此使用 EBP 功能(电子预制动),例如,该功能用在 ABA 上。

**(3) 自动紧急制动(AEB)**

即便驾驶员未及时做出反应,该功能也会采取自动紧急制动措施直至 ABS 运行,为此需要可靠识别危险情况。除了在 ACC 中使用的远程传感器之外,还需要一个用于识别近程范围的传感器(例如,视频传感器)。像使用 CDD-B 时一样采取主动制动,其像在 CDD-S 上一样继续运行直至停车。但是车轮制动缸内的压力不会调节到规定的车辆减速度,而是类似于 HBA 一样尽快提高直至进行 ABS 压力调节。

**(4) 自动警报制动(AWB)**

有各种提高驾驶员对危险情况注意力的方法。如果根据环境传感器的信息识别到有潜在的危险情况,便会发出光学和声音信号。驾驶员能感到的触觉信号,如车辆猛地一晃最有效,即汽车加速度发生变化。使用 AWB 时,该晃动通过一个约 10 bar($1 \times 10^6$ Pa)的较小主动制动脉冲触发。像使用 CDD-B 时一样,为此要控制 ESP 装置的泵。控制转换阀时关闭压力应约为 10 bar($1 \times 10^6$ Pa)。如果达到了车轮制动缸内的关闭压力,则在约 250 ms 后中断该过程,由此打开转化阀并关闭泵。

### 25.5.6 监控和信息

基于 ESP 告知驾驶员重要信息

的功能(例如,轮胎空气压力监控)属于这种增值功能。

**轮胎充气监控系统(TIMS)**

如果胎压低于规定值,便会增加轮胎磨损。在快速行驶时,胎压较低的轮胎由于滚动阻力和变形的增加导致温度升高并可能会发生爆胎,这主要发生在载重车辆和天气较热的情况下。因此,应督促驾驶员定期检查胎压,但是驾驶员经常不会进行这种检查。一项在美国进行的调查表明,一半以上的车辆以错误的胎压上路行驶。TIMS的优点在于在行驶期间持续监控轮胎的胎压并在压力过低的情况下发出警报。受美国境内由于轮胎压力过低而造成的严重事故的触动,德国自2008年起要求在新车(轿车和轻型载货车)内安装自动胎压监控装置,当某个轮胎内的压力损失超过25%时,其将对驾驶员发出警报。

使用TIMS功能时不直接测量胎压(就像使用所谓的直接方法一样),而是根据车轮转速推导出来(间接方法)。为此在直线行驶和恒定的行驶速度下比较4个车轮的转速。当仅有一个轮胎失压时,该方法效果良好。但是,当所有4个轮胎或者某个车轴上的2个轮胎均匀失压时,也可能会发出警报。该功能基于当一个轮胎漏气时,轮胎半径会略小或者车轮转动会略快。但是差别会很小,主要是对于横截面低的轮胎,并必须检查车速差是否约为0.25%。其以极缓慢的过滤和取车轮转速平均值为前提条件。在更换轮胎后必须将功能复位,如通过按"reset"(复位)按钮,并且将所有的轮胎调节到标准压力。除了分析滚动周长之外,现在也使用分析车轮信号频谱的方法。

## 25.6 与基于EHB的制动控制系统的差别

基于EHB的制动调节系统以出色的制动踏板感觉、灵活的制动力分配和快速、精确且无噪声的舒适制动调节、无干扰性的踏板反馈著称。受原理所限,该系统是一种主动系统,可几乎完美地不仅在ASR和ESP而且在驾驶员辅助系统上执行主动制动干预。由于EHB已为传统的系统做了优化,因此ESP不仅在功能上而且在可靠性上都要与EHB匹配。对软件和硬件视为一个总系统进行了优化。

在ESP的制动防滑控制器中,计算每个车轮制动器的额定压力。在使用高成本的液压模块的情况下,在调节额定压力时估计车轮制动缸内的阀门控制时间和当前的压力,相反,在EHB上加装控制单元直接将每个车轮制动缸内的压力调节到额定数值。因此,取消了液压模块并直接将额定压力传输给加压控制单元。EHB压力传感器的信息用在ESP中,但是,控制必须考虑降压控制单元与ESP软件之间,加装控制单元与压力调节软件之间CAN耦合时的死区时间。这表明,当精确相互协调好控制算法和硬件(功能特性和动态特性)时,会达到最佳的功能效果。

传统ESP的安全性软件基于主

动 ESP 干预需要时间：泵必须在较小液压差的情况下通过细管路和阀门从制动液罐中吸液，并且供给率受到限制。此外，摩擦片贴紧在制动圆盘上也需要时间，在这之后才会产生制动力矩。出于这个原因，当分析表明是一种危及安全性的行驶状态时，便会立即采取发动机和制动器干预措施，但是，只有监控触发了控制器，ESP 干预才会起效。当监控发现组件中有故障时，必须立即中断干预。

为了可靠监控组件需要一个故障识别时间（约 250 ms），也就是说只有在该故障识别时间之后出现某个危及安全性的行驶状态 ESP 干预才会起效。

ESP 泵需要约 250 ms 才能在车轮制动缸中建立起 10 bar（$1 \times 10^6$ Pa）的压力，建立起约 50 bar（$5 \times 10^6$ Pa）的压力则需要 400～500 ms。在大多数传感器失灵的情况下，在车轮制动缸建立起过多的制动压力之前，调节便会中断。

EHB 的情况则不一样。在车轮制动缸内建立起 100 bar（$1 \times 10^7$ Pa）的制动压力只需要 100 ms 的时间。在故障识别时间结束时，也就是说在发现传感器失灵前，干预作用完全有效。因此，必须为 EHB 制订安全性方案，为此采用"故障怀疑"方案。

"故障怀疑"的中间阶段用于延长故障识别时间，也就是可靠识别到传感器信号故障所需的时间。如果在短于故障识别时间的一个已知时间内，传感器信号位于参考信号的波段之外，则表明有故障可能。如果仅有故障怀疑，ESP 干预会降低其效果，如通过限制车轮制动缸内的压力梯度。车辆随后缓慢做出反应，模式更长时间有效。在故障识别时间结束后关闭干预。仅在故障怀疑的情况下降低 EHB 上的压力动态，否则 EHB 会保持全部的压力动态。

## 25.7 小结

在 ESP 投放市场后不久，重要的驾驶员辅助系统"制动辅助系统"也出现在市场上。从这时开始，井喷式地出现了大量的驾驶员辅助系统。但是起初，ESP 大多数与诸如主动转向系统、底盘调节系统或者主动驱动力矩分配之类的主动系统集成在一起[25.6]。这种发展态势在 2008 年全面铺开，但是作为主动安全性系统的 ESP 也与基于环境传感器的系统以及与被动安全性系统一起处于研发的中心。这时，可靠的识别危险情况和集成主动系统的安全性成为重要的问题。安全性是这个领域内进步的决定性的时间因素。因此，全面联网和连接还需要几年的时间。这里的一个特点是将处于竞争关系之中的不同制造商的组件和系统进行联网。交换竞争者之间整个方案不可或缺的技术标准和安全性相关的数据（例如，有关故障率和风险顺序数的信息）是一个巨大的挑战。

# 参考书目

[25.1]　*Burkhardt, M.*：Radschlupf-Regelsysteme. Würzburg: Vogel Buchverlag,1993.

[25.2] *Schindler,E.* :Fahrdynamik. Renningen:Expert Verlag,2007.

[25.3] Robert Bosch GmbH( Hrsg. ):Fahrsicherheitssysteme. Wiesbaden: Vieweg Verlag,2004.

[25.4] *Breuer, B.* ; *Bill, K.-H.* ( Hrsg. ): Bremsenhandbuch. Wiesbaden: Vieweg Verlag,2006.

[25.5] *van Zanten,A.* ; *Erhardt,R.* ; *Pfaff, G.* : FDR-Die Fahrdynamikregelung von Bosch. In: ATZ ( 1994 ) 11 , S. 674-689.

[25.6] *Isermann,R.* ( Hrsg. ):Fahrdynamik-Regelung. Wiesbaden: Vieweg Verlag,2006.

[25.7] *Fischer,G.* ; *Müller,R.* : Das elektronische Bremsenmanagement des BMW X5. In: ATZ 102 ( 2000 ) 9 , S. 764-773.

# 26 通过制动干预和转向干预进行行驶动态控制

Thomas Raste

## 26.1 引言

现代制动系统以及电子稳定性控制系统(ESC)用于为驾驶员计算车辆的状态,在较宽的范围内保持车辆稳定并在极限范围内保持良好的可控性。在这里,对于驾驶员来说,稳定性意味着汽车对操控的反应符合驾驶员的期望。如果某个行驶状态在恒定的驾驶员操作下保持不变并且在对操作进行较小改变时驾驶员仅有很小的变化,则将这种行驶状态称为稳定。稳定的行驶状态是正常的行驶范围,其中驾驶员主要感受到底盘舒适性方面和驾驶乐趣方面的协调。如果驾驶员低程度的转向干预导致行驶状态发生很大变化(例如,低程度转向校正导致打滑),这种行驶状态则称为不稳定;汽车处于安全性相关的极限范围内。驾驶员和汽车构成了图26-1所示的控制循环。驾驶员转向、给油或者制动,越来越多地不直接实施驾驶员的指令,而是通过主动系统"过滤",以获得一个最佳的且安全的驾驶行为。

如下区分主动转向系统:

◆ 用于力矩叠加的系统可不依赖驾驶员对转向力矩施加影响。在这里作为转向灵敏度可以在危急的行驶情况下给驾驶员一个触觉回馈。

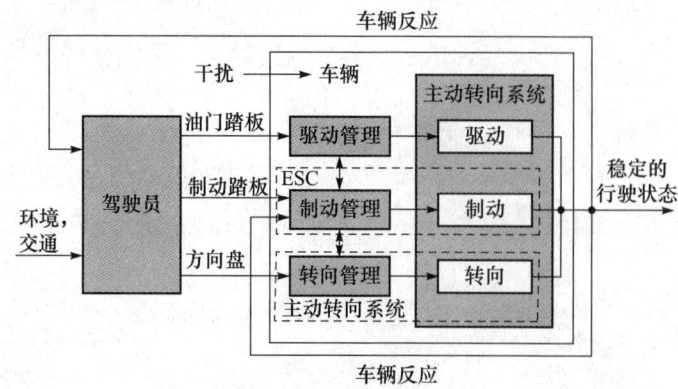

图 26-1 带 ESC 和主动转向系统的驾驶员—车辆—环境控制循环

◆ 用于角度叠加的系统可改变由驾驶员进行的前轮转向或者调节由运动学决定的转向。

◆ 用于力矩和角度叠加的系统将上述两个系统的优点结合起来。在这里或者部分缩小促动器并由此极节约空间地安装在一个共用的壳体内或者作为单独的促动器安装在转向系不同的位置上。

◆ 线控转向系统为全新的人机接口创造了条件,如用侧杆(Side-Stick)控制系统替代了传统的借助方向盘预设角度。

主动转向系统不仅为稳定车辆层面上的行驶动态调节而且也为车道引导层面上的驾驶员辅助功能提供了较大的联网可能性。

图 26-2 图示了几个目前或者在不远的将来批量采用的功能。

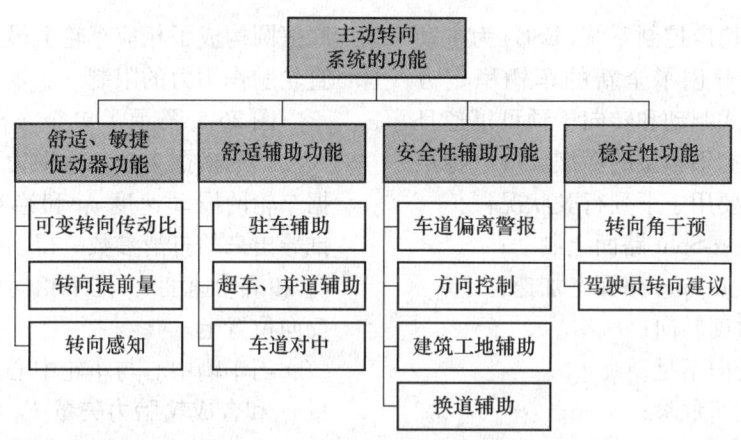

图 26-2 主动转向系统的功能

## 26.2 系统环境和用户要求

图 26-3 中的系统环境规定了带转向干预的行驶动态调节的功能单元并说明了与其他车辆系统协同的接口。使用哪些硬件以及将软件分配给哪些控制单元应由汽车制造商决定。一个常见的方案是在 ESC 控制单元中实现稳定性功能。一个带集成式横向动态调节的相应扩展的 ESC 使用转向系统作为稳定调节干预的促动器。其中,从用户视角来看,对带集成式制动和转向干预的行驶动态调节有下列要求:

◆ 在诸如负荷变化,在弯道中全制动和部分制动,曲折前进的所有允许状态下改进车道和方向精确度。

◆ 在紧急的转向情况下(例如,应急转向、慌乱下换道)极限范围内扩展的行驶稳定性并由此降低打滑的危险。

◆ 在制动和驱动时较小的转向力并更好地利用抓地力,尤其是在非均质的车道上,由此在相同的或者更佳的稳定性下获得较短的制动距离和更佳的牵引力。

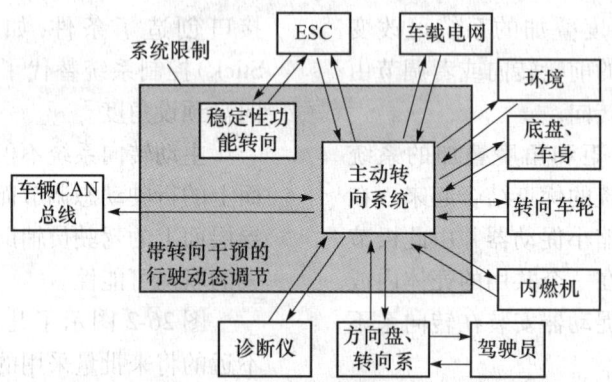

图 26-3 带转向干预的行驶动态控制的系统环境和接口

电子稳定控制系统(ESC)为主动转向系统开创了全新的车辆稳定方法。组合式制动和转向干预可迅速且舒适地抵御不希望的横摆反应。稳定性功能主要用于下列行驶状况：
- 在 $\mu$-Split 路面上制动；
- 在 $\mu$-Split 路面上加速；
- 过度转向；
- 转向不足；
- 翻车危险；
- 挂车不稳定。

## 26.3 制动控制和方向控制的方案和工作原理

组合式制动和转向控制的方案基于分层次的成系列的控制方案,见图26-4。借助制动器、转向系和油门踏板上的传感器采集驾驶员额定目标值并与惯性传感器和速度传感器确定的车辆实际运动相比较。行驶动态控制器通过输入引起车辆移动发生变化的额定参数校正偏差。轮胎道路接触部位上的轮胎作用力决定了运动变化并通过行驶动态促动器重新调节。在这里,取决于摩擦系数 $\mu$ 和垂直力 $F_z$ 的摩擦圆构成了相应车轮上最大可调垂直轮胎作用力的限制。

图26-5 图示了单个车轮如何增大汽车的横摆力矩。水平力取决于根据车轮的滑动速度 $v_G$ 和绝对速度 $v_R$ 推导出来的打滑参数。得出的水平力 $F_R$ 和滑动速度 $v_G$ 位于相同作用线的反向位置上。

当车辆中心与车轮中心的位置矢量 $r_{cg}$ 和合成轮胎力矢量 $F_R$ 的向量标积为最大值时,则每个车轮产生的横摆力矩比例达到最大。通过车轮上的转向角 $\delta_F$ 尝试,尽量垂直调节作用力矢量和方位矢量并同时通过制动器或者驱动器使力变大。图26-6 表明,带制动器的 ESC、前车轴上带角度叠加的 AFS(主动式前轮转向系统)和后车轴上带角度叠加的 ARK(主动式后轴运动学系统)有哪些产生横摆力矩的可能性。在极限范围内,ESC 具有最大的潜力稳定住过度转向的车辆。通过转向系统可在极限范围内极有效地降低侧力,这在使用 AFS 时会导致较高的拐出横摆力矩,在使用 ARK 时则会导致较高的拐入横摆力矩。

# 26 通过制动干预和转向干预进行行驶动态控制

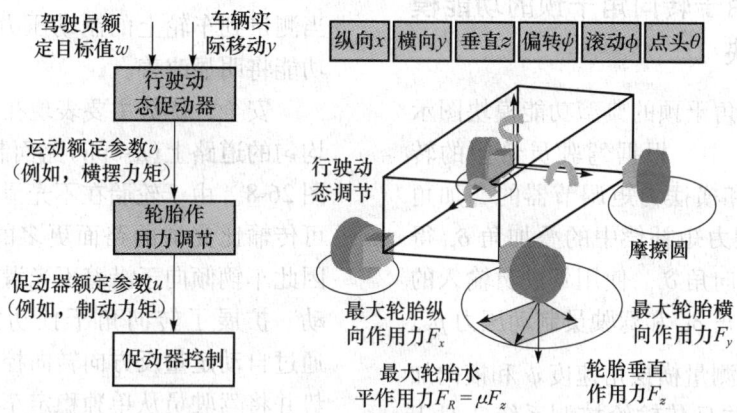

图 26-4 结构化控制方案(图示为道路上的车轮力)

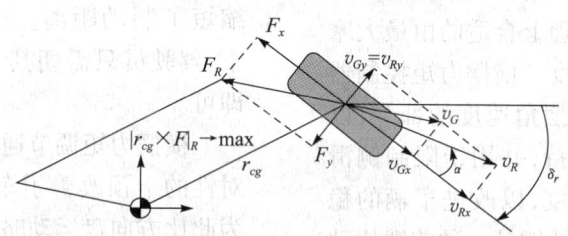

图 26-5 车轮作用力、车轮转速和车轮横摆力矩比例

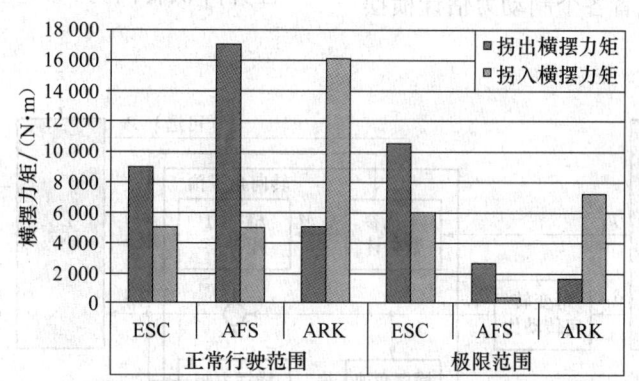

图 26-6 制动系统和转向系统在正常行驶范围内以及在极限范围内弯道内拐入或拐出的附加横摆力矩的潜力(在此,极限范围的特征是横向加速度最大)

## 26.4 用于转向角干预的功能模块

转向角干预的典型功能模块图示在图 26-7 中。根据驾驶员希望的转向角 $\delta_{FW}$ 和横摆力矩调节器的叠加角 $\delta_{FB}$ 和横摆力矩补偿中的叠加角 $\delta_{FF}$ 得出车轮转向角 $\delta_r$。使用驾驶员输入的方向盘转角 $\delta_H$ 和驾驶员制动压力 $p_F$。在车辆上测量横摆角速度 $\dot\psi$ 和横向加速度 $a_y$,并且传输给控制系统。对于如何使用通过测量的车轮转速得到的车辆速度在此未做图示。基准横摆角速度考虑了静态和动态汽车性能并必须限制在一个物理上合适的由最大摩擦系数决定的程度。横摆力矩控制器包含跟踪控制横摆角速度的部分,以对驾驶员提供支持,并用于限制侧滑角或者侧滑角速度,以改进车辆的稳定性。横摆力矩补偿是一种前馈扰动控制,其对制动时或加速时干扰参数对车辆性能的消极影响进行补偿。根据制动压力或者各个制动力估计横摆力矩补偿所需的干扰横摆力矩 $M_z$。当测量到车轮上的制动压力 $p_i$ 时,该功能将明显改善。

安全性优势主要表现在粗糙且不均匀的道路上($\mu$-Spli)路面制动时,见图 26-8。由于轮胎在不光滑的地面上可传输比光滑的路面更多的制动力,因此车辆倾向于沿着不光滑的一侧转动。扩展了转向角干预功能的 ESC 通过自动定量反方向转向控制这种态势并将驾驶员从单独稳定车辆的任务中解脱出来。同时,ESC 可在每个车轮上准确调节最高的制动压力,这样在感到行驶稳定性改善的情况下明显缩短了制动距离。在这种紧张情境下,驾驶员只需朝其希望的方向转向即可。

横摆力矩调节通过在弯道内有针对性的干预改善了车辆的操作性能,为此比方向盘运动略微强烈和快速地短时将前轮向内转。在紧急情况下控制系统让车辆快速响应,改善其稳定性并降低转向力,参见图 26-9。稳定

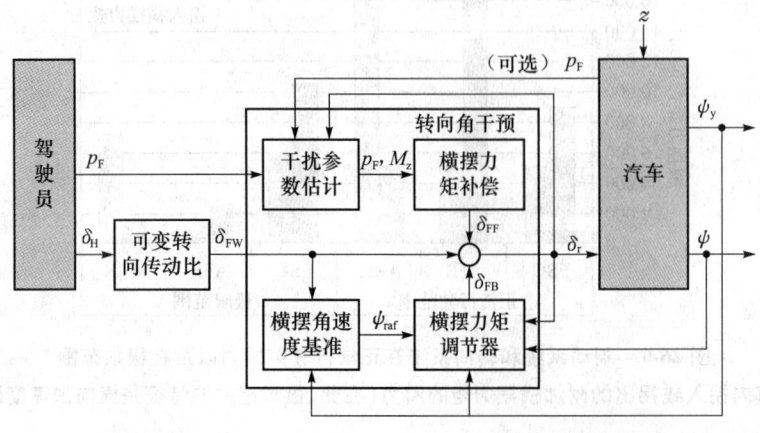

图 26-7 通过横摆力矩控制器和补偿进行转向角干预

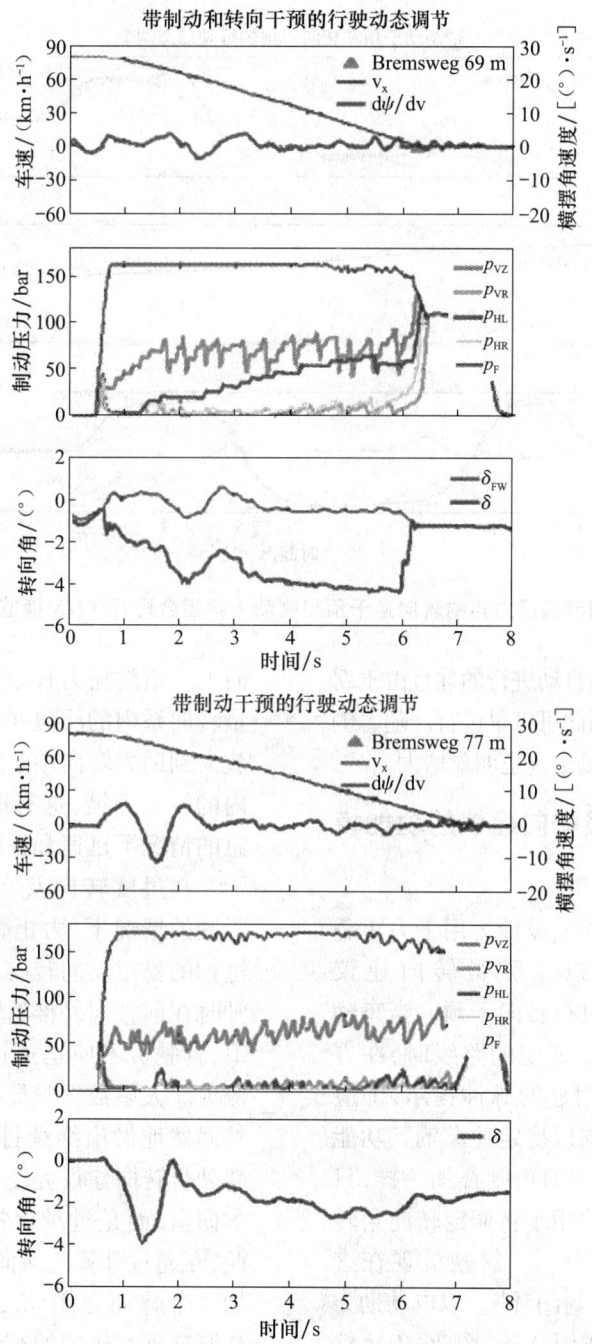

图 26-8 通过横摆力矩补偿的转向角干预在 $\mu$-Split 路面上制动和相对于 ESC 无转向干预在后轴上的组合式制动干预（参见文前彩插）

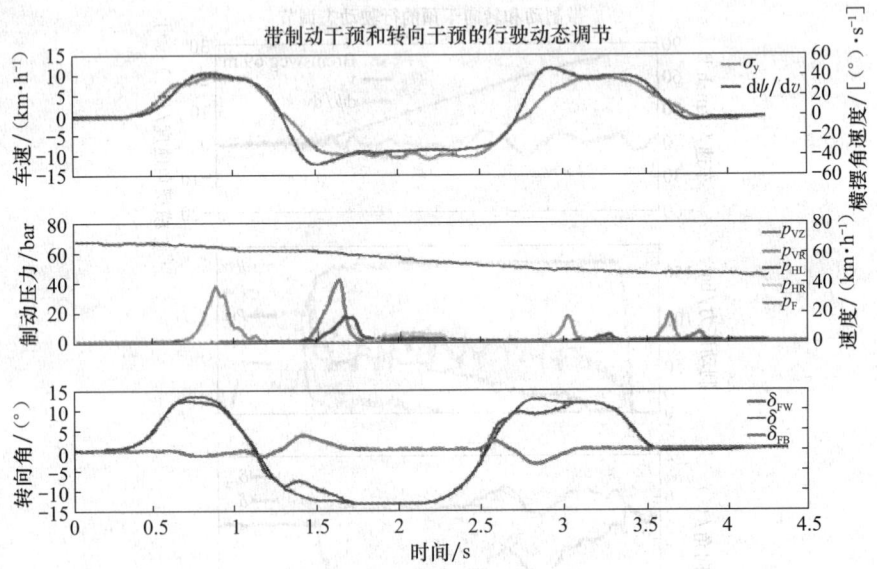

图 26-9 通过调节横摆力矩的转向角干预和制动干预组合进行 VDA 换道（参见文前彩插）

性的反向转向是自动进行的并且由于驾驶员感觉不到因此可极早进行。随着侧滑角的增加，制动干预也明显增大。

## 26.5 驾驶员转向建议的功能模块

如果将转向系设计为用于力矩叠加的系统，则以驾驶员转向建议（DSR）的形式进行转向干预。当车辆快要偏离驾驶员期望的路线时，在方向盘上可感到明显的脉冲提示，即应朝哪个方向转向以稳定住车辆。功能模块与图 26-7 中的角度叠加一样，只需增加一个模块用于将额定转向角转换为叠加力矩 $M_{DSR}$。驾驶员现在进入了调节中的"封闭环"。以电动助力转向为例说明作用链条（图 26-10）：驾驶员以 $M_F$ 的转向力矩作用在转向系上，用 $M_R$ 的复原力矩作用在车轮上并用转向辅助力矩 $M_A$ 作用在助力转向上。借助扭力杆以手动力矩 $M_H$ 测量转向系内的反应并与叠加力矩一起放大到助力转向中。这会产生转向系内的触觉回馈，这有助于驾驶员在危急的情况下迅速和正确地做出反应。

在过度转向及在 $\mu$-Split 路面上行驶的情况下，力矩叠加用于驾驶员进行的稳定反向转向。车辆在弯道行驶时在前轴向外推的转向不足的情况下，驾驶员不应迅速过量采用最大的侧力。大多数驾驶员在这种情况下自然而然地做出继续打方向盘的反应。驾驶员转向建议促使驾驶员不继续打方向盘，而是继续保持原有状态。为此，在超过计算的转向角限制 $\delta_{lim}$ 时施加一个叠加力矩 $M_{DSR}$ 且只有当驾驶员调节到在规定的车道摩擦系数下可在前轴上提供最大侧导向的车轮转向角 $\delta_r$ 的情况下叠加力矩才会降低，参见图 26-11。

26 通过制动干预和转向干预进行行驶动态控制

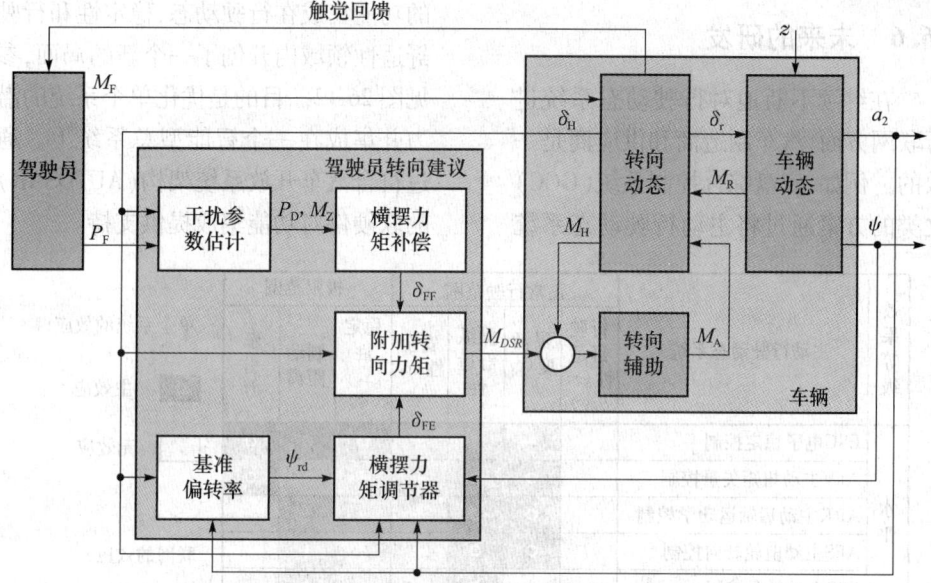

图 26-10 通过力矩叠加实施驾驶员转向建议

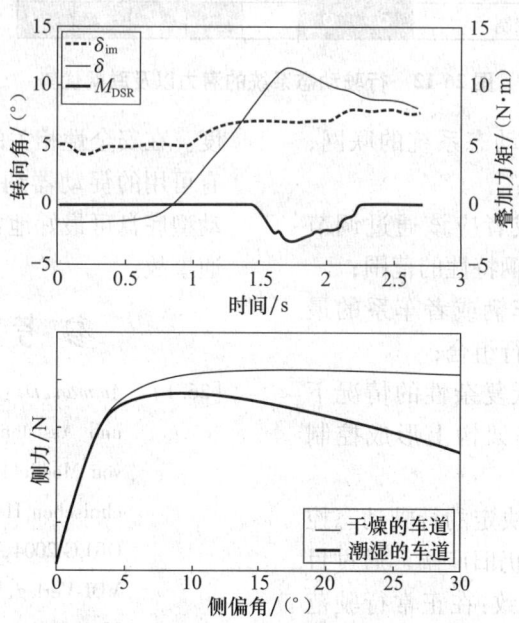

图 26-11 带驾驶员转向建议和在较高车速下在不同的车道摩擦系数下轮胎侧力的转向不足情况

## 26.6 未来的研发

在继续不断地对行驶动态系统进行联网方面,汽车制造商和供应商是一致的。例如,底盘综合控制系统(GCC)之类的方案通过将主动行驶动态系统的功能集成在行驶动态、稳定性和行驶舒适性领域内开创了一个新的局面,参见图26-12。目的是优化单个系统的潜力并集成在一个智能型总系统上。通过符合汽车开放系统架构(AUTOSAR)的软硬件对功能集成提供支持。

| 效果等级 | 主动行驶动态系统 | 正常行驶范围 ||||  极限范围 |||
|---|---|---|---|---|---|---|---|---|
| | | 行驶舒适性 ($z,\theta,\varphi$) | 灵活度 ($y,\psi$) | 操纵舒适性 | 安全性 | 稳定性 ($x,y,\psi,\varphi$) | 制动距离 | 牵引力 |
| 水平 | ESC 电子稳定控制 | | + | + | + | O | O | O |
| | ATV 主动扭矩矢量控制 | | O | O | + | + | | O |
| | ARK 主动后轴运动学控制 | | O | O | + | + | | |
| | AFS 主动前轮转向控制 | | O | O | + | + | | |
| | EPS 电动转向控制 | | | O | + | | | |
| 垂直 | EAS 电子空气悬挂控制 | O | | O | | + | | |
| | ARS 主动横摇稳定器 | | | | | + | | |
| | EAD 电子可调式减震器 | O | O | | | + | + | |
| | ABC 主动车身控制 | O | O | | + | + | + | |

单个系统的效应:
- O 主效应
- □ 无效应

联网的效应:
- + 与其他的主动系统或者环境传感器系统联网

**图 26-12 行驶动态系统的潜力以及联网优势**

持续推动行驶动态系统的联网,目前的主要挑战是:

◆ 给出可以或者应该通过调节系统确定和构建车辆特性的范围;

◆ 将特定的车辆或者车系的最好的系统文件包进行组合;

◆ 在需要降低复杂性的情况下在特定的电子设备架构上形成控制功能。

不断由制造商决定的行驶动态控制的协调方案之路仍旧广阔。通过目标设定达成下列一致:在正常行驶范围内,控制器用于确保最大的舒适性和行驶乐趣。同时,汽车制造商在分别调节车辆特性方面拥有所有的自由度。在安全性相关的极限范围内将所有可用的促动器纳入调节系统中:主动型底盘可最好地帮助驾驶员避免交通事故。

# 参考书目

[26.1] Amman, D.: Künftige Fahrdynamik- und Assistenzsysteme-eine Vielzahl von Möglichkeiten und regelungstechnischen Herausforderungen. AUTOREG 2004, VDI-Berichte Nr. 1828, VDI-Verlag, Düsseldorf, 2004, S. 1-23.

[26.2] Smakman, H.; Köhn, P.; Vieler, H.; Krenn, M.; Odenthal, D.: Integrated Chassis Management-Ein Ansatz zur

[26.3] Raste, T. ; Semmler, S. J. ; Rieth, P. E. : Strukturierung der Fahrdynamikregelsysteme. Aachener Kolloquium Fahrzeug-und Motorentechnik, 2008, S. 673-685.

[26.3] Raste, T. ; Semmler, S. J. ; Rieth, P. E. : Global Chassis Control mit Schwerpunkt auf Hinterradlenkung. Aachener Kolloquium Fahrzeug-und Motorentechnik, 2006, S. 759-774.

[26.4] Raste, T. ; Kretschmann, A4. ; Lauer, P. ; Eckert, A. ; Rieth, P. E. ; Fiedler, J. ; Kranz, T. : Sideslip Angle Based Vehicle Dynamics Control System To Improve Active Safety. In: Proceedings of FISITA World Automotive Congress, Budapest, 2010.

[26.5] Salfeld, M. ; Stabrey, S. ; Trächtler, A. : Analysis of the vehicle dynamics and yaw moment maximization in skid maneuvers. TÜV-Congress Chassis Tech, München, 1-2 March, 2007.

[26.6] Schiebahn, M. ; Zegelaar, P. W. A. ; Hofmann, O. : Yaw Torque Control for Vehicle Dynamics Systems. Theo-retical Generation of Additional Yaw Torque. VDI-Tagung Reifen-Fahrwerk-Fahrbahn, VDI-Berichte Nr. 2014, 2007, S. 101-119.

[26.7] Schröder, W. ; Knoop, M. ; Liebemann, E. ; Deiss, H. ; Krimmel, H. : Zusammenwirken aktiver Fahrwerk- und Triebstrangsysteme zur Verbesserung der Fahrdynamik. Aachener Kolloquium Fahrzeug-und Motorentechnik, 2006, S. 1671-1682.

[26.8] Schwarz, R. ; Dick, W. : Die neue Audi Dynamiklenkung. VDI-Tagung Reifen-Fahrwerk-Fahrbahn, VDI-Berichte Nr. 2014, 2007, S. 65-80.

# 27 摩托车的行驶动态控制系统

*Patrick Seiniger, Jürgen Bachmann, Alfred Eckert, Jörg Reissing*

每条行驶线路上摩托车发生事故致死的风险都要比其他交通事故致死的风险高得多。尽管如此,目前仅研发了针对直行的制动和加速打滑控制系统作为摩托车的行驶动态控制系统。1988年首个摩托车ABS投放市场[27.1],1992年首个驱动打滑控制系统投放市场[27.2]。但是,相比轿车而言,它们的市场进入程度较低,只是在最近五年来才有了明显的增加。

2008年第四代防抱死系统和第二代牵引控制系统投放市场。基本方案主要是弯道行驶中的技术限制得到了推进,但原则上并没有发生变化。此外,除这两种纵向控制系统外还未出现其他的行驶动态控制系统。

本章节说明了摩托车相对而言较小的行驶动态调节可能性的原因,对现有系统的功能方式进行了概述并展望了未来所需的行驶动态调节系统。

## 27.1 行驶稳定性

摩托车(下文不使用单轨车辆这个精确的技术术语)和轿车(双轨车辆)的最明显差异就是车辆的稳定性,特别是停车状态时的稳定性。摩托车是一种不稳定的系统;不稳定就容易翻车。应通过不同的动态机械系统来对其进行稳定。但是,恰巧是这种不稳定使得摩托车驾驶这种驾驶方式成为一种有吸引力的运动方式:在倾斜的状态下驶过弯道;某些作家将摩托车驾驶比作"不必离开地面的飞翔"。

相对于双轨车辆,摩托车更适合过弯。车辆的倾斜角度被称为横摆角$\lambda$并在固定弯道行驶时和车辆离心力与重力的合力与车轮接触线相交的角度相等。在车轮接触线上不产生滚转力矩,车辆以类似于倒立摆的所谓的不稳定平衡方式行驶。

稳定弯道行驶的力平衡图示在图27-1中。调节的理论横摆角$\lambda_{th}$是:

$$\lambda_{th} = \arctan \frac{F_F}{G} = \arctan \frac{m \cdot \ddot{y}}{m \cdot g}$$

$$= \arctan \frac{\ddot{y}}{g} = \arctan \frac{v^2}{R \cdot g}$$

(27.1)

式中,$G$为车辆的重力;$F_F$为离心力;$m$为质量;$\ddot{y}$为车道相关的横向加速度;$v$为行驶速度;$R$为弯道半径。

因此,横摆角仅取决于横向加速度。通过轮胎最大横向摩擦系数:

$$\mu_{横向,max} = \frac{\ddot{y}}{g} \quad (27.2)$$

可计算出最大横摆角:

27 摩托车的行驶动态控制系统 451

$$\lambda_{th} = \arctan\mu_{quer}$$
$$\leqslant \arctan\mu_{横向,max} = \lambda_{th,max}$$
(27.3)

稳定住摩托车(实际上旋转的前轮用于产生回转稳定性)。

这两种机械方式之间是可平顺过渡的。

图27-2 图示了摩托车系统的车轮支撑点和重心投影。可以看出的是通过移动车把可控制重心和车轮接触线(其近似于滚动轴)之间的水平间距。驾驶员可随着转向运动控制重心和滚动轴之间的杠杆臂并由此稳定滚动运动。

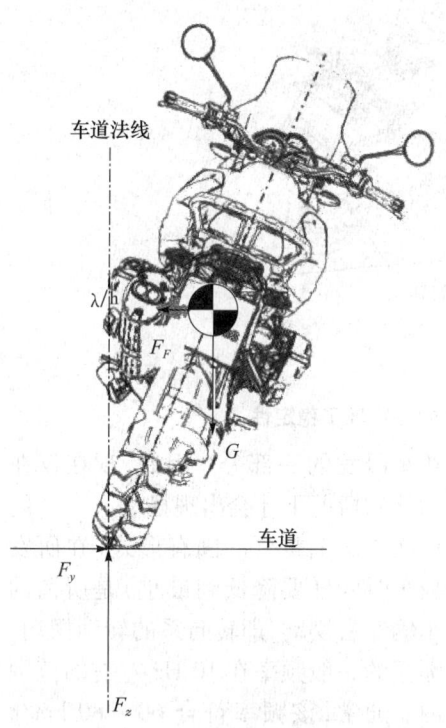

图27-1 弯道行驶时的力平衡

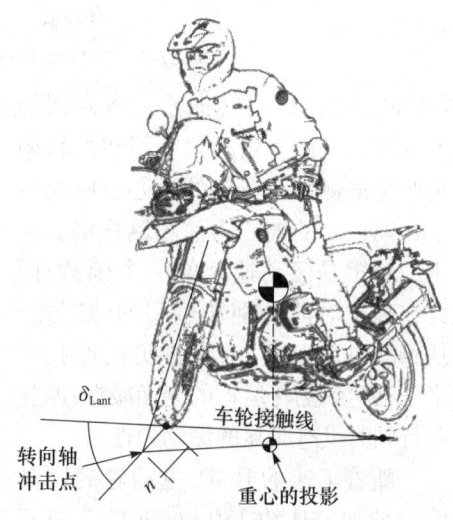

图27-2 通过转向回转稳定车辆

现代摩托车轮胎的横向摩擦系数在干燥光滑路面上可达到1.2的数值范围,这样可在不超过50°的物理横摆角下行驶。

不稳定平衡的特点是即使出现最小的偏移也不能再回归平衡状态,这种特性称为不稳定。可通过两种机械方式稳定住摩托车:

◆ 在低于约30 km/h 的较低速度下驾驶员通过类似于自行车的转向回转稳定住摩托车;

◆ 在高于约30 km/h 的较高车速下通过摩托车旋转质量的回转效应

从约30 km/h 的速度起,车轮的转动达到较大数值,从而可通过车辆的回转效应稳定住车辆的翻转运动。稳定的机械方式图示在图27-3 中。

一个垂直于其旋转轴受到干扰的回转仪,以一个垂直于旋转轴和干扰轴的反作用力矩进行响应。该机械方式将摩托车绕滚动轴的运动方程与转向系的运动方程结合起来。车辆倾翻

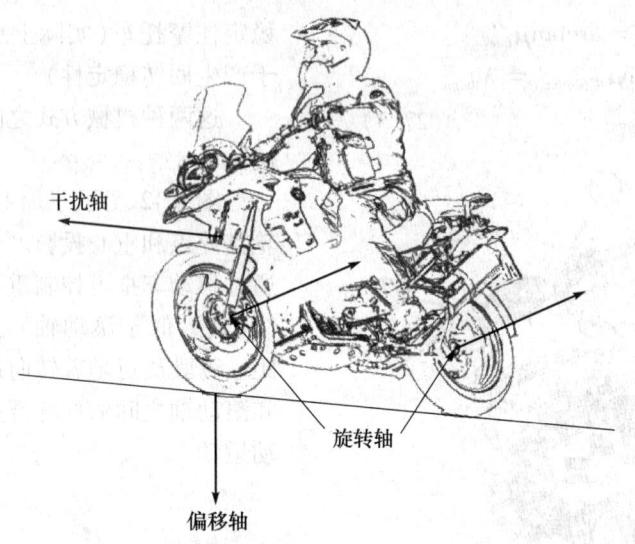

**图 27-3　在前轮上通过回转效应实现了稳定性**

(例如,向右)使得转向系沿着相同的方向向内转向。由前轮上形成的转向角产生的侧力在车辆的重心上施加一个相同大小的离心力使车辆稳定。由于回转矩是滚动速度的一个函数,因此在稳定时涉及翻转过程的纯减振。从约 30 km/h 起,对于常见的摩托车来说已达到翻转运动的全面减振;摩托车行驶时没有明显的滚动角偏移。

随着车速的升高,主动轮的回转效应增加。从约 130 km/h 的车速开始,根据稳定特性系统可能重新变得不稳定。随后出现的摩托车所谓的固有钟摆运动形式是整车相关联的横摆、滚摆和转向摆,这在极限情况下会因超出前轮和(或)后轮的附着极限导致摔车。根据车辆的不同,钟摆频率在 2~4 Hz 之间。在开始摆动时最有效的补救措施是降低行驶速度。对产生钟摆摆动最重要的影响是前轮和后轮之间的抗扭性和车辆的惯性特性。最大程度降低钟摆现象是现代摩托车研发的一部分。因此,现在仅在例外的情况下才会出现摆动。一个同样在技术上重要的固有形式(在研发新车时同样要降低到最小)是所谓的车辆左右摆动,即转向系的转动摆动。颤振的一般频率在 10 Hz 左右的范围内。通常,该频率符合 60~80 km/h 时前轮的旋转频率。此外,因车轮的不平衡性和不均匀性刺激会形成颤振。作为补救措施,一般情况下应更为牢靠地抓握住车把,以提高转向系的惯性矩并由此降低固有频率。

一个具有极复杂作用变量的振动是所谓的车把反冲,它不是固有形式,而是转向系一种对称刺激的振动。出现车把反冲的前提条件是车轮负载波动(例如,因地面起伏对前轮施加转向力矩)。

当车轮负荷迅速降低时,相应的转向力矩向内转动转向系,前轮的侧偏变大。随后增加的车轮负荷施加一个过大的侧偏并由此在前轮上产生一个过大的侧力,其使车把反向朝零位的方向转动。在相应的刺激下这些车把运动可覆盖两个转向极限之间的整个范围。防止车把反冲的常见补救措施是采用液压转向减振器。

摆动和颤动这两个固有形式对驾驶员辅助系统不重要,已有转向系内带主动减振装置的车辆,该装置用于影响车把反冲。

## 27.2 制动稳定性

"理论滚动角"这个名称表明,计算出的数值仅是一个理论性质。滚动角方程式(27.1)同样仅适用于理想的窄轮胎。为了确保平衡,使用实际的轮胎时需要一个附加的倾斜角,原因是车轮接触点现在不再位于车辆对称面中,参见图27-4。根据轮胎宽度

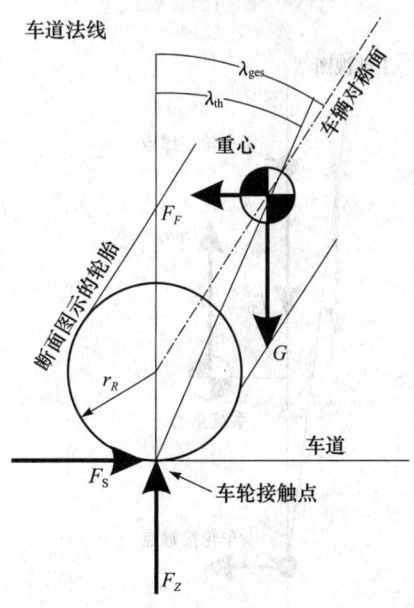

图 27-4 轮胎宽度所限的附加滚动角以及制动转向力矩的形成

(较大)和重心高度(较小),所谓的"轮胎宽度所限的附加滚动角"λ′约为 $\lambda_{th}$ 的10%。其他的附加滚动角(λ″,λ‴)比这个首个轮胎宽度所限的附加滚动角低一个或两个量级并且对于了解摩托车行驶动态的特点并不重要,实际上可以忽略。其他信息请参见[27.3]。

通常,现代摩托车的轮胎宽度和重心高度总滚动角是:

$$\lambda_{ges} = \lambda_{th} + \lambda' \approx 1.1 \cdot \lambda_{th}$$
(27.4)

因此,在典型摩托车上,在最佳的条件下会出现不超过55°的几何滚动角。一般情况下,诸如排气装置和搁脚板之类的加装件会将摩托车的滚动角限制在50°的数值上。

但是在弯道制动时,附加滚动角会起很大作用:摩托车的转向轴通常位于对称面中。因此,施加在车轮接触点的制动力在弯道行驶时获得一个转向轴的杠杆臂。它在转向系内施加一个向内转向的力矩——制动转向力矩。驾驶员的任务是均衡该力矩并保持住路线。如果驾驶员不能完成该任务,转向系便会向弯道内侧转动,前轮上的侧倾和横向加速度增加并打正车辆。在极端情况下,制动转向力矩会达到约 90 N·m,这几乎与制动压力同步升高。该效应(物理上不完全正确)称为停止力矩。如果还出现制动力脉动,如通过调节前轮的ABS,对于驾驶员来说几乎无法保持住路线。

车轮抱死时,摩托车的特性也同样与双轨车辆完全不同。最近研究表

明，两个前轮的抱死不会影响方向稳定性，而后轮抱死则完全不同。相反，摩托车前轮抱死几乎不可避免会发生摔车。原因一方面是因为随后消失的回转稳定性，但主要是由于车辆的运动不稳定性。对于双轨车辆在不超过某个特定极限侧滑角时前轮抱死是稳定的，对于普通轿车来说，该角度约为45°。对于摩托车来说，侧滑角或者滚动角最小的偏转对于侧滑运动和滚动运动的自我增强来说就足够了，参见图27-5。

抱死的前轮（打滑 $s = 1$）仅逆着其运动方向传递一个受 $\mu_{\text{滑}}$ 数值大小和车轮负荷所限的作用力，但是不再有转向力。如果该作用力围绕着重心有一个杠杆臂，便会导致一个偏移转向或者侧滑转向。如果转向增大了杠杆臂便是一种不稳定的运动。由于摩托车是一种不稳定的车辆其始终通过回转效应或者转向运动进行稳定，因此始终有一个施加在车轮接触点的横向力。一个逆着运动方向施加在前轮上的制动力（像在抱死的前轮上施加的一样）总是引起一个自增强的横摆运动——车轮接触线在该重心下转向一边。

前轮抱死和摔车之间测量到的时间为 0.2 ~ 0.7 s。如果车辆已位于一个弯道内，则时间明显少得多[27.4]。

在摩托车和轿车之间，制动力在前轮和后轮上的理想分布明显不同。摩托车的重心高度和轮距之比比轿车大得多，因此车轮载荷转移在减速时也更大。加上目前轮胎抓地性非常好，现在的摩托车可达到制动叠加点。通常通过重心位置和轮距，也通过车辆的几何数据限制最大减速度，而不

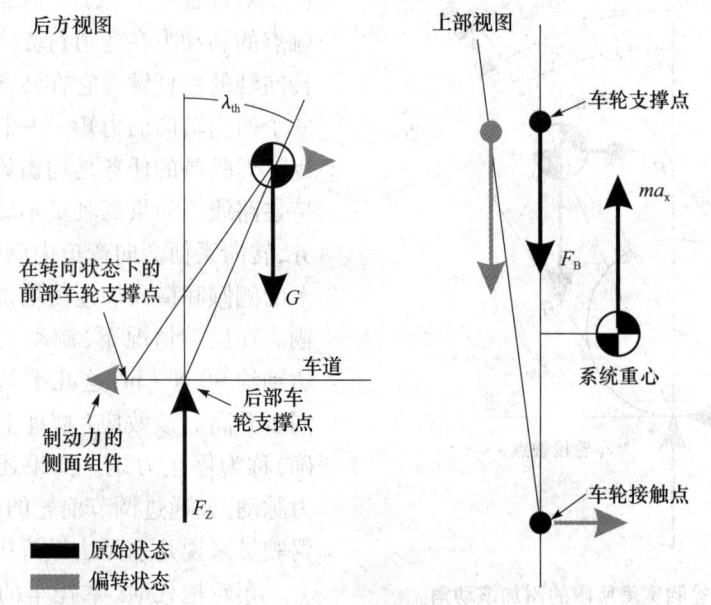

图 27-5 横摆和滚动的运动不稳定性（说明参见[27.4]）

再通过制动系统或轮胎。

图 27-6 图示了典型的轿车（Opel Astra H）和典型的摩托车（BMW R1150RT）在忽略俯仰颠簸所限的底盘几何形状变化的情况下理想的制动力分配。图 27-6 中显示，摩托车理想的制动力分配在约 11 m/s² 的减速度时与 $x$ 轴相交。较大的减速度仅在抬起后轮后才有并随后无法再稳定行驶。

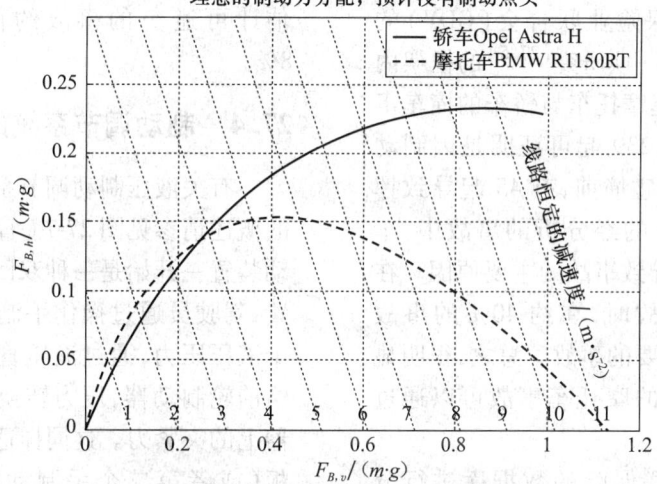

图 27-6 轿车 Opel AstraH 和摩托车 BMW R1150RT 的理想制动力分配（装备有测量装置并由此明显延后抬起前轮），在自测重心位置的基础上进行计算

图 27-6 图示的制动力分配曲线仅适用于无横向加速度的行驶。在弯道制动期间，滚转力矩在车轮接触点上进行支持，车轮负荷及由此造成的可传输的制动力发生变化。这种支持改变了前轮和后轮之间的车轮负荷分布[27.3]。

此外，图 27-6 图示的曲线仅适用于静态减速。俯仰颠簸过程明显减缓了车轮负荷转移，相反，控制前轮上的制动力几乎不会有时间延迟。特别是在带运动制动点头负平衡并由此带较大俯仰运动的摩托车上（例如，对于采用伸缩式前轮叉的车辆），在车速不高驾驶员感觉不危险的制动压力下就有前轮抱死的危险，结果是几乎不可避免的摔车。这种现象称为动态前轮过度制动[27.3]。

## 27.3 与行驶动态控制相关的摩托车事故

近 15 年德国每年致死摩托车驾驶员的数量大致恒定保持在 800 ~ 1 000 人之间，而 2008 年该数字首次明显下降（656 人），2009 年证实有 650 名摩托车驾驶员死亡。虽然研发很积极，但摩托车驾驶员致死数量降低的速度明显慢于死亡总数降低的速度。

通过所说的摩托车前轮抱死的问题结合动态前轮过度制动的危险可推

测出制动造成的交通事故占了很高的比例。联邦统计局的数据材料不足以证明这种推测。但是德国保险公司拥有详细描述大量摩托车事故的数据库,根据不同的标准,其对在德意志联邦共和国境内发生的交通事故具有代表性。

在德国保险业联合会(GDV)的数据库中,在一项研究[27.5]的框架内分析了610起摩托车与轿车的撞车事故。其中,有239起可证明是因制动造成,在发生碰撞前,有45起导致摔车。在约7%的经分析的事故中,车轮抱死也是导致事故的主要原因。在分析单车事故时,在约40%的事故中,摔车是首要的事故。总之,很明显有至少20%的摩托车事故可以通过ABS避免。

在对安联保险的数据库进行分析[27.6]时,同样有8%~17%的受调查的事故被证明是可通过ABS避免的事故。推广到所有的交通事故可得出摩托车通过全面使用ABS可减少80名致死者。

由于数据库不精确,因此可靠确定未来行驶动态调节系统的潜力很难。在一项相关研究中[27.7]将未制动的弯道事故评估为具有潜力的可通过未来的行驶动态调节避免的事故并估计可避免的事故约占总事故的8%。

## 27.4 制动调节系统的技术现状

有关液压制动调节系统作用原理的概述请参见图27-7。摩托车液压制动装置一开始是一种双回路的制动装置,驾驶员通过操作手制动杆产生一个液压压力,通过液压管路将其传输给前轮制动器,压力转换为车轮制动器上的夹紧力。这同样适用于制动踏板(或者第二个手制动杆)的操纵。现在主要使用盘式制动器作为车轮制动器。这些制动装置技术上十分成熟,应用广泛,但是在不采取其他措施的情况下不符合现代摩托车制动装置

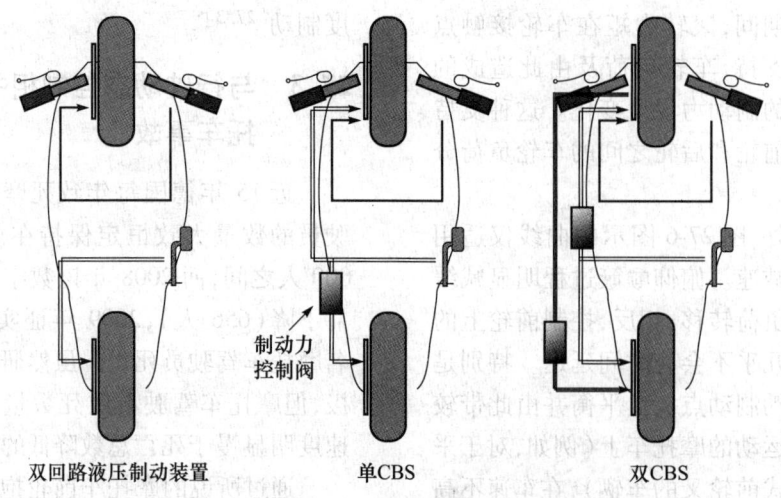

双回路液压制动装置　　　单CBS　　　双CBS

图27-7　摩托车液压制动装置的作用原理

在避免车轮抱死方面的要求。为了达到较短的制动距离，驾驶员必须自行调节制动系统中的压力，也就是说按照理想的制动力分配尽量快速地在前轮建立其制动压力并不使车轮发生抱死并同样尽快在后轮建立起制动压力，随后由于制动期间的动态车轮负载转移再次降低制动压力，只有这样才能确保在保持摩托车稳定的情况下获得较短的制动距离。

一般情况下，一个摩托车驾驶员无法胜任这些调节任务，尤其是在紧急情况下。这或者导致无法最佳地将车辆减速（制动压力升高得过缓、过慢或者梯度过小）或者过度制动车轮，也就是说抱死，这样必然危及车辆的稳定性并在一般情况下会导致摔车。

为了进一步接近理想化的前轮和后轮的制动力分配，在市场上出现了带有所谓组合制动系统（CBS）的摩托车。CBS 有两种规格：

◆ 单 CBS：这种 CBS 的手操纵装置作用于前轮，脚操纵装置（或者第二个手操纵装置）作用于前轮和后轮。这样也可通过仅操纵一个操纵单元达到相对高的减速效果。

◆ 双 CBS：这种 CBS 不仅通过操纵手制动杆也操纵制动踏板对两个车轮进行减速。

这种系统在液压上相对耗费巨大，特别对于双 CBS 需要带附加连接的制动气缸的浮式前轮钳（一个所谓的副缸）。这用于在后轮上建立压力，然而还意味着从前轮制动前至液压分体式后轮制动钳的液压连接，对这两个系统的前轮制动钳进行液压分配（例如，5 个活塞与手操纵装置连接，一个活塞与脚操纵装置连接），这同样对总系统的成本有决定性的影响。

用压力限制器或者制动力控制阀对该制动系统进行补充后，根据所需的制动力分配限制前轮和后轮上的压力。

### 27.4.1 液压 ABS 制动装置

但是，仅用一个系统确保避免车轮抱死并保持住稳定性，该系统附着感应地调节制动压力，从而在制动车轮临近抱死时重新对其进行加速并由此保持侧向力。有关液压 ABS 制动装置作用原理图示在图 27-8 中。

这种防抱死系统（ABS）早在 1978 年就已经应用到轿车上了。

首个摩托车 ABS 系统 1988 年应用在 BMW K100 上并自此在摩托车界获得了越来越多的认可。对于双回路制动系统，ABS 在操纵装置和车轮制动器之间切换，其通过每个液压循环中的车轮转速传感器识别每个液压循环中车轮的运动。如果一个车轮在制动时旋转速度大比例地明显下降，则识别该情况并通过制动压力调节装置再次降低制动压力。如果车轮再次接近达到车辆的参考速度，则再次提高制动压力，以继续对车辆进行制动。目前在低级车中也广泛使用带阀门的双通道系统。相比智能制动系统，它轻便、成本低廉。单 CBS-ABS 装置的原理看起来差不多，仅通过将后轮操

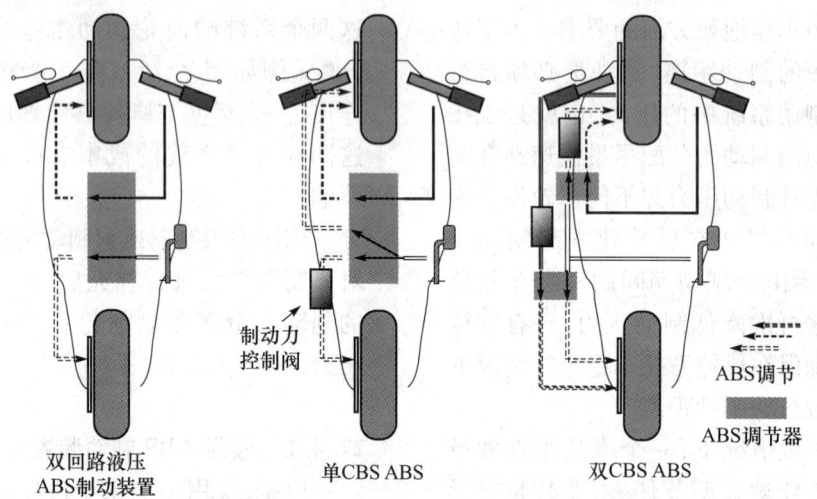

图 27-8 摩托车液压 ABS 制动装置的工作原理

纵装置连接在前轮上产生另一个调节器回路。这些装置总共需要三个调节通道,他们相互之间可独立进行调节。双 CBS-ABS 的显著特征是通过 ABS 调节器对上述双 CBS 制动装置进行补充。由于各需要一个通道用于前轮的手操纵装置,从脚操纵装置至前轮和后轮以及从前轮的副缸至后轮的制动压力调节器,因此总计需要使用 4 个调节通道。对于所列的 ABS 系统来说,作为制动压力调节器泵、阀配置,也单独使用活塞系统。

### 27.4.2 电动液压联动式制动装置

由于 ABS 装置无法自主建立起制动压力,因此单纯的 ABS 装置是被动式的。但是我们在轿车领域里知道,除各个车轮上的 ABS 功能之外,该装置是主动式的,也就是可自主建立起压力。根据这种技术,在摩托车领域里研发出了电子联动式制动装置。有关摩托车 ABS 电子制动装置作用原理请参

见图 27-9。类似于 CBS 装置,它可在操作制动回路时主动在其他的制动回路中产生制动压力,而不必在制动钳中采取其他的液压连接或者采取特殊措施。半联动式制动装置将主动效应限定在一个制动回路上,全联动式制动装置可主动影响两个制动回路。

**(1)不带放大器功能的联动式制动装置**

在此,技术现状是指使用汽车领域熟知的阀门技术。特殊的规格是部分联动式制动装置,该装置仅在后部主动建立制动压力,也就是说该系统可以实现从手制动杆至后轮的联动功能。

Continental 的半联动式制动系统由总共 6 个液压阀门组成,2 个用于前轮回路,4 个用于后轮回路,3 个压力传感器,每个车轮回路各有 1 个低压蓄能器和 1 个液压泵,并有 1 个电子控制单元(ECU)。通过一个电机驱动每个车轮回路的 2 个泵。系统概况参见图 27-10。

27 摩托车的行驶动态控制系统

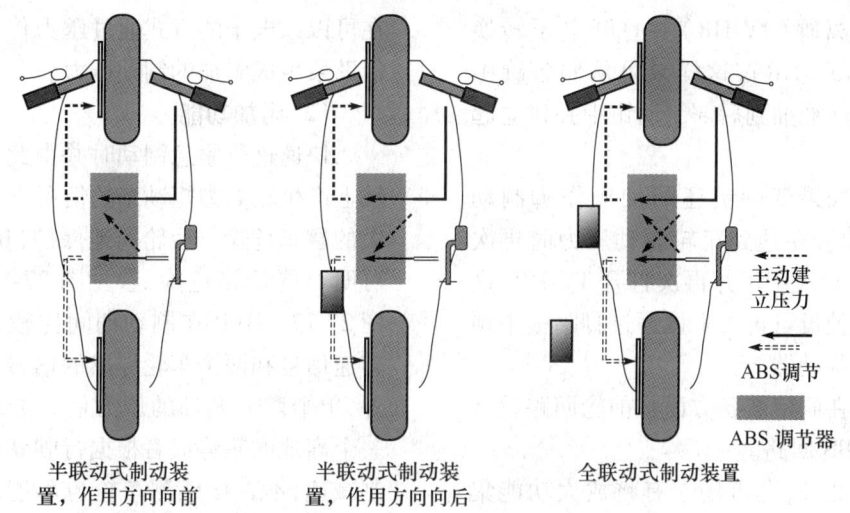

图 27-9 电子联动式制动装置的工作原理

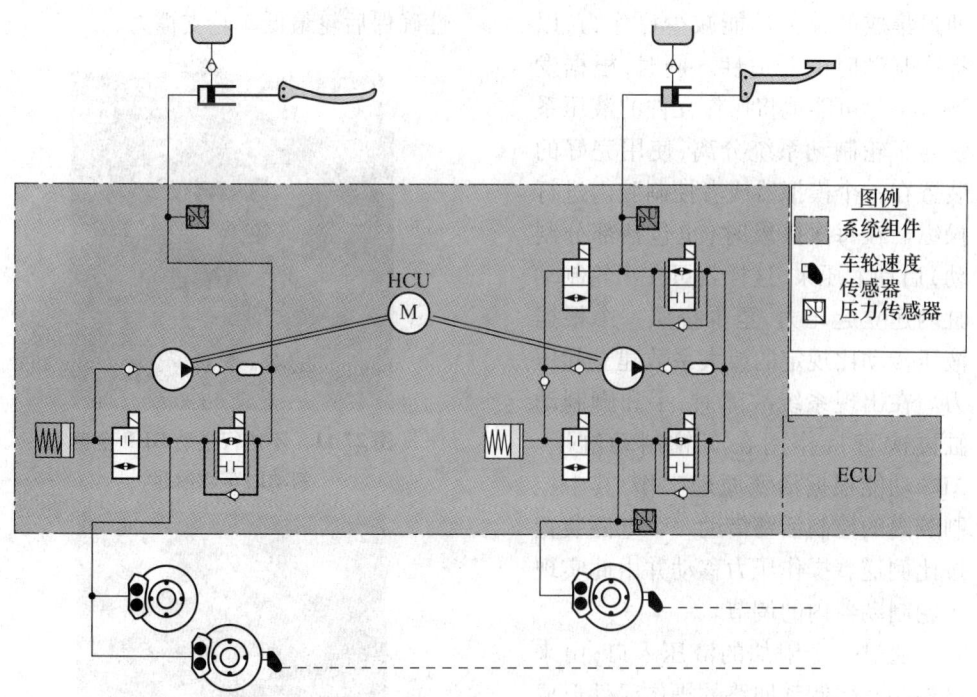

图 27-10 摩托车联动式制动系统 MIB,半联动式功能

如果驾驶员操纵手制动杆,压力便会以液压的方式传递给前轮制动器,同时压力传感器测量压力升高并将信息传递给ECU。根据规定的特征曲线、工作状态或者其他参数控制泵的电机。在后轮上主动建立压力时关

闭隔离阀(TV-HR)并打开电子转换阀(EUV-HR),这样泵可从储备罐中将制动液抽到后部制动钳中并建立起压力。

如果驾驶员还附加操作脚制动杆,便会在达到车轮制动压力时再次关闭 EUV-HR 并再次打开 TV-HR,这样驾驶员可再次直接通过脚踏板干预后轮制动器。

在阀门装备方面将前轮回路设计为 ABS 回路。

此外,在市场上有将放大功能集成在整体功能上的系统。FTE 制造的 CORA 和 CORA BB 就是此类的装置。通过集成的放大功能减少操作力,以提高制动时的舒适性。同时,根据发展水平尽可能地将操作元件的液压系统与车轮制动系统分离,使用完好的装置在一个模拟器或者控制腔内进行操纵。在每次操纵时(也包括部分制动)启动液压泵,这样就可在车轮制动缸内建立起压力,至少按照一个根据液压传动比规定的放大系数建立起压力。在出现系统故障时,手和脚制动缸再次直接作用在车轮制动缸上。ABS 功能根据活塞原理工作,其中控制腔内的控制活塞借助一个电磁装置按比例逆着操作压力移动并由此实现车轮制动器内的调节。

通过一个附加的液压入口,由来自相应其他制动回路的操作元件形成联动式功能。该压力通过一个分离活塞作用于控制活塞并如同在相应的车轮制动器上正常操作一样通过几何结构调节最低联动制动压力。此外,现在可以以电子的方式通过压力传感器借助泵生成附加的制动压力。

**(2)附加功能**

快速进行紧急制动时并由此在横轴上产生较高力矩动态的情况下有很大的翻车危险。后轮离地保护(RLP)可明显降低该危险,参见图 27-11 和图 27-12。RLP 在制动期间比较车轮转速信号和两个车轮导出的信号。此外,单个调节循环的压力信息处理为一个离地的趋势或者根据行驶状况限制减速,不直接感测车轮与车道之间的间距。前轮的压力调节算法降低 ABS 下的制动压力,用尽量高的可靠性确保后轮最低车轮支撑力。

图 27-11　不进行主动 RLP 全速制动时车轮抬起

图 27-12　使用主动 RLP 的全制动

# 27 摩托车的行驶动态控制系统

主动制动压力分配系统（ABD）负责将驾驶员制动意愿分配在2个车轮上。在与由驾驶员通过2个操作单元直接液压供应的制动压力进行交互时进行分配，其中通过软件实施从手制动杆至后轮以及从制动踏板至前轮的相应分配。

基本特征曲线可针对理想的制动力分配并根据情境进行变化。在这里只使用诸如车速之类的输入参数，也包括驾驶员制动特征描述的信号，这样，可在极小的车速下降低后轮制动器的效果，以达到最佳的操作。但是，ABD 需要一个诸如 MIB 或者 CORA BB 之类的主动制动系统。

未来摩托车会像汽车一样，大量的辅助功能会不断减轻驾驶员的负担并提高行驶安全性。

## 27.5 驱动防滑系统的技术现状

为了提高安全性，在近年来不断增长的功率密度方面，自动稳定控制系统（ASC）是这期间制造的制动调节系统有益的补充[27.6]。目前唯一投放市场的系统是由 BMW 摩托车公司于 2006 年采用的自动稳定控制系统（ASC）。

尤其是在摩擦系数有变化或摩擦系数较小的车道上加速时，该系统对驾驶员提供辅助。系统组件图示在图 27-13 中。根据道路特性，其在物理极限内限制发动机传递的驱动力矩，这样能很大程度避免后轮不受控制的打滑。但是使用 ASC 也需要一种谨慎的行驶方式。虽然进行了驱动打滑调节，但也需要在倾斜位置处根据情况调节加速度。

量产摩托车中的 ASC 是为在公共道路上行驶而设计的，其设计目的不是为了获得最大可能的加速度或者从极大的倾斜位置进行最大加速。在此要指出的是，辅助系统应对驾驶员

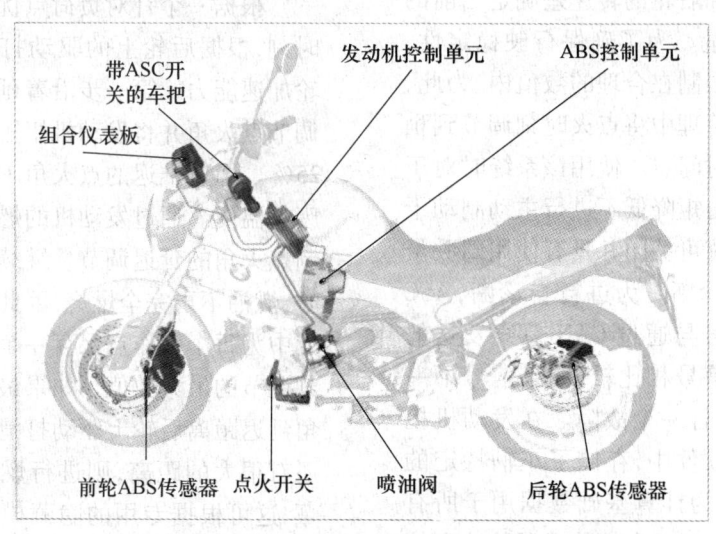

图 27-13 以 BMW R1200R 为例的 ASC 系统概况

提供支持并不应扩大单轨车辆的物理界限。赛车应用情况下的系统经常调节到较高的摩擦系数（如赛车轮胎的摩擦系数一样）和一个相对狭窄的应用范围。此外，通过采集倾斜位置对ASC调节进行辅助，这样把对高调节品质的要求和切勿损害倾斜位置加速能力的要求相互联系起来。对于量产情况，在目前阶段，采集倾斜位置的成本还无法做到足够低。在确定调节界限时需要在运动式调节和可靠调节之间寻求妥协，因此，需要取决于车速的调节界限，其对于所有的摩托车在行驶模式下可能遇到的倾斜位置都能可靠工作，其中的结果是在较大的倾斜位置（λ>40°）可感到加速能力下降。如果驾驶员需要相应地进行运动型或者急速行驶，则可以通过ASC按钮关闭系统。

ASC控制单元收到ABS车轮传感器的信号并对其进行分析。此外，通过前轮和后轮的转速差确定当前的驱动侧滑量。为了确保行驶稳定性，将侧滑量限制在合理的数值内，为此，在发动机管理中将点火时刻调节到稍迟的点火时间点。使用该系统时对于后轮上的力矩降低不进行主动制动干预。该系统可关闭并具有使用驾驶员信息的自诊断。为进行自诊断，ASC将这些信号与通过CAN总线发送的车轮转速信号相比较，如果信号不一致，则会报告一个故障。在发动机控制装置的软件中，存储了车辆特定的数据，并作为计算基础数据用于所有控制过程。通过车轮传感器脉冲和轮胎特定的滚动半径计算车轮转速。各车轮制造商的车轮半径差别很小，都在容差范围内，会随着磨损的增加而出现变化，因此，应通过在一定的行驶状态下比较前轮和后轮转速调节车轮半径的差异。在车辆特定的参数中，存储了用于相应车辆许可的成对车轮-轮胎的数据。

图27-14图示了为了降低发动机扭矩和降低后轮加速能力的基本调节策略。

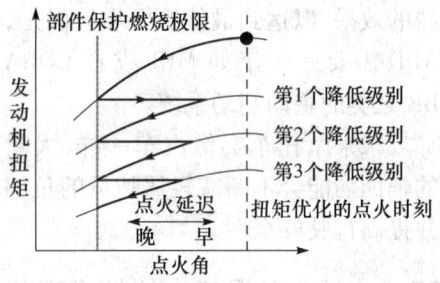

图27-14 扭矩降低的示意图

根据一个针对负荷点优化的点火时刻，根据后轮上的驱动打滑降低后轮加速能力。第一步沿着延迟的方向调节点火角并将发动机扭矩降低最多25%。通过推迟的点火角1强制降低废气温度。通过发动机的燃烧极限限制点火角的延迟调节。继续推迟调节时，燃油不再完全燃烧，因此在控制单元中为每个工作点保存一个该点火时刻调节的最大数值。如果最大的点火角延迟距离后轮上驱动打滑燃烧极限还有很大的距离，则进行燃油喷射隐藏，这可根据专用的隐藏模式选择气缸在不同的降低级别中进行。

在降低级别中,通过将点火时间点调节到延迟的点火时间点可继续降低发动机扭矩。如果重新达到燃烧极限,发动机控制系统切换到下一个降低级别,这说明每个工作循环的进一步喷射被抑制(第2和第3个降低级别)。在最后一个降低级别,如切断进给功能一样,完全抑制住喷油,发动机仅在牵引模式下运行。根据发动机设计在 $n=1\,200 \sim 1\,800$ r/min 的发动机转速下通过软件抑制扭矩干预,这样可避免使发动机停机并由此抱死后轮。保持发动机运行能力的调节在该转速范围内(按照挡位车速 5~15 km/h)比保持车辆稳定具有较高的优先级别。在该车速范围内,发动机扭矩管理器忽视或者限制继续降低扭矩的要求。相应地,电子组合仪表不显示 ASC 调节。过渡到用于降低驱动打滑的降低级别应匹配行驶和打滑情况,相反,应尽量迅速进行复位,以限制不必要的加速能力。

ASC 系统其他的功能是识别和避免加速翻覆(所谓的"前轮抬起")并使系统匹配越野车。

如果驾驶员在明显加速时出现"前轮抬起"现象,便会强制前轮慢于后轮。ASC 调节将其识别为后轮打滑并通过发动机负荷干预降低后轮上的驱动力矩。

对于越野车来说,道路专用的打滑阈值经常是不适用的,特别是在松软的地面上行驶时需要较大的打滑阈值,因此另外为 BMW 摩托车 Enduro 车型研发了几种越野调节方案。按照如沙土和碎石之类松软地面的特殊打滑特性进行这种调节。用 ASC 按钮可在道路设置和越野设置之间进行切换,但是对于道路行驶来说,越野设置是不适合的。

## 27.6 未来的车辆动态控制

适合自上而下分析的行驶动态调节需要一个划分摩托车可能遇到的行驶情况的系统。按照纵向动态、横向动态和两者组合中车辆和环境传输的作用力的作用方向划分行驶动态证明是一种合适的系统。

ABS 和 ASC 已覆盖纵向动态的范围。类似于轿车领域内的研发,下一个革新阶段是期望对弯道行驶的制动系统和 ASR 系统进行优化(横向动态和纵向动态的组合)。

目前,市场上的摩托车制动系统还没有用于识别弯道的传感器。这样就不能根据弯道制动的特点调节制动策略。图 27-15 图示了目前的量产摩托车(带 BMW 联动 ABS 的 BMWR 1150RT)面临车轮抱死时的时间曲线。在 $t=0$s、滚动角约 20° 和行驶车速为 65 km/h 时前轮转速会明显下降。

由于附着的超负荷,前轮提高了侧偏角,车辆的侧滑率和弯道的曲率降低。为开始进入车轮抱死然后进行调节则降低了制动力,驾驶员施加的向外的转向力矩使车向外转向(沿着相反的转向角)。在结束调节后在前轮上再次施加最大制动力并由此再次

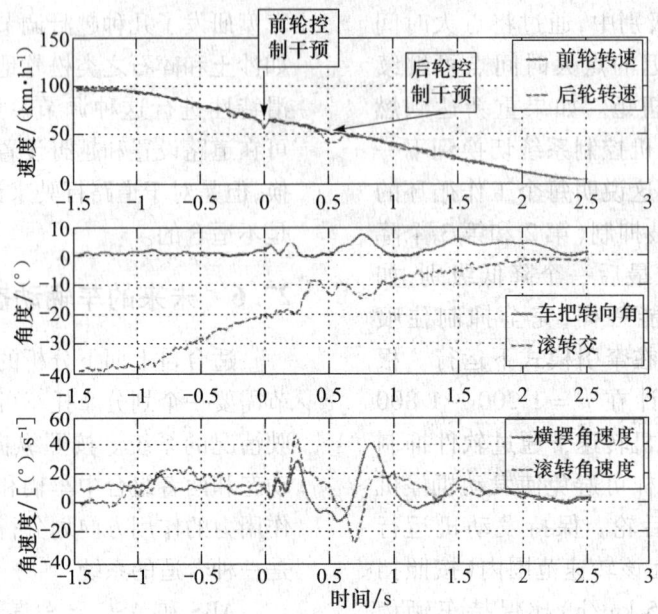

图 27-15 弯道制动时 ABS 调节的过程

施加一个明显向内(同一方向的转向角)的转向力矩,其在驾驶员明显降低力矩时使车把重新向内转向。车把立即开始振动,在该振动的振幅足够时应看到滚动角快速下降(和与此相关较大的滚动角速度),然后出现一个在整个后续制动过程中可识别的车辆的横摆振动和摇动。在实际道路中有可能造成偏离规定的行驶车道的后果。

很明显,转向振动和滚转振动的原因就是第 27.2 节中所述的制动转向力矩加上驾驶员在弯道中进行调节导致的。

改善弯道制动的一个已知的方法[27.3]是明显过度制动后轮。在后轮上限制制动力调节(以恒定的摩擦系数为前提),并且前轮制动力的制动转向力矩应已降低到最小。该措施使减速效果变差,但改善了制动稳定性。实施该制动策略的前提是按照足够的动态和准确度用传感器采集当前的滚动角以及可自由调节制动力分布。使用轿车行驶动态调节系统中的传感器可在不远的将来在量产系统中进行这种探测[27.9]。现在使用最新的制动系统已能呈现可变的制动力分配,因此研发弯道制动系统是一个时间早晚的问题。获知当前的滚动角对驱动打滑调节系统也有好处,在这里也期望在不远的将来研发出适用于弯道的系统。

此外,为了评估行驶动态调节的可实现性首先根据相关事故级别提出了问题。根据 GDV 事故数据库的详细分析以及专家的意见,未制动的弯道事故是有可能影响事故的最大的组别[27.8]。这些事故的原因是突然降低的车道摩擦系数(例如,树叶、光滑的沥青路、冰)或者超出了最大可能的横向加速度。在两种情况下横向加速度不再"匹配"滚转角。但是,为了稳定摩托车需要一个与当前滚转角相匹配的横向加速度。不再满足滚动平衡,摔车是不可避免的结果。为了通过一个技术系统影响这两种事故识别,必须:

◆ 可通过传感器进行识别;

◆ 可通过技术方法对其进行影响。

在试验和模拟中,车辆的俯仰速度(俯仰角变化的速度)是识别危急行驶情况的硬性标准。摩托车轮胎的侧滑在不危急的行驶情况下一般较低,俯仰角仅小幅增加,因此给俯仰速度设定限制。但是,在危急的行驶情况下(当两个车轮滑行时)车辆的俯仰运动是不稳定的。

为了验证俯仰速度作为标准是否合适,用一个带特殊装备的摩托车呈现在低摩擦系数路面上的未经制动的弯道事故,参见图27-16。

车辆的俯仰速度为:

$$\dot{\beta} = \dot{\psi} + \frac{\ddot{y}}{\dot{x}} \quad (27.5)$$

式中,与车道相关的横摆速度为 $\dot{\psi}$,横向加速度为 $\ddot{y}$。

在摩托车上由于两个原因无法采集车道相关的参数:

◆ 安装在车辆上的传感器在弯道中与车辆一起发生倾斜;

◆ 滚动速度和滚动加速度会在传感器内产生附加的惯性力,需要进行校正。

为了确定摩托车中的俯仰速度需要固定在车上的用于测定横摆角速度、滚转角速度、横向加速度、垂直加速度和滚动角的传感器。

图27-17中图示了"摩擦系数激变"事故等级的典型行驶期间的俯仰速度曲线。在 $t = 0s$ 的时间点,摩托车以前轮驶过滑动面。这导致俯仰速度有较小的偏离,但明显需要校,正由于后轮不打滑,车辆起初是稳定的。在 $t = 0.2s$ 时后轮也位于滑动面,车辆建立起明显可识别的俯仰速度。"摩擦系数激变"事故等级也明显分

图27-16 重现未制动弯道事故的行驶试验

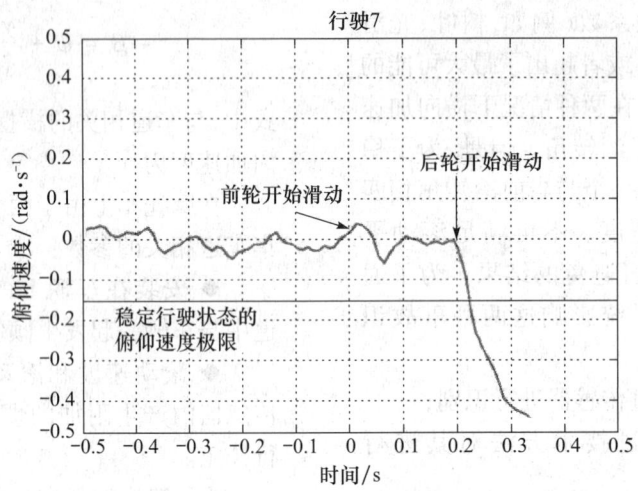

图 27-17 摩擦系数激变期间俯仰速度的曲线。
在时间点 $t=0\ \text{s}$ 时驶过滑动面

为两个阶段,每个阶段的特征都是一个车轮开始滑动。在"超过最大横向加速度"的事故等级上,2个车轮差不多同时开始滑动。

对于较大的滚转角,所需的车辆的俯仰角的最大值在 2° 的范围内,稳定的行驶情况下摩托车所需的最大俯仰速度在 0.15 rad/s 的范围内。对于每个经过分析的行驶试验,在摔车时都超过了俯仰速度的极限值,因此可借助俯仰速度识别危急的行驶情况。将来可以考虑采用与轿车 ESP 类似的卡尔曼方案直接确定俯仰角并改进识别临界危急情况的效果。

但是,行驶动态控制的目的不仅是识别,还包括危急行驶状况下保持稳定。

滚动不稳定性明显导致在短时间内车辆摔车。相对于在有足够可用路面的情况下不限制危急行驶情况的持续时间的侧滑,滚转运动限制稳定车辆可用的时间。行驶动态控制的最重要的目的一定是稳定滚转角。

观察时,侧滑过程首先像所需的那样进行:一个在弯道中向内转弯的已在车道上打滑的摩托车从打滑的驾驶员身上飞出,一辆向外转向的在车道上打滑的车辆被驾驶员向前推。由于打滑车辆的摩擦系数明显较低,因此驾驶员打滑的距离以及受伤危险都增加了。如果无法再使车辆保持稳定,则应以向内转弯的俯仰速度行驶(过度转向)。

当尚在打滑的车辆的 1 个或 2 个车轮在路面上再次达到较高的摩擦系数时,随后出现侧滑不稳定的危急情况。在侧偏角明显升高的情况下车轮接触不光滑的路面并同时提供一个明显过大的侧力,一般情况下这会导致车辆向弯道外侧翻倒。这种翻车发生得通常非常快,以至于驾驶员无法稳定住车辆。

为使前轮从低摩擦系数过渡到高摩擦系数，转向系统应有（100～999 N·m）的弯道旋出力矩。根据驾驶员踩离合器和转向系统的弹性，该力矩可能导致车把晃动。车把弯道旋出可能进一步因不佳的侧偏导致侧力降低。对于不佳的侧偏系数，侧力低于均衡倾斜力矩所需的侧力。行驶动态调节的目的必须是在从低摩擦系数到高摩擦系数过渡阶段将前轮上的侧偏限制在0°并避免车把晃动。

通过转向运动无法降低后轮上过大的侧力并导致所谓的"high sider"事故，即车辆向弯道外侧翻车。因此，在从低摩擦系数到高摩擦系数过渡的过程中必须避免后轮上出现高的侧偏。

有各种影响行驶动态的轮胎力可用。在2个轮胎打滑时无法建立起附加的侧力并由此无法保持侧倾稳定性，但是有可能影响侧力的差并由此影响车辆的侧滑转向。这样在避免在摩擦系数变化时发生 high sider 事故时可考虑进行高-低-高的调节方式。

由于系统所限的侧倾不稳定性，仅通过影响水平力在未来也无法实现一个符合 ESP 的摩托车行驶动态控制。一个可考虑的方法是仅增加高动态车轮上的垂直力，如通过主动底盘。目前为止，作为带有估测的足够动态的主动底盘方案，已知的只有 BOSE 底盘[27.10]。

# 参考书目

[27.1] *Stoffregen*, J.: Motorradtechnik. Wiesbaden: Vieweg Verlag, 2006.

[27.2] *Holzwerth*, U.: Gebrauchtberatung Honda Pan Euro-pean. In: Motorrad 2004 (2004) Nr. 6, S. 86-89.

[27.3] *Weidele*, A.: Untersuchungen zum Bremsverhalten von Motorrädern unter besonderer Berücksichtigung der ABS-geregelten Kurvenbremsung. Düsseldorf: Als Ms. gedr. Aufl. VDI-Verl, 1994.

[27.4] *Funke*, J.: Belastung und Beanspruchung von Motorradfahrern bei der Bremsung mit verschiedenen Bremssystemen. Düsseldorf: Als Ms. gedr. Aufl. VDI-Verl, 2007.

[27.5] *Sporner*, A.; *Kramlich*, T.: Zusammenspiel von aktiver und passiver Sicherheit bei Motorradkollisionen. 3. Int. Mot.-Konferenz, München: 2000.

[27.6] *Reissing*, J.; *Wagner*, H.-A.; *Jahreiß*, H.-J.; *Bachmann*, J.; *Müller*, P.: Integral ABS und ASC-die neuen Fahrdynamikregelsysteme von BMW Motorrad, Tagung Brake. tech 2006, München; 2006.

[27.7] *Gwehenberger*, J.; *Schwaben*, I.; *Sporner*, A.; *Kubitz-ki*, J.: Schwerstunfälle mit Motorrädern. In: VKU Verkehrsunfall und Fahrzeugtechnik 2006 (2006) Nr. 1, S. 11-18.

[27.8] *Seiniger*, P.; *Winner*, H.; *Gail*, J.: Future Vehicle Sta-bility Control Systems for Motorcycles with Focus on Accident Prevention. In: Proceedings of the 9th Biennial ASME Conference on Engineering Systems Design and Analysis. July 7-9, 2008, Haifa, Israel.

[27.9] *Seiniger*, *P.*; *Winner*, *H.*; *Schröter*, *K.*; *Kolb*, *F.*; *Eckert*, *A.*; *Hoffmann*, *O.*: Entwicklung einer Rollwinkelsen-sorik für zukünftige Bremssysteme. 6. Internationale Motorradkonferenz, Köln: 2006.

[27.10] Bose 公司:Bose 悬挂系统。www.bose.com, 2004.

# 28 商用车的稳定辅助功能

*Falk Hecker*

## 28.1 引言

下面的章节说明了用于商用车稳定的基于制动的辅助功能。实质上，本章中有关轿车的内容都以制动系统为基础。因此，这里涉及所有带气动驱动脚制动器（外力制动器）的上路商用车，多数情况下在中型和重型商用车（>6t）内使用这种制动器。

在第一节中讨论了基于车轮打滑的稳定性功能，其通过车轮转速信息关闭调节回路。第二节涉及行驶动态调节，其中根据当前的车辆运动与驾驶员希望的车辆运动的比对情况推导出一个稳定干预措施。最后对进一步研发进行了简短的小结。

## 28.2 商用车与轿车在 ABS、ASR 和 MSR 特性方面的比较

### 28.2.1 商用车的特点

相对于轿车[28.1]，商用车在车轮转速的稳定性功能 ABS（防抱死系统）、ASR（防打滑调节）和 MSR（发动机阻力矩控制）方面有下列根本性的差异：

◆ 底盘：典型的载重车底盘基于一个带整体桥的导向车架设计。作为轴悬架，出于成本的原因，在前轴上通常使用一个钢板弹簧设计，其不仅负责弹簧功能也负责纵向和横向轴导向功能。车轮调节功能的缺点表现在所谓的钢板弹簧张紧方面，也就是由于传入的制动力矩导致 S 形弯曲。在后轴上一般情况下使用空气悬挂加上悬挂臂（改善了弹簧舒适性，在装载变化时均衡水平位置等）。在此，对车轮调节功能的影响基本取决于悬挂运动和悬挂弹性运动。例如，不佳的导杆布置（例如，车轴张紧）可通过支撑力矩在制动时导致车轴"弹起"。除了标准底盘规格之外（前轴上的钢板弹簧和后轴上的空气弹簧），对于特定的应用范围还有其他的型式，其中包括建筑工地使用的在所有的车轴上带钢板弹簧的车辆以及特殊的带螺栓弹簧的越野车辆或者在所有的车轴上带空气悬挂的车辆（例如，公共汽车）。

◆ 转向机构：商用车大多装备有循环球式转向器，其通过转向轴以液压的方式将驾驶员施加的转向力矩传递到转向摆臂上。由于正常情况下正的转向半径，在不同的制动力下（例如，在 ABS 制动时）通过转向系统向驾驶员传递一个可感知的反馈，这对

ABS 系统的调节没有明显的影响。

◆ 型号多样性：载重车设计形成了一种可根据订单进行大量不同变型的积木式组合。除了在轿车上也很常见的装备型号之外（变速箱、发动机，等等），这也涉及车轴的数量和类型（从 2 轴至 5 轴，可选驱动式和（或）转向式）、轴悬挂、轮距的长度（通常选择 10 cm 为一档）、导向车架的强度、转向机构的类型，等等。此外，制造商通常将载重车提供给车身制造商，其随后为实际的应用情况对载重车加装装备（例如，翻斗或者平台货厢、装货吊车、混凝土搅拌机，等等）并通过这种改装和加装在行驶物理特性的框架内进一步进行改动。

在特定的市场中（例如，北美），可能的变型会更多，因为制造商大多仅独立研发车厢和车架并且客户基本上不从供应商那里选择载重车的其余部件，如发动机、变速箱和车轴之类的基本技术组件。对于大车队来说，优势是可用不同制造商配备相同技术的载重车行驶（发动机、车轴和变速箱），这会简化维修和保养。

对于诸如 ABS 或 ASR 之类的车轮调节功能，型号的多样性意味着对稳固性的高要求，原因是在系统的研发和应用期间只能极有限地选择车型进行试验。必须通过一个稳固的系统设计覆盖所有其他可能的组合。

◆ 车轮或车轴负荷：典型的车轮或车轴负荷明显高于轿车的负荷（最大约为 15 倍），这导致轮胎表面明显较高的表面压力（比较：载重车轮胎空气压力为 6 ~ 8 bar($6 \times 10^5$ ~ $8 \times 10^5$ Pa)，轿车为 1.5 ~ 3 bar($1.5 \times 10^5$ ~ $3 \times 10^5$ Pa)）。加上进行了磨损优化的轮胎设计，该效果导致较低的最大摩擦系数并由此也导致较低的制动减速（商用车最大可获得的减速度为 7 ~ 8 m/s$^2$）。

◆ 汽车质量：为了运输大量人员或货物对商用车进行了设计并由此需要尽量高的车辆载重量，据此得出比小轿车明显更大的载空比 $k_{载}$。

$$k_{载} := \frac{m_{满}}{m_{空}} \quad (28.1)$$

对于空车重量为 1 000 ~ 1 500 kg 的中级轿车来说，得出的 $k_{载}$ 数值为 1.2 ~ 1.4。对于与载重相关的功能来说，这意味着质量变化最大不超过 ± 16%。相反，在空车重量为 6 500 ~ 9 000 kg，载重量为 11 500 ~ 17 000 kg 的载重车上，数值 $k_{载}$ 为 2.7 ~ 2.9，这意味着质量变化不超过 ± 50%。使用普通悬挂模式或者进行重型货物运输时，数值还会继续增加（最大为 $k_{载}$ = 15）。此外，商用车的大质量导致较大的惯性并由此导致较小的车辆动力。类似地也适用于车轮，其惯性矩比轿车的车轮明显更大，这样车轮打滑调节系统所需的调节速度也低于轿车的调节速度。

◆ 挂车模式：尤其是大于 11 t 的重型商用车通常采用一个或多个挂车。这种情况下按挂车的类型区分以下几种车辆：

—— 单节挂车（例如，半挂车、中置轴挂车）；

—— 多节挂车（例如，转盘牵引

此外还有不同类型的连接：

——通过拖车连接器（=球头关节）连接，其只能传输作用力，但不能传输力矩；

——通过半挂车连接器连接，在一定程度上可传输摆振力矩。

根据这些特征得到附加自由度的数量，其对行驶物理特性有根本性的影响。拖挂车自主受到车轮调节系统的监控，也就是说每个拖挂车都配备有本车独立的 ABS 系统。仅在牵引车和拖车都装备有 ABS 的情况下在车辆之间才有通信连接（符合 ISO 11992 的 CAN 总线），但是通过该连接仅能交换极少可使用的信息。随着法律上要求采用 ABS（从 1991 年规定）在不同的组合（带或不带 ABS 的牵引车和带或不带 ABS 的拖车）的性能方面进行了许多试验。这些试验的结果表明，ABS 会根本改善行驶特性，即使并非所有拖挂车都装备了该系统。

◆ 脚制动器：主要特征是脚制动器的气动驱动压缩。此时以压缩空气的方式供应压紧所需的能量并借助相应的手柄装置通过一个制动缸转换为盘式制动器或鼓式制动器制动摩擦片上的压紧力。其中或者单纯通过气压的方式（传统制动装置）或者通过电子的方式（EBS，参见[28.2]）控制制动压力。

◆ 持续制动器：除了脚制动器和驻车制动器之外，载重车还有一个或多个所谓的持续制动器（减速器），其以无磨损的方式工作。其中，包括几乎所有的载重车中都有的发动机制动器，在这里通过技术措施放大发动机的牵引力矩（例如，排气阀、专用的阀门控制装置，等等）。此外，可选择电动或者液压驱动的减速器。通过驱动系统和驱动轮向所有的持续制动器施加制动力，其中基本上分为安装在发动机侧（离合器前侧）的初级减速器和二级减速器（离合器后侧，一般情况下直接安装在万向节轴上）。在车轴负荷较低时（空车），打开减速器会在摩擦系数较低时导致极大的车轮打滑数值并由此导致驱动轮不稳定，这必须在 ABS 中予以相应考虑。

◆ 组件要求：一般情况下载重车的设计使用寿命不超过 1 500 000 km 或者 30 000 个工作小时。这是轿车使用寿命的 3～5 倍。加上明显更为恶劣的使用条件，总的来说，对载重车组件的要求明显更高。

◆ 车辆通信架构：大多数载重车中有一个符合 SAE J1939 标准的 CAN 数据总线[28.1]。通过该总线连接重要的传动系统控制单元，如发动机、变速箱、减速器或制动器的控制单元，通过规定的总线相互进行通信，这样明显更有利于电子系统的集成。

### 28.2.2 调节目的和调节优先权
**（1）防抱死制动系统（ABS）**

① 车轮打滑调节

制动时 ABS 调节各个车轮的平均打滑量。如下定义车轮打滑值 $\lambda_w$：

$$\lambda_w = \frac{v_w - v_u}{\mathrm{MAX}(v_u, v_w)} \quad (28.2)$$

式中，$v_u$ 是车轮圆周速度，m/s；$v_w$ 是车轮支撑点上的车速，m/s。

作为测量到的实际参数将车轮速度传输给调节器，在这里根据额定参数（车辆基准速度）平衡并通过制动压力变化校正偏差。在 ABS 制动期间自动调节目标打滑，目的是在可转向性、稳定性和减速之间寻找到尽量好的折中方案。由于轮胎特性，可传输的侧导向力随着纵向打滑的增加明显下降（简化表达为摩擦圆或者图 28-1 的附着打滑示意图）。合适的车轮打滑值 $\lambda_w$ 介于 8% ~ 20% 的范围内。

作为基本调节器，在载重车 ABS 上除了传统的 PID 调节器之外也使用矩阵调节器，其自动匹配不同的摩擦系数曲线。图 28-2 图示了一个典型的 ABS 调节循环：

(a) 制动开始：建立压力；

(b) 车轮向下"倾斜"：保持压力；

(c) 后续的抱死趋向（车轮不稳定）：降低压力；

(d) 车轮保持稳定：保持压力；

(e) 车轮加速：保持压力；

(f) 车轮稳定：建立压力（脉冲）；

(g) 车轮又一次向下"倾斜"：降低压力；

(h) 车轮保持稳定：保持压力；

(i) 车轮稳定：建立压力（脉冲）。

除了脚制动器干预外，随着驱动轴上 ABS 的启动关闭现有的减速器。

根据各个车轮速度确定调节所需的车辆基准速度。在所有的情况下必须确保特定选择算法和可信度检查，使得车辆基准速度较好地与设计车速保持一致。危急的情况如下：

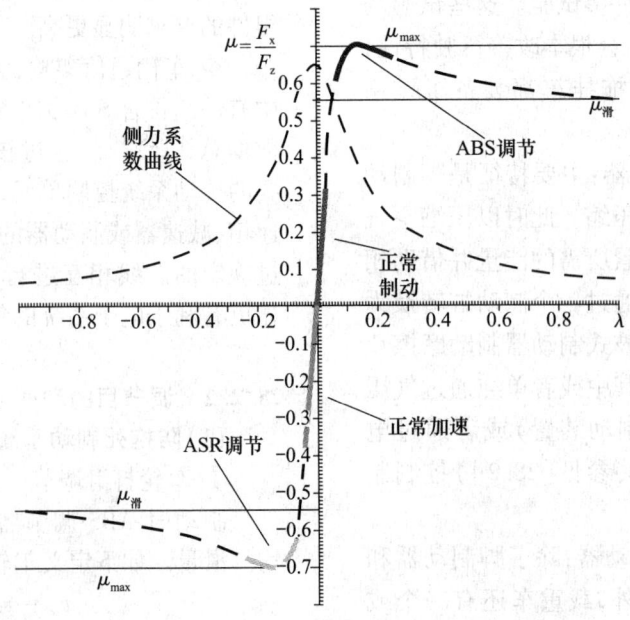

图 28-1 稳定功能不同的工作范围内车轮打滑期间的附着示意图

28 商用车的稳定辅助功能

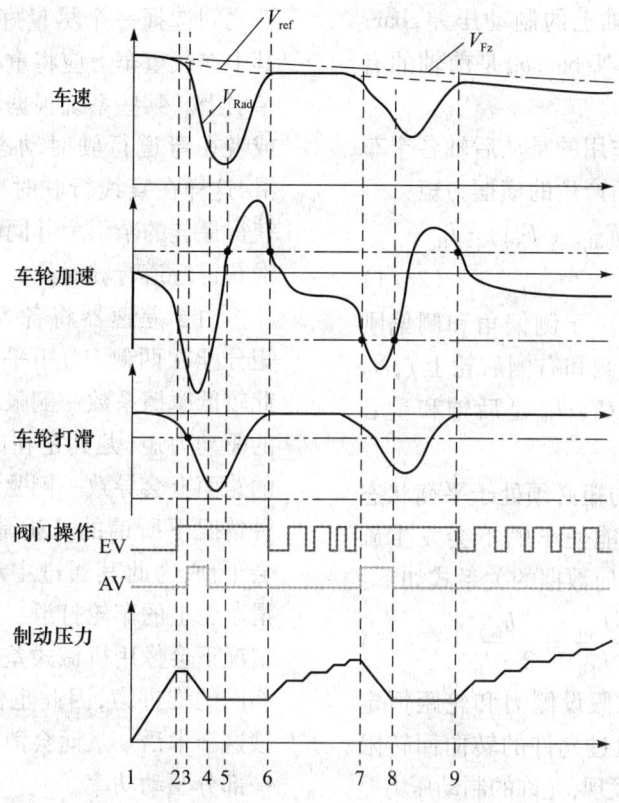

图 28-2　ABS 调节的典型流程

◆ 当所有的车轮同时达到一个较大的打滑时,车辆基准速度便会下降。结果可能是车轮出现过度制动,这样会失去可操控性。作为应对措施,ABS 在特定的时间点对单个车轮制动不足,使其随后加速到车辆速度并由此支撑基准车速。这个阶段时间上很短,对制动距离的影响可忽略不计。

◆ 例如,如果车轮转速信号受到质量不佳的脉冲雷达或者电子射线的干扰并由此产生较高的转速时,车辆基准车速便会升高,结果是过高的基准速度会导致车辆制动不足。为避免出现这种情况,ABS 算法借助所有的车轮速度验证基准速度是否可信。

② 稳定车辆的策略

由于在 ABS 内不能使用实际车辆运动的测量值,其使用一个经验证的策略用于确保车辆稳定(例如,在所谓的 $\mu$-Split 单侧光滑的路面上制动时)。然而,由于错误反馈,稳定程度与 ABS 的调节相关,其又必须匹配车辆的几何形状。在 $\mu$-Split 路面上制动时车辆对短轮距和较小后轴载荷(例如,空载的鞍式牵引车)的反应尤其敏感。下文通过简单的考虑(后轴未制动)进行了说明。前轴的制动力差诱发了横摆力矩:

$$M_{zB} = \Delta p_{fa} \cdot k_{FB} \cdot \frac{b_{fa}}{2} \quad (28.3)$$

式中，$\Delta p_{fa}$ 是前轴上的制动压差，bar；$k_{FB}$ 是制动系数，N/bar；$b_{fa}$ 是前轴的有效轮距，m。

反方向起作用的是从后轴各个车轮上通过侧偏角产生的横摆力矩：

$$M_{zra} = (F_{yrl,r} + F_{yrr}) \cdot l_H \quad (28.4)$$

式中，$F_{yrl,r}$ 是取决于侧偏角和侧偏刚性的侧力（在左侧和右侧后轮上），N，且 $F_{yrl,r} = \alpha_{l,r} \cdot C_{l,r}$；$l_H$ 是后轴和重心的间距，m。

由于两个力矩必须处于平衡状态 ($M_{zra} = M_{zB}$) 才能使车辆不会发生旋转，作用力和几何数据的关系式如下：

$$\frac{F_{yrl} + F_{yrr}}{\Delta p_{fa} \cdot k_{FB}} = \frac{b_{fa}}{2 \cdot l_H} \quad (28.5)$$

此外，如果假设侧力和轮距恒定（很大程度上通过允许的转向回转限制侧力），便会发现，允许的制动压力差与重心和后轴的间距以及与轮距的间距成正比。简而言之：轮距越短，允许的制动压力差越小。在实际情况下相关性由于在这里已忽略的效应是非线性的并且特别可通过随着较短的轮距增长的动态轴载荷转移而进一步增大。

**（2）驱动防滑系统（ASR）**

在驱动（加速）情况下 ASR 起作用并有两个基本目标：一个是提高行驶稳定性，另一个是通过充分利用所有驱动轮上的最大可能的摩擦系数达到改善推进力的目的。提高行驶稳定性使用所谓的 ASR 发动机调速器，其限制发动机扭矩以使其不超过驱动轮规定的目标打滑。

类似于 ABS，应在牵引力和稳定性之间选择一个尽量好的折中方案，其中在载重车上应将重心更多地放在牵引上。某些系统根据油门踏板位置或者在弯道行驶时动态调节目标打滑，这样在直线行驶时以较高的打滑获得最佳的牵引力并同时通过降低打滑获得弯道行驶时最大的稳定性。

由于差速器将各 50% 的驱动力矩分配在两侧（力矩平衡原理）并由此较低摩擦系数一侧限制最大可传输的驱动力矩，尤其是在摩擦系数不同的路面上会导致一侧驱动轮打滑。这种情况下所谓的 ASR 制动调节器便会干预，为此其通过主动制动调节打滑车轮上的车轮打滑。这样在理想的情况下会像用机械式差速锁一样产生相同的推进力，因此也使用电子差速锁这个术语。然而会消耗掉制动器中一部分驱动功率。

在带 2 个驱动后轴的载重车上（例如，轮型为 6×4 的三轴载重车），中间轴差速器会将驱动力矩分配在 2 个驱动轴上。此时，ASR 制动调节器作用在总计 4 个驱动轮上并以充分利用最大摩擦系数的目的调节所有驱动轮上的驱动打滑。

与 ABS 相反，由于非驱动前轮上没有打滑并且其平均值很好地代表车辆速度，在 ASR 上形成基准速度相对简单。用于前轮驱动车辆的 ASR 需要大量的传感器，例如用于支撑基准速度的纵向加速度传感器。

**（3）发动机阻力矩控制**

后轴负荷低的空载商用车尤其可能会在光滑的地面上向驱动轮传递极

低的作用力。因此,在推进模式下驱动发动机上相对高的牵引力矩会导致较大的车轮打滑,其会明显降低车辆的稳定性。由于随后突然变化的传动比会突然升高牵引力矩,该效应在换低挡时会更多地出现。

发动机阻力矩识别驱动轮上因牵引力矩放大的车轮打滑并以降低车轮打滑并由此稳定住车辆为目的主动提高发动机力矩。原则上在这里使用和 ASR 一样的打滑调节回路,只是此次的目标打滑是正值。

### 28.2.3 系统结构

**(1) 传统气动行车制动器**

图 28-3 图示了带 ABS/ASR 系统的传统气动行车制动器[28.6]。

① 电子控制单元(ECU)

ABS 和 ASR 算法在一个微控制器中运行,其与用于控制 ABS 阀的输出级、电源和其他外设组件一起集成在电子控制单元内。图 28-4(a) 的方框图说明了按照传统的 SMD 电路板技术制造的控制单元的内部结构。一般情况下使用时钟频率为 20~40 MHz 的 16 bit 控制器作为微控制器,通过一个监控计算机对其进行补充。存储容量为 128~512 kB ROM(大多为 Flash 存储器)和 4~12 kB RAM。一个大多数集成在计算机内的 EEPROM 用于对系统设定参数并存储计算值和故障[28.2]。为了控制外部系统(发

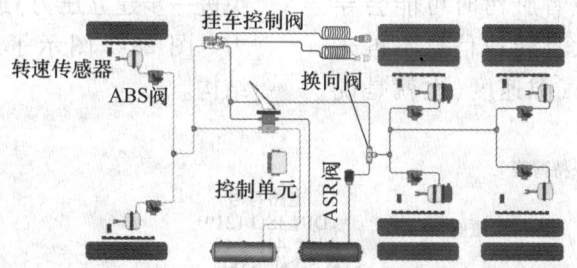

图 28-3 带 ABS 和 ASR 的传统气动行车制动装置的系统结构

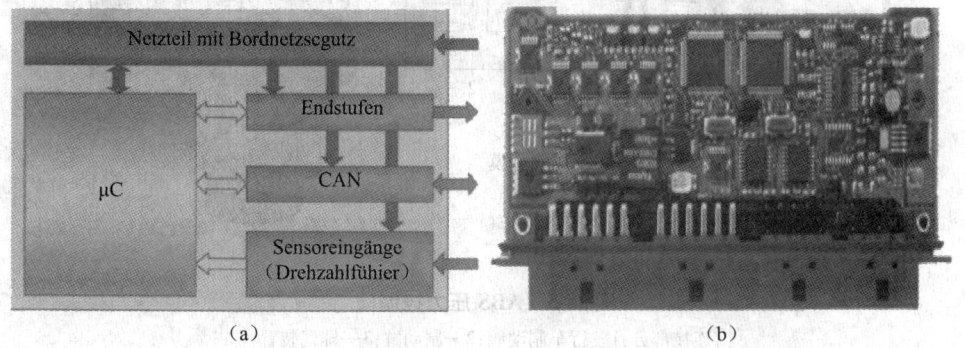

图 28-4 ABS 控制单元

(a) ABS 控制单元的方框图;(b) 打开状态下的 ABS 控制单元(来源:Knorr 制动器)

动机、减速器),控制单元与车辆数据网络相连(大多数是符合 SAE J1939 的 CAN 总线)。例如,通过该总线降低发动机扭矩或者关闭减速器。相反,数据总线提供诸如当前发动机扭矩、发动机转速、踏板位置等重要信息。

② 车轮转速传感器

重型载重车几乎只使用被动感应转速传感器。通过磁性脉冲轮的转动(60~120 个齿)在传感器中诱发一个交流电压,其频率与转速成正比并由 ABS 控制单元对其进行分析。借助一个弹簧套筒将传感器插入一个支架中(力配合固定),这样可确保形状不一致的脉冲轮不会"啃光"传感器:气隙自动调节。但是这种牢固的设计在有明显振动或者脏污时可能会导致气隙明显增大且转速信息不再充分:所谓的极限气隙速度(也就是说识别到从某个传感器可分析的交流电压开始时的速度)会放大。只需将传感器"向支架里推"就可排除这个问题。

迄今为止在轿车领域内使用的主动式转速感应器还未获得认可,原因是载重车车轴种类繁多,加上研发周期明显较长且不同步以及主动传感器仅有较低的技术和商业上的优势。

③ 调节器

在载重车 ABS 上使用所谓的压力控制阀(ABS 阀)作为调节器,其在功能上设计为带 2 个磁铁的三位三通阀并且任务是在车轮打滑升高的情况下或者保持住制动压力(也就是说避免进一步建立压力)或者降低制动压力。图 28-5 图示了 ABS 阀的内部结构。

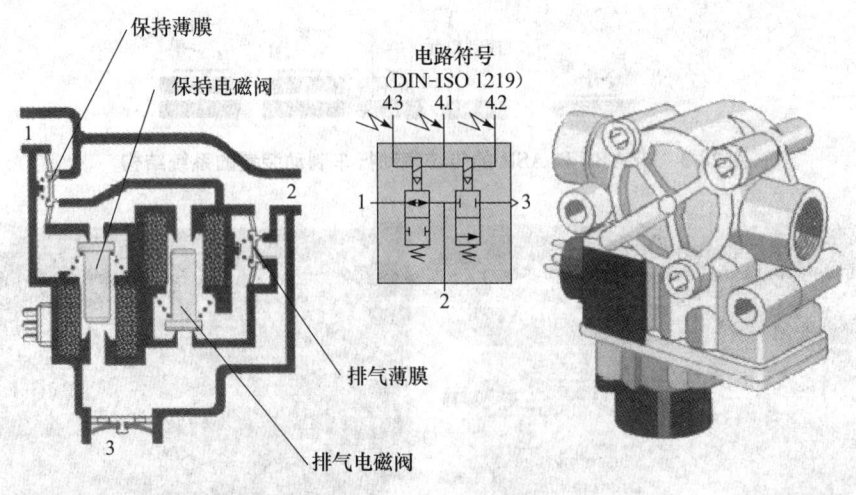

图 28-5 ABS 压力控制阀
连接部分:1—行车制动阀;2—制动缸;3—排气装置

## 28 商用车的稳定辅助功能

由于直接在大作用力的基础上控制大阀门横截面需要极大的电磁阀,因此使用两个弹性塑料薄膜体现真正的阀门功能,用相对紧凑的电磁阀就可预调阀门功能。图 28-6 图示了不同工作状态(未制动、制动和 ABS 调节期间)。

因此,借助 ABS 阀可降低或者限制制动压力。但是在 ASR 制动调节器上必须主动建立起制动压力,以在驾驶员不干预的情况下制动各个车轮。借助一个 ASR 阀(二位三通阀)和直接在 ABS 阀上游开关控制存储压力的换向阀进行该操作,像在 ABS 上一样通过 ABS 阀进行实际的压力调节(参见图 28-6)。

**(2)电子制动系统(EBS)**

使用电子制动系统(EBS)时,控制单元通过踏板行程传感器感知驾驶员的制动意愿并据此计算所需的车轮制动压力,随后按车轮分别在电子气动调节器(EPM)中以电子方式调节压力[28.2]。基于"线控"基本原理,现已有自主调节制动压力所需的所有技术前提条件。在 EBS 中央控制单元中执行 ABS 算法并通过制动器 CAN 总线将计算出的额定制动压力发送给 EPM。车轮转速传感器与第 28.2.3(1)节中所述的内容一致。

| 工作状态 | | | |
|---|---|---|---|
| 未制动 | 无 ABS 干预的制动 | ABS 干预:保持制动压力 | ABS 干预:降低制动压力 |
| 连接部分 1 和 2 无压力。进气和排气薄膜封闭。不促动两个磁铁(I,II) | 接头 1 处的制动压力使进气薄膜打开。通过 II 的上方阀座要求空间(b)内有制动压力。施加在接口 1 上的制动压力打开了进气薄膜。通过 II 的上部阀座制动压力进入腔(b),这样,排气口保持关闭,接头 2 通风 | 通过控制磁铁 I 关闭下方阀座,同时打开上方阀座,这样给腔(a)通风并关闭进气薄膜。同样,通过腔(b)内的压力使排气口保持关闭,由此保持接头 2 上压力的恒定 | 磁铁 II 关闭上方阀座,同时打开下方阀座,腔(b)排气。通过制动气缸压力打开排气薄膜,由此排气口 3 的制动压力下降 |
| 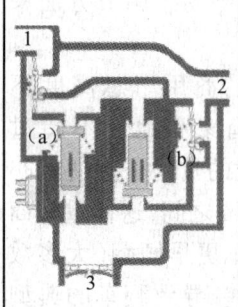 | 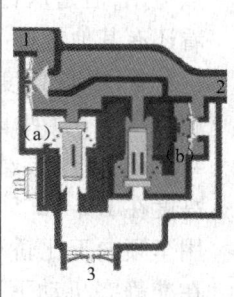 | 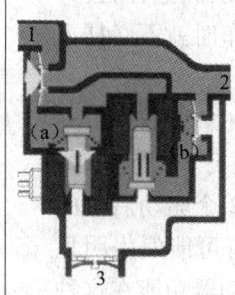 | 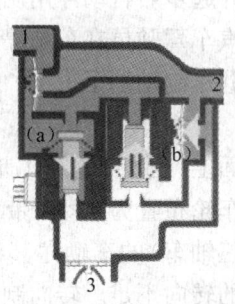 |

图 28-6 压力控制阀的功能

### 28.2.4 商用车的特殊功能

**(1) 牵引车系统**

通过单纯的 ABS 和 ASR 的稳定功能可形成一系列附加功能(增值功能),这些功能基于 ABS、ASR 或者 EBS 系统的架构。其中可能包括:

◆ 电子制动力分配系统(EBD):借助 ABS 阀根据车轮打滑降低后轴上的制动压力,使得后轴上的制动压力与轴负荷匹配并由此与载重状态匹配,这样从功能上就替代一般所需的 ALB 阀门(与制动力调节器的负载自动相关)。

◆ 制动诊断:借助长期比较制动时各个车轮打滑数值,系统会识别各个制动器的错误功能或明显不同的制动性能。

◆ 差速锁管理:该功能帮助驾驶员在挂入差速锁时保护机械装置。借助制动主动同步车轮转速并电控挂入差速锁以保护装置。

◆ 车站制动器(Door-Brake):当公共汽车的车门打开时,借助 ASR 阀自动启用行车制动器,并在关闭车门并起步后自动停用制动器,这样,公共汽车驾驶员在车站停车时就不必挂入驻车制动挡了。

◆ 转向制动器:在急弯的光滑路面上(例如,建筑工地行车)行驶时,车轮布置为 6×4(带 2 个驱动后轴的三轴车)的车辆尤其有可能发生明显的转向不足。转向制动器功能在这种情况下根据方向盘角度从一侧制动后轮,以借助由此产生的附加横摆力矩对转向意愿提供支持并明显减少大转弯。

◆ 越野 ABS:有经调节的 ABS 算法专用于军车和其他大多数情况下在不坚固地面上行驶的车辆,该系统在低速下会明显升高车轮打滑,这样在松动的地面上(例如,碎石路、软雪)通过形成的止车楔块缩短制动距离。

**(2) 挂车系统**

在挂车领域里也有一系列附加功能,这些功能对挂车 EBS(或者 ABS)的架构有益处,其中包括根据车速或者负荷执行特定换挡的功能(例如,将水平调节系统复位到行驶位置、控制升降轴,等等)。

### 28.3 与轿车相比商用车行驶动态调节的特点

#### 28.3.1 商用车的特点

原则上,行驶动态调节系统以模块化的方式建立在 ABS、ASR 或者 EBS 系统之上并且不仅在组件方面也在功能方面使用已有的架构。

从行驶动态方面来看,首先第 28.2.1 节内所述的相同的特征和特点适用,但是从行驶动态调节方面来看还有其他特点:

◆ 重心高度:商用车总高度不超过 4 m(某些国家和地区不超过 4.5 m),其与装载的货物一起使重心高度在 1.2~2.5 m 之间,这样重型商用车倾向于比轿车更早倾翻(大多数在准静态机动下)。导致翻车的典型横向加速度数值在 4~6 m/s² 范围内。

◆ 抗扭强度较低的车架:由于结

构样式(开放式 U 形)的原因,商用车车架的抗扭强度很低,因此,弯道行驶时的特性非常复杂并不可用刚性体进行调节。这样车架因弯道行驶时的扭转存储一部分摆动能量并如在交变弯道中将其再次释放出来,结果是进一步增强了翻倒倾向。通过相应的车身可改变该特性(例如,液体容器)。

◆ 车辆自由度:如第 28.2.1 节所述,通过挂车运行提高了自由度的数量,特别是在行驶动态调节上,其对要选择的调节策略有决定性的影响。

◆ 转向系统中的不确定性:像轿车一样,为进行行驶动态调节将所需的转向角传感器安装在转向柱中。由于通过万向节头可实现商用车转向柱较大的调节范围,但是在测量的方向盘转角信号中会产生相对大的不均匀性,必须通过坚固的系统设计对其加以平衡。

### 28.3.2 控制目的和控制优先权

通过轿车已知的打滑(例如,过度转向或者转向不足)会使重型商用车产生其他的不稳定状态,其中包括:

◆ 例如,在多节车辆组合中由于挂车的前推造成连接部位弯曲变形;

◆ 由于过高的横向加速度造成倾翻。

因此,除了轿车中已知的稳定性功能之外,商用车的行驶动态调节也涉及连接部位弯曲变形和倾翻这两个问题。

目前,商用车的行驶动态调节装置设计用在最多有一个弯折关节的车辆和车辆组合上(单车和鞍式牵引车)。

**(1)车道行驶轨迹稳定性**

车道行驶轨迹稳定装置的基础是一个横摆角速度控制器,其在一个层面上将测量到的车辆横摆角速度与驾驶员希望的横摆角速度(参考横摆角速度)进行比较并借助制动力矩和发动机扭矩干预调整偏差。系统借助一个简化的从带一个折叠关节的车辆组合的水平运动公式中推导出来的物理模型确定参考横摆角速度(单轨模型,参见[28.4]):

$$\dot{\psi}_Z = \frac{\delta_h}{i_L} \cdot \frac{v_w}{l + EG \cdot v_w^2} \quad (28.6)$$

式中,$\dot{\psi}_Z$ 为参考横摆角速度,rad/s;$\delta_h$ 为方向盘转角,rad;$i_L$ 为有效的转向传动比;$v_w$ 为车速,m/s;$l$ 为有效轮距,m;$EG$ 为自动转向梯度,$s^2/m$,其说明了车辆组合的自动转向特性。

该模型中出现的参数或者在带端进行参数化(例如,轮距)或者在线通过特定的自适应算法(参数评估)与车辆相应的特性匹配(例如,自动转向梯度)。

虽然模型是为带弯折关节的车辆组合推导出来的,但是其在结构上符合单个车辆的单轨模型[28.3]。通过自动转向梯度来说明连接的挂车的影响。在多于 2 个轴的车上该模型结构还继续保持。在这里通过有效的轮距进行匹配,其包括如双轴总成的作用[28.5]。

如果参考横摆角速度和测量的横摆角速度有很大的差异则会导致调节故障,由真正的调节器在考虑物理极限的情况下将其转换为一个校正的额定横摆力矩。物理极限限制了当前摩擦系数条件下的横摆角速度并通过一个摩擦系数评估装置确定。由于总是使用估计的摩擦系数并因此需要一定程度的安全性分析,结果是要将侧偏角速度限制在驾驶员可控的程度。

除了与调节故障有关之外,额定横摆力矩的大小也取决于当前的车辆配置(轮距、车轴数、带或不带挂车行驶,等等)和载货状态(质量、纵向重心位置、垂直轴的惯性矩,等等)。由于这些参数是变化的,因此必须由FDR持续测定。例如,通过估算法测定载货状态,该算法根据发动机控制系统的信号(发动机转速和发动机扭矩)和车辆纵向运动(车轮转速)不断确定当前的汽车质量。

为了将额定横摆力矩转换为一种稳定性干预,FDR 将行驶状况粗略地分为"过度转向"和"转向不足":

◆ 过度转向说明了车尾从侧面向外压的情况,也就是说车轮比所需的转弯半径需要的速度更快地转动。如果在鞍式牵引车上便可能会导致连接装置折断,导致驾驶员操控困难。

◆ 转向不足时,车辆会通过前轮向外朝弯道边缘移动(类似于前驱车在光滑的地面上打滑),这尤其会出现在带 2 个后轴(双后桥总成)的车辆上。

此外,系统会在评估行驶状况时一并考虑估计的弯折角。

根据评估的行驶情况和计算出的额定横摆力矩,会以适当的方式在选择的车轮上实施制动干预,此时首选的主要是那些制动力建立和由此造成的侧力丢失产生一个同向横摆力矩的车轮(参见图 28-7)。通过有针对性的改变尤其是在制动行驶情况下会出现 ABS 目标打滑数值来对稳定作用提供支持。

在汽车上除了分别对车轮进行制动干预外,在特定的情况下也会对拖车进行制动,但是受技术所限无法分别对车轮进行制动,也就是说只能将拖车视为一个整体进行制动。

例如,在图 28-7 图示了明确的过度转向或转向不足时的稳定性干预。除了这些明确的情况之外也存在一些根据额定横摆力矩制动其他车轮或车轮组合的危急行驶状况。

(2)倾翻稳定性

由于大多数商用车的重心较高,因此主要是在中低摩擦系数下会产生打滑和连接装置弯折,相反在高摩擦系数下会有翻车倾向。此时,倾翻极限不仅取决于重心的高度,也取决于底盘(轴悬挂、稳定器、弹簧底座、侧倾中心,等等)和载重方式(固定式或活动式载重)。倾翻极限大致的计算方法图示在[28.2]中。

如果观察准静态弯道行驶时实际的翻车过程,则在规定的弯道半径下过高车速造成过高横向加速度是翻车的根本原因。

行驶动态调节装置利用这些物理上的相互关系避免翻车危险:一旦车辆临近翻车极限,其便会通过降低发动机扭矩和必要时附加制动将车辆减速(参见图 28-8)。行驶动态调节装置根据车辆载货情况和负荷分布确定倾翻极限,其间不断确定车辆的载重情况。

28 商用车的稳定辅助功能

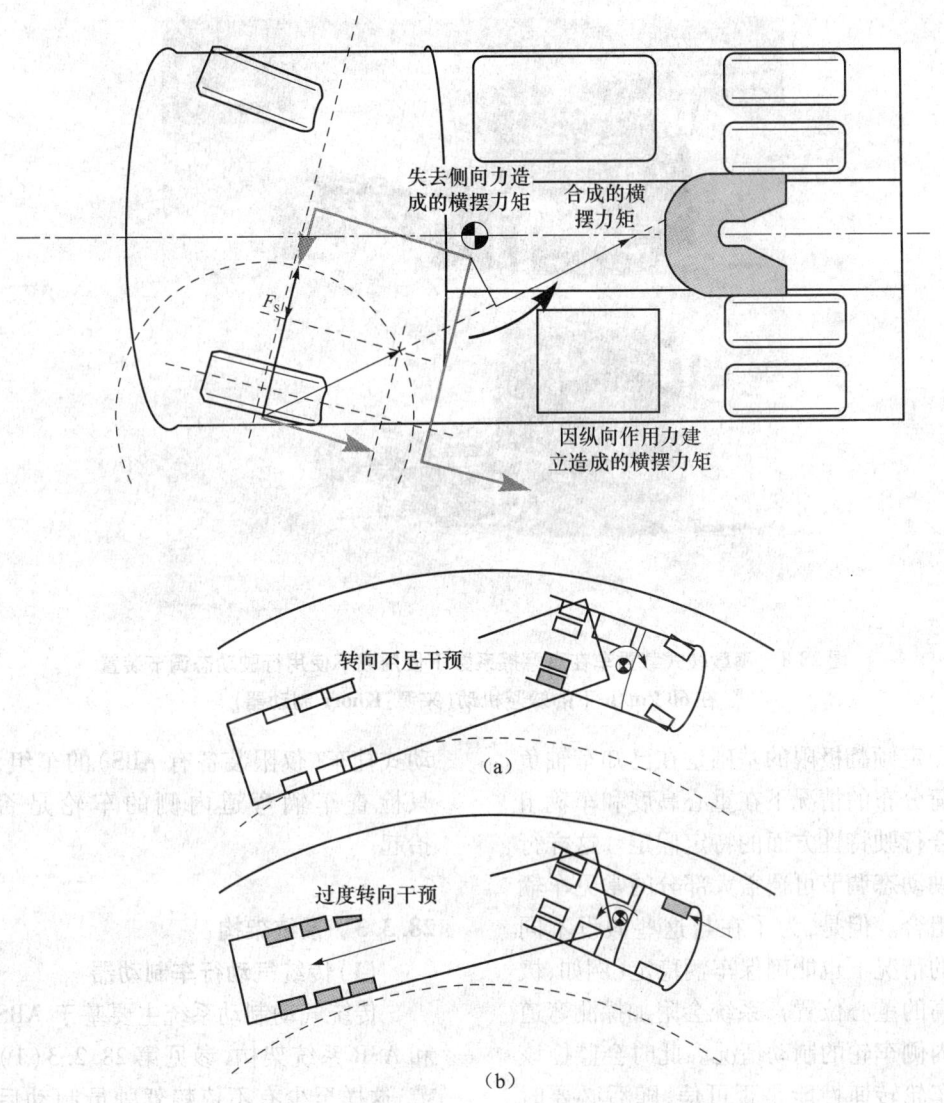

图 28-7 转向不足或过波转向时的稳定性干预
(a)在一个车轮上进行制动干预对横摆力矩的影响；
(b)和行驶动态调节的干预策略

动态转向机动通常会导致更为明显的摆动并由此增大翻车的倾向，例如，在转向角跳跃时的过度摆动或者在交变弯道(环形交通、躲避机动)中传递摆动能量。因此，根据相应的行驶情况调节确定的倾翻极限，例如，在快速动态行驶状况下(躲避机动等)提早干预降低倾翻极限。

相反，在极慢的行驶机动下(例如，盘山道急弯行驶)翻车倾向较低，在这里为避免不必要的或干扰性的制动，干预系统会提高倾翻极限。

图 28-8 满载鞍式载重车在高摩擦系数下使用或不使用行驶动态调节装置在 60 km/h 下的躲避机动（来源：Knorr 制动器）

测定倾翻极限的基础是在已知车轴负荷分布的情况下在重心高度和车辆组合行驶特性方面的特定假定。这样行驶动态调节可覆盖大部分的常见车辆组合。但是，为了在与这些假设不同的情况下也能确保车辆稳定（例如，极高的重心位置），系统会附加探测弯道内侧车轮的制动情况。此时会监控该车轮转速性能是否可信，随后必要时通过合适的制动干预强烈制动整个车辆组合。

借助挂车 ESB 检测挂车弯道内侧的车轮是否抬起。为此在一定的横向加速度下在挂车上进行轻微的测试制动，加上明显减轻负荷的车轮会导致抱死并由此造成挂车 ABS 启动。会通过 CAN 通信线缆（SAE J 11992）将该情况告知牵引车。对于带常规制动式挂车（仅限装备有 ABS）的车组，只检查车辆弯道内侧的车轮是否抬起。

### 28.3.3 系统架构

**(1) 传统气动行车制动器**

传统气动制动系统主要基于 ABS 和 ASR 系统架构，参见第 28.2.3(1) 节，这样至少有不依赖驾驶员制动后轴上单个车轮的可能性。行驶动态调节需要附加对前轴和挂车进行自主制动干预。基于常见的气动制动装置的行驶动态调节系统的系统结构参见图 28-9。

① 传感器

与轿车行驶动态调节系统类似，在商用车中除了方向盘转角传感器之外还使用横摆角速度和横向加速度传

# 28 商用车的稳定辅助功能

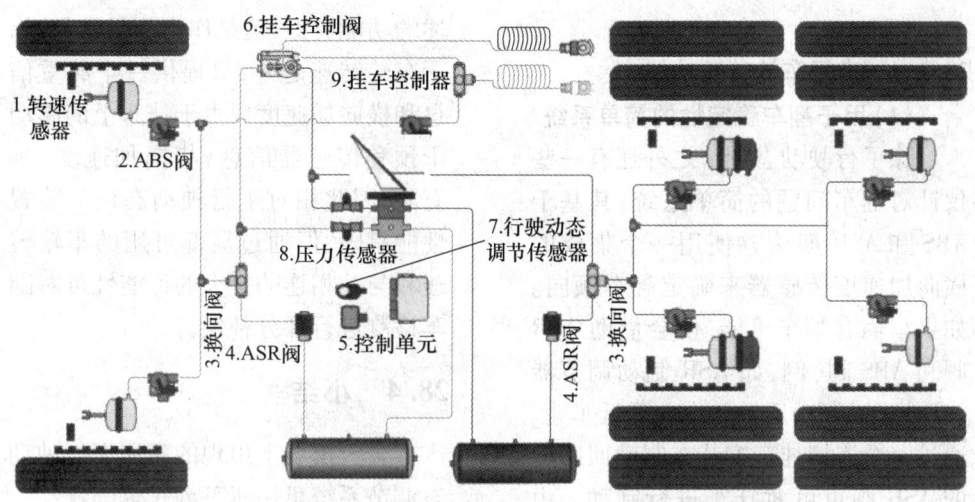

**图 28-9** 带行驶动态调节系统的传统气动行车制动装置的系统结构

感器(图 28-9 中的 7)。

原则上直接在方向盘下方的转向柱内测量方向盘转角。在此一方面采用多匝的磁场传感器,其可借助机械齿轮进行多圈感应;另一方面使用光学传感器,其只能测量一圈并由此通过软件功能形成多圈的测量。传感器一般包含一个微控制器并通过 CAN 总线与中央控制单元进行通信。总线可以是常见的汽车总线(例如,符合 SAE J1939)也可以是单独的传感器 CAN 总线。

使用来自轿车领域的行驶动态传感器用于测量汽车移动(横摆角速度和横向加速度),安装在车架重心附近。这样,传感器必须根据商用车内恶劣的环境条件(环境影响、振动等等)进行自适应。

除了原来的行驶动态传感器之外,由于在稳定车辆干预情况下制动缸与驾驶员制动压力无关并由此必须借助行驶动态系统以电子的方式调节制动压力,因此还需要压力传感器用于感知驾驶员制动压力(图 28-9 中的 8)。

② 调节器

为了表现前轴上和针对挂车的行驶动态调节干预的可能性,主要是在前轴制动回路上使用一个附加的 ASR 阀(图 28-9 的 4)。随后由这个制动回路借助另一个挂车 ABS 阀控制挂车(图 28-9 中的 9)。

(2) 电控制动系统(EBS)

由于 EBS 已带有所有自主制动各个车轮的技术前提条件,因此行驶动态调节系统只需要前面章节中所述的行驶动态调节器。其同样通过 CAN 数据总线与 EBS 中央控制单元进行通信,在该控制单元中也执行行驶动态调节的算法。计算出的额定制动压力通过制动器 CAN 总线发送给 EPM 或者通过挂车 CAN 总线发送至挂车。

### 28.3.4 商用车的特殊功能

**(1) 用于翻车稳定性的简单系统**

除了行驶动态调节之外还有一些仅针对翻车问题的简单系统，其基于 ABS 和 ASR 架构并使用一个集成的横向加速度传感器来确定翻车倾向。如果车辆有翻车可能，便会借助 ASR 阀和 ABS 阀（例，如 ASR 制动调节器一样）主动制动后轴并由此降低车速。通过一个连接挂车安装在制动回路中的 ASR 阀也可对挂车进行制动。由于 ASR 阀是一种纯换向阀，因此以脉动的方式控制挂车制动器，这样挂车内的作用制动压力始终受到制动系统惯性的限制。

由于没有其他用于测定车道稳定性的传感器，而且仅主动制动后轴和挂车，与完整的 FDR 相比，可计算的系统性能原则上受到限制。此外，必须相应小心地进行制动干预以避免系统引起不稳定性。

该系统进一步的结构分级另外使用一个方向盘转角传感器，以更有效地在动态机动时进行稳定性干预。目前本文所述的简单系统主要用在欧洲之外的国家和地区。

**(2) 用于倾翻稳定的挂车系统**

除了在牵引车内安装的用于从牵引车稳定整个列车的行驶动态调节系统之外，在挂车上也同样有自主采取行动的稳定系统用于避免翻车。这种称为挂车倾翻稳定程序（TRSP）在有翻车危险时自主制动挂车。原则上 TRSP 的功能与第 28.3.2(2) 节中所述的功能类似，但是作为测量参数，除了车轮转速之外，只提供一个载重信息和横向加速度。由于挂车上的制动干预和传感器信息（横向加速度）都有限，因此相对于行驶动态调节装置性能有限，但通过局部可用的车轮转速和与此相连的扩大的可能性可对翻车检测进行部分补偿。

## 28.4 小结

今天市场上出现的商用车行驶动态调节系统可用于下列车辆配置：

◆ 车轮样式为 $4 \times 2$、$6 \times 2$、$6 \times 4$ 和 $8 \times 4$ 的单个车辆（载重车和公共汽车）；

◆ 车轮样式为 $4 \times 2$、$6 \times 2$ 和 $6 \times 4$ 的鞍式牵引车；

◆ 带中心轴挂车的车轮样式为 $4 \times 2$ 的运输车。

稳定干预包括发动机干预以及主动制动车辆上的各个车轮并制动拖车。

在欧洲，从 2011 年开始将行驶动态调节系统法律规定用于商用车（逐步，开始是鞍式牵引车）。目前强化后续研发的目的是将行驶动态调节系统也用于其他的车型。基本车辆组合与铰接式列车有关。

此外只要这些调节器可用在商用车中，则将来会将其他的调节器一并纳入调节工作中（例如，类似于轿车的主动转向系统）。

### 28.4.1 铰接式列车的行驶动态调节

铰接式列车这个术语在这里代表

所有相对于鞍式牵引车具有附加的接头的所有车辆组合,其中包括下列组合:

◆ 传统的铰接式列车:带(挂车)转盘的载重车,其中(挂车)转盘一般有2个或3个轴,在北欧国家和地区也有4个轴或5个轴的车辆。

◆ Eurokombi:带推车(极短的大多为2轴的带鞍板挂车,通过牵引杆连接在载重车上)和半挂车的载重车。

◆ Eurokombi:带半挂车和附带连接中心轴挂车的鞍式挂车。

◆ A-Double-Combination:带半挂车和连接在其上的转盘挂车的牵引车(也可不带挂车转盘而带推车和半挂车)。

◆ B-Double-Combination:带2个半挂车的鞍式牵引车(第一个设计为带鞍板的所谓的推车——连接用于支撑第二个半挂车)。

第一个所谓的组合主要用在中欧和北欧,而其他的组合允许在如斯堪的纳维亚半岛、澳大利亚和北美洲使用。此外,在澳大利亚和几个其他的国家还有所谓的道路列车(Road-Train),也就是带多于2个挂车的车辆组合(部分列车长度可达50 m,质量达150 t)。

通过附加的关节获得了进一步的自由度,这会导致明显更为复杂的行驶特性。行驶动态调节由此考虑及早采取稳定干预,但是同时要更为小心地进行,原因是过强的稳定性干预有导致列车不稳定的危险,必须避免这种情况出现。

为了正确评估行驶状况,扩展的基准模型还必须考虑附加的自由度。此时困难的是系统只能很少地了解挂车的数量和类型。这对于连接的刚性段的最新性能也是如此:这里不可用附加的传感器。因此,正致力于找到一个经得起考验的充分考虑了所有可能的组合方案。

### 28.4.2 使用其他的调节器

相对于轿车,迄今为止在载重车内尚未由于极高的转向力而在前轴上安装电动助力转向机构。到目前为止,叠加转向系统的市场推动者对相对较高的成本的验证也是非常不够的。但是部分车辆在附加轴上安装有电控转向系(前从动轴或后从动轴)。此时,测量前轴的当前转向角并转换为附加轴的额定转向角,随后借助液压助力转向激励器调节转向角。

未来的商用车行驶动态调节系统可将附加调节器的可能性纳入控制策略中,以形成最佳的稳定功能,目的是借助持续的调节器优化不能连续使用的和在某些情况下会导致失去牵引力的制动干预缺陷,因此转向干预优先于制动干预。

# 参 考 书 目

[28.1] *Hoepke*, *E.*; *Breuer*, *S.* ( Hrsg. ): Nutzfahrzeugtechnik. Grundlagen, Systeme, Komponenten. Wiesbaden: Vieweg + Teubner Verlag, 2008.

[28.2] Robert Bosch GmbH: Kraftfahrtechnisches Taschenbuch. Vieweg, 2011.

[28.3] *Zomotor*, *A.*: Fahrwerktechnik; Fahr-

[28.4] *Hecker, F. ; Hummel, S. ; Jundt, O. ; Leimbach, K.-D. ; Faye, I. ; Schramm, H.* Vehicle Dynamics Control for Commerial Vehicles. SAE-Paper 973284,1997.

[28.5] *Winkler, C. B.* : Simplified Analysis of the Steady State Turning of Complex Vehicles. International Journal of Vehicle Mechanics and Mobility, 1996.

[28.6] *Breuer, B. ; Bill, K. H.* (Hrsg.): Bremsenhandbuch. Grundlagen, Komponenten, Systeme, Fahrdynamik. Wiesbaden: Vieweg Verlag,2006.

# 29 转向辅助功能

*Thorsten Richter, Philip Köhn*

## 29.1 转向传动比

在今天的轿车中,方向盘是车辆横向引导的核心元件。对转向系行驶动态的要求从驻车到目标准确的车道引导直至在极限范围内稳定住车辆。根据行驶速度和转向任务,前轮所需的轮距角会发生变化,合成的车轮转向力矩有很大不同。总转向传动比的设计标准在于可靠和舒适地设计车辆对驾驶员转向的反应以及相应的行驶任务的合成手动力矩。

当作为杠杆臂的双手和转向轴之间的方向盘的直径因安装空间和人体工程学的原因空间有限的时候,根据不同的结构形式,方向盘转角与前轮轮距角的总转向传动比可能会不同。

使用循环球式转向器时,通过一个循环球式传动装置将方向盘转角传输到一个转向四边形上并由此设置前轮相应的轮距角。通过循环球式传动装置的传动比调节总传动比水平,转向四边形不同的几何形状使得通过方向盘回转改变总转向传动比的基本水平成为可能[29.1]。

齿条式转向机构将转向轴的旋转角通过齿条式传动器传递到设定了前轮轮距角的转向三角上。在此齿条式转向机构作为主传动比等级不仅调节基本水平而且可作为转向三角几何设计的补充,通过方向盘回转实现总转向传动比的机械式变化。

在低行驶速度下,如在转弯过程中以及在市区行驶时,出现的车轮转向力矩和由此出现的转向横拉杆作用力非常大。由于一般的前轴运动使重量变为零,本来就很高的力矩和在停车时接近最大转向回转时的作用力都被额外放大了。从舒适的手动力矩意义上来设计总转向传动比在这里直接与所有行驶情况下明显增加转向角需求的目的相冲突。

通过方向盘回转变化总转向传动比可以带着下面的目的进行设计:即使停车时出现的手动力矩保持在限值范围内。同时,在平均方向盘转角的范围内在车道引导的转向响应特性方面设计总转向传动比,在大幅转向回转时间接总转向传动比使出现的手动力矩降低。使用循环球式转向器时可通过改变转向四边形的几何形状实现,在使用齿条转向器时可通过行程可变的齿条几何形状实现。

然而,无论从设计上还是从行驶动态上来说,这种设计很快会受到限制:一方面虽然降低了停车模式和转弯动作时的手动力矩,但是还未到一个舒适的程度;另一方面,由于与停车模式相交的转向角范围,在市区行驶和转弯过程中增加的积分方向盘转角不再符合现代车辆运动式的轻松转向特性。

应明确的是总转向传动比的基本设计应合理针对人体工程学和车辆对驾驶员转向要求的响应,从而通过合适的转向力矩辅助匹配合成的手动力矩。

## 29.2 转向力矩辅助

使用转向力矩辅助的目的是利用能量降低出现的转向力矩并降低到舒适的程度。由于功率密度和效率较高,液压转向力矩辅助系统适合用在汽车中。在受限的安装空间内高的功率密度可产生高的作用力,所需的能量可直接通过良好效果的内燃机的皮带传动获取。有多种型号的液压助力转向装置用于轿车和商用车领域内不同的应用情况。开放式的系统,在该系统中即便在未施加转向力矩时也持续供应机油体积流量并在进行转向力矩辅助时通过分配体积流量产生一个液压作用力。一般情况下该系统通过一个液压阀门的转动感知施加的转向力矩并根据施加的转矩建立一个辅助力矩。该系统的缺点是在温度控制和声音方面调节液压系统的成本以及在无转向力矩辅助情况下持续的功率消耗。

此类系统几乎可随意降低对于驾驶员的合成手动力矩,这样只需在人体工程学和转向传输性能方面对总转向传动比进行设计。用于增强驾驶员转向力的总转向传动比对于目标准确的和可靠的道路引导来说处于核心的地位。转向传动特性是针对行驶速度的明显非线性车辆的转弯特性。当在低行驶车速下需要较大程度的转向以产生一个较低横向加速度的理想曲线时,平均行驶速度范围内同样的转向输入就会进入行驶动态的极限范围。此外,在高行驶车速下需要一个足够大的转向角范围用于进行可靠的道路引导。如果给行驶速度分配重要转向角范围用于稳定行驶,则针对相应的总转向传动比会得出相应的设计标准。平均转向角范围必须在达到高的行驶车速之前确保车辆对转向进行可靠的响应。由于车辆自身的特性在该车速下低的前车轮轮距角就会导致明显的车辆响应,因此在该范围内需要间接转向传动比。相对于不带转向力矩助力的转向系统,在大转向角情况下越来越直接地设计低行驶车速的转向助力,相应地降低停车时的积分转向角,而通过转向力矩助力降低较高的合成手动力矩。

除了合适的调节强度之外,对于可靠的和目标准确的道路引导来说需要一个相应的转向力矩作为驾驶员输入的反作用力。该系统提供一个与施加的转向力矩成正比的传动比力矩。但是,根据车轴的设计,相应的设计需要高车速下运动生成的转向力矩,在该行驶状况的正常模式下出现的转向力矩不能或者只能容忍极小的辅助力矩。由于受到液压限制，转向力矩上的辅助特征曲线只能达到有限的梯度。这导致在较高的转向力矩下在行驶动态重要的平均行驶速度范围内和在停车时必须使用比针对该状况设计系统更大的转向力矩。相应地，行驶车速对转向性能的明显影响导致不仅在设计总转向传动比时而且也在转向力矩助力时不同行驶速度的转向性能设计方面的目标冲突会很大程度地限制协调参与系统的可能性。

采用与车速相关的转向力矩助力系统的结果是开始在转向系统内使用电子组件。通过其按比例的转动激活液压转向阀的转向力矩助力系统（参见图29-1），通过液压电路连接获得一种可通过控制电子阀门改变的可变的扭转刚度。现在可根据车速改变扭转刚度并由此通过转向力矩度量转向力矩助力系统的梯度。除了典型的行驶之外还必须覆盖所有的行驶范围，借此持续改变转向力矩辅助系统的基本水平。因此，从明显的支持和由此通过平均行驶速度范围内的运动式或舒适式设计达到舒适的转向力矩直至在高车速范围内为可靠转向相应而进行低程度辅助可进行完全不同的调整。

但是，从能量的角度来说，如前面所述，一个较大的缺点在于无转向力矩助力的行驶情况下开放式系统也需持续消耗功率。统计调查表明，直线行驶占运行模式的很大一部分。因此，某些液压转向系统使用电子式体积可调的液压泵，其在低的作用力下降低循环的体积流量并由此降低功率消耗。在前轴负荷较低并由此转向力矩辅助系统的最大工作压力也很低的情况下，当需要转向力矩助力时，电动驱动的液压泵仅建立起所需的体积流量。

转矩大的电动机的紧凑结构首先使得前轴负荷低的车辆可通过完整的电子系统代替液压转向力矩辅助。除了降低所需的部件数量之外也取消了协调液压组件的工作。类似于液压系统的转向阀门，现在由转向柱内的转矩传感器采集施加的转向力矩信息，根据相应的行驶情况，电子控制系统计算相应的通过电动机施加的辅助力

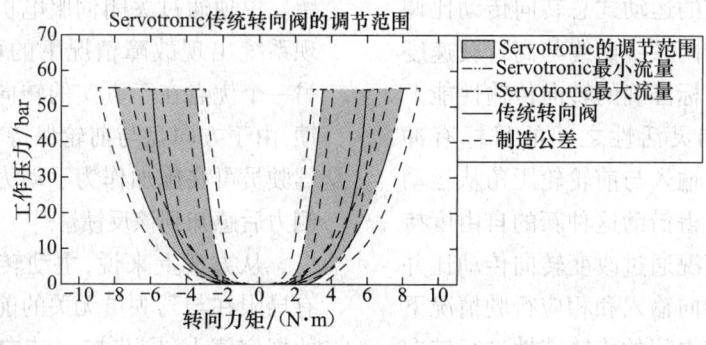

图 29-1 转向阀特征曲线

矩。从能量的角度来说，理想的是电子转向系统仅在提供支持的情况下才明显消耗功率。

相对于仅取决于转向力矩的支持，电子转向系统可将带任意符号（正、负）的转向力矩叠加在施加的转向力矩上（4象限模式），从而，根据施加的转向力矩、行驶速度和转向角调节总转向传动比的转向力矩和相应的行驶状况。

此外，自由叠加附加转向力矩的可能性也使得研发其他的基于转向力矩的功能成为可能。部分根据改进正常行驶范围内的转向性能上研发这些功能，如在转向后主动将方向盘复位到中间位置。例如，在光滑程度不同的车道摩擦系数上制动期间规定一个转向力矩之类的其他功能形成了与行驶动态调节的过渡。

除了对车载网络的电能有较高的要求之外，此功能范围内的电子转向系统还需要使用高效的控制单元和基于扩大自由度的范围广泛的安全方案。

## 29.3 转向角辅助

用设定的运动式总转向传动比调节传统的转向系统始终与高行驶速度下中等和目标准确的转向传输性能上的舒适性和灵活性之间的目标有冲突。将转向输入与前轮轮距角从运动上脱离开使得借助这种新的自由度持续和根据情况通过改变转向传动比并由此调节转向输入和相应行驶情况下的车辆响应之间的传输特性进行转向角辅助成为可能。此外，不依赖驾驶员的转向力矩和转向角输入使得行驶稳定性和驾驶员辅助范围内的大量功能得以实现。

在技术上有两种不依赖于驾驶员的带任意符号的前轮上附加的轮距角可能性。使用线控转向系统时方向盘与前轮之间无机械连接。通过电子方式感知驾驶员的转向输入，不依赖于行驶情况计算希望的前轮轮距角并从底盘侧设置促动器。此外，为转向输入产生的电力驱动的反作用力矩产生对驾驶员的触觉反馈。该系统的一个根本性问题是在出现系统故障时必须至少保留基本的转向功能。对于这种容错模式必须至少冗余许多组件，大批量使用时对安装空间和成本上的优点都会存在质疑。

与线控转向系统相反，叠加转向系统上集成有一个位于传统的转向系统中转向柱内的传动装置（参见图29-2），电动机借助该传动装置提供一个相对于驾驶员输入的自由附加角。不依赖于主动转向干预的功能，使用这种系统架构时，作为复位层的方向盘对转向前轮的直接机械干预功能始终保留。单独通过关闭伺服电机的方式实现系统出现故障情况下的可靠运行。另一个优点在于真实的转向力矩的反馈，由于方向盘与前轮保持机械连接，驾驶员可在施加作为手动力矩的车轮侧力后感知到该反馈。

从方案上来说，主动转向系统没有局限在与驾驶员无关的前轮轮距角的规定值上，同步控制转向后轮还提供更多的行驶动态的潜力，其中所需

# 29 转向辅助功能

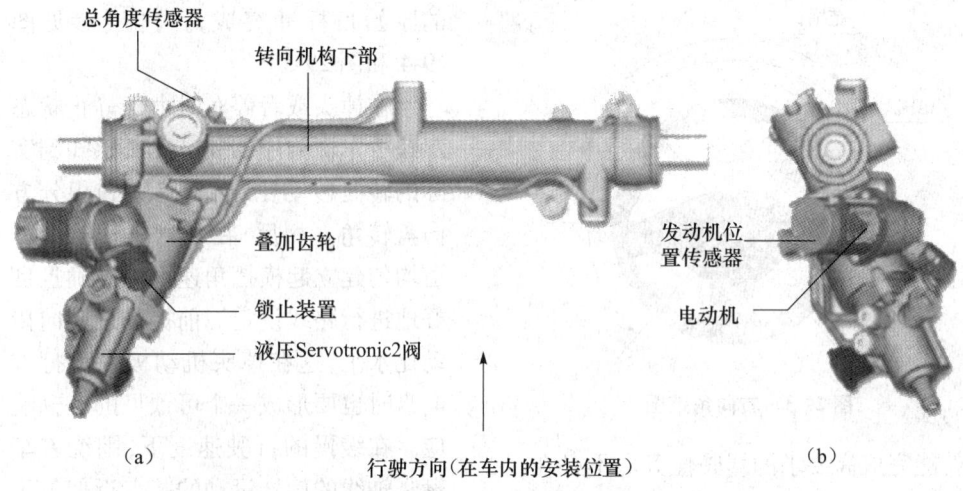

**图 29-2** 带叠加齿轮和伺服电机的齿条式转向机构[29.2]
(a)上方视图；(b)左侧视图

的轮距角要明显低于前轮。该系统结构符合线控转向系统，差别在于无须进行容错系统设计。类似于叠加转向，关闭促动器是一种可靠的复位层；通过前轮保持转向功能。

与驾驶员要在行驶动态极限范围内才会实际感觉到的行驶稳定系统相反，主动转向系统决定性地影响所有行驶状况下的行驶特性。类似于传统的转向系统，主动转向系统的功能具有与所有其他机械和主动底盘组件进行联网的可能性并以竞争差异化处理的方式在行驶动态方面对应用过程提出了较高的要求。根据传统转向系统的评价参数，新自由度的行驶动态设计标准必须规定调整目标。目标是提供一种在任意行驶状况下都可最佳控制住车辆的转向系统并由此使得借助主动底盘组件充分利用车辆的高行驶动态潜力成为可能。

## 29.3.1 人体工程学

从人体工程学的角度来看，方向盘手臂系统可在方向盘姿态正确的情况下使得驾驶员不必环绕方向盘就可有效覆盖所有的角度范围(图 29-3)。

在围绕着转向中间位置的人体工程学最佳的范围 1 内，弯道行驶时的转向力矩曲线和由此施加的车轮侧向力可敏感地在方向盘上感觉到。在理想的情况下，该范围在方向调节的中等直至较高行驶车速范围内直至中等横向加速度范围内都可使用。由于行驶中所占比例很大，该范围对于车辆对驾驶员转向输入的响应很重要[29.2]。

在坐姿和方向盘姿态正确的情况下会迅速且以正确的转向技术扫过范围 2。从中等行驶速度开始，该范围应覆盖直至行驶动态极限范围的方向控制并使得驾驶员不必熟悉转向装置

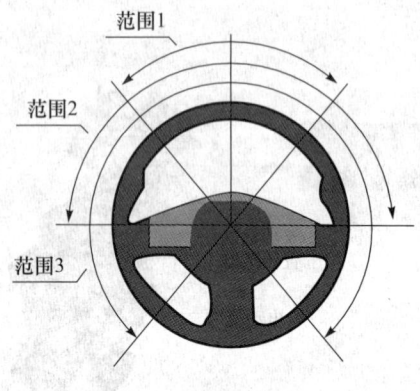

图 29-3 转向角范围

就能完成高要求的驾驶任务。不必在路线方向快速变化时对明显的转向角需求做出反应,驾驶员在弯道转来转去时可随着车轮侧向力主动设定路线方向[29.3]。在该范围内可用最大的转向速度进行躲避机动和过度转向下的反向转向。车辆在"常规"的范围 1 内对转向的反应应协调自然,在惊慌之下做出反应时也要具有可靠操控的能力;该范围是主动行驶安全性的核心。

在市区行驶时,所有的弯道半径和转弯过程都可以不用环打方向盘。相应地范围 3 受到方向盘-手臂系统的限制。在选择理想的设计方案时应使得超出所有行驶情况调度范围明显小于 180°的方向盘转角。在转弯和在市区行驶中驾驶员不得再环打或提前打方向盘,甚至在停车时从方向盘的一侧止动位到另一侧止动位也应少于 2 圈,这在掉头时也会获得明显的舒适性。

### 29.3.2 转向特性

**(1) 静态传输特性**

为每个行驶速度下自由设定总转向传动比使得解决传统转向系统调节的原始目标冲突成为可能(参见图 29-4 和图 29-5)。

在掉头或者停车时由于静止状态下缺少车辆响应驾驶员无法感知到实际的转向传动比,而是感觉到积分方向盘转角。相反,在转弯机动时沿车道均匀建立起横摆角速度以准确且良好地进行路线设定。前提是总转向传动比水平,这在掉头机动极快地打方向盘时也要形成一个可预见的车辆响应。在缓慢的行驶速度下,围绕着车辆竖轴线的旋转运动的基点近似位于非转向后车轮的延长线上。根据车辆设计和轮距,驾驶员明显坐在远离基点的 $x$ 坐标的驾驶员纵轴上,这限制了精确路线方向设定意义上的总转向传动比。由于总转向传动比的改变也会引起最大积分方向盘转角的变化,这里使用的平稳过渡到滚动范围内使用的传动比水平与打方向盘的总转向传动比的曲线一起也规定了掉头时最大的方向盘转角。

在使用全轮转向系统时可通过合适的后轮轮距角逆着相应的前轮转向角规定基点的位置。长轮距的车辆上可借此将基点的 $x$ 坐标放置在靠近车辆重心的地方,也就是驾驶员的座椅位置上。这种虚拟的轮距缩短可更为简单地且准确地进行路线设定并由此直接设计车辆在低行驶速度范围内对转向输入的反应。

除了车道引导时的人体工程学优点之外,其也有利于主动安全性。在惊慌情况下驾驶员在高摩擦系数下转向不必环打方向盘就可充分利用前轴的侧向力。因此,驾驶员不必精通转向技术就可充分利用最大的侧向力进行躲避机动并控制住车辆。在过度转向情况下,可实现较高的车轮转向角速度可进行有效且可靠的反向转向。

**(2)动态传输特性**

传统转向系统转向特性的描述不仅以转动方向盘也以通过行驶速度保持恒定的总转向传动比为出发点。因此,进行基本观察时使用一个评价标准,该标准说明了不同行驶速度下转

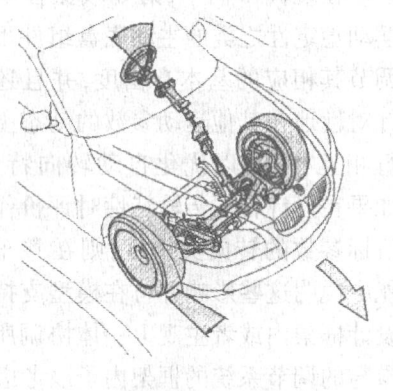
高行驶速度:
降低车轮转向角

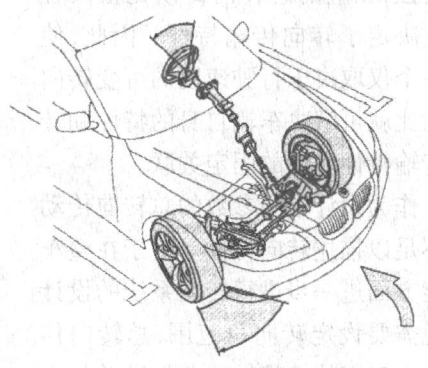
慢速行驶或停车:
增大车轮转向角

图 29-4 叠加转向的原理

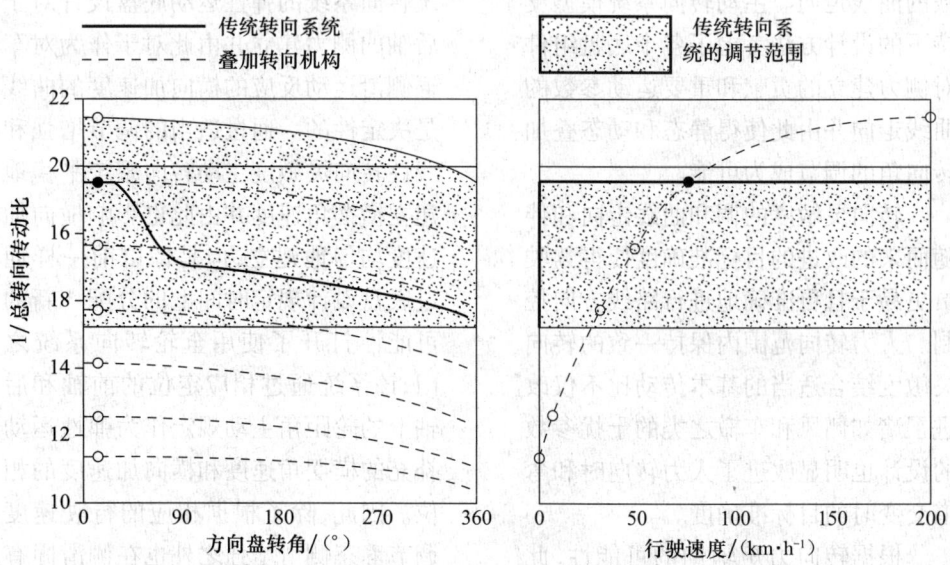

图 29-5 比较具有可变齿条几何形状的传统转向系统和借助方向盘转角的中等行驶速度范围内叠加转向机构的调节范围

向和静态行驶状况之间的静态关联。

但是在路线方向控制或者稳定性控制时,在接近恒定车速的范围内横向动态传输特性是决定性的。因此,静态的设计标准构成了转向调节的基础,但是作为对驾驶员转向输入控制的增强,相应的总转向传动比很大程度上决定了转向传输特性。因此,使用一个仅取决于行驶速度的可变转向传动比就可解决车辆自身的特性和转向传输特性之间的固定关联。

作为设计中间参数的总转向传动比不足以描述转向特性。对于在整车性能方面进一步进行转向系统的设计来说需要设定转向角范围,总转向传动比和静态传输特性这些标准并代之以评估整车的行驶特性。同时,作为客观的行驶动态目标的转向灵敏度说明了作为对驾驶员转向反应的运动参数的曲线走向。主动转向系统模型支持下的设计方法考虑了各个底盘组件对侧力建立的贡献和重要运动参数的曲线走向并由此使得静态和动态叠加转向角的调节成为可能。

转向灵敏度的调和曲线走向和伴随而来的改进的目标准确度使得驾驶员更易于且更准确地进行路线方向控制。人力转向范围内保持一致的转向灵敏度结合适当的基本传动比不仅改进了诸如侧风和车辙之类的干扰参数的设计也明显改进了人力转向时和弯道交变时的目标准确度。

根据转向力矩辅助的可能性,此时可准确地根据相应的转向灵敏度调节从侧向力建立中合成的手动力矩的曲线走向。

只有这种具有作为驾驶员转向输入反作用力的匹配转向力矩的可预见转向性能才能够在无须持续的过多关注的情况下在运动敏捷的行驶特性方面将转向灵敏度有效最大化。

在现代车辆中,诸如减振控制和摆动稳定性之类的主动底盘组件不仅调节其相应的基本自由度,并且还有针对性地在其他运动参数的动态上进行相互作用,以优化自动转向特性。如果在设计转向传输特性时评价作为目标参数的转向灵敏度,则在整车性能中说明这些影响并可在模型支持的设计框架内或者主观上一体协调所有参与的调节系统的框架内予以考虑。

除了转向灵敏度的水平和曲线走向之外,运动参数的时间结构对于主观评估转向传输特性也具决定性。传统转向系统的弹性运动底盘设计对于后轴的侧力建立并由此对于作为对车辆侧滑运动反应的横向加速度的曲线是决定性的。通过适当的调节增强和线性转向灵敏度主动转向系统平稳地建立横摆角速度并由此也影响横向加速度均匀地建立,但是像以前一样通过底盘设计规定时间上的分配。新的可能性打开了使用全轮转向系统之门,该系统通过相应定位的前轴和后轴上的轮距角主动规定作为弹性运动补充的横摆角速度和横向加速度的相位。因此,除了根据相应的行驶速度调节静态侧滑增强之外也在侧滑固有频率的范围内限制振幅的升高并由此明显增加动态稳定性[29.4]。

## 29.4 驾驶员无关的转向干预

### 29.4.1 行驶性能和行驶稳定性

借助驾驶员无关的转向干预可改变行驶稳定性和传输特性方面的行驶特性。此时车辆对转向干预的反应要快于对车轮选择性的制动干预，由于不进行车辆制动驾驶员不易感觉到该情况。在针对避免事故的稳定性能方面，尤其是在低车道摩擦系数方面，主动按车轮进行制动干预明显具有优势。因此，主动转向干预根本上用于在达到某车车轴的附着极限前有针对性地影响行驶特性。相对于根据行驶速度调节管理系统，在根据驾驶员控制参数进行行驶动态调节时确定一个稳定行驶状态的运动参数额定状态，与相应测量的运动参数进行比较得出了主动转向干预的控制差异。

使用模型辅助进行转向传输特性的设计使得针对近似线性作用力传输范围和和谐传输特性意义上的极限范围内的行驶稳定性功能使用共同的调节标准和行驶动态目标成为可能。

**(1) $\mu$-Split 路面**

在一侧摩擦系数低的车道上进行制动操作时主动辅助驾驶员方面的功能包括在 $\mu$-Split（两侧车轮处于不同摩擦系数路面）这个通用术语中。在车轴的高摩擦系数侧车轮降下较高的制动力并相应地沿着该方向建立起一个侧滑运动，在这种行驶状况下调节控制系统与针对行驶稳定性的制动距离的目标冲突。在这种行驶状况下主动转向干预可承担所需的一部分校正转向角的任务，因此即使左右两侧制动力差别很大也能保证行驶稳定性。由于在调节时有不同的目标冲突，在这种行驶状况下带主动转向干预的功能与制动控制系统的调节有明显的相互影响。

**(2) 侧风**

由于主动转向系不断增加的可能性，存在转向传输特性和行驶动态控制装置的调节相互补充的行驶状况。例如，侧风之类的外力导致在一般行驶模式下必须由驾驶员进行调整。主动转向系统的设计目的在于通过目标准确的和易于定量的转向传输特性便于驾驶员进行该调整。

如果干扰激励因重要运动参数的计划与实际比较导致控制差异，可以另外施加主动调节。根据系统的自由度可主动叠加一个转向力矩，其易于驾驶员进行校正转向输入或者不依赖驾驶员直接在车轮上按比例设定一个修正角。

由于车辆与规定的额定路线有相对小的偏差，该功能对测量的运动参数的信号质量有明显的要求。必须以相应的准确性调节传感器的偏移偏差和线性偏差并在识别行驶状况时考虑诸如车道倾斜或者恒定的侧风之类的环境条件变化。基于该效应由于生成调节信号时较低的准确性会迅速导致校正干预量级的偏差，因此在正常的行驶范围内限制了此类功能的特点。

### 29.4.2 车道引导的辅助功能

**(1) 车道偏离警示辅助系统**

除了优化转向和行驶特性之外，

主动转向系统的自由度使实现其他提高安全性和行驶舒适性的功能成为可能。使用相应扩展的传感器可识别车辆接近车道限制线的时间和车速。根据车辆制造商的理念可以通过模仿车轮侧的转向力矩使驾驶员注意到该情况或者通过叠加转向力矩校正路线。

### (2) 停车辅助系统

带相应环境传感器的车辆可以显示车前车后与物体的间距并辅助进行掉头和停车操作。据此可在缓慢驶过时测量到停车位并给出转向建议用于停车。停车辅助系统更进一步,在驾驶员适当定位并触发功能后,可实现自动停车。对于带电子转向力矩辅助的转向系统,由于单独通过转向力矩进行主动转向,因此驾驶员必须松开方向盘。相反在叠加转向时,驾驶员必须进行方向盘合成平衡力矩的辅助。此外使用这两种变型时,驾驶员需自行设定车速并必须监控停车过程。

## 29.5 驾驶员认可程度

驾驶员的控制与对车辆反应的期望值紧密相关,其决定性地决定了所有行驶状态下的转向策略。在不同行驶速度下变化的转向传输特性不仅可解决传统的转向系统也可解决主动转向系统的问题。作为自适应控制器,驾驶员将这种转向传动特性的可变部分纳入其控制和调节策略中。相应地要说明熟悉时间,该时间与更换不同级别的车型所需的熟悉时间差不多。根据弯道可见的范围评估在不同行驶情况下所需的方向盘转角,在环形路线或者标准行驶机动中从经验中了解或者在突然的躲避机动中根据人体工程学得出。可用较高转向速度设定这种受控的转向角;只有基于侧力反馈或者车辆响应才能通过控制驶过随后的弯道。

根据行驶机动、转向系统和调节理念,带传统和主动底盘组件车辆的转向力和行驶稳定性明显不一样,在行驶评估时,尤其是在标准行驶机动时是否起着重要的作用。

## 29.6 小结

主动转向系统的目的是解决传统转向系统设计中的目标冲突并根据行驶状况进行最佳的调节。此时也同样考虑传统底盘组件的弹性运动特性,如与其他主动底盘组件的相互作用。控制功能的重点不再仅局限于行驶动态极限范围的行驶稳定性:大量的功能对转向调节的持续启用的调节部分进行了补充,改变了正常行驶范围内的行驶特性且是行驶动态调节的重要组成部分。

根据安装的执行机构的不同,可实现不同的行驶动态目的,但是应用成本随着系统互换的可能性也大大增加了。在降低研发时间的背景之下,不仅对达到行驶动态的目的而且对所需的高效应用都是一个越来越大的挑战。

# 参考书目

[29.1]　*Stoll, H.*: Fahrwerktechnik: Lenkan-

[29.2] Köhn, P. ; Pauly, A. ; Fleck, R. ; Pischinger, M. ; Richter, T. ; Schnabel, M. ; Bartz, R. ; Wachinger, M. ; Scholl, S. : Die Aktivlenkung, atz extra: Der neue BMW 5er, 2003.

lagen und Hilfskraftlenkungen, Vogel-Fachbuch, Würzburg, 1992.

[29.3] Schuster, M. ; Grupp; Richter, T. ; Pischinger, M. : Die Aktivlenkung des BMW 3er, atz extra: Der neue BMW 3er, 2005.

[29.4] Zomotor, A. : Fahrwerktechnik: Fahrverhalten, Vogel-Fachbuch, Würzburg, 1991.

# F 基于车道引导和导航层面的驾驶员辅助系统

| 30 | 视觉增强系统 | 500 |
| 31 | 泊车辅助系统 | 524 |
| 32 | 自适应巡航控制系统 | 532 |
| 33 | 正面碰撞防护系统 | 581 |
| 34 | 车道偏离警报系统 | 605 |
| 35 | 车道保持辅助系统 | 618 |
| 36 | 车道变换辅助系统 | 628 |
| 37 | 路口辅助系统 | 640 |
| 38 | 用于商用车的车道引导辅助系统 | 653 |
| 39 | 导航和远程通信技术 | 671 |

# 30 视觉增强系统

Tran Quoc Khanh, Wolfgang Huhn

## 30.1 夜间或天气状况不佳时交通事故的发生频率

夜间交通事故对经济有很大的影响。据 K. Rumar[30.1] 报道,1999 年德国全年夜间交通事故带来的损失估计超过 1 600 亿欧元,这相当于该年欧盟其他国家夜间交通事故损失预计数额的两倍左右。

此夜间交通数据损失评估是根据 2005 年德国联邦道路研究院的数据进行的[30.2],其包括德国 1991—2002 年交通事故统计的各年官方统计数据。1991—2002 年德国记载的具有人员伤害的夜间事故回落了 18%(参见图 30-1),然而白天具有人员伤害的事故数基本没有变化。

观察与 1991 年相比有所下降的夜间交通事故(见图 30-2)可以确定,应详细记录变化趋势,无论是在各种事故严重程度还是受伤类型方面,轻伤的百分比基本没有变化,重伤的百分比下降约 39%,死亡的百分比甚至大幅下降了约 48%。

夜间事故的比例正好相反,也就是说,对所有交通事故(白天和夜间)中夜间交通事故的比例进行了分析并划分为死亡、重伤和轻伤三类(参见

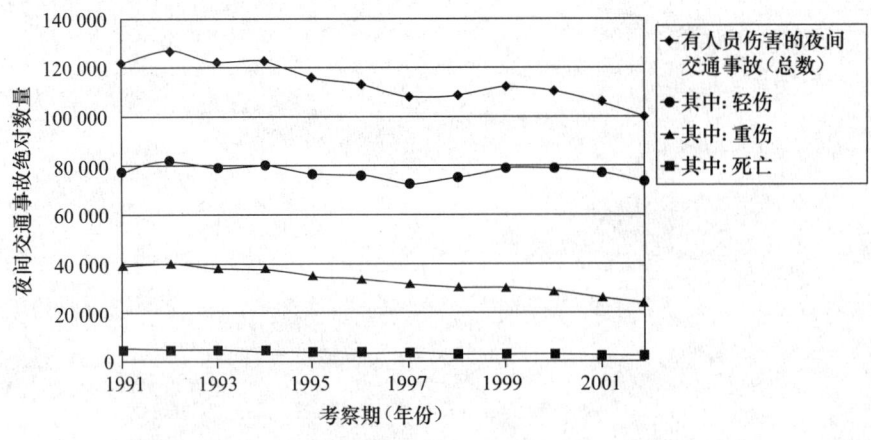

图 30-1 1991—2002 年德国夜间交通事故的绝对变化情况[30.2]

# 30 视觉增强系统

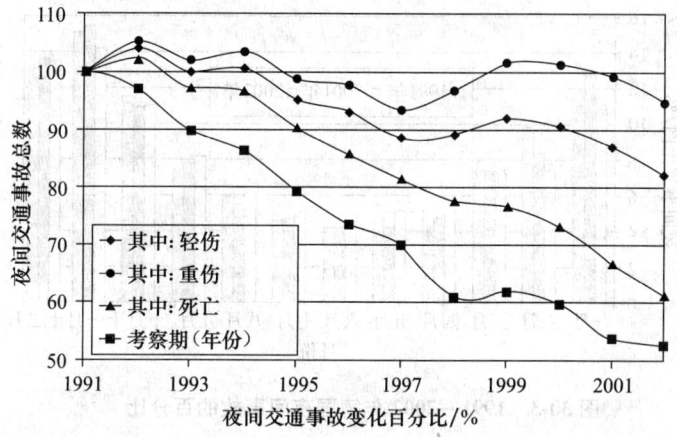

图 30-2  1991—2002 年德国夜间交通事故数的下降情况[30.2]

表 30-1  夜间事故占全部事故的比例(根据类别)[30.2]    %

| 类别 | 年份 |||||||||||| 
|---|---|---|---|---|---|---|---|---|---|---|---|
|  | 1991 | 1992 | 1993 | 1994 | 1995 | 1996 | 1997 | 1998 | 1999 | 2000 | 2001 | 2002 |
| 有死亡情况 | 49.0 | 50.2 | 49.3 | 48.1 | 46.0 | 46.0 | 44.5 | 42.7 | 43.0 | 43.2 | 41.5 | 41.8 |
| 有重伤情况 | 36.8 | 37.6 | 37.1 | 36.6 | 35.2 | 35.3 | 33.4 | 33.7 | 32.9 | 33.6 | 32.7 | 32.2 |
| 有轻伤情况 | 29.0 | 29.3 | 29.1 | 28.7 | 27.6 | 28.2 | 26.2 | 26.9 | 26.6 | 27.1 | 26.7 | 26.1 |

表 30-1),可以清楚地发现,对于夜间交通事故的比例和严重程度来说,死亡(超过41%)和重伤(超过32%)占很大比例。

交通事故的原因可以从多方面进行调查和分析。这些方面包括:
◆ 按联邦州及地区(市区、联邦高速公路、高速公路)进行分类;
◆ 按交通事故的时间进行分类;
◆ 按事故类型及事故具体情况进行分类;
◆ 按事故参与者(年龄、性别)分类;
◆ 按交通参与者类型(行人、机动车、自行车、助力车和轻型摩托车……)分类。

以光学技术的视角根据时间划分进行事故分析。在图 30-3 中,以月份为单位给出了 1991—2002 年德国夜间交通事故的百分比图示。根据月份对事故进行分类显示在 10—2 月的冬季月份事故发生率较高,而在 3—7 月的夏季月份则较低。11—1 月的夜间交通事故发生数量是 5—7 月份发生量的 3 倍。原因是多方面的:可能是由于冬季月份相比夏季月份来说自然

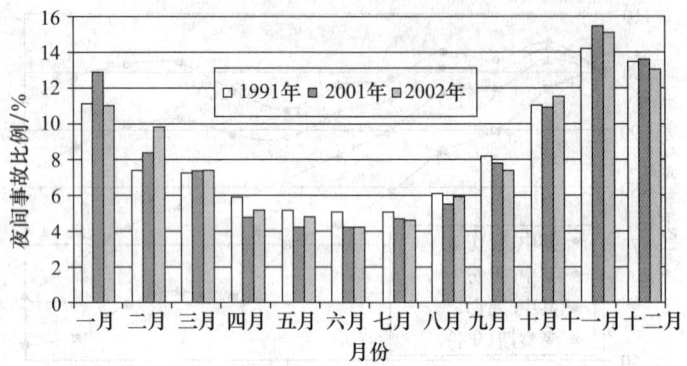

图 30-3　1991—2002 年德国夜间事故的百分比[30.2]

光照时间短,视线条件不佳;也可能是因为冬季总体气候条件较差,车道状况不佳所致。

如果根据在发生事故前导致事故发生的冲突情境和冲突引发的事故类型对夜间事故进行调查(参见图 30-4),应调查以下问题:

◆ 在所有事故总数(白天和夜间事故总数)中,十字路口、丁字路口和弯道处发生事故的比例相对较高,达到 15%~20%。

◆ 对于具体的事故发生地点,所有事故总数中夜间事故的比例最高(35%)。而在这些事故中,发生在上坡和下坡路段以及十字路口和丁字路口的比例同样非常高,占 20% 以上。

这种状况的原因是,根据类型(例如,卤素灯或氙气灯光源)、光分布、汽车前大灯的正确位置调节情况,对车道左侧和右侧障碍物的识别能力不够,尤其是在十字路口、丁字路口等事故多发区域情况更为严重。在上坡和

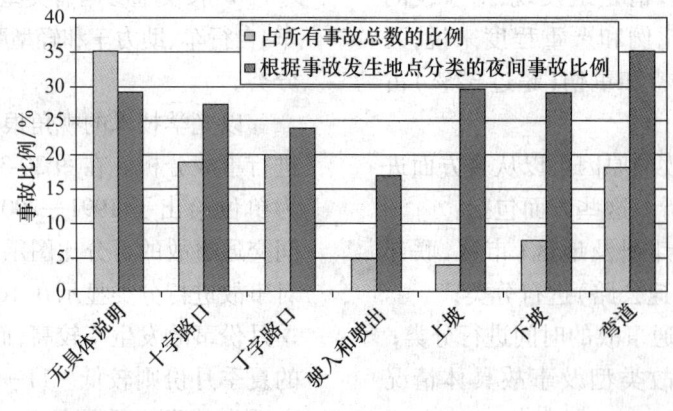

图 30-4　1991、2001 和 2002 年德国根据事故发生地点分类的夜间事故比例[30.2]

下坡路段,除特殊行车道拓扑学外,车前近光灯可视宽度的大幅降低具有较高的潜在危险,其是视线受限的主要原因。因为尽管是近光灯,然而在弯道时通常很难及时且可靠地识别弯道前方路段走向中的物体。

仔细分析(参见图 30-5)了 2002 年德国夜间交通事故的主要原因后,以下几方面尤其引人关注:

◆ 冰、雨、雪天气时夜间事故比例相对较高,占全部事故总数的 27%以上。

◆ 对于每种事故原因,夜间事故所占比例都是非常高的。这一比例在冰雪天气以及大雾和大风天气时占了 55%以上。其他一般性事故原因的夜间事故比例也是较高的,如"行车道上的野生动物"或"行车道上有特殊障碍物",这说明在较暗的夜间极晚才能识别到行车道上的物体。

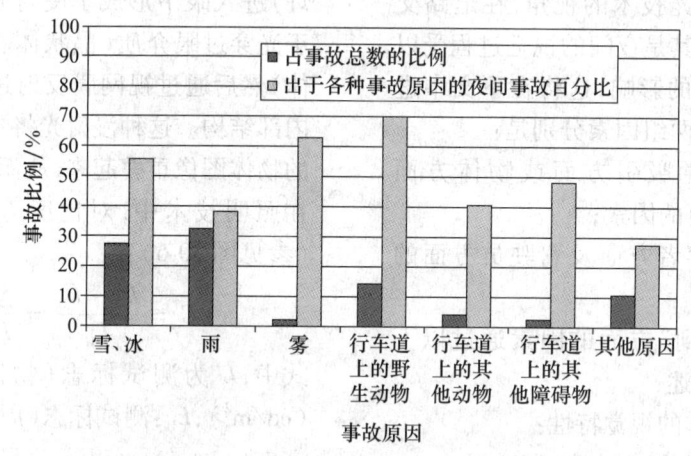

图 30-5 2002 年根据德国一般事故原因分类的夜间事故百分比[2]

除德国公路研究所的数据以外,对事故的深度调查还可参考慕尼黑汽车安全研究所的数据[30.3]。在这些数据中,根据事故发生地点、行人参与的事故表现出不同的侧重点。2005 年 43 789 起行人受伤的事故中有 1/3 的事故发生在夜间或光线不足的情况下。1995 年,所有 1 336 起行人死亡的事故中有 60%发生在夜间。市区事故中有 84%的行人发生事故时身穿深色服装。根据[30.3],70%的被调查事故中,街道照明正常,且被主观评估为良好。

## 30.2 视觉增强系统的照明技术和车辆技术重要性

人们早已知道,环境中 90%的信息是通过视觉系统获取的。在白天获取的视觉信息过多,以至于这些信息既无法被采集也无法被处理,而夜间视觉信息则获取不足,这样将增加事故的风险。原则上,夜间街道交通的照明密集区域范围为 $0.01 \sim 10 \text{ cd/m}^2$ 之间,因此属于黄昏黎明视觉。

根据[30.4]，一个视觉过程包括三个步骤：视觉、感知和认知。进入眼睛的光线透过角膜、晶状体和瞳孔，然后物体的结构进入视网膜和进行信号处理的神经元。此途径的所有因素对视觉能力的影响都很大。当在感应层面上检测到视觉信息后，大脑将对其进行继续传送（例如，在行车道上看到一个物体），以在认知层面上对识别的物体进行理解和处理。

根据灯光技术的视角，在道路交通中日间尤其是夜间的视觉过程受以下两组因素的影响，这将在下文中进行讨论。这两组因素分别是：

◆ 视觉吸引方面或物体方面（"被看到"）的因素；

◆ 观察者方面及驾驶员方面的因素。

"被看到"方面的因素通过以下部分进行描述：

◆ 物体的视觉特性：
—— 形状、大小和颜色；
—— 反射率；
—— 视野中物体的出现时间和相对位置。

◆ 物体周围的环境特性：
—— 物体与及周围环境之间的对比度；
—— 街道灯光和汽车大灯的照明；
—— 市区夜间的视觉障碍，如眩目光源和霓虹灯。

根据眼生理学通过以下步骤和方面描述了观察者方面：

◆ 明暗调节过程：从明亮环境到较暗环境（或反之）过渡时，眼睛必须通过不同步骤对各种亮度进行适应。这一现象在驶入隧道或驶出隧道时会发生。

◆ 老化过程：随着年龄逐渐老化，视觉能力，如视敏度、对比度感知和反应能力都会退化。

◆ 眩目：由于视野中亮度较高或亮度分配不均匀会导致炫目发生。由此，之前可识别的对比度无法再识别，原因是炫目光源（例如，对面来车的大灯）进入眼中形成了漫射光。这是由于光穿过眼介质（晶状体、角膜、玻璃体）然后通过视网膜反射进入眼睛的内部结构。这种漫射光将本来应识别的物体图像重叠起来，从而导致炫目。在照明技术中，对比度 $C$ 定义如下（参见图30-6）：

$$C = \frac{L' - L_U}{L_U} = \frac{\Delta L}{L_U} \quad (30.1)$$

式中，$L'$ 为测试标志（物体）的亮度（$cd/m^2$）；$L_U$：测试标志（周围）环境的亮度（$cd/m^2$）。

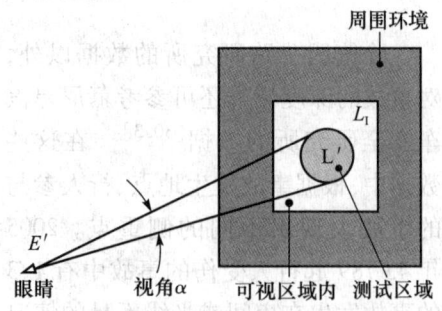

图30-6 根据[30.5]确定对比度

对比度的倒数是鉴别灵敏度 $UE$：

$$UE = \frac{1}{C} = \frac{L_U}{\Delta L} \quad (30.2)$$

在鉴别灵敏度和适应亮度之间是

行车道的平均亮度,它们之间存在一个固定的关系,如图30-7。

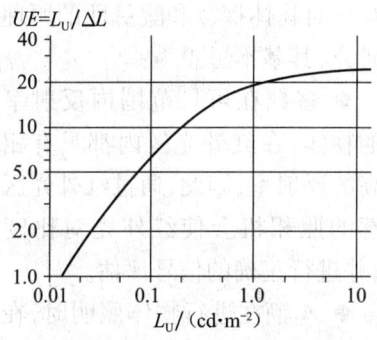

**图30-7** 鉴别灵敏度和适应亮度之间的关系[30.5]

这种关系说明,鉴别灵敏度随着行车道上的适应亮度而提高。这说明,测试标志(例如,行车道上的物体、行车道旁的动物、指示公告牌……)及其周围环境之间最小的正好可识别的对比度也将下降。如果要充分地识别物体,行车道上和周围环境必须达到最低亮度。

图30-8显示了对眼睛的炫目灯光强度和炫目光源和观察者之间不同距离的情况下一个测试标志的最小的正好可识别的亮度差之间的关系。如果一个汽车驾驶员被对面驶来的车辆的大灯炫目,则其眼睛的可测光照强度增加。根据炫目车辆与被炫目汽车驾驶员之间的距离的不同,对其眼睛的光照强度程度也是不一样的,这样,测试标志(物体)的亮度和测试标志的环境(周围环境)之间最小的刚好可识别的亮度差将会改变。

图30-8说明,如果对眼睛的炫目灯光强度减小或消失,则测试标志的亮度和测试标志周围亮度之间最小的刚好可识别的亮度差将明显降低。

从上述几个方面可以得出,为改善汽车驾驶员的视线要求,有以下照明技术和汽车技术要求:

◆ 要求1:通过大灯实现了良好

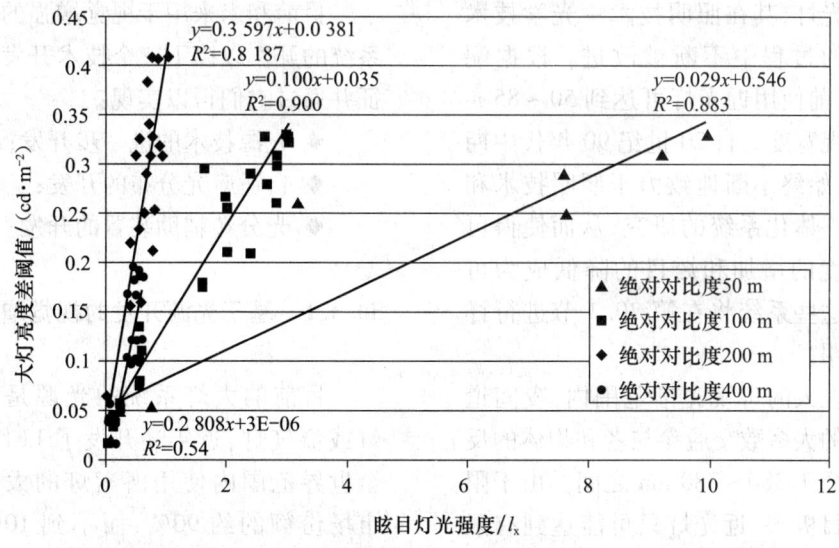

**图30-8** 根据[30.6],炫目灯光强度和最小的刚好可识别的亮度差之间的关系

的均匀的光分布,以保证可能的最大可识别距离。这意味着,一方面通过行车道和行车道周围较宽的侧面灯光可识别行车道附近的指示牌、指示柱和其他物体。这提高了汽车驾驶员的总体安全感觉。另一方面,沿行车道中心线上尽可能大的距离布置灯光,以改进该处的对比度,从而达到较大的可识别距离,因此应使用较高光通量的光源,并对大灯光学器件进行优化。

◆ 要求2:使对面来车和前行车辆导致的炫目最小化或消除炫目。大灯以及大灯的整个操作系统的光强度,如应这样调节动态照明宽度:即对面来车和前行车辆对眼睛的光强绝对不得超出官方规定的最大允许值。

自汽车时代开始,就始终使用远光灯,但那时光强度并不是很高。根据上述两个照明技术要求,随后开发了近光灯,其在照明技术 - 光学技术发展的过程中不断被改进。根据配置,目前使用近光灯可达到50~85 m的可视宽度。自20世纪90年代中期至今,始终不断地致力于照明技术和机电一体化系统的研究,从而使得可视宽度的增加和炫目的降低成为可能。这些系统将在第30.3节进行详细说明。

在人的可视光谱范围内,夜间道路上的大多数交通参与者和物体的反光率介于380~780 nm之间。由于限定炫目极限,近光灯只可能达到有限的可视宽度,因此在夜间交通参与者的视觉物体识别能力普遍受到了严格的局限。近年来,都在以红外线射线为基础对物体探测和醒目性的原理进行研究,其基本思想为:

◆ 多数在可见范围内反射率较低的物体,在红外光区内都具有相对较高的反射率,因此,通过红外光区内敏感的照相机会使红外光对比度较高,并进行正确的信号评估。

◆ 车辆在进行物体照明时,在打开远光灯时,使用红外线大灯,因为驾驶员的眼睛在红外光区不敏感,因此红外线不会导致炫目。

◆ 交通环境中的交通参与者和物体原则上都具有体温,因此自身就是一个热辐射源,并发出红外辐射。

这些基本原理是夜视系统的基础,将在第30.4节进行详细说明。

## 30.3 目前和未来用于视觉增强的大灯系统

目前和未来用于视觉增强的大灯系统的开发以以下三个技术开发为特征并通过它们得以实现:

◆ 光源技术的进一步开发;
◆ 自适应光分布的开发;
◆ 光分布辅助装置的开发。

### 30.3.1 基于光源开发的视觉增强系统

目前的大灯系统的光源是卤素灯或氙气灯,近年还开发了LED灯。全世界范围内使用卤素灯的大灯占市场份额的约90%,而不到10%的车辆使用氙气灯。自2007年起,市

## 30 视觉增强系统

场出现了 LED 前大灯,但目前 LED 灯的市场份额仍极低。表 30-2 概述了机动车前大灯三种光源的最重要特点[5]。

表 30-2 目前前大灯光源的光学技术特点[30.5]

| 灯的类型 | 光通量 | 最大亮度 | 光效率 | 色温 |
| --- | --- | --- | --- | --- |
| 卤素灯(H7) | ~1 100 lm | ~30 Mcd/m$^2$ | 25 lm/W | 3 200 K |
| 氙气灯(D2S) | ~3 200 lm | ~90 Mcd/m$^2$ | 90 lm/W | 4 300 K |
| LED(冷白光)* | ~600 lm | ~20 Mcd/m$^2$ | 50 lm/W | 4 300~6 000 K |

* 4~5 个芯片(多片),时间:2008 年。

今天看来,自 20 世纪 90 年代开始前大灯上氙气灯的使用可被视为较重要的里程碑。从那时开始,对"氙气大灯"和"卤素大灯"的优缺点进行了深入的研究。氙气灯最重要的优点在于,由于较高的光通量(参见表 30-2)使得沿行车道(中央凹视角低于 0°)可视宽度较宽,且在行车道侧面视角为 20°的情况下,侧面光分布较宽且行车道亮度较高。炫目危险是卤素大灯的一个可能的缺点,将对这方面进行分析。在表 30-3 中,给出了不同研究工作的相关结果。

表 30-3 根据[30.7]和[30.8]的研究工作测定的可视宽度

| 近光灯光源 | 可视宽度,根据[30.7] | 低于 0°的可视宽度,根据[30.8] | 低于 20°的可视宽度,根据[30.8] |
| --- | --- | --- | --- |
| 卤素灯(H7) | 70 m | 63 m | 18.3 m |
| 氙气灯(D2S) | 85 m | 80 m | 25.8 m |

尽管在两项研究工作[30.7,30.8](2003 年和 2007 年)中的测试条件不同,因此结果不一定有可比性,但应明确以下事项:氙气大灯的可视宽度不仅沿行车道而且与行车道侧面呈不到 20°的角时,其侧面视角比卤素大灯的可视宽度宽 21%~40%。在日常交通条件下进行行驶试验的结果也说明,在交通环境下在带有氙气大灯的车内进行驾驶的测试人员测试效果更好。因此,测试人员在驾驶时的总体安全性感觉比在带卤素大灯的结构相同的车辆中要好一些[30.8]。

最新的详细检验无法证明一个假设,即如卤素大灯的情况一样,氙气大灯导致了较大的心理性炫目[30.9]。因此,心理性炫目与灯光谱和灯光颜色无关,而是与各种大灯的具体结构有关。

在大灯技术中采用 LED 技术在几年前就已经开始进行系统性研究,以确定 LED 大灯技术的视觉增强潜力与目前采用的卤素大灯和氙气大灯相比的优势。[30.10]和[30.11]中说明的采用不同大灯技术的实际行驶测试的比较结果如下:

◆ 第一辆带 LED 大灯车辆的可视宽度超过了带卤素大灯车辆的可视宽度,与氙气大灯的数值接近(参见表 30-4)。

表 30-4 采用不同大灯技术的汽车可视宽度,根据[30.10]和[30.11]

| 大灯类型 | 可视宽度 ||| 
|---|---|---|---|
|  | 测试系列 1 | 测试系列 2 | 测试系列 3 |
| 卤素大灯 | 43 m | 63.3 m | 未测试 |
| 氙气大灯 | 60 m | 80 m | 76.4 m |
| LED 灯 | 56 m | 60.2 m | 78.3 m |

◆ 行驶测试时,驾驶员评价为 LED 大灯在行车道上的亮度、可视宽度、光分布宽度和安全性感觉好于卤素大灯。

由于可预见 LED 技术今后几年会不断地飞速发展,人们可以设想,未来的 LED 大灯会达到目前氙气大灯的功能甚至超越氙气大灯。

### 30.3.2 基于自适应光分布的视觉增强系统

在第 30.3.1 节中,说明了目前近光灯系统的可视宽度,其最大值最大可以为 85m。一般情况下,发现行车道上的危险时,导致制动的视觉过程分为以下几步:

◆ 首先是观察,然后是眼睛锁定目标的过程,以使物体进入中心凹区域(视觉最敏锐的区域);

◆ 包括一个基本反应时间,在此时间内将估计物体的状况,并必须做出应如何反应的决定;

◆ 包括具有多个步骤的制动过程。脚必须先踩在制动踏板上,然后向下踩制动踏板,直至完成制动。然后车辆立即开始减速,平均减速度为 $5.8 \text{ m/s}^2$。

[30.7]中对此观察和制动流程进行了计算,确定了识别物体时所需的制动距离和行驶速度之间的关系(如图 30-9)。因此,在夜间以约 90 km/h 的车速行驶时允许的氙气大灯最大可视宽度为 85 m。对于先进的卤素大灯,在夜间以约 75 km/h 的车速行驶时允许的氙气大灯最大可视宽度为 65 m。

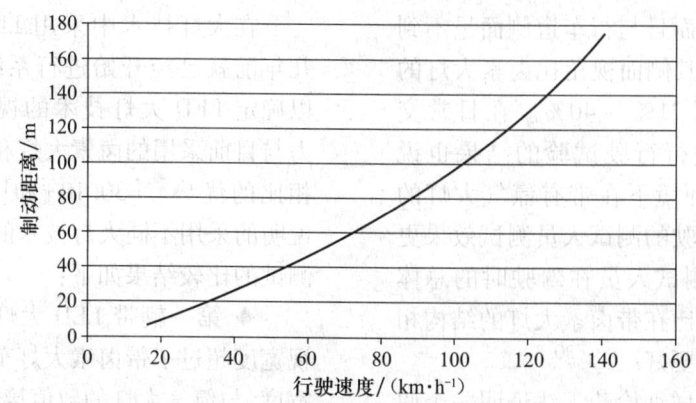

图 30-9 制动距离和行驶速度之间的关系,根据[30.7]

对此人们可以发现,夜间行驶的复杂问题通过基于光源改善视觉增强并不能解决。第30.1节中对这些复杂问题的研究和对事故原因的分析会得出以下结果,即先进的智能大灯系统应:

◆ 能够根据行车道拓扑学(如上坡和下坡),超过目前的近光灯功能的可视宽度范围,调节到最大的可视宽度。

◆ 可根据交通状况(行驶车速、与对面来车或前车的相对位置,天气条件,如雾和雨)调节光分布。这种光分布应沿行车道提供一个最良好的视觉条件,为行车道及其两侧提供一个最大的可视宽度和最小视觉压力。

◆ 根据车前区域(弯道、丁字路口、转弯位置、市区)的交通环境进行调节,以达到不同宽度的光分布。

自20世纪90年代中期起,对机动车的前部照明自适应系统的设计进行了研究。在2007年2月,制定了ECE(欧洲经济委员会)法规123[30.12]。所谓的AFS大灯(高级前照明系统)一般包括照明功能,如市区用灯、乡村用灯、恶劣天气用灯、高速路用灯、远光灯和转向灯,而转向灯则划分为动态转向灯和静态转向灯。在下面的章节中将针对照明技术详细说明自适应照明功能。图30-10说明了4种不同光分布的选择。

**(1)近光灯、乡村用灯**

乡村用灯以目前的近光灯为基础。光分布是不均匀的,在超车时特别照亮车辆所在的行车道。图30-11显示了具有高性能LED乡村用灯在25 mECE测试屏[30.14]上的光分布,图30-12为俯视图。进行识别时,在横轴和纵轴的交点下方有一个大于40°的相对较宽的水平光分布、一个定义的垂直明暗边界和一个集中的点状光分布(水平垂直点)。

**(2)市区照明**

市区照明的光分布(见图30-10)在侧面较宽且是均匀的,当车速在50 km/h以下时在行车道侧面区域和十字路口处较容易识别物体,而车道上的可视宽度变短。

**(3)恶劣天气照明**

AFS照明功能至今仍未实现。根据ECE法规123,恶劣天气照明包括:

◆ 车前区域的光效率降低;

◆ 向前的可视宽度增加,在恶劣

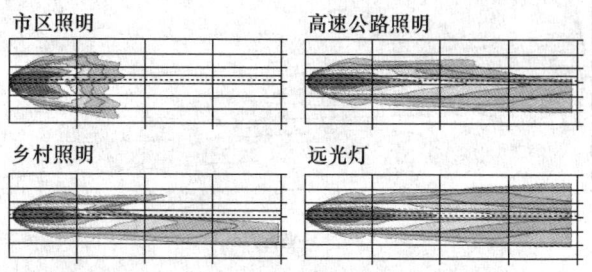

图30-10 行车道上光分布功能的原理俯视图[30.13],
(来源:Hella KGaA Hueck&Co.)(参见文前彩插)

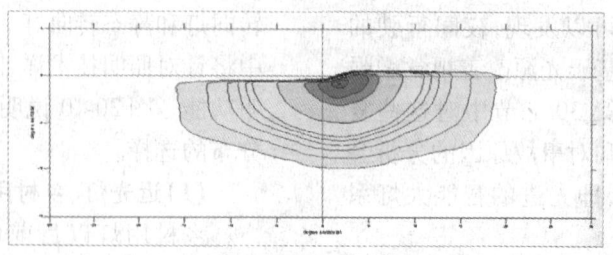

图 30-11　乡村照明在距大灯 25 m 幕布上的光分布[30.14]
(来源:Automotive Lighting,汽车照明)(参见文前彩插)

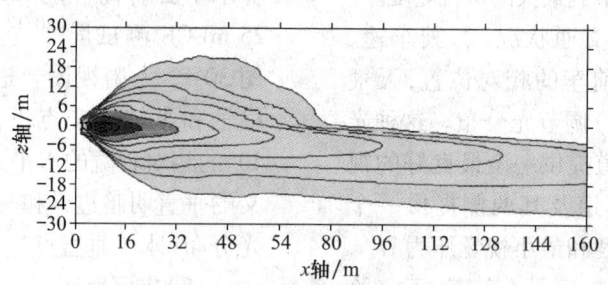

图 30-12　行车道上乡村照明的光分布俯视图[30.14]
(来源:Automotive Lighting,汽车照明)(参见文前彩插)

天气条件下,侧面区域的视觉定位较好。

图 30-13 为基于 LED 技术的照明功能的样机的光分布(根据[30.14])与图 30-12 的光分布宽度对比。

**(4) 转向灯**

在 2003 年,转向灯的开发是继前大灯采用氙气灯后现代机动车照明技术的第二个重要的里程碑,其任务是,在转弯时为汽车驾驶员提供更佳的可视宽度。在多数情况下,动态转向灯是通过将大灯模块绕纵轴旋转实现的,一般最多旋转 ±18°(见图 30-14)。

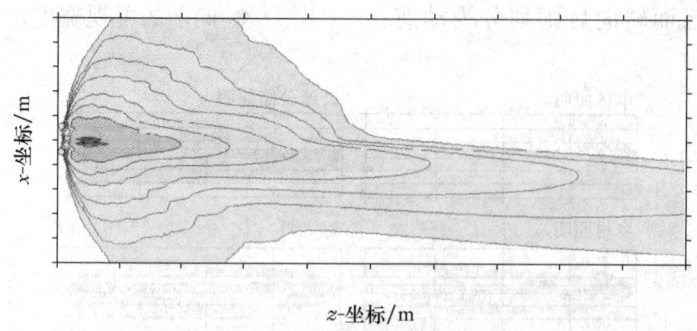

图 30-13　恶劣天气照明灯样机的光分布,根据[30.14],
(来源:Automotive Lighting,汽车照明)(参见文前彩插)

## 30 视觉增强系统

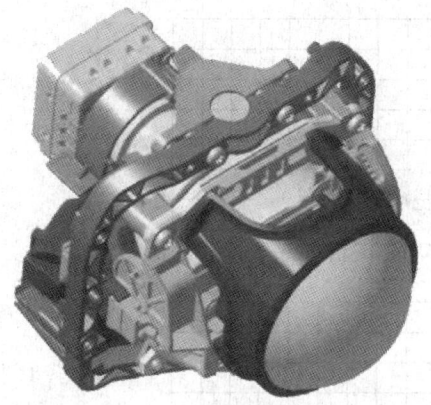

图 30-14 基于氙气灯的转向灯——前灯
(来源：Valeo/法国)

控制此旋转的算法对大灯的动态特性起着决定性的作用。一般情况下，在目前的技术实现状况（根据[30.15]）下具有以下两个原理方法：

◆ 以同样的模式平行旋转两个大灯；

◆ $α/2$ 算法的优点：转弯外侧的大灯只需转动转弯内侧大灯转动角度的 $1/2$。

大灯的转弯将通过转弯走向信息进行控制。有三个基本的进行信息处理的信号产生可能性：

◆ 导航系统；

◆ 方向盘转角传感器对转弯走向进行检测；

◆ 通过摄像机对转弯走向进行检测。

在当前两个信号源代表当前技术状态的情况下，已使得早期转弯和转弯走向识别的最新技术成为可能。[30.15]中使用不同的转向照明功能（静态和动态）并采用不同光源的最新试验已得出结论，带氙气大灯和卤素灯的静态转向灯无法在转弯时为驾驶员提供大于所需制动距离的可视宽度。只有带氙气灯的动态转向大灯能满足此条件。

利用 LED 技术，不需要再旋转整个大灯。原则上有以下两种可能性：

◆ 如果近光灯由不同的组件组成，则只能旋转 LED 组件，这些部件负责横轴和纵轴的交点下方的集中的点状光分布（见图 30-11）。在[30.14]中使用高性能 LED 灯测试了此变型产品。

◆ 转向灯是一个基于目前光源（卤素灯、氙气灯或 LED 灯）的近光灯。在转弯时，将根据角度范围开启附加的 LED 单元依次实现虚拟照明移动。此原理（根据[30.15]）在图 30-15 中进行了详细说明。

(5) 高速公路照明

通过高速公路照明，高速公路上的可视宽度从目前传统近光灯约 85 m 提高到 120~150 m。一般有 4 种可能性[30.14]：

◆ 纵向的明暗边界从目前的 $β = -0.57°$ 增加到 $β = -0.23°$。

◆ 对于 LED 近光灯，对于低于横轴和纵轴的交点下方用于进行点状光分布的 LED 组件，照明电流可能会升高，同时电路的成本以及用于 LED 热量管理的电路的成本也相对较高。

◆ 其他点状照明单元的接通。

图 30-16 中，图示了基于 LED 技术的高速公路照明的光分布情况[30.14]。

前面图示的基于 LED 技术的 AFS 功能目前仅在研究模型中进行过

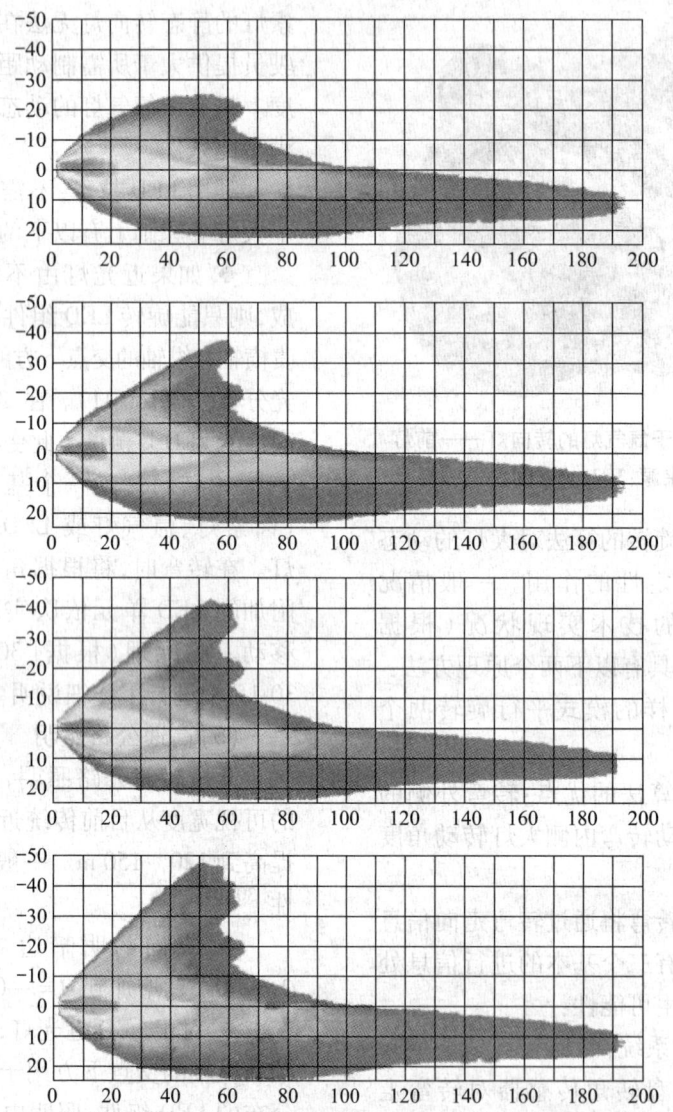

**图 30-15** 转弯时 3 个 LED 组件依次启动[30.15]（来源：Valeo/法国）（参见文前彩插）

测试和检验。2009、2010 年前不会开发出具有 AFS 功能的 LED 大灯。以卤素灯和氙气灯的技术为基础，AFS 大灯自 2006 年就以进入市场。图 30-17 中图示了技术实现状况[30.13]。

光源（卤素灯或氙气灯）位于椭圆形镜面反射器的焦点，因此在反射器的第 2 个焦点中形成灯图像。在此第 2 焦点附近有一个由高分辨率机电一体化激励器（例如，多相电动机系统）辅助的可旋转的自由形态圆柱体，在其上有为实现不同的 AFS 光分布而使用的不同曲线形状的护罩。根据交通状况，按光路调整相应的曲线形状。

# 30 视觉增强系统

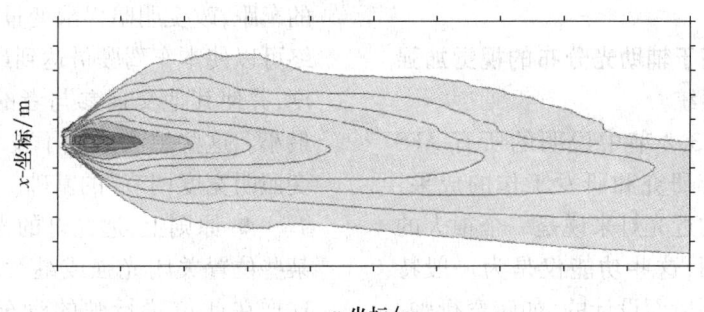

图 30-16 基于 LED 技术的高速公路照明的光分布情况[30.14]
（来源：Automotive Lighting，汽车照明）（参见文前彩插）

图 30-17 带 AFS 功能的 VarioX 大灯（来源：Hella KGaA Hueck&Co）

一般来说，对 AFS 系统的控制是基于信号评价进行的，这些信号通过不同的传感器系统（LIDAR、RADAR、夜视系统）从交通环境中不断地获取。此外，还有其他信号，如导航数据、方向盘传感器信号，等等。对信号进行评估后，将产生 AFS 控制单元的控制指令，然后再次激活相应的大灯照明功能。AFS 系统的结构请见图 30-18[30.16]。

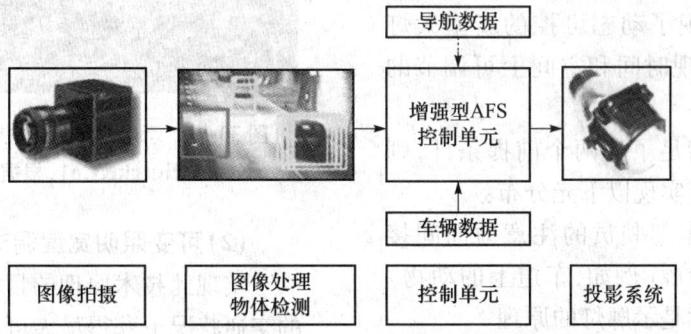

图 30-18 AFS 控制系统的结构[30.16]

### 30.3.3 基于辅助光分布的视觉加强系统

第 30.3.2 节中说明的所有 AFS 功能是长年研究和研发工作的成果，相比目前的近光灯来说是一个很大的进步。然而，这些功能仅是为一般特性的交通环境而设计的，如转弯行驶、市区行驶或高速公路行驶。对于具体的变化很快的行驶状况，则需要大灯系统，以在这种状况下始终提供最佳的照明条件。为此，必须达到和满足两个前提条件：

◆ 实现传感器网络：

—— 其收集交通环境以及充分的时间和空间分辨率信息；

—— 其快速检测和分辨交通环境中的物体；

—— 物体沿水平方向和垂直方向的转角位置，然后测定物体与自己汽车之间的车距。此时，物体分类起到很大作用，以区分街道照明和指示公告牌、汽车大灯与交通指示牌或红绿灯。不同传感器信号将融合起来，根据交通状况进行加权，以在短时间内识别真实和实质的危险源。

◆ 实现了动态可控的新型大灯系统，以实现时间和空间上可调节的光分布。

如果满足了这两个前提条件，则可通过大灯实现以下光分布：

◆ 汽车驾驶员的注意力向间接和直接危险源（例如，车道上的动物）转移。这就是示廓灯的原理。

◆ 根据自车与前车和对面来车的车距，改变明暗界限变量。因此，始终可以使本车驾驶员达到最大可视宽度，并使其他交通参与者的炫目程度最小。这些想法形成了技术原理"可变照明宽度调节"的基础。

◆ 原则上，远光灯的光柱正好在某些位置关闭光强或继续减低光强，这样在此位置行驶的汽车不会被炫目。以这种方式，"无炫目远光灯"的原理是可行的。

以下将详细说明这三个原理。

**(1) 示廓灯**

示廓灯中有一个摄像系统，其可收集物体的光学信息和物体角度方面的位置信息，并将控制系统的信息转移。作为结果，将开启附加的聚光大灯，并根据物体进行调整。汽车驾驶员的注意力将以这种方式转移到物体上，以采取相应的措施，如快速且安全的实施转弯机动（参见图 30-19）。

图 30-19 示廓灯的原理（来源：Hella KGaA Hueck&Co），根据[30.17]

**(2) 可变照明宽度调节**

实现此技术原理的目标是在具体的交通状况下获得最大可能的可视宽度。根据本车与周围交通的距离，改变垂直明暗边界,这样,不会导致炫目发生。

此原理将用于图 30-20 中的对面来车的情况(根据[30.13])。如果在行车道上通过摄像系统未检测到对面来车,则应调节远光灯,以达到最大的可视宽度。只要检测到交通环境中有对面来车,则应相应降低明暗边界。如果对面来车与本车的车距已非常近,则明暗边界应达到近光灯的状态[30.16]。

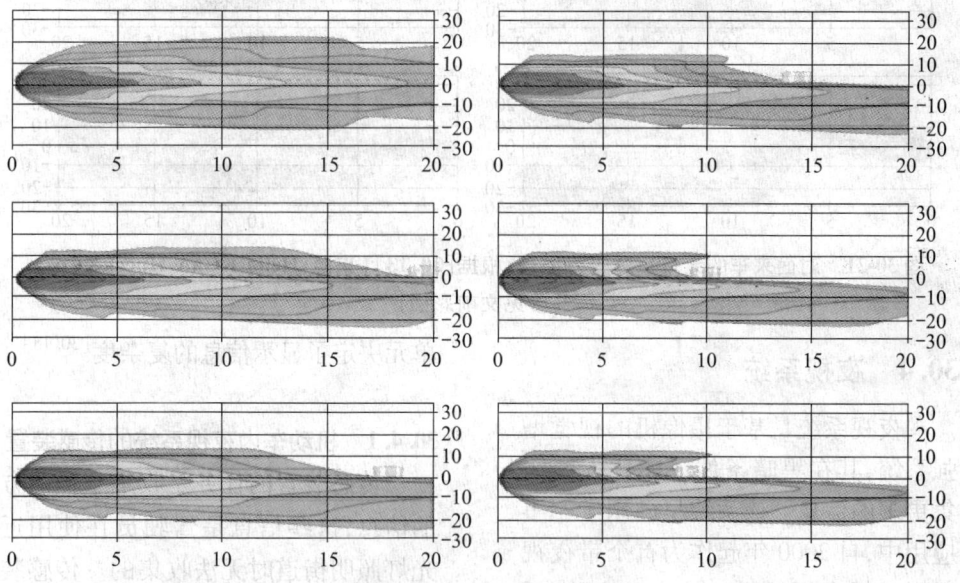

图 30-20　根据可变明暗界限原理,行车道上对面来车的光分布变化,根据[30.13],(来源:Hella KGaA Hueck&Co.)(参见文前彩插)

**(3) 无炫目远光灯**

大灯系统位于远光灯模块中。本车的摄像系统在交通环境中进行实时采集,然后计算所有车辆的角度位置以及车距。其相对于可变明暗边界原理的优点是,即使在其他交通参与者处于交通环境的情况下,也会很频繁地达到绝对最大可见宽度值。对面来车情况下的原理可参见图 30-21。

可得出以下结论,即目前和未来的视觉增强系统的基础是:

◆ 光源开发;
◆ 大灯系统的机电一体化;
◆ 在车上快速且安全地进行信息处理;
◆ 可用汽车传感器系统的智能利用和融合。

最后提到的系统请参见第 30.4 节。

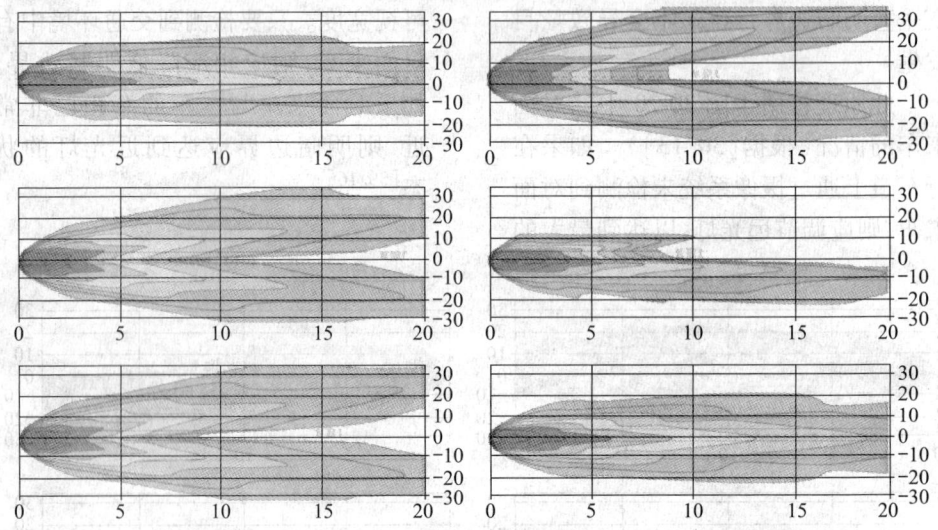

图 30-21 对面来车的无炫目远光灯原理,根据[30.13]（来源：Hella KGaA Hueck&Co.）
（参见文前彩插）

## 30.4 夜视系统

夜视系统是基于摄像机的视觉增强系统,其在黑暗条件下能比人眼采集更多的信息。该系统早已用于军事应用中,自 2000 年起作为首个带夜视系统的轿车用于凯迪拉克 DeVille 轿车中,从而进入汽车工业。本节给出了夜视系统各种传感器、显示装置和图像处理方法的概览。

夜视系统的传感装置采集黑暗中人眼看不到的图像信息,然后将这些信息转发给图像处理单元。其通过降低噪声、提高对比度和增强边缘利用光学再评估单一系统中的图像。较复杂系统识别图像中的物体,然后进行部分情况分析。屏幕将处理好的信号转换成用户可见且可理解的图像。尽管只有屏幕是与用户的接口,但所有人机接口的组件都是同等重要的,因为传感装置决定了显示信息的类型,图像处理单元决定了显示信息的复杂度[30.18]。

### 30.4.1 机动车内夜视系统的传感装置

传感装置的任务是收集车辆前方的信息,这些信息是驾驶员在使用近光灯照明街道时无法收集的。传感装置必须符合德国道路交通法（StVZO）,尤其不允许造成其他交通参与者炫目,不能向前照射红灯,或影响交通参与者。

**(1) 图像增强器**

军队使用图像增强器在黑暗中进行周围环境勘测。图像增强器中的光传感器将很小的光强度转换为电子流,其在电荷倍增器中增加了 $F = 10^5$ 倍,使用者在荧光屏上获得淡绿色的图像[30.19]。作为夜视系统,图像增强器用于机动车中并没有意义,因为亮光源,如路灯和对面来车的大灯照射着图像,干扰了图像信息。

## (2) 近红外系统

近红外系统发射波长为 800 ~ 1 100 nm 的红外射线，为此应用了传统的卤素灯，如 H7。低于 800 nm 的射线会影响干涉滤波器。由于射线接近可见光，因此这种射线也被称为近红外线（NIR）。近红外线系统以远光灯方式照亮车辆前方区域，而不会对其他交通参与者造成炫目。目前的系统在卤素大灯中使用较多的近红外线，然后使用干涉滤波器过滤射线的可视部分[30.20]。未来的系统将使用红外线发光二极管（IRED）甚至激光，其直接在近红外范围内发射射线，从而不必再使用滤波器。

发射的红外射线反射到车辆前方的物体上，并通过一个红外摄像机记录下来。图像虽然与车辆前方区域的黑白图像非常相似，但图像信息未显示出物体发光的状态，而是显示出近红外的反射性。因此，如果图像在近红外光范围内强烈反射，即使是暗色的物体在图像中也会显示成亮色。以这种方式形成一个非常具体的形象，其与人的感知非常近似（图 30-22）。由此，形象的定位和形象中显示的可见物体的分配相对容易[30.18]。

**图 30-22　近红外系统拍摄的图像**[30.18]

CMOS 摄像机和 CCD 摄像机适用于记录反射射线，其敏感度包括整个可视范围直至近红外线范围。当 CCD 摄像机非常敏感时，其可自行从光线不佳的区域收集信息，其只有约 60dB 的相对较低的动态。例如，当对面来车的大灯产生了较高的光强，且行人在黑暗区域内时，在高动态下 CCD 摄像机会出现问题：或者大灯发光会使图像更亮（图 30-23），或者行人几乎无法看见。CMOS 摄像机可以通过在传感器集成的电路拍摄极高动态的图像，然而其敏感度低于 CCD 摄像机[30.19]。

**图 30-23　由于大灯导致一个 CCD 照相机曝光**[30.18]

前挡风玻璃后侧的镜座区域是首选的摄像机安装位置：摄像机安装在此不会受到雨、雪、脏污和碎石击打的影响，而且雨刮器会将摄像机视野范围清洁干净。为获得足够的信号强度，无论是 CCD 摄像机还是 CMOS 摄像机，应在车辆前挡风玻璃的摄像区域使用无绝热层的透明玻璃，而不应使用传统的绝热玻璃，以防止近红外射线产生额外的雾气。

因为近红外系统主动发出射线，因此通常也将其称为主动夜视系统。主动发射射线的缺点是，对面来车会被近红外系统炫目，因为车辆照明直接进入摄像机的拍摄区域内。目前摄像机的动态性能还无法避免图像过亮。然而，已提到的激光照明或红外发光二极管可以辅助解决此问题，近红外光不持续而是间歇性地发送脉冲（目前只有卤素近红外大灯可以做到）。发送的脉冲通过对面来车降低了炫目程度[30.21]。然而，前提条件是，摄像机与照明装置同步，且只在照明装置正在发送脉冲时才拍摄图像。这需要带全局快门的摄像机才能实现，与卷帘式快门相机相比，其传感器不是逐行进行曝光而是整个传感器表面全部曝光。

在这两种情况下进行近红外照明都要注意眼睛的安全，因为虽然人眼几乎无法看到近红外光，但这种光对人眼是有害的。眼睛在炫目情况下应事先通过闭眼反射对过高光强加以保护，但在近红外射线下应放弃这种方法，因为眼睛对红外射线不敏感。眼睛获得的射线能量会导致伤害。因此，在车速较低的情况下，应关闭近红外系统的近红外光，以防止长时间看以及近距离看导致的伤害。

近红外系统的视域为 100～120 m。通常具有较高的视觉范围，在这种情况下，必须区分识别距离和可测或可视照明。

**(3) 远红外系统**

远红外系统利用普朗克辐射，实际上每种物体都会发出这种辐射。热像仪根据图像记录景象的热分布，然后在 8～12 μm 的范围内拍摄物体的普朗克辐射[30.22]。由于热辐射（长波红外辐射）与可见光距离较远，因此也称其为远红外辐射。远红外系统无须附加照明，因为实际上所有物体都发出远红外辐射，摄像机只能接受。由于这一特性，因此其也被称为被动夜视装置。

热像仪的生产成本极高，因此价格也高。无论是传感器还是光学元件，都需要采用价格较高的材料。直流探测器使用的传感器材料为氧化钒（$VO_x$）或非晶硅（$\alpha Si$）。交流摄像机则使用钛酸钡锶（BST）或铁电薄膜（TFFE）。摄像机的光学元件由锗或锗混合物组成，因为塑料和玻璃的热辐射是无法穿透的[30.22]。出于这个原因，不能像近红外（NIR）系统一样，将摄像机安装在前挡风玻璃后侧。不能将摄像机安装在一些无法防止脏污、无法抵御天气变化侵袭或无法避免碎石击打的地方。

热像仪的黑白图像将热物体显示为亮色，冷物体则显示为深色。根据这种情况，热物体在图像中相对于背景尤其突出，因此，人和动物，还有其他车的排气装置、轮胎、发动机罩、灼热的石块和金属物在图像中尤其显眼（图 30-24）。因为显示只与物体的温度辐射相关，例如，在实际情况下无法识别路标上的字，或只有在视觉条件良好的条件下才能看见路面标识。

**图 30-24　热像仪的黑白图像**[30.18]

总之,远红外图像不清晰且很难看清。然而,照相机的可视宽度为约 300 m,因此超过了近红外系统以及远光灯的视觉宽度。

## 30.4.2　机动车内夜视系统的显示

第 30.1 节介绍的所有传感器的特点是,拍摄一个车前区域的图像。因此可想而知,向驾驶员显示图像信息。因此,目前的车内已提供显示装置。夜视系统还连接有很多其他的显示装置。

因为照相机只能拍摄二维图像内容,且照相机的拍摄范围比人视野的范围要小,因此驾驶员不能只根据夜视图像行驶,而必须在显示装置和实际车辆前方区域之间进行视线切换。调查发现,从道路切换视线的时间几乎不到 2 s[30.23]。在视线切换前,驾驶员表现出很高的信息接收度,其中在视线切换时,记录的信息过时,直至驾驶员很繁忙无法记录新信息,由于新信息太多,使其必须将视线重新切换到交通环境中来。将视线转移到屏幕上需头部向显示屏方向移动,眼睛移向显示屏并自适应显示屏的亮

度,适应与显示屏的距离,接收信息,将头移至原来位置,将视线移至道路上,最后自适应并调整车前部视野。显示屏的任务是尽量降低视线转移时间。

**(1) 资讯娱乐显示器置**

目前大多数高级车都具有资讯娱乐显示装置,其为驾驶员提供各种信息,如收音机播放列表、导航内容甚至在停车时还提供电视节目。大多数情况下,这种显示屏位于车辆的中央控制台上方与仪表板同高的位置处。它们大部分都是可以播放视频的,因此可以显示夜视系统的视频影像,影像的尺寸足够且图像的质量较好。因为显示装置位于驾驶员视线的旁边,因此不太适用于显示夜视图像:除了头和眼移动的视线切换时间过长外,还会由于图像信息向驾驶员视角轴转换导致很难进行影像判读。

**(2) 组合仪表显示屏**

一些汽车的组合仪表中有很大的可播放视频的显示屏。这种显示屏的优点是驾驶员视角轴的位置使视线切换时间至少省去了头部运动的时间。缺点是方向盘可能会遮挡住图像。

**(3) 平视显示器**

平视显示器(HUD)将仪表板中安装的显示屏上的图像反射到驾驶员视野内的前挡风玻璃上。这样,会显示出车前约 2.5 m 内的虚拟图像[30.24]。图像是透明的,且好像飘浮在汽车发动机罩上方。这种显示的优点是,通过省去头部运动时间,大幅减少眼睛移动的时间以及眼部调节的

时间,缩短了视线切换的时间。然而,由于图像是透明的以及通过近光灯对道路进行照明,会在黑白夜视图像和照亮的道路之间产生较小的环境对比度,从而导致图像内容较难识别,且由于真实的信息记录又使视线切换时间延长。

通过平视显示器进行信息显示的优点特别明显,因为信息直接反射到驾驶员的视野中,而驾驶员不必从交通环境中将视线移开。这种假设对于短时间显示的、准静态的或简单判读的信息肯定是适用的。然而,在平视显示器中显示夜视图像意味着,驾驶员视野下方的整个平面和与不断更新信息的长时间叠加,这对于驾驶员来说增加了额外的负担,只有关闭夜视系统才能摆脱这一负担,同时还可忽略掉直接视野外的显示信息[30.18]。

**(4)目视模拟平视显示器**

目视模拟平视显示器不仅可在一定的距离内生成一个虚拟图像,而且还可以将图像内容与环境的位置进行正确叠加。这就是增强现实显示技术。尽管有平视显示器原型机,可以将道路的标志和警告提示按位置正确叠加,但仍未更换可以显示视频目视模拟图像的系统。

**(5)图像合成器**

图像合成器由一个从组合仪表上方仪表上层外壳翻转的镜面和一个位于组合仪表后侧的显示屏组成。镜面将显示屏上的显示内容反射到驾驶员的视野范围内,然后生成一个虚拟图像(类似于平视显示器)。然而,虚拟图像的距离只有1~1.1m,因此并没有实质性地减少调节工作。图像不是透明的,因此比平视显示器图像的对比度要好。但是,如果显示动态图像信息会影响驾驶员的外围视野。图像合成器的尺寸必须遵守法律规定,不允许超出驾驶员视野宽度太多。

**(6)挡风玻璃显示器**

挡风玻璃显示器将整个挡风玻璃表面作为显示器使用。将电致发光材料嵌入挡风玻璃中,玻璃在刺激(例如,通过激光)下会发光。这样就可以利用整个挡风玻璃表面将现实情况叠加的图像内容显示出来。这样,可以使用整个挡风玻璃,并显示现实叠加的信息。然而,如果显示夜视图像,这种显示形式是不适宜的,因为玻璃向驾驶员一侧倾斜,因此在玻璃上只能看到狭窄区域的图像。此外,这种叠加图像也需要一个能识别驾驶员视线方向的系统,以追踪驾驶员视线方向处的图像信息。

### 30.4.3 图像处理

夜视系统的使用要求驾驶员通过较高的信息内容对两个可视源进行评估:实际情况和夜视图像。这会导致驾驶员的负担明显增加,表现为在行驶试验中降低行驶速度、忽略标志牌以及当其他交通参与者在场时违反防炫目规定[30.18]。因此,通过夜视图像自动识别危险且只有在发现危险时才提示驾驶员是合理的要求。

图像处理单元不能全面识别所有危险。由于所探测物体的已知的特点,在图像处理中识别表示探测物体。第二步将探测物体分类为系统已知的等级。如果系统不知道所探测物体的特点或分类,则既不探测物体也不识别物体,因此必须通知系统,哪些物体处于什么状况会构成危险,如尺寸、停留地点、运动方向、速度,等等。

远红外图像中的人和动物的探测比近红外图像明显要简单,因为人和动物在30℃以下的环境温度下背景明显突出。对于近红外图像,物体的亮度已经成为探测的重要特点。在近红外图像中,图像处理必须重视其他特点(例如,物体的尺寸和形状)。这些特点当然还额外使用远红外系统的识别方法,因此更加稳固。

原则上有以下可能,即利用一个立体照相机或通过对图像中的光流进行评估探测汽车行驶轨迹内的物体,或不随光流移动的物体。为通过这些方法进一步探测远处的物体并进行识别,使用的照相机必须具有相对较高的分辨率,然而这样也会增加探测物体的计算强度。

如果识别到某些物体,则系统会自动启动显示装置,为驾驶员提供视觉、听觉或触觉提示,甚至用挡风玻璃上的显示屏标识识别到的物体或通过一个"探照灯"照亮。

### 30.4.4 系统方法的对比

通过夜视系统潜在使用者进行行驶试验可以发现,尽管每个被测试者都可以确定其自己希望的近红外和远红外系统,但所有被测试者既不愿意使用近红外系统也不愿意使用远红外系统,因此,就出现了一个哲学问题:汽车制造商愿意在其生产的车辆上提供哪种传感器装置[30.18]。

对各种显示器进行的行驶试验说明,被测试者不仅希望显示直接视野,而且通过将显示屏置于更远处从而提高图像内容的可识别性比进行视力调节更重要。

行驶试验还明确说明,目前的夜视系统几乎不可能避免夜间交通事故:在实际行驶期间由于其他可视源导致的更多负担使得驾驶员没有机会真正利用传感器提供的视觉增强效果[30.18]。

对道路空间内物体的识别,特别是对行人、骑车人以及野生动物的识别结合驾驶员自动报警系统,为系统提供了避免事故的可能性。

# 参考书目

[30.1] *Rumar*, K.: Night traffic and the zero vision. In: Progress in Automobile Lighting (PAL), Technische Universität Darmstadt, Utz Verlag, München, S. 849-858, 2001.

[30.2] *Lerner*, M.; *Albrecht*, M.; *Evers*, C.: Das Unfallgeschehen bei Nacht. Bericht der Bundesanstalt für Straßenwesen (BASt), Heft M 172, 2005.

[30.3] *Langwieder*, K.; *Bäumler* H.: Characteristics of Nighttime Accidents. In: Progress in Automobile Lighting (PAL). Technische Universität Darmstadt, Utz Verlag, München, S. 326-339, 1997.

[30.4] *Eckert*, M.: Lichttechnik und optische

[30.5] *Khanh, T. Q.*: Grundlagenvorlesungen der Lichttechnik. Technische Universität Darmstadt, Fachgebiet Lichttechnik, 2008.

[30.6] *Sprute, H.*: Blendungsmessung bei AFS-Systemen. Technische Universität Darmstadt, interner Messbericht des Fachgebietes Lichttechnik, 2008.

[30.7] *Rosenhahn, E.-O., Hamm, M.*: Motorway Light in Adaptive Lighting Systems. In: Progress in Automobile Lighting (PAL), Technische Universität Darmstadt, Utz Verlag, München, S. 868-882, 2003.

[30.8] *Schiller, C.*: Lichttechnische Tests an derzeitigen Xenon-und Halogenlampenscheinwerfern. Technische Universität Darmstadt, interner Bericht des Fachgebiets Lichttechnik, 2007.

[30.9] *Schiller, C. Khanh, T. Q.*: Psychologische Blendung mit Xenon-und Halogenscheinwerfer-Autos-Ergebnisse realer Tests. In: Zeitschrift Verkehrsunfall und Fahrzeugtechnik, Vieweg Verlag, Heft 9, 2008.

[30.10] *Schiller, C.; Khanh, T. Q.*: First Field Tests of Cars with Completely Built-In LED headlamps under Realistic Driving Conditions. In: International Symposium on Automotive Lighting (ISAL), Technische Universität Darmstadt, Utz Verlag, München, S. 131-138, 2007.

[30.11] *Schiller, C.*: Lichttechnische Tests an ersten LED-Scheinwerfer-Autos. Te-chnische Universität Darmstadt, interner Bericht des Fachgebietes Lichttechnik, 2007.

[30.12] ECE R-123: Einheitliche Bedingungen für die Genehmigung von adaptiven Frontbeleuchtungssystemen (AFS) für Kraftfahrzeuge. Tag des Inkrafttretens: 2. Februar 2007.

[30.13] *Kalze, F.-J.; Schmidt, C.*: Dynamic Cut-Off-Line geometry as the next step in forward lighting beyond AFS. In: International Symposium on Automotive Lighting (ISAL), Technische Universität Darmstadt, Utz Verlag, München, S. 346-354, 2007.

[30.14] *Rosenhahn, E.-O.*: AFS-Frontlighting on the Basis of LED Light Sources. In: International Symposium on Automotive Lighting (ISAL), Technische Universität Darmstadt, Utz Verlag, München, S. 80-87, 2007.

[30.15] *Grimm, M.; Casenave S.*: DBL: A Feature that adds Safety to Night Time Traffic. In: International Symposium on Automotive Lighting (ISAL), Technische Universität Darmstadt, Utz Verlag, München, S. 355-363, 2007.

[30.16] *Sprute, J. H; Khanh, T. Q.*: Approval Requirements for a Front-Lighting-System with Variable Cut-Off Line in Europe. In: International Symposium on Automotive Lighting (ISAL), Technische Universität Darmstadt, Utz Verlag, München, S. 31-37, 2007.

[30.17] *Kleinkes, M.; Eichhorn, K; Schiermeister, N.*: LED technology in headlamps—extend lighting functions and new Styling possibilities. In: International Symposium on Automotive Lighting (ISAL), Technische Universität Darmstadt, Utz Verlag, München, S. 55-63, 2007.

[30.18] *Taner, A.*: Vergleich verschiedener Systeme zur Sichtverbesserung bei Nacht in Personenkraftwagen. Cuvillier Verlag, Göttingen, 2008.

[30.19] *Holst, G.*: CCD Arrays, Cameras and displays. ICD Publishing, Cove Trail, 1996.

[30.20] *Kesseler, W.; Kleinkes, M.; Locher, J.; Bierleutgeb, G.*: Infrared Based Driver Assistance for Enhanced Perception at Night. In: Progress in Automotive Lighting 2003 Symposium. S. 496-503, 2003.

[30.21] *Taner, A.; Grünleitner, H.; Riedel, H.*: Nachtsichtsystem für ein Kraftfahrzeug. Patenschrift beim Europäischen Patentamt, 2006.

[30.22] *Wallrabe, A.*: Nachtsichttechnik. Brau-nschweig/Wiesbaden: Vieweg Verlag, 1997.

[30.23] *Cohen, A. S.*: Blickverhalten und Informationsaufnahme von Kraftfahrern. Bundesamt für Straßenwesen, Bergisch-Gladbach, 1987.

[30.24] *Mayer, R.; Blume, J.*: Optik Designs für Head-up-Displays für Kraftfahrzeuge. VDI-Tagung: Optische Technologien der Fahrzeugtechnik, Baden-Baden, 2003. VDI-Bericht 1731.

# 31 泊车辅助系统

*Reiner Katzwinkel, Richard Auer, Stefan Brosig, Michael Rohlfs,*
*Volkmar Schöning, Frank Schroven, Frank Schwitters, Ulrich Wuttke*

泊车对于很多驾驶员来说是一件令人厌烦甚至吃力的事情：必须先要找一个适合的停车位以避免不必要的失败尝试。然后必须不断观察车辆，在不熟悉的环境下以对其他交通最低的影响顺利将车停入位。

泊车辅助系统可以帮助您更快找到合适的停车位，并将车辆安全且精确地停入此车位[31.6]。

## 31.1 泊车辅助系统的分类

有很多不同的泊车辅助系统出现且部分已经用于量产汽车。泊车时对汽车头部和尾部区域车辆几何形状的估计是比较难的。空气动力学要求以及造型设计，特别是车柱和车窗区域可能会限制清晰度和可见性。为改善这一缺陷，出现了由车宽标杆制成的第一个泊车辅助装置，分别安装在大型轿车的车尾部左右边角处，当汽车挂倒挡时其会自动伸出。

随后开发的所有泊车辅助系统都是基于来自环境传感器的数据。这种系统可划分为以下几类：

◆ 信息式泊车辅助系统：提供与物体的纵向距离信息，并通过符合性程度信息进行停车位测量（参见第31.3.1节）。

◆ 引导型泊车辅助系统：将评估环境信息，并给出具体的处理建议。这包括带辅助线的倒车摄像头或提供转向机动建议的泊车辅助系统（第31.3.2节）。

◆ 半自动泊车辅助系统：通过该系统驾驶员可取消车辆引导组件（通常为横向引导组件），仅通过油门踏板和制动踏板进行纵向引导即可（第31.3.3节）。

◆ 全自动泊车辅助系统：该辅助系统接管全部汽车引导工作。此系统目前还处于研究阶段。

## 31.2 对泊车辅助系统的要求

根据系统特性和辅助等级，对传感装置和泊车辅助的算法有不同的要求[31.3,31.9]。首先，系统必须可使用，也就是说，其必须适合日常使用。这意味着，必须为使用者提供一个简单的界面，而且在实际情况下（例如，移动已停泊的车辆、在垃圾桶之间停车）能正常工作。对于测量停车位的系统，最大驶过速度不得过低[31.2]。

关于环境传感装置，一般有以下要求：

- ◆ 相对于环境影响(降水、脏污)的较高稳定性;
- ◆ 车距及停车位测量的高精确度(对可能停车位的高识别率);
- ◆ 不会提示不允许停车的停车位(例如,十字路口或入口);
- ◆ 较小的信号延迟;
- ◆ 较小的总成本(例如,通过在现有的传感装置上安装);
- ◆ 安装空间要求较低。

对于引导泊车和半自动泊车,应特别注意以下几个方面:

- ◆ 泊车系统建议或使用的轨迹应与真人驾驶员使用的轨线相似,以提高系统的可接受性。
- ◆ 泊车轨迹必须是无碰撞路径。驾驶员在手动纵向引导时必须针对障碍物对其进行警示。
- ◆ 足够的停车空间(与人行道边沿的角度位置和距离,周边环境内与物体的距离)。
- ◆ 泊车时长较短。
- ◆ 操作简便、易懂的人机界面。

## 31.3 技术实现

下面将详细说明第31.1节中提到的泊车辅助系统及其变型的分类方法。其中,将特别说明各特性的差异和特殊性。

### 31.3.1 信息式泊车辅助系统

广泛推广的泊车辅助系统是基于超声波的泊车辅助系统。其通过分别位于车头和车尾的各六个(最多)超声波传感器(参见第11章)测定车辆与周围物体之间的距离。一般通过间隔报警音提示距离。距离越近报警音越急促。为易于区分,车头和车尾的报警音可以选择略微不同的声音频率。此外,可以根据方向选择声音频率,这样驾驶员很快就能分辨距离信息是针对哪个车辆区域的。距离系统的报警音提示还可扩展为视觉提示。可以是分散显示(例如,在A柱上及车顶内部的后部区域内显示)的也可以是中央显示(例如,在导航装置的显示屏上显示)的(图31-1)。

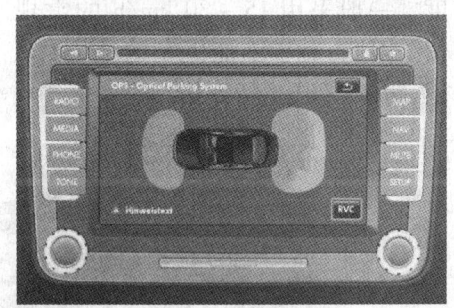

图31-1 带车辆和障碍物2D视图显示的泊车辅助示例

超声波传感器非常适用于所述的功能,而且系统成本较低。其对风的敏感度并不重要,因为都是在较低车速下使用它[5]。

另外,一些汽车使用短程雷达传感器(参见第12章)代替超声波传感器。其优点是,在设计上完全是中立的,可将其隐藏安装在保险杠盖板的后侧或车灯后侧[17]。然而,这种传感器的价格要比超声波传感器高很多,因此一般与其他功能结合使用,例如,自适应巡航控制的停走功能(ACC Stop 和 Go)。超宽频雷达传感器(UWB)使用一个宽频带,其针对较高的距离分辨率。但是现在已限制使用此频带(许可限制,2013年6月30日),每个欧洲国家的最高渗透率为7%[17]。

同样,信息式泊车辅助系统在驶过时对纵向停车位进行测量,并向驾驶员显示该区域作为停车位的适合情况。可提供二进制信息("停车位足够大""停车位太小")或泊车的难度等级(例如,"容易""一般""较难")。这种系统的一个较重要的可接受性因素是测量的精确度以及最大驶过速度。一般采用15~30 km/h的常规值。因此,对于不能停车的地方(车道、路口)不应进行评估。

### 31.3.2 引导式泊车辅助系统

尽管所述的信息式系统也给出了含蓄的操作提示("继续倒车"或"向前行驶""可以进行泊车尝试"),然而这仅限于泊车机动,不考虑驶入停车位的中央部分。

此外,倒车摄像系统(参见第15章)会提供进一步信息,这些信息除图像外还标出了周围环境辅助线。因此有必要探测车后部的最宽区域。这需要广角镜头,但这种镜头会使图像严重失真,因此,应通过下游的图像处理对图像进行调整,并符合人类的感知。图31-2显示了一个摄像机原图及调整后的版本。

 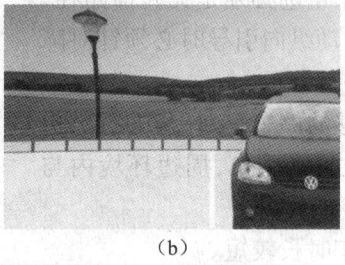

图31-2 倒车摄像机图像失真和校正后
(a)图像失真;(b)校正后

通过用辅助线进行标识的系统,可以使纵向和横向泊车都更容易。在未进行图像处理的情况下,如果在摄像图像中发现了停车位,则应让驾驶员选择目前存在的停车位类型。如果是横向停车位,则可以标出延长的且加宽的汽车轮廓以及预计的行驶路径(图31-3)。对于纵向停车位,可以以标记区域的方式(例如,用于测定转向点的辅助线)标出标线(图31-4)。通过打开一侧的转向灯,会使另一侧的标线提示关闭。在驶入停车位时,如

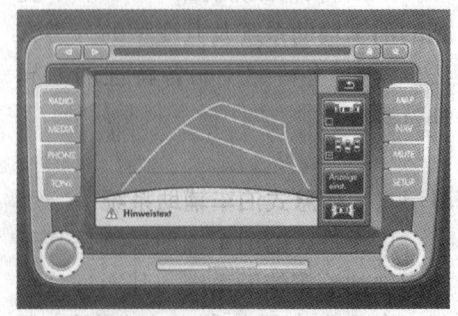

图31-3 横向停车位驶入的静态和动态辅助线(行驶路径预估,图像无叠加)

31 泊车辅助系统

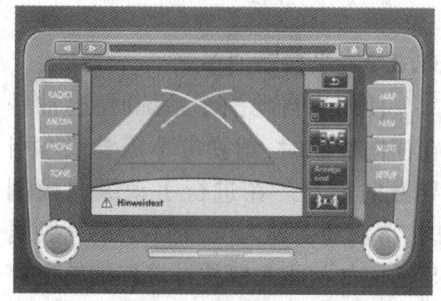

图 31-4 平行停车位的泊车空间需求以及确定转向点的辅助线（图像无叠加）

果紧贴人行道边沿上的辅助线或另一侧泊车限制线，则达到了转向点。

倒车摄像头的安装位置必须不得影响车辆的设计。图 31-5 图示了一个可能的安装位置。摄像头安装在后行李箱盖的把手凹槽中。此安装位置的优点是：在拖车运行时，摄像头将连接器的球头拍摄下来，系统可利用此信息来连接一个停好的挂车。在拖车运行时由于不清楚拖车组合的几何形状和运动特性，因此在后行李箱盖打开后辅助线将会渐隐去。倒车摄像系统为用户提供了一个直观通道，但在显示屏（例如，导航系统）上显示也有缺点，即驾驶员需要换一个视线焦点，因为还要求像往常一样（相同的感觉通道）对周围环境进行观察：

◆ 测量停车位；
◆ 路径规划；
◆ 不断测定位置；
◆ 显示驾驶员处理信息。

进行路径规划时，纵向引导和横向引导之间的分离是有意义的，这样为驾驶员保留了进行环境监控的资源。这说明，应将准备规划的直线和圆弧形式的轨线汇总在一起，这可通过以恒定方向盘转角行驶和原地打轮实现[31.9]。对于使用一次性路径规划（泊车过程中不更新）的系统驾驶员注意反应时间尤其重要。路径规划的例子可参见[31.8, 31.10]。

为显示正确的驾驶员处理信息，有必要尽可能精确地测定本车相对于停车位的位置，以及本车在规划路径上的位置。一般情况下可以通过环境（外部方法）中的人工和自然基准点或通过汽车内部参数（内部方法）进行定位。由于动态且部分未结构化的环境，外部方法不太适用[31.8]。所谓的里程表（亦称车程计）辅助对车轮进行观察。一般情况下应考虑非驱动轴，因为此轴只涉及较小的驱动轮侧滑。对于里程表而言，除汽车行驶方向外，真实的车轮滚动周长也是比较重要的，因为通过它可以计算车轮每转动一圈所行驶的路程。尤其当里程表所使用的车轴有差异时，则是一个

图 31-5 倒车摄像头的安装位置示例

缺点。以下方面可能会导致车轮滚动周长不稳定，必须采取适当的措施进行调整[31.14]：

- 轮胎的制造公差；
- 轮胎磨损；
- 夏季、冬季轮胎的差异；
- 合格轮胎尺寸的散射宽度；
- 加装的轮胎（其他尺寸）。

为提高定位的质量，应极少使用纯里程表方法。例如，对于其他内部车辆尺寸，应使用方向盘转角和横摆角速度以及测定的车速。这些参数与车轮转速和脉冲可以通过其他卡尔曼滤波器进行合并（参见第 17 章）。通过泊车时的较低行驶速度，可以利用一个单轨迹模型体现大致的车辆特性[31.9]。

使用引导式泊车系统时应给出以下信息[31.6]：

- 额定转向角或转向角差；
- 行驶方向；
- 停车地点；
- 泊车结束。

与倒车摄像系统相反，对显示装置的要求较低。上述参数也可以显示在一个黑白显示器上[31.6]。同样，根据图 31-1，还可以使用高级显示器（参见第 23 章）。为设定额定转向角，有几个可能的显示方法。如果向驾驶员显示了实际转向角和额定转向角，则驾驶员必须自行形成控制误差，并进行跟踪控制。如果只显示了偏差，则为补偿性控制[31.12]。进行跟踪控制时，驾驶员通常都能获得较好的结果[31.9]。

### 31.3.3 半自动泊车

使用半自动泊车系统时，通常是在横向控制时，驾驶员不需要汽车引导方向信息。在进行手动纵向控制时，将自动引导入位，而不会向驾驶员显示应如何将车辆按计算好的轨迹停入车位中。对于测定停车位、路径规划和显示驾驶员处理方法的可能性则要求可以对转向产生影响。可以通过电机动力转向机（参见第 20 章）或一个通过电机扩展的传统转向装置实现，其中后一种解决方案会提高系统成本。

对于转向装置中的干预，ECE 法规 79 给出了详细的规定[31.4，第 20 页]：

"此外，必须这样设计驾驶员辅助转向装置，以使汽车驾驶员随时可以通过有意识的干预进行功能控制。只要可使用自动转向功能，当车速超出 10 km/h 的设定限值 20% 或不再接收要评估的信号时，则必须向汽车驾驶员显示，且必须自动关闭控制装置。控制结束时，汽车驾驶员必须每次通过一个较短的但有特点的视觉信号或者声音信号或者是可感知的信号向转向控制装置发出警报。"

与引导式泊车系统相比，不必给出额定转向角方面的信息。此外，还有针对转向干预的状态信息。总体而言，对人机界面并没有特别特殊的要求。图 31-6 显示了符合 ECE 法规的设计可能性。自动车辆横向控制允许驾驶员专注于周围环境的监控，因为

# 31 泊车辅助系统

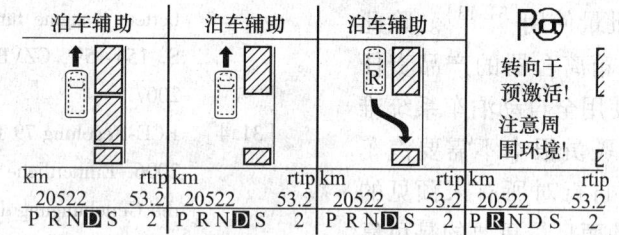

图 31-6 半自动泊车系统的人机界面示例,从左至右为:无停车位、识别到停车位、挂入倒挡、汽车自动转向

无须对油门踏板和制动踏板进行特别的观察。通过自动横向引导,可以给予规划的泊车轨道更多的自由,因为泊车轨道不再必须对直线和圆弧进行限制(参见第 31.3.2 节)。

大多数半自动泊车系统基于摄像机或超声波传感器的数据。视觉系统显示变化的功能,尤其是与照明和天气状况相关的功能。与基于超声波的系统相比,如果系统计划使用辅助照明(例如,红外灯),则应以对脏污的较高敏感度和非常有限的可用性在黑暗时计算[31.1,31.5]。由于雪天进行标记比较困难,因此只能在一定程度上进行泊车空间识别[31.15]。

半自动泊车系统要求很多参与组件进行密集通信,这一般是通过 CAN 总线实现的。例如,以下是[31.14]中描述的相关组件:

◆ 泊车系统的控制装置(功能的实现);
◆ 激活系统的键;
◆ 用于所有车轮的转速传感器(定位);
◆ 转向角度传感器(定位);
◆ 纵向和横向加速度传感器(定位);

◆ 超声波传感器,侧面(停车位测量);
◆ 前部、后部超声波传感器(测定与物体的距离);
◆ 转向指示灯开关(停车位侧的选择);
◆ 挂车识别控制单元;
◆ 泊车辅助装置的报警蜂鸣器;
◆ 电动机械转向系统(横向控制);
◆ 制动控制单元(车速信息)。

第一批半自动泊车系统现已投入批量使用[31.11,31.14]。目前仍要求纵向停车位达到可以一次驶入的尺寸。因此,给出了一个相当大的最小停车位尺寸,这使系统操控变得简单了。作为多步泊车的中间步骤,可以想象,车辆在第一次移动时较容易定位,即应倾斜进入停车位,以使驾驶员获得理想的初始位置[31.5]。

## 31.4 小结

早在 1990 年就出现了一种可以自动泊车的汽车[31.16],目前汽车的基础设备(电控发动机、制动器和转向器)使得全面操控成为可能。然而,目前全自动泊车辅助系统还仅作为研究项目没有开始批量使用[31.13]。除此之外,自动变速箱离合器的产品责任问题使得批量使用全自动泊车系统难以实现,因为驾驶员根本不需要汽车引导,汽车必须自行对所有未预见的情况进行充分的而且最重要的是可靠的反应。因此,在倒车入纵向停车位时,必须对对面来车进行观察,因为泊车时汽车会改变方向。比起目前的传感装置,在这种情况下人类的感知能力明显逊色[31.5]。可以想象的是,驾驶员必须积极监控泊车过程的系统。这可以通过一个安全开关实现,其需要驾驶员通过按按钮(例如,按中央锁止装置或车内的遥控)激活泊车程序并必须长按按钮,否则泊车程序会中断,车辆会停住(自动关断开关)。

除全自动系统外,已投入使用的半自动系统有很大潜力。为提高系统的使用,今后将主要发展纵向和横向泊车以及辅助退出停车场系统。作为纵向引导的第一个干预,泊车时遇到障碍物后自动制动将是可以想象的[31.7]。

# 参考书目

[31.1] Bloch, A.: Parkautomat. In: Auto, Motor und Sport, 10: S. 50-52, 2006.

[31.2] Blumenstock, K. U.: Platz da? Vergleich von fünf Einpark-Assistenten. In: Auto, Motor und Sport, 13, 2007.

[31.3] Brandenburger, S.: Semiautomatische Parkassistenten-Einparken in allen Lebenslagen. In: Tagungsband zum 8. Braunschweiger Symposium Automatisierungs-, Assistenz-und eingebettete Systeme für Transportmittel, S. 154-159, GZVB: Braunschweig, 2007.

[31.4] ECE-Regelung 79 Rev. 2, 20. Januar 2006. Einheitliche Bedingungen für die Genehmigung der Fahrzeuge hinsichtlich der Lenkanlage.

[31.5] Pruckner, A.; Gensler, F.; Meitinger, K.-H.; Gräf, H.; Spannheimer, H.; Gresser, K.: Der Parkassistent. In: Fortschritt-Berichte VDI Reihe 12, 525, VDI Verlag: Düsseldorf, 2003.

[31.6] Keßler, M.; Mangln, B.: Nutzerorientierte Auslegung von teilautomatisierten Einparkassistenzsystemen. In: Tagungsband zur 4. VDI-Tagung Fahrer im 21. Jahrhundert, Braunschweig, 2007.

[31.7] Knoll, P.: Prädiktive Fahrerassistenz-Vom Komfort-system zur aktiven Unfallvermeidung. In: Automobiltechnische Zeitung, 107: S. 230-237, 2005.

[31.8] Kochern, M.: Parkassistent. In: Isermann, R. (Hrsg.): Fahrdynamik-Regelung-Modellbildung, Fahrerassistenzsysteme, Mechatronik, Vieweg & Sohn: Wiesbaden, 2006.

[31.9] Lee, W.; Uhler, W.; Bertram, T.: Analyse des Parkverhaltens und Auslegung eines semiautonomen Parkassistenzsystems. In: Tagungsband zur 21. Internationale VDI/VW-Gemeinschaftstagung Integrierte Sicherheit und Fahrerassistenzsysteme, Wolfsburg, 2004.

[31.10] Müller, B.; Deutscher, J.; Grodde, S.; Giesen, S.; Roppenecker, G.: Universelle Bahnplanung für das automatische Einparken. In: Automobiltechnische Zeitung, 109: S. 66-71, 2001.

[31.11] *Nunn, P.*: Toyota Prius mit Einpark-Automatik. In: Auto, Motor und Sport, 21, 2003.

[31.12] *Sander, M. S.* ; *McCormick, E.*: Human Factors in Engineering and Design, 6. Auflage, McGraw-Hill: New York, 1987.

[31.13] *Schanz, A.*: Fahrerassistenz zum automatischen Einparken, Fortschritt-Berichte VDI Reihe 12, 607, VDI-Verlag: Düsseldorf, 2005.

[31.14] *Schöning, V.* ; *Katzwinkel, R.* ; *Wuttke, U.* ; *Schwit-ters, F.* ; *Rohlfs, M.* ; *Schuler, T.*: Der Parklenkassistent "Park Assist" von Volkswagen. In: Tagungsband zur 22. Internationalen VDI/VW-Gemeinschaftstagung Integrierte Sicherheit und Fahrerassistenzsysteme, Wolfsburg, 2006.

[31.15] *Schulze, K.* ; *Sachse, M.* ; *Wehner, U.*: Automatisierte Parkraumerkennung mit einer Rückfahrkamera. In: Tagungsband zur Elektronik im Kraftfahrzeug, Baden-Baden, 2007.

[31.16] *Walzer, P.* ; *Grove, H.-W.*: IRVW Futura-The Volkswagen Research Car. SAE Technical Paper Series, 901751, 1990.

[31.17] *Weber, R.* ; *Kost, N.*: 24-GHz-Radarsensoren für Fahrerassistenzsysteme. In: Automobiltechnische Zeitung elektronik, 2: S. 16-22, 2006.

# 32 自适应巡航控制系统

*Hermann Winner, Bernd Danner, Joachim Steinte*

## 32.1 引言

自适应巡航控制系统（缩写 ACC）是一种根据交通状况进行自适应的车速调节系统，其也被称为主动车速控制、自动车距控制或车距调节系统。英语名称还有 Active Cruise Control（主动巡航控制）、Automatic Cruise Control（自动巡航控制）或 Autonomous Intelligent Cruise Control（自主智能巡航控制）。受保护的注册商标为 Distronic 和 ADR（自动车距控制）。

标准 ISO 15622（运输系统和控制系统 – 自适应巡航控制系统 – 性能要求和测试规程）[32.1] 和 ISO 22179（智能运输系统 – 全速范围自适应巡航控制（FSRA）系统 – 性能要求和测试规程）[32.2] 是国际参考标准，其中 ISO 15622 是第一个被引用的标准，通常称为标准 ACC，定义了功能性，ISO 22179 描述了低速范围的功能性，其称为全速范围 ACC。

ISO 15622[32.1] 中是这样描述 ACC 功能的：

加强版传统巡航控制系统，其通过控制发动机和（或）传动系和潜在的制动系统使本车以合适的车距跟随前车。

ACC 源自人们早已熟悉且在北美和日本使用非常广泛的行驶车速控制系统，英语名称为 Cruise Control（缩写 CC），德语名称为 Tempomat。对驾驶员设定的希望车速 $v_{set}$ 规定的功能性包括 ACC 的部分功能（见图 32-1 上方）。

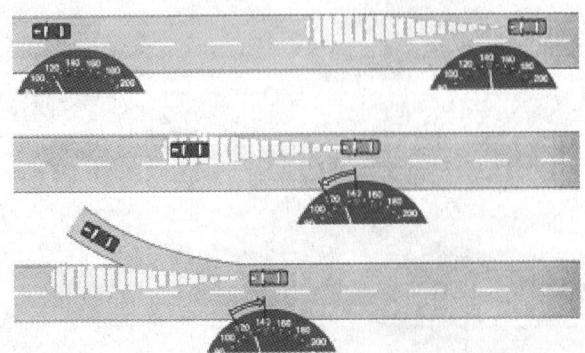

图 32-1 从无其他交通的自由行驶到有后车跟随的行驶再回复到无其他交通的自由行驶状态（来源：BOSCH）

主要扩展包括行驶车速与前车车速的适应,用 $v_{to}$(to:目标物体,ACC 测定的作为标准中目标物体的物体)表示(见图 32-1)。

尽管标准 ISO 15622 还没有解决是否要制定制动规定的问题,但制定了为提高减速能力使用制动装置的实际标准。在此标准中提到的测定的后侧距离通过时距 $\tau$(通常以秒为单位)定义：

时距 $\tau$:"行驶距离的时间间隔,其是与后续车辆的间隔 $d$。时距与车速 $v$ 和间隔 $d$ 相关: $\tau = d/v$"。

使用时间参照标准代替空间参照标准的基本考虑如下：反应时间产生的相对距离足够防止与前车发生碰撞,前提是减速能力至少与前车相等。因此,在以希望车速行驶的本车有较慢行驶的前车的情况下,ACC 的控制任务是根据前车对本车车速进行附加调节以保持车距,确保恒定的反应时间。

一旦目标物体离开了行驶路线,且没有测定其他目标物体,则在驾驶员不采取其他行动的情况下 ACC 再次采用额定车速标准(见图 32-1 下方)。

## 32.2　ACC 发展回顾

早在 1981 年在[32.3]中记录了本功能的原型展示。其是 20 世纪 70 年代实施研究项目的结果,该研究项目由多个公司以即合作又竞争的关系开发了当时在技术上可行的 35 GHz 频率范围的雷达传感器。其在技术功能性和结构尺寸或制造成本上都适用于批量应用。直至 20 世纪 80、90 年代(1986—1994 年)才通过欧洲项目 PROMETHEUS(针对最高效和前所未有安全性的欧洲交通项目)大大推动了系统功能性和传感装置的研发。此项目来源于名称 AICC(自主智能巡航控制),其也是所谓的欧洲共同示范项目(CED 5)的课题。

其他两个开发对于 ACC 进入市场是很有益的:欧 III 排放立法所要求的电子油门装置和 ESP 的投入市场,这些都是由于梅赛德斯-奔驰 A 级车的麋鹿测试(Elch-Test)的失败而被强烈推动的。通过 ESP 尤其可使用用于弯道识别的横摆角速度传感器(参见第 32.7.1 节),通过主动制动压力形成可以与电子油门或柴油发动机的吊挂式踏板以及电动柴油机调节器和车速调节装置一起在几乎没有额外成本的情况下实现。

尽管通过 PROMETHEUS 或上面提到的因素进行了推动,将在欧洲之外的地区引入第一个系统。早在 1995 年,三菱在其德姆特(Diamate)品牌[32.4]上展示了自适应巡航控制系统(ACC),约一年后丰田也采用了 ACC。两个公司放弃了制动干预系统,采用了基于激光扫描的激光雷达传感器。当三菱采用的系统仍是预展样品状态时,用 Denso 光雷达[32.5]装备的丰田系统已是一个真正的量产系统,已开始较大量出售。在欧洲到 1999 年才开始出售 ACC。这些系统以前成本比较高,不能满足欧洲顾客的要求。因此考虑到德国高速公路上较大的速度差急需制动干预,还急需一个较高的最大设定速度 $v_{set.\,max}$ 和一个在恶劣天气下仍具高可用性的毫米波雷达传感器。继带 A.D.C. 雷达的梅赛德斯-奔驰 S 级车后出现了带 XKR(DELPHI 的雷达传感器)的美洲豹车,一年后又出现了装配 BOSCH 传感器与控制单元的宝马 7 系车。基于雷达传感器的 ACC 系统自此主导了欧洲市场,而在日本大量采用的是激光雷达传感器。欧姆龙(Omron)公司为日产汽车(Nissan)提供了大量的激光雷达传感器,而作为激光雷达传感器的先锋,丰田(Toyota)采用的是毫米波雷达传感器。关于 2003 年之前 ACC 开发史详情可参见会议文件[32.6]。

价格较低的激光雷达传感器和较能抵御天气影响的雷达传感器之间的竞争已持续了将近 20 年,但仍无法预测谁才是赢家。正如目前该市场上这两个系统的代表的表现,两种原理对 ACC 来说基本上都是适合的,虽然它们在某些方面有着明显的差异。

总的来说,ACC 的市场成功低于预期。除了供应量仍较少和可能的成本障碍外,还发现向顾客提供的 ACC 的功能性较低,甚至对最终客户的销售兴趣也很低。但在堵车时就会产生对某种功能性的期望。

梅赛德斯-奔驰 2005(S 级车,增强型限距控制系统(Distronic Plus))、奥迪 2006(Q7,增强型自适应巡航控制系统(ACC Plus))、BMW 2007(5 系,带有停走功能(Stop 与 Go)的 ACC)和大众 2008(帕萨特,跟停)对此期望做出了反应,并提供了一个全速范围自适应巡航控制功能。图 32-2 中为一个对市场引入的带有 ACC 的车型的尽管不是很完整但比较全面的总结(根据传感器技术和功能性进行区分)。

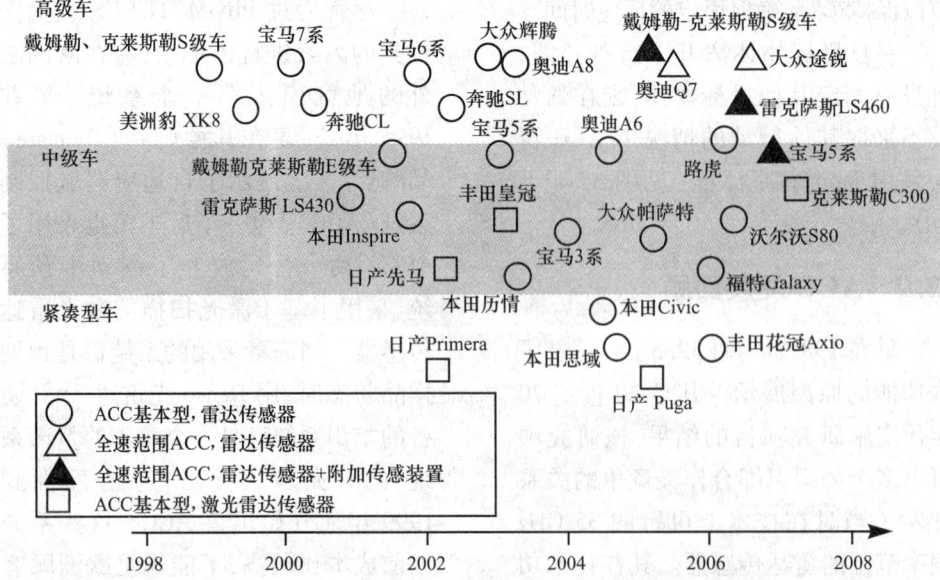

图 32-2 进入市场的配备有 ACC 的车型概览(来源:VDA ACC AK3.11 工作组)

## 32.3 要求

### 32.3.1 符合 ISO 15622 的标准 ACC 的功能要求

通过第 32.1 节中描述的功能定义得到以下功能要求：

◆ 当道路上无其他车辆在本车附近行驶时：

—— 以较高的调节舒适性（在调节质量同时较高的情况下较小程度地纵向急冲且无振动）进行恒定车速调节（与设定速度无明显偏差）；

—— 在将希望车速设低及在下坡行驶时通过制动干预进行车速调节。

◆ 跟随行驶时：

—— 跟随行驶时以前车车速减振行驶，这样不会像前车一样出现速度不稳定的情况；

—— 遵守设定的额定时距 $\tau_{set}$；

—— 以驾驶员希望的动态进行调节；

—— 由于拐入导致车距缩短时，以驾驶员的标准行为为导向"重新恢复车距"；

—— 跟随其他自动循环控制汽车时调节的纵向稳定性；

—— 高速前后行驶和超车时足够的加速能力；

—— 对于大多数跟随行驶来说（约 90%）在交通通畅情况下的减速能力；

—— 在规定的车距范围内（即，还包括确定一个目标搜索通路），接近时或拐入和拐出时的自动目标识别。

◆ 行驶接近时：

—— 较慢接近时迅速调节额定车距；

—— 较快接近时驾驶员必须估测是否由于 ACC 减速不充分需要自行进行干预；

—— "后车出现"时，即低于额定车速时，以驾驶员的标准行为为导向"重新恢复车距"。

◆ 功能限制：

—— 车速极低时无须调节，即如果低于最低车速（ISO 15622: $v_{low} \leqslant 5$ m/s，无正加速度）则可将控制权适当交给驾驶员；

—— 最低额定车速 $v_{set,min}$ 高于 7 m/s（车速表速度为 25.2 km/h）；

—— 时距在稳态下不得低于 $\tau_{min} = 1$ s；

—— 驾驶员干预的优先权，即在踩下制动踏板时停止，在踩下加速踏板时超越控制；

—— 预先规定设定速度 $v_{set}$ 并由驾驶员设定时距 $\tau_{set}$；

—— 在系统故障时适当接管控制，特别是当在减速过程中发生系统故障时；

—— 在 $\alpha_{min} = -3.5$ m/s² （原来是 $-3.0$ m/s²，ISO 15622 的修订版中规定的是 $-3.5$ m/s²）至 $\alpha_{max} = 2.5$ m/s² 的限值下加速。

### 32.3.2 符合 ISO 22179 的 FSRACC 的附加功能要求

作为对标准 ACC 功能要求的补充，全速范围 ACC 有以下附加要求：

◆ 跟随行驶时：在全部速度范围内进行调节直至 0 km/h，特别是在蠕变范围（对驱动/制动协调的较高要求）内。

◆ 停车时：
—— 调节到适合的停车距离（典型值：2~5 m）；

—— 车速较低时减速能力较好（参见图 32-3）；
—— 在系统启动的情况下通过适当的制动器安全停车；
—— 停车状态下在驾驶员不进行干预且系统关闭的情况下，需要过渡到无辅助能的安全的停车状态。

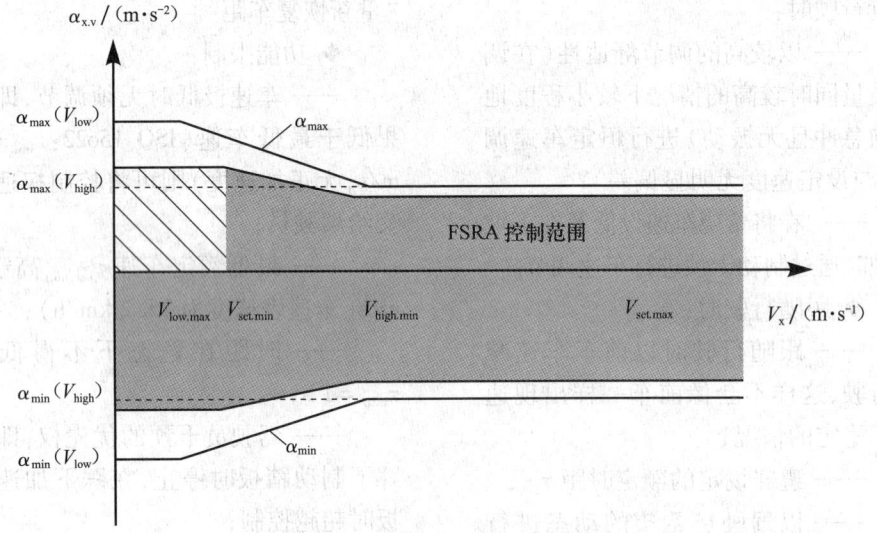

图 32-3 FSRACC 功能限制，根据 ISO 22179

◆ 功能限制：
—— 在超过 $v_{high,min} = 20$ m/s 的情况下，允许在以下限值内加速：
$\alpha_{min}(v_{high}) = -D_{max}(v_{high}) = -3.5$ m/s² 至 $\alpha_{max}(v_{high}) = 2.0$ m/s²；

—— 在低于 $v_{low,max} = 5$ m/s 的情况下，允许在以下限值内加速：
$\alpha_{min}(v_{low}) = -D_{max}(v_{low}) = -5.0$ m/s² 至 $\alpha_{max}(v_{low}) = 4.0$ m/s²；

—— 如果介于 $v_{low,max}$（5 m/s）和 $v_{high,min}$（20 m/s）之间，在 $\alpha_{min}(v) = -D_{max}(v) = -5.5$ m/s² $+ (v/10$ s$)$ 至

$\alpha_{max}(v) = 4.67$ m/s² $- (2v/15$ s$)$ 的速度限值内允许加速度有变化；

—— 当减速度 $\gamma$ 的增加率最大为 5 m/s 时不得超过 $\gamma_{max}(v_{low}) = 5$ m/s³ 的快速变化限值，当减速度 $\gamma$ 的增加率最小为 20 m/s 时，不得超过 $\gamma_{max}(v_{high}) = 2.5$ m/s³，其中限值与速度的关系为：

$\gamma_{max}(v) = 5.83$ m/s³ $- (v/6$ s$)$。

## 32.4 系统结构

图 32-4 给出了 ACC 的各种不同

# 32 自适应巡航控制系统

图 32-4 ACC 系统的功能模块

任务的结构模块。模块本身还可以进行细分,并归为不同的硬件单元,详情可参见后面的示例。模块间的信息接口也可以有很大区别,这既涉及物理内容也涉及数据传输率和数位表示。未在本书的其他章节进行详细说明的模块将在第 32.5 节至第 32.10 节中对四个层次及其模块进行说明。在这种情况下,将在此处描述 ACC 的特定要求。

## 32.4.1 梅赛德斯-奔驰 Distronic 示例

用于远程雷达传感器、传感器信号处理、车速计算、车距控制以及触发促动器触发信号计算的第一代 Distronic(如图 32-5)使用的是分离的部件,而现在的功能部件已集成在一个机箱中,形成了其他制造商称为的传感器控制单元(SCU)。这一系统结构示例中的一个非常重要的部件是电子稳定系统(ESP)控制单元。其作用不仅限于提供多数已知的系统具备的用于路线预测的行驶动态测量参数(参见第 32.7.1 节和 32.7.2 节),还承担通常由 ESP 负责的制动控制任务以及监控自适应巡航控制系统(ACC)的任务,且充当驱动控制的通信和协调中心。

## 32.4.2 BMW 全速范围自适应巡航控制(FSR ACC)系统示例

BMW 品牌汽车中的自适应巡航控制(ACC)的第一次实现[32.7]起初是作为 SCU 采用的传感器和调节器控制单元直接通过 CAN 信号进行发动机控制的,而 ESP 从 ACC-SCU 得到制动控制的延迟要求。之后使用的和图 32-6 中显示的结构[32.8]还增加了一个附加结构层面的实质元素:纵向

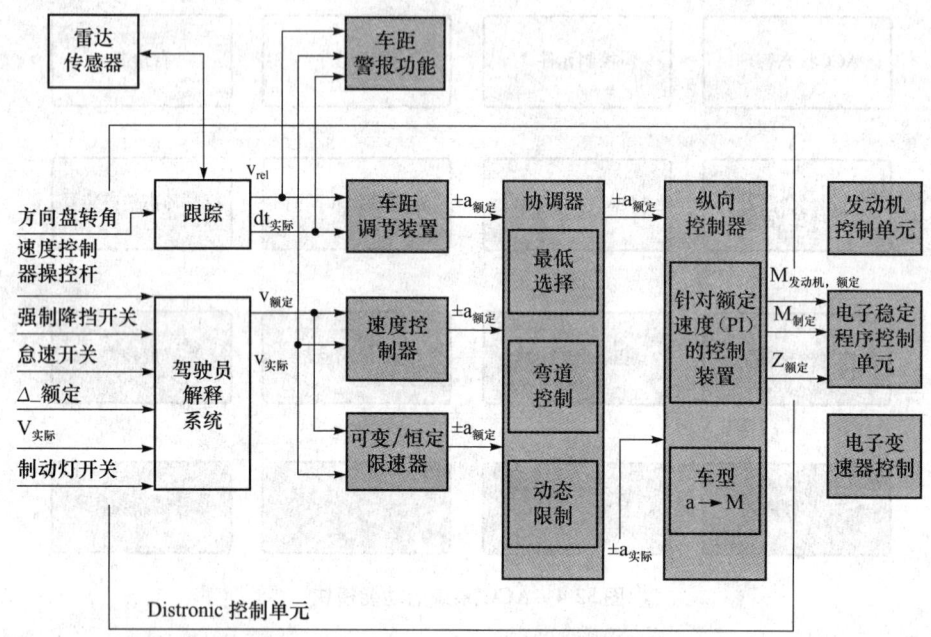

图 32-5　Distronic 控制单元的功能模块

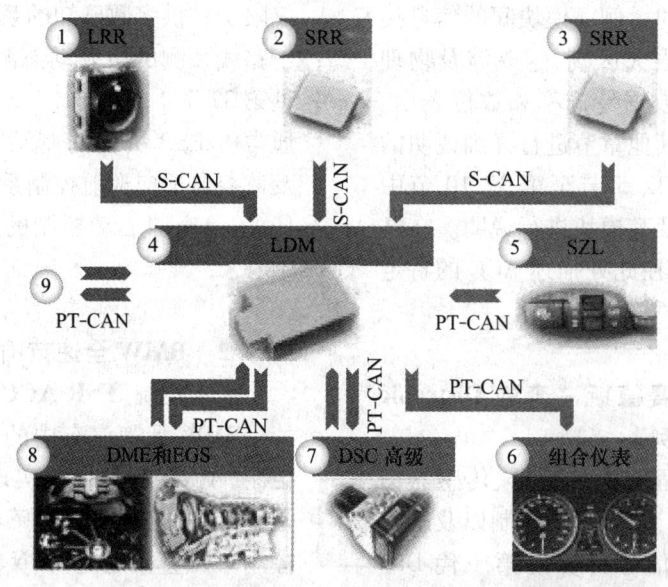

图 32-6　带纵向动态管理(LDM)的 BMW FSR ACC 系统的功能模块

动态管理(LDM,如图在自身的控制单元中或在其他的以汽车电路的视角来说合适的控制单元中)。LDM将传感器层面与调节器层面脱离开,并接管了全速范围自适应巡航控制的所有中心任务,从传感器数据融合到状态管理和调节器功能直至输出传动额定值和制动额定值。其有以下优点:

◆ 高传感器数据传输下传感器CAN实现较简单,从而将总线负荷简化为传动系CAN;

◆ 当传感器CAN发生故障时(例如,由于进水)不影响汽车的基本功能;

◆ 功能开发可以在很大程度上在与合作的控制单元的开发循环无关的情况下实现;

◆ 可以使用不同供货商提供的传感器,或简单通过新传感装置进行匹配或扩展,因为只在传感器中对传感器原始数据进行处理[32.9]。

### 32.4.3 功能降级

首次引进了一个汽车动态影响系统——自适应巡航控制系统(ACC),其作为分布式系统在外围系统部件出现故障时将丧失核心功能。在无车距控制功能的情况下,如果车速控制所必需的系统,如驱动系统、制动系统、显示和操作单元仍可用,则还可提供行驶车速控制(巡航控制CC)的剩余功能。如果多数可供使用系统未切换到剩余功能,则驾驶员在BMW-FSRA(BMW全速范围自适应巡航控制系统,车型年份2007起)正常工作的状态下在FSRA和CC之间既可以切换到激活状态也可以切换到待机状态,此时要分别确定切换时未进行

不允许的加速,且始终清楚显示了系统状态。

如果ACC具有多个环境传感器,则可以选择其他降级等级。例如,如果不可使用近距离雷达,则使用远程雷达传感器;例如,在强降雪天气时,因为其不同于用一个透镜加热装置装备的近距离传感器,或因为必须在射电天文站附近关闭近距离传感器,因此在近距离传感器不可用的情况下在超过最小设定速度的情况下必须切换到标准ACC状态。

对于系统降级,应始终注意,由此导致的系统特性的改变对驾驶员来说是随时可能的,驾驶员是具备心智的,因此可以根据改变的状况对预见的系统反应进行调整。应预先考虑可能出现的情况。如果未明确表现出由于操控和显示方案产生的明显差异,则应考虑是否应优先提高可用性或明确的系统功能性。

## 32.5 ACC状态管理和人机界面

### 32.5.1 系统状态和状态转换

可以接受标准ACC的系统状态如图32-7所示。初始状态是ACC关闭状态,在自测成功后将自动离开此状态,或由驾驶员通过一个通常称为主开关(Main Switch)的装置转换到ACC准备状态。只要满足激活标准(参见表32-1),则这一等待状态将转换到ACC active状态(ACC激活状态)。

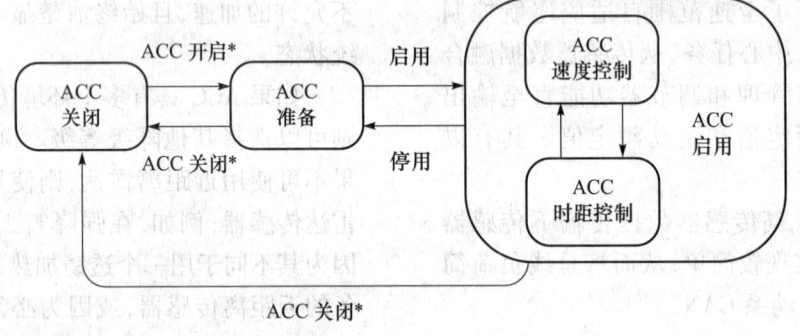

*自测后手动和(或)自动

□=系统状态

**图 32-7　状态和状态转换,根据 ISO 15622**

**表 32-1　启用和停用**(必须所有条件都满足才能启用,满足一个条件即可停用)

| 只有同时具备以下条件才可启用 | 满足以下条件之一即可停用 |
| --- | --- |
|  | 通过操控开关停用 |
|  | 当 $v>0$ 时,驾驶员实施制动 |
| $V \geqslant v_{set,min}$ | $v < v_{min}$(只有在标准 ACC 的情况下才相关) |
| 发动机转速并不明显低于怠速转速 | 发动机转速明显低于怠速转速 |
| 挂入前进挡 | 挂挡无效(自动挡情况下将换挡杆挂入 N 挡) |
|  | 对于变速箱:较长时间( >8 s)摘挡或放开了离合器踏板但未挂挡 |
| ESP、DSC 功能良好 | ESP/DSC 停用 |
| 滑转调节未激活 | 滑转调节激活时间长于规定的时间(根据类型可能有所不同),如进行偏航速率控制时为 300 ms,加速防侧滑控制时为 600～1 000 ms |
| 松开驻车制动器 | 启用驻车制动器 |
| 无 ACC 系统故障或传感器未失去功能性 | ACC 系统故障或传感器失去功能性 |
|  | 对于 FRSA 来说,要满足以下条件: |
| 车门关闭 | $v=0$ 且 3 个信号中至少有 2 个激活:车门打开,无安全带,驾驶员座椅无人就座 |
| 驾驶员已带上安全带(就座识别识别到驾驶员) | |
| 已踩下制动踏板且 $v=0$ 且识别到目标物体 | 备注:($v=0$ 且驾驶员踩下制动踏板时)时未关闭 |
| 识别到目标物体且 $0<v<v_{set,min}$ | |

如果 ACC 成功激活,则在此系统状态下将出现两个实质性的调节状态:行驶路面附近无其他车辆情况下的车速控制(Speed control)和追随前

车情况下的 ACC 时距控制(ACC time gap control),以较低的车速作为设定车速 $v_{set}$ 行驶。如果 ACC 未成功激活,则应将 $v_{set}$ 调节到希望的车速。这两个调节状态之间的转换无须驾驶员操作,通过 ACC 传感器对目标物体进行测定,并对车距和车速进行测定车辆可自动完成状态转换,如图 32-1 所示。

停用,即从 ACC 激活转换到 ACC 准备,一般通过施加制动或通过操控开关有意关闭得以完成。市场上出现的系统变型还具有其他停用标准,如表 32-1 右栏所示。向 ACC 关闭状态的转换由于识别到功能故障导致,或通过主开关(如果有)关闭。其他操作选项和显示功能可参见第 32.5 节。

对于作为全速范围 ACC 的 ACC 型号,其实还有另一个状态,称为 FSRA 保持状态。详情参见图 32-8。

FSRA 保持(FSRA-Hold)状态表示通过 FRSA 系统车辆保持驻车状态。只有允许希望车速为 0 km/h 的

情况下,才可以从状态速度控制(Speed Control)转换至状态保持(Hold)。然而将最低希望车速 $v_{set,min}$ 限定为 > 0,如 30 km/h 是比较合理的。

在保持(Hold)状态下,应注意一些特殊情况。尽管可以通过相应的信号将转换至停车功能的信息告知驾驶员,还是应确保继续制动车辆,这也包括施加了简单制动而系统未关闭的情况,应继续确认车辆是否停止,以防意外溜车从而避免危险的系统状态。

出于安全原因,从保持(Hold)状态转换到两种行驶状态的一种(除极短停车外),只有驾驶员操作后才能完成,因为在传感装置目前状态下无法可靠地收集停车状态下所有可能情况的信息。

同样,应监控驾驶员是否在车内,因为在停车时驾驶员随时可能离开汽车。当发现下车迹象(例如,发现车门打开、安全带松开或座椅上无人)时,系统将适时关闭,也包括能量不足时,

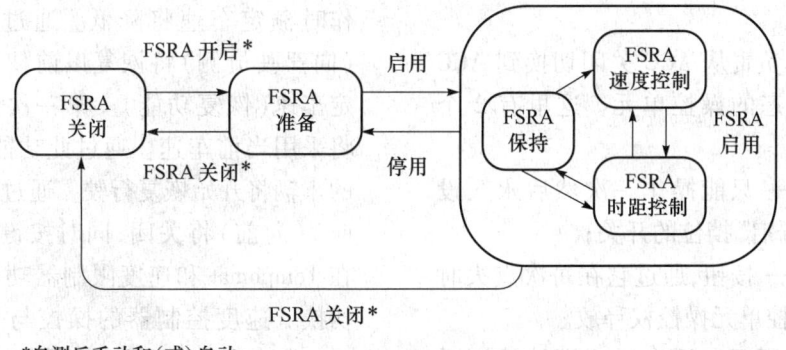

图 32-8　FSRA ACC 的状态和状态转换,根据 ISO 22179

将进入安全保持状态(例如,通过激活电力机械驻车制动器)。如果无法实现,则应在驾驶员下车前进行警告或提前关闭系统,以使驾驶员仍留在车内并由驾驶员防止车辆溜车。

识别到停车后,将向 ESP 系统转发安全停车应答信息。此时,应短暂抬起制动踏板看车辆是否停稳,并通过促动电子驻车制动系统(EPB)保证车停好且无功率消耗。

FSRA 系统会出现一个特殊情况:即尽管进行了制动停车,但车并未停稳,而是在短时($<3s$)之后制动重新释放,因此要求驾驶员交出控制权(即所谓的 ACC 停车系统)。因为驾驶员在这么短的时间内无法下车,且在停车时无论如何都要进行操控,因此车辆静止时安全停车的技术措施并不必要,然而此解决方案降低了系统的使用价值。

## 32.5.2 操控单元及说明示例

ACC 的操控单元负责状态转换,并遵守控制规定,即希望车速和希望时距。

◆ 负责从 ACC 关闭切换到 ACC 准备状态的操控单元。这里有 2 个特性:

—— 只能操作一次然后永久设定在"开启"挡位的开关;

—— 按钮,通过它在每次点火时都将操控单元操控权释放。

◆ 用于激活自适应巡航控制系统的操控单元。此操控单元通常也用于在控制装置激活的情况下提高当前的设定速度。

◆ 用于降低当前设定速度的操控单元。

◆ 在使用上一设定速度的情况下用于自适应巡航控制系统激活的操控单元(恢复)。

◆ 用于设定希望额定时距的操控单元。在此也有 2 种不同的基本接通状态:

—— 起始状态总是相同,以及大多数相当于 $1.5 \sim 2s$ 的默认设置;

—— 上一次选择的状态(例如,在机械锁定时)。

操控单元通常都归为一组,或集成在操控杆中,如示例所述。

图 32-9 中显示的 Tempomat 操纵杆中的操作集群提供梅赛德斯 - 奔驰汽车 Distronic Plus 的 7 个功能。将激活动作 1(向上)和动作 5(向下),并将目前车速设定为额定车速。如果是较小的向上动作行程,每向上一次额定车速将增加 1 km/h,而对于较大的向上动作行程来说,每向上一次额定车速将增加 10 km/h。同样,向下工作时额定车速将降低。通过动作 4(向驾驶员侧)将恢复以前使用的额定车速(恢复功能)。第一次激活是将采用当前车速。通过此功能,静止的车辆将开始恢复行驶。通过动作方向 7(向前)将关闭,同时按键功能 6 在 Tempomat 和速度限制器功能之间切换。速度控制器的操控与 Tempomat 或 Distronic Plus 的操控方法相似。该功能激活时 Tempomat 操控杆中的 LED 灯会亮起。旋拧操控单元

2,设定希望的时距。新设定的旋拧位置也可用于新的行驶循环,并可返回以前的设定。

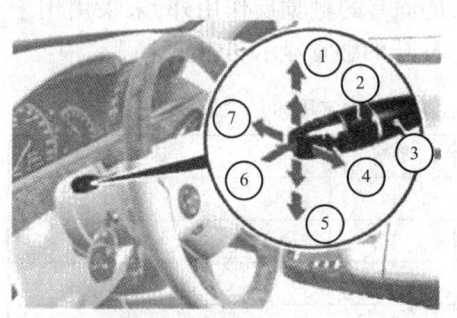

图32-9 具有7种功能的Distronic Plus (Mercedes-Benz W221)操控单元

尽管对于全速范围自适应巡航控制系统来说,BMW 的操作原理和功能范围相似,但从图 32-10 中可明显看出,操作单元是不同的。通过向前和向驾驶员侧拨动激活功能和速度设定功能,而上下拨动则会关闭功能。通过侧面按钮激活恢复功能,通过拨动开关改变时距设定,向上拨缩短时距,向下拨增加时距。

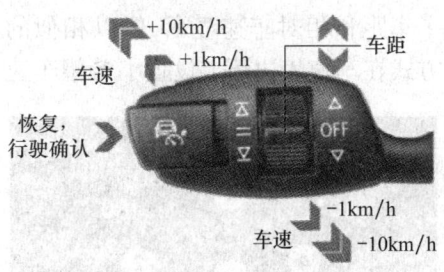

图32-10 BMW FSRA 的操控单元 (E60,带 Stop&Go 的 ACC)

图 32-11 为大众辉腾(Phaeton)方向盘的操控按钮,其特点是激活与额定车速选择分开。

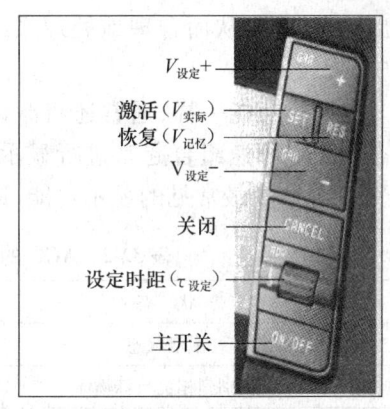

图 32-11 大众辉腾中的方向盘操控 ACC(来源:大众公司)

### 32.5.3 显示单元实例

如果大多数 ACC 状态都可以通过当前的调节特性确定,则状态的明确反馈信号在状态转换时对于系统监控来说尤其重要。然而,设定的希望车速和希望时距的信号反馈对于用户友好操控来说也是必不可少的。下面要区分的是永久和情境显示。后者只有当出现某一事件或在驾驶员进行操控时才会显示一定的时间。情境显示的优点是,可与其他情境显示功能共享显示位置,而且更能吸引注意力。

另一个区别为显示的重要性(W),共分为基本、重要和有帮助三个等级。所有系统中都有基本显示要求,大多数系统都具有重要显示要求。

尽管只有一些制造商提供有帮助性的显示,然而这种显示有利于系统功能的可学习性,并使驾驶员获得对系统反应的详细预测且有助于其理解。通过对当前探测物体的车距和相对车速的显示,驾驶员还会很好地识别出错误探测,从而合理地处理系统反应。

与操控功能一样,通常还将激活状态和额定车速组合起来进行显示。表 32-2 显示了最常见的显示功能,以及显示应使用技术(T)的意义,在此首先只区分视觉(o)和声学(a)单元,而不关注触觉单元,因为除行驶动态的固有的触觉反作用外,未采用用于 ACC 的触觉显示功能。

表 32-2 ACC 的显示功能(缩写见文字描述)

| 状 态 | 类型 | W | T |
|---|---|---|---|
| 激活状态 | P | e | 0 |
| 识别到相关目标物体 | P | w | 0 |
| 由驾驶员接管控制 | s | h | 0 |
| 启动提示(仅限 FSRA) | s | h | 0 |
| 状态转换:自动启动→驾驶员触发的启动(仅限 FSRA) | s | h | 0 |
| 系统设置 | | | |
| 希望车速 | p | e | 0 |
| 希望车距 | p,s | w | 0 |
| 前车车速 | p | h | 0 |
| 与前车的实际车距或额定—实际—偏差 | p | h | 0 |
| 状态转换 | | | |
| ACC 关闭→ACC 准备(如果有 ACC) | p | e | 0 |
| 达到系统极限时的接管要求 | s | w | a+o |
| 系统关闭 | s | e | a+o |
| 低于临界距离 | s | w | a+o |

根据第 32.5.2 节中介绍的操控示例,介绍了相应的显示设计。图 32-12 中描述的 Mercedes-Benz Distronic 的显示包括具有本车(2)显示的激活状态数据,额定车速(车速表边环中的标识)、额定车距(下方横向条线图)、目标识别(车辆4),其位置表示额定车距,速率带下限为前车车速上限为设定的希望车速。图中未显示的是接管控制要求的符号和当驾驶员接管控制系统时的显示信息(Distronic passiv)。

BMW 显示设计(图 32-13)摒弃了车距和相对车速显示,但以相似的方式在车速表边环上设置了希望车速

图 32-12 Distronic Plus 显示装置
(Mercedes-Benz W221)

32 自适应巡航控制系统

图32-13 BMW FSRA的显示装置(E60中带Stop和Go的ACC)

标识,当希望车速改变时,通过短时数字显示进行补充显示。通过透视的横条线显示希望时距,其中一个横条线表示最短希望时距,四个横条线表示最长希望时距。只有当识别到一个目标物体时,横条线和行驶里程符号才会亮起。其他情境显示,如带手动变速箱车辆的接管控制要求或开关要求在此图中未进行说明。

对于作为选装的平视显示器(图32-14)给出了额定车速、希望车速和激活/时距/目标物体方面的组合数据。

图32-14 平视显示器中的ACC符号
(BMW E60)

在大众辉腾(Phaeton)中,也同样采用了背视符号,其中显示了实际时距

和额定时距的直接比较(图32-15)。

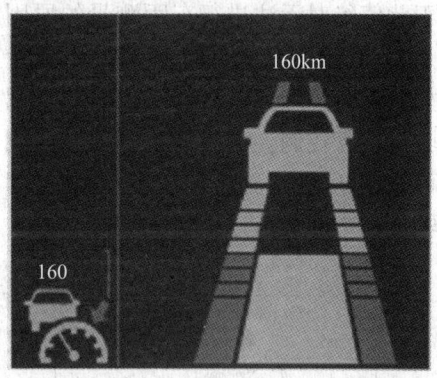

图32-15 带有用于显示实际时距背视符号的大众辉腾显示装置(来源:大众公司)

## 32.6 ACC的目标物体识别

### 32.6.1 对环境传感装置的要求

在能识别到相关目标车辆ACC功能性启用或停用的情况下才可以进行控制。首先需要一个环境传感器,其探测汽车附近的环境,然后决定是否应选出某个识别到的物体作为目标物体。作为环境传感技术,雷达和激光雷达是比较成功的。对于它们来说,下述要求同样适用。传感器的技术说明请参见第12和13章。

## 32.6.2 测量范围和测量精度
### (1) 车距

与 ISO 15622[32.1] 中的划分类似,标准 ACC 功能要求自最小探测车距 $d_{min0} = MAX(2\ m, (0.25\ s \times v_{low}))$ 起识别到物体,并由此自 $d_{min1} = \tau_{min}(v_{low}) \times v_{low}$ 起必须测定车距(图 32-16)。此时,$\tau_{min}(v_{low})$ 为最小允许 ACC 运转速度下的最小时距。由于时距在车速较低时会增加,因此 $d_{min1}$ 约为 10 m。低于此值绝对无法进行车距测量的原因是,ACC 控制系统在这种情况下无论如何都会延迟,或当低于 $v_{low}$ 时要求驾驶员接管控制。如果低于阈值 $d_{min0}$ 则可以判断,在达到这种较小车距时,驾驶员将中断调节过程。

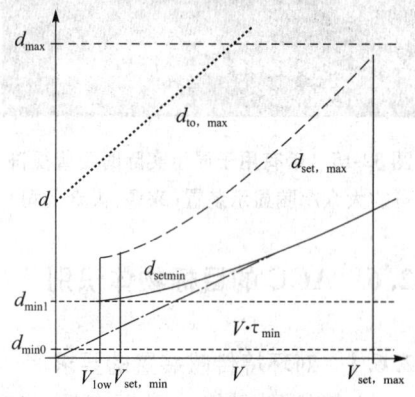

**图 32-16** 对车距范围的要求,包括与车速相关的要求,根据 ISO 15622

同样,这对于当车辆拐入导致车距较小时,驾驶员未脱离 ACC 的控制,并通过自主制动干预处理此问题的情况也同样适用。

当然,要求的最大有效距离 $d_{max}$ 必须能够通过最大额定车距予以调节,即在最大设定车速 $v_{set,max}$ 下设定最大时距时的车距。还应添加控制储量以保持调节的舒适度。因为至少要求额定时距 $\geq 1.5\ s$,因此通过降低最大时距实现的要求最大只能在此限值内实现。

表 32-3 中所述的要求是最低要求,只针对平稳的后续行驶而言。对于接近行驶来说,在车速差较高的情况下较高的有效距离是尤其值得期望的。如第 32.7 节所述,在差距较大时目标选择通常较难,因此在最大车距大于 120 m 时,延迟反应大多不理想,尽管目标选择在原则上是正确的。当应超越正确目标时就会出现这种情况,通过 ACC 延迟反应在行车道更换前就应避免此超车过程。

实践[32.10] 证明了对反应有效范围的限制,即证明了在此范围内对相应目标的反应。特别是在车速范围下限和平均车速下,使用传感器的整个探测范围是没有意义的,因为距离较远的物体对本车没有影响。图 32-16 图示了极限曲线 $d_{to,max}$。另外,$d_{to,max} = v \times 3.6\ s$,作为标准值适用于此极限。

**表 32-3 针对典型设计值的车距要求**

| | | |
|---|---|---|
| | $v_{low} = 5\ m/s(18\ km/h)$ | $d_{min0} = 10\ m$ |
| $\tau_{set,min}(v_{low}) = 2\ s$ | | $d_{min1} = 10\ m$ |
| $\tau_{set,max} = 2\ s$ | $v_{set,max} = 50\ m/s(180\ km/h)$ | $d_{max} = 100\ m$ |

对车距测量的精确度没有过高的要求,因为如下所示,车速调节对

车距偏差仅有较小反应。通过下面给出的控制回路增益,加速幅度最高为 $\alpha_{\text{set,err}} = 0.1 \text{ m/s}^2$ 的情况下会出现 1 m 的车距误差 $d_{\text{err}}$(波段 0.1~2.0 Hz 内的有效值),且在低于 0.15 m/$s^{2[32.11]}$ 的阈值的情况下仍处于后续行车状态。因此,车距 $\varepsilon_d$ 的增益误差最大可能为 5%,而驾驶员不会受到明显影响。然而,应以相应的控制储量选择最小设定时距,这样针对平稳后续行车定义的最小时距 $\tau_{\min}$ = 1 s 不会低于与相对误差相关的增益误差。

**(2) 相对速度**

相对速度的精确性比车距的要求更高。每个与相对速度的偏差都会导致加速度的变化(参见第 32.8 节)。相对速度的静态偏差会导致车距的静态偏差,此时 1 m/s 的偏差会导致约 5 m 的大的车距偏差。车速波动 $v_{\text{rel,err}}$ = 0.25 m/s(0.1~2 Hz 频带范围内的有效值)还可以接受,因为由此导致的加速度波动仍低于特征阈值。然而用于减低车速的车速过滤不得导致过长时间的延迟,否则会影响调节质量。在此可以采用最大为 0.25 s 的延迟时间标准值,这样对于最小时距为 $\tau_{\min}$ = 1 s 的稳定调节来说还有 0.75 s 的调节时间常数和调节器延迟。

最大 5% 的相对速度的相对误差 $\varepsilon_{\text{vrel}}$ 对于跟随行驶控制来说在很大程度上是不成问题的,因为通过用于制动和运行的调节系统进行的后续加速调节会产生相对较大的偏差,因此由于相对误差导致的调节额定值的篡改

几乎是没有影响的。

对相对速度精确度的更高要求是物体的分类,即物体是沿相同方向运动、静止还是沿相反方向运动。这种分类要求容差小于 2 m/s 和 3% × $v_{\text{rel}}$。但是相对误差还是应与静止的物体相比较,因为对其测量非常频繁,因此在静态探测时被视为大量值。据此可对行驶车速误差进行校正,该误差由大多仅为 2% 精确度的已知滚动周长产生。

**(3) 标准 ACC 功能的横向探测范围**

对横向探测范围的要求由以下几个基本假设得出:

◆ $\tau_{\max}$,用于跟随行驶控制的最大时距,

◆ $\alpha_{\text{ymax}}$,转弯行驶时设定的最大横向加速度,

◆ $R_{\min}$,针对 ACC 功能规定的转弯半径的最小值。

对于给定的转弯半径 $R \geq R_{\min}$,可通过最大横向加速度计算出最大转弯速度。如果将此速度与时距 $\tau_{\max}$ 相乘,则得出最大所需有效距离 $d_{\max}(R)$。$d_{\max}$(图 32-17)下转弯线路的横向偏移 $y_{\max}$ 与转弯半径和车速无关:

$$y_{\max} = \frac{\tau_{\max}^2}{2} \cdot a_{\text{ymax}} \quad (32.1)$$

最大方位角 $\phi_{\max}$ 可以通过最大横向偏移 $y_{\max}$ 与最大有效距离 $d_{\max}(R = R_{\min}$ 时)的商求出:

$$d_{R\min} = d_{\max}(R_{\min}) = \tau_{\max}\sqrt{a_{y\max} \cdot R_{\min}}$$
$$(32.2)$$

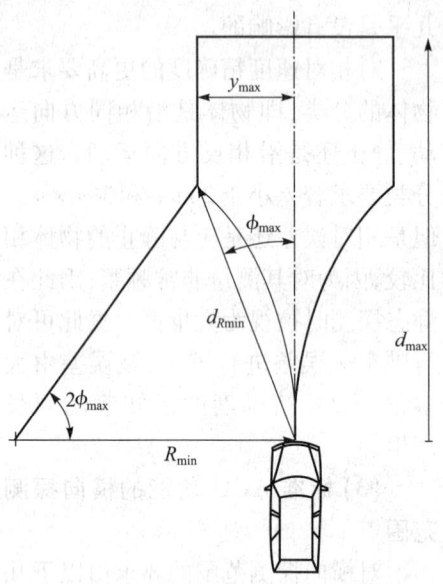

图 32-17 横向加速度和时距恒定时所需的视线范围(方位角)与转弯半径的关系

$$\phi_{max} = \arcsin\left(\frac{y_{max}}{d_{max}R_{min}}\right)$$

$$\approx \frac{y_{max}}{d_{max}R_{min}} \qquad (32.3)$$

根据所观察的驾驶员特性[32.12],横向加速度与行驶速度有关,从而得出与转弯半径也有关,较小的转弯要在低速下进行。这将通过标准 ISO 15622 中的不同数值规定的转弯类型予以考虑。因此,假设 $R_{min}$ = 500 m 时 $\alpha_{y,max}$ = 2.0 m/s², $R_{min}$ = 250 或 $R_{min}$ = 125 时 $\alpha_{y,max}$ = 2.3 m/s²。图 32-18 给出了对于 $\tau_{max}$ = 2 s 的最大时距来说三种不同横向加速度假设所需的(单侧)开度角 $\phi_{max}$。尽管这是实际转弯行驶的理想化考虑,然而实践[32.13,32.14]的测量说明,通过上述公式和所谓的假设可以确定针对预先设定的转弯能力来说对开度角的要

求。两个经验值与转弯半径有关,在该转弯半径下有一半的追随行驶不会丢失目标。

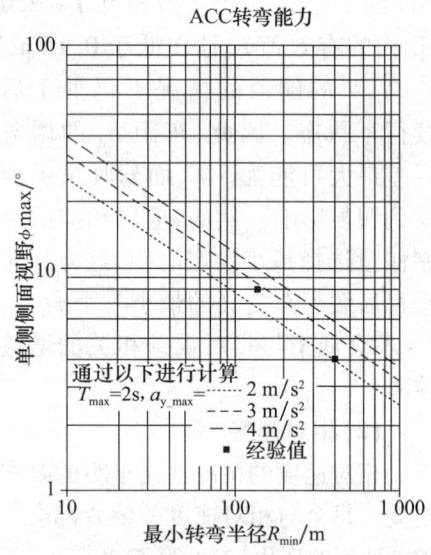

图 32-18 所需的方位角范围与预设的横向加速度和时距之间的关系。线:理论走向;点:两个视线范围的试验结果

其他检验结果[32.13,32.14]显示,开度角为 $\Delta\phi_{max}$ = 16°(±8°)的情况下,只要通过动态目标选择识别到了拐入的车辆,无论是主观还是客观情况下标准 ACC 功能都覆盖了足够大的范围,且方位角范围的继续扩大只会使标准 ACC 功能有很小程度的增强(参见第 32.7 节)。通过对总误差的后续调查可发现,即使是很小的方位角调准误差也会对功能产生较大的影响。因为容差极限与很多因素有关,特别是物体的反向散射特性,因此容差极限不得给定较不平稳的数值。然而应避免超过 0.25°的静态误差,类似动态噪声的误差将通过过滤使其

变得平稳,静态误差最大可以为 0.5°,且不会导致系统功能明显下降。

**(4) FSRA 的横向探测范围**

对于 FSRA 来说,要尽量覆盖车前 100% 的范围,以实现自动行驶。因为这在实际情况中很难实现,现有 FSRA ISO 标准 22179 中的最低要求明显较低,使用一个开度角为 $\Delta\phi_{max} = 16°(\pm 8°)$ 的传感器放置在中间位置就可以满足此要求。奥迪 Q7 中的 ACC Plus 就是这样一种 FSRA。因此,使用这种系统时只有在驾驶员给予相应操作权利时才可从静止状态启动。

对于低速下密集的后车行驶,从车前区域大于 ±8° 出发的宽度的探测区域直至 10~20 m 范围是必须的。特别是在发生交通堵塞时,在并不紧随前车行驶,而是为达到更好的视野偏离前车一些的情况下。另外,当目标物体缓慢变换车道时,覆盖范围将明显减少,而本车所需的行驶路线是可使用的。一个传感装置,如果其开度角太小,则已失去目标物体,尽管还有可能发生碰撞事故,因此在这种情况下,驾驶员必须进行干预。完全覆盖所需的探测范围请参见图 32-19。

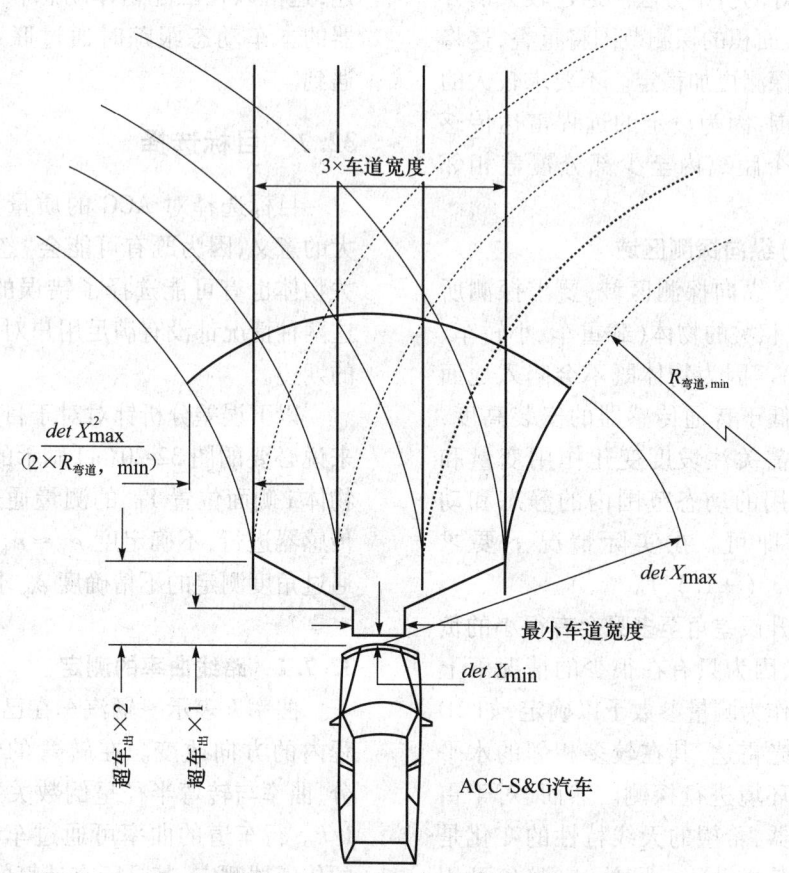

**图 32-19　整个附近区域覆盖所希望的探测范围**

从最小车距起计算典型的拐入情况,即自 2~4 m 起在极低的车速下探测相邻车道才有意义(至少为车道宽度的一半),这样可以提前探测拐入的车辆。此时,应首先注意允许的角度探测,因为通过角度值计算出侧方运动才可以预测出拐入动作从而才能做出反应。对于目前梅塞德斯和 BMW 上采用的 FRSA 系统,装配有两个向前的 24 GHz UWB 雷达传感器(UWB 超宽屏,参见第 12 章),其体现了有效范围(约 20 m)、方位开度角(约 80°)以及通过传感器原理给定的角分辨率之间良好的折中方法。通过较大的开度角,大面积的探测范围将重叠,这将使物体探测更加稳定。不要求较大的有效范围,因为设定的远程雷达传感器在这个距离内至少部分覆盖相邻车道。

**(5)纵向探测区域**

对于纵向探测区域,要求探测所有 ACC 相关的物体(载重车、小轿车、摩托车)。因为物体既不会陷入地面也不会低于普通传感器的安装高度,因此只需关注坡度变化作用变量和 ACC 利用的动态范围内的静态和动态颠簸即可。在实际情况下要求 $\Delta\vartheta_{max} = 3°(\pm 1.5°)$。

上升误差角至多只会有很小的负面影响,因为只有在很少的情况下上升值才作为测量参数予以确定,如 2D 扫描激光雷达,其在较多相邻的水平线中对环境进行探测。然而,对于雷达传感器,希望的天线特性的变化是上升角偏差为 0。另外,应避免可用的上升范围不会由于方向不准确而减小,从而导致无法满足上述要求。

**(6)多目标能力**

因为传感区域内可能有多个物体,因此多目标能力是非常重要的。这对于一个行车道内的相关物体和相邻车道上不相关物体之间的分离能力尤为重要。可以通过至少一个测量参数(车距、相对速度或方位角)的较高分离能力达到这种分离能力。但是,对较高分离能力的要求不应成为分类问题的负担,分类时物体重新被识别为新物体。如第 12 章所述,这可以在匹配物体动态和带传感器的本车动态跟踪时通过联系窗口遇到。

## 32.7 目标选择

目标选择对 ACC 的质量具有极大的意义,因为既有可能会"忽视"相关物体也有可能选择了错误的目标。这两种情况都没有满足用户对该系统的期望。

以下误差分析针对对于目前选择来说必要的图 32-20(a)显示的步骤。物体 $i$ 侧面位置 $Y_{U,i}$ 的测量通过 ACC 传感器进行,不确定度 $\varepsilon_Y \approx \varepsilon_\phi \times r$,其通过角度测定的不精确度 $\varepsilon_\phi$ 求出。

### 32.7.1 路线曲率的测定

曲率 $k$ 表示一辆汽车在已行驶里程内的方向改变。在转弯的恒定部分,曲率与转弯半径呈倒数关系:$R = 1/k$。行车道的曲率可通过车辆各侧的传感器测定,其是所有计算的前提,

# 32 自适应巡航控制系统

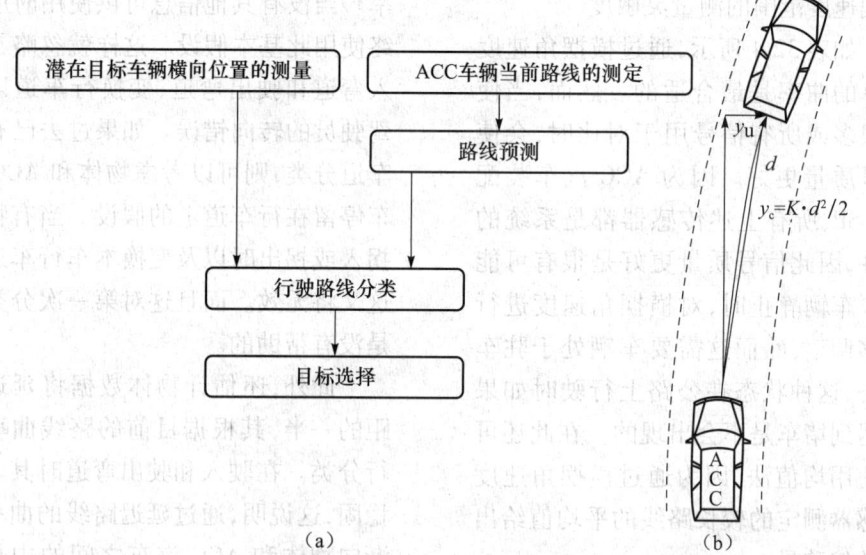

**图 32-20 目前选择的步骤及步骤所使用参数的定义**
(a) 目前选择的步骤；(b) 此步骤所使用参数的定义

其在行驶动态极限范围外使用。其也不适用于侧滑或出现较严重车轮打滑的情况。

**(1) 通过方向盘转角计算曲率**

通过方向盘转角 $\delta_H$ 计算曲率 $K_s$ 需要三个汽车参数，传动比 $i_{sg}$、轴距和特征车速 $v_{char}$，其描述的是线性行驶动态范围内自动转向的特性，即在较低横向加速时的特性。在 ACC 典型条件下根据以下公式可很好地确定 $K_s$ 的近似值：

$$K_s = \frac{\delta_H}{(i_{sg}\ell)\left(1 + \frac{v_x^2}{v_{char}^2}\right)} \quad (32.4)$$

**(2) 通过横摆角速度计算曲率**

通过横摆角速度 $\dot{\psi}$ 计算曲率 $K_\psi$ 时需要行驶速度 $v_x$，并应忽略侧滑速度：

$$K_\psi = \frac{\dot{\psi}}{v_x} \quad (32.5)$$

**(3) 通过横向加速度计算曲率**

通过横向加速度 $a_y$ 计算曲率 $K_{ay}$ 时，需要行驶速度 $v_x$：

$$K_{ay} = \frac{a_y}{v_x^2} \quad (32.6)$$

**(4) 通过车轮速度计算曲率**

通过车轮速度计算曲率 $K_v$ 时，需要车轮速度 $\Delta v/v_x$ 与轮距 $b$ 的相对差值。为使运行影响尽量小，应测定差值 $\Delta v = (v_l - v_r)$ 和非驱动轴的行驶速度 $v_x = (v_l + v_r)/2$。

$$K_v = \frac{\Delta v}{v_x b} \quad (32.7)$$

尽管所有提及的方法都可用于曲率的测定，但其在不同的运行条件下能力也是不同的。行驶条件包括侧风、道路弯度、车轮半径容差以及不同行驶速度范围的测量灵敏度。

如表32-4所示,通过横摆角速度计算的曲率是最合适的。然而,当使用很多或所有信号用于对比时,会使信号质量更好。因为 ACC 汽车装配有 ESP,所有上述传感器都是系统的组件,因此信号质量更好是很有可能的。车辆静止时,对横摆角速度进行偏移调整,然而这需要车辆处于驻车状态,这种状态在公路上行驶时如果不遇到堵车是不会出现的。在此还可以使用均值法,因为通过横摆角速度传感器测定的较长路线的平均值给出了的偏移量。

表32-4 确定曲率的几种方法的比较

|  | $K_s$ | $K_\psi$ | $K_{ay}$ | $K_v$ |
|---|---|---|---|---|
| 对侧风的稳固性 | - - | + | + | + |
| 对道路弯曲度的稳固性 | - - | + | - - | + |
| 对车轮弧度容差的稳固性 | O | + | + | - |
| 低速下的测量灵敏度 | + + | O | - - | - |
| 高速下的测量灵敏度 | - | O | + + | - |
| 偏移 | + | - - | - - | + |

### 32.7.2 路线预测

对于未来路线的预测需要行车道的(未来)走向和 ACC 汽车未来行车道选择还有潜在目标车辆的未来行车道选择。因为如果没有图像处理或车辆通信,这些信息无法获得,因此将追溯简单的工作假设。

简单的假设是假定保持目前的曲率。当没有其他信息可供使用时应始终使用此基本假设。这样就忽略了驶入弯道和驶出弯道、变换行车道以及驾驶员的转向错误。如果过去已有行车道分类,则可以考虑物体和 ACC 汽车停留在行车道上的假设。当有物体拐入或拐出时以及变换本车行车道时这又将无效。而且这对第一次分类也是没有帮助的。

此外,还估计物体数据将延迟时距的一半,其根据目前的路线曲率进行分类。在驶入和驶出弯道时其非常稳固,这说明,通过延迟路线的曲率渐渐向物体和 ACC 汽车之间的中央偏移,这样当曲率变化时也可以很好地分类。此方法并不是第一次分类的替代方法。

另一个路线预测的可能性是通过基于 GPS 的导航依靠数字卡及其中存储的曲率信息实现的。遗憾的是,无法保证数字卡的现实性也无法记录下施工现场的位置。此外,通过路边的静止目标进行曲率测定的方法只能提供部分支持,但尽管如此可能在大多数 ACC 路线预测算法中都有此方法。前行车辆的横向运动也可改进路线预测的效果,因为在大多数情况下其提前预示了未来曲率的改变。

显然,有希望使用由摄像机拍摄图像加工而成的行车道信息。但是,以目前达到的质量在超过 100 m 的距离范围内不会有改进,因为一般摄像机设计的像素对应 0.05°;即在约 120 m 距离下 10 cm 的宽度对应的数值,因此几乎不再进行行车道标识探测。此外,在天黑时在光柱外基于图像的路线预测不准确,特别是在行车道除黑暗外还潮湿的情况下。

根据不同制造商的方式和重要性,采用了上面提到的算法,并提供了作为起始值的预测的车道曲率 $K_{pred}$。因此车道曲线取决于车距。除三角函数外在标准的开度角下达到抛物线近似:

$$y_{e,U} = \frac{K_{pred}}{2}d^2 \qquad (32.8)$$

在车道曲线上,ACC 传感器测定的物体的横向值 $y_{i,U}$ 并产生相对偏移:

$$\Delta y_{i,e} = y_{i,U} - y_{e,U} \qquad (32.9)$$

预测曲线的误差与物体距离 $d$ 呈二次方关系。高速下($v_x \geq 150 \text{ km/h}$)曲率误差 $K_{err}$ 可达到低于 $10^{-4}$ m 的程度,因此在 100 m 的车距下误差为 $\Delta y_{i,c,err}(100 \text{ m}, 150 \text{ km/h}) \approx 0.5$ m。140 m 时由于平方递增关系误差已加倍。根据方程式(32.5),低速时($\approx$ 50 km/h)曲度误差约为三倍。相应地当 $\Delta y_{i,c,err}(57 \text{ m}, 50 \text{ km/h}) \approx 0.5$ m 时距离仅为 57 m,因此可以得出低速下最大目标选择距离变小。

### 32.7.3 车辆行驶轨迹

车辆行驶轨迹是一个在专家圈内经常使用的通道的定义,其与 ACC 目标选择有关。车辆行驶轨迹是以最简单的形式通过与车距无关的宽度 $b_{corr}$ 通过作为中间线的预测路线确定的。首先很显然,车辆行驶轨迹和行车道宽度 $b_{lane}$ 是相同的。但是发现,此假设并不适用。

图 32-21 的示例显示,有一个范围,在此范围内明确分类不可能只以测定的横向位置为基础。

由于测量物体的侧面位置对应物体中间不能成为前提条件,因此必须考虑物体左边缘和右边缘。分类的另一个不确定性是当未在行车道中间行驶时产生的,而且有可能是 ACC 汽车也可能是潜在的目标车辆。如果根据(无误差)预测的路线中央测定的(无误差)侧面位置在 ±1.2 m 以内,本车行车道的分类才是可靠的。只有当与车道中央的距离至少为 2.3 m 时,对相邻行车道物体的分类才是可靠的。此数值是行车道宽度为 3.5 m 情况下的数值。

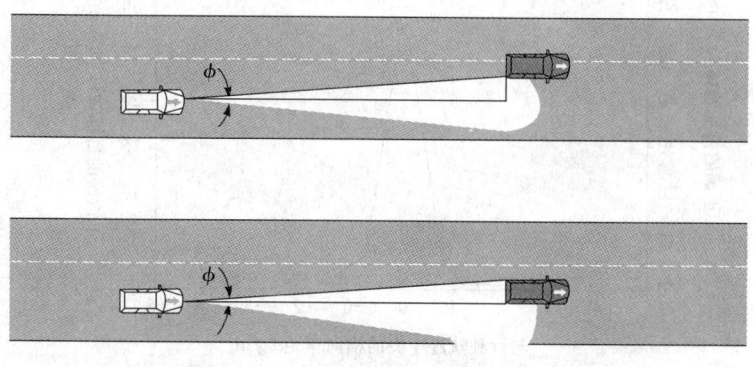

**图 32-21** 尽管相对数据相同但分类却不同的示例

如图32-22所示,通过雷达传感器记录的统计数值得出,行车道宽度为3.5 m时可能确实会出现一些错误识别的情况,另外还要考虑在行驶轨迹较窄的情况下可能会导致目标丢失。

可以采用三种改进目标选择的措施:一个是与道路类型相关的行驶轨迹宽度变量;一个是不清晰的行驶轨迹,第三个是与地点和时间相关的用于目标选择的滞后函数。

对于行驶轨迹宽度变量来说,有两个信息较重要:左侧和右侧是否有相邻行车道?如果没有,则可在行驶轨迹各侧选择很宽的空间(例如,每侧约2 m,如果两侧同向都没有行车道的话,可以选择4 m)。关于是否有相邻行车道方面的信息可以通过对行车道边缘上静止目标的观察和对对面来车的观察获得,这时只能通过时间延迟识别到变化(例如,两个方向行车道加宽)。如果发现相邻行车道(例如,通过观察本车行车道外同方向行驶位置的车辆),则可以通过静态观察调整行驶轨迹宽度的偏移量,这样可以以较窄的行驶轨迹驶过施工现场。

另一个措施是地点滞后,这说明对于一个作为规则对象的物体来说,一个较宽的行驶轨迹适用于所有其他物体。典型的区别是约1 m,及两侧分别约50 cm的情况。这样可以避免,在情况(拐入和拐出弯道、转向不平稳)发生变化时错误识别相邻行车道上的物体,另一方面目标物体在这些情况下保持稳定。

此外,还有时间滞后应用,如图32-23所示。

权衡分类可靠性(车道概率SPW),目标可信度(PLA)在SPW为正时升高。在超出上限(在此为0.4)时,只要不与其他标准相冲突,物体将成为目标物体。目标可信度可提升至

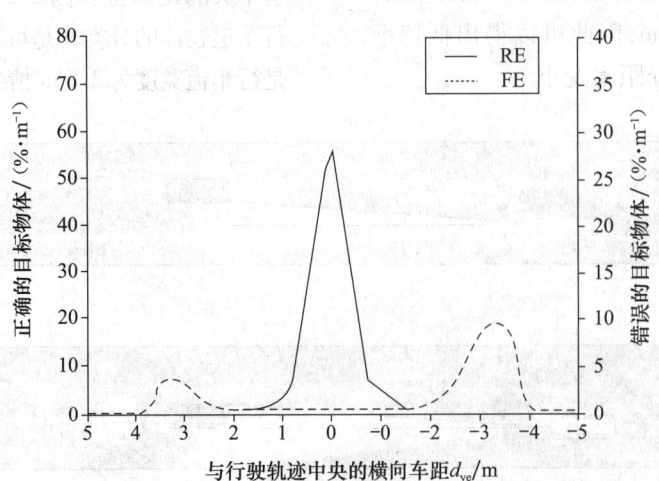

正确和错误目标物体识别情况,全部路线

图32-22 8 m宽行驶轨迹的行驶轨迹中央的目标物体时间累积(与宽度间距有关)[32.14]

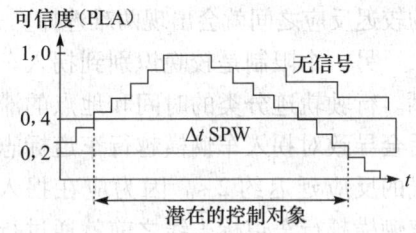

图32-23 目标可信度图示（摘自[32.14]）

一个最大值（在此为1），并由于以下两种可能性而减少：错误探测（无信号）时以及在对相邻行车道进行分类时（负SPW）。当可以选择目标物体时，在低于下限（在此为0.2）的情况下物体才会失去特性。

如图32-24所示，可以大致算出SPW。物体距离越远，行车道之间的过渡越不清晰。因此，随着车距的增加，要考虑到位置确定的误差和车道预测的误差。此外，其他低估的不可靠性也会动态地导致核心区域变狭窄，如一个确定的较大的路线弯曲一样。

### 32.7.4 目标选择的其他标准

除了行驶轨迹分类外，还可以采用其他标准。目标选择的最重要标准是目标速度。对面来车将完全无视规定。静止物体也不是目标物体，除非其已作为沿行驶方向行驶的物体被识别（所谓的"停着的物体"）。这尤其对于全速范围ACC功能，如同向行驶的物体来说同样相关。"始终静止"的物体通常用于其他功能（参见第32.9.3节），并使用单独的过滤标准。对于ACC基本功能性来说，其作用不大。

另一个简单的但非常有效的方式是车距限值与车速的函数关系（参见图32-16）。因此，当车速为50 km/h对目标（距离超过80 m）的反应既不必要也无意义，因为在距离较远时错误分类的可能性明显增大。根据经验，车距值为 $d_{to,0} = 50$ m，增幅 $\tau_{to} = 2$ s。

$$d_{to,max} = d_{to,0} + v \cdot \tau_{to}$$

(32.10)

如果多个物体满足目标物体的标准，则应分别或将以下评判标准结合起来进行考虑：

◆ 最小纵向车距；
◆ 与车道中央的最小距离（最小 $|\Delta y_c|$）；
◆ 最小额定加速度；

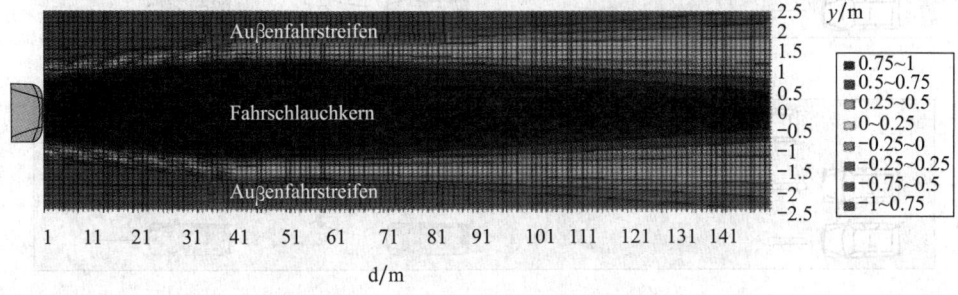

图32-24 用于避免分类错误的不清晰行驶轨迹

最后一个标准应以 ACC 调节或多目标物体横截面结合为前提,当目标物体拐出时将改进状态过渡。

### 32.7.5 目标选择限制

上一章节中描述的解决方法是很有效的,且达到了很高的质量标准。但在某些情况下仍有局限性,如下面两个例子所述。图 32-25 中的车辆在图示的时间点运动状态是相同的,但是由于不同的道路走向使得"正确"物体的分类并不相同。另一个例子是当高速接近前车时使得超车进退两难。当在一辆行驶速度明显较慢的车辆后面进行舒适制动时,应在车距较大时就开始减速。另一方面,当车速差距很大时超车的概率极高。然而,提前减速会非常影响超车过程。因为很少在追上准备超越的前车前 6 s 之前就预示超车[32.10],因此对于无干扰超车的提前反应和舒适或非常接近前车的较迟反应之间就会出现两难选择。

另一个限制是较晚识别到拐入车辆。行驶轨迹分类的时间和地点的滞后会导致对拐入车辆横越行车道标志线的反应延迟约 2 s。因为应在拐入车辆横越行车道标志线之前就通过行车道改变的状况和行驶方向显示装置告知驾驶员有拐入车辆,因此较迟的反应对于用户来说始终都是一个缺陷。识别车辆拐出时,会出现同样的现象,尽管客观上正确地在完全接近相邻行车道时才进行目标分配。

ACC 对拐入和拐出行为的改进只能通过状态分类实现,有待观察的是,在这种"智能功能"下 ACC 功能的透明性到底如何。

ACC 汽车改变行车道时目标选择的改进可以通过行驶方向显示装置上的信息实现,后果是行驶轨迹向显示方向偏移。通过带定位的数字卡可实现自适应行驶轨迹功能。

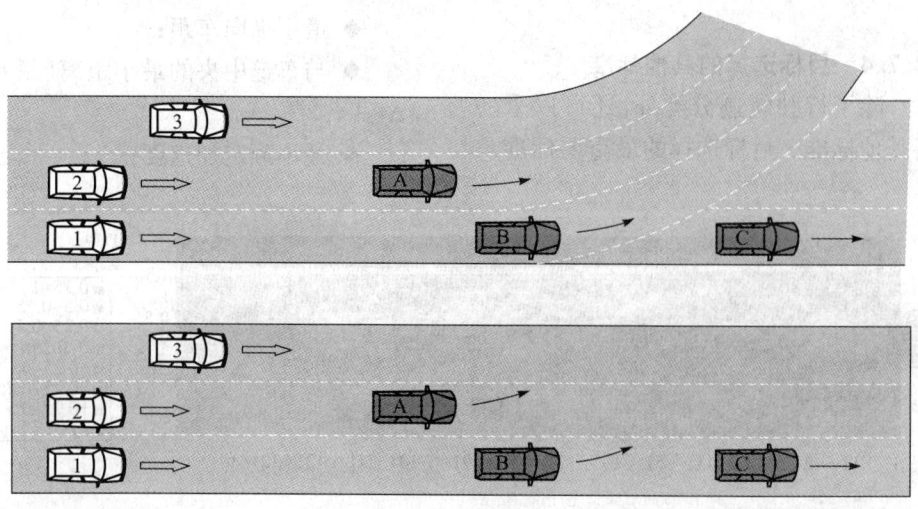

图 32-25 不明确的目标分类情况示例(车辆位置和车辆运动在两个图中是相同的)

总之,现代 ACC 系统的两个明显的错误分类之间的平均时长约为 1h;这是一个对于多个错误可能性来说非常不错也很难改进的数值,如[32.15]中所述。

## 32.8 跟随控制

### 32.8.1 对跟随控制的基本考虑

尽管 ACC 的跟随控制通常被称为车距控制,但其与基于车距差的控制是不同的。作为其他考虑的出发点,假设控制器开始工作时车辆无时间上的延迟立即加速,另外 ACC 车辆以额定时距 $\tau_{set}$ 跟随目标车辆。

不考虑车身长度,可以推导出 ACC 汽车在 $\tau_{set}$ 时长后可达到目标车辆的位置。如果 ACC 汽车现在与目标车辆的位置相同从而推迟了时距,则应保持时距而不考虑速度。同样,应相应延迟地复制前车的速度和加速度。这样,在稳定状态下可以推导出简单的控制规则,甚至避免了反馈:

$$\ddot{x}_{i+1}(t) = \ddot{x}_i(t - \tau_{set})$$

(32.11)

索引 i+1 表示索引为 i 的车队中的 ACC 汽车。根据对汽车排队行驶稳定性的考虑使用符号,作为(总)加速度幅值的商 $V_K = \hat{\ddot{x}}_{i+1}(\omega)/\hat{\ddot{x}}_i(\omega)$ 的数值。只有满足以下条件,车队行驶才会稳定:

$$|V_K| = |\hat{\ddot{x}}_{i+1}(\omega)/\hat{\ddot{x}}_i(\omega)| \leq 1,$$
$$\text{für } \forall \omega \geq 0 \quad (32.12)$$

否则,不满足此条件的频率其频率分量将随着每个跟随的汽车长龙长度从较小的干扰逐渐变大。对于方程式(32.11)中提出的理想化的控制规则,车辆集中行驶稳定性明显是适用的,还有当极限稳定性未降低的情况下。这种方法是不实际的,但其显示了控制器配置的基本趋势。此方法的缺点是对前车加速度的不利测定(相对速度和自车行驶速度之间的差值,所需的条件过滤导致相位延迟)和当车速不匹配及车距有偏差时未进行修正。

$$|V_K| = |e^{-j\omega\tau_{set}}| = 1 \quad (32.13)$$

因此,得出了以下以相对车速为基础设计的调节器:

$$\ddot{x}_{i+1}(t) = \frac{\dot{x}_i(t) - \dot{x}_{i+1}(t)}{\tau_v} = \frac{v_{rel}}{\tau_v}$$

(32.14)

或在以下频率范围内:

$$\ddot{x}_{i+1}(s) = \frac{\ddot{x}_i(s)}{1 + j\omega\tau_v} \quad (32.15)$$

此方法通过很少的步骤就能过渡到基于加速度的方法,如方程式(32.11),其中前车的加速度值不会延迟固定的时间,而是在一阶微分环节中过滤,由此延迟 $\tau_v$。方程式(32.14)及方程式(32.15)显然可以使汽车长龙保持稳定状态,但是仅当 $\tau_v$ 和 $\tau_{set}$ 相等时并符合根据恒定时距的控制期望的情况下。此外,此控制器方法不适用于一次性降低目前的车距偏差。因此,应对控制器进行附加的相对速度正确性评判,相对速度与额定车距和实际车距的差值成正比:

$$\ddot{x}_{i+1}(t) = \left(v_{\text{rel}} - \frac{d_{\text{set}} - d}{\tau_d}\right) \Big/ \tau_v$$

(32.16)

或在以下频率范围内：

$$\ddot{x}_{i+1}(s) = \ddot{x}_i(s) \frac{1 + j\omega\tau_d}{1 + j\omega(\tau_d + \tau_{\text{set}}) - \omega^2 \tau_d \tau_v}$$

(32.17)

只有在 $\tau_v$ 足够小的情况下，才能满足 $|V_K| \leqslant 1$ 的稳定性条件：

$$\tau_v \leqslant \tau_{\text{set}}\left(1 + \frac{\tau_{\text{set}}}{2\tau_d}\right) \quad (32.18)$$

目前为止，车距控制时间常数 $\tau_d$ 仍未确定。因此，可以使用参考场景，即在拐入时恢复车速。这时应假设，拐入的车辆在无速度差的情况下以低于额定车距 20 m 的车距拐入。正确的反应是通过"收油"或进行非常轻微的制动减速约 1 m/s²。为根据方程(32.16)做出反应，则必须满足 $\tau_v \times \tau_d = 20$ s²。此值基于以下考虑。

通过方程式(32.16)得出，后车跟随时距越小，通过 $\tau_v^{-1}$ 定义的相对速度的环路增益肯定就越大。然而，高环路增益也意味着目标车辆较小的速度衰减，如图 32-26 所示，频率大于 0.05 Hz 的情况。

如 Witte 在 [32.16] 中进行的测量，在"驾驶员控制"的行驶车速下这种波动肯定会明显出现，由此会导致驾驶员在发现与所希望的情况有偏差时首先实施恒定踏板加速位置调节进行校正，然后当再次发现偏差时，又改变为另一个数值。这将导致如图 32-27 所示的明显的"锯齿状"曲线，其可以表示恒定加速度阶段。

如果对后车的这种波动的延续情况进行评估时使用不舒适程度，即波动值 $\dddot{x}_v$ 作为加速度的时间变化变量，则可以作为 $\tau_v^{-1}$ 和汽车长龙长度的函数测量衰减效应。从图 32-28 中可明显看出，第一个汽车长龙位置的波动变量随着汽车长龙长度和控制时间恒量 $\tau_v$ 的增加而减少。

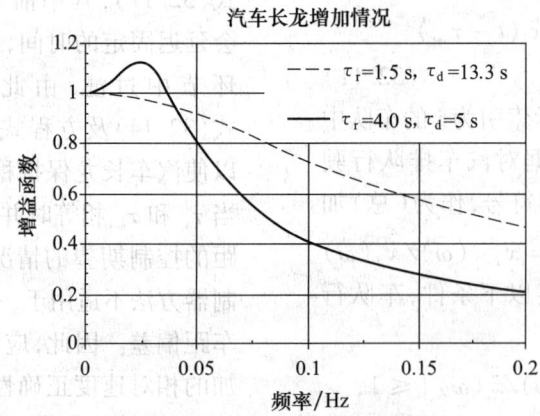

图 32-26 不同环路增益的汽车长龙增加情况

# 32 自适应巡航控制系统

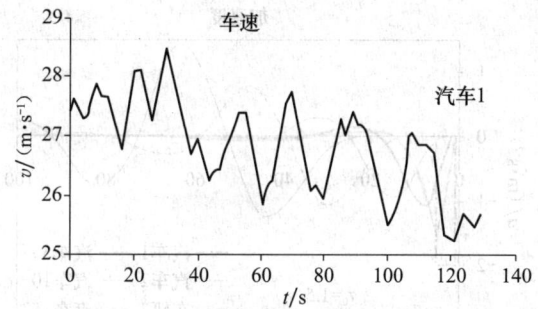

图 32-27 驾驶员控制的汽车的速度曲线，根据[32.16]

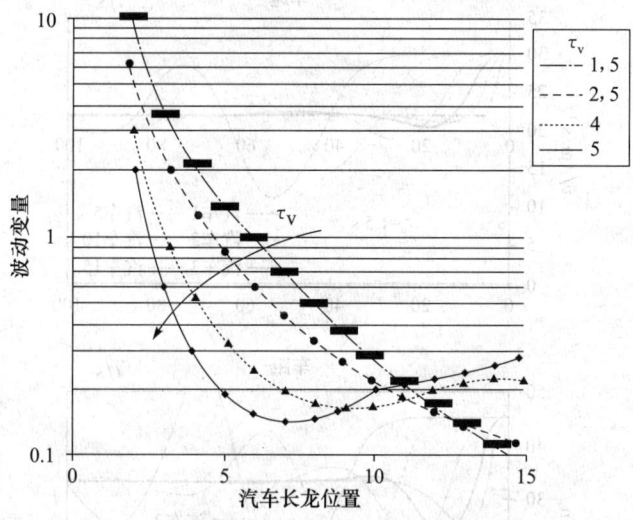

图 32-28 不同速度环路增益（$\tau_{set}=1.5$ s 时）的与汽车长龙长度相关的波动变量变化情况

与汽车长龙长度相关的降低逐渐适用于此选择中任意位置的 $\tau_v=1.5$ s 的单个稳定变量。此外，交通堵塞不稳定变量在随时间常数增加而位置降低的情况下为反函数。较高频率的波动分量大幅衰减，较低频率的波动分量由于 $|V_K|>1$ 逐位增强。实际情况中缺少汽车长龙稳定性意味着什么呢？图 32-29 中显示了一个保持 4 s 的减速等级为 2 m/s² 幅度的情况。这种情况相当于进行适当制动，如较慢行驶车辆的

典型反应或对速度限制改变的典型反应。如果第一辆跟随车辆（位置2）在少量超车时的制动反应仍较好，则在汽车长龙较长时始终会刺激进行进一步超车。图 32-29 中可以明显看出，在超第 15 辆车时甚至会导致车距变得非常小。还可以明显看出，0.025 Hz 的周期对应 40 s 的周期时间，其对应图 32-26 中的增益函数的最大值。

隐含的状况差异提供了困境的解决方案。在由于速度差较小导致的后

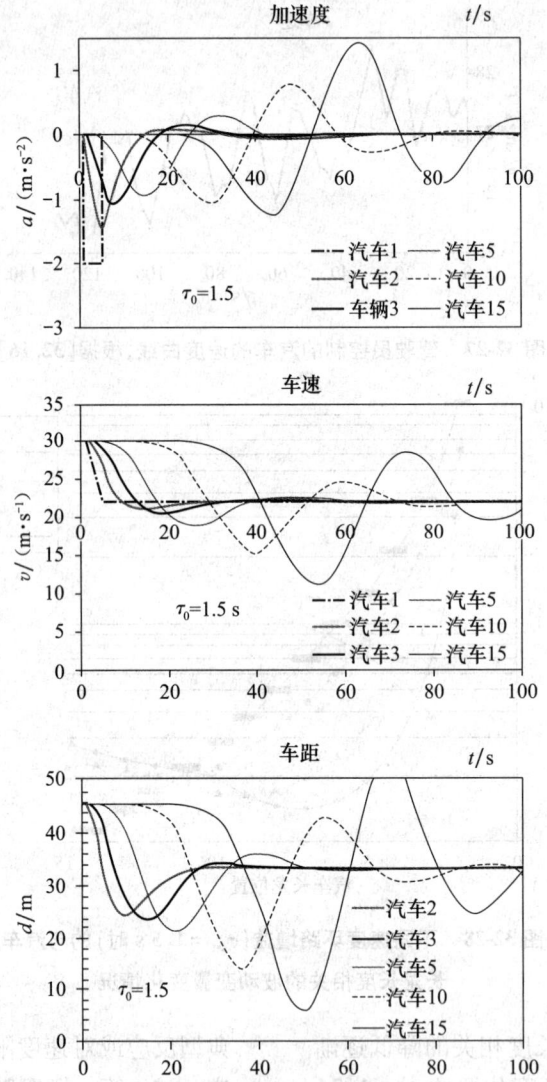

图 32-29 由于汽车长龙稳定性导致的车距增大,图示为一个保持 4 s 的减速等级为 2 m/s² 幅度的情况(参见文前彩插)

续状况下安静行车时驾驶员对振动的敏感度较高。与较差的车队稳定性相关联的问题是与静止状况的较大偏差。因此可想而知,应选择性的对这种差异进行控制环路加强。在 $\pm \Delta v_{12}$ 下可以以最简单的方式通过带有两个折弯的特性曲线实现(图 32-30),这时也可考虑平滑的过渡。这样,在 $\Delta v_{12} \approx 1$ m/s 的控制差内可以以较大的控制时间常量减轻图 32-27 中可见的振动,但当需要较高的动力时,如示例的减速等级,则可达到高信号等级

# 32 自适应巡航控制系统

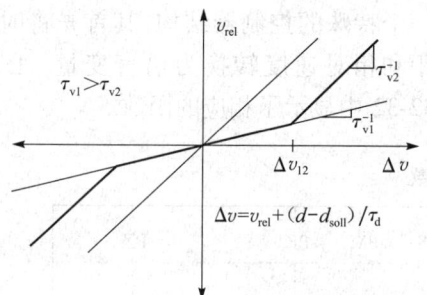

图 32-30 非线性车距和相对速度控制器的控制环路增强特性曲线

±$\Delta v_{12}$ 设定的频带中继续保持过冲。

在实际控制器工作时只保证基本原则,因为还要求具有一个修改的其他影响参数。这可以通过特性曲线或复杂的数学函数表达。此外,在上述考虑中忽略了所有其他的系统死区时间,其既对环境传感装置不适用也不适用于下层的加速度控制回路。在此,作为标准值,控制回路时间常数必须减少死区时间,以实现稳定性条件。

的稳定性,参见图 32-31。在通过

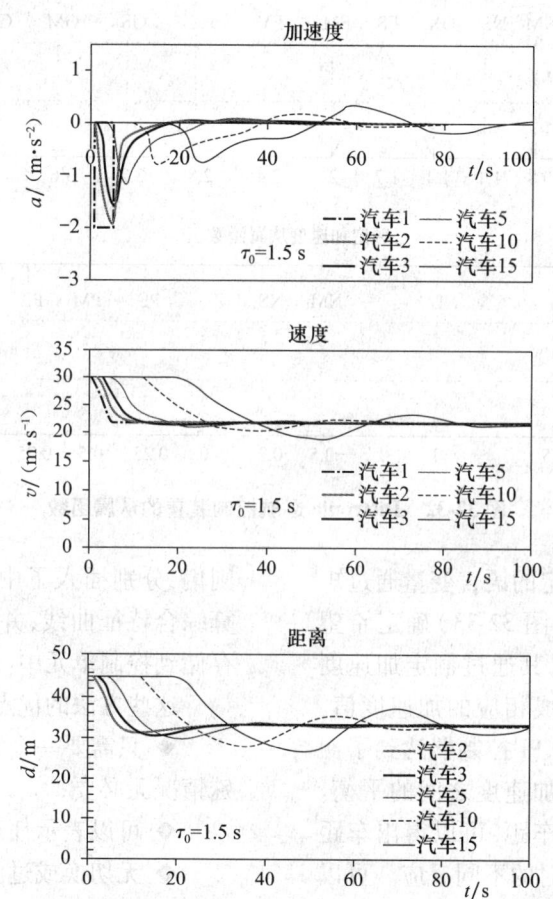

图 32-31 非线性随动调节器的平缓波动,根据图 32-30(参数:$\tau_0 = 1.5$ s,$\tau_d = 5$ s,$\tau_{v1} = 4$ s,$\tau_{v2} = 1.33$ s,$\Delta V_{12} = 1$ m/s(3.6 km/h)),同样的示例参见图 32-29(参见文前彩插)

### 32.8.2 模糊跟随行驶控制器

Distronic 的车速调节装置使用了一个特殊的控制器结构,其首先将时距和相对速度转换为语言变量。图 32-32 中显示了相应的函数。

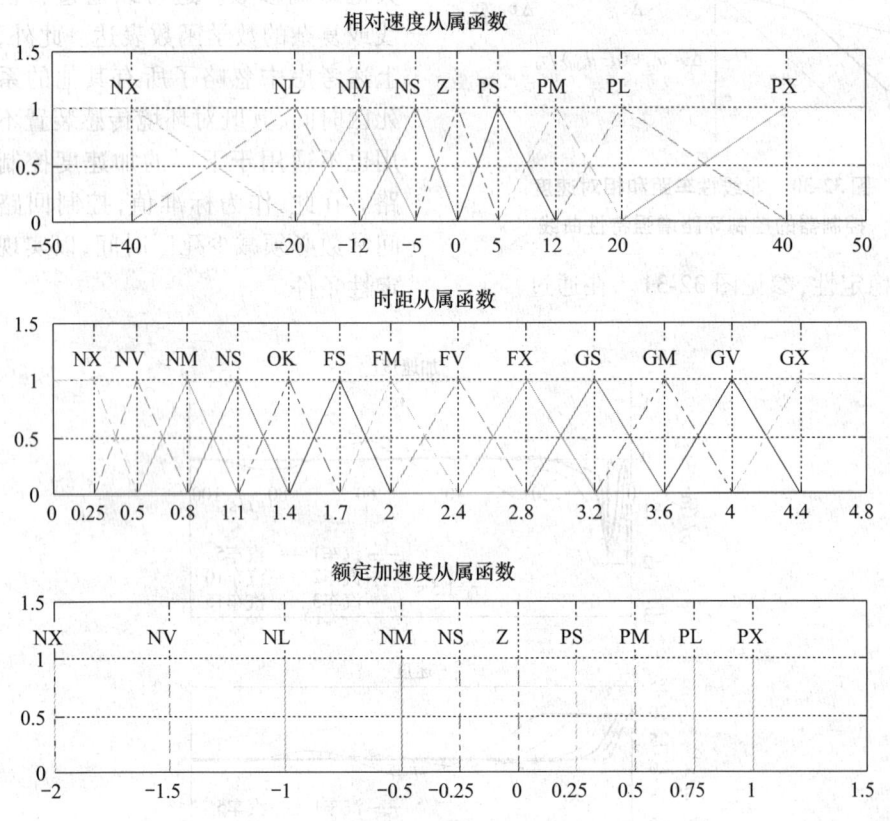

图 32-32　Distronic 巡航控制装置的从属函数

使用这样确定的语言变量通过矩阵(规则集,参见图 32-33)确定希望的车辆反应数值,其通过额定加速度的从属函数换算成相应的加速度值。因此,通过限定的 PI 控制器达到了额定加速度和实际加速度之间的平衡。根据设定的额定车距,可以得出车距和相对速度变化时的不同反应。可以考虑不同参数的规则集。使用 Distronic 时,最多可以使用 3 个不同的规则集,分别插入了中间值。应离线计算综合特征曲线,并将其作为规则集存储到控制单元中。

这些方法的优点是:
◆ 只需要一个完整的控制器,特殊情况无必要;
◆ 可以表示任意非线性特性;
◆ 无切换或过渡;
◆ 清晰的调整和参数化;
◆ 基于经验的方法。

用于额定加速度巡航控制的规则集

|  | | | | | | 距离 | | | | | | |
|---|---|---|---|---|---|---|---|---|---|---|---|---|
|  | | NX | NY | NM | NS | OK | FS | FM | FV | FX | GS | GM | GV | GV |
| 相对速度 | NX | NX | NX | NX | NX | NV | NV | NV | NL | NL | NM | NS | Z | Z |
| | NL | NX | NX | NX | NV | NL | NL | NM | NS | NS | Z | Z | PM | PM |
| | NM | NX | NX | NV | NL | NM | NM | NS | Z | Z | PS | PS | PM | PL |
| | NS | NX | NV | NL | NM | NS | Z | PS | PS | PM | PM | PL | PX |
| | Z | NV | NL | NM | NS | Z | PS | PS | PM | PM | PL | PL | PX | PX |
| | PS | NL | NM | NS | Z | PS | PM | PM | PL | PL | PX | PX | PX | PX |
| | PM | NM | NS | Z | PS | PL | PX | PX | PX | PX | PX | PX | PX |
| | PL | NS | Z | PS | PM | SPW | PX | PX | PX | PX | PX | PX | PX |
| | PX | Z | PS | PM | PX | PX | PX | PX | PX | PX | PX | PX | PX |

**图 32-33** Distronic 巡航控制的规则集

限制：
◆ 只适用于车距误差较小情况下的速度范围。

## 32.9 目标丢失策略和弯道控制

弯道行驶时，不排除目标丢失的可能性，由此会导致 ACC 传感器的方位角不够大，参见第 32.6.2(3) 节，因此无法探测目标物体。直行时也不排除目标丢失的可能性，如当反射率较小的情况下 (例如，摩托车) 或无法分离物体时。在这种情况下，立即加速到设定速度 (如在脱离目标车辆车道拐入其他车道后希望进行加速) 是不恰当的。通常可通过以下方式区分这两种情况：在更换车道时由于对车辆路径的负分类值 (SPW<0) 使得目标可信度 (参见第 32.7.3 节) 下降，在出现这种 "目标丢失" 的情况下还在探测物体；相反，在狭窄弯道行驶时，或在出现目标丢失，且对迅速加速不应作出反应的特殊情况下，目标丢失与物体探测错误和在最后测量时计算的车道路径的正分类值 (SPW>0) 相关。不同的标准会产生不同的反应：在第一种情况下，只要没有新的目标物体限制加速，则应在目标丢失后迅速加速，第二种情况是先抑制加速。然而需要持续多长时间，并应以何种策略进行呢？抑制加速的时长与目标丢失时的时距有关。如果由于弯道行驶导致目标物体从测量范围内消失，则可由 ACC 车辆在时距相应的行程结束后进行检验，因为由于目标丢失的时间点不同曲率肯定不同。如果满足了这个弯道条件，则可以分开考虑加速度抑制策略和弯道控制。另一种情况是，目标物体已不在车道轨迹上，则应根据新的情况调整车速。

进行弯道控制时应注意以下两方面：横向加速度和 ACC 传感器的有效范围 $d_{max,eff}$。这通过弯道曲率 $K$ 和最大方位角 $\phi_{max}$ 给出，非常近似于：

$$d_{max,eff} = \frac{2\phi_{max}}{K} \quad (32.19)$$

由此，通过至少求近似值时所需的时距 $\tau_{preview}$ 推导出速度 $v_{c,p} = d_{max,eff}/\tau_{preview}$：

$$v_{c,p}(K,\phi_{max},\tau_{preview}) = \frac{2\phi_{max}}{K \cdot \tau_{preview}}$$
(32.20)

应根据这一速度决定是否还需进一步加速。这一策略刚好适用于如苜蓿叶式立体交叉路口的极窄弯道。

第二种估计可用于所有 ACC 系统的标准是横向加速度。如弯道分类（第32.6.2(3)节）所推导的一样，以舒适范围所描述的横向加速度限制 $a_{ymax}$ 出发，介于 2 m/s²（较高速度下）和 3 m/s²（较低速度下）之间。由此可推导出弯道限速 $v_{c,ay}$：

$$v_{c,ay}(K, a_{ymax}) = \sqrt{\frac{a_{ymax}}{K}}$$
(32.21)

图 32-34 分别图示了两个限速的典型值。如果当前车速超过上述速度，则至少应降低正加速度甚至采用负加速度，但不可处于明显的 1 m/s² 的减速度范围。

与上述目标丢失加速度抑制有关，通过一个测试系列[32.14]证明，"只按仪表指示行驶"的结果出人意料的好，达到 80%，该测试测量了驾驶员在目标丢失时是否在没有进行干预的情况下使车辆得以继续行驶。

可以通过数字卡的信息改善对弯道时目标丢失的反应，最好使用目前在量产车中尚未出现的车道定位，这样可预先识别弯道曲率，从而更好地使控制策略与公路出入口相匹配。

另一个对 ACC 开发人员的挑战是目标车辆的转弯问题。由于前车速度矢量的方向变化会使后车大幅减速。因为传感器只对此进行测量，因此会使 ACC 车辆过度减速，这种情况应通过适当的措施予以改善。

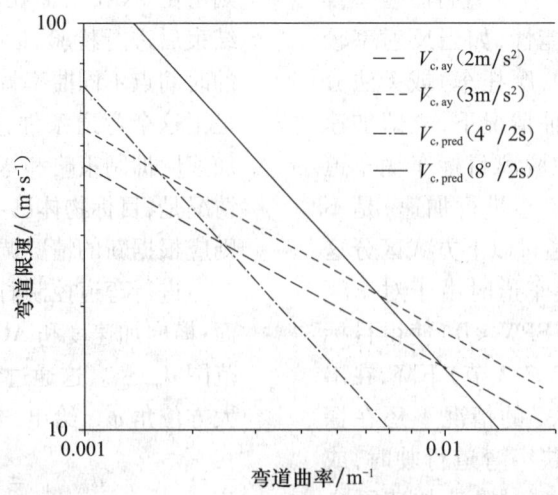

图 32-34 在"只按仪表指示行驶"时，弯道限速与弯道曲率 $K$（通过横向加速度限值得出 $v_{c,ay}$，得出的限速值 $a_{ymax}$，通过最大方位角 $\phi_{max}$ 预测宽度 $\tau_{preview}$ 推导出 $v_{c,p}$）的关系

### 32.9.1 行驶接近策略

行驶接近能力定义为最大负行驶相对速度 $-v_{相对,接近}$，其在低于危险车距 $d_{接近,min}$ 前还可通过 ACC 对恒速行驶的车辆进行控制。在减速开始时其与车距 $d_{appr,0}$ 有关，与减速度的假设恒定最大上升量 $\dddot{x}_{v,min} = -\gamma_{max}$ 有关，且与最大减速度 = 最大加速度，即 $\ddot{x}_{v,min} = -D_{max}$ 有关。

$$-v_{相对,接近} = \sqrt{2D_{max} \cdot \left(d_{接近,0} - d_{接近,min} + \frac{D_{max}^3}{6\gamma_{max}^2}\right) - \frac{D_{max}^2}{2\gamma_{max}}} \quad (32.22)$$

$$d_{接近,0} = d_{接近,min} - \frac{D_{max}^3}{6\gamma_{max}^2} + \frac{\left(-v_{相对,接近} + \frac{D_{max}^2}{2\gamma_{max}}\right)^2}{2D_{max}} \quad (32.23)$$

无危险接近所需的车距与速度差大致呈二次方关系，与最大减速度大致呈反比。100 m 车距下当 $D_{max}$ = 2.5 m/s² 时补偿约 20 m/s（72 km/h）的速度差，如果接近速度为 $v_{相对,接近}$ = 100 km/h，则需要 $d_{接近,0} \approx 120$ m 且 $D_{max} \approx 3.5$ m/s²。

形成减速的斜坡尽管会导致接近速度降低，但对驾驶员的透明度增加，另见第 32.3.2 节。

当然在动态接近时无法避免低于固定的额定车距和额定时距，因此作为成功接近的备用 $d_{接近,min}$ 也可采用明显较小车距数值作为额定车距。但是应注意，低于限值，即只在 250 ~ 300 m 的行驶路段内允许"车距很近"。

### 32.9.2 超车辅助

跟随行驶和超车相互之间是矛盾的，因此针对超车辅助必须暂时改变跟随控制。如果准确预测到超车行动，则可以忽略目前前方的车辆，并如同前面无车一样进行行驶。然而，行驶方向显示装置并非用于实际超车目的以及希望的或可能的机动开始的唯一指示装置。当通过行驶方向显示装置显示左转时，第一种情况出现。因为这种状况在高速时非常少见，另一方面，超车与高速总是相关的，因此可以发现一个折中解决方案，超车辅助在车速大于 70 km/h 才实施。

不对当前目标进行隐没处理，因为"左转信号灯"通常也用于请求前车驾驶员让出超车道。但是因为无法预测，是否以及何时此请求会实现，因此谨慎地保持低于"转向"的目前额定车距。在此阶段内，超车过程应在可识别到方向改变时开始。所需的快速"脱离"目前的目标可以通过一个向左移的行驶轨迹完成。如果不能如所希望的那样进行超车，则 ACC 将在几秒后重新回到正常跟随模式。然而，此功能仅适用于车辆具有较高相对车速的国家使用，如在德国。在美国，不同行车道的车速差异通常很小，因此此功能必须以其他不同形式提供甚至被取消。另外，在相应的传感器性能(尤其是方位角覆盖区域和多目标性能程度)下,可以分析在目标行车道上行驶的车辆的车速并据此进行超车辅助。

### 32.9.3 对静止目标的反应

静止的位于未来通道上的物体肯定会成为障碍物。但是通常它们都是些不相干的目标,如井盖、桥梁或铭牌。在速度达到 70 km/h 时就必须在距物体约 100 m 处以 2.5 m/s² 的减速度适时进行减速。但由于目标选择的错误概率仍极高,因此只有在例外情况下对静止目标的反应才是有意义的。最重要的例外与静止物体以前的状态有关,如果以前以非零的绝对速度对其进行测量,则其被分类为"静止的物体",并可以将其作为潜在的目标物体处理。此外,对静止目标的反应条件只限定在约 50 m 的较近范围内。反应可以是"加速压制",即停止加速,直至测定静止物体在行驶轨迹上的方位,或受到碰撞警报。

### 32.9.4 停车控制、低速控制的特殊性

对于低速控制,理论上不需要其他控制器方法,然而必须较高权衡车距和速度与额定值的偏差。例如,在状态控制器结构下通过模糊逻辑方法根据情况调整控制器增益,这样可以获得较高程度的舒适性和接近驾驶员操作的特性。因为在低速下与前车的距离较小,因此在速度范围内必须特别考虑"接近拐入""与物体距离过近"或"停车"等情境。通过车距和车速偏差的较高权衡在识别到这些情境时控制器反应较快从而确保了对给定情境的适当的动力反应。与"标准"ACC 运行相比,在低速控制下允许较高的减速度(最多 5 m/s²),因此也允许动态停车。然而更高的减速度就没有意义了,因为这会使驾驶员产生由系统来控制各种情况,而驾驶员不再受到功能限制的想法。低速控制的另一个特性是交通堵塞识别。如果根据传感器数据识别到交通堵塞(例如,通过前车多次以较低动力启动、较小的最大车速、刚启动又停车),则应重新较低权衡车距和车速偏差,以达到平缓的控制器特性。因此,可以在城市中遇到高速公路堵车和红绿灯时以适合于情境的动力确保不同的特性。

## 32.10 纵向控制和促动系统

### 32.10.1 促动系统的基本结构和调整

纵向控制装置将自适应速度控制的要求,即不同单个控制器的最终额定加速度,转换为实际加速度。为此,在每个独立的次级控制电路中的驱动促动系统和制动促动系统中对总动量(总力矩)进行调节时,可以实现希望的加速度。尽管可以同时促动驱动力矩和制动力矩,但一般都不这样做,而是分别或单独进行促动。

为形成驱动和制动之间协调的转换,应选择一个物理量,通过这个物理量可以以同样的方式控制子促动系统。为此,提供了车轮扭矩(也称为驱

动力)。此外,需要考虑作用于所有4个车轮的车轮扭矩之和,因为 ACC 不为单个车轮提供扭矩。通过这种方式可以根据相同物理信号尽可能以促动系统为基础完成调整,如下一章节所述。

作为反馈信息,ACC 需要转换的实际总车轮扭矩,用以正确计算行驶动态方程,因此要求在 ACC 中估算坡度。对于驱动必须还要有作为总车轮扭矩的当前可设定的最大和最小值。此时,需要最小可能力矩,即在当前挡位惯速滑行时达到的扭矩,因为在无法再继续减速时才应激活制动。

如下一章节所述,ACC 控制对促动器的绝对精确度没有更多的要求,因为与要求的额定值的偏差大部分可以通过闭合的控制回路进行较好的补偿。不过在控制开始时以及在不同促动系统之间过渡时如果控制达到绝对精确将会更好。然而,实际上只需要针对所希望控制舒适度的相对较好的精确度。

### 32.10.2 制动

最初主要由日本汽车制造商提供的不带制动干预的 ACC 系统在欧洲的接受程度较低,因为由于驾驶员必须非常频繁地自行减速,发动机牵引力矩导致由于变速箱降挡而发生较小程度减速。自 1995 年以来带 ESP 系统的高级车上使用的正在不断开发的装备以及在紧急制动时进行辅助的制动辅助系统使得适用于 ACC 系统的制动干预系统的实现明显变得简单,因此后来几乎找不到不带制动干预功能的 ACC 系统了。

因为对于作为发动机接口的 ASR 和 ESP 系统来说,对额定力矩的要求已通过发动机力矩接口予以采用,很明显应如对制动的要求一样设定一个期望的制动力矩。其优点是,很简单就完成了 ACC 控制器中不同促动器之间的任务分配,单个执行机构的特性不会对控制器布局产生影响或只会产生很小影响,这使得在不同汽车和车型中的可转移性将变得更为简单。

如果考虑制动的传输功能,则会发现,在减速时压力呈 0.1 倍变化,即 1 bar ($10^5$ Pa) 的压力突变只略低于 0.15 m/s$^2$ 的阈值。对制动控制的定量性能要求相对较高。

对于减速度( = 负加速度)和制动压力 $p_{Br}$ 的相互关系以下适用:

$$\Delta D = \Delta p_{Br} \frac{A_K \mu_{Br} R_{Br}}{m_v R_{dyn}} \quad (32.24)$$

式中,$\Delta D$ 为汽车减速度的变化;$\Delta p_{Br}$ 为制动压力的变化;$A_K$ 为制动活塞的总面积;$\mu_{Br}$ 为制动衬片和制动盘之间的滑动摩擦;$R_{Br}$ 为制动片上的有效半径(中间值);$m_v$ 为汽车质量;$R_{dyn}$ 为车轮的动态半径。

$A_K \times \mu_{Br} \times R_{Br} = 70$ N·m/bar($7 \times 10^{-4}$ N·m/Pa)和 $m_v = 2100$ kg 以及 $R_{dyn} = 0.34$ m 可作为近似值。根据车辆结构,可以得出传动比为 0.07 至 0.14 m/s$^2$ bar。

**(1)调节范围**

如果标准 ACC 要求减速度为 2 m/s$^2$,则对于平坦的行车道,在道路情况较好的情况下 20% ~ 25% 的全制动所需的 80 bar($8\times10^6$ Pa)的最大压力已足够。然而考虑到车辆的最大载重量,未制动情况下的牵引负载和下坡行驶,则将得出明显较大的数值,最多可达最大压力的 50%。为使制动盘上不同的摩擦比和由于制动衬片发热导致的制动作用减弱留有足够的余量,允许的调节范围必须向上扩展,因此在极端情况下必须使用整个可用的调节范围,这样,制动干预的安全监控不能通过要求的制动力矩的量而是通过设定的减速度实现,参见第 32.10.2(4)节。

**(2)调节动态**

对于舒适性功能,如 ACC,允许的典型减速度变化最大为 5 m/s³(参见第 32.3.2 节)。因此,要求的压力变化动态为 30 ~ 40 bar/s($3\times10^6$ ~ $4\times10^6$ Pa/s)。然而为以充分的动态跟踪预设的力矩和压力变化,制动装置必须能够跟踪最大为 150 bar/s($1.5\times10^7$ Pa/s)的变化。

额定值预先设定的动态跟踪在制动开始时压力形成得必须足够快,且尽可能在无延迟的情况下在压力调节时进行跟踪。最大延迟时间应保持在 < 300 ms 范围内,前提是除相应尺寸的泵外,首先要在泵的泵吸区域内降低节流,以继续根据温度准备所需的容积。对额定值的调整绝不能超出允许范围,否则驾驶员会感觉极不适应。除了快速跟踪动态额定预设值外,对于较小的或变化较慢的额定预设值,还应特别要求具有较好的而且尽可能

持续可调整的跟踪特性,因为这种对较小控制差异的调整正好典型适用于 ACC 系统。同样,还应避免静态偏差,因为其属于车距和差距误差,可能会导致极限循环波动。

**(3)控制舒适性**

如在引言中所述,车辆对压力变化反应非常敏感,为使敏感的驾驶员感觉压力形成是均匀连续的,制动装置必须能够将压力级设置在低于 0.5 bar($0.5\times10^5$ Pa)的水平。制动压力形成和下降应尽可能无噪声、协调且连续,应避免超过 1 bar($10^5$ Pa)压力改变的意外压力突变。为均匀地形成压力,可增加泵组件的数量,具有连续可调性能的阀门可很好地用于压力下降。如果有异响应注意是否泵的转速较低,还应注意液压单元位置是否正确以及制动管路是否正确布置,从而防止对车身产生振动。更糟的是,由于发动机处于拖动状态,在制动干预时,车内的实质性噪声源(即发动机)的噪声是最小的。

**(4)特殊要求**

① 必须可以在与驾驶员制动操纵无关的情况下触发制动灯。对于带主动助力器的制动调节系统,可以通过踏板上的制动灯开关实现,而对于带液压泵的制动调节系统,可以通过控制单元根据制动压力和减速度控制制动灯。此时,应避免在最小促动时间内或借助开关滞后导致制动灯闪烁。

② 应如同标准制动控制那样保持前、后轴的制动压力分配,以避免车

轴制动负荷过大或汽车特性不稳定。在这种情况下，证明了附加制动回路压力传感器的作用。在较长时间制动时，可以通过这些传感器识别到回路中的泄漏现象并进行补偿。

③ 驾驶员在 ACC 制动系统制动时，踏板的反馈应尽可能少。特别应避免振动甚至敲击踏板，向正常制动压力特征曲线的过渡应是协调的。在此，重要的是，提前释放制动等开关，在形成较大压力前应可以提前切断各泵。

④ 在车辆出现不稳定的情况时，汽车控制系统（ABS、ASC、ESP）具有优先权，应对打滑控制过渡进行适合的设计。

⑤ 安全监控：当 ESP 系统出现故障时，应立即降低制动压力，当其他共同工作的控制单元出现故障时，应根据严重程度结束制动或使制动压力呈坡形下降。同样，应确保正确处理所有关闭信号（此外还有制动灯开关），如控制元件、手制动控制、无效的挡位，等等。

**（5）反馈信息**

制动子系统是车辆内部状态参数的最重要提供者，最重要的是车速、偏驶状况、转向角、制动灯开关、打滑控制系统。此外，会反馈目前的实际制动力矩，以在 ACC 中进行斜坡预估。对于对 ESP 控制状态的适当反应，提供了二进制状态信息（标志位，例如，ABS 启用、ASR 启用、ESP - 启用）。

**（6）全速范围自适应巡航控制（FSRA）系统的附加要求**

① 对于在低速范围内的制动由于没有行驶噪声和发动机噪声，因此对制动控制系统的噪声要求提高。同样，应使制动噪声，如制动尖叫声或摩擦声降到最低。

② 由于较高的减速度使制动特性发生改变，制动踏板不得过度变硬。

③ 静止管理：在识别到静止后，全速范围自适应巡航控制系统将车辆静止的稳定状态的应答发送给 ESP，此时有以下任务：

—— 提高制动压力以保证静止状态下的稳定状态，此时最好进行斜坡识别；

—— 长时车轮打滑监控，如果需要则提高制动力矩；

—— 在摩擦系数极低的情况下进行溜车识别，如有可能松开制动以保持可转向性；

—— 下车迹象识别时车辆可靠过渡到无须用电停车（促动电子驻车系统）；

—— 由于长时阀门通流会产生热量，因此需对液压系统进行温度监控，如有可能关闭驾驶员警报系统；

—— 对于发动机启动停止系统应注意，在发动机启动出现压力干扰时，所有必要的功能都保持启用状态，特别应注意要正确关闭每个液压阀门，这些阀门负责停车时所需的制动压力。

### 32.10.3 驱动

下文将考虑内燃机和自动变速箱的组合，与手动变速箱的组合将作为特例予以考虑。与混合动力的组合也同样作为特例。原则上应注意：ACC的电动机和内燃机的过渡必须使驾驶员感觉运行；ACC的驱动始终仅是一个力矩调节装置，因为对于系统功能来说，如何产生力矩并不重要。根据通过电机复原的制动应注意与制动系统的相应协调，应控制摩擦制动的交替变化。

已证明，以ACC的视角来看，发动机和变速箱应被视为一个单元，并应直接规定总的车轮额定力矩并不考虑驱动子系统如何正确调节力矩，即通过改变发动机扭矩或者通过改变传动比。

因此，如在制动时考虑与总车轮驱动力变化及总车轮扭矩变化的正比关系类似，得出加速度变化 $\Delta\alpha$：

$$\Delta\alpha = \frac{\Delta F_{R\Sigma}}{m_v} = \frac{\Delta M_{R\Sigma}}{m_v R_{dyn}}$$

(32.25)

式中，$\Delta\alpha$ 为汽车加速度的变化；$m_v$ 为汽车质量；$R_{dyn}$ 为车轮半径；$\Delta F_{R\Sigma}$ 为总车轮驱动力变化；$\Delta M_{R\Sigma}$ 为总车轮扭矩变化。

尽管以发动机扭矩额定值对发动机进行直接促动是可能的，然而需要影响变速箱的特殊措施，以获得足够的动力，并避免不希望的换挡。仅仅是换挡很平稳的发动机综合特性曲线是不够的，因为跟随行驶控制器中的ACC必须比纯恒速行驶的循环控制系统更具明显动力。

同样，将发动机扭矩额定值直接换算成虚拟的油门踏板角度以促动变速箱控制逻辑是不适合的，因为ACC控制系统尝试精确调节到预先规定的加速度，而不是如驾驶员那样，将偏差直接表现在可能会导致频繁换挡的某一工作点的额定扭矩变化上。

**(1) 发动机控制（调节范围、调节动力、级别和精确度、反馈信息（辅助机组损失的扭矩））**

与制动装置类似，对于必要的调节范围来说，针对ACC，总的可能的扭矩范围必须可供使用，以覆盖所有相关的行驶状况。要求的调节动力对于大多数现代化系统来说不应是问题，因为驾驶员额定值同样是通过电子方式传输的，驾驶员规定和ACC规定原则上同样也是通过相同的路径传输的。

驱动将ACC功能（与油门踏板相似）要求的总车轮扭矩根据相应的工作点进行最佳扭矩变换。转换额定值时要考虑到发动机、变速箱和辅助机组。协调最有可能自主发生在驱动系统中。如果不进行辅助，则应换算成ACC控制单元的发动机扭矩或纵向动力模型，此时必须知道当前的传动比。

出于舒适性原因，ACC功能有不同的运行方式，在不同调节可能性的协调（例如，燃油截断、换挡、辅助机组接通）中采用。因此，可以避免或允许出现很小的扭矩变换的不连续性，如由于启动燃油截断在汽油发动机中形成扭矩变换的不连续性。此外，可以避免或允许在自动多挡变速箱中出现较大的扭矩变换的不连续性。

示例：

◆ 触发燃油截断，但在接近一个较慢行驶的目标物体时或降低到希望的车速时不进行附加的变速箱回低速挡操作（仅缓缓滑行到停止）。

◆ 触发燃油截断，并在稳定的下坡行驶时为辅助下山的制动装置进行附加的变速箱回低速挡操作。

◆ 稳定下坡行驶时取消燃油截断以触发之前完成的变速箱回低速挡操作，这样，避免了"燃油截断触发"，且变速箱在稳定下坡行驶坡度改变且触发换低速挡操作时能正常工作。

**与手动变速箱组合时的特殊情况：**

发动机控制通过变速挡位的转速比测定车轮扭矩与曲轴扭矩的传动比，并据此根据 ACC 功能的驱动要求计算出发动机扭矩，并尽可能好的将其转换。

通过发动机控制，将在换挡过程中，即驾驶员进行离合操作后，为同步目标挡位的曲轴和变速箱输入端转速对曲轴转速进行调节。根据发动机控制单元预测的目标挡位测定曲轴转速额定值。

发动机控制评估曲轴转速，然后告知驾驶员应选择一个较低的挡位。不要求给出换高挡位的提示。

为防止发动机熄火，当驾驶员没有听从换低挡的提示时，发动机必须可以关闭 ACC 功能。当离合操作超过某个时间限制（例如，<8 s）或未换入合适的挡位时，ACC 将同样关闭。

**（2）变速器控制**

作为变速器的激活条件之一，ACC 状态控制实际上需要挂入有效挡位（前进挡）方面的信息。

如果应事先规定发动机扭矩，则 ACC 需要来自变速器的当前线路强度 $V_s$，这是驱动轴上的力 $F_{R\Sigma}$ 与发动机扭矩 $M_M$ 的比值。通过变频器强度 $\mu_W$，当前挡位的传动比 $i_G$ 和主传动器传动比 $i_A$ 的乘积，除以动态车轮半径 $R_{dyn}$ 得出：

$$V_S = \frac{F_{R\Sigma}}{M_M} = \frac{\mu_W \cdot i_G \cdot i_A}{R_{dyn}}$$

(32.26)

这里，变频器强度大多数作为特征曲线，如有可能，还必须进行温度补偿。

对于全速范围自适应巡航控制（FSRA），电子控制自动变速箱可进一步作为静止管理的附加保障。这时，在识别到下车意图时应挂入驻车制动挡。通过多级提前驾驶员预警，告知驾驶员其在车辆静止保障方面的职责就够了。

然而，作为一个全自动车辆静止管理（无须驾驶员操作）的唯一保障这还不够，因为驻车制动器只能锁定传动轴，在相应的摩擦系数不同的路面（$\mu$-Split 路面）条件下车轮通过差速器还可以反方向转动，且可能会溜车。同样，在要求延迟或故障情况下，当汽车已经溜车，在约 3 km/h 的车速下安全挂入驻车制动挡是不可能的，反之，电子驻车制动系统原则上在任何速度下都可以起作用。

## 32.11 使用和安全理念

### 32.11.1 功能的可追溯性

对于 ACC 系统的合格性来说，系统反应的可追溯性是不可或缺的，只有当用户在短时间内可以预估系统反应时，使用这种系统才是有意义的，这向开发者提出了一个问题，即应尽可能进行简单的调节，并将有经验驾驶员或开发者自己能估测的部分功能取消掉。这样，驾驶员在 ACC 功能启用时将部分汽车导向任务交给系统，而其只负责监控，因此系统的可追溯性是非常重要的。因为目前的 ACC 系统只进行部分纵向调节，因此在正常使用系统时有意义而且有必要这样选择系统限制，从而能够通过已知的规律性实现该系统限制或低于该系统限制，从而使得驾驶员随时知晓系统限制，以训练其能接管对系统的调节。

自适应巡航控制并不是安全性功能，而首先旨在提高驾驶舒适度。当然，舒适性系统不应导致危险，因此 ACC 系统确保了相应安全方面的要求。故障树分析显示，只有当驾驶员不采取干预时才会出现危险情境。由此推导出以下两个结论：

结论1：驾驶员接管控制不能过度，特别指其发现接管控制的必要性，然后足够及时地做出反应，并选择正确的处理方式。

结论2：驾驶员接管控制必须能够容错，这样关闭调节、较大减速或较大加速等可能性只允许在概率极小的情况下受阻。

及时识别接管控制必要性是通过驾驶员针对功能的心智模型得出的，并通过以前的经验形成。特别是由于目前经历的无缺陷性会导致由于对技术的高度信任产生问题，因为驾驶员可能对于出现的情况和反应措施毫无准备。使用 ACC 不会出现这种情况，因为如上所述无法达到其功能的绝对完美。然而这一负面性质却是一个优点，这样可以始终训练对故障情况的反应能力，从而使驾驶员意识到其在意外情况下必须进行干预，并训练可以或必须以何种方式进行干预。

### 32.11.2 系统限制

辐射传感器，如雷达传感器或激光雷达传感器一方面提供了对车距和相对速度的精确探测，且至少雷达传感器对于天气影响并不敏感。另一方面由于开度角的限制和探测物体特别是在弯道限制时车行道分配较难，因此部分会导致不可预料或不可理解的系统反应，使用者应通过适当的介质进行说明。

由于 ACC 传感器探测范围很窄，因此很晚才能发现本车前的拐入现象（参见图 32-35 左）。弯道进入情境中探测物体的分配也有问题，重要的是由于汽车固有的信号(方向盘转角、偏转速度)仍无法识别到转弯行驶（图 32-35 右）。

此时可使用摄像机进行辅助并通过现代导航系统提供的将要行驶的道路走向的信息，可以识别行车道走向。偏移较大的行车方式可能会导致识别故障,这尤其会因为较窄的侧面黑影像导致探测出现问题(图32-36)。

一些之前所谓的第一代 ACC 系统的弱点至少通过下几代对传感器的可见范围的扩大或通过使用较小量程和较大侧面探测范围(例如,在全速范围自适应巡航控制系统中增加侧面探测范围)的附加传感器进行了部分补偿。

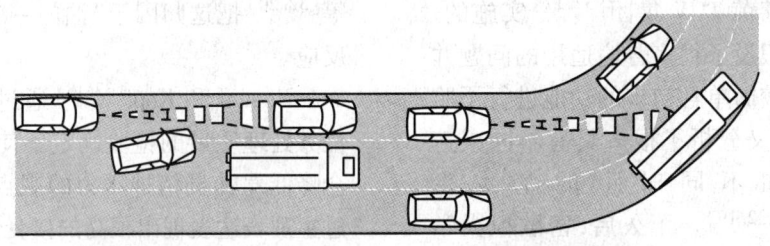

图 32-35　问题情境示例:左——对拐入的反应;右——弯道进入情境中较难进行物体分类

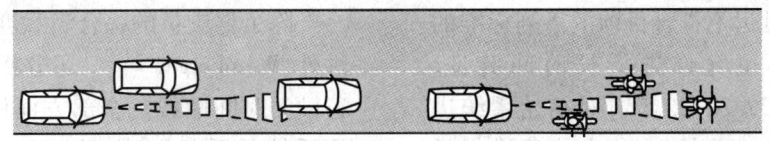

图 32-36　问题情境示例:在汽车和摩托车行驶偏移较大的情况下的不确定性

## 32.12　安全方案

通过系统分配减小接管途径的容许误差。一个转换可能性的示例为从发动机控制装置上或从 ESP 上读取制动踏板开关信息。当识别到制动踏板施加操作时,将忽略发动机控制装置 ACC 纵向调节装置的扭矩要求。同样,当踩下油门踏板时,制动控制装置的减速要求将被禁止。冗余地收集制动踏板和油门踏板施加动作信号,这样施加踏板动作及之后的反应状态都保证是单一故障,即使 ACC 的控制计算机或数据网络出现故障。

由于任务的划分可能非常不同,如示例所示,因此没有普遍适用的示例解决方案,而应通过故障树分析法验证驾驶员干预方法的可靠性。

除可始终使用驾驶员干预方法外,ACC 系统自身的可靠性也是必要的。在此证明了系统分散性的优势。因此,可证明自身可靠性的 ESP 系统可接管 ACC 控制装置的监控。如果选择进行监控的变量作为最终的车辆加速度,则包括了所有理论上可能的故障来源。因为第一代 ACC 只能在非常小的范围内使用,一般为 $+1 m/s^2$ 或 $-2 m/s^2$,因此可以很好地实现加速度监控。缺点是,对于这种加速度或减速度监控,在其被 ESP 禁止前,只短时作用于汽车。然而,选择限制时应保证95%的普通驾驶员都有能力完成。

## 32.13 用户和验收研究

自适应巡航控制（ACC）的开发从一开始就始终采用真人试验。第一个规模较大的试验是20世纪90年代初在德国莱茵 TÜV 集团[32.17]实施的。该试验假设了很多普遍适用的问题并对当时较简单且初步的功能进行了验收，之后又分析了很多具有不同减速能力和不同时距的基本变量[32.18,32.19]。不久后，密歇根大学运输研究所（UMTRI）进行了一项成本极高的现场试验[32.20]，在使用的技术基础远不符合目前的系列标准的情况下，也允许进行长时间验证。[32.21,32.22,32.23]对初始系统进行了试验。此外，在行业中还进行了其他受试者行驶试验，但这些试验并不是公开的。

总之，收集了大量的结果[32.24]，通过对这些结果进行选择性分类可以对每个结果进行考虑。

### 32.13.1 验收

在所有迄今完成的有关验收的研究中，明确证明了试验人员的评价。

Becker 和 Sonntag[32.17]在其可行性研究报告中提出，使用 ACC 行驶的受试者主观上认为比手动驾驶具有更可靠、较放松的感受。尽管使用的是试验车的原型，但是对于这种认可传感器显示出明显的弱点。然而，可以完全满足受试者对系统的期望甚至还可能会超出他们的期望。由此可见，受试者针对 ACC 成熟度的关于合格性和舒适性的评价在很大程度上是有作用的。

受试者对密歇根大学运输研究所（UMTRI）使用无制动干预的 ACC 系统表达了很高的满意度，Fancher 等[32.20]把这归因于"油门－应力"的反应。

Nirschl 和 Kopf[32.18]通过对次级任务处理质量的检验确定了使用 ACC 会降低驾驶员精神压力的观点。这通过主观表达表现出很高的接受性，并说明了驾驶员认为 ACC 不仅是一个安全性系统更被他们视为舒适性系统。

除了驾驶员的综合满意度和接受性外，Weinberger[32.23]还分析了长时行驶的时间曲线。全部方面例如"使用系统的乐趣""使用的自然程度""操作的信赖度""良好感觉"以及"紧张程度"在理论上都评定为良好或极好的水平。在试验期间，在起初的良好感觉后有一段相对冷静的阶段，最后一直到试验结束时将得出比开始时还要好甚至明显更好的评价。

### 32.13.2 使用

一些试验的对象是与手动行车和使用带 ACC 的汽车行驶相比的驾驶员的时距特性。当只进行后续行驶时，Abendroth[32.21]的著作中说明了在手动行驶和驾驶带 ACC 的汽车时，最小时距的平均值为 1.1s。相反，Becker 和 Sonntag[32.17]的结论是，驾驶员手动操作（尽管散射范围较大）可频繁实现约 1.7s 的时距。对此可能的解释是这说明试验路线是弯曲的。在ACC运行时,时距平均为1.5s,这在可行性研究中规定为系统的基本调节标准。Filzek[32.22]认为在受试者可自由选择可调级别1.1、1.5和1.9时,平均ACC时距为1.4s。

[32.20]中指出,手动行驶时明显较短的平均时距为0.8s。这一明显的矛盾说明了在美国和德国不同交通网中各研究之间可传递性的困难。

显然,在所有关于设定ACC时距的试验中都进行极化。当受试者开始某个等级的"试验"时,时间越长调节的频繁度越低。大约一半的试验人员选择更低或更高的等级。根据经常选择的短时距说明出于安全原因至少应限制为1.0s。

Fanche等人[32.20]对时距选择特性进行了更深入的研究,并确定,选择1.1s、1.5s和2.1s可调等级与受试者的年龄有关,即年纪较大的驾驶员会选择相应较大的ACC时距。

在[32.22]和[32.20]中都指出,极少情况下驾驶带有ACC的汽车时会使用低于0.6s的极小的时距(Fancher[32.20]:108位受试者中仅有6位)。

梅塞德斯-奔驰市场研究对美国Distronic(限距控制系统)用户进行了调查,参见图32-37。涉及S级

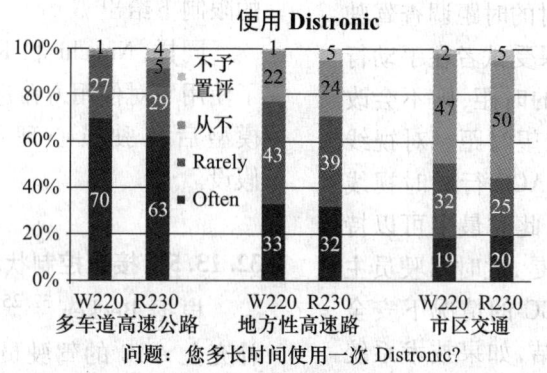

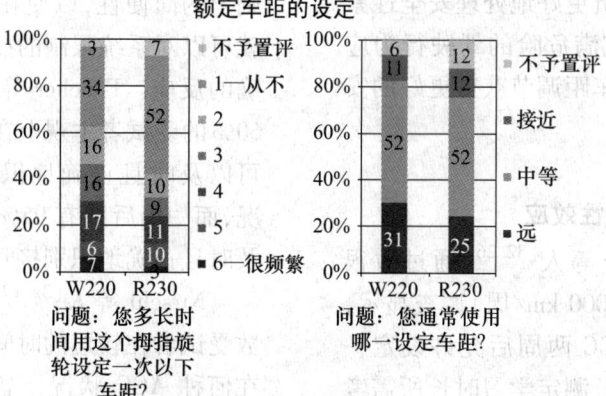

图32-37 美国使用ACC系统的数据,以Distronic为例
(来源:梅赛德斯-奔驰市场研究2005)

（W220，1998—2005 年）和 SL 级（R230，2001 年后）。使用率如所期望在多车道的干道上明显高于其他道路类型。运动型汽车和豪华轿车在使用率方面的差别出乎意料地小。在使用方式上的差别稍大些。因为在 Distronic 操控理念中时距纯粹机械式地保持在原数值，当有改变的必要时才必须改变时距。这种可能性很少或几乎不会出现。车距调节大多作为一种手段。

### 32.13.3 补偿行为

Becker 等人[32.25]通过评估并行处理复杂次级任务时的时距调查驾驶员的补偿行为。如果受试者在手动行驶时自动遵守较大的时距，则不会改变 ACC 运行时的希望时距。对视线移开的分析显示在 ACC 行驶时视线移开时间明显较长，此时最多可以持续 8 s。值得注意的是，此时驾驶员主观感觉到比没有 ACC 的情况下安全风险要小。作者总结，如果技术系统能比一般驾驶员更好地处理安全性紧急状况，这种充满危险的驾驶行为应首先通过自动车距调节获得更好的安全性。

### 32.13.4 习惯性效应

Weinberger 等人[32.26]通过对很多驾驶员（>1 000 km/周）调查显示，最早在使用 ACC 两周后允许设定一个稳定的特性。测定学习时长所需考虑的特性是对操控简易性、接管控制状况透明性以及在接管控制状况下通过数据记录器记录驾驶员干预时间点测量（与碰撞时间有关，TTC）的主观评估。要说明的是，不同驾驶风格的驾驶员也会表现出不同的学习策略。自称爱好运动的驾驶员在试验刚开始后，即当碰撞时间（TTC）较小时就进行干预，以确定系统的极限，然而被分类为强调舒适性的驾驶员，自试验开始时早期"怀疑性"干预出发，在学习期间会更晚进行干预。

总之，上述特征在此振荡状态的学习阶段之后才具有代表性。较短时间后评估的结论对于上述特征至少可以只在对使用时长的主要部分的更多的限制下给出。

同样，Nirschl 和 Kopf[32.18]证明了使用了对使用寿命进行简化的心智模型后驾驶员心理负荷会降低的假设。

### 32.13.5 接管控制状况

根据 Becker[32.25]的理论，还应补充上 ACC 的驾驶员心智模型的原则上的简便性，以使在极短的使用后就可以对系统限制的接管状态做出正确的反应。Fancher 等人[32.20]提出，60%的受试者主观上在使用一天后就可以及时且正确地识别接管控制状况，而一周后则有 95%的受试者可以及时且正确地识别接管控制状况。

Nirschl 等人[32.19]也提出，大多数受试者在较短的时间内就可以估计在何种 ACC 状况下需要进行干预。但是，在较小的 $1 \ m/s^2$ 的制动减速度的情况下，三个试验的 ACC 变量的平均值会导致估测比通过较强的制动干预的变量和不进行制动干预进行估测更大的不可靠性。

Weinberger[32.23]指出,受试者对接管控制状况主观上估测为无危险,随着驾驶员使用时间的延长估测将变得更容易。同样,受试者指出,尤其对那些ACC原则上无法完成的状况(例如,静止车辆的制动)更容易做出决策。据证明,驾驶员接管控制后,约80%的汽车的平均减速度最大为$2\ m/s^2$。如果ACC也在这个范围内,则可以推断,客观上也不存在危险状况。

第一个通过受试者进行的ACC行驶试验显示出在持续趋势最少例外的情况下,尽管有充分的原因,但是可能会有不同的结果:

◆ 试验系统的技术在功能范围和其成熟度方面都有很大差别。

◆ 美国的交通条件只在一定程度上可与欧洲相比。

◆ 一面进行短时试验一面进行长时试验,其中在长时试验中可确定明显的学习效果,这会使很多短时试验的结果失去效力。

显然,ACC相比试验实施中所谓的不同至少在其基本功能上来说似乎是稳固的。驾驶员从一开始就要了解核心功能,无论目前系统的局限性如何。

Neukum等人[32.27]根据全速范围自适应巡航控制系统(FSRA)的接管控制状况对十字路口问题状况进行了分析。已在十字路口停了较长时间的汽车首先会被目标车辆在快要临近并将要从侧面超过前发现,一辆带全速范围自适应巡航控制系统(FSRA)的汽车突然出现在行驶路线中。当停止的车辆在雷达的可见范围内尚未运动时,FSRA不会将其视为调节对象,也就是说,驾驶员必须进行制动干预以避免碰撞发生。所有受试者也可以这样做,而不是由准备好采取措施的副驾驶来进行干预。尽管如此,第一次出现这种情况对于很多驾驶员来说也是危险的。

### 32.13.6 舒适性评估

[32.28]中所记录试验的重点是舒适性试验。对于使用带有不同ACC系统的不同制造商制造的汽车,总共有36名被测试者参与试验。根据问卷确定的主观评价将对选定的舒适性标准进行评价。尽管两种汽车系列系统的功能性是差不多的,但还是要测定两个系统舒适性方面存在的很小差别。因此,与此并行的对测量技术可达到的特性值"通过踩油门超越控制的频繁度"和"通过驾驶员制动干预调节中断控制"的客观分析与舒适性评估并没有明显的关联性。

## 32.14 小结

### 32.14.1 当前发展

随着全速范围自适应巡航控制系统(FSRA)各系列的引入,其功能范围可以覆盖日常交通的大多数情境。趋势是,在(通常是自上而下)引入现有系统后还应提供较小的价格较低的型号。为此,采用了目前占优势的雷达传感器原理,如激光雷达系统。环境传感装置的当前发展显示出雷达仍有潜力,因此"弃用雷达"的趋势目前还没有出现。由于汽车市场对价格非常敏感,因此多传感器的解决方案(例如FSRA)目前仍只用于高级车。另外,对 24 GHz UWB 雷达传感装置的严格许可政策也使其广泛应用受阻。

在进一步降低价格的过程中,还对简单安装的传感装置(24 GHz 中程雷达装置)进行了试验。然而系统成本的降低势必会限制功能性,与目前标准的 ACC 的严重情况相比,目前还没有考虑大批采用。

此外,应对驾驶员直接将其集成到纵向导向的总功能性的理念予以考虑,如第 42 章和[32.29]所述。

### 32.14.2 功能扩展

未来将首先对主动传感装置(雷达、激光雷达)与基于摄像机的传感装置的结合进行研究。使用摄像机采集车辆环境状况具有多方面应用:从通过交通信号灯的识别进行自动光控和行车道及车道状况识别直至物体识别和分类。通过与附加传感装置的数据融合形成了一个可靠的状况认知,以允许进行进一步的功能控制,如堵车时通过自动纵向和横向引导进行跟随行驶。对于碰撞警报和碰撞制动来说,其也提供了进一步的功能性,参见[32.30]。

使用之前提及的 24 GHz UWB 雷达传感器还可以实现多方面的应用:从通过泊车引导系统进行驻车辅助、到监控死角再到通过雷达技术进行"全面防护"。

# 参考书目

[32.1] TC204/WG14, ISO. ISO 15622 Transport information and control Systems-Adaptive Cruise Control Systems-Performance requirements and test procedures, 2002.

[32.2] TC204/WG14, ISO. ISO 22179 Intelligent transporl Systems-Full speed range adaptive cruise control(FSRA) Systems-Performance requirements and test procedures. 2008.

[32.3] *Ackermann*, *F.*: Abstandsregelung mit Radar. In: Spektrum der Wissenschaft. Juni 1980, S. 24-34.

[32.4] *Watanabe*, *T.*; *Kishimoto*, *N.*; *Hayafune*, *K.*; *Yamada*, *K.*; *Maede*, *N.*: Development of an Intelligent Cruise Control System. In: Proceedings 2nd ITS World Congress in Yokohama. 1995, S. 1229-1235.

[32.5] *Furui*, *N.*; *Miyakoshi*, *H.*; *Noda*, *M.*; *Miyauchi*, *K.*: Development of a Scanning Laser Radar for ACC. SAE Paper No. 980615, Society of Automotive Engineers, Warrendale. Pennsylvania, 1998.

[32.6] *Winner*, *H.*: Die lange Geschichte von ACC. Tagungsband Workshop Fahrerassistenzsysteme. Leinsweilcr, 2003.

[32.7] *Prestl*, *W.*; *Sauer*, *T.*; *Steinle*, *J.*; *Tschernoster O.*: The BMW Active Cruise Control ACC. SAE 2000-01-0344, SAE World Congress 2000,

Detroit, Michigan, 2000.

[32.8] *Steinte, J.; Toetge, T.; Thissen, S.; Pfeiffer, A.; Brandstäter, M.*: Kultivierte Dynamik-Geschwindigkeitsregelung im neuen BMW 3er. In: ATZ/MTZ extra. Wiesbaden, Vieweg Verlag, Mai 2005, S. 122-131.

[32.9] *Pasenau, T.; Sauer, T.; Ebeling, J.*: Aktive Geschwindigkeitsregelung mit Stop&Go-Funktion im BMW 5er und 6er. In: ATZ 10/2007. Wiesbaden, Vieweg Verlag, Okt. 2007, S. 900-908.

[32.10] *Winner, H.; Olbrich, H.*: Major Design Parameters of Adaptive Cruise Control. AVEC '98. Nagoya, Paper 130, 1998.

[32.11] *Meyer-Gramcko, F.*: Gehörsinn, Gleichgewichtssinn und andere Sinnesleistungen im Straßenverkehr. In: Verkehrsunfall und Fahrzeugtechnik, Nr. 3. 1990, S. 73-76.

[32.12] *Mitschke, M.; Wallentowitz, H.; Schwartz, E.*: Vermeiden querdynamisch kritischer Fahrzustände durch Fahrzustandsüberwachung. VDI Bericht 91. Düsseldorf, VDI, 1991.

[32.13] *Winner, H.; Luh, S.*: Fahrversuche zur Bewertung von ACC-Eine Zwischenbilanz. In: Bruder, R., Winner, H. (Hrsg.): Darmstädter Kolloquium Mensch & Fahrzeug-Wie objektiv sind Fahrversuche? Stuttgart, Ergonomia, 2007.

[32.14] *Luh, S.*: Untersuchung des Einflusses des horizontalen Sichtbereichs eines ACC-Sensors auf die Systemperformance. Dissertation TU Darmstadt, Fortschritt-Berichte Reihe 12. Düsseldorf, VDI-Verlag, 2007.

[32.15] *Winner, H.*: Die Aufklärung des Rätsels der ACC-Tagesform und daraus abgeleitete Schlussfolgerungen für die Entwicklerpraxis. Tagungsbeitrag Fahrerassistenzworkshop. Walting, 2005.

[32.16] *Witte, S.*: Simulationsuntersuchungen zum Einfluss von Fahrerverhalten und technischen Abstandsregelsystemen auf den Kolonnenverkehr. Dissertation Universität Karlsruhe. Karlsruhe, 1996. S. 23.

[32.17] *Becker, S.; Sonntag, J.*: Autonomous Intelligent Cruise Control-Pilotstudie der Daimler-Benz und Opel Demonstratoren. Prometheus CED 5, TÜV Rheinland. Köln, 1993.

[32.18] *Nirschl, G; Kopf M.*: Untersuchung des Zusammenwirkens zwischen dem Fahrer und einem ACC-System in Grenzsituationen. Tagung: "Der Mensch im Straßenverkehr", Berlin 1997, VDI Bericht 1317, VDI-FVT. Düsseldorf, 1997.

[32.19] *Nirschl, G.; Blum, E.-J.; Kopf, M.*: Untersuchungen zur Benutzbarkeit und Akzeptanz eines ACC-Fah-rerassistenzsystems. IITB Mitteilungen, Fraunhofer Institut für Informations-und Datenverarbeitung, 1999.

[32.20] *Fancher, P.* et al.: Intelligent Cruise Control Field Operational Test. Final Report, University of Michigan Transportation Research Insti-

[32.21] Abendroth, B.: Gestaltungspotentiale für ein PKW-Abstandregelsystem unter Berücksichtigung verschiedener Fahrertypen. Dissertation TU Darmstadt, Schriftenreihe Ergonomie. Stuttgart, Ergonomia-Verlag, 2001.

[32.22] Filzek, B.: Abstandsverhalten auf Autobahnen-Fahrer und ACC im Vergleich. Dissertation TU Darmstadt, Fortschritt-Berichte Reihe 12, Nr. 536. Düsseldorf, VDI-Verlag, 2002.

[32.23] Weinberger, M.: Der Einfluss von Adaptive Cruise Control Systemen auf das Fahrverhalten. Dissertation TU München, Berichte aus der Ergonomie. Aachen, Shaker-Verlag, 2001.

[32.24] Winner, H. et al.: Fahrversuche mit Probanden zur Funktionsbewertung von aktuellen und zukünftigen Fahrerassistenzsystemen. In: Landau, Winner(Hrsg.): Fahrversuche mit Probanden-Nutzwert und Risiko, Darmstädter Kolloquium Mensch & Fahrzeug, 3./4. April 2003, TU Darmstadt, Fortschritt-Berichte VDI Reihe 12, Nr. 557. Düsseldorf, VDI-Verlag, 2003.

[32.25] Becker, S.; Sonnlag, J.; Krause, R.: Zur Auswirkung eines Intelligenten Tempomaten auf die mentale Belastung eines Fahrers, seine Sicherheitsüberzeugungen und (kompensatorischen) Verhaltensweisen. Prometheus CED 5, TÜV Rheinland. Köln, 1994.

[32.26] Weinberger, M.; Winner, H.; Bubb, H.: Adaptive cruise control field operational test-the learning phase. In: JSAE Review 22. Elsevier, 2001, S. 487.

[32.27] Neukum, A.; Lübbeke, T.; Krüger, H.-P.; Mayser, C.; Steinte, J.: ACC-Stop&Go: Fahrerverhalten an funktionalen Systemgrenzen, 5. Workshop Fahrerassistenzsysteme, Walting, 2008.

[32.28] Didier, M.: Ein Verfahren zur Messung des Komforts von Abstandsregelsystemen (ACC-Systemen). Dissertation TU Darmstadt, Schriftenreihe Ergonomie. Stuttgart, Ergonomia-Verlag, 2006.

[32.29] Mayser, Ch.; Steinte, J.: Keeping the Driver in the Loop while using Assistance Systems. SAE 2007-01-1318, SAE World Congress 2007. Detroit, Michigan, 2007.

[32.30] Steinte, J.; Hohmann, S.; Kopf M.; Brandstäter, M.; Pfeiffer, A.; Farid. N.: Keeping the Focus on the Driver: The BMW Approach to Driver Assistance and Active Safety Systems that interact with Vehicle Dynamics. FISITA F2006D185, FISITA World Automotive Congress, Yokohama, Japan, 22.-27. Okt. 2006.

# 33 正面碰撞防护系统

## 33.1 问题阐述

纵向交通事故是事故发生率最多的类型,也是死亡和重伤事故中第二多的类型。因此,针对这种事故类型的系统研究具有极大的潜力(参见第3章)。图 33-1 显示了相应的应对措施。

首先,在事故之间不存在与出现的故障的直接且即时的关联。从一个之前出现的潜在的危险等级出发,故障提高了此等级,但首先仍存在一个实际交通事故发生的相当大的余量。

随着时间的增加,如果没有反应或反应错误,则会导致故障从而引发事故。驾驶员及时且正确的干预可缓和这种情况,以至于危急情况只可能导致侥幸免撞。通过图中流程的结构可以推导出事故防护的三个对策,下文进行了简单描述。另外,还详细说明了正面碰撞防护的具体实施情况。

◆ 预防辅助:通过减少潜在危险预防事故的发生降低陷入危险状况的概率或至少在出现故障时具有有效的较大的处理事故的回旋空间。

◆ 响应辅助:在危险情况下通过

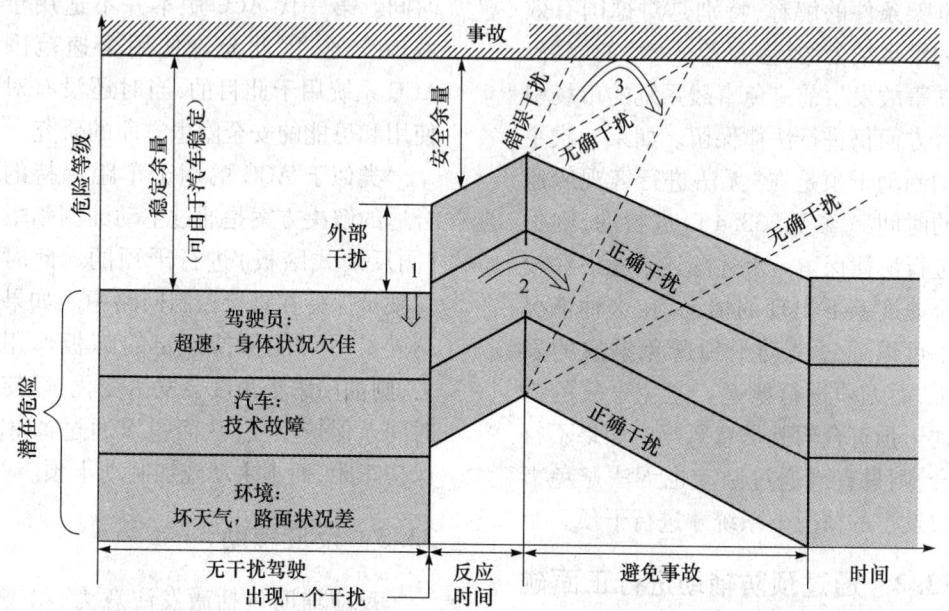

图 33-1 需要辅助策略的危险交通状况过程以及危险行驶状况的处理流程
(根据[33.1]),数字:驾驶员辅助系统的应用范围(参见文本)

辅助避免事故,从而使驾驶员及时且正确地做出反应。对于纵向交通事故实际上只有两个对策:减速或躲避。此时应通过稳定层的辅助系统,例如 ABS 和 ESP,尝试采取行动对汽车进行辅助,因为危及行驶稳定性的跟随行驶状况将防止加速的苗头,且驾驶员在一开始就有可能达到驾驶物理学的极限。尽管如此,事故分析[33.2](参见第 3 章)和受试者试验[33.3](参见第 41 章)显示,这种可能性并不充分,甚至根本不能使用。

◆ 应急措施:事故发生前最后几秒,当驾驶员未做出及时且正确的反应时或应急措施有助于避免事故损失(缓解碰撞)时,通过应急措施的"强烈干预"避免事故。因为如果驾驶员无法再进行干预,根据目前对合理的框架条件的解释,特别是对德国有效的维也纳公约(参见第 3 章)的解释,在事故发生前避免事故系统的市场引入方面仍进行法律保留。如果一次主动制动干预是在"无法进行客观躲避的时间"(参见[33.4])进行的,则不进行法律保留。上述陈述不考虑在较小速度差下出现的情况,在这种情况下可以通过制动干预避免事故的发生,而无须进行躲避。避免事故的制动干预符合驾驶员意愿吗? 如果不符合,则只有当通过制动也无法避免事故发生的情况下系统才进行干预。

## 33.2 通过预防辅助进行正面碰撞防护

为减小潜在危险设定了两个主要方向:提高行驶动态可用的处理余地以及提高驾驶员解决故障状况的能力。后者实质上可通过驾驶员心理和驾驶技巧实现。另一方面,后者几乎无法通过改进驾驶员辅助系统实现,而只能通过训练,如在交通训练场进行训练。反之,驾驶员心理可通过减轻驾驶任务负担,如由 ACC 接管跟随行驶的控制改善。通过生理(减轻眼睛的劳累感)和心理(放松交通感知)[33.5]两种方法可以改善心性。

ACC 当然是一个极合适的客观上可提高可用处理余地的手段。在已知的试验(参见第 32 章)中,ACC 用户像他们自行调整车距时一样选择较高的时间差。而尚不明确的是,依靠 ACC 是否会导致驾驶员干预较晚,或由于提前对车辆进行减速而缩短反应时间。第一代 ACC 版本并不适用于城市交通,因此允许使用全速范围 ACC 系统用于此目的,当时还没有对使用和可能的安全隐患方面的研究。

类似于 ACC 的用于车距保持的合适的解决方案是通过主动油门踏板(力反馈式踏板)进行干预的。此时驾驶员保持在直接控制回路中。如果驾驶员尽可能保持恒定的踏板作用力,则油门踏板角度会发生变化,以使时间差保持不变,从而得以通过 ACC 保持车距,而不主动施加制动干预。

## 33.3 反应辅助

反应辅助包括激发注意力、状态分析和干预辅助(参见第 24 章)。由于纵向交通的危险状况大多数可能是由于注意力不集中导致的[33.6]，因此改变注意力不集中的状态是后续正确行动的重要前提。激发注意力通常直接通过警告实现，但也可能隐性地通过 ACC 的未预料的控制反应实现。如第 24 章所述，根据信息等级来区分警告策略。警告会产生较高的注意力，但是并没有对状况和必须采取的反应进行提示。这可以通过视觉信息或听觉图标来进行补充。由于第 24 章对警告可能性包括错误警告的情有可原的原因分析进行了详细说明，因此本章节不再对各种可能性进行进一步探讨。

对于纵向交通的危险状况原则上有两个避免事故的策略：一个是躲避障碍物，另一个是在要碰撞到障碍物之前停车。在第 33.6 节中将根据一定的原始参数计算成功躲避事故所需的干预时间点。在所有现实情况下，确定一个速度，超过这个速度，躲避就只能是最后一个可以实施的措施，而如果低于这一速度，在只能进行躲避的距离后进行制动仍可以成功避免事故的发生。但是在这两种情况下，应考虑一个最佳机动措施。躲避辅助装置目前仅在一个车型（Lexus LS，2006 年之后）中采用，而制动辅助系统早在 1997 年就已进入市场，且几乎在所有带制动踏板控制的基本车型的新车中采用。第 33.5 节中说明了这一基本功能及其附加的功能扩展。这些功能的共同点是，当真正踩下制动踏板时，制动辅助功能才起作用。但由于在[33.2]和[33.3]中大约有 1/3 的检验甚至[33.7]中的一半检验都没有采取制动，因此在这种情况下制动辅助无法起作用。如[33.3]和[33.8]的受试者试验中一样，自主制动干预会导致驾驶员进行制动反应。因此，自主制动干预可用于刺激驾驶员决策。为此会出现一个短时的制动颤振或长时的轻微制动。当驾驶员为此通过制动踏板行动使制动辅助停止工作时，如果环境传感装置允许这种功能，则以最大减速度或作为"目标制动"进行制动（参见第 33.5.2 节）。

## 33.4 应急辅助

如果之前所提及的所有警报级别都无法使驾驶员进行躲避绕开或制动，则可以在预测的碰撞前最后几秒采取"硬"干预的自主应急辅助防止损失或减少损失。自主躲避在车速差较大时比制动辅助避免事故的能力更有效（至少当通过躲避绕开使追尾事故的损失减轻）。PRORETA 项目（参见第 41 章）说明了如何实现躲避绕开，即通过自主转向控制脉冲加上目前的转向角，测量出可绕开障碍物。这种行驶的躲避绕开辅助可以根据研究中得出的认知视为可以接受的，但是目前环境探测系统的功能性对于自主应急躲避绕开辅助的触发来说仍是远远不够的。

相反，自主应急制动技术已经进入市场。当根本来不及躲避时，由于之前提到的合理的边界条件自主应急制动才被启用。在所有的反应中，进行应急制动是动作链的最后一步，仅当之前的警报等级始终无制动或转向反应时或没有足够的时间进行驾驶员行动的应急状况机器识别时其才被触发。

第33.6.3节说明了自动应急制动不同设计的理论推导和试验效果。

## 33.5 制动辅助

### 33.5.1 基本功能

图33-3说明了应急制动的不同阶段。如在使用行驶模拟器[33.9]或在试验场[33.10]进行受试人试验时显示的事故分析[33.2],应急情况下很多制动对于较短的制动行程来说并不是最理想的。在一个极具上升的压力阶段压力形成得通常较缓慢,如图33-2的测量示例所示。因此,制动辅助的功能如下:

只要明确识别到应急制动,则制动辅助(BAS)应尽快形成最大减速度,并始终保持,直至识别到撤回应急制动的意愿。根据应急制动过程的不同阶段对制动辅助功能的说明可从图33-3中找到。

Weiße[33.10]估计在平均制动行程缩短8 m的情况下由此达到的100 km/h的应急制动潜能为约20%。低速下的相对比例还要高些,因此利用特别未加保护的交通参与者参与试验是有好处的[33.11]。

初始制动踏板速度或后续触发的制动压力升高适合作为应急制动的基本标准。区分正常制动状态和应急制动的主要标准在于是否是通过经验确定的数值。开关门限与踏板速度有关,且直接通过制动助力器的膜行程或间接通过主制动缸的压力传感器进行测量。

其变化与行驶速度和主制动缸压力及制动踏板行程相关,如图33-4所

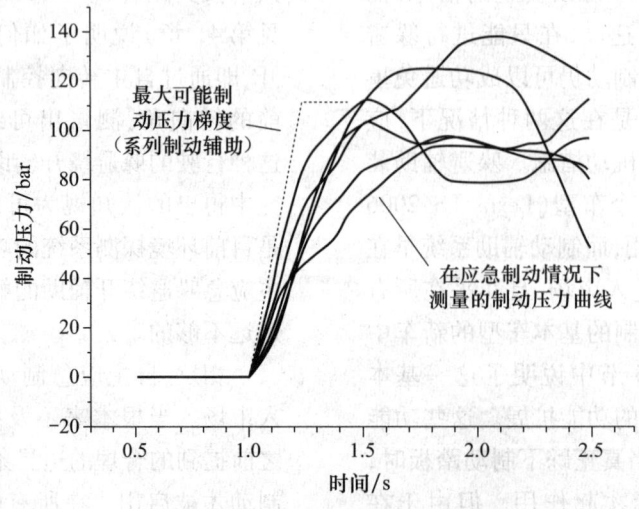

**图33-2** 在一个试验场设定的应急制动情境下的制动压力曲线示例[33.10]

33 正面碰撞防护系统

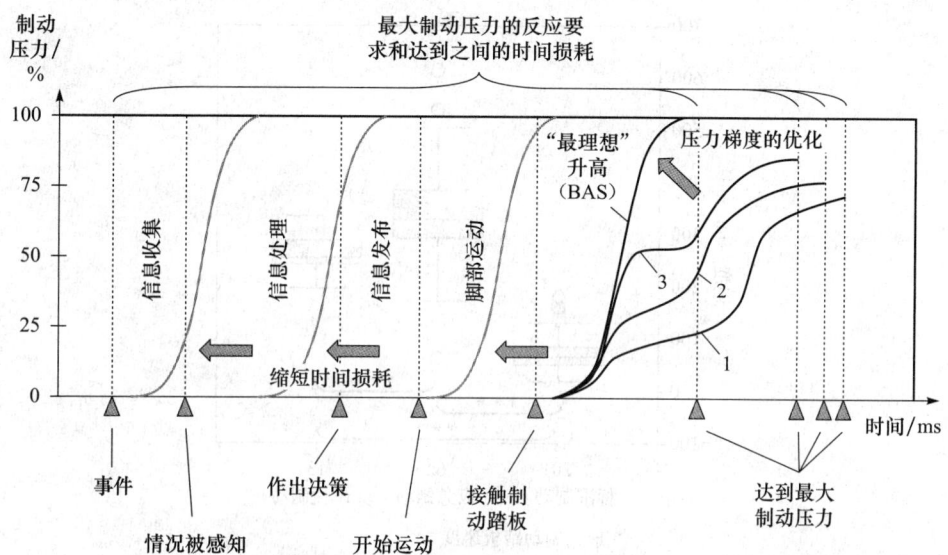

图 33-3 根据应急制动过程的不同阶段说明制动辅助的功能[33.10]

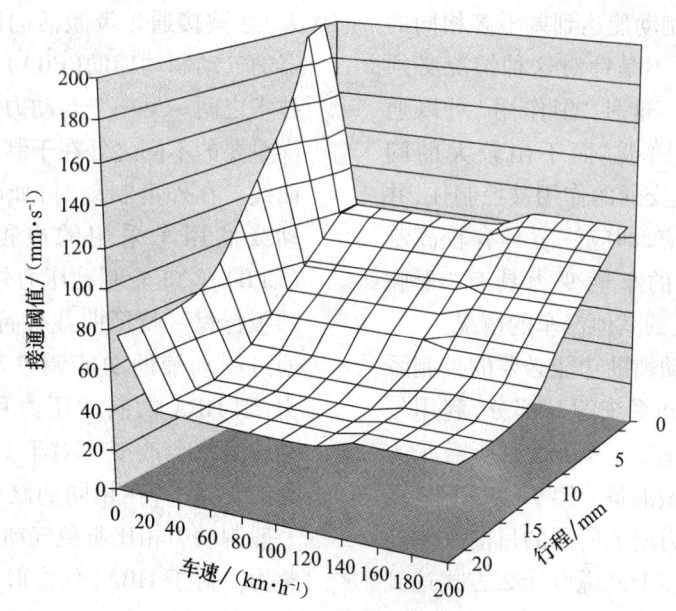

图 33-4 气动制动辅助的接通阈值[33.9]

示的气动制动辅助。尽管不能排除决策错误,但此标准也远优于通过脚的运动推导出的所有其他标准[33.10]。

在实际道路交通中测量的标准制动达不到踏板速度(参见图33-5),这标志着一个应急制动。但是Weiße[33.10]

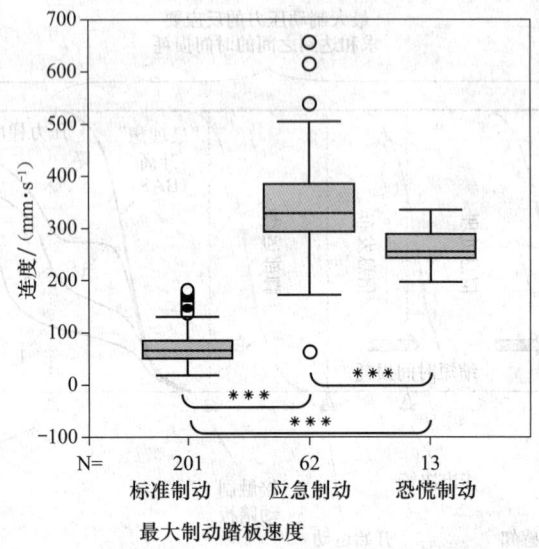

图 33-5 标准、应急和恐慌制动的制动踏板速度箱形图[33.10]

所谓的恐慌制动能达到差不多相同的踏板速度,而不是针对这种情况必须进行全制动。这种"副作用"可以通过收回制动踏板(而不出较大的问题)以及后续交通的作用被控制住,并类似以下反应,即应注意具有较高制动控制能量的车辆变为具有"干脆的"制动踏板的其他汽车的情况。

对于制动辅助功能必要的控制系统是现代制动系统的一部分,利用气动或电子辅助能,为制动钳所需张力的最大延迟做准备。第18章和19章说明了制动力增加所需的目前采用的技术。在功能上来说以什么方式达到附加张力并不重要。在制动力形成动力学方面仍有差异。在这种情况下,前侧所谓液压制动辅助(HBA)中的通过预加载高压存储器的电动液压制动(EHB)处于不利地位,因为只有在识别出的情况下辅助能(电动液压泵)才被接通。带激活的制动力放大器的气动制动辅助(PBA)介于这两种技术之间。另一个与动力方面几乎同样重要的不同之处在于制动踏板特性曲线。在外力制动时,如电动液压制动或商用车采用的电控气动制动(EPB),除车轮制动压力外,踏板力-踏板行程-特征曲线保持恒定,如果通过制动辅助功能调整车轮制动压力,则HBA的制动压力和PBA的制动压力都会改变。对于PBA,在踏板力的支持下,在相同的踏板调节下与一般制动力相比避免气动阀作用的调整力。对于HBA,泵将形成全制动所需的制动液容积。驾驶员施加的踏板力只用于该泵的预加载,并用于通过主缸上施加的压力测定额定值。对于EHB,踏板力和踏板行程可以用于计算额定值,由于没有影响因此它们是等值的。

## 33.5.2 继续开发

本文多次引用的 Weiße 的论文[33.10]中有进行制动辅助触发方法,特别是为了达到较早触发的其他方法。但是没有提供与决策质量相当,如制动踏板速度方面的制动标准。结合标准根据或函数有从 8 m 提高到 11 m 的潜力。同样也可通过一个分级函数,使用三个等级——预调节、预制动($3\ m/s^2$)和全制动达到。但是,对于预制动,必须测量沿汽车纵向的脚部运动,这并不容易测量。在超出行车踏板速度阈值的情况下预调节的分级和制动踏板速度触发的全制动使得从 0.6 m 的较小增幅增加到总共 8.6 m。

制动辅助功能的进一步改善要求将制动开始时间提前。为此有两个策略:

◆ 缩短行车踏板到制动踏板的反应时间。在很多试验[33.12,33.10,33.2,33.13]中,反应时间都为约 0.2 s。此反应时间只能通过其他驱动方法大大缩短,这在[33.14]中的沿纵向等轴侧杆试验中已验证。

◆ 通过环境探测传感装置识别应急制动情况时阈值降低的情况。

如果已有情境识别,则显然可根据仍可使用的距离说明支持度,即应只产生适时减速所需的附加减速度。所需的减速度 $D_{req} = v_{diff}^2/2d$ 与碰撞时间 $t_{tc} = d/v_{diff}$ 相关,其通过本车和障碍物之间的距离 $d$ 和速度差 $v_{diff}$ 形成,图 33-6 对不同输出速度差进行了说明。当然,减速度降低并不是为了缩短制动行程,但是如果驾驶员估计情况不危险,而实际情况却较危急时,或制动

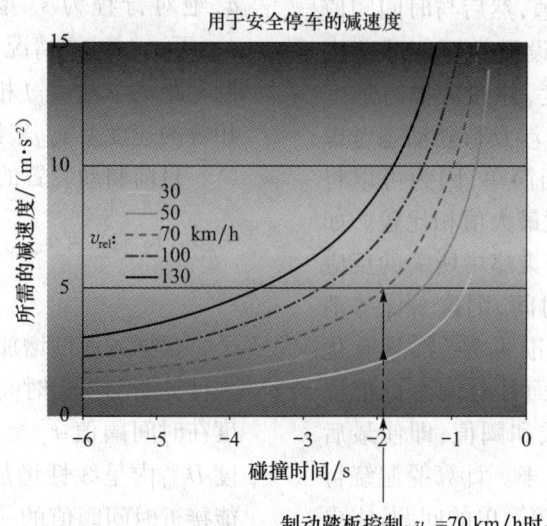

图 33-6 不同输出速度差情况下所需的与碰撞时间相关的平均减速度

幅度太小时,其会有所帮助,以重新缩小适时减速的储备。因此图33-6中的示例假设,当输出速度差为70 km/h,$t_{tc}$接近2 s时驾驶员的减速度为3 m/s²。限制通过自适应制动辅助将减速度提高到至少5 m/s²,这样在减速时仍可以使用均匀减速可用的距离。

## 33.6 预警点和干预点

在以下章节中推导出了行驶动态和基于驾驶员行为的预警点和干预点,这些点适用于不同的正面碰撞措施。原则上,实施措施有两种考虑方法:

◆ 时间标准(碰撞时间、躲避时间阈值、停车时间、制动时间阈值、避免碰撞所需的时间储备);

◆ 加速度标准(为避免碰撞所需的纵向减速度及横向加速度)。

对于时间标准,应考虑当前的距离、速度和加速度值,然后与时间阈值进行比较,通过假设最大可能减速度推导出横向加速度,并在警报时加上假设的反应时间。涉及行驶动态考虑的加速度标准相当简单,因为可以将其与假设的加速度最大值相比较。如果计算时考虑预警策略中所需的反应时间或系统死区时间,则这一优势消失。因为两个"标准世界"都具有优点和缺点,因此后面针对两个标准提出了相应的方程式和阈值,即使最后将两个标准结合起来。计算躲避绕行时,时间的考虑是较简单的问题,应更简单地说明制动时的加速度标准。在本节末尾将对每个标准的结果进行概述。

### 33.6.1 行驶动态研究

行驶动态有三种不同的情况。最简单的情况是一个以恒定速度运动且未加速的障碍物(包括特殊情况下静止的障碍物)。然后推导出以恒定相对加速度向本车方向运动的汽车标准。在第三种特殊情况下,在本车达到障碍汽车位置之前,障碍汽车减速直至停止。在另一种情况下,在本车以纵向和横向加速度行驶时观察躲避的可能性。

**(1) 对未加速障碍物的计算**

① 减速机动

当障碍物恒速运动时,所有计算仍然可以参照该物体的相关系统。因此,所有结果都是在障碍物静止时得出的,其中相对负相对速度 $-v_{rel}$ 作为速度差代替了绝对速度 $v_{x,y}$,距离为 $d$,绝对行程为 $s$。因此使输出速度 $v_{xv,0}$ 下 $s_B(v_{xv,0})$ 情况下的制动行程与制动距离 $d_B(v_{diff})$ 相等,这对于平衡相等的速度差 $v_{diff}$ 来说时必要的。

目前制动装置的制动距离约为

$$d_B(v_{diff,0}) = v_{diff,0} \times \tau_B + \frac{v_{diff}^2}{2D_{max}}.$$

(33.1)

根据减速度增加时实际的时间损失计算制动损失时间。如果假设减速度在时间阈值 $\tau_s$ 至平均的充分减速度 $D_{max}$ 内呈线性增加,则损失时间可能接近时间阈值的一半(即 $\tau_s/2$),而不会超出制动行程计算误差几十厘米以上。50 ms 的范围内的制动反应时间将建议一个明显高于现有驾驶员反

应时间 $\tau_R$ 的时间,这包括扫视时间、反应基本时间和反应时间,设定为 0.5 s 至 1.5 s。对于本计算示例,将数值设定为 $\tau_R = 1$ s,这对于有利于驾驶员的情况来说是一个明显较高的数值,参见[33.2]和[33.13]。

计算适时应急制动的预警距离 $d_{warn}$ 时,对于制动损失时间要在方程式(33.1)中加上驾驶员的反应时间:

$$d_{warn}(v_{diff}) = v_{diff} \times (\tau_B + \tau_R) + \frac{v_{diff}^2}{2D_{max}}$$
(33.2)

如果当前距离 $d$ 与速度差 $v_{diff}$ 有关,则得出碰撞时间(TTC)方程式:

$$t_{tc} = \frac{d}{v_{diff}}; d, v_{diff} > 0 \quad (33.3)$$

方程式(33.1)和(33.2)简化为:

$$t_{tB}(v_{diff,0}) = \tau_B + \frac{t_{ts}(v_{diff}, D_{max})}{2}$$
(33.4)

通过制动时间阈值以及停车时间:

$$t_{ts}(v, D_{max}) = \frac{v_{diff}}{D_{max}} \quad (33.5)$$

以及,

$$t_{tc,warn}(v_{diff}) = \tau_R + t_{tc,B}(v_{diff})$$
(33.6)

全制动的持续时间 $t_{ts}$ 是制动开始时碰撞时间(TTC)的 2 倍。这一原理也适用于后面的情况,只要可以假设相对减速度为正。

除计算时间间隔和地点间距外,还可以测定当前所需的减速度 $D_{req}$,并作为阈值。对于障碍物以恒定速度运动的最简单的情况,确定如下公式:

$$D_{req,v} = \frac{v_{diff}^2}{2d} \quad (33.7)$$

② 躲避绕行机动

通过速度差与躲避所需时间 $t_{eva}$ 的乘积计算躲避距离 $d_{eva}$,其与躲避所需的位移 $y_{eva}$ 接近,如制动损失时间为 0.1 s 的数量级一样,可以规定最大平均横向加速度 $a_{y,max}$ 和转向损失时间 $\tau_s$:

$$t_{eva} = \sqrt{\frac{2y_{eva}}{a_{y,max}}} + \tau_S \quad (33.8)$$

$$d_{eva} = v_{diff} \times t_{eva} \quad (33.9)$$

根据车胎类型,最大横向加速度 $a_{y,max}$ 介于最大减速度 $D_{max}$ 的 80%~100% 之间,对于干燥的行车道约为 10 m/s²(另外,取比值 $a_{y,max}/D_{max}$ = 90%)。对于躲避绕行移动,如果障碍物较窄则假定为 1 m,如果较大则假定为 1.8 m,这样得出 $t_{eva}$ 介于 0.55~0.7 s 之间。下面假设行驶动态考虑的典型值为 $t_{eva,phys} = 0.6$ s。当需要的躲避绕行偏移明显较小时(例如,因为障碍物沿行驶方向侧面偏移),则此值当然就过高了。

与所需的减速度类似,应计算所需的横向加速度 $a_{y,req}$,其中除距离和速度差外,还应确定此标准的躲避绕行偏移:

$$a_{y,req} = 2y_{eva}t_{tc}^{-2} = \frac{2y_{eva}v_{diff}^2}{d^2}$$
(33.10)

**(2) 针对恒定减速度障碍物的计算**

① 减速机动

对于一个以恒定减速度 $D_{obs}$ 运动

的障碍物，碰撞时间（TTC）与后车相对减速度 $D_{rel} = D_{obs} - D_{ego}$ 有关。

$$t_{tc}(d_{rel}) = \frac{\sqrt{v_{diff}^2 + 2D_{rel}d} - v_{diff}}{D_{rel}}$$

$$v_{diff}^2 > 2D_{rel}d \quad (33.11)$$

$t_{tc}(D_{rel})$ 也被称为增强型碰撞时间（ETTC）。如果相对减速度消失，则在极值情况下方程式（33.11）将变为方程式（33.3）。

通过最大相对减速度计算在同样减速度的障碍物（$D_{obs} > 0$）后面进行适时制动所需的增强型碰撞时间（ETTC）：

$$D_{max,rel} = D_{max} - D_{obs} \quad (33.12)$$

$$t_{tB}(v_{diff}, D_{rel}) = \tau_B + \frac{t_{ts}(v_{diff} + D_{rel} \cdot \tau_B, D_{max,rle})}{2}$$

$$(33.13)$$

$$t_{warn}(v_{diff}, D_{rel}) = \tau_R + t_{tB}(v_{diff}, D_{rel})$$

$$(33.14)$$

$$d_B(v_{diff}, a_{rel}) = \left(v_{diff} + D_{rel}\frac{\tau_B}{2}\right) \times$$

$$\tau_B + \frac{(v_{diff} + D_{rel} \cdot \tau_B)^2}{2D_{max,rel}}$$

$$(33.15)$$

$$d_{warn}(v_{diff}, a_{rel}) = \left(v_{diff} + D_{rel}\frac{\tau_B + \tau_R}{2}\right) \times$$

$$(\tau_B + \tau_R) + \frac{(v_{diff} + D_{rel} \cdot (\tau_B + \tau_R))^2}{2D_{max,rel}}$$

$$(33.16)$$

障碍物的减速对制动行程的影响实际上是降低了本车的最大减速度。对于警报阈值来说，在反应时间内相对速度仍会明显升高 $D_{rel} \times \tau_R$。

在所需减速度的标准中，未考虑相对减速度，而是另外针对方程式（33.7）仅考虑了绝对障碍物减速度 $D_{obs}$：

$$D_{req,D} = D_{obs} + \frac{v_{diff}^2}{2d} \quad (33.17)$$

与前面简单的情况（即 $v_{obs}$ = 恒量）相比较，必须提前进行制动干预，也就是说，当障碍车辆减速时在车距较大的情况下进行减速，因为为减速必须降低相对减速能力，参见方程式（33.12）。

② 躲避绕行机动

在某个相对减速度下躲避绕行所需时间 $t_{eva}$ 不会改变，但所需距离在比本车减速度大得多的减速障碍物的情况下必须降低。

$$d_{eva}(v_{diff}, a_{rel}) = v_{diff} \cdot t_{eva} + D_{rel}\frac{t_{eva}^2}{2}$$

$$(33.18)$$

同样，所需的横向加速度相对于非加速情况来说也增加了。然而为计算所需的绕行横向加速度需要变量 $t_{tc}(D_{rel})$，其表示横向运动可用的时间。

$$a_{y,req,D} = 2y_{eva}t_{tc}^{-2}(D_{rel})$$

$$= \frac{2y_{eva}D_{rel}^2}{(\sqrt{v_{diff}^2 + 2D_{rel}d} - v_{diff})^2}$$

$$(33.19)$$

**(3) 针对静止的制动障碍物的计算**

在此考虑的情况介于两个以前的情境之间。相应的，结果也在其结果之间。

① 减速机动

如果障碍物（绝对速度 $v_{obs}$）在到

达前已静止，并且 $(v_{obs}/D_{obs}) < t_B$ $(v_{diff}, a_{rel})$ 或 $(v_{obs}/D_{obs}) < t_{warn}(v_{diff}, a_{rel})$，则相对于方程式（33.11）至（33.18），碰撞时间（TTC）将升高，停车和躲避绕行所需的距离将缩短：

$$t_{te, stop} = \frac{v_{sub} - \sqrt{v_{sub}^2 - 2D_{sub} \cdot d - v_{obs}^2 \frac{D_{sub}}{D_{obs}}}}{D_{sub}},$$

$$\left(v_{sub}^2 - 2D_{sub} \cdot d - v_{obs}^2 \frac{D_{sub}}{D_{obs}}\right) > 0$$

(33.20)

因此，需要一个制动距离，其通过本车的制动行程和障碍车的制动行程的差值，包括制动损失时间决定的行程计算得出：

$$d_{B, stop} = \frac{v_{sub}^2}{2D_{max}} - \frac{v_{obs}^2}{2D_{obs}} + v_{sub} \cdot \tau_B$$

(33.21)

在这种情况下一个时间标准 $t_{tB}$ 并未简化方程式（33.21），如方程式（33.20）。对于预警距离，在反应间隔内方程式（33.21）反应时间与平均速度差相乘从而将方程式扩展为：

$$d_{warn, stop} = \frac{v_{sub}^2}{2D_{max}} - \frac{v_{obs}^2}{2D_{obs}} + v_{sub} \times$$

$$\tau_B + \left(v_{diff} + D_{rel} \cdot \frac{\tau_R}{2}\right) \times \tau_R$$

(33.22)

通过前车的当前距离 $d$ 和制动行程 $v_{obs}^2/2D_{obs}$ 之和计算所需的减速度 $D_{req, stop}$：

$$D_{req, stop} = \frac{v_{sub}^2}{2\left(d + \frac{v_{obs}^2}{2D_{obs}}\right)} \quad (33.23)$$

结果始终介于恒定速度和恒定减速度的数值之间：

$$D_{req, v} \leq D_{req, stop} \leq D_{req, D} \quad (33.24)$$

如果 $v_{obs}/D_{obs}$ 数值较小，$D_{req, stop}$ 与未加速障碍物（方程式（33.7））的数值 $D_{req, v}$ 接近；如果 $v_{obs}/D_{obs}$ 较大，$D_{req, stop}$ 与长时减速障碍物（方程式（33.17））接近。

② 躲避绕行机动

对于这种处于静止的制动障碍物来说，根据方程式（33.8），所需的躲避绕行时间保持不变，但是对于所需躲避绕行行程的计算将该时间与本车平均速度相乘（$v_{diff} - D_{sub} \times \frac{t_{eva}}{2}$）。已知障碍物的当前距离 $d$ 和减速行程 $v_{obs}/2D_{obs}$。

$$d_{eva}(v_{obs}, D_{obs}) = \left(v_{diff} - D_{sub} \cdot \frac{t_{eva}}{2}\right) \cdot t_{eva} - \frac{v_{obs}^2}{2D_{obs}}$$

(33.25)

需要的横向加速度为：

$$a_{y, req} = 2y_{eva} t_t^{-2} c(v_{obs}, D_{obs}) = \frac{2y_{eva} D_{sub}^2}{\left(v_{sub} - \sqrt{v_{sub}^2 - 2D_{sub} \cdot d - v_{obs}^2 \cdot \frac{D_{sub}}{D_{obs}}}\right)^2}$$

(33.26)

如需要的减速度一样，介于一个未加速的障碍物的值（方程式（33.10））及恒定减速的障碍物的值（方程式（33.19））之间。在继续运动且碰撞将真的要发生时，根式才会保持实数，否则，本车在障碍物前一定距离内停止，并通过这种方式中断了躲避绕行过程，因此无法计算出所需横向加速度的有效的解决方案。

③ 针对同时制动和转向情况的计算

如果轮胎需要纵向力,则无法再提供最大横向力。这种关联描述了简化的摩擦圆,参见图33-7,其可用于纵向和横向具有不同最大摩擦系数的方程式:

$$a_{y,\max}(a_x) = a_{y,\max}\sqrt{1-\frac{D^2}{D_{\max}^2}};$$
$$0 \leq D \leq D_{\max} \quad (33.27)$$

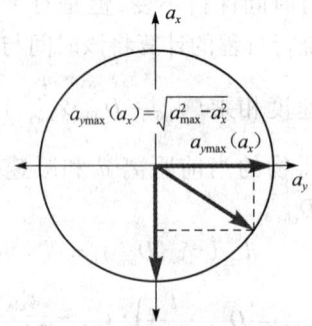

图33-7 轮胎纵向和横向力的分配(摩擦圆)

对于制动和转向机动的组合,躲避绕行时间 $t_{eva}$ 将延长,因为在方程式(33.8)中应使用降低的最大横向加速度 $a_{y,\max}(a_x)$。

另一方面,根据方程式(33.11)通过采用制动达到的正相对加速度使直到到达障碍物的时间延长。

此影响在 $D/D_{\max}$ 的比值较小时占优势。在[33.15]中也出现的描述将通过随着时间变大的椭圆说明制动和转向干预的作用,该椭圆的中心点以初始速度运动(参见图33-8)。

本描述显示,最大与初始条件相关程度的制动接近较大的与地点有关

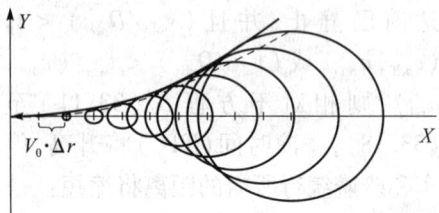

图33-8 纵向和横向加速度组合下可能的停留区域。椭圆以初速 $v_0$ 运动,随着时间的平方而变大。实线对应各自的最佳侧面距离,虚线对应仅进行横向加速时的轨迹。根据[33.15]给出图示

的躲避绕行能力。与躲避开始的距离点有关,相对于纯转向机动来说,通过一个优化的制动、转向机动争取的距离大多只有几厘米[33.15],因此处于其他的不精确范围内。因而,根据躲避绕行标准,应继续使用方程式,特别是针对时间标准的基本方程式,即方程式(33.8)。但是对于减速的障碍物($D_{obs} > 0$)来说,应加上距离 $\Delta d = D_{obs} \times \dfrac{t_{eva}^2}{2}$,对于静止的制动障碍物来说,应加上距离 $\dfrac{\Delta d = v_{obs}^2}{2D_{obs}}$。对于未加速初始条件下的碰撞时间,所需时间增加 $\dfrac{\Delta d}{v_{sub}}$,此时应采用上述较小的 $\Delta d$ 值。通过之前给定的用于高摩擦系数的代表值 $t_{eva,phys} = 0.6$ s 和平均躲避绕行偏移,应考虑1.8 m 的额外距离,这将使0.3 s 的时间限制提高0.15 s。

**(4)驾驶员的躲避绕行行为**

在前面的章节中只关注了行驶物理学方面的事项,然而,只有进行过特殊培训的驾驶员才有可能达到行驶物

理极限。在 Honda 公司的一项试验[33.16](图33-9)中,以三个危险等级评估了躲避绕行机动。中等评估("感觉有些危险")的下限正好处于 TTC > 1.6 s 的范围内。评估为没有危险的躲避绕行机动的下限为 TTC 等于 2.5 s。通过这两个值可以得出以下结论,即在一秒 TTC 内尽管可以在行驶物理学上实现躲避绕行机动,但由于分级,因此本身就存在较大风险。下文中将此阈值称为驾驶员限值。然而,应提前在 TTC 约为 1.6 s 的情况下离开安全区域,这样才不会再偏离正常的躲避绕行状态,才能正确实施前侧碰撞应对措施。下文中将此阈值称为舒适限值。

结合行驶物理极限得出针对前部碰撞应对措施的 3 个有代表性的阈值:

◆ $t_{eva}$(约为 0.6 s),在物理学上躲避绕行是不可能实现的。

◆ $t_{driver}$(约为 1 s),由驾驶员进行躲避绕行有些不实际。

◆ $t_{comfort}$(约为 1.6 s),进行躲避绕行是存在风险的。

然而,在较早阈值 $t_{comfort}$ 下不再及时发出制动要求的警报。当反应时间为 1 s(包括制动损失时间 0.1 s),则补偿的差速仅为 $2D_{max} \times 0.6 s \approx 12$ m/s。一个反应时间为 0.5 s 的特别有效的警报至少要达到 22 m/s。尽管在此例中全制动是在较好的行车道状态条件下进行的。对于提前约 1 s 发出的警报,驾驶员有时间进行温和的反应,且在采用全制动时甚至可以将速度差平衡为 30~40 m/s,这覆盖了大多数应用情况。根据这些情况,采用了进一步的阈值:警报阈值 $t_{warn}$ 的值在 2.5~3 s 之间。

对于这一正常行驶采用的应用阈值可以推导出其他改变数值的标准。一个策略是观察驾驶员的注意力。在一个引进市场的型号(Lexus LS, APCS 组件)示例中,确定了一个监控转向操

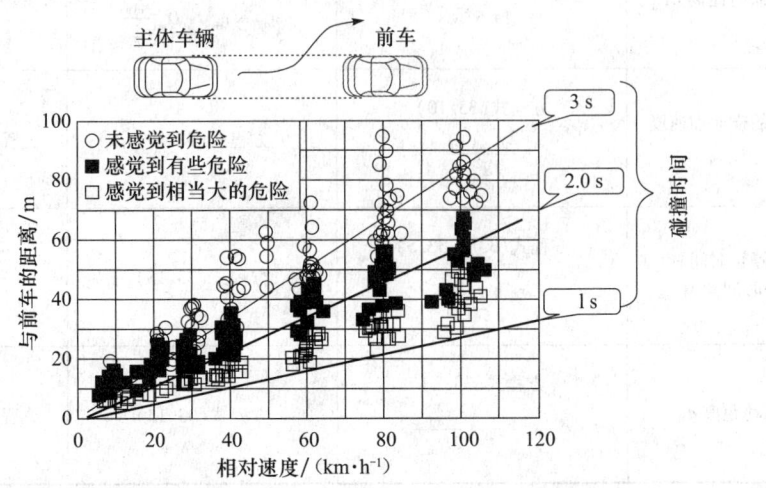

图 33-9 躲避绕行机动的主观评估(来源:Honda[33.16])

控台的驾驶员监测装置，其监测驾驶员是否朝某侧看。如果测定驾驶员长时间视线停留在某一侧，则会进行提前预警和提前干预。其他改变阈值的标准可能是摩擦系数 $\mu$ 和视域。摩擦系数降低会增加行驶物理学引出的极限值，即躲避绕行时间降低 $\frac{1}{\sqrt{\mu}}$，制动时间降低 $\frac{1}{\mu}$。使用触发加速度阈值时（参见表33-1），可直接使用为平衡所需减速度、横向加速度而以任何方式测定的摩擦系数，因为针对 $\mu \times g$ 估测了最大可能的减速度、横向加速度。然而目前还没有在早期阶段就能测定摩擦系数的方法（如果有这种方法就可以对阈值进行相应的调整）。

对于视域来说有一个用激光雷达或类似于激光雷达传感器或摄像头进行后向散射的光学方法。另外的针对较小视域和较小摩擦系数的指标可能是较高速的车窗刮水器。开启后雾灯也可以作为调节的基础，特别是在与障碍物距离较远时发出警报的情况下。

表33-1　参考第33.6节计算得出的触发阈值

| | 预警和干预触发阈值 | | |
|---|---|---|---|
| | 行驶动态情境 | | |
| | 未加速的障碍物 | 以相对减速度 $D_{rel}$ 减速的障碍物 | 制动到静止状态的障碍物 |
| 躲避绕行时间（躲避时间阈值 $t_{eva}$） | | 方程式(33.8) 0.55~0.7 s | |
| 躲避绕行距离 $d_{eva}$ | 方程式(33.9) $v_{diff} \times t_{eva}$ | 方程式(33.18) $v_{diff} \times t_{eva} + D_{rel} \frac{t_{eva}^2}{2}$ | 方程式(33.25) |
| 需要的横向加速度 $a_{y,req}$ | 方程式(33.10) $\frac{2y_{eva}v_{diff}^2}{d^2}$ | 方程式(33.19) | 方程式(33.26) |
| 停止时间（制动时间阈值 $t_{tB}$） | 方程式(33.4, 33.5) $\tau_B + \frac{v_{diff}}{2D_{max}}$ | 方程式(33.13) | |
| 制动距离 $d_B$ | 方程式(33.1) $v_{diff} \cdot \tau_B + \frac{v_{diff}^2}{2D_{max}}$ | 方程式(33.15) | 方程式(33.21) |

续表

| | 预警和干预触发阈值 |||
|---|---|---|---|
| | 行驶动态情境 |||
| | 未加速的障碍物 | 以相对减速度 $D_{rel}$ 减速的障碍物 | 制动到静止状态的障碍物 |
| 预警时间 $t_{tw}$ | 方程式(33.6)<br>$\tau_R + t_{tc,B}$ | 方程式(33.14) | — |
| 预警距离 $d_{wam}$ | 方程式(33.2) | 方程式(33.16) | 方程式(33.22) |
| 所需的减速 $D_{req}$ | 方程式(33.7)<br>$\dfrac{v_{diff}^2}{2d}$ | 方程式(33.17)<br>$D_{obs} + \dfrac{v_{diff}^2}{2d}$ | 方程式(33.23) |
| | 驾驶员行为 |||
| | 驾驶员限制 | 舒适限制 ||
| 躲避绕行时间 | 1 s | 1.6 s ||

### (5) 小结

图 33-10 简单图示了所有在之前章节中得出的定义。作为行驶物理学限制,重新发现了有代表性的数值 $t_{eva}$(约为 0.6 s),对于驾驶员应避免的限制,数值为 $t_{driver}$(约 1 s),然而警示阈值由于随速度呈平方增长的制动行程与相对速度线性相关。在虚线界限之前采用的全制动可以避免碰撞。在本节相应的假设下通过躲避绕行机动避免碰撞在采取高于 10 m/s(36 km/h)的速度差时始终可能迟于减速机动。

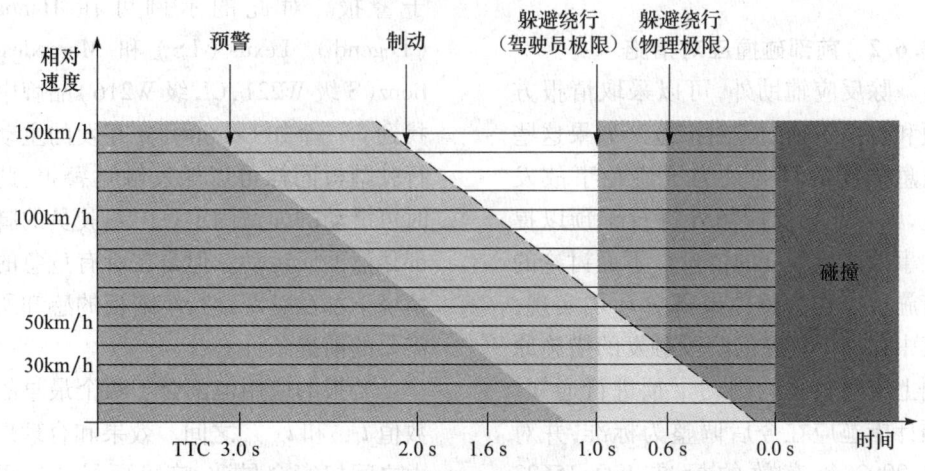

图 33-10 在障碍物和本车未加速运动的情况下预警时间和干预时间点的图示(TTC = 距离/相对速度)

通过图33-10中选择的图示可以对恒速的障碍物和本车进行简单且具体的研究。相反将本车减速（相对于物体），则碰撞时间轴与时间轴不相等。因此，在沿虚线开始干预的全制动下，时间差不多是给定的碰撞时间数值的2倍，因为通过减速的（时间）平均相对速度差不多只有初速的一半。

图33-10选定的图示体现的是最有利的情况。在较低的摩擦系数或障碍物减速的情况下，阈值将转变为较高的碰撞时间数值，与相对速度无关，躲避绕行数值继续变为较高的碰撞时间数值，而制动极限以及预警限值则非常倾向于与相对速度呈正比变为更大的碰撞时间值。只有在转弯行驶时，在向外侧躲避绕行时，才可以成功完成更晚的躲避绕行机动（在此成功与躲避绕行的障碍物有关，且不考虑躲避绕行通道是否有危险）。

### 33.6.2 前部碰撞应对措施

除反应辅助外，可以采取情报方面和自主干预的应对措施。如果这些信息措施的目的是为了避免事故发生，则与此相反应额外进行干预以提供事故严重程度的信息。下面讨论的措施可以作为整体或部分环境实现，其中在一个较晚的阶段触发的措施原则上应对较强的制动干预进行通知。预计措施应在今后调整为标准，并对自2002年有效的标准 ISO 15623 "Road vehicles-Forward Vehicle Collision Warning System-Performance requirements and tests procedures"（机动车-汽车碰撞提前预警系统-性能要求和测试步骤）进行补充，其描述了用于避免正面碰撞的预警系统的最低要求。估计，针对干预系统的标准 ISO-22839 "Intelligent Transport System-Forward Vehicle Collision Mitigation Systems-Operation, Performance, and Verification Requirements"（智能运输系统—汽车碰撞提前抑制系统-操作、性能和检验要求）在2010年前不会出台。即使一些标准名称只被视为临时性标准，但它们已经在为正式标准做准备。

**（1）预警（碰撞预警）**

因为在第24章中对警报装置进行了详细的说明，则这里仅提到目前使用了哪些警报装置。特别广泛应用的是带较短警告音的听觉警报装置，其也是多数闪烁的视觉显示的补充。带有可逆式安全带的车辆也可考虑用于警报。对此的示例可在 Honda（Legend）、Lexus（LS）和 Mercedes-Benz（S级W221，CL级W216）品牌中找到。一个如 Continental 开发的主动行驶踏板同样可以触发触觉警报，此时可滑动的弹簧固定点向驾驶员的脚部猛然颠簸运动。但是在所有危急的情境下都没有踩踏行车踏板的感知所需要的前提条件。

警报的应用范围介于两个最早的数值 $t_{warn}$ 和 $t_{comfort}$ 之间。效果和合理理由之间权衡会导致，应可更早使用更合理的警报，而将理由不够充分但之后最有效果的警报应用于碰撞时间较小的情况(参见第24章)。

在标准ISO 15623"Road vehicles-Forward Vehicle Collision Warning System-Performance requirements and tests procedures"(机动车-汽车碰撞提前预警系统-性能要求和测试步骤)中,未规定应用时间点,但规定了对传感装置的要求。此外,根据作者的实际经验,如果错误预警并不很多,则无法实现假设的反应时间(1.5 s)和减速能力($a_{min} = -3.6 \text{ m/s}^2$)。错误预警的原因较少是由于环境探测的有效距离导致的,不是由于对路线的预测导致,因为在上述数值下仍可以实施躲避绕行机动。

**(2) 应急辅助的调节**

同时,在发出警报时或稍晚时可以采取由驾驶员实施的应急辅助的干预措施。已经基本符合标准地触发了预制动。此时计划以较小的制动力(液压制动时以1~5 bar($1 \times 10^5$~$5 \times 10^5$ Pa)巴的制动压力)施加制动。根本感觉不到由此制动导致的减速,而会导致更快的制动响应。正面碰撞防护包中另一个措施是在出现正面碰撞威胁时降低制动辅助——触发阈值。如有可能,可通过调节底盘辅助应急制动和应急躲避绕行,这样可以在短时间内通过影响舒适性的调节改进操作。如果有叠加转向系统和(或)电子转向辅助系统,则可以通过改变特征对应急躲避绕行机动进行预处理。Mercedes-Benz的PRE-SAFE(但无躲避绕行调节)和Lexus的Advanced Pre-Crash Safety(A-PCS)-System(高级预碰撞安全系统(A-PCS))是预处理的示例。

**(3) 较弱的制动干预**

当舒适阈值介于1.5~2.0 s之间时,可以采用主动的对行驶动态已起作用的应对措施。有两种可能性:

① 制动颤振(预警制动)

制动颤振的主要作用是发出触觉上的报警以向驾驶员发出明确的制动请求。例如,以典型的减速度$4 \text{ m/s}^2$,0.2 s的升高和降低时间,一个时长为0.3 s的制动颤振会导致速度降低约2 m/s。因此,在20 m/s的速度差下使动能或制动距离降低20%,但如果已经预见到超车过程的开始,则并不会使行驶状态发生大的改变。

② 较弱的制动干预(减速制动,SRB)

通过以最大减速度的30%~40%进行的部分制动可以将预警效果与动能明显降低联系起来。因此,在以1.5 s碰撞时间(TTC)开始减速干预时,与不减速的障碍物之间的速度差为$4 \text{ m/s}^2$的情况下,行驶速度约降低12 m/s。但是,在进行这种提前触发时应考虑到驾驶员可能会过度控制。特别是当识别到躲避绕行时,应重新触发制动干预。还有就是当行车踏板操控与驾驶员的意图明显不一致时。然而应先排除,行车踏板的动作并不是只通过制动颤振限制,见[33.3]中全制动时的情况。另一个减少这种错误干预导致的潜在损失的措施是将干预时长限制为干预碰撞时间的2倍,因为在设定此限制后这个时长或者已足够避免碰撞或在这个时长内还是发生了碰撞。进一步缩短时长的理由是在行驶试验监控驾驶员行为的试验[33.13]中，驾驶员自主制动的反应加速了制动，因此最迟在1.3s后可以假设只要出现危险情况，驾驶员就会做出反应。

**(4) 较强的制动干预 (碰撞缓解制动)**

当可以排除躲避绕行时，可以进行一个较强的制动干预(此处定义为至少最大减速能力的50%)。但是，对于此决策应考虑到一些测量不够准确的参数，如假设的躲避绕行偏移量。在至今的轿车应用实践中，在碰撞时间超过 1 s 时，以约 6 m/s² 的减速度实施较强的制动干预。这对于理想的较快的制动来说足够降低 6 ~ 12 m/s 的车速。此外，还必须已知最大以两倍的时间即 2 s 进行制动，这样在错误触发制动时最多也就减速 12 m/s。

原则上，使用更多的是更强的制动干预。但是[33.13]中通过受试者进行的试验显示，只有当减速度上升很快时，使用这种干预才有价值。如果减速度增长率较低(10 ~ 20 m/s³)，则由于驾驶员进行的后续制动操控和自主全制动的效果完全一样，因此 6 m/s² 的制动干预就已算是较强的制动干预了。此外，如果由于制动颤振使身体和头部前倾导致乘客处于不利的位置无法使用约束系统(气囊、安全带)，那么较强的碰撞缓解制动可能是无效的。对于一个在较强制动干预前采用的或在制动干预时同时采用的约束系统，可通过可逆式安全带明显减少其副作用。

### 33.6.3 碰撞应对措施的潜在优势

正面碰撞应对措施的优势包括在无法避免碰撞的情况下避免正面碰撞，减少碰撞损失。如目前计算所示，这与是否可避免碰撞的初始情况有很大关系，如果无法避免碰撞，则要看能降低多大程度损失。为使优势参数尽可能与初始条件无关，可以测定实施应对措施所减低的速度。然而，这对于理想化的系统来说仍与初始相对速度相关，如下列示例应明确所示的一样，应以最简单的情况——静止障碍物——为基础。

假设一个理想化的应急制动，其在时间 $t_{tB}$ 时被触发，然后立即以 $D_0$ 减速。当初始相对速度为 $v_0 = 2t_{tB} \times D_0$ 时，还可避免碰撞，因此将速度降低 $\Delta v = v_0 = 2t_{tB} \cdot D_0$。反之，如果初始速度极大($v_1 \gg 2t_{tB} \times D_0$)，则速度将只会降低一半。如果想得到可传递的参数，则应只考虑与在触发时至时间点 $t_i$ 的时长内的初始速度的差值；与现有的 TTC 对应，即 $\Delta v_{CM} = v_{sub}(t_i) - v_{sub}(t_i + t_{tB})$。

效果的定义即允许对理想化的碰撞应对措施进行简单的估测，也允许对措施进行与解决方案无关的客观评价。此外，甚至还可以对自主干预系统和驾驶员参与的系统(例如，通过警报或制动颤振)进行对比评估，如第5章所述。图33-11 显示了具有 $\Delta v_{CM} = 5$ m/s 共同效果的三种策略的过程。

# 33 正面碰撞防护系统

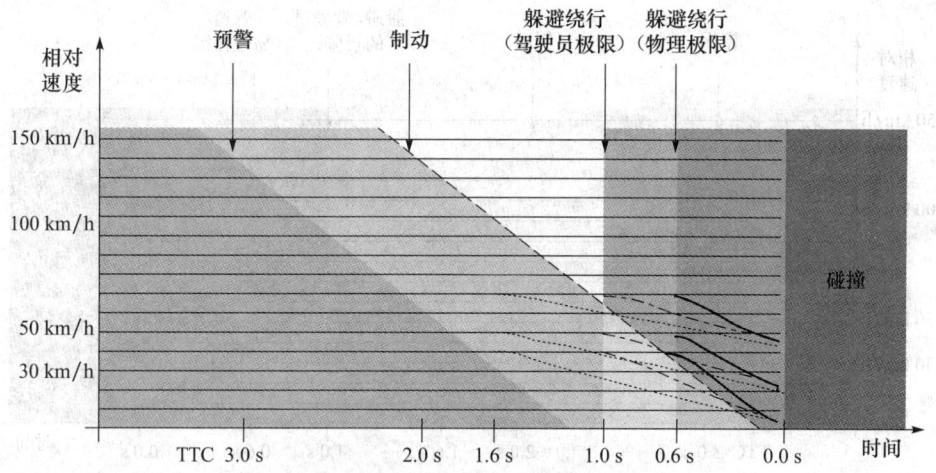

图 33-11 对于三种不同的初始相对速度(40 km/h,50 km/h,70 km/h)来说具有相同效果($\Delta v_{CM}$ =5 m/s)的三种干预策略

所有三种策略在初始速度 $v_0 \leq 2\Delta v_{CM} = 10$ m/s(36 km/h)的情况下都可以避免碰撞。它们在 40 km/h 的速度下将损失降低到"停车损害"的速度,然后将与初始速度呈正比的动能降低了 $m \times v_{sub}(t_i) \times \Delta v_{CM}$,此时在高速下速度降低到 $\Delta v_{CM}$ = 5 m/s(18 km/h)。

$\Delta v_{CM}$ = 5 m/s 的效果对于单次干预是有代表性的,如 Honda CMBS,通过 6 m/s² 的较强的制动干预,TTC = 1 s 时触发,且当 $\tau_B$ = 0.2 s 损失时间或可选较弱的制动干预,但在 1.6 s 减速度为 3.3 m/s² 且 $\tau_B$ = 0.1 s 时进行提前部分制动。在确保排除躲避绕行可能性(即在 TTC = 0.6 s 时)才可激活的应急全制动在最大加速度为 10 m/s² 和极快的制动形成动态($\tau_b$ = 0.1 s)时可以达到这样的效果。

通过多级方式达到了更高的潜力。例如,达到躲避绕行(TTC = 1.6 s)舒适阈值后较弱制动(减速制动)的触发,以及在 TTC 时间刚结束后考虑进行

全制动,由此得出效果为 $\Delta v_{CM}$ = 9 m/s。但是,因为减速度不是恒定的,而且最初较弱,因此与单级方法不同,只能达到不到 2 倍的速度下降(参见图 33-12)。尽管如此,在这样的情况下,也可以达到约 60 km/h 的速度下降。因此,甚至是以 64 km/h 的最高速度实施的碰撞测试也会降级为"停车损害",然而在此不要忘记,这时基于最有利情况的考虑还远无法在每种碰撞情境下达到有效的防护。尽管如此,还是给出了可达到防护作用的示例。实际上,在市场上已有这种方法(2008年状况):

◆ Mercedes-Benz Actros(载货车)的顶级安全包(两级自主);

◆ Mercedes-Benz 豪华级车中的预安全制动(部分制动、第二级通过自适应制动辅助或自主全制动干预(W 212));

◆ Lexus LS 中的高级预碰撞安全系统(较弱部分制动、较强部分

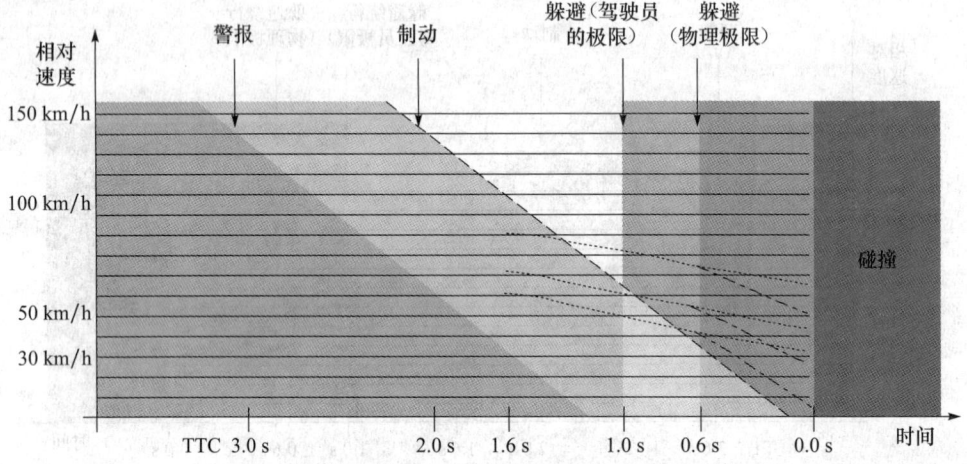

图 33-12 两级干预措施($TTC_1 = 1.6\ s, D_1 = 4\ m/s^2, TTC_2 = 0.6\ s, D_2 = 10\ m/s^2$, 损失时间分别为 0.1 s), 对于三种不同的初始相对速度(60 km/h, 70 km/h, 90 km/h)来说, 效果为 $\Delta v_{CM} = 9\ m/s(1\ s \times 4\ m/s^2 + 0.5\ s \times 10\ m/s^2)$

制动);

◆ Honda 高级车中的碰撞缓解制动系统(制动颤振、较强部分制动)。

环境感知质量的进步期待效果的适度扩大。但是,大多数情况下这会导致传感装置的价格提高,因此该项技术的市场应用率不会很高。

可能就是出于这个原因,Volvo 开始对城市安全概念的另一种方法进行宣传,这种方法是只有当距离较小时才使用成本非常低廉的激光雷达传感器进行自主干预。使用这一成本极低的理念虽然效果不大,但范围较广,至少在经济成本方面来说这种方法是正确的。截止到本文提交时,效果为 $\Delta v_{CM} \approx 2\ m/s$。

因此,只有在低速碰撞时才会明显影响效果,然而这符合只在低速(50 km/h 以下)下才计划使用的理念。

### 33.6.4 对环境探测的要求

对环境探测的要求基于触发的车辆反应。因此,在错误警报率方面,对由于警报触发的障碍物探测的要求少于较强自动干预触发的障碍物探测的要求。但是,相应的难度等级也是不同的,例如,警报探测在较长距离时发生。当警报阈值 $t_{warn}$ 为 2.5 ~ 3.0 s 时,对于不加速的距离为 $v_{diff} \times t_{warn} \approx 50\ m$ 的障碍物来说,速度差为 60 ~ 70 km/h。在标准 ISO 15623[33.17] 中,前车碰撞警报系统(FVCWS)对 $d_{max} = v_{max} \times \tau_{max} + v_{max}^2 / 2D_{max}$ (其中 $v_{max}$ 是系统速度上限), $\tau_{max} = 1.5\ s$ 且 $D_{max} = 3.6\ m/s^2$ 时的要求不得变成德国标准高速公路的速度;在州县公路上也不得改变要求,因为在 108 km/h (30 m/s)下反应范围已达 170 m。在这个距离内,在没有多次错误识别的前提下，使用目前已知的技术根本无法实现障碍物识别。

与点目标测试反射的情况相反，很容易达到标准 ISO 15623 中说明的关于 MAX($\pm 1$ m, $\pm 5\% \times d$) 的距离测量精确度的要求。方位角（横向）探测范围与转弯能力分类相关。为此，应探测方位角，该方位角位于车辆侧线延长线上与车辆相距 $d_2$ 的位置。对于一辆 1.80 m 宽的车辆，对安装在中间的单个传感器来说，方位角范围至少要保持 $\pm 9°$（拐弯能力等级Ⅰ，$d_2$ = 10 m）至 $\pm 18°$（等级Ⅲ，$d_2$ - 5 m）。仰角范围（垂直可见范围）必须足够大，以在 0.2 和 1.1 m 高度下探测在 $d_2$ 下位于中间的点目标。如果仰角范围正好必须为方位角要求的一半则说明调整合适。

对于 ISO 22839 应采用对横向和垂直可视范围的要求，同时最大距离 $d_{max}$ 应符合定义的适用阈值，并重新调整最大和最小使用速度（估计为 ≤15 km/h 和 ≥100 km/h）。对于上面已讨论的 6.5 m/s² 的轿车减速度阈值，探测能力至少为 60 m，对于减速制动则已达 130 m 左右。130 m 是使用目前技术无法确保达到可靠程度的数值，但是如前面所讨论，如果超过这个值则躲避绕行机动会更舒适。对于警报，讨论了 $D_{req}$ = 1.5 m/s² 的阈值，其会导致更大的距离。

从实践经验来看，对于在此讨论的功能要求 60~80 m 的有效距离[33.18]。因此，与静止的障碍物相反，在 100 km/h 时 TTC 达到 2 s 以上，对此达到了一个数值，该数值下可以进行安全躲避绕行或当反应较快时，通过一个制动机动还可成功防止碰撞。缓解碰撞所需的较强制动在 TTC 约为 1 s 时才会被触发，由此在速度差最大为 50 km/h 的情况下发生碰撞时，要求反应距离小于 15 m。从信号可信度测试时间为 0.3 s 出发，要求的距离增加到约 20 m。

最大的挑战不是相关物体的探测，而是实际威胁的选择。不允许对桥形路标牌和安全井盖或"合并的"物体进行触发。通过对反射能力较长时间的调查[33.19]和与距离相关的角度值常数过滤掉这些错误物体。只有具有与此相关的可信特性的物体才考虑碰撞应对措施方面的评估。

为得出对稳固性的要求，可注意使用的数量。为此，对于德国带有人员伤亡的事故（超过 300 000 起）涉及客车的公里数（$6 \times 10^{11}$ km），事故率为每 200 万公里发生约一起具有人员伤亡的事故。只有一部分事故属于正面碰撞，因此每 500 万公里一次的使用率仍可认为是乐观的。因为不是每一个错误触发都肯定会导致严重事故，因此相同等级的错误触发率对于较强的干预来说应评估为合格。这还说明，两个错误触发之间应有一个 500 万公里的平均行驶里程，换句话说，相当于 25 辆汽车的总有效寿命。

对于物体数据的准确度，应确定 TTC 并考虑所需的减速度。错误率不得超过 TTC 的 10% 和 0.5 m/s² $D_{req}$，其中滤波器运行时间的总延迟不得超过 200 ms。

上面讨论的低速限制和由此对市区交通的限制大大降低了要求。如果传感器位置正确,如在挡风玻璃后侧,距离总共仅约 10 m,应排除地面反射或其他错误测量导致的状况。因此,对于在此区域内探测到的物体基本上都作为相关障碍物进行评估,从而在出现碰撞威胁时可以触发减速制动。这种方法的主要优点是所需的传感装置简单且成本较低,因此在标准装备中甚至在整个产品范围内广泛引入,而其他已知的功能非常强大的系统只作为一些大多较昂贵的车型系列的选装件。

## 33.7 小结

尽管致力于正面碰撞防护系统的研究至今已过去了 50 多年,现在环境传感器的研发通过舒适功能如 ACC 或 FSRA 等技术才有了进展,逐步走向了批量生产。以前是以谨慎的方法(无行驶动态干预的警报功能、自适应制动辅助)研发,而目前制造商也在致力于正面行驶动态有效自主干预技术的研发。图 33-13 显示了目前可用的碰撞缓解系统及为此所应用的传感装置。

配备这种系统的车辆为乘客的安全提供了很好的保证。目前主要采用自上而下的研发方式,来自豪华车的技术将安全性功能和舒适功能结合在一起。当然,自下而上的理念也是成功的,如 Volvo 的 CitySafety,该技术应首先通过简单且成本较低的方法通过广泛的应用达到成本最低的可实现的安全性。据此可以期待功能范围将不断提升。当然还要尝试,通过这种技

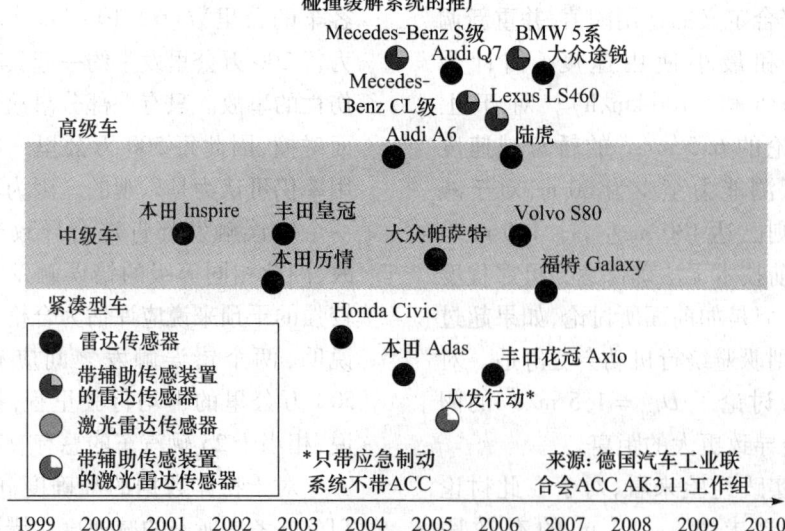

图 33-13 带碰撞缓解系统的市场引入车型概览
(来源:德国汽车工业联合会 ACC AK3.11 工作组)

术实现较高的行驶舒适性。无论使用何种方法,未来正面碰撞保护系统将实现更大的安全性,这将使事故伤亡人数再次明显降低。

# 参考书目

[33.1] Braun, H. ; Ihme, J. : Definition kritischer Situationen im Kraftfahrzeugverkehr-Eine Pilotstudie. In: Automobilindustrie Nr. 3, 1983.

[33.2] Kopischke, S. : Entwicklung einer Notbremsfunktion mit Rapid Prototyping Methoden. Bericht aus dem Institut für Elektrische Messtechnik und Grundlagen der Elektrotechnik der Technischen Universität Braunschweig, Band 10. Aachen, Mainz. , Diss. TU-Braunschweig, 2000.

[33.3] Bender, E. : Handlungen und Subjektivurteile von Kraftfahrzeugführern bei automatischen Brems-und Lenkeingriffen eines Unterstützungssystems zur Kollisionsvermeidung. Dissertation TU Darmstadt. Stuttgart: Ergonomia-Verlag, 2008.

[33.4] Seeck, A. ; Gasser, T. M. : Klassifizierung und Würdigung der rechtlichen Rahmenbedingungen im Zusammenhang mit der Einführung moderner FAS. Tagung "Aktive Sicherheit durch Fahrerassistenzsysteme". München, 2006.

[33.5] Weinberger, M. : Der Einfluss von Adaptive Cruise Control Systemen auf das Fahrerverhalten. Diss. Technische Universität München. Berichte aus der Ergonomie, Shaker-Verlag, Aachen, 2001.

[33.6] LeBlanc, D. J. ; Kiefer, R. J. ; Deering, R. K. ; Shulman, M. A. ; Palmer, M. D. ; Salinger, J. : Forward Collision Warning: Preliminary Requirements for Crash Alert Timing, SAE 2001-01-0462, 2001.

[33.7] Wiacek, Ch. J. ; Najm, W. G. : Driver/Vehicle Cha-racteristics in Rear-End Precrash Scenarios Based on the General Estimates System (GES); SAE-1999-01-0817, 1999.

[33.8] Färber, B. ; Maurer, M. : Nutzer-und Nutzen-Parameter von Collision Warning und Collision Mitigation Systemen im Verkehr. Tagungsband 3. Workshop Fahrerassistenz FAS2005. Walting, 2005.

[33.9] Kiesewetter, W. ; Klinkner, W. ; Reichelt, W. ; Steiner, M. . Der neue Brake-Assist von Mercedes-Benz-aktive Fahrerunterstützung in Notsituationen. In: ATZ Automobiltechnische Zeitschrift 99(6). 1997.

[33.10] Weiße, J. : Beitrag zur Entwicklung eines optimierten Bremsassistenten. Dissertation TU Darmstadt. Stuttgart: Ergonomia Verlag, 2003.

[33.11] Busch, S. : Entwicklung einer Bewertungsmethodik zur Prognose des Sicherheitsgewinns ausgewählter Fahrerassistenzsysteme. Dissertation TU Dresden, VDI Fortschritt-Berichte Reihe 12. Düsseldorf, VDI-Verlag, 2005.

[33.12] Morrison, R. W. ; Swope, J. G. ; Halcomb, C. G. : Move-ment times and brake pedal placement. In: Human Factors, Heft 2. 1986. S. 241-246. Zit. bei (Breuer; Bill 2004), S. 45

und (*Weiße* 2003), S. 31.

[33.13] *Hoffmann; J.* et al.: Das Darmstädter Verfahren (EVITA) zum Testen und Bewerten von Frontalkollisions-gegenmaßnahmen, Dissertation TU Darmstadt, *noch nicht veröffentlicht.*

[33.14] *Eckstein, L.*: Entwicklung und Überprüfung eines Bedienkonzepts und von Algorithmen zum Fahren eines Kraftfahrzeuges mit aktiven Sidesticks. Dissertation TU München, Fortschritt-Berichte VDI-Reihe 12, Nr. 471. Düsseldorf, VDI-Verlag, 2001.

[33.15] *Schmidt, C.*; *Oechsle, F.*; *Branz, W.*: Untersuchungen zu letztmöglichen Ausweichmanövern für stehende und bewegte Hindernisse. 3. FAS-Workshop. Walting, 2005.

[33.16] *Kodaka, K.*; *Otabe, M.*; *Ural, Y.*; *Koike, H.*: Rear-end Collision Velocity Reduction System, SAE paper 2003-01-0503, 2003.

[33.17] ISO 15623 Norm: Transport information and control Systems-Forward vehicle collision warning Systems-Performance requirements and test procedures, 2002.

[33.18] *Randler, M.*; *Schneider, K.*: Realisierung von aktiven Komfort-und Sicherheitsfunktionen mit Lidarsensorik. Fachforum Sensorik für Fahrerassistenzsysteme, FH Heilbronn. Heilbronn, 2006.

[33.19] *Jordan, R.*; *Ahlrichs, U.*; *Leineweber, Th.*; *Lucas, B.*; *Knoll, P.*: Hindernisklassifikation von stationären Objekten auf Basis eines nichtwinkeltrennfähigen Long-Range-Radar Sensors, 4. Workshop Fahrerassistenzsysteme, 4.-6. Oktober 2006, Löwenstein/Höß-linsülz, S. 153, 2006.

# 34 车道偏离警报系统

*Michael Walter, Thomas Fechner, Wladimir Hellmann, Robert Thiel*

## 34.1 车道识别系统及其应用

每年世界范围内道路交通死亡事故大约有120万起。仅欧洲就有130万起事故发生，其中有超过4万人死亡。这些交通事故的代价为1 600亿欧元。这相当于欧盟国民生产总值的约2%。在所有死亡事故中有1/3是由于变换车道或无意偏离车道而引发的。因此，可以推论，通过车道保持辅助系统，由于在无意偏离车道前进行预警，可以避免一系列事故的发生或至少能降低事故的严重程度。如本章所述，车道保持辅助系统是驾驶员辅助系统（参见图34-1），其相对于行车道中央确定车辆位置，且如果驾驶员无意间偏离车道，则应警告驾驶员或可通过自动转向干预使车辆重新回到车道内。

## 34.2 事故数据一览

"在美国55%的致命碰撞事故都与车辆驶离车道有关，因此汽车保持在其车道内行驶是避免一些碰撞事故的良好前提。"

RobertYakushi，日产北美公司产品安全总监[34.9]

在过去30年，仅德国的汽车数量就增加了一倍。增长的交通密度导致道路堵塞也给驾驶员带来了压力。尽管交通压力增加，但过去几年中事故数量和死亡人数都呈现回落的趋势（参见图34-2）。这一方面是由于消除了危险地带并对基础设施进行了改善，另一方面是通过技术创新（例如，防抱死制动系统（ABS）、电子稳定控制系统（ESP））、前侧和侧部气囊等主

图34-1 基于摄像头的车道保持辅助系统的典型应用场景

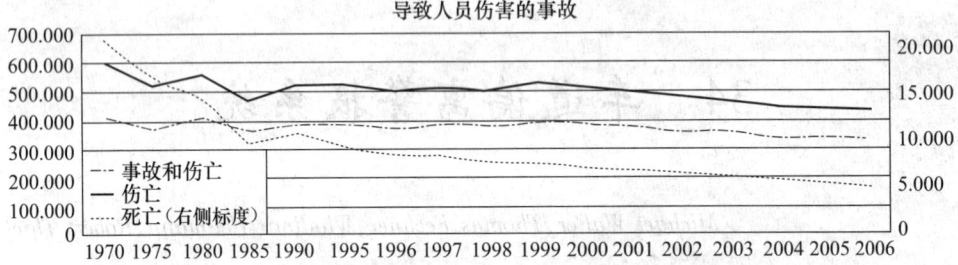

图 34-2 1970—2006 年间事故和伤亡情况（来源：联邦统计局）

动和被动安全性，尤其是稳定的客舱。

然而很遗憾，每年全世界仍有 1 000 万人在交通事故中受伤。其中有 20%～30% 的严重事故有部分人受伤，甚至有约 120 万人是由于致命伤害导致死亡的。在欧洲每年就有 130 万起导致人员伤害的交通事故，其中约有 4 万人因此而丧生，其中伤亡人员年龄低于 45 岁的交通事故占大多数[34.1]。这些事故既不是由于道路状况问题也不是由于视线条件问题，而主要是由于行驶错误导致的。原因大多是超速行驶、疲劳驾驶、粗心大意、对情况判断错误或醉酒驾车。

在德国，所有事故中约有 2/3 是由于与其他车或行车道上的物体相撞导致的，8% 的事故是由于与行人相撞，15% 是由于偏离行车道引起的。所有死亡事故中有 21% 是由于与对面来车相撞，34% 的事故是由于偏离行车道（参见图 34-3）。

此外，为了避免事故，2003 年欧盟与汽车行业、公路运营商及电信企业合作开始启动 eSafety 措施[34.10]（电子安全）以通过信息和通信技术（IKT）提高道路交通安全性。该措施的出发点是认为目前传统的安全措施（ABS、ESP、气囊，等等）实质上已充分利用完，因此必须研发新技术。通过措施将聚合所有参与者，并尽可能全面地支持这类安全系统，特别是要对支持汽车行业的措施做出决策。从 eSafety 工作组的总结报告可以看出，对于智能车辆安全系统来说，IKT 应用的潜力是最大的。欧盟委员会通过总结报告表达了他们的愿望，即应对该系统的研发和尽可能全面的推广予以支持。主要注意力要集中在驾驶员辅助系统（例如，车道变换辅助、车道保持辅助和速度控制装置）的继续研发上，从碰撞警报到改进视野状况、驾驶员监控以及自动紧急呼叫系统。具体的目标是，交通死亡人数从 2003 年约 40 000 人到 2010 年减少一半，同时，要将 20% 的新车都配备驾驶员辅助系统。日本（到 2013 年使交通死亡人数降低一半）、澳大利亚（到 2010 年使交通死亡人数降低 40%）、英国（到 2010 年使交通死亡人数降低 40%）和美国（到 2008 年使交通死亡人数降低 1/3）也采取了类似的措施。

# 34 车道偏离警报系统

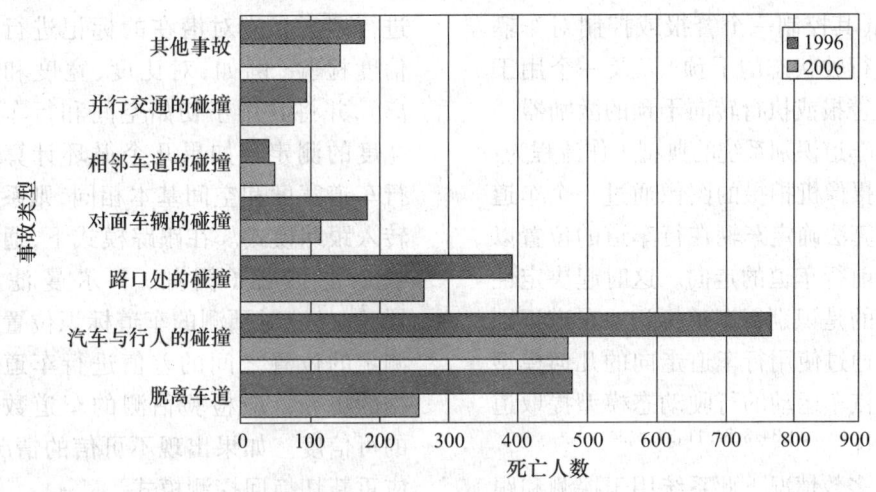

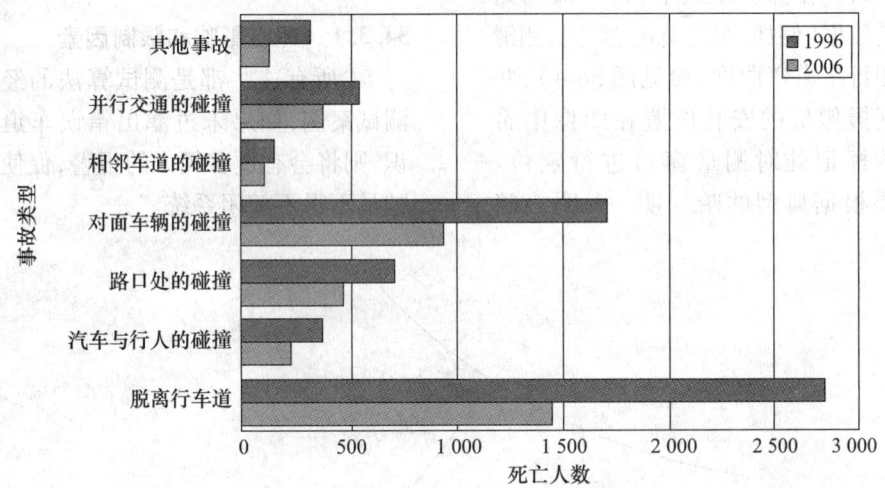

图 34-3 根据事故类型,市内和郊区的死亡人数(来源:联邦统计局)

## 34.3 车道识别系统

与工业图像处理的许多应用相反,道路交通中环境条件是不可控的,会出现非常复杂的情境。这些情境由于传感装置的限制只能部分探测到,且最终只有一部分可通过静态模型进行描述。目标是,尽量减少建模时出现的错误,并将系统设计成在发生错误时驾驶员随时保持可控性。车道识别系统永远都不可能完美,就像人会犯错一样,但其优点是,它永不会疲倦也不会出现注意力不集中的情况。

实质上,车道识别系统由以下几部分组成:一个环境探测传感器(例如,在车内后视镜后侧安装的摄像机)、识别车道标记的算法、一个决策单元(其控制一个警报或控制对车辆当前行驶状态的干预)以及一个用于产生警报或执行转向干预的激励器。

车道识别系统的典型工作流程为:根据摄像机拍摄的图像通过一个车道识别算法确定车辆在行车道的位置以及车前行车道的走向。这时起决定性作用的是识别行车道标记。车道识别系统通过使用行车道走向的几何模型以及汽车运动的行驶动态模型提取道路特征[34.20,34.8,34.11,34.5,34.9]。

多数情况下此系统用于探测和跟踪模式。在探测模式下,将生成初始车道数据(例如,车道宽度、空间、侧滑角和行车道弯曲度,参见图34-4),并根据摄像机的安装位置在图像中希望的标记处对测量窗口进行定位。这要根据典型的暗-明——明-暗(街道-标记——标记-街道)过渡进行搜索。应对潜在的标记进行可信度检验(例如,对比度、宽度和距离),并将其用于初始空间和行车道宽度的测定。如果几个循环计算的行车道宽度和空间基本相同,则系统转入跟踪模式。在跟踪模式下,通过一个滤波器(例如,卡尔曼滤波器[34.17])对预测的车道标识位置和测定的位置之间的差值进行车道数据的更新。应检验估测的车道数据的可信度。如果出现不可信的情况,应重新切换回探测模式。

### 34.3.1 环境影响和限制因素

"所有这些都是测试算法的经典测试案例,如果未过滤出错误车道标识,则将会有过多烦人的报警,促使驾驶员不得不关闭系统。"

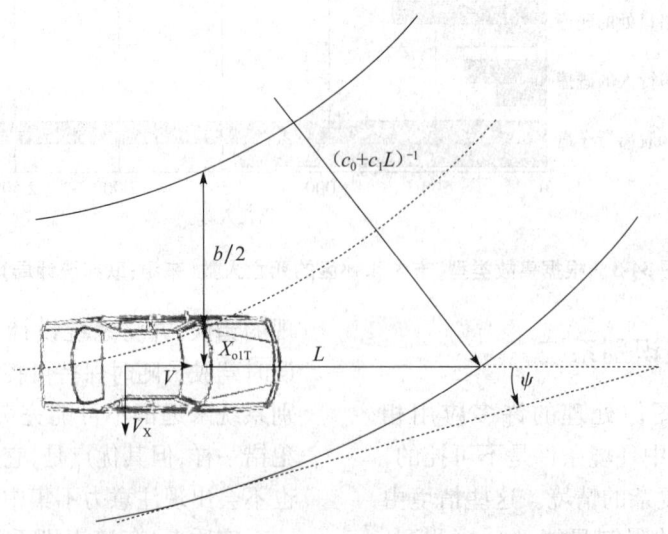

图34-4 从几何学角度出发,行车道和相关参数
(车道宽度 $b$,偏移量 $x_{off}$,侧滑角 $\psi$ 和车道弯曲度 $c_0,c_1$)

WilliamShogren，Delphi 高级
汽车安全系统经理[34.16]

目前的车道识别系统只有在可看到标识时才可正常工作，也就是说，在车道标识没有被风蚀、被草或灌木或被树叶或冰雪覆盖的情况下。也可能会由于物理效应或使用的传感装置导致问题。因此当有逆光或阳光过强以及夜晚时由于车道标识线表面光滑在较湿的反射的街道上显示的图像会比其周围漫反射的街道暗。用于修理裂缝的沥青填充（原则上出现在左侧和右侧行车道的接口处，因此正好在街道中央，即应有车道标识的位置），可以根据太阳的高度与实际标识一样亮，且行车道标识的宽度和形状通常是相同的（参见图 34-5）。通常许多图像仪的受限动态无法承受光照度的极端变化，如太阳高度较低或进隧道和出隧道行驶。经常变换光线和阴影（例如，夏季驶过林荫道时的情景），会导致标识识别变得困难。

为在较暗或逆光的较低对比度的情况下仍可识别标识，必须降低对比度阈值，如有必要还要考虑标识的几何结构和周期性结构。同时还存在这样的危险，即系统识别的是在较湿或积雪的行车道上宽度、形状、位置或方向，通常类似于一条标识线的凹陷轮迹或轮胎痕迹。这个问题可部分通过对多义性的整体分析以及更严格的可信性标准解决。但这也会导致问题，如冬季由于冰雪或化雪盐与标识接触，车道标识外观会出现变化，这可以使用单线跟踪器解决，其至少可以识别一侧的行车道（参见图 34-5）。草皮或被积雪覆盖的行车道边缘可能具有类似于行车道标识的结构。这可能会导致对情境的误释，从而导致错误的干预。与行车道标识不同，草皮或积雪大多均质性较差，且原则上其结构不均匀而且随机分布，而行车道标识则具有规则的几何形状，且部分可通过整体分析识别出来。然而，这些方法需要明显较高的计算成本。然而，强大的处理器会提高系统成本。因此高效的算法是满足实时要求必不可少的前提。然而有时还需考虑可用性下降的问题，以避免建立的功能出现错误响应。此外，折中的方法是还

图 34-5  行车道标识和路面情境

(a)高反射沥青路面和较暗的标识；(b)部分被雪覆盖的路面情境

可使用不同应用,如使用同一个摄像机识别行车道和交通标识。因此,要求夜间的行车道识别系统具有一个尽可能长的照明时间,以使即使在不利的天气条件下在较低能见度下也能识别出车道标识,同时交通标识识别的照明时间应尽可能短,以最小化所拍摄图像的动态模糊度。由于铭牌逆反光的特性,不用考虑进行交通标识识别时减少照明时间,但在提取标识时应考虑这一问题。类似的情况还包括视野(FoV)。一个交通标识识别系统必须也能够识别桥形路标牌的标志,而一个车道辅助系统只需识别车辆正前方的标识。

Citroen 采用的系统 AFIL 与基于摄像机的系统不同,如其使用红外线传感器,通过改变道路表面的反射度探测行车道标识。AFIL 由 1 个控制单元、前后保险杠下方的 6 个红外线传感器和驾驶员座椅内的 2 个电动振动器组成。传感器根据行车道线搜索道路,可通过改变反射的红外光的强度识别这些标识线。然而,系统在快要驶过前才能识别到标识,由此在施工路段会出现问题,因为多义性在很晚的时候才能消除。对此,在下雨和逆光时由于垂直于行车道安装几乎是没有问题的,但由于安装位置污染较大会出现一些问题。使用摄像机系统的优点是分辨率较高,因此精确度较好,使预测变得容易,易于实现车道保持系统,提前识别多义性(例如,提前识别施工路段),实施其他功能(例如,自动远光灯、物体识别或交通标志

识别装置)。

### 34.3.2 国家差异

"美国的道路对于这种系统(LDW)来说可能并不理想。维护的较好的是日本的车道标识线,标识线的长度和宽度都是固定的,而在美国每个州都是不同的,甚至每个县也有不同,近五年来也不会重漆……"

Chuck Schifsky,美国本田汽车新闻发言人[34.16]

国家差异不仅表现在标识的质量上,还在于其规格。因此,在欧洲驶出口原则上是通过虚线将实际行车道分隔开,而这并不适用于美国所有州:有些州未分隔驶出口,或只在驶出口末端才划出虚线。因此,基于摄像机的系统由于其较低的预见性必须在出现问题前约 50 m 处做出判断,前方是驶出口还是右转弯道。一个可能的解决方法是,进行更多的车道假设,并应选择可能的较高层面的假设。另一个问题是由于车道标识的类型。在加利福尼亚州使用最常见的所谓的 Bot Dots 进行车道限制。Bot Dots 是道路允许的反射装置。在夜间其非常适合用于对车道进行限制,白天根据太阳高度其会反射亮光,或由于空间结构的原因只会产生暗的阴影。

另外,有些国家采用彩色车道线。大多数带有单色图像仪的车道识别系统通过道路和车道线之间的暗 – 明——明 – 暗过渡识别车道标识线。然而,这仅适用于暗底色亮标识线的情况,但标识线不能是彩色的,彩色标

识线在灰度图中会比道路的颜色还暗。例如，美国有的行驶路段上与自行车道的分界线采用的是亮底色、暗黄的车道标识线，德国有的施工路段是黄色标识线，奥地利采用亮底色和暗红色标识线或反光线，而日本采用蓝色标识线。尽管人眼很容易识别这些标识线，但对于带有单色图像仪的车道识别系统则会有困难。即使使用的是彩色图像仪[34.4]，但还是需要进行判释。在美国，如果是施工现场或共用车道，是否通常是用多条黄线将原来的行车道隔离开？这可以通过以下来解决，即降低可用性或通过传感器融合（例如，考虑前后关系，通过导航仪）。

"欧洲道路的车道标识线应变得更好些……"

William Shogren，Delphi 高级汽车安全性系统经理[34.16]

## 34.4 功能特性

车道保持辅助系统是驾驶员辅助系统，其防止车辆偏离行车道[34.15]。其在辅助程度上有所不同。当驾驶员面临偏离行车道（车道偏离警报）时，在最低层面上有仅对驾驶员发出警报的应用。因此，系统可以主动干预车辆引导，并在刚离开车道或快要离开车道前进行调整（例如，通过转向干预或单侧制动干预（车道保持系统、车道偏离修正系统））。此外，主动安全性系统对环境探测的可用性、识别的安全性和冗余有较高要求。

### 34.4.1 车道偏离警示系统(LDW)

车道偏离警示系统在驾驶员偏离车道前给予驾驶员警示。如果车辆面临偏离车道的危险，系统将在低于 DLC（偏移车道线距离）标准或 TLC（偏移时间）标准时向驾驶员报警。DLC 标准只与车辆的横向偏移有关，只关注车轮与车道线的距离，并不进行预测。TLC 标准（方程式(34.1)）计算到超过车道标识线的时间，如果低于预设的时间阈值则会向驾驶员发出警报。此外，除了行车道宽度 $b$ 外，还需要速度 $v$，与车道中心 $x_{off}$ 的距离，车辆宽度 $b_{fzg}$ 和车辆在行车道中的方位 $\psi$。这可使驾驶员提前做出反应，但提高了对车道识别的要求，因为必须预测车辆的运动方向。警报的方式可以是不同的，如视觉警报、声音警报或触觉警报。目的是使驾驶员能够更快地对警报做出反应。

$$TLC = \frac{\frac{b}{2} - \frac{b_{fzg}}{2} \pm x_{off}}{v \times \sin\psi} \quad (34.1)$$

方程式(34.1)：简化的 TLC 标准，无须考虑车道弯曲度，用于右侧或左侧车道标识线。

**(1) 视觉警报**

"对我来说，很容易忽视仪表盘底部的闪光信号灯。"

Robert Yakushi，日产北美公司产品安全总监[34.7]

视觉警报可以通过组合仪表中闪烁的符号或平视显示器（HUD）中的渐显显示出来。但只有这些是不足以引起驾驶员注意的，因为必须考虑到，驾驶员可能已处于注意力不集中甚至打瞌睡的状态。

## (2) 声音警报

"如果开着音响或在交谈中则根本听不到很小的蜂鸣音。"

Robert Yakushi, 日产北美公司产品安全总监[34.7]

声音警报可以是一个信号音(例如,"像在颠簸道路上行驶一样的声音"),就像驾驶员驶过施工现场的标识线时的声音一样,其通过扬声器发出。声音警报的优点是相对简单而且实施成本较低,并可以对状况进行区分。根据汽车快要在哪一侧偏离车道的具体情况,决定哪一侧的扬声器发出报警音。缺点是,车内所有乘客都会听到声音警报,这会将驾驶员的驾驶行为暴露给其他乘客使其尴尬。声音警报也以已应用于各种不同的目的(例如,碰撞警报、ACC 接管控制要求或系统故障时发出通知)。因此,对于驾驶员来说并不能轻易且快速地对情况做出反应,因为驾驶员首先必须要识别警报的原因。对于比较干扰人的警报音,驾驶员很快就会产生反感。对于 Mercedes Actros,使用的是"像在颠簸道路上行驶一样的警报音"。曾由职业驾驶员在行驶模拟器中和公共道路上进行了一系列试验,这种警报被证明是在方向偏离和疲劳驾驶时对驾驶员来说有效的可接受的警报方式。

## (3) 触觉警报

触觉警报可通过一个转向轮阻力矩(例如,Lexus)、转向轮抖动(例如,Audi、BMW)或驾驶员座椅内的一或两个振动器单元(例如,Citroen)实施。转向轮中的抖动是非常直接的,有利于驾驶员做出正确反应,因为与报警音或显示屏上的视觉警报不同,驾驶员由此直接就能知道是否需要校正转向。座椅内振动器的优点是,可以通过简单的方式反馈给驾驶员,车道偏移到了哪一侧。只有左侧或右侧的座椅面会发出振动,因此可以做出相应的反应。乘客不会感知触觉警报,这大大提升了该系统的可接受程度。缺点是附加费用和成本较高。需要额外的用于振动的硬件,而且振动必须与路面和当前的车速相适应,因为否则的话无法明确与车内的普通振动进行区分。此外,当转向轮内出现振动时,很难告知驾驶员车辆向哪一侧偏移。当然,只有当至少有一只手放在方向盘上时,驾驶员才能感知到警报。

建议将触觉警报作为最佳解决方案,因为使用这种方式时只有驾驶员能感知到警报。另外,根据特征的不同,驾驶员会在该处获得一个直接的干预反馈。

## 34.4.2 高级车道偏离警示系统(ALDW)

LDW 的主要目标是,当驾驶员偏离行车道时发出警报。在这种情况下,出现了相互矛盾的要求:一方面系统的运行应尽可能透明,只有当车辆驶过行车道标识线时才发出警报,而不监管驾驶员(规定其使用转向指示灯);另一方面,通过错误的或者过于频繁的警报干扰驾驶员,甚至过度使用警报。

如果车辆驶过行车道标识线且没有设定转向指示灯,则应发出警报。然而在弯道较多的公路上,驾驶员时而会驶过行车道标识线,尽管其既不想转向也并不是注意力不集中,会有行车道曲线相交的情况或在狭窄的道路上一个车轮接触到行车道标识线的情况。在超车或更换车道时,在进行车道更换前通常不会打开转弯指示灯或只是短时间打开。在出现所有这些情况时,根据警报的特征,系统透明对于驾驶员来说可能是一种不必要的负担,或甚至会干扰驾驶员,促使其将系统关闭。这种警报大多是多余的,可以通过评估环境和上下文信息的驾驶员意图识别抑制这种警报。因此,在很多情况下,可通过对车辆加速度、行车道曲率、转向轮转角和节气门踏板调节识别行车道曲线相交或脱离车道超车[34.23,34.3,34.18]。对较窄道路的警报可以通过推迟警报时间点抑制或延迟。然而,因为警报大多是主观感觉到的,因此只有在很少的情况下才有可能设立明确的规定。但是,进行驾驶员意图识别时至少应分析车辆纵向和横向速度、加速度、行车道曲率、与行车道标识线的侧滑角、行车道宽度、左右标识线的类型、行车道中的位置、加速踏板位置和制动位置以及转向指示灯的状态,从而为驾驶员提供符合预期的系统行为。此外,较早发出警报也是有用的。在弯道外侧比在弯道内侧提前预警或在宽敞道路上横向运动时提前预警都是有利的,这样可给予驾驶员更多的反应时间。为

此,可以使用转向控制单元如收音机、可调式侧视镜、导航仪等发出提前预警或使驾驶员意图识别系统失效。此外,可以使用注意力控制数据[34.13,34.21,34.2],以在系统开始疲劳时自动转换到"较高戒备状态"。因此,如可以提高 TLC 阈值,并在较早的时刻警告驾驶员,或者可以根据疲劳程度进行较强烈或较清晰(例如,振动)的报警。

同时,应为驾驶员提供警报指示灯,向其提供目前系统状态方面的信息(系统已开启,已识别行车道标识线,在车辆驶离行车道时将会报警或由于驾驶员主动干预报警被抑制),从而提升系统的透明度,并增加系统的信任度。但是,每个驾驶员主观上都有自己在识别车道走向时的与技术系统相关的标准不同的标准。一条驾驶员主观上认为很容易识别的道路,对于行车道识别系统来说由于较强的光-阴影-对比度可能是不可识别的。因此,与驾驶员的预期可能是有偏差的,此时其有可能相信车道保持辅助系统功能正常,尽管在特殊情况下其根本无法再正常工作。

### 34.4.3 车道保持辅助系统(LKS)

如果询问受试者其在车道偏离警示系统(LDW)方面的经验会知道,尽管非常频繁地开启系统,但其作用并不像可自动调节与前车相对速度的自适应巡航系统(ACC)那么大。高估了表现出主动转向干预的车道保持辅助系统[34.22]。

车道保持辅助系统是车道偏离警示系统的进一步功能扩展。同样，对于车道偏离警示系统(LDW)，缺少一个车道保持辅助系统(LKS)监控汽车与行车道中央的相对位置，主动辅助驾驶员保持在车道内行驶。如果汽车驶离车道，则系统会在快要驶离之前校正位置，如通过适当的转向干预。此外，驾驶员随时都保持着对车辆的控制，也就是说，其可以随时超控系统，如在紧急情况下可以有意驶离行车道，以避免更严重的事故。通过识别车道线曲率、偏移量、车道宽度和侧滑角，可以在驶离车道前进行适当干预。转向干预可以通过一个力矩调节器或一个叠合转向系统实施。尽管应由驾驶员承担责任，然而只有当组合转向时，汽车才能正常行驶。自主行驶不是这种系统的目的。

因为1/4的事故都是由于偏离车道导致的，因此车道偏离警示系统在驾驶员分心或对情况估测错误时通过及时对驾驶员发出警报很有可能会避免事故的发生。如果驾驶员疲劳驾驶或打瞌睡，驾驶员根本没有注意或很晚才注意到警报，则车道偏离警示系统是不够的。与疲劳有关，可能还有以下几个问题：当驾驶员打瞌睡时，事故经常是由于汽车驶离行车道驾驶员自己或通过轮胎噪声被吵醒或被方向盘的振动惊吓到而猛打方向盘[34.12]。在这种情况下，一个能使汽车自行保持在车道内并使猛打轮变得困难的系统是很有用的。

然而，车道保持系统(LKS)会导致很多多余的操作，如与副驾驶通过电话谈话、查阅日程或长时间使用导航系统或查找CD[34.22]。为抵制这些不当行为，应谨慎规划系统，如通过长时且强烈干预或亲自控制。

### 34.4.4 车道偏离修正系统(LDP)

车道偏离修正系统是高级车道偏离警示系统(ALDW)的扩展。此外，其并不是一个舒适性系统，而首先是一个安全性系统。如果驾驶员偏离车道，则首先像ALDW系统一样进行报警，如果确定驾驶员随后没有采取任何措施，则车辆会在离开行车道后主动回转方向。如同车道保持系统，可以通过不同的执行机构进行干预，特别是通过一个ESP系统提供了制动干预，以分别制动每个车轮。因此，车辆可以通过单侧制动干预返回到车道内，并带来正面的负效应，同时还降低了车速。为尽量避免错误干预，类似于ALDW系统，应在确定驾驶员未采取任何措施后才进行干预。如果发现驾驶员采取措施，则不得进行干预，因此驾驶员随时都可以操控系统。在进行驾驶员意图识别时，对算法的开发也是一个非常大的挑战。因此例如在没有上下文感知的情况下，如果在超车后不开转向指示灯是很难识别出缓慢拐入的动作的。在超车后还经常会忘记关闭转向指示灯，在慢慢驶离车道时应决策，是有意离开车道还是其他情况。为降低错误干预的危险，可考虑与疲劳识别组合使用[34.13,34.21,34.2]。如果驾驶员有疲劳驾驶或分心的可能,才允许进行车道偏离修正系统干预。为了排除由于车道识别的错误导致的错误干预,应使用冗余系统,重要的不是可用性,而是尽可能低的错误干预次数。还有,就是可以通过物体识别[34.14]或雷达进行数据融合,如为了在偏离行车道或在驾驶员采取错误措施时确定驾驶员是无意偏离车道的,而不是有意拐弯绕行,以避免在狭窄的公路上与对面来车或静止的障碍物发生碰撞。

## 34.5 小结

目前,自主行驶已不再是未来的展望,如目前的研究项目 DARPA 城市挑战赛[34.6]。然而研究结果尚未达到批量进入大众市场的程度。一方面,此项试验的一部分是在受控环境下实施的;另一方面,其所需的技术成本较高,尚无法进行批量生产。此外,还有很多基础设施方面的问题(例如,车与车的通信或交通控制系统)以及很多法律上尚未解决的问题。然而,驾驶员辅助系统现已在驾驶员舒适性和安全性方面取得了很大的成绩,车道保持辅助系统已成为众多著名汽车制造商的特殊装备选装件。

第一个商用车道偏离警示系统(LDW)是在 20 世纪 90 年代末为商用车开发的,是欧盟资助的 PROMETHEUS 项目的研究结果。2000 年美国 Iteris 公司首次将基于摄像机的 LDW 系统投入市场,其首次用于 Mercedes Actros。2002 年 Iteris 公司将其用在集装箱货运列车中投入北美市场,随后很多著名的汽车制造商,如 MAN、Volvo 等将其投入欧洲市场,Mitsubishi Fuso 将其投入日本市场。第一个用于 Pkw 的系统是同时在日本为 Subaru、Honda und Toyota 研发的。同时,在北美 Valeo 和 Iteris 公司共同为日产汽车公司开发了车道偏离警示系统,并在 2005 年推出了用于 Infiniti FX 和 Infiniti M 的车道偏离警示系统。在欧洲,2005 年雪铁龙(Citroen)采用了 AFIL(Alerte de Franchissement Involontaire de Ligne,即在更换车道时通过红外车道线识别发出警报)首次用于 C4-、C5-和新车型 C6 的基于红外线的 LDW 系统中。2006 年雷克萨斯(Lexus)引入了车道保持辅助系统,当车辆离开行车道时除预警外,还进行正确的转向干预。2007 年通用汽车(General Motors)在其 2008 年 Cadillac STS、DTS 和 Buick Lucerne 车型中采用了车道偏离系统。与此同时,BMW 和 Volvo 开始引入 SiemensVDO 公司的基于摄像机的 LDW 系统,大众(Volkswagen)及其子公司 Audi 采用了 Continental 公司的系统。到 2009 年,所有著名汽车制造商都宣布使用了车道识别系统。

目前应用的程度还不够,大多数还只限定在高端市场。但是,如果今后法律规定必须使用车道偏离警示系统(LDW),则市场将大大增加。第一个刺激是美国的一些保险公司已将应用 LDW 系统作为降低保险费的前提条件。特别的购买刺激是发放安全测试奖金。另一个趋势是,正面引导

LDW 市场，实际上，越来越多的老年驾驶员希望高龄时仍继续驾驶。在这种情况下，电子辅助装置，如 LDW 或车道保持系统会带来更好的安全性。与现有的系统相比，在危急情况下（例如，在施工现场）其可用性必须更好。基本技术（例如，摄像机传感器在其他产品范围中如手机的大市场中获得了很好的收益）随着价格的暴跌，可在中级车范围内推动市场的扩张。起初每年只有几百只几千台装置进入市场，而到了 2009 年市场容量已达到几十万台，到 2012 年有几百万台 LDW 进入市场。

# 参 考 书 目

[34.1] "20000 Leben retten auf unseren Straßen-Eine gemeinsame Aufgabe", Europäische Kommission. Amt für amtliche Veröffentlichungen der Europäischen Gemeinschaften.

[34.2] Artaud, P.; Planque, S.; Lavergne, C.; Cara, H.; de Lepine, P.; Tarriere, C.; Gueguen, B.: An on-board System for detecting lapses of alertness in car driving. In: Proceedings of the 14th International Conference of Enhanced Safety of Vehicles, 1994.

[34.3] Batavia, P.: Driver Adaptive Lane Departure War-ning Systems. PhD Thesis, Robotics Institute, Carnegie Mellon University, 1999.

[34.4] Bayer, B. E.: Color imaging array. Patent, U. S. 3 971 065, 1976.

[34.5] Behringer, R.: Visuelle Erkennung und Interpretation des Fahrspurverlaufes durch Rechnersehen für ein autonomes Straßenfahrzeug. PhD thesis, Federal Armed Forces University, Munich, 1996.

[34.6] http://www.darpa.mil/grandchallenge.

[34.7] Infinite lane departure System works well despite subtlety, Detroit Free Press, 7/28/2005.

[34.8] Dickmanns, E. D.; Zapp, A.: A curvature-based scheme for improved road vehicle guidance by Computer vision. In: Proceedings of SPI Conference on Mobile Robots, S. 161-168, 1986.

[34.9] "Nissan Readies Lane-Departure Prevention Technology", edmunds InsideLine, 6/27/2007.

[34.10] ESafety. "Improved road safety through information & communication technologies", European Commis-sion. Information Society and Media.

[34.11] Franke, U.; Knoeppel, C.; Loose, H.: Lane Recogni-tion on Country Roa-ds. In: Proceedings of IEEE Intelligent Vehicles Symposium, 2007.

[34.12] Gründl, M.: Fehler und Fehlverhalten als Ursache von Verkehrsunfällen und Konsequenzen für das Unfallvermeidungspotenzial und die Gestaltung von Fahrerassistenzsystemen. PhD Thesis. Universität Regensburg, 2005.

[34.13] Harguti, V.: Eyelid movements and their predictive value of fatigue stages. 3rd International Conference of Psychophysiology in Ergonomics,

[34.14] Heinrich, S.: Real Time Fusion of Motion and Stereo Using Flow/Depth Constraint for Fast Obstacle Detec-tion. In: Proceedings of the DAGM-Symposium, S. 75-82, 2002.

[34.15] ISO 17361: "Intelligent transportation Systems. Lane departure warning Systems. Performance requirements and test procedures". British Standards Institution, 2007.

[34.16] Jensen, C.: Reminder From the Car: Stay Inside the Lines, AUTOS ON MONDAY, The New York Times, January 24, 2005.

[34.17] Kaiman, R. E.: A New Approach to Linear Filtering and Prediction Problems. In: Transaction ASME, Journal of Basic Engineering, S. 35-45, 1960.

[34.18] Kim, S. Y.; Oh, S. Y.: A driver adaptive lane departure warning System based on image processing and a fuzzy evolutionary technique. In: Proceedings of IEEE Intelligent Vehicles Symposium, S. 361-365, 2003.

[34.19] Kluge, K.; Thorpe, C.: Representation and recovery of road geometry in YARF. In: Proceedings of IEEE Conference on Intelligent Vehicles, S. 114-119, 1992.

[34.20] Pomerleau, D.: RALPH: Rapidly Adapting Lateral Position Handler. In: Proceedings of IEEE Conference on Intelligent Vehicles, S. 506-511, 1995.

[34.21] Ji, Qiang; Zhu, Zhiwei; Lan, Peilin: Real-Time Non-intrusive Monitoring and Prediction of Driver Fatigue. In: Proceedings of IEEE Transactions on Vehicular Technology, 2004.

[34.22] "Roads to the Future: The Assisted Driver". Report from the Dutch Ministry of Transport, April 2007.

[34.23] Schmitz, C.: Adaptiver Spurverlassenswarner mit fah-rerabsichts-und fahrerzustandsabhängiger Warnstrategie. PhD Thesis, Shaker Verlag, 2004.

[34.24] "Viewpoint Automotive Camera Systems", Strategy Analytics, December, 2006.

# 35 车道保持辅助系统

*Jens Gayko*

很多驾驶员感觉在高速公路上较长时间行驶时保持车道行驶是一件令人厌倦的事情,而疏忽驶离车道通常是事故发生的原因之一,如第34章所述。与上一章说明的车道偏离警示系统(LDW)的功能不同,本章所述的车道保持辅助系统(LKS)主动干预转向系统,其在车道保持行驶任务时辅助驾驶员。目标是,根据设计的不同,提高安全性和行驶舒适性或两者兼具。

此处所述系统的一个重要特性是其是一种辅助方式,发出警报,但并不能代替驾驶员的作用。因此,通过驾驶员和车道保持辅助系统(LKS)对车辆实施电机驱动转向。目前,可用系统的应用范围扩展到高速公路的中速至高速范围及有明显车道标识线的高速公路。

典型的车道保持辅助系统(LKS)的组件包括一台摄像机和其相应的用于探测车道标识线的图像处理设备,一个用于计算转向干预的LKS控制器,一个用于影响转向系统的控制元件以及一个驾驶员界面(图35-1)。

根据实际情况,使用单独的调节器或将现有的转向系统连同转向调节器一起使用。除图像处理的结果外,LKS控制器还可使用行驶状态相应的参数,这可以通过CAN总线实现。

如第20章所述,转向系统既有力矩叠加的可能性,也有转向角叠加的可能性。为辅助向驾驶员提供直接可感知的反馈,进行车道保持辅助,现有的系统会影响转向力矩。

2002年,车道保持辅助系统分别由Honda和Nissan几乎同时推出并首次出现在日本市场。首次引入欧洲市场,确切地说进入英国市场是在2006

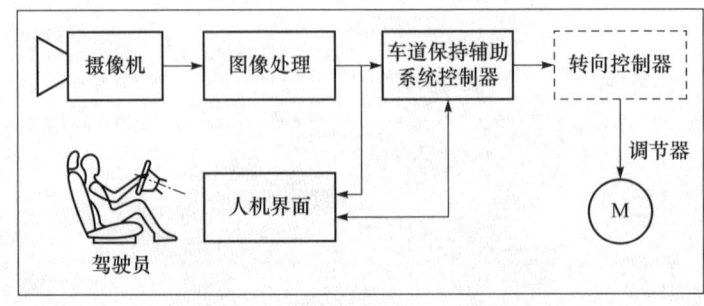

图35-1 车道保持辅助系统的系统组件

年通过 Honda 公司在其雅阁(Accord)中使用的,随后很快用于其 Legend 车型,命名为"车道保持辅助系统(LKAS)"。在此期间,具有此功能的其他车型也陆续在德国市场推出或预推,如带"车道保持辅助功能(LKA)"的 Lexus LS 460,其作为高级预碰撞安全系统的部分功能,以及 Honda Accord(本田雅阁)和 Volkswagen Passat(大众帕萨特)等车型。在美国,Nissan(日产)宣布推出了名为"车道偏离修正系统"的系统[35.1]。

## 35.1 功能概述

目前使用的系统的应用范围扩大到带有可见车道标识线和笔直以及长弯道的公路。驾驶员通过大多数位于方向盘或方向盘附近的操控单元激活该系统。只要行驶状态和道路状态在允许范围(第 35.3 节中表 35-1)内,且系统识别出车道标识线,则就实现了对驾驶员的辅助。如果驾驶员开启了转向指示灯(Blinker),则这将被判读为计划变更车道的标志,车道保持辅助系统(LKS)将暂时关闭。如果在无转向指示灯的情况下车辆即将偏离车道,则除发出触觉提示外还会发出附加的视觉和声音警报。

车道保持辅助系统的特性可通过假设直行的情况下与横向偏移或与车道中央偏差相关的辅助力矩进行简述。如图 35-2(a)所示的曲线,其只在面临驶离车道的危险时才会辅助驾驶员。在这样的设计下,安全性才是最重要的:系统辅助驾驶员避免因疏忽麻痹驶离车道。此特征曲线的转向阻力矩可以作为车道偏离警示功能的触觉警报(参见第 24 章)。如果在车辆偏离车道中央较少时就对转向装置施加一定的力矩,则称为密切驾驶控制,如图 35-2(b)所示。采用了这两种方法的折中方法,如图 35-2(c)所示:当与车道中央偏离较小时驾驶员将温和地辅助车辆保持在车道中央。在不影响舒适性的前提下允许少量偏移车道中央,当接近车道边缘时才进行明显的干预。

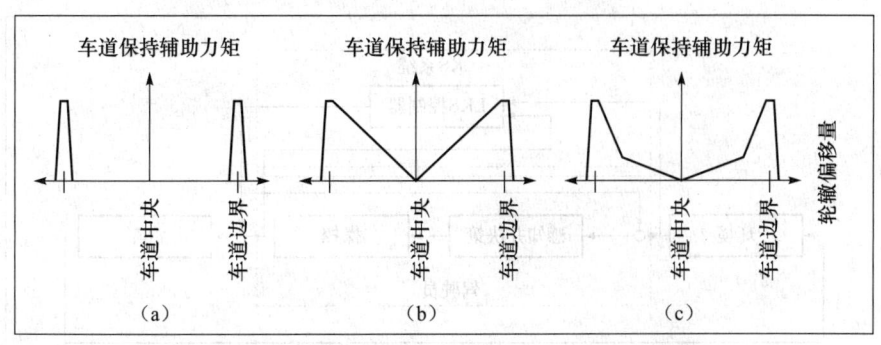

图 35-2 与横向偏移相关的辅助力矩值曲线示例(图示)
(a)宽松驾驶控制;(b)密切驾驶控制;(c)舒适型控制

Lexus 将车道保持辅助系统(LKS)功能和自适应巡航控制(ACC)功能进行了结合(参见第 32 章)。停用 ACC 时应根据图 35-2(a)给予辅助,而在启用 ACC 功能时辅助力矩的特性如图 35-2(b)中的曲线所示。对于 Lexus,作为这种 LKA 和 ACC 功能结合的结果,驾驶员的制动干预改变了 LKA 功能的状态,即切换到了车道偏离警示(LDW)模式[35.2]。Honda 车道保持辅助系统(LKAS)的欧洲版没有这种功能的结合。与 ACC 功能无关,LKAS 功能可以启用或停用。当驾驶员进行制动干预时,LKAS 功能只短时停用,在松开制动踏板时会自动重新启用。

设计 LKS 的目的是减轻驾驶员实施车道保持的(令人厌烦的)操作负担,同时向其提供驾驶相关信息,从而确保可靠的驾驶行为。为检验是否达到这一目的,应检验对行驶行为的辅助效果。此外,可以发现多个方面:观察到的驾驶员行为、驾驶员的需求以及驾驶员通过何种方式通过驾驶员辅助系统进一步了解系统[35.3]。对驾驶员积极的辅助既减轻了驾驶员主观感觉的负担也减轻了客观可衡量的负担,同时还提高了车辆的行驶性能,如很多试验所示[35.4,35.5,35.6]。图 35-3 图示了使用车道保持辅助系统(LKS)的方案。

通过以转向阻力矩方式的触觉反馈应避免驾驶员不进行稳定化操控,而只进行观察,从而过早产生疲劳感[35.4,35.7]。图 35-3 下方显示的是手动驾驶的控制电路。LKS 系统借助传感器探测行驶环境周围区域。通过以转向阻力矩方式的触觉反馈在机械操作及情境感知方面辅助驾驶员[35.3]。

对驾驶员转向力的观测用于识别双手脱离方向盘的驾驶行为,这会导致功能停用。此外,驾驶员可随时完全接管控制。同样,这也体现了 LKS 系统功能设计时的重要方面。驾驶员开始采取措施或在不希望的系统反应出现时有接管控制的必要性。例如,不希望的系统反应包括:通过系统识别到的故障或系统限制停用;在错误

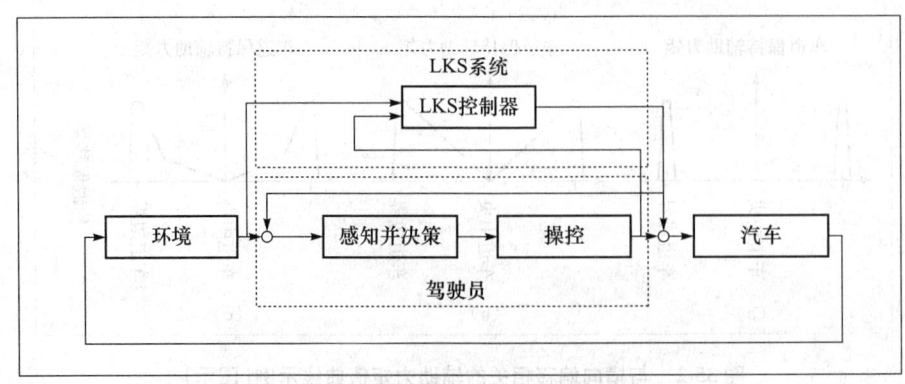

图 35-3 使用车道保持辅助系统(LKS)的方案

识别到车道标识线后出现不希望的转向阻力矩。因此，判断转弯行驶是特别危险的。坡形的力矩时间曲线比陡形力矩使驾驶员有更大接管行驶控制的可能性[35.8]。

## 35.2 解决方案和技术实现

通过不同的功能单元对不同的解决方案和技术实现进行描述。根据部件(控制单元)对功能单元的划分可以通过不同的方式实施，其也可通过非技术方面以及供货范围确定。

### 35.2.1 车道识别

目前市场上采用的 LKS 系统是基于车道标识线识别来确定车道的。与第34章所示的车道偏离警示系统(LDW)相比，车道保持辅助系统(LKS)的较高要求体现在对车道识别的预测上。最简单的情况下对于车道偏离警示(LDW)功能来说就是识别沿某个确定的方向压上车道标识线，而车道保持辅助系统需要进一步的信息。这包括如与车道中央的偏离程度、车辆在车道中的方位以及前面行驶路段的几何形状信息。此外，还必须识别右侧和左侧车道的边界，否则无法根据车道中央进行调节，如图35-2(b)、图35-2(c)所示。由于目前的 LKS 系统可辅助驾驶员在高速公路上行驶，在识别较小转弯半径时比 LDW 系统对车道识别的要求要少。

适用于轿车的固定车道识别摄像头安装在车内后视镜附近的区域。在该处摄像头不会受到石击或轻微事故伤害，可以放置在车窗玻璃刮水器的清洗区域内，从而可很好地去除来自外界的脏污。为防止由于雾气和结冰导致车内摄像单元妨碍视线，应进行充分通风，如有必要，应进行加热。

通常使用 CMOS 传感器作为成像仪，可以使用带线性特征曲线或其他动态范围的成像仪，如图35-4所示的摄像单元(参见第15章)。使用这个单元可以将用于图像处理的组件与 LKS - 调节器的组件进行集成。

图35-4 集成有测量电子装置的用于图像处理的摄像单元(Bosch 公司)

可以通过不同的方法实现车道识别的算法。有一种实现完全是软件形式的，其在可自由编程的微处理器上运行，通过专用硬件(例如，ASIC 或 FPGA)的混合，并部分通过软件实现。

### 35.2.2 控制策略

转向辅助力矩的计算分为很多区块。图35-5中显示了可能的划分方法。LKAS 辅助力矩的计算是以车道识别提供的信息和一些行驶动态参数为基础的，(例如，速度)。控制器通过这些在车道中定位的输入参数以及

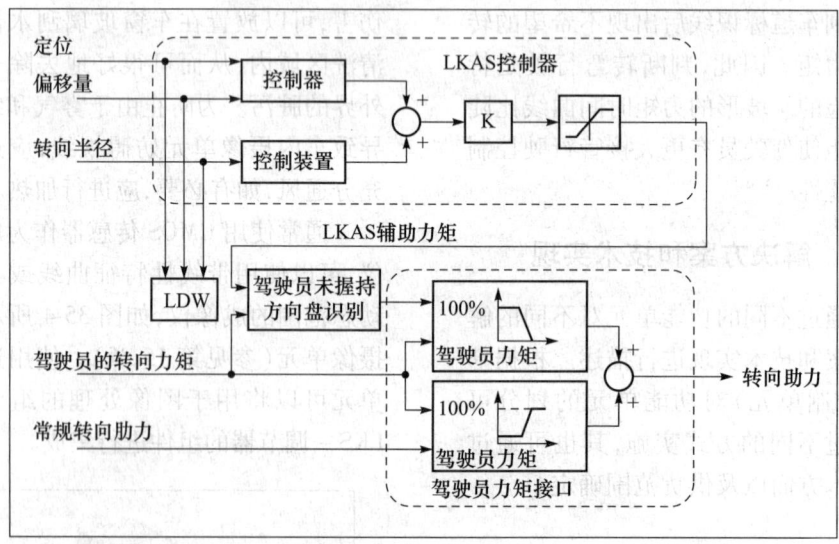

**图 35-5 用于车道保持辅助的 Honda LKAS 控制策略框图**

与车道中央的偏移量计算所需的转向阻力矩以校正与理想行驶轨迹的偏差。前面路段的转向半径应作为控制的输入参数。此外,还要以汽车几何模型为基础计算所需的转向阻力矩。

调整控制器时应注意施加的力矩既会作用于车辆也会作用于驾驶员。因为系统会辅助驾驶员在驾驶员不参与的情况下通过控制电路进行横向调节,因此仅有一部分所需的辅助力矩施加在转向装置上。在[35.9]中建议,将计算得出的转向阻力矩的 80% 用于辅助驾驶员,剩下的部分必须由驾驶员提供。此外,应对最大值进行限定,以确保驾驶员在错误识别车道时仍可保持对车辆的控制。

为使带 LKS 系统车辆的驾驶员能够随时接管控制,应测量驾驶员的转向阻力矩。如果驾驶员的转向阻力矩超出限值,则应降低对车道保持辅助力矩的影响,车辆的特性如带传统转向助力装置的车辆一样,参见图 35-5 下方部分。

图 35-5 中所示的控制器的其他功能块为识别是否驶离车道(LDW 功能,参见第 34 章)和驾驶员未握持方向盘(Hands-off)的决策单元。

### 35.2.3 人机接口

除用于系统操控和用于显示系统状态的单元外,人机接口还包括方向盘扭矩接口。通过方向盘的按键实现 Honda 和 Lexus 系统的操控,精确的说是激活。如第 35.1 节所述,对于有些系统存在与自适应巡航控制(ACC)的功能耦合。

在显示仪表上进行显示,如在流速计上显示。显示的符号用于使驾驶员随时识别到系统状态,这包括是否激活了系统的准备和控制等方面的信息。此外,如果驾驶员有偏离车道的倾向应对其发出通知。

因为目前的车道保持辅助系统(LKS)对驾驶员进行辅助,但是不能完全代替驾驶员。为此,应测量和分析(手松开方向盘识别)驾驶员施加的转向力。可以通过借助汽车模型计算必要的转向力矩与测定的力矩进行比较实施[35.6],为得出可靠的决策,需要 5~15 s 时间。如果驾驶员松开方向盘,则自动转向校正关闭,在仪表盘上将有相应的提示。

警报显示(例如,车道偏离警报和在手松开方向盘情况下警报关闭)大多数都是通过声音提示或闪烁显示发出的(参见图 35-6)。

### 35.2.4 执行机构

一般情况下使用汽车的转向系统作为执行机构或调整机构。此外,第 20 章中所述的力矩叠加的解决方案适用。Honda 和 Lexus 公司使用可以叠加力矩的电子转向辅助(EPS)执行机构。相反应考虑使用带电动附加执行机构的液压转向助力装置,然而这会增加系统成本。由于必要的功率要求,首先在较低的车辆等级上引入了电动转向助力装置,然后才逐渐在较高的车辆等级上采用。这会导致一些制造商首先在中级车(例如,本田雅阁、大众帕萨特)上采用车道保持辅助系统(LKS)功能,而不在较高级的车上采用。

未来的线控转向设计将在调节时给 LKS 系统的开发者较大的自由度,因为这样不会使方向盘上的力矩和转向车轮的力矩受到相互影响。

转向干预影响车辆的横摆角速度。影响的另一个可能性是对单个车轮制动的预期干预。对于现代汽车来说这种制动干预是通过 ESP 系统在行驶动态限定范围内对车辆进行稳定实现的(第 25 章)。如果作为执行机构的制动装置采用车道保持辅助装置,则出于损耗和燃油消耗等原因这只有在系统设计时根据图 35-2(a)才能实现。根据汽车底盘的几何形状特别是转向半径的选择,沿车辆侧滑方向或逆着车辆的侧滑方向将产生转向力矩[35.10]。

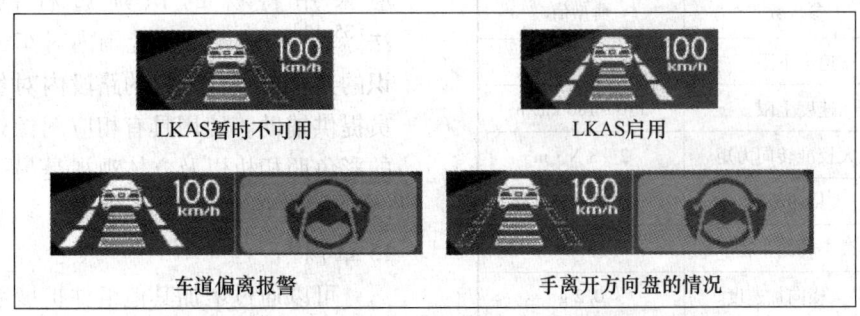

图 35-6 Honda LKAS 显示:以 100 km/h 的希望车速在同时激活 ACC 的情况下(Honda 本田公司)

## 35.3 系统限制

目前，进行车道保持辅助可供使用的系统辅助驾驶员在近似于高速路的道路上保持车道。这一般说明，只有在相对大的转弯半径下和较小的横向加速度下才能进行车道保持辅助。选择车道保持辅助的速度限制时应使在城市和曲折的乡村道路行驶时其不会被启用。通过将 LKA 功能和 ACC 功能进行结合或通过车道识别限定的有效范围得出速度上限。

此外还应注意，目前系统的车道识别是以明确的车道标线的识别为基础的。未对所观察的情境进行进一步的解释。因此，目前的系统无法可靠识别复杂的情况，如施工现场。为避免施工现场中错误的系统响应，可以确定允许的最小车道宽度为 3 m。一些特性参数的支持值域列在表 35-1 中[35.2,35.9]。

表 35-1 可供使用的 LKS 系统的一些参数的值域

| 参　数 | 典型值 |
| --- | --- |
| 速度下限 | 65～70 km/h |
| 速度上限 | 170～180 km/h |
| 最大校准转向力矩 | 2～3 N·m |
| 支持的轮距 | 3～4 m |
| 最小转向半径 | 230 m |
| 最大横向加速度 | 0.2 g |

强烈的反射光（例如，雨夜或太阳较低时）可能会导致探测错误。根据使用的摄像机的不同，图像中较强的亮度差同样也会导致车道识别出现问题。一个可能的解决方案是识别这种情况，然后短时关闭系统功能以避免在这些情况下出现错误的转向力矩或警报。

## 35.4 小结

尽管第一个车道保持辅助系统已投入市场，但这一系统仍是深入研究的对象。这既包括在保持预设的系统设计的情况下优化单个组件也包括系统设计的扩展。所有预设的组件都具有以预设的系统设计为框架的改进能力。此外，为达到选装 LKS 系统的较高装备率，必须大幅降低总系统的成本。

车道识别时首先应力争提高稳定性，这在一定程度上可以通过改进图像处理方法实现。在[35.11]中，描述了以分析光流（参见第 15 章）为基础的在一定的天气和光照条件下可靠识别车道的方法。为改进在乡村道路上通过摄像头识别车道走向的效果，应采用特殊的识别边柱的方法[35.12]。施工现场范围内对车道标识的判释可以在这样的路段内对驾驶员提供辅助。使用具有相应图像处理的彩色照相机以及立体观视是另一个改进车道识别效果的措施（参见第 15 章）。

可以通过增加其他组件扩展系统设计，因此可以通过其他环境传感器的辅助，如雷达和激光雷达提供的道路边缘和其他交通参与者方面的信息[35.13,35.14]进行检测。这些信息可以提高车道识别的稳定性。

另一种改进环境感知的方法是使用电子地图的几何数据。应考虑转弯半径、街道类型或车道数量方面的信息。这些数据可以通过内置的导航装置提供，并帮助限定基于摄像机的车道识别的必要的搜索范围，这将提高识别的稳定性[35.15,35.16]。此外，还可以使用街道类型方面的信息，以在未规划的路段停用系统。

识别驾驶员意图有可能避免不希望的系统响应，因此可以避免将希望的行车道变换（未操作行驶方向显示装置）识别为故障接收报警信号[35.17,35.18]。在保持现在功能特性的前提下，可以考虑将目前所述的扩展作为驾驶员进行车道保持时的辅助。

功能特性的扩展可以通过驾驶员实施躲避机动的辅助实现。Volvo建议了一种系统，这种系统的转向辅助与前部碰撞的危险相关联[35.19,35.20]。为此，系统识别到一辆对面来车和驶离行车道的危险。通过这两个参数可计算出校正的转向力矩。

以欧盟委员会资助的项目PRe-VENT[35.21]为框架，建议将车道保持辅助系统（LKS）与当前的行驶空间相结合。由于行车道上有障碍物进行躲避机动时对驾驶员的辅助是对LKS理念的进一步补充[35.22]。

## 参 考 书 目

[35.1] IVsource.net: Nissan Now Selling Lane Departure Prevention, www.ivsource.net, November, 2007.

[35.2] Toyota Deutschland GmbH, Pressemitteilung Lexus: Der neue Lexus LS 460, Januar, 2006.

[35.3] Buld, S.; Krüger, H.-P.: Wirkungen von Assistenz und Automation auf Fahrerzustand und Fahrsicherheit. Projekt EMPHASIS Abschlussbericht, Fö-rderkennzeichen 19 S 9812 7, 2002.

[35.4] Ishida, S.; Asanuma, N.; Ikegaya, M.; Kondo, S.: Evaluation of a driver Support System for lanekeeping. Proceedings of the Int. Symposium on Automotive Technology and Automation ISATA 99, Wien, 1999.

[35.5] Naab, K.; Reichart, G.: Driver Assistance Systems for Lateral and Longitudinal Vehicle Guidance Heading Control and Active Cruise Control. Proceedings of the Int. Symposium on Advanced Vehicle Control, AVEC 94, Tsukuba, Japan, 1994.

[35.6] Ishida, S.; Tanaka, J.; Kondo, S.; Shingyoji, M.: The method of a driver assistance System and analysis of a driver's behavior. Proceedings of the l0thlTS world congress, Madrid, Spain, 2003.

[35.7] Gayko, J.: Evaluierung eines Spurhalteassistenten für das "Honda Intelligent Driver Support System". In: Maurer, M.; Stiller, C. (Hrsg.): Fahrerassistenzsystem mit maschineller Wahrnehmung, Springer Verlag, Berlin, 2005.

[35.8] Schmidt, G.; Kiss, M.; Switkes, J.;

Gerdes, C. : Auswirkungen haptischer Signale in der Lenkung auf das Fahrer-Fahrzeug System. Tagungsband AAET-Automatisierungs-, Assistenzsysteme und eingebettete Systeme für Transportmittel, GZVB, Braunschweig, 2007.

[35.9] Ishida, S. ; Tanaka, J. ; Kondo, S. ; Shingyoji, M. : Development of a driver assistance System. SAE 2003 World Congress & Exhibition, 2003, Detroit, MI, USA

[35.10] Hennecke, D. ; Gleser, A. ; Niklas, J. ; Jurr, R. ; Pau-ly, A. ; Rötsch, K. ; Seethaler, L. ; Seuss, G. : Fahrwerkauslegung. In: Braess, H. -H. ; Seiffert, U. (Hrsg.) : Handbuch Kraftfahrzeugtechnik, 3. Auflage, Vieweg, 2003.

[35.11] Gern, A. ; Moebus, R. ; Franke, U. : Vision-based Lane Recognition under Adverse Weather Conditions Using Optical Flow. Proceedings of the 2002 IEEE Intelligent Vehicles Symposium, Versailles, Frankreich, 2002.

[35.12] Smuda von Trzebiatowski, M. ; Gern, A. ; Franke, U. ; Kaeppeler, U. ; Levi, P. : Detecting Refection Posts-Lane Recognition on Country Roads. Proceedings of the 2004 IEEE Intelligent Vehicles Symposium, Parma, Italy, 2004.

[35.13] Weiss, T. ; Schiele, B. ; Dietmayer, K. : Robust driving path detection in Urban and Highway Scenarios Using a Laser Scanner and Online Occupancy Grids. Pro-ceedings of the 2007 IEEE Intelligent Vehicles Symposium, Istanbul, Turkey, 2007.

[35.14] Meis, U. ; Schneider, R. : Radar image acquisition and interpretation for automotive applications. Procee-dings of the 2003 IEEE Intelligent Vehicles Symposium, Columbus, Ohio, USA, 2003.

[35.15] Gern, A; Gern, T. ; Franke, U. ; Breuel, G. : Robust lane recognition using vision and DGPS road course information. Proceedings of the 2001 IEEE Intelligent Vehicles Symposium, Tokyo, Japan, 2001.

[35.16] Cramer, H. : Modelle zur multisensoriellen Erfassung des Fahrzeugumfeldes mit Hilfe von Schätzverfahren. Dissertation, Shaker-Verlag, 2006.

[35.17] McCall, J. ; Wipf, D. ; Trivedi, M. ; Rao, B. : Lane Change Intend Analysis Using Robust Operators and Sparse Bayesian Learning. IEEE Trans on ITS, Vol. 8, No. 3, September, 2007.

[35.18] John, D. ; Möhler, N. ; Zipser, S. : Das SAFELANE Decision System-ein Situations-und Entscheidungsmodell für einen Spurhalteassistenten. VDI/ VW Gemeinschaftstagung Integrierte Sicherheit und Fahrerassistenzsysteme, Wolfsburg, 2006.

[35.19] Eidehall, A. ; Gustafsson, F. : A new approach to lane guidance Systems. Proceedings of the IEEE Conference on ITS, Wien, 2005.

[35.20] IVsource.net: Volvo to Introduce Auto-Steering for Collision Avoidance, www. ivsource. net, November, 2007.

[35.21] www. prevent-ip. org.

[35.22] *Brandt, T.* ; *Sattel, T.* ; *Böhm, M.* : Combining haptic human-machine interaction with predictive path plan-ning for lane-keeping and collision avoidance System. Proceedings of the 2007 IEEE Intelligent Vehicles Symposium, Istanbul, Turkey, 2007.

# 36 车道变换辅助系统

*Arne Bartels, Simon Steinmeyer, Stefan Brosig, Carsten Spichalsky*

## 36.1 目的

驾驶员辅助系统用于辅助驾驶员完成其驾驶任务,使驾驶员获得舒适性和安全性。对应辅助对较高潜在错误负有责任的驾驶员完成行驶任务时,对驾驶员辅助系统的期望尤其高。其中,车道变换就属于这种具有较高潜在错误的行驶任务。

显然,这是通过大众汽车(Volkswagen)事故研究数据库和 GIDAS(德国事故深入研究)数据库中对人员伤害事故的统计分析中收集而来的。图 36-1 显示了德国 1985—1999 年小轿车车道变换事故在城市、乡村和联邦高速公路(BAB)街道类型中作为主要原因的百分比。显然,平均超过 5% 的事故是由于车道变换引起的。同样很明显,这些事故中大部分是在乡村道路或联邦高速公路上发生的。

因此,这些事故统计将说服驾驶员使用一种尤其可在乡村道路上或联邦高速公路上辅助驾驶员进行车道变换的系统。

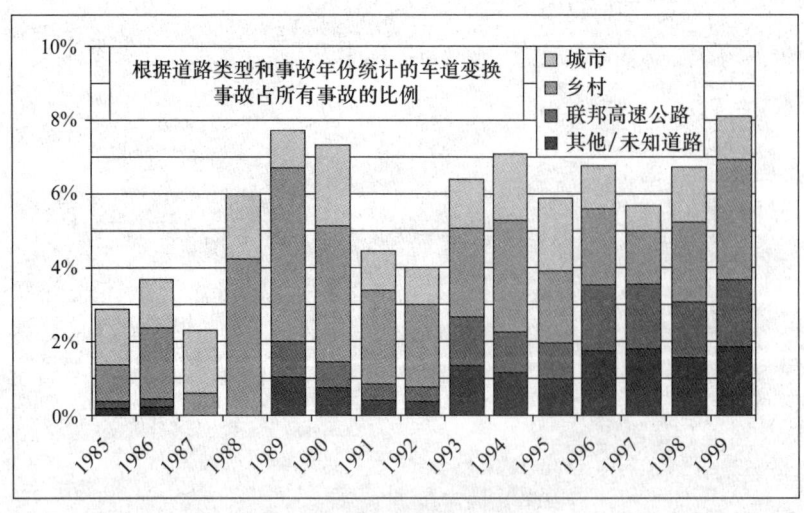

图 36-1 根据道路类型和事故年份统计的德国小轿车变换车道作为主要事故原因占所有事故的百分比[36.1]

## 36.2 要求

在变换车道时驾驶员必须排除对其他交通参与者可能产生的威胁。其应在车道变换前观察车辆后侧和两侧，其中强制要求监控车外后视镜和车内后视镜以及转弯时后视镜有盲区的区域。如果忽略了转弯时后视镜有盲区的区域，或车外后视镜位置不正确或驾驶员注意力不集中，都有可能忽略盲区范围内的其他交通参与者。如果现在开始变换车道，则有可能与旁边车道的车辆发生碰撞。

另一个变换车道导致事故的原因是对超车车速的错误估计。特别是接近速度较快，通常低估了高速公路和快速路上远处车辆的车速。

在这种情况下，如果该车没有充分减速，变换车道甚至可能会导致与超车发生碰撞，或如果对超车的强烈减速反应不及时，则会与其他交通参与者发生追尾事故。

驾驶员在向副驾驶侧变换车道时也需要辅助。在德国强制实施右侧行驶。超车后只要交通状况允许，驾驶员必须重新变换到右侧车道。在很多欧洲国家，都实施副驾驶侧超车。在美国，在两个相邻车道上其他交通参与者以基本相同的车速在本车的盲区内行驶是很常见的。

通过上述分析得出车道变换辅助的以下功能性要求：

◆ 车道变换辅助系统应告知驾驶员由于其对周围环境监控不充分而导致的危险状况。

◆ 驾驶员应既可以快速从后方接近交通参与者也可以感知到其他交通参与者位于本车的盲区内。

◆ 这既适用于相邻车道也适用于驾驶员侧和副驾驶侧。

◆ 理想的情况是，在所有道路、天气和交通条件下该功能性都可用。

这对驾驶员和车道变换辅助系统之间的人机接口（HMI）来说有特殊意义。如果系统感知的周围环境表明车道变换不可靠，则应告知驾驶员。原则上可以通过视觉、听觉或触觉的方式告知。然而，在设计人机接口时必须始终对驾驶员的后视镜视野予以辅助。为此，应对后视镜中或附近的车灯进行定位。这些车灯的亮度应设置为在所有环境条件下都适合于驾驶员的感知。另一方面，这些车灯在夜间不得对驾驶员造成炫目。

设计人机接口时还应考虑应实施单级还是两级驾驶员信息通知。对于两级驾驶员信息，只要识别到驾驶员有变换车道的意图就应从信息级1升级到信息级2。对于单级驾驶员信息则不进行升级。

在信息级1，在变换车道时将向驾驶员告知具有各种潜在危险的车辆，即使驾驶员没有变换车道的意图。尽管信息级1的通知应使驾驶员能够感知到，但在不断通知时不得影响或分散驾驶员的注意力。在通过后视镜中或后视镜附近的指示灯通知时可以使用适当亮度的灯光。

在信息级2，还应识别驾驶员变换车道的意图，如通过操纵闪光灯控制杆。如果驾驶员想要变换车道,如果根据系统感知的周围环境评估变换车道不安全,则应向驾驶员提供具体信息。如果通过后视镜中或附近的指示灯向驾驶员提供信息,则可以通过极亮且极短的灯光闪烁向驾驶员发出提示信息。

对于车道变换辅助同样重要的是智能信息策略。为确保足够的顾客认可度,车道变换辅助系统一方面要正确显示具有潜在错误的感知情境。另一方面,必须避免不必要的驾驶员信息。不必要的信息是,如一辆车在相邻车道,尽管环境传感器探测到了它的存在,但其行驶速度很慢且与本车的距离还很远,然而对车道变换并无威胁。另一种不必要的信息是相邻车道的相邻车道上直行的车辆。因此,信息策略必须分析环境传感器的测量数据并据此决定是否听取驾驶员信息。

## 36.3 系统功能性的分类

在 ISO 标准 17 387 "车道变换决策辅助系统"中,规定了车道变换辅助的不同特性,并将它们分类为不同的子类。此外,还规定了带有系统状态和过渡条件的系统状态图。下文将对其进行简述。

### 36.3.1 根据环境探测能力进行分类

ISO 标准 17 387 划分了 3 个系统类型。它们根据环境传感器监控的区域进行分类,参见表 36-1。

表 36-1 根据区域覆盖进行分类[36.2]

| 类 型 | 监控左侧盲区 | 监控右侧盲区 | 监控左侧接近区域 | 监控右侧接近区域 | 功 能 |
|---|---|---|---|---|---|
| I | × | × | | | 针对处于盲区的车辆进行报警 |
| II | | | × | × | 针对从后侧接近的车辆进行报警 |
| III | × | × | × | × | 针对变换车道的情况进行报警 |

I 型系统提供车辆左侧和右侧盲区的信息,其不提供从后方接近的左侧和右侧车道上车辆的信息。II 型系统提供从后方接近的左侧和右侧车道上车辆的信息,其不提供车辆左侧和右侧盲区的信息。III 型系统既提供车辆左侧和右侧盲区的信息,也提供从后方接近的左侧和右侧车道上车辆的信息。

II 型和 III 型系统还可以分为 3 个子类。这通过后面驶来的目前车辆的最大相对速度 $v_{max}$ 以及最小允许转弯半径 $R_{min}$ 区分,参见表 36-2。

表 36-2 根据后方来车的最大相对速度和最小转弯半径进行分类[36.2]

| 类型 | 后方来车的最大相对速度 | 最小转弯半径 |
|---|---|---|
| A | 10 m/s | 125 m |
| B | 15 m/s | 250 m |
| C | 20 m/s | 500 m |

后面来车的最大相对速度在给定的系统计算时间和预设的驾驶员最小反应时间对所需的传感器有效范围有直接影响。在 $v_{max}$ = 20 m/s 时,通过系统的计算时间为 300 ms,要求的最小反应时间为 1.2 s,计算出最小传感器有效范围为 20 m/s × (1.2 s + 0.3 s) = 30 m。如果在较高的接近车速下还应及时进行警示,则必须提高传感器的有效范围。例如,当 $v_{max}$ = 30 m/s 时,传感器的最小有效范围为 45 m。

根据最小转弯半径进行分类有两个原因:一方面,对目标车辆的提前探测会由于所使用的环境传感器限定的探测范围而变得困难,例如,对于圆锥形探测区域,传感器的开度角对于较好的覆盖曲线内相应车道是非常重要的;另一方面,在本车的给定弯道半径和典型车速下通过目标车辆的行驶动态特性限定后方来车的最大相对速度。

### 36.3.2 系统状态图

在 ISO 标准中,针对行车道变换辅助通过系统状态和过渡条件规定了对系统状态图的要求,参见图 36-2。

如果系统未启用,则不会向驾驶员发出信息。必须满足某些标准才能启用系统。

例如,如果本车比给定的最小激活速度快则可以通过按下按键激活系统。如果驾驶员按下关闭键或低于最小激活速度,系统将停用。

系统启用时,如果又满足了一定的前提条件,如在盲区发现一辆车或后车以较高车速接近,则将只向驾驶员提供信息。如果不满足这些前提条

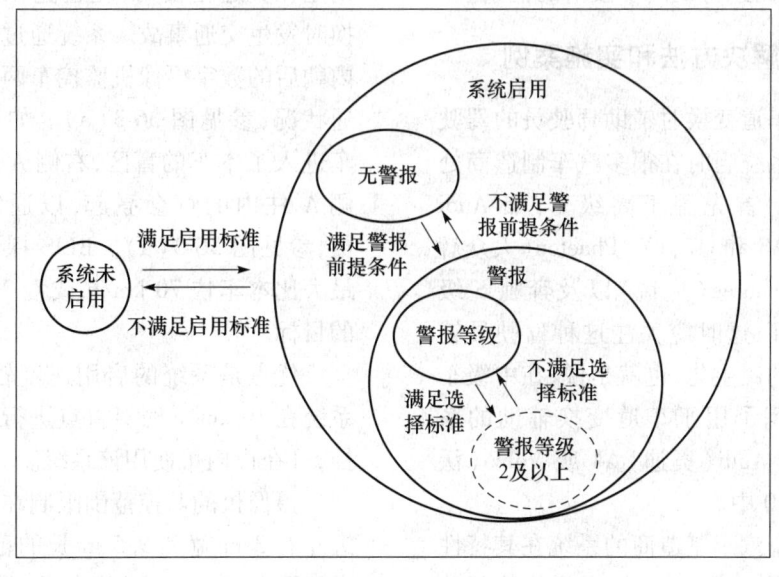

图 36-2 根据 ISO17387 针对车道变换辅助的系统状态图[36.2]

件,则不会提供驾驶员信息。

可以以多级发出驾驶员信息。信息等级1是向驾驶员发出的"谨慎"信息,其紧急程度不及驾驶员信息等级2。更确切地说,其仅是提供信息。如果满足一定的选择标准,则会提供2级驾驶员信息,其表明了驾驶员车道变换的意图。例如,这些选择标准可能是:

(a) 按下转向指示灯操控杆;
(b) 评估转向角或转向力矩;
(c) 车道内本车的位置;
(d) 相邻车道内与车轮的横向距离。

如果是情况(c),可以利用带有用于识别车道标识线的现有系统的协同效应(参见第3章)。

此外,在 ISO 标准 17 387 中详细描述并量化了驾驶员信息激活的测试案例,然而这将跳出本段落的框架。

## 36.4 解决方法和实施案例

在车道变换时辅助驾驶员的驾驶员辅助系统当时在很多汽车制造商处已有售。首先用于高级车,如 Audi(奥迪) A8 和 Q7、VW Phaeton(大众辉腾)和 Touareg(途锐)以及奔驰 S 级车。然而,这时应关注这种驾驶员辅助系统的民主化,也就是说,在中级车中也使用了用于车道变换辅助的系统,如在 Audi(奥迪) A4 或 Volvo(沃尔沃) S40 中。

各个汽车制造商的系统在其特性方面有部分明显不同,这些特性部分属于 ISO 17 387 的不同类别,如第 36.3 节所述。差异主要在于使用的环境感知传感器不同。

为与其竞争者进行区分,也为了明确制造商特定的系统功能性,对于不同的汽车制造商应分别选择不同的制造名称,因此 Volvo(沃尔沃)将车道变换辅助装置称为盲点信息系统(BLIS),奥迪则将其命名为"奥迪侧向辅助系统",Mercedes-Benz(梅赛德斯-奔驰)将其定名为"盲点辅助系统",标致将其命名为"盲点探测器"。

下面对各汽车制造商的系统进行了简单介绍,重点说明了功能性和人机接口方面的不同。

### 36.4.1 沃尔沃(Volvo)的盲点信息系统(BLIS)

沃尔沃的盲点信息系统(BLIS)通知驾驶员在其车盲区内有车辆。特别是在交通密集时,应避免在车道变换时发生交通事故。系统通过后视镜内朝后的数字摄像机监控车两侧的交通状况,参见图36-3(a)。如果一辆车进入了本车的盲区,右侧 A 柱或左侧 A 柱内的灯会亮起,以通知驾驶员,参见图36-3(a)。BLIS 探测所有最大比本车快 70 km/h 或慢 20 km/h 的目标。

优点是系统的启用速度较低,该系统在 10 km/h 时对盲点进行有效监控,且在市内可使用该系统。

摄像机的监控范围限制在本车附近左右 3 m 宽和 9.5 m 长的范围内,参见图36-3(b),因此未及时识别快速驶来的后车。特别是在高速公路

## 36 车道变换辅助系统

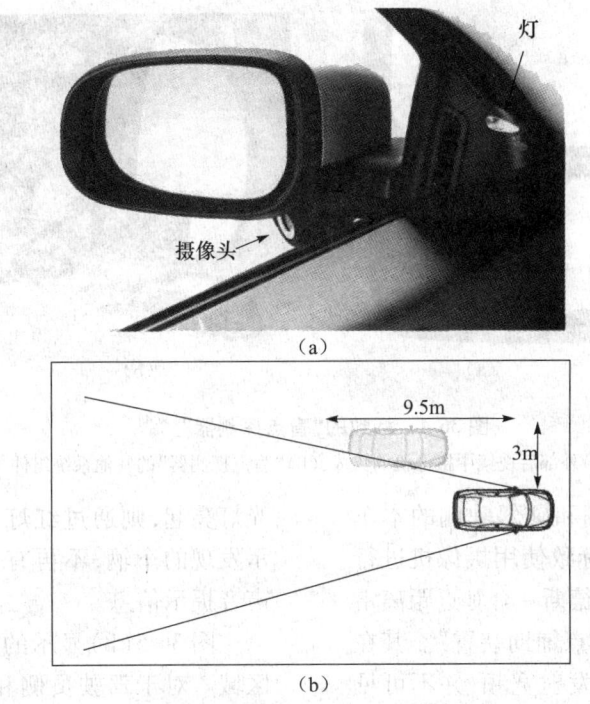

图 36-3 Volvo 的盲点信息系统(BLIS)[36.3]
(a)A 柱中在外部后视镜中集成的摄像头和灯；(b)监控范围

上会导致对用户辅助的限制。例如，在操控闪光灯控制杆时不会对驾驶员信息进行升级。

沃尔沃在车型年份 2005 首次提供了此系统。目前选装件的价格为 620 欧元(包括增值税)，且基本上在所有沃尔沃轿车车型(C30、S40、V50、S60、S80、C70、V70、XC60、XC70、XC90)中作为选装件提供。

### 36.4.2 标致的"盲点探测器"

标致的"盲点探测器"具有与沃尔沃的 BLIS 类似的功能性。只要一辆车进入了盲点，其就会监控本车旁的盲点，并通过 A 柱中的灯告知驾驶员。然而，与 BLIS 不同的是其只监控驾驶员一侧，对于副驾驶侧的车道变换，标致未提供支持。因此，"盲点探测器"不符合 ISO 标准 17 387 划分的系统类型。

图 36-4(a)图示了车外后视镜的摄像机的集成。图 36-4(b)图示了"盲点探测器"的其他系统组件，如控制单元和线缆。

2002 年初该系统在 Peugeot Boxer (标致厢式车)中以 300 欧元(不含增值税)的价格售出。与此同时其也集成在 Fiat Ducato 和 Citroen Jumper 中。

### 36.4.3 梅赛德斯-奔驰的"盲点辅助装置"

梅赛德斯-奔驰的"盲点辅助装

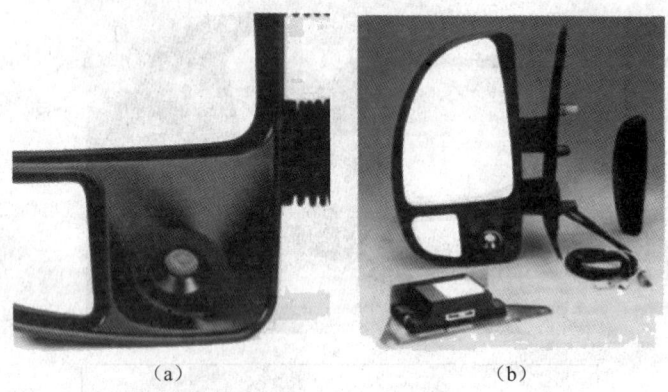

图 36-4 标致的"盲点探测器"[36.4]

(a)外部后视镜中摄像机的集成;(b)"盲点探测器"的其他系统组件

置"监控驾驶员侧和副驾驶侧的本车盲点。沃尔沃和标致使用摄像机进行环境探测,而梅赛德斯-奔驰近距离雷达传感器采用"盲点辅助装置"。其在 24 GHz 的频率下发射宽频,并不可见地集成在车辆前保险杠和后保险杠中。

只要发现监控区域内有车辆,就会通过集成在车外后视镜的灯通知驾驶员,该灯长红。如果在盲点监控范围内发现车辆,则驾驶员将开启转向闪光灯,以进行碰撞提示。为此将发出一声双音,红灯闪烁。如果转向闪光灯亮起,则通过红灯长时间闪烁提示发现的车辆,不再有其他的驾驶员声音提示信息。

图 36-5(b)显示的是系统的探测区域。对于驾驶员侧和副驾驶侧,此探测区域的面积分别为约 3 m×3 m,在车辆侧面约 50 cm 处驾驶员的肩膀高度处测量。与沃尔沃的 BLIS 类似,其无法及时探测到快速驶来的后车,因此特别是在高速公路上又会导致对用户辅助的限制。

优点还是系统的激活车速。尽管

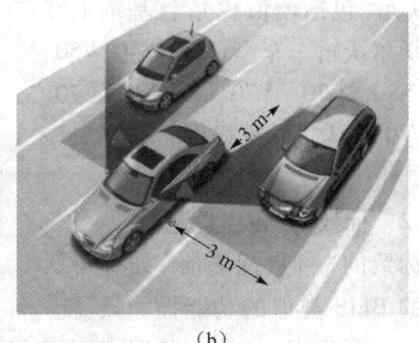

图 36-5 梅赛德斯-奔驰的"盲点辅助装置"[36.5]

(a)外部后视镜中摄像机的集成;(b)探测区域

其稍高于沃尔沃的 BLIS 为 30 km/h，但在市区范围内还是允许使用此系统。

灯近乎隐蔽地安装在后视镜的镜面玻璃后侧，其也用于系统状态显示。如果开启了或激活了系统，则通过黄灯通知驾驶员。

在某些国家和射电天文设备附近，必须关闭"盲点辅助装置"的雷达传感器。这是由于对汽车应用的宽带传输的 24 GHz 雷达设备的无线电许可限制。

2007 年"盲点辅助装置"首次应用在梅赛德斯 - 奔驰的 S 级车上。目前，该装置作为加件与其他基于雷达的驾驶员辅助系统共同用于 CL 级和 S 级车中，价格为 2 558.50 欧元（包括增值税）。

### 36.4.4 "奥迪侧向辅助系统"和 VW "侧向辅助系统"

"奥迪侧向辅助系统"向驾驶员告知车辆位于盲点以及有后车快速接近等信息。这些信息即向驾驶员发出也向副驾驶侧发出。

"奥迪侧向辅助系统"基于两个窄带发射的 24 GHz 雷达传感器，其安装在后保险杠左右边角后侧，从外侧不可见。这些最新一代雷达传感器的向后探测的有效距离为 70~100 m；而第一代雷达传感器的有效距离仍为 50 m。因此，驾驶员可以及时获得有后车快速接近方面的信息。分别通过雷达传感器旁瓣探测车辆左侧和右侧范围。因为可以提供盲点内车辆的信息。其他"奥迪侧向辅助系统"的资料可参见[36.7]。

驾驶员信息通过集成在后视镜左侧和右侧壳体中的指示灯提供。如果系统感知的车辆侧面环境表面不适合进行车道变换，则相应指示灯会亮起，见图 36-6(a)、图 36-6(b)。此信息等级 1 是潜意识的，即只有当驾驶员直

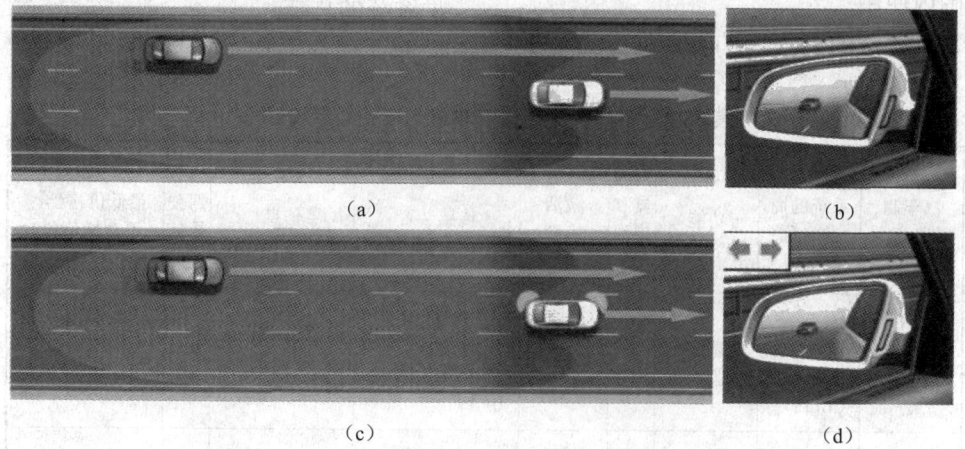

图 36-6 "奥迪侧向辅助系统"和 VW "侧向辅助系统"[36.6]

(a)和(c)探测范围；(b)和(d)指示灯集成在车外后视镜的壳体内；(a)和(b)当车道变换危险时黄灯长亮；
(c)和(d)当打开转向闪光灯且车道变换有危险时黄灯强光闪烁

视后视镜时其才会进行感知。因此,即使没有危险情况,驾驶员也会感觉到系统的功能,但其不会被指示灯干扰和分散注意力。如果驾驶员打开了转向闪光灯,则将激活信息等级2。这时通过多次强光闪烁通知驾驶员车道变换有危险,见图36-6(c)、图36-6(d)。如果长时间开启转向闪光灯,则通过灯光长亮显示识别到的车辆,闪光灯不再长时间闪烁。关于"奥迪侧向辅助系统"人机接口的进一步资料参见[36.8]。

"奥迪侧向辅助系统"的雷达传感器发送24~24.25 GHz的ISM波段的窄带。其不限制宽带发送的24 GHz雷达设备,在射电天文设备附近不得启用。

最新一代系统的激活速度为30 km/h;第一代系统则为60 km/h。因此,"奥迪侧向辅助系统"即可在高速公路和快速路上使用,也可在市区范围内使用。

大众的名为"侧向辅助系统"的系统与"奥迪侧向辅助系统"在结构上几乎是相同的。VW和奥迪的雷达传感器的硬件实际上也是相同的。大众和奥迪的指示灯在车外后视镜壳体内的位置也是相同的。只是在系统激活按键的位置和系统状态显示上两者有所不同。

2005年"奥迪侧向辅助系统"首次用于奥迪Q7。目前奥迪A4、S4、A5、S5、Q5、S6和A6的加装装备价格为550欧元,奥迪Q7和A8为600欧元,此价格已包含增值税。大众的"侧向辅助系统"于2006年首次用于Touareg(途锐)。目前,Touareg(途锐)及Phaeton(辉腾)的加装装备价格分别为590欧元和595欧元,此价格已包含增值税。

### 36.4.5 小结

表36-3给出了第36.4节中说明的不同汽车制造商生产的车道变换辅助系统的总结。

表36-3 不同汽车制造商车道变换辅助系统对比

| 汽车制造商 | 系统的商品名称 | 功能 | 驾驶员和副驾驶 | 激活速度 | 传感装置 | 信息 | 二级驾驶员信息 | 最低价格(含/不含增值税) |
|---|---|---|---|---|---|---|---|---|
| Volvo(沃尔沃) | 盲点信息系统(BLIS) | 盲区监控 | 是 | 10 km/h | 2个摄像头,分别集成在两个车外后视镜中 | 视觉信息:A柱中的指示灯 | 否 | 620欧元 |
| Peugeot(标致) | 盲区探测器 | 盲区监控 | 否 | | 1个摄像头,集成在驾驶员侧车外后视镜中 | 视觉信息:A柱中的指示灯 | 否 | 300欧元 |

续表

| 汽车制造商 | 系统的商品名称 | 功能 | 驾驶员和副驾驶 | 激活速度 | 传感装置 | 信息 | 二级驾驶员信息 | 最低价格(含/不含增值税) |
|---|---|---|---|---|---|---|---|---|
| Mercedes-Benz（梅赛德斯-奔驰） | 盲区辅助系统 | 盲区监控 | 是 | 30 km/h | 6个宽频24 Ghz雷达集成在前和后保险杆中 | 视觉和听觉信息：指示灯集成在车外后视镜的镜面玻璃中 | 是 | 与其他驾驶员辅助系统作为一个组件提供，组件价格为2 558.50欧元 |
| Audi（奥迪），VW（大众） | 奥迪侧面辅助系统，侧面辅助系统 | 盲区监控和后面来车信息 | 是 | 30 km/h（新一代） | 6个窄频24 Ghz雷达集成在后保险杆中 | 视觉信息：指示灯集成在车外后视镜的壳体中 | 是 | 550 欧元 590 欧元 |

显然，所有汽车制造商都首选用车外后视镜附近的指示灯向驾驶员发出视觉信息。指示灯的安装位置有所不同，一般位于A柱、车外后视镜的镜面玻璃和车外后视镜的壳体中。

作为环境传感器可以使用集成在车外后视镜中的摄像机或隐藏安装在保险杆中的24 GHz雷达传感器。

除标致（Peugeot）公司的系统外，所有系统既监控驾驶员侧也监控副驾驶侧。由于激活速度较低，所有系统都可用于市内区域。只有沃尔沃和大众的系统除进行盲点监控外还及时向驾驶员提供后面来车的信息，这尤其对于高速公路来说是一个优点。

目前，一个既监控驾驶员侧又监控副驾驶员侧的系统的价格在550~620欧元之间。

ADAC（全德汽车俱乐部）在2008年初对 Volvo（沃尔沃）、Mercedes-Benz（梅赛德斯-奔驰）、Audi（奥迪）和VW（大众）的系统实施了对比测试[36.9]。测试冠军为"奥迪侧向辅助系统"，大众的"侧面辅助系统"评分为"优"。

## 36.5 达到的功能

之前描述的车道变换辅助系统的功能已非常可观。但所有这些系统都有其限制，驾驶员应对汽车制造商的限制以及操作指南中的限制引起注意。

几乎所有汽车制造商都指出，其系统只是一个辅助工具，并不一定会识别到所有车辆，更不能代替驾驶员的注意力。此外，所有制造商都指出，如果传感器脏污或出现恶劣天气，如下雨、下雪或车辆严重溅水，则有可能不能充分识别或有时可能根本无法识别。

此外，车道分配时也有可能出现错误，因为无法测量相邻车道的宽度而只是进行估计。因此，应指出，在车道极宽的情况下，结合行车方式，当车辆在车道最外侧边沿行驶时,不发出关于相邻车道上车辆的信息。如果车道较窄,结合行车方式,当车辆在车道最内侧边缘行驶时,则可能导致对隔一个车道的驾驶员信息了解不充分。

对于后保险杠内安装有 24 GHz 雷达的车辆,当传感器的可视范围被自行车架、吊架或标签挡住时,系统不可用。

使用"奥迪侧面辅助系统"或大众的"侧面辅助系统"时应指出,驾驶员无法及时获得以极高车速接近的车辆信息。在半径小于 200 m 的较窄弯道中,无法提供驾驶员信息。

因此,继续改进了之前描述的车道变更辅助系统。全德汽车俱乐部(ADAC)也针对这一结果进行了测试[36.9]。

## 36.6 继续研发

对车道变更辅助系统功能性的改进可以通过提高环境传感器的功能来实现,如提高传感器的有效范围和扩大速度范围,以使传感器能够在此范围内可靠工作。

此外,可以通过使用其他传感器优化系统功能性。如第 36.5 节所述,由于对车道宽度的估测可能会导致驾驶员信息过多或丢失。当目标车辆位置旁的系统也识别到相邻车道的位置时,车道变换辅助系统的可靠性才能提升。

根据车辆的传感器平台,可能涉及几个不同的方法:如果通过具有相应有效范围的后视传感器探测到目前的行车道,则可直接使用这些信息或将信息过滤后使用。

如果限定了朝后的传感器的有效范围,或通过超前的传感器探测到了车道,则在一定时间内也可以继续通过里程表估测传感器的可见范围。例如,可以通过横摆角速度传感器和车轮转速传感器测定的数据进行测定,这形成了电子稳定程序(ESP)的基础。在进行本车位置估测时,目标物体和相邻车道的探测要求具有一定的相对准确度,因为所有故障变量都会对车道分配的准确性有影响。

如果环境传感器可追溯其他驾驶员辅助系统,则此间接估计尤其具有吸引力。对于如车道偏离警报或车道保持辅助(参见第 34 和 35 章)的应用通常在本车中安装一个朝前的摄像头。

目前,车道变换辅助系统只能帮助驾驶员决策是否可以进行车道变换,而车道变换本身必须由驾驶员自己实施。通过车道识别传感器与电子控制的转向执行机构相结合也可以辅助此步骤;在拐入或拐出机动期间可以通过适当的转向扭矩辅助横向行驶甚至自动进行。

## 参 考 书 目

[36.1] Unfalldatenbank der Volkswagen Unfallforschung und der GIDAS (German In - Depth Accident Study).

[36.2] ISO - Norm 17387, "Lane Change Decision Aid System".

[36.3] Artikel im Internet Magazin Gizmag, *Volvo Launches Blind Spot Informa-*

*tion System* (*BLIS*), http://www.gizmag.com/go/2937/, Zugriff am 11.7.2008.

[36.4] Homepage der Firma FICOSA, http://www.ficosa.com/home.php, Zugriff am 26.2.2002.

[36.5] Artikel bei Heise Online, Mercedes: Neuer Totwinkel-Assistent, http://www.heise.de/autos/S-und-CL-Klasse-Neuer-Totwinkel-Assistent-fuer-mehr-Sicher-heit-beim-Spurwechsel—/artikel/s/4517, Zugriff am 11.7.2008.

[36.6] Bedienungsanleitung des Audi Q7 und VW Touareg.

[36.7] Popken, M: Audi Side Assist. In: Hanser Automotive electronics + Systems, S. 54-56, 7-8, 2006.

[36.8] *Vukotich, A.*; *Popken, M.*; *Rosenow, A.*; *Lübcke, M.*: Fahrerassistenzsysteme. Sonderausgabe von ATZ und MTZ, S. 170-173, 2, 2008.

[36.9] ADAC Homepage: *Test Spurwechsel-Assistenten*, http://www.adac.de/Auto-Motorrad/Technik-Zubehoer/fahrerassistenzsysteme/spurwechsel-assi-stenten,,test/default.asp?Comp-onentID=204696&SourcePageID=134828#, Zugriff am 11.7.2008.

# 37 路口辅助系统

Mark Mages, Matthias Hopstock, Felix Klanner

## 37.1 在路口发生的交通事故

道路交通事故中一个主要事故原因是交通参与者在十字路口和丁字路口的错误行为。因此,2009年德国在与路口相关的事故类型中,约有44%的严重财产损失事故,36%的人员损失事故和18%的致死事故是由于转弯(第2种事故类型,根据[37.12])或转弯、交叉相遇(第2种事故类型)导致的[37.23]。因而,十字路口是目前交通和安全技术方面研究的重点。

根据详尽的事故数据库资料,如GIDAS数据库,可以找到所需的路口区域内关于事故发生的实质原因的事故分析。根据[37.8,37.14],主要事故原因有:

◆ 误判定,即感知到了环境,但判定错误。此情况的一个典型的示例是对有优先行驶权车辆车速以及对交通法规的错误估计。

◆ 注意力不集中,即在执行会导致反应时间大幅延长的实际行驶任务时注意力不集中。典型的示例,如行驶时操作车载音响。

◆ 未周到考虑在路口可能导致的视觉障碍。通常A柱会阻碍视野,其特别容易挡住自行车或摩托车,外部视野障碍通常还包括停在路口附近的车辆或路口附近的建筑物或植被(长期固定),也可能是对面驶来的左转车辆(临时)。

在路口事故中,根据一定的交通法规和导致的事故严重性,根据事故的频繁度有不同的划分方法,参见图37-1。

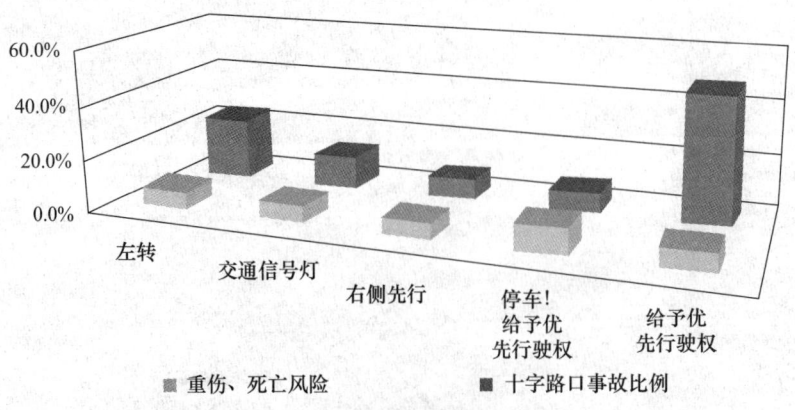

图37-1 与路口处交通法规相关的事故发生率和风险[37.6]

## 37.2 路口辅助系统

在接近路口时，驾驶员会获得很多信息。根据这些信息驾驶员做出穿过十字路口的决策。对于危险情况，即当驾驶员无法正确接收和分析信息时，会出现有较高碰撞危险的情况。为避免这种情况的发生，要求具有预见性的辅助系统在状况解读和防止潜在碰撞方面对驾驶员予以辅助。

路口辅助系统的一个挑战是大量可能导致事故发生的危险状况。这可以根据现有的交通法规规定划分，参见图 37-1。相应地，下面介绍的辅助系统也是针对这些交通法规设计的。不同的系统和相应的潜在的辅助策略可参见图 37-2（另见第 37.4 节）。

### 37.2.1 停车标志辅助

停车标志辅助系统是在接近路口时为防止驾驶员未看到停车标志（标致 206StVO - 停车！给予优先行驶权！）而驶过的辅助装置。在无视法规将车未按规定的停车线停车后，不应归类为特定的停车标志状况，而是应归类为转弯/交叉相遇时的交通状况。这就涉及了转弯/交叉相遇辅助系统的框架（参见第 37.2.3 节）。然而，后续的区分，如事故数据库中的统计并不总是很明确，因此在事故统计中只有一部分（例如，由于事故再现）可以进行归类。

停车标志辅助系统作为一个孤立系统无须考虑其他交通参与者，因为尽管车辆具有行驶优先权，道路交通管理法（StVO）的停车指令始终都成立。与灯光信号装置相反，该指令不会产生循环变化。此外，例如与左转相反，通过强制停车线规定停车位置。与其他考虑到的辅助方案强调的交通状况相比，这种路口情景复杂度最小。

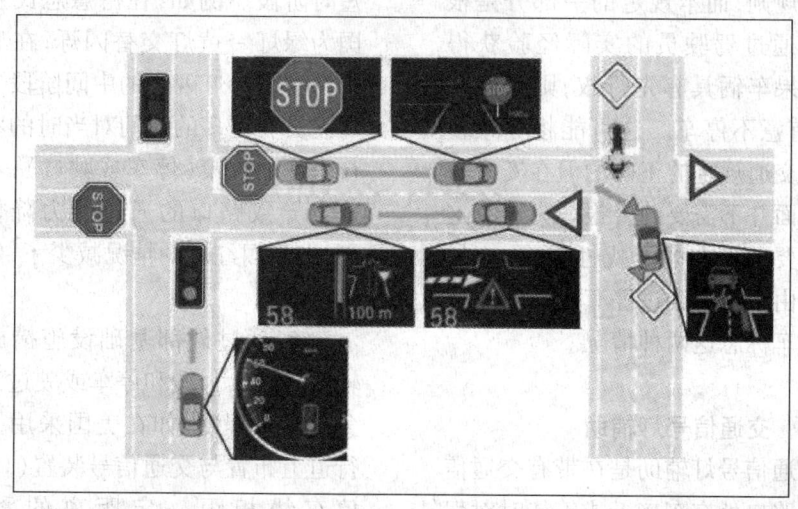

图 37-2 路口辅助系统概览：停车标志辅助、交通信号灯辅助、转弯/交叉辅助和左转辅助

[37.19]中建议将信息和警报组合作为一个停车标志辅助的干预策略,因为这一组合说明期望的效果和要求的识别安全性之间的一种适当的妥协。此外,对于注意力集中的且行为适当的驾驶员来说,其不会产生不必要的系统输出。对于人机接口来说,提供了平视显示器(HUD)的使用,因为驾驶员由此可以用最小适应能力感知相关环境和辅助。

如所有报警系统一样,对于报警的停车标志辅助来说,被称为报警两难选择的尽可能晚的报警时间点以及期望的错误警报的可控制性都是有必要的。与传感器无关的停车标志辅助实施的实质性挑战是及时识别到驾驶员并不想在驶入路口前将车停在停车线上。

另一个挑战是在实际道路行驶时通常遇到的停车标志的行驶特性。道路交通管理法(StVO)始终规定全面的停车规则,而本规定的一部分是根据经验通过驾驶员的实际经验获得的。如果车辆具有先行权,则只能减速,并有意不停车。这可能将导致多个符合交通规定的正确的但在安全性技术方面并不需要的警报。为避免这种不必要的潜在的干扰性警报,应另外区分由于疏忽驶过停车标志和故意驶过停车标志这两种情况。

### 37.2.2 交通信号灯辅助

交通信号灯辅助是在带有交通信号灯的路口处有车接近或等待时对驾驶员的辅助。通过事故研究数据可以推导出,大约有2/5的事故是在有交通信号灯的路口与"转弯的或对面交叉驶来的"车辆相撞导致的(官方事故类型5),还有近四分之一是与"先行的或等待的"车辆相撞导致的(官方事故类型2)[37.6]。第一种碰撞(横穿马路事故)主要是由于未注意红灯导致的,而后者(追尾事故)主要是由于在变灯(特别是由绿变黄)时对驾驶可能性的不同估计导致的。众所周知的目标是,通过不同的措施避免忽视红灯从而避免事故发生。然而部分证据表明,红灯闪烁虽然会减少横向交通事故但换来的是追尾事故的增加[37.5]。

出于交通安全性原因以及交通流量原因提供了用于不同辅助措施的交通信号灯装置的可能性:

◆ 不利用基础设施措施的辅助:为缓和突然从绿灯变成红灯的急促紧急程度,在信号灯周期中增加了一个短时阶段。例如,在德意志民主共和国为绿灯-黄灯交替闪烁,在奥地利则有一个绿灯闪烁的中间阶段。这样驾驶员有更多的时间对当时的状况进行正确的决策(停车或驶过),不过这也会导致路口的通过能力降低。然而,由于闯红灯的情况减少了,解决了追尾问题。

◆ 通过外部基础设施措施进行辅助:同样,为缓和停车或驶过决策的急促紧急程度,如在美国采用了在车行道上布置与交通信号装置(LSA)的停车线相距一定距离的彩色标识[37.26]。如果驾驶员以设计车速驶过此决策区域,在交通信号灯变黄之前,驾驶员可以在黄灯下驶过,否则是不允许的。此静态方法要求较小的基础设施成本,但是当与设计车速有较大差异时其可靠性也会降低。此外,确定了黄灯的时长。另一个方法是采用剩余秒数倒计时的方法(例如,美国和中国台湾)。这种方法使得驾驶员可以提前对变灯做出准备,而其缺点是驾驶员必须在本来就已很复杂的交通环境下对此附加信息进行处理。因此,行驶可能性估计的主要问题仍是存在的,而且也没有避免紧急机动(红灯时横穿马路/黄灯时进行不必要的减速)。

◆ 通过内部基础设施措施进行辅助:对于防止未看到红灯且在有车接近时应对驾驶员进行辅助的辅助系统,有附加要求。与停车标志辅助相似,首先不要求其他交通参与者方面的信息,但需要交通信号灯数据方面的附加信息。除静态参数,如停车线位置外,还应有工作状况信息和当前信号灯的颜色以及将要变灯方面的信息,如通过基础设施 - 车辆 - 通信传输的信息[37.10,37.16]。

防止闯红灯的方法与防止停车标志前未制动的方法在很大程度上是类似的。此外,在红灯期间通过交通信号灯辅助驶入路口是不允许的。这还包括防止驾驶员从停车状态启动闯红灯的警报,如为防止在十字路口的所谓跟随影响,这种路口的平行车道的信号等是不同的。与针对停车标志辅助系统的讨论相似,在有意闯红灯时

交通信号灯辅助系统必须可以不发出不适当的警报。例如,必须通过特殊信号为紧急任务用车让出位置的情况。在这种情况下驾驶员已经感到紧张,因此不应在用附加的系统输出信息给其增加负担。

除上述防止闯红灯的警报功能外,交通信号灯辅助系统也可以通过安全性和舒适性方面实现信息提供功能。因此,在接近路口的早期就已可以对将要转换的信号灯进行判断,并依据速度建议(在允许的最高车速内)及停车信息优化接近过程的安全性效率。众所周知,在无干扰接近一个绿灯时(即无前车),有约三分之一的驾驶员会:

—— 加速,从而在仍是绿灯状态时通过;

—— 减速,以在变灯时"有更多的时间(行程)来做出决策";

—— 继续恒速行驶[37.14]。

第一种情况在安全性技术方面和节油方面是不利的,而减速(第2种情况)对于所有已达到交通空间容量极限的区域似乎也是不适用的。

因此,以内部基础设施措施为基础使用辅助功能,除安全性和舒适性方面,也会解决交通流量和节油以及尾气等方面的实际问题。

### 37.2.3 转弯、交叉相遇辅助

转弯、交叉相遇辅助是在拐入和横穿一个优先行驶路段时对有等候义务的驾驶员的辅助。针对的是具有优先行驶权的路口事故(符号 205 StVO -

给予优先行驶权）和右侧先行规定。

如使用其他系统一样，转弯时和在弯道时的事故分为车辆停在停车线上或照准线上两种事故类型。交通信号灯或停车标志辅助之间的基本区别是，需要等待的车辆只有在具有先行权的横穿行驶存在时才必须停止，否则可以不停车驶过十字路口。因此，作为转弯、交叉相遇辅助的基础，除需要必须等待车辆的位置和移动数据信息外，还需要具有优先行驶横向交通方面的信息。

实现的可能性有：

◆ 基础设施中带有智能系统的辅助系统：为在停车状态下可靠转弯、交叉相遇时对必须停车的驾驶员进行辅助，应采用乡村道路十字路口决策辅助系统（Rural Intersection Decision Support）[37.4]。此系统基于雷达传感器探测主街道上汽车的位置和车速。由此，必须确定主街道上车辆之间的时间间隔。此外，有一个关于这些汽车何时到达十字路口的预报。通过一个摄像系统探测到必须在停车线上等待的汽车，并进行分类。根据这些信息应决定，是否可以转弯/交叉相遇。如果需要，应对必须等待的车辆发出警报。作为可能的接口设计，应针对一个通用的停车标志补充一个风险警报。

◆ 车内带有智能系统的辅助系统：当在接近十字路口时和停车起步时辅助在转弯和交叉相遇时必须停车的驾驶员，目前有多种研究方法[37.9, 37.15, 37.17]，这些方法在获得信息所使用的技术方面有所不同。本系统的环境探测基于车辆自主车载传感装置。因此，在[37.14]中采用了激光传感器、视频系统和高精度数字卡的组合。另一种方法通过要求的关于其他交通参与者的信息对车-车-通信予以辅助[37.15]。其基础是，除一个适当的通信解决方案外，还应有一个用于生成每辆车位置动态数据和行驶动态数据的系统，其中为确定位置大多数情况下应追溯到全球导航卫星系统（GNSS）。与使用的传感器或通信技术无关，为主动避免事故发生，要求一个系统能提前识别并评估潜在存在的碰撞。在转弯、交叉相遇情况下，是否应执行系统干预的决策流程分为两个分任务[37.17]：一是如果未采用预防措施，判断驶入或横穿十字路口时是否有与横穿行驶的车辆相撞的危险；二是接近十字路口时识别某个时间点的其余预防措施，这时仍可以避免本车驶入碰撞区。

第 7.8.3 节中描述了一些状况评估的方法。

如果在当前危险状况下要求必须具有辅助驾驶员的事故避免措施，则状态适应的不同的信息和警报等级或完全干预可以避免事故。特别是在较高车速下，在接近十字路口的早期阶段就可以识别到潜在的危险状况，因此，相比之下驾驶员有很多反应时间。在这种情况下，作为对之前情况的信息预警，平视显示器中的视觉提示基本上就已足够。如果驾驶员未对预警做出反应，或在较晚时才发现危险情况,如较低车速下或由于框架条件改变,则声音警报还有可能避免事故。如这可能包括平视显示器中的一个视觉显示,以及一个声音警报,必要时增加一个主动制动。将采用一个自主制动形式上的部分干预以增加驾驶员可用的反应时间间隔[37.17]。由此可以将紧急警报延后,这样不会在不必要的情况下对运动型驾驶员发出警报。

如果一辆停在十字路口的车辆直接启动,则通过警报无法避免其驶入十字路口,因为驾驶员没有反应时间。对于这种情况,通过操作制动踏板停车可以避免碰撞。

为尽可能小地保持期望的错误警报的比例,应将相应的警报标准与通常的驾驶员特性相匹配(参见第37.4节)。作为附加的挑战,在接近十字路口时,拐入和交叉是有区别的,因为有可能不会驶过相同的十字路口区域(例如,当具有先行权的车辆从右侧接近或必须等待的车辆向右转弯时)。

◆ 车内具有智能系统,基础设施中具有传感器的辅助系统。还有几种方法,它们中有一部分包括已介绍的方法的组合。因此,根据[37.24]提供了一个针对有特殊事故影响的十字路口的基于通信基础设施连接的环境探测和与车轮连接的辅助系统。在这些十字路口处,使用传感器采集交通图像,其信息通过通信系统发送给交通参与者。在车内使用这些环境信息的条件是,通过适当的通信技术可利用这些信息。方法的一个较大的优点是,与纯粹基于通信的十字路口辅助系统相比,未装备无线电装置的车辆也可收集并传送信息。因此,即便车辆的装备率较低,也能达到提高安全性的目的,然而只适用于具有相应设施的十字路口。

### 37.2.4 左转辅助

左转辅助是在执行转弯时对驾驶员的辅助,也就是说,在与对面交通参与者有发生碰撞的风险的情况下。

官方事故类型转弯事故包括很多这种情况,相反,重点是避免一辆向左转的车辆与对面来车相撞。在不同的研究中(例如,[37.8,37.12])转弯事故的主要原因包括对对面来车的车距和车速的错误估计、未看到车辆(特别是较大的轿车或载重车几乎看不到车前的两轮车)以及对面来车也转弯导致的视觉障碍。

由于行驶的复杂性,转向对驾驶员来说是一个挑战。对于一个辅助系统来说,情况很复杂,与目前所述的系统相比,不存在明确定义的转向点,其会导致很多可能的轨线。因此,驾驶员特性分析和转向愿望预测是很重要的。

特别是较小的空间概算使重要的辅助策略变得困难,因为一定要避免车辆进入对面行车道太多形成潜在的碰撞区域。转弯轨线越平缓从而越晚探测到转弯意图,则车辆离中线越近(想象的),且辅助系统的辅助可能性就越小[37.20]。

如停车标志辅助一样,对于左转弯来说区分停车后行驶导致的事故和之前未停车而发生的事故并不总是可能的。事故数量研究[37.3,37.20]的相应研究显示,在十字路口区域发生事故时这两种情景所占的比例较大。

以一个左转辅助系统为视角,有以下几种情况:

◆ 驾驶员将车停在十字路口中央,在此驾驶员有宽广的视野来观察对面来车中足够大的空隙。该情境的优点是从辅助系统的角度来看,现在识别转弯愿望的可靠性接近100%[37.1,37.20]。在等待转向可能性时,驾驶员通过纯视觉获得潜在危险对面来车信息,并在选择充分的观察到的空隙时予以辅助。为传输这些信息,平视显示器又变得适用,因为通过它驾驶员几乎可以同时收集到外部和内部信息。此情境的缺点是,车辆距离碰撞区域已很近,驾驶员没有足够的时间概算对警报做出反应,因此驾驶员还是会驶向迎面来车。在这种情况下,在自主干预时,由驾驶员超越控制使车辆停止可潜在地避免事故的发生。

◆ 驾驶员接近十字路口,在此路口其想要左转,并发现了对面交通中的一个空隙,从而想在不停车的情况下直接转弯。辅助方面决定性的问题是,对于一个系统来说,只有当方向盘转角和速度超过一定的阈值时,才应识别实际的转弯[37.20]。因此应明确,对于对面交通方面的信息来说,如果从停车状态进行转弯,由于直接干预的必要性将不再有储备时间。在此即使是一个警报通常也不再以目标为

导向。在这种应用情况下,似乎一个由驾驶员可超越控制的汽车制动才可以避免事故,这是由于误报值的可能影响是以提供信息的高度可靠性为前提的。

对于这两种情境,在评估对面交通的空隙时应考虑由驾驶员对此空隙进行的一般性估测。针对此点,根据[37.1,37.20]得出一个不同研究的对比,即驾驶员对对面来车时间空隙的估计多数情况下受十字路口相关因素的影响,因此大小可接受的空隙具有较大的差异(4~14 s之间)。

左转辅助系统要求的输入参数尤其包括对面来车的行驶状态参数。如果为转弯预测设定了一个驾驶员模型,如[37.20]所述,如果考虑十字路口对驾驶员行为的影响,则还需要具备十字路口方面的信息。

## 37.3 情境评估

对于描述的每种路口辅助系统提出了问题,即驾驶员是否故意驶过特性点(停车线或驶入路口或对面来车),或驾驶员是否自己在该点处停车或在该点前停车。对于一个停车标志辅助,由于停车点已预设定,且始终存在停车要求,此问题可通过将不同指示灯结合到一个相同的接近十字路口的早期阶段来回答[37.19]。这对于交通信号灯辅助也是类似的[37.16]。

对于转入路口辅助来说,由于驾驶员是否停车的决定是在接近路口的相对较晚的阶段才做出的,因此很难提出问题,因为在这之前大多无法对

横穿行驶进行评估(例如,由于视觉障碍)。相应地,横穿行驶辅助还应考虑到驾驶员改变决定的可能性。关于驾驶员停车愿望的陈述可能必须在接近路口的较晚阶段进行修正。考虑到在接近路口期间驾驶员的不知情,应不断检查转入路口辅助警报的必要性[37.17]。同样,对于转弯时驾驶员愿望的识别,应考虑未知停车点的额外自由度。

转弯和拐入路口辅助系统要求另外根据其他交通参与者对交通状况进行评估。此评估的目的是对与其他车辆发生碰撞的危险性做出分析。除预测未来的驾驶员行为外,本车和其他交通参与者要求将问题抽象化以对碰撞的危险进行量化。下面简单介绍了两种可能的方法。

识别与其他交通参与者发生碰撞危险的可能性可借助3D轨迹表现情境。此方法应用于原型的左转辅助应用中[37.20]。在十字路口固定的坐标系中,除两个空间参数 $x$ 和 $y$ 外,第三个参数是时间,即汽车由相应的 $x$ 和 $y$ 到达定义的点所需的时间。因此,每个参与的车辆都有3D云。如果在云的相交区域有本车或其他车,则有可能发生碰撞。

相同关系的另一种表现是使用 $\Delta t$ 卡,如[37.17]中其在拐入路口辅助的应用。在坐标的第三维,代替单个汽车的"毛时间",仅还可以表示本车和一个可能与其发生碰撞的汽车交通参与者之间的时间差 $|\Delta t|$。如果 $|\Delta t|$ 低于驾驶员将还能接受的时间差(例如,本车和横穿行驶的车辆之间),则会发出警报。

## 37.4 适当的警报和干预策略

在可靠确定危险状况前,根据可用时间和空间概算布置所述的系统,这样同样降低了通过纯信息缓和危险状况的可能性(除非从车辆驻车状态下启动,此时空间、时间概算对于所有系统来说都是同样小的)。这种相互关联可参见图37-3。

明确的警报是必要的,且增加了自主干预的潜力。在前面几章中,与驾驶员警报有关,已提到了所谓的警报两难情况。

警报两难是在驾驶员辅助的范围内警报有效性与希望的错误警报之间

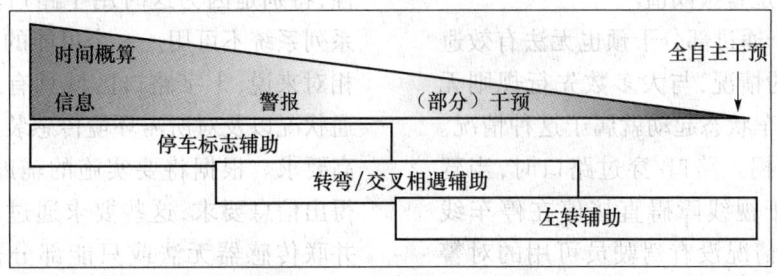

图37-3 平视显示器中十字路口辅助系统的人机接口解决方案[37.10]

的权衡。这会出现一个问题，即由于驾驶员所期望的反应时间，有效的警报肯定已在某一时刻完成，此时对于即将发生的危险状况还可以由驾驶员自主进行反应。只有当大多数驾驶员在最晚可能的警报时间点前找到自主反应的证据，才有可能在驾驶员不会由于频繁错误报警（所谓的误报）被干扰的风险下发出警报。

因此，车内警报系统的实现首先需要对"典型"驾驶员行为进行检查，以确保对当前情境的警报两难情况可控。通常，只有一部分交通状况是这样的情况。因此，对于拐入路口辅助只有在超过一定最小车速的情况下才有可能得出一个驾驶员是否不再自行停车的结论[37.17]。如果低于此速度，则相应结论的可靠性将快速下降，因此期望的误报数将升高到无法接受的数值。

这类限值部分受警报策略选择的影响。一种可能性是，在警报的基础上增加一个主动部分制动。[37.17]通过部分制动，在驾驶员反应期间车速就已开始下降。这有效增加了可供驾驶员使用的反应时间，由此可以"动态地"设定警报阈值。

对于通过部分干预也无法有效避免事故的情况，与大多数先行规则无关，从停车状态起动就属于这种情况。因此，在拐入路口/穿过路口时，当驾驶员由于视线障碍直接停在停车线时，多数情况没有驾驶员可用的对警报的反应时间。对于转弯的情况，这甚至通常也适用于行驶的车辆（参见第37.2.4节）。对于这种情景，车辆进入碰撞区域内只有通过自主干预才能避免。在此，对驾驶员发出警报的同时禁止启动是适用的。为防止系统滥用，在重新完全松开行驶踏板时才可以重新启用。

另一个将通过驾驶员行为得出的限制进行推移的可能性是，对于非常危险的情况设定一个公差带。例如，一个通过模型实现的左转辅助通过仅在约80%的情况下使用自主应急制动避免了闯入对面交通车道的事故，然而在95%的行驶试验中，本车都在闯入对面交通车道的宽度最多20 cm的情况下将车停下，因此也避免了事故[37.20]。

对于所有所谓的部分干预和全干预，驾驶员必须有能力进行超越控制。对此，一种可能性是采用用力踩行车踏板的方式。这样，驾驶员可以在不操作其他操控单元的情况下超越控制将车停住。

## 37.5 实施过程中的挑战

事故数据分析表明，在路口区域具有同样高的提高交通安全性的可能性，特别是因为这时用于路口辅助的系列系统不可用。一个可能的原因是相对来说，十字路口区域具有复杂交通状况以及对所需环境传感装置的较高要求。根据将要实施的辅助功能，得出信息要求，这些要求通过目前的并联传感器无法或只能部分得以满足。相应地，推导出对可实现辅助功能的限制。

在实施所述的停车标志辅助时，如果目前的交通法规和与停车线的距离方面的信息充分，则要求转弯或拐入路口辅助系统提供附加的在具有优先行驶权的道路上其他车辆的位置和行驶状态参数的信息以及目前十字路口几何形状方面的基本数据。例如，路口的几何形状、位置和优先行驶权标记在一个数字卡上[37.25]（有已知的数字卡材料现实性的问题）。

传感装置方面的挑战是确定本车的位置并识别其他车辆。在放弃通信的情况下特别是当视觉障碍作为拐入/穿过路口和转弯辅助系统的最大限制时证明了后者的作用。这时将限制环境传感器（雷达、激光雷达或视频）的使用，因为根据事故情境，物体（例如，停着的车辆）也会限制传感器的探测范围。这时通信解决方案的优势很明显，这样，尽管有停着的车辆，也可使车辆间进行信息交换。在这种情况下，只有当较大比例的车辆或十字路口都装备有相应的通信系统时，才有可能获得明显的安全效益。例如，在这一点上，应提到研究项目simTD，在该项目中，根据其在路口辅助应用的适用性对各种通信技术进行了研究[37.22]。

如果所有要求的信息都可用，则通过这些数据的精确度可以得出对可避免的事故类型的限制。例如，在图37-4 中对介绍的拐入路口辅助的停车愿望识别进行了量化图示[37.17]。图中是一个运动型驾驶员的停车特性，并图示了在基本恒定的减速度（$a_x = 8 \text{ m/s}^2$）下与车速相关的制动行程以及车辆的停车行程。此停车行程对应进行部分制动时最晚可能的报警时间，并包括驾驶员反应时间内部分延迟的驶过行程（$T_R = 1 \text{ s}; a_x = 2 \text{ m/s}^2$）和制动行程。

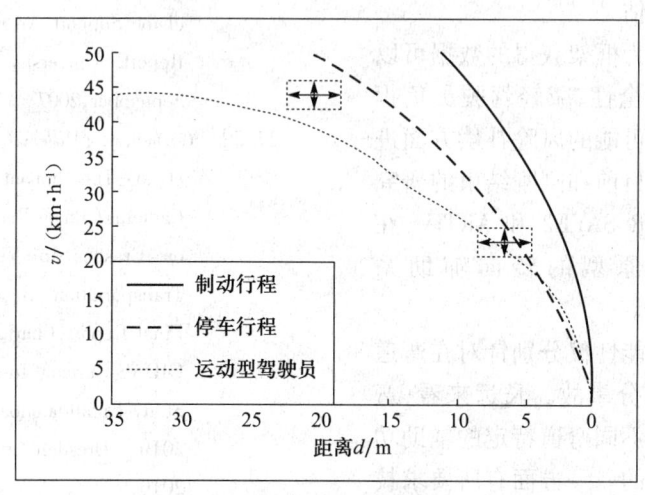

图37-4 传感器不精确性对拐入或穿过路口辅助的警报阈值的影响

图 37-4 显示,运动型驾驶员的停车特性以与十字路口较小的距离接近最晚可能的警报点,甚至两条曲线出现相交。相应地,这种车型的警报两难只有在大于以此交点给出的最小车速时才可控。如果距离和车速的测定不准确(图 37-4 中用矩形表示),则应在选择适用警报标准时考虑到这一点。对于图 37-4 中所示的情况,说明最小车速(低于此车速无法及时对警报的必要性做出结论)随所谓输入参数的不精确度的增大而增大。考虑其他交通参与者时也会得出类似的相互关系。在此,随着车速的下降对传感器的要求也就越高[37.17]。

在路口处降低事故数的另一个条件是驾驶员真正做好了使用路口辅助的准备。因此,在早期开发阶段就应确保驾驶员接受所述的系统功能。对于介绍的功能,在 BMW 集团的动态驾驶模拟器中通过受试人试验对人机交互进行了评估[37.7]。

以本试验为框架获得的数据可以首先在提高安全性、减轻驾驶员负担可能性方面及可能的风险补偿方面进行评估。根据目前和刚刚结束的研究项目,如 INTER SAFE2 和 AKTIV,在车内有作为原型的转向辅助系统[37.13,37.18]。

使用的功能性仅分别针对在弯道中发生的一部分事故。长远来看,弯道辅助系统中不同弯道特定的辅助功能似乎是有用的。一方面有所要求技术方面的合成效应,另一方面可以通过统一的人机接口(HMI)对驾驶员进行辅助。作为欧盟项目 ReVENT 的研究结果首先第一步可对这方面进行识别[37.10]。

# 参 考 书 目

[37.1] *Branz*, W.; *öchsle*, F.: Intersection Assistance-Col-lision Avoidance System for Turns Across Opposing Lanes of Traffic. In: Proceedings of 5th European Congress on ITS, Hannover, 2005.

[37.2] *Busch*, S.: Workshop zur Unfallanalyse-Unfallanalysen zum Kreuzungsassistenten, INVENT VAS, Wolfsburg, 2003.

[37.3] *Chovan*, J.; *Tijerina*, L.; *Everson*, J.; *Pierowicz*, J.; *Hendricks*, D.: Examination of Intersection Left Turn Across Path Crashes and Potential IVHS Counterme-asures, Potential IVHS Countermeasures, Cambridge, 1994.

[37.4] *Donath*, M. et al.: Intersection Decision Support: An Overvi-ew-Final Report. University of Minnesota, September, 2007.

[37.5] *Garber*, N.; *Miller*, J. S.; *Abel*, R. E. et al: The Impact of Red Light Cameras (Photo-Red Enforcement) on Crashes in Virginia, Virginia Transportation Research Council, Final Report, Charlottesville, 2007.

[37.6] GIDAS-German In-Depth Accident Study-Unfalldatenbank; Stand 07. 2010, Dresden und Hannover, 2010.

[37.7] *Gradenegger*, B. et al.: Untersuchung des Linksab-biegeassistenten,

[37.8] Hoppe, M. ; Zobel, R. ; Schlag, B. : Identifikation von Einflussgrößen auf Verkehrsunfälle als Grundlage für die Beurteilung von Fahrerassistenzsystemen am Beispiel von Kreuzungsunfällen. In: Proceedings of Fahrer im 21. Jahrhundert, Braunschweig, 2008. [37.9] Hopstock, M. : Advanced Systems for Intersection Safety within the BMW Dynamic Driving Simulator. In: Proceedings of PReVENT in Action, Versailles, 2007.

[37.10] Hopstock, M. ; Klanner, F. : Intersection Safety-Justa Vision? BMW Activities for Active and Preventive Safety at Intersections. In: Proceedings of Car Safety, Berlin, 2007.

[37.11] Huesmann, A. ; Wisselmann, D. ; Freymann, R. : Der neue dynamische Fahrsimulator der BMW Fahrzeugforschung, VDI-Berichte 1745, 2003.

[37.12] Institut für Straßenverkehr: Unfalltypenkatalog, Köln, 1998.

[37.13] AKTIV Internetseite: www. aktiv-online. org ( abgerufen am 16. 12. 2010).

[37.14] D40.4 " INTERSAFE Requirements", PReVENT SP Deliverable, Brüssel, 2005.

[37.15] Klanner, F. : Entwicklung eines kommunikationsba-sierten Querverkehrsassistenten im Fahrzeug, VDI-Berichte Reihe 12, Nr. 685, Düsseldorf, 2008.

[37.16] Kosch, T. ; Ehmanns, D. : Entwicklung von Kreuzungsassistenzsystemen und Funktionalitätserweiterun-gen durch den Einsatz von Kommunikationstechnologien. In: Proceedings of Aktive Sicherheit durch Fahrerassistenzsysteme, München, 2006.

[37.17] Mages, M. : Top-Down-Funktionsentwicklung eines Einbiege-und Kreuzenassistenten. VDI Berichte, Reihe 12, Nr. 694, Düsseldorf, 2009.

[37.18] Meinecke, M. -M. et al. : User Needs and Operational Requirements for a Cooperative Intersecion Safety System, Intersafe2 Deliverable 3. 1, 2009.

[37.19] Meitinger, K. -H. et al. : Systematische Top-Down-Entwicklung von Kreuzungsassistenzsystemen, VDI-Berichte Nr. 1864, 2004.

[37.20] Meitinger, K. -H. ; Heißing, B. ; Ehmanns, D. : Linksab-biegeassistenz-Beispiel für die Top-Down-Entwick-lung eines aktiven Sicherheitssystems. In Proceedings of Aktive Sicherheit durch Fahrerassistenzsysteme, München, 2006.

[37.21] Pierowicz, J. et al. : Intersection Collision Avoidance Using IST Countermeasures, NHTSA DOT HS 809 171, Final Report, 2000.

[37.22] simTD Deliverable D21. 4-Spezifikation der Kommunikationsprotokolle. Sindelfingen, 2009.

[37.23] Statistisches Bundesamt: Verkehr-Verkehrsunfälle 2009; Fachserie 8 / Reihe 7. Wiesbaden, 2010.

[37.24] *Suzuki, T.; Benmimoun, A.; Chen, J.*: Development of an Intersection Assistant. Technischer Bericht, Denso Automotive, 2007 (Vol. 12 No. 1).

[37.25] *Weiss, T; Dietmayer, K. C. J.*: Automatic Detection of Traffic Infrastructure Objects for the Rapid Generation of Detailed Digital Maps Using Laser Scanners. In: Proceedings of IEEE Intelligent Vehicles Symposium. Istanbul, 2007.

[37.26] *Yan, X.; Radwan, E.; Klee, H.; Guo, D.*: Driver Beha-vior During Yellow Change Interval, in proceedings of DSC North America, Orlando, 2005.

# 38 用于商用车的车道引导辅助系统

*Karlheinz Dörner, Eberhard Hipp, Walter Schwertberger*

作为对前几章中提到的车道引导辅助系统的补充,本章探讨了商用车车道引导辅助系统的特定特征。商用车主要指重型载重车,如鞍式牵引车、人员运输用大巴。据统计,旅游大巴是最安全的交通工具,但是一旦发生事故,由于乘客人数明显较多,因此相比平均乘坐人数为1.2人的小轿车,其事故损失可能性明显较高。由于动能原因,根据车辆运载质量,在发生事故时,重型商用车与小轿车相比,其事故损失可能性同样明显较高,运载危险物品时更甚。

对于重型商用车来说被动安全性措施很快就达到了其物理极限。相反,实际上,专门针对商用车的主动安全性系统对于进一步提高交通安全性并降低事故严重性有很大作用。本章介绍了进入市场的车道引导辅助系统及其商用车特有的特性。

驾驶员辅助系统对大幅提高交通安全性有很大作用。这一结论是安联(Allianz)技术中心和 MAN 商用车联合实施"安全卡车(Safe Truck)"项目[38.1]通过对重型商用车参与的事故进行科学分析得出的,此项目是由德国联邦教育与研究部(BMBF)资助的。此项目针对主动预见性安全系统技术进行研发。今后在商用车中使用的应是可避免事故或减低事故后果的安全性系统。

## 38.1 对商用车驾驶员的要求

与乘用车驾驶员相反,这里所说的商用车的驾驶员是职业驾驶员。这一方面说明驾驶商用车的驾驶员是在工作,也说明驾驶员工作需要娴熟的技术。原则上驾驶员每个工作日要开约9小时车。这说明了对于职业驾驶员来说人体工程学设计的重要性,且在载重车中安装空调对驾驶员来说并不奢侈,而是为了保持驾驶员日常工作条件,这样有助于驾驶安全性。

另一方面,对于很多载重车职业驾驶员来说驾驶舱是起居室同时也是卧室。这是用于远程运输的载重车的起居室设计的重要特征。因为只有驾驶员得到很好的休息才能确保完成日常驾驶任务。因此除了一张质量较好的床外,良好的静音降噪也很重要。通常,布置休息区时必须使驾驶员头朝载重车驾驶室的前进方向。对于驾驶员来说,起居区和工作区的组合是很重要的,因为已准确设定了驾驶时间和休息时间(参见表38-1)。

驾驶员的驾驶和休息时间以及行

表 38-1　关于驾驶和休息时间的第 561/2006 号规定（欧盟）的总结（应注意，此表只是对于本书的信息性总结，驾驶员应注意相应适用法规的具体规定）

| 每天的驾驶时间 | 最多 9h；允许每周两次提高到 10h |
|---|---|
| 每周的驾驶时间 | 每周最多 56h；两个连续周内最多 90h |
| 驾驶时间中断 | 4.5h 驾驶时间后至少 45min；划分为 15min 一节，然后允许 30min 一节 |
| 每天的休息时间 | 至少 11h；允许缩短为 9h（2 周休息时间之间三次）；可以划分为 2 节，但每天的休息时间至少要保持 12h；首先 3h，然后 9h 休息时间；如果是多驾驶员轮班的情况，则 30h 内至少 9h |
| 每周的休息时间 | 至少 45h，包括一天的休息时间；可缩短为 24h，但在 2 周内至少要遵守以下规定：每 45h 有 2 次休息时间或 45h 的休息时间加上至少 24h 的休息时间（要求在 3 周内均衡安排）；在 6 个 24h 后应插入每周的休息时间 |

驶速度将记录在数字式行驶记录装置（欧盟控制仪表）上。借助此欧盟控制仪表可以监控驾驶员的驾驶行为（参见图 38-1）。由于工作日程表较紧凑，现代化的准时序列理念和不断增加的货运交通负荷使今天的驾驶员面临着很大的压力。因为过去没有根据日益增长的交通负荷扩大载重车的停车位和休息区，因为对于载重车驾驶员来说，在恰当的时间找到一个合适的停车位并不是件容易的事。因此，当恒速行驶时驾驶员存在驾驶几小时后注意力不集中的危险。当疲劳的驾驶员寻找停车位或由于没有停车位只能继续行驶时，或驾驶员实在找不到停车位只能在禁止停车的地方休息而被警察叫醒要求其继续行驶时会发生危险情况。

进行货运时驾驶员负有很大的责任。不仅是要按时取货并供货（极短的装载时间，很少的休息时间），而且还要保证装载安全性和安全运输到目的地。驾驶员必须保证使最大载重量为 40 t 的载重车或牵引载重车以 80 km/h 的最大时速安全地在道路上行驶，必须具有并应用特殊技能才能将重物稳固固定在装货平台上，而失误可能会导致危险发生。

在上坡或下坡路段上驾驶全负载的载重车不仅要求驾驶员有经验而且还要有良好的驾驶技术。预见性的控制与正确使用持续制动器或行车制动器同样重要。在现代商用车中，通过自动变速箱和制动管理（Bremsomat）功能对驾驶员提供辅助。除了驾驶技能外，还要求承运人的驾驶风格经济节油，并采用特定分析工具。借助这些工具对驾驶员的驾驶方式是否经济进行评估。将使用一部分分析结果，从而对节油的驾驶员予以收入鼓励。因此，驾驶员往往处于与其同事直接竞争的压力之下。

与小轿车驾驶员相比，载重车驾驶员还有一些边界条件：很多交通标志只针对商用车而并不适用于小轿车。这实际上与较大的尺寸、较高的质量、较大的转弯、运输物品的类型和与小轿车相比较小的特定的功率相关。在特定的功率下，发动机功率与车辆总质量有关。载重车驾驶员必须认识所有这些交通标志。如果不认识，可能会导致较大的财产损失，如超过桥梁限高（参见图 38-2）。

# 38 用于商用车的车道引导辅助系统

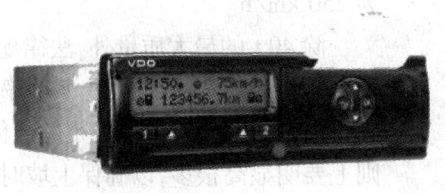

**图 38-1　欧盟控制装置**
(a)数字型；(b)模拟型

**图 38-2　由于未注意通行限高标志而导致的载重车事故**
(来源：卡尔斯费尔德消防队)

较窄的车道状况和市区同样要求驾驶员高度的精神集中。此外，驾驶员必须考虑到其他交通参与者并不会像载重车驾驶员一样具有高超的驾驶水平。例如，如果驾驶员穿过具有很多车道的较窄的右弯道，其必须观察在其左侧行驶的车辆。只有当驾驶员可以并入左车道时，才可以进行右转弯。载重车近距离的视线情况，特别是驾驶室右侧明显具有比小轿车更大的非直接可见的区域（参见第38.2节）。出于这一原因，载重车规定使用的视镜数量更多。

此外，还有一些载重车专用的而小轿车没有的操控单元，对此本文不作进一步介绍。

## 38.2 载重车和轿车的实质性差异

轿车和载重车在经济意义和汽车技术上都有差异。后者尤其适用于驱动和制动技术、尺寸和质量，也适用于带安全性系统和辅助系统的装备。

从经济视角看，与小轿车相比，购买载重车是一种投资。载重车必须使承运商获得经济效益，因此一个载重车的生命周期成本具有决定性意义。除较低的购置成本外，低运营成本、高行驶功率、高可用性、较大保养间隔、较快的维修、较长的寿命和较高的转售价值都很重要。很多载重车在使用2~4年后都会易主。那时一辆车已差不多在远程运输中行驶了约100万km，这相当于每年行驶20万~25万km。接手的载重车所有人会再行驶约200万km。

轿车和载重车运行时间的比较显示出商用车必须承受更高的负荷：如果一辆载重车10年行驶30 000h，而在相同的时间内小轿车只行驶3 000h。挂车的寿命明显较长能达到20~30年。这是由于有时会阻碍牵引车和鞍式挂车之间接口的创新，如装备在牵引车或鞍式挂车中装备 ESP 或现代制动系统。

与长技术寿命方面一样，承运人还必须考虑对辅助系统和安全系统的投资，以及能产生的经济效益。相对于小轿车，这是商用车中驾驶员辅助系统成功引入市场的决定性不同之处。

回到技术层面：载重车与小轿车在车辆尺寸和车重方面也有明显的差异。明确规定了牵引车、鞍式挂车及挂车列车的最大允许尺寸，且只允许在有特殊批准的情况下才能超出此规定。例如，允许作为挂车列车的欧洲拖斗卡车长为18.75 m，最大高度为4.0 m，最大宽度为2.55 m（不算车外后视镜）。载重车在高速公路上的时速最大为80 km/h，公路主干线则为60 km/h。对于功率较大的小轿车发动机来说，制造商调节了的最大时速为250 km/h。

除40 t 的最大质量外，法律规定了每吨6 hP（4.47 kW）的最小功率。这在目前的实践中是一个极小的数值，原则上要明显高很多，以确保上坡时顺利的前进。然而，载重车的纵向动力明显低于小轿车：一个40 t 重装备有480 hp（357.94 kW）发动机的商用车每吨可用功率为12 hp（8.95 kW）。相比之下，每吨12 hp（8.95 kW）的1.5 t 较重中级轿车的功率仅为18 hp（13.42 kW）。

与轿车相比，载重车运输各种各样的物品将车身装满，如厢式车身和冷藏车身。载重车的不同装载影响其质量和重心高度，从而影响了行驶动态特性。出于这个原因，不同制造商研发出各种方法以确定相应的装载及汽车总质量。此数据用于车内控制系统（例如，电子稳定性程序、自动巡航仪、自适应巡航控制），也直接向驾驶员显示，因此驾驶员可以识别到并避免超载，并根据其驾驶方式设定装载量。至今尚未最终解决重心高度计算的问题，然而行驶动态是比较重要的。因为重心的垂直位置与卸载点有关。此变量对于确定车辆弯道行驶的最大车速具有决定性意义。此外，通过计算相应装备的载重车在行驶时其电子减振系统弹簧的必要回复力的算法计算此变量。载重车中的电子可控减振系统在几毫秒内根据相应的装载状态、行驶状况和路面状况自动匹配减振强度，并产生有效的主动侧倾稳定性。

为使载重车能够充分且安全地制动,有很多制动系统可供选择。原则上来说,目前载重车的行车制动器是电子控制的双回路空气压力制动装置。当电子系统发生故障时,直接通过制动踏板控制制动装置的气动。另外,载重车装备有不同的持续制动器。与行车制动器相反,持续制动器无磨损工作。持续制动器有多种不同的发动机制动器和减速器型号。市场上既有发动机侧减速器,也有变速箱输入端和变速箱输出端减速器。设计纵向控制系统时应注意,不同类型的持续制动器具有极不同的制动和控制特性(例如,不连续性、延迟时间、与变速箱挡位和车速的相关性)。

原则上,载重车的手动变速箱最多有 16 个挡位,自动变速箱最多有 12 个挡位。与轿车的自动变速箱的变扭器相反,载重车的自动变速箱没有变扭器,而是配备了一个电控的输入侧的摩擦离合器。电控装置减轻了驾驶员换挡和操作离合器的工作。

根据企业经济边缘条件,行驶动态特性和技术数据将表明,载重车的安全性与轿车安全性的框架条件完全不同。对驾驶员来说,这些因素既说明在长途交通运输中由于不断的行驶特性产生较高的负荷,还说明在最大 40t 重 2.55m 宽的汽车进行行驶时较高的应力。为减轻驾驶员的负担,目前载重车和客车有一系列电子安全系统和辅助系统可供使用,如电子稳定程序(ESP)、车距控制自适应巡航控制(ACC)或车道偏离警报系统

(LDW)。

对载重车驾驶员来说另一个负担是受限制的视野情况。尽管道路交通法规规定 >7.5t 的载重车必须在车辆两侧安装两个大尺寸车外主后视镜,并规定还必须安装一个广角后视镜、一个行驶后视镜和一个前视镜,然而向后的视野以及侧面的视野仍有限。为获得死角中的视野,根据装备的不同,在牵引车上有视镜和传感器。在未来应使用不同的技术解决方案:车后摄像头,其拍摄的图像显示在驾驶室的显示器上,提供了半挂车后侧空间状况的概览;传感器监控车两侧与物体的距离和相对速度(参见第 38.7 节)。

载重车驾驶员必须在几年后交通流量继续增加的情况下保证本车的安全行驶。柏林汽车研究所预测,到 2025 年,欧洲货运交通能力将提高约 80%[38.3]。仅德国在 2025 年前东西线的交通运输流量预计就将翻一番。由于交通设施赶不上交通流量的增加,因此对汽车技术和驾驶员的要求日益增加。如果想保持或继续提高目前达到的安全水平,则在所有层面上的安全性,即从车里的设施到各交通参与者都是不可或缺的。

## 38.3 事故情境

原则上,辅助系统的研发以对事故统计的全面分析为基础。检查了过去 15~20 年发生事故的数量和所属的事故种类。尽可能对事故的过程进行了详细的分析。统计时将事故数量

与货运交通能力进行了比较(参见图 38-3)。

1992—2008 年,德国道路货运的运输能力从 2 523 亿吨公里增加了 87% 达到了 4 727 亿吨公里[38.4]。尽管行驶能力提高了,但在相同时间段内商用车造成人员伤亡的事故却明显下降:1992 年有 1 883 人死于此类交通事故,而 2008 年只有 1 004 人,相比之下下降了 47%。1992 年有 13 345 人在事故中受重伤,而 2008 年重伤人数则有 7 997 人,降低了 40%。

为区分商用车参与的事故中死亡和重伤情况,联邦统计局根据新分类方法进行了分类(参见图 38-4)。2008 年,最常见的事故类型追尾撞车

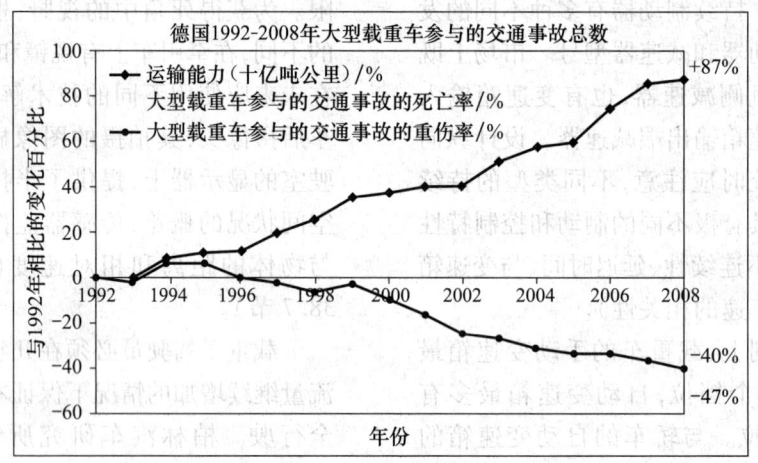

图 38-3 德国货运载重车交通运输能力与事故死亡和重伤交通参与者的比较[38.4]

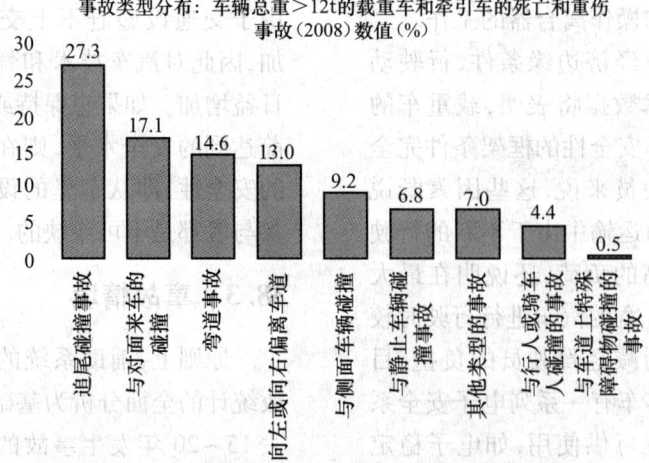

图 38-4 2008 年德国有死亡或重伤的相撞事故的类型分布。图示为允许总重为 12 t 以上牵引车或载重车的碰撞事故[38.4]

事故占 27.3%，还有 17.1% 的事故是与对面来车发生碰撞。弯道事故占 14.6%。13.0% 的事故是由于偏左或偏右驶离车道。侧面相互碰撞的事故比较不常见，占 9.2%。与静止车辆碰撞 (6.8%)、与行人或骑车人相撞 (4.4%) 或与车道上某个特殊的障碍物相撞 (0.5%) 更少见。

进行数据分析时应区分事故类型和实际事故原因。一般来说，追尾事故是由于车距太小以及车速过快。车距太小 (17%) 和车速太快 (13%) 是货运汽车发生事故的两个最常见原因[38.4]。载重车的动能较高大多会导致严重事故：如果一辆 40 t 重，车速为 90 km/h 的载重车在一个静止的障碍物前未进行制动，则会产生约 3.5 kW·h 的能量，而一辆 2 t 重的轿车在 100 km/h 车速下其能量仅为 0.4 kW·h。

实际上偏离车道可以分为两种情境：行驶动态条件下的偏离或缓慢漂移。行驶动态决定的车道偏离、突然避让打方向盘或车道湿滑是快速弯道行驶的典型后果。通常是由于驾驶员对行驶状态的错误估计导致的。相反，在车道上的缓慢漂移大多是由于驾驶员注意力不集中或疲劳驾驶，如由于分心或在单调的车道上漫长的行驶导致驾驶疲劳。

根据联邦统计局分析，弯道最常见的失误是货运载重车驾驶员的错误行为：忽略前车 (13%) 和转弯时的失误 (8.5%)[38.4]。

与静止车辆、行人和骑车人相撞发生的事故大多是由于驾驶室或车侧面的视线条件所限。在 DEKRA 汽车有限公司与联邦公路局进行的联合研究中，对 120 起事故进行了分析，这些事故都是发生在载重车 (>3.5 t) 和行人或骑车人右转时[38.5]；在商用车与行人或骑车人的事故中 88% 都是侧面或追尾事故。有 7% 的事故是由于驾驶室与牵引车的后轮相撞导致的。

行驶动态控制系统：例如，电子稳定程序 (ESP)；带有环境传感器的驾驶员辅助系统，例如，自适应巡航控制系统 (ACC) 或车道偏离警报系统 (LDW) 都可以明显减少载重车事故。在一项由德国保险业总会与 Knorr 商用车制动系统及慕尼黑科技大学共同参与的研究中，对 850 辆重型商用车事故展开了 ESP 效果潜能研究[38.2]，采用 ESP 后避免了 9% 的事故。对于载重车行驶动态条件下的单车事故，44% 的事故可以通过 ESP 避免。MAN 商用车公司和安联技术中心对车道偏离警报系统和自适应巡航控制系统的效果潜能进行分析的共同研究也得出了明确的结论[38.1]：如果德国载重车装备了目前上市的自适应巡航控制系统，则全德国范围内可避免 71% 的高速公路重型载重车追尾事故和约 30% 的全德国道路重型载重车追尾事故（参见第 38.4 节）。如果所有载重车的驾驶员都能在无意偏离车道前被车道偏离警报装置警告，然后驾驶员通过反打方向盘纠正偏离，则可以避免 49% 的左右偏离车道事故(参见第38.5节)。

## 38.4 商用车的自适应巡航控制系统(ACC)

自适应巡航控制系统(ACC)是一个辅助系统,其根据前车的行驶速度自动调节,且驾驶员可调节车距。自由行驶时系统如一个普通的自动速度仪一样工作。

自适应巡航控制系统安装在载重车中的速度控制系统和制动控制系统两个系统中。速度控制系统通过向发动机供油自动调节车速,因此车辆可以保持驾驶员设定的速度。下山时也可以在不供油的情况下进行加速。如果不希望加速或只进行一定程度的加速,则载重车驾驶员可以启用制动控制功能。在超出希望车速时或超出与希望车速的设定偏差时,其会自动控制减速器或发动机制动装置,这样在下坡时可保持预设的速度。为设定下坡期望车速有一个方便的解决方法,如当驾驶员在制动器自适应制动后开始下坡时,根据当前车速设定一个额定值。

车距控制速度仪扩展了上述速度控制系统和制动控制系统的功能,其可测量与前车的车距和相对速度,由此可以自动适应前车的速度,并调节可调的希望车距。可调的希望车距是与速度相关的,其对应一个可调的时间空隙,如有可能可通过恒定最小车距进行补充。

ACC的基本传感装置是一个高频雷达。雷达系统原则上安装在轿车前裙板的下方(图38-5)。此外,在载重车中使用相同的雷达传感装置,如在轿车中的使用情况一样(参见第38.4节)。然而根据跟踪和特定的载重车边缘条件,要求匹配传感装置,如涉及载重车的行驶动态参数、载重车典型振动、24 V电源,等等。

进行车距车速调节时ACC控制器干预发动机控制系统和制动系统。与轿车的ACC系统相反,在载重车中应使用不同的制动系统使车辆减速。首先,应始终使用无磨损的持续制动器,如发动机制动器和减速器。此外,应注意转移特性,其部分显示出逐级工作特性和较大的动作延迟。为补偿这种不希望的效应,在此期间应安排一个短时快速的行车制动作用,因此得到一个具有较快动作时间的持续制动力矩。

如果持续制动器的制动效率不足以使车辆按照控制器规定减速,则还应使用行车制动器,然而必须根据热能转换的制动能限定制动时长,以避免行车制动过热。就这点而言,如果必须快速降低车速,则应针对制动使用行车制动器。此外,使用目前的ACC系统时最大制动作用的车辆减速度为约 $-3 \text{ m/s}^2$。如果一辆车在下坡时必须较长时间制动,则只允许通过持续制动器实现,而不是使用行车制动器,以避免过热。为此必须通过行车制动器减速,并挂低挡,从而有足够的持续制动功率。

根据初始状态(通过驾驶员或者通过系统制造商),ACC系统在具有

## 38 用于商用车的车道引导辅助系统

图 38-5 载重车自适应巡航控制系统传感器的安装状况

驾驶员接管请求和无接管请求时都正常工作。这可以用信号告知驾驶员，ACC 控制装置制动的最大减速度为约 $-3 \text{ m/s}^2$，然而其在目前的驾驶状态下是不够的。驾驶员请求进行比 ACC 系统可以实现的更强烈的制动。另外，ACC 系统具有碰撞警报，其在 ACC 关闭状态下也可以部分启用。应向驾驶员发送碰撞事故紧急危险信号，并促使驾驶员进行制动。

通过操纵操控单元（例如，按钮或操纵杆）或松开制动踏板关闭 ACC 系统。相反，通过松开行车踏板超越控制 ACC 系统。例如，驾驶员可以使用这种方法避免 ACC 制动时在开始上坡时较缓慢，因为目前的 ACC 系统还不能预测路线，因此只能由驾驶员来识别这些情况。在这些情况下由于刚开始上坡，因此对前车进行制动是不合适的。此外，在超车前，为减小车距或较快加速而进行超越控制。

首先，与 ACC 控制相关的有以下几点：

◆ 在德国的高速公路上载重车在 50 km/h 以上的车速下法定的最小车距为 50 m。必须遵守最低的可选车距等级。

◆ 如果低于希望车距，如由于有车拐入，则通常速度差为 2~4 km/h，以使车距再次扩大。超车时首先有车速差，这样带有 ACC 的 LKW 才能恒速继续行驶。对外行来说担心的"车速越来越慢"并没有出现。

◆ 如果拐入车辆的车速差比之前形成希望车距时的数值大，则在跟随行驶调节时会导致不希望的"紧跟效应"。载重车在超过车辆后方加速，因为超车车辆由于前车太慢不得不减速或更换车道（例如，驶入或驶出高速公路），则在 ACC 系统中可以计算并考虑这些情况，以防止"紧跟"。

◆ 除前车的车距和车速外，其加速度对于 ACC 控制来说也很重要。可以通过速度推导出加速度，此时，换挡可能会导致短时明显的加速度变化。例如，实际上当进行高速公路行驶时一辆较慢的小轿车在载重车前拐入时应考虑加速度。如果拐入时无加速度则载重车必须制动。如果加速度足够，在车距较危险前，速度差为正，在这种情况下载重车将恒速继续行驶。

◆ 在车距控制策略中,对于紧挨的前行车辆还可以考虑前车之前的车辆或在相邻车道行驶的车辆。

◆ 车距控制特性是遵守希望车距和经济驾驶方式之间的优化。严格遵守希望车距说明在使用制动系统时必须直接对前车的减速做出反应。这与经济的尽量少踩制动的驾驶方式有冲突。

目前,商用车的 ACC 系统是针对高速公路和建得较好的联邦高速公路设计的。在建得不太好的道路、乡村道路和市内交通中,驾驶员必须关闭系统。通过自适应巡航系统进行车距和车速调节是从制造商设定的最低速度开始的,典型值为 25 km/h。如果低于此最低车速,驾驶员必须重新进行纵向导航。如果 ACC 系统在制动到静止前只部分可用,则首先自最低车速起应重新可用。目前的 ACC 系统对于静止的物体,也包括堵车时停止的车辆没有反应。对于极慢速行驶的车辆,也将其视为静止物体,而不会识别为前行车辆。这是驾驶员必须干预的典型情况。

载重车和旅游大巴中的自适应巡航控制系统必须具有不同的要求。载重车通常都是车队行驶,车速保持在 80 km/h。对于载重车驾驶员来说,ACC 主要是一个舒适功能,其在恒定的车队行驶中首先减轻了驾驶员的负担。在大多数较长的驾驶时间内驾驶员始终保持工作效率。自动车距控制装置提高了交通安全性,并应避免由于车距太小或驾驶员注意力不集中导致的突然紧急制动。因此,同样因为货主的相应要求,现在运输危险物品的载重车首选配备 ACC 的运输车。

相反,一辆旅游巴士以 100 km/h 的平均车速行驶,顺利超过载重车,但一般比轿车速度慢。与载重车相比,旅游巴士大多不会跟踪行驶。然而,如果旅游巴士接近缓慢行驶的车辆,则 ACC 加速油门调节速度,以与前车保持安全车距。对于旅游巴士来说安全是最重要的。

目前的系统限制实质上要追溯到传感装置的探测性能和经济制动功能的必要性。为将系统有效地用于高速公路和快速路上,雷达传感器必须探测车前最远 150 m 范围之内的物体。此有效距离仅允许很小的探测角度,目前在 12°~16°之间。无法识别此探测角度之外的物体。在小弯道半径下就是这种情况,或者对于频繁从侧面拐入载重车前方车道或偏离车道中心线很多的行驶时也是这种情况。

由安联技术中心在德国联邦教育研究部(BMBF)资助的项目"安全卡车"的框架下检验 ACC 系统在避免事故方面的功能性[38.1]。分析的 583 起事故中有 127 起与 ACC 有关,即发生在本车车道的追尾撞车事故,其中也包括市区内和州县公路上的事故以及与静止障碍物碰撞导致的事故。针对体现了 ACC 系统不同开发等级的 5 个情境进行了效用潜力分析。此外,驾驶员干预或不干预的情境是不同的。在

所有情境中,都是通过 ACC 使车辆减速度最大达到 $-2\ \text{m/s}^2$:

◆ 仅在高于最低车速时调节的 ACC 系统:

——无驾驶员干预(情境0);

——在 2 s 后驾驶员在最大减速度( $-6\ \text{m/s}^2$ )情况下干预(情境1)。

◆ 直至静止调节的且适用于市内交通的 ACC 系统:

——无驾驶员干预(情境2);

——在 2 s 后驾驶员在最大减速度( $-6\ \text{m/s}^2$ )情况下干预(情境4)。

◆ 直至静止调节的且适用于市内交通的并可识别静止车辆的 ACC 系统(情境5)。

研究的基础为 127 起与 ACC 相关的商用车事故。根据详细存档事故的再现分析单个情境中事故的可避免性,并对各类别进行预测(参见图38-6):

◆ 如果所有载重车都装备有可用的 ACC 系统,则可以避免约 6% 的严重商用车事故,而不必由驾驶员进行制动干预。如果驾驶员以最大可能的减速度进行 ACC 干预后 2 s 内进行了制动干预,则可以避免 7% 的事故。

◆ 如果所有载重车都装备有可调节至车辆静止的且适用于市内的 ACC 系统,则可以避免 8% 的严重商用车事故,而无须驾驶员制动。如果在 ACC 干预后 2 s 内驾驶员额外进行了全制动,则事故可避免率提高 17%。

◆ 如果所有载重车都装备有带有 2 个附加传感装置且可检测出静止车辆的 ACC 系统,则可以避免 21% 的

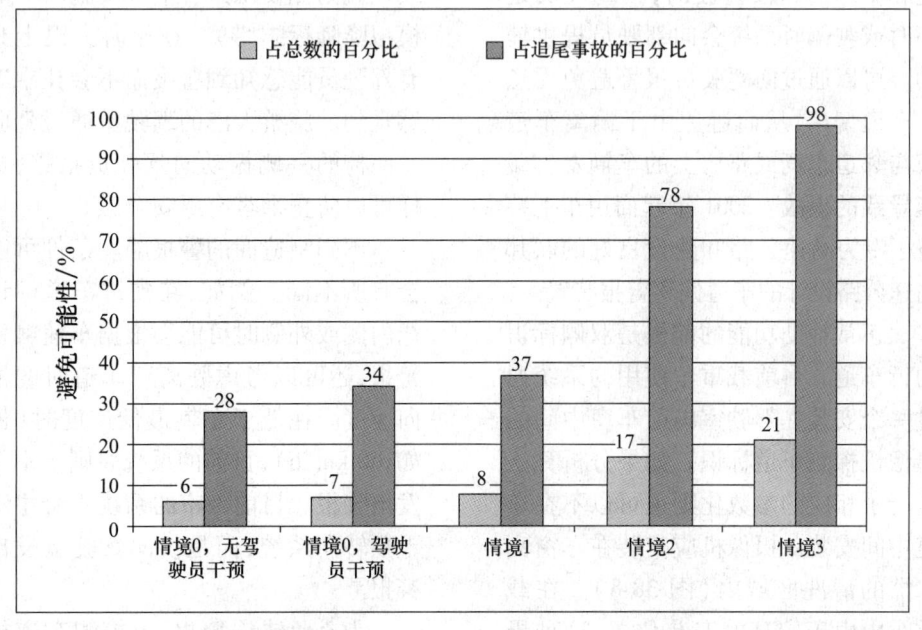

图 38-6　使用自适应巡航控制避免碰撞事故的情况[38.1]

严重载重车事故。

由于目前商用车的 ACC 系统仅适用于高速公路和建设较好的联邦高速公路,因此应特别考虑这些环境的事故避免能力。根据商用车的碰撞追尾事故得出有 71% 的事故可通过目前的 ACC 系统避免。假设驾驶员将一个 ACC 制动干预识别为触觉警报,然后在 2 s 后进行全制动,则可避免高速公路上最多 86% 的载重车碰撞追尾事故。

## 38.5 商用车的车道偏离警报装置

一个商用车的车道偏离警报装置(LDW)监控车辆是否保持在车道中,如果驾驶员无意驶离了车道,其会向驾驶员报警(图 38-7)。特别是在长途和单调的路段行驶时,当驾驶员走神时或驶偏时系统会向驾驶员提供辅助。可以通过向驾驶员报警避免无意的车道偏离,从而避免由于偏离车道或与邻道车辆或路肩上的车辆发生碰撞导致的事故。2001 年起商用车上装备了专为高速公路和建设良好的联邦高速公路设计的车道偏离警报装置。

正常辅助功能的前提是双侧标识的行车道。目前载重车使用的系统通过一个安装在驾驶室内前车窗中间的摄像机探测车道标识。如果分析算法进行了相应的参数化则也可以不在车窗中间安装。摄像机应安装在车窗刮水器的清洗区域内(图 38-8)。在载重车中由于较高的安装位置,这种摄相机的道路表面视角比小轿车的视角还要好。另外,应考虑到在分析探测图像时驾驶室的振动导致的探测影响。

识别车道标识线最常用的方法是搜索道路表面的明暗过渡区。因此,使用的摄像机是黑白摄像机。如果车道标识线清晰可辨且比较笔直,只有在对比度充分的情况下传感装置才可以准确探测到车道标识线。在黑暗中识别车道标识线时可用前照灯照明。

尽管摄像机不断探测车道的走向,但解析算法并不检验整个图像。为节约计算能力,只通过搜索窗分析街道的外部区域。

如果系统识别到车辆接近车道标识线甚至压过车道标识线但并未打转向灯,则会发出警报。例如,警报可以以向方向盘施加振动的触觉方式实施或在偏离侧发出声音信号实施(例如,模拟隆隆标志带)。在旅游大巴上只有驾驶员能感知到警报而不会让乘客感觉到。旅游大巴的驾驶员通过驾驶员座椅的一侧振动向驾驶员报警,这样可以防止乘客有不安全感。

不同制造商的警报触发条件可能会有所不同。例如,在驶过车道标识线内侧或外侧时可能会根据车速触发警报,还可以考虑驶离行车道时的横向速度。在低于车辆最低速度时(例如,60 km/h),目前的系统原则上不会发出警报。目前上市的系统不会主动干预转向系统,而是仅向驾驶员发出警报。

为避免错误警报,对探测车道标识线的传感装置有严格的限制。在以

# 38 用于商用车的车道引导辅助系统

图 38-7 通过车道偏离警报装置探测车道标识线
（来源：MAN 卡车和巴士有限公司）

图 38-8 载重车中用于识别车道标识线的摄像机的安装位置（来源：MAN 卡车和巴士有限公司）

下情况下原则上不发出警报：传感器区域内的车窗玻璃严重脏污；行车道上有积雪、脏污或有修补痕迹；很多标识线相邻或相接（例如，维修路段的驶入驶出口的标识线）以及车道湿滑。特别是当车道的车辙中充满雨水时或布满积雪时有将这些痕迹识别成车道标识线的可能。由于白色的雪或反射的水面与黑色的沥青之间强烈的对比度,无法正确分析摄像机的黑白图像。目前正在研发更理想的传感装置。

为检查车道偏离警报装置的效用，安联技术中心分析了其数据库中存储的 583 起载重车事故。其中有 44 起与无意偏离行车道有关。分析时，根据德国联邦教育研究部项目"Safe Truck"，考虑了两个具有不同功能范围的系统特性[38.1]：

◆ 目前可用的车速 60 km/h 以上在 1s 反应时间后进行转向干预的带驾驶员警报系统的车道偏离报警装置。

◆ 扩展系统,其设计速度同样大于60 km/h,但在驶离车道时另外进行自动反馈。

研究结果表明,如果所有商用车都装备有车道偏离警报装置,则49%的商用车事故可通过离开车道避免。未来还应进行车道内自动反馈,从而可避免72%的此类事故(图38-9)。

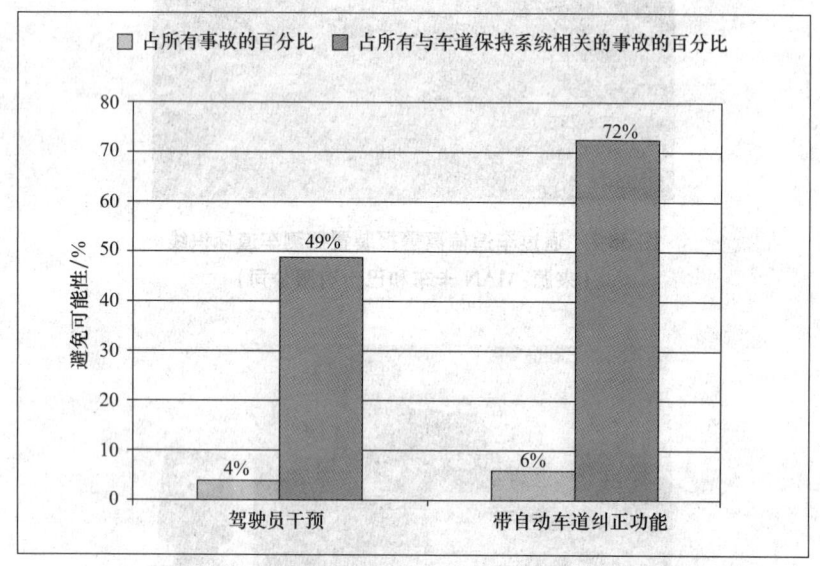

图38-9 载重车中通过车道偏离警报系统避免事故的可能性[38.1]

## 38.6 紧急制动系统

自动进行全制动的辅助系统是车道引导辅助系统最初的研发成果,目前还在使用。这些系统在有追尾碰撞事故危险时快速向驾驶员报警并在无法避免追尾碰撞事故时进行自动全制动。当碰撞似乎无法避免时,该系统应防止追尾碰撞事故并大幅减少严重事故的发生。因此,必须针对所有交通状况设计紧急制动辅助系统,即在任何交通状况下都不得触发不必要的全制动,除非不能指望驾驶员进行制动时。如果该系统不适用于市内交通则应及时将其关闭,否则会进行错误制动。

目前紧急制动系统的基础是高频雷达传感器,其也用于ACC系统中。

其探测前方的交通状况。根据交通状况产生单级或多级系统响应,通过特殊的算法分析交通状况。挑战是应确保不会进行错误制动,并正确识别危急的交通状况。

如果传感器探测到并识别出与障碍物的距离缩小了且驾驶员未减速,则应急制动系统会在行驶时进行干预。首先,驾驶员将通过中央显示屏中的视觉信号和警报音发出危险警报。如果辅助系统未记录驾驶员的反应,如大约一个制动干预或一个转向机动,则系统将以约 $-2\ m/s^2$ 的减速度进行全制动。如果面临非常危急的

碰撞危险,则系统将以约 -6 m/s² 的减速度进行全制动。如果进行了制动,

则制动灯将开启,以向后续车辆进行报警从而避免追尾事故。此功能的目的是避免紧跟前方较慢行驶的车辆而未进行制动以及驾驶员制动过晚。

由于目前使用的车距传感装置是单线的,因此应急制动辅助装置的功能范围相对较小。目前商用车的应急制动系统只能识别运动的障碍物,当障碍物静止时系统无反应,还无法避免遇到静止障碍物后车辆未制动的情况。

与应急制动报警装置相反,由于主动应急制动系统直接干预车辆导航,因此系统和研发流程必须符合较高的安全要求。对于自主干预系统,还推动了应急制动报警装置的开发。对于此系统,实际上主动干预系统是适用的。制动干预的触发与驾驶员的决策相关联。在此对策下,驾驶员保留其车辆的制动决策。在此,安全性要求比主动干预应急制动系统明显减少。应急制动警报装置不允许发出不必要的警报。

2008 年联邦统计局的道路交通运输车事故数据[38.4]阐释说明了应急制动系统的效用潜力:17% 的事故是由运输车导致的,与前车的车距错误是最常见的事故原因。商用车的追尾碰撞事故中较高的动能大多会导致严重的事故后果,主动和警报的应急制动系统会缓解危急状况。

## 38.7 未来的研发

目前的驾驶员辅助系统在确定的交通状况下辅助驾驶员。车道偏离警报装置监控车道中车辆的位置,自适应巡航控制系统调节车速及与前车的车距。每个辅助装置都作为一个单独的系统自行工作。相反,未来的安全辅助装置则相互合作,并融合成一个整体系统。根据欧洲交通安全项目自适应综合驾驶员车辆接口(AIDE),汽车工业的 30 个合作伙伴致力于整体架构和安全系统的统一接口的研究。

为加速智能系统的研发和市场引入,欧盟和业界在 2002 年启动了 eSafety 计划,目的是提高交通安全性,降低欧洲道路交通事故数量,这是驾驶员辅助系统领域的研究重点。重型车辆工作组致力于重型商用车的安全性方面。欧洲商用车制造商对安全性、系统成本以及研发成本和研发风险方面的不同措施进行了讨论和分析。车道引导辅助最重要的方面是制动能力的提高,应急制动系统研发的推动以及用于保护行人和骑车人安全的辅助系统。此外,应努力进行车道偏离警报装置以及自适应巡航控制的继续研发。

未来的自适应巡航控制系统还具有"走走停停"功能。其调节减速度直至车辆静止,在交通拥堵的道路上可明显减小驾驶员的负担。系统调节高速公路上车辆的速度和车距,并在弯道较多的国道上辅助驾驶员。为此,在未来的 77 GHz 远程雷达系

统中增加了 24 GHz 近程雷达（参见图 38-10）。尽管 24 GHz 近程雷达的有效范围仅为 60 m，但开度角为 60°，这样可以可靠且较早地探测到仅在车辆前几米内的障碍物和拐入的车辆。

同样，车道偏离警报装置被进一步开发成多方位横向引导系统。如果驾驶员在车道偏离警报后未作出反应，则其可以干预横向引导。这些主动干预可以考虑使用转向机构力矩叠加或单轮制动。通过单轮制动进行行驶方向纠正的可能性已于 2005 年在德国联邦教育研究部资助的项目"Safe Truck"中进行了研究。识别行车道标识的系统将短时制动单个车轮，以在载重车偏离车道时重新将方向打正。研究的背景是，根据纠正运动方向的可能性检验目前可用的执行机构，目的是实现在无附加的高成本的执行机构的情况下能够纠正方向。通过模拟和样车说明通过单轮制动使车辆返回车道的可行性，但尚未批量使用。

这要求根据变化的车道摩擦系数进行进一步研究。

未来的车道变换辅助装置向驾驶员发出是否无危险超车或进行躲避操作的可能性：如果驾驶员打开转向灯，且系统探测到后方有车驶近，则将在车外后视镜中闪红灯并在中央显示屏中进行相应警报显示。与识别行车道的摄像机相连，当驾驶员未打转向灯就更换车道时，该系统还会发出警报。在这种情况下，还可以根据侧面碰撞危险进行车道偏离警报，或进行横向引导自动纠正。

未来的应急制动系统还应可识别静止障碍物。其可以提前进行制动，并根据驾驶员的注意力级别和当时的交通状况匹配制动强度，前提是进行允许的环境探测。目前商用车和轿车制造商致力于基于雷达传感器、激光雷达传感器和视频传感器进行冗余环

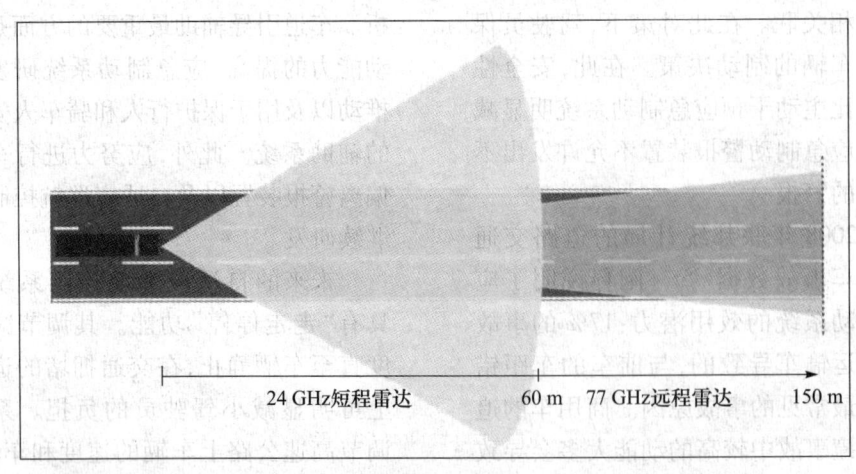

图 38-10　77 GHz 远程雷达和 24 GHz 短程雷达组合设备的开度角和有效范围（来源：MAN 卡车和巴士有限公司）

境探测的研发：监控前部区域的不同的传感器组合是可以想象的。目标是通过各种传感器的数据融合保持叠加可视区域内可靠的探测。另外，数据融合还提供了扩大可视范围，提高可识别物体特征数的可能性。这些较高的信息密度使得情境解释得到改善，由此也使希望的系统反应更加精确。

为使载重车前方近距离范围内或其旁边的行人和骑车人得到保护，研发了转向辅助系统。例如，MAN 使用最多 12 个超声波传感器的系统，这些传感器安装在载重车前侧和右侧区域。传感器探测驾驶室周围约 2 m 的区域。如果骑车人或行人在这个范围内运动，则会向驾驶员发出警报。

除传感器探测交通状况外，很多研究组还在研究用于测定驾驶员注意力的系统。除其他主动安全性和交通管理项目外，根据德国研究计划 AKTIV(www.aktiv-online.org) 进行全面的注意力分析。通过摄像机探测驾驶员视线方向和眨眼的频率。同时分析车辆条件，例如踩踏行车踏板和制动踏板、转向和其他操控单元的使用。注意力分析的结果与多级警报和操控概念相关，进行应急制动辅助时是一个声音信号，然后进行警报制动，最后是应急制动。单个步骤的时间点应与驾驶员的注意力等级和行驶风格相匹配。目标是辅助装置正好在合适的时间点进行干预。

BMWi 资助的项目 KONVOI 直至 2009 年底仍在进行行车道引导系统的合作。大学、运输公司和商用车企业的研究部门评估了交通系统"载重车 Konvois"在实际交通高速公路上的日常行车条件。从技术上来讲，该项目对传感装置、执行机构、通信技术和纵向及横向引导的算法进行研究，在德国和欧洲的先行项目有 Prometheus、INVENT 和 Chauffeur。通过驾驶员辅助系统，载重车的电子设备相互连接。纵向和横向引导系统调节与前车的车距以及车辆在车道中的位置。一个部门将潜在的 KONVOI 参与者联网，并在建立 Konvois 时辅助驾驶员。在此项目中，除优化交通运行和更好地利用现有基础设施外，同时还应考虑节约燃油和更好的安全性。

其他改进交通安全性和交通影响的可能性是未来的车 – 车通信和车 – 基础设施通信。由于轿车工业需求较多，因此这些研发首先侧重于轿车工业，在商用车中也有使用，因此前瞻性驾驶需要驾驶员的水平视线。这还要归功于预测的路线数据的使用，未来的导航系统可以准备这些数据。

# 参 考 书 目

[38.1] *Daschner*, *D.*; *Gwehenberger*, *J.*: Wirkungspotenzial von Adaptive Cruise Control und Land Guard System bei schweren Nutzfahrzeugen. Allianz Zentrum für Technik GmbH, Beicht Nr. F05-912, im Auftrag von MAN für das BMBF-Projekt Safe Truck, München, 2005.

[38.2] *Gwehenberger*, *J.*; *Langwieder*, *H.*; *Heißing*, *B.*; *Gebhart*, *C.*; *Sch-*

*ramm*, H. : Unfallvermeidungspotenzial durch ESP bei Lastkraftwagen. In: ATZ Automobiltechnische Zeitschrift,2003.

[38.3] ifmo(Institut für Mobilitätsforschung, Hrsg. ):Zukunft der Mobilität-Szenarien für das Jahr 2025. Erste Fortschreibung, ifmo-Institut für Mobilitätsforschung. Eigenverlag, Berlin,2005.

[38.4] StBA,Statistisches Bundesamt: Verkehr. Unfälle von Güterkraftfahrzeugen im Straßen-verkehr. Wiesbaden,2008.

[38.5] *Niewöhner*, W. ; *Berg*, A. ; *Nicklisch*, F. : Innerortsunfälle mit rechtsabbiegenden L-astkraftwagen und ungeschützten Verkehrsteilnehmern. DEKRA/VDI Symposium Sicherheit von Nutzfahrzeugen, Neumünster,2004.

# 39 导航和远程通信技术

*Thomas Kleine-Besten, Ulrich Kersken, Werner Pöchmüller, Heiner Schepers*

## 39.1 历史

现代无线电导航和远程通信技术的历史可以追溯到20世纪30年代在载重汽车上首次使用无线电设备。最初在载重汽车中使用的第一个无线电设备是基于电子管技术的，其体积超过 10 dm$^3$。

只有在发明了半导体技术及与其相关的小型化电子元器件之后，才有可能生产制造出结构紧凑的无线电导航和远程信息处理设备，并大批量应用于载重汽车中。

随着20世纪60年代汽车机动性能的提高，也推动和促进了在载重汽车上使用导航技术和远程通信信息处理技术的发展。从20世纪50年代开始到1976年为止，原联邦德国的载重汽车拥有量增加了十多倍，总数超过了2 130万辆。截至1974年，总运输里程达到了每年大约2 700亿公里。货物运输也越来越多地从铁路运输转移到公路运输上来：截至1975年，公路货物运输量已经占货物运输总量的43%。

这样一来，高速公路上的交通拥挤就成了一大难题。即使是进一步的再扩大公路交通网络，也跟不上公路运输需求的增长。另外，在经历了第一次能源危机之后，人们也越来越多地认识到原材料消耗和能源消耗对环境的影响。随着公路交通运输量的增加，交通事故的数量和交通事故伤亡人数也随之不断增加。

在研发项目的框架内，高速公路上出现了第一套检测交通数据和通过限速、禁止超车和指示替代行车路线等指挥车流的交通管理系统（Aichelberg市的警报系统、Bernbach-Huemar三角地区 A3 高速公路上的行车线路控制系统和莱茵－梅茵的替代行车线路控制）。

20世纪60年代早期，通过无线电发送了首个交通信息。刚开始是每周报告一次、预测一次，后来改成每天报告当天的交通信息。随着1974年6月1日汽车驾驶员无线电信息系统（缩写为 ARI）的使用，才真正奠定了利用无线电自动化的传播交通信息的基础。这一系统是利用原联邦德国地区代码来报告交通状况的。这些地区代码经相应的指示牌显示在高速公路上，可用相应的无线电设备操作开关进行选择。

交通信息每半小时便发送一次，若有紧急情况时可中断正在运行的程序(例如,对违反交通规则的驾驶员提出警告)。这一技术的进一步发展导致了能够处理大量数据、长时间提供交通信息的交通信息广播频道(RDS-TMC)的出现(参见第39.6节)。

第一个提出载重汽车电子导航系统理念的是美国人 G. Salas,他在1968年发表的一篇文章中阐述了这一理念[39.1]。1969年,W. Kumm 博士在亚琛技术大学的信息设备和数据处理研究所着手这一理念的研究。他当时设想用电感式传输方式传送导航数据。在数据交换中,建议使用当时采集交通信息数据时使用的感应系统,并把数据采集功能、目的地导航功能都集成在一个系统中,这就形成了汽车驾驶员导航和信息系统的基本思想。

汽车驾驶员导航和信息系统是一个独立的、基于基础设施支持的在德国高速公路和公路上使用的导航系统。它既可用于收集交通信息和数据,也可以查询驾驶员个人所需的行车路线建议。当前方出现堵车时,它可以帮助驾驶员绕过堵车路段到达目的地,因此,具有降低载重车运输成本、缩短驾驶时间成本减少交通事故的优点。1980—1981年间在德国鲁尔东部地区进行了汽车驾驶员导航和信息系统的现场试验。根据成本-效益分析得出的总体经济结论是:结果并不理想,公共事务部门估计每年的费用高达830万德国马克。

随后在1978年由于电子自动驾驶仪(EVA,驾驶员电子交通管制)项目产生了使用交通导航装置作为车辆自主目标导航系统的想法。在这一试验项目中,主要的导航系统都安装在汽车内部,从而在1983年的现场试验中得出了很好的成本-效益分析结果。

通过对该系统的进一步开发最终于1989年实现了欧洲第一套适合于载重车的车载导航仪。

## 39.2 车载导航系统

导航系统的主要任务就是把用户引导到地理目的地。作为输入数据,有传感器测定的位置数据和数据载体中的数字化道路数据。数字化道路数据是实际存在的公路网的数字化描述。根据这些输入数据,用户可以得到到达目的地的视觉和声音提示。

导航系统的数据微处理器组件由主处理器和附属的存储器以及图形软件组成,而导航系统的主要功能是由软件模块来实现的(参见图39-1)。

通过语音输出设备,汽车驾驶员可以得到所选目的地的驾驶路线信息;可以通过导航仪的显示屏(地图显示和(或)符号显示)或者组合显示装置(大多数为符号显示)通过视觉得到附加信息(参见图39-2)。

导航系统的微处理器组件包含下列软件模块:

◆ 根据传感器测定的数据确定当前方位的定位模块;

◆ 用户描述目的地的目的地输入模块;

◆ 计算从当前地点到目的地(行

39 导航和远程通信技术

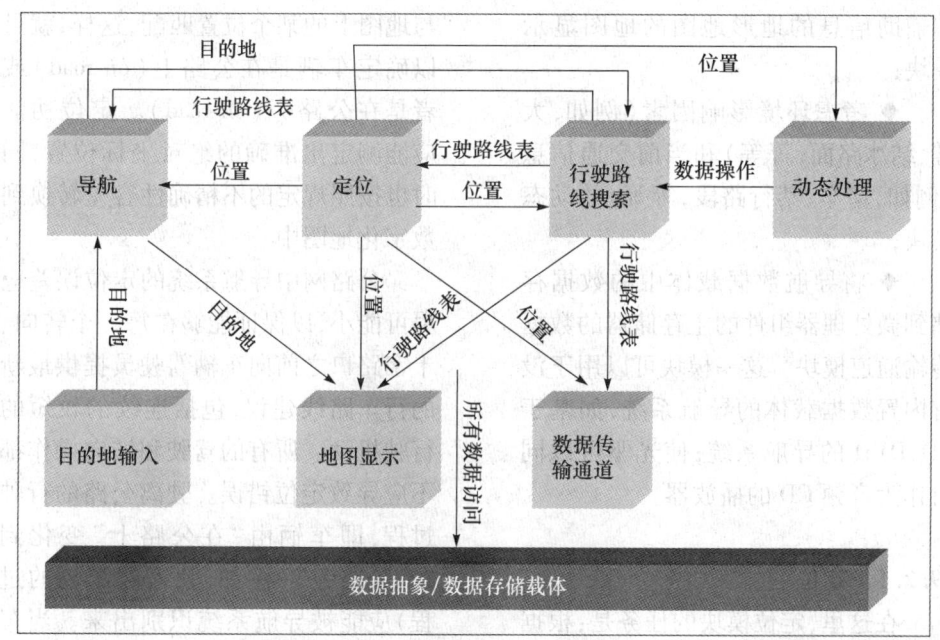

图 39-1 导航系统的软件模块

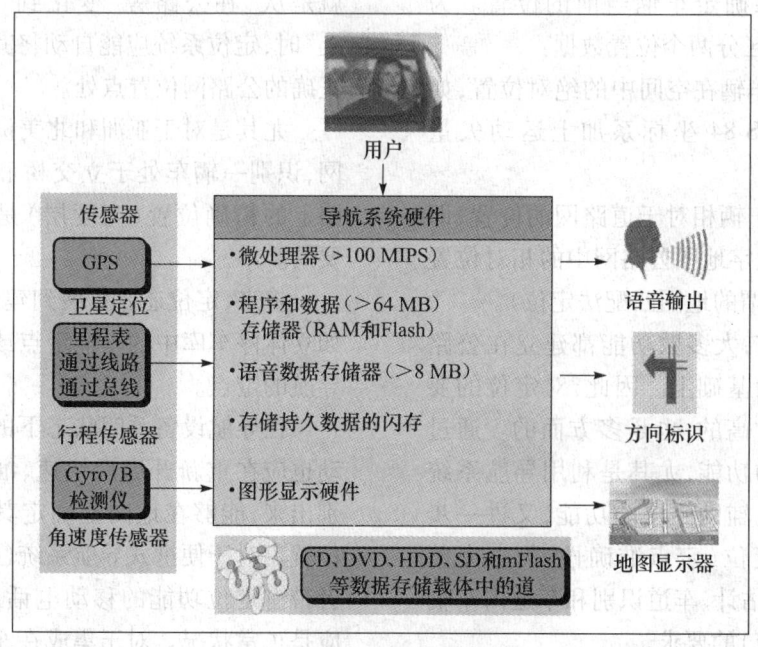

图 39-2 导航系统的环境

驶路线)的行驶路线计算模块；
　　◆ 引导驾驶员沿行驶路线驾驶

的通过声学和光学提示的导航模块；
　　◆ 显示具有当前地点、行驶路线

和辅助信息的地形地图的地图显示模块;

◆ 考虑环境影响因素(例如,大雾、结冰路面,等等)和当前交通信息(例如,堵车、禁行路段,等等)的动态模块;

◆ 将导航数据载体中的数据存储到微处理器组件的主存储器的数据传输通道模块。这一模块可以用于没有内置数据载体的导航系统,如基于CD、DVD的导航系统;使光驱可以同时作为音频CD的播放器。

## 39.2.1 定位

在这里,定位模块的任务是:根据传感器的当前数据信息和它们的历史数据可靠确定车辆当前的位置。为此,不需区分两个位置数据:

◆ 车辆在空间中的绝对位置,如通过WGS 84坐标系加上运动矢量给出;

◆ 车辆相对于道路网的位置,即车辆在数字地图公路网中的相对位置(根据所谓的地图匹配法定位)。

目前,大多数功能都建立在公路网定位的基础上。因此,对定位的要求是非常高的,也是多方面的。通过一些新的功能,尤其是利用导航系统的驾驶员辅助系统的功能,又进一步提高了定位(定点准确性、信息完整性、错误估计、车道识别和车道内车辆位置测定)的要求。

对于引导汽车驾驶员到达所选目的地的汽车导航系统还有下列要求:通过定位功能确定的绝对坐标位置应与地图上的某个位置匹配,这样,就可以确定车辆是在公路上(on-road)或者是在公路旁(off-road)。定位功能应能测定出准确的绝对坐标位置,同时也按照规定的不精确性容差转换到数字化地图中。

公路网中导航系统的定位误差应尽可能小,以保证能够在每一个转向、十字路口之前向车辆驾驶员提供最新的行车路线建议,包括连续的较短的行驶机动。所有的驾驶和转向操作都不应导致定位错误。驶离公路的行驶过程,即车辆由"在公路上"变化到"在公路旁"(例如,驶入停车场的过程)应能被导航系统识别出来。当车辆离开停车场驶入下一段公路时,也就是从"在公路旁"变化到"在公路上"时,定位系统应能自动将其显示在正确的公路网位置点处。

尤其是对于亚洲和北美洲的公路网,识别一辆车处于立交桥和立交公路上的精确位置(高度层)是非常重要的。

将来,定位还要扩展到建筑物内,如立体停车库中的车辆定点或者行人导航的定点。

在导航设备关闭状态下的车辆移动也应在重新开启后快速、准确地识别出来,能够在地图上确定其当前的位置。对于便携式导航系统(PDN)或者带有定位功能的移动电话来讲,这应是正常状况。对于集成在车辆内的导航系统来说,这一要求应在发动机点火时能够实现,如在使用车辆或者汽车运输列车启动时。

## 39 导航和远程通信技术

还有一个是与准确性和舒适性有关的要求就是导航系统的自动校准：考虑了轮胎磨损，特别是自动识别轮胎更换后的重新校准。

定位功能应是两级的功能：首先是路径轨迹推算导向法（英语：dead-reckoning），然后利用地图匹配法显示在数字化地图上。

路径轨迹推算导向法是一种根据从当前位置开始根据路径的差异、角度方向的变化和车辆行驶的时间来推测新的绝对位置的方法。根据已知的初始位置和初始角度，通过距离和角度的测定以及路径向量可以确定车辆到达的位置。路径向量叠加被称为"在地图上画下驶过的路线"。定位系统将这些有不同频率的信息数据同步汇总起来（参见表39-1），并反馈一个时间窗口，以推算出车辆的位置。

便携式导航系统（PND）通常只利用 GPS 进行定位。GPS（全球定位系统）是一个利用人造卫星进行定位的系统。美国国防部向地球轨道发射了 31 颗人造地球卫星，这些人造地球卫星在距地大约 20 000 m 的高空每天环绕地球两周。这些卫星用 1 575.42 MHz 和 1 227.60 MHz 的频率向地球发射带有时间戳和卫星位置信息的无线电信号。无线电信号接收器在接收到至少 4 颗卫星的信号之后，就可以根据无线电信号发射和接收的时间差确定出无线电波的运行时间，结合卫星的位置数据就有可能确定自身的位置。这种方法相当于由 4 个未知数（时间和 3 个位置）及 3 个球构成交叉点的一个方程，球的半径由信号的运行时间确定。为了提高民用 GPS 的利用率，2000 年切断了之前人造卫星不准确的信号，这样就可以在良好接

表39-1 导航系统中的传感器

| 传感器 | 常规安装位置 | 获得的信号 | 故障源 |
| --- | --- | --- | --- |
| Gyro（陀螺罗盘） | 直接安装在微型陀螺罗盘中或通过 CAN 总线与现有的陀螺罗盘（例如，ABS-Gyro）连接起来 | 角度差 | 噪声、温度变化过程、安装角度 |
| 通过线缆连接的里程表 | 方波脉冲装置 | 行驶里程差 | 轮胎膨胀 |
| 通过 CAN 总线连接的里程表 | | 行驶里程差 | 轮胎膨胀 |
| GPS 接收器 | 直接安装在 GPS 接收器中 | 绝对位置行驶里程差角度差 | 如接收间隔、多路接收一样的接收干扰 |
| 加速度传感器（必要时可以是多轴的） | 直接安装 | 取决于车轴的数量；加速度变化 | 温度变化过程安装角度 |
| 车轮脉冲 | 通过 ABS 传感器的 CAN 总线 | 行驶里程差和角度差 | 轮胎膨胀 |
| 转向角传感器 | 通过 CAN 总线 | 角度差 | 轮胎膨胀 |

收和理想卫星的条件下,借助 GPS 准确地实现 10~20m 精度的位置定位。

载重车导航系统一般都有辅助的传感器并与车辆已有的传感器连接起来,以在没有 GPS 接收器的情况下也能够可靠地提供车辆位置数据。由于所有信号都会有一定的缺陷,因此必须对这些信号进行相互比较、补偿和校准。卡尔曼滤波(Kaiman-Filterung)[39.2]就是一种常用的方法:它首先是在系统模型的基础上对第一个输出值进行评估,然后再与传感器检测到的数值进行比较。评估和检测数据之间的差值用于改善系统的当前状态,这样就有可能把将有缺陷数据引入到路径轨迹推算导向法定位系统的影响降低到最低程度。

利用路径轨迹推算导向法对汽车进行定位后,就可以开始比较(匹配)车辆在数据载体的数字化地图中的具体位置——也就是地图匹配。这里,比较、匹配是非常必要的,因为除了路径轨迹推算导向法之外数字化地图也有可能有错误。这一方面是因为公路网数字化时数字化地图数据采集时的收集不正确或有缺陷;另一方面也是在数据处理过程中信息从数据载体中删除,从而减少了数据量以与数据载体的需要匹配。通常常用的轨迹比较方法是把传感器检测所形成的轨迹与数字化地图的轨迹进行比较,比较之后最终确定车辆在数字化地图上最可能的位置。这里,最精确的定位、最小的定位误差也都是对定位系统的重要要求,以保证在各种情况下把导航系统错误对数字化地图公路网实际应用的影响降到最小。例如,因高速公路某地段维修所需的车辆绕行不得把导航系统定位的车辆定位到逆行车道上,向驾驶员发出掉头建议。为此,地图匹配功能就要对数字化地图中隐含的属性,如行驶方向进行分析。

经验显示,尽管使用复杂的算法语言,但一个单通路地图匹配还是有缺陷的,因为只有一个通路时会因传感器的误差、较低的数字化精度和环境影响而无法达到很高的地图匹配质量要求。此时,多条通路(多路地图匹配)将会是很有帮助的解决方案。通过在多条通路中同时进行匹配比较,使定位功能模块能够在"最有可能路段"的判断时排除各种错误和干扰,系统会留下一个非常深刻的记忆。通过对几个通道的平行考察,可以把概率最高的通道作为主通道。主通道的定位信息将会发送给车辆接收设备的控制器,用于在电子地图中定位行驶车辆所在的位置。若在匹配时主通道与另一通道的数据信息非常接近,则启动辅助评判标准,最终确定有效的主通道。从这一意义上讲,平行通道满足了更高的可靠性要求。因此,当从可靠性精度考察时平行通道有着比迄今为止所用主通道更高的概率时可以采用这一平行通道。除了生成和使用平行通道之外,在运算处理过程中也需要减少平行通道的数量,否则,在狭窄的公路网中短时间内对多条车道进行监控是"不易实施"的。当评判的结果低于规定极限值时,可以删除一条通道[39.3,39.4]。

由地图匹配模块计算出来的并在公路上显示的主通道位置数据要在其他导航模块中进行进一步处理。为了准确的、毫无漏洞地在电子地图中显示车辆的位置就需要频率很高的(>15Hz)定位信号，以在必要时还可以利用外插法或者内插法确定车辆的位置。

### 39.2.2 目的地输入

利用目的地输入模块(也称之为索引)，用户可以通过不同的输入方法输入目的地信息。此时，应按照数据载体中规定的树状结构(参见图39-3)以比平时更加紧凑、简约的方式输入街道名称并描述地点的数据信息。

在欧洲，以政治等级划分的地址输入方法通常是按照国家、地区、邮政编码、街道和门牌号码的顺序进行的，而在北美洲则是按照州、街道、地点进行输入。因此，可为用户提供细化的选择信息：如在欧洲仅需要某一地区或者这一邮政编码(PLZ)就能通过选择查到现有的街道名称，在北美洲则只需提供地点就能通过选择查到街道。进一步的帮助、支持功能是自动化拼写功能(缩写为ASF)：自动拼写功能把那些不可能出现的字母组合都在用户菜单中屏蔽掉了；或者是相似性搜索：提供可以选择的、书写类似的地名和街道名称供用户选择。此时，应为用户提供多义性(例如，德国有多个名为法兰克福的城市)选择的功能(消除多义性的解决方案)。

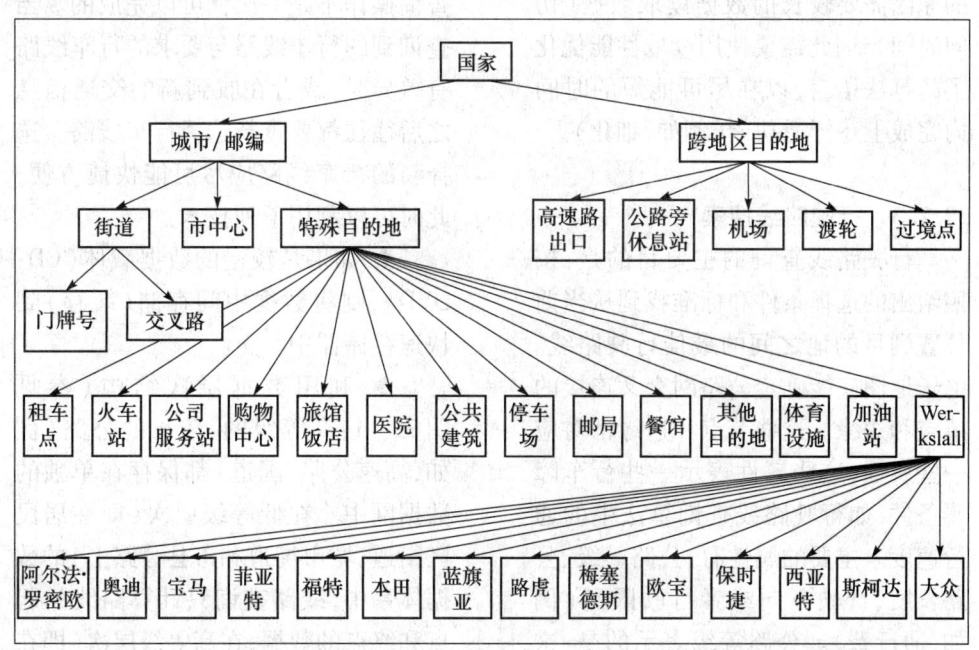

**图39-3　目的地输入树状结构**

除了直接输入地址之外，还常常可以输入特殊点（兴趣点 POI）来选择目的地地址，如加油站、汽车修理厂、旅游景点或者旅馆饭店。在输入这种目的地时通常还可以选择旅游指南，除了提供目的地信息之外还附带了许多附加信息（旅馆饭店的类别、旅游景点的开放时间，等等）。

尤其对于兴趣点 POI，像目的地停车场位置以及加油站地点或者旅馆饭店到当前车辆位置处的和将要行驶的行驶路线等环境信息的查询功能是非常重要的。

在目的地输入时，用户界面的响应时间应尽可能短，以便用户尽可能快速地输入目的地信息。若能够访问只读存储器（硬盘、SD 卡、Flash 盘），则因存储介质（CD 和 DVD）旋转读取的原因需要较长的数据读取数据（访问时间），因此需要使用读取性能优化了的算法语言，以在尽可能短的时间内完成上述舒适功能（例如，细化）。

### 39.2.3 行驶路线搜索

行驶路线查询的主要目的是：按照给出的选择条件和标准找到从当前位置到目的地之间的最佳行驶路线。电子地图应能确定公路网交叉连接的节点和边缘。这些节点和边缘都对应一些属性，这些属性表示一些行车障碍条件，如行驶路线查询算法中的通行速度。主要的属性有：公路等级、公路长度、行驶方向或者行驶限制（例如，通行费）。公路等级表示的是：这条路是否是高速公路、国道、市县公路或者是居民区街道。利用地形地理的算法语言（例如，A 星搜寻算法，Dijkstra[39.5]），可以按照给出的选择条件和标准找出行车障碍最少的行驶路线。常规的行车路线选择条件和标准是：

◆ 最快路线：行驶时间最短的最佳路线；

◆ 最短路线：行驶里程最短的最佳路线；

◆ 最佳路线：行驶时间和行驶里程综合起来最优的路线；

◆ 动态查询：根据交通状况信息计算相应的绕行路线；

◆ 条件查询：避开一定的路段和交通设施或收费，如避开某高速公路、收费站、渡船、隧道。

在车辆行驶过程中，行车线路的查询操作不是一次就可以完成的。当查询到的行车线路与要求的行车线路有差异时，或者在收到新的交通信息之后往往都要重新选择行车线路。选择新的行车线路应尽可能快捷方便，此时可以利用下列技术：

◆ 如果是较慢的数据载体（CD、DVD），则将数据中间存储（缓存）到快速存储器中。

◆ 利用数据层次结构（参见图39-4）：高等级的、较长的公路（例如，高速公路、国道）都保存在单独的数据网中。在低等级层次（即在居民区街道、城市街道和市县公路上）的数据体系中，线路查询只计算路线的起点和终点的数据，在高等级层次（即在高速公路和国道上）的数据系统中计

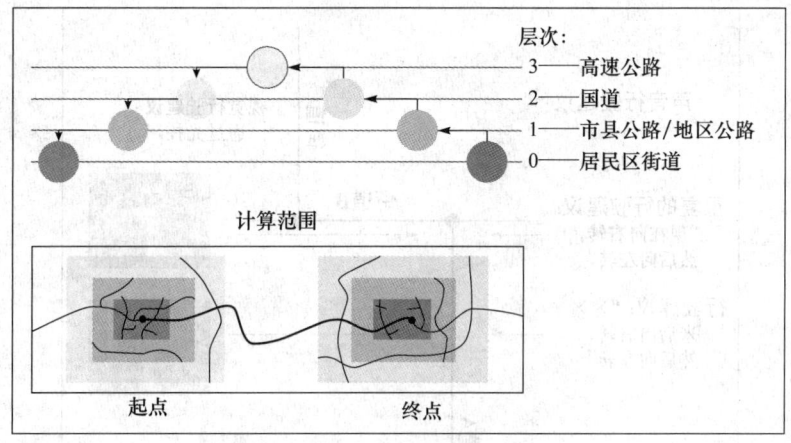

图 39-4　利用数据层次结构计算路径

算长距离的行车线路,其目的在于减少计算次数。这里的数据结构系统就是数字化地图横向连接的点和(或)边。

◆ 利用已经预先计算好的行车路线或者支撑点:利用以前已经预先计算好的、在需要时可以直接使用、无须重新计算的路段。

行车路线查询时的线路计算使用的是另外一些导航模块:驾驶员设定导航的注意事项、电子地图显示、路径列表的用户界面(即对行驶路线的跟踪)。

### 39.2.4　导航

导航的目的是:及时向驾驶员提供明确的冗余较少的车辆预报行驶信息。这些信息包括:当前的位置、行车路线查询得到的行驶路段和由此得出的行驶建议,如"向右转"或者"沿公路行驶"。这些行驶建议是根据当前的公路交通状况和车辆的行驶速度提供的。因此,当车辆在高速公路上以很高的速度行驶时,提前提供右转弯的信息是非常重要的(预先给出行驶建议,如"前方向右转"),并在驾驶员按照当前时速能够完成转向反应操作的转向开始点和最迟的转向点处重复这些行驶建议信息(例如,"前方 300 米处向右转""现在向右转")。在居民区街道上慢速行驶时,这些转向点、距离等明显更短。这时应提出附加的跟踪行驶建议、链式行驶建议(例如,"现在向右转,然后向左转"),使驾驶员能够及时规划行驶时正确车道(参见图 39-5)。给出的提示信息应尽可能清楚准确,同时导航系统还应该尽可能只提供当前的导航信息,避免把驾驶员的注意力引导到高速公路上去。因此,当公路交通情况不明时不应给出行驶建议或推迟给出行驶建议。

车辆的行驶建议、语法以及法规和根据行驶建议的时间顺序确定的参数都取决于汽车生产厂家的设置(通过多年经验得出的应用知识)。

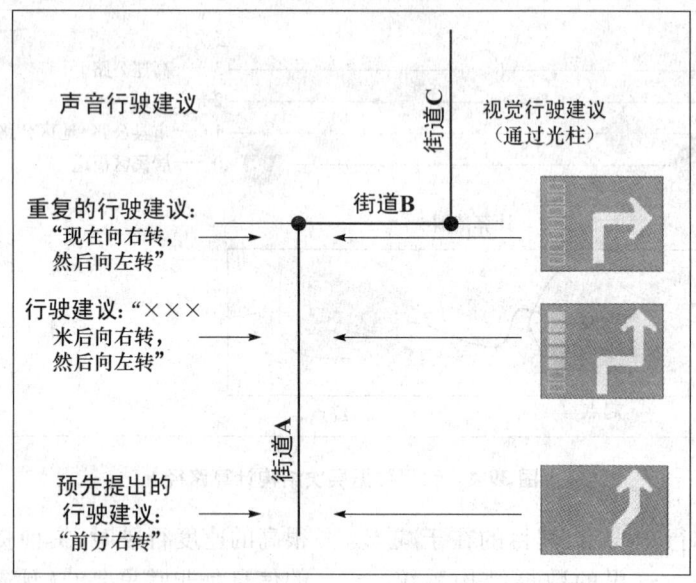

图 39-5　导航状况

车辆的行驶建议应利用声学设备和光学设备告知驾驶员,即利用语言和视觉符号(箭头)告知驾驶员,必要时可形成地图图像(参见第 39.2.5 节)。在给出视觉行驶符号时应同时给出视觉的距离数据(光柱)。

行驶建议可以附加大量辅助信息,如接收或者显示所行驶的车道、将进行转向的街道的名称(转向信息)或者驶入、驶出的光学显示(高速公路入口或出口建议)。

### 39.2.5　地图显示

除了导航之外,地图显示模块也用于为驾驶员指引方向。为显示其他模块,地图模块包括下列数据:

◆ 从数据载体(或者存储在缓存中)模块中得到矢量数据和位图数据。矢量数据描述的是地理信息,如街道、公路、建筑物、水域等。这些数据都保存在数据载体中,表示公路等级(例如,用不同的颜色、宽度表示高速公路、国道)属性和其他的属性(例如,车辆限速)。在 3D 显示中,对于重要建筑物可以通过 3D 建筑模型(兴趣点 POI 作为 3D 地图)或者整个地区的 3D 模型(目前仅限个别城市)进行补充。位图数据在卫星地图和建筑模型图中使用。这些地图元素通常都转换为能够以最快速度显示的内部表征(渲染优化)。

◆ 从定位模块中得到车辆位置和移动方面的信息,以尽可能动态地显示车辆当前位置的标志。

◆ 从行车路线搜索模块中得到当前行车路线信息,以在电子地图中进行突出显示。

◆ 从导航模块中得出下一步行驶方面的信息,以在电子地图中表示这些操作或者向驾驶员提供特殊的当前行驶状况概况。例如,十字路口区域(放大下一个十字路口和相应的驾驶操作)或者高速公路出、入口导航(显示出、入口)。

◆ 从动态模块中得到交通信息,以显示在电子地图中。

◆ 从目的地输入模块中得到 POI 信息,以显示在电子地图中(例如,加油站、停车场、汽车修理厂、旅馆饭店,等等)。

◆ 从用户界面模块中设定的视图信息,即地图(位置地图、目的地地图和概况地图)的剪切图像、地图比例尺(大多数是从 25 m 详细地图到 500 km 的简要地图)和地图的类别(2D、倾斜视图及倾斜角、3D)。

图 39-6 为地图显示类型的概览。

地图显示的精确程度主要取决于导航系统所使用的硬件性能,也就是说主微处理器和图形加速器的性能。

为了流畅的每秒钟(每秒帧数,fps)显示 10 幅 2D 图像和倾斜的透视 2D 图形,应使用数据处理能力大于 200 MIPS(每秒百万条指令)的微处理器和 2D 图形加速器。为了精确显示 3D 地图,则必须使用能够自动处理纹理、利用 Z 缓存器透视法完成(深度)消隐计算的 3D 图形加速器。利用不同的数据层次结构方法也可以实现图形显示的软件加速;在突出放大公路网的某一局部时能够减少环形计算的工作量。只有在使用不同的"详细层次技术"(LOD)之后,才能精确地予以显示,且相距较远的对象显示的清晰程度不如相距较近的对象。此时,为了使地图图像更加美感,避免直线型图形出现齿状边缘,很高的分辨率和图像保真技术是非常重要的,但这也对系统的运算处理性能提出了更高的要求。

2D行驶路线和交通拥堵简图　　倾斜的2D地图(也称为2.5D或伪3D)

带有建筑物模型的3D地图　　基于卫星图像和存储有高程模型的3D地图

图 39-6　地图显示示例

### 39.2.6 动态模块

动态模块的任务是把周围环境的影响也纳入到汽车导航之中。通常情况下，这种动态化任务是经无线通信系统（FM-RDS、DAB）或者移动通信系统（GSM、GPRS）按照（德国的）TMC格式文件接收交通信息的。除了由公共机构发布的、无偿接收的 TMC 交通信息之外，还有付费的有偿服务（Pay-TMC），如 TMC-pro。TMC 是在原 37 位代码窄带通信接收基础上优化了的通信方式（最初为 60 bit/s 传输速率的 FM-RDS）。在 TMC 交通报告中包含了交通事件（例如，堵车、交通事故、禁行路段和违反交通规则的驾驶情况）和发生这些交通事件的地点（大约 65 500 个地点名称，也称之为位置，国际标准规定的地名）。根据交通信息报告中提供的事件信息（距离和速度）可以对行车路线进行动态化修改，在收到交通信息报告之后，报告中所指的地点也在数字地图的点、边上出现事故、干扰等标记，这样也就可以计算相应的绕行路线了。这种重新计算新的行驶路线既可以是自动计算的（行驶路线选择"动态行驶路线"），也可以是驾驶员根据交通情况的变化而取消行驶路线的计算（用户确认的动态化）。

动态化模块除了要考虑交通环境的变化和影响之外，还要把编码形式的交通信息转换成可读的显示格式，并把交通信息报告中的事件发生地标示在电子地图中。这样，驾驶员和副驾驶就能够对交通状况有一个视觉认识。除了视觉显示之外，导航系统也应在车辆到达、接近交通事故地点时向驾驶员发出声音提示（"注意：前方两公里拥堵"）。

在宽带数据传输线路（例如，DAB、WLAN）中应制定能够提供详细交通事件和地点数据的新标准（TPEG）。

### 39.2.7 数据传输和数据抽象化（数据载体）

数据载体上的大量数据为导航系统提供了数字化的道路数据信息。对于德国这种规模的国家，其数字化地图数据量达上百 MB。除了传统的、大多数都能容纳一个国家详细数据的数据载体 CD 光盘和数据存储量更大的 DVD 光盘（例如，存储整个欧洲公路数字化信息的 DVD 光盘）之外，今天更多使用的数据载体是存储数据更多的大容量存储器（Flash、SD 卡、硬盘）。这类数据载体的特性对导航系统的功能和性能都有着极大的影响。主要因素有：

◆ 这些覆盖一个地区（欧洲/北美洲的个别国家）的数据量对导航系统的功能也有限制。对于一些特定的功能，如车辆行驶速度，应设有专门的存储区。

◆ 对导航系统性能有显著影响的访问时间，尤其是访问保存在数据载体数据时的访问时间，如跨地区、远距离的远程行驶路线的计算和目的地输入（在索引树中的数据运动）或者系统启动时的时间(应读取大量不同的数据)。

◆ 数据传输率,如在生成电子地图读取大量数据时。

◆ 其他因素,如像 CD 光盘、DVD 光盘这类光学数据载体的磨损、脏污。

◆ 为了完全或者部分地避免访问这些读取速度慢的数据载体,许多导航仪都采用了车载导航系统中的数据传输模块。这一模块能够战略性地预存所需的数据,以在必要时把这些数据进行中间存储(缓冲)。这在处理当前位置数据、沿行驶路线行驶或者处理目的地区域数据时最常用。

## 39.3 非车载导航

当所有部分导航任务(例如,定位、计算行驶路线)等都在车上完成时,通常称之为车载导航或者自主导航。在非车载导航(OBN)中,有些导航任务,如行驶线路计算等是在单独的外部服务器上完成的。服务器完成计算后把这些数据和信息经空中接口发送给车载导航仪(参见第39.6节)。空中接口(带宽)的设置和服务器的运算能力是没有限制的。在特殊的极端情况下,车内只需保留接收定位数据信息的传感器和输入输出数据、信息所需的组件就可以了。常规的配置方式是:目的地输入、行驶路线计算和动态化是由服务器来完成的,而耗时较多的动态化过程,如定位、目的地导航和生成电子地图等都是在车内完成的(参见图39-7)。

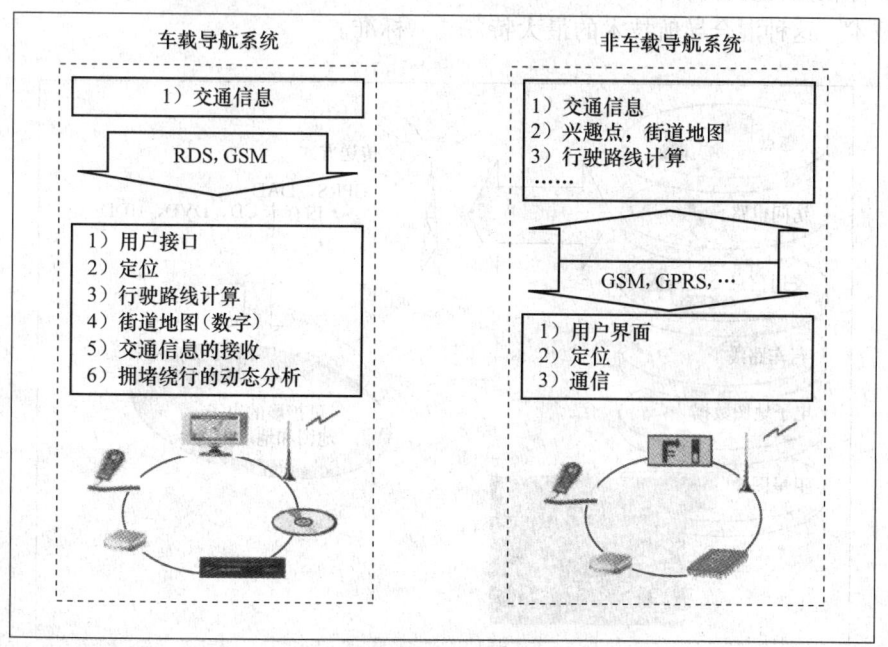

图 39-7 车载导航系统与非车载导航系统的比较

与车载导航系统相比较,非车载导航系统(OBN)的优点是:数据具现实性,在服务器中可以更好地管理这些数据。在 OBN 非车载导航系统中,数据载体或者读取数据的光驱都可用数据特性模块(例如,GSM 模块)来代替,其他的元器件与车载导航系统完全相同。非车载导航系统已在手机GPS 查询支持的领域内成为标准的应用系统。

## 39.4 混合导航

未来对汽车导航系统提出的要求是所谓的"兴趣点(POI)"动态更新、付费的数据或者行驶路线访问、城市内部的动态化、服务性的导航(非车载导航)以及利用虚拟技术的电子地图和卫星地图(参见图 39-8),而实现这些目标很大程度上需要所谓的混合导航技术。这种混合导航技术的最大特点就是:对于一个导航功能必须追溯多个数据源。

另外,这些数据源可以广泛任意分布在车辆和设施上。从成本角度出发,利用移动通信网络和无线电网络的高效数据传输就有着非常重要的意义。其中,很重要的一点就是:研发能够把源于不同数据源的图像数据(地理参考)相互映射到一起,尤其是映射到车辆现有电子地图的技术方法。仅传输坐标信息是不够的,因为正确的导航信息是从许多可能性中得出的。

现在已经有涉及特殊应用的参考方法,但这些参考方法还不能满足电子地图使用灵活性和独立性的要求(根据准确性和独立于生产厂家的无关性)。欧盟项目[39.6,39.7]中研发的名为 AGORA 的方法是由 ISO 制定的标准。

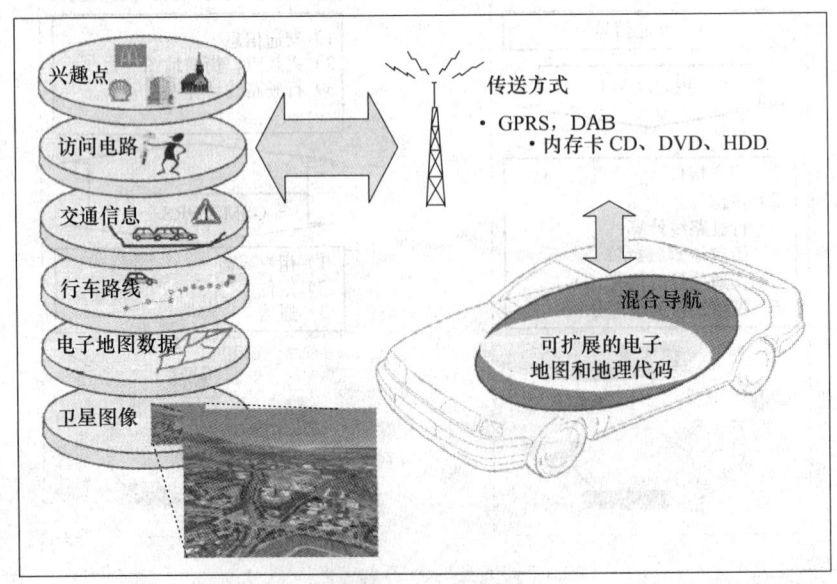

图 39-8 混合导航——车辆外部数据源的利用

利用这种相关性方法可以把详细的数字地图中的元素简单、方便地插入到简单地图中去(参见图39-9)。这种方法的标准化工作已经完成。

**地图数据-现实性和独特性(GPS)**

现实中随着时代的发展,电子地图的发展也深受影响。我们可以发现,地图如果太旧则与现实情况会有很大偏差,老地图往往缺少那些新建的或是改建的街道数据,或是缺少改动过的街道铭牌。当地图用于探测时,地图只提供非系统的但可重复的错误数据。直到现在都是由用户决定,在什么情况下,误差是不能容忍的,这时用户可通过重新购买来对参考地图资料进行"升级"。随着汽车对参考地图资料的依赖性越来越强,特别是汽车上与安全有关的性能,则决定必要的参考地图资料更新方面更不应与用户相关。现在,随着时代发展,由于各种各样驶错道路的情况出现,参考地图资料的自动更新也成为了需求点之一。

有控制的、统一的、经授权批准的部分数据交换,即跨OEM汽车生产厂按照统一格式进行数据增量化更新的"物理存储计划"的准备工作已经开始。这种方法的优点是:在使用这些数据之前数据已经得到认证,规定了版本号,得到了主管部门的认可并可在服务器中共享。车载电子地图的数据状态为确定的、可以查找出错误并排除错误的版本。

其他的方法应使导航系统也应具有在电子地图基本数据库中自我辨识错误和修正错误的能力。为了保持地图的实时最新性,在EU发展项目ActMAP[39.8,39.9]和欧洲的智能GPS地图更新系统 FEEDMAP 项目中[39.10],研究人员一直在致力于这项技术的可行性研究。这种车辆自主处理的方法与以服务器为基础的处理方法存在着部分竞争关系,同时也相互进行完善补充。

迄今考虑到的、可以使用的无线电通信波段是非常多样的,以至于我

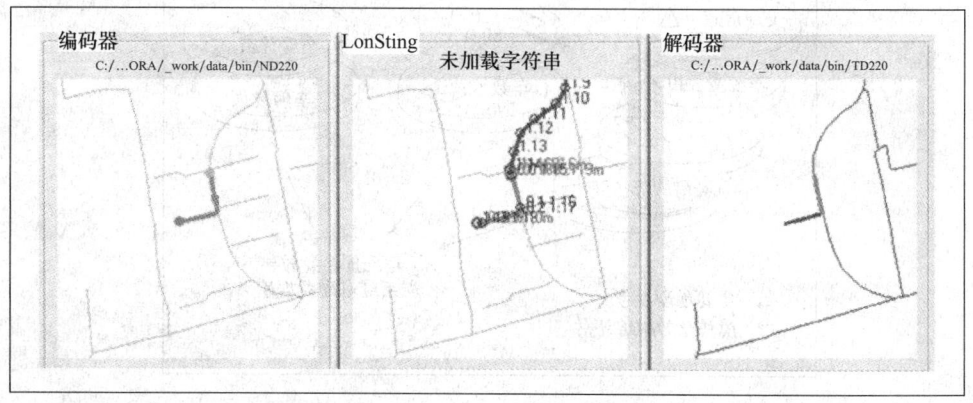

图39-9 地理代码方法(AGORA)示例详述

们把所有信息都存储到同一个存储器中时将会产生相当大的成本。或许我们可以使用这样的方法：先安装一个基本电子地图，然后在基本电子地图的基础上增加所需的、带附加信息的特殊应用。当然，车辆也可以自行提供信息，并将与地点相关的数据存入数字地图中，在接下来的行驶中可使用这些数据（参见图 39-10）。日常生活中行驶的路线也是特别重要的行驶数据（例如，去上班的路线）：通过一个经济的、成本最低的行驶方式可以带来降低油耗、节约燃油的效果。尽管总的来说电子地图本地数据添加得并不多，但部分覆盖了 80% 的单个行驶路线。

只能通过驾驶员及其偏好行为的匹配获得一个最优的辅助。因此，改变电子地图中的属性并添加新的"特殊点"也是有必要的。当驾驶员或是车辆在地图中添加特殊标识时，可以使用车辆自主处理系统的机械装置，

这里的电子地图指的是没有特殊标识的标准地图。这种方法的缺点在于：这种地图是具唯一性的，对地图的任何改动会影响到整个导航系统网络的通信质量，当出现故障时，也很难追溯故障。

带学习功能的电子地图的另一种应用情况是，可以对特定的驾驶员组进行个性设置，如可以对老年驾驶员组进行个性设置，这样老年驾驶员也可以很好地完成日常工作。[39.11,39.12] 显示、解决未知任务的错误数量大大增加了。为此我们可得出的结论是，应避免未知且复杂的状况。在电子地图中，我们可以对已行驶过的路线和交叉口进行标记和特殊评价，评估这些路线是"事故多发路口"，还是"需谨慎驾驶的路线"，或是"可以轻松驾驶的路线"。这种评价必须是基于驾驶习惯和交通状况来进行的。因为每个驾驶员感觉到的困难和压力都是不一样的，因此需要设置个性化地图。

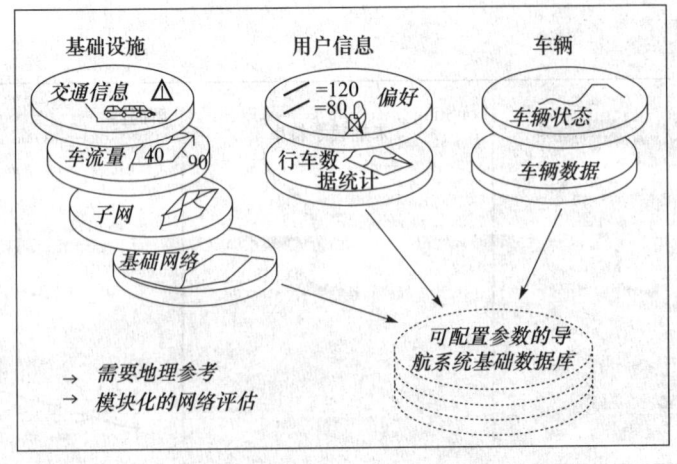

图 39-10 可配置的有自学习功能的电子地图

如[39.12]中 K. Krüger 等人所述,行驶路线首先要基于选择众所周知的"交通状况好"的路线并避免有事故危险的驾驶状况的原则来选择。

随时使用可靠的电子地图和在购买新车时接受一个以前未使用过的导航系统对我们来说都是一个挑战。

## 39.5 辅助功能

辅助功能是指有广泛应用但还没有统一的功能。它包括信息提供功能直至车辆操作时与安全有关的功能,信息提供功能在部分汽车导航中已作为辅助功能出现。

下面我们详细描述通过导航支持的辅助功能和导航支持的辅助功能之间的区别。

通过导航支持的辅助功能是由导航装置自行产生并提供的功能,如以下这些辅助功能。

◆ "堵车提前"报警:通过这个功能,驾驶员可以知道下一个路口的交通情况并且避免拥堵路段,或者是根据堵车结束时间来选择最合适的行驶速度。

◆ 转弯报警:通过这个功能,在转弯前如果车速超过安全转弯速度,则发出警告。

◆ 危险点报警:通过这个功能,在行驶到危险点(例如,事故多发地段、幼儿园或学校)前发出警告。

基于导航的辅助功能是把导航系统作为一个传感器来实现其辅助功能的,典型的辅助功能也可以移植到其他的控制设备上。导航通过标准界面(ADASIS)提供当前位置的状况、主动导航的线路和要将要驶过的街道(也可以叫做 ADAS 电子视野或电子视野)[39.13]。通过所谓的 AHP (ADAS 电子视野供提供商)将发送方的数据拆分成数据报文,并经车辆总线传递,然后 AHR(ADAS 电子视野提供商)在接收方将数据报文重新整合成 ADAS 电子视野。标准化之后,辅助功能可以不依赖于内置的导航仪。

导航支持的辅助功能的示例:

◆ 自适应灯光控制可以在转弯处和交叉口进行更好的照明。

◆ 根据路线类型通过自动变速箱的预设挡位选择实现省油行驶方式。

◆ 其他示例参见[39.14]。

通过新的辅助功能形成了新的传感装置,如车载摄像机和车载雷达,通过这些新的辅助功能使导航仪也在增值,比如通过车载成像的应用可以实现车道的精确定位。导航仪可以通过使用当前信息,比如图案识别或取消特殊状态(例如,取消施工路段显示)来对以后的最佳行车路线或报警进行完善改进。

## 39.6 交通远程通信技术

德语中的远程通信一词是一个合成词,它是由"通信"和"信息学"这两个单词合成而来的。

此术语应用于很多不同的专业领域(例如,远程医疗或楼宇通信),因此这个术语没有明确的定义。交通远程通信系统通常包括以下组成部分：

◆ 一个带远程通信或广播设备的固定服务器，用于数据的处理和传输；

◆ 一个带远程通信设备的终端（移动）设备，用于数据的接收；

◆ 终端设备中有一个本地计算机，其根据固定服务器的数据向用户提供一些功能，或者将数据传输到固定服务器，以提供这些服务。

如果数据直接通过移动终端设备交换和处理，可以取消这个固定服务器（参见第39.6.4节）。

通过空中接口传输数据，即通过电磁波传输，可大致分为两种类型：

(a) 基于无线电（广播）的技术：这种技术可以将大量信息传输给接收方。这种通信是单向非特殊通信，传播领域广；

(b) 基于移动通信的技术：这种技术可以实现向单个接收人或较少接收人针对性传输的信息。这种通信是双向通信，可以单独进行，原则上通过受限的传播领域传输。

除了这些分类和与此有关的分类外，对于某些远程通信服务，通过与速度相关的传输率来区分技术。车载远程通信服务需要稳定的传输速度（ > 150km/h，参见图39-11）。

### 39.6.1 基于无线电广播的技术

基于无线电广播的技术可分为模拟传输方式和数字传输方式。

模拟传输（例如，FM）除了可实现广播节目传输和语音（交通）信息的传输外，还可在一个窄带波段内进行数据传输。这些数据包括显示在显示屏上的无线电导航系统 HMI 中的广播文本，或是动态导航仪上的 RDS-TMC 数据（参见第39.2.6节）。尽管模拟接收技术可以用在高速传输上，但它还是易受干扰的：这种信号可能在建筑物间或山峰间被多次反射。所有反射方向上的细微差别都会影响信号接收。多普勒效应会降低信号质

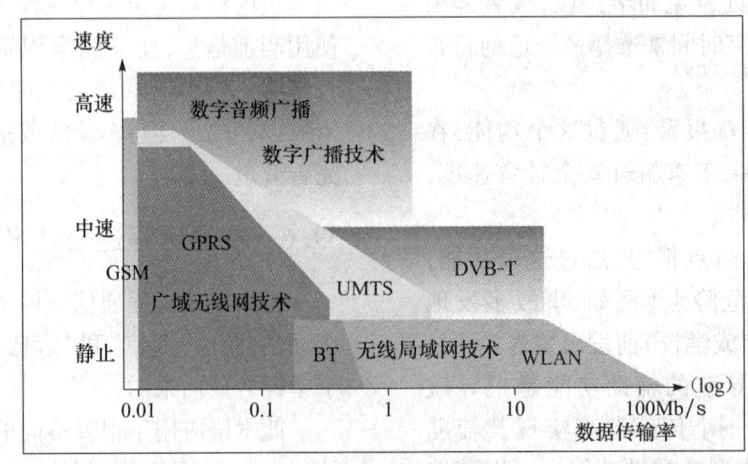

图39-11 远程通信服务中的数据传输技术

量。为了改善接收状况,我们引进了多级调谐器设计或数字调谐器设计(不要和数字传输方式相混淆)。数字调谐器设计也尽可能遵循模拟接收信号的早期数字化策略(例如,中频波段信号调制后的信号数字化)。借助于现代数字信号处理的数学方法,可以通过两个天线形成定向天线特性。

为了把受环境影响(多径传输等)所造成的接收干扰降到最低,并同时提高数据传输率,数字传输(例如,DAB 数字音频广播)技术也在不断向前发展。这种传输可以通过固定地面电台(例如,DAB)或是通过卫星(例如,SDARS 卫星数字音频广播服务)来实现。

使用 DAB 技术可以把数据传输率显著提升至 1.5 Mbit/s,借此还可以实现通信系统中复杂数据和图像的传输和成像。表 39-2 是模拟无线电传输过程和继续发展的数字传输方式的概述。

与移动通信技术相比,通过广播技术将信息传送给多个感兴趣的人是一种成本较低的方法。通过数字传输提供的新服务除对移动通信技术很重要外,对于载重车来说也将越来越重要,这些服务可以把数据传送给多个感兴趣的用户,如天气预报服务和交通状况服务。然而,数字无线电不能提供用户定制和车辆定制服务,这需要基于移动通信技术的服务。

### 39.6.2 移动通信技术

欧洲移动通信传输基于 GSM 标准(全球移动通信系统)。GSM 网络是由地面基站组成的蜂窝状网络结构,由于所处的环境状况不同,基站的传输半径也不同,最大的传输半径为 35 km。

在物理层面上,GSM 应用的是 FDMA、TDMA 组合技术。对于 GSM 设备,带 45 MHz 频带间隙的两个频段是这样预设的:890~915 MHz 作为上行链路,935~960 MHz 作为下行链路。每个 25 MHz 频宽的波段都被以 200 kHz 的间距分割为 124 个单独的频段。这些频段被明确编号,每对相同编号的上行链路和下行链路组成一个频宽为 45 MHz 的双工信道。每一个这样的频段(200 kHz)又被分割为 8 个 TDMA 频段(8 个时隙)。与下行链路相比,上行链路延迟 3 个时隙发送。移动电台在上行链路和下行链路

表 39-2 模拟和数字无线电传输技术

| 模 拟 | 欧 洲 | 数字美国 | 韩国、中国 |
|---|---|---|---|
| UKW(87~108 MHz) | DAB | HD-无线广播 | DMB |
| MW(530~1 710 kHz) | DRM(全球数字无线电广播) | HD-无线广播 | DRM |
| LW(148~284 kHz) | DRM |  | DRM |
| KW(3~30 MHz) | DRM |  | DRM |
| TV 地面基站 | DVB-T |  |  |
| 卫星 |  | SDARS |  |

中使用的时隙每次都带有相同的编号,所以不能同时发送和接收。由于不需要双工单元,因此终端设备在价格上有优势。

下面讲解几种基于移动通信技术的数据传送技术。

电路交换数据(CSD)技术是一种数据传输方式,其建立从移动终端设备到被叫台(例如,服务器)的数据连接。这种连接在技术上和语音通信类似,有效数据传输率可达 9.6 kbit/s。

高速电路交换数据(HSCSD)技术是 CSD 技术的扩展。为了获得一个较高的频宽,很多个时隙都组合起来,这种技术的数据有效传输率可达到 38.6 kbit/s。

不管是使用 CSD 还是使用 HSCSD,对于语音数据来说,使用过的时隙以后都不能再使用了。另外,数据的传输可通过 SMS(短信服务)来实现。在 GSM 标准范围内,我们规定几个逻辑频段来传输(语音)数据和通信数据。此外,手机短信是通过信号信道传输的,所以实现了语音数据和手机短信的同时传输。这对于远程通信服务很重要,因为可以同时打电话和进行数据传输(例如,在拨打紧急呼叫电话的同时我们可以发短信向对方提供位置信息)。一条手机短信是由一个数据头和信息内容组成的。每条短信大小限制为 1 120 bit(文字信息 160 个字符)。一次连接最多可发 255 条短信息。手机短信不能直接从一个终端设备发送到其他的终端设备上,它的传输必须经过短信息服务中心,所以也可以对信息进行中间存储。

对于远程通信应用来说,手机短信可以实现推送服务。当我们知道对方的电话号码后,我们可以无任何限制地将外部信息传输到一个终端设备上(例如,广告)。

通用分组无线业务(GPRS)可以实现数据包定向传输。由发送者将数据包拆分成多个单独的数据包,然后传输,然后在接收者处重新组合。GPRS 技术在实际应用中传输率可达到 53.6 kbit/s。它的优势在于,在数据传输时仅建立一个虚拟的通信连接。因此,如果使用 CSD,数据处理只和容量相关,而与时间无关。

无线应用协议(WAP)是针对传输率慢和应答时间长而开发的用于无线通信的互联网信息传输协议。进行通信时使用互联网 HTTP 协议。第 39.3 节中介绍的非车载导航仪就使用 WAP 协议来进行导航数据的传输。使用 WAP 技术也可以提供推送服务。

通用移动通信系统(UMTS)是第三代移动通信标准。使用 UMTS 技术,数据传输率可达 384 kbit/s(郊区,传输速度 500 km/h)至 2 Mbit/s(市区,传输速度 10 km/h)。使用 UMTS 技术可以提供所需的高速率数据传输服务(例如,影像数据的传输)。

LTE(长期演进)技术是第四代移动通信技术。相对于 UMTS 技术,LTE 技术的优势在于更高的传输率、更短等待时间和更低的传输成本。因此,C2C 和 C2I 应用(参见第 39.6.4 节)对这项技术感兴趣。

蓝牙(BT)技术是一个数据和语音无线传输的工业标准。这种传输在 2.4 GHz 的 ISM 频段内进行,传输距离为 10~100 m。蓝牙技术在一定程度上适用于准稳态数据传输。数据传输率可达 723 kbit/s。蓝牙模块是一个很小的结构模块,与其他移动通信模块相比,蓝牙模块成本更低,且耗电量也很低。蓝牙技术提供一系列模式,因此在载重车上也可以有一定的应用,例如,免提模式(HFP)或蓝牙电话簿访问模式(PBAP)。

蓝牙技术使消费类电子设备(CE)可以应用在载重车上(另见第 39.7 节)。

准稳态运行下另外一种数据交换技术是无线局域网技术(WLAN)。与蓝牙技术类似,这种传输根据所使用的标准应用在 2.4 GHz 频段内或是 5.4 GHz 频段内。对于制定的标准,传输率可达 54 Mbit/s,其传输距离和蓝牙技术差不多,能达到 100 m,最大不超过 300 m。所以 WLAN 可以应用在一个专属的接入点用于数据交换(例如,数据下载)。这种类型的服务也应用于 C2I(车到基础设施)环境中(参见第 39.6.4 节)。

## 39.6.3 远程通信基本服务

除了根据使用的远程通信技术的种类对远程通信服务进行分类外,还可以根据使用类型进行分类。因此,针对客户的服务和针对车辆的服务是有所区别的。下面列举的是基本远程通信服务的示例。

(1)通信:客户服务中心或服务器通过语音电话、短信或邮件自动交换数据信息,这些信息可根据客户情况制定。

(2)安全性:例如,启用安全气囊后,可以手动或自动拨通紧急呼救电话。紧急呼救可以连接到客户服务中心或直接连接到急救中心。一个典型例子就是在拨打紧急呼叫电话的同时,车辆的具体位置信息(由 GPS 确定)也同一时间通过短信形式发出,以方便准备救护措施。为了降低在道路交通中的受伤和死亡人数,在一项欧洲议案中已经对建立全欧洲范围的紧急呼叫系统做出计划。为此,必须提前在所有车辆上安装相配套的通信设备,并提前制定相应标准(例如,一个全欧洲统一的紧急呼叫电话号码),并建立一个服务基础设施(急救系统)。

驾驶员可以手动拨打故障电话。此外,还可以通过电话发送车辆位置信息和车辆故障诊断数据。车辆故障诊断数据可以自动查看到,或是由用户通过车辆网络手动查看。这些数据被传回客户服务中心,并由客户服务中心决定是否可以在原地修理,或者需要将车用拖车拖回。此外,根据这些信息来预订修理所需的配件并安排修理工作计划。

和拨打故障电话不同,远程故障诊断(非车载故障诊断)是由用户或服务中心激活的,和故障无关。在预测系统中可以确定,某些零件是否已到使用寿命,是否需要采取维修措施。

(3)导航:非车载导航和混合导

航相配套的服务已经在第39.3节和第39.4节中进行了说明。

(4) 舒适功能:这种服务可以遥控(例如,打开车门、开启辅助加热装置)车内的组件。这些功能部分与车辆安全性有关,因此只受限使用OEM汽车制造商提供的产品。其他的舒适性能可以根据行车记录通过外部服务器来实现。因此,用户必须在行车开始和结束时在服务器上进行登记。另外,还需记录一些补充数据,如油耗。

(5) 交通信息:原则上通过无线电(广播)传输,这些信息对很多用户来说都是可获得的。根据这些信息,用户可以调整导航的动态参数并进行导航(参见第39.2.6节)。可以向个人发送交通信息(通过问询方式)。例如,交通信息的发送可以通过非车载导航实现。为了确定在当前的导航中是否有交通堵塞情况,可以间隔固定时间向外部导航服务器发送问询。

因此,为了使传输的数据量尽可能小,将向服务器发送一个用手指标记的路线图,由服务器进行比对。

(6) 一般信息:可以在互联网上查找。此外,也能实现娱乐内容的下载(例如,音频数据)。尽管目前有这种技术,但一般OEM不提供软件下载控制单元SW,因为特别是对于从网上下载与安全有关的软件,风险比优点更大。

图39-12为远程通信服务的分类。

### 39.6.4 车-车通信,车-公共设施通信

汽车通信除了无线电通信技术和移动通信技术外,与其他车辆相互间的双向通信需求也在不断增长。此外,车-车通信(C2C)和车-公共设施通信(C2I)之间也有区别,由此衍生出了其他的通信服务[39.15]。

因此,对于这两种通信场景来说

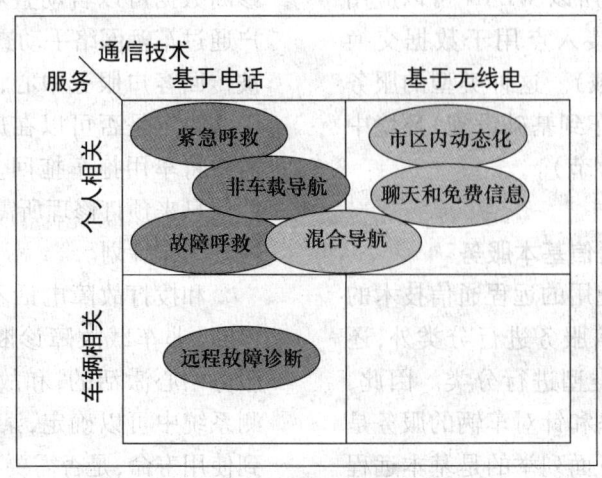

图39-12 远程通信服务的分类

既可以称为聊天服务，也可以称为安全相关服务：

C2C 聊天场景指，如车辆间的双向通话、双向聊天、双向短信发送。

C2C 安全相关场景指，如堵车前警报（接近堵车长龙尾部时），并带有交通疏导和潜在危险源提示。危险源也可以由汽车传感装置来识别（由 ABS 或 ESP 识别出光滑车道，并把信息发送给后续的交通参与者）。

C2I 聊天场景是指，如数据下载（音乐下载）或其他基于位置的服务，并为用户提供相关信息。

C2I 安全场景指，如车辆和交通设施（交通信号灯、路标）之间通信。从交通信号灯上通过绿灯启动传输的信息，以使车辆适应车速。此外，还可以从车辆上向外发送故障诊断信息。

对于各种场景，C2C 和 C2I 都可以混合使用或是作为对方的补充使用。在特别的危险点，本地信息数据向每辆车单独发送（C2I），并继续发送给其他车辆（C2C）。

C2C 和 C2I 服务为了能在汽车这个大市场上立足，就必须解决各种不同的挑战要求。

通信系统要求安全可靠，并且最好可以免费使用。为此必须打破 OSI 层模型中对每层的要求：

◆ 车辆通信前后间的有效距离大约为 1 000 m。车辆两侧的有效距离估算大约为 250 m。

◆ 网络中参与对话的人数波动范围很大（例如，在公路上和市内道路上的差别就很大）。为了避免在广播功率最大时每一个单独的传输频段间有冲突，广播功率必须根据情况依比例确定。

◆ 车辆可以以高的本车速度行驶，也可以以高的相对速度行驶，所以必须平衡产生的多普勒效应。

◆ 车辆在市区内行驶时，需要注意由于建筑物遮挡、反射以及多向散射等的影响。

◆ 与安全有关的应用必须确保通信连接不中断，而且具有抗干扰能力。此外，与安全有关的数据发送时延迟时间必须最小（优先权），即在各种情况下，优先权都高于其他娱乐应用的优先权。

◆ 为了把信息目标明确地传输给接收人，必须执行一个适合的行车路线策略和前行策略。车辆接收到的堵车信息仅对高速公路上的车辆是重要的，车辆行驶在国道上时这些信息就不是那么重要了。

◆ 必须建立一个标准，这个标准规定：车辆间可以相互通信，不管是哪个制造商生产的车辆还是哪个产品和车辆的更新换代版本。

◆ 车辆通信可能使用的标准是 IEEE802.11p/IEEE1 609 标准，该标准已于 2010 年夏季发布。这个子标准是由 WLAN 标准 IEEE802.11 衍生而来的。为了能消除 C2C 和 C2I 之间的冲突，C2C 和 C2I 都工作在一个专门的窄频率范围内，并且都是适合于时速 200 km/h 以下的数据通信。

### 39.6.5 公路通行收费系统

简单的收费系统既可以在公路的

收费窗口进行收费，也可以通过 Vignette 收费标签结算，它一般是一个在有限地域内（通常在一个或几个国家）、在一定受限时间段内使用的收费系统。这种销售的结算不需要精确到时间和地点。这种收费系统的缺点是（取决于具体的解决方案）中断车辆的行驶，并且需要花费巨大费用建造能够大面积监控的设施。

在德国，复杂的收费系统都使用 ETC 系统（电子不停车收费系统）。在这个系统中，收费额根据污染者付费原则，对高速公路上行驶的载重车的收费是在不停车的情况下进行的。

费用征收双系统、监控系统和流程控制中心都是这个系统的重要组成部分。高速公路使用者费用征收双系统可以在自动缴费系统中缴费，或使用手动收费系统缴费。

自动收费时，收费额是通过车载电脑（带 DSRC 模块和 GSM、GPS 组合天线的车载单元 OBU）结合 GPS 来确定的，并借助移动通信在中心收费点缴纳。为了使车辆可以使用自动收费系统，驾驶者必须在 OBU 中把车辆参数都考虑进去（轴、重量、等等）。OBU 可以借助 GPS 和存储的高速公路网络自主识别高速公路上的收费路段。根据收费路段数据以及预设的价目表数据和车辆数据，就可以计算出总的收费额，并通过集成的 GSM 模块把数据发送到中心收费点。

手动收费系统是为那些偶尔使用高速公路的用户准备的。这种收费方式可以通过互联网缴费或是在高速公路服务站和加油站缴费。

为了能抓住逃费者或是少缴费者，对收费进行监控。通过控制台、通过固定的监控（例如，在高速公路停车位上）或通过流动监控车来实现自动监控。

自动控制台覆盖整个车道，并为每一条车道都配备了识别装置。当车辆驶近带激光车距传感器的控制台时，车辆被分配给单个的车道。接下来，带 3D 激光车距扫描仪的测量传感器对车辆进行扫描并进行分类，并查明车辆是否逃费。带 LED 闪光灯的 CCD 照相机可以在车辆经过的瞬间进行拍照，抓拍下车牌号，并根据车牌号自动识别和分析。调查的数据通过 ISDN、GSM 技术上传到中心数据库。由中心数据库对之前通过 OBU 或固定收费终端上传的数据进行比对[39.16]。

### 39.6.6 现代化交通控制

现代化的交通管理系统大面积采集当前的交通信息数据，以为交通参与者提供交通注意事项和进一步的交通状况发展预测分析。利用这些分析预测结果，可以有针对性地引导、疏通交通流量。

成功实施现代化交通管制的示例是日本的 VICS 系统（车辆信息和通信系统）。1996 年起到 2003 年，日本的公共部门在东京和大阪的大部分地区引进了 VICS[39.17]。

由警察和交通管理机构负责采集交通信息数据。通过"日本道路交通信息中心"把采集到的信息数据传输给 VICS 中心，再由 VICS 中心及时向有车载导航设备的汽车驾驶员发布最新的、图文交通状况信息。以图像格式进行处理的交通信息包括：要用不同的颜色表示简要地图、详细地图中的各个街道的车流量（例如，红色、黄色、绿色）并使汽车驾驶员能够估计当前的交通拥堵情况。

将发送交通堵塞、预计的行驶时间、交通事故和公路施工路段、限速路段和禁行高速路段以及可用停车场的信息。在发布这些信息时有下列三种通信途径可用：

◆ 利用调频无线电覆盖面积达半径 25 km，并且上述所有的信息都可以跨区进行发送（半径 50 km 的交通事故）。本地的广播电台负责发送。

◆ 利用主干道上的红外线信号柱。红外线信号柱典型的传送距离为 3.5 m，并可在半径 30 km 的交通范围内发送交通事故信息。

◆ 微波信号柱安装在诸如高速公路的道路上，它的有效距离大约为 70 m，可在半径 100 km 的高速公路范围内发送交通状况信息。

### 39.6.7 远程通信服务未来的发展趋势

大多数载重汽车远程通信服务通常都有很长的供给链（内容提供商、服务提供商、网络运营商、终端设备制造商），需对他们进行控制，只有这样才能提供优质的服务。另外，这条长长的有很多"想赚钱"想法的参与者加入的"供给链"可导致最终价格过高。

供给链中来自汽车生产领域和消费类家用电器生产领域的各个成员都有着不同兴趣和经营模式，而这些"不同"都必须在导航系统的目标下整合到一起。因此，汽车生产厂家应以强烈的事业心和责任感来打造高品质的"汽车远程通信服务平台"，为汽车消费者提供最佳的服务。

与此相反，用户在汽车技术服务领域中的服务需求是有限的。他们更愿意为移动通信功能（带免提的通信设备）消费，该功能原则上不足以覆盖远程通信模块的费用。另外，一些辅助服务，如"紧急呼叫""非车载导航"等用户不会有大的投入。另外，像"远程故障诊断"并不直接服务于用户，相反提供的是一种间接服务，或者提供"客户关系管理"的机会。

此外，技术上的限制也减缓了以远程通信技术为基础的车用导航仪和功能在汽车领域中的应用速度。GSM 系统较低的数据传输速率和较长的通信建立时间也限制了设备的反应速度。覆盖区域内的无线电干扰和故障有可能会导致远程通信功能受限，从而引起最终用户的不满意。在汽车通信网络中，"远程控制功能（遥控）"的安全性是一个关键问题，而且是至今都没有令人满意解决的难题。因此，"消费电子"技术是不可能优化到符合汽车技术需要的水平的，这也使得载重汽车技术领域中全面使用消费电子技术是非常困难的（参见第 39.7.1 节）。

通过标准化接口能够将远程通信

技术集成在载重汽车中,但同时也带来了一些新的问题(例如,方便且不受控地接触竞争对手产品)。因此,远程通信功能不能代替今天的"车载功能",相反只是对它的补充。OEM 汽车制造商使用远程通信技术的一个重要元素是客户关系管理。新的技术(UMTS、JAVA、LTE……)使得远程通信技术的使用、落实更加容易。在远程通信技术服务领域中的成功要综合考虑使用舒适性、安全性和成本费用等问题。我们估计,远程通信技术服务不会为用户带来更多的附加值,相反通过现有传播媒体(例如,SDARS)和其他导航技术(例如,混合导航)应用的不断增加而得到发展。新技术和远程通信技术的渗透还要经历一段很长的时间。

## 39.7 对导航系统和远程通信技术提出的要求

与其他载重车内的电控装置相比,无线电导航系统和远程通信技术对控制元器件提出了特别的要求,而且这些要求对它们的研发有着重要的影响。

无线电导航系统的功能直接体现在终端客户。与同样是非常复杂的、但很大程度上被汽车驾驶员所忽略了的汽车制动控制器和发动机控制器不同,无线导航系统或者远程通信技术与驾驶员之间通过接口建立了复杂的直接联系。通过这种接口,驾驶员直接了解到了这些系统的功能性,直接体验到装置的很多特性。例如,缓慢的启动或者"迟钝的"人机接口都会立即对驾驶员的操作产生负面影响。

还有就是,无线电导航系统及其操作按钮等都突出地安置在中控台区域内,它们的外观、外形也都对设计提出了很高的要求。把操作的简单性和可靠性结合在一起(例如,设计要求镀铬、发光的操作部件、易于操作、可进行可靠操作的界面)。

另外,消费电子产品的研发也在导航系统的发展中起着重要的作用。一方面,消费类电子产品的功能也可以在汽车无线导航系统中应用,这使得车内必须接受消费电子产品组件。由于消费类电子产品的产量一般都比车内安装的设备的生成批量大,因此生产成本较低,不加改动或者略加调整就可以直接在车载导航系统中使用,虽然它们有时不能完全满足汽车领域使用的要求。另一方面,消费类电子产品与汽车专用的电子产品也形成了激烈的竞争。由于消费类电子产品有着很短的研发周期和另外一条销售途径,有着很高的创新压力,因此每一代产品都有着很高的成本压力。对它们提出的增加功能、降低成本的要求平均每年高达10%。

### 39.7.1 消费电子产品(CE)与汽车电子产品(AE)

在使用消费电子产品组件时,尤其是涉及娱乐、消费领域著名的电子产品时,在研发和制造符合汽车技术领域导航系统的质量要求和认证方面还要接受很多的挑战。使用这类消费电子产品的必要性是:一方面,它们提供的功能是汽车驾驶员在车辆驾驶过程中所需要的功能。例如,家庭环境中所使用的声音介质或者数据介质(CD 光盘的音乐、CD 光盘或者 SD 存储卡的 MP3 数据)。另一方面,消费电子产品领域中这类电子产品是批量生产的,具有价格优势,但在专门为汽车工业生产车用的这类电子产品就没有这么大的批量了(例如,便携式仪器设备的 CD 播放器、个人计算机或硬盘和摄像机)。

本文将以 DVD 播放器为例介绍汽车导航系统对电子产品的要求和它们所面临的挑战。作为导航仪,光盘容量为 7 GB 左右的 DVD 播放器可作为数字化电子地图的数据存储器和所需的电子产品使用。另外,作为一种高端仪器,这种 DVD 播放器也可以用来播放 DVD 视频。表 39-3 通过这些组件示例显示了消费电子产品(家用电子产品和个人计算机)的要求以及对汽车技术的要求(汽车技术要求)。

表 39-3 对组件(实例为 DVD 播放器)的消费电子产品和汽车电子产品周围环境的要求

| 参 数 | 消费电子产品要求 | 汽车电子产品要求 | 实际折中解决方案 |
| --- | --- | --- | --- |
| 环境温度 | 0℃ ~ 60℃ | -40℃ ~ +95℃ | 工作温度 -20℃ ~ +80℃;功能限制除外(播放器关闭);面临的挑战:播放器、振动阻尼组件的润滑,塑胶镜片的失真。这些组件适用于汽车 |
| 介质温度(CD、DVD) | 55℃ * | 95℃ | 没有折中方案,因为最终用户不能选择介质;必要时可在操作使用说明书中写入警告提示;在极端情况下可能会毁坏仪器中不合适的数据介质 |
| 安装角度 | 约 0° | -30° ~ 90° | 通过改变播放器悬挂装置和振动空间,可以达到 -15° ~ +45° 的安装角度;对于其他温度范围,应使用不同变型的机械式播放器(=不同变型的车用仪器) |
| CD、DVD 加载时间 | 无规定;原则上无关紧要 | 可用功能最大 3 ~ 6 s( = 插入 CD 后音频信号发声) | 目前无法解决;通常是在插入数据介质后 7 ~ 15 s 功能可用 |
| 全程查找时间(指磁盘完全运行时读(磁)头所需要的时间) | 无关紧要,因为一般情况下读(磁)头不需要定位,大的数据块采用线性存储;通常是 800 ms | 尽可能短(最好 < 150 ms) | 为加载导航数据,二维导航地图数据需要进行多次磁头定位。采用高成本尽可能最佳地根据线性螺旋数据将数据存储到数据介质上,以尽量减少磁头定位过程 |
| 流速 | 高,以快速加载大量数据 | 低,因为处理器的功率比个人计算机小 | 对于导航系统来说,磁头定位时间比流速重要。 |
| 逾期交付期限 | 2 ~ 3 年 | 15 年 | 在生产开始后对仪器进行后续开发,以便能够使用一种新播放器变型。 |
| 读磁头定位控制 | 慢 | 非常快 | 面临的挑战:当车辆振动强烈时对读磁头的调节 |

续表

| 参　数 | 消费电子产品要求 | 汽车电子产品要求 | 实际折中解决方案 |
|---|---|---|---|
| 污染 | 没有特殊要求 | 在湿热测试条件和压力集尘试验后运行 | 面临的挑战:对仪器进行对流热流的模拟,以预测污染状况;必要时播放器使用罩壳 |

\* 著名制造商对"可燃性"空白光盘的温度规定。

另一个例子就是汽车技术领域中所谓的"潮热环境下的测试"。在高湿度、温度变化的环境中,许多家用消费类电子产品的缺点就暴露出来了。这种测试最初是在机床设备制造领域中使用的。例如,为了得到汽车制造中允许的塑料膨胀,以避免当在野外使用时因污垢而导致设备键盘按键卡死。时至今日,这种测试越来越严格起来,而且也逐步延伸到电气元器件的操作领域中。之所以如此,是利用实验室几周的测试时间来保证电子设备在室外环境中 10~15 年的性能可靠性。常规的试验过程如下:

首先对仪器进行"压力集尘"试验(将仪器放置在密封的、含有标准粒度粉尘颗粒气流流动的集尘室中),然后将仪器放入气候模拟室(箱)中放置几日或几周。气候模拟室在相对湿度高达 90% 的条件下不断模拟气候的温度变化。由于温度变化的幅度很大大到可以产生冷凝水的程度,因此不仅仅可以在仪器的外表面,而且也可以在仪器内部形成冷凝效应。这样,在压力集尘时进入仪器内部的粉尘就和水分相互结合,这时湿度很大。同时,还对仪器长时间通电,经 CAN 现场总线不断升高电压、又降低电压。在试验过程中不断检测仪器的耗电情况。仪器应尽可能显示出一定的特性(今天仍然认可由冷凝效应而造成的个别开关过程的不确定性),在湿热环境中完成耐久试验并进行 100% 的干燥之后,其功能必须保持正常,只允许有很小的静态电流增加。

图 39-13 显示的是仪器电路板在受到压力集尘和湿热影响后的图像截面。

从图中可以看出:电路板受到了污染、潮湿和同时通电时电迁移的影响(电解过程使组件和电路板产生导电和结晶结构)。目前,常用的预防措

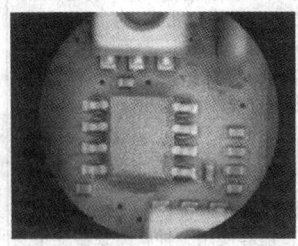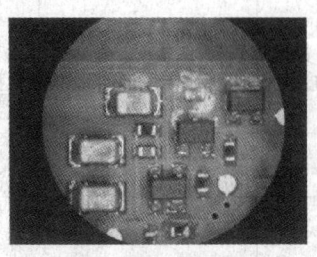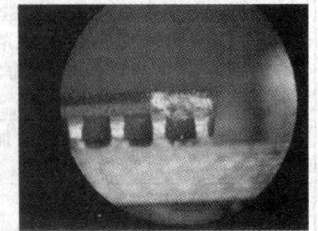

图 39-13　湿热污染的影响

施是避免部件和电路板表面裸露和永久带电,以及有大面积的危险表面几何形状(以使污染、电迁移不会导致功能故障)。现在正在尝试部分地将表面用油漆封闭,但这样会带来对可加工性、便于维护及散热特性的挑战。

从表 39-3 和受湿热影响后电路板的截面图中可以看出,为了获得可以接受的汽车周围环境质量,应部分对 CE 组件进行改进。为此,在尽可能改进的范围内应对经济可行性(组件材料成本、开发成本)的要求更好地进行限制。

这一难题将会日趋严重,因为快速增长的消费电子产品功能性将通过融合新技术如 USB、WLAN、视频解码和 UMTS 等,以硬件组件和软件模块的形式,继续加快占有导航系统消费电子产品组件的份额。

### 39.7.2 结构

按计划使用导航或远程通信技术的结构很重要。这些系统可以作为没有合适用户界面的功能组件,也可以作为更大组合系统的组件。这里所指的是所谓的具有网络接口(例如,CAN 总线接口或 MOST 光纤接口)的"银盒子"。后一种结构形式常用于无线电导航仪或具有多种功能(无线电、导航、录音载体和数据载体的音乐播放)的主要单元。典型的车用入门级无线电导航仪大约有 1 500 个构件组成(包括机械和电子单元)。

### 39.7.3 开发过程

导航或远程通信技术的开发过程具有很高的复杂性和多种要求。以远程信息处理模块和导航模块的形式连接到主要单元上用以进行控制的纯导航和远程通信技术是不多见的。市场上常见的大量导航系统是信息娱乐系统,这些系统也包括一个无线电调谐器,并能提供媒体功能,如 Audio-/MP3-CD 或 SD 卡。

受快速更新的消费电子产品的影响,无线电导航系统(RNS)也开始从一代产品到新一代产品的创新。因此,目前所谓的具有单色显示屏的导航仪(没有导航地图图像,而是只用箭头符号显示行驶建议)正从市场上消失。与此同时,车辆导航仪也已经使用至少 $400 \times 240$ 彩色像素的 TFT 彩色图形显示器,并期待通过图形微处理器支持显示器微处理器的开发。几年前高终端系统尚未应用的图像动画也已经在车辆上使用。即使在转弯或者图像放大时,以前几秒钟刷新一张地图图形的图像,现在能很快地在 1 s 内刷新 10~15 张。CD 和 DVD 播放器将由硬盘驱动器代替,SD 卡将进一步进行补充,并在可预见的未来部分被代替。巨大的数据存储能力刺激了对快速传输数据的宽带接口的需求(USB、WLAN)。蓝牙手机要求使用蓝牙技术,汽车也可以选择这种技术。新的接收方法如相位天线分集接收方法及不断接收 RDS-TMC 消息的背景 TMC 调谐器(与收听用的"前景调谐器"无关),需要双调谐器系统和三调谐器系统(第一种已经在车用导航仪上使用)。

每一代导航仪的创新等级使已经开发的硬件和软件的重新使用受到限制。

对此也提出了很多功能要求。在开发之前一般先将几百个文件作为设计任务书,之后把成千个详细要求隐藏起来。一个无线电导航系统的功能列表通常包括500~2 000个元素,其中,在每个单独的功能之后隐藏很多详细功能或详细要求。图形界面包括200~400个不同的模板,其设计由汽车生产厂家设定。针对设计很难一致、相符的大量详细要求以及在开发期间对功能进行不断修改都会使开发阶段的修改范围扩大。

因此,开发阶段应满足以下要求:

◆ 大量的、不断进行修改的文件(设计任务书)的管理和配置。

◆ 对有冲突的设计任务书进行识别和处理。

◆ 对开发阶段较大的更改范围进行处理。

◆ 要求的较高创新等级(仅部分适用的经验数据)。

◆ 考虑客户开发流程的灵活性(OEM完成各种开发模型并做出非常不一样的开发规定)。

这些边界条件给项目规划和费用评估带来了很大的挑战,特别是在项目开始时,因为具体工作及明确仪器设计任务本身就需要多个月的工作过程。

在开发过程中越来越多地使用数据库系统来管理客户要求,它支持从设计分析到试验的全过程,只有这样,才能充分考虑整个开发过程是否得到保证。此外,汽车行业的硬件和软件结构化及标准化已经开始,这将推进组件可重用性和互换性的有效实施(例如,AUTOSAR[39.17,39.18]),但这些对目前设备开发影响很小。

# 参 考 书 目

[39.1] *Salas*, *G.*: Highway Coding for Route Destination and Position Coding. Highway Research Board, Publ. Nr. 1642, 1968.

[39.2] *Kaiman*, *R. E.*: A New Approach to Linear Filtering and Prediction Problems, Transactions of the ASME — Journal of Basic Engineering, 82 (Series D), S. 35-45, 1960.

[39.3] *Neukirchner*, *E. -P.*: Fahrerinformations-und Navigationssystem. Informatik-Spektrum, Band 14 (1991) Heft 2, S. 65-68.

[39.4] *Pilsak*, *O.*: Routensuche, digitale Karte und Zielführung. In: Talk held at seminar: Kfz-Navigation Überblick über Entwicklung und Funktion, 1999.

[39.5] *Dijkstra*, *E. W.*: A note on two problems in connexion with graphs. In: Numerische Mathematik. 1 (1959), S. 269-271.

[39.6] *Hendriks*, *T.*; *Wevers*, *K.*; *Pfeiffer*, *H.*; *Hessling*, *M.*: AGORA-C Specification (2005)

[39.7] Weblink zum AGORA Projekt: http://www.ertico.com/en/activities/activities/agora.htm.

[39.8] Weblink zum ACTMAP Projekt: http://www.ertico.com/en/news_and

_events/ertico_newsroom/act-map_releases_final_report. htm.

[39.9] *Otto, H. -U.* : The ActMAP approach-specifications of incremental map Updates for advanced in-vehicle applications, Tagungsband ,, ITS in Europe Congress" in Hannover(D), 2005.

[39.10] Weblink zum FEEDMAP Projekt: http://www. ertico. com/feedmap/.

[39.11] *Förster, H. J.* : Das Automobil, ein Lebenselixier für alte Menschen. VDI-Bericht 1613, Tagung Berlin, Mai 2001, VDI-Verlag.

[39.12] *Krüger, K.* et al. : Optimierung der Kompetenz älterer Fahrerinnen und Fahrer durch frühzeitige Navigationshinwese und Knotenpunktsinformationen. VDI-Bericht 1613, Tagung Berlin, Mai 2001, VDI-Verlag.

[39.13] Weblink zum ADASIS Forum: http://www. ertico. com/en/subprojects/adasis_forum/.

[39.14] *Nöcker, G. ; Mezger, K. ; Kerner, B.* : Vorausschauende Fahrerassistenzsysteme, FAS 2005, 3. Workshop Fahrerassistenzsysteme, Waltling, DE, S. 151-163, 6. -8. April, 2005.

[39.15] *Eberhardt, R.* : " Car to Car Communication Consorti-um", EuCar SGA, 23.10, 2003.

[39.16] Systembeschreibung ETC Deutschland, Daimler Chrysler, 2003.

[39.17] www. vics. or. jp.

[39.18] *Zimmermann, W. ; Schmidgall, R.* : Bussysteme in der Fahrzeugtechnik-Protokolle und Standards. Wiesbaden: Vieweg + Teubner, 2008.

[39.19] Weblink von Autosar: http://www. autosar. org.

# G  驾驶员辅助系统的未来

40 机电一体化汽车底盘的未来 ………………………………… 704
41 PRORETA 防碰撞系统——防止超车碰撞事故的集成
   解决方案 ………………………………………………………… 711
42 协同自动化 ……………………………………………………… 720
43 自动驾驶 ………………………………………………………… 733
44 驾驶员辅助系统何去何从 ……………………………………… 741

# 40 机电一体化汽车底盘的未来

*Peter E. Rieth*

## 40.1 联网的底盘

在汽车制造技术的发展史中总是不断出现新的技术飞跃,汽车制动系统也是如此,图40-1所示的就是汽车制动系统多年不断研发的成果。很长时间以来,机械制动就已经达到了很高的水平;近几年来,随着人们对驾驶舒适性和安全性要求的提高才引入了20世纪中叶发明的、利用辅助制动力的液压制动装置;而得到了广大汽车消费者一致公认的和迅速得到推广的最重要技术进步则是20世纪70年代中期的事情:防抱死制动系统(ABS)、驱动防滑系统(ASR)、电子制动力分配系统(EBV)和电子稳定控制系统(ESC)。

下一个技术飞跃只有通过联网才能实现:现代化汽车中使用的电子控制系统种类越多,它们之间的相互联

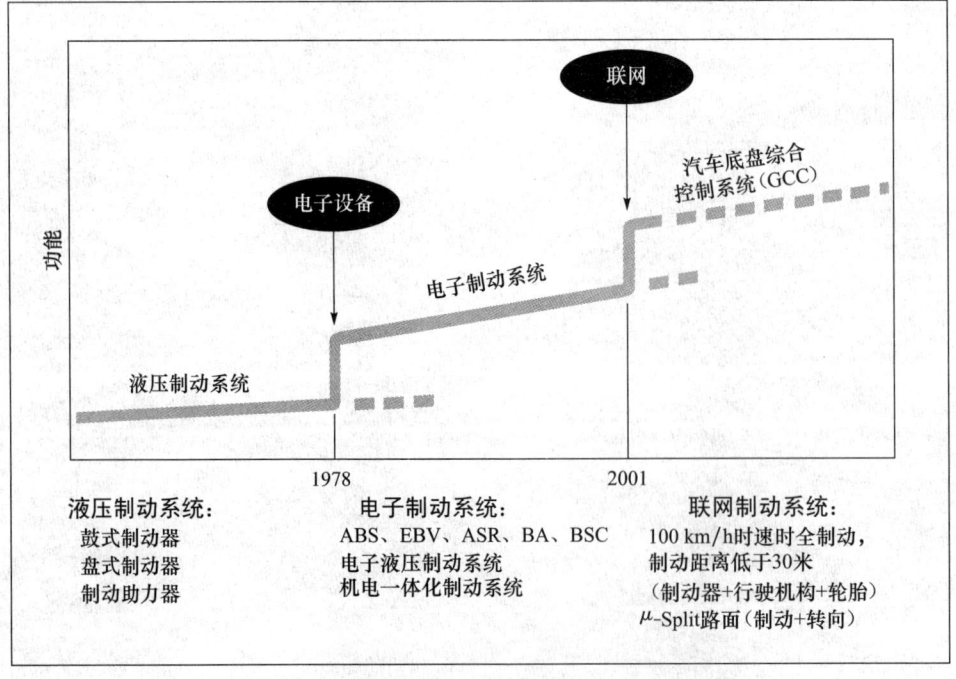

图40-1 功能性继续研发(例如制动)带来的技术转变

网也就越有意义。不仅仅是经济方面的意义（例如，通过减少硬件的数量来降低汽车的生产成本），而且还有功能性方面的原因。

当独立系统（例如，电子制动系统）在控制网络中被底盘综合控制系统（GCC）和其他独立系统（例如，电子伺服转向机构）驱动时，则能够产生更高的效率。留给人们印象最深的就是所谓的 μ-Split 路面制动，即左右两侧车轮摩擦力不同时的制动补偿控制。在查阅数据后可知：通过制动力和电子伺服转向的组合及同时干预能够把（只进行制动干预）制动距离缩短 10% 以上。另外，使用能源也使得汽车零部件的电子化十分有必要：电子技术成为"按需供能"的关键，即按需提供所需要的功率。按需供能能够降低未来车辆随着汽车舒适性和安全性需求的发展趋势在增加或者降低车辆重量时的燃油消耗。

按需供能指的是：冷却水和机油的循环系统或者转向驱动系统、车载空调驱动系统等，不再是利用机械式的、不灵活的皮带方式用汽车发动机来驱动汽车的辅助部件，相反是根据当前的需要来进行驱动。这样就要求汽车的各个辅助部件相应地要实现电气化，从而能够根据它们的需要进行自由的变量控制或者切断动力供应。相比较而言，电子控制的转向机构能够比传统的转向系统每百公里节约燃油 0.2~0.3 L。

将来，这些和其他的一些潜力将会得到利用，而利用电子技术进行控制要明显更理想且使用起来比液压装置更简单。因为将来会出现更多的、不同的帮助驾驶员完成车辆驾驶任务的辅助系统，而机电一体化的控制技术取代电子液压控制技术将在这些驾驶员辅助系统的集成中是集成技术出现飞跃的关键。

为了能够在今天就在汽车底盘、行驶机构中充分利用已经广泛应用的和未来型的技术，需要一个整体的、模块化的汽车底盘综合控制的系统（GCC），如图 40-2 所示。

若要把独立的、单独发挥作用的汽车底盘系统作为一种系统组合来考虑，大多数的设计计算都是为了排除、避免车辆可能出现的风险，如排除不安全的行驶状态。与此相比，协同作用的功能扩展（例如，传感器或者执行器的功能合并）或者降低成本（例如，取消传感器或者取消电子控制单元）都是次要的。很多实例表明，通过各个连接单独组件的联网为汽车底盘的整体性能带来了很多好处。

在"更短停车距离"研发项目中，性能相互匹配的汽车底盘系统和它们的联网效果是非常好的。作为大陆集团公司 Continental 在 2001 年开始的一个子项目"30 - Meter-Auto"（100 km/h 时速下全制动，制动距离小于 30 m)，该公司研发成功了将线控制动系统、空气弹簧底盘和轮胎力检测系统集成在一起，实现了百公里时速制动距离 30 m。这种在相同环境下测量的量产汽车能够达到百公里时速制动距离 38 m。

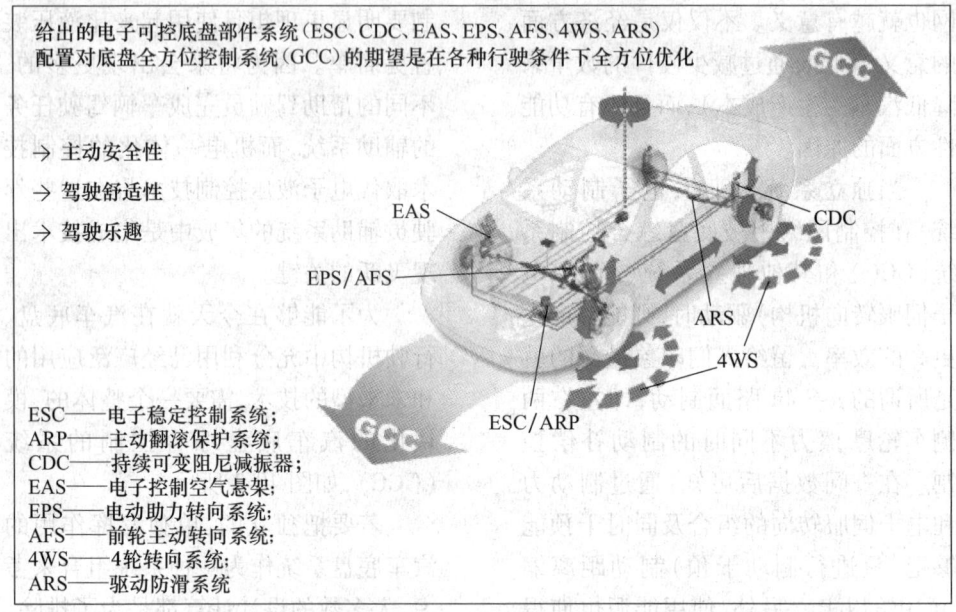

图40-2 汽车底盘综合控制系统(GCC)研发动因

利用ESC II(发动机、制动系统、转向系统联网)首次实现了汽车底盘综合控制系统(GCC)与集中控制和局部智能化的网络连接(即本地电子控制单元),如图40-3所示,作为模块化的汽车行驶系统(另见第26章)。

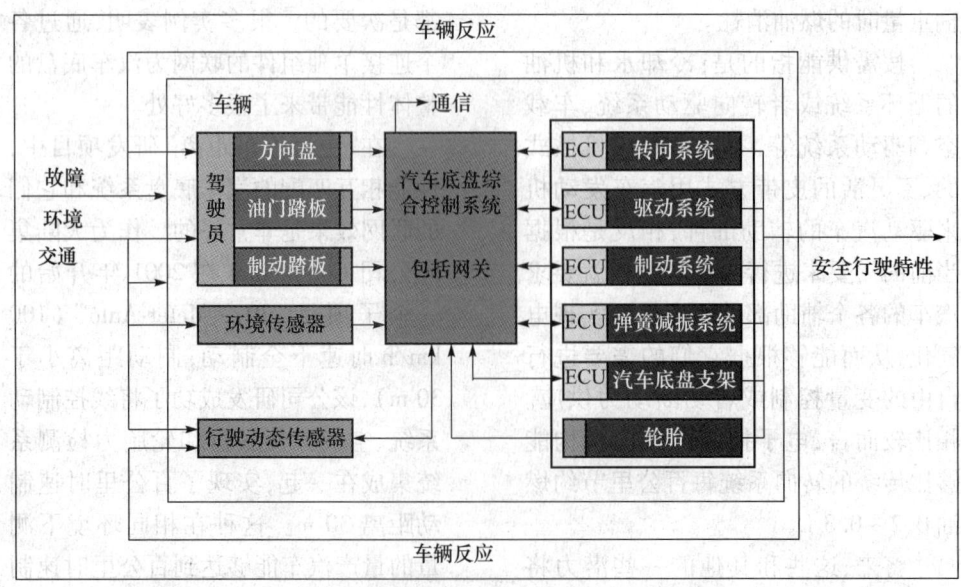

图40-3 汽车底盘综合控制系统(GCC)效应链

## 40 机电一体化汽车底盘的未来

越来越多在高档豪华型汽车中使用的电子控制的空气悬架系统（EAS）则按另外一种方式充分利用了电子调节技术的其他可能性。电子控制的空气悬架系统（EAS）自动根据车辆行驶状态的变化和车辆的负载状态对减振特性曲线（分级的或者连续的）、弹簧特性曲线和车架的水平状态进行相互匹配，从而改善、提高下列行驶特性：

◆ 减少了侧倾和俯仰运动；
◆ 减少了其他的车身摇摆；
◆ 减少了车轮负载波动；
◆ 改善了抓地性能。

此外，这也在减振舒适性上对自适应空气弹簧和减振器的控制提出了具有挑战性的要求：当车辆的传感器发出指令信号时，能够在几毫秒的时节。通过空气弹簧的水平调节功能应能够确保即使在负载变化时也能够充分利用整个减振缓冲的行程长度，能够在不同的行驶条件下（野外、高速公路，等等）调节高度。研发伸缩管时的一个进步是能够使用壁厚 < 2 mm 的管材，且使用的空气弹簧能够在实际开闭能力和迟滞（平顺性）的情况下满足最高的要求。图40-4 显示的就是这样的空气弹簧和减振器模块。通过与电子稳定控制系统（ESC）联网，电子控制空气悬架（EAS）获得了最佳的车辆稳定效果。例如，通过有目的地把车轮的单独制动干预和车轮负载变化联网，可以改善车辆驶入和驶出弯道时横摆力矩影响，改善横向动态驾驶性能。

汽车底盘综合控制系统（GCC）为

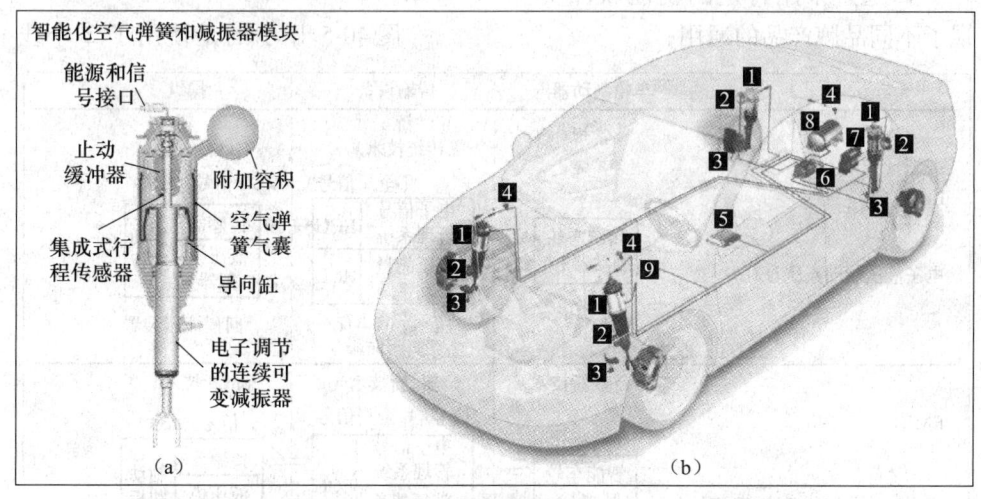

**图40-4　空气弹簧和减振器模块及系统配置**
(a)智能化空气弹簧和减振器模块；(b)车辆的系统配置(右)
1—带电子调节减振器的空气弹簧支柱；2—附加容积，可选关闭；3—高度传感器；4—车辆加速度传感器；5—控制单元；6—电磁阀块；7—压缩装置；8—压缩空气储气罐；
9—汽车电网路和操控单元的接口

用户带来的优势是：

◆ 较宽且更可控的限制范围；

◆ 扩展的 ESC 功能性；

◆ 最短的制动和停车距离；

◆ 最大程度减少了车身摇摆，即情景优化的驾驶舒适性；

◆ 灵活的驾驶特性从而得到驾驶乐趣；

◆ 最大程度减少了制动和车道保持（转向）时操作；

◆ 改善了车辆可用性；

◆ 用户增值功能。

对于汽车制造商的优势是：

◆ 模块化的组件特性（即插即用），易于安装；

◆ 标准化的接口，易于更换；

◆ 安全且可靠的 E/E 架构，从而减少了质保和商誉成本；

◆ 通过采用特定的功能软件实现了不同品牌产品的通用；

◆ 底盘调校时更大的自由度、更好的经济性；

◆ 较低的汽车制造成本。

## 40.2　线控制动系统的研发动因

实践表明，迄今为止所采取的方法，即在传统汽车制动部件基础上增加、扩充新的零部件，也就是增添制动操作元器件的方法，使得汽车制动器的传动装置和车轮制动器都达到了相当复杂的程度；在现有的越来越窄的车轮制动系统安装空间中很难操作，而且这种"不断叠加"的技术改进方法还导致成本效益关系越来越差。

解决这一方案的一种途径是助力制动装置与纯电子技术控制的制动踏板耦合技术，也就是所谓的线控制动技术。

图 40-5 显示的是使用了 2 个线

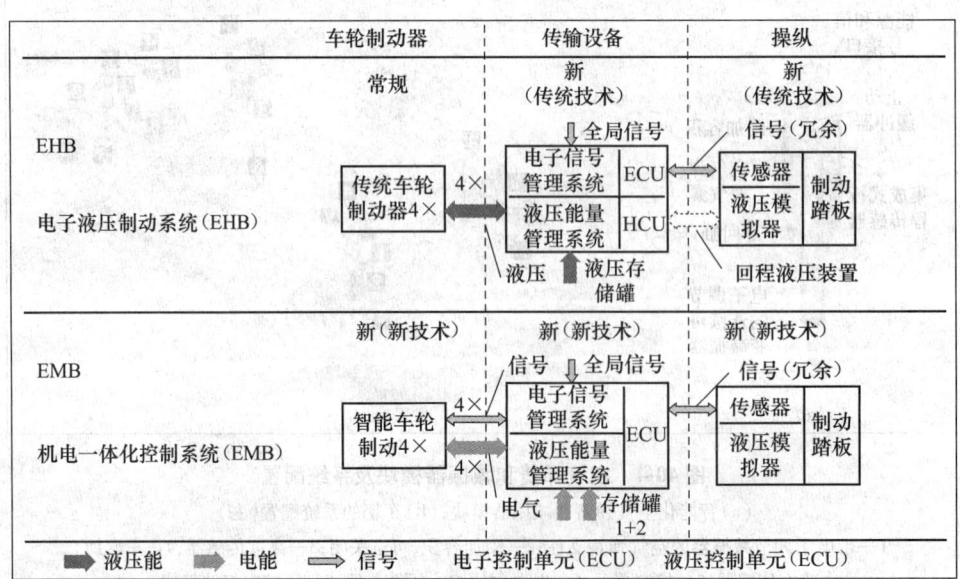

图 40-5　线控助力制动装置（电－液压制动装置（EHB）和机电一体化制动装置（EMB））的基本配置方案

控助力制动装置构成的轿车基本方案,即电液压制动系统(EHB)和机电一体化制动系统(EMB)。在这两种制动系统中,执行器都能有效地分离驾驶员的肌肉力量。这也就能够最佳地实现人的能力的匹配:最佳的制动踏板操作感觉和感受。

在轿车领域,助力制动系统的应用还是新生事物,而在载重车领域中,与压缩空气制动系统相比,该系统已经使用多年,并在这一领域中证明是安全、可靠的系统。在欧洲经济委员会 ECE R13 法规中,对允许的助力制动系统进行了规定。法规要求必须装备两个完整的带各自能量传输装置的能量存储器。每个能源存储装置都要有一个能够向车辆驾驶员提供制动能量不足信息的警报系统。

## 40.3 小结

开发汽车底盘全方位控制系统(GCC)的目的是在未来实现汽车底盘的机电一体化控制。

此外,带有智能模块的机电一体化制动装置起着重要的作用。"线控行驶机构"布置在一个单独的制动角模块中,制动角模块又进一步划分成用于转向系统、制动系统、弹簧和减振系统的智能子模块(参见图40-6)。

采用了作为机电一体化(电动机械)模块的转向系统和制动系统,这种智能化模块与操作模块相互联网,在操作模块中安装了电子底盘控制器(底盘与安全系统控制器(CSC))。使用了2个能检测电池充电状况和"正常工作"状态并报告临界状态的智能化电池,其作为峰值载荷的能量

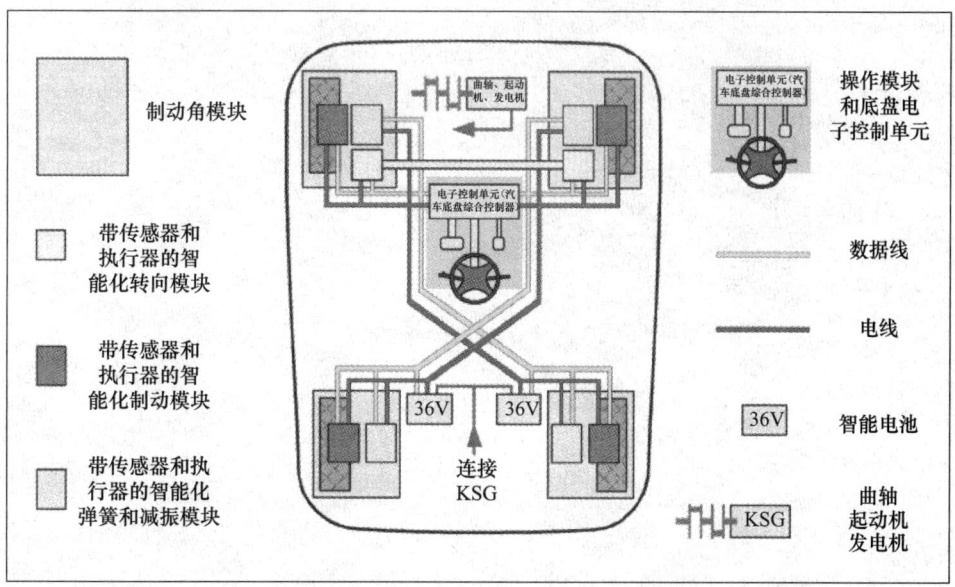

图40-6 智能化(机电一体化)车辆行驶机构示意图

存储器和电源发生故障时的能源缓冲器。

汽车底盘未来研发的要求是制造最高技术水平的产品，使之具有更好的安全性和舒适性。

# 参 考 书 目

[40.1] *Beller*, *H. A.*; *Rieth*, *P.*: Mit Total Chassis Management auf dem Weg zum intelligenten Fahrwerk. Vortrag auf dem XX. μ-symposium Bad Neuenahr, 2000.

[40.2] *Rieth*, *P.*; *Drumm*, *S.*; *Harnischfeger*, *M.*: Elektronisches Stabilitätsprogramm: die Bremse, die lenkt. Landsberg/Lech: Verlag Moderne Industrie, 2001.

[40.3] *Rieth*, *P.*: ESP II-Die nächste Generation elektronischer Stabilitätsregel- ung mit zusätzlichem Lenkeingriff. Vortrag VDA Technischer Kongress 2004, Rüsselsheim, März, 2004.

[40.4] *Rieth*, *P.*; *Semmler*, *S.*: GCC-Das vernetzte Fahrwerk. Vortrag 13. Aachener Kolloquium, Aachen, Oktober, 2004.

[40.5] *Kelling*, *E.*, *Remfrey*, *J.*, *Rieth*, *P.*, *Semmler*, *S.*: Integrationstrends in der Fahrzeugelektronik am Beispiel Global Chassis Control. Vortrag 7. Symposium AAET 2006, Braunschweig, 21.-23. Februar, 2006.

[40.6] *Breuer*, *B.*; *Bill*, *K. H.*: Brake Technology Handbook, SAE International, 2008.

# 41 PRORETA 超车防碰撞系统——防止超车碰撞事故的集成解决方案

*Rolf Isermann, Andree Hohm, Roman Mannale, Bernt Schiele, Ken Schmitt, Hermann Winner, Christian Wojek*

在达姆施达特技术大学（Technischen Universität Darmstadt）与Continental 股份公司的 PRORETA 超车防碰撞项目的研发合作中，首先是开发一种能够避免在紧急制动和紧急避让时防止碰撞事故的电子驾驶员辅助系统，参见本书第一版和参考文献[41.1]。第二个合作研发项目设计了一个针对对面交通，尤其针对在国道上超车的情况，并进行了试验[41.2]。下文是第二个项目的最终成果。

## 41.1 引言

图 41-1 中的研发项目 PRORETA 2 的功能分别由达姆施达特技术大学的 3 个研究所进行研究。下面是这一驾驶员辅助系统研发的基本情况和路试情况的介绍。当该系统发现由于对面有来车导致无法实现超车时，则会向驾驶员发出停止超车的警报，参见图 41-2。

在 [41.3] 中对这一超车驾驶员辅助系统所需传感器的感应距离进行了估测。在车辆以 90 km/h 的时速与时速为 120 km/h 的车辆对开，两车在最后阶段"擦肩而过"时，所需传感器的感应距离至少应为 375 m。由于这一感应距离远远超过了目前自

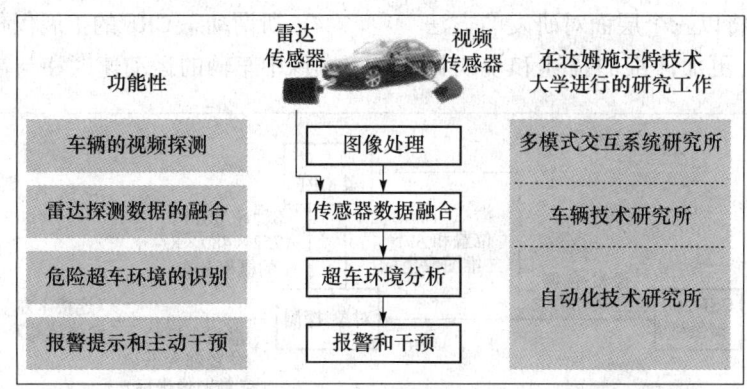

图 41-1 防超车碰撞驾驶员辅助系统（PRORETA 2）研发任务的分配和研发工作计划

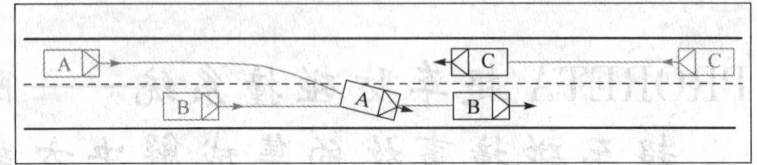

图 41-2 停车超车的危险超车情境

适应巡航控制系统(ACC)传感器的感应距离,因此在这一驾驶员辅助系统的研发中使用了感应距离为 400 m 的 77 GHz 雷达传感器。

## 41.2 用于测定机动空间的基于视频的总体场景图像分割

为了准确了解车辆附近(最远 50 m 左右)的场景,在后视镜下方安装了 CMOS 彩色视频摄像机(CSF 200),并由其提供车辆前方的电子图像。各个图像点可表示 8 种不同的景象类别,如街道、车辆、草或者树木、灌木之类的景象。这种专门开发的图像处理方法不仅考虑了像素平面的局部特征,而且也考虑了物体探测器的信息和视频图像的时间过程,其相应的大致信号流情况参见图 41-3。

下面将以三个层面对研发的方法进行介绍,更加详细的描述和说明请参见[41.4]。

在通过所谓的条件随机域(CRF)进行分割时,每 8×8 的像素为一组,构成一个节点。这些节点都按照不同的场景类别(例如,街道、车辆)的概率归类。根据滤波器组的响应情况和随后局部节点按照场景类别分类的(参见[41.5])潜在可能性而合成出较大的像素组。另外,可以对相邻关系成对进行建模。

[41.6]中所述的物体探测方法能够得到可靠的探测结果,因为与 CRF 相反,其在特征计算时有很大的图像处理范围。为了能够把物体探测器在景物分段时探测到的景物特征集成到一起,基于 CRF 原理的基础模块通过增加随机变量扩展成所谓的对象 CRF。

所谓动态 CRF 的扩展仅仅考虑了图像中车辆的运动速度和与高动态超

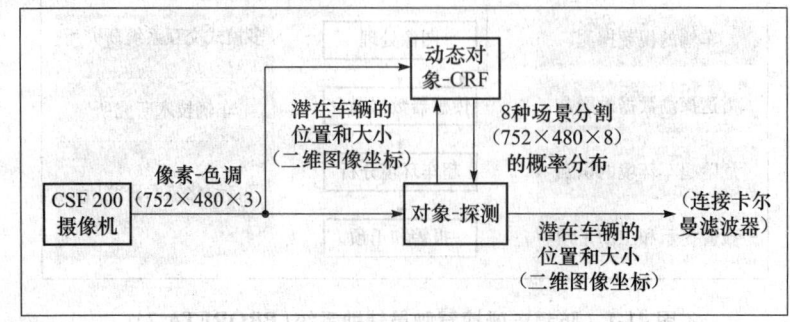

图 41-3 基于视频物体识别和场景分割的信号流

车时有着很大不同的背景类别(例如,树木)。这样,就可以利用卡尔曼滤波器滤出车辆景象,然后在某个时刻将图像分割的概率分布扩展到输入图像中。

图41-4 显示的是使用摄像机拍摄的输入图像示例(第1列)和作为不同分割方法评估基础的手工标注的图像示例(第2列)。

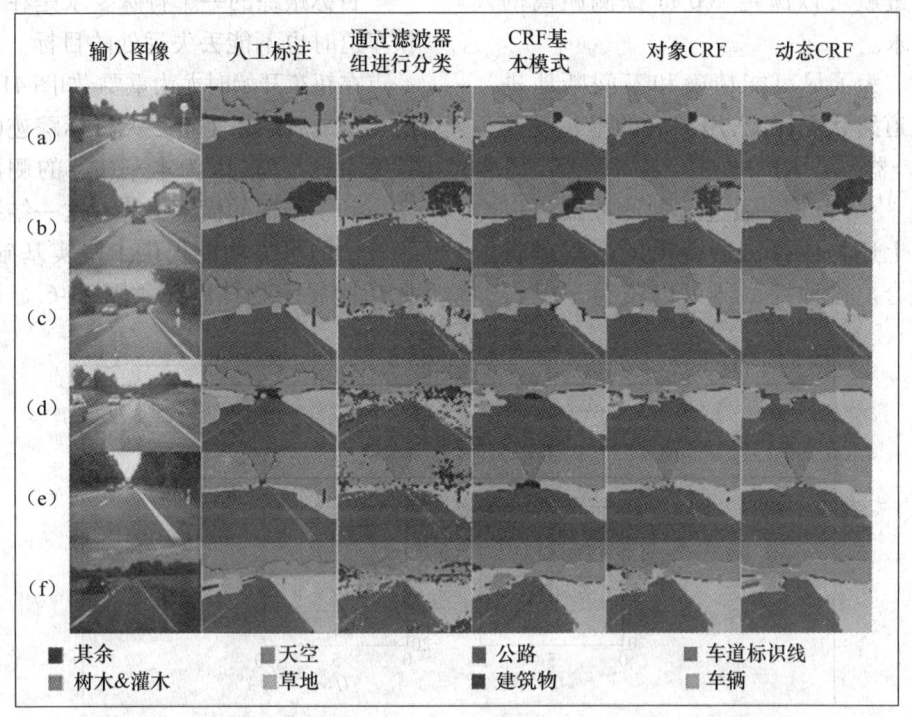

图41-4 上述模式在国道场景下的场景分割结果示例(参见文前彩插)

显然,利用CRF基本模式(第4列)可以得到比纯过滤分类(第3列)更加流畅的图像。但在车辆分类时会出现问题,车辆的图像像素往往与其他类别图形(例如,街道)的像素相互混淆。通过对象CRF附加的集成特性(第5列)可明显改善车辆场景分割的精确度,而动态CRF模型(第6列)可以对有时无法准确探测到的车辆进行图像分割。

为了在后续的驾驶辅助功能中继续进行图像处理,可进行视频中总体场景图像的分割并通过物体探测器进行物体探测。

## 41.3 雷达信号和视频信号的传感器融合

防超车碰撞驾驶员辅助系统的设计和开发以在车辆周围进行全面的物体识别为前提。为了及早进行情境识别并达到至少400 m的探测距离,采用无线电探测与定位系统或者激光雷达系统是最合适的。在PRORETA2防超车碰撞项目中,优先选用了雷达传感器,因为这种探测系统特殊的信号处理方法使其在远距离探测时的信号衰减很小。在这一项目框架内只需对常规大批量生产的雷达传感器略加改进就可以满足 400 m 探测距离的要求。

为了尽可能精确和不间断地进行道路状况探测,用扩展的卡尔曼滤波器(EKF)进行目标跟踪[41.7,41.8]。通过这种滤波器可以与上述物体探测器得出的数据进行融合。这种探测器可以覆盖车辆行驶时横向 50 m 范围的探测范围。两种传感器在最大 50 m 的相互重叠探测范围内的探测数据将在传感器融合时合并到一起。

目标跟踪的一个特殊要求是在变换车道时也不能丢失远处的目标。这一点在超车开始时尤为重要,如图 41-5 所示。最后结果是不丢失目标踪迹的持续目标跟踪,因为本车(A)的侧滑考虑到了预期的横向偏移。这一结果为算法的可靠功能提供了坚实基础,此功能属于物体跟踪。图 41-6 显示

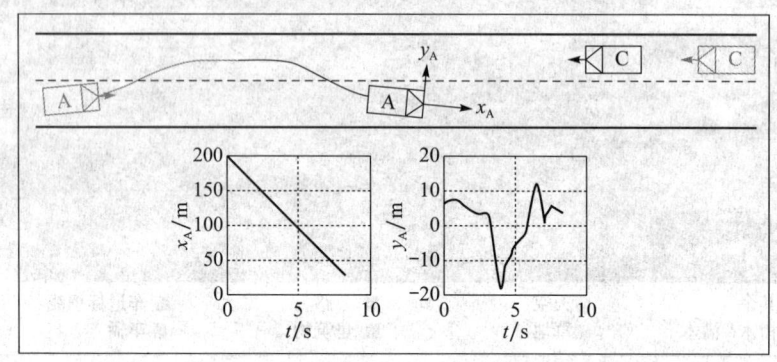

图 41-5 更换车道时对对面车道中远处物体的跟踪和本车坐标系中的 $x,y$ 坐标值。避免了目标丢失,每一个对象也保持了一定的横向间隔

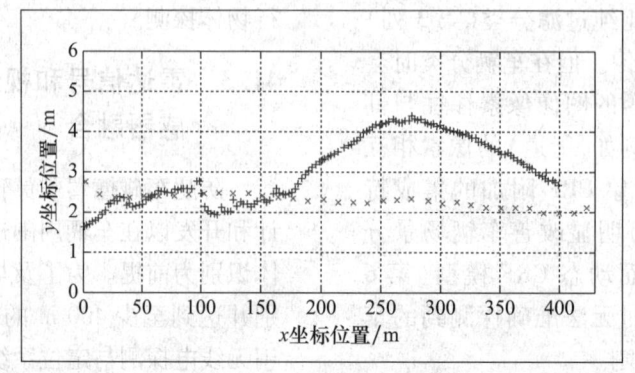

图 41-6 在 140 km/h 的相对速度,$V_A = 0$ 时远处对面来车( + )位置的估测与地面实测数据($x$)。横向的最大偏移量为 2 m

的是探测到对面来车时地面实测数据的对比结果。

此时,在两车相距约260 m的约2 m的适中范围内会出现较大的横向偏差,而角偏差仍然小于0.5°。

这样导致的目标车辆上雷达反射点的偏差仅为1 m左右。目标识别的另一个特点是出现的较高的相对速度。通过试验已证明,在现实交通状况下,能够在相对速度为265 km/h的情况下正常发挥目标跟踪的功能,对国道上对面来车的观测时间有充分的余量准备。

## 41.4 超车过程情境分析

为了在危险情况下使超车辅助系统做出反应,在状况分析中应一方面对超车的实施进行识别,另一方面还要对是否存在危险情况进行分析。

首先是确定车辆在车道中的相对位置、方向以及车辆的运动。这时还要使用扩展的卡尔曼滤波器,其通过车辆模型和车道模型的结合将车辆动态传感器和通过摄像机辨别出的车道数据合并在一起,从而得到本车在整个车道上的定位并短时间消除车道识别的短时故障。基于对将要超车车辆

(B)的里程表数值和环境数据的估计(参见图41-7),形成了横向和纵向的动态指标参数。不同超车操作的识别是由包含不同超车操作指标参数的数学模型状态判断程序来完成的。为了在必要时及早采取防碰撞措施,还应对超车起始点进行预测。

在超车开始时根据车道偏离报警系统(TLC)的阈值和纵向动态超车指标I在快要驶过中线前预测车道变更,参见图41-7(里程表和机动识别参见[41.9])。

识别超车情况时应不断评估车辆在跟随行驶时开始或已开始进行的超车是否可安全进行和完成。此外,根据加速度特性模型进行超车预测,并在超车结束前不断预先计算参与车辆之间的相对运动。

在超车结束完全离开左侧车道的时刻,碰撞报警系统(TTC)开始对对面来车进行估测。估测结果反映出与对面来车(C)在超车结束时的车距储备量,参见图41-8。

根据精确的碰撞报警系统(TTC)可以在超车前或者在超车时对逆行车辆进行监测,并判断是否在超车结束时与逆行车辆保持有足够的安全间距$d$。

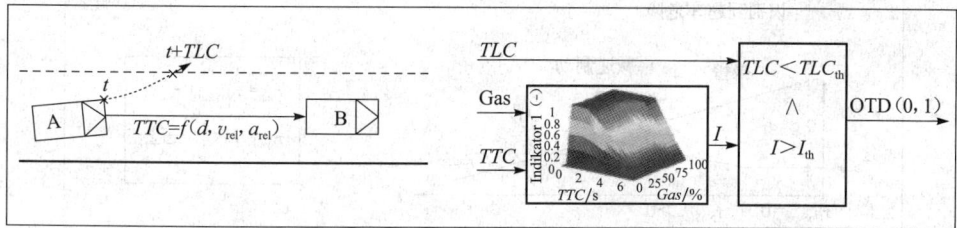

图41-7 利用纵向和横向动态指标数据进行超车探测

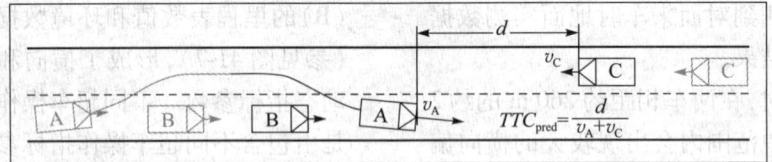

图 41-8　碰撞时间($TTC_{pred}$)精确探测到超车结束时与逆行车辆之间的安全车距 $d$

当监测到的数据低于某个阈值时,即与逆行车辆间距太小时,会停止或中止超车。

## 41.5　报警和主动干预的实现

当"状况解读"模块发出危险的超车信息时,防超车碰撞系统即向驾驶员发出报警提示,并开始执行防碰撞终止超车的措施。根据与逆行车辆的车距和两车的相对速度,需要确定最早和最迟终止超车的时刻。

当需要与前方的车辆保持更大的间距时,则按照比前方车辆低的速度减速制动,但只是将车速降低到最低车速,以保持两车之间的动态距离。

根据车辆当前的车距和车速,不仅可以计算出避免车辆碰撞的最迟返回时刻 $\tau_{req}$,而且还可计算出再加速的时刻 $\tau_{avail}$。

最迟返回时刻 $\tau_{req}$ 指的是(预测的)车辆离开左侧车道线的时间点。若超车的车辆要在返回右侧车道前跟随在前行车辆后方,所需的最迟返回时间点将会滞后。为了能够确定延迟的时间长短,必要时要增加使用新的模块[41.10],以便能够在前方车辆脱离了传感器探测范围时仍然能够测到。最迟回轮时刻 $\tau_{steer}$ 的值为车辆舒适变换车道的固定时间值(例如,3 s)。

可再加速的时刻 $\tau_{avail}$ 指的是预计的、直到对面来车离开前行车辆后车厢的时间点。图 41-9 清楚地表示了这两个重要时间量度的含义。

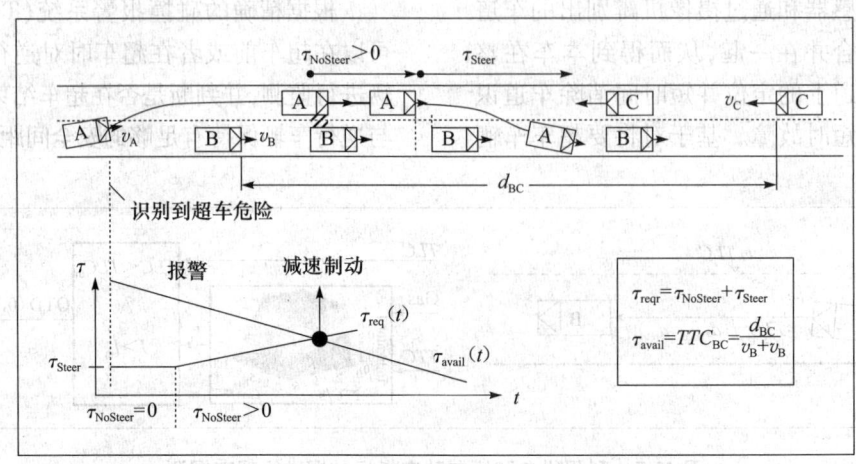

图 41-9　超车中止时所要求和可使用的时间

要求时间 $\tau_{req}$ 和可用时间 $\tau_{avail}$ 的差值可作为警报强度的基础。当要求时间 $\tau_{req}$ 和可用时间 $\tau_{avail}$ 的差值恰好为零时,车辆将自动制动,驾驶员又可以拐入前车前方。

## 41.6 行驶试验的结果

图 41-10 所示的达姆施达特技术大学试验场地的行驶试验,图示描述了防超车碰撞辅助系统的工作原理。

车辆以 $v_A \approx 60$ km/h 的速度跟随前车行驶。探测到与前车的车距为 $d_{AB} \approx 30$ m。

当 $t \approx 4.3$ s 时识别到以下操作:本车加速、执行超车。不久之后,在 $t \approx 4.8$ s 时超车探测系统在发现了原来被前方车辆所遮挡的对面来车,此时的两车间距为 $d_{AC} \approx 185$ m。在状况解读时,将会计算超车结束时所需的碰撞时间(TTC)。

当计算得出的 TTC 小于选择的阀值 $TTC_{min} = 2$ s 时,驾驶员辅助系统会发出声音警报,提示驾驶员终止超车。如果驾驶员对声音警报提示没有反应、超车识别系统检测到车辆仍然行驶到超车道上时,防碰撞系统会控制制动系统产生一个较低的制动力,为制动系统的制动做好准备。若驾驶员仍然没有反应,则因对面来车的不断驶近使得超车终止决策可用的时间

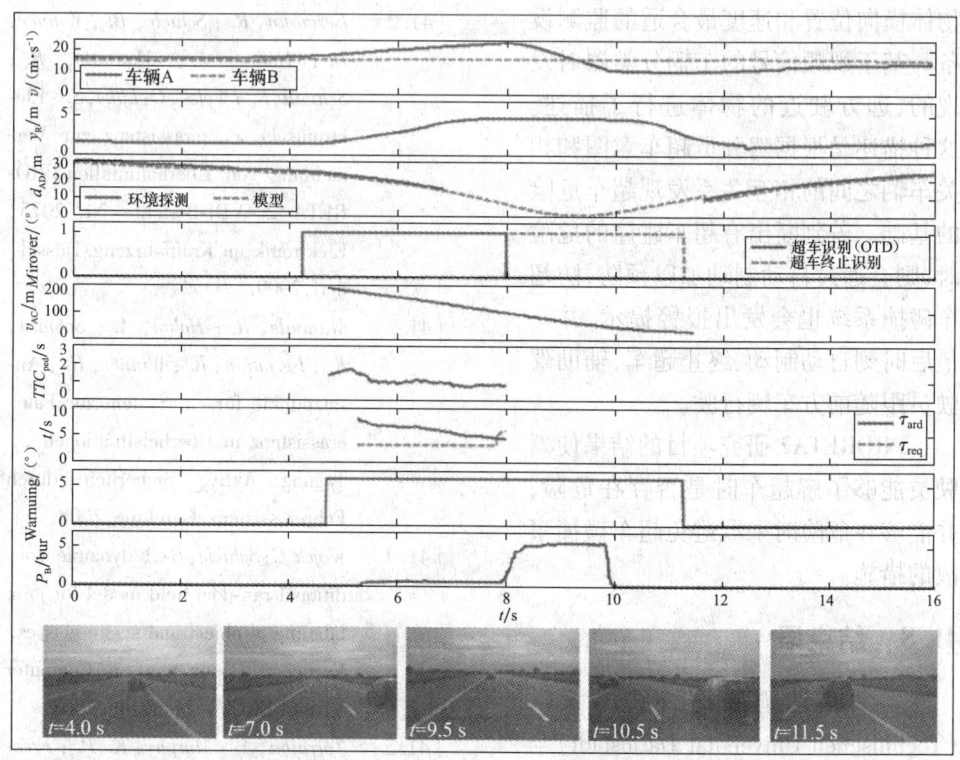

图 41-10 行驶试验的结果:中止危险超车时辅助系统所进行的辅助工作

窗口进一步缩小。$t \approx 8\text{ s}$时是决定中止超车的最后时刻,防超车碰撞系统将自动减速制动,直至跟随前行车辆驶入自己的车道为止。在防超车碰撞系统识别到超车完全中止之后,声音警报提示也告结束。

## 41.7 小结

超车时出现的严重交通事故是研发超车防碰撞驾驶员辅助系统的主要目的。这里所介绍的研究工作描述了防超车碰撞的驾驶员辅助系统的方案和行驶试验结果。

在采集车辆周围环境数据信息时,使用了视频和雷达探测设备,它们是高可靠性、精确预测远方正在接近物体横向位置和速度最合适的监测设备。基于视频信号的车辆分类器对发现的、远方驶近的物体进行了描述。这种描述是根据驾驶员超车意图和相关车辆之间的相互关系发现超车危险的基础。若判断出有超车碰撞的危险时,则会通过自动制动加以预防,防超车碰撞系统也会发出报警提示,并在最后时刻自动制动、终止超车,辅助驾驶员跟随前方车辆行驶。

PRORETA2研究项目的结果使驾驶员能够了解超车时是否存在危险,并能够在危险时采取避免超车碰撞事故的措施。

## 41.8 结束语

本文是达姆施达特技术大学(Technischen Universität Darmstadt)与大陆股份公司(Continental AG)合作项目 PRORETA 成果报告中的一部分。这一研究项目由自动化技术研究所、汽车技术研究所和多模态交互系统研究所共同完成。在此,参与项目研发的研究机构对大陆股份公司给予的大力支持和友好合作表示感谢。

本章是根据[41.11]杂志中的文章改写的。

# 参 考 书 目

[41.1] Bender, E.; Darms, M.; Schorn, M.; Stählin, U.; Iser-mann, R.; Winner, H.; Landau, K.: Antikollisionssystem Proreta-Auf dem Weg zum unfallvermeidenden Fahrzeug. In: Automobiltechnische Zeitschrift (ATZ), Heft 04/2007, S. 336-341.

[41.2] Isermann, R.; Schiele, B.; Winner, H.; Hohm, A.; Mannale, R.; Schmitt, K.; Wojek, C; Lüke, S.: Elektronische Fahrerassistenz zur Vermeidung von Überholunfällen-PRORETA 2. VDI-Berichte Nr. 2075, Elektronik im Kraftfahrzeug. Düsseldorf, 2009.

[41.3] Mannale, R.; Hohm, A.; Schmitt, K.; Isermann, R.; Winner, H.: Ansatzpunkte für ein System zur Fahrerassistenz in Überholsituationen. 3. Tagung Aktive Sicherheit durch Fahrerassistenz. Garching, 2008.

[41.4] Wojek C; Schiele, B: A dynamic conditional ran-dom field model for joint labeling of object and scene classes. European Conference on Computer Vision(ECCV). Marseille, 2008.

[41.5] Torralba, A.; Murphy, K. P.; Freeman, W. T.: Sharing features: Efficient boosting procedures for multi-class object detection. IEEE Computer Society Conference on Computer Vision and Pattern Recognition(CVPR),2004.

[41.6] *Dalal*, *N*; *Triggs*, *B.* : Histograms of oriented gradien-ts for human detection. CVPR,San Diego,2005.

[41.7] *Winner*,*H.* ; *Danner*,*B.* ; *Steinle*,*J.* : Adaptive Cruise Control. In: *Winner*, *H*; *Hakuli*, *S.* ; *Wolf*, *G.* (Hrsg.): Handbuch Fahrerassistenzsysteme. Vieweg + Teubner,Wiesbaden,2009.

[41.8] *Darms*, *M.* ; *Winner*, *H.* : Validation of a Baseline System Architecture for Sensor Fusion of Environment Sensors. FISITA World Automotive Congress,Yokohama ∕Japan,2006.

[41.9] *Schmitt*, *K.* ; *Habenicht*, *S.* ; *Iser-mann*, *R.* : Odometrie und Manövererkennung für ein Fa-hrerassistenzsystem für Überho-lsituationen. 1. Automobiltechnische Kolloquium, München,2008.

[41.10] *Schmitt*,*K.* ; *hermann*,*R.* : Vehicle State Estimation in Curved Road Coordinates for a Driver Assistance System for Overtaking Situations. 21st International Symposium on Dynamics of Vehicles on Roads and Tracks(IAVSD),Stockholm, 2009.

[41.11] *Hohm*, *A.* ; *Mannale*, *R.* ; *Schmitt*, *K.* ; *Wojek*, *C.* : Vermeidung von Überholunfällen. In: Automobiltechnische Zeitschrift(ATZ),Heft 10∕ 2010,S. 712-718.

# 42 协同自动化

*Stephan Hakuli, Ralph Bruder, Frank O. Flemisch, Christian Löper, Herbert Rausch, Michael Schreiber, Hermann Winner*

## 42.1 引言和目的

现代化驾驶员辅助系统的任务已经从提高汽车驾驶的舒适性延伸、扩展到承担主动安全防护功能。即使是复杂的驾驶员辅助系统，如 ACC（自适应巡航控制系统，相关内容参见第32章），一些像许多创新技术一样在高档豪华汽车领域中使用的技术也逐步进入了中档、大批量生产的汽车领域中，并开始向更高自动化程度的方向演变，也开启了新的挑战。具有较高性能的现代化汽车驾驶员辅助系统给人留下了深刻的印象，但同时也造成了两难的尴尬局面：驾驶员辅助系统承担了主要的驾驶任务，同时也要求驾驶员能够完成新的、其他的与驾驶员辅助系统的操作类似的任务。一方面，必须在车辆安装使用的驾驶员辅助系统中设置一个特殊的人机交互接口，使驾驶员辅助系统的整个功能人性化；另一方面，在驾驶员把自己的部分车辆驾驶任务移交给驾驶员辅助系统之后，必须对这些（部分）自动化的驾驶功能进行监控，从干预驾驶员辅助系统的动作，到永久性的撤销驾驶员辅助系统所完成的操作。这种撤销可以是有意的，如驾驶员辅助系统的辅助不符合驾驶员的意图时；也可以是强制的，如驾驶员辅助系统的功能受限并明确要求驾驶员承担这一控制功能时。

为了保证能够撤销驾驶员辅助系统的某一操作，驾驶员必须随时掌握自己处于什么状况（状况认知）[42.5]，驾驶员辅助系统在什么模式下工作（模式认知）[42.1]。但当驾驶员辅助系统当前正处于某种单一功能状况时，无论是激活状态、过控制状态还是非激活状态，在不同辅助等级之间没有流畅的、连续的过渡阶段时，都增加了撤销辅助员驾驶功能的难度，面临着硬过渡的问题。

总之，由于上述种种因素需要我们重新思考当前驾驶员辅助系统的结构问题：就像航空航天领域中众所周知的那样，当人机接口的基础设施与新的要求不匹配时，自动化程度的提高可以导致状态认知和模式认知的缺乏。这不仅体现不出驾驶员辅助系统的优势[42.5]，还可能会导致严重的驾车危险。另外，目前的驾驶员辅助系统一般都是通过自己的人机接口与驾驶员保持联系的。由于对迄今为止的每个应用进行优化不是解决问题的出路,因此有人提出了这样的问题——在法律法规允许的框架内能够给驾驶员提供更多帮助,同时也使驾驶员摆脱大量信息洪流影响的车辆驾驶员辅助系统集成方案应是什么样的解决方案。

协同的自动控制就是解决这一两难的途径。这里的协同指的是驾驶员和车辆自动化控制系统之间强化的合作互动。有两个应用实例反映了这种强化的合作互动,尽管这两个实例都从不同的方向介绍了这一解决方案的一个侧面,但却有着非常广泛的意义。经过与以下所介绍的工作组的共同讨论,最终确定用协同的自动控制这一词汇来表示这两个应用实例的核心概念。

达姆施达特技术大学(车辆技术专业和工作科学研究所)的研究人员从车辆驾驶控制方案和驾驶员辅助系统方案的角度对"线控(Conduct-by-Wire)"这一概念给出了定义,详见参考文献[42.11]和[42.12]。在H模式(H-Mode)章节中介绍的是DLR(交通系统技术研究所)和慕尼黑技术大学(能源系)开发的适合于在高自动化车辆中使用的驾驶员和自动化控制系统协同工作的H模式[42.16]。在H模式的框架内,这一模式以骑马者和马与马车之间的相互关系为例建立了标准模型,并作为重要的触觉多模态交互语言模式供高自动化驾驶的车辆使用。

线控和H模式等研究项目也是德国研究联合会(DFG)资助的项目之一。

## 42.2 协同自动化控制方面的问题

目前,人机之间在驾驶员辅助系统支持下的协同合作与驾驶员辅助系统和系统的操作使用方案有关,无论系统完成的是部分驾驶任务还是在驾驶过程中给予支持。因此,在驾驶辅助方案的分类中我们采用了两个标准:一个是驾驶员和驾驶员辅助系统之间的相互关系标准,另一个是它们发挥作用的时间顺序标准。

相互关系指的是:如果驾驶员和驾驶员辅助系统都能够直接控制车辆行驶,则两者的相互关系属于并行关系;如果驾驶员只能通过驾驶员辅助系统对车辆驾驶进行控制,则两者的相互关系属于连续关系。由此可导出下列具有代表性的特征:

◆ 并行辅助:驾驶员直接控制车辆完成行驶任务,驾驶员辅助系统并行于这一作用途径,或承担着与驾驶员不同的驾驶控制任务,或对驾驶员的任务给予支持和补充。

◆ 连续辅助:驾驶员通过驾驶员辅助系统控制车辆的行驶,即可无延迟地执行或者按照顺序完成。驾驶员要想"绕开"驾驶员辅助系统直接控制车辆是不可能的。

时间作用顺序:当驾驶员和驾驶员辅助系统同时对车辆进行控制,或者驾驶员通过驾驶员辅助系统发布的驾驶指令毫不延迟地在执行机构中得到执行,这样的相互作用关系称之为同时发挥作用。与此相反的就是顺序控制方式,其特征是交替执行驾驶员和辅助系统的驾驶指令,或者是按照"不连续实施事件的方式"执行行驶任务(可能有时间延迟)。从专业词汇定义的意义上来讲,这意味着:

◆ 同时进行辅助:驾驶员和驾驶员辅助系统同时对车辆的驾驶发挥控制作用,或者驾驶员辅助系统毫不延迟地连续执行驾驶任务指令。

◆ 顺序进行辅助:驾驶员和驾驶员辅助系统交替对车辆的行驶发挥控制作用或者输入的驾驶指令不是连续不间断地执行下去,而是不连续执行。

本文将以现有的驾驶员辅助系统对根据驾驶员和驾驶员辅助系统之间的相互关系和作用时间顺序得出的4种组合进行详细的说明和描述。

## 42.2.1 并行-同时辅助

第一种组合是驾驶员与驾驶员辅助系统有并列关系,同时对车辆的驾驶控制发挥作用的组合。图42-1表示的是这一组合的作用链:驾驶员输入的驾驶指令由人机通信接口(MMS)接收,并发送到车辆和驾驶员辅助系统。驾驶员辅助系统可根据行驶状态信息做出一定的干预决定,对

驾驶员输入的驾驶指令给予补充。完成分类之后,所谓的车道保持系统(LKS,参见第35章)称为同时并行工作的系统。驾驶员按照一定的转向力矩控制着方向盘,他所施加的转向力矩超过了驾驶员辅助系统根据车辆状态和车辆在车道上的位置所产生的附加力矩。这也适用于转向时在驾驶员方向盘产生的转向角基础上再叠加一个辅助转向角的复式转向机构。在这两种转向情况下,驾驶员和驾驶员辅助系统是并行关系,并同时工作。

## 42.2.2 并行-顺序辅助

并行—顺序辅助与上面介绍的并行同时辅助的区别在于,由驾驶员或者驾驶员辅助系统对车辆的部分行驶任务进行控制,同时作用是不可能的。图42-2中表示的是图42-1中的求和点,也就是驾驶员和驾驶员辅助系统同时发出车辆行驶指令的叠加点。在这一点用逻辑开关代替。这一逻辑开关对同时发出的指令是轨迹控制层次的指令还是稳定控制层次的指令进行判定(对于轨迹控制层次和稳定控制层次这两个重要的、下文常用的词汇的定义请参见第2章的定义和说明):

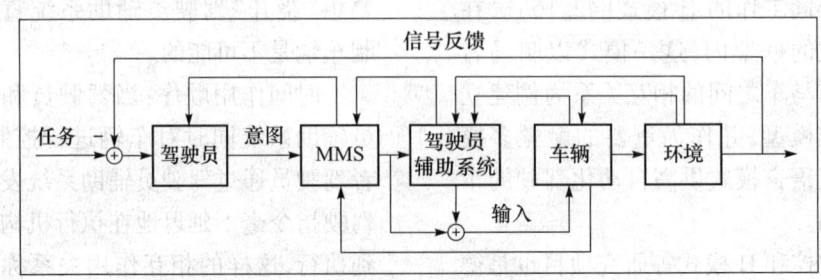

图42-1 并行-同时辅助

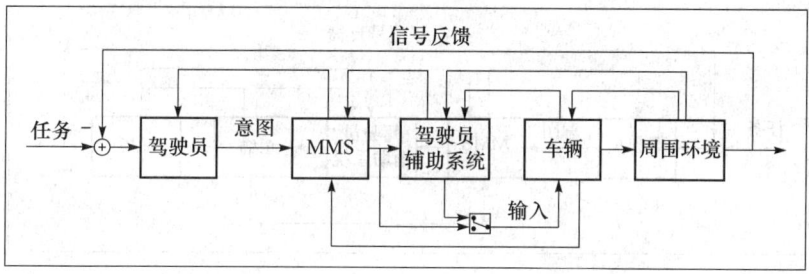

图 42-2 并行－顺序辅助

驾驶员可以在适当的环境下撤销 ACC（自适应巡航控制）系统长期的车辆行驶控制任务，并对新的行驶状态进行监控。在当前新的行驶状态中，驾驶员有可能自己实施车辆长时间的驾驶控制。但当驾驶员踩下油门踏板时，驾驶员辅助系统的功能暂时"弱化"，驾驶员下达的"踩下油门踏板，加速"的指令暂时"强化"。当驾驶员踩下制动踏板时，驾驶员辅助系统甚至会"弱化"到禁用程度，直到驾驶员发出新指令为止。这种隐式转换指令是对"开、关"性能的明确补充，使车辆驾驶指令更加清晰，避免了驾驶员和驾驶员辅助系统同时发出车辆驾驶指令时进退两难的情况。基于这一原因，"交替"也是描述并行顺序驾驶员辅助系统作用方式的一个概念。

在车辆的稳定控制层次中也有并行—顺序系统。车辆动态控制系统（参见第 25 章）就是与驾驶员并行的并与驾驶员交替控制车辆行驶的驾驶员辅助系统。当实际状态和理论状态之间的差异超过一定的阈值时，车辆动态控制系统就会发出车辆控制指令，如有目的的向单个车轮制动器发出制动指令，提高或者降低制动力，从而超越了驾驶员设置的制动力和自行制动。与轨迹控制层次的并行—顺序驾驶控制相比较，车辆的最终动作不是指令叠加的结果，执行指令转换过程不是由驾驶员来进行，而是由驾驶员辅助系统来完成的。

### 42.2.3 连续－同时辅助

在并行系统中驾驶员有可能通过人机接口控制车辆的行驶，而在顺序系统中驾驶员只能通过一个或者多个驾驶员辅助系统下达车辆行驶控制指令。与前面介绍的图例相比较，在图 42-3 中缺少了人机接口模块输出端与车辆之间的直接连接。如果切断了一条机械性的信息通道，则带有根据车速及驾驶状态转向比特性曲线的线控驾驶系统就可以被称之为连续－同时驾驶员辅助系统。驾驶员通过人机接口输入的车辆行驶控制指令由驾驶员辅助系统所接收、解释并毫不延迟地以控制命令的形式传达给车辆执行。此时，对这种系统的可靠性也提出了很高的要求，因为驾驶员辅助系统的故障会直接导致驾驶员驾驶指令无法及时执行，这会带来严重的后果。

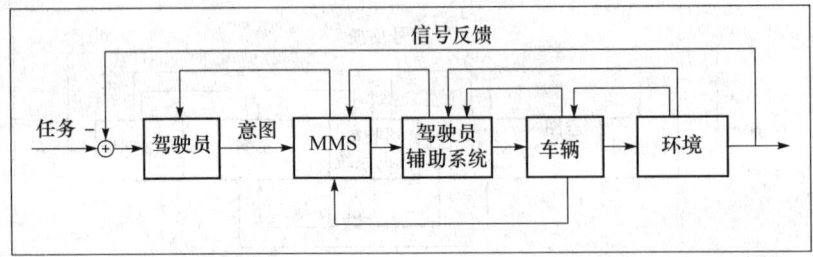

图 42-3 顺序－同时和顺序－连续辅助

### 42.2.4 连续－顺序辅助

在顺序－同时系统中,驾驶员也像连续－顺序系统一样通过驾驶员辅助系统与车辆进行通信,参见图42-3。但在连续－同时系统中具有与车辆准连续通信的可能性,因此可以在稳定层面上使用,而连续－顺序系统工作时是不连续的,也就是说,按照一定的时间常数进行工作,不能连续控制车辆。本章的后续内容主要介绍线控和H模式两种系统的应用,在这两种系统的帮助下能够实现有操作命令时车辆轨迹控制层面的控制。例如,驾驶员向驾驶员辅助系统发出了变换车道的操作命令,这一操作命令将由驾驶员辅助系统做出计划,并按照合适的指令来执行,直到满足这一操作命令的所有条件为止。

### 42.2.5 协同车辆驾驶应考虑的人体工程学方面的问题

除了并行、连续以及同时和顺序等方面之外,驾驶员辅助系统和自动化控制还应考虑一系列其他的、涉及协同自动化控制的问题。在迄今为止的考察中已经清楚地了解到,车辆控制的辅助系统和自动化之间的发展有着密切的关系,虽然由于驾驶员的介入程度不同,这些相互关系有着不同的表现形式,但使用的技术是相似的,因此可以作为整体研发的一部分来综合考虑。例如, Endsley[42.17]、Parasuraman[42.2]等人所描述的人与自动化之间不同的、按照信息处理分为4个等级的自动化水平,即信息的采集、分析、决策和执行。利用这些技术,则可大大简化汽车驾驶控制从百分之百的手动控制连续转换到百分之百自动控制的控制协同结构,驾驶员辅助系统的自动化程度也能够与驾驶员的介入程度相互匹配。根据这一设想,汽车的各种驾驶控制方式,如手动、辅助、半自动、高度自动和全自动的驾驶都可以实现[42.3]。这样,就可以在半自动化的驾驶中使用ACC(自适应巡航控制系统)或者利用LKS(车道保持辅助系统)。把ACC和LKS结合起来足以实现高自动化范围的车辆驾驶控制,可以在稳定控制层面中的纵向和横向的控制中使用,而且与全自动驾驶控制方式相比较驾驶员也显得更加重要,如完成车辆驾驶控制任务时的车辆行驶轨迹控制。

驾驶员和(或)自动化控制系统能够启动动态变化的自动化等级(参见图42-4)。自动化等级在各个单一自动化控制水平之间的动态变化的过渡(转换)是非常有意义的[42.4]。其他有关线控和H模式的方案直至高自动化水平的方案中也都涉及这种转换、过渡问题,但在低自动化和手动驾驶方式中可不考虑这一问题。

另一个问题就是驾驶员和自动控制系统之间的权利和职责的分配问题。由于在车辆的自动化驾驶中人所扮演的角色发生了变化,驾驶员辅助系统从驾驶辅助变成了自动化操作者和驾驶主管,在极端的情况下驾驶员则可能会变成一名乘客。原则上,应由人来决定车辆如何行驶。但他也应清楚地知道,驾驶员辅助系统何时、如何控制车辆的行驶,这就提高了驾驶员对驾驶员辅助系统认识和理解的要求。在稳定行驶的过程中,虽然不会提供当前行驶状况要采取的控制干预措施类信息,但驾驶员会得到反馈信息,在当前情况下需要采取某种驾驶干预措施。目前的一些辅助系统(例如,ABS、ESP)等是没有明确信息反馈的辅助系统。在驾驶员认为需要的时候,他可以利用ABS防抱死系统使车轮停止转动。将来的自动化控制系统能够在不考虑驾驶员意愿的情况下承担一些常常超出驾驶员能力的驾驶控制,并且自动化控制能够完成更好的驾驶控制。除了技术上和人体工程学的观点、要求之外,这也是法律法规和安全技术所需考虑的问题。

在自动化意识[42.1]中人机交互系统是驾驶员必须理解和掌握的情景意识[42.5]中的一部分,人机交互系统复杂性的提高也要求人与自动化控制系统之间有着更加广泛的、足够的适应和兼容性。在Bubb先生提出的方案[42.6]中对这种相容、兼容性提出了内部兼容和外部兼容的区别:外部兼容性描述的是信息对人机交互的意义,也就是显示和控制的结构,而内部兼容性则描述的是人对外部设备的理解,尤其是对自动控制系统的理解。

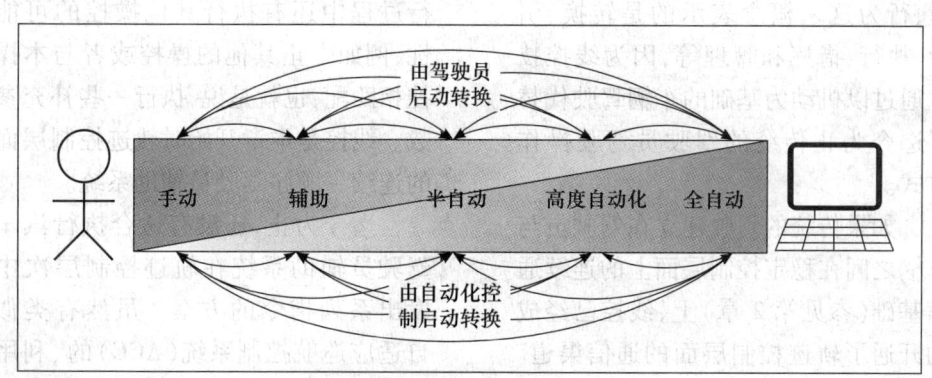

图42-4 人机交互的自动化控制程度

例如，可以通过类似操作处理理念、兼容性的数值体系和自动隐喻来提高[42.3]。只有具有一定最低程度的内部兼容性和外部兼容性之后，才有可能实现人与自动化控制系统之间的协同合作。

## 42.3 实施

在讨论了协同自动化控制系统应考虑的问题之后，将介绍两种不同的变型。这两种变型都从轨迹控制层面（也就是在车辆行驶轨迹控制的层面上）扩展了驾驶员与车辆之间的交流，也奠定了以机动性为基础的车辆驾驶基础，但这两种变型的工作方式是不同的。

### 42.3.1 线控

从现有驾驶员辅助系统的多样性和汽车工业企业打算在轨迹控制层面使用车辆驾驶功能的计划出发，线控技术（CbW）作为顺序驾驶员辅助系统，其任务是进一步减少汽车驾驶操作的复杂性和驾驶员的负担。在这里，行为这一概念表示的是转换、引导、执行、指挥和管理等，因为线控技术通过以机动为基础的车辆驾驶代替了迄今为止传统的驾驶员驾驶操作方式。

如果传统的驾驶建立在驾驶员与车辆之间在稳定控制层面上的连续通信基础（参见第2章）上，线控已经成功开通了轨迹控制层面的通信渠道。这样，汽车驾驶员就有了实现像"变道""保持车道"或者"超车"这类操作愿望，而无须自行操作。为此，对汽车操作目录提出的要求是：保证在各种交通状况下都可以实现这些操作以及在某些情况下实现这些操作无意义时能够通过稳定控制指令把这些信息反馈给连续控制系统。对于采用了线控（CbW）技术的车辆，专门为其开发了目录，其中的一部分是 Nagel 等人[42.13]制订的。

图42-5显示的是汽车操控的指令授权流程。汽车驾驶员利用所谓的操控接口向驾驶员辅助系统发出操控命令。广义上的操控接口概念不仅包括了交互的方案，而且也包括了一个或多个合适的具有信息反馈和显示可能性的操作单元。在他们的研发过程中注意到了准确、直观的输入驾驶指令，如向汽车驾驶员反馈当前的车辆行驶状况，从而使它们能够具有与目前车辆一样的车辆驾驶性能。操控命令的传送由汽车驾驶员辅助系统来规划如何实施，并用合适的控制指令执行下去。同时，驾驶员也会连续得到操控执行情况的反馈信息。在操控执行过程中还有执行其他操控的可能性，例如中止其他的操控或者与本操控相匹配，也就是说，执行一些补充参数。线控是本章开始时轨迹控制层面的连续-顺序驾驶员辅助系统。

迄今为止，还没有适合执行汽车驾驶员辅助系统在轨迹控制层次中发出系列指令的方案。虽然有类似自适应巡航控制系统（ACC）的、利用主动式油门踏板的纵向驾驶控制系统[42.14]或者车道保持辅助系统

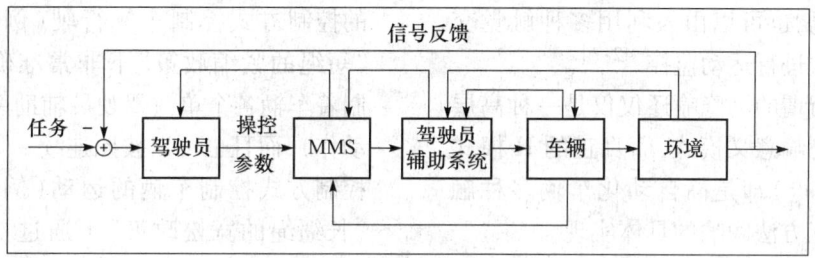

图 42-5 线控作为连续辅助的实施可能性

(Lane Keeping Support,参见第 35 章),但它们都只是增加了驾驶员的操作负担。这些应用技术仅仅是在传统的稳定控制层面操作中增加了轨迹控制层面的新功能。这样,他们把百年历史证明在形式和结构方面是可靠的驾驶操作元器件与最新研发的、很高的驾驶操作执行力结合起来。线控系统的操控接口把这些单个的应用整合到一个整体方案中,作为在轨迹控制层面上的车辆驾驶研发自上而下的解决方案。

在线控技术中对驾驶辅助功能支持的程度和系统限制取决于驾驶员的驾驶意愿、环境和对环境的感知。例如,车辆在类似高速公路的道路上行驶时其基本的框架条件就有着很高的支持度,能够发出以轨迹为主导的指令组,如变道指令、超车指令或者符合当前交通情况的规则行驶指令等。若没有结构化的行驶环境(例如,在没有标志性地标的空旷原野上),则只能发挥下限的作用。在这样的驾驶环境中,车辆的行驶控制性能降低到今天可用的驾驶指令的水平,相当于稳定控制的模式。但在稳定控制层面上的车辆行驶控制仍然是在线控系统的控制下进行,只是没有正常情况下那么多的连续-顺序,相反更多的是连续-同时功能在起作用,即驾驶员输入的驾驶指令就像传统的线控驾驶系统一样,汽车的执行机构毫不延迟地执行控制指令。

支持的上限在自主选择车道层次之下,也就是把完全自动驾驶排除在外。但线控系统可以构成用途更加广泛的自动驾驶控制方案,具有由驾驶员自主确定驾驶参数的行驶操控能力,是向自动驾驶方向迈出的重要一步。

### 42.3.2 H 模式—马喻的实施

在复杂的辅助系统和自动化控制系统中可以采用设计隐喻,如计算机的桌面隐喻,这不仅仅方便了用户的使用,而且也方便了设计和开发团队的开发工作,建立和维护了人机系统的思维模式。

隐喻设计是为了在高自动化车辆中实现驾驶员与自动驾驶控制之间协同合作的 H 隐喻。高自动化程度运动设备的典型代表物是人们的坐骑或者拉车的牲口(例如,马匹)。它们在自己的传感系统和智能化系统帮助下能够自动按照规定的路线前进,避开障碍物,也可以由人利用多种触觉交互方法进行运动监控[42.7]。

所谓的马隐喻还仅仅是一种高层次的隐喻意义模式,而真正的 H 模式(H-Mode)却是高自动化车辆多种触觉交互方法隐喻的具体实现。

马隐喻和 H 模式中的一个观点就是描述不同的自动化程度,并在驾驶员和自动化控制系统之间分配控制权。图 42-6 所示的自动化谱系涵盖了从手动驾驶直至全自动驾驶的整个范围。在设计隐喻的框架内,低层次的自动化控制以及驾驶员辅助系统都列在谱系的左侧,表示应严格进行控制(绳),通常被称之为"紧缩政策型"。此时,驾驶员就像骑手把缰绳紧紧地攥在手中一样,对车辆的行驶有着比自动化控制系统更大的影响力。高自动化程度的范围位于谱系的右侧,并称之为"宽松型"(长绳)。在这种"宽松政策"中,车辆的自动化驾驶控制系统对车辆行驶施加的影响多于驾驶员,但驾驶员始终保持"参与"。根据宽松和紧缩的不同表现形式可以暗喻连续谱系中的一个模式或者临界点。

H 模式不仅可以按照连续 – 同时的控制方式控制车辆行驶(例如,在"短绳的紧缩政策"下非常准确地控制着车辆各个单一驾驶员辅助系统的动作),而且也可以按照连续 – 顺序的控制方式控制车辆的运动(例如,在"长缰绳的宽松政策"下通过不连续的信号控制着各个行驶运动序列或者激活行驶机动)。譬如按一下或者两下控制按钮,或者打开转向灯准备超车。这时,驾驶员和自动化控制可以并行地介入车辆的行驶控制,相互补充、相互监督。只有在自动化控制系统有了足够的可靠功能之后,自动化控制系统才开始批量生产,这样也才能够使系统整体可靠性达到最佳。

在 H 模式下,可以通过在车辆某个敏感的求和点之前驾驶员和驾驶员辅助系统所发出信号的不同权重来实现不同的自动化程度。

图 42-7 和图 42-8 表示的是适用于"紧绳"和"松绳"H 模式自动化控制系统。根据对车辆环境情况的探测,即对道路、交通状况和本车情况的探测,不仅仅驾驶员而且自动化控制系统也都做好了各个层次上的操作准备,从导航到车道引导,直至稳定控制层面,并通过交互作用达到平衡(参见第 2 章)。

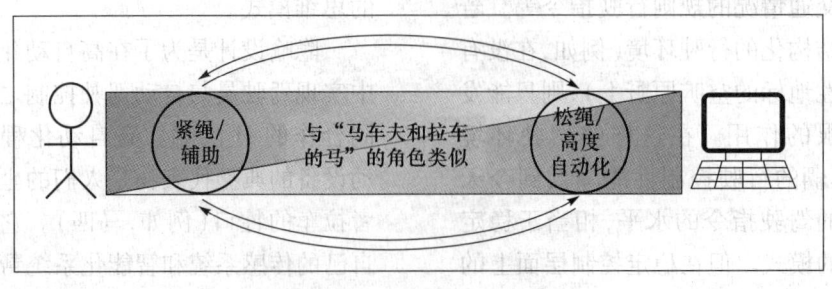

**图 42-6　紧绳和松绳的自动化谱系**

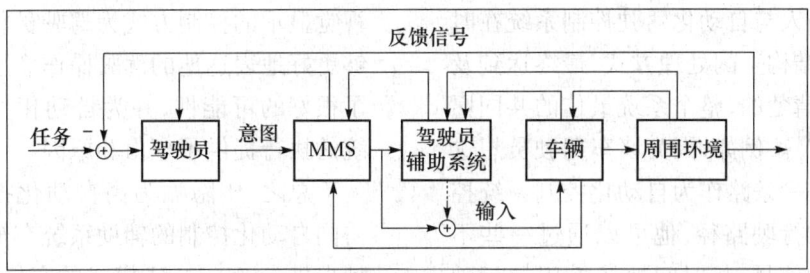

图42-7 紧绳模式中的 H 模式

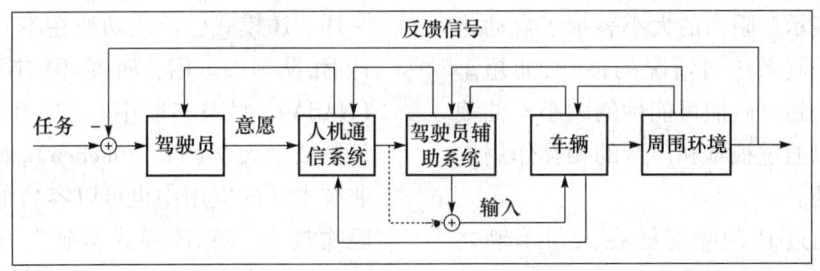

图42-8 松绳模式中的 H 模式

为了使驾驶员和自动化控制系统的目标能够重合，它们可以在某个求和点利用一个触觉界面相互叠加并传送给车辆。在宽松型和紧缩型两种 H 模式下，通过不同的线型表示了驾驶员和自动化控制系统在两种模式下所发出信息的不同权重。在紧绳模式下，驾驶员首先发出车辆操控指令，该指令得到自动化控制系统的不断支持而被执行。在松绳模式中自动化控制系统主要发挥着监控器的作用，因此自动化控制系统所发出指令、信息的权重比驾驶员的要重要。在车辆驾驶控制中首先发挥作用的是自动化控制系统的指令，驾驶员仅对这些指令进行修改。在极端的情况下，驾驶员根本不向车辆发出不连续的控制信息，相反只是间接地向汽车自动化控制系统发出不连续的控制信号。此时，车辆的控制类似于线控系统。在 H 模式中，可通过求和点权重方程无级调节从技术上实现两者的过渡，既可由驾驶员也可由自动化控制系统发起这种过渡。在这里，H 隐喻模式也提供了直观的过渡基础，如驾驶员使劲用手握住发出信号，表示其有强烈的执行意愿。

从紧绳到松绳可以实现驾驶员与汽车自动化控制系统之间连续的（主要是在稳定控制层次中）和不连续的通信（主要是在轨迹控制层次中），就像车夫和马匹之间的交互作用模式那样。

人与自动化系统之间不同的操作理念需要有相应的仲裁策略（分配），以保证形成统一的操作意图。仲裁应理解为人与自动化驾驶控制系统在时间上、结构上的处理方式，最终达到及时的、清楚的、整个系统最佳的共同愿望[42.8]。例如，因为堵车驾驶员想选择另外一条路作为自动化控制系统控制下的行驶路径，他可以通过一些不连续的信号，长时间地按希望的行驶方向来实现。自动化控制系统的"阻力"也可以通过所需压力的时长和大小来表示。阻力的大小表示了自动化驾驶控制系统对情况的估计，如超车时发生超车碰撞可能性的大小。仲裁也可以通过视觉和声音的相互作用进行辅助。

通过 H 隐喻能够在人与车辆之间建立一个有着决定性意义的层次结构。参照车夫与马匹之间的相互关系，可知马匹在稳定控制层面上有着很高的权重，但驾驶员有着比自动化控制系统更高的结构层次。这种略微不对称的结构层次也在潜在用户的调查中得到了证实，并可在 H 模式中通过有目的的参数设定来实现。

自动化控制意愿与驾驶员意愿之间连续的和不连续的触觉通信可通过主动式执行机构来实现，如通过主动式油门踏板控制、主动转向控制或者主动侧杆来实现。在这样的主动式执行机构中，将记录好它们产生的连续性信息，如力-位移曲线的反馈信息、离散的力脉冲信号或者振动信号等，以便与自动化控制系统的操作意向进行沟通。与触觉通信相结合的还有声音和视觉方式[42.9]。与赶马车时牵着缰绳、控制马头的控制方式相比较，视觉显示的控制方式为驾驶员将来能够更好地表达他的驾驶操作意愿提供了很好的可能性，并为自动化控制系统的执行提供了理由和原因。

总之，H 隐喻为高自动化控制和协同自动化控制的辅助系统车辆的设计提供参考。在 H 模式的车辆中，为驾驶员提供了自动化控制系统直观的操作模式，就像车夫驱赶拉车的马匹一样。H 模式已经成功地在不同的设计团队中应用，如美国宇航局（NASA）、德国宇航中心（DLR）和慕尼黑技术大学（TU München），而且在非技术性的应用中也可以容易地理解隐喻技术。在 H 模式基础上并且目前在模拟中完成的测试车型被认为是易于掌握和操作的[42.4,42.10,42.18]。H 隐喻和 H 模式中的细节方面也可以不隐喻地转移到车辆的辅助系统和自动化控制中。

## 42.4　小结

在协同自动化控制中自动化装置和驾驶员需同时对车辆进行控制。就像本文在线控和 H 模式两种系统的应用中介绍的那样，既可以在驾驶员和自动化控制之间车辆驾驶任务的匹配中确定不同的并行和连续顺序，也可以在时间分配中确定。其中，起决定作用的是车辆驾驶层面上的协同合作：导航层面上的行驶路线方案是基于驾驶员的认知和自动化控制系统的建议。它们把共同结果传递到轨迹引导层面，这是处理机动车辆驾驶任务的基础。一方面，驾驶员可以机动地接受任务,另一方面,自动化控制系统可以根据状况提供驾驶操作的建议。在稳定性层次上代表共同处理意图的路径可以由驾驶员、自动化控制执行,或以任意加权合作执行。例如,驾驶员可以通过操纵操作部件来修改路径。自动化控制系统将把使用的速度数据、加速度数据及路线数据等转换成由执行器处理的命令,如制动压力、转向角等。为了能把带普通机械式转向柱的常规构架转换成先进的线控构架,也可以考虑使用一个机械备用层面。

线控和 H 模式的启动是原始且相互独立的,但是也从不同的角度发现了相同的问题:未来可持续发展的驾驶辅助自动化控制方案将会如何,它能否实现灵活的驾驶辅助?即把现有和未来的驾驶辅助自动化控制功能囊括在一个统一的方案和统一的人机界面中。尽管有功能强大的自动化控制,驾驶员能否保持"在循环中"并做到相互协同?作为未来辅助驾驶和自动化控制观点的协同合作不仅仅能够为这两个不同的研发小组提供一个共同的平台,把他们的研发活动联系起来,统一起来,而且还可以为用户和汽车生产厂家、供应商提供尽可能好的解决方案。这一共同的平台目前正在通过组与组之间的定期交流更加具体化并进一步扩大。

## 参 考 书 目

[42.1] *Sarter*, *N. B.*; *Woods*, *D. D.*: How in the World did we ever get into that mode? Mode Error and Awareness in Supervisory Control. In: Human Factors, 37(1), 1995, pp. 5-19.

[42.2] *Parasuraman*, *R.*; *Sheridan*, *T. B.*; *Wickerts*, *C. D.*: A Model for Types and Levels of Human Interaction with Automation. In: IEEE Transactions on Systems, Man and Cybernetics-Part A: Systems and Humans, Jg. 30, H. 3, 2000, S. 286-297.

[42.3] *Flemisch*, *F. O.*; *Kelsch*, *J.*; *Löper*, *C*; *Schieben*, *A.*; *Schindler*, *J.*: Automation spectrum, inner/outer compatibility and other potentially useful human factors concepts for assistance and automation. In: *de Ward*, *D.*; *Flemisch*, *F. O.*; *Lorenz*, *B.*; *Brookhuis*, *K. A.* (Hrsg.): Human Factors for assistance and automation. Maastricht, the Netherlands: Shaker Publishing, 2008, S. 257-272.

[42.4] *Schieben*, *A.*; *Damböck*, *D.*; *Kelsch*, *J.*; *Rausch*, *H.*; *Flemisch*, *F.*: Haptisches Feedback im Spektrum von Fahrerassistenz und Automation; 3. Tagung "Aktive Sicherheit durch Fahrerassistenz", 7.-8. April 2008, Garching, Germany.

[42.5] *Endsley*, *M. R.*: Toward a Theory of Situation Awareness in Dynamic Systems. In: Human Factors, Jg. 37, H. 1, 1995, S. 32-64.

[42.6] *Bubb*, *H.*: Systemergonomie. In: *Schmidtke*, *Heinz* (Hrsg.): Ergonomie. München, Hanser Verlag, 1993.

[42.7] *Flemisch*, *F. O.*; *Adams*, *C. A.*; *Conway S. R.*; *Goodrich K. H*; *Palmer M. T.*; *Schutte P. C.*: The H-Metaphor as a guideline for vehicle automation and interaction; NASA/TM-2003-212672; NASA Langley Research Center, Hampton, Va, USA, 2003.

[42.8] Kelsch, J. ; Flemisch, F. O. ; Löper,C;Schieben,A. ; Schindler, J. : Links oder rechts, schneller oder langsamer? Grundlegende Fragestellungen beim Cognitive Systems Engineering von hochautomatisierter Fahrzeugführung. In:Grandt,M. ;Bauch, A. (Hrsg. ): Cognitive Systems Engineering in der Fahrzeug-und Prozessführung. 48. Fachausschusssitzung Anthropo-technik. DGLR-Bericht, 2006,S. 227-240.

[42.9] Lange, C. : Wirkung von Fahrerassistenz auf der Führungsebene in Abhängigkeit der Modalität des Automatisierungsgrades. Dissertation TU-München,2008.

[42.10] Goodrich, K; Flemisch, F. ; Schutte, P. ;Williams, R. : A Design and Interaction Concept for Aircraft with Variable Autonomy: Application of the H-Mode; Digital Avionics Systems Conference;USA;2006.

[42.11] Winner, H. ; Hakuli, S. : Conduct-by-Wire-Following a New Paradigm for Driving into the Future. Proceed-ings of FISITA World Automotive Congress,2006.

[42.12] Winner, H. ; Hakuli, S. ; Bruder, R. ; Konigorski, U. ; Schiele, B. : Conduct-by-Wire — ein neues Paradigma für die Entwicklung der Fahrerassistenz. 4. Workshop Fahrerassistenzsysteme.

Löwenstein,2006.

[42.13] Nagel, H. ; Enkelmann, W. ; Struck, G. : FhG-Co-Driv-er: From Map-Guided Automatic Driving by Machine Vision to a Cooperative Driver Support. In:Mathe-matical and Computer Modelling 22 (1995) Nr. 4-7, S. 185-212.

[42.14] Braess,H. ; Reichart,G. : Prometheus: Vision des intelligenten Automobils auf intelligenter Straße? In:ATZ 97 (1995) Nr. 4,S. 200-205.

[42.15] Buld, S. ; Tietze, H; Krüger, H. : Auswirkungen von Teilautomation auf das Fahren. In:Maurer, Markus;Stiller, Christoph (Hrsg. ): Fahrerassistenzsysteme mit maschineller Wahrnehmung. Springer, Berlin [42. u. a. ],2005,S. 161-187.

[42.16] Flemisch, F. O. ; Adams, C. A. ; Conway S. R. ;Goodrich K. H. ;Palmer M. T. ;Schutte P. C. :The H-Metaphor as a guideline for vehicle automation and interaction; NASA/TM-2003-212672; NASA Langley Research Center; Hampton, Va, USA,2003.

[42.17] Endsley, M. : Situation Awareness, Automation & Freeflight; FAA/Eurocontrol Air Traffic Management R&D Seminar,Saclay,France,1997.

[42.18] Flemisch, F. ; Kelsch, J. ; Löper, C; Schieben, A. ; Schindler, J. ; Heesen, M. : Cooperative Control and Active Interfaces for Vehicle Assistance and Automation; FISITA World automotive Congress;Munich;2008.

# 43 自动驾驶

Sören Kammel

车辆感知环境的能力指的是车辆在道路上稳定行驶并且根据当前交通状况采取适当的驾驶操控,这始终是驾驶员能力的一个重要特征。出于对提高行驶舒适性、效率和交通安全性的考虑,全球范围内的研究小组都在对车辆适应环境能力的自动驾驶系统进行研究(参见[43.1,43.3,43.6,43.7,43.2])。

## 43.1 2007 城市挑战赛

2007 年城市挑战赛(DARPA Urban Challenge 2007)是为了推动带有自动驾驶技术的车辆进步和功能而举办的一项公开赛事。这项赛事的决赛于 2007 年 11 月 3 日在维克多维尔市(加利福尼亚州)进行。

和以前举办的 2004 年和 2005 年的大挑战赛一样,参加赛事的车辆必须在完全自主和无人给出命令的情况下去完成指定的任务,并且在没有车队参与的情况下完成。与之前进行的赛事的区别的是:城市挑战赛是在类似郊区赛道的场景中进行的,在这个比赛场景中不仅有其他参赛车辆而且还有主办方的车辆。这个赛事的最大挑战在于,参赛的车辆不允许发生碰撞,并且需遵守加利福尼亚州的交通法规(例如,交叉路口的优先行驶权),这就要求在马上就要比赛前实现众所周知的任务,包括驾驶机动,如超车、3 点转弯、在车流中并道和停车。此外,还必须演示车辆在紧急情况下不需要完全按照交通法规的应对策略,(例如,驶过拥堵的交叉路口或绕行封闭的街道)。图 43-1 显示的是维克多维尔的决赛赛段。

这种竞争不仅促进了自动驾驶技术领域的研究,而且还引起了公众对此项技术的兴趣。下面为了说明自动驾驶车辆的组件和工作原理,通过举例的方法来进行阐述,示例中的车辆是 AnnieWAY 车队的赛车(进入了最后 11 人决赛名单)。

### 43.1.1 系统结构

图 43-2 为 AnnieWAY 车队自动驾驶车辆的结构示意图。

除了控制之外,全面的处理工作,即传感器探测数据收集、情况评估和行驶轨迹产生都在主机上进行,主机为标准 4 核处理器。除主机外,还使用电子控制单元(ECU),它接收控制指令并通过 CAN 总线(CAN = 控制器局域网)直接与车辆的电控系统进行通信。主机和 ECU 通过一个共同的以太网接口与联合导航系统相连接。

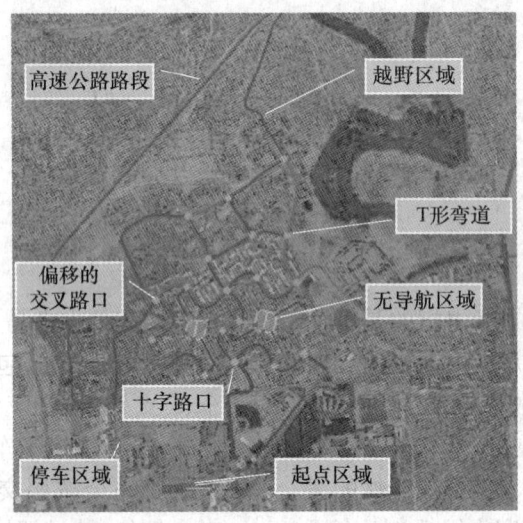

图 43-1 2007 年城市挑战赛决赛举办区域

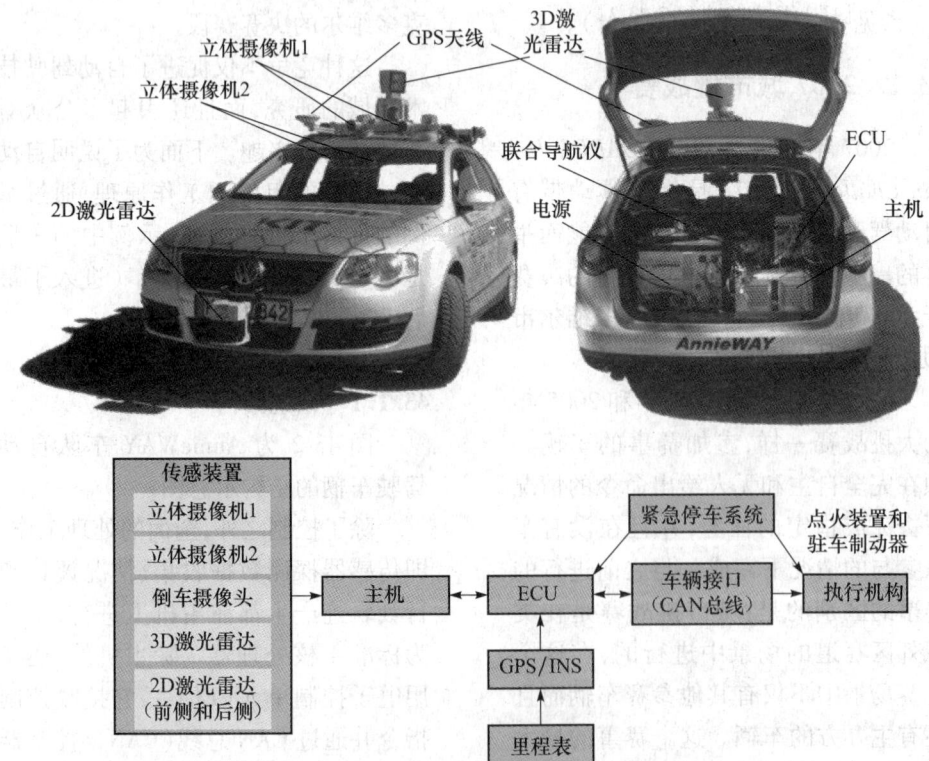

图 43-2 AnnieWAY 车队赛车的硬件架构

图 43-3 中的两个原型可以作为传感装置:它有一个 10 Hz 的旋转激光扫描器(激光雷达),激光扫描器带有 64 个垂直布置的激光二极管,可以

图 43-3 使用的是与城市挑战赛上一样的传感器原型,其配备有 64 个单射流回转激光扫描器(左)和 2 个摄像机在其上可单独旋转的全息摄像技术平台(右)

覆盖 26.5°的范围,并在角分辨率为 0.09°时水平探测 360°的范围。在 100 m 测量范围的纵深方向上分辨率大约为 5 cm。

第二个探测装置原型是一个立体摄像系统,为了能根据需要向侧面扩大可见范围,其摄像机可单独旋转。

### 43.1.2 软件架构

图 43-4 所示的是一个框图,描述的是之前提到的自主驾驶车辆的软件架构。每一个单独进程之间的全部数据交换都是由中央实时数据库来完成的[43.4]。在数据库中所有数据都被看作是带有时间标记的对象。这种中心架构可以简单地用图来说明并使用所有数据或选择的数据以及带监控狗的数据流的监测来描述。监控狗是一个单个组件,必要时可重新启动。出于速度的原因,数据库可以作为共享存储模块来使用。

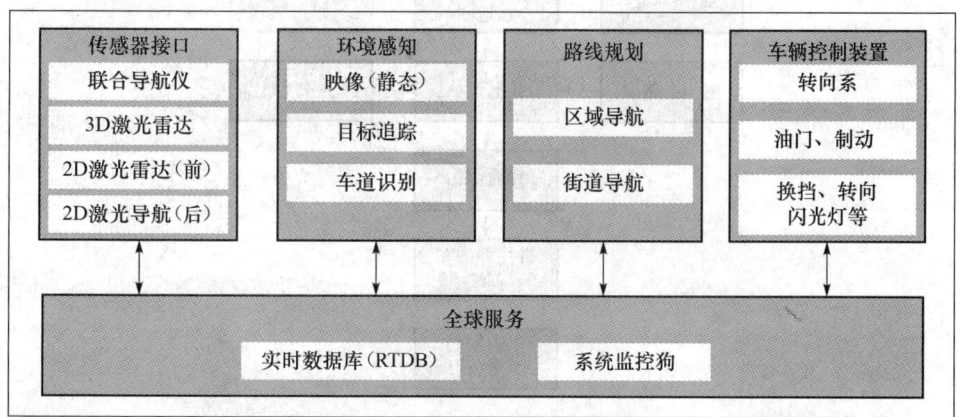

图 43-4 AnnieWAY 车队赛车的软件架构

### 43.1.3 信息处理链

自动驾驶车辆的主要组成包括环境感知、状况评估和动作产生以及通过控制车辆的接口进行路线规划。

图 43-5 是一个框图,它描述的是之前提到的车辆的信息流。详细的传感探测数据首先被汇总起来,然后概况成一个环境模型。空间信息汇总成一个静态 2D 地图。

移动的对象需要单独进行处理。交通参与人员,原则上只要在运动,包括瞬间静止的交通参与人员都属于动态对象。为了能探测到这些移动对象,需要使用一个简单的推断,在街道上的所有对象和在车辆视线范围内的对象原则上都是移动对象。对于行人,可以当作附近普通的移动对象来进行探测。然而城市挑战赛却对人工处理疑难问题持反对态度,因为在这项赛事中只允许车辆参与。对于位置定位和公路交通的导航来说,车道标记也是非常重要的提示信息。因此,在城市挑战赛中,使用数字公路地图(RNDF = 路网文件)可能平衡定位的不准确。情况评估和行为产生由一个状态机来执行,其生成带有附加信息(例如,速度)的车辆行驶轨迹并传递给车辆控制系统。

### 43.1.4 环境探测

为了能在道路上和停车场等杂乱环境中及时地绕开障碍物,留有足够的距离是精准稳定探测障碍物的必要前提条件。为了实现这个目的,AnnieWAY 车队使用了二维离散化地图(覆盖栅格,参看[43.8,43.9]),在地图的每一个小格子里,都包含有带

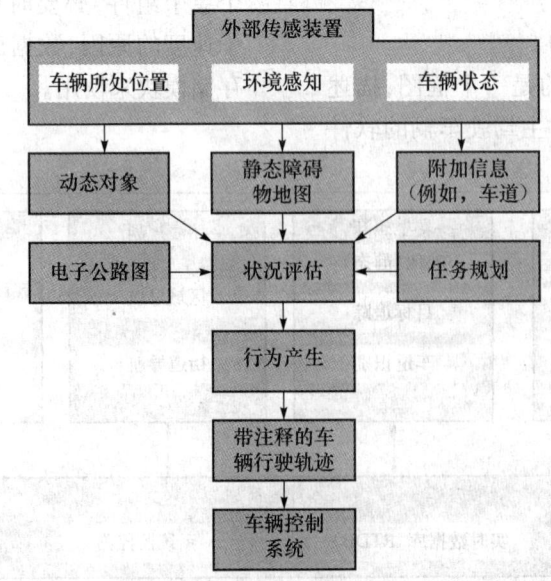

图 43-5 之前提到的自动驾驶车辆的信息流

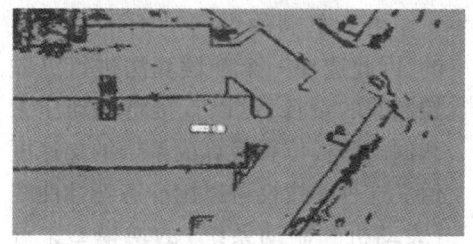 

图 43-6 静态覆盖格栅的示例（左），它是根据激光探测数据绘制的。
右图是同一停车场的航拍照片，详细图片是以路边石来描述的

有标高数据的对应位置的信息。这些地图都按照各自的传感器频率进行非同步更新，主激光扫描器在这种情况下按照 10 Hz 的频率来更新它的覆盖格栅。通过打在小格子上的激光束的高度差可以得出各个小格子的标高。

图 43-6 显示的是通过映像算法得出结果的一个示例。左图是二维覆盖格栅，右图是相应的航拍照片。这种以路边石来表示的地图可以明确地显示图中的安全区域和平面对象。

### 43.1.5 动态对象

处于城市环境中的驾驶员应能实时探测到其他交通参与人员的运动以及时做出反应。在本文讨论的车辆中，首先通过密集法把激光扫描器的空间测量值汇总起来。为此需使用一个简单的连通区域标记，出于速度的考虑这个标记使用在 2D 覆盖格栅地图上。局部相邻（有联系的）的格子都被综合为一簇。接下来，在一段时间内对单独的群集需用多种假设法进行跟踪。每一个群集，当它不能和一个已熟知的对象进行联合时，就只能被初始化为一个新的对象。可以使用一个简单的线性卡尔曼滤波来断定新对象以及测量对象的速度和加速度。

### 43.1.6 车道识别

数字公路地图通常并不适用于最新的状况，它或只能大致重现真实道路的几何形状，因此通常会在地图和真实环境之间出现一个局部的偏差。但是，可以使用传感器探测的车道数据平衡这种偏差。此外，对车道标记进行精准连续探测可以自主完成地图之外区域的公路图的绘制。车道识别可以借助于激光雷达的反射数据来确定。

### 43.1.7 任务规划和操控规划

在正式的任务规划之前，作为预处理的第一步，首先要把数字路网文件（RNDF）的所有要素（例如，车道、检测点、停车点，等等）都输入到一个图形描述中去。路网文件路径点由图形节点、车道和人行横道（例如，路口处）的相应的图形指引线构成。车道边线和速度限制等附加信息作为地图注释被存储起来。例如，为了探测到路障等信息，注释必须是动态变化的。这样得到的地图对任务规划来说是必须的，在地图上的 A*-查找的帮助

下,首先可以确定一个检测点的最佳路线[43.5]。这种查找会不停重复任务中每一对连续的检测点。最后,这些结果和所有重要的注释都被一起存储到中央实时数据库中。除了本来的路线规划外,通过这种方式还可以支持其他的模块,如车道识别。如得益于所期望的标识注释一样,道路识别还得益于先验信息。

除了来自于路网文件的数据外,在图形中还可以将虚拟的拐弯车道添加在行车道之间的过渡处。这首先要求连接件要采用标准几何尺寸,也就是说,一旦确定与实际的赛道有偏差,立即进行相应的调整。这样如果在相同的位置又出现这种情况,将会提高安全性和速度。

根据当前的位置、任务内容以及交通状况做出驾驶操控决策由并行的、有等级划分的状态机做出。加利福尼亚州的交通法规同样也是由各种单个情况组成的。图43-7显示的是使用状态机的主要层面。这种有等级划分的结构大大简化了设计和错误查找。

### 43.1.8 车辆控制

在车辆运动和感官处理的处理链中最后一步是车辆控制,这个控制分为纵向控制和横向控制。横向控制使用一个软件状态空间控制装置。该控制装置根据已规划好的轨线将车距和方位误差降低到最小程度。一个考虑到规划弯道的曲率的前馈项显著提高了控制装置的精确度。

由于车辆的纵向动力不是线性的,因此选择一个补偿算法进行纵向控制器的设计,可以直接将制动压力和油门踏板位置换算成希望的加速度值。这种非线性可以用静态特性曲线(发动机和制动系统)的逆模型来补偿。另外,对与速度有关的干扰,如车轮的空气阻力和滚动摩擦进行了测量并以特性曲线的形式集成到控制结构中。考虑到不可预见的障碍(例如,暴风),需补充添加一个积分器。一个更高级的控制策略可以保证车辆在空旷的赛道上安全通过、停车、跟踪行驶,这里相应分控制器的输出都是希望的加速度。

## 43.2 小结

在城市挑战赛中,只有11支队伍从最开始的89支队伍中脱颖而出进入了最终的决赛。我们不禁要问,是不是这11支队伍都掌握了特别的关键技术才取得成功。一个共同点就是他们都没有仅仅只把摄像机作为唯一的传感设备。所有决赛的队伍都将激光扫描器作为主要的探测设备,其中7支队伍使用的是上面介绍的激光扫描器原型。状态机以及基于A*的路线规划的应用也同样算作标准算法,只是并不保证成功。不仅运算能力而且财政支持程度都会使决赛名单发生变化,所以进入决赛车队的名次必须在所有车队的前1/3,并且水平在平均水平之上。最终,持续测试、经验和一点点运气都起了不可忽视的作用。

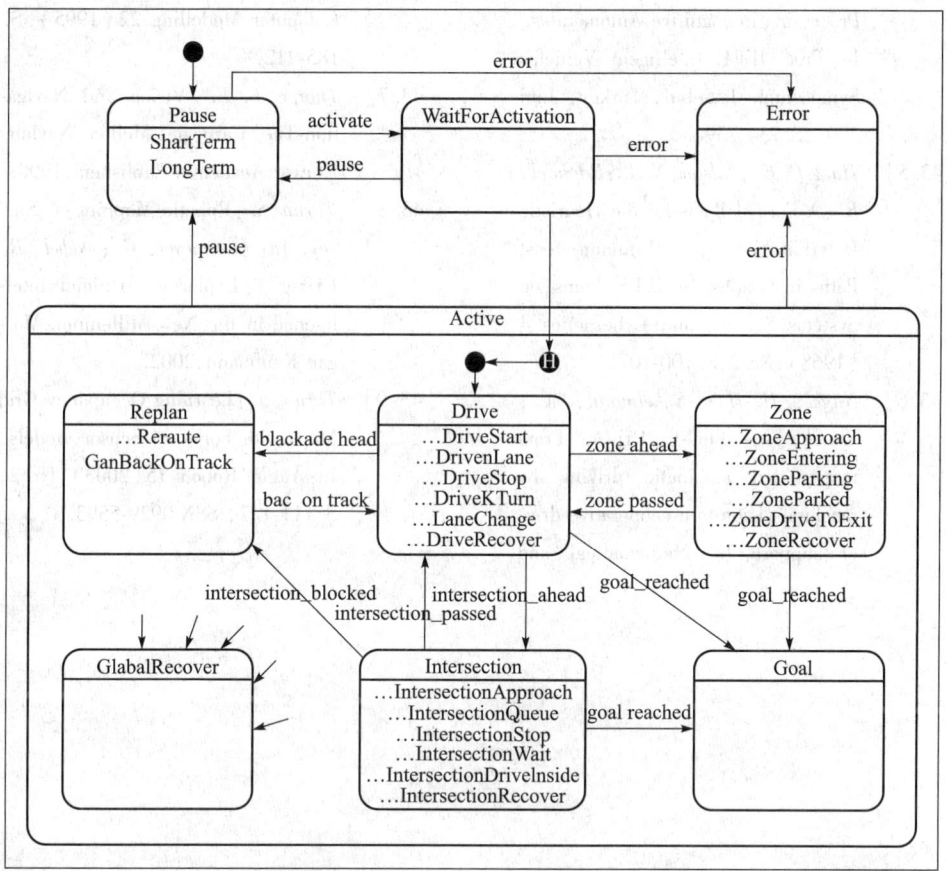

图 43-7 并行的、有等级划分的部分状态机，用于交通状况和驾驶操控的建模

# 参 考 书 目

[43.1] *Bertozzi*, *M.*; *Broggi*, *A.*; *Fascioli*, *A.*: Vision-based intelligent vehicles: State of the art and perspectives. In: J. of Robotics and Autonomous Systems 32(2000), June, S. 1-16.

[43.2] *Dickmanns*, *E. D.*; *Behringer*, *R.*; *Dickmanns*, *D.*; *Hilde-Brandt*, *T.*; *Maurer*, *M.*; *Thomanek*, *F.*; *Schielen*, *J.*: The seeing passenger car "VaMoRs-P". In: Proc. Symp. On Intelligent Vehicles. Paris, Oktober 1994, S. 68-73.

[43.3] *Franke*, *U.*; *Gavrila*, *D. M.*; *Gern*, *A.*; *Goerzig*, *S.*; *Jansen*, *R.*; *Paetzold*, *F.*; *Wähler*, *C.*: From door to door-Principles and applications of Computer vision for driver assistant Systems. In: *Vlacic*, *L.*; *Harashi-ma*, *F.*; *Pa-Rent*, *M.* (Hrsg.): Intelligent Vehicle Technologies and Applications. Butterworth Heinemann, Oxford, 2001, Kapitel 6, S. 131-188.

[43.4] *Goebl*, *M.*; *Färber*, *G.*: A Real-Time-capable Hard-and Software Architecture for Joint image and Knowledge

Processing in cognitive Automobiles. In: Proc. IEEE Intelligent Vehicles Symposium. Istanbul, Turkey, Juni 2007, S. 734-739.

[43.5] *Hart*, P. E.; *Nilson*, N. J.; *Raphael*, B.: A Formal Basis for the Heuristic Determination of Minimum cost Paths in Graphs. In: IEEE Trans, on Systems Science and Cybernetics 4 (1968), Nr. 2, S. 100-107.

[43.6] *Nagel*, H.-H.; *Enkelmann*, W.; *Struck*, G.: FhG-Co-Driver: From map-guided automatic driving by machine vision to a cooperative driver support. In: Mathematical and Computer Modelling 22 (1995), S. 185-212.

[43.7] *Thorpe*, C. E.: Vision and Navigation-The Carnegie Mellon Navlab. Kluwer Academic Publishers, 1990.

[43.8] *Thrun*, S.: Robotic Mapping: A Survey. In: *Lakemeyer*, G.; *Nebel*, B. (Hrsg.): Exploring Artificial Intelligence in the New Millenium. Morgan Kaufmann, 2002.

[43.9] *Thrun*, S.: Learning Occupancy Grid Maps with For-ward Sensor Models. In: Auton. Robots 15 (2003), Nr. 2, S. 111-127, ISSN 0929-5593.

# 44 驾驶员辅助系统的发展方向

*Hermann Winner, Alexander Weitzel*

第一种驾驶员辅助功能早在汽车发展的早期阶段就出现了，但从目前关注的积累信息和质量信息来看，它仍然是一种新生事物。今天，常常与驾驶员辅助系统有着这种或者那种联系的辅助系统已经有 20 年左右的历史，而且还将不断有新的辅助系统涌向市场。在决定编辑本书的时候，市场上已经有一整套基于现代技术水平的汽车驾驶员辅助系统，因此这些系统不再纳入我们的研究范围之内。市场的成功，尤其是对车辆行驶环境进行检测的驾驶员辅助系统在市场上的成功，长期以来一直算不上非常出色，生产厂家们始终面临着双重挑战：一方面是不断改进，另一方面是降低成本。然而，提高市场业绩并不是仅以生产厂家的意志为转移，而提高当前产品的主动式安全保护是至关重要的。例如，由欧盟起草的法律法规的推动力[44.1,44.2]能够极大地提高汽车驾驶员辅助系统的产量，从而也降低他们的生产成本。此外，他们通过与法律法规有联系的影响力来影响公众对这些辅助系统的观点和意识。其他的一些目前只在研发计划框架内的挑战性任务是：

◆ 驾驶员辅助系统的集成操作方案；

◆ 通过驾驶员辅助系统改善环境平衡；

◆ 通过驾驶员辅助系统提高车辆的机动性能；

◆ 主动防撞；

◆ 自动驾驶。

本章下述内容将介绍未来驾驶员辅助系统主题的重要性。

## 44.1 驾驶员辅助系统的集成操作方案

今天的驾驶员辅助系统，尤其是那些减轻部分驾驶员驾驶负担的驾驶员辅助系统，都是按照特定功能来设计的。仅从操作方案本身来看，这也许是非常合适的解决方案，但如果将其更换到其他汽车生产厂家生产的车辆上之后，则可能会给习惯了原装配置的用户们带来麻烦。当一辆车配备了多种辅助系统的时候，如在一辆车中配备了自适应巡航控制系统（ACC）、车道保持辅助系统（LKS）和主动泊车转向辅助系统时，就要求驾驶员应具有适应不同操作方式的能力。若把其他生产厂家生产的驾驶员辅助系统整合到一辆车的驾驶员辅助系统操作方案中，肯定无法立即直观地展现在驾驶员面前。这里需要使用一个新的操作范式,有可能直观地操作与生产厂家无关的各种不同的可用功能。这是简化驾驶员辅助系统使用的先决条件,为此这些系统的操作使用方法将发生改变,它们的使用也就成为自然而然的顺理成章的事情。虽然今后更换没有驾驶员辅助系统的车辆仍不是一件困难的事情,但与今天具有驾驶员辅助系统的车辆相比较其驾驶舒适性将大打折扣。

若能够实现下面介绍的在轨迹控制层次中几乎对各种交通环境都给予支持的智能化车辆行驶控制方案,则驾驶员的驾驶方式和方法将会与今天的驾驶方式和方法有着更大的区别,参见第42章。

## 44.2 利用驾驶员辅助系统改进环境平衡

驾驶员辅助系统强制性地要求在车辆中安装一些辅助装置、装备,这就导致了车辆的环境平衡不如以前,因为这些辅助装置、装备安装增加了车辆的质量,对能源的需求提高了汽车动力系统的油耗,而且新的方案也可能带来新的污染。例如,当辅助装置的质量增加25 kg,车辆满负荷行驶时这些驾驶员辅助系统所需的功率为250 W时,则可能使油耗提高0.2 L/100 km。也可假定:这些驾驶员辅助系统带来的驾驶舒适性的提高也增加了车辆的行驶距离。在这种情况下,初看起来通过驾驶员辅助系统改善环境平衡几乎是不可能的。

鉴于车辆质量的提高,驾驶员辅助系统的支持者们愿意采用这样的论点:用主动安全保护系统替代被动安全保护系统,并能够把因车架增强带来的重量增加再降下来。但迄今为止安全系统研发的经验却不支持这种观点,因为已经达到的安全水平,尤其是通过碰撞试验可明确测量的安全保护装置,如被动安全保护装置是不能轻易放弃的。此外,由于车架增强而带来的重量增加不能用主动安全防护系统来降低,相反,应使其重量保持不变,以保证乘客舱的生存空间。

然而,驾驶员辅助系统对于环境平衡有着积极的作用。驾驶员辅助系统将缓解副作用,因为像自适应巡航控制系统等驾驶员辅助系统(参见第32章)一样能够降低加速和制动时的峰值。这些通常在手动纵向控制时出现的峰值能够提高车辆的油耗。在自适应巡航控制系统的帮助下,使发动机在加速时能够在最佳工作点工作,由此带来降低油耗的效果。在制动时也是这种情况,由于及早进行了速度匹配,与路线相关的平均速度降了下来。

在进行辅助的纵向控制(ACC等)时通常为了尽可能保证车内乘员的舒适性放弃了最高时速,这样也可以明显降低油耗。同样,也需要根据道路的边界条件对传动系进行优化,正如研发报告所指出的那样[44.4]。此时,自动变速箱的变速比或者发动机的燃油切断以及气缸关闭都按照行驶道路的高度要求或速度规定与弯道车速和限速进行了匹配。这种匹配在有自动纵向操作控制的车辆中更加有效。电力驱动部件也有着进一步改进提高的可能性。例如，汽车液压驱动装置功率划分的优化或者精确地确定电力能源的消耗等，这些都能够帮助车辆选择最合适的车速或者自动选择车速。

交通流量的改进也能改善环境平衡，也就是说通过避免堵车来改善环境平衡。这是下一章要讨论的话题。

在考虑了上述各个问题并没有采取具体措施的情况下，通过驾驶员辅助系统可以实现的节油大约为10%~20%。用这种方法不能大幅度降低二氧化碳排放和改善环境平衡，但它所表现出来的利用潜力是巨大的，因为实现节能减排的宏大目标只能通过许许多多的小步骤来实现。

## 44.3 通过驾驶员辅助系统提高车辆的机动性能

今天对驾驶员辅助系统提出的要求几乎不可能只靠提高机动性能来实现。虽然只有少数的带自适应巡航系统控制的车辆给堵车带来了一些轻松[44.5]，其动态导航系统能够在出现交通堵塞时提前发出绕行提示，但堵车路段的情况并没有改善多少。自(1987—1994年)开始实施"具有最高效率和空前安全性的欧洲交通计划(PROMETHEUS)"以来，高速公路上的车队便能够以非常小的车距行驶。在 PROMETHEUS 计划的框架内提出了护航系统的设想[44.6]，大约十年之

后，于1997年在圣地亚哥(San Diego)举办的 DEMO 示范展中展出了名为"Platoon"的系统[44.7]。为了对这一系统在卡车使用中的情况进行测试，德国开展了名为 KONVOI[44.8]的合作研究项目。所有测试的系统组成部分都是按照车对车通信方式进行通信的。若没有车队，则不可能有稳定的通信联系。性能强大和可靠的通信网络是车队控制和通过十字路口对公路网进行优化的前提条件。在这一测试中，开始了目前大有发展前途的 SIN-TD 野外试验(智能化机动车安全性能测试 – 德国测试场地)[44.9,44.10]和主动式 CoCar 研发方案(智能化交通管理的自适应和协同合作技术 – 汽车合作子项目)[44.11]的前期准备工作。

还有一点无法断定的是，何时才能建成图 44-1 中所示的、满足对不断增加的交通量进行监控的数据网络。即使这一网络建成了，但其到底要实现什么样的功能还是一个未知数。但肯定所有人都有这样的梦想：在十字路口处无须停顿，就像进入无人无车之境那样。对于启动投入巨资才能开始建造的交通信息处理系统来讲，交通瓶颈是一个永久性的难题，如长途公路干线、堵车的隧道和桥梁路段，也包括长期性的建筑工地。

但是，这些想法最致命的缺点是它的迁移策略。这也包括技术和政治方面，因为在今天只需扩大现有基础设施就能够实现很大的应用潜力。尽管上面提到的各个项目都属于促进、扶持的项目，但估计德国的相应投资意愿

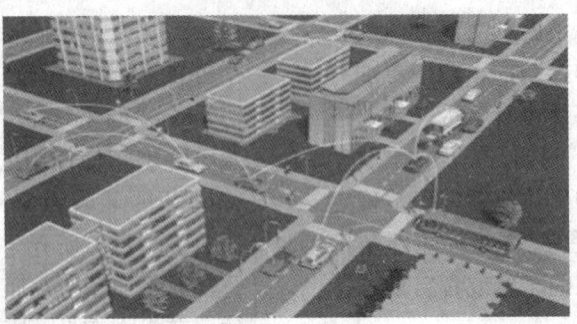

图 44-1 利用 Ad – hoc 网络进行车对车和车对基础设施之间的通信（资料来源：BMW）

是相当低的。例如，与日本进行比较，日本的高速公路收取使用费，这似乎是一个不错的举措，因为这种收费服务能够对基础设施建设重新投资。

## 44.4 主动防撞系统

目前，大批量生产的汽车驾驶员辅助系统从很多方面提高了车辆主动安全保护性能，如仅准确保持车与车之间间距的制动辅助系统、电子稳定程序（ESP）就有相当大的市场占有率。这两个系统的主要目的是实现欧洲 eSafety 倡议目标的要求：到 2010 年时把交通死亡的人数减少到 2000 年的一半。若今天已经研发成功的汽车纵向和横向驾驶员辅助系统都进入卡车的市场领域，也许会将交通事故受害者的人数再减少一半。但由于目前这些驾驶员辅助系统在购车费用中所占的比例相当高，因此在没有各方面的配套措施下是不可能大面积占领市场。欧盟制定的从 2013 年起生产的新型货车只能配备紧急制动和车道保持系统的计划就是具有非凡意义的，必将影响轿车生产的重要一步。

安全保护方面或者车辆安全等级评分等措施不仅激励着载重车，而且也激励着轿车提高使用主动安全防护措施的积极性。这里，当前的 NCAP 安全等级评定就是一个最好的例子。在这一安全等级评定中，对 ESP、安全带报警器和车速限制器等都进行了得分评级。另外，也应该排除销售障碍。目前，我们的记者从摩托车或者汽车销售商那里了解到，销售人员对驾驶员辅助系统的功能和原理知之不多，这就带来了销售上的难度和障碍。多少能够给人带来一些乐观消息的是，随着今天著名的主动安全防护驾驶员辅助系统配备率的提高，交通事故的数量减少了，交通事故带来的后果也明显降低了。但这些减少指的都是像追尾或者偏离车道等的普通事故，利用今天的系统还不能覆盖其他普通类型的事故。例如，超车时与对面来车碰撞（参见第 41 章）的情况，这种超车碰撞防护只能利用"对面来车辅助系统"来避免。

避免复杂的交通事故，尤其是在十字路口处可能发生的交通事故，对于今天驾驶员辅助系统提出了很高的要求,也是目前研发的基本原因。利用机械设备进行环境数据采集和环境情况的说明是研发工作的主要要求。由于这些事故场景确实复杂,因此也越来越难避免出错,因为没有明确的"如果-那么-逻辑关系"。这样,就算是有了适合于在复杂场景中使用的防撞系统,也很难对其进行测评。在此,对机械系统提出与其能力相适应的、有可能完成自主驾驶任务的性能要求是非常必要的。

## 44.5 自动驾驶

自动驾驶指的是车辆的行驶任务由机器完成,这里的机器可以理解为驾驶机器人。车辆驾驶功能的转移可以是局部的或者是有时间限制的,并可随时由驾驶员终止这种自动驾驶。原则上,自动驾驶应能够做到在没有人干预的情况下选择车辆的行驶路线、车道和车辆行驶的动态干预。针对这一功能,不仅提出了一些技术性的要求,而且也提出了经济性的要求。根据今天的和未来实行法律规定的预测,自动驾驶的车辆不应比人员驾驶的车辆有更大的危险性。这一条适用于在公路上行驶的所有车辆类别和自动驾驶的各个领域。

近二十年来在环境检测和车辆驾驶控制算法语言研发方面的进步给公众留下了深刻的印象,尤其是 2007 年的 DAPRA Urban 城市挑战赛(参见图 44-2)对自动驾驶技术研发带来了巨大的推动。

挑战赛的参赛队伍给人们留下了深刻的印象,它使人们清楚地看到了在 2004 年不太成功的 DAPRA Grand 城市挑战赛上机器人车辆驾驶挑战赛之后自动驾驶技术的长足进步。2010 年从贝尔格莱德到上海的自动驾驶是一次成功的试验。在德国的布伦瑞克市,在 Stadtpilot 项目的框架内开始了城市内环路自动驾驶车辆的研究[44.12]。同样是 2010 年谷歌在"自动驾驶汽车"的项目中宣布了在多车道上的自动驾驶车辆行驶了 20 多万 km 的消息,其中有 1 500km 是在完全没有驾驶员监控的情况下行驶的。这就给公众留下了无人驾驶的自动车辆

图 44-2　2007 年城市挑战赛获胜的车辆(资料来源:Tartan 车队)

已经为期不远了的印象。这一点也得到了某一汽车生产厂家的证实：他们宣布到2020年无人驾驶的汽车可以大批量上市。事实上，根据近几年来的发展速度这一预言是合理的。

### 44.5.1 认证的问题范围

有些问题在人们的盲目乐观下被忽视了，道路运输市场准入的关键途径是审核认证。其中，不仅仅是因为维也纳公约限制（参见第3章）这一问题，而且还因为不是所有国家都签署了这一公约的问题。对这一公约进行修订、使之与今天的技术可能性保持一致，不失为一种有意义的举措。另外，生产和运营商所承担责任的限制也应像航空航天工业的华沙条约或者蒙特利尔条约那样进行调整，从而真正奠定营销市场的基础。但新的审核、认证规则不得触犯今天西方世界的法律法规。因此，应按照[44.13]的规定和要求保证自动驾驶车辆的相关人员所遇到的风险不高于同类型车辆的实际水平，而自动驾驶车辆的相关人员指的不仅仅是自动驾驶车辆的乘员，而且也包括所有在自动驾驶车辆周围的人员，即对面来车车辆中的乘员、前方同向行驶车辆中的乘员、被超车辆或者正在超车车辆的车内乘员。同时，也应考虑地方公路上的自行车、摩托车驾驶员或者行人和其他交通参与者，如农业车辆、牲畜运输车、牛群或者羊群。对于上面提到的车辆类别，在使用自动驾驶车辆之后风险不得提高。或者用另外一种表达方式表示，在审核认证之前必须用认可的方法证明，驾驶自动车辆的风险不高于自动驾驶车辆投放市场上的众所周知的风险水平。这实际上是对公共交通运输中使用的自动车辆提出要求，因为这一原则也同样适用于目前的驾驶员辅助系统，如像ACC或者LKS等在自动化调节的驾驶员辅助系统中也必须保证驾驶员随时可以介入它们对车辆的控制。由此得出，自动驾驶车辆的驾驶性能不比非自动驾驶的车辆差，相反通过减轻驾驶员负担、通过报警效应有明显的提高。对于相互干涉的系统限制，如主动正面防碰撞措施（参见第33章），驾驶员的介入是高层次的介入，或者仅在能够避免碰撞时还来得及反应的情况下进行介入、干涉。今天驾驶员辅助系统的应用不再以驾驶员作为裁判员，这也就带来了这样的讨论，系统是否比驾驶员驾驶得"更好"。仅仅靠碰撞防护系统是不能成为"安全网络中的驾驶员"的。这一系统的应用范围有着非常少见的、明确定义的碰撞前的应用场景。一个稳固的、完整的环境检测和再现对于今天的技术来讲也是一个非常高的要求，就像在各种情况下做出最小风险的决策那样。相比较而言，判断可能出现的碰撞风险就相对简单多了，因为只需对碰撞前一秒钟的情况做出决策，而且这种情况每百万公里只出现一次、只使用一次。防碰撞系统是按照驾驶员能力的补充进行设计的，也只有在驾驶员很少使用的情况下才发挥作用。

在自动驾驶过程中驾驶员实际上起不到返回和监控设备的作用。而这恰恰是自动驾驶理想的功能应用,让驾驶员可以专心于其他工作而不必再监视系统。自动驾驶的安全性是不能在今天常规安全战略的基础上验证的。

另外,耐久性能测试也不是解决问题的方法:最简单的是假设限定在高速公路上行驶的自动驾驶汽车,就像在研发过程中第一辆具有上市能力的自动驾驶车辆变型那样,因为与城市和地方公路环境相比高速公路对自动驾驶车辆的要求相对简单一些。在证明车辆的安全性能时至少应证明自动驾驶车辆所发生的严重事故数量应比最好的参考组要少。但当人们第一次对不同的事故进行分组整理时就会很快明白,传统的耐久性能试验不再是经济可行的,因为在德国的高速公路上大约五百万行驶公里才出现一次严重的交通事故。若从一个系统的角度出发,即从一个可以与真人相比较的、把具体事故减少一半的系统出发,按照泊松分布原理,得出显著水平为5%时所需的试验里程将是这一距离的十倍。此时测试所需的行驶里程大约为一亿公里。这一测试的成本费用估计会高达上亿欧元。

如果对于第一套这样的自动车辆系统进行测试是值得的、也是支付得起的,则还要考虑到,这样的测试要根据每一次系统改进再重复一次,这肯定是经济上承受不起的。除此之外还要考虑到,随着在今后十年中发挥作用和影响的主动安全防护系统的进步,事故风险的参考值会进一步减小。这样,测试的费用将会再次提高。

这些论据得出的结论是,利用现在的风险测试方法不再是自动驾驶车辆研发和认证审核时经济上可行的方法。因为"被迫中断试验测试"的可能性非常大。

### 44.5.2 测试困境的解决方法

只有大大缩短自动驾驶车辆测试的行驶里程才有可能摆脱这种测试困境。在部件的耐久性测试中常用的方法是,首先从工作负荷集合中选定相应的零件,通过放弃不重要的部分来明显缩短试验时间。其次采用加速的方法,也就是提高被测零件负荷、应力的工作环境。但这种方法在证明自动车辆安全性能时似乎不可能使用,因为自动驾驶车辆的失效机理不是因为某一功能的失效,相反是因为错误的决策而导致事故。当然,也可以利用系统模拟的方法,如软件在环仿真(SIL)或者硬件在环仿真(HIL)来保证它们的功能,而且这是研发过程中不可缺少的测试步骤。但这种模拟不可能把在几百万公里长的公路测试中出现的、所有用户组都需要的、多种多样的复杂场景都模拟出来。在测试难题中考虑的最后一个问题是走出困境的出路,即便是人们能够用一个测试程序表达所有的相对状态,但在一些情况下还是很难判断什么样的系统反应是正确的,什么样的反应是错误的,因为这些问题不能由 Ego 系统自己来回答。尤其是当其他的交通参与者拒绝自动驾驶车辆执行的操作和反应时，不可能期望得到百分之百的正确，因为当前的每一个独立交通参与者还没有在反应模式方面达到相应的精度水平。这样，系统反应就具有概率的特性，而且对什么是正确的评估也是随时间而变化的，因此只可测定简单的情况。其他在特殊情况下可能出现的动作和反应不会按照相同的方式重复出现，很少有正确的结论，也不能从状态结果中导出合适的结论。即便是所做的反应与发生的事故有关，从减少损失的角度看也可以说所采取的反应是正确的。正如错误的决策不一定导致负面的结果，不一定导致事故发生一样，环境情况是非常有利的。这就带来一个问题，到底什么是"正确或者错误"的。原则上，这一问题的答案非常简单，而如何在实践中落实却是困难的：驾驶机器人应比参考组中的人更"正确"地完成驾驶任务，如比大多数有经验的、身体健康的驾驶员更正确地完成驾驶任务。因此，驾驶机器人的感知能力、认识能力和反应能力至少应与参考组的驾驶员一样高。人们能够对这些能力进行测量，因此也可以确认驾驶机器人是否通过认证，而得出的结论也可以移植到机器人的其他应用领域中，如人形家用机器人。

迄今为止，还没有适用于机器人和人类感知能力、认识能力和反应能力评估的常规模式。在国际象棋和围棋中可以找到这样的计算机已经达到并部分超过人类能力的例子。虽然国际象棋下棋的方法原则上不属于概率类，但每一步棋可以组合的数量之多不是在有限时间内可以算出来的，因此机器人棋手的算法语言应是启发式算法语言，这是目前一种不对"错误或者正确"进行判断的算法语言。当机器人棋手得出"正确"的判断时，它获胜的概率比对弈的人类棋手更大。围棋和国际象棋预期的游戏水平用 ELO 值(官方表达方式："国际棋联"等级)来表示。它描述的是棋艺水平的分值，是由 Arpad Elo 制订的一套客观的评分体系。这一例子表明：无论是机器人棋手还是真人棋手都要有一定的 ELO 等级，这是游戏时确定同级对手的规定(人对人及计算机对计算机)。尽管如此，还是可以肯定，在一些小的范围内应满足对机器人功能标准提出的两个前提：一个是用 ELO 度量(至少是理论上的)可以比较人与机器人的能力；另一个是根据这一度量标准能够进行完全的分类。例如，利用 ELO 度量标准可以判断某棋手是业余棋手还是有段位的棋手。如果对驾驶机器人也有这样的度量标准，则可以根据 ISO 26 262 标准确定特定自动化程度的能力等级。

但棋联的规则不能直接移植到汽车自动驾驶的机器人当中，因为 ELO 值是通过直接比较、确切地说是通过棋赛对手输、赢平衡确定的。另外，只确定认知表现，它是理想化的感知，因为棋子的位置将被正确且完整地传递给机器人棋手。但是，不管是驾驶员还是自动驾驶的机器人都不能按照这种规则了解、掌握公路上的交通信息。像公路交通中这样丰富的信息在棋类的实践中是不存在的,也是棋类机器人所无法处理的。像汽车自动驾驶机器人这样的技术系统,它所要完成的所有任务是分布在三维空间中的任务,而且每一维空间都要有自己特殊的度量模式,参见图44-3。

如在本文执行系统(Aktorsystem)一章中所介绍的那样,机械的执行能力几乎达到了人类能力的极限。在某些领域中,甚至还超出了人类能力的极限。例如,单个车轮的调节或者后轴的调节,等等。如图图44-3所示,机械的感知和智能已经达到了相当高的能力水准,但感知的确确是一件非常复杂的东西,如巴黎凯旋门处的交通就是它还无法感知的事情。不居住在巴黎的驾驶员通常情况下会在凯旋门那里晕头转向,他的能力也达到了极限。相比较,发生次数较少的没有人身伤害的交通事故也反映了这种情况,人类就是在这种情况下成长起来的。相比较,机械的认知能力还是比较低的,尤其是涉及决策的灵活性时。但最困难的是建立一个人类学习过程的模型。每一个汽车驾驶员在其驾校学习过程中都经历了这样一个学习过程,没有提高驾驶能力的过程,我们的交通事故风险肯定比现在还要高。上面提到的三维空间的划分具有去耦合评估的优点:传感器范围的改动只应在感知度量范围内进行鉴定,无须强制性对其他进行鉴定。出于相同的原因,在城市挑战赛中出现了自动驾驶车辆的控制模块[44.14,44.15]。

再讨论前面的问题,人类要给工作范围内性能可靠的驾驶机器人一个通过审核认证的机会,以得出两个重要的结论:驾驶机器人还有许多研发工作要完成,而且是在人类认可的驾驶能力度量条件下超过人类的能力。这一度量指标可能是非常专业的、适用于特定情况下的度量指标,是无人驾驶自动车辆研发的先觉条件,而且就本文作者的观点来看,这也是自动驾驶车辆研发的必经途径:

在公认的度量指标没有出现之前

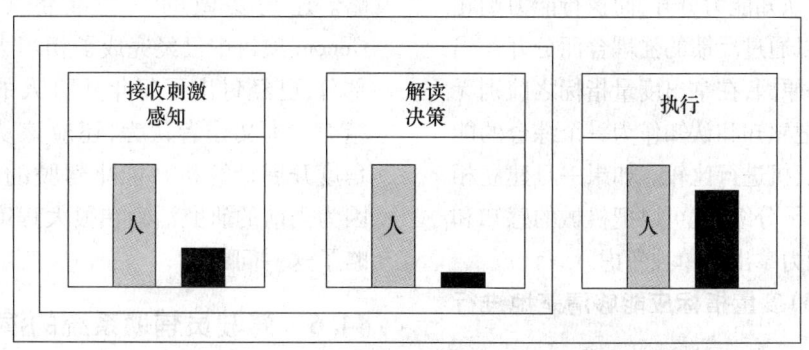

**图44-3** 对目前自动驾驶车辆定性评估的三个域的处理过程

不会在公路道路交通中出现自动驾驶的汽车。

### 44.5.3 获得公认度量指标的途径

对这种度量指标的要求是：

**（1）量度对各种应用范围有效**

这一要求原则上是无法实现的，因为首先要对应用这些度量指标所需的能力非常清楚才行，而这所需的能力也是今天研发需要解决的问题。在此，其他类似领域的移植会有所帮助，但这一解决途径同时也表示要在自动驾驶之间添加许许多多的中间等级。只有掌握了类似系统的丰富经验之后，才能制订出合适的度量指标，才能把人们容许的残余风险率带到下一研发阶段中去。这里的变型战略决定了迁移战略，而不是决定了可能的技术功能的开发。

**（2）度量指标可对人和机器人的驾驶能力进行比较**

这也许是最难落实的一个要求，因为这一要求的前提是，人的能力是可以测量的，并可在完成驾驶任务时给予评定得分。三维空间的分布虽然已经建成了科学模型，但感知能力还没有与认知能力分开，而执行能力则相反，可以通过反馈的强耦合而分开。出于这一原因，在拿出度量指标之前别无选择，把感知和认知作为一个综合的能力对人、机进行比较。如果一旦建立相关的水平分级，就可以把机械的感知和认知能力拿出来单独考虑。

**（3）度量指标应能够清楚地进行分级**

这是鉴定所需的要求，根据此要求可以按照ISO 26 262规定的汽车安全完整性等级进行分类。在此，需要研究的是各等级之间合适的极限值和单个指标的权重。

**（4）度量指标采用经济的测试方法进行分级**

正如前面所讲到的那样，恰恰是无法支付的成本费用问题是现有测试方法无法使用的主要原因。因此，新的测试方法应明显地更加经济合理。具有高难度的测试过程应是典型应用领域所必需的。

**（5）度量指标本身不应侧重于行为模式，相反应侧重于能力的测定，应在未知状态下进行测定**

这里所指的是，无须对测试模式进行培训，因为这样会使处理时的灵活性降低。无论如何都要避免这种情况，因为正是这种灵活性能够把测试过程推广到整个应用范围中去。

上述要求都很苛刻。因为从本文作者的角度出发，只有利用这样的度量指标才有可能在公共交通领域中引进自动驾驶车辆，才能确定自动驾驶车辆投放市场的时间和市场投放战略。还需要做的一些准备工作在Genom项目中已经完成了相当大的一部分，已经付出了每年几百人的研发精力。本文作者认为，还应该从新的角度开展计算机智能化驾驶的研究，因为当前的研究活动在很大程度上忽略了这一问题。

### 44.6 驾驶员辅助系统的演变

对车辆驾驶性能度量指标提出的

一个要求就是有效性。只有利用逼近法才能满足有效性的要求,也就是通过一小步一小步的渐进、演变来满足有效性的要求,而且只有通过这一小步一小步的演变才能使存在的风险被社会认可。图 44-4 所示的就是这样一种渐进路线图。它的纵坐标表示的是随时间渐进的变革,横坐标表示的是在最佳情况下纵坐标特性和不合适情况,年份表示的是系统投放市场的预测时间。

具体涉及下列各项:

◆ ACC、FSRA(汽车自适应巡航控制系统、全速范围自适应巡航控制系统),允许在繁忙的交通中自动调节和由驾驶员监控行驶,参见第 32 章。

◆ LCDA(变道决策辅助系统),它保证了汽车侧面和后面的安全,并能测定行驶空间中的物体,参见第 36 章。

◆ LKS(车道保持辅助系统),它保证了车辆在车道内的横向移动不超出车道,通过手动强制控制进行监控,参见第 35 章。

◆ ANB、CMS(自动紧急制动系统、碰撞缓解制动系统,)它用于测定碰撞的风险性和避免碰撞损失,相关的误报实例参见第 33 章。

◆ ILQ(智能化纵向和横向引导)系统,自行发出可被抑制的、服从手动强制控制的车道引导层面车辆行驶指令。

◆ 堵车辅助系统,第一个带有制动的作为安全保护和过渡方案的自动驾驶功能。

◆ 协同自动化控制,也就是说,

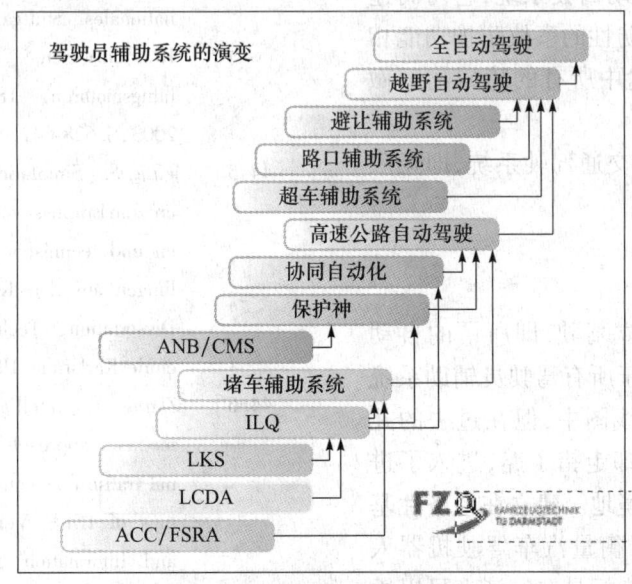

图 44-4 汽车驾驶员辅助系统的演变以及所有在允许道路上行驶的机动车的自动驾驶和全自动驾驶

通过一系列驾驶员参与进行自动驾驶,参见第42章。令人惊讶的不当驾驶操作的保护神——半自动的公路边停止功能[44.16],有着比自动紧急制动系统(ANB)更大的反应范围,但对反应灵活性的要求明显低于全自动驾驶,符合自动驾驶车辆的安全保护方案。

◆ 高速公路自动驾驶是长距离的、有着较低灵活性且能够完成特殊反应的全自动驾驶功能。避让辅助系统能够帮助驾驶员避免不安全超车行为。避让辅助系统在临界状态下能够在行驶空间中采取避让措施,当出现危险时主动激活。

◆ 路口辅助系统是一种能够在路口碰撞危险区域中发出报警提示的系统,参见第37章。

◆ 越野自动驾驶系统,它与高速公路自动化预防性的事故防护功能相结合,对行驶途中所有的障碍物都做出反应。

◆ 全自动交通驾驶系统,即无限制的自动驾驶。

## 44.7 小结

全自动独立驾驶,即所谓的自动驾驶几乎存在于所有驾驶员辅助系统研发的规划路线图中,但在过去的几年中技术研发却走错了路,进入了进退两难的尴尬境地。建立在经济性基础之上的、用于衡量汽车驾驶机器人智能化的度量指标是在经济上可以承受起的解决途径。除了大力研发这种度量指标之外,驾驶员辅助系统的演变发展也是必须的,通过一步步的微小渐进将能够研发出车辆驾驶机器人智能化度量指标的有效性。

## 参 考 书 目

[44.1] Europäische Charta für Verkehrssicherheit, http://www.erscharter.eu/.

[44.2] White Paper-European transport policy for 2010: time to decide, http://ec.europa.eu/transport/white_paper/documents/index_en.htm.

[44.3] eSafety Initiative, http://ec.europa.eu/information_society/activities/esafety/index_en.htm.

[44.4] *Grein, F. G.*; *Wiedemann, J.*: Perspektiven der Vorausschau in der Fahrerassistenz. In: *Bargende, M.*; *Wiedemann, J.* (Hrsg.): 5. Internationales Stuttgarter Symposium Kraftfahrwesen und Verbrennungsmotoren, 18.-20. Februar 2003, S. 628-642.

[44.5] *Witte, S.*: Simulationsuntersuchungen zum Einfluss von Fahrerverhalten und technischen Abstandsregelungen auf den Kolonnenverkehr. Dissertation, Technische Hochschule Karlsruhe, 1996.

[44.6] *Zhang, X.*: Intelligent driving-Prometheus approach-es to longitudinal traffic flow control. In: Proceedings of IEEE Vehicle Navigation and Information Systems Conference, 20.-23. Oktober, 1991.

[44.7] *Özgüner, Ü.*; *Baertlein, B.*; *Cavallo, C*; *Farkas, D.*; *Hatipoglu, C*;

[44.8] Lytle, S. ; Martin, J. ; Paynter, F. ; Red-mill, K. ; Schneider, S. ; Walton, E. ; Young, J. : The OSU Demo '97 Vehicle. In: Proceedings of the IEEE International Conference on Intelligent Transportation Systems, 1997.

[44.8] Kunze, R. ; Ramakers, R. ; Henning, K; Jeschke, S. : Organization and Operation of Electronically Coupled Truck Platoons on German Motorways. In: Xie, M. ; Xiong, Y ; Xiong, C ; Liu, H ; Hu, Z. : Intelligent Robotics and Applications. Lecture Notes in Computer Science, Volume 5928. Springer, 2009, S. 135-146.

[44.9] Leohold, J. : SIM-TD-Ein Feldversuch als Vorbereitung einer Kommunikationsplattform für das Automobil. VDA Technischer Kongress, 28. -29. März, 2007.

[44.10] SIM-TD- Sichere Intelligente Mobilität Testfeld Deutschland: http://www.simtd.de.

[44.11] Ko-FAS- Kooperative Sensorik und kooperative Per-zeption für die präventive Sicherheit im Strassenver-kehr: http://www. www. kofas. de.

[44.12] Wille, J. M. ; Saust, F. ; Maurer, M. : Stadtpilot-Driving Autonomously on Braunschweig´s Inner Ring Road. In: IEEE Proceedings Intelligent Vehicles Conference, San Diego, 2010.

[44.13] Homann, K. : Wirtschaft und gesellschaftliche Akzeptanz: Fahrerassistenzsysteme auf dem Prüfstand. In: Maurer, M. ; Stiller, C. ( Hrsg. ): Fahrerassistenzsysteme mit maschineller Wahrnehmung, Springer, 2005, S. 239-244.

[44.14] Langer, D. ; Switkes, J. F. ; Stoschek, A. ; Hunhnke, B. : Enviroment Perception in the 2007 Urban Challenge: Utility for Future Driver Assistance Systems. 5. Workshop Fahrerassistenzsysteme, Walting, 2008.

[44.15] Darms, M. ; Baker, C, Rybksi, P. , Urmson, C: Vehicle Detection and Tracking for the Urban Challenge. 5. Workshop Fahrerassistenzsysteme, Walting, 2008.

[44.16] Kämpchen, N. ; Waldmann, P. ; Homm, F. ; Ardelt, M. : Umfelderfassung für den Nothalteassistenten- Ein System zum automatischen Anhalten bei plötzlich reduzierter Fahrfähigkeit des Fahrers. AAET, Braunschweig, 2010.

# 词 汇 表

| 术语 | 同义词 | 解释 |
| --- | --- | --- |
| ABS | 自动防抱死（ABV） | 防抱死制动系统：通过减少车轮单独的制动力，防止车轮过多地打滑，并可提高驾驶稳定性和制动时的转向性 |
| ACC | 车距控制系统（Distronic），自动车距控制系统（ADR），车距控制自动巡航系统（ART），主动巡航控制系统 | 自适应巡航系统：在 ISO 15 622 标准中由 ISO/TC204/WG14 标准对巡航控制定义的扩展；行驶的车辆受发动机控制和制动的干预，对由一个或多个传感器识别的汽车速度进行自动匹配 |
| ADAS | | 高级驾驶员辅助系统：对周围环境进行探测并发出建议、警告和（或）干涉等自主信息处理的驾驶员辅助系统 |
| ADAS Horizon 电子地图 | | ADAS 人工电子地图；根据数字化地图和定位系统，利用街道铭牌或支道的属性特征，为车辆提供变道信息预告 |
| ADR | | 自动车距调节系统：Volkswagen 使用的名称为自适应巡航控制系统 |
| ANB | | 自动紧急制动系统 |
| ART | | 车距控制巡航控制系统，也称为自适应巡航控制系统（ACC） |
| ASR | TCS（牵引力控制系统） | 驱动防滑控制系统：通过对车轮进行选择性地制动干预和发动机控制系统干预，防止驱动轮快速滑动。驱动防滑控制能提高汽车的行驶稳定性和汽车加速时的转向性，并适用于在驱动防滑控制功能中，被称为电子限滑差速器（ESD）的辅助牵引 |
| 自动紧急制动系统 | ANB，碰撞缓解系统（CMS），紧急制动 | 当从周围环境传感器数据中检测到有回避不了的危险信号时，完全制动会断开。这样虽然不能阻止碰撞，但是可减轻碰撞导致的损失 |
| 自动泊车 | | 完全自动地执行泊车任务 |
| AUTOSAR | | 是"汽车开放系统架构"的缩写。国际联盟的目标是制定汽车行业电气、电子产品的公开标准 |
| BAS | | 制动辅助系统 |
| BLIS | | 盲点信息系统：沃尔沃命名的换道决策辅助系统，超出了纯盲点识别的功能 |

续表

| 术 语 | 同义词 | 解 释 |
|---|---|---|
| Bluetooth | | 蓝牙:在 2.4 GHz 频率范围内终端设备之间实现短距离无线通信的标准 |
| 线控制动 | | 制动踏板与车轮制动之间不需肌肉耦合的助力制动 |
| 制动辅助系统 | BAS | 此系统与 ABS 控制系统配合使用,可以在紧急制动时自动提高制动压力,在超出踏板速度阈值时则断开 |
| CAN | | 控制器局域网络(车辆控制器之间数字数据交换的串行数据总线,大约为 500 kBit/s) |
| CCD | | 电荷耦合器件:基于电荷转移器件的图像传感器,类似于斗链式器件;此前占主导地位的是电子图像传感器 |
| CMOS | | 互补金属氧化物半导体:是目前占主导地位的半导体技术。也可用于图像传感器 |
| CMS | | 自动紧急制动系统 |
| 防撞系统 | | 避免因紧急制动和/或转弯时车辆相撞,是目前防止事故车辆的长远目标 |
| 护航系统 | 车辆成队技术 | 指在规定的车道上相互连接的车辆依次行驶的技术 |
| 巡航控制系统 | 行驶速度控制系统(FGR),巡航控制系统(Tempomat),速度控制系统(GRA) | 通过发动机控制干预将车辆行驶速度控制到驾驶员要求的数值 |
| 数字化地图 | 数字地图 | 是一种主要的结构化空间关系的模块。数字化地图是一个现实的数字模型。车辆导航用数字化地图包括关于位置、行车线路、导航以及数据访问的信息 |
| DTV | | 制动盘厚度变化,制动盘的烧蚀和厚度变化 |
| 转速传感器 | 陀螺罗盘(Gyro) | 汽车工业中用于测量绕垂直轴和侧倾轴旋转的检测转速率的传感器(测量角度、时间) |
| 车距控制(Distronic) | | 梅塞德斯使用的名称为自适应巡航控制系统 |
| 多普勒效应 | | 因对象和观测者之间的相对运动而使频率发生变化。也可以规定为车辆经过时音调高低的变化 |
| 动态稳定控制系统(DSC) | | ESP |
| 动态路径引导 | 动态路线引导 | 基于当前交通位置信息的路线引导 |
| EBS | | 电子制动系统:用于载重车的电子气动线控制动系统 |
| 电子油门 | | 在油门和节气门之间无机械连接 |
| EHB | SBC,湿式线控制动 | 电动液压制动:带液压紧急运行措施的电动液压线控制动,主要作为电子感应制动系统,安装在梅塞德斯 SL 和 E 级车上,目前还安装在混合动力汽车(例如,Toyota Prius、Ford Escape)和雷克萨斯 LS 豪华车型上 |

续表

| 术 语 | 同义词 | 解 释 |
|---|---|---|
| 唯一性范围 | | 被测间距与单一距离相对应的距离范围,也可参见调频 |
| 电子稳定程序控制系统(ESC) | | ESP |
| EMB | 干式线控制动 | 机电一体化制动系统:机电一体化线控制动,每个车轮上各安装一个控制器。需要容错控制和能源供应,为此,中重型汽车使用时需要42 V车载电源 |
| EPB | | 电子驻车制动 |
| EPH | | 泊车辅助系统 |
| ESP | 车辆动态稳定性控制(FDR),车辆动态控制系统(VDC),动态稳定控制系统(DSC) | 是ABS、ASR和横摆力矩控制的结合。尝试在物理界限内通过车轮的单独制动干预"强迫"汽车沿驾驶员方向盘给定的方向行驶,也可以对驱动系统进行干预 |
| FAS | | 驾驶员辅助系统的缩写 |
| 车辆动态稳定性控制(FDR) | | ESP |
| 车道偏离报警系统 | 车道偏离报警 | 指意外越过车道标线前通过声学或光学的方法进行报警 |
| 行车道 | 常用语:"车道" | 用车道标线表示车道分配的专业术语 |
| 换道决策辅助系统 | 常用语:换道辅助系统 | 由传感器及侧视镜显示观察到的周围行车环境的变道决策辅助信息系统。分为二级功能:"仅"包括直接在车辆一侧的盲点识别和后面快速接近车辆的盲点识别 |
| FIR | | 远红外(约10 μm波长),室温时热辐射范围 |
| FlexRay 总线 | | Flexible Ray总线:是一种用于汽车安全性的包括高速数据速率的可确定性的总线系统 |
| 调频 | | 用来测量信号发送的瞬间频率随时间发生变化的间距和速度的标记方法(编码方法)及评估方法 |
| 正面碰撞报警系统 | 车辆前侧碰撞报警系统 | 车辆在正面碰撞发生之前用声学、触觉或动觉的手段进行报警 |
| 全速范围自适应巡航控制系统 | | 在ISO 22 179标准中由ISO/TC204/WG14定义的全速范围自适应巡航控制系统(ACC)的功能,该系统能帮助驾驶员在不断启、停的情况下轻松自如地控制车辆。一般情况下只考虑了以前作为车辆分级的固定目标 |
| 填充因子 | FF | 是有效感光的面积与有效总面积的比值 |
| Galileo | | 由欧盟规划的全球导航卫星系统(GNSS) |
| GDF | | 地理数据文件,国际标准的数字地图交换格式 |
| GLONASS | | 俄罗斯使用的全球导航卫星系统(GNSS) |

词 汇 表

续表

| 术 语 | 同义词 | 解 释 |
| --- | --- | --- |
| GNSS | | 全球导航卫星系统,GPS、GLONASS、Galileo 的总称 |
| GPS | | 全球定位系统,也叫 Navstar GPS;美国使用的称为 GNSS |
| 背景照明抑制 | SBI | 背景照明抑制,也就是说对接收到相同份额的光信号进行主动和被动抑制,常用于飞行时间相机 |
| HBA | | 液压制动辅助:借助 ESP 或 ASR 液压装置的泵来提高压力 |
| HMI | | 人机界面 |
| 积分时间 | | 相位测量的曝光时间 |
| ISO | | 国际标准化组织 |
| 地图辅助法 | 地图匹配法 | 通过对可能的停留点(例如:数字化地图上的公路)及当前根据车位推算法确定的位置进行比较后获得定位支持 |
| 车位推算法 | 位置推算导航、位置推算法 | 用长度和绝对方位角(载重车大多采用横摆角)表示每一段连续的路径。需要里程表和角度传感器,为此,目前在载重车上使用车轮转速传感器和测量转速传感器的横摆率 |
| 交叉回声 | | 是一种测量传感器发送信号到接收信号期间运行时间的方法,特别是障碍物较宽时各传感器的总运行时间能保证三角技术的可靠性 |
| LDW | | 车道偏离报警系统 |
| LKS | 自动循向 | 车道保持辅助系统:当接近车道标线时通过叠加转向扭矩使车辆保持在车道中 |
| 换道决策辅助系统 | LCDA | 换道决策辅助系统 |
| 飞行时间法 | ToF | 飞行时间法 |
| LDW | | 车道偏离报警系统 |
| 低速跟车系统(LSF) | | (日本)使用的一种操作简单的堵车时的驾驶员辅助系统,仅跟随由驾驶员选定的附近的目标车辆 |
| 微波 | | 波长约 1~10 cm(=3~30 GHz)的无线电波 |
| mm 波 | | 波长约 1~10 mm(=30~300 GHz)的无线电波 |
| 调频 | | 用射束(包括光)调频,通过相位评估测量渡越时间。为此使用飞行时间摄像机 |
| 单眼摄像机 | | 单眼摄像系统 |
| 夜视仪 | Night Vision | 驾驶员能够在显示器(包括平视显示器)上看到红外光谱图的信息系统。红外线图像可以由红外线探照灯照射产生(近红外),也可以由目标本身的热辐射产生(远红外) |

续表

| 术　语 | 同义词 | 解　释 |
|---|---|---|
| 导航 | | 原意是为船舶导航(拉丁语:导航),整体功能:定位、路径、搜索、目标引导 |
| NIR | | 近红外(波长大约700～1 000 nm) |
| 里程表 | 车程计 | 里程表 |
| 光流 | | 光流是一种图像处理方法,用来评估一个图像序列中相互对应的图像点的表观运动 |
| 定位 | | 确定瞬间位置,导航的子功能 |
| 倒车雷达系统 | | EPH |
| 停车辅助系统(Parktronic) | | EPH |
| PBA | | 气动制动辅助系统,由气动阀控的制动助力器提高压力 |
| PDC | | EPH |
| 光电子混合装置 | PMD | 光电子混合装置,也称为飞行时间摄像机 |
| 车辆成队技术 | | Convoy |
| PROME-THEUS | | 具有最高效率和安全性的欧洲交通方案:1987—1994年提出的研究远程信息处理技术的欧洲预竞争研究方案 |
| Protector | | 戴姆勒公司的研究系统,具有电子缓冲区,类似于自动紧急制动 |
| 脉冲调制 | | 主动环境探测传感器为测量距离使用的一种标识(编码方法)及评估方法 |
| 雷达 | | 雷达为无线电检测和测距的缩写,是利用无线电波(微波、毫米波)对被测对象、它们的位置及相对速度进行测量的电子设备 |
| RDS－TMC | | 是广播数据系统－交通信息广播频道简称,是通过无线电发送支持的数字化交通信息服务 |
| 反射率 | | 一个物体的反射功率与辐射功率之比 |
| 路线搜索 | | 一个行车路线搜索系统。通过访问数字化地图,通过实际位置和目标位置确定最佳目标路线(以最优化标准) |
| SD地图 | SD卡 | "SD卡"(数字化存储介质)的缩写形式,是根据闪存原理操作的 |
| 半自动停车 | | 由环境检测系统设定停车轨迹。通过信息,必要时通过方向或制动干预实施支持。驾驶员负责实施停车任务 |

词 汇 表

续表

| 术　语 | 同义词 | 解　释 |
|---|---|---|
| 车辙 | | 1. 车桥(底盘)上的车轮接触地面后留下的接触点之间的距离,也称为车距。<br>2. 车轮的压痕(例如,车轮痕迹、车轮沟纹)。<br>3. 踪迹、轨迹、路线、运动物体的轨迹,但不是车道 |
| 充电状态(SoC) | | 蓄电池充电状态 |
| 功能状态(SoF) | | 电池功能状态(SoC + SoH = SoF) |
| 健康状态(SoH) | | 电池老化状态 |
| 线控转向 | SbW | 是机电一体化或电动液压转向系统,而在转向操作(方向盘)或车轮调整之间不需要肌肉耦合。重型汽车使用时至少需要42 V电压。该系统具有最高的安全性要求,因此要求有高度冗余的容错设计 |
| 立体声 | | 用2个传感器接收,并对相应模式的偏移(不一致)进行评定 |
| Stop&Go | | 不同形式的堵车辅助系统的总的概念,低速沿行系统、全速范围自适应巡航控制系统 |
| TFT 显示屏 | | 薄膜晶体管显示屏(特殊技术的液晶显示屏;与STN或DSTN技术相反,此技术允许高帧速率) |
| 飞行时间 | ToF | 渡越时间(传输时间点与接收时间点之间)。通过环境传感器确定车距 |
| 飞行时间相机 | 光电混合装置 | 数字(视频)相机和激光雷达混合装置:用特殊的光电二极管不仅可以接收来自调质传输光束(主动照明)的反射光,而且还可以将它们混合,这样可以直接确定渡越时间(飞行时间)从而测定距离 |
| 盲点识别(TWE) | 盲点探测,盲点检测(TWD) | 换道决策辅助系统的最简单形式。检查本车旁的车辆盲点 |
| 三角测量 | | 是一种确定测量对象位置的方法,使用条件可以是两个间距(两圆的交点),或者是两个角度(直角三角形的交点) |
| TTC | | 碰撞时间:距离碰撞所剩余的时间;未加速运动时 = 车距/相对速度 |
| TLC | TTLC | 车道偏离时间:超出车道标线的持续时间 = 横向距离/相对于车道标线的横向速度 |
| TWE | 盲点探测 BLIS | 盲点识别 |
| 叠加转向系统 | 主动前轮转向系统主动转向 | 把驾驶员控制的转向角叠加到一个电控转向角。用这种方式可以使转向比发生变化并对行驶动态校正进行调节 |

续表

| 术　语 | 同义词 | 解　释 |
|---|---|---|
| 超声波 | | 是一种高于人耳所能听到的频率的声波(即 > 20 kHz) |
| UMTS | | 通用移动通信系统(第3代移动无线通信标准,允许总数据传输率可达2 Mbit/s) |
| USB | | 通用串行总线(串行数据总线的总数据传输率可达480 Mbit/s;目前车辆上使用的总数据传输率一般为12 Mbit/s) |
| 车辆动态控制系统(VDC) | | ESP |
| WiFi | | 无线局域网:作为一种无线产品的品牌名称,所使用的技术与WLAN是相同的 |
| WLAN | | 无线局域网络:无线通信技术,标准总数据传输率可达54 Mbit/s;用于PC的无线联网 |
| 线控系统 | | 一种不需能量(操作)和实施的助力系统,例如,EHB、EMB、SbW、E-Gas |
| 目标引导 | 行车路线引导 | 在定位测定的位置按航线搜索指定的路程到达目标的路线 |

# 作者索引

| | |
|---|---|
| Bettina, Abendroth, 工学博士 | 达姆施塔特工业大学 |
| Richard, Auer, 自然科学博士 | 大众汽车股份公司 |
| Alexander, Bachmann, 理科硕士 | 卡尔斯鲁厄技术学院 |
| Jürgen, Bachmann, 工学硕士 (专科学校) | 卡尔斯鲁厄技术学院 |
| Arne, Bartels, 工学博士 | 大众汽车股份公司 |
| Bernward, Bayer, 工学博士 | 大陆股份公司 |
| Jürgen, Bielefeld, 博士 | 宝马集团 |
| Thomas, Bock, 工学博士 | 奥迪股份公司 |
| Peter, Brenner, 工学硕士 (专科学校) | ZF 转向系统有限公司 |
| Arne, Breuer, 工学博士 | 戴姆勒股份公司 |
| Stefan, Brosig, 工学博士 | 大众汽车股份公司 |
| Ralph Bruder, 教授, 工学博士 | 达姆施塔特工业大学 |
| Hendrik, Büring, 工学硕士 (技术学院) | ZF 转向系统有限公司 |
| Axel, Büse 工学硕士 | 大陆股份公司 |
| Bernd, Buxbaum, 博士 | PMD 技术股份公司 |
| Bernd, Danner, 工学硕士 | 戴姆勒股份公司 |
| Michael, Darms, 工学博士 | 大陆股份公司 |
| Muriel, Didier, 博士 | Sanofi Aventis 公司 |
| Edmnnd, Donges, 工学博士 | 曾就职于宝马股份公司 |
| Karlheinz, Dörner, 工学硕士 | MAN 卡车和客车股份公司 |
| Christian, Duchow, 工学硕士 | 卡尔斯鲁厄技术学院 |
| Alfred, Eckert, 工学硕士 | 大陆股份公司 |
| Thomas, Fechner, 工学硕士 | 大陆股份公司 |
| Frank, Flemisch, 工学硕士 | 德国航空航天中心 |
| Tom Michael, Gasser, 法定评价人 | 联邦道路工程局 |
| Jens E, Gayko, 工学博士 | 德国电工委员会 (DKE)<br>德国标准化学会 (DIN) 和德国电气工程师协会 (VDE) 下属电气工程、电子和信息技术分部 |
| Georg Geduld, | 曾就职于 Omron 电子有限公司 |
| Christhard, Gelau, 博士 | 联邦道路工程局 |
| Steffen, Gruber, 工学硕士 | 大陆股份公司 |

| | |
|---|---|
| Bianca, Hagebeuker, 工学硕士（专科学校） | 曾就职于 PMD 技术有限公司 |
| Stephan, Hakuli, 工学硕士 | IPG 汽车有限公司 |
| Falk, Hecker, 博士 | 克诺尔（Knorr）制动系统有限公司 |
| Wladimir, Hellmann, 工学硕士 | 大陆股份公司 |
| Eberhard, Hipp, 工学硕士 | MAN 卡车和客车股份公司 |
| Jens, Hoffmann, 工学博士 | 大陆股份公司 |
| Andree, Hohm, 工学博士 | 大陆股份公司 |
| Matthias, Hopstock, 工学硕士 | 宝马集团 |
| Wolfgang, Huhn, 博士 | 奥迪股份公司 |
| Rolf Isermann, 教授, 荣誉工学博士 | 达姆施塔特工业大学 |
| Sören, Kammel, 工学博士 | 曾就职于卡尔斯鲁厄大学（技术学院），现就职于博世（美国） |
| Reiner, Katzwinkel, 工学硕士 | 大众汽车股份公司 |
| Ulrich, Kersken, 工学硕士 | 罗伯特博世汽车多媒体有限公司 |
| Tran Quoc Khanh, 教授, 工学博士 | 达姆施塔特工业大学 |
| Felix, Klanner, 工学博士 | 宝马集团 |
| Thomas, Kleine-Besten, 工学博士 | 罗伯特博世汽车多媒体有限公司 |
| Peter Knoll, 教授, 工学博士 | 1）卡尔斯鲁厄技术学院<br>2）IF + F 驾驶员辅助和驾驶员信息工程局 |
| Bernhard, Köhn, 工学博士 | 宝马集团 |
| Bernhard, König, 工学博士 | 罗伯特博世有限公司 |
| Friedrich, Kost, 工学硕士 | 罗伯特博世有限公司 |
| Kurt Landau 教授, 工学博士 | 曾就职于达姆施塔特工业大学 |
| Robert, Lange, 工学硕士 | PMD 技术股份公司 |
| Christian, Löper, 工学硕士 | 德国航空航天中心 |
| Mark, Mages, 工学博士 | TRW 汽车公司 |
| Roman, Mannale, 工学硕士 | 大陆股份公司 |
| Markus Maurer 教授, 工学博士 | 不伦瑞克工业大学 |
| Matthias, Mörbe, 工学硕士 | 博世工程有限公司 |
| Martin, Noll, 博士 | 罗伯特博世有限公司 |
| Norbert, Ocvirk, 工学硕士 | 大陆股份公司 |
| Bernd, Piller, 工学硕士 | 大陆股份公司 |
| Werner, Pöchmüller, 工学博士 | 罗伯特博世汽车多媒体有限公司 |
| Peter, Rapps, 物理学硕士 | 罗伯特博世有限公司 |
| Thoma, Raste, 工学博士 | 大陆股份公司 |
| Herbert, Rausch, 工学硕士 | 慕尼黑工业大学 |
| Günter, Reichart, 工学博士 | 曾就职于宝马股份公司 |
| Gerd, Reimann, 工学硕士（技术学院） | ZF 转向系统有限公司 |
| Jörg, Reissing, 工学博士 | 宝马摩托车公司 |

| | |
|---|---|
| James, Remfrey, 工学硕士 | 大陆股份公司 |
| Thorsten, Richter, 工学硕士 | 宝马集团 |
| Peter E, Rieth, 工学博士 | 大陆股份公司 |
| Thorsten, Ringbeck, 工学博士 | PMD 技术股份公司 |
| Michael, Rohlfs, 工学博士 | 大众汽车股份公司 |
| Heiner, Schepers, 工学学士 | 罗伯特博世汽车多媒体有限公司 |
| Bernt Schiele, 教授, 博士 | 马克斯·普朗克计算机科学研究所 |
| Ken, Schmitt, 经济工学硕士 | 大陆股份公司 |
| Stefan, Schmitt, 工学硕士 | 大陆股份公司 |
| Bernhard, Schmittner, 工学硕士 | 大陆股份公司 |
| Volkmar, Schöning, 工学硕士 | 大众汽车股份公司 |
| Michael, Schreiber, 经济工学硕士 | 曾就职达姆施塔特工业大学 |
| Frank, Schroven, 工学硕士 | 大众汽车股份公司 |
| Walter, Schwertberger, 工学硕士(专科学校) | MAN 卡车和客车股份公司 |
| Frank, Schwitters, 工学硕士 | 大众汽车股份公司 |
| Andre, Seeck, 工学硕士 | 联邦道路工程局 |
| Patrick, Seiniger, 工学博士 | 联邦道路工程局 |
| Carsten, Spichalsky, 工学硕士 | 大众汽车股份公司 |
| Joachim, Steinle, 工学博士 | 宝马集团 |
| Simon, Steinmeyer, 信息学硕士 | 大众汽车股份公司 |
| Christoph, Stiller, 教授工学博士 | 卡尔斯鲁厄技术学院 |
| Robert, Thiel, 工学硕士 | 大陆股份公司 |
| Anton, van Zanten, 博士 | 曾就职于罗伯特博世有限公司 |
| Jürgen, Völkel, 工学硕士 | 大陆股份公司 |
| Michael, Walter, 博士 | 曾就职于大陆股份公司 |
| Alexander, Weitzel, 工学硕士 | 达姆施塔特工业大学 |
| Hermann Winner, 教授, 自然科学博士 | 达姆施塔特工业大学 |
| Christian, Wojek, 工学博士 | 马克斯·普朗克计算机科学研究所 |
| Gabriele, Wolf, 工学博士 | ALSTOM 电力系统有限公司 |
| Lars, Woyna, 工学硕士 | 曾就职达姆施塔特工业大学 |
| Ulrich, Wuttke, 工学硕士 | 大众汽车股份公司 |

# 公司和高校目录

## 公　司

| | |
|---|---|
| ALSTOM 电力系统有限公司 | 工学博士 Gabriele Wolf |
| 奥迪股份公司 | 工学博士 Thomas Bock |
| | Wolfgang Huhn 博士 |
| 宝马集团 | Jürgen Bielefeld 博士 |
| | 工学博士 Edmund Donges（曾就职） |
| | 工学硕士 Matthias Hopstock |
| | 工学博士 Felix Klanner |
| | 工学博士 Philip Köhn |
| | 工学博士 Günter Reichart（曾就职） |
| | 工学硕士 Thorsten Richter |
| | 工学博士 Joachim Steinle |
| 宝马摩托车公司 | 工学硕士（专科学校）Jürgen Bachmann |
| | 工学博士 Jörg Reissing |
| 博世工程有限公司 | 工学硕士 Matthias Mörbe |
| 博世（美国） | 工学博士 Sören Kammel |
| 联邦道路工程局 | 法定评价人 Tom Michael Gasser |
| | Christhard Gelau 博士 |
| | 工学硕士 Andre Seeck |
| | 工学博士 Patrick Seiniger |
| 大陆股份公司 | 工学博士 Bernward Bayer |
| | 工学硕士 Axel Büse |
| | 工学博士 Michael Darms |
| | 工学硕士 Alfred Eckert |
| | 工学硕士 Thomas Fechner |
| | 工学硕士 Steffen Gruber |
| | 工学硕士 Wladimir Hellmann |
| | 工学博士 Jens Hoffmann |
| | 工学博士 Andree Hohm |
| | 工学硕士 Roman Mannale |
| | 工学硕士 Norbert Ocvirk |
| | 工学硕士 Bernd Piller |
| | 工学博士 Thomas Raste |
| | 工学硕士 James Remfrey |
| | 工学博士 Peter E. Rieth |

# 公司和高校目录

| | |
|---|---|
| 大陆股份公司 | 经济工学硕士 Ken Schmitt |
| | 工学硕士 Stefan Schmitt |
| | 工学硕士 Bernhard Schmittner |
| | 工学硕士 Robert Thiel |
| | 工学硕士 Jürgen Völkel |
| | Michael Walter 博士(曾就职) |
| 戴姆勒股份公司 | 工学博士 Jörg Breuer |
| | 工学硕士 Bernd Danner |
| 德国航空航天中心 | 工学博士 Frank Flemisch |
| | 工学硕士 Christian Löper |
| 德国标准化学会(DIN)和德国电气工程师协会(VDE)下属电气工程、电子和信息技术分部 | 工学博士 Jens E. Gayko |
| IF + F 驾驶员辅助和驾驶员信息工程局 | 工学博士 Peter Knoll 教授 |
| IPG 汽车有限公司 | 工学硕士 Stephan Hakuli |
| 克诺尔(Knorr)制动器 | Falk Hecker 博士 |
| MAN 卡车和客车股份公司 | 工学硕士 Karlheinz Dörner |
| | 工学硕士 Eberhard Hipp |
| | 工学硕士(专科学校)Walter Schwertberger |
| PMD 技术股份公司 | Bernd Buxbaum 博士 |
| | 工学硕士(FH)Bianca Hagebeuker(曾就职) |
| | 工学博士 Robert Lange |
| | 工学博士 Thorsten Ringbeck |
| Omron 电子有限公司 | Georg Geduld(曾就职) |
| 罗伯特博世汽车多媒体有限公司 | 工学硕士 Ulrich Kersken |
| | 工学硕士 Thomas Kleine-Besten |
| | 工学博士 Werner Pöchmüller |
| | 工学学士 Heiner Schepers |
| 罗伯特博世有限公司 | 工学硕士 Winfried König |
| | 工学硕士 Friedrich Kost |
| | Martin Noll 博士 |
| | 物理学硕士 Peter Rapps |
| | Anton van Zanten 博士(曾就职) |
| Sanofi Aventis 公司 | Muriel Didier 博士 |
| TRW 汽车公司 | 工学硕士 Mark Mages |
| 大众汽车股份公司 | 自然科学博士 Richard Auer |
| | 工学博士 Arne Bartels |
| | 工学博士 Stefan Brosig |
| | 工学硕士 Reiner Katzwinkel |
| | 工学博士 Michael Rohlfs |
| | 工学硕士 Volkmar Schöning |

| | |
|---|---|
| | 工学硕士 Frank Schroven |
| | 工学硕士 Frank Schwitters |
| | 工学硕士 Carsten Spichalsky |
| | 信息学硕士 Simon Steinmeyer |
| | 工学硕士 Ulrich Wuttke |
| ZF 转向系统有限公司 | 工学硕士（专科学校）Peter Brenner |
| | 工学硕士（技术学院）Hendrik Büring |
| | 工学硕士（技术学院）Gerd Reimann |

## 高　校

| | |
|---|---|
| 卡尔斯鲁厄技术学院（KIT） | 理科硕士 Alexander Bachmann |
| | 工学硕士 Christian Duchow |
| | 教授工学博士 Peter Knoll |
| | 教授工学博士 Christoph Stiller |
| 马克斯·普朗克计算机科学研究所 | 博士, Bernt Schiele 教授 |
| | 工学博士 Christian Wojek |
| 不伦瑞克工业大学 | 工学博士, Markus Maurer 教授 |
| 达姆施塔特工业大学 | 工学博士 Bettina Abendroth |
| | 工学博士, Ralph Bruder 教授 |
| | 荣誉工学博士, Rolf Isermann 教授 |
| | 工学博士, Tran Quoc Khanh 教授 |
| | 工学博士 Kurt Landau 教授（曾就职） |
| | 经济工学硕士 Michael Schreiber（曾就职） |
| | 工学硕士 Alexander Weitzel |
| | 自然科学博士, Hermann Winner 教授 |
| | 工学硕士 Lars Woyna（曾就职） |
| 慕尼黑工业大学 | 工学博士 Herbert Rausch |